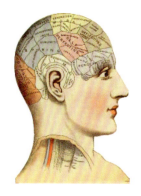

North Wind Picture Archives/Alamy Stock Photo

你了解这张 19 世纪的颅相学"地图"吗？颅相学的伪科学面貌早已被揭穿。心理学中还有哪些伪科学正左右着我们对人类特征的认知？

（选自"第 1 章　什么是心理学"，见正文 12 页）

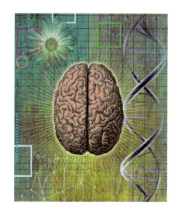

Roy Scott/Ikon Images/Getty images

智力在多大程度上是可遗传的呢？基因在明显的群体智商差异中扮演什么角色？

（选自"第 3 章　基因、进化和环境"，见正文 95 页）

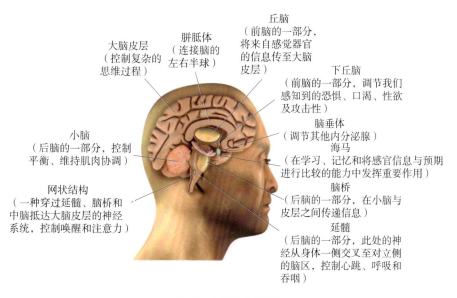

图 4.8　人脑的主要结构

（选自"第 4 章　脑与神经系统"，见正文 125 页）

图 4.12 杏仁核与海马

杏仁核对生理上重要的刺激做出反应，海马参与新记忆的形成。

（选自"第 4 章 脑与神经系统"，见正文 128 页）

图 5.9 图形和背景

在这幅图中，你首先注意到了白鱼还是黑鱼？这说明了什么？

（选自"第 5 章 感觉和知觉"，见正文 167 页）

图 5.8 变心

持续盯着这个心形中间的黑点至少 20 秒，然后盯着一张白纸或一面白墙，你能体验到"变化的心"吗？这是为什么呢？

（选自"第 5 章 感觉和知觉"，见正文 166 页）

Hulton – Deutsch Collection/Corbis Historical/Getty Images

是催眠术使那个在两张椅子之间伸展的人能够承受站在他身上的人的重量吗？

（选自"第 6 章 意识与睡眠"，见正文 214 页）

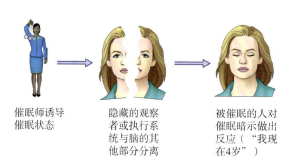

催眠师诱导催眠状态 → 隐藏的观察者或执行系统与脑的其他部分分离 → 被催眠的人对催眠暗示做出反应（"我现在 4 岁"）

图 6.5 催眠的分离理论

（选自"第 6 章 意识与睡眠"，见正文 215 页）

当一个字的含义与它的印刷颜色不同时，要识别这个字的印刷颜色是很困难的。对吗？但如果某个字是用你不懂的语言表达的，比如法语，你就不会觉得这项任务困难。这是为什么呢？

（选自"第6章 意识与睡眠"，见正文216页）

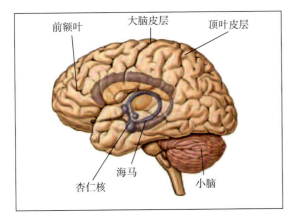

图8.6 与记忆相关的脑区

脑的不同区域在记忆的形成和存储过程中扮演着怎样的角色呢？

（选自"第8章 记忆"，见正文286页）

图9.3 证实确认偏见

假设这四张卡片中，每张卡片的一面是字母，另一面是数字。每张卡片只显示一面，如图所示。你的任务是弄清下面的规则是否正确："如果一张卡片的一面有一个元音字母，那么它的另一面就有一个偶数。"你需要翻哪两张牌？

（选自"第9章 思考和智力"，见正文329页）

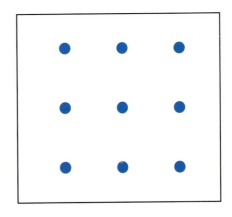

图9.4 连点成线

在不将手指抬起、不多次接触任何点的情况下，你该如何画出四条能穿过所有9个点的直线？大多数人在解决这个问题上有困难，这是因为他们假定自己不能将线延伸到正方形的边界之外。如果将线延伸至由9个点组成的正方形之外能帮助你解决这个问题吗？

（选自"第9章 思考与智力"，见正文330页）

4

图片排序
（将图片排列成一个有意义的故事）

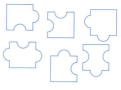

项目组装
（拼图）

代码

1	2	3	4	5
△	○	/	⚡	○

测试

2	1	4	3	5	2	1	3	4	2	1

符号转译
（使用顶部的符号代码，在每个数字下方填入适当的符号）

补全图片
（补上缺失的部分）

图 9.6　韦氏智力测试示例

对于那些听力差、语言不流利、教育水平有限或排斥课堂提问的人来说，非语言项目尤其有用。一个人的语言任务表现与非语言任务表现之间的巨大差距有时能够反映出一个特定的学习问题。

（选自"第 9 章　思考和智力"，见正文 335 页）

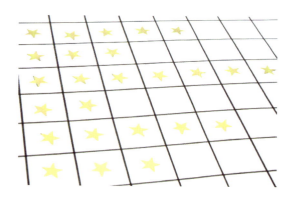

Braclark/iStock/Getty Images

许多家长和学校使用星星和其他奖励来鼓励孩子的某些倾向。但是，从长远来看，这是个好主意吗？

（选自"第 10 章　主要动机：食物、爱、性和工作"，见正文 357 页）

Tim Robberts/Stone/Getty Images

"灵魂伴侣"的概念在电影、电视剧和书籍中都很流行。了解生物学在吸引力中扮演的角色是否会改变你对"灵魂伴侣"的看法？

（选自"第 10 章　主要动机：食物、爱、性和工作"，见正文 365 页）

5

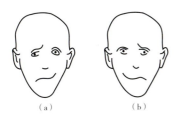

（a）　　　　（b）

Chronicle/Alamy Stock Photo　　　Hulton Archive/Getty Images

上图中，一个是高兴的面孔，另一个是悲伤的面孔。请仔细盯着面孔的中心（鼻子的位置）看，哪一个看起来更高兴一些？哪一个更悲伤一些？是什么造成了这种感官上的差异呢？

（选自"第11章　情绪、压力与健康"，见正文398页）

是哪些因素和影响使得伊丽莎白女王二世（左侧图）和阿尔伯特·爱因斯坦（右侧图）在成年后最终走上截然不同的人生道路？

（选自"第12章　生命全程发展"，见正文433页）

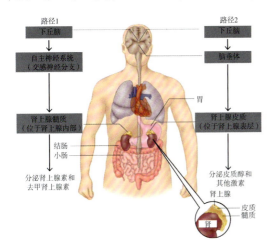

图 11.3　压力下的脑与身体

（选自"第11章　情绪、压力与健康"，正文409页）

CUS Archives/Everett Collection Inc/Alamy Stock Photo

想到阿道夫·艾希曼或其他犯下滔天罪行的人，人们很容易得出结论：他们在某种程度上是"恶魔"。但这是一种过度简化吗？如果持有"所有邪恶的行为都是穷凶极恶之人所做出的"这种观点，我们是否能够全面地了解人性？

（选自"第13章　社会心理学"，见正文476页）

Robnroll/Shutterstock

这个杯子是半空的还是半满的？如何回答取决于你是乐观主义者还是悲观主义者。但你知道在追求积极的健康结果时，乐观在某些情况下也可能会适得其反吗？

（选自"第11章　情绪、压力与健康"，见正文412页）

6

Courtesy of Alexandra Milgram
米尔格拉姆的原始电击机器

Courtesy of Alexandra Milgram
"学生"被实验人员和"教师"绑在椅子上

Courtesy of Alexandra Milgram
米尔格拉姆对研究进行一些改变，包括"教师"直接电击"学生"

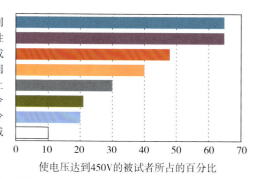

"教师"和"学生"在不同房间
"教师"都是女性
实验在办公楼内完成
"教师"和"学生"在同一房间
"教师"将"学生"的手放在电击板上
实验人员离开，通过电话给出命令
非实验人员（普通人）给出命令
"教师"看见其他两名同伴反抗权威

使电压达到450V的被试者所占的百分比

条形图为总结

图 13.1 米尔格拉姆的服从研究

（选自"第 13 章 社会心理学"，见正文 480 页）

Sirikorn Thamniyom/123RF

根据心理动力学理论，婴儿会在无意识的情况下构建父母的形象，这将影响孩子一生中与他人的关系。

（选自"第 14 章 人格理论"，见正文 526 页）

Irina Rogova/Shutterstock

这对双胞胎的气质相同吗？或者不同的情境经历是否影响了他们当前的情绪状态？我们怎么判断？

（选自"第 14 章 人格理论"，见正文 532 页）

Tatyana Dzemileva/Shutterstock

如何区分正常的喧闹行为和注意缺陷多动障碍（ADHD）呢？有一个可用的诊断标准能让下诊断变得更容易吗？

（选自"第15章　心理障碍"，见正文559页）

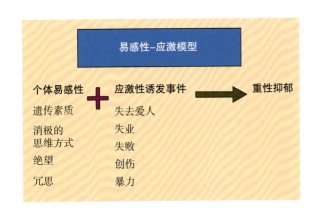

图 15.1　易感性 – 应激模型

易感性本身可能不会引发某种可诊断的心理障碍，但是对于在某些应激情境下具有某些易感性的人来说，可能就会引发心理障碍，例如抑郁症。

（选自"第15章　心理障碍"，见正文566页）

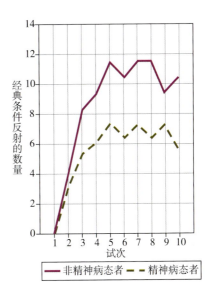

图 15.2　情绪与精神病态

在一些实验中，被诊断出精神病态的人对预期的危险、疼痛或震惊建立经典条件反射较慢，而感到危险、疼痛或震惊正是正常焦虑的表现。

（选自"第15章　心理障碍"，见正文578页）

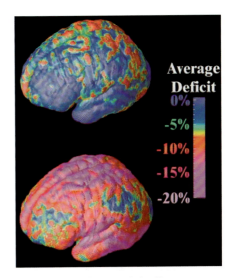

Paul Thompson/Arthur Toga

图 15.6　青少年的脑与精神分裂症

这幅生动的图像突出显示了五年来患有精神分裂症的青少年的脑组织缺失区域。组织缺失最大的区域与控制记忆、听力、运动功能和注意力有关（Thompson et al.，2001b）。

（选自"第15章　心理障碍"，见正文592页）

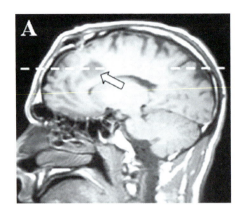

Elsevier

扣带前回毁损术——通过扣带前回毁损术对脑形成损毁点（Shields et al ., 2008）

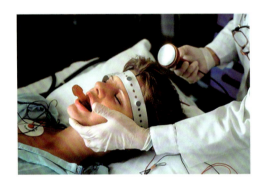

WillMc Intyre/Science Source

ECT——正在进行电休克疗法

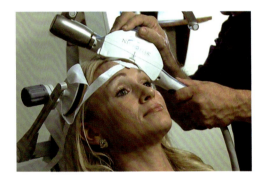

McClatchy Tribune Content Agency LLC/Alamy Stock Photo

TMS——个体在接受经颅磁刺激

（选自"第16章　治疗方法"，见正文609页）

Dov Makabaw/Alamy Stock Photo

有问题的青少年正在参加一个旨在干预不良行为的训练营。这种干预措施的有效性究竟如何呢？

（选自"第16章　治疗方法"，见正文624页）

PSYCHOLOGY, 13E

心理学

卡罗尔·韦德（Carole Wade）

卡罗尔·塔佛瑞斯（Carol Tavris）

塞缪尔·R.萨默斯（Samuel R.Sommers） 著

丽莎·M.申（Lisa M.Shin）

白学军 等 译

中国人民大学出版社

·北京·

推荐序

心理学没那么神秘，但也并非常识！

彭凯平

清华大学社会科学学院院长，中国积极心理学发起人

我之前教授过一门课程，叫"心理学概论"。在第一堂课上，我都会问同学们这样一个问题：在你们看来，何谓心理学？

有人说，心理学应该就是心理医生治疗患者的心理疾病。也有人说，心理学大概就是读心术，弄清楚人在想什么。还有人说，心理学可以用于星座分析和预测未来前景……

可以肯定地说，上面的回答是不正确的。但是我非常能理解他们对心理学的模糊与朦胧的认知。事实上，对于很多刚入门的人来说，心理学就是那种"云里雾里"的东西。

为了以通俗易懂的科普方式解释心理学，在相对确切地了解心理学是什么之前，最好先看一看心理学不是什么。

心理学不是相面

很多没有学过心理学的人在碰到心理学家时问的第一个问题总是"猜猜我在想什么？"。我经常回答"我不知道你在想什么"。也就是说，心理学研究的不是个案，而是大众的心理，是一种普遍规律，在科学上我们称它为"大数原则"。这就好比没有一个专业的经济学家会说这只股票明天一定会涨，因为这违反了他的职业操守，也违反了科学原则，但经济学家可以说股市的基本规律是什么。

心理学不是算命

从某种意义上讲，算命是一种迷信活动，而心理学是一门科学。后者讲证明、证据和证伪。

我毕业于北京大学心理学系。1998年，母校邀请我回国参加百年校庆。因为飞机晚点，我到达机场后没有人接我。寒风之中，我在等出租车时，迎面走来一位颇有道骨仙风的道士，他递给我一张名片，上面写着"中国道教协会副会长"。

他说："您正好没事儿，我能不能给您算上三卦？算准了您给我钱，算不准分文不取。"我正好闲着无聊，就同意他给我算命。

他说："第一卦，您看起来相貌堂堂、威风凛凛，一定是位成功人士，对不对？"

你说这要我怎么回答，我只好说"对"。

他接着说："您天庭饱满、地阁方圆，必有大成，可惜您现在缺个好帮手，对不对？"

你想，我在寒风中等出租车，肯定缺帮手，所以我说"对"。

他立马说："前两卦算得准，且听第三卦。俗话说'男人四十一枝花'，您一定要当心桃花运。"

我知道桃花运是一种职业风险，所以我说"这也对"。于是，道士说："三卦算准，您掏现金。"但我转念一想，不对，科学的原则之一是要证伪。

所以，我立马跟他讲："你这三卦好像适用于刚才所有从国际航班上下来的男性。"

我反问道："第一，这些人能够搭乘国际航班，就算不是成功人士，也是小有成就的人，对不对？"他说"对"。

"第二，这些人都在等出租车，肯定缺帮手，对不对？"他说"对"。

"第三，桃花运是不是应当小心？"他也点头说"对"。于是，我说："三卦全对，你得给我现金。"

他问我是干什么的，我告诉他我是一名心理学教授。他立马说："大水冲了龙王庙，原来我们是一家人！"听到"一家人"，我也只能笑笑作罢。

我真的和他是"一家人"吗？

心理学不光是心理咨询

还有很多人误以为研究心理学的人都是从事心理救助、心理干预工作的。心理学家当然可以做这些事情，但科学的心理学不光是心理咨询，它研究的是人类心理活动的方方面面。比如，社会心理学研究的是个体和群体在社会相互作用中的心理和行为发生及其变化规律；认知心理学研究的是作为人类行为基础的高级心理活动，也就是一种认知过程，包括注意、知觉、表象、记忆、思维和言语等；神经心理学研究的是人的心理活动与丘脑、大脑等的关系；发展心理学研究的是行为和能力的逐步变化，包括生命从受精卵到死亡的每个阶段。哈佛大学的公开课"幸福课"（又称"积极心理学"）的主讲者泰勒·本－沙哈尔（Tal Ben-Shahar）先生发现，一个世纪以来，心理学家还研究了很多负面的心理活动，包括抑郁、焦虑、恐惧等。

心理学不是简单的常识

在现实生活中，我们会口口相传一些被称为"常识"的知识。常识，顾名思义就是长期以来人们意识到的一些事情。其中，有些事情可能比较有规律性，有些可能比较有理论性，也有些可能能够被多次检验。常识本身有不同的形成方式，科学常识一般要通过科学实证得到。但一些生活常识或社会常识则不一定来自科学检验，可能来自文化习惯。

当然，一些为人们所熟悉的科学的心理学知识可以被称为常识，也有一些科学的心理学结论并不被人们所熟悉，甚至与人们的"常识"相悖。就拿绝大多数人都熟悉的微笑为例。有一种微笑会让人产生鱼尾纹，不少人特别是女性觉得鱼尾纹影响容貌，于是就想方设法去除鱼尾纹或者平时尽量保持表情严肃。这应该可以算是许多女性认可的一个"常识"，美容院也因为"拉皮项目"而生意兴隆。但这个"常识"从心理学的角度来说是不正确的。

其实，这种"鱼尾纹式微笑"有一个专业的心理学称谓，叫"迪香式微笑"，是由一百多年前的一位法国医生迪香发现的。迪香式微笑的特点是：笑容饱满、牙齿露出、嘴角肌肉上扬、颧大肌上提、眼角肌收缩（使眼角周围出现皱纹）。而眼角肌只有在发自内心地微笑时才容易显现。程式化的假笑虽然能够带动嘴角肌肉与颧大肌的运动，却无法使眼角肌充分收缩。之后的脑科学研究更是证明了迪香式微笑的神经机理。人类控制面部表情的神经系统有运动神经系统与情绪神经系统，假笑是运动神经系统的作用产物，而眼角肌的充分收缩在很大程度上要归于情绪神经系统。积极心理学家进一步的研究表明，拥有迪香式微笑（真笑）的人生活更幸福、健康状况更好、事业成功的概率更大、家庭关系更和谐、收入水平更高。所以，大量女性朋友实际上被这样一个"常识"影响了幸福、成功、健康等。真正的常识是：展现鱼尾纹，经常发自内心的笑容能够让人生更美好。

像上面这样的例子还有很多。对于很多事情，我们其实并不太知道或者我们知道的是错误的，但我们会误以为自己知道或误以为自己知道的都是正确的。再举个例子：在20世纪60年代，著名心理学家亚瑟·阿伦（Arthur Aron）做了一项有趣的研究，研究恋爱的人对视的时间有多久。结论出来以后，媒体报道说恋爱的人对视的时间要更长一些。这种对心理学知识的简单描述，导致公众认为心理学研究的都是我们知道的东西。但是他们并没有认真看这份研究报告，实际上，其中用了很多方法测量人们的对视时间，而且其中的很多解释说明了为什么恋爱的人要凝视对方，会有什么样的生理反应，有什么样的心理结果以及相应的婚姻价值等。

这种观念并非个例，甚至很普遍，有相当广泛的社会认同，以至于美国国会议员曾公开建议，要把心理学中研究人类美好关系的问题划归到哲学家、文学家、艺术家的研究领域中，而不是把它们当作科学问题予以研究。这位议员明显没有经过专业的心理学训练，可能只是略知一二。但他是政客，在现实生活中，政客的意见在很大程度上能影响政策的制定。这就是我经常讲的，在很多时候，我们其实只是简单地理解了心理学的研究结论。更重要的是，心理学还可以解释很多常识的错误。

2002年，诺贝尔经济学奖被授予著名心理学家丹尼尔·卡尼曼（Daniel Kahneman）。他发现，人们习惯把对人的认识、对心理学的认识建立在自己的经验和直觉之上，而这些经验和直觉往往是不可靠的。卡尼曼教授在世界范围内做过一项非常有名的研究，讲的是一位叫王楠的女孩：30多岁，单身未婚，坦率直言，非常聪明，大学读的是哲学专业，在念书期间就对很多社会问题感兴趣，踊跃参加各种学生活动。现在，请你判断一下以下两件事情哪件最有可能发生：

第一，王楠在银行做一个普通的出纳员。

第二，王楠在银行做一个普通的出纳员，同时还积极参加女权运动。

卡尼曼教授发现，大多数人的选择是第二种。他们认为，如此聪明并且关心社会问题的女孩不能只在银行做一个普通的出纳员，业余时间她可能也会参加一些社会活动。

其实，从心理学的角度以及从科学的逻辑角度来讲，两件事同时发生的概率不可能比其中一件事单独发生的概率更大。这就是联合概率的判断误差，也是心理学所强调的证据、证明、证伪的意义。

那么，究竟何谓心理学？

这本"心理学概论"课的经典教材——《心理学（第13版）》就全面透彻、深入浅出地回答了这个问题。

它也通过对科学心理学的阐述，让我们真正理解"科学心理学"和"虚假心理学"有哪些差异，并帮助我们了解心理学到底是一门什么样的科学，对我们有什么用。

本书指出，心理学是一门研究我们日常思考、感受及行为的科学。心理学家基于研究和实证证据来探究人性，其中实证证据是通过精确的观察、实验和测量得到的。

书中谈到，心理学研究通常会得出与广为流传的信念直接矛盾的结论。例如，不愉快的记忆真的会被压抑，而在几年后又能被准确地回忆起来吗？戒酒政策会降低人们的酗酒率吗？如果在婴儿期听贝多芬的音乐，长大后会变得更聪明吗？催眠真的可以帮你准确回忆起自己三岁生日那天发生的事情，或者让你完成本不可能完成的壮举吗？

当你学完本书，你以前所信赖的人性假设，至少有一个（也可能会更多！）将被证明是虚构的而非事实。

没错，在本书中，你能清楚地感受到心理学的魅力。阅读本书不需要心理学基础，但需要抱以开放的接纳态度。本书通俗易懂，从身体、环境、思维和感觉、个人发展、健康和障碍等多个方面进行组织，将心理学与日常生活紧密联系在一起，内容丰富全面，案例生动有趣，应用性强。

本书的另一个很鲜明的特色是将批判性思维和科学思维融入各章，深入分析了大量引人入胜的故事和当代事件，为学习者提供了必要的思维工具，帮助他们像心理学家一样理性思考。作者认为，在虚假新闻和"另类事实"无处不在的今天，这点比以往任何时候都更重要。

除此之外，本书在内容的组织编排上也不乏特色。相较于之前的版本，第 13 版进行了很多升级。比如，在每章中增添了"批判性思维演示"新板块，通过互动式活动分析与每章主题相关的流行观点。又比如，更新了每一章的实验研究以反映该领域的进展和最新发现。另外，还对每章内容的呈现方式进行了创新，使它们更容易按照教师授课的方式被重新排列等。

本书的四位作者是来自不同心理学领域的专家。比如，卡罗尔·韦德在认知心理学上有很深的造诣，卡罗尔·塔佛瑞斯擅长社会心理学，塞缪尔·R. 萨默斯的专长是社会、认知和应用心理学，丽莎·M. 申致力于神经科学、情绪和临床心理学方面的研究。本书集结了不同心理学领域的专业结晶，可以最大限度地让读者受益。

无论是心理专业的学生、教师、从业者，还是对心理学感兴趣的入门级读者，都能通过阅读本书，拥有以下收获：

·知道心理学可以给你带来什么；

·满足自己对人类本性的好奇；

·能够区分事实与虚假信息或伪科学；

·成为更知性、更理智的人；

·更好地学习、工作与生活。

下面，就请翻开这本书，开启心理学的神秘之门，去认识自己、了解他人、探索世界吧！

译者序

借鉴吸收，助力更好的心理学未来

白学军

天津师范大学副校长、心理学部部长，长江学者特聘教授

心理学作为对我国哲学社会科学具有支撑作用的学科，肩负着加强社会心理服务体系建设，助力培育自尊自信、理性平和、积极向上的社会心态的重要使命和责任。

心理学如何才能承担起这一重要的使命和责任呢？我认为必须牢记"不忘本来、吸收外来、面向未来"这一根本原则。一方面，我国的心理学学科建设要培养大批高素质的心理学人才，发展具有中国特色的心理学科，创造性地开展科学研究，揭示中国人的心理特点及规律；另一方面，中国心理学界要借鉴和吸收国外的先进经验和优秀研究成果，及时了解国际心理学发展的前沿与动态。在这一过程中最为重要的是借鉴国外优秀的心理学教材，了解国际一流大学心理学专业学生所使用的教材的体系、内容及特点，变革我国培养心理学专业人才的理念、思路和方法。

为了实现这一目的，我带领团队成员，组织翻译了卡罗尔·韦德、卡罗尔·塔佛瑞斯、塞缪尔·R. 萨默斯和丽莎·M. 申合著的《心理学（第13版）》。这是一部美国高校广泛使用的优秀教材。它具有以下几个特点：

第一，作者队伍综合实力强。

本教材的四位作者都是心理学专业出身，且都在知名大学从事心理学教学和科研工作。四位作者的专业特长不同，实现了取长补短。例如，韦德和塔佛瑞斯在批判性思维和加强心理学教育方面有深入的研究；萨默斯在群体间关系、群体组成及多样性、刻板印象及偏见等社会心理学领域很有影响力；申在创伤后应激障碍患者治疗及神经科学等方面有较大的成就。通过翻译本教材，我们从中得到的启发是：要想完成一部优秀的教材，必须有优秀的作者队伍，根据内容的不同，发挥每一位作者的专长和优势。

第二，注重批判性思维这一核心素养的培养。

作者认为，现代社会大部分人对心理学的认识是通过通俗的心理学读物、杂志或电视节目，公众对心理学信息的需求为披着心理学外衣的伪科学创造了巨大的市场。许多人之所以相信伪科学或被迷惑，是因为他们缺少批判性思维能力。具备批判性思维的人能够根据充分的理由或证据来评估观点并做出客观判断，而不是感情用事或基于小道消息做出评价。具备批判性思维的人，他们查找论据中的缺陷，拒绝接受没有依据的观点。在

每一章，作者都设计了锻炼学生批判性思维的内容。通过学习本教材，读者可提升自己的批判性思维能力。通过翻译本教材，我们从中得到的启发是：学习心理学知识、原理的确很重要，但更为重要的是让学生具备批判性思维这一核心素养。

第三，讲授与检验并重。

本教材在讲授心理学概念和原理的同时，又有针对性地设计了测试练习，供读者及时进行自我检验。本教材共有 16 章，内容涉及心理学史，心理学研究方法，基因与进化，脑与神经系统，感觉和知觉，意识与睡眠，学习，记忆，思考与智力，动机，情绪、压力与健康，生命全程发展，社会心理学，人格理论，心理障碍，心理障碍治疗方法。在每一章，基本概念都被逐一列出，有利于读者更为清晰直观地掌握这些内容。同时，每节的内容结束后，作者专门设计"小考"模块，读者可及时检查自己学习的结果。通过反复练习，读者可加深对所学内容的理解和掌握。通过翻译本教材，我们从中得到的启发是：不仅要学习心理学的基本原理，更为重要的是要用理论指导自己的学习、生活和工作，增强自我效能感，真正实现学以致用。

本教材的翻译工作由我所带领的团队集体合作完成，详细分工如下：

第 1 章（包括"投入这门课""内容摘要""关于作者""作者致谢""学习成果及测评"）是白学军和白宇鸽；第 2 章是刘丽庆；第 3 章是赵冰洁；第 4 章是张琪涵；第 5 章是邵梦灵；第 6 章是白璐；第 7 章是贺菲；第 8 章是曹贤才；第 9 章是李骋诗；第 10 章是都旭；第 11 章是朱莹莹；第 12 章是李芳；第 13 章是陈怡馨；第 14 章是高峰；第 15 章是朱叶；第 16 章是牛宏伟。每一章的译者在读博期间都从事过与此相关的研究，对所翻译的内容有深入的了解。各章翻译稿完成后，我对全稿进行了校对。但我们深知翻译工作不易，翻译教材就更难。特别是近些年心理学各领域出现了许多新名词，没有公认的译法。为此，我们专门进行研讨，最后定下了目前的译法。但翻译得是否恰当，还请读者审阅。同时，我们也深知自己能力有限，一些内容的翻译还不够完善，欢迎大家提出宝贵的意见和建议。

最后，我还要感谢中国人民大学出版社对我们团队的信任，把此项重要工作交由我们来完成。同时也感谢本教材的编辑人员，他们认真负责、细致耐心，用高质量的编校工作提升了本教材的质量，使本教材锦上添花。

投入这门课

关于这门课

来自作者的看法

来自卡罗尔·韦德和卡罗尔·塔佛瑞斯的看法

从本教材的第 1 版起，我们就立志于将批判性思维和科学思维融入教材的各章。在虚假新闻和"另类事实"无处不在的当今时代，这个初衷比以往任何时候都更加重要。学生须通过互联网和社交媒体与他人交流沟通，这些媒介虽然包含大量信息，但也充满了阴谋论和无稽之谈。心理学可以为学生提供必要的思维工具，使他们能够区分事实与虚假信息或伪科学，并将一厢情愿与理智思考区分开来。因此，一部好的教材不能只对各类定义和研究进行详尽罗列，作者也不能仅完成记者的工作。作为教材的作者，我们最重要的使命应该是帮助学生学会像心理学家一样思考，并鼓励他们享受这一过程。

这就是我们非常欢迎塞缪尔·R. 萨默斯和丽莎·M. 申加入该教材作者队伍的原因。他们是一流的科学家，更是特定专业领域的专家，其中塞缪尔专长于社会、认知和应用心理学领域，丽莎专长于神经科学、情绪和临床心理学领域，这使本教材的知识内容完美地覆盖了整个心理学。同时，他们俩还是有天赋的教师和作家，知道如何启发学生、如何与学生保持联系。感谢他们拓宽了本教材的视野，也感谢他们为当今课堂融入了新的教学方法和学习动力。他们保留了忠实读者在先前版本中所关心的内容，同时引领了教材内容的未来发展。我们希望读者喜欢本教材中这些令人振奋的新变化。

来自塞缪尔·R. 萨默斯和丽莎·M. 申的看法

我们采用团队授课的形式讲授"心理学导论"课程。考虑到心理学内容涉及那么多的领域，团队授课是一种非常理想的教学方法，因为让擅长于某一领域心理学知识的专家来讲授可让学生受益最大。实际上，我们俩曾多次一起教授这门课。现在，我们为加入一个新团队感到非常兴奋，这是由卡罗尔·韦德和卡罗尔·塔佛瑞斯创建的作者团队。她们撰写了本教材，其因使心理学知识浅显易懂而出名。本教材的突出标志是以研究为基础并注重学生批判性思维的培养，为此教材深入分析了大量引人入胜的故事和当代事件。这样做的目的是让在任何机构中学习心理学的人都可以使用本教材。教材还有意向读者揭示心理学是一门在他们日常生活中能用到的科学。这些也是我们教学团队多年来的目标。

对于过去曾经使用过韦德和塔佛瑞斯所撰写教材的人来说，我们相信你会发现这本教材的特色依旧：对研究设计和研究结果的详细评论，对批判性思维和主动学习的重视，敢于面对有争议的话题，以及始终贯穿本教材的文化和性别主题。我们相信，无论是老读者还是新读者，都会从中受益，从而更容易掌握心理学。每一章均以提问开篇，让学生带着问题探索该主题在自己生活中的适用性。我们也对流行文化进行了详尽分析，使读者能够考虑更广泛的文化力量在塑造和反映个人认知及行为倾向中的作用。本教材中的每章均增加了"批判性思维演示"这一新内容，引导读者完成批判性思维的相关步骤，审视与每一章主题相关的争议性观点。我们尝试用自己在该领域数十年研究所积累的专业知识来撰写教材，因为我们始终相信，教学可以促进科研，科研更能促进教学。我们很高兴加入这个教学团队并期待与你分享即将到来的新学期的课程。

目标与原则

从第 1 版开始，五个目标与原则指导了本教材的写作。它们是：

1. 对批判性思维的批判性思考

真正的批判性思维不能简化为一组反问句或一个分析研究公式，它必须无缝地融入叙事内容中。我们采用一个三管齐下的方法"进行"批判性和创造性的思考：定义它、模拟它并给学生实践它的机会。

第一步，定义什么是以及什么不是批判性思维。第一章介绍了具体的批判性思维步骤，在我们评估研究及流行观点时，这些步骤贯穿了全书。

第二步，将批判性思维原则模拟应用到我们对研究及流行观点的评估中。在本教材中，你会发现针对这些批判性思维原则的讨论，我们要求读者评估研究证据是否揭示了某一特定现象。图片注解、写作分享、互动，当然还有叙事内容本身，都为学生提供了提高批判性思维能力的方式，从而使其成为心理学的积极读者（和主动学习者）。

第三步，我们所讲内容通过模块小考、章末测试的形式为学生提供实践机会。完成这些测试需要学生记住定义，可以帮助学生检查自己的学习进度，衡量自己对这些内容的理解程度，并鼓励他们回顾那些自己不记得或不理解的学习内容。许多测试题包含了批判性思维项目，请学生反思研究结果的含义，并考虑心理学原理如何阐明现实生活问题。

2. 探索生物学与神经科学的新研究

人类基因组计划的发现，行为遗传学和表观遗传学的研究，有关人脑的研究结论，例如功能性磁共振成像（fMRI）技术，以及治疗心理障碍药物的激增，所有的这些发展都对我们理解人类行为、干预慢性疾病产生了深远的影响。在本教材中，无论涉及什么方面，我们都会报告相关生物学和神经科学领域的新发现，对人脑中的神经发生、记忆、情绪、压力、儿童发展、衰老、心理障碍、人格及其他许多方面都进行了讨论。

尽管我们提醒学生忽视生物学研究的危险性，但我们也提醒他们，通过过度概括有限的数据、不考虑其他解释以及过度简化解决方案，将复杂行为归结于单一的生理反应等，这些做法同样是危险的。我们的目标在于向学生提供一个研究的解释框架，以使他们今后听到或看到实验研究时能有一个更深的理解。

3. 对文化及性别的关注

出版本教材的第 1 版时，一些人认为将性别和文化研究作为"心理学导论"的目标与原则之一是相当激进的，这种做法要么是对政治正确的屈服，要么就是一时的风潮。今天，问题已不再是争论是否包含这些主题，而是如何将这一目标做好。从一开始，我们就将文化和性别研究贯穿于教材之中，我们从脑、情绪、动机到英雄主义、性、爱及饮食失调等许多领域探讨性别之间的差异性及相似性。

多年来，大多数心理学家已经开始意识到文化对生活各个方面的影响，从非言语行为到世界如何发展的最深刻态度。我们在本教材中呈现了文化及种族的实证研究结果。此外，第 13 章强调了心理学中的社会文化视角，包括对群体间冲突、偏见和跨文化关系的广泛讨论。

4. 面对争论

心理学生机勃勃，但也存在争议，我们认为不应该让学生远离这些争论，它们使心理学变得如此有趣！在本教材中，我们坦率地呈现了心理学领域的争论，试图说明它们为什么会发生，并提出各情境下有可能产生有用回答的问题。例如，我们讨论了脑部扫描技术过分简单化的争议（第 4 章），成瘾的病理学特征及学习模型（第 15 章），父母对儿童人格发展的影响程度（第 12 章）以及心理障碍药物治疗研究中的利益冲突（第 16 章）。

5. 应用与主动学习

最后，在本教材中，我们始终牢记一个关于学习的最基本的发现：对内容的积极编码。特别是一些教学板块鼓励学生积极参与到他们所阅读的内容中去，包括每章开篇的问题，这使学生能够将心理学主题与自身经历相结合；每章的"心理学与你同行"板块阐述了心理学研究对个人、团体、机构及社会的实际意义；书后术语表定义了黑体字的专业术语，以供学生参考及学习；批判性思维演示、章节概要以及段落形式的章末总结，可帮助学生复习。

对所学内容进行自我检测的重要性

通过多年的教学，我们发现某些学习策略可以极大地促进学习，所以将以下建议提供给我们的读者。不要像大段大段地阅读小说那样阅读本教材。也许你像大多数学生一样，最喜欢边看书边做笔记，然后再简单地重读一遍，但这不是最好的学习方式。

如果只能做一件事来促进学习并提高成绩，那就是：尽早、经常、反复地自我检测。向自己问问题并回答它们，然后重新学习你不懂的内容。即使你已经明白了，你也需要在整个学期中定期自我检测，这样你所学的东西才能储存下来。在第 1 章中，我们将提供其他一些已被证实的学习方式来帮助你学习。

为了从学习中实现最大收获，我们建议你每次只阅读每章的一部分内容。不要只是默读，一边点头一边对自己说"嗯……"，试着在每一部分的结尾用自己的话重复所阅读内容。你会发现，每一章特定位置的日志与写作分享，不仅要求你回顾所学知识，还需要你积极理解阅读的内容。这些练习将帮助你了解自己学会了什么以及没学会什么。

我们从未忘记自己对心理学的初心，我们已经尽我们所能让心理学变得生机勃勃并吸引你我。但是，你的学习方式与我们所撰写的内容一样重要。你应该选择积极阅读，采用我们所提供的主动学习方式及批判性思维原则，否则本教材只是各个段落内容的堆砌。

心理学真的能够改变你的生活，我们希望你会享受本教材的学习之旅。欢迎学习心理学！

卡罗尔·韦德
卡罗尔·塔佛瑞斯
塞缪尔·R. 萨默斯
丽莎·M. 申

目 录

第1章
什么是心理学

1.1.A 定义心理学并从科学视角描述心理学在日常生活中的作用

1.1.B 阐明心理学与伪科学、流行心理学以及其他有关心理问题的可疑观点的不同

1.2.A 阐明为什么批判性思维适用于所有的科学研究工作，以及为什么它也能指导个体日常生活中的判断和决策

1.2.B 识别批判性思维的重要步骤，并举例说明每个步骤如何应用于心理学

1.3.A 讨论从远古时期到 19 世纪早期解释心理学主题的一些方法

1.3.B 讨论现代心理学早期有影响的学派和人物

1.4.A 列出并描述心理学的四种主要观点

1.4.B 总结早期心理学多样性的缺乏及其后果，并解释女性主义心理学如何阐明在科学探究中纳入多样观点的好处

1.5.A 辨别基础心理学和应用心理学，并总结各类心理学家可能从事的研究领域

1.5.B 比较心理咨询师、临床心理学家、心理治疗师、精神分析学家和精神科医生等各类心理从业人员的训练及工作场所的异同

你需要做什么？

　　心理学是一门研究我们日常思考、感受及行为的科学。学习本章之前，我们有关于你自己日常生活的问题要问你。我们希望这只是你在阅读本章时思考自己人生经历的开端。

互动

提出问题，乐于思考

　　你是否擅长预测周围人在不同情境下的行为和反应？

□是

□否

　　每天，我们都能看到世界各地上演着懦夫主义和英雄主义、成功与失败、高兴与恐惧、创新与愚蠢、爱与恨的故事。人性从极好到极坏有着广泛的连续性。有一门研究人们的思考、感受及行为的科学吗？

　　有，这就是心理学。

　　当有一天，人们知道作者是心理学家时，他们的第一反应通常是："哦，你现在会分析我吗？"（我们总是说"是的"。）有时紧随其后的问题是："你能知道我心里的想法吗？"（同样，仅是为了让人高兴，我们总会说"能"。）虽然确实有一小部分心理学家会与患者见面（这些专业人士中只有一小部分会使用精神分析），但是大部分心理学家却不这样做。说实话，作为心理学家，我们必须承认我们无法知道别人心里的想法。

　　虽然人们经常将心理学与精神障碍、心理问题和心理治疗联系起来，但心理学家是将人们所做的美好或野蛮的事情作为他们的研究对象，即个体每天的所见、所读、所听。心理学家想知道为什么有些人在人群中表现得更外向，另一些人则喜欢安静地融入其中。心理学家想了解为什么有人在追求成功的过程中会作弊和说谎，他们是如何合理化自己

和他人的不诚实行为的。心理学家会探讨不同民族和种族的个体为什么要用"我们对他们"的视角看待世界，并诉诸武力来解决冲突与分歧。心理学家还研究人类记忆的奥秘，揭示为什么有人可在短短几分钟内记住整副扑克牌的顺序，而有的人却会忘记自己到杂货店要购买的四样东西。

　　简而言之：心理学家对普通人如何学习、记忆、解决问题、感知和解释世界、体验情绪，以及与朋友和家人愉快相处（或不愉快相处）感兴趣。因此，心理学家极有可能研究大家的共同经验，例如抚养孩子、闲聊、高峰时段的交通压力、做白日梦、性爱和谋生。

　　如果你曾经想知道人为什么会感到痒，或者你想了解自己的行为，那么你选择学习本课程就对了。本教材的每一章，我们将从"互动"开始以促进你思考自己的生活，同时把自己的生活与将要学习的主题关联起来。在本章中，我们询问你是否擅长预测周围人的行为和反应。在过去，甚至在这学期开学前，大多数同学对这个问题的回答都为"是"。这非常棒！但我们向你保证，在你学习完本课程后，你会在此方面做得更好。当学完本教材，你以前所信赖的人性假设，我们保证至少有一个（可能会有更多！）将被证明为虚构的而非事实。

1.1　心理学、伪科学和危险的常识

　　为了对这个领域有一个清晰的了解，你需要了解它的研究方法、研究结果以及解释结果的方式。我们承诺本章将会回答这些问题。但是，首先让我们更仔细地研究什么是心理学，以及什么不是心理学。这同样重要。

1.1.A　什么是心理学

　　学习目标 1.1.A　定义心理学并从科学视角描述心理学在日常生活中的作用

　　心理学（psychology）通常被定义为研究行为和

心理过程的学科，并探讨身体状态、心理状态和外在环境对行为和心理过程的影响。从很多方面看，心理学探讨人们的日常生活经验、偏好和倾向，心理学家也会研究你和你的朋友在喝咖啡或吃饭时讨论过的关于人性的问题。但是，与大家在非正式场合下的讨论不同，心理学家基于研究和**实证**（empirical）证据来探究人性，其中实证证据是通过精确的观察、实验和测量收集到的。

希腊字母 psi（发音像单词 sigh）经常被用来表示心理学。

心理学

研究行为和心理过程的学科，并探讨身体状态、心理状态和外在环境对行为和心理过程的影响。

实证

依靠观察、实验或测量，并从中获得结果。

因此，心理学不仅仅是常识的别称。通常，心理学研究会得出与广为流传的信念直接矛盾的结果，在随后的各章中你会发现这样的现象有很多。不愉快的记忆真的会被压抑而在几年后又能被准确地回忆起，就好像它们被完美地记录在大脑中吗？戒酒政策会降低人们的酗酒率吗？如果你在婴儿期听贝多芬的音乐，你现在会变得更聪明吗？催眠真的可以帮助你准确地记住自己的三岁生日或让你完成本来不可能完成的壮举吗？许多人对上述问题的回答都是"是"。但是，他们是错的。

的确，在心理学导论课开始前，许多学生持有在文化中广为流传的信念，或基于"常识"的信念，但是这些信念都没有科学依据。在上课的第一天，两名老师向上心理学导论课的同学发放一份关于心理学现象陈述的真假判断问卷（这些陈述完全是虚假的），结果发现同学们仅正确发现了 38.5% 的虚假陈述，实际上，这比随机猜测的结果还要低（Taylor & Kowalski，2004）。在最后一次课上，这两名老师让同学们再次完成第一天上课时所发放的问卷，发现他们的正确率提升了，达到 66.3%（见图 1.1）。虽然还有提升的空间，但证明同学们摒弃了许多错误的信念，这表明他们已经学到了科学中最重要的一课，即未经检验的假设和信念是不可靠的。

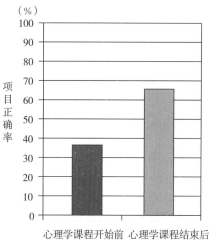

图 1.1　心理学：不只是常识

在上心理学导论课的第一天，两名老师让学生回答一些关于心理学现象陈述的真假判断问卷，结果发现学生的正确率低于随机猜测的结果。但到学期结束时，在他们学会了检验科学证据以证明信念之后，他们的正确率明显提高了（Taylor & Kowalski，2004）。

资料来源：Taylor & Kowalski（2004）.

毫无意外，心理学发现很重要。有时它们会验证常识性的信念，然后加以解释或拓展。像所有科学家那样，心理学研究人员不仅要努力发现新现象和纠正错误观念，还要加深我们对已经熟悉的世界的理解，例如，通过认识爱的类型、暴力行为的起源，不同的人能以不同方式听到相同录音声音的原因，以及为什么节奏好听的音乐能让我们心潮澎湃，等等。要完全理解大多数人视为理所当然的人类基本过程，通常需要用全新的视角，以不同的观点审视常识，或者动摇秉承的信念，以了解其成立的原因及条件。实际上，心理学不仅能塑造大众对人性的看法，还能影响其他领域研究人员的思维活动。我们从某一学科科学家对其他学科科学家研究结果的引用频率发现，心理学是一门"枢纽科学"，它是许多其他领域相关研究的中心连接点（Cacioppo，2013）。

你也许不会相信我们所说的心理学的重要性及潜在影响力，毕竟，我们是心理学家，在这个问题上我们可能会存在一点偏见，但美国前总统巴拉克·奥巴马（Barack Obama）也许可以打消你的疑虑。他在2015年的一份行政命令中写道："行为经济学和心理学等领域的研究成果，可以用来设计政府政策，以更好地为美国人民服务。"

1.1.B　什么不是心理学

学习目标 1.1.B　阐明心理学与伪科学、流行心理学以及其他有关心理问题的可疑观点的不同

让我们思考一下什么不是心理学，这也许同样有用。首先，你要知道心理学与自助书或脱口秀节目中经常出现的大众心理学（"流行心理学"）关系不大。近几十年来，公众对心理学信息的需求为"心理呓语"（一种披着心理学外衣的伪科学）创造了巨大的市场。伪科学（"伪"的意思是"假"）承诺可以快速解决人们在生活中所遇到的心理问题，例如通过"重温"你的童年创伤来减轻成年后的不幸福感，或通过大脑的"重置程序"使你的工作更有创造力。然而，你将在本课程中学到的心理学知识主要来自科学方法和实证观察。

此外，心理学从根本上不同于那些非科学的竞争对手，例如算命、数字占卦术和占星术。是的，这些体系的推动者（就像心理学家）试图解释人们面临的问题、预测或引导他人的行为：如果你被"甩"了，"前世引导者"可能会说这是因为你在前世中被抛弃了，占星家可能会建议你选择白羊座的人而不是水瓶座的人作为你的下一个恋爱对象。然而，每当检验通灵者、占星家等人的预测时，它们就变得非常模糊，以至于毫无意义（例如，"明年你的灵性将会增加"）或者是完全错误的。这就像几个世纪以来的所有世界末日预言一样，尤其是社会剧变或焦虑时期的预言（Shaffer & Jadwiszczok，2010）。与人们从电视节目或心灵网站上看到的相反，通灵者通常不会寻找失踪儿童、识别连环杀手，或使用"灵力"帮助警察侦破犯罪案件（Radford，2011）。通常，他们的"帮助"只能让受害者家属更为伤心。

Digital N/Shutterstock

塔罗牌、占星术、通灵术以及其他一些预测未来的非科学的方法在今天仍然很流行。为什么？因为它们经常会说那些我们想听的内容，并且为这个不可预测的世界提供预测。科学数据通常比较混乱，讲述了更复杂的故事，这些故事可能会挑战我们的假设。

那么，为什么即使在科学发达的社会中，人们对"灵力"或其他伪科学的信仰仍然存在？因为它给予了人们对纷繁世界的控制感和可预测性。实际上，我们的大脑经常寻找事件中的模式，即使该模式并不存在（Hood，2009）。伪科学也可以证实我们现有的信念及偏见，而科学化的心理学则经常挑战它们。不必成为心理学家，你也会知道，人们并不总是乐于接受对信念的挑战。你很少听到有人高高兴兴地说："哦，谢谢你向我解释为什么我的非理性信念是错误的！"这个人更有可能说："哦，带着你的愚蠢想法滚出去。"

由于众多流行的心理学观念已经渗透到媒体、教育、法律和政治中，因此，发展出能够区分心理呓语与严肃心理学或未经证实的流行观点与基于研究证据的科学发现的能力是非常重要的。这项技能将很好地服务于你的心理学入门课程或其他课程，并将在这个充斥着商业信息、YouTube 上自封的"专家"、假新闻和其他来源不同的可疑信息的时代，使你成为一名更加知情的公民或消费者。在本书中，我们将重点关注批判性思维在心理学中的重要性，该问题的探讨始于每一节末尾的日志。

日志1.1　批判性思维：定义术语

你的朋友凯西是一名化学专业的学生，他喜欢让你在心理学课程上吃苦头。他说："心理学不是一门科学，差不多都是常识。"凯西为什么对心理学有这样的误解？什么是科学？你能想到一个通过心理学研究验证所谓常识性假设的具体例子吗？

模块 1.1　小考

1. 心理学被定义为关于_____的研究领域。
   A. 在社会环境中导致决策错误的因素
   B. 行为和心理过程，以及它们如何受到身体、心理状态和环境的影响
   C. 人类社会的发展、结构和功能
   D. 心理障碍的生物学基础与应对能力差的个体所面临的人际交往问题

2. 实证证据涉及_____。
   A. 从观察、实验或测量中收集或得到的信息
   B. 大多数人在考虑一个问题时所采纳的多数意见
   C. 非专家就某一特定问题相信专家的意见
   D. 特定现象的最直观解释

3. "大学成绩差是学生懒惰的结果"，这是_____的例子。"参加了为期 6 周的学习技能课程的学生，在学期末成绩提升了 15%"，这是_____的例子。
   A. 实证证据；实证偏见
   B. 观点；研究偏见
   C. 研究证据；观点
   D. 观点；实证证据

4. 在你阅读过的一份研究中，心理学导论课的学生在上课第一天完成了一份关于心理学问题的真假判断问卷。该问卷的初步调查结果是什么？
   A. 学生们能够区分关于心理学的正确或错误的陈述
   B. 学生们认为许多在心理学上错误的陈述实际上是正确的
   C. 学生们完成问卷的过程中识别正确结果的表现比随机猜测的要好
   D. 学生们倾向于认为调查中的所有陈述都是假的

5. 坚信伪科学和"灵力"的原因之一是_____。
   A. 它们给人一种能够预测纷繁世界的感觉
   B. 伪科学也是一门科学，科学是以事实为基础
   C. 通灵预测在大多数情况下是准确的
   D. 它们挑战了我们现有的信念，并且人们喜欢不确定性

1.2　心理学中的批判性思维

本教材的主要目的是向你介绍心理学的基本方

法、基本理论和发现。但我们希望（我们相信，你的课程老师也希望），心理学入门课程也有助于你发展超越特定学科领域的思维能力和分析能力。在整本教材中，通过运用批判性思维的方法，你将不断练习区分科学心理学与伪科学心理学。批判性思维作为一种科学方法，是所有研究方法的基础。它也可以作为一个很好的起点，让你了解整个世界，甚至为此努力成为最好的学生。区分事实与虚构，知道什么该相信、什么该摈弃，以及如何评估证据，这些都是你思维工具箱中的重要技能。因此，现在我们会问：批判性思维是什么？你如何才能发展好自己的批判性思维能力？

1.2.A 什么是批判性思维

学习目标 1.2.A 阐明为什么批判性思维适用于所有的科学研究工作，以及为什么它也能指导个体日常生活中的判断和决策

学习心理学的最大好处之一在于，你通过批判性思维不仅可以了解大脑工作的一般原理，而且可以学习如何使用大脑。**批判性思维**（critical thinking）是人们根据充分的理由或证据来评估观点并做出客观判断，而不是感情用事或基于小道消息的评价。批判性思维者查找论据中的缺陷，拒绝接受没有依据的观点。他们意识到批判某一观点与批评某个人是有区别的，并且他们愿意针对某一问题展开激烈的辩论。然而，批判性思维不是否定式思维。它包含与创造性和建设性有关的能力，即提出对某一事件的另一种解释，思考研究结果的含义以及将新知识应用于社会和个人问题的解决（Halpern，2014；Levy，2010；Stanovich，2010）。

批判性思维

根据充分的理由或证据来评估观点并做出客观判断，而非感情用事或基于小道消息的评价。

虽然许多人明白要想保持身材就需要不断锻炼，但是他们可能没有认识到形成清晰的思维也需要付出努力和练习。在我们周围，可以看到思维不严密的例子。有时，人们通常自豪地告诉你他们思想开放，以为自己的思维懒惰辩护。思想开放是好事，但是思想开放并不意味着所有观点都是相同的、每个人的信念都同样是好的（Hare，2009）。就个人喜好而言，这是事实。如果你喜欢雪佛兰汽车的外观而不是本田雅阁汽车的外观，没有人可以与你就此而争论。但是，如果你说"雪佛兰汽车要比本田雅阁汽车的性能更好，且行驶里程更长"，这时你说的就不仅仅是纯粹的个人意见了。现在你必须通过车辆的可靠性、行驶里程和安全记录等数据来证明你的信念（Ruggiero，2011）。如果你说"雪佛兰汽车是世界上最好的汽车，但本田雅阁汽车不是，它们都是政府阴谋论的产物"，此时，你已放弃了让别人认真对待你的观点的权利。当你不顾现实发表自己的观点时，你的观点就不能与他人的观点相提并论了。

批判性思维能帮助你更好地使用互联网。你可能很骄傲地说自己能快速地从互联网上找到自己所需的东西，但是有一个研究小组发现：大多数大学生在区分不可靠信息（或有偏见的信息）与可靠信息的能力上要比我们预期的差（Pan et al.，2007；Thompson，2011）。换言之，许多大学生倾向于相信搜索引擎中最先呈现的结果或社交媒体上排在前面的信息。这一现象不仅仅出现于大学生群体中！在过去的几年里，对"假新闻"的关注迅速增加，这些新闻是以更传统、更可靠的内容来源形式捏造的信息或未经证实的信息。数以百万的成年人已经阅读或转发了有关政治、犯罪、疫苗接种、营养和其他主题的误导性信息。实际上，科学家已开始呼吁要对这些误导性信息的传播方式、时间和原因进行系统研究（Lazer et al.，2018）。

当然，批判性思维不仅是我们在日常生活中所必需的，而且是所有科学的基础。当美国心理学会

（American Psychological Association，APA）发布如何最好地实践心理学本科专业培养目标指南时，在形成心理学知识体系这个首要目标后，第二个主要目标就在于进行批判性思维和科学探究（APA Board，2012）。这部分具体目标包括提出相关问题、收集有关观点的更多信息、描述影响准确结论的常见谬误，并使用心理学概念来解释个人经历。随着你深入学习本教材，你将有足够多的机会练习和发展你的批判性思维及相关的技能。

1.2.B　批判性思维步骤

学习目标 1.2.B　识别批判性思维的重要步骤，并举例说明每个步骤如何应用于心理学

本教材将带你了解批判性思维的五个关键步骤。

提出问题，乐于思考　什么问题最易激怒儿童家长？是"为什么"的问题，如："为什么天空是蓝色的？""为什么飞机不会掉下来？""为什么冰是冷的？""为什么仙人掌长刺？"但不幸的是，随着儿童年龄的不断增长，他们不再问"为什么"了（你认为这是为什么呢？）。但是，批判性思维和创造性思维始于对"为什么"的好奇。这个预防犯罪的计划行不通，为什么行不通？我想戒烟、减肥或提高我的成绩，为什么没有做到呢？什么是我做事情的最好方式或者最熟悉的方式？批判性思维者愿意质疑公认的常识——"这样做是因为我们一直都是这样做的"——并提出质疑，从本质上问："是这样的吗？为什么？"

在心理学中，知识始于提问。意识的生物学基础是什么？记忆是如何存储和提取的？为什么我们睡觉时会做梦？儿童是如何学习复杂的语法规则的？当人们独处和面对许多人时，为什么行为表现不同？什么原因导致精神分裂症？文化对成瘾行为有什么影响？虽然上述问题还没有得到完全的解答，实际上，连简单的解答都没有做到，但批判性思维者并不气馁，他们认为这些问题是令人兴奋的挑战。

定义术语　一旦你提出了一个一般性问题，下一步就是用明确和具体的概念来界定它。"是什么让人快乐？"对于深夜与朋友交谈来说，这是一个很好的问题，但在你没有对"快乐"一词进行界定之前，是很难得出答案的。你所说的快乐指的是大部分时间人们所处的一种快乐状态吗？是对生活感到愉快而满足吗？是没有严重的问题或痛苦吗？

问题中含糊或定义不清的术语可能会导致误导性或不完整的答案。例如，人们对其他群体的偏见会减少吗？该问题的答案在某种程度上取决于你是如何定义"偏见"的。每个人可能都认同，明显地不喜欢另一群体就构成了偏见。但是，如果某个人因对另一个群体的生活规则和信仰不熟悉而感到不自在，那他是老顽固还是不知情？如果有人在醉酒后脱口说出冒犯和侮辱的话，那他这是偏见还是仅仅是说醉话？如果某人不知道自己持有带有偏见的信念或感觉，但通过测试发现自己持有无意识的偏见，这意味着什么？许多心理学家对这种偏见现象进行了研究，根据他们对偏见的定义，他们得到了不同的结果。

分析假设与偏见　假设理所当然属于信念。批判性思维者试图识别和评估那些存在于主张和观点中的潜在假设，这些主张与观点源自我们所阅读的书籍、所听到的政治演讲以及每天所看到的纷繁广告。在科学史上，一些最伟大的科学进步，是由那些敢于质疑普遍假设的人实现的，这种普遍假设包括：太阳围绕地球转，在人的皮肤上放水蛭可治疗疾病，发疯是恶魔附身的征兆。当然，每个人都可对世界的运行方式做出假设，否则我们就无法生活了。但是，如果我们不承认自己和他人的假设，我们判断观点优劣的能力可能会受损。

当某种假设或信念使我们无法公平地考虑证据时，它就成了一种偏见。在有人挑战我们的信念，并使我们处于防御状态和愤怒前，偏见通常是隐蔽的（Tavris & Aronson，2007）。确实，批判性思维的另一项重要原则是避免过度依赖情感推理。有时我们的确会强烈地感到某件事是真实的，或者希望它是真实的，尽管事实并非如此。批判性思维者将情感与事实加以区分。你可能对许多有趣的心理学话题怀有强烈的情感，例如：药物使用、种族主义、性取向、智力起源、性别差异、使人发胖或瘦弱的原因，以及最有效应对考试的学习方法。在阅读本教材时，你可能会发现自己会因不喜欢的结果而争论不休。意见不合是好事！这意味着你正在积极阅读这些内容，并与所读内容互动。我们想要知道的是，你为何对此表示不同意：是因为它们的证据缺乏说服力，还是因为结果使你感到焦虑、被威胁或处于防御状态？偏见——以及经常与之相关的情绪反应——造成"智力障碍"。

检查证据　批判性思维者的结论基于证据，避免过分简化，抵制简单概括，并拒绝任何二选一的思维。想一想：仅仅因为某位政客不诚实，是否意味着每个竞选公职的人都是腐败分子？仅仅因为某一种族、民族或宗教背景的人犯了罪，是否应该用怀疑的眼光看待该群体的所有成员？批判性思维者在得出结论之前，需要更多的证据，而不是一两件轶事。

对于这个问题，有时人们会毫无根据地做出决定！你是否听到有人在争吵中大喊"我知道这是真的，无论你说什么！"？懒惰思维者的主要标志就是毫无根据地接受某种主张或结论。每一位批判性思维者经常会问："哪些证据支持或驳斥了这一论点及其反对意见？这些证据有多可靠？"例如，你是否曾收到过一些可怕的警告或者听到了关于某个朋友的有趣故事（"我发誓这是真的！"），之后你立即在社交媒体上进行了转发，但后来才知道这是个骗局或坊间传说而已？一位批判性思维者可能会说："我在告诉我的90 000个朋友、同事和邻居（以及他们的朋友、同事和邻居）之前，最好在snopes.com上核实一下这个故事。"

当然，有时要核实某种观点的真伪是很难的。在这种情况下，批判性思维者会考虑证据的来源是否可靠。确定信息来源的可靠性本身就在锻炼人们的批判性思维。批判性思维者具有某领域的教育背景或经验累积，能够负责任地利用这些专业知识提出观点。他们不强迫他人同意自己的观点。他们受到该领域其他专家的信任，并公开分享自己的证据。在心理学中，他们根据一定的规则和程序开展研究。

权衡结论　批判性思维者提出问题，定义术语，分析假设与偏见并检查证据，在完成上述工作之后才考虑得出结论的可能性。这说明学习批判性思维最难的地方在于如何面对不确定性。有时几乎没有证据可以检查。有时，根据证据只能得出一些初步的结论。有时，证据似乎足够有力，足以得出结论，但令人恼火的是，新的证据却不支持所得出的结论。批判性思维者必须愿意接受这种不确定的状态。他们不怕说"我不知道"。批判性思维者知道，问题越重要，就越不能得到一个简单的答案；当新的证据表明其观念必须改变时，他们很乐意做出改变。

为此，批判性思维者会考虑替代性解释：在决定最有可能的解释之前，尽可能对证据做出更多合理的解释。假设一家杂志社报道说，慢性抑郁症患者比非抑郁症患者患癌的可能性更高。在得出抑郁症会致癌的结论之前，你需要考虑其他的可能性。也许是抑郁的人更可能吸烟和饮酒，是那些不健康的习惯增加了患癌的风险。或者，也许是还未诊断的癌症引发了会造成抑郁症的生理及情绪症状。在得出抑郁症是导致癌症直接原因的结论之前，还必须通过进一步的研究排除诸如此类的其他解释（顺便说一下，抑郁症不是导致癌症的直接原因）。

在权衡结论时，对批判性思维者来说，容忍不确定性并考虑其他解释是很重要的。从心理学的角度来看，这意味着研究人员避免得出确切的结论，除非其他研究人员重复或复制他们的研究并验证了他们的发现。保密是科学中的一大禁忌。你必须愿意告诉他人你的观点从何而来以及如何检验，以便他人认为你的研究结果存在错误时，可以重复检验或对已有研究进行挑战。重复是科学研究过程中必不可少的部分，因为有时一个重大的发现也许只是侥幸而已

（Open Science Collaboration，2015；Shrout & Rodgers，2018；Spellman，2015）。

简而言之，批判性思维是一个过程，而不是一项成就。没有人会成为完美的批判性思维者，完全不受情感和主观意愿的影响。我们没有我们所想象的那么开放；与别人批判自己的观点相比，批判别人的观点更容易。然而，我们认为批判性思维过程是非常值得你付出精力的，该能力可以从无数方面帮到你，例如从帮你省钱到帮你改善人际关系等。在阅读本教材时，请记住我们在这里所描述的步骤，这些步骤以表格形式在表 1.1 中加以总结和解释。通过完成本教材中日志和与每章主题相关的"批判性思维演示"来练习应用这些批判性思维原则，每个主题都要求你批判性地评估某一特定观点。

互动

批判性地思考心理学问题

批判性思维的步骤将帮助你评估心理学发现、媒体观点以及你在生活中遇到的矛盾。

提出问题，乐于思考

即便不属于自己分内之事，为什么有些人还是会勇敢地帮助自己的同胞呢？另外，为什么有些人经常以自私、残忍或暴力的方式做事？提出这样的"为什么"问题是开展研究以发展科学知识的第一步。

Fayaz Aziz/Reuters

定义术语

人们总是提到智力，它准确的含义是什么？像世界级天才大提琴家马友友，他的智力很高吗？只能通过 IQ 来衡量智力吗？或者智力是否还包括学识和实用的"智能"？科学家和批判性思维者必须精确地界定自己所用的概念。

Tom Williams/CQ Roll Call/Newscom

分析假设与偏见

许多美国人有一种文化偏见，即认为所有的精神活性药物一定都是有害的。然而，在宗教仪式上，拉斯特法里教徒一起使用大麻，他们对大麻的反应是否与在街头第一次吸食大麻的成人一样？批判性思维者必须经常检验他们的假设，并且小心因偏见和感情用事得出的结论。

Janine Wiedel Photolibrary/Alamy Stock Photo

检查证据

这位占卜者利用人们不完全检查证据的倾向来展示所谓的神奇现象。批判性思维者避免过度简单化和过度概括化，他们认识到接受没有依据的主张是懒惰思维的表现。

Sergey Mironov/Alamy

权衡结论

许多父母非常想让自己的孩子表现出色，所以很难接受关于如何抚养孩子的不确定性内容，或者难以考虑其他可能性以解释他们在网上或新闻中看到的研究结论。例如，父母是否应该与孩子睡在一起？父母与孩子睡在一起是否会让孩子过分依赖父母和黏人？父母是否有时应该让婴儿"哭泣"以使他们学会如何自己睡觉？婴儿的"哭泣"会在其早期发育过程中留下"情感伤疤"吗？批判性思维者利用手头的证据来得出最佳结论，并认识到重要的问题很少有简单的答案。

Stanislav Fridkin/Shutterstock

表 1.1   批判性地思考心理学问题的指导原则

指导原则	举例说明
提出问题，乐于思考	"我能准确地回忆起童年时期的事情吗?"
定义术语	"童年"是指 3 ~ 12 岁；"事情"是指发生在自己身上的事，比如去动物园游玩或因生病而住院；"准确"是指事情基本上是按照"我"所回忆的方式发生的。
分析假设与偏见	"我总认为记忆就像录像机一样，可以准确记录我生活中发生的事，但也许这是一种偏见，因为它太使人心安了。"
检查证据	"我觉得我能准确地回忆起我 5 岁时的生日派对，但研究表明个人重构的旧事一般不太准确。"
权衡结论	"我可能永远无法确定自己童年的记忆是真实的，还是包含了准确信息和不准确信息的综合体；我希望看到更多有助于识别可靠记忆与不可靠记忆相关特征的研究成果。"

日志 1.2   批判性思维：分析假设与偏见

无论你是否有意识地认识到这一点，你可能已经实践了本节讨论的一些批判性思维原则。每当你观看电视广告并大叫"太好了，不可能是真的!"你要检查证据。当你的室友声称比你聪明时，你可能会坚持要先对"更聪明"这个术语加以界定。想一想上述批判性思维的关键步骤，若将它们用于日常生活，你觉得哪个最难，哪个更容易？

模块 1.2   小考

1. 雷吉对他的父母说："我在网上看到快餐厨师赚的钱要比大学毕业生多。我要退学，学厨师!"对于雷吉的父母来说，问以下哪个问题最能让雷吉使用批判性思维技能重新评估其计划？

   A. "今晚晚饭你来做吗?"

   B. "一只鸡能被分成多少个鸡块?"

   C. "每个财政季度的工资明细是多少?"

D. "这条信息是从哪儿来的？"

2. 露易莎偶然听到心理学教授设计了一个新实验并觉得很有趣。勒巴伦教授说："我们要确保对该因素的测量，以排除结果的其他解释。"德洛雷安教授补充道："是的，同时也要考虑到一些特殊的反应，以防止有些人的母语不是英语。"德德莫尼克教授插话说："我们不要忘记让有资格的同事对结果进行复查和解释。"尽管露易莎感到很有趣，但对教授们来说，这是第二天性。为什么？

A. 教授们精通批判性思维，并将批判性思维原理应用于即将到来的科学任务

B. 因为知道露易莎在听，所以教授们卖弄了一下，以便给她留下好的印象

C. 教授们已收集好数据，并监控追踪，以防任何结果都无法准确证实其预期

D. 教授们知道科学往往是运气和猜测的结果，所以他们只是重复了人们希望科学家说的话

3. 苏静问她的心理学教授："为什么大脑位于头部？"她的教授回答说："这是一个非常好的问题。尽管有很多原因，但我不确定最佳答案是什么。在这个学期，让我们一起找出答案。"苏静在实践批判性思维的哪一项原则？

A. 检查证据　　　　B. 定义术语

C. 提出问题，乐于思考　　D. 避免偏见

4. 开展与前人完全相同的研究，_____。

A. 通常是在浪费时间

B. 表明这个人运用批判性思维的能力较差

C. 被称为重复研究

D. 曾经在心理学历史上发生过多次，但现在很少进行

5. 罗瑞向朋友吉娜讲述了自己在 YouTube 上观看的精彩视频。"实在太棒了，那小子利用精神能量令一只迷你贵宾犬悬浮了 25 秒钟。他通过时间的连续性引导星光，这使他释放了自己内心潜在的力量。这完全属实，他有一个网站放着所有内

容。"吉娜回答说："也许这是他编造的。"吉娜在实践批判性思维的哪一项原则？

A. 吉娜通过容忍不确定性来权衡结论

B. 吉娜是在定义术语

C. 吉娜是在修正偏见

D. 吉娜通过考虑另一种解释来权衡结论

1.3　心理学史：从不切实际到心理学实验室

现在，你已经知道什么是心理学，什么不是心理学，以及为什么需要用批判性思维来研究它。让我们看看心理学是如何发展成现代科学的。我们将通过探究该领域先驱和相关学科先驱的理论观点来回顾心理学发展史。

1.3.A　现代心理学的先驱

学习目标 1.3.A　讨论从远古时期到 19 世纪早期解释心理学主题的一些方法

19 世纪前，心理学还不是一门正式的学科。当然，从亚里士多德（Aristotle）到琐罗亚斯德（Zoroaster，拜火教的创始人）等许多伟大的思想家都提出了当今所谓的心理学问题。他们想知道人们如何通过感觉获得信息，如何运用信息来解决问题，如何以勇敢或邪恶的方式做事。他们想知道难以捉摸的情绪的本质，以及情绪控制着人还是人可以控制情绪。像当代心理学家一样，他们想要描述、预测、理解和改变行为，以增加人类知识并最大限度地增强人类的幸福感。但是，与现代心理学家不同的是，过去的学者并不依赖实证证据。通常，他们的观察仅基于轶事或个别案例的描述。

这并不意味着心理学先驱们总是错的。被称为现代医学创始人的希波克拉底（Hippocrates，公元前 460—前 377）是一位古希腊医生，他观察头部受伤的病人，并推断出大脑应该是"人们的愉快、快

乐、笑声和诙谐以及伤心、痛苦、悲伤和眼泪"的最终来源。事实上这是对的。在 17 世纪，英国哲学家约翰·洛克（John Locke）认为：大脑是通过将产生于经验的想法联系起来工作的，这一观点在今天仍然影响着许多心理学家。

但是，没有实证方法，心理学先驱们也犯下了可怕的错误。一种叫**颅相学**（phrenology）的理论（希腊语为"研究心灵"），在 19 世纪初的欧洲和美国广泛流行。颅相学家认为，大脑的不同区域具有特定的特征和人格特质，如吝啬和虔诚。此外，他们说，这些可以根据头骨上的凸起"读取"。据说，小偷的耳朵上方有很大的凸起。那么，颅相学家如何解释那些有"偷窃癖"但不是小偷的人呢？颅相学家对此的解释是：这些人的偷窃冲动被其他代表积极特征的凸起所控制。在这种方式下，所谓的数据可以用来支持任何结论。

尽管如此，各种各样的人都急切地寻求颅相学家的服务。父母通过他们来决定孩子的培养方法，学校通过他们来决定雇用哪位老师，企业通过他们来找出忠诚和诚实的员工。一些颅相学家为那些想克服自身缺陷的人提供课程或自学项目——他们是现代自我提高项目和培训班的先驱。尽管颅相学是典型的伪科学——完全是在胡说八道，但人们对颅相学的狂热直到 20 世纪才消失。

Robertharding/Alamy Stock Photo

心理学是一门相对年轻的学科。第一个心理学实验室成立于 140 年前。但在此之前的几个世纪里，许多作家、艺术家、科学家和政治家就已讨论和思考与人类状况有关的问题。例如，威廉·莎士比亚（William Shakespeare）是在第一个心理学实验室诞生前约 300 年出生的。在许多方面，他是一位精明的心理学家，描写了爱情和嫉妒、道德失范、无意识的驱动力，以及人类自我洞察力的局限性。

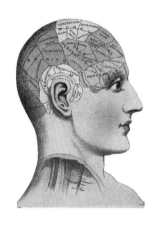

North Wind Picture Archives/Alamy Stock Photo

你了解这张 19 世纪的颅相学"地图"吗？你对其所包含的才能、情绪和性格感到惊讶吗？你对其缺少的专业性感到惊讶吗？将代表某种功能的标签分配到头骨的各个区域似乎没有任何规律或理由？当然，颅相学的伪科学面貌早已被揭穿，但是当你阅读本章的其余部分时，请想一想，是否存在与这张图一致的动机和假设继续影响着当代人对人类特征的思考方式。

颅相学

现已失传的理论，主张大脑不同区域具有特定的特征和人格特质，它们可以通过头骨上的凸起部分地"读取"出来。

1.3.B 现代心理学的诞生

学习目标 1.3.B 讨论现代心理学早期有影响的学派和人物

就在颅相学逐渐普及的时候，大约在欧洲和美国，一些先驱开始利用科学方法研究心理学问题。在 1879 年，威廉·冯特（Wilhelm Wundt, 1832—1920）在德国莱比锡大学建立了第一个官方的心理学实验室。冯特接受过医学和哲学训练，写了多本生理学、自然历史、伦理学、逻辑学著作。但是，心理学家特别尊敬他的原因在于，他是第一个（在1873 年）打算让心理学成为一门科学的人，他是第一个将实验结果发表在学术期刊上的人。虽然莱比锡实验室最初只是一栋老建筑中的几个房间，但该实验室很快成为任何想成为心理学家的人的首选。

冯特最喜欢的研究方法之一被称为受训的内省法。在这种方法中，志愿者被指导仔细观察、分析和描述自己的感觉和情绪反应。这不像听起来那么容易。志愿者在被允许参与一项实际研究之前，必须要进行 10 000 次的实践观察。一次训练长达 20 分钟，要求志愿者在 1.5 秒的实验后报告自己的内在体验，目的是将行为简化为最基本的元素，就像化学家把水分解成氢和氧一样。虽然大多数心理学家最终拒绝了受训的内省法，认为内省法过于主观，但冯特还是被认为是使心理学正式成为一门科学的发起者。在他的领导下，心理学作为一门正式科学存在的初期阶段，有三种心理学流派变得流行起来：它们是构造主义、机能主义和精神分析。

构造主义 在美国，冯特的思想被他的一位学生 E. B. 铁钦纳（E. B. Titchener，1867—1927）做了某种程度上的修正，他把冯特的观点命名为**构造主义**（structuralism）。像冯特一样，构造主义者希望将感觉、知觉和情感作为基本元素来分析。某人被要求听一个节拍器发出的声音，并准确地报告出他听到了什么。尽管节拍器发出的声音实际上是相同的，但大多数人会说自己发现了一种模式（比如：CLICK、click、click，CLICK、click、click）。或者，当某人吃了一口橘子时，研究者可能会要求他分析出味觉感受到的所有不同的成分（甜、酸、湿等）。

然而，在你发现了特定感觉或知觉的成分后，这些成分又是什么呢？构造主义者没有答案。他们对内省法的依赖也给他们带来了麻烦。尽管他们受过训练，但内省者往往会报告出相互矛盾的结果。

在被问及当他们听到三角形这个词时想到了什么图像，大多数受访者说他们想到了一个拥有三条边和三个角的视觉图像。但一个人可能会报告一个闪烁的红色等角三角形，另一个人则可能报告了一个角大、一个角小的无色三角形。有些人甚至声称自己可以不借助任何视觉图像想象三角形（Boring，1953）。因此，很难知道三角形的基本心理属性是什么。

由此，尽管构造主义有能力制订很好的研究计划，但是它很快就失去了人们的青睐。在构造主义被取代几年后，沃尔夫冈·柯勒（Wolfgang Köhler，1959）回忆起他和同事们作为学生时对构造主义的反应："什么让我们感到不安……人类生命的意义，虽然非常丰富多彩，有着强烈的活力，但实际上是一种可怕的负担。"

机能主义 另一个早期的科学心理学学派被称为**机能主义**（functionalism），强调行为的目的（或机能），反对分析和描述。威廉·詹姆斯（William James，1842—1910）是机能主义心理学的领袖之一，是哲学家、医生和心理学家，强调要寻找经验的基石。由于大脑和心智是不断变化的，所以他认为冯特和铁钦纳试图做的事情完全是在浪费时间。关于试图通过内省法了解心智的本质，詹姆斯（1890/1950）写道："如同抓住陀螺顶端来捕捉它的旋转运动，或者试图迅速地打开气阀以观察黑暗的样子。"（詹姆斯不仅有敏锐的心智，还是一位相当优秀的作家！）

威廉·冯特（1832—1920）

构造主义

心理学的早期学派之一，主张心理学要将直接经验分解为基本元素。

威廉·詹姆斯（1842—1910）

机能主义

心理学的早期学派之一，主张心理学要研究行为和意识的目的和功能。

构造主义者会问在做某件事情时有机体会发生什么，而机能主义者会问如何/为何做某事。他们的灵感部分来自英国自然学家查尔斯·达尔文（Charles Darwin，1809—1882）的进化论。达尔文认为，生物学家的工作不仅仅是描述鸽子的膨胀胸部或蜥蜴的单调斑纹，还包括找出这些属性是如何促进其生存的。它们是帮助动物吸引配偶还是躲避敌人？同样，机能主义者想知道特定的行为和心理过程是如何帮助一个人适应环境的，所以他们寻找这些行为和过程的潜在原因和实际后果。与构造主义者不同，他们可以自由地挑选多种方法，这拓宽了心理学研究的领域，包括对儿童、动物、宗教背景，以及詹姆斯所说的"意识流"——这个术语仍然被使用，因为它如此形象地描述了思想像河流一样流动的样子，即有时湍急，有时平静，有时汹涌。

作为心理学的一个学派，机能主义和构造主义一样，都比较短命。然而，机能主义者对行为的原因和后果的强调，为心理学确立了发展方向。

精神分析 19世纪也见证了心理治疗的发展。在美国，1830—1900年间广泛流行心理治疗运动。心理治疗正努力矫正那些使人们焦虑、沮丧和不快乐的错误观念。心理治疗运动是现代认知疗法的先驱。

然而，在20世纪，对治疗方式产生世界级影响的是源于奥地利的维也纳学派。当研究人员在实验室开展工作努力将心理学建成一门科学时，西格蒙德·弗洛伊德（Sigmund Freud，1856—1939）在他的办公室里，听着病人报告自己的抑郁、焦虑和强迫行为。弗洛伊德相信他的许多病人的症状是心理原因而非生理原因所致的。他总结说，他们的痛苦是由儿童早期发生的心理冲突和情绪创伤引起的，但这些心理冲突和情绪创伤的威胁性太大以至他们无法有意识地回忆，例如，禁止把父母作为性爱的对象。

弗洛伊德认为，意识觉知只是心理冰山的一角。他说，可见的冰山之下，是心理的无意识部分，包括未透露的愿望、激情、内疚、难以言表的欲望与责任之间的冲突。许多冲动和想法本质上讲都与性或攻击性有关。我们忙于日常工作时并没有意识到它们的存在，但是它们会通过梦、口误、意外甚至笑话表现出来。弗洛伊德（1905a）写道："没有人能完全保守秘密。即使你嘴上不说，你的指尖也会说话；秘密会从每个毛孔里泄露出来。"

弗洛伊德的思想并不是一夜之间风靡的。他的第一本著作《梦的解析》（*The Interpretation of Dreams*，1900/1953）在出版后的八年时间里只卖出了600本。但他的思想最终演变成一种广泛的人格理论和一种心理治疗方法，这两者都被称为**精神分析**（psychoanalysis）。大多数与弗洛伊德学说有关的概念，到现在为止，仍然被大多数以实验为导向的心理学家所拒绝，但是它们对20世纪的哲学、文学和艺术产生了深远的影响，弗洛伊德现在和爱因斯坦一样家喻户晓。如今，一些心理治疗学派借鉴了精神分析的思想，甚至当代许多研究领域也继续强调个人内在无意识的力量和冲突。

在哲学、自然科学和医学发展的早期，心理学已发展成为涵盖许多专业、观点和方法的复杂学科。今天，这个领域就像一个庞大的家族，每个成员都有共同的祖辈，表兄弟/姐妹间的关系非常亲密。但是像其他任何家族一样，有些成员经常吵架，有些成员几乎不说话。

西格蒙德·弗洛伊德（1856—1939）

精神分析

一种由弗洛伊德创立的人格理论和心理治疗方法，强调无意识动机和心理冲突的作用。

日志1.3 批判性思维：分析假设与偏见

当你想到精神分析或听到弗洛伊德的名字时，你会想到什么？是对梦的解析？是口误？是关于潜在性欲的理论？在记录自己对弗洛伊德理论的假设后，描述对弗洛伊德观点的一种批评，然后介绍一种在当代心理学研究中继续具有影响力的弗洛伊德理论。

模块 1.3 小考

1. "研究头部凸起"的一种失信的心理学，被称为_____。
   A. 精神分析　　　　　B. 幽默理论
   C. 隆起学　　　　　　D. 颅相学

2. 受训的内省法要求研究参与者_____。
   A. 解释观察到的行为中思想和感觉的效用
   B. 仔细观察和描述自己的感觉、心理图像和情绪状态
   C. 用催眠来修正意识发展的早期阶段
   D. 对外界刺激的变化做出快速准确的反应

3. 威廉·詹姆斯的观点与哪一个学派的观点联系最密切？
   A. 机能主义　　　　　B. 构造主义
   C. 精神分析　　　　　D. 行为主义

4. 两位心理学家埃迪和比尔走进酒吧。他们每人点一杯啤酒。埃迪说："看看那金色的花蜜……泡泡，泡沫，我舌头上的轻微水果味，琥珀色；伙计，那是啤酒！"比尔说："这会让我喝醉的。"埃迪可能支持_____，而比尔可能喜欢_____。
   A. 构造主义；精神分析
   B. 构造主义；机能主义
   C. 机能主义；构造主义
   D. 构造主义；行为主义

5. 个人的情绪问题源于无意识的心理冲突，该思想属于_____。
   A. 精神分析　　　　　B. 心理治疗
   C. 构造主义　　　　　D. 机能主义

1.4 心理学观

如果你的邻居不仅吵闹且粗鲁，你问一群心理学家你的邻居为何如此可恶，你可能会得到不同的答

案，原因在于：他的生物学特征，他对世界的好战态度，他学会使用暴躁的脾气去解决问题，不幸福的家庭环境，或他面对的文化习俗。现代心理学家通常基于生物学、学习、认知和社会文化四个不同但相互联系的视角中的一个开展研究。每个视角都反映了人类行为的不同问题、心理如何运作的不同假设，最重要的是，解释了人们的行为方式为何不同。

1.4.A　心理学主要观点

学习目标 1.4.A　列出并描述心理学的四种主要观点

生物学观　生物学观（biological perspective）关注身体事件如何影响行为、情感和思想。电冲动沿着神经系统的复杂路径传递。激素通过血液告诉内脏器官减慢或加速活动。化学物质通过微小间隙从一个微观脑细胞流向另一个微观脑细胞。持有生物学观的心理学家研究这些物理事件如何与外部环境中的事件相互作用，使人产生知觉、记忆、情绪以及心理障碍的易感性。他们还研究了心身在疾病和健康中的相互作用，以及基因在能力和人格特质发展中的影响。特别流行的**进化心理学**（evolutionary psychology），紧跟机能主义的脚步，侧重于探讨我们进化进程中具有功能性或适应性的基因所影响的行为可能反映在我们当前的许多行为、心理过程及人格特质中。生物学方法传达的信息是，如果我们不了解自己的身体，我们就不能真正了解自己。

学习观　学习观（learning perspective）研究环境和经验对人类（和其他动物）行为的影响。在这一视角下，行为主义者强调奖惩环境对形成或消除特定行为的作用。行为主义者不会用心理或精神状态来解释行为。他们更喜欢直接观察和测量行为：在环境中发生的行为和事件。例如，你是否觉得坚持执行一个学习计划很难？行为主义者通过识别环境因素来解释这类问题，例如，你和朋友出去玩比看书更快乐。直到20世纪60年代，在近50年的时间里，行为主义在北美地区的科学心理学中占据主要地位。

今天，社会认知学习理论家将行为主义的要素与关于思想、价值观、期望和意图的研究结合起来。他们相信，人们不仅通过使自己的行为适应环境来学习，而且通过观察和模仿他人以及思考周围发生的事件来学习。正如我们即将看到的，学习观可广泛应用于实际生活。从历史上看，行为主义者强调精确性和客观性，这在很大程度上促进了心理学作为一门科学的发展。总的来说，学习方面的研究为心理学提供了一些最可靠的结果。

认知观　认知观（cognitive perspective）强调人们头脑中发生的事情——人们如何推理、记忆、理解语言、解决问题、解释经验和习得道德标准。（"认知"一词源于拉丁语，意思是"知道"。）用巧妙的方法通过可观测的行为来推断心理过程，认知研究者已经能够探究过去只凭猜测的心理现象，如情绪、动机、顿悟，以及无意识思维。他们设计了计算机程序，模拟人类如何执行复杂的任务，发现婴儿的心理过程，识别出不能通过传统智力测试测量的智力类型。认知方法激发了对复杂心理机制的大量研究。

社会文化观　社会文化观（sociocultural perspective）强调个体自身之外的社会和文化力量，这些力量塑造了个体行为的各个方面。我们大多数人都低估了他人、社会背景，特别是我们做事的文化规则的影响，例如：我们如何感知世界、表达喜悦或悲伤、思考问题以及对待我们的朋友和敌人等。我们就像生活在水中的鱼，感觉不到水的存在，其实显而易见，我们就生活在水中。社会文化心理学家研究的就是水——人们每天所"畅游"的社会和文化环境。

生物学观

一种心理学观点，强调与行为、情感和思想相关的身体事件和变化。

进化心理学

研究进化机制的心理学观点，可以解释人类在认知、发展、情绪、社会实践和其他行为领域的共性。

学习观

一种心理学观点，包括行为主义和社会认知学习理论，强调环境和经验对行为的影响。

认知观

一种强调知觉、记忆、语言、解决问题和其他行为领域的心理过程的心理学观点。

社会文化观

一种强调社会和文化影响行为的心理学观点。

在这一视角下，社会心理学家关注社会规则和角色，群体如何影响个体的态度和行为，人们为什么服从权威，以及我们每个人如何受到其他人——爱人、朋友、老板、父母、陌生人等的影响。文化心理学家研究外显和内隐的文化规则及价值观如何影响人们的发展、行为和情感。他们会研究文化如何预测人们帮助处于困境中的陌生人的意愿，或者当人们生气时会做什么。美国的研究人员仍然主要关注占世界人口不到 5% 的美国人（Arnett，2008）。然而，在本教材中，我们不断努力，引用包括其他国家和文化背景下的研究成果。由于人类是社会性动物，深受不同文化环境的影响，社会文化观使心理学成为一门更具代表性、更严谨的学科。

表 1.2 总结了四种主要的心理学观点以及它们如何应用于解决具体问题，特别是暴力行为问题。

表 1.2　四种主要的心理学观点

观点	研究的主要问题	应用于暴力行为的例子
生物学观	神经系统、激素、脑化学、遗传、进化的影响	出生时的并发症或儿童期遭受虐待所造成的脑损伤可能会使一些人易表现出暴力行为
学习观（行为主义、社会认知）	环境和经验，即环境决定了观测到的行为。环境的影响、观察和模仿、信念和价值观	暴力行为一旦得到奖赏就会增加。暴力者的榜样作用会影响一些孩子的攻击行为

续表

观点	研究的主要问题	应用于暴力行为的例子
认知观	思维、记忆、语言、问题解决和知觉	暴力者经常能快速感知到挑衅和侮辱
社会文化观（社会心理学、文化心理学）	社会和文化背景、社会规则、角色、群体、关系、文化规范、价值观和期望	个体在群体中通常要比独自一人更具攻击性。游牧文化要比农业文化更重视训练男孩的攻击行为

当然，并非所有的心理学家都认为自己必须宣誓效忠某种学派的观点。他们更愿意接受不同学派的最佳观点，从而超越传统上将一个学派与另一个学派严格区分的局面。两个发展推动了这一趋势。第一个发展是生物学对人类行为的影响认识上的革命。神经心理学家现在正在研究大脑的工作及其对情绪和行为的影响。认知心理学家正在研究思维、决策和问题解决的神经学机制。社会心理学家已经对大脑产生了兴趣，并发展出被称为"社会认知神经科学"的新学科。临床科学家正在深入研究在治疗心理疾病的过程中药物和心理疗法如何改变大脑功能。行为遗传学家正在记录遗传对从人格起源到精神疾病起源的贡献，甚至他们还在研究环境如何塑造基因的功能。研究者已经探讨了所有重要的心理现象——攻击、愤怒、爱、性行为、儿童发育、衰老、偏见、战争——现在他们更是将心理学研究结果和生物学研究结果加以整合。

第二个发展是心理学家越来越多地关注外在的文化和内在的生物学。他们记录了文化和民族以多种方式塑造和影响我们的行为方式。发展心理学家正在研究文化对心理、社会和语言发展的影响。认知心理学家正在研究文化对成就、解决问题和考试成绩的影响。社会心理学家正在研究文化的规范和历史如何影响攻击与合作的比例，以及文化对大脑的塑造。临床研究者正在探讨治疗师和服务对象的文化背景如何影响他们之间的关系和心理治疗的最终结果。研究感觉的心理学家发现了文化影响味道或气味使个体产生愉快或厌恶感觉的原因。你会发现，在本教材各个章节里的每一个主题中，当代心理学家越来越重视文化的作用。

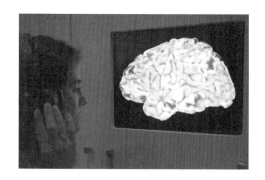

Miguel Medina/AFP/Getty images

心理学家越来越多地从生物学角度理解行为，并利用这些工具探视人体。

Lionela Rob/Alamy Stock Photo

世界各地的人们养育孩子的方式不一样。每一种文化影响着以下方面：幼儿与照顾者身体密切接触时间的长短，幼儿是独自

睡觉还是与父母同床，幼儿与多少家庭成员共同生活在一起，以及其他方面。探讨童年早期经历的影响作用的心理学家，在他们所设计的实验中回答上述问题时都会考虑到文化差异的作用。事实上，文化为所有心理学研究提供了一个重要视角。

尽管心理学观点各不相同，但大多数心理学家还是就心理学中可接受和不可接受的基本指导原则达成了共识。几乎所有的人都拒绝对事件进行超自然的解释，包括邪恶、精神力量、奇迹等。大多数人相信收集实证证据的重要性，而非依赖直觉或个人信念。正如我们在前面所讨论的，这种对严格证据标准的坚持，使心理学从对人类经验的非科学解释中脱颖而出，并且使心理学家将跨越专业和学科的视角统一起来。

互动

人性观

（1）心理学家研究了人类行为和心理过程中的许多难题。像臭名昭著的伊拉克阿布格莱布监狱中的士兵所做的那样，是什么东西激发了普通人对囚犯使用酷刑并对其加以侮辱？

Courtesy Wikepedia/ZUMA Press/ Newscom

（2）不是他们分内的事，为什么有些人还会勇敢地站出来帮助自己的同胞？

Greg Vote/Vstock/Getty Images

（3）尽管有身体上的残疾，有些人为何还能成为冠军？

Martin Hunter/Getty Images Sport/Getty Images

（4）是什么导致个体患有厌食症，甚至自愿饿死？心理学家从生物学、学习、认知和社会文化四个主要角度来解释这样或那样的问题。

Lydie/SIPA/Newscom

1.4. B　心理学中的性别、种族和多样性

学习目标 1.4. B　总结早期心理学多样性的缺乏及其后果，并解释女性主义心理学如何阐明在科学探究中纳入多样观点的好处

至此，本章呈现了几位著名的和有影响力的早期心理学家的照片。当我们看这些照片时，我们可以学到什么？一方面，很明显在 19 世纪末——今天也是如此——他们都留着胡须。我们还应注意，也是非常重要的一点，即这些心理学流派的创始人全都是男性，更具体地说是白人。如果不考虑早期心理学发展中个人所做出的关键贡献，那么对心理学史的任何总结都是不完整的。

多样性的缺乏对心理学发展有什么样的影响？那些阻碍女性和有色人种完全进入该领域的障碍是什么？缺乏代表性这一后果的原因在于，一些早期的心理学研究实际上被用来证明偏见的合理性并使之永久化。艾布拉姆森和拉克（Abramson & Lack，2014）在他们的书《心理学误入歧途：早期心理研究中的种族主义和性别主义文献选编》（*Psychology Gone Astray：A Selection of Racist and Sexist Literature from Early Psychological Research*）中收录了各种这样的研究结果，证明在智力、记忆、人格、心理障碍、身体协调和道德发展方面存在可靠的性别和种族差异。通常，这些数据是为了支持男性和白人有卓越表现和能力。有数据不支持的时候吗？如果出现这种情况，研究者会对数据进行重新解释，例如一项研究发现黑人和美洲印第安人表现出比白人更快的反应时，研究人员断言，这种"自动卓越"必须以更重要的一般"智力"形式为代价，而此类"智力"是白人所大量拥有的（Abramson & Lack, 2014；Bache, 1895）。

就像其他科学领域一样，心理学也在进步，尽管有点缓慢且不完全。在本教材中，你将了解到女性和有色人种心理学家和临床医生所做出的重要贡献。例如，埃莉诺·吉布森（Eleanor Gibson）在 20 世纪 50 年代后期，提出了一种被称为视觉悬崖的创新范式：一个玻璃顶的下面有一个可见的深度落差以形成悬崖，这使发展心理学家可以研究新生儿的深度知觉。或者是玛米·菲利普斯·克拉克（Mamie Phipps Clark），第二个从哥伦比亚大学获得心理学博士学位的黑人学生（她的第一任丈夫是肯尼斯）。她坚持进行一系列实验研究，探讨黑人儿童中的种族主义内化，这些研究被称为"娃娃研究"。该研究在 1954 年被美国最高法院做出的历史性的"布朗诉教育委员会"裁决引用，该裁决裁定学校实行种族隔离违宪。

埃莉诺·吉布森（1910—2002）

玛米·菲利普斯·克拉克（1917—1983）

吉布森和克拉克等心理学家的成功和贡献值得祝贺，且令人鼓舞，但也必须牢记她们在整个职业生涯和取得成就的过程中克服了许多非常大的阻力。想象一下 20 岁来到耶鲁大学校园时的年轻吉布森有多兴奋，她刚刚获得博士生录取通知书。想象一下，她正在竭尽全力地与著名的罗伯特·耶基斯（Robert Yerkes）教授接触，问他是否可以到其所在的比较心理学实验室工作，并用黑猩猩开展实验研究。还可以想象一下，在收到耶基斯教授的答复"谢谢，但还是免了吧，我的实验室里没有女人"之后，她内心感受如何（Rodkey, 2011）。作为黑人女性，克拉克的职业道路更加艰巨。正如她自己曾经说过的，"尽管我丈夫早些时候就在纽约城市学院获得了教职，但我毕业后很快就发现，在 20 世 50 年代初期，一位获得了心理学博士学位的黑人女性，仍然让纽约人感到很意外"（Clark, 1983）。

几十年后，在 20 世纪 80 年代，越来越多的女性开始进入心理学领域，她们也开始记录那些在研究方法及研究人员几十年来的研究问题中普遍存在的偏见（Crawford & Marecek, 1989；Eagly et al., 2012；Shields & Dicicco, 2011）。她们指出，许多研究只使用男性作为研究对象——通常只选年轻的中产阶级白人男性——这表明，将基于如此小范围的研究对象所获得的结果推广到普遍人群显然是不合适的。这个新兴的**女性主义心理学**（feminist psychology）推动了长期以来在该领域被忽视的研究主题的增长，这些主题包括月经、母亲身份、强奸和家庭暴力、权力的变化和关系中的性行为、男性主义和女性主义的定义、性别角色和性别歧视态度。女性主义心理学家从弗洛伊德的个案研究开始，批判性地探讨了心理治疗中的男性偏见。女性主义心理学甚至影响了对男性的研究，激发了对诸如男性健康、情绪以及文化塑造"男子气概"观念等多种主题的研究（Vandello & Bosson，2013）。女性主义心理学努力使心理学开展对全人类、所有文化、所有种族和性别的研究。这类基于多种视角开展的研究将会使所有类型的科学研究从中受益。

当谈到多样性时，当代心理学处于什么位置？1985 年，机构中的女性心理学教师获得研究生学位的只占 22%。30 年后，这个数字上升到了 46%（APA，2014）。纵观所有类型的学术机构，所新聘的心理学助理教授中，58% 是女性，44% 是少数族裔（APA，2017）。遗憾的是，在高级职称教师队伍中，女性和少数族裔的比例还是比较低。尽管心理学在多样性和代表性方面取得了长足进步，但在一家教育网站于 2018 年发布的"50 位最具影响力的在世心理学家"排行榜中，只有 13 位是女性，没有一位是有色人种。作为回应，一些心理学家利用他们的批判性思维技能来发现这些遗漏，并创建他们自己的、更具代表性的清单，以庆祝那些工作往往得不到认可的同事的成就。

总而言之，就像许多学科一样，当涉及多样性时，心理学的早期记录是黯淡的。实际上，几十年来，心理学研究甚至被用来推进那些关于人性的性别歧视和种族主义的结论。自那时起，这一领域已经取得了长足的进步。当代的心理学代表了广泛的观点、身份和人群，心理学方面的职业向所有人开放，无论其背景如何。当然，这方面还有更多的工作要做。

女性主义心理学

一种分析社会不平等对两性关系和两性行为影响的心理学观点。

心理学与你同行

用心理学来研究心理学

谈到多样性，心理学家重点研究各种各样的问题，其中的许多工作用于提高人们在日常生活中的效率和效益。在每一章，我们将在这样一个板块突出显示一种方法，使你能在本教材中学习更多的心理学内容。我们认为，没有任何一种方法比探索如何利用心理学的研究结果来学习心理学更好。具体来说，我们想分享四种经科学实验室检验，并且能使你在从初中到大学水平考试中取得好成绩的策略（Dunlosky et al.，2013；McDaniel，Roediger & McDermott，2007；Roediger，Putnam & Smith，2011）：

1. **全神贯注**。你不能在发短信、上网或处理多任务时期待在认知游戏中的表现能达到最好。取而代之的是，上课集中注意力做好笔记，抓住要点，而不是记下你听到的每一个词。事实上，研究还表明，动手记笔记对学习是有好处的，因为这可让学生对信息进行深加工，并用自己的话来重新构建信息（Mueller & Oppenheimer，2014）。

2. **使用 3R 技术：阅读、背诵、复习**。仅阅读和重读是不够的（Karpicke，Butler & Roediger，2009）。非常重要的是，你必须对自己所学的内容进行测试：自己提出问题，找到答案；不懂的内容应多学几遍，直到掌握为止（Karpicke & Aue，2015；Karpicke & Roediger，2007）。在做每个测试之前，大声背诵你刚刚阅读到的主要概念。然后复习并更正你出错或忽略的地方。

3. **深入研究**。大脑不是容器或海绵，你不能只是输入信息并假定这些信息将存储于大脑中。你只有对信息进行加工后才能提取它。一种很好的方法是将新信息与已知信息建立联系。这些联系将组织你记忆中的素材，创造出有利于以后提取的新的思考线索。

4. 不要临时抱佛脚。虽然整晚熬夜学习可能会给你一种明白这些内容的感觉，但是如果你没有真正理解自己所读的东西，学习是很难有效的。不要临时抱佛脚，而是要在整个学期中定时自我测试，比如每周一次（Bjork & Bjork，2011）。这样，你一旦学会了，就会继续学习。这也将有助于你避免因睡眠不足而学习效果差（Huang et al.，2016）。

我们相信这些技术会帮到你，尤其是在你知道这些成功策略的前提下：不管课程与教科书多么出色，它们都不能帮助你完成你的工作。现在开始学习吧！

RF Pictures/Corbis/Getty Images

狂看电视可以很有趣，即使会让人筋疲力尽。而在课堂上拼命学习就远远没有这么有效，而且同样让人筋疲力尽！研究结论很明确：你应该把学习和测试的时间留出来，以便获取最大的收获。

日志1.4　批判性思维：提出问题，乐于思考

是什么让我们成为自己？对于该问题，心理学家基于生物学观、学习观、认知观或是社会文化观所做出的回答不尽相同。这些因素如何相互作用以使我们成为我们自己？

模块1.4　小考

1. 下面哪一种观点不是当代心理学的主要观点？
   A. 生物学观　　　　B. 学习观
   C. 符号-交互论　　D. 社会文化观

2. 与学习观联系最密切的科学心理学派是_____。
   A. 女性主义
   B. 进化心理学
   C. 行为主义
   D. 社会主义

3. 塔维希希望有人能帮助她解决她在学校缺乏动力的问题，因此她请正在学习心理学导论课的室友米莎给她一些建议。"问题全在你的大脑中，"米莎说，"你大脑中的化学物质和激素不平衡，这致使你感到无聊和注意力不集中。"米莎用了哪种心理学观点？
   A. 学习观
   B. 生物学观
   C. 精神分析观
   D. 认知观

4. 下面描述的关于早期心理学多样性的结论，哪一个是最准确的？
   A. 与大多数科学领域不同，早期心理学在性别、民族和种族方面是多样化的
   B. 尽管在早期心理学并不是一个特别多样化的领域，但是如今该领域已完全代表了社会，并且不需要再担心有关代表性的问题了
   C. 在心理学领域有影响力的女性或个别有色人种研究人员，他们的成功故事表明了个人的性别、种族和其他人口统计学因素不影响其在心理学中的发展
   D. 早期心理学的一些研究，实际上有助于得出关于人性的性别歧视和种族主义的结论

5. 关于女性主义心理学，下列哪一种说法正确？

　　A. 只关心女性的经验及倾向

　　B. 一种 20 世纪末有影响力的观点

　　C. 一种促进行为解释、研究主题多样化的观点

　　D. 一种政治观，与科学方法无关

1.5　心理学家做什么

互动

提出问题，乐于思考

　　当你听到"心理学家"这个词时，你是否先想到了给人看病的人？

　　□是

　　□否

　　现在你已经知道指导心理学家工作的主要观点和理念了。但心理学家是如何度过自己的每一天的呢？

　　如果我们在大街上向人们调查上述问题，那么大多数人会给出肯定性回答。对于大多数人来说，"心理学家"这个词会让人想到心理咨询师倾听来访者个人烦恼的图像。实际上，许多心理学家确实符合这种形象，但有些人则与此不符。心理学家的专业活动通常可分为三大类：（1）在高校进行教学与研究；（2）提供健康或心理健康服务，通常被称为心理学的应用；（3）开展研究或将其研究成果应用于商业、体育、政府、法律和军队等非学术环境（见表 1.3）。一些心理学家在这些领域中灵活地穿梭。研究人员还可能在诸如诊所或医院等心理健康环境中提供心理咨询服务；大学教授可以教学、做研究或者担任法律案件的顾问。

1.5. A　心理学研究

　　学习目标 1.5. A　辨别基础心理学和应用心理学，并总结各类心理学家可能从事的研究领域

　　从事研究工作的心理学家大都有哲学博士学位或教育学博士学位。有些人因自身原因而探索知识，他们从事的是**基础心理学**（basic psychology）的工作。另一些人将知识应用于实践，从事**应用心理学**（applied psychology）的工作。从事基础研究的心理学家可能会问："同伴压力如何影响人们的态度和行为？"应用心理学家可能会问："如何运用有关同伴压力的知识来促使大学生戒酒？"两种方法是相辅相成的，研究人员或研究计划既可以有基础研究的目标又可以有应用研究的目标。确实，大多数基础心理学都有应用的潜力，而扎根于基础心理学理论的应用研究是最为有效的。心理学家开展基础研究和应用研究对以下领域做出了重要的科学贡献，包括：健康、教育、儿童发展、刑事司法、冲突解决、市场营销、工业设计和城市规划等。

表 1.3　什么是心理学家？

不是所有的心理学家都从事临床工作，有人从事研究，有人从事教学，有人从事商业或咨询。心理学家的职业活动主要包括三类：

学术型/研究型心理学家	临床心理学家	工业、法律或其他领域的心理学家
专门从事基础研究或应用研究，如： 人的发展 心理测量（测验） 健康 教育 工业/组织心理学 生理心理学 感觉和知觉 设计和应用技术	从事心理治疗工作并且有时开展研究；更多时候在以下环境中工作： 私人工作室 心理健康诊所 综合医院 精神病院 研究实验室 高等院校	对以下问题进行研究或担任机构顾问： 运动 消费问题 广告 机构问题 环境问题 公共政策 民意调查 军事训练 动物行为 法律问题

基础心理学

为了知识而非实际应用的心理学问题研究。

应用心理学

具有直接的实践价值的心理学问题研究和应用。

　　研究心理学是公众理解最少的心理学领域。卢迪·本杰明（Ludy Benjamin，2003）对此感到很遗憾，他认为，公众对心理学作为一门科学知之甚少，对心理学家的工作或者心理学研究如何为人类福祉做出贡献了解不多。我们希望你在学习完本教材后将对研究心理学家的工作及科学贡献有更多的赞赏。以下是心理学的一些主要研究领域：

　　实验心理学家（通常在实验室中）对心理过程进行研究，包括动机、记忆、情绪、感觉和知觉、生理学和认知。这个多样化的清单意味着：实验心理学家的具体关注范围可以是大脑的工作方式（神经科学）、人们随时间的变化和成长（发展心理学）或在各种情境下的变化（社会心理学）。实验心理学家还研究临床病人，通过提出问题帮助我们更好地了解心理障碍及其治疗方法。

　　教育心理学家研究和解释学习的心理学原理，并寻找改善教育体系的方法。他们的兴趣涵盖了从对记忆和思维研究成果的应用到运用奖励来提高学习成绩。

　　工业/组织心理学家研究工作场所中的行为。他们关注群体决定、员工士气、工作动力、生产效率、工作压力、人员选拔、营销策略、仪器和软件的设计，以及其他问题等。

　　心理测量学家设计并评估心理能力、潜能、兴趣和人格测验。几乎所有人都在学校、单位或军队中参加过一种或多种测验。

Goodluz/Stutterstock

教育心理学家研究改善教育体系的方法，如将技术纳入学习中。

1.5.B　心理学实践

　　学习目标 1.5.B　比较心理咨询师、临床心理学家、心理治疗师、精神分析学家和精神科医生等各类心理从业人员的训练及工作场所的异同

　　心理医生的目标是了解和改善人们的身心健康，他们在精神病院、综合医院、学校、咨询中心、刑事司法系统和私人诊所工作。自20世纪80年代后期以来，执业心理学家的比例一直在稳步增长。现在，执业人员占新获得心理学博士学位和美国心理学会（APA）成员的三分之二以上。

　　一些执业者是咨询心理学家，他们通常帮助人们处理日常生活中的问题，如考试焦虑、家庭矛盾或工作动力不足。其他人则是学校心理学家，他们与父母、老师和学生一起努力，以提高学生的成绩并处理他们所遭受的情绪困扰。但是，大多数人是临床心理学家，他们诊断、治疗和研究心理或情绪问题。临床心理学家接受过专业培训，可以治疗那些受到严重困扰的人，或者不快乐的人，或者想学习如何更好地解决自己的问题的人。

几乎在所有的州，要取得临床心理学执照，需要有博士学位。大多数临床心理学家都拥有博士学位，但有些人具有的是教育学博士学位或专业心理学博士学位。临床心理学家通常要做4~5年的心理学研究生工作，并要在有执业资格的心理学家的指导下至少实习一年。在临床心理学博士或教育学博士的培养方案中，目标是将一个人既培养成科学家又培养成心理医生。他们需要完成学位论文，这是重要的研究项目，他们要对该领域的知识做出贡献。但专业心理学博士的培养方案通常不需要完成学位论文，尽管他们经常被要求完成各种理论文章和文献的综述。

人们经常将临床心理学家与心理治疗师、精神分析学家和精神科医生混为一谈。但它们的含义不同：

Wavebreakmedia/Shutterstock

心理医生通常与个体密切合作，以满足个体对身体健康和心理健康的需求。

心理治疗师是对任何人进行心理治疗的人。这个概念没有法律意义。实际上，无论你信不信，美国大多数州都存在没有接受过专业培训的人声称自己是心理治疗师。

精神分析学家是指按一种特殊的治疗方法（精神分析）开展心理治疗的人。要称自己为精神分析学家，不仅要有高学历，要在精神分析机构接受专业培训，而且要进行过精神分析的实践活动。

精神科医生是经过培训可以诊断和治疗精神疾病的医学博士。像一些临床心理学家一样，一些精神科医生针对如抑郁症或精神分裂症等心理问题开展研究，也对患者进行治疗。精神科医生和临床心理学家从事类似的工作，但是精神科医生更专注于探讨引起心理障碍的生物学原因，并用药物来治疗这些患者。（与精神科医生不同，目前大多数临床心理学家都无处方权。）

心理健康专业人员还包括执业临床社会工作者（licensed clinical social worker, LCSW）以及婚姻、家庭和儿童咨询员（marriage, family, and child counselor, MFCC）。这些专业人员通常只处理一般的适应问题和家庭矛盾问题，而不是严重的精神障碍，尽管他们有可能接触到家庭暴力受害者或吸毒成瘾者等有严重问题的人。每个州对执业资格证的要求不同，但通常需要有心理学或社会工作专业的硕士学位以及受过督导。（有关各类型的心理从业人员及其接受的培训要求见表1.4。）虽然有成千上万的人声称自己是解决从性虐待到酗酒等各种心理问题的专家——这好像并不复杂——但是没有统一的标准来规范他们所接受的培训。有些人可能只参加了简短的"认证"课。

表 1.4 心理从业人员的类型

与不是所有的心理学家都是心理治疗师一样，不是所有的心理治疗师都是临床心理学家。下面几个主要概念用于称呼心理健康专业人员：	
心理治疗师	从事心理治疗的人；他们可能没有任何的高级专业学位。这个概念没有法律意义
临床心理学家	从事诊断、治疗和/或研究中度到重度的心理和情绪问题的人；他们拥有心理学博士、教育学博士或专业心理学博士学位
精神分析学家	从事精神分析；在获得高级学位后（绝大多数有医学博士学位或心理学博士学位）接受过专业的培训；可以治疗任何类型的情绪障碍或病症

续表

精神科医生	虽然从事类似于临床心理学家的工作，但他们更多地秉持生物学观；有精神病学专业的医学博士学位
执业临床社会工作者（LCSW）；婚姻、家庭和儿童咨询员（MFCC）	他们既能解决常见的个人和家庭问题，又能解决如成瘾或虐待等较严重的心理问题；虽然执业资格证的要求各不相同，但他们一般拥有心理学或社会工作专业的硕士学位

许多研究心理学家和一些心理医生对未受过心理学研究方法和实证研究方面培训的咨询员和心理治疗师的人数增加表示担心，因为这些人使用未经检验或无效的治疗技术（Baker, McFall & Shoham, 2008; Lilienfeld, Lynn & Lohr, 2015; Peterson, 2003）。某些心理医生认为心理治疗既具艺术性又是科学的。科学家和许多治疗师在培训和态度上存在分歧，这些分歧促成该领域的另一个主要国际专业学会于1988年成立，即心理科学协会（Association for Psychological Science, APS），该学会支持研究并出版心理学成果。科学家与心理医生之间的鸿沟，以及随着保险公司对心理治疗有效性证据的需求不断增加，促使几位杰出的临床心理学家呼吁进行循证治疗，并加强研究人员与临床医生之间的合作，以改善心理治疗的效果（Kazdin, 2008）。

心理学家也以多种方式为社区做贡献。他们为公共事业公司提供使客户节省能源的建议。他们与公司协商以提高工人的满意度和生产效率。他们开展基础研究和应用研究，以找到能减少本地区和国际冲突及偏见的方法。他们努力认识和防止恐怖主义行为。他们就污染和噪声如何影响心理健康向政府提出建议。他们为肢体残疾者或智力障碍者提供康复训练。他们用目击者的证词和虚假供词的研究成果来警示法官和陪审团成员。他们协助警察处理涉及人质或被劫持者的紧急情况。他们进行民意调查。他们开设自杀预防热线。他们向动物园提出动物保护和训练的建议。他们帮助教练提高球队的运动成绩。这些只是一些初步的介绍，现在你对心理

学家的认识还比较模糊吗？

现代心理学领域就像一块巨大的马赛克，由许多碎片组成，能拼出丰富的、五彩缤纷的心理肖像。虽然心理学家可能会争论肖像的哪一部分最重要，但是他们也有很多共同点。所有心理学家，无论其专业背景如何，都相信收集实证证据要比依靠直觉更重要。有一件事将心理学家永远地团结起来：揭示人类行为和人类心理的无尽奥秘。如果你也想知道是什么使人做标记；如果你对一件神秘的事情感兴趣，不仅想知道这是谁做的，还想知道他们为什么要这样做；如果你愿意深入思考自己的想法……那么你选对课了。

现在，我们邀请你进入心理学的世界，这是一门敢于探索地球上最复杂的话题的学科，即关于你的学科。

Bowdenimages/Stock/Getty Images

心理学家在各种环境中与不同的患者打交道。

日志1.5　批判性思维：提出问题，乐于思考

既然你已经了解了心理学家所做的各种工作，那么请你内省：如果你选择心理学领域开始职业生涯，你会对哪种工作感兴趣？是研究吗？如果是这个答案，它属于哪一个心理学领域或什么专业类型？是心理实践吗？你是否希望自己成为一名临床心理学家、精神科医生或其他心理从业人员？想一想在未来的某一天，在该领域你将如何审视自己，以及从哪些地方审视自己——这将非常有趣，随着学习的深入，你对这些问题的回答也将发生变化。

模块 1.5　小考

1. 莱夫森博士在奥美伽公司从事职业咨询。奥美伽公司经理想知道为什么生产部门员工的士气很低。他希望莱夫森博士设计一个研究并收集数据来回答这个问题。莱夫森博士最擅长的专业领域是_____。

　　A. 工业/组织心理学　　　B. 实验心理学

　　C. 人的发展　　　　　　D. 教育心理学

2. 下列哪一类型的心理学家最有可能参与编制一个测量人格倾向的测验？

　　A. 教育心理学家　　　　B. 实验心理学家

　　C. 健康心理学家　　　　D. 心理测量学家

3. 接受弗洛伊德创建的心理治疗方法训练的是下面哪一类型的人？

　　A. 精神科医生　　　　　B. 精神分析学家

　　C. 临床心理学家　　　　D. 心理社会工作者

4. 下面哪一类型的专家要有医学博士学位，并擅长使用医学方法治疗心理健康问题？

　　A. 临床心理学家　　　　B. 精神分析学家

　　C. 精神科医生　　　　　D. 咨询心理学家

5. 关于心理学研究者和心理医生之间的关系，哪一个结论最准确？

　　A. 一些心理学家认为研究人员与临床医生加强合作会改善对患者的治疗效果

　　B. 与从事研究的心理学家不同，那些给患者诊断和治疗的心理学家完全不了解基本的研究方法

　　C. 在给患者看病时，所有心理治疗师都仅仅使用经研究测试并证明有效的技术

　　D. 所有临床医生都是研究人员，所有研究人员也都是临床医生

写作分享：什么是心理学？

想一想这学期你选的最有挑战性的课程是什么（最有可能是心理学导论）。你可能已经收到了课程大纲，已经预览了课程要求，并且可能已经听了一两次讲座。现在，请你根据本章前面有关学习和研究策略的内容来思考本课程，撰写一篇简短的文章，概述如何将至少两项原则应用到这门课程的学习中。完成作业后，你将会形成一个能成功指导课程学习的初步计划。

批判性思维演示

主张：那就是一个假新闻！

步骤 1. 批判这一主张

任何心理学课程的主要目标都是发展个体的批判性思维。因此，本教材的每一章都以这一目标结尾。在该目标下，我们与你合作，仔细评估给定的主张。

通过一系列步骤，你将从我们这里（从教材中）通过互动式问题来理解批判性思维演示。也可以说，我们的目标是通过"显微镜"来考察心理学观点，以提高你的批判性思维能力。在本章中，我们将评估近期在新闻中和社交媒体上听到的主张或观点。让我们来评估下面这则主张：那就是一个假新闻！

步骤 2. 定义术语

如果不事先仔细地定义主张的实际内容，我们就无法严格对该主张做出评估。因此，下一步就是定义术语。

在这种情况下，我们必须要问的问题是：到底什么是假新闻？由此研究人员将假新闻定义为在表面上模仿新闻内容的捏造或虚假信息。假新闻看起来像真新闻，但是它没有经过编辑审查和事实核查。那么，什么不算是假新闻？这个重要问题将带我们进入下一步。

步骤 3. 分析假设与偏见

我们不喜欢的新闻，不代表它是假的。虽然有媒体对我们偏爱的政策立场、奇怪的饮食习惯或养

育子女的方式有负面的看法，但并不意味着这是假新闻！

批判性思维者必须要检查自己的假设，并注意偏见。很容易看出，我们自己的喜好很容易使我们迅速地将任何不符合自己世界观的新闻报道贴上假新闻的标签。批判性思维者学习如何避免落入这样的陷阱，他们会找出将真新闻与假新闻区分开来的特征。

很可能是真新闻	很可能是假新闻
作者有在知名出版社出版作品的可靠记录	用高度情绪化的语气书写的文章
文章被收录于经事实核查的出版物中	主要观点出自匿名资料
主要观点出自多个资料	作者将从给出的结论中获得经济上或政治上的好处
对有争议的问题，给出了多种观点	没有提供作者的联系方式（或根本没有列出作者名单）
出版物明确区分了新闻故事和舆论评论	研究所得结论是绝对的、不加限制的

步骤 4. 检查证据

批判性思维者的结论是基于证据而不是基于感情、意识形态或情绪。心理学家也是如此：我们根据数据得出结论。在心理学课程之外，也需要我们检查证据。它可以使我们避免在社交媒体上发布一个消息后，才发现是谣言或假新闻的尴尬境地。

假新闻为什么让人们觉得真实？

事前曝光是使我们相信假新闻的一个影响因素。在最近的一项研究中，彭尼库克、坎农和兰德（Pennycook, Cannon & Rand, 2018）通过脸书（Facebook）向参与者呈现了新闻标题，一些标题是真实的，一些标题是假的。随后，当参与者看到另一些标题时，他们认为自己之前看到的标题是更为准确的，即使有些是假新闻。我们对一个想法越熟悉，我们就越相信它是准确的。

续表

什么类型的假新闻让人信服？

没有，非常有限。在同一项研究中，彭尼库克等（2018）发现，像地球是正方形这样的完全令人难以置信的论点，人们听到的越多就越不信。尽管如此，他们还发现，一个故事哪怕只有一点点的可信度，即使它与读者的政治意识不一致，经过事前曝光，故事也会变得更加可信。

如何让假新闻停止传播？

这仍然是未来要研究的重要问题之一。雷泽等（Lazer et al., 2018）提出了需要对各种可能性进行研究评估，包括：提供更多可公开获取的资源以便个人对事实进行核查；在整个教育体系中加强对批判性思维的训练；开发算法，将社交媒体上存在问题的内容或不可靠的信息标记出来。

检查证据可以使我们成为更聪明的消费者。由于产品效果不如广告所宣传的那样，检查证据可帮助我们避免金钱的浪费。它还可以使我们作为选民更加了解情况，使我们就政策和候选人的情况得出自己有根据的结论。

步骤 5. 提出问题，乐于思考

批判性思维者提出问题并乐于思考。因此，既然我们定义了假新闻，也考虑到了潜在的偏见，认识到证据的重要性，我们可能还想问：关于假新闻的心理学研究问题有哪些？

步骤 6. 权衡结论

在这些步骤的最后，我们将权衡自己的结论。将一些主张放在"显微镜"下，看它是否正确。一旦我们转向证据，其中的一些主张很快就会土崩瓦解。其他人可能持中立观点，即在某些定义、假设和证据下是合理的，但在另一些定义、假设和证据下则是可疑的。不要因这种模棱两可的说法让自己沮丧！记住，批判性思维的一个特征就是容忍不确定性，同时要意识到还有更多的问题要问、有更多的研究要进行。

至于假新闻呢？每一个假新闻都必须进行单独的评估。下次你听到有人谈论假新闻时，我们希望你能想想我们刚刚一起进行的步骤，并试着运用批判性思维的原则。

总结：什么是心理学

1.1 心理学、伪科学和危险的常识

学习目标 1.1. A 定义心理学并从科学视角描述心理学在日常生活中的作用

心理学是研究行为和心理过程的科学，并探讨身体状态、心理状态和外在环境对行为与心理过程的影响。心理学导论课能更正人们许多关于人类行为的错误概念。

学习目标 1.1. B 阐明心理学与伪科学、流行心理学以及其他有关心理问题的可疑观点的不同

心理学家有许多伪科学的竞争者，如占星家、通灵者。基于科学研究方法和实证证据的心理学与伪科学和流行心理学有明显的不同。后者的信息源常常很有吸引力，因为它们证实了我们的信念和偏见。相反，心理学常常对其加以挑战。

1.2 心理学中的批判性思维

学习目标 1.2. A 阐明为什么批判性思维适用于所有的科学研究工作，以及为什么它也能指导个体日常生活中的判断和决策

学习心理学的最大好处之一是发展批判性思维的能力及态度。批判性思维可帮助人们对具有个人及社会重要性的心理学问题的争论性结果做出评估。

学习目标 1.2. B 识别批判性思维的重要步骤，并举例说明每个步骤如何应用于心理学

批判性思维者提出问题、清晰地定义术语、分析假设与偏见、检查证据、权衡结论。批判性思维是不断发展的过程，不是一劳永逸的结果。

1.3 心理学史：从不切实际到心理学实验室

学习目标 1.3. A 讨论从远古时期到 19 世纪早期解释心理学主题的一些方法

心理学的先驱者进行了一些有效的观察，获得了有益的见解，但由于他们没有用严格的实验方法，所以他们在对行为的描述及解释方面存在严重的错误，例如颅相学。

学习目标 1.3. B 讨论现代心理学早期有影响的学派和人物

1879 年威廉·冯特在德国莱比锡建立了第一个心理学实验室，他使用受训的内省法来研究心理学。构造主义强调将直接经验分解成基本元素。机能主义在某种程度上受到查尔斯·达尔文的进化论的启发，强调行为的目的性。机能主义的主要支持者之一是威廉·詹姆斯。西格蒙德·弗洛伊德的精神分析理论强调无意识对心理和情绪问题的影响。

1.4 心理学观

学习目标 1.4. A 列出并描述心理学的四种主要观点

在当代心理学中有四种主要观点。生物学观强调遗传对行为的作用以及身体事件与行为、情感和思想的关系。基于这种观点，比较流行的进化心理学紧随机能主义的脚步。学习观强调环境和个人经验对行为的影响。基于这种观点，行为主义者拒绝心理主义的解释。社会认知学习理论家则将行为主义的要素与思想、价值观、期望和意图相结合。认知观强调知觉、解决问题、信念的形成和其他人类活动的心理过程。社会文化观探讨社会背景和文化规则对个人的信仰和行为的影响。

学习目标 1.4. B 总结早期心理学多样性的缺乏及其后果，并解释女性主义心理学如何阐明在科学探究中纳入多样观点的好处

与许多科学领域一样，心理学的早期阶段主要

由白人男性主导。不幸的是，一些早期的心理学研究被用来支持关于人性的性别歧视和种族主义的结论。随着时间的推移，越来越多的女性和有色人种进入了该领域，并成为有影响力的心理学家。女性主义心理学影响研究人员提出的问题、使用的方法并使他们意识到该领域的偏见，使心理学更能代表人类的所有发展。尽管如此，心理学继续致力于解决该领域的多样性和代表性问题。

1.5　心理学家做什么

学习目标 1.5.A　辨别基础心理学和应用心理学，并总结各类心理学家可能从事的研究领域

许多心理学家在大学从事非常广泛的研究和教学工作。所涉及的心理学专业有很多，包括实验、教育、发展、工业/组织、心理测量、咨询、学校和临床心理学。

学习目标 1.5 B　比较心理咨询师、临床心理学家、心理治疗师、精神分析学家和精神科医生等各类心理从业人员的训练及工作场所的异同

其他心理学家提供心理健康服务（心理学实践）。心理治疗师是一个无法律意义的概念，指的是那些实施心理治疗的人。心理治疗师包括那些完全没有资格证书或没有经过专业培训的人。根据培训和方法的不同，执业治疗师也不一样。临床心理学家拥有教育学博士学位或专业心理学博士学位；精神科医生拥有医学博士学位；精神分析学家在精神分析机构接受培训；执业临床社会工作者（LCSW）以及婚姻、家庭和儿童咨询员（MFCC）可能拥有各类硕士学位。心理学家在各种非学术环境中开展研究并应用研究成果，努力使他们的社区成为一个更好的生活场所，促进民众的心理、社会和身体健康。

第 1 章测试

1. 科学心理学与伪科学和流行观点的区别是什么？

A. 流行观点总是需要一定的时间才能被科学文献过滤掉，而科学发现却能立即被科学界接受

B. 科学心理学的结论是基于实证证据得出的

C. 科学心理学只研究那些不能被常识所解释的问题

D. 经过严格控制的实验所得到的证据并不像人们长期以来的信念那么受关注

2. 关于科学心理学与电视节目、互联网或畅销书中的流行心理学之间的不同，下列哪一种说法是正确的？

A. 与流行心理学相比，科学心理学探讨的问题和主题范围要广得多

B. 科学心理学只在实验室做研究，而流行心理学则在各个环境下做研究

C. 流行心理学基于经验对行为加以解释，而科学心理学则摆脱了个人经验，取而代之的是可检验的假设

D. 流行心理学产生可被检验的假设，而科学心理学仅涉及理论探讨

3. 丹尼拉和朋友拜访了一位巫师，巫师告诉她"明年你将经历巨大的变化"，并且"你需要迅速采取行动以便抓住这个新机会"。她们离开后，丹尼拉咯咯地笑，而她的朋友似乎感到十分震惊。"太棒了！那个巫师真的为你做了一个很好的预言！"丹尼拉回答道："哦，这只是一个玩笑。我一点儿也不相信。"为什么说丹尼拉正确地怀疑了巫师的话？

A. 丹尼拉去年经历了巨大的变化并抓住了新的机会，所以她知道这些预测不会再次成真

B. 丹尼拉认为这名巫师实际上是在给她朋友做预测

C. 巫师实践的是大多数人无法理解的科学

D. 巫师的预测通常很含糊，基本上是毫无意义的

4. 下面哪一项是对批判性思维特征最适当的概括？

A. 批判性思维是一个过程，而不是一劳永逸的

结果

    B. 科学家需要练习批判性思维，一般人则不需要练习

    C. 批判性思维通常始于拒绝一些常识性的解释

    D. 批判性思维能力是天生的，不是后天习得的

5. 下面哪一项不是本章中批判性思维的原则？

    A. 分析假设与偏见

    B. 避免证据确认

    C. 定义术语

    D. 检查证据

6. 理所当然的信念，被称为（　　　）。

    A. 态度

    B. 假定

    C. 假设

    D. 意见

7. 从远古时期到 19 世纪早期，下列哪一项是早期心理学方法的思维特征？

    A. 早期的方法都集中于解释人类由于精神力量而产生的行为。"宗教"和"心理学"两个概念是可以互换的

    B. 结论是基于精神科医生的看法，因为他们是最接近"心理学家"的从业者，所得结论都是基于生物学

    C. 没有实验的方法，结论是基于看法和偶然观察得出的。虽然有时这些结论是正确的，但更多时候它们是错误的

    D. 在成为一门科学之前，心理学被视为一种巫术。因此，它所得出的任何结论都充满偏见和歧视

8. 第一个正式的心理学实验室诞生于什么地方？

    A. 德国莱比锡

    B. 美国马萨诸塞州的波士顿

    C. 法国巴黎

    D. 英国伦敦

9. 早期心理学派的精神分析是谁创立的？

    A. 华生

    B. 冯特

    C. 詹姆斯

    D. 弗洛伊德

10. 人类可以准确识别远处的愤怒面孔。对此现象的一种解释是：能准确、快速地预测即将到来的陌生人充满恶意，有助于个人及早发现并避免威胁。这种解释基于什么心理学？

    A. 进化心理学

    B. 社会认知学习

    C. 行为主义

    D. 构造主义

11. 每当小阿诺德没能得到自己想要的东西时，他就会大声尖叫和大发脾气。每当发生这种情况，他的父母就会马上跑到他身边安抚他，满足他的需求。哪一种科学心理学观解释了小阿诺德的行为所受到的奖赏？

    A. 认知观

    B. 生物学观

    C. 社会文化观

    D. 学习观

12. 哪个领域的影响推动了心理学对所有人的聚焦，而不仅仅是在文化上占主导地位的人或容易接触到的人？

    A. 女性主义

    B. 人本主义

    C. 包容主义

    D. "新精神"运动

13. 古普塔博士研究心境觉知，发现人们在监控和标记自己的心境状态时存在个体差异。她的兴趣在于了解心境如何起作用、心境的局限性，以及导致心境发生的内在机制。麦克布莱德博士想知道具有较高心境觉知的人是否能够更好地控制和调节自己的心境状态，由此在治疗过程中可能会有更好的疗效。古普塔博士的兴趣

属于_____，而麦克布莱德博士的兴趣属于_____。

A. 生物心理学；心理测量学

B. 学习理论；社会文化心理学

C. 基础心理学；应用心理学

D. 咨询心理学；临床心理学

14. 吉列尔莫决定要"帮助他人"，因此他租了一间办公室宣传他的服务，并印有名片。尽管没有接受过任何心理学培训，但可供吉列尔莫使用的是哪个心理健康概念？

A. 精神科医生

B. 精神分析学家

C. 婚姻、家庭和儿童咨询员

D. 心理治疗师

15. 以下哪一项不是基于研究获得的更有效的学习策略？

A. 避免临时抱佛脚

B. 将新的信息与旧的信息联系起来

C. 尝试记下老师在课堂上说的每一句话

D. 阅读、背诵、复习

第2章
心理学家如何做研究

你需要做什么？

心理学是一门研究我们日常思考、感受及行为的科学。学习本章之前，我们有关于你自己日常生活的问题要问你。我们希望这只是你在阅读本章时思考自己人生经历的开端。

互动

提出问题，乐于思考

你听到的一则新闻报道描述了以下研究发现：孩子吃的快餐越多，他们在阅读、数学和科学测试中的得分就越低。即使这项研究是针对孩子的，它是否也使你想少吃快餐？

□是
□否

研究表明……根据最近的研究……科学家已经发现……新发现表明……

这些短语听起来熟悉吗？我们每天可能在新闻、广播、电视媒体、社交媒体、非正式的对话以及此类课程中遇到这些短语。有科学数据支持的观点似乎提高了可信度。一般人可能会想，我凭什么和科学争论？科学家不比我了解得更多吗？但是，并非所有的科学观点都是一致的。有时，一项研究的数据与另一项研究的数据相矛盾。请记住，你不再是"普通人"了，你现在是心理学专业的学生，正在就如何进行批判性思考、设计实证研究以及评估他人的科学观点自我训练。

例如，考虑以下说法：

- 科学家发现，众所周知的雄激素——睾酮，在一名男性成为父亲之后就会迅速下降。而且，他在照顾孩子上花的时间越多，睾酮下降越多（Gettler et al.，2011）。这是否意味着男性必须在男子气概和父亲角色之间做出选择？

- 最近的研究表明，在一个以德国人为代表的样本中，素食者的抑郁症和焦虑症患病率要明显高于非素食者（Michalak，Zhang & Jacobi，2012）。这是否意味着不吃肉的人更容易患抑郁症？

- 根据在主流心理学杂志上发表的一篇论文，九项共涉及 1 000 名大学生的实验结果得出了"统计上显著"的超感觉知觉（extrasensory perception，ESP）存在的证据。在其中一项研究中，学生必须选择计算机屏幕呈现的两块窗帘中的哪一块后面有色情图片。当发现这个概率略高于随机水平时，他们便声称找到了 ESP 存在的证据（Bem，2011）。就像你可能想象的那样，深夜脱口秀节目主持人对这项研究很感兴趣。但是，这是否真的是 ESP 存在的可靠证据？

- 你听到一个心理学家在广播访谈中吹嘘自己有一项技术专长叫作"促进沟通"（facilitated communication，FC），将自闭症儿童带到键盘前面，此时，一个成年的"促进者"轻轻把手放在儿童的胳膊上。这个专家声称，那些从来没有说过话的儿童，可以凭借这样一项技术说出一个完整的句子、回答问题、分享他们的想法。他说，在他的研究和实践中，一些以前不爱交流的儿童通过他们的"促进者"，已经掌握了高级课程甚至可以写出令人惊讶的优美诗歌。这是否意味着我们要给所有的自闭症儿童提供参与"促进沟通"训练的机会？

在完成本章时，你将有足够的能力对这些问题以及遇到的许多其他基于研究的主张进行批判性思考。研究方法是心理学家交流的工具，对每个阅读或者听说心理学研究的新项目或令人激动的发现的人来说，了解研究方法是至关重要的。实际上，我们认为在心理学方面要学习的所有内容中，对避免你自己做出错误的选择、采用错误的观念或得出错误的结论，本章的信息可能是最重要的。

在不了解研究方法的情况下尝试将批判性思维或将心理学发现应用于自己的生活，就像是用茶匙去挖房子的地基。你可以这样做，但是要花很长的时间，而且结果是它不会坚不可摧。了解基于良好科学的主张与那些基于草率的研究或轶事的主张之间的区别，可以帮助你做出更明智的心理决策和医疗决策，防止你将钱花在毫无价值的项目上，有时甚至可以挽救生命。

2.1 是什么使心理学研究科学化

说心理学家是科学家，并不意味着他们穿着白大褂，使用复杂的工具和机器工作（尽管有些人确实如此！）。与服装和设备相比，科学事业与态度和程序的关系更大（Stanovich，2010）。让我们思考一下理想科学家的一些关键特征。

Courtesy of Fionn and Niamh Kelly

当你想到科学家时，你的脑海中会浮现什么形象？有趣的是，多年来的数十项研究都向学龄儿童提出了这个问题。对这些研究的最新元分析（我们将在本章后面详细介绍），以及包括对 20 000 多名 K-12 年级孩子的调查发现，当要求孩子们画一个科学家时，绝大多数孩子画了一个男性形象（如同上述作品中你眼中的艺术家那样）（Miller et al.，2018）。这种认为科学家是男性而不是女性的趋势在男孩中更明显，这种趋势在最近的几十年中有所减缓。然而，随着孩子年龄的增长，这种现象变得更加明显。你认为这种认为科学家是男性的刻板印象可能意味着什么？

2.1.A 精确并且依赖实证证据

学习目标 2.1.A 区分理论、假设和操作性定义

有时候，科学家会出于对某种事物的预感而发

起一项研究。但是，它通常是从一般**理论**（theory）开始的，这是一种有关假设和原理的有组织的系统，旨在解释某些现象及其相关性。许多人误解了科学家所说的理论。科学理论不仅是某人的个人观点，例如"这只是一种理论"或"我有一套关于他为什么这样做的理论"。许多科学理论是暂定的，有待进一步研究，但其他理论（例如进化论）几乎被所有科学家认可。

心理学家从理论中得出**假设**（hypothesis），即试图描述或解释给定行为的一种陈述。最初，这种说法可能很笼统，例如说"痛苦与爱相伴"。但是，在进行任何研究之前，必须使假设更精确。"痛苦与爱相伴"可能会被改写为"对威胁情境感到焦虑的人往往会倾向于去寻找面临相同威胁的其他人"。假设可以对特定情况下将要发生的事情进行预测。在预测中，心理学家会为诸如焦虑或威胁情况之类的术语提供**操作性定义**（operational definitions），这些操作性定义指定了如何观察和测量所讨论的概念。在操作层面，可以将"焦虑"定义为焦虑评分，可以将"威胁情境"定义为某种电击的威胁。预测可能是："如果你通过告诉人们他们将要遭受电击来提高他们的焦虑评分，然后让他们选择独自等待还是与处于相同情况的其他人一起等待，与无焦虑情境相比，他们更有可能选择与其他人一起等待。"然后可以使用系统方法对预测进行检验。

理论

一种有关假设和原理的有组织的系统，旨在解释一组特定的现象及其相互关系。

假设

一种试图预测或解释一组现象的陈述，它可以明确说明那些可通过实证研究进行检验的事件间或变量间的关系。

操作性定义

对如何观察和测量假设中的变量的精确说明。

任何理论、想法或预感都可能因为其合理性或

充满想象力而让人兴奋不已，但最终必须得到实证证据的支持，这些实证证据是使用科学技术收集的，可观察且可验证。仅仅收集一些轶事或寻求权威是不够的，仅仅呈现一个想法的直观吸引力或受欢迎程度也是不够的。诺贝尔奖获得者彼得·梅达瓦（Peter Medawar，1979）曾经写道："相信一个假设是真的这种信念的强烈程度与它是否成立无关。"2011 年，著名物理学家理查德·穆勒（Richard Muller）怀疑全球变暖正在发生，他在进行了为期两年的调查后报告气温确实在上升，第三年又指出人类活动是气温上升的主要原因，这也成了新闻头条。穆勒的研究得到了两个保守的石油亿万富翁的资助，尽管他们并不欢迎他的研究结果。但是，穆勒让证据胜过政治，作为一个科学家应该这样做。

图 2.1 说明了从理论到证据循环往复的过程，这是所有科学的核心过程。

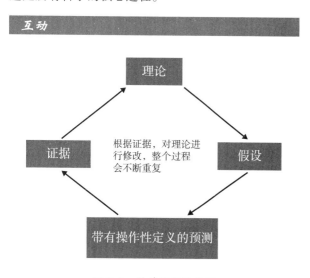

互 动

图 2.1　科学研究的循环

"做科学研究"涉及许多互动元素。理论允许研究人员得出可检验的假设，并对可能产生的结果模式做出预测。通过收集有关操作性定义变量的数据，对假设进行实证检验。通过检查证据，可以对理论进行修改和拓展，从而产生新的假设并继续研究调查的循环。

2.1.B　怀疑论

学习目标 2.1.B　解释为什么科学怀疑论不仅仅涉及怀疑

科学家不接受关于信仰或权威的观点，他们的座右铭是"给我看！"一些最伟大的科学进步是由敢于怀疑别人所认为的是真的那些人取得的：太阳绕着地球转；可以通过在皮肤上放水蛭来治疗疾病；发疯是恶魔附身的征兆。在科学界，怀疑论意味着谨慎对待新旧结论。

因此，如前所述，在促进沟通的情况下，科学家们并没有简单地说："哇，这是一种帮助自闭症儿童的有趣方式。"他们进行了涉及数百名自闭症儿童及其促进者的实验，而不是简单地接受有关该方法有效性的出色评价（Lilienfeld et al.，2014；Mostert，2001）。他们的方法很简单：让孩子识别一张照片，向促进者展示一张不同的照片或根本没有照片，或者使促进者听不到向孩子提出的问题。在这种情况下，孩子只能键入促进者看到或听到的内容，而不能键入自己看到或听到的独特信息。这项研究表明，在促进沟通中发生的事情恰恰是当某种媒介引导一个人把手放到占卜板上，以帮助这个人从"精神"中接收"消息"时发生的事情：执行"促进"的人在不知不觉中轻推另一个人的手朝着期望的方向前进，并在不知不觉中影响了所产生的反应（Wegner，Fuller，Sparrow，2003）。换句话说，促进沟通实际上是促进者的沟通（Schlosser et al.，2014）。这一发现至关重要，因为如果父母将时间和金钱浪费在无效的治疗上，他们可能永远无法使孩子获得真正的帮助，而当他们的虚假希望最终被现实粉碎时，他们将会非常痛苦。

"怀疑论"不仅要揭穿一种说法，还要说明这种说法无效的原因，以便更好的方法可以取代它。然而，怀疑态度和谨慎态度必须要同新思想和新证据的开放性保持平衡。否则，科学家可能会像著名物理学家开尔文（Lord Kelvin）一样目光短浅。据称，开尔文在 19 世纪末充满信心地宣布，无线电没有未来，X 射线是骗局，"比空气重的飞行器"是不可能的。

2.1.C　愿意做出"有风险的预测"

学习目标 2.1.C　解释为什么可证伪性是科学研究的重要组成部分

依靠实证证据和怀疑态度是科学家的重要特征。一个相关原则是，科学家必须通过可以反驳或反证的方式来陈述一个想法。这项重要的规则被称为**可证伪性原则**（principle of falsifiability），这并不意味着该想法将被驳倒，只有在发现相反证据的情况下它才可能是不正确的。换句话说，科学家必须冒着不确定的风险来预测什么会发生、什么不会发生。在"痛苦与爱相伴"的研究中，如果大多数焦虑的人互相帮助，则该假设就会得到支持，但如果大多数焦虑的人独自一人闷闷不乐，最后忧心忡忡地离开，或者焦虑对他们的行为没有影响，则这一假设将被证伪（见图 2.2）。愿意冒不确定的风险迫使科学家能够认真对待负面证据，摒弃错误的假设。

可证伪性原则

一种关于科学理论必须做出特定预测以使该理论有可能被推翻的理念。

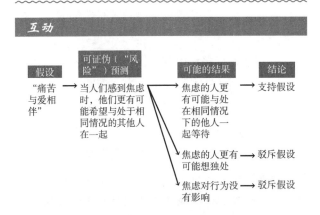

图 2.2　可证伪性原则

科学方法要求研究人员将其想法暴露于反证的可能性之下。检验一下"痛苦与爱相伴"这项简单研究的结果，将使研究人员支持或驳斥该假设。

在日常生活中，我们常常会违反可证伪性原则，因为我们所有人都容易受到**确认偏见**（confirmation bias）的影响：倾向于寻找和接受支持我们的理论和假设的证据，而忽略或拒绝与我们的信念相抵触的证据。审讯员如果确信犯罪嫌疑人有罪，可以将犯罪嫌疑人所说的任何话，甚至是其无罪辩护解释为证实该犯罪嫌疑人有罪的证据（"他当然说他无罪；所有犯罪的人都这么说"）。但是，如果嫌疑人是无辜的呢？可证伪性原则会迫使科学家和审讯员以及我们其他人去抵制确认偏见并考虑反驳证据。

确认偏见

倾向于寻找或关注支持自己信念的信息，而忽略、轻视或忘记那些不支持自己信念的信息。

2.1.D　透明度

学习目标 2.1.D　描述为什么开放性和可重复性是科学事业的重要品质

科学取决于思想的自由流动和对研究中所用程序的充分披露。保密是一个很大的"禁忌"。科学家必须乐于告诉他人他们的想法从何而来，如何进行检验以及得出的结果是什么。他们必须清楚、详细地进行操作，以便其他科学家可以复制或重复他们的研究，以及验证或挑战他们的研究结果。实际上，为了提高透明度，许多心理学家已经开始在线发布他们的预测、素材、数据和分析结果，供任何人查看、评论、修改和使用（Shrout & Rodgers, 2018；Wicherts et al., 2016）。严格且负责任的科学要求你把所有的工作都交给别人去审查。

重复前人的研究是科学过程中必不可少的一部分，因为有时看起来非常有趣的发现实际上只是侥幸所得（Open Science Collaboration，2015；Spellman，2015）。科学家的工作从未真正完成过，因为会不断出现支持、扩展或与先前结论相矛盾的新发现。心理学家必须跟进这些发现，这些发现为他们自己的研究、教学和教材的编写提供了信息。实际上，在全书中，你会看到一些研究结论的参考文献，这些研究结论来自特定研究，由于未能被重复验证，已经演变甚至彻底改变了。在本书所有章节中，我们都将重点放在可以被重复的研究领域上，并指出那些具体研究结果或解释受到质疑的案例。

如果你仔细想想，其实我们一直在考虑的所有良好科学的原则很显然与批判性思维原则一致。用操作性定义来形成预测可以使你"定义术语"。依靠实证证据可以帮助科学家避免过于简化的诱惑。对新思想的开放鼓励科学家"提出问题"和"考虑其他解释"。可证伪性原则能够迫使科学家以公正的态度去"分析假设与偏见"及"检查证据"。在他们的结果被重复验证之前，科学家们必须"忍受不确定性"。

心理学家和其他科学家是否总能达到这些崇高的标准呢？并不是。作为普通人，他们可能过于相信自己的个人经验，当他们受到私营企业资助时会因利益冲突而产生偏见，或者野心勃勃地去妨碍开放性。像其他人一样，他们可能很难认可不支持他们假设的证据：质疑别人的想法要比质疑自己的想法容易得多（Tavris & Aronson，2007）。

心理学与你同行

将真科学与伪科学区分开

正如本章开头所指出的，我们每天都会受到声称有研究支持的说法的轰炸（Schmaltz & Lilienfeld，2014）：试着用这种饮食来清除身体的毒素；观看这些视频可以提高婴儿的智商；给儿童接种疫苗会增加他们患自闭症的风险。这些说法听起来挺科学，但并不意味着你应该被它们说服。根据不良科学或非科学的证据做出决定，可能会使我们将钱花在无用的产品上，而且易造成更严重的医疗和心理后果（无论如何，一定要给孩子接种疫苗！）。

那么，我们如何将基于严谨研究的结论与伪科学的主张区分开来呢？下面是一个快速的问题清单，下次当你怀疑所读到的看似科学的说法是否为真正的科学结论时，请记住下列这些问题：

1. **来源是什么？** 科学期刊上发表的研究结论并不总是完美的，你应该用批判的眼光来看待它们。但是，它们比独立网站、杂志或博客上的主张更可信。当涉及某个主张的来源时，多问问自己，这个人或团队的专长是什么？试图让我相信他们是对的，对他们有什么好处？如果他们的动机是发展科学知识，那么这是一个值得探讨的主张。如果他们的动机是赚钱，那就要小心了。

2. **使用的语言有多精确？** 伪科学的一个常见标志是使用听起来很科学但实际上定义不清或随意散漫的短语。毒素、能量场、身体光环、恢复活力……这些短语表面上听起来很科学，但它们的定义又是怎样的呢？过度简化是另一个危险信号，例如，当你读到"大脑对某种产品或其他刺激做出发光反应"时。此外，充满情感的语言或标点符号也是如此，例如使用过多的感叹号或全部用大写字母进行表述。科学家通常轻声细语——他们很少大喊大叫。

3. **可以对所提出的观点进行检验吗？** 伪科学结论的依据通常是轶事和个人经验。批判家会对任何不是基于实证证据的观点表示怀疑。如果某项治疗着重关注人体产生的一种隐形能量，那么研究人员该如何精确地测量和评估它呢？科学预测建立在与先前研究结果的联系上，而科学结论主要是依据假设的实证检验。相信我，这种治疗方法对我来说有用并不是一个有说服力的科学论据。

4. 是否过于完美看起来难以置信？ 睡觉时可通过倾听潜意识信息来戒掉成瘾行为？服用中药可使你的记忆力成倍提高？仅需一个疗程即可治愈以下 11 种疾病中的任何一种？真正的改变和问题的解决很少通过快速、简便或低成本的解决方案来实现。而像这样的形容词通常被用来说服大众，新的饮食、计划或疗法是困扰他们的关键。当心所谓的神奇药物。正如你现在所知道的，在真正的批判性思维方式下，你最好能够善于发问并乐于思考。

Tony Morris/Jason Smalley Photography/Alamy Stock Photo

如果我们想要比较饺子、汉堡包、苏打水或冰激凌的口味有什么不同，我们可以使用多个测试仪进行盲品测试。我们不能仅依靠个人的轶事或观点。批判性思维者知道科学主张也是如此。我们需要仔细检查它们，对它们进行实证检验，并得出客观的结论。

这是为什么科学是一种共有活动的原因之一。科学家需要将其研究结果先提交给专业期刊，然后专业期刊将研究结果发送给该领域的专家进行评估，最后决定是否可以发表。这个过程称为同行评审，它是为了确保该研究符合公认的科学标准。研究委员会充当评审团，对证据进行审查和筛选，判断其完整性并确定是否符合科学文章公开发表的标准。尽管同行评审过程并不十分完善，但它确实为科学提供了一个内在的制衡系统。

日志 2.1　批判性思维：检查证据

《新英格兰医学杂志》（*New England Journal of Medicine*）上一篇轻松愉快的文章指出，在一个特定国家中，人均巧克力消费量与该国诺贝尔奖获得者的数量之间存在密切关系（Messerli, 2012）。这个结论也很容易理解：巧克力吃得越多，人就会越聪明，因此，那些消费更多巧克力的国家产生了更多的诺贝尔奖获得者。但是，这种关系还有没有其他解释呢？请秉承准确、怀疑的态度去看待该研究证据并提供其他一些解释。

模块 2.1　小考

1. 旨在解释现象的假设和原理的有组织的系统被称为 _____。
   A. 预测　　　　　　　B. 假设
   C. 操作性定义　　　　D. 理论

2. 娜塔莎告诉她的心理学教授，她想研究为什么相似性会形成吸引力。她的教授说："太好了，但是你说的'相似性'和'吸引力'是指什么呢？"在该对话中，娜塔莎的教授敦促她做什么？
   A. 提出关于她感兴趣的变量之间的关系的假设
   B. 为她要研究的变量创建操作性定义
   C. 提出一种理论来解释为什么相似性与吸引力相关
   D. 设计一个现场实验来检验她的假设

3. 路易斯对他的朋友美达说："自我戴上这个铜手镯以来，我的关节疼痛就减轻了。它确实起作用！""嗯……"美达回应道，"我知道你会相信，很高兴你感觉舒服了一些。但是我想知道铜是如何、何时、为什么会对疼痛产生这种影响的。"美达展现出了成为一名优秀科学家的哪些特征？
   A. 怀疑性　　　　　　B. 可重复性
   C. 透明度　　　　　　D. 和权威争论

4. "所有的天鹅都是白色的"并不是一个好的科学假设的例子。即使收集越来越多的白色天鹅的例子也不能证实这个结论。但是，找到一只黑天鹅就足以否定这个假设。这个逻辑阐述的是下列哪项科学准则？

A.《汉谟拉比法典》 B. 例外性

C. 可证伪性 D. 精确性

5. 威尔士卡希望发表自己的科学研究结果，但在此之前，她使用相同的变量，通过新的研究样本和稍有不同的研究程序收集了更多数据。结果，第二项研究与第一项研究的结论是一致的，这使得威尔士卡在发表这两组结果时，对自身对科学的贡献也更加有信心了。上述例子中，威尔士卡遵循了哪种科学实践要求？

A. 可重复性 B. 风险预测

C. 同行评审 D. 确认控制

2.2 描述性研究：建立事实

心理学家根据他们想回答的问题的种类，使用不同的方法收集证据以支持他们的假设。但是，这些方法并不是互相排斥的。就像一名警察可能会根据DNA样本、指纹和对嫌疑人的问话来找出"谁干的"一样，心理侦探们也会经常采用不同的研究技术。

2.2.A 寻找样本

学习目标2.2.A 描述选择参加心理学研究的参与者的方法以及所选方法如何影响对研究结果的解释

所有研究人员面临的首要挑战之一就是选择研究对象。理想情况下，研究人员希望获得一个**代表性样本**（representative sample），即一组可以准确代表研究人员所感兴趣的更大总体的参与者。假设你想在美国大一新生中研究药物的使用情况，观察或者询问该国的每名大一新生显然是不切实际的。相

反，你需要招募一个较小的样本。可以使用特殊的选择程序来确保你的样本中包含的女性、男性、黑人、白人、亚洲人、拉丁裔、穷人、富人、天主教徒、犹太人、穆斯林、无神论者等的比例与大一新生这个总体中的比例是相同的。即使这样，仅从你自己的学校或城镇中抽取的样本也可能无法得出适用于整个国家的结果。

代表性样本

从总体中选择的用于研究的一组人，其在重要特征上与总体是匹配的。

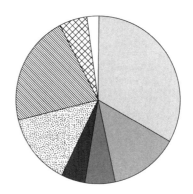

饼图和其他图形无处不在（包括本书）！当你看到一个问题时，请问自己一些批判性思维问题。首先是：该研究的样本是什么？假设某地方广播电台的网站进行了一项民意调查，要求听众选择他们当前喜欢的歌曲，上面的图形描述了结果。这是否构成音乐迷的代表性样本？绝对不是！这些数据仅来自访问此网站的人，大概是该特定广播电台的听众。该图形可能提供了一种特定类型音乐迷的有趣快照，但我们不能负责任地认为可将这些结果推广到一般人群。

样本的代表性比其大小更为重要。小型但有代表性的样本可能会产生准确的结果，而如果一项大型研究未使用适当的抽样方法，可能会产生可疑的结果。但是在实践中，心理学家和其他研究人类行为的人通常必须接受一个不具备代表性的样本，即一个"便利"样本，通常是由本科生组成的样本。在很多时候，这都无可厚非：学生的许多心理过程，例如基本的感知或记忆过程，或多或少与其他人是一样的。但

是，平均而言，大学生还较为年轻，而且比那些不是大学生的人拥有更好的认知能力。

此外，大多数参与者，无论是不是学生，都会被某些研究者称为 WEIRDos（指来自西方、受教育水平高、实现了工业化、富裕和民主文化的群体），因而很难代表整个人类。一位调查人员这样认为："WEIRD 群体是这个地球上心理最不寻常的人。"（Henrich, Heine & Norenzayan，2010）。但这有关系吗？它取决于你的研究问题。许多心理过程（例如基本的感知过程或记忆过程）在样本之间可能非常相似。但是，在考虑其他主题时，我们可能需要谨慎地得出结论，直到研究结果可以用各种样本进行复制为止。

科学家们现在正在寻求技术手段来帮助他们做到这一点。例如，亚马逊运营着一个名为 Mechanical Turk 的网站，世界各地的人都在上面执行在线任务，通常是为了获得小额报酬，他们会将其转换成亚马逊代金券。在 500 000 名注册的土耳其工人中，许多人参与了研究，这使得科学家能够快速、低成本地招募成千上万的人构成多样化样本（Buhrmester, Talaifar & Gosling，2018）。通过技术手段从研究参与者中查找数据的其他创造性方法包括检查推特（Twitter）上人们的帖子（Golder & Macy，2011），以及分析公开可见的脸书上的个人资料（Kosinski et al.，2015）。

简而言之，参与者是从任何研究中得出结论的重要考虑因素。现在，我们来谈谈心理学研究中最常用的具体研究方法。在阅读这些方法时，你可能需要列出它们的优缺点，这样你就能更好地记住它们。之后，对照本章表 2.1 中的内容检查你的列表。我们先从**描述性方法**（descriptive method）开始，该方法允许研究人员描述和预测行为，但不一定能解释它。

描述性方法

一种给出行为描述而不是直接解释的方法。

2.2. B　案例研究

学习目标 2.2. B　讨论使用案例研究作为数据收集手段的优缺点

描述性研究的一种类型是**案例研究**（case study）（或案例历史），它是基于仔细观察或正式的心理测验而对某个特定个体的详细描述。它的研究对象包括个人经历、认知能力、症状和人际关系等相关信息，这些信息都可以用来洞察这个人的行为表现。案例研究是临床医生最常使用的研究方法，而学术研究人员偶尔也会使用该方法，尤其是当他们刚刚开始研究一个主题，或是出于实践或伦理考量而无法采取其他方法收集信息时，他们就会优先选择使用该方法开展研究。

案例研究

一种对被研究或治疗的某个特定个体进行详细描述的方法。

假设你想知道人的婴幼期对掌握第一语言是否至关重要。早年失聪的孩子（或者是耳聋儿童）能在后期追赶上吗？显然，心理学家无法通过隔离孩子并观察发生了什么来回答这个问题。因此，他们研究了一些不寻常的语言剥夺案例。

其中一个是对一名 13 岁的小女孩开展的研究，从婴儿期开始，她就被残忍地关在一个小房间里。她的母亲同样也是虐待的受害者，几乎从来没有人关心过她，家里也没有人和她说话。如果她发出哪怕一点轻微的声响，她那受到严重困扰的父亲就会用一块大木头殴打她。当"杰尼"（研究人员对她的称呼）最终获救时，她不知道如何咀嚼或站立，也没有受过如厕训练。她唯一的声音是尖厉的呜咽声。最终，她开始理解简短的句子，并使用语言来表达自己的需求。但即使多年之后，杰尼的语法和发音仍然不正常。她从未学会正确地使用代词、提问，或使用小词尾来表达时态、数字和个人物品

（Curtiss，1977，1982；Rymer，1993）。这个悲惨的案例以及类似的案例表明，语言发展存在一个关键期，完全掌握第一语言的可能性在幼儿期后就会稳步下降，在青春期会急剧下降（Pinker，1994；Veríssimo et al.，2018）。

案例研究以一种抽象的概论和统计学无法做到的方式说明了心理学原理，并且比其他方法更能对一个人进行详细描述。在生物学研究中，患有脑损伤的患者为大脑的组织方式提供了重要线索。但是在大多数情况下，案例研究也有严重的缺陷。信息经常丢失或者难以解释，例如：没人知道杰尼是否天生患有智力缺陷，或者在被关起来之前她的语言发展是什么样的。撰写案例的观察员可能会有偏见，从而影响哪些事实会被注意到或是被忽视。而研究的焦点参与者可能存在一些选择性或不准确的记忆，由此得出的结论也往往是不可靠的（Loftus & Guyer，2002）。最重要的是，由于一个人很难代表研究人员感兴趣的整个群体，因此该方法在推导行为的一般原理方面的作用是有限的。由于所有这些原因，案例研究通常是假设的来源，而不是假设的检验。

互动

案例研究

（1）1970年，儿童福利部门发现了"杰尼"，这是一个受虐待的13岁少年，她生活在被隔绝的环境中，还没有发展使用语言进行交流的能力。尽管杰尼的沟通技巧非常贫乏，语言学家、心理学家和其他研究人员与她进行了合作。(2) 斯科特和马克是双胞胎宇航员。斯科特（左）在国际空间站上生活了一年，以帮助美国宇航局（NASA）了解长期太空飞行对个体的影响。马克（右）留在地球上。该案例研究提供了了解生活在独特环境中如何影响思维、注意力、免疫系统功能和视力的前所未有的机会。（3）土耳其大家庭中的五个兄弟姐妹具有不同寻常的特征：他们用四肢行走。人类学家、遗传学家、生物学家和神经生理学家于2004年开始研究这个家庭。他们得出的一种解释是，遗传突变与发育障碍一起导致了对环境的适应。

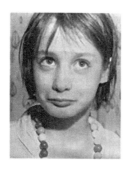

Bettmann/Getty Images

NASA images

Stringer Turkey/DHA/Reuters

2.2.C 观察性研究

学习目标 2.2.C 讨论使用观察法作为数据收集手段的优缺点

观察性研究（observational study）是另一种描述性方法。研究人员系统地测量和记录行为，还要注意避免干扰被观察的人（或动物）。与案例研究不同，观察性研究通常涉及许多参与者。通常，观察性研究是研究项目中的第一步。在尝试解释行为之前，对行为进行良好的描述会很有帮助。

研究人员在研究中仔细且系统地观察和记录行为（自然地或在实验室中），且不干扰被观察对象的行为的研究方法。

自然观察的主要目的是找出人或动物在正常社会环境中的行为。无论人们是在街角、教室、办公室还是在酒吧，心理学家都可以使用自然观察法。假设你想知道酒吧里的人和一群人在一起时是否比单独一个人喝得更多，你可以在一个特定地点选择一些酒吧，出现在那里，然后开始观察，分别记录聚在一起的人和独自一人情况下的点酒量和饮酒量。

Dangubic/Fotolia

你可以尝试一下自己进行一些自然观察。去一个人们会自愿坐到他人身旁的公共场所，比如电影院或者自助餐厅。当人们坐下来时，注意一下他们与下一个人之间留有多少个空位。平均而言，人们会坐在离陌生人多远的地方？在你获得结果之后，看看你能想出多少种解释。

请注意，在这样的研究中，研究人员不会依赖于他们对人们喝多少酒的印象或记忆。无论是在笔记本电脑上，还是（为了融入这一特殊场景）悄悄地在餐巾纸的背面，他们都会实际记录观察结果。在观察性研究中，研究人员会系统地对行为进行计数、评分或测量，以防止只关注他们期望或想要看到的东西，并认真做好记录，以便其他人可以交叉检查他们的观察结果。正如前面提到的，观察员在理想情况下要尽一切努力避免让自己的所作所为比较明显，以便被观察者能够表现自如。如果你在摄像机旋转的情况下走进酒吧，并向顾客宣布你的研究，结果可能会大不相同。

有时，心理学家更喜欢在实验室中进行观察。在实验室观察中，研究人员可以更好地控制实验情况。他们可以使用复杂的设备，确定同时被观察的人数，将干扰降到最低等。假设你想知道不同年龄的婴儿与陌生人在一起时的反应，你可以让婴儿父母带着婴儿来到你的实验室，通过单向镜观察他们一起玩的时光。然后，让一个陌生人进入房间，几分钟后让父母离开。此时，你可以记录孩子的痛苦表现，与陌生人的互动以及其他结果。如果这样做，你会发现：很小的婴儿在父母离开后还是会继续快乐地玩下去；但是，到了大约八个月大时，许多婴儿经常哭闹，或者表现出被儿童心理学家称为"分离焦虑"的其他症状。

实验室观察的一个缺点是，研究人员和专用设备的存在可能导致人们的行为方式与在自然环境下的表现有所不同。此外，无论是在自然环境中还是在实验室环境中，观察性研究和其他描述性方法一样，对行为的描述都要比对行为的解释更有用。如果我们观察到每当父母离开房间时婴儿就在抗议，我们不能确定这其中的原因是什么。是因为他们已经与父母产生依恋之情并希望父母在附近，还是他们从经验中学到大哭可以唤来成年人给予的饼干和拥抱？而单靠观察性研究是不能回答这样的问题的。

2.2.D　测试

学习目标 2.2.D　解释为什么常模、信度和效度是所有标准化心理测验的三个关键标志

数据收集的另一种描述性方法是**心理测验**（psychological test），有时也称为评估手段。它是一种用于测量和评估人格特质、情绪状态、天赋、兴趣和能力的方法。通常情况下，测试要求人们回答一系列书面或口头问题，然后将答案汇总得到一个单一数值或一组数据。客观测试，也称为量表，用于衡量个体意识到的信念、感觉或行为；投射测验的目的是挖掘潜意识或动机（例如，向参与者展示墨迹并要求他们报告看到的内容）。

你肯定参加过性格测试、成就测试或者职业能力测试。工业、教育、军事和其他行业使用了数百种心理测验。一些测试是针对个人的，还有一些是团体测试。这些措施有助于弄清楚人与人之间的差异，以及同一人在不同场合或不同生活阶段的反应差异。测试可以用来促进自我理解，评估治疗和方案，或者在科学研究中对人类的行为进行概括。结构良好的心理测验比简单的自我评估已经有了很大的进步，因为许多人对自己的能力和特质有所误解。在工作场所，员工往往高估自己的技能和判断力：人们常常意识不到自己能力的不足（Dunning，Heath & Suls，2004）。

一个好测试的标准是**标准化**（standardization），这意味着要制定出统一的程序并为其赋分。给一些人详细的说明和充足的时间，而对其他人只有含糊的说明且时间还相当有限，这是不公平的。负责测试的人员必须确切知道如何解释所涉及的任务，允许用多长时间来完成以及所使用的材料。评分通常通过参考**常模**（norms）或既定的绩效标准来完成。制定常模的一般程序是对与测试对象相似的一大群人进行测试。常模确定了哪些分数是偏高的，哪些分数偏低或处于中等位置。

Allstar Picture Library／Alamy Stock Photo

对心理测验的批评和重估使心理测验在科学上更加严谨。相反，在杂志和互联网上发现的心理测验通常没有经过效度或信度评估。这些问卷通常都带有一些吸引人的标题，例如"你和哪种犬类最相似？"或"你的爱情档案是什么？"但这只是人们认为听起来不错的问题。尽管我们必须承认，由此想到 BuzzFeed 的测验，例如像"你真的是一个时髦的人吗？"还有"瑞恩·高斯林（Ryan Gosling）是你的灵魂伴侣吗？"等问题听起来确实很有趣。

结构化测试提出了许多挑战。首先，测试必须具有**信度**（reliability），从一个时间和地点到下一个时间和地点，或者从一个得分者到另一个得分者，得出相同的结果。如果职业兴趣测试结果显示艾莉娜将会成为一名出色的工程师但不会是一个好记者，然而，当艾莉娜一周后重新测试时，却得到了相反的结论，那这个测试就是不可靠的。心理学家可以通过对一组人进行前后两次测试，统计比较两次测试的分数来测量重测信度。如果这个测试是可靠的，那么同一测试个体在不同时段的测试分数应该相似。但是，此方法有一个缺点：人们在熟悉测试后第二次参加测试时往往会做得更好。避免这种情况的一个解决方案是在不同情况下，将同一测试的不同版本提供给同一组参与者来计算复本信度（见图2.3）。两种表格中的项目在格式上相似，但在内容上不完全相同。尽管人们第二次还是可能会做得更好，毕竟他们

心理测验
用于测量人格特质、情绪状态、天赋、兴趣和能力的标准化程序。

标准化
在结构化测试中，制定统一的测试程序和评分程序。

常模
在测试编制中建立的标准量数。

已经了解了测试的一般程序，但是他们并不能依据对项目的熟悉性来提高自身成绩。

信度
测试分数从一个时间和地点到另一个时间和地点的一致性。

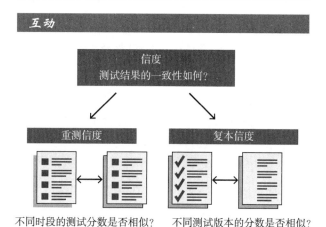

图 2.3 测量过程中的信度

像所有形式的科学测量一样，心理测验也需要具备信度。也就是说，每次有人使用测量工具进行测量时，测量方法都是相似的。

测试还必须具有**效度**（validity）才能确保它是有用的，以此去衡量要测试的内容。如果创造力测试实际测量的是语言复杂性，那么该测试就是无效的。如果测试的条目大体上代表了所讨论的特征，那么我们说该测试具有内容效度。比如，你要测试员工的工作满意度，若你的这个测试能对一系列相关的员工信念和行为进行评估（例如，"你觉得在工作中有晋升机会吗？" "你对自己的工作满意吗？"），那么它就具有内容效度。如果该测试仅询问工人对工资水平的看法，那么它缺乏内容效度，且基本无效。毕竟，高薪人士并不总是对自己的工作满意，而低薪人士也并不总是不满意。

效度
一项测试能够测量出它所要测量的东西的能力。

大多数测试还根据标准效度进行判断，也就是预测问题中特征的独立测量值或标准的能力（见图 2.4）。学业能力测试的标准可能是大学成绩，害羞测试的标准可能是社交场合行为。为了确定你的工作满意度测试是否具有标准效度，你可以在一年后回过头查看它是否正确地预测了员工的出勤率或完成的项目数。

老师、家长和雇主并不总是停下来质疑测试的有效性，尤其是当结果被汇总成一个听起来很精确的数字时，比如 IQ 得分为 115 或求职者排名第 5。但是，心理学家和教育者认为，即使是一些广泛使用的测试，包括学术水平测试（scholastic assessment test，SAT）和标准化智力测试，其效度和有用性也存在争议。有研究者在全面总结了那些来自大型研究和选取国家样本开展研究的证据后，发现像这样的测试可以很好地预测个体的智力表现（Sackett, Borneman & Connelly，2008）。但是，并不是每个人都能获得展示自己优秀的考试成绩和出色的实际表现的机会。动机、学习技巧、自律、实用的"智慧"，以及 IQ 和其他心理测验无法衡量的其他特征是个体在学业和工作上取得成就的主要影响因素。

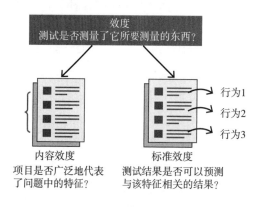

图 2.4 测量过程中的效度

像所有形式的科学测量一样，心理测验也需要具备效度。也就是说，每次有人使用测量工具进行测量时，测量工具按设定的方式进行测量。

2.2.E　调查

学习目标 2.2.E　描述使用调查作为数据收集手段的优缺点

无论你走到哪里，都有人希望你发表意见。政治民意调查想知道你对候选人的看法。在餐厅用餐、送修汽车，或入住酒店，五分钟后你会收到满意度调查问卷。各种产品的在线用户会做出评级，卖家也会要求评级。心理测验通常会间接产生有关人员的信息，**调查**（surveys）是通过问卷或访谈直接询问人们的经历、态度或观点的方法。那么，这些调查的信度如何呢？

调查

通过问卷或访谈来询问人们的经历、态度或观点的方法。

调查会产生成千上万的数据，但是做好并不容易。抽样通常是人们比较担忧的一个问题。当广播电台主持人或电视节目主持人邀请人们发表有关政治问题的评论时，即使成千上万的人做出了回应，结果也不太可能推广到整个人群。为什么？同样的一个群体，喜欢拉什·林博（Rush Limbaugh）的人要比喜欢特雷弗·诺亚（Trevor Noah）的人更保守。大众民意调查也经常被认为存在潜在的偏见，即那些愿意表达自己意见的人可能与那些拒绝参加的人有所不同。当你阅读一项调查（或任何其他类型的研究）时，一定要问都有谁参加了调查。缺乏代表性的样本并不一定意味着一项调查是没有价值或无趣的，但是它的确意味着所得的结果可能不适用于其他群体。

调查以及一般情况下的自我报告的另一个问题是人们有时会撒谎，尤其是当调查涉及一个棘手或令人尴尬的话题时。（"我绝对不会做那种令人厌恶的/不诚实的/不讨喜的/违法的事情！"）在一些将非法使用药物的自我报告与同一人的尿液分析结果进行比较的研究中，可卡因或麻醉剂测试呈阳性的人中有 30% ~70% 否认自己最近服用过药物（Tourangeau & Yan，2007）。当保证了被调查者的匿名性并允许其私下答复时，这种说谎的可能性就会降低。研究人员还可以通过用不同的措辞多次问同一个问题来查看答案是否一致的方式，来检查对方是否撒谎。但是，并非所有的调查都会使用这些技术，即使被调查者试图做到真实，他们也可能会误解调查问题，对他们自己的行为持一种不正确的看法，或对过去存在错误记忆。

当你了解调查或民意调查的结果时，你还需要考虑问题的表达方式。正如政治民意调查人员所知，调查设计在这方面可能会朝着特定的方向做出回应。（"你是否赞成通过提高房产税来筹集数百万美元重建当地学校"的表述比"你赞成重建正在衰败的当地学校吗"更容易得到反对票。）多年前，著名的性研究员阿尔弗雷德·金西（Alfred Kinsey）经常问"你有多少次（手淫、非婚性行为等）？"而不是"你有没有（手淫、非婚性行为等）？"（Kinsey，Pomeroy & Martin，1948；Kinsey et al.，1953）。第一种表达方式比第二种趋向于引出更多的真实答案，因为它消除了受访者对做这些事情的自我意识。第二种表达方式是让尴尬的受访者可以用一个简单但不诚实的"不"来回答。正如你所看到的，与其他描述性方法一样，尽管调查可以提供非常丰富的信息，但是调查的开展和解释都必须非常谨慎。

2.2.F　跨文化研究

学习目标 2.2.F　描述进行跨文化研究的重要性和挑战

做好研究工作的要求很高，但是当心理学家冒险进入自己社会以外的其他社会来了解哪些态度、行为和特质是普遍的，哪些是特定群体所特有的时，挑战就成倍增加。跨文化研究中就存在一些主要问题：

1. **方法和抽样**。直截了当地说，研究人员会担心一种语言如何转换为另一种语言。说英语的人都知道，"玛丽有一只小羊羔"意味着玛丽拥有了这只动物，而不是说她生下它、吃了它或其他。但仅凭文字这还不够清楚！此外，有时候，一种文化中占中心地位的概念或情感体验所对应的术语（例如，中国的"孝顺"概念）在另一种文化中可能没有确切的语言对等物。在进行跨文化研究时，科学家还必须确保他们的样本在除了种族或国籍之外的其他重要方面都相似。否则，看似是文化上的差异可能实际上是教育、人群、语言或其他一些非文化因素上的差异。

2. **刻板印象**。当研究人员描述整个社会的平均差异时，他们可能会倾向于过分简化他们的发现，这就容易导致刻板印象。当然，一般说来，文化规则确实使尼日利亚人不同于澳大利亚人，柬埔寨人不同于意大利人。但是，在每个社会中，个体会根据自己的性情、信仰和学习历史而有所不同。其中的挑战在于要理解平均文化差异，而不是去了解文化 A 中的每个人与文化 B 中的每个人的差异，就像理解苹果和橙子的差异一样。

3. **具体化**。进行具体化意味着将无形的过程（例如感觉）视为一个文字对象。当人们说"我内心深处充满愤怒"时，他们将愤怒当作一种存在于体内的东西，就像肾脏一样，而事实上愤怒却是一连串的身心反应。文化心理学认为具体化会导致循环推理，这种具体化是将文化视为一种事物而非信仰和传统的集合。例如"A 国攻击邻国，因为它拥有好战的文化，而我们知道这是一种好战的文化，因为它袭击了邻国"。因此，文化心理学家不仅要找出各种文化在特征和行为上的平均差异，还要找出造成这些差异的潜在机制。他们询问为什么 A 国是"好战的"，为什么它从和平者变成了现在的状态（Kitayama & Cohen，2010；Matsumoto & Yoo，2006）。

进行良好的跨文化研究非常困难，需要正确的方法和批判性地解释它们的能力。但是，跨文化研究结果对更深入、更准确地了解各种人类行为至关重要。

ESB Professional Shutterstock

跨文化研究如此重要的原因之一是，它可以揭示曾经被视作"普遍"的过程其实并没有那么普遍。例如，当你学习社会心理学时，你将了解到人们倾向于从内在的、基于性格的角度来解释他人的行为。倘若遇到一个心不在焉且脾气暴躁的服务生呢？好吧，我们经常得出这样的结论：他一定是个无礼的人。实际上，心理学家曾经认为这种趋势如此广泛，以至于将其称为基本归因错误。但是，你知道吗，跨文化研究表明，拥有某些文化背景的人并不像美国人那样迅速得出关于性格的结论（Choi，Nisbett & Naranzayan，1999）。跨文化研究表明，这种基本归因错误可能并不那么基本。

日志 2.2　批判性思维：分析假设与偏见

案例研究可能非常引人注目，这正是脱口秀节目主持人喜欢它们的原因。但通常它们只是轶事。使用案例研究得出有关人性的一般结论会有哪些危险？

模块 2.2　小考

1. 佩德罗希望了解美国人对持枪的态度，因此他对美国全国步枪协会（National Rifle Association，NRA）成员进行了大样本的民意调查，询问他们的想法。尽管数据量够大，但佩德罗的结论可能还是有缺陷的。为什么？

A. 他本应通过访谈来收集数据，但却使用了调查法

B. 他使用的样本并不代表他所感兴趣的人群

C. 样本应始终包含约 13% 的被研究人口

D. 他没有使用复本信度来构建这次测量

2. 崔西在心理学基础课上被指派做一个关于人类发展的研究项目。她决定对乔叔叔进行案例研究，并为他设计了为期一天的面谈问题，范围涉及他的童年经历到随后的60年生活。尽管她的想法令人钦佩，但是崔西本可以通过使用其他方法来让时间更加有效率。为什么？

A. 案例研究在得出有关行为的一般结论方面的作用有限

B. 案例研究总是会产生偏见和不准确的结果

C. 从定义上讲，案例研究涉及研究，而崔西没有花足够的时间来钻研这个项目

D. 案例研究是生物学家较常用的一种技术，心理学家很少用

3. 香和阿斯利两人都对发展心理学很感兴趣，特别是对五岁孩子的游戏类型感兴趣。香参观了一个当地的公园，非常认真地记录下所见到的孩子的情况。阿斯利邀请孩子父母和他们的孩子进入心理学大楼的一个经特别设计的房间内，通过单向镜观察孩子的一举一动。这两种方法都是明智的。二者的区别是香正在使用_____，而阿斯利正在使用_____。

A. 实验室观察法；案例研究法

B. 自然观察法；实验室观察法

C. 案例研究法；跨文化研究

D. 跨文化研究；自然观察法

4. 戴斯蒙德对25名即将入学的九年级学生进行了数学能力测试，然后在学年结束时检查他们几何课的期末成绩。他发现，那些被预测具有高数学技能（基于测试）的学生在他们的几何课上（基于他们的期末成绩）表现良好，而那些被预测表现不佳的学生期末成绩的确不佳。戴斯蒙德收集了一些能力倾向测试的（ ）证据。

A. 投射内容　　　B. 重测信度

C. 内容效度　　　D. 标准效度

5. 桑迪普想知道药物是否在他的大学校园里普遍使用。他问他的药物依赖班同学是否愿意参与他的这项小调查。一半的同学同意参加。桑迪普分析数据后得出结论：校园里药物使用率确实很高。那么，在他的研究过程中，有哪些缺陷？

A. 桑迪普的样本代表了他所在大学的大学生群体，但并不一定代表他所在州的大学生整体情况

B. 内容效度存在争议；桑迪普的调查可能与药物使用政策无关，而与药物使用态度有关

C. 那些同意参加的学生的药物使用态度或习惯可能与选择不参加的学生截然不同

D. 桑迪普依靠标准化测试；而应该使用评估手段来确保研究结果是有效的

2.3 相关性研究：寻找关系

心理学家通常不仅仅想了解如何描述特定变量或结果。他们经常试图确定两个或多个现象是否相关，如果相关，强度如何。例如，学生的平均成绩与他们花几个小时看电视、玩视频游戏或发短信有关系吗？为了找出答案，心理学家会进行相关性研究。

Wavebreak Media Ltd /123RF

假设某研究人员进行了这样一项研究，她发现学生的平均成绩与他们学习时花费在发短信上的时间存在着负相关关系。那么，这到底是什么意思？我们将在以下各节中讨论这种相关性结果的来龙去脉。

2.3.A　测量相关性

学习目标 2.3.A　举例说明相关系数如何给出两个变量之间关系的强度和方向

　　相关性（correlation）一词通常用作"关系"的同义词，这就是为什么**相关性研究**（correlational study）是检查两事物相互关联的程度。但是，从技术上讲，相关性是衡量两事物之间关系强度的数值度量。"事物"可以是事件、分数或可以记录和计算的其他任何东西。在心理学研究中，此类事物称为**变量**（variable），因为它们能够以可量化的方式变化。身高、体重、年龄、收入、IQ 分数、记忆力测试中记住的项目数、规定时间段内的微笑次数等都可以作为变量进行测量、定级或评分。

相关性

衡量两个变量之间相互关联程度的方法。

相关性研究

一种描述性研究，旨在寻找两个或多个现象之间的一致关系。

变量

可衡量或描述的行为或经验的特征。

　　正相关（positive correlation）表示一个变量的高值与另一个变量的高值存在相关，或者一个变量的低值与另一个变量的低值存在相关。比如，身高和体重正相关，IQ 分数和学校成绩也正相关。但是，很少有一种完美的相关。例如，一些高个子的体重会比一些矮个子的轻；智商一般的人是学术界的超级巨星，智商高的人则成绩很差。图 2.5（a）显示了心理测验分数与学生每月平均食用的煮金橘数之间的正相关关系（当然，这是我们编造的），每个点代表一个学生。你可以找到任何一个学生的分数，只需要从代表每个学生的点向纵轴画一条垂线即可。

　　你也可以通过从代表每个学生的点向横轴画一条垂线来找到学生吃的金橘数。通常，数量越多，分数也就越高。

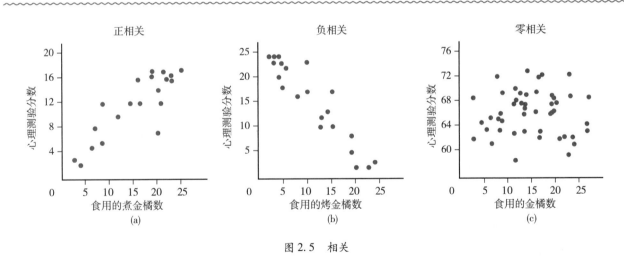

图 2.5　相关

　　图（a）显示了心理测验分数与每月食用的煮金橘数之间呈正相关：食用的金橘数越多，分数越高（反之亦然）。图（b）显示了心理测验分数与食用的烤金橘数之间呈负相关：食用的金橘数越少，分数越高（反之亦然）。图（c）显示了现实——金橘食用数与心理测验分数之间零相关。

　　负相关（negative correlation）表示一个变量的高值与另一个变量的低值相关。图 2.5（b）显示了心理测验分数与每月食用的烤金橘数之间的假想负相关。这次，学生吃的金橘越多，测试分数就会越低。举一个更现实的例子：通常，室外温度越低，人们的取暖费用就越高。那么，一个人的体重和每周锻炼的时间存在哪种关系呢？没错，你猜到了，它们之间也呈负相关。看看你是否可以想到负相关的其他成对变量。请记住，负相关意味着存在一种关系，某一事物越多，另一事物就越少。如果两个变量之间没有关系，我们说它们是不相关的［见图2.5（c）］。例如，鞋子的尺码和IQ分数不相关。

用于表达相关性的统计量称为**相关系数**（correlation coefficient）。该系数表示相关的强度和方向。理想的正相关系数为1.00，理想的负相关系数为-1.00。假设你称了10个人的体重，并列出了最轻到最重的名单，然后测量了他们的身高，又按照最矮到最高的顺序列出了名单。如果两个列表上的人名顺序完全相同，则体重和身高之间的相关性将为1.00。如果两个变量之间的相关系数为0.70，则意味着这两个

变量之间的相关性很强，但并不完全相关。如果相关系数为-0.70，则该相关性同样很强，只不过为负相关。心理学研究中的大多数相关系数的绝对值都小于0.70（正向或负向）。在0.50或-0.50附近的相关性被认为是中等强度的相关；在0.30或-0.30附近的相关性有时称为弱相关。当两个变量之间没有关系时，相关系数为零或接近零。

正相关
一个变量的高值与另一个变量的高值之间的相关，或者一个变量的低值和与另一个变量的低值之间的相关。

负相关
一个变量的高值与另一个变量的低值之间的相关。

相关系数
衡量相关的强度和方向，取值范围从-1.00到1.00。

互动

了解相关

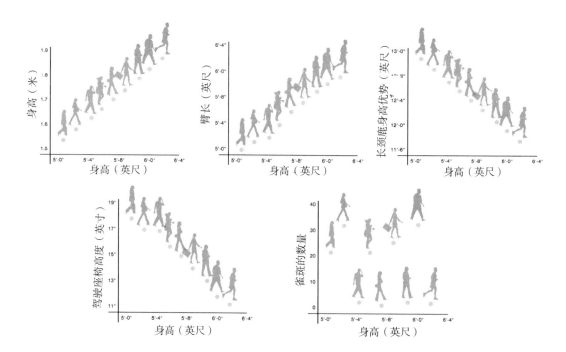

散点图显示相关的强度和方向，或两个特征之间的关系。在这个示例中，我们针对高度绘制了各种特性。

2.3.B　相关性的注意事项

学习目标 2.3.B　说明为什么两个变量之间的相关性不足以在这两个变量之间建立因果关系

相关性研究在心理学中很常见，而且经常成为新闻。但是要当心：媒体或互联网上报告的许多假定的相关性都是基于谣言和轶事，结果也证明这些相关性是很小的或不可靠的。有些只是基于巧合，毫无意义。因此，它们被称为虚假相关。虚假相关会引发一些危险看法，并造成巨大的社会危害。

疫苗接种与自闭症之间的所谓联系是一种虚假相关，这可能是由于自闭症的大多数症状都是在儿童接种疫苗时出现的。一些父母认为，罪魁祸首是硫柳汞（1999 年以前，硫柳汞是一种用于儿童疫苗的防腐剂，现在的疫苗中含量已经很少了）。然而，没有令人信服的证据表明硫柳汞会导致自闭症。将这种防腐剂从大多数疫苗中移除之后，自闭症的发病率仍未下降，如果是硫柳汞的问题，发病率本应下降。一项又一项研究并未发现二者的任何联系（Mnookin，2011；Offit，2008）。在一项针对 1991—1998 年在丹麦出生的所有儿童（超过 50 万名儿童）的重大研究中，接种疫苗的儿童中自闭症的发生率实际上比未接种疫苗的儿童还要稍微低一些（Madsen et al.，2002）。疫苗接种与自闭症之间的联系是一种虚假相关，这是由于儿童自闭症的症状通常是在儿童接种疫苗时首次被认识到。不幸的是，因父母不必要的害怕而拒绝让自己的孩子接种疫苗，从而导致这些孩子患上致命的麻疹、腮腺炎和百日咳等疾病的案例比例正在上升。

尽管相关性是有意义的，但是它很难解释，因为依据相关性无法建立因果关系。通常我们很容易假设，如果变量 A 能预测变量 B，则 A 一定是导致 B 的原因，但不一定如此。研究发现，儿童在 1～3 岁看电视的小时数与他们在 7 岁之前有多动风险（冲动、注意力不集中）呈正相关（Christakis et

al.，2004）。这是否意味着看电视会导致机能亢奋呢？也许吧。但也有可能是，比起那些安静的孩子，亢奋的孩子更可能被电视吸引。又或许是，那些烦躁不安的孩子的父母比其他父母更可能把电视作为照看孩子的保姆。这两个变量中的任何一个也可能不会直接导致另一个变量：也许让年幼的孩子长时间看电视的父母自己也会有注意力问题，因而会营造一个促进多动和注意力不集中的家庭环境。

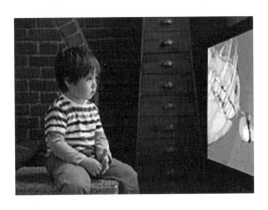

Peter Dazeley/Photographer's Choice RF/Getty Images

幼儿花在看电视上的时间与几年后他们多动的风险有关。这是否意味着看电视会引起多动症？此发现还有哪些其他可能的解释？

还记得我们在本章开始时报告的研究发现吗？首先，关于睾丸激素会在成为父亲的男性中下降的结论，许多评论员很快就认为激素下降是有某些进化原因的。也许睾丸激素的下降使男性与婴儿建立了联系。但是，也可能有一个更简单的解释：当男性（和女性）因为育儿和做家务而对自己的时间有很多要求而感到疲倦时，性欲就会下降，导致性生活减少。因此，激素也是如此。

我们还了解到，素食主义与某些精神障碍之间存在正相关。不吃肉会导致抑郁和焦虑吗？如果是这样，我们放弃吃肉的决定就应该在精神疾病发作之前做出，但事实并非如此。相反，在某些情况下，某些与焦虑和疑病症有关的精神疾病可能会导致人们放弃吃肉。也许特殊的人格特质或生活经历使某些人更有可能成为素食主义者，并且据预测出现精神疾病的可能性更大。简言之，尽管杂志或博客上会有关于此类的各种花哨新闻，但很少有证据表明选择素食主义的生活方式会增加你罹患精神疾病的风险。

寓意：当两个变量相关时，其中一个变量可能会也可能不会导致另一个变量发生变化。当我们使用相关性设计的时候，无法得出因果关系。

日志2.3　批判性思维：检查证据

许多研究表明温度与侵略性之间存在正相关：天气越热，犯罪率越高。你能否对该发现做出三种可能的解释？

模块2.3　小考

1. 你注意到你正在研究的两个变量之间的相关系数为0.02。关于它们的相关性，你应该得出什么结论？
   A. 这两个变量间几乎无相关性。一个变量的分数变化方式与另一变量不一致
   B. 这两个变量显示出近乎完美的正相关。0.02接近理想水平，一个变量的高分与另一个变量的高分相关
   C. 这两个变量显示出近乎完美的负相关。0.02接近理想值，一个变量的高分与另一个变量的低分相关
   D. 0.02的相关性在阈值0.10以下。因此，应该依靠一组新的研究参与者重新检验数据

2. 负相关系数表示一个变量的得分_____，另一个变量的得分_____。
   A. 提高；降低 　　　B. 降低；降低
   C. 提高；提高 　　　D. 稳定；下降

3. 以下哪个相关系数表示出了最强的相关性？
   A. 0.59　　B. −0.35　　C. 0.03　　D. −0.69

4. 罗娅觉得每次满月时，她的左膝盖都会发抖。她坚持说："是真的。满月时，我的膝盖就会颤抖；非满月时，我的膝盖就不会颤抖。"由于月相和关节活动度之间可能没有可靠的相关性，所以罗亚的信念说明了什么？
   A. 一种正相关系数
   B. 一种负相关系数
   C. 变量偏差
   D. 虚假相关

5. 变量A与变量B紧密相关。因此，从逻辑上讲，它是指_____。
   A. 变量A和变量B相互关联
   B. 变量A导致变量B出现
   C. 变量B导致变量A出现
   D. 变量C导致变量A和变量B都出现

2.4　实验：寻找原因

研究人员从描述性研究和相关性研究中获得了许多启发性的信息，但是当他们想要追踪行为的原因时，他们主要依赖实验方法。**实验**（experiment）允许他们控制和改变正在研究的情形。大多数实验中，研究人员不是被动地记录行为，而是通过积极应用他们认为会影响人们行为的某些操纵或处理方法来创建两个或多个小组。然后，他们观察发生了什么，比较不同群体的反应。这些程序使实验者可以得出因果关系，就是"什么导致什么"的结论。

实验

一种假设的受控检验，通常研究人员操纵一个变量以发现其对另一变量的影响。

对于许多研究型心理学家而言，该领域最振奋人心的地方在于，研究者需要创造性地设计实验来检验实证问题。例如，考虑以下假设：或许你以前

从父母、老师或其他人那里听到过这样的假设，即拥有智能手机会干扰社交关系。也就是说，一个人（或多个人）是否会在联欢会上拿着智能手机离开，而牺牲与他人进行有意义的互动呢？

有多种方法可以解决这个假设问题。一项描述性研究可能只是告诉我们，一定比例的大学生在谈话过程中倾向于看手机——当然，这是一个有趣的发现，但是并没有直接提供使用手机会影响社交关系的证据。一项相关性研究可能会得出这样的结论：在交谈过程中越是频繁使用手机，人们的参与度就会越低。但是，同样地，我们仍然不知道是使用手机会使人们脱离当前的境况还是感觉不自在导致人们更频繁地使用手机。

2.4. A 实验变量

学习目标 2.4. A 将自变量与因变量区分开，并给出示例

让我们继续来讨论手机使用这一话题。假设你现在是一名心理学家，研究兴趣是多任务处理。现如今，几乎每个人都会同时执行多种任务，而你想知道这是好事还是坏事。具体来说，就是你想知道开车时使用手机是否有危险。开车时用手机打电话会更容易导致交通事故的发生，也许这只是对那些喜欢冒险或糟糕的驾驶员而言。为了确定这种因果关系，你决定做一个实验。

在实验室中，你要求参与者使用配备有方向盘、油门踏板和制动踏板的驾驶模拟器来进行"驾驶"。你告诉他们，目标是在繁忙的高速公路上驾驶时，最大限度缩短行驶距离，同时避免与其他汽车相撞。一些参与者在电话中与隔壁房间的研究助手通话了15分钟，讨论他们感兴趣的话题。其他人只是开车而没有使用手机。你的计划是比较两组的碰撞次数。该实验的基本设计如图2.6所示。

由研究人员操纵或改变实验情况的方面称为**自变量**（independent variable）。参与者的反应（也就是研究人员试图预测的行为）是**因变量**（dependent variable）。每个实验至少有一个自变量和一个因变量。

在上述例子中，自变量就是手机使用情况（使用与不使用）。因变量是碰撞次数。

自变量

实验者操纵的变量。

因变量

实验者测量的变量，预测它将受到自变量操纵的影响。

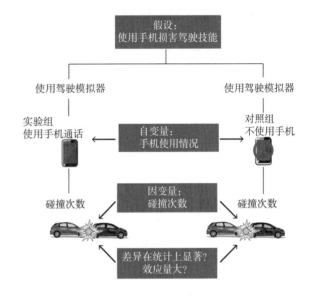

图 2.6 使用手机影响驾驶吗？

上述文字描述了利用一个实验设计来检验在驾驶时使用手机通话会影响驾驶并且导致事故的假设。

理想情况下，除自变量外，实验组和对照组的其他一切条件都应相同，也就是说，对所有参与者都是一样的。除非变速器类型是另一个自变量，否则你不会让一组中的人使用变速杆，而让另一组中的人进行自动驾驶。同样，你不会让一组中的人独自进行实验，而让另一组中的人在观众面前进行实验。保持除自变量之外的所有内容不变，就可以确保发生的一切都是由研究操纵而不是其他原因引起的。这使你能够排除其他解释。

这样想：实验者正在预测因变量（研究的结果）取决于自变量。当心理学家进行实验时，他们会认为："如果我做 X，那么我研究的人很可能会做 Y。""X"代表自变量；"Y"代表因变量。大多数变量既可以是自变量，也可以是因变量，具体取决于实验者希望发现的内容。如果你想知道吃巧克力是否会使人感到紧张，那么巧克力的食用量就是自变量。如果你想知道紧张是否会使人吃巧克力，那么巧克力的食用量就是因变量。

互动

实验过程中的变量

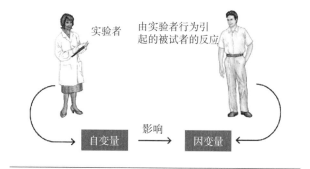

2.4.B 实验条件和对照条件

学习目标 2.4.B 说明随机分配如何帮助在实验中创造条件，并解释实验组和对照组之间的区别

思考一下刚才说的手机使用和驾驶的研究。我们正在比较两组参与者（或条件）：驾驶时使用手机的参与者和未使用手机的参与者。我们希望这两类人的平均驾驶技能大致相同。如果一开始就是一种条件下一组鲁莽的人驾驶，另一种条件下则是一组懒散的人驾驶，那可不行。我们希望这两组人在年龄、学历、驾驶经历和其他特征方面相似，以便这些变量不会混淆我们的结果。在研究结束时，我们想说的是，驾驶表现条件之间的任何差异都是源于我们对自变量（手机使用）的操纵，而不是任何其他解释。

心理学家通常通过将人们**随机分配**（random as-

signment）到一组或另一组来实现此目的，也许是通过随机分配他们的编号，然后将偶数编号分配给一组，而将奇数编号分配给另一组。如果我们的研究中有足够的参与者，则可能影响结果的个体特征可能会在随机分配小组中大致平衡，因此我们可以放心地忽略它们。实际上，即使是研究人员无法轻易测量或观察的特征，随机分配也可以使组间条件相等。

为了进行比较，实验通常会同时包括实验条件和**对照条件**（control condition）。对照条件下的参与者接受的处理与实验条件下的参与者完全相同，不同之处在于他们没有受到自变量的影响。在我们的例子中，那些驾驶时使用手机交谈的参与者组成了实验组，而那些驾驶时不使用手机的人则组成了对照组。（并非所有实验本身都有一个对照组。例如，我们可以将使用手机的驾驶员与使用非手持式通话设备的驾驶员进行比较。）

有时，研究人员会使用几个实验组或对照组。在我们的手机使用和驾驶研究中，我们可能希望检验电话交谈的时间长短或不同主题（例如工作、个人事务和非个人事务）的对话的影响。在这种情况下，我们将多个实验组与对照组、无手机组进行比较。不过，在我们假设的例子中，只有一个实验组，所有参与者都将驾驶 15 分钟，驾驶的同时谈论他们自己选择的话题。

这个描述并未涵盖研究人员使用的所有程序。在某些类型的研究中，对照组中的人会得到一种**安慰剂**（placebo），即一种虚假的药物（例如糖丸），其外观、味道或气味类似于真实的药物，但它是假的。如果安慰剂产生的结果与真实结果相同，则原因肯定是参与者的期望而不是处理本身导致了该结果。安慰剂在测试新药中起着至关重要的作用，因为一种潜在的疗法通常会带来乐观的情绪。医用安慰剂通常采取不含有效成分的药丸或注射剂形式。（要查看安慰剂在西地那非治疗女性性问题的研究中的发现，请参见图 2.7。）

总之，实验研究设计是心理学家的最爱，因为它可以得到有关变量之间因果关系的结论。你现在已经知道了实验的基本术语：自变量和因变量，条件的随机分配，实验条件和对照条件。

随机分配

在实验中，将参与者随机安排在某种条件下以增大不同条件刚开始等价的可能性。

对照条件

实验中的一种比较条件，参与者并不接受实验条件下的实验处理。

安慰剂

一种在实验中用作对照的非活性物质或假处理。

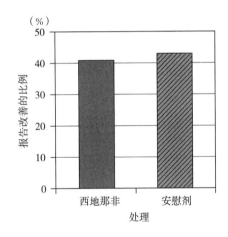

图 2.7　西地那非是否对女性有效？

安慰剂对确定服用新药的人是因使用该药物还是因他们的期望而有所改善至关重要。在一项研究中，有41%的女性服用西地那非后说她们的性生活得到了改善。这听起来令人印象深刻，但有43%服用安慰剂的人也说她们的性生活得到了改善（Basson et al.，2002）。

2.4.C　实验的优点和局限性

学习目标 2.4.C　讨论实验研究设计的方法论优势和局限性

正如你所看到的，实验可以得出因果关系的结

论。实验使研究人员能够将实际效果与安慰剂效果区分开来。当要创造性地设计一些实验时，实验使研究人员能够探究各种现象和过程。因此，长期以来实验一直是心理科学的选择方法。

为了使实验有效并发挥潜力，研究人员需要对参与者的体验进行严格的控制。例如，由于期望会影响研究结果，因此参与者不应该知道他们所处的研究条件（即他们处于实验组还是对照组）。完成此操纵后，该项实验称为**单盲研究**（single-blind study）。但是，参与者并不是唯一带着期望参与实验的人。研究人员也是如此。研究人员对特定结果的期望、偏见可能会导致他们通过面部表情、姿势、语气或其他提示无意中影响参与者的反应。

多年前，罗伯特·罗森塔尔（Robert Rosenthal）和克米特·福德（Kermit Fode）（1963）证明了这种**实验者效应**（experimenter effect）有多么强大。他们让学生教老鼠走迷宫。一半的学生被告知他们的老鼠"很聪明"，一半被告知他们的老鼠"比较迟钝"。实际上，这两组老鼠之间并没有遗传差异，但是在研究结束时，那些被认为很聪明的老鼠确实更快地走出了迷宫，这显然是由学生处理和对待它们的方式造成的。如果实验者的期望会影响啮齿动物的行为，那么肯定也会影响人类的行为，罗森塔尔（1994）继续在众多其他研究中证明了这一点。即使是实验人员的友好微笑或冷淡举止，也会影响人们的反应。

解决实验者效应问题的一种方法是进行**双盲研究**（double-blind study）。在双盲实验中，那些与参与者实际接触的研究人员收集完数据后才知道谁属于哪个组。之所以称为双盲，是因为研究人员和参与者互不知晓。在药物研究中，双盲实验程序至关重要。采用不同方式对不同剂量的药物（无论是活性药物还是安慰剂）进行编码，实验结束后，操纵药物的人才真正理解编码的含义。如果采用双盲的方式进行边驾车边使用手机的实验，我们可以使

用模拟器来自动记录碰撞次数，实验人员通过对讲机给出指令，这样实验人员就不会知道参与者属于哪个组，直到结果出来才知晓。这样，也就不会出现实验者效应了。

尽管实验法具有所有潜在的好处，但是它与所有方法一样，也有一定的局限性。与其他类型的研究一样，实验的参与者通常是大学生，他们并不总能代表较大的人群。此外，在一个实验中，研究人员通常设置了一种人为的情境，参与者尝试按照被告知的方式去做。为了合作、增加科学知识或以积极的态度表现自己，他们可能会采取他们通常不会采取的行动。因此，实验心理学家面临一个难题：他们对情况的控制越多，就越可能脱离现实生活。因此，许多心理学家呼吁要开展更多的**实地研究**（field research），例如在自然环境下，如学校或者工作场所，对行为进行仔细研究（Cialdini，2009）。假如你想知道女性还是男性更"健谈"，如果你只是去询问人们的看法，他们很可能会根据个人经验或刻板印象给你提供一个很有信心的答案。但是，开展实地研究将是回答该问题的一种更好的方法。而事实上，这样的研究已经完成。研究人员要求参与者在正常生活中佩戴一个不显眼的录音设备，结果发现根本没有性别差异（Mehl et al.，2007）。简而言之，每种研究方法都有其优缺点。之前，我们建议你列出所看到的每种方法的优缺点。如果你列出来了，可以将你的列表与表2.1进行比较。

单盲研究

参与者不知道自己处于哪种条件下（例如，实验组还是对照组）的实验。

实验者效应

由于实验者不经意间给出的暗示，参与者的行为发生了意想不到的变化。

双盲研究

研究人员和参与者都不知道谁处于哪种条件下（例如，实验组还是对照组）的实验，直到结果出来才知晓。

实地研究

在实验室外的自然环境中开展的实证调查。

Neil Lockhart/Shutterstock

实验者效应可能会偏向使用动物参与者得出的研究结果。你能想到一个认真的研究者可以用来消除实验者效应的策略吗？

互动

表2.1　心理学研究方法的优缺点

方法	优点	缺点
案例研究	良好的假设来源；提供个体的深入信息；不寻常的例子可以解释以其他方式进行研究会不符合伦理或不实际的情形或问题	重要信息易丢失，使得案例难以解释；个人的记忆可能是选择性的或不准确的；个案可能不具有代表性
自然观察	可描述环境中发生的行为；通常在研究项目第一阶段比较有用	研究人员几乎或完全无法控制情境；观察结果可能有偏差；不允许就因果关系得出确切结论
实验室观察	比其他方法更具可控性；允许使用复杂的设备	仅允许研究人员有限地控制情境；观察结果可能有偏差；不允许就因果关系得出确切结论；观察到的行为可能与自然环境中的行为并不相同
心理测验	提供有关人格特质、情绪状态、天赋、兴趣和能力的信息	难以构造可靠且有效的测量

续表

方法	优点	缺点
调查	提供有关大量群体的大量信息	如果样本没有代表性或有偏差，则结果无法推广；回应可能不正确或不真实
相关性研究	显示两个或多个变量是否相关；结果可推广	通常不能确定因果关系
实验	研究人员可控制情境；研究人员可发现变量间的因果关系，区分处理效应和安慰剂效应	实验情境是人为的，结果可能无法很好地推广到实际情境中；很难避免实验者效应

日志2.4　批判性思维：定义术语

多年来，许多公民团体认为听各种类型的音乐（尤其是说唱和重金属类型）会使人们变得更具攻击性。将该假设视为一种特定类型音乐的可检验问题，辨别其中的自变量和因变量，并描述不同条件下的参与者会遇到的情况，另外，注意你需要考虑的任何特殊事项，例如实验者效应或单盲或双盲实验设计。

模块2.4　小考

1. 在一项为大学生提供中药补品（与记忆力有关）的研究中，研究人员想看看该补品是否会提高他们的心理学课程成绩。在这项研究中，自变量是什么？

   A. 学生下学期的成绩

   B. 是否给学生补品

   C. 学生先前的中期成绩（或基线）

   D. 下学期学生的成绩减去基线成绩

2. 伊尼戈正在他的教授的帮助下进行一项心理实验。当参与者来到实验室，伊尼戈会掷一枚硬币。如果硬币落地时正面朝上，则该参与者将参加实验组；如果硬币落地时反面朝上，则该参与者进入对照组。实验中，伊尼戈采用了什么实验设计？

   A. 随机分配　　　　B. 双盲程序

   C. 控制因变量　　　D. 安慰剂设置

3. 玛格正在研究人们在实验室压力情境下的情绪状态。为了看起来友善，她对每个进入实验条件下（在该条件下，他们会感受到压力）的参与者都给予微笑，而对对照组中的参与者保持中立态度。令人惊讶的是，她发现，与对照组中的参与者相比，压力状态下的参与者在实验结束时报告自己的情绪状态要好很多。不过，玛格的教授并不感到惊讶，因为她意识到实验结果会受到_____因素的干扰。

   A. 安慰剂作用　　　B. 随机分配

   C. 实地研究问题　　D. 实验者效应

4. 参与者和实验者都不知道谁在对照组和谁在实验组中的实验称为_____研究。

   A. 单盲　　　　　　B. 双盲

   C. 全盲　　　　　　D. 安慰剂中立

5. _____是一个通用术语，指在自然环境中开展的研究。

   A. 实地研究　　　　B. 实验

   C. 扩样研究　　　　D. 相关控制

2.5　评估结果

如果你是一个刚刚做过一项研究（无论是描述性研究、相关性研究还是实验研究）的心理学家，那么你的工作才真正开始。待你手头有了一些结果之后，你必须做以下三件事：（1）描述它们；（2）评估它们的可靠性和含义；（3）弄清楚如何向他人解释这些结果。

NAN/Alamy Stock Photo

心理学家必须精通统计学，以便他们可以分析和解释自己的数据，还可以对其他研究人员的发现进行批判性思考。

2.5.A　描述数据

学习目标 2.5.A　说明如何使用描述统计来比较两组参与者的表现

还是之前举过的例子，有 30 个人在驾驶时会使用手机，另外 30 个人则不会。我们已经在驾驶模拟器上记录了每个人开车时的碰撞次数。现在，我们有 60 个人的数据。接下来，我们该怎么办？

第一步是汇总数据。人们并不想听第 43 个参与者有多少次碰撞——那不是实验的重点。重要的是，与整个对照组相比，手机使用组发生了什么。为了提供这些信息，我们需要用数字来总结我们的数据。而这些数字被称为**描述统计**（descriptive statistics），通常用图表来描述。

汇总数据的一种好方法是计算组平均数。最常用的平均数类型是**算术平均数**（arithmetic mean），即通过将所有单个分数相加并除以分数个数得出。我们可以通过将 30 个碰撞得分相加之后除以 30 来计算手机使用组的平均数，然后对对照组进行相同的操作。现在，我们的 60 个数字已被归结为了 2 个。就这个例子而言，假设手机使用组的平均碰撞次数为 10 次，而对照组的平均碰撞次数仅为 7 次。

但是，我们在解释这些平均数时必须谨慎。手机

使用组中可能没有人实际发生了 10 次碰撞。也许小组中有一半的人是驾驶疯子，发生了 15 次碰撞，其他人则更加谨慎，只有 5 次。也许小组中几乎所有参与者都发生了 9 次、10 次或 11 次碰撞。事故的数量可能从 0 次到 15 次不等。平均数并不能告诉我们参与者碰撞次数的这种变异性。为此，我们需要其他描述统计。如**标准差**（standard deviation）会告诉我们个体分数在平均数附近是如何聚集或分散的；它们越分散，平均数就越不"典型"。（见图 2.8。）不幸的是，当新闻报道某项研究时，你通常只会听到平均数。

描述统计
组织和总结研究数据的统计程序。

算术平均数
通过将一组数据相加，然后用总和除以数据个数得出的平均数。

标准差
一种常用的变异性度量，用于指示分布中的分数与平均数之间的平均差值。

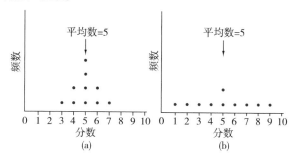

图 2.8　平均数相同，含义不同

在两种分数分布中，平均数均为 5，但在图（a）中，分数聚集在平均数周围；而在图（b）中，它们分布广泛，因此分布的标准差将有很大差异。平均数对所有分数更典型的是哪种分布？

2.5.B　推论统计

学习目标 2.5.B　解释统计上显著的研究结果可以说明什么、不可以说明什么，并确定可能误用或歪曲统计量的方式

在我们的实验中，有一组参与者的平均碰撞次

数为 10 次，另一组是 7 次。我们应该喝香槟吗？举行新闻发布会？打电话给妈妈？最好冷静一下。也许如果一组平均发生 15 次碰撞，而另一组平均发生 1 次碰撞，我们可以马上兴奋起来。但是，很少有心理学家可以提供清晰的、直观的结果。在大多数情况下，两组之间的差异很可能只是偶然的结果。尽管我们采取了所有预防措施，也许手机使用组中只是恰巧有更多容易发生事故的驾驶员，而他们额外的 3 次碰撞与打电话并无关。

为了严格评估数据中的这些潜在差异或关系，心理学家使用**推断统计**（inferential statistics）进行分析。这些统计信息不仅能描述或汇总数据，还使得研究人员可以根据证据（即推断）得出结论从而说明结果的可靠性。像描述统计一样，推断统计也涉及将数学公式应用于数据。

历史上，最常用的推断统计是**显著性检验**（significance tests），该检验可以告诉研究人员结果偶然发生的可能性。研究人员在进行研究之前应该是保守的。也就是说，研究人员的默认假设是，在现实生活中被研究的变量之间是没有任何有意义的影响或关系的。毕竟我们可能会发现，在某种情况下平均发生 10 次碰撞、在另一种情况下平均发生 7 次碰撞的原因有很多，其中包括随机波动和偶然性。显著性检验可以让我们问这样一个问题，即我们发现的实验组与对照组之间的差异有多大可能性仅仅是随机发生的结果。如果这个可能性很小，那么我们就可以拒绝默认的假设，即在现实生活中，这些变量之间是没有关系的。我们还可以说该结果在统计上是显著的——我们在此研究中发现的差异是可靠的。

推断统计

一种可让研究人员得出研究结果在统计上是否可靠的统计方法。

显著性检验

表明研究结果只是偶然发生的可能性的统计检验。

Burlingham/Shutterstock

许多与我们的假设相似的研究证实了开车时用手机通话的危险。在一项研究中，无论手机是手持的还是非手持的，手机使用者的驾驶能力都像醉酒的驾驶员一样受到损害（Strayer, Drews & Crouch, 2006）。还有其他研究表明，发短信甚至会损害行人的行为（Banducci et al., 2016）。因此，下一次，你在尝试过马路之前，请收起手机！

按照惯例，心理学家认为，如果某个结果在 100 次重复研究中偶然出现 5 次或少于 5 次，那么该结果就是显著的。然后，我们会说，结果在 0.05 的水平下或 $p < 0.05$ 时显著，其中 p 代表概率，0.05 称为 p 值。但是，如果 p 值大于 0.05，研究人员将对所报告的任何差异或关系缺乏信心，尽管他们可能仍想进行进一步的研究以证实这一结论。

如今，越来越多的研究人员还会通过使用一个建立**置信区间**（confidence interval, CI）的统计公式来报告他们的结果。特定样本的平均数几乎永远不会与总体的真实平均数完全相同（当然，除非我们测量该总体中的每个人，否则我们永远不会知道真实平均数）。置信区间以特定的概率指定一个比样本平均数高一点或低一点的范围，以帮助描述真实平均数可能位于的位置（Fidler & Loftus, 2009）。如图 2.9 所示，如果一遍又一遍地重复研究，则每次都会产生不同的样本平均数和置信区间。但有趣的是，尽管每项研究中的平均数（圆圈）都与总体平均数（垂线）完全不同，但大多数置信区间均包含真实平均数。实际上，如果你反复进行研究，尽管偶尔会产生一个离群置信区间（最左和最右的水平条），但95%的置信区间将包含真实平均数（Cumming，2014）。那么，你能看出那些依据研究得出的明确结论存在的问题吗？

统计上显著的结果使得心理学家可以对人的行为和心理过程做出一般性的预测："开车时打电话会增大发生事故的概率。"但是，这些预测并不能确切地告诉我们特定的人在特定情况下会做什么。概率结果在所有学科中都是典型的，而不仅仅是心理学。医学研究表明，吸烟者患肺癌的可能性很大，但是由于许多变量的相互作用会导致吸烟者患任何一种癌症，因此通过研究并不能确切地告诉我们每天吸两包烟的贝西姨妈是否会得癌症。

尽管传统的显著性检验在心理学中已被广泛使用，但这些检验确实存在一些主要缺点（Cumming et al.，2007；Erceg-Hurn & Mirosevich，2008；Schönbrodt et al.，2017）。结果，在0.05的水平下可能在统计上显著，但在日常生活中这种意义很小且影响不大，因为自变量仅解释了人们行为的一点变化。统计显著性只是告诉我们一项研究发现的假定的可靠性，而不是它的重要性和潜在影响。

图中的圆圈代表来自多个不同研究的平均数。尽管它们都不完全位于代表总体平均数的垂直线上，但是所显示的大多数置信区间的确包含真实平均数，这表明在研究任何一组变量时重复进行研究非常重要！

置信区间

一种统计度量，以特定的概率提供一个总体平均数可能所处的范围。

互动

区分描述统计和推论统计

在下列表述下面填写"推论统计"或者"描述统计"，以检查你对描述统计和推论统计的区分。

汇总数据

给出一个结果随机出现的可能性

提供统计显著性测量

告诉你是否将结果告知妈妈

在样本平均数附近检测置信区间

计算分数在平均数附近是如何聚集或者分散的

重新开始　　　核对答案

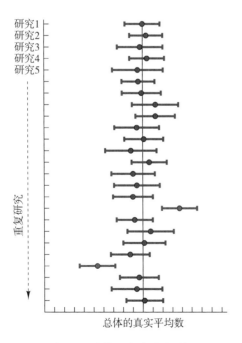

图2.9　重复研究的置信区间

统计程序是评估研究必不可少的工具。但统计量可能会被那些希望推动某一特定议程的人操纵。这就是为什么科学思维的重要组成部分不仅是要学习如何正确使用统计量，还要学习如何识别统计量的误用。统计量不会说谎，但人会说谎或者他们有时会歪曲或曲解数字的含义。因此，当你听到有关

"200 万人作为 X"或"四分之一的人是 Y"的研究结论时，你应该考虑提出以下问题：

- **数字是如何计算的？** 真的对整个总体进行了调查吗？这个数字是仅来自一项研究还是对许多研究进行了元分析？这是纯粹的猜想吗？

- **绝对量是多少？** 如果我们告诉你每天早上吃百吉饼的大学生患溃疡的风险增加了 300%（别紧张，事实不是这样!），这听起来着实令人震惊。但是，这个"300% 的增长"是从每千名学生中的 100 名增加到每千名学生中的 300 名吗？还是从每千名学生中有 1 名跃升到每千名学生中有 3 名？你想知道的是绝对风险，即实际的原始数字显示了什么。它们可能非常微不足道（Gigerenzer et al.，2008）。

- **有对照组吗？** 通常没有对照组的"发现"往往来自那些倾向于推广新的中药补品、新的治疗方法或自我完善计划的研究。人们受到激励后会努力去证明自己投入了时间、金钱或精力的任何计划或治疗都是正确的。但千万不要忘了安慰剂效应。这些证明也无法替代精心设计的研究比较。

- **结论是否与设计相符？** 虽然之前已经说过，但是我们要再强调一遍：即便发现了相关性，你也永远无法确定是什么导致了什么。

人们最喜欢的统计量通常是支持他们自己的观点和假设的统计量。不幸的是，一次又一次重复的错误统计量可能会渗透到流行文化中，它会像病毒一样传播，并且难以根除。当你阅读本章并对什么是统计量及它们如何起作用有一个基本的了解时，你还必须不断练习使自己能够很好地鉴别出哪些数字是有用的、哪些是误导人或欺骗人的。

2.5.C 解释发现

学习目标 2.5.C 比较横断面研究和纵向研究，并讨论效应量、元分析和贝叶斯统计如何使我们能够判断研究结果的重要性

任何研究的最后一步是弄清楚这些发现的含义。

试图从未解释的发现中了解行为，就像通过阅读瑞典文 – 英文词典来熟练地使用瑞典文。正如你需要通过瑞典语法来了解单词是如何组合在一起的一样，心理学家也需要用假设和理论来解释研究中出现的事实是如何组合在一起的。

选择最佳解释 有时很难在对结果的多种解释之间进行选择。使用手机是否会通过破坏驾驶员的协调性，增大其分心的可能性，干扰信息处理，扭曲驾驶员对危险的感知，或是这些或其他因素的某种组合干扰驾驶呢？有几种解释可能都适用于该结果，这意味着需要进行更多的研究来确定最佳解释。

有时，只有在一个假设以不同的方式被检验后，才可能对某个发现做出最佳解释。尽管我们描述的方法往往适用于不同的问题（请参阅表 2.2），但有时可以使用一种方法来确认、否定或拓展使用另一种方法获得的结果。如果使用各种方法所得的研究结果一致，研究人员就有更大的理由对此充满信心。如果研究结果之间有冲突，那么研究人员必须修改假设或进行进一步的调查。

下面举一个例子。当心理学家比较年轻人和老年人的心理测验分数时，他们通常会发现年轻人比老年人表现得更好。这种将不同组同时进行比较的研究称为**横断面研究**（cross – sectional study）。

横断面研究
一次比较不同的组
A组（20岁）
B组（50岁）   比较
C组（80岁）

但是，**纵向研究**（longitudinal study）也可以用来调查整个生命周期的心理能力。在纵向研究中，对相同的人进行一段时间的跟踪，并定期重新对其进行评估。

纵向研究
同一组在不同时间的比较

横断面研究

在既定时间比较不同年龄的人（或动物）的研究。

纵向研究

对人（或动物）进行跟踪并在一段时间内定期重新评估的研究。

与横断面研究相反，纵向研究发现，随着人们年龄的增长，有时在某些心理测验中他们的表现会和以前一样。但也有研究指出，直到人们达到70岁或80岁，能力才会普遍下降。这两种研究结果为什么会相冲突呢？可能是因为横断面研究衡量的是代际差异，就是年轻一代往往胜过老一代，部分原因是他们受过更好的教育或对所使用的测试更加熟悉。但是，如果没有纵向研究，我们可能会错误地得出结论，认为所有类型的智力都会随着年龄的增长必然下降。

判断结果的重要性　有时，心理学家会就某项发现的可靠性和含义达成一致，但就其对理论或实践的终极意义无法达成一致。部分原因是统计上的。在大多数心理学研究中，传统的显著性检验仍被使用，但是如前所述，这些检验具有不可忽视的缺点。由于自变量无法解释人们行为的大部分变化，因此结果在统计上可能是显著的，但在日常生活中影响却不大。

而且，p值不能保证其他研究人员（甚至同一研究人员）再次进行研究时也能达到类似的效果。实际上，从一个重复研究到另一个重复研究，p值可能会有很大差异（Cumming，2014；Open Science Collaboration，2015）。这有助于解释为什么有那么多的"发现"在日后研究中没有成功再现。还记得我们在本章刚开始时提到的ESP研究吗？按照常规标准，该结果在统计上几乎不显著，这篇论文发表在了某个学术期刊上，这令许多心理学家感到震惊（Alcock，2011）。正如一位统计学家所指出的那样，该文章并没有证明存在ESP；相反，它说明了为什么依赖p值会产生太多偶然的结果（Miller，2011）。实际上，为重复已发表的ESP结果所做的各种努力都没有发现支持原发现的证据（Galak et al.，2012）。

为了更好地防止虚假结果，许多心理学期刊现在鼓励大家使用替代分析和统计量。一种是使用可以产生**效应量**（effect size）的统计过程，这有助于我们了解效应的重要性。可以将效应量想象成与衡量某物的重量类似：无论你体重是多少，100磅都比10磅重。这样，效应量有助于我们了解某种效应的重要性（即它的权重）。因为在最后，可以肯定的是，研究人员感兴趣的是自变量的效应是否显著，但更重要的问题是，该效应有多大，尤其表现在尝试对治疗的有效性、对教育方面的干预是否值得或者对变量之间的关系强度的其他结论进行评估上。一种这样的测量方法告诉我们，数据中的变异有多大比例是可以由自变量解释的。如果能解释变异的5%，即使结果在统计上显著，那它也并不很有说服力；如果能解释40%，那将是非常令人印象深刻的。

一组流行的统计技术称为**元分析**（meta - analysis），它提供了一种可以衡量某个结果的整体"权重"的方法，因为它结合了许多相关研究的数据，而不是分别评估每个研究的结果。基于少量样本的单个结果可能只是一个巧合。元分析可以评估某个自变量或所有研究变量的效应。这种方法很重要，因为在心理学或任何其他领域，很少有一项研究能证明一切。这就是为什么你应该对那些仅基于一项单一研究就宣称有重大科学突破的标题持怀疑态度。突破可能存在，但并不常见。

效应量

描述变量之间关系强度的标准化方法。

元分析

一组用于统合来自许多相关研究的数据以确定特定自变量的解释强度的技术。

考虑一下数学成就上的性别差距，这种差距在某些国家仍然存在，但在其他国家却没有。这主要是因为男性在数学方面的"天生"优势，还是因为科学领域中的教育和专业机会方面的性别差异？通过对 69 个国家/地区的研究（这些研究代表了近 500 000 名 14 ～ 16 岁的学生）进行元分析后发现，尽管男性对数学的态度要比女性积极，但是实际数学成就中的平均效应量却很小。而且，国家效应量存在相当大的差异性，也就是说，某些国家的男女性数学成就差距要比其他国家更大。跨国差异最强有力的预测因子是男性和女性是否有同样的可能被学校录取、女性从事研究工作的比例以及女性在本国政府中的代表人数（Else-Quest，Hyde & Linn，2010）。换句话说，在数十项研究中，与女性学业和职业机会有关的多种因子预测了基于性别的数学成就差异，这为反驳那些提出性别上存在先天性差异的人提供了令人信服的依据。

另一种基于**贝叶斯统计**（Bayesian statistics）的方法在科学家中越来越流行，该方法是以 18 世纪发明它的英国大臣命名的（Dienes，2011；Wagenmakers et al.，2018）。贝叶斯统计涉及一个公式，该公式在评估任何发现时会考虑先验知识。在 ESP 研究例子中，物理学和生物学的"先验知识"表明没有已知或可能的机制可以解释此现象。实际上，当一组数学心理学家使用贝叶斯公式重新对 ESP 论文进行评估时，他们得出的结论是，这些数据实际上支持了 ESP 不存在的假设（Wagenmakers et al.，2011）。

贝叶斯统计

该统计涉及一个公式，该公式考虑了相关先验知识，可以计算出假设真实和有意义的可能性。

一位作家将贝叶斯方法概括为"是的，正确的"效应。如果一项研究发现吃蓝莓松饼可以将患心脏病的风险降低 90%，或者一种疗法可以在一周内治愈药物成瘾，那么贝叶斯的反应就是根据现实生活中的观察结果来评估这一发现，并且结果必须通过"是的，正确的"合理性检验。之前有一组研究人员使用 855 个已发表的研究结果比较了 p 值、效应量和贝叶斯因子作为统计证据的测量方法（Wetzels et al.，2011）。他们发现，尽管 p 值和贝叶斯因子几乎总是与数据支持的那些假设一致，但这些测量方法常常与这种支持的强度不一致。多数情况下，贝叶斯分析表明研究结果只是子虚乌有。

当然，贝叶斯方法也会遭受批评，关于如何精确量化"先验知识"的争论仍在继续，这些先验知识可以是强有力的实证证据，也可以是更加主观的评估依据。但是在科学统计方法中，它的重要性正在与日俱增。表 2.2 概述了我们在本章学到的各种心理学研究方法。在本章的最后部分，我们将讨论与心理学研究有关的伦理问题。

表 2.2 心理学研究方法的对比

方法	目的	示例
案例研究	了解特定个体攻击性行为的发展；提出关于攻击性起源的研究假设	连环杀手的发展史
自然观察	描述儿童早期攻击性行为的性质	记录在幼儿园自由玩耍期间做出的击打、踢腿等动作情况

续表

方法	目的	示例
实验室观察	找出成对的同性和异性儿童的攻击性在频率或强度上的差异	通过单向镜对成对的同性和异性学龄前儿童进行观察；每对必须协商谁可以玩一个已经承诺给每个儿童的有吸引力的玩具
心理测验	比较攻击性和非攻击性的人格特质	管理暴力和非暴力囚犯的人格量表
调查	了解家庭暴力在大众群体中的普遍性	（在一个能够代表该群体的样本中）对匿名受访者发放关于他们家中发生的掌掴、殴打等事件的问卷调查
相关性研究	研究攻击性和观看电视时间之间的关系	对大学生进行攻击性纸笔测验和每周看电视时间的问卷调查，计算相关系数
实验	探究高温是否会引起攻击性行为	当一个人坐在一个加热到72°F或85°F的房间里时，安排一些人去"吓"一个"学习者"（实际上是实验者的伙伴）

心理学家可能会使用不同的方法来回答有关某个主题的不同问题。上述列表显示了本章描述的一些可用于研究有关攻击性的不同问题的方法。你能否将正确的方法与所提供的预期目的和示例相匹配呢？

日志2.5 批判性思维：提出问题，乐于思考

想象一下，你和一位朋友正在讨论人们在18~22岁经历的认知变化。你的朋友建议通过测试18岁、20岁和22岁的人群并比较他们的思维能力测试平均得分来研究这个问题。你的朋友大声说："这是最好的方法。实际上，这是研究这个问题的唯一方法。"你能否提出一个不同的研究策略，只涉及一个小组，却能回答同一个问题？除了算术平均数之外，你还可以检查哪些信息？

模块2.5 小考

1. "我很困惑！"亨利说，"我为研究项目收集了很多数据，但我不知道要关注哪些数字。最高值？最低值？最常见的值？糟糕！""为什么不看所有数值的算术平均数呢？"莱琳建议说，"找到分数的平均数能够很好地说明这些数值的总体情况。"对此，你会如何建议亨利去寻找算术平均数？

A. 将所有单个分数相加，然后除以分数的总个数

B. 找出每个分数之间的距离

C. 用最高分数减去最低分数，然后乘以2

D. 将五个最低分数与五个最高分数相加，然后除以2

2. 可以使研究人员得出研究结论在统计上是否可靠的计算方法统称为_____。

A. 定性统计　　　　B. 描述统计

C. 推论统计　　　　D. 定量统计

3. 心理学家在确定结果是否在统计上显著时通常采用什么阈值？

A. 每100次中结果是否会偶然发生的次数少于20次

B. 每100次中结果是否会偶然发生的次数少于5次

C. 结果是否与研究人员原始假设中的预测相符

D. 检查数据时是否有60%的其他研究人员会得出相同的结论

4. 吉列尔莫和伊娃都对发展心理学感兴趣。吉列尔莫想将一组5岁的孩子与一组8岁的孩子进行比较，以了解他们的推理能力存在哪些差异。伊娃想在接下来的三年中研究一组5岁的孩子，以了解他们的推理能力如何随着时间而变化。两种设计都有优点。主要区别在于吉列尔莫采用的是_____，而伊娃想进行_____。

A. 横断面研究；跨文化研究

B. 横断面研究；纵向研究

C. 纵向研究；横断面研究

D. 时间序列设计；元分析

5. 伊冯娜回顾了有关口香糖对中学生注意力的影响的科学文献，发现已经有 23 个实验对这方面进行了研究。她进行了一系列的统计测试，试图从这些研究中得出一个整体结论。伊冯娜使用的是什么技术？

A. 置信推论　　　　　B. 横断面研究

C. 贝叶斯抽样　　　　D. 元分析

2.6　遵循伦理规范

正因为严格的研究方法是科学的核心，因而心理学家会花费大量时间去讨论和争论收集和评估数据的程序。他们还关注管理研究和实践的伦理规范。任何获得联邦资助以开展将人类作为参与者的研究的机构，例如大学或医院，必须建立一个审查委员会以确保所有研究均符合联邦伦理规范。此外，美国心理学会（APA）制定了所有会员都必须遵守的伦理规范，且需要经常审查该规范。

Michael Wheatley/Alamy Stock Photo

心理学家必须在任何给定的研究中考虑并解决各种与伦理相关的问题。例如，考虑对学校放假期间孩子的攻击性游戏进行自然观察的研究者，是允许他们在孩子不知情的情况下秘密观察，还是应该公开进行观察？谁需要征得孩子的同意才能参加研究？学校管理者、父母、孩子本人或以上所有人？研究人员将采取什么步骤来保护孩子在研究中的匿名性？

2.6.A　研究人类的伦理

学习目标 2.6.A　讨论为何知情同意和汇报原则是研究人员伦理规范的两个关键特征

心理学家必须尊重研究对象的尊严和福利。所有的心理学研究都必须符合伦理规范，而在参与者处于各种操纵和处理条件下的实验研究中，此类准则尤其重要。在研究过程中，研究人员必须保护参与者免受身体和精神伤害，并且，如果存在任何风险，则研究人员必须提醒他们并允许他们随时退出。

在研究开始之前，必须先让志愿者参与并充分了解这项研究，以做出明智的决定，这是被称为**知情同意**（informed consent）的声明。知情同意的政策有时会与实验者想要掩盖研究真实目的的需求发生冲突。在这种情况下，如果预先告知参与者研究目的，则会破坏研究结果，因为参与者的行为表现可能会不自然。例如，某个对情绪对记忆力的影响感兴趣的研究人员，可以告诉参与者他们将要参加的研究包括观看一段视频然后回答一系列书面问题。研究人员可以提醒他们，视频可能会引发一种轻微但短暂的情绪反应。上述是有关这项研究的准确信息，可以让个人在知情的情况下做出是否参与的决定，但是不会以可能会显著改变参与者期待或者后续行为的方式透露太多信息。

知情同意

一种关于任何参与人类研究的参与者，都必须自愿参与，并且必须对研究有足够的了解，才能做出是否参与的明智决定的声明。

有时需要隐瞒一项研究的设计，尤其是在社会心理学方面。例如，实验者的伙伴（为了研究团队的利益充当演员）可能会假装崩溃。然后，研究人员可以观察旁观者（不知情的参与者）是否会回应需要帮助的陌生人。如果参与者知道该伙伴只是在表演，那么他们显然不会理会或提供帮助。有时，参与者会被某些程序误导，这些程序会使他们感到内疚、生气或焦虑，这样研究人员就可以了解人们在这种情况下会做些什么。例如，在关于不诚实的研究中，参与者被陷害作弊，然后面对自己犯错的证据。在这种情况下，研究结束后必须向参与者彻底汇报，并告知为什么需要进行欺骗。除了汇报，伦理规范还要求研究人员证明，任何欺骗行为都因研究的潜在价值而变得合理，并且其他研究途径是不可行的。

2.6.B   研究动物的伦理

学习目标 2.6.B   讨论在研究中使用动物作为研究对象的优势和伦理考量

伦理问题也出现在动物研究中。尽管动物仅用于很小一部分的心理学研究，但对某些领域的发展却是至关重要的，尤其是生物心理学和行为研究。通常它们不会受到伤害（例如在仓鼠交配研究中，这对于仓鼠来说绝对是一件很有趣的事），但有时它们也会受到伤害（如对在贫乏或富足环境中成长的老鼠进行安乐死，以便可以检查环境对其大脑的影响）。心理学家研究动物的原因有很多：

- 对特定物种进行基础研究。例如，研究人员对黑猩猩的异常活跃和合作性生活有了大量了解。

Yerkes Regional Primate Research Center

心理学家有时会使用动物来研究记忆、情感和社会行为。此处，弗朗斯·德瓦尔（Frans de Waal）正在观察一群在室外游乐区互动的黑猩猩。

- 挖掘实际应用。行为研究已经向农民揭示了如何减少鸟类和鹿对农作物的破坏，而不必诉诸传统的射杀动物的方法。
- 澄清理论问题。如果我们发现其他哺乳动物之间也存在性别差异，我们可能不会仅将女性的寿命长短归因于生活方式和健康习惯。
- 改善人类福利。动物研究帮助研究人员了解记忆力丧失和痴呆症的潜在机制，开发减轻慢性疼痛的方法，并使神经系统疾病患者康复。

近几十年来，一些心理学家和医学家一直在尝试通过使用计算机模拟或其他新技术来寻找完全不使用动物进行研究的方法。当动物对研究至关重要时，APA的伦理规范会包括全面的准则，以确保对动物的人道待遇。有关研究动物（尤其是类人猿）的居住条件和照管的联邦法律比以前更完备了：除非对猿类的研究对人类福利至关重要，而且无法用其他方法进行，否则未来是无法对猿类进行研究的。此外，由于人们对动物的本能、社会和认知需求越来越了解，即使对于像实验室老鼠这样的所谓低等物种而言，许多心理学家也改变了他们对待动物的方式，从而改进了他们的研究以及改善了动物的健康状况（Patterson - Kane，Harper & Hunt，2001）。科学家的艰巨任务是在动物研究的收益与对人类以外的物种福利的关注之间取得平衡。

我们认识到，本章包含了很多有关研究设计、统计分析、报告科学数据等的详细信息。当我们更深入地探索心理学家从人类心理学中了解到的知识时，所有这些信息将在随后的各章中被证明是必不可少的。心理学方法已经推翻了人们对思想、感觉、行动和适应方式的一些根深蒂固的假设，并产生了可大大增进人类福祉的信息。这些方法阐明了我们的人为错误和偏见，使我们能够以更开放的心态寻求知识。生物学家托马斯·赫胥黎（Thomas Huxley）对此给出了一个很形象的描述。他说，科学的本质是"像小孩子一样坐在事实面前，准备放弃所有先入为主的观念，无论大自然引领你去什么地方，通向什么深渊，都要谦卑地跟随，否则你将一无所获"。

> **日志2.6　批判性思维：避免假设与偏见**
>
> 　　有些人会担心那些用于研究的动物会受到虐待。其中，生活条件差或营养不良方面的争论通常比较突出。你怎么看？如果在实验开始之前对动物进行虐待，研究结果的有效性是否会受到质疑？通过研究病态的、无代表性的动物，我们能学到什么？

模块2.6　小考

1. 发布（并更新）有关人类和动物研究处理伦理规范的是_____。
   A. 心理正义联盟（CPJ）
   B. 国家标准局（NBS）
   C. 国际心理科学家联合会（IFPS）
   D. 美国心理学会（APA）

2. _____原则表示向参与者提供有关研究的足够信息，以便他们做出是否参与的合理决定。
   A. 知情同意　　　B. 汇报
   C. 简报　　　　　D. 贵族义务

3. _____原则要求研究人员在研究结束时向参与者揭示心理学研究的真实性质和目的，并解释研究期间使用的任何欺骗手段。
   A. 知情同意　　　B. 汇报
   C. 简报　　　　　D. 证伪

4. 以下关于在心理学研究中使用动物的说法哪一项是正确的？
   A. 当招募人类参与者成本过于高昂时，可将动物用作研究对象
   B. 在心理学研究中，仅小部分研究会使用动物
   C. 尽管在医学研究中很普遍，但动物研究在心理学领域已被禁止
   D. 在所有心理学研究中，大约有 50% 的研究会使用动物

5. 以下哪一项是心理学家研究动物的原因？
   A. 改善人类福祉
   B. 避免受到人类参与者的批评
   C. 充分利用宽松的伦理标准的优势
   D. 在没有伦理影响的情况下检验模糊的假设

写作分享：心理学家如何进行研究

　　查找根据研究做出声明的简短文章或标题。尝试找到与心理学有关的主题，有关医学、健康、经济学或环境的知识也可以。当你通读本章时，请尝试运用你新了解的专业知识来回答以下问题：它是什么类型的研究，描述性的、相关性的，还是实验性的？如何分辨？如何选择参加研究的参与者，这种抽样方法是否会影响我们从研究中得出的结论？你对所描述的研究会有伦理方面的担忧吗？

批判性思维演示

主张：聪明的汉斯是个数学天才

步骤 1. 批判这一主张

　　19 世纪末，德国数学老师威廉·冯·奥斯滕（Wilhelm von Osten）介绍了一位最杰出的学生——一匹名叫汉斯的马。冯·奥斯滕在黑板上写下数字 2 时，汉斯会轻叩它的蹄两次。4 加 1？汉斯轻叩了五下。聪明的汉斯甚至知道 16 的平方根。

　　汉斯让观众惊叹不已。到 21 世纪初，《纽约时报》开始讲述这位马数学家的故事。怀疑论者质疑汉斯的故事是否是真的。让我们用你在研究方法上的专业知识来批判这一说法：聪明的汉斯是个数学天才。

步骤 2. 提出问题，乐于思考

　　批判性思维要求我们提出问题并检验其他解释。

为了严格评估有关汉斯的说法，你可能会问什么？

> 让我们考虑一下我们可能想问的有关聪明的汉斯的表现的问题，以及我们试图回答这些问题的方式。对于以下段落中的每个空白，请从下方选项中选择适当的选项以完成句子。
>
> 在考虑对汉斯表现的其他解释时，我们可能会问这样一个问题：冯·奥斯滕是否设计了一种私密的方式告诉汉斯正确的答案？为了回答这个问题，我们可以看看当问题（1）_____时汉斯是否仍能够正确回答出来。另一个问题是观众中的其他人是否以某种方式暗示汉斯给出答案？为了回答这个问题，我们可以在（2）_____时测试汉斯的表现。当然，在评估该主张时，最好的批判性思维问题是（3）_____。
>
> （1）a. 用英语代替德语提出
>
> 　　b. 在受控的实验室环境中，而不是在马戏场帐篷下提出
>
> 　　c. 由冯·奥斯滕以外的人提出
>
> （2）a. 改变原来问问题的顺序
>
> 　　b. 它在一个没有其他人的房间里接受测试
>
> 　　c. 冯·奥斯滕以外的人选择问题
>
> （3）a. 可以通过直接的实证观察来检验的问题
>
> 　　b. 直接由冯·奥斯滕询问的问题
>
> 　　c. 可以通过调查进行管理的问题

步骤 3. 检查证据

1904 年，一位名叫卡尔·斯图姆夫（Carl Stumpf）的心理学家对汉斯的表现进行了评估。他从学校老师、马戏团管理员、兽医、骑兵和当地动物园园长那里得到了帮助。斯图姆夫和他的团队对汉斯进行了测试。令他们惊讶的是，他们并没有找到欺骗行为的证据。因此，聪明的汉斯的传说得以延续。但是，从科学的角度讲，寻求复制以前的发现是很重要的。因此，几年后，另一位心理学家奥斯卡·芬斯特（Oskar Pfungst）对汉斯进行了测试。

步骤 4. 再次检查证据

芬斯特发现，当汉斯离他的提问者较远或者当它戴上眼罩时，它的表现水准就会下降。汉斯需要看清楚才能得出正确的答案。此外，芬斯特还发现，如果提问题的人不知道正确的答案，汉斯的准确性就会从 89% 下降到 6%。

芬斯特还发现，汉斯会读取提问者的面部反应。当马开始轻叩时，提问者就会显得很紧张。在正确轻叩后，提问者的紧张感消失了，汉斯由此学会了停止轻叩。芬斯特通过考察不同条件下的研究证据，发现了汉斯成功的秘诀。

步骤 5. 分析假设与偏见

聪明的汉斯教给我们一个有关研究的重要教训：就像冯·奥斯滕的反应改变了马的反应一样，我们自己的期望也会影响我们的发现。

步骤 6. 权衡结论

聪明的汉斯并不是什么数学天才。一个世纪后，他的故事仍然提供了重要的教训。它提醒我们，作为科学家，我们必须避免偏见和期望效应。双盲设计是确保我们不会向参与者传达期望的最佳方法。如果研究人员不知道哪些参与者处于哪种学习条件下，那么他的期望就不会导致偏差，甚至是无意间的偏差。该结论适用于课堂老师、警方调查员，或任何试图找到对涉及任何聪明动物（无论是马还是人）的问题的公正回答的人。

互动

课堂老师

Shutterstock

老师的期望会影响学生。在一项经典的研究中，

罗森塔尔和雅各布森（Rosenthal & Jacobson，1968）发现，老师认为某些学生（实际上是随机选择的）正处于智力增长突增的阶段，导致这些学生随着时间的推移实际上比同班同学表现更好。

当老师对学生寄予厚望时，可能会向他们提出更多挑战，并持有更高的标准。而期望值低可能会导致相反的情况。

警方调查员

Darren Whittingham/Shutterstock

一次列队指认就很像一个实验，特别是对目击者记忆的研究。如果负责指认工作的调查员具备个人犯罪所依据的理论，那么他们可能会无意间向目击者传达这种期望，就像冯·奥斯滕对聪明的汉斯所做的那样。这就是为什么现在美国许多司法管辖区都建议管理指认工作的警察应该对嫌疑人是谁不知情。这样的程序消除了产生这种类型的偏差的可能性。

动物训练者

Sirtravelalot/Shutterstock

回到人类与动物互动的领域，聪明汉斯的故事为那些训练动物的人提供了经验教训。例如，当训练毒品和炸弹嗅探犬时，训练者通常不知道哪个容器内有目标物。这样，他们的肢体语言和其他行为就无法将嗅探犬引向任何方向。在这方面的工作中，重要的是，这些嗅探犬要聪明得多，它们不仅仅观察训练者的期望和反应。

答案：（1）c，（2）b，（3）a

总结：心理学家如何做研究

2.1 是什么使心理学研究科学化

学习目标 2.1.A 区分理论、假设和操作性定义

理论是试图解释一组特定的现象的假设和原理的有组织的系统。假设是从理论得出的，是描述或解释给定行为的精确陈述。操作性定义总结了特定项目中待测量和研究的术语。心理学和所有学科一样，都是以实验为依据的科学。这意味着心理学家依赖以科学方法为基础的研究信息，而不是轶事、猜想或观点。

学习目标 2.1.B 解释为什么科学怀疑论不仅仅涉及怀疑

科学家将怀疑态度作为谨慎对待主张和研究结果的一种方式。怀疑不仅仅意味着怀疑结论。它还引发了对某个看法是有效还是无效的原因的探索。

学习目标 2.1.C 解释为什么可证伪性是科学研究的重要组成部分

可证伪性原则指导科学家以一种证据既可以用于确认也可以用于驳斥某种现象的存在的方式进行研究设计。作为一般的操作程序，在可操作性方面，可证伪性也有助于避免确认偏见、避免倾向于寻找或仅关注能够确认我们想法的信息。

学习目标 2.1.D 描述为什么开放性和可重复性是科学事业的重要品质

科学家必须乐于告诉他人他们的想法从何而来，

如何检验这些想法以及得出的结果是什么，以便研究可以重复，同时，研究结果也可以独立验证。

2.2 描述性研究：建立事实

学习目标 2.2.A 描述选择参加心理学研究的参与者的方法以及所选方法如何影响对研究结果的解释

在任何研究中，研究人员都希望使用代表性样本，该样本的组成与研究人员希望描述的更大总体相似。但实际上，研究人员必须经常使用"便利"样本，也就是本科生。在多数课题的研究中，影响微乎其微，但在其他情况下，必须谨慎解释有关"一般人"的结论。

学习目标 2.2.B 讨论使用案例研究作为数据收集手段的优缺点

案例研究是对个人的详细描述。它通常用于临床研究，而且对探索新的话题并解决使用其他方法难以研究的问题是有价值的。但是，由于研究对象可能无法代表一般人，因此案例研究通常是假设的来源，而不是假设检验。

学习目标 2.2.C 讨论使用观察法作为数据收集手段的优缺点

在观察性研究中，研究人员系统地观察和记录行为，而不会以任何方式去干扰行为。自然观察用于发现动物和人在自然环境中的行为。实验室观察可以更好地控制和使用特殊设备；但是，实验室中的行为可能在某些方面与自然环境中的行为有所不同。

学习目标 2.2.D 解释为什么常模、信度和效度是所有标准化心理测验的三个关键标志

心理测验用于测量和评估个体的人格特质、情绪状态、天赋、兴趣、能力等。好的测试是已经标准化，使用已建立的常模进行评分，且既可靠又有效的测试。而批评者会质疑一些广泛使用的测试的信度和效度。

学习目标 2.2.E 描述使用调查作为数据收集手段的优缺点

调查通过问卷或访谈的形式直接询问人们的经历、态度和观点。没有代表性的样本会影响调查结果的普遍性。受访者有时说谎、误记或误解问题的现象也会影响调查结果。人们应对在互联网上进行的测试保持谨慎，因为并非所有的测试都符合科学标准。

学习目标 2.2.F 描述进行跨文化研究的重要性和挑战

跨文化研究可以确定哪些态度、行为和特质具有普遍性，哪些是特定群体所特有的。这种类型的研究还面临着独特的挑战，包括如何找到可比样本，如何将材料翻译成不同的语言，以及如何避免刻板化过度概括和具体化的风险。

2.3 相关性研究：寻找关系

学习目标 2.3.A 举例说明相关系数如何给出两个变量之间关系的强度和方向

寻找现象之间关系的研究称为相关性研究。相关性是两个变量之间正向或负向关系强度的测量，用相关系数表示。正相关是指随着一个变量的增大，另一个变量也随之增大。负相关是指随着一个变量增大，另一个变量反而变小。

学习目标 2.3.B 说明为什么两个变量之间的相关性不足以在这两个变量之间建立因果关系

两个变量之间的相关性不一定表示变量之间存在因果关系。第一个变量可能导致第二个发生，第二个变量可能导致第一个发生，或者第三个变量可能导致其他两个发生。

2.4 实验：寻找原因

学习目标 2.4.A 将自变量与因变量区分开，并给出示例

心理学家转向实验研究设计来测试变量之间的

因果关系。实验使研究人员能够控制正在研究的情况，操纵自变量以及评估操纵对因变量的影响。

学习目标 2.4.B　说明随机分配如何帮助在实验中创造条件，并解释实验组和对照组之间的区别

将参与者随机分配到不同条件下，尤其是在样本足够大时，可以使研究人员确信实验所比较的组在开始时或多或少是等同的。然后，实验研究会比较两个或多个条件下（通常包括实验组和对照组）的结果。在某些研究中，对照组会接受安慰剂或假处理。

学习目标 2.4.C　讨论实验研究设计的方法论优势和局限性

实验为研究人员带来了许多好处，但也有其局限性并带来了挑战。单盲研究和双盲研究可用于防止参与者或实验者的期望对结果的影响。开展实地研究有助于解决许多实验是在人工实验室环境中进行的问题。

2.5　评估结果

学习目标 2.5.A　说明如何使用描述统计来比较两组参与者的表现

心理学家使用描述统计（例如算术平均数和标准差）来汇总数据。通过找到某一组的平均得分，以及个体得分在平均得分附近的聚集或分散程度，科学家就可以很好地了解整个测量的情况。

学习目标 2.5.B　解释统计上显著的研究结果可以说明什么、不可以说明什么，并确定可能误用或歪曲统计量的方式

心理科学家使用推断统计来找出变量之间关系的可靠性。显著性检验能够告诉研究人员研究结果偶然出现的可能性有多大。如果这种可能性非常小，则该结果就被认为在统计上显著。置信区间有助于研究人员评估总体的真实平均数，如果他们能重复这些研究的话。批判性思维者会通过问问题，区分哪些数字是有用的，哪些是误导的或具有欺骗性的。

学习目标 2.5.C　比较横断面研究和纵向研究，并讨论效应量、元分析和贝叶斯统计如何使我们能够判断研究结果的重要性

在对某个结果的相互矛盾的解释中进行选择可能很困难，并且必须注意避免超出事实。有时，直到一种假设以一种以上的方法进行了检验（如同时使用横断面和纵向方法），才可能得出最佳的解释。效应量是描述变量之间关系强度的标准化方法。元分析是一种将来自许多相关研究的数据进行组合以确定自变量整体强度的研究程序。贝叶斯统计在评估一项发现真实和有意义的可能性时会考虑先验知识。

2.6　遵循伦理规范

学习目标 2.6.A　讨论为何知情同意和汇报原则是研究人员伦理规范的两个关键特征

APA 的伦理规范要求研究人员得到参加研究或实验的任何人的知情同意，以保护他们免受伤害，并提前提醒他们可能遇到的任何风险。许多研究需要采用欺骗性程序。对此类程序的伦理性的关注形成了保护参与者的准则。

学习目标 2.6.B　讨论在研究中使用动物作为研究对象的优势和伦理考量

心理学家研究动物以获取有关特定物种的知识，挖掘心理学原理的实际应用，研究因实践或伦理原因无法将人类作为研究对象的问题，阐明理论问题并改善人类福祉。关于在研究中使用动物的争论形成了关于动物处理和照管的更全面的法规。

第2章测试

1. 指明事件间关系及源自一个理论的陈述被称为_____。

　A. 延期

　B. 操作性定义

C. 谓词

D. 假设

2. 塔米相信她在社会学教材中读到的一切。惠子不同意她的政治学教授的观点。皮特虽然比较认可他的天文学教授的话，但经常会问"为什么？""这是否也是正确的？"这里面哪个学生持的是怀疑态度？

A. 这三个学生都是

B. 塔米

C. 惠子

D. 皮特

3. 乔治认为，性格特征在出生前已完全形成，也就是婴儿仍在母亲的子宫的时候。当其出生并暴露于外部环境后，性格特征便开始发生变化。为什么说乔治的假设很糟糕？

A. 这是一个发展阶段理论，但需要更多阶段

B. 它违反了可证伪性原则，不能反驳

C. 它基于少量的测量样本；乔治应该收集更多的数据

D. 它基于生物学的不确定性；一些母亲并不知道她们未出生孩子的性别

4. 在精心控制的实验条件下，奥尔多发现，九年级的学生如果再学习两个小时，他们的考试成绩将提高5%。在发表结果之前，他用另一组学习不同内容的九年级学生和一组十年级学生重复了该实验。在所有情况下，都会出现相同的结果。奥尔多的做法展现了科学研究过程中的哪些重要特征？

A. 可重复性

B. 可证伪性

C. 可操作化

D. 研究的发散性

5. 鲁维亚在基础心理学课堂上给35名学生发放了约会习惯问卷。那么，这些参与者构成了一个什么类型的样本？

A. 代表性样本

B. 便利样本

C. 总体样本

D. 独立样本

6. 珍妮想了解战争对退伍军人的心理影响，因此她对曾在越南战争中服役的祖父进行了深入访谈。珍妮使用的是哪种类型的研究方法？

A. 实验法

B. 观察法

C. 调查法

D. 案例研究法

7. 研究人员想研究在公共场所使用笔记本电脑的人是更可能坐在彼此附近还是更可能坐在不使用笔记本电脑的人附近。于是，研究人员会每天在当地一家咖啡店里坐两个小时，持续一个星期，每天计算有或没有笔记本电脑的顾客的数量，以及他们是否会坐在有或没有笔记本电脑的人的旁边。上述研究使用的是哪种类型的研究方法？

A. 调查法

B. 实验室观察法

C. 自然观察法

D. 案例研究法

8. 与其他25 000名应试者相比，凯西发现她的一项智力测试得分排在前10%。她为自己的成就感到非常自豪，并且印象还很深刻。是什么使她能够如此轻而易举地解释自己的得分呢？

A. 智力测试提供了基于大样本比较而得出的常模

B. 她被随机分配到智力测试的对照条件下

C. 智力测试具有复本信度

D. 其他应试者构成了重测信度的基础

9. 弗劳伦斯对大学生的道德状况感兴趣，因此她对100名同学进行了一项调查，询问他们有多少次破坏了公共财产、偷了一件小东西、欺骗了一个心爱的人、从工作场所取走了办公用品或者保留了收银员多找的零钱。弗劳伦斯惊喜地发现，有

92% 的参与者很少或根本没有报告有过这些行为，并由此得出结论：当今大学生的道德水平很高。为什么说上述研究的结论不完全是恰当的？

A. 对这 100 名参与者进行访谈本是一种更有效的方法

B. 弗劳伦斯本应集中对违反者进行调查

C. 人们可能并不总是对自我报告的测量（例如调查）做出准确的反应

D. 她应该对不道德的 8% 的受访者进行案例研究

10. 以下哪个相关系数表示的相关关系最弱？

A. −0.75

B. −0.29

C. 0.04

D. 0.42

11. 达利赛对 X 和 Y 两个变量进行了相关研究。统计分析后，得出以下结论：X 和 Y 的相关系数为 −0.67，这意味着 X 增大，Y 也倾向于增大。达利赛犯了一个什么错误？

A. 她一定是分析错了，因为那是无效的相关系数

B. 如果这只是一个相关性研究，她无法得出关于 X 和 Y 之间关系的结论

C. 这是负相关，但她将其解释为正相关

D. 根据定义，相关性研究必须至少包含三个变量

12. 西梅娜通过研究发现工人满意度与工人生产率高度正相关。那么，她应该从她的研究中得出什么结论？

A. 更高的满意度会使工人变得更富有效率

B. 更高的满意度与更高的生产率系统相关

C. 更高的生产率使工人对其工作更加满意

D. 薪水既提高了生产率又提高了满意度

13. 卡门想要探究人们处于好的或坏的情绪状态是否会影响他们向无家可归者捐赠的金额。那么，在此实验中，因变量为_____。

A. 个体的情绪状态

B. 良好的情绪状态

C. 不良情绪状态

D. 捐赠的金额数

14. 给予一组参与者一种新的、正在接受某家制药公司监测的止痛药。第二组参与者与第一组参与者参与的是相同的研究，程序相同，研究人员相同，但获得的是一种与实际药物大小、形状和质地相同的糖丸。那么，第二组参与者在此实验中得到了什么？

A. 安慰剂

B. 因变量

C. 标记物

D. 基线

15. 可将只有实验者知道某个参与者是实验组还是对照组（参与者本身并不知道）的研究归类为_____。

A. 单盲实验

B. 双盲实验

C. 重复测量设计

D. 研究失败

16. 维汉收集了大学生每天用在学习上的时间的数据，发现受访者通常会花费 3 个小时在学习上，上下浮动 1.5 小时。在上述研究中，"通常"是指_____，而"差不多"是指_____。

A. 标准差/算术平均数

B. 算术平均数/标准差

C. 算术平均数/p 值

D. p 值/标准差

17. "实验组评定的算术平均数为 45，尽管对另一组的参与者进行重复测试后，平均数可高达 52 或低至 37。"该陈述中使用了哪个推断统计？

A. 效应量

B. 置信区间

C. 典型相关

D. 显著性检验

18. 贝叶斯统计量是通过以下哪种方法得出实验结果的？

   A. 考虑到有关研究主题的相关先验知识以及结果出现的可能性

   B. 假设结果不正确，然后向后推理以显示结果可以多准确

   C. 将 p 值设为 0.001

   D. 比较结果正确时和结果错误时的效应量的大小

19. 安娜来到心理实验室要参加一项实验。但是，在实验开始前，她会先得到一份需要阅读和签名的表格，表格中概述了她参加研究的要求，详细说明了她选择不参加的项目，并请求她同意参加研究。那么，以上描述中，研究者给安娜的是一份 _____。

   A. 汇报表

   B. 知情同意书

   C. 赔偿表

   D. 发布公告

20. 以下哪一项是心理学家研究动物的原因？

   A. 使用动物不需要付款，人类作为研究对象时总是因参与研究要求支付报酬

   B. 测试新设备和危险设备的缺陷

   C. 避免必须遵守 APA 的伦理准则

   D. 对特定物种进行基础研究

第3章
基因、进化和环境

你需要做什么？

心理学是一门研究我们日常思考、感受及行为的科学。学习本章之前，我们有关于你自己日常生活的问题要问你。我们希望这只是你在阅读本章时思考自己人生经历的开端。

互动

提出问题，乐于思考

格里芬被指控犯有多项欺诈罪和使用致命武器袭击罪，并且在童年时期就有盗窃和纵火记录。他有一个刚出生就被不同家庭领养的同卵双胞胎兄弟——奥利弗，你认为奥利弗也会有犯罪记录吗？

□是

□否

在上面的问题中，我们虚构的人物格里芬和奥利弗是同卵双胞胎，因此拥有相同的基因。当然，大多数同卵双胞胎一起长大，共享相同的环境，但格里芬和奥利弗是分开长大的。因此，这对不寻常的双胞胎提供了一个有趣的机会来考虑基因（"先天"）和环境（"后天"）对行为的影响。他们在行为上的任何相似之处都可能反映出相同基因的影响，而不同之处可能反映出环境的影响。如果你倾向于用基因来解释行为，那么在这个虚构的情境下，你可能会预测，奥利弗很可能和格里芬一样也有犯罪记录。

事实证明，同卵双胞胎分开抚养的情境并不总是虚构的。现实生活中就有这种令人惊叹的同卵三胞胎在婴儿时期被三个不同家庭领养的案例，并且他们在成长过程中都不知道对方的存在。正如2018年的纪录片《三个相同的陌生人》（*Three Identical Strangers*）所描述的那样，三个年轻人在19岁时偶然碰到了彼此。当地媒体纷纷报道了他们的故事，三胞胎（鲍比、埃迪和大卫）在脱口秀、新闻广播和杂志上接受采访，他们不可避免地被问及是否发现了与刚见面的兄弟的相似之处。他们回答说，三个人确实都喜欢吃中国菜，抽相同品牌的香烟，都在高中参加过摔跤比赛，连喜欢的女生类型也是一样的。当观看三胞胎兄弟的纪录片片段时，很容易发现他们的举止、姿势和说话风格也非常相似。因为他们在完全不同的环境中长大，这种相似之处似乎表明遗传的作用大于环境的作用，对吗？

不一定。因为三胞胎在某些重要方面表现出了差异，比如他们的职业道德和心理健康状况。当他们在纽约市共同经营一家餐厅时，这些差异就造成了一些摩擦。不同的成长环境可能是造成这些差异的原因之一。当然，我们不能仅根据该三胞胎的观察结果就得出关于全人类行为起源的明确结论！毕竟，大量研究结果表明，遗传和环境在塑造行为方面都起着重要作用。

当代科学家认为，遗传和环境不断地相互作用，进而影响人们的心理和生理特征。这种交互在两个方面起作用。一方面，基因会影响我们所拥有的各种经验。与其他青少年相比，具有学习天赋的青少年更有可能加入象棋队、索要书籍和科学工具包作为生日礼物。而这些奖励经历同样也激励其学习技能的发展，将最初的小智力优势转化为大智力优势。另一方面，大多数人没有意识到，经历会影响我们的基因：压力、饮食、情绪事件和激素变化都会影响一个人一生中哪些基因是活跃（"外显"）的（Fraga et al.，2005；Tammen，Friso & Choi，2013）。因此，当你阅读这一章的时候，试着拒绝用非此即彼的方式来思考遗传和环境的关系。

在本章，我们将重点关注行为遗传学和进化心理学这两个相关领域的研究结果。这两个领域的科学家研究了许多相同的主题，包括语言学习、注意力、知觉、记忆、性行为、合作行为、助人行为、情感、推理和个性。但是，他们从不同的视角解释人类差异的机制。

3.1　揭开基因的神秘面纱

你可能认为，遗传学研究完全是生物学领域的问题。虽然生物学家确实非常关注信息如何在细胞水平上进行代际传递，但心理学家也想知道遗传信息如何影响人们的思维、情感和行为。

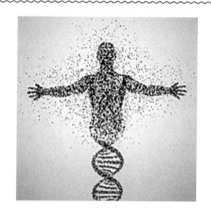

Lonely/Shutterstock

基因不仅对身高、眼睛颜色和体型等身体特征有影响，对行为也产生影响，这正是心理学家所感兴趣的。

3.1.A　人类基因组

学习目标 3.1.A　解释基因、染色体、DNA 和基因组之间的关系

行为遗传学（behavioral genetics）领域的研究人员试图梳理出遗传和环境对人类行为的相对贡献，以解释人与人之间的行为差异。遗传贡献最初起源于遗传学，所以让我们先来了解一下什么是基因，它们是如何运作的。

基因（gene）是遗传的基本单位，位于**染色体**（chromosome）上，是人体细胞核内的杆状结构。每个精细胞和卵细胞（卵子）都包含 23 条染色体，所以当精子和卵子通过受孕结合成受精卵时，最终发育出来的所有体细胞（精子和卵子除外）通常都包含 23 对（46 条）染色体。

染色体由 **DNA**（脱氧核糖核酸，deoxyribonucleic acid）分子链组成，具有遗传效应的 DNA 片段叫作基因（见图 3.1）。每条人类染色体包含数千个基因。然而，除了基因外，98.8% 的 DNA 称为非编码 DNA，过去也被称为"垃圾 DNA"，因为科学家认为它并不重要，但这种看法发生了改变。取而代之的是认为这种非编码 DNA 可能与常见疾病有关，包括多发性硬化症、狼疮、类风湿性关节炎和克罗恩病。来自非编码 DNA 的信息以及细胞中的随机化学反应，也可能影响某些基因的表达。

所有的基因和非编码 DNA 一起，组成了人类**基因组**（genome）。人类基因组中的大多数基因在其他动物中也存在，但也有一些是人类特有的，这些基因使我们有别于黑猩猩、老鼠和黄蜂。许多基因直接影响某一特征，有些基因则通过打开或关闭其他基因的表达间接起作用。人类的大多数基因在所有个体身上都以相同的形式遗传，但是某些基因的遗传形式存在个体差异，从而造就了个性化。

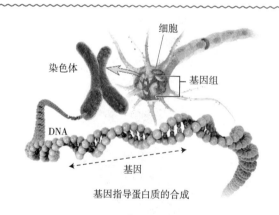

图 3.1　基因和染色体

如图所示，基因位于染色体上，染色体成对存在于细胞内。

行为遗传学

一个跨学科的研究领域，研究遗传因素对个体行为和人格差异的影响。

基因

遗传的基本单位；由 DNA 组成，可以决定蛋白质的结构。

染色体

细胞核中携带基因的杆状结构。

DNA（脱氧核糖核酸）

构成染色体，通过指导蛋白质的合成传递遗传特征。

基因组

有机体内每个细胞（精子和卵子除外）的全套基因，以及非编码 DNA。

人类的基因包含四种碱基，它们形成 DNA 的化学元素：腺嘌呤、胸腺嘧啶、胞嘧啶和鸟嘌呤。这些碱基用字母 A、T、C 和 G 进行标识，并按一定的顺序排列，例如 ACGTCTCTATA。1953 年，詹姆斯·沃森（James Watson）和弗朗西斯·克里克（Francis Crick）在一篇 985 字的论文中公布了他们在 DNA 研究上取得的突破性发现，这一发现彻底改变了遗传学领域。他们明确了 DNA 由两条链组成，中间的碱基将两条链成对地连接在一起，这就是著名的双螺旋结构，如图 3.2 所示。

图 3.2　DNA 双螺旋

螺旋是一种三维扭曲状物体，看起来像一根缠绕在圆柱体上的金属丝。克里克和沃森的著名发现是，DNA 呈双螺旋结构，它们由四种称为碱基的化学物质连接在一起。

在一个基因中，一个特定的序列可能包含数千个甚至数百万个碱基，这些碱基共同构成了用于合成多种蛋白质的密码，这些蛋白质几乎影响到身体的各个方面，从身体结构到维持身体运行的化学物质。这只是简化版的描述，实际上密码的微小变化就可以创造出性质完全不同的蛋白质。此外，许多基因可以指导不止一种蛋白质的合成，这取决于基因上不同 DNA 片段被激活的时间和地点。事实上，人体内的 22 000 个基因可以指导数十万种不同的蛋白质的合成。你可能认为 22 000 个基因很多，但这只是果蝇基因数的两倍左右，玉米中就含有 32 000 个基因（Schnable et al.，2009）。关键不在于你有多少基因，而在于这些基因能做什么。

2003 年，一个由 2 000 名国际研究人员组成的"人类基因组计划"宣布，他们完成了人类基因组的图谱绘制。他们确定了人类染色体上所包含的 30 亿个碱基对（即 As、Cs、Ts 和 Gs）组成的序列，并确定了基因在染色体上的排列方式。科学家还开始检测人类的整个基因组，以帮助确定特殊疾病或特征是否可能存在遗传基础。通过使用全基因组关联分析，科学家可以找出存在变异的基因，通过与没有特定疾病或特征的人比较，确定有特定疾病或特征的人身上是否一致存在这些基因变异。在这些研究中，研究人员脑海中可能有一个假定的"罪魁祸首"——基因，但是也可以不做这种假定，因为这种方法完全是基于相关性的统计方法（Hardy & Singleton，2009；Plomin，2013；Plomin，DeFries & Knopik，2013）。

科学家有时也会使用一种较古老的技术来寻找与罕见疾病相关的基因。这就是连锁分析，该方法利用了在染色体上紧密排列的基因存在跨代遗传的特点。研究人员首先寻找**遗传标记**（genetic marker），这是不同个体间差异较大的 DNA 片段，并且已经知道它在染色体上的位置。然后，在符合某种情况（如容易患抑郁症、有冲动性暴力倾向）的大家族中寻找这些标记的遗传模式。如果仅仅是患有某种疾病的家庭成员存在这个标记，它就可以用于遗传标记。与这种疾病有关的基因往往位于染色体附近，所有研究人员知道在哪里找到它。

遗传标记

存在个体差异的 DNA 片段，已知其在染色体上的位置，可以将其作为与身体或心理状态有关的基因遗传标志。

但是，即使研究人员确定了一个基因的位置，也不能自动知道它在生理或心理功能中的作用。通常，定位一个基因只是准确理解其功能和工作原理的第一步。因此，要对媒体报道的信息持警惕态度，例如"某些基因（或突变）是复杂心理能力或心理特征（如智力或害羞）或者障碍（如自闭症）的唯一相关基因"。几乎每个月都会有一份关于某些基因可以解释人类特征的报告。只需在网上快速搜索一下，就会发现媒体报道声称发现了"担忧基因""慷慨基因""失眠基因""拖延症基因"，更不用说可以解释人们喜欢旅行、吃辣、坐过山车和看恐怖电影的基因了。事实上，大多数人类特征，甚至像身高和眼睛颜色这样看似简单的特征，都不只受到一个基因的影响。心理特征可能取决于多个、几十个甚至数百个基因的影响，单个基因只能解释人与人差异的一小部分。但是，任何单个基因可以轻易影响许多不同的行为。这意味着：我们应该极其谨慎地看待媒体上关于"××基因"的各种信息。

Africa Studio/Fotolia

请你的家族成员依次把他们的双手紧握在一起，包括婶婶和叔叔、祖父母等尽可能多的其他亲人。观察大家把哪个拇指放在上面。是倾向于左拇指在右拇指上还是右拇指在左拇指上，许多遗传学家认为这一行为受到基因的影响。你的亲人是否明显表现出一致的行为倾向？让来自其他家族的人试着做同样的动作，你会得到同样的结果吗？目前尚不清楚基因如何影响这样的简单行为。

3.1.B 表观遗传学

学习目标 3.1.B 简述表观遗传学以及它如何帮助我们理解思维和行为中的遗传成分

许多人都认为基因组是一个静态的模型，是一组在人的一生中永远不会改变的编码信息。但这是一个很大的误解。首先，存在突变，即发生了基因变异，包括某一个 DNA 碱基对或者大部分染色体的改变。许多突变是从父母那里遗传来的，但也有一些是在出生前或出生后出现的。DNA 在细胞分裂复制自身的过程中发生错误可以导致突变。环境因素也可以导致突变，比如太阳的紫外线辐射引起的突变可能会导致皮肤癌。

因此，人与人之间存在差异的一部分原因是遗传密码中携带着不同的突变。但还有另一个原因：科学家们目前了解到，由于各种原因，在基因的 DNA 碱基序列未发生任何变化的情况下，基因（性状）表达可能会发生稳定的变化。遗传学中最激动人心的发展之一是**表观遗传学**（epigenetics）的诞生，该学科主要研究的就是这种变化（Berger et al., 2009; Feil & Fraga, 2012）。这种变化的机制涉及调节基因活性的化学分子。这些变化就像软件告诉你的基因组硬件是否外显表达。表观遗传变化影响行为、学习和记忆，以及精神障碍的易感性（Nestler et al., 2016; Zhang & Meaney, 2010）。

表观遗传学

研究在特定 DNA 碱基序列未发生改变的情况下，基因表达发生的稳定变化。

表观遗传变化可能有助于解释为什么同卵双胞胎中的一个会患病，另一个则不会。它们还可以帮助解释为什么同卵双胞胎，甚至是生活在完全相同环境中的基因相同的克隆动物在外表和行为上也可能存在较大的差异（Raser & O'Shea，2005）。是的，你没看错：即使是克隆也可能存在不同。表观遗传学研究表明，遗传活动的时间和模式不仅在出生前至关重要，在整个生命周期都至关重要（Feinberg，2008；Zannas & Chrousos，2017）。就像突变一样，表观遗传变化也受环境因素的影响（Plomin et al.，2013；Zhang & Meaney，2010）。在接下来的几年里，你会听到更多关于表观遗传学的信息，以及个体的习惯、活动、药物使用和压力水平如何影响基因活性的信息。

科学家对这些进展感到兴奋是可以理解的，但像往常一样，我们应避免将这一过程过于简单化。一些作者为了博取眼球开始丧失理智。比如，一项初步研究结果表明，个体童年时期的贫困会影响其成年后的基因，但是新闻头条这样写道："家庭贫困的婴儿在出生前就已受到永久性伤害！"（Davey Smith，2012；Heijmann & Mill，2012）。一些科学家认为，掌握检测个体独特基因组的能力，将推进"个性化医疗"，即个体的特定基因模式将有助于制定针对特定疾病的治疗方案。对此，我们仍需保持谨慎的态度。流行病学家乔治·戴维·史密斯（George Davey Smith，2011）认为个性化医疗会忽视随机性和偶然性对人类疾病的强大作用。表观遗传学和基因测试无疑将提供一些关于人类行为和健康的有趣发现，但它们不太可能提供全部情况，正如我们在本章后面的"心理学与你同行"中进一步讨论的那样。

日志3.1　批判性思维：分析假设与偏见

研究表明，在同卵双胞胎中，当其中一个患有精神分裂症时，另一个患有精神分裂症的可能性只有50%。为什么不是100%呢？为什么假设同卵双胞胎总是具有相同的特征和患有相同的疾病是不正确的呢？

模块3.1　小考

1. 遗传的基本单位为_____。
   - A. RNA
   - B. 染色体
   - C. 基因
   - D. 非编码DNA

2. 基因内四种碱基的字母标识为_____。
   - A. A—X—G—D
   - B. A—E—I—O
   - C. T—C—B—Y
   - D. A—T—C—G

3. 全基因组测序包括什么？
   - A. 对组成人类基因组的全部30亿个DNA碱基对进行测序
   - B. 比较具有某一特定特征的人与不具有该特征的人的DNA变异
   - C. 与罕见医学疾病相关的目标基因
   - D. 分离出对特定特征有独特贡献的单个基因

4. 基因突变会导致什么？
   - A. 总是导致疾病或死亡的受损基因
   - B. 基因的不同形式
   - C. 在遗传系中传递的遗传缺陷
   - D. 在行为层面上可见的个体突变

5. 在DNA没有发生变化的情况下，特定基因表达出现稳定变化的研究称为_____。
   - A. 表观遗传学
   - B. 遗传旁路
   - C. 连锁
   - D. "基因组转移"

3.2　基因的相似性

什么导致了人类的相似之处，比如普遍的语言能力或对家庭的忠诚？进化心理学家认为物种在进化史上形成的遗传倾向可以在一定程度上对此进行解释。

3.2.A　进化与自然选择

学习目标3.2.A　解释自然选择如何影响种群基因频率的变化

进化心理学（evolutionary psychology）研究人员

强调，进化机制可能有助于解释人类在不同领域的共性，如个性、情感、性行为或推理。想要解读人类基因中携带的有关过去的信息，就必须先理解进化的本质。**进化**（evolution）是指种群的基因频率在经历数代后发生的变化。特定基因在种群中的出现率提高或者降低，它们所影响的特征的出现率也随之提高或者降低。这种发展可以解释物种变化。当同一物种的两个种群在地理上分离，并且必须适应不同的环境时，这两个种群最终可能进化成两个不同的物种。

为什么种群的基因频率会发生变化？在产生精子或卵子的细胞分裂过程中，如果原始 DNA 序列的复制出现错误，就会发生基因突变。此外，在精子或卵子的形成过程中，小片段的遗传物质会从染色体对的一方转到另一方，在最终的细胞分裂之前交换位置。基因在精子和卵子的形成过程中自发突变和重组，新的遗传变异不断出现，因此潜在的新特征不断出现。

但这只是故事的一部分。根据英国生物学家查尔斯·达尔文在《物种起源》（*On the Origin of Species*，1859/1964）一书中首次阐述的**自然选择**（natural selection）法则，基因变异的根本原因是环境的改变。实际上，此时达尔文并不知道"基因"，因为该发现还没有被广泛传播，但他意识到一个物种的特征必须通过生物学上的某种方式从一代传到下一代。

Eric Isselee/Shutterstock

进化心理学家对人类许多行为的起源很感兴趣，比如微笑和大笑，这些行为也普遍存在于灵长类动物中，是人类与动物共同进化的一部分遗迹。

进化心理学

研究进化机制的心理学观点，可以解释人类在认知、发展、情绪、社会实践和其他行为领域的共性。

进化

种群基因频率的代际变化，它是受基因影响的特征在种群中变化的机制。

自然选择

一种进化过程，指在特定环境中拥有某个受基因影响的特征的个体往往比其他个体具有更高的存活量和繁衍量，从而导致这些特征在种群中更加常见。

自然选择的基本思想是：对于生活在特定环境中的特定物种，如果某些个体具有受基因影响的特征，它们往往比其他个体更容易找到食物、抵御恶劣天气和敌人。它们也更有可能存活足够长的时间来繁衍后代。因此，它们的基因将在种群中变得越来越常见，因为这些基因是通过成功繁衍被"选择"出来的。在代代相传后，这些基因甚至可能在整个物种中传播。相比之下，那些在生存斗争中不太适应的个体就不那么"适合繁衍"：它们更有可能在繁衍之前死亡。因此，它们的基因以及受这些基因影响的特征，将变得越来越不常见，甚至可能完全消失。

关于进化究竟是逐渐发生的还是突然发生的，以及生存竞争是否为变化的主要机制，科学家尚未达成一致，但他们都认可进化的重要性。在过去150 年里，达尔文的观点得到了人类学、植物学和分子遗传学研究结果的强力支持（Ruse，2010）。科学家真实观察到了一些生物的进化，如微生物、昆虫和植物。哺乳动物和微生物中的一些快速进化是由人类活动造成的。例如，由于狩猎行为的存在，角较大的公羊更容易从种群中消失，因此大角公羊的角一直在变小（Coltman et al.，2003）。研究人员甚至已经确定了可以解释野生动物进化的特定基因，例如老鼠和蜥蜴迁移到新环境时它们的肤色会从浅色变为深色（或者从深色变为浅色）。像自然选择这样的进化原则可以指导所有的生物科学。

互动

自然选择

当老鼠的肤色和岩石不融合时，它们是多么脆弱（易被发现）。

尽管许多进化理论家认为人类的进化在几千年前就已经停止了，但科学家已经发现了人类为应对不断变化的环境在短短几代人的时间里发生自然选择的证据。例如，当非洲人作为奴隶被带到美洲时，他们身上就发生了基因突变，以保护他们免受疟疾的侵袭。随着时间的推移，在美国，疟疾作为一种环境威胁变得越来越不具威胁性，自然选择逐渐不再偏爱那些发生基因突变的人，如今自然选择在非裔美国人中比在土著非洲人中更少见（Jin et al.，2012）。

特征和偏好 进化生物学家通常从观察某些特征开始，然后试图用进化论的术语来解释。为什么雄性孔雀有如此鲜艳华丽的羽毛，而雌性孔雀的羽毛颜色看起来如此暗淡单调？进化论给出的回答是，在该物种的进化历史上，只有羽毛华丽的雄性才会得到雌性的注意，这样的雄性才有更好的繁衍机会。相比之下，雌性所要做的就是到处闲逛，挑选羽毛最华丽的雄性，因此雌性孔雀不需要美丽的羽毛装扮。

进化心理学家的工作方式与进化生物学家相同，但二者在采取的策略上略微存在差异。首先，进化心理学家思索人类在史前可能会面临的挑战，比如：必须决定哪些食物是安全的，或者需要迅速评估陌生人的意图。然后，他们推断可能被选择的行为倾向，比如：这些行为可以帮助我们的祖先解决生存问题，并增强他们的繁衍适宜性。（但是，进化心理学家不会假设这些行为在当前环境中是否仍然适宜或者明智。）最后，他们对这些行为倾向是否真的存在于世界各地进行了研究。

由于我们的祖先需要避免吃有毒或腐烂的食物，这可能导致了我们天生厌恶苦味和腐臭味；那些出生时就有这些厌恶倾向的人，更有可能存活足够长的时间来繁衍后代。同样，对于我们的祖先来说，先天的语言能力、面孔识别能力和情感表达能力也有很好的生存意义。当然，考虑到书籍和汽车还没有发明出来，他们不太会需要先天的阅读或驾驶能力。

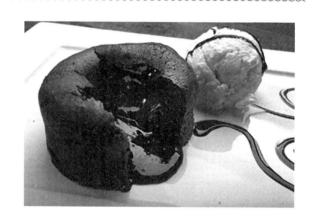

Rocharibeiro/Shutterstock

人类祖先生活在高脂肪和高糖食物珍贵且稀有的环境中，这些食物可以帮助他们在饥荒中幸存下来。进化心理学家认为，对这类食物的偏好是自然选择的结果，这就是为什么尽管生存环境已经发生巨变，当今社会中的许多人仍喜欢甚至渴望它们的原因。这种食物在快餐店、自助餐厅和冰箱中随处可见。由于这种食物会导致肥胖和其他与饮食相关的健康问题，因此对这种食物的偏爱可能不再是一种适应性倾向。

心理模块　人类的大脑像不像一台等待编程的计算机？许多进化心理学家并不这么认为。相反，他们认为环境和遗传的结合促使人类存在一组专门且独立的"心理模块"来处理特定的生存问题（Buss，2015；Marcus，2004；Pinker，2002）。一个模块无须对应一个特定的脑区；它可能涉及几个分散但相互关联的脑区，就像计算机上的软件可以存储在硬盘驱动器的不同位置上一样。

假设你正和一个你可能再也不会见到的陌生人玩赌钱游戏。你可以把奖金全部据为己有，也可以共享奖金。明智的做法是全部据为己有。为什么你要和仅有一面之交的陌生人分享任何东西呢？然而，人们确实倾向于与陌生人分享奖金，就像人们通常会给服务员小费一样，即使今后不会再去这家餐厅（Delton et al.，2011）。为什么？进化心理学家认为，人们慷慨的原因是自然选择把我们塑造成依靠合作的方式维系人际关系，即使慷慨的行为可能会伤害自己。从本质上来说，社会生活是充满不确定性的，我们不能预测未来和谁成为朋友、和谁成为敌人。所以，自然选择产生了类似于"合作，因为你之后可能需要这个人"的模块。

批评者担心，心理模块的概念可能会产生一种误导性的假设，即几乎每一项人类活动和能力，从有洁癖到凶残都是与生俱来的。动物学家和进化理论家弗朗斯·德瓦尔（Frans de Waal，2002）告诫道，不要简单地认为一种含有遗传成分的特征只要存在就一定有适应性，并且由专门的模块驱动。毕竟，粉刺和男性脱发秃顶并不具有适应性，而且两者都没有与之相关的模块！许多进化和遗传而来的特征仅仅是其他特征的副产品，有些甚至使功能受损。比如，背部不适，这是人类进化为双脚直立行走所带来的结果。德瓦尔认为，为了理解人类的进化遗产，我们不仅必须孤立地考虑个体特征，还必须考虑整个物种的所有特征，这些特征包括心理特征和生理特征。

毫无疑问，关于心理模块的争论将继续下去。但是，无论心理模块是否为描述遗传特征的最佳方式，我们都要谨慎对待，以避免常见的错误假设，即某些行为或特征存在，那么它一定具有适应性。

3.2.B　人类的先天特征

学习目标 3.2.B　列举并描述人类的先天特征

由于人类的进化方式，许多能力、倾向和特征要么在所有人出生时就存在，要么随着孩子的成熟而迅速发展。这些特征不仅包括明显的双腿站立能力或者手指抓取物体的能力，也包括不太明显的能力。下面就举几个例子：

1. **婴儿的条件反射。**婴儿生来就具有许多条件反射——对特定刺激的简单、自动反应。例如，所有的婴儿都会吮吸放在嘴唇上的东西——通过这种反射促进母乳喂养以提高生存概率。

2. **对新奇事物的兴趣。**新奇事物对人类和许多其他物种都具有吸引力（Antunes & Biala，2012）。一只进食过的老鼠，会更喜欢探索迷宫中不熟悉的那一侧，而不是食物所在的熟悉的那一侧。婴儿更喜欢注视和倾听不熟悉的事物，当然这也就意味着婴儿对世界上的大多数事物感兴趣（Thompson，Fagan & Fulker，1991）。如果有新来的人进入婴儿的视野，他们甚至会暂时停止吮吸母乳。

3. **探索和操控物体的欲望。**所有的鸟类和哺乳动物都有这种与生俱来的倾向。灵长类动物尤其喜欢探索物体，将它们拆开并仔细观察，这样做纯粹是为了享受其中的乐趣（Harlow，Harlow & Meyer，1950）。婴儿喜欢摇拨浪鼓，敲击锅盆，抓住放在他们小手中的任何东西。对于人类来说，触摸感兴趣物体的自然冲动可能是无法抗拒的，这可能也是儿童、博物馆爱好者、购物者经常忽视"请勿触摸"提示的原因之一。

4. **玩耍和休闲的冲动。**小猫、小狮子，小狗、小熊猫，以及所有年幼的灵长类动物，整天都在与同伴玩耍和互扑。动物有时只是为了玩而玩（Hold & Spinka，2011）。但玩耍和探索具有生物适应性，因为这样可以帮助物种中的成员寻找食物和其他生活必需品，并学习如何应对环境。事实上，许多物种的幼仔，包括人类，都喜欢练习性游戏。这些行为可在成年后发挥特定作用（Vandenberg，1985）。小猫会偷偷接近和扑咬一团纱线，而儿童在玩耍时可以练习他们的社交、运动和语言技能。

Karen H. Ilagan/Shutterstock

Nils Jorgensen/Rex Features/Presselect/Alamy Stock Photo

包括人类在内的所有灵长类动物，天生就喜欢探索环境、操控物体和玩耍。

5. **基本的认知能力。**许多进化心理学家认为，人生来就有快速、轻松对环境做出反应的能力。在生命的早期阶段，婴儿就可以理解他人的表情和手势、识别面孔、区分植物和动物、区分生物和非生物、习

得语言。婴儿似乎对数量也有基本的理解（Izard et al.，2009）。当然，婴儿不会数数，但在只有一周大的时候，当熟悉的两个物体变为三个时，他们会花更多的时间注视新增加的那个物体，反之亦然。这意味着他们可以识别出数量差异。包括黑猩猩和一些鸟类在内的其他物种，也有基本的数量感知能力。

大多数心理学家认为人类行为的某些方面是自然选择的结果。感觉、知觉、学习、认知偏差、记忆、情绪和情感表达、压力反应、食物充足时体重增加的趋势，以及对他人的依恋等都具有适应性和进化性。让我们详细了解一下进化心理学家特别感兴趣的一个领域：世界各地的性行为的本质。

日志3.2　批判性思维：考虑其他的解释

思考一种对个体产生妨碍的特征。例如，害羞往往会阻碍社交，使一个人更难建立人际关系。同样，攻击也会导致个体社会联结的缺失，但两者的原因截然不同。现在想一想，为什么不应孤立地看待某种特征或某种行为并讨论其在自然选择过程中的适应性（或缺乏适应性）。请思考并讨论，某些特征是如何以及为什么符合更大规模的人类适应性行为。

模块3.2　小考

1. 下列哪种说法正确概括了进化的本质？

　　A. 进化解释了为什么物种往往在不同的环境中仍能保持稳定

　　B. 进化是生物个体适应环境的过程

　　C. 进化论是研究一个人的基因如何变得比另一个人的基因更具适应性的科学

　　D. 进化是种群基因频率在经历数代后发生的变化

2. 世界各地的人都用同样的面部表情来表达主要的情绪：微笑表示幸福，皱眉表示愤怒，撇起上嘴唇表示轻蔑。人们在解读这些情绪表达方面也相当准

确。根据进化心理学家的说法，为什么会这样呢？

A. 快速识别并理解内部情绪状态的能力帮助早期人类预测社交互动的质量

B. 人类都有理解情绪的基因程序，因为情绪是人类基因遗传的一部分

C. 环境对人类高兴或愤怒情绪状态的影响不像基因那样明显

D. 面部表情是由人类所处的环境决定的

3. 卡洛斯是内八字脚（双脚朝内，而不是笔直向前）。他声称：“这实在是太棒了！我可以在无须别人站起来的情况下，穿过体育场狭窄的一排排座位走到自己的座位。我的内八字脚肯定具有更强的进化适应能力。”卡洛斯很乐观，但他对进化心理学和遗传原则的哪方面存在误解？

A. 卡洛斯没有误解，不起作用的特征不会存在于个体身上

B. 卡洛斯的内八字脚是婴儿时期以特殊姿势睡觉的结果，不是遗传导致的

C. 卡洛斯假设，一种特征只要存在，就必须有适应性

D. 卡洛斯假设自己的个人进化已经结束；而实际上，人类的一生都在不断变化和成长

4. 以下哪一项不是人类与生俱来的特征？

A. 对新奇事物的兴趣　　B. 对中性颜色的偏爱

C. 玩耍的冲动　　　　　D. 探索的欲望

5. 为什么对玩耍、探索环境和新奇事物的冲动在进化上具有适应性？

A. 这些特征将帮助有机体了解环境、找到食物、应对日常生活的挑战

B. 探索环境的有机体比不探索环境的有机体进化得更快

C. 那些冒险探索环境或尝试新奇活动的个体更有可能死亡，因此他们的基因也不会遗传下去

D. 新奇导致玩耍，玩耍促成探索。因此，遵循这一

序列的有机体将把他们的基因遗传给他们的后代

3.3　人类遗产：求爱和交配

大多数心理学家都认同人类进化史的发展使某些类型的学习变得或难或易。大多数人都认同微笑、喜欢甜味等简单行为与本能相似（相对不受学习影响，在人类中都存在）。大多数人认为，人类可以经遗传获得一些认知、感知和情感能力。但是，关于生物学和进化论是否有助于解释战争、合作和婚姻等复杂的社会习俗，社会科学家们未达成一致。这种分歧在关于性行为男女差异的起源中表现得最为明显，所以本节将重点放在这个有趣且充满争议的话题上。

Crazystocker/Shutterstock

人类的求爱行为在多大程度上可以用进化论来解释呢？

3.3.A　进化与性策略

学习目标 3.3.A　根据社会生物学的观点，比较女性和男性的性策略

1975 年，世界顶尖的蚂蚁专家之一爱德华·O. 威尔逊（Edward O. Wilson）出版了一本影响很大的书，叫《社会生物学：新的综合》（*Sociobiology: The New Synthesis*），“综合”是指用生物学原理解释非人类动物和人类的社会与性习俗。**社会生物学**（sociobiology）成为研究人员和公众中的热议话题，

引起了极大的争议。

社会生物学

一个跨学科领域，主要从进化的角度对包括人类在内的动物的社会行为进行解释。

社会生物学家认为，进化给每个人都灌输了一种倾向，即尽量增加遗传基因传递的机会，并帮助我们的近亲（因为他们与我们共享许多基因）也这样做。依照这一观点，就像大自然会选择具有适应性的生理特征一样，人类也会选择有助于个人基因传递的心理特征和社会习俗：通过血缘婚姻、禁止通奸和社会生活其他方面的社会习俗，来增大基因传递的概率。

此外，社会生物学家认为，由于大多数物种的雄性和雌性面临着不同的生存和交配问题，所以雄性和雌性在攻击性、统治力和性策略方面已经进化出了明显的差异（Symons，1979；Trivers，1972）。他们认为，在许多物种中，雄性通过竞争来获得接近年轻且有生育能力的雌性的机会，赢得胜利后让尽可能多的雌性受精是一种适应性行为。雄性与越多的雌性交配，它能传递的基因就越多。但根据社会生物学家的说法，雌性需要和最好的基因做交易，因为她们繁衍后代的数量是有限的。每次繁衍后代都是巨大的生物投资，因此雌性不能犯错。此外，与只和一个雄性交配相比，与不同雄性交配并不能繁衍出更多的后代。因此，雌性试图依附于拥有资源和地位，并且可能拥有"优越"基因的雄性。

依照这种观点，雄性和雌性会表现出完全相反的性策略，即：雄性往往比雌性更想要发生性行为；雄性更加浮躁、随便，雌性则更加忠诚、可靠；雄性追求新鲜感，雌性则追求安稳；雄性在选择性伴侣时的限制较少，雌性则更谨慎、挑剔；雄性争强好胜，追求支配地位，雌性则不这样。（你可能觉得这些观点有问题，其实并不是只有你

这样认为！我们将在接下来的章节中论述性行为进化论的不足。）

进化心理学家基本同意上述结论，但是与将人类和其他物种进行比较的社会生物学家不同，进化心理学家更关注世界各地的人在交配和约会行为上的共性。50名科学家对分布在六大洲和五个岛屿的37种文化中的1万人进行了大范围抽样调查（Buss，1994；Schmitt，2003）。结果发现男性对年轻貌美的性伴侣更感兴趣，这大概是因为年轻和生育能力有关（见图3.3）。

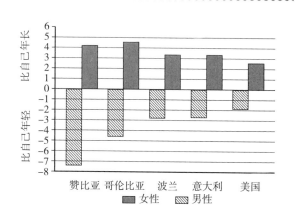

图 3.3　择偶的首选年龄

在多数国家中发现，男性喜欢娶比自己年轻的女性，女性则喜欢比自己年长的男性（Buss，2015）。进化心理学家将这些偏好归因于男性对伴侣生育能力的关注和女性对伴侣资源与地位的关注。当男性的年龄比配偶大时，人们很少对此进行评论；但当女性的年龄比配偶大时，人们就会十分关注。

男性具有更强的性嫉妒和占有欲，大概是因为如果配偶与其他人发生性关系，男性不能百分之百确定孩子遗传了他的基因。为了使自己的精子广泛传播，男性比女性更易出现有多个性伴侣的行为。相反，女性更关注未来伴侣的经济状况、地位，以及对这段关系的承诺。对女性进行问卷调查的结果表明，伴侣的情感背叛比性背叛更让人沮丧，大概是因为伴侣的抛弃可能会让她们得不到抚养后代所需的支持和资源（Buss & Schmitt，2011）。

3.3.B 对进化观的批判性思考

学习目标 3.3.B 讨论人类性策略进化论所面临的挑战

一些学者和非专业人员被"男性的基因传播行为具有进化优势，而女性在寻找高薪男性方面具有进化优势"这种观点说服。但包括进化理论家在内的一些批评者从概念和方法论的角度对这一结论提出了质疑：

1. **刻板印象 VS. 实际行为。** 在现实生活中，人类和其他动物的行为往往不符合"雄性性伴侣多，雌性腼腆挑剔"的刻板印象（Barash & Lipton, 2001; Birkhead, 2001; FaustoSterling, 1997; Hrdy, 1994; Roughgarden, 2004）。在包括人类、鸟类、鱼类等许多物种中，雌性对性也有强烈的追求，也有很多性伴侣。雌性的性行为似乎不仅仅是为了受精：雌性在没有排卵的时候也会发生性行为，甚至在怀孕的时候也会发生性行为。从企鹅到灵长类动物在内的许多物种中，雄性不只交配和奔跑，它们也会待在领地内喂养幼崽、背着幼崽、保护幼崽免受捕食者的伤害（Hrdy, 2009; Snowdon, 1997）。

David Tipling Photo Library/Alamy Stock Photo

性进化论的一个基本假设是，所有物种中的雌性都比雄性更多地参与育儿。但也有很多例外：雌性帝企鹅每年冬天都会离开，留下雄性帝企鹅来照顾幼崽。而在其他种类的企鹅中，雄性和雌性会共同抚养幼崽（Saraux et al., 2011）。

在不同时间和地点，人类的性行为存在巨大的差异。有的文化中女性生育多个孩子，有的文化中女性生育较少的孩子；有的文化中男性积极参与育儿，有的文化中男性完全不参与育儿；有的文化中女性可以有很多情人，有的文化中女性可能会因为婚外性行为而被处死（Hatfield & Rapson, 1996/2005）。有的社会，男性比女性更重视未来伴侣的贞洁；有的社会，男性和女性都很重视或者都不重视这一点（见图3.4）。正如进化论预测的那样，在一些地方，拥有大量财富和权力的少数精英男性比其他男性有更多的后代；但在一夫多妻制的地方，有权势的男性所生育孩子的数量并不比贫穷或地位低下的男性多（Brown, Laland & Mulder, 2009）。即使是在同一种文化中，人们的性态度和性行为也存在较大的差异。

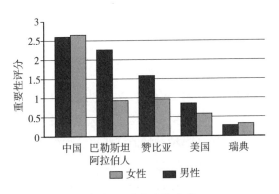

图 3.4 对贞洁的态度

正如进化心理学家预测的那样，在一些地方，与女性相比，男性更关心伴侣的贞洁。但文化对此有着极大的影响，正如上图所示（Buss, 2015）。请注意，在中国，男女双方都非常重视贞洁；而在瑞典，贞洁并不是那么重要。

2. **言语 VS. 行为**。进化心理学家往往依赖调查问卷和访谈数据，但个人的回答并不能真实反映其实际选择和行为。当要求人们对性伴侣或理想伴侣的特征进行价值排序时，就会出现进化论预测的性别差异（Kenrick et al.，2001）。异性恋女性的理想伴侣是英俊富有的男性，男性则喜欢貌美性感的女性。但这些偏好是在假想条件下得出的结果；在现实生活中，人们对约会、恋爱和结婚对象的选择往往会呈现不同的结果。这就是为什么聪明、愚笨、富有、贫穷、性感或朴实的人都可以找到伴侣。

同样，通过询问"自己的伴侣和他人发生性关系（性背叛），或者自己的伴侣爱上了别人（情感背叛），哪种类型的背叛更让你气愤"问题时，发现与男性相比，女性认为情感背叛让自己更气愤。但是，研究人员在对亲身经历出轨行为的人进行询问后发现，男性和女性对伴侣的情感背叛或性背叛的关注程度并不存在差异（Harris，2003）。男性的性嫉妒程度更高，可能对伴侣的性背叛行为的容忍度较低，但事实上，女性更有可能会由于性背叛而选择结束伴侣关系。深入研究自陈行为和实际行为之间的差异，可能有助于研究者厘清进化理论何时以及如何预测性别差异（Kato，2014；Sobraske, Boster & Galin，2013）。

人们对性背叛与情感背叛问卷的回答会受到问题字面特征的影响。例如，大多数通过自我报告法得出性别差异的研究都使用了迫选题，就像上一段开头那个问题（哪种类型的背叛更让你气愤？）。当研究人员改变了提问形式，让参与者对不同背叛类型引发的气愤情绪进行等级评定时，性别差异消失了。这表明，之前发现的男女在背叛类型的情绪反应上存在差异至少在一定程度上是由题目形式所导致的（DeSteno et al.，2002）。

3. **便利样本 VS. 代表性样本**。本科生"便利样本"的结果可能不适用于非学生，这种情况同样发生在关于性和婚姻态度的进化研究中。美国疾病控制与预防中心（Centers for Disease Control and Prevention，CDC）的研究人员对22 000多名年龄在15~44岁的美国男性和女性就性、同居、婚姻、离婚和育儿问题进行了调查（Groves et al.，2009）。该机构在1973—2002年就开展过类似的调查，但是调查对象只有女性。自2002年开始，研究人员想起一个非常明显的问题：男性呢？根据近期调查的结果才得到了一个关于男性态度和女性态度的结论，该样本比普通大学生更能代表一般人群。该研究结果并不符合性别差异的进化观。

按照进化论的观点，女性比男性更重视对关系（以及养育子女）的承诺。但是，66%的男性认可"结婚比单身好"，而女性的认可比例为49%。此外，75%的男性和68%的女性认可"对男人来说，花大量时间陪伴家人比事业成功更重要"。大多数和孩子住在一起的父亲，会花费相当多的时间给孩子喂奶、洗澡，辅导孩子写作业，带他们参加活动。总体而言，美国疾病控制与预防中心的调查结果表明，当今社会的美国男性和女性一样重视家庭关系（Jones & Mosher，2013）。

从批判性思维的角度来看，你可能想知道问卷调查结果是否比约会偏好结果更可靠。这是个好问题！答案是肯定的。研究者通过分析日记本中记录的每天如何度过的信息发现男性的行为会随着态度的变化而变化。虽然女性在做家务和照看孩子上花费的时间比男性多，但是自20世纪60年代以来，男性花在家务上的时间增加了一倍多；自80年代以来，男性在育儿上花费的时间几乎增加了两倍（Raley, Bianchi & Wang，2012；Wang & Bianchi，2009）。

4. **更新世时期已经结束**。一些科学家质疑进化心理学家对更新世时期（大约从200万年前到11 000年前）的重视。对非洲人、东亚人和欧洲人的人类基因组的分析表明，在过去的10 000~15 000年间，自然选择继续影响着与味觉、嗅觉、消化、骨骼结构、肤色、生育能力甚至大脑功能相关的基因（Voight et al.，2006）。其中一些变化可能是在人类放弃采集狩猎，转而从事农业时开始的，这一转变使某些基因更具有适应性。另一些则不具有适应性。哲学家大卫·布勒（David Buller，2005）一直对进化心理学感兴趣，通过仔细观察，他得出结论："没有理由认为现代人……只是更新世时期的采集狩猎者努力在新的栖息地上生存繁衍的结果。"即使更新世时期确实显著影响了人类的交配偏好，这些偏好也可能与进化论所强调的不同。我们的史前祖先与许多择偶研究中的本科生不同，他们生活在小团体中，没有 5 000 名可供选择的同伴。如果幸运，他们可能会在两个可能的伴侣中做出选择，但仅此而已，他们无法遇到超级模特或百万富翁。因为选择未来伴侣的范围很小，所以他们不需要大多数进化理论家描述的性策略（Griskevicius, Haselton & Ackerman，2015）。另一种解释是，进化促使人们依据相似性（外表、智力等方面）和可接近性（那个人就在那里，可接近）来选择配偶。事实上，该观点也得到了证据支持。

归根结底，进化科学家和他们的批评者争论的焦点在于生物和文化的相对重要性。爱德华·O. 威尔逊在 1978 年出版的《论人的天性》（*On Human Nature*）一书中认为，基因约束着文化。古生物学家斯蒂芬·杰伊·古尔德（Stephen Jay Gould，1987）也对此问题发表了自己的看法：最大的问题是基因的约束有多强？约束过强会导致缺乏变化，约束松散灵活则可以产生多种文化习俗。社会生物学家认为，基因的约束过强。进化心理学家认为，基因约束具有足够的弹性并允许文化对生物学倾向进行修改，尽管生物学倾向可能更强大（Kenrick & Trost，1993）。对于社会生物学和进化心理学的批评者来说，文化差异意味着人类不存在单一的、由基因决定的性策略（Wood & Eagly，2002）。他们认为，进化赋予人类一个异常灵活的大脑。因此，和人类的其他行为一样，在性与爱上，基因的约束是松散灵活的。

日志3.3 批判性思维：检查证据

你的一位朋友告诉你，男性总是比女性有更多性伴侣，因为在进化过程中，对于男性来说最好的繁衍策略就是试图让更多女性受孕。你如何批判性地看待这一观点？你需要哪些证据来评价这种观点？

模块 3.3 小考

1. 社会生物学家关注什么？
   A. 用进化论解释非人类动物和人类的社会行为
   B. 动物社会是如何随着时间的推移而发展的
   C. 共享同一环境的物种对资源的激烈竞争
   D. 在一个物种内发展起来的沟通模式

2. 纵观多个国家，女性和男性在择偶方面的总体趋势是什么？
   A. 女性更喜欢有财力的男性，而男性更喜欢收入稳定的女性
   B. 男性更喜欢比自己年轻的女性，而女性更喜欢比自己年长的男性
   C. 男性和女性都更喜欢与自己年龄相仿的浪漫伴侣
   D. 男性更喜欢经济上有偿付能力的女性，而女性更喜欢外表有吸引力的男性

3. 以下哪一项不是人类性策略进化观所面临的挑战？
   A. 人类的言行并不总是一致
   B. 更新世时期已经结束
   C. 数据采集过程中存在有偏抽样
   D. 普遍论漂移假说

4. 爱德华·O. 威尔逊认为基因约束文化，这句话指的是什么？
   A. 基因受制于遗传，而文化是"自由发展"的
   B. 遗传对行为的影响限制了文化
   C. 女性选择配偶的范围有限，而可供男性选择的

范围较大

    D. 将基因上相关的成员和特定环境联系在一起的纽带

5. 以下哪一项陈述质疑了人类性策略的进化观？

    A. 与现代人的有限选择相比，生活在更新世时期的人有更多的单身配偶可供选择

    B. 记录数据表明，从18世纪至20世纪再到21世纪，人类的择偶偏好发生了变化，这表明社会发生了进化

    C. 适应更新世时期的性策略可能与现代人没有什么关系

    D. 根据进化论的观点，生活在更新世时期的人存活时间较短，不足以繁衍后代

3.4 基因的差异性

人类相似性的起源问题一直广受关注。关于先天和后天的第二个争议就是：人类差异性的起源。首先，我们对特征"可遗传"意味着什么进行了批判性讨论。然后，为了说明行为遗传学家如何研究基因对差异性的影响，我们将详细探讨一个复杂的问题：遗传和环境对智力的影响。在本书的其他部分，你将读到许多其他主题的行为遗传学发现，包括体重和体型、性取向、个性和气质、成瘾和精神障碍。

3.4.A 遗传力的含义

学习目标 3.4.A 解释遗传力的定义，以及在讨论基因影响行为时需要牢记的关于遗传力的重要事实

如果你想对一群音乐专业学生的长笛演奏能力进行测试，你可能需要一些评分员独立地给每个学生打分，分数范围是1~20分。当你绘制分数曲线图时，你会发现有些人的音乐技能存在缺陷，并不适合长笛演奏家这份职业；有些人则是长笛演奏天才；其余的人介于两者之间。什么原因造成了这群

学生的差异？为什么有些人如此有音乐天赋，而另一些人却非常不适合？这些差异主要是由遗传导致的，还是由经验、动机导致的？

Erich Schlegel/Alamy Stock Photo

研究人员可以通过研究家族成员、被领养儿童和双胞胎来考察某种特征的遗传力。正如上图的朱利安·卡斯特罗（Julián Castro）和杰奎因·卡斯特罗（Joaquin Castro），这对双胞胎是民主党内冉冉升起的政治新星。领导力在多大程度上是遗传的？

为了回答这些问题，行为遗传学家计算了一种名为**遗传力**（heritability）的统计量，用于估计群体内某一特征的遗传方差在总方差中所占的比例。因此，特征的遗传力是用比例来表示的（例如0.60），它的最大值是1.0（相当于"100%的变异"，意味着特征完全是遗传的）。一些特征是高度可遗传的（例如身高）；也就是说，一群营养状况良好的人，他们的身高差异大部分由遗传差异来解释。相比之下，餐桌礼仪的遗传力较弱，因为个体之间的大部分差异是由教养方式的差异造成的。由此猜测，长笛演奏能力，甚至是一般的音乐能力，其遗传力应该处于中间水平。

遗传力

对群体内某一特征的遗传方差在总方差中所占的比例的统计估计。

许多人对遗传力持错误的看法。如果不了解下面有关遗传力的重要事实，你就无法理解先天 - 后天问题：

1. **遗传力的估计值只适用于生活在特定环境中的特定群体**。遗传力在一个群体中可能很强，但是在另一个群体中可能就很弱。假设 A 社区所有孩子的家庭都很富裕，他们都吃优质食物、有父母呵护、上一流学校。因为该社区孩子的生活环境相似，所以这些孩子的智力差异在很大程度上是由基因差异导致的。换句话说，这个群体的智力是高度遗传的。相反，假设 B 社区中孩子的家庭经济状况有富裕的、一般的，也有贫困的；有些孩子有健康的饮食，有些孩子却经常吃高脂肪食物甚至经常饥肠辘辘；有些孩子上的是名校，有些孩子上的却是普通学校；有些孩子从小娇生惯养，有些孩子的父母却对其漠不关心。这些孩子的智力差异在很大程度上是由环境差异导致的，如果是这样的话，这个群体的智力遗传力就会很弱（Nisbett，2009）。事实上，一项针对48 000名美国儿童从出生到 7 岁进行长期追踪的研究发现，遗传力确实在很大程度上取决于家庭收入。在贫困家庭中，智力变异的60% 是由家庭成员的共同环境造成的，基因的作用几乎为零。相比之下，富裕家庭中智力的遗传力极强，而共同环境几乎不起作用（Turkheimer & Horn，2014）。

2. **遗传力的估计值不适用于特定的人，只适用于一组人的变异**。虽然你的基因一半来自你的母亲，一半来自你的父亲，但是你的基因组合却是独一无二的，除非你是同卵双胞胎中的一个（正如我们稍后将要解释的那样，即使是同卵双胞胎也不是百分之百相同）。每个人的家庭关系、智力训练和生活经历都是独一无二的。因此，你不可能知道你的基因和你的个人经历如何相互作用，从而造就了今天的你。如果你是一名伟大的长笛演奏家，没有人能说出你的能力主要源于遗传的音乐天赋，或是由于你出生在长笛演奏世家，抑或是源于你在 6 岁看歌剧《魔笛》（The Magic Flute）时产生的个人痴迷，还是所有因素综合导致的。对于一些人而言，基因可能会对个体的某些能力或性情产生巨大的影响；而对另一些人而言，环境的作用更大。科学家只能研究普通人之间的差异在多大程度上可以由基因差异解释。

3. **即使是高度可遗传的特征，也可以被环境改变**。行为遗传学家已经发现了基因与环境相互作用的许多例子。尽管身高是高度可遗传的，但营养不良的儿童的身高不会和食物充足的儿童的身高一样，而且营养丰富的儿童的身高可能会超出所有人的预期。同样的原则也适用于心理特征和技能。例如，面部识别能力似乎是高度可遗传的，但存在面部识别困难的人仍然可以通过训练提升自身的表现（Dgutis，Cohan & Nakayama，2014；Tanaka et al.，2010；Wilmer et al.，2010）。

3. 4. B 遗传力的计算

学习目标 3. 4. B 概述采用双胞胎或被领养儿童进行遗传力研究的设计原理

科学家目前还无法直接计算某一特征或行为的遗传力，所以必须通过基因相似程度已知的个体来推断。你可能认为最简单的方法就是比较家庭的直系亲属——一些家庭因为具有某些天赋或特征而出名。但是这并不能告诉我们足够多的信息，因为近亲通常共享相同的环境。如果艾米丽的父母和兄弟姐妹都喜欢千层面，那并不意味着对千层面的喜好是可遗传的。同样，如果艾米丽家的每个人都有高智商、都是精神病患者或者都喜怒无常，也无法推断这些是可遗传的。

推断遗传力的一种方法是研究被领养的儿童（Loehlin，Horn & Willerman，1996）。被领养儿童拥有来自亲生父母的基因，但却没有和亲生父母一起生活，而是和与自己没有基因关系的养父母和兄弟姐妹在相同的环境中成长（见图 3.5）。研究人员可以测量被领养儿童的特征，然后计算该特征与亲生家庭和领养家庭的相关性，依据相关性来计算遗传力的估计值。如果和亲生家庭的相关性高于领养家庭，那么遗传力的估计值就会较大。

推断遗传力的方法就是研究被领养儿童

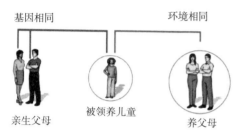

图 3.5　遗传力和领养

亲生父母和养父母对被领养儿童的影响不同。亲生父母贡献了基因，但没有贡献环境；养父母没有贡献基因，但是贡献了孩子成长和发展的环境。

另一种方法是将同卵双胞胎与异卵双胞胎进行比较。当女性的卵巢释放两个卵子而非一个卵子，并且每个卵子与不同的精子结合时，这样发育出来的就是**异卵/双卵双胞胎**（fraternal/dizygotic twins）。异卵双胞胎只是共享子宫，他们基因的相似性和普通兄弟姐妹类似（平均来说，他们只有一半的基因相同），而且他们的性别可能不同。相反，当单个受精卵分裂成两部分，然后发育成两个独立的胚胎时，发育出来的就是**同卵/单卵双胞胎**（identical/monozygotic twins）。因为同卵双胞胎来自同一个受精卵，所以长期以来人们一直认为他们共享所有的基因，绝大多数双胞胎均证实了这一观点。然而，一些令人惊讶的证据表明，重复的 DNA 片段（前面讨论的 As、Cs、Gs 和 Ts 的组合）有时仅存在于同卵双胞胎中的一个，另一个身上却不存在（Bruder et al.，2008）。此外，孕期意外或疾病可能只改变双胞胎其中一人的基因表达（Plomin，2011）。然而，大多数同卵双胞胎在基因上是完全相同的（见图 3.6）。

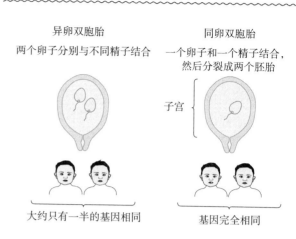

图 3.6　双胞胎和遗传学

异卵双胞胎和同卵双胞胎的遗传不同。异卵双胞胎是由不同的卵子受精产生的，二者只有一半的基因是相同的。同卵双胞胎则由同一个受精卵分裂成两个胚胎，因此所有的基因均相同。

异卵双胞胎
两个卵子分别与不同的精子结合并发育而成的双胞胎。

同卵双胞胎
单个受精卵分裂并发育成两个胚胎而形成的双胞胎。

行为遗传学家通过比较性别相同的异卵双胞胎和同卵双胞胎来对某一特征的遗传力进行估计。理论假设是，如果同卵双胞胎的相似性高于异卵双胞胎，那么相似性的增大一定源于遗传因素。

如果你正在进行批判性思考，你可能还会质疑同卵双胞胎与异卵双胞胎的生活环境相同。为了避免这个问题，研究人员对幼年时期就被分开抚养的同卵双胞胎进行了研究。（几十年前，收养政策和人们对非婚生子的态度导致了这种分离的发生；回想一下前面章节中《三个相同的陌生人》里出现的三胞胎被分别抚养的例子。）从理论上来讲，分开抚养的同卵双胞胎基因相同，但除了共享相同的子宫环境，其他生活环境都不相同。他们之间的任何相似之处都应该是遗传导致的，因此可以估计遗传力。

最近，科学家开始热衷于采用新的方法，例如使用全基因组关联分析直接计算遗传力，而不是从双胞胎研究中推断遗传力。然而，目前已获得的大部分信息均来自对被领养儿童和双胞胎的研究。

心理学与你同行

你应该做基因检测吗？

想象一下，你一直感到抑郁，因此去找临床心理学家寻求帮助。心理学家跟你面谈，对你进行一系列的心理测验，让你谈论自己的问题，然后抽血检查你的 DNA，看看你是否有抑郁症的遗传易感性。

目前来说这只是假设的情景，但是可能不久之后就会成真。基因检测已经可以识别出可能会罹患多种疾病的 DNA 标记（Murphy & Moya，2011）。学习障碍和心理障碍也可能会被检测出来。

你会检测自己是否携带可能会患有阿尔茨海默病的风险基因吗？许多老年人会患上这种疾病，而且目前还无法治愈。那么，你会去检测抑郁基因吗？如果基因检测结果表明你有早逝的风险，你有何感想？你是想知道这一结果并且早做打算或者改变生活方式，还是希望自己的生死顺其自然呢？

那同样考虑一下产前基因筛查的问题。孕妇及其伴侣接受检测，以确定双方携带的基因是否会导致孩子患上致命或痛苦的疾病。但是，如果检测发现某个基因会略微增加孩子未来患精神分裂症或自闭症的风险，你会做出什么样的选择呢？如果是有患上毒瘾的风险呢？如果是有存在阅读障碍的风险呢？如果你获得了这些信息，你会做什么（Khan et al.，2014）？

如果你打算进行最前沿的（以及有时令人有些畏惧的）基因检测，需要牢记以下事项：

基因不是命运。 基因并不能决定大多数特征和疾病；它们与环境因素相互作用，影响特定特征或疾病的发生概率。这就是为什么你可能携带导致某一特征或疾病的标记基因，但实际并没有出现该特征或疾病。

遗传信息可能会使你被歧视。 基因检测的批评者担心保险公司会拒绝为目前健康但有可能在未来患上遗传疾病的个人提供保险，或者老板拒绝雇用这些人。一些国家已经有了保护基因信息隐私的指导方针，但一些生物伦理学家担心法律跟不上基因检测的快速发展。

遗传信息可能不再是隐私。 随着在线家谱服务的日益流行，人们对隐私的担忧已经升级。在线家谱服务允许将自己的基因信息上传到网站，希望能追溯自己的家谱。但是，当心！一旦上传，你的基因数据可能会公之于众。

了解你自己的遗传风险并不一定能告诉你该怎样处理。 如果你的孩子在进行出生筛查时发现导致苯丙酮尿症（phenylketonuria，PKU）的基因呈阳性，这种基因会阻止身体代谢苯丙氨酸并导致智力低下。解决方案很清楚：限制含有苯丙氨酸的蛋白质和食物的摄入量。但是，如果检测结果发现增加你孩子的行为、认知或情绪问题风险的基因呈阳性，解决方案就没那么简单了。通常我们不知道如何预防遗传带来的问题。即使有多种方法，我们也不清楚哪一种是最好的。

随着基因检测能力的持续发展，这些结论和问题都值得我们仔细考虑。

Paul Kitagaki Jr. /The Sacramento Bee via AP, Pool

这就是臭名昭著的"金州杀人狂"约瑟夫·迪安吉洛（Joseph DeAngelo）。执法部门将犯罪现场 DNA 证据上传到家谱数据库后，终于在 2018 年逮捕了他。迪安吉洛本人没有使用过这个网站，但至少他的一个远亲用过。目前，这似乎是一种抓住连环杀手的合理方式，但它也引发了关于未经本人同意以法医鉴定为目的而获取个人基因信息的伦理问题（Berkman，Miller & Grady，2018）。如果你的远亲将自己的 DNA 上传到一个网站上，这意味着其他人更容易接触到你的基因信息。

日志 3.4   批判性思维：考虑其他的解释

认真思考杰克和戴安的观点并进行评价。杰克听说带球过人的能力是高度可遗传的。他推论说，学校不应该费心去试图提高缺乏这种天赋的孩子的技能。他的推论有什么问题？戴安的家族似乎携有带球过人的基因。戴安推论说，她努力获取的天赋肯定是遗传的。她的推论有什么问题？

模块 3.4   小考

1. 群体内某一特征的遗传方差在总方差中所占的比例叫作＿＿＿＿＿＿。
   A. 基因的稳定性
   B. 连锁
   C. 基因转移
   D. 遗传力

2. 雅各布正在和奥利维亚讨论心理学课上的内容。雅各布说："我们昨天学习了基因对个体差异的影响。我们教授说脚码遗传力的估计值为 0.60。这意味着基因可以解释脚码大小的 60%。"奥利维亚回答道："我很肯定你弄错了，你确定你昨天上课了吗？"为什么奥利维亚犀利的判断是正确的？
   A. 遗传力的计算公式是 100% 减去一个常数；在本例子中就是 100% － 60% ＝40%
   B. 遗传力是根据遗传物质直接计算出来的，而不是估计出来的；教授不太可能在课堂上对雅各布采集血液样本

   C. 遗传力的估计值不适用于特定的人，只适用于一组人的变异
   D. 实际上奥利维亚知道雅各布穿的是 6 码的鞋，基因不可能使 300 磅重的成年人长这么小的脚

3. 以下哪一项不是解释遗传力时的注意事项？
   A. 即使是高度可遗传的特征，也可以被环境改变
   B. 遗传力估计值可能会发生变化，这取决于测试环境中的男女比例
   C. 遗传力估计不适用于特定的人，只适用于一组人的变异
   D. 遗传力的估计只适用于生活在特定环境中的特定群体

4. 同卵双胞胎相同基因所占的百分比是多少？
   A. 100%   B. 50%
   C. 25%   D. 33%

5. 被领养儿童和双胞胎的研究如何揭示遗传力？
   A. 在正确实施的情况下，它们可以帮助研究人员在解释行为差异时估计出遗传和环境的相对贡献
   B. 异卵双胞胎的数量多于同卵双胞胎，比较这两种类型的双胞胎可以让研究人员计算出每个人的基因遗传
   C. 异卵双胞胎通常被不同家庭收养，同卵双胞胎则通常在同一家庭被抚养长大
   D. 与使用普通人进行的研究相比，被领养儿童和双胞胎研究的结果更可靠

3.5   人类的多样性：以智力为例

行为遗传学的研究改变了人们对许多行为的理解，这些行为以往只能用心理学术语来解释。例如，一些研究发现某些精神疾病确实有遗传成分，这一结果被人们广泛接受。然而，其他一些研究的结果却激化了政治情绪，激惹到了一些人。其中，人类智力起源是最受争议的话题。

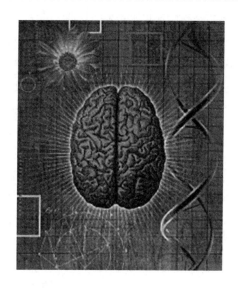

Roy Scott/Ikon Images/Getty images

智力在多大程度上是可遗传的呢？基因在明显的群体智商差异中扮演什么角色？我们将在接下来的章节中探讨这些和其他有关智力的重要问题。

3.5. A　基因与个体差异

学习目标 3.5. A　讨论智力的可遗传程度

在遗传力研究中，智力的衡量标准通常是**智商**（intelligence quotient，IQ）分数。IQ 分数反映了一个孩子与其他同龄儿童相比的表现，或者一个成年人与其他成年人相比的表现。每个年龄段的平均分被设定为 100 分。整体的分数分布接近正态（钟形）曲线，接近平均分的人最多，分数很高或很低的情况很少见。三分之二的测试者的分数在 85 ~ 115 这个区间。

智商（IQ）

智力的测量指标。最初的计算方法是用一个人的心理年龄除以他的实际年龄，并将结果乘以 100，目前则是依据标准化智力测试的常模。

大多数心理学家认为，IQ 测试衡量的是一种能预测大部分心智能力的总体素质，但这种测试也面临着很多争议。一些批评者认为，智力有很多种，不是一个分数就能测量出的。也有人坚持认为 IQ 测试存在文化偏差，该测试是主要依赖中产阶级和白人的经历编制的能力测试。大多数遗传力估计值只适用于那些可以用 IQ 分数预测的心智技能，而且这些估计值并不适用于所有群体。

尽管有这些重要的警告，但很明显，高 IQ 分数所代表的智力在一定程度上是可遗传的，至少在中产阶级样本中是这样（Nisbett et al.，2012；Turkheimer et al.，2003）。对于中产阶级家庭的儿童和青少年而言，遗传力估计值平均为 0.40 ~ 0.50；也就是说，基因差异可以解释 IQ 分数差异的一半（Chipuer，Rovine & Plomin，1990；Devlin，Daniels & Roeder，1997；Lean et al.，2018）。对于成年人，遗传力估计值甚至更高，其范围是 0.60 ~ 0.80（McCLearning et al.，1997；McGue et al.，1993）。这表明，随着年龄的增长，基因的作用逐渐增大，而环境的作用逐渐减小。

在双胞胎研究中，同卵双胞胎的相关性总是高于异卵双胞胎，这种差异反映了基因的影响。事实上，分开抚养的同卵双胞胎的相关性比一起抚养的异卵双胞胎的相关性高，如图 3.7 所示（Bouchard & McGue，1981）。在被领养儿童研究中，被领养儿童与亲生父母的相关性显著高于无血缘关系的养父母；亲生父母的得分越高，孩子的得分就可能越高。当被领养儿童进入青春期后，他们的 IQ 分数与没有血缘关系的领养家庭成员的 IQ 分数的相关性逐渐减弱；成年后，这种相关性降为零（Bouchard，1997；Scarr，1993；Scarr & Weinberg，1994）。这并不意味着领养家庭对被领养儿童没有任何显著影响：被领养儿童在 IQ 测试中的分数高于未被领养的亲生兄弟姐妹，可能是因为被领养儿童的成长环境更加丰富（van Ijzdoorn，Juffer & Klein Poelhuis，2005）。

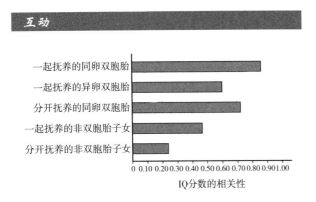

互动

一起抚养的同卵双胞胎
一起抚养的异卵双胞胎
分开抚养的同卵双胞胎
一起抚养的非双胞胎子女
分开抚养的非双胞胎子女

0 0.10 0.20 0.30 0.40 0.50 0.60 0.70 0.80 0.901.00
IQ分数的相关性

图 3.7 兄弟姐妹 IQ 分数的相关性研究

同卵双胞胎的 IQ 分数高度相关，即使他们是分开抚养的。这张图中显示的数字是大量相关性研究的均值。

资料来源：Bouchard & McGue（1981）。

这些双胞胎和被领养儿童的研究支持了 IQ 的可遗传性，但并未能精确指出影响 IQ 分数的特定基因，科学家正在试图找到这些基因。就像其他特征一样，可能涉及的基因比最初认为的要多得多，每个基因可能只对智力的基因变异起一小部分作用（Plomin et al.，2013；Rietveld et al.，2014）。到目前为止，尚不清楚可能涉及的基因；考察特定候选基因和智力关系的研究结果还没有被重复验证（Chabra et al.，2012）。一个研究小组使用全基因组关联分析对由 3 500 多名英国和挪威成年人组成的大样本进行分析，仍未发现某一基因甚至是某组特定基因可以解释 IQ（Davies et al.，2011）。因此，研究者稍微改变了全基因组关联分析的使用方法：检查了由 1 238 名高智商参与者（高于 170 分）和 8 172 名对照参与者组成的 DNA 样本。实验逻辑是，如果某些基因变异对 IQ 分数有显著影响，那么在高智商实验组中更容易检测出这些变异。研究结果表明，基因 ADAM12 的三种变异与智力有关；然而，在对照组中，这些变异只能解释很小一部分（1.6%）的智力差异（Zabaneh et al.，2018）。虽然得到了令人兴奋的结果，但在我们考虑这些研究结果的意义之前，仍需要重复验证这些结

果。此外，本研究的样本是白种欧洲人，因此研究结果可能不适合推广到其他群体。

你可能还想知道基因（不管是哪一个）到底是如何影响智力的。一种可能性是通过影响大脑神经细胞的数量或它们的连接数量，正如灰质体积所反映的那样。在荷兰和芬兰进行的两项脑部扫描研究报告称，一般智力和灰质体积存在中等强度的相关性。研究还发现，同卵双胞胎的灰质体积高度相关，相关系数大于50%；而异卵双胞胎的相关性仅为50%左右。同卵双胞胎的高相关性表明灰质体积是高度可遗传的（Poshuma et al.，2002；Thompson et al.，2001a）。

大脑发育的时间也可能起到一定作用。一项使用磁共振成像的研究，纵向追踪了 307 名儿童从儿童早期到青少年后期的大脑。研究结果表明，高智商儿童大脑皮层（位于大脑外层，负责参与高级心理加工）的厚度比其他儿童小，灰质更少；但是，高智商儿童大脑皮层发育得更快，发育时间更持久，达到最大厚度的时间比其他儿童晚（Shaw et al.，2006）。正常儿童发育的峰值出现在 7 岁或 8 岁，高智商儿童发育的峰值出现在 11 岁或 12 岁。智商较低的儿童介于两者之间。基因可能导致不同的发育进程。但必须谨慎解读这些结果，因为经验、智力刺激和饮食也会影响大脑神经细胞之间的连接数量，从而影响大脑灰质的发育。与以往的相关研究一样，很难得到明确的因果关系。

3.5.B 群体差异问题

学习目标 3.5.B 解释为什么群体间和群体内的变异对智力的群体差异都很重要

如果基因影响个体的智力差异，那么是否像许多人认为的那样可以用基因解释不同群体间的差异？不幸的是，以往对该问题的研究受到种族和阶级偏见的干扰。但是，这个问题具有巨大的政治和社会意义，因此我们需要做进一步的探讨。

大部分研究的焦点都集中在黑人和白人的 IQ 差异，因为黑人儿童的分数平均而言要低于白人

儿童。（确切的数字仍存在争议，但黑人和白人在平均分数上确实存在差异，尽管在分数分布上存在相当大的重叠。）一些研究人员从基因的角度对这种差异进行解释，得到了一个具有争议性的结论：不论这个儿童是什么种族的，把钱花在试图提高低分儿童 IQ 的项目都毫无意义（Murray，2008；Rushton & Jensen，2005）。

然而，基因解释有一个致命的缺陷：使用基于白人样本获得的遗传力估计值来估计遗传在群体差异中的作用，这是一个无效的程序。这个问题听起来相当专业，但其实并不太难理解，所以请继续阅读下面的内容。

首先，我们先看一下西红柿的例子（图 3.8 可以帮助你将下面的 "思维实验" 可视化）。假设你有一袋基因有所不同的西红柿种子：在所有条件相同的情况下，一些种子会结出干瘪无味的西红柿，而另一些种子会结出饱满鲜美的西红柿。现在，你的左右手均从这个袋子里拿一把种子。虽然每颗种子的基因存在差异，但是左手和右手的种子平均起来并没有差别。你把左手的种子种在 A 盆里，用富含氮肥和其他养分的肥沃土壤进行培植；把右手的种子种在 B 盆里，这个盆土壤里的营养物质已经被你提取掉。你对着 A 盆唱歌，并把它放在阳光下；却忽略 B 盆，并把它放在黑暗的角落。

图 3.8　西红柿种植实验

在文中描述的假定实验中，即使每个盆内西红柿的差异完全归因于基因，但是两盆西红柿的平均差异可能是环境导致的。同样的原则也适用于人与人之间的个体差异和群体差异。

当种植的西红柿开始成长时，每个盆内西红柿植株的高度和西红柿的产量、大小都会有所不同，这纯粹是由被抓取的种子的基因差异导致的。但 A 盆和 B 盆的西红柿会有一个平均差异：A 盆西红柿会结出更加硕大的果实。两盆之间的差异完全是由土壤和照看导致的，尽管每盆西红柿变异的遗传力是 100%（Lewontin，1970）。

西红柿的原理同样适用于人类。虽然群体内的智力差异部分是基因导致的，但这并不意味着群体间的差异也是基因导致的。平均而言，黑人和白人并不是在相同的 "盆"（环境）中长大的。由于种族歧视和种族隔离的遗留问题，黑人儿童、拉丁裔和其他少数族裔儿童获得的营养往往要少得多。营养既包括字面意义上的食物，也包括隐喻意义上的教育、社会鼓励和学术机会。不同的族群在文化上也存在较大差异，这些都会影响他们在 IQ 测试中的表现。而对种族群体的负面刻板印象可能会导致群体内成员怀疑自己的能力，导致他们在测试时变得焦虑、局促不安，因此在测试中的表现比不知道刻板印象时差（Spencer，Logel & Davies，2016）。

包括美国在内的许多国家，都很难对智力的群体差异的根源进行良好的研究。美国的种族主义甚至影响了许多富裕、成功的非洲裔美国人的生活。然而，少数克服了以往方法问题的研究未发现黑人和白人在 IQ 测试中的基因差异，不论 IQ 测试衡量的到底是什么。一项研究发现，在第二次世界大战后，在相同的德国社区由背景相似的家庭抚养长大的美国黑人士兵和白人士兵的孩子在 IQ 上没有显著差异（Eyferth，1961）。另一项研究表明，与遗传学理论所预测的相反，拥有非洲血统的程度（可以根据肤色、血液分析和家谱进行粗略估计）与所测量的智力无关（Scarr et al.，1977）。

纯粹的基因甚至不能对高成就群体进行较好的解释。例如，尽管欧洲德系犹太人的后代往往比非犹太白人后代有更高的IQ分数，但他们的成就远远超过了基于IQ分数的预期（Nisbett et al.，2012）。因此，通过对智力研究的明智解读，我们就不会认为文化、种族或民族群体之间的差异是永久存在的、是由基因决定的，或者认为它是某个种族具有先天优势的标志。相反，这些研究表明我们应该做到让所有儿童都在最好的"土壤"里成长，使最聪明的儿童和最愚笨的儿童都在阳光下找到生存的一席之地。

3.5.C　环境与智力

学习目标 3.5.C　描述环境如何阻碍或促进智力发展

现在，你可能想知道环境是如何阻碍或促进智力发展的。下面的环境状况可能会导致人们的心智能力下降：

糟糕的产前护理。如果孕妇营养不良、感染疾病、服用某些药物、吸烟、长期处在二手烟环境中、酗酒，那她的孩子就可能面临患有学习障碍和IQ低下的风险（Baker et al.，2015；Biffen et al.，2018）。

营养不良。严重营养不良和营养良好的儿童之间的平均IQ分数差异高达20分（Stoch et al.，1982；Winick，Meyer & Harris，1975）。

接触有毒物质。大多数儿童，尤其是贫困地区的儿童，由于长期生活在布满灰尘、土壤受污染、堆满铅涂料和旧铅管等的恶劣环境中，其大脑神经系统会受损。即使是生活在"安全"的低污染环境中的儿童，也会出现注意力问题、IQ低下、在学校的表现更差（Hornung，Lanphear & Dietrich，2009；Koller et al.，2004）。还在子宫内就暴露于高浓度杀虫剂环境的儿童的IQ分数比暴露于最低水平下的儿童低7分（Raloff，2011）。

紧张的家庭环境。可用于预测智力下降的危险因素包括：父亲没有与家人住在一起，母亲有精神病史，父母的工作技能有限，在生命早期经历过应激事件如家庭暴力（Jeon，Buettner & Hur，2014；Sameroff et al.，1987）。平均而言，每个危险因素会使儿童的IQ分数降低4分。面临7个危险因素的儿童比不面临危险因素的儿童的IQ分数至少低30分。当儿童生活在环境极差的社区时，他们的言语智力会随着时间的推移而下降，即使之后搬到了更好的社区，这种下降幅度相当于孩子旷课一年（Sampson，Sharkey & Raudenbush，2008）。

Metin Aktas/Anadolu Agency/Getty Images

糟糕的产前护理、营养不良、接触有毒物质和紧张的家庭环境都会对儿童的认知发展和IQ产生负面影响。

相比之下，健康、有丰富刺激的环境可以提高IQ分数，正如几项针对处于危险环境的儿童的干预研究所表明的那样，在教学水平高的学前班学习可以提高少数族裔儿童的阅读和数学技能，特别是当儿童在其他地方得不到太多认知刺激时（Tucker - Drob，2012）。芝加哥两项被称为"初学者项目"（Abecedarian Project）和"亲子中心教育项目"（Child - Parent Center Education Program）的纵向研究发现，在家中和幼儿园阶段就得到大量心智刺激的市中心儿童在智力和学业成就上优于对照组儿童（Campbell & Ramey，1995；Reynolds et al.，2011）。还有一项在罗马尼亚孤儿院开展的针对被遗弃儿童的研究，研究人员发现被优渥家庭领养两年的儿童的 IQ 分数明显高于未被领养的孤儿院儿童。2 岁前被领养的儿童受益最大（Nelson et al.，2007）。

虽然没有一项活动能将任何人变成天才，但某些经历似乎确实有助于提高整体智力。一般来说，当父母和孩子对许多话题进行讨论、准确而全面地描述事情，鼓励孩子仔细思考、读书给孩子听并对他们寄予希望时，孩子的智力能得到提高。当同伴重视并努力取得智力成就时，孩子的能力也会提高（Harris，2009）。某些种类的强化课程也可能有所帮助。加拿大的研究人员将刚入学的一年级学生随机分配为每周学习钢琴组、每周学习声乐组、每周学习戏剧组和无任何课外学习的对照组。那些学习弹钢琴或声乐的孩子在学年结束时的平均 IQ 分数提高了 7 分，而其他组平均提高了 4.3 分。虽然差异不大，但在统计上显著（Schellenberg，2004）。音乐课可能提高了儿童的注意力、记忆力、精细运动技能，从而有助于开发与智力有关的脑区。

Inspirestock International – Exclusive Contributor/123RF

环境刺激可以促进智力的发展。演奏乐器、上表演课或加入机器人联盟都是可以激发注意力、记忆力和运动技能的活动，进而有助于提高智力。

也许证明环境对智力有重要影响的最好证据是，发达国家的 IQ 分数（以及相关测试的分数）在整个 20 世纪都在稳步攀升（Flynn，1987，2013；Pietschnig & Voracek，2015）；基因不可能变化如此之快。那么，是什么导致了这种增长呢？一种可能性是贫穷的低收入人群的教育、医疗保健、饮食和就业机会得到了改善，因此总体平均水平得到了提高（Bratsberg & Rogeberg，2018）。如果是这样的话，发展中国家也应该表现出大幅增长，结果确实发现：肯尼亚 6～8 岁的农村儿童在 1998 年的 IQ 分数比 1984 年高出 11 分，这一增长幅度是有史以来报告的群体平均 IQ 分数上升得最快的（Daley et al.，2003）。同样，1984—1998 年在美国这种高度发达国家，成绩排名前 5% 的儿童的 IQ 分数也在攀升（Wai & Putallaz，2011）。

因此，我们可以认识到，尽管基因决定了儿童智力潜能的范围，但许多其他因素会影响儿童在这个范围内的最终位置。

3.5.D　先天与后天的交互作用

学习目标 3.5.D　解释先天和后天因素如何共同塑造行为

阅读完本章，我们可以了解到基因和环境的相互作用产生了人类的典型特征，每个人所具有的混合特征都是独一无二的。受基因影响的特征影响个体对特定环境的反应，也影响个体如何认定最有利或者最适宜的环境；反过来，环境通过对突变和表观遗传变化的作用来影响基因组。人类行为对不断变化的相互影响网络做出反应，包括基因、环境以及其他不可预测的机会和运气。人类（或其他动物）的发育是基因组与环境持续交互作用的结果（Plomin et al.，2013；Sauce & Matzel，2018；Zhang & Meaney，2010）。

从这种动态交互作用中可以了解到的关键内容是，不能以直截了当的方式谈论基因或环境对个性、智力或行为的影响，就像不能单独谈论黄油、糖、面粉对蛋糕味道的影响一样（Lewontin, Rose & Kamin, 1984）。然而，许多人确实是出于某种目的才说这样的话，比如：将复杂的事情变得更简单，或者是证明种族、性别或阶级偏见的合理性。

在许多关于先天和后天的争论中，存在一个潜在假设，那就是：如果某些类型的基因占上风，世界会变得更美好。这一假设忽略了这样一个事实，即大自然喜欢基因多样性，而不是相似性。任何物种的生存能力都取决于多样性。如果每只企鹅、每只海豚或每个人拥有完全相同的基因优势和劣势，那么物种在面临重大环境变化时就难以生存，一种新的病毒或气候变化就可能消灭整个物种。基因多样性的存在确保至少有些企鹅、海豚或人可以生存下去。

心理多样性也同样具有适应性。每个人都有优秀的一面，无论是艺术天赋、学术能力、创造力、社交技能、运动能力、幽默感、机械操作天赋、实践技能、社会公德，还是把事情做好的能力。我们这个复杂、快速发展的世界需要上述所有品质，如果想要生存下去，就需要我们在作为个体茁壮成长的同时，也要牢记自己是群体中的一员。

> **日志3.5　批判性思维：分析假设与偏见**
>
> 大多数行为遗传学研究表明智力的遗传力很强。你的朋友告诉你她读过的一本书中写道："遗传对不同种族的平均智力差异也起着同样重要的作用。"该书所述推论的假设有什么问题？

模块3.5　小考

1. 对智力遗传力感兴趣的研究人员可能会调查一组人的 IQ 分数。IQ 分数在这组人中的分布情况是什么样的？
   - A. 在满分为 800 分的情况下，他们的平均分为 400 分，大多数在 300~500 分之间
   - B. 通常在 100~200 分之间，低于 100 分表示心

智存在缺陷
   - C. 接近平均分 100 分最常见，而得分非常高或非常低的情况很少见
   - D. 接近 85 分是最常见的，而高于 85 分则很少见

2. 哪种兄弟姐妹的 IQ 分数相关性最强？
   - A. 在同一个家庭中一起抚养的异卵双胞胎
   - B. 在同一个家庭中一起抚养的同卵双胞胎
   - C. 在同一个家庭中一起抚养的非双胞胎亲生兄弟姐妹
   - D. 在不同家庭中分开抚养的同卵双胞胎

3. 用批判性的眼光看待群体间智力差异和群体内智力差异，以及基因和环境对这些差异的影响，可以得出什么结论？
   - A. 文化、种族或民族群体间的智力测试差异只反映了智力测试在编制和管理上的偏差
   - B. 智力测试衡量的是天生能力；因此，群体间的任何差异反映的均是群体间的基因遗传差异
   - C. 智力是个体所处环境的结果，因为遗传物质在绝大多数人群中大致相同
   - D. 文化、种族或民族群体间的智力测试差异不是永久的，由基因或者群体的先天优势决定

4. 根据糟糕的产前护理、接触有毒物质或者紧张的家庭环境对智力发展的阻碍，我们能得出什么结论？
   - A. 与在丰富环境中长大的儿童相比，暴露在这些问题环境中的儿童的 IQ 分数较低
   - B. 问题环境会影响从出生到五岁这个阶段儿童的智力发展，但在此之后，之前被削弱的智力会迅速反弹，恢复正常
   - C. 哪怕只有一个环境危害存在，也会使 IQ 分数降低 12 分
   - D. 与心智能力遗传力较强的儿童相比，问题环境对心智能力遗传力较弱儿童的影响更大

5. 读完本章后，关于遗传和环境对塑造人类的影响，应该得出什么正确的结论？
   - A. 先天早于后天

B. 先天对后天

C. 先天或后天

D. 先天和后天

写作分享：基因、进化和环境

本章内容涵盖了很多领域，考察了各个领域内持续快速发展的研究，包括进化论对性行为的解释、基因检测的实际用处（和伦理复杂性）、智力的遗传力。从这些论题中选择一个，回答以下问题：（1）你认为在这个论题的未来研究中亟待解决的问题是什么？为什么这个问题最重要？（2）这个论题存在的争议是什么？为什么存在这种争议？（3）这个论题在先天和后天的相对影响上告诉了我们什么？

批判性思维演示

主张：宇航员双胞胎在太空旅行后基因不再相同

步骤 1. 批判这一主张

同卵双胞胎马克·凯利（Mark Kelly）和斯科特·凯利（Scott Kelly）有一个不同寻常的职业：宇航员。事实上，两兄弟是唯一一对都上过太空的双胞胎。马克已经执行过四次太空任务，一共在太空中度过了 54 天。斯科特也去过太空四次，他最近一次登上新闻头条的任务是在国际空间站待了将近一年。科学家殷切期待斯科特返回地球，这样他们就可以评估在太空中度过一年对身体的影响。让我们把批判性的目光转向这项研究的标题：宇航员双胞胎在太空旅行后基因不再相同。

步骤 2. 提出问题，乐于思考

NASA 的科学家并不是唯一对双胞胎进行考察的研究人员。双胞胎研究可以帮助估计特征和行为的遗传力，而且这种研究在心理学上有很长的历史。有些研究比较同卵双胞胎和异卵双胞胎，有些研究则将一起长大的同卵双胞胎与幼年时期分开抚养的同卵双胞胎进行比较。

让我们考虑一下使用双胞胎研究可以解决的不同类型的研究问题。对于以下段落中的每个空白，请从下方选项中选择适当的选项以完成句子。

心理学家可以通过双胞胎研究考察很多问题。例如，研究人员可以通过比较同卵双胞胎和同性别的异卵双胞胎来估计人格特质的可遗传性。研究假设是，如果基因影响特质，那么同卵双胞胎在该特质上的相似性将比异卵双胞胎（1）_____。研究表明环境也会影响特质的表达水平，即（2）_____。在马克和斯科特的案例中，NASA 只收集了一对同卵双胞胎的数据，没有与异卵双胞胎进行比较。但兄弟俩既是同卵双胞胎又是宇航员的事实仍非常重要，因为斯科特在空间站度过了一年而马克是在地球度过的，（3）_____。

（1）a. 更高

　　 b. 无差异

　　 c. 更低

（2）a. 同卵双胞胎在这一特质上的相似性程度比异卵双胞胎高

　　 b. 同卵双胞胎在这一特质上的相似性程度与异卵双胞胎没差异

　　 c. 同卵双胞胎在这一特质上的相似性程度比异卵双胞胎低

（3）a. 马克是考察太空生活对斯科特影响的理想对照

　　 b. 尽管马克"先天"与斯科特不同，但是"后天"经历与斯科特相同

　　 c. 马克和斯科特可能是不同卵子分别受精产生的两个胚胎，而不是一个受精卵分裂产生的两个胚胎

步骤 3. 检查证据

科学家在斯科特进入太空之前就对这对双胞胎进行了基线测试。斯科特回来后，视力有问题，骨量减少，心壁变薄，在适应地球重力的过程中出现了各种疼痛。其中最有意思的变化就是基因。研究人员发现，太空中压力和氧气减少导致斯科特基因表达发生了多种变异和变化。

基因表达是 DNA 序列指导激素和其他蛋白质合成的过程。斯科特 93% 的基因在返回地球后恢复了正常。然而，剩下的 7% 可能是与 DNA 修复、免疫系统、骨骼形成相关的基因发生了变化。

步骤 4. 定义术语

斯科特在推特上写道："我的 DNA 改变了 7%。我再也不用称马克为我的同卵双胞胎兄弟了。"他是在陈述事实还是开玩笑？马克和斯科特的基因不再相同吗？

为了批判性地评估这一说法，我们必须先定义"基因相同"。在太空中的经历确实影响了斯科特的基因表达。但实际上斯科特的遗传密码——DNA 中四种化学碱基对的序列——并没有改变。对于我们这些没有在太空待过一年的人来说，年龄的增长、各种活动的影响、压力源、药物和其他经历也会改变基因的表达。

步骤 5. 再次提出问题，乐于思考

马克和斯科特的故事突出了表观遗传学的重要性——研究基因表达在人的一生中如何变化以及对环境因素的反应。

Anna Hoychuk/Shutterstock

饮食是影响表观遗传信号的重要环境源之一。我们吃的东西可能会导致附着在基因上的化学基团发生变化，从而会让一些基因表达或受抑制。例如，1944 年，荷兰爆发了一场可怕的饥荒，孕妇被迫每天只能依靠 400 卡路里维持生存。研究发现，这些孕妇所生的婴儿在成年后患肥胖症、心血管疾病、精神分裂症和其他疾病的风险增加。

JasonBenz Bennee/Shutterstock

表观遗传学可以帮助我们解释为什么即使是具有相同遗传密码的克隆动物，它们的外表和行为也会存在差异；或者为什么在同卵双胞胎中有一个患精神分裂症时，另一个仍然有 50% 的不发病概率。通过识别与遗传易感性相互作用的环境因素来预测心理障碍，是未来研究的重要领域。

Frescomovie/Shutterstock

父母的生活经历甚至会影响孩子的基因表达。在一项研究中，瑞秋·耶达（Rachel Yehuda）和她的同事发现，不仅大屠杀幸存者的激素和酶水平与创伤有关，他们的孩子也是如此。事实上，研究发现大屠杀幸存者的后代更容易受到压力和创伤后应激障碍的影响。父母的创伤经历似乎影响了孩子的基因表达。

步骤 6. 权衡结论

在太空待了一年后，斯科特和他的同卵双胞胎兄弟马克在基因上是否存在差异？是的。但也不全是。斯科特的基因表达在太空中发生了变化，返回地球后未能恢复到任务前的状态。但即使斯科特没执行太空任务，也待在地球上，马克和斯科特也会有不同的经历，随着时间的推移这同样可能导致不

同的基因表达。

一年的太空之旅并没有改变斯科特的遗传密码——DNA 序列。和执行任务之前一样，斯科特和马克的基因仍相似。尽管斯科特和马克在推特上开玩笑，但无论他们在哪个星球，他们永远是同卵双胞胎。

答案：（1）a，（2）b，（3）a

总结：基因、进化和环境

3.1 揭开基因的神秘面纱

学习目标 3.1.A 解释基因、染色体、DNA 和基因组之间的关系

一般说来，行为遗传学家主要关注人与人之间的不同点，比如遗传导致的差异。基因是遗传的基本单位，位于由 DNA 链组成的染色体上。基因和非编码 DNA 一起组成了人类基因组。人类的大多数特征不只依赖于一个基因对，这使得追踪基因对某一特征的作用变得极其困难。然而，技术进步允许科学家进行全基因组关联分析，同时检查多个 DNA 元素的变异，甚至可以进行全基因组测序检查全部的 30 亿个 DNA 碱基对。但是，基因定位并不意味着全部掌握了该基因的作用和功能，或者多个基因是如何相互作用以及影响行为的。

学习目标 3.1.B 简述表观遗传学以及它如何帮助我们理解思维和行为中的遗传成分

出生前后出现的突变会导致基因组随着时间的推移而发生变化；此外也会发生表观遗传变化，即在特定基因的碱基序列未发生改变的条件下，基因表达（活性）发生改变。突变和表观遗传变化均受环境因素的影响。

3.2 基因的相似性

学习目标 3.2.A 解释自然选择如何影响种群基因频率的变化

一般说来，进化心理学家主要关注人与人之间

的共同点，并认为许多相似之处可以追溯到进化的过程，特别是自然选择的过程。他们对可能被选择的行为倾向做出推论，因为这些行为帮助我们的祖先解决了生存问题，增强了繁衍适应性。然后，考察这种倾向是否真的存在于世界各地。

学习目标 3.2.B 列举并描述人类的先天特征

许多进化心理学家认为，大脑不是一台通用计算机，而是进化成一组专门的心理模块，用来处理特定的生存问题。这些模块包括婴儿的条件反射；对新奇事物的兴趣；探索和操控物体的欲望；玩耍和休闲的冲动；基本的认知能力，包括对数量的基本理解。然而，某些行为或特征的存在并不一定意味着它具有适应性或是自然选择的产物。

3.3 人类遗产：求爱和交配

学习目标 3.3.A 根据社会生物学的观点，比较女性和男性的性策略

社会生物学家和进化心理学家认为，男性和女性已经进化出不同的性策略和求爱策略，以应对先前所面临的生存问题。这种观点认为，男性有多个性伴侣、喜欢年轻伴侣、渴望性新鲜感是一种适应性行为，女性则支持一夫一妻制、对伴侣比较挑剔、更喜欢安全感而不是新鲜感，这也是一种适应性行为。

学习目标 3.3.B 讨论人类性策略进化论所面临的挑战

批评人士认为，对不忠行为和一夫一妻制的进化论解释只是简单基于性别差异的刻板印象，过于依赖调查问卷的结果，而调查问卷往往不能反映现实生活中的选择；问卷研究中使用的便利样本不具有代表性；进化论强调的更新世时期并无可靠依据。此外，可供我们的祖先选择的伴侣范围较小；有证据表明，进化可能促使人们产生基于相似性和可接近性进行配偶选择的行为倾向。

3.4 基因的差异性

学习目标 3.4.A 解释遗传力的定义，以及在讨论基因影响行为时需要牢记的关于遗传力的重要事实

遗传力指的是群体内某一特征或能力的差异在多大程度上由基因差异来解释。遗传力估计值不适用于特定的个体或群体间差异，只适用于生活在特定环境中的群体内差异，例如，富裕家庭儿童的 IQ 遗传力强于贫困家庭的儿童。即使是高度可遗传的特征，也可以被环境改变。

学习目标 3.4.B 概述采用双胞胎或被领养儿童进行遗传力研究的设计原理

行为遗传学家经常使用被领养儿童、同卵双胞胎和异卵双胞胎的研究数据来研究个体间的差异。通过比较这些群体中基因和环境的"重叠"，研究人员可以估计某个特征的遗传力。

3.5 人类的多样性：以智力为例

学习目标 3.5.A 讨论智力的可遗传程度

儿童和青少年智力（通过个体的 IQ 分数来衡量）的遗传力估计值平均为 0.40 ~ 0.50，成人平均为 0.60 ~ 0.80。同卵双胞胎在 IQ 测试中的表现比异卵双胞胎更相似，被领养儿童的 IQ 分数与亲生父母的相关性高于养父母。但是，这些结果并不意味着基因决定智力；遗传因素不能解释的那部分 IQ 分数差异主要受环境的影响。

学习目标 3.5.B 解释为什么群体间和群体内的变异对智力的群体差异都很重要

基于遗传力估计值的群体内差异得出群体间差异的结论是错误的。现有的证据不支持不同种族在 IQ 测试中的表现差异是由基因导致的。

学习目标 3.5.C 描述环境如何阻碍或促进智力发展

糟糕的产前护理、营养不良、接触有毒物质和紧张的家庭环境等环境因素都会导致在智力测试中的表现较差。相反，一个健康、充满大量刺激的环境以及某些种类的强化活动，都可以提高 IQ 分数。许多国家的 IQ 分数正在逐年上升，原因可能是教育水平的提高、健康状况的改善、更多的工作需要抽象思维。

学习目标 3.5.D 解释先天和后天因素如何共同塑造行为

基因和环境之间的相互作用比所有人想象的都要复杂。基因影响人们对适宜环境的选择，而环境因素通过对突变和表观遗传变化的影响来影响基因组。个人的发展是基因和环境的动态互动，再加上偶然事件的结果。基因和环境混在一起影响个体的发展过程，难以对二者进行区分。

第 3 章测试

1. 染色体由_____ 组成。
   A. CNA　　　　　　B. RNA
   C. DNA　　　　　　D. Ribovax

2. 已知某个与身心状况有关的、存在较大个体差异的 DNA 片段在染色体上的位置，该片段作为标志物被称为_____。
   A. 遗传标记
   B. 全基因组的一部分
   C. 全基因的一部分
   D. 基因组

3. 表观遗传学是一个令人兴奋的新研究领域，对我们理解遗传信息如何影响行为具有广泛的意义。表观遗传学的研究过程是什么样的？
   A. 遗传物质就像一个软件程序，需要一种环境设置作为硬件平台；当两者结合在一起时，就会发生表观遗传
   B. "表观"是"突变"的同义词，突变会导致遗传物质在有限时间和有限目的的范围内发生

转变

C. 将从核糖抑素分子上剪下的 DNA 片段重新组合，能产生新的遗传物质

D. 调节基因活性的化学分子就像软件一样，决定遗传硬件是否外显表达

4. _____是指种群基因频率的代际变化，而_____是指一些具有遗传特征（适应特定环境）的个体生存和大量繁衍的过程。

A. 进化；自然选择

B. 自然选择；进化

C. 进化；模块化标点

D. 表观；自然选择

5. 婴儿与生俱来的并有助于生存的先天条件反射的例子是什么？

A. 爬行　　　　　B. 咕咕学语

C. 吮吸反射　　　D. 朝向反射

6. 婴儿有时非常烦人。他们抓握任何触手可及的东西，敲打桌椅，容易被一摇晃就发出响声或吱吱作响的玩具吸引。为什么这些行为是正常的，它们为什么具有适应性？

A. 这些行为向照看者发出有关痛苦的信号，以便有需要的婴儿能活下来

B. 探索和操控物体的欲望是人类与生俱来的特性，这些行为有助于掌控自己周围的环境

C. 婴儿没有适应他们所生活的社会的规则和期望，因此，父母可以纠正不正确的行为

D. 自我表达是人类的基本驱力，这可能是可遗传的，所以婴儿只是在执行预先设定的行为序列

7. 根据社会生物学和进化论的解释，为什么男性会渴望年轻的女性伴侣？

A. 雄性寻找有物质资源的雌性是一种适应性行为，年轻的雌性通常比年长的雌性有更多的资源

B. 男性希望未来伴侣会留在他们身边帮助照看孩子，而年轻的女性会最大限度地延长这一时间

跨度

C. 雄性想要年轻且有生育能力的雌性，并让尽可能多的雌性受精，这是一种适应性表现

D. 男性知道年轻的女性会在年龄上更接近他们的后代，这样心理和行为就会更加相似，因此会成为较好的照看者

8. 在许多社会中，男人被认为是有多个性伴侣和好斗的，而女人被认为是腼腆和挑剔的。这些观念如何影响我们对约会和性行为的性别差异的理解？

A. 在大多数社会中，女性和男性同样有多个性伴侣

B. 女性和男性的基因限制不同

C. 没有进化上的理由让女性和男性以这些方式行动

D. 刻板印象和期望的行为并不总是与实际行为相同

9. _____样本可能会阻碍人们对交配偏好和性行为的性别差异的研究，而_____样本可能会促进这类研究。

A. 代表性；便利

B. 便利；代表性

C. 随机；便利

D. 无偏差；代表性

10. 行为遗传学家计算的遗传力指的是什么？

A. 遗传因素对给定特征的影响的估计值除以环境因素对同一特征的影响的估计值

B. 给定个体的行为可以用遗传因素解释的程度

C. 群体内某一特征的遗传方差在总方差中所占的比例

D. 稳定的、基于基因的、由遗传因素引起的个体特征变异所占的比例

11. 对被领养儿童（以及他们的亲生父母和养父母）的研究如何揭示遗传力？

A. 被领养儿童与亲生父母有共同的基因（但环

境不同），与养父母有共同的环境（但基因不同）

B. 通过领养中心可以轻易找到被领养的儿童，并进一步确定他们的生物谱系，反过来就可以计算遗传力

C. 被领养儿童往往是由与其有相同价值观、目标和兴趣的夫妻收养，因此，养父母和被领养儿童之间的相似性是可以估计的

D. 被领养儿童可能和他们的养父母有共同的基因和环境，也可能没有；通过这些特殊的案例，研究人员可以估计遗传力

12. 什么证据表明由智力测试测量的智力是可遗传的？

A. 大量的观察研究发现，聪明的父母通常都有聪明的孩子

B. 有着不同程度基因重叠的人的智力测试分数相关性形成了一个明显的模式

C. 智力测试衡量的是先天能力。与其说先天能力是由环境决定的，不如说是遗传导致的

D. 环境对智力的影响只能解释智力测试分数总变异的 5%

13. 关于与智力有关的特定基因，哪种说法最准确？

A. 研究已经分离出 15 个与智力相关的特定基因变异，它们可以解释 IQ 分数 25% 的变异

B. 多个基因可能共同对智力产生影响，但全基因组研究尚未确定这些基因

C. 基于双胞胎的研究发现了几个与智力有关的主要基因

D. 因为大多数研究发现 IQ 的遗传力估计值非常低，所以没必要研究与智力有关的特定基因

14. 假如山姆和迈克出生时都有 20 单位的"遗传智力"。山姆在环境丰富的书香门第和父母的关注中长大。迈克则成长在一个枯燥单一、营养不良和不受重视的环境中。尽管山姆和迈克的"遗传智力"相同，但你对他们的智力发展有什么预测呢？

A. 山姆和迈克在智力测试和其他心智能力测试上的表现相似

B. 迈克在智力测试和其他心智能力测试上可能表现得比山姆好

C. 山姆很可能只在智力测试中表现得比迈克差，他们在其他心智能力测试中的表现不存在差异

D. 山姆在智力测试和其他心智能力测试上可能表现得比迈克好

15. 基因和环境相互作用产生行为，虽然_____。

A. 环境的影响总是比基因大

B. 基因的影响总是比环境大

C. 很难确定基因和环境的相对影响

D. 基因和环境对行为的影响因人而异

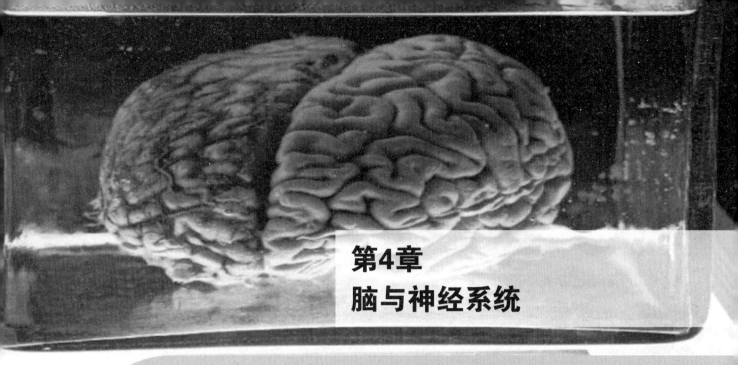

第4章
脑与神经系统

你需要做什么？

心理学是一门研究我们日常思考、感受及行为的科学。学习本章之前，我们有关于你自己日常生活的问题要问你。我们希望这只是你在阅读本章时思考自己人生经历的开端。

互动

提出问题，乐于思考

你在其他身体部位衰老的情况下，是否认为玩数独或填字这样的游戏能够使你的脑保持年轻？

☐ 是
☐ 否

T. P. 是一名推销员，他在 66 岁时记忆出现了问题。具体来说，他很难记住名字和地点。在接下来的四年中，这个问题变得越来越严重，直到他记不清日期和当前事件。他也变得与自己过去所擅长的社交活动脱节。他的记忆力因肺癌而进一步减退。有人在他死后对他的脑进行了检查，发现了一些与阿尔茨海默病有关的异常（Mesulam，2000）。

S 女士 60 多岁时，遭受了一次严重的中风，影响了她右脑的后部区域。她的智力完好无损，但无法注意到视野左侧中的信息。例如，当将甜点放在托盘的左边时，她会抱怨医院护理人员忘记了她的甜点。一旦将甜点移到了右边，她会惊呼："哦，它在那儿——它刚才不在那儿的。"坐轮椅时，她会向右旋转近 360 度来寻找位于左侧的物品，直到找到为止。化妆时，她完全忽略了脸的左半边（Sacks，1998）。

这些案例以及成千上万的案例告诉我们，颅骨内三磅重的器官为我们所做、所思的一切提供了基础。当损伤与疾病影响脑功能时，生活将不可避免地在身体上、情感上或认知上发生改变。然而，正如本章后续内容，有时受损的脑能够重新组织或者至少恢复一小部分丧失的功能。实际上，一些研究人员认为，痴呆症患者可以通过诸如算数和朗读等常规认知任务来改善其认知功能（Kawashima et al.，2005；Kallio et al.，2017）。也有研究人员甚至提出，经常参加"脑训练"活动，可以增强健康个体的认知表现并预防痴呆（Butler et al.，2018；Gates & Sachdev，2014）。在回答前述调查问题时，大多数调查对象都表示同意，认为即使身体衰老，填字和数独游戏也能够"保持脑年轻"。但这样的说法正确吗？我们将在本章的最后探讨其改善认知功能的可能性。

关于脑是如何运行的，你可能还有其他的各种假设。你是否听到过这样的论点，即有些人是"左脑"型，倾向于更具分析性和理性的思考，而不是与之对立的更具创造性、艺术性或直觉性的"右脑"型。你是否认为行为上明显的性别差异可以用"女性脑"与"男性脑"的生理差别来解释？在本章中，我们将思考诸如此类的问题，但是在一开始，请让我们打破一个流行的脑神话：人类仅使用了 10% 的脑能力。这是一种普遍的看法，例如，它是 2014 年的电影《超体》（Lucy）的核心内容。在这部电影中，斯嘉丽·约翰森（Scarlett Johansson）饰演的主人公通过药物使用了剩余 90% 的脑能力（在好莱坞，这显然包括了在几分钟内学会流利使用另一种语言以及通过意念抛掷汽车的能力）。需要明确的是，人们在日常生活中脑能力的使用远远超过 10%，即使在睡觉的时候也是如此。正如你即将读到的，即使是一个很小的、局部脑区的损伤也会对心理表现和性格产生巨大影响。脑影像技术揭示了整个脑的电脉冲和血流情况。我们很抱歉告诉你这个消息：你已经百分之百地使用了你的脑。你将不得不依靠老式的学习方式及练习来通过下一次的外语考试。

Courtesy of Johns Hopkins University Applied Physics Laboratory

几年前由于一次电气事故，莱斯·鲍（Les Baugh）的双臂被截肢。通过与约翰·霍普金斯大学研究人员的合作，他能够仅凭自己的意念控制一对假肢。他的脑发出信号，使他 40 年来第一次能够抓住或操纵物体。这类研究为瘫痪或丧失能力的人带来了希望，"神经修复术"有朝一日将为他们提供帮助（Bouton et al.，2016）。

研究人员如何以及为什么要研究脑？心理学和其他学科的神经科学家研究了整个神经系统，以期更好地了解其功能和驱动行为的原理。认知神经科学家探索意识、知觉、记忆和语言的生物学机制；社会神经科学家侧重于社会互动、共情和偏见等过程的脑基础；情感神经科学家研究神经系统与情感、动力和压力的关系；行为神经科学家研究学习、调节、进食和性等基本的生理进程。你可以看到，这些探讨基本上涵盖了人类的所有感觉及行为。在这一章中，我们将学习脑结构和神经系统的其余部分，以作为我们今后探讨这些或其他主题的背景。

此时此刻，你的脑，在神经系统其他部分的协助下，正忙于加工你当前阅读的这些文字。无论你是兴奋、好奇还是无聊，你的脑都在记录这种情绪反应。当你继续阅读时，你的脑会（我们希望）存储本章中的大量信息。当天晚些时候，你的脑可能会使你闻到花香、爬楼梯、问候朋友、解决问题，或者因笑话而大笑。但是，脑最令人吃惊的地方在于它知道自己所做的一切。这种自我意识使得脑研究不同于宇宙中其他任何事物的研究。科学家必须利用自己脑内的细胞、生物化学和回路来理解普遍意义上脑内的细胞、生物化学和回路。

4.1　神经系统：基本模型

神经系统的功能在于收集和处理信息、对刺激产生反应并协调不同的细胞工作。即使是低级的水母和蚯蚓，也存在类似的初级神经系统。简单生物体——除了移动、进食和排出废物外，能做的很少，其神经系统可能只由一两个神经细胞组成。人类的神经系统含有数十亿个细胞，因此人类能完成诸如做饭、跳踢踏舞、扔曲棍球、上心理学课程等复杂事情。科学家将这个复杂的网络分成两个主要部分：中枢神经系统和周围（外围）神经系统。

4.1.A　中枢神经系统

学习目标 4.1.A　描述中枢神经系统的主要功能，并理解其中的两个主要结构

中枢神经系统（central nervous system, CNS）接收、处理、解释并存储所传入的感觉信息，这些信息包括味道、声音、气味、颜色、皮肤上的压力、内部器官状态等。它还可以向肌肉、腺体和内部器官发送信息。CNS 通常被概念化为两个组成部分：脑，我们将在后面详细讨论，以及**脊髓**（spinal cord），它是脑的延伸（见图 4.1）。脊髓从脑底部一直延伸到背部的中央，由一列骨骼（脊柱）保护，充当脑与颈部以下身体部位之间的桥梁。

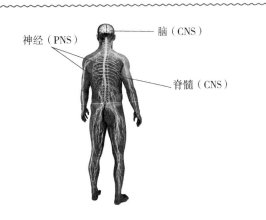

图 4.1　中枢和周围神经系统

中枢神经系统包括脑和脊髓。周围神经系统由 43 对神经组成，负责中枢神经系统的信息输入、输出。头部的 12 对颅神经直接连向脑，31 对脊神经通过椎骨之间的空隙进入脊髓。

中枢神经系统（CNS）
神经系统的一部分，由脑和脊髓组成。

脊髓
神经元和支持组织的集合，从脑底部一直延伸到背部的中央，并受到一列骨骼（脊柱）的保护。

在没有脑帮助的情况下，脊髓可自行产生一些行为。这些脊髓反射是自动的，不需要有意识的努力。如果你不小心触碰了火锅或平底锅，你会立刻将手拿开，此时你的脑甚至没有机会去记录刚才发生了什么。神经冲动向脊髓发出信息（烫!），然后脊髓立即通过其他神经冲动发出命令，告诉手臂肌肉收缩并将手拿开。（颈部以上的反射，例如打喷嚏和眨眼，涉及脑的下部区域而非脊髓。）

许多脊髓反射的神经回路沿着脊髓上下运行，往返于脑。由于这些连接，反射有时会受到思想或情绪的影响，例如男性的勃起，就是一种由性欲引起的脊髓反射。反射也可被焦虑或杂念所抑制。此外，一些反射可以在意识的控制下进行。如果你集中注意力，你可以避免敲击膝盖时常伴随的腿部抽动。同样，大多数男性能学会主动延迟射精，这是

另一种脊髓反射。

4.1.B　周围神经系统

学习目标 4.1.B　列出周围神经系统的主要结构和分支，并说明它们的基本功能

周围神经系统（peripheral nervous system，PNS）负责处理中枢神经系统的信息输入和输出。它包含除脑和脊髓以外的神经系统的所有部分，一直到指尖和脚尖的神经。在周围神经系统中，感觉神经将来自皮肤、肌肉和其他内部、外部感觉器官中特殊受体的信息传递至脊髓，脊髓将这些信息传送到脑。这些神经使外界与我们自己的身体活动建立了联系。运动神经将中枢神经系统的命令传送到肌肉、腺体和内部器官，使我们移动、引起腺体收缩并分泌物质，其中包括称为激素的化学信使。

科学家进一步将周围神经系统分为两部分：躯体（身体）神经系统和自主（自治）神经系统。**躯体神经系统**（somatic nervous system），有时也称为骨骼神经系统，由连接感受器（能够让你感知世界的细胞）和骨骼肌（允许有意运动的发生）的神经组成。当你感到手臂上有虫子，或者关灯或写字时，你的躯体神经系统处于活跃状态。**自主神经系统**（autonomic nervous system）可调节血管、腺体及内部器官（例如膀胱、胃、心脏）的功能。当你看到心上人时，你的心怦怦跳、手出汗、满脸通红，这可归咎于你自己的自主神经系统。

自主神经系统分为两部分：**交感神经系统**（sympathetic nervous system）和**副交感神经系统**（parasympathetic nervous system）。这两个部分以拮抗的方式一起工作，调整身体以适应不断变化的环境（见图 4.2）。

周围神经系统（PNS）
脑和脊髓以外的神经系统的所有部分，包括感觉神经和运动神经。

躯体神经系统

周围神经系统的分支，连接感受器和骨骼肌，也称为骨骼神经系统。

自主神经系统

周围神经系统的分支，调节内部器官和腺体。

交感神经系统

自主神经系统的分支，在情绪和压力下调动身体资源并增加能量输出。

副交感神经系统

自主神经系统的分支，在放松状态下运行并保存能量。

互动

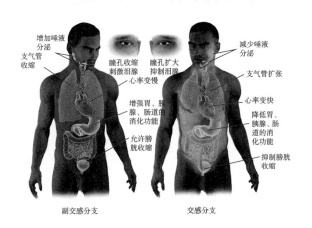

图 4.2　自主神经系统

一般来说，自主神经系统中交感分支的职能在于为耗能做好身体准备，副交感分支的职能则是恢复和保存能量。

交感神经系统的作用就像汽车的加速器一样，发动身体做出动作并输出能量。它会使你脸红、出汗、呼吸更深，并提高你的心率和血压。当你处于需要战斗、逃跑或应对的情境时，交感神经系统就会迅速行动起来。副交感神经系统更像刹车：倾向于减缓速度并保持平稳运行，使身体节省、保存能量。如果你必须避开超速驾驶的摩托车，交感神经将提高你的心率。之后，副交感神经会使它变慢并稳定在其常规的节奏上。

模块 4.1　小考

1. 中枢神经系统由_____组成。
   A. 周围神经系统和横向神经系统
   B. 躯体神经系统和自主神经系统
   C. 交感神经系统和副交感神经系统
   D. 脑和脊髓

2. 吉米正在和朋友露营，一不小心踩到了营火，他的脚瞬间就缩回去了。是什么促成了这种快速的脚部保护动作？
   A. 疼痛信号由脑传递到脚
   B. 脊髓的直接反射
   C. 信号从脚传递到脑，再传递到脊髓，最后回到脚
   D. 脑与脊髓信号的复杂交互作用

3. 连接感受器和骨骼肌的神经是_____神经系统的一部分。
   A. 躯体　　B. 中枢　　C. 交感　　D. 副交感

4. 深夜，当惠子走过一条黑暗的小巷时，她听到瓶子被打碎了，还有一种奇怪的喘息声，以及垃圾箱后的沙沙作响声。她心跳加快，出汗，开始更深地呼吸。这些生理反应是由惠子的_____神经系统产生的。
   A. 躯体　　B. 副交感　　C. 交感　　D. 中枢

5. 惠子沿着小巷继续走，她看到一只脏兮兮的小猫从垃圾箱后面出现。当惠子心跳变慢，呼吸恢复

正常时，小猫打了个哈欠，蹒跚地走开了。这些生理反应是由惠子的_____神经系统产生的。

A. 中枢
B. 交感
C. 副交感
D. 躯体

4.2 神经系统中的通信

我们刚刚描述的模型仅仅提供了神经系统结构的一般概念。现在，我们来谈谈细节。具体来说，构成神经系统的细胞有哪些类型，它们的主要构成是什么，以及这些细胞是如何相互沟通并影响行为的？

4.2.A 细胞的类型

学习目标 4.2.A 比较神经元和神经胶质细胞的功能

就像你身体的其他部分一样，你的脑也是由细胞组成的——实际上是两种类型的细胞。**神经元**（neurons）或神经细胞是脑的通信专家，负责中枢神经系统的信息传入、传出或该系统内的信息传递。**神经胶质细胞**（glia，源于希腊语中的"胶"）将神经元固定在适当的位置。

尽管过去神经胶质细胞受到的关注比神经元要少得多，但我们现在知道，这些细胞不仅仅起到"胶"的作用。它们还为神经元提供营养，使其绝缘，帮助其生长，保护脑免受有毒物质的侵害，并在神经元死亡时清除细胞碎片。神经胶质细胞还通过化学方式相互通信以及与神经元通信，如果没有它们，神经元就不能有效地工作。某一类型的神经胶质细胞似乎赋予了神经元"权限"以形成连接并开始彼此"交谈"（Ullian，Christopherson & Barres，2004）。另一种类型的神经胶质细胞似乎扮演着电工的角色，识别并试图修复脑内神经电系统存在的问题（Graeber & Streit，2010）。随着时间的推移，神经胶质细胞有助于判定哪些神经连接变得更强或更弱，这表明它们在学习和记忆中起着至关重要的作

用（Hahn，Wang & Margeta，2015）。

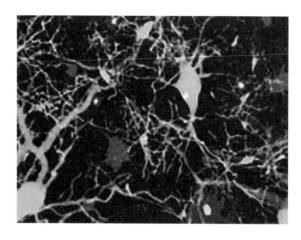

Juan Gaertner/Shutterstock

脑外层的神经元。

神经元
传导电化学信号，是形成神经系统基本单位的细胞，也称为神经细胞。

神经胶质细胞
支撑、滋养和绝缘神经元的细胞，神经元死亡时清除细胞碎片，促进神经连接的形成及维持，并改变神经元功能。

然而，神经元被认为是神经系统的基石，尽管它们在结构上更像雪花而不是基石。它们非常精致，大小和形状各不相同（见图4.3）。长颈鹿的一种神经元可从脊髓一直延伸到后腿，大约有9英尺[1]长！在人脑中，神经元是微观的。多年来，科学家一直认为脑中包含了约1 000亿个神经元和10倍于此的神经胶质细胞。但是，最近的研究进展允许科研人员对单个细胞进行计数，从而使这些数字大大降低了。一个成年人的脑中包含了约1 710亿个细胞，它们在神经元和神经胶质细胞之间几乎平均分配（Herculano - Houzel，2009；Lent et al.，2012）。

---

[1] 1 英尺≈0.305 米。——译者注

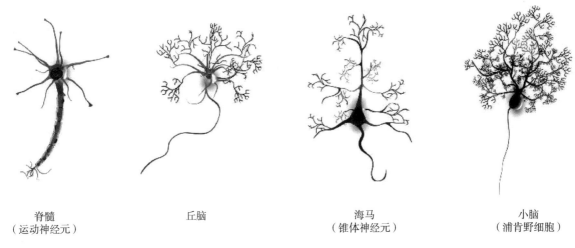

| 脊髓
（运动神经元） | 丘脑 | 海马
（锥体神经元） | 小脑
（浦肯野细胞） |

图 4.3 神经元的不同类型

神经元的大小、形状各不相同，具体取决于它们所在的位置及其功能。在哺乳动物中已经鉴别出 200 多种神经元。

4.2.B 神经元的结构

学习目标 4.2.B 描述神经元的三个组成部分，并解释它们的功能

如图 4.4 所示，神经元具有三个主要部分：树突、细胞体和轴突。**树突**（dendrite）看起来像树枝；事实上，树突这个词在希腊语中意为"小树"。树突像天线一样，接收来自多达 10 000 个其他神经元的信息，并将这些信息传递到细胞体。它们也会对这些信息进行一些初步的处理。**细胞体**（cell body）的形状大致为球形或金字塔形，其中的细胞核富含遗传物质（DNA）并可控制细胞的生长和繁殖。细胞体的其余部分包含了保持神经元活性和产生神经化学物质的生物化学机制（稍后你会阅读到）。**轴突**（axon，希腊语中的"轴"）附着在细胞体上，将信息从细胞体传递到其他神经元、肌肉或腺体细胞。轴突通常在末端会分成多个分支，称为轴突终末。成年人轴突的长度从 0.004 英寸[①]到几英尺不等。

许多轴突，尤其是较大的轴突，被一层称为**髓鞘**（myelin sheath）的脂肪物质所包围，以起到绝缘作用，中枢神经系统中的髓鞘由神经胶质细胞组成。这层覆盖物中被称为结的收缩区域将其分割成多个部分，使它看起来有点像一连串的香肠。髓鞘的作用之一是防止相邻细胞的信号相互干扰。另一个作用在于加速神经冲动的传导。在多发性硬化症患者中，髓磷脂的缺失会导致神经信号不稳定，进而丧失感觉、虚弱或瘫痪、协调能力不足或出现视力问题（Czeipel, Boddeke & Copray, 2015）。

树突
神经元的组成部分，用于接收来自其他神经元的信息，并将其传递到细胞体。

细胞体
神经元的一部分，能够保持神经元的活性，并决定是否激活神经元。

轴突
神经元的延长纤维，将神经冲动从细胞体中传出，并传递给其他神经元。

髓鞘
包裹在神经元轴突周围的脂肪绝缘体。

---

① 1 英寸≈2.540 厘米。——译者注

互动

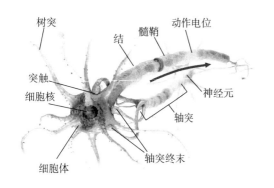

图 4.4　神经元的结构

神经元的树突接收传入的神经冲动，并将其传递到细胞体。传出的信号沿着轴突传递到末端分支。

在周围神经系统中，多个神经元的纤维（轴突，有时是树突）聚集成束，被称为**神经**（nerve）。人体有 43 对周围神经，每对神经中的一根位于身体的左侧，另一根位于身体的右侧。这些神经大部分都进出脊髓。但头部的 12 对颅神经直接与脑相连。

神经

周围神经系统中的神经纤维束（轴突，有时是树突）。

4.2.C　神经产生：神经元的诞生

学习目标 4.2.C　解释干细胞对神经产生的贡献作用

在 20 世纪的大部分时间里，科学家认为，如果中枢神经系统中的神经元受到伤害（损坏），它们将永远无法再长回来（再生）。但是，后来这一传统观点被颠覆了。动物研究表明，如果用某些神经系统化学物质来治疗，那么脊髓中断裂的轴突可以再生（Ruschel et al.，2015；Schnell & Schwab，1990）。研究人员希望再生的轴突最终能使脊髓损伤的人再次支配他们的四肢。

在过去的 20 年里，科学家还不得不重新考虑另一个根深蒂固的假设：哺乳动物在婴儿期之后不会再产生新的 CNS 细胞。在 20 世纪 90 年代早期，加拿大神经科学家将小鼠脑中未成熟的细胞浸泡在一种促进生长的蛋白质中，发现这些细胞能够生出新的神经元，该过程被称为**神经产生**（neurogenesis）。更令人惊讶的是，新的神经元能够继续分裂并迅速增加（Reynolds & Weiss，1992）。此后，科学家发现人类的脑和身体的其他器官也包含这类细胞，现在称其为**干细胞**（stem cell）。许多这样的细胞，包括那些与学习和记忆相关的脑区内的细胞，似乎在整个成年期不断分裂和成熟（Qin，Zhang & Yang，2015），尽管最近的一项研究表明这一过程可能在青春期就结束了（Sorrells et al.，2018）。动物研究显示，体育锻炼、有益处的心理活动和丰富的环境能够促进新细胞的产生与存活，衰老和压力会抑制新细胞的产生，而尼古丁会直接杀死它们（Wei et al.，2012；Wolf，Melnik & Kempermann，2011；Curlik & Shors，2013）。

神经发生

未成熟的干细胞可以产生新的神经元。

干细胞

能够自我更新的未成熟细胞，具有在适宜环境下发展为任何类型的成熟细胞的潜力。

干细胞研究是生物学和神经科学中最热门的领域之一。因为胚胎干细胞（ESC，简称 ES 细胞）可以分化成从神经元到肾脏细胞等多种特异性细胞（见图 4.5），所以，ES 细胞可以用来治疗受损组织。ES 细胞来自流产的胎儿和几天大的胚胎，这些胚胎只由几个细胞组成。（生育诊所存储了许多这样的胚胎，因为每一个希望怀孕的病人都会进行几次"试管"受精。最终，多余的胚胎会被销毁。）另一种获得 ES 细胞的方法是，从特定器官中提取成熟的细胞进行再编辑，使其成为干细胞（Takahashi et al.，2007；Yu et al.，2007）。在一项研究中，当将从人类鼻腔细胞中提取的干细胞移植到与记忆相关的脑区有损伤的老鼠身上后，老鼠在学习及记忆任务上的表现变得更好（Nivet et al.，2011）。像 ES 细胞一样，这些源自成熟组织的干细胞似乎也能够分化为多种类型的细胞，但它们比 ES 细胞更难存活。患者权益组织希望移植的干细胞最终能够帮助人们从脑部疾病、脊髓和身体其他部位的损伤中恢复过来。

这些微小的胚胎干细胞可以在体内分化为多种不同类型的细胞，它们在图中被大大放大了。

互动

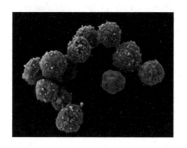

图 4.5　胚胎干细胞的多向分化

胚胎干细胞具有分化成多种类型的成熟细胞的能力。胚胎只有几天大时，胚胎干细胞就出现了，它大约由 100 个细胞组成。

在干细胞研究为患者带来实际利益之前，还有很长的路要走，还有许多艰巨的技术障碍有待克服。但是，令人兴奋的进展即将到来，这其中就包括盲人的视力恢复、治愈受损的心脏组织等正在进行的临床尝试。每年都会涌现很多关于神经元的令人难以置信的发现，这些发现在不久之前还只是如同科幻小说一般。

4.2.D　神经元如何相互通信

学习目标 4.2.D　概述神经元之间的通信过程，并解释突触、动作电位、突触小泡和神经递质的基本功能

神经元之间并不直接接触。相反，它们的末端被一个称为突触间隙的微小空间分开，一个神经元的轴突终末几乎触碰另一个神经元的树突或细胞体。轴突终末、间隙以及负责接收信息的树突或细胞体的细胞膜，共同构成了**突触**（synapse）。由于神经元的轴突可能包含成百上千个终末，一个神经元可能与其他很多神经元建立了突触连接。因此，神经系统中的通信连接便可达万亿次，甚至千万亿次。

突触

负责神经冲动从一个神经元传递到另一个神经元的部位，包括轴突终末、突触间隙和接收神经元细胞膜上的受体位点。

神经元以电子或化学语言相互交流，或者在某些情况下与肌肉或腺体交流。神经元的内部和外部都含有带正电荷和负电荷的离子（带电原子）。在静息状态下，相对于外部，神经元带负电。但当它受到刺激时，细胞膜上特殊的"门"被打开，使带正电的钠离子从细胞膜外向细胞膜内移动，进而使神经元所带的负电减少。如果这种变化达到某一临界水平，便会短暂地触发一个**动作电位**（action potential），此时轴突细胞膜上的"门"允许更多带正电的钠离子流入细胞内，导致神经元带正电，结果是神经元放电。随后，带正电的钾离子迅速地从轴突细胞膜内部移动到外部，使神经元恢复至带负电的静息状态。

动作电位

神经元受到刺激时，轴突内外电位差发生短暂变化，产生电脉冲。

如果轴突无髓，则此过程将逐步沿着轴突向下重复，就像多米诺骨牌那样。但是，在有髓轴突中，这一过程有所不同。在髓鞘下面，神经冲动是不可能传导的，部分原因在于钠离子和钾离子无法穿透细胞膜，但髓鞘之间的结点处除外。动作电位可以从一个结点"跳到"另一个结点。（更精确地讲，带正电的离子迅速流入轴突内，导致每个结点处产生动作电位。）这一排布使神经冲动的传导速度比必须要沿着轴突逐一生成动作电位的传导速度要快得多。新生儿神经冲动的传导速度比大一些的儿童或成年人慢，这是因为新生儿轴突上的髓鞘没有发育完全。

当神经冲动抵达轴突终末的纽扣状尖端时，该尖端必将信息穿过突触间隙传递给另一个神经元。此时，突触小泡，即轴突终末内的小囊泡，打开并释放数千个化学分子，这些化学物质被称为**神经递质**（neurotransmitter）。然后，这些分子扩散并穿过突触间隙（见图4.6）。

当它们到达另一侧时，神经递质会短暂地与接收神经元树突（有时是细胞体）细胞膜上受体位点的特殊分子相结合，它们的吻合程度如同钥匙与锁一样。之后，神经递质可以通过一个被称为"再摄取"的过程返回释放细胞。切记：接收神经元由于处于静息状态，因此带负电。一些神经递质会导致这种负电荷减少。当电荷达到一定水平时，神经元放电。这被称为兴奋效应。另一些神经递质会引起负电荷的增加，降低神经元放电的可能性。这便是所谓的抑制效应。神经系统中的抑制活动是必不可

少的。没有它，我们将无法入睡，也无法协调自己的动作，神经系统的兴奋活动将势不可挡，甚至会引发痉挛。

神经递质

一种化学物质，传递神经元在突触处释放，改变接收神经元的活性。

任何一个神经元在任一特定时刻上的表现都取决于从其他神经元上接收到的所有信息的净效应，只有当细胞的电位差达到某一阈值时它才会被激活。成千上万的信息，包括兴奋的和抑制的，都可能涌入细胞，接收神经元必须将它们平均化。信息所到达的最终目的地取决于被激活的神经元的数量、类型、位置，单个神经元的放电速率以及这些神经元之间的同步性。但是，它并不取决于单个神经元的放电强度，因为神经元要么放电，要么不放电。神经元放电是一个全或无的事件，就像电灯开关那样。

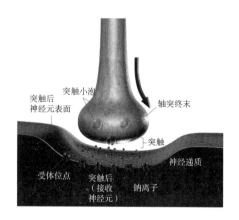

图4.6　穿过突触的神经递质

神经递质从传递神经元轴突终末的小泡释放到两个神经元之间的突触间隙中。然后，神经递质与接收神经元上的受体位点相结合。结果，接收神经元的电位状态发生变化，是兴奋还是抑制，取决于神经递质的类型。最后，神经递质可以通过一个被称为"再摄取"的过程返回释放细胞。

4.2.E　神经系统中的化学信使

学习目标 4.2.E　总结脑中主要神经递质的作用，并识别影响行为的重要激素

我们将讨论神经系统中不同种类的化学信使：神经递质和激素。

神经递质：多功能信使　正如我们所见，神经递质能够让一种神经元兴奋而让另一种神经元抑制。神经递质不仅存在于脑中，也存在于脊髓、周围神经及某些腺体中。这些物质通过影响特定的神经回路，控制着脑的一切活动。影响效果取决于神经递质的水平、位置以及与之相结合的受体类型。在这里，我们将只讨论一些比较好理解的神经递质及其一些已知的或有待商榷的功能。

- 血清素：影响涉及睡眠、食欲、感官知觉、温度调节、镇痛及情绪的神经元。
- 多巴胺：影响涉及有意运动、注意力、学习、记忆、情感、愉悦与奖赏的神经元，并可能对新奇事物做出反应。
- 乙酰胆碱：影响涉及肌肉动作、唤醒、警觉、记忆和情感的神经元。
- 去甲肾上腺素：影响涉及学习、记忆、做梦、觉醒，以及压力下提高心率、减缓肠道蠕动的神经元。
- γ-氨基丁酸（GABA）：脑中主要的抑制性神经递质。
- 谷氨酸：脑中主要的兴奋性神经递质。脑内 90% 的神经元都会释放谷氨酸。

神经递质水平过高或过低都会产生有害的影响。异常的 GABA 水平与睡眠和进食障碍以及包括癫痫在内的痉挛性疾病有关。患有阿尔茨海默病的人丧失了负责产生乙酰胆碱及其他神经递质的细胞，这些缺陷有助于解释其严重的记忆力减退症状。帕金森病的震颤和僵硬是由负责产生多巴胺的细胞数量减少引起的。在多发性硬化症中，免疫细胞会产生过多的谷氨酸，这会破坏或杀死那些可形成髓鞘的神经胶质细胞。

然而，需要注意的是，确定神经递质异常与行为或生理异常之间的关系是非常复杂的。每种神经递质都扮演着多重角色，并且不同物质的功能经常重叠。另外，疾病的某些特性总会导致神经递质水平的异常，而非其他。（如你所知，相关与因果不能等同。）最后，尽管提高或降低特定神经递质水平的药物有时可以治疗某些心理疾病，但这并不意味着异常的神经递质水平是导致该疾病的原因。毕竟，阿司匹林可以缓解头痛，但头痛并不是由阿司匹林引起的。

我们中的大部分人会定期摄入一些影响神经递质的食物。大多数的消遣性药物通过阻断或增强神经递质的作用来产生效果，一些中药也是如此。圣约翰草常被用来治疗抑郁症，它能阻止释放血清素的细胞再摄取遗留在突触间隙中的多余分子，由此导致血清素水平上升。许多人没有意识到这些药物会与其他药物相互作用，影响神经系统的生物化学机制，因此大剂量服用可能是有害的。即使是普通食物也会影响脑内神经递质的可获得性（Briguglio et al.，2018）。在一顿富含蛋白质的饭后，血清素水平会降低；而在一顿富含高碳水化合物、低蛋白的饭后，该递质水平会升高。这就是为什么你在吃了一大碗意大利面之后感到平静或昏昏欲睡的原因（Spring, Chiodo & Bowen, 1987）。但是，食物与脑之间的通路是复杂的，如果你正在寻找健脑食品，那么最有可能在均衡的饮食中找到它。

激素：长距离信使　激素（hormone）是第二类化学信使，只产生于**内分泌腺**（endocrine gland），如胰腺、卵巢、睾丸和肾上腺。激素被直接释放到血液中，血液可以将激素带到那些远离产生位置的器官或细胞中。激素有很多作用，从促进身体生长到帮助消化，再到调节新陈代谢。激素受体遍布全身，包括脑。心理学家与神经科学家特别关注以下激素：

1. **褪黑素**（melatonin），由脑深处的松果体分泌，有助于调节日常生物节律，促进睡眠。

2. **催产素**（oxytocin），由脑中的另一个小腺体分泌，即脑垂体。催产素在分娩过程中可加强子宫收缩，并在哺乳期间促进排奶。催产素与另一种激素——抗利尿激素共同通过提升社会依赖来增进人际关系（Shamay–Tsoory & Abu–Akel，2016）。

3. **肾上腺激素**（adrenal hormones），由肾上腺（位于肾脏上方的器官）分泌，与情感和压力有关。这种激素也会对其他条件产生反应，例如热、冷、疼痛、受伤、体育锻炼，以及一些诸如含有咖啡因或尼古丁的药物。皮质醇产生于肾上腺外侧，能提升血糖水平、增加能量。肾上腺内侧分泌肾上腺素和去甲肾上腺素。当肾上腺激素被释放到体内时，交感神经系统被激活，会提升你的觉醒水平并为行动做好准备。肾上腺激素也可以促进记忆（McGaugh，2015）。

4. **性激素**（sex hormones），由性腺（男性的睾丸，女性的卵巢）或肾上腺分泌，主要包括三种类型，两性都会产生，但青春期后男性、女性的释放量、比例不同。性激素，最重要的是睾酮，主要是由睾丸分泌的男性化的激素，但也分泌于卵巢和肾上腺。雄激素推动了男性在青春期时所经历的生理变化，包括声音变粗、脸部与胸部的毛发加重，以及引起男性和女性的腋毛、阴毛发育。睾酮也可以影响两性的性唤起。雌激素是女性化的激素，导致青春期时女性的生理变化，例如乳房发育和月经。孕酮①有助于子宫内膜的生长和维持，为受精卵的植入做好准备，此外还具有一些其他功能。雌激素和孕酮主要产生于卵巢，但也存在于睾丸和肾上腺中。

激素

由腺体分泌的化学物质，可影响其他器官的功能。

内分泌腺

内部器官，能够产生激素并将其释放到血液中。

褪黑素

一种由松果体分泌的激素，参与日常生物节律的调节。

催产素

一种由脑垂体分泌的激素，可在分娩时刺激子宫收缩，在哺乳期间促进排奶，似乎还能促进人际关系中的依恋与信任。

肾上腺激素

一种由肾上腺分泌的激素，与情感、压力有关。

性激素

例如雄激素、雌激素和孕酮，可调节生殖器官的发育及功能，并刺激男性和女性性征的发育。

性激素作用于脑以引导性行为，但它们也参与与性或生殖无关的行为。两性体内天然的雌激素能够促进学习与记忆，它不仅能够促进某脑区内突触连接的形成，还可通过促进乙酰胆碱的生成间接发挥作用（Gibbs，2010；Lee & McEwen，2001）。此外，更年期的激素替换可以降低罹患轻度认知障碍或阿尔茨海默病的风险（Davey，2013；Ibrahim et al.，2018）。

神经递质与激素在化学成分上并不总是截然不同的。自然界是高效的，它赋予某些物质不止一种作用。例如，去甲肾上腺素既可以作为神经递质，又可以是激素，这取决于它的位置及功能。又如**内啡肽**（endorphin）是一种有趣的化学物质，在技术上被称为内源性阿片肽。内啡肽的作用与海洛因等类似，即它们可以减轻痛苦并增进愉悦感。它们还被认为能在食欲、性活动、血压、情绪、学习和记忆方面发挥作用。

Samuel B/Fotolia

虽然你可能还没有意识到，但激素（这里是褪黑素）在个体规律性的睡眠与觉醒上起着关键作用。事实上，即使这种做法具

---

① 孕酮也称黄体酮。——译者注

有副作用和局限性，还是有人服用褪黑素补充剂，试图从时差或睡眠障碍中恢复过来。

~~~~~~~~~~~~~~~~~~~~~~~~~~~~

动物或个人在感到恐惧或承受压力时，内啡肽水平会上升。这绝非偶然，内啡肽赋予了物种一种进化优势，它使这种情况下的疼痛变得可以忍受。当生物体受到威胁时，它需要迅速采取行动。而疼痛会干扰行动：停下来舔受伤爪子的老鼠可能会变成猫的晚餐；士兵若没能克服伤痛，他将永远无法离开战场。当然，尤其对于疼痛刺激持续时间过长而言，人体内建造的止痛系统只能起部分作用。

内啡肽与人类依恋之间也存在联系。对动物的研究表明，婴儿期幼崽与母亲的接触能够刺激内啡肽的分泌，从而加强幼崽与母亲之间的联系。当前，一些研究人员认为，这种"内啡肽分泌激增"也发生在成年人热恋的早期阶段，这解释了爱上某人所产生的快感（Diamond, 2004）。

~~~~~~~~~~~~~~~~~~~~~~~~~~~~

内啡肽

神经系统中与减轻疼痛、快乐和记忆有关的化学物质，在技术上被称为内源性阿片肽。

> **日志 4.2 批判性思维：考虑其他的解释**
>
> 你的室友一直在关注一个关于抑郁症的博客。她告诉你，用于治疗抑郁症的药物通过阻止突触对血清素的再摄取来提高血清素水平。她进一步解释说，她的家庭存在抑郁症病史，尽管她自己目前并不抑郁，但她认为她自己的血清素水平可能偏低，她想要预防抑郁症，于是她计划服用在附近药店购买的血清素补充剂以防万一。她问你对她的计划有何看法。你会怎么跟她说？你知道她是如何匆忙下结论的吗？需要再考虑其他的解释吗？

模块 4.2 小考

1. 脑中的神经细胞被称为_____，脑中起支撑作用的细胞被称为_____。
   - A. 神经细胞；树突
   - B. 神经元；神经胶质细胞
   - C. 神经胶质细胞；轴突
   - D. 神经胶质细胞；神经元

2. 在一个典型的神经元内，_____接收信息，_____将信息传递给下一个神经元。
   - A. 轴突；树突
   - B. 轴突；神经胶质细胞
   - C. 树突；神经胶质细胞
   - D. 树突；轴突

3. 胚胎干细胞_____。
   - A. 经过一年的培育，通常可变为神经元
   - B. 能够自我修复，不需要向脊髓发送疼痛信号
   - C. 可以分裂四次，而大多数细胞只能分裂两次
   - D. 能分化成多种特殊细胞，如神经元或肌肉细胞

4. 阿努吉对 C. J. 吹嘘道："伙计，我很聪明！我的脑细胞贴合得很紧，它们之间没有空隙。信息不间断地从一个神经元传递到另一个神经元！""你那不是聪明，"C. J. 嘀咕，"你甚至都不明白你错得多么离谱。"为什么 C. J. 是正确的？
   - A. 髓鞘激发动作电位，并通过树突发出信号；信号强度比连接更重要
   - B. 神经胶质细胞负责整个脑的信息传递
   - C. 轴突接触其他轴突，树突也接触其他树突；神经元本身并不重要
   - D. 神经元彼此不接触；它们之间有一个小间隙，叫作突触间隙

5. _____是涉及有意运动、愉悦与奖赏和注意的神经递质。
   - A. 多巴胺　　　　B. GABA
   - C. 血清素　　　　D. 乙酰胆碱

4.3 绘制脑

一个脱离肉体的脑储存在一个充满甲醛的容器

里，它是一团皱巴巴的灰色组织，看起来有点像超大的核桃。需要一种想象力来想象这个外观小巧的器官能够使人们写出《哈姆雷特》、发现镭或发明电话。当然，在正常人体内，这个惊人的器官被包裹在厚厚的保护性骨骼内。那么，科学家该如何研究脑并确定不同部位的功能呢？

一种方法是研究那些脑部分损伤或被切除的患者，观察他们的行为变化。另一种方法是刺激那些正在接受脑部手术的病人的脑，并试图识别不同脑区的功能。但是，这两种方法都依赖于罕见的自然事故，这样或那样的原因使得这些研究中的被试脑不健康，需要大力干预。

幸运的是，神经科学家可以使用越来越多的其他工具来研究活动中的健康脑。我们将讨论绘制健康脑的两种主要方法。第一种，神经科学家会做一些暂时影响特定脑区的事情，然后观察行为结果；第二种，他们以某种方式操纵行为，然后记录其对脑的影响。

4.3. A 操纵脑与观察行为

学习目标 4.3. A 描述研究人员用来操纵脑以观察行为的研究技术

当研究人员在动物身上做实验时，有时会通过手术切除或损坏脑结构来观察其对动物行为的影响。这种方法被称为**损毁法**（lesion method），与人类脑损伤的研究不同，它使科学家能够对受损脑区进行高度控制。当然，由于道德伦理的原因，损毁法不能用于人类。

脑的功能可以通过**经颅磁刺激**（transcranial magnetic stimulation，TMS）来控制，它通过头上的线圈传送大电流。电流产生的磁场大约是地球自然磁场的 4 万倍，影响线圈下的神经元放电。然而，这种磁场对脑功能或行为的净影响取决于 TMS 的脉冲频率和作用时间（例如作用于任务前还是任务中，Luber & Lisanby，2014）。TMS 可以用来产生运动反应，例如拇指抽动或膝盖猝动，研究者还可以利用它来短暂地改变脑功能，继而观察其对行为的影响。TMS 的不足之一在于不够精确，不能有针对性地干预单个神经元。尽管如此，

TMS 对从视觉、情感再到语言等各个脑区的检测仍然是有用的（Nevler & Ash，2015）。正如我们将要看到的，左脑在语言方面扮演着重要的角色，但 TMS 显示右脑也同样重要。TMS 作用于右脑会使人们失去理解隐喻的能力，人们理解隐喻中各个字的含义，但不再理解它们之间的关系（Pobric et al.，2008）。TMS 已被用于研究脑与行为之间的关系，并且当其重复作用于额叶皮层时，也能成功地用来治疗抑郁症（Slotema et al.，2010；Yip et al.，2017）。

经颅直流电刺激（transcranial direct current stimulation，tDCS）是一种较新的干预脑功能的方法。研究人员将一股较小的电流施加到大脑皮层的某一区域，即脑表面（Cohen Kadosh，2015）。根据电流的方向，该区域的脑活动要么短暂地受到刺激，要么短暂地受到抑制，从而导致相应的行为变化。例如，在一项研究中，在一个方向上施加电流可提高参与者在冲动控制测试中的准确性，而在另一个方向上施加电流会降低其准确性（Reinhart & Woodman，2014）。最近的一项研究还表明，tDCS 可以改善抑郁症（Brunoni et al.，2016）。

损毁法
切除或损坏非人类动物的脑结构，以更好地了解其功能。

经颅磁刺激（TMS）
一种操纵脑细胞的方法，研究者通过头部上方的线圈产生强大磁场来短暂地刺激或抑制神经回路。

经颅直流电刺激（tDCS）
一种施加较小电流以刺激或抑制部分皮层活动的技术。

4.3. B 操纵行为与观察脑

学习目标 4.3. B 描述研究人员用来操纵行为以观察脑活动的研究技术

绘制脑的第二种方法是做一些影响行为的事情，然后记录脑中发生的变化。其中一种记录方法是使用一种将电极贴在头皮上的设备来检测特定脑区中百万个神经元同时产生的电活动。电极上的电线与一台机器相连，这台机器将脑中的电能转化为在纸张上或屏幕上移动的波浪线。这就是脑中的电活动

被称为"脑电波"的原因。记录的脑电波被称为**脑电图**（electroencephalogram，EEG）。标准脑电图虽然有用，但不是很精确，因为它同时反映了众多细胞的活动。用 EEG 设备去"听"脑，如同站在拥挤的操场上：你知道某一时刻发生了某事，但不知道发生的是什么事或者是谁做的这件事。

一种解决方案是通过统计技术测量**事件相关电位**（event-related potentials，ERP），即与特定刺激或"事件"相关的脑电波，这属于 EEG 的一种变体。例如，研究人员可能会分析看一张图片或听一个词语所引起的电活动。你的任何想法都由一系列的不同步骤组成，ERP 使科学家能实时观测到与每一个步骤相关的神经活动，如图 4.7 所示。

脑电图（EEG）

通过电极检测到的神经活动的记录。

事件相关电位（ERP）

一种能够分离出与特定刺激（"事件"）相关的神经活动的技术。

互动

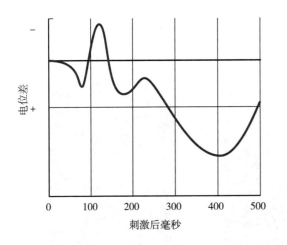

纵轴：电位差（−上 +下）　横轴：刺激后毫秒

图 4.7　事件相关电位

ERP 是脑对特定事件的反应，即个体受到刺激（一张图片或一个词语）后在头皮上探测到的一种电活动。脑电波的早期部分反映了与刺激相关的脑活动，晚期部分则与对刺激的理解有关。

即便使用 ERP，科学家也无法知道脑活动的确切位置，但他们知道脑活动的发生时间，如同知道体育场中的球员将球传出并被同伴接住，但不能确切地说出所有动作发生时他们身处何处。ERP 也可用来研究婴儿或者那些在实验中无法按照指导语行事的参与者。例如，科学家已经使用 ERP 来比较接触一种语言的婴儿与接触两种语言的婴儿之间的差异。在说英语的家庭中长大的单语婴儿早在 6 个月大时就表现出对英语和西班牙语的不同 ERP。这表明他们能够区分这两种语言，并且更容易接受英语。但是，双语婴儿直到 10～12 个月大时才显现出区分语言的能力，这说明他们接受英语与西班牙语的能力是一样的（Garcia-Sierra et al.，2011）。

正电子发射断层扫描［positron emission tomography（PET）scan］是另一种方法，可以记录脑中发生的生化变化。一种类型的 PET 扫描利用了这样一个事实，即神经元将身体内的主要燃料——葡萄糖转化为能量。研究人员向人体注射含有放射性元素的类葡萄糖物质。这种物质在特别活跃的脑区累积，因此葡萄糖消耗得很快。这种物质带有放射性，由扫描设备监测，最终在显示屏上显示经计算机处理后的脑活动图像。其他类型的 PET 扫描测量的是血流量，也能够反应脑活动。还有些类型的 PET 扫描监测神经递质与神经元受体的结合情况。

在心理学研究中，PET 扫描在很大程度上被**磁共振成像**（magnetic resonance imaging，MRI）技术所取代，后者利用强大的磁场和射频脉冲对脑部进行高精度的成像。磁场使身体器官中的原子核排列整齐，射频脉冲在其中产生振动。特殊的接收器将探测到的振动作为信号，计算机分析信号的强度及持续时间，并将其转化为科学家或医生感兴趣的任何器官（例如脑）的高对比度图像。这是结构性 MRI。它使我们对脑的外观有了一个很好的了解，但却无法获知脑的功能。另一种类型的 MRI，被称为**功能性磁共振成像**（functional MRI，fMRI），可以使我们看到与特定思维或行为相关的脑活动，这种活动至少持续几秒钟。fMRI 能够监测不同脑区的血氧水平，由于神经元将氧气作为燃料，活跃的脑区将会产生更大的信号。

正电子发射断层（PET）扫描
一种用于分析脑中生化活动的方法。例如，通过注射含有放射性元素的类葡萄糖物质来测量脑中的葡萄糖代谢。

磁共振成像（MRI）
一种利用磁场和特殊的射频脉冲研究身体及脑组织的方法。

功能性磁共振成像（fMRI）
一种磁共振成像，用于研究与特定思维或行为相关的脑活动。

互动

绘制脑

Jochen Tack/Glow images

Phanie/SuperStrock

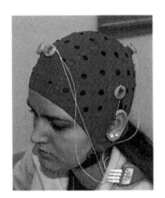

Courtesy of Lisa Shin

头皮上的电极（左）用于产生脑内不同区域电活动的整体图像。TMS（中）可暂时刺激某些脑区或使其失活。tDCS（右）将直流电施加到皮层的特定区域，根据电流方向刺激或抑制该脑区的活动。

脑扫描

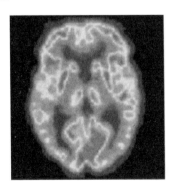

（a）Howard Sochurek

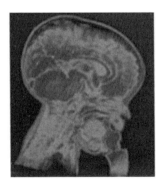

（b）Science Source

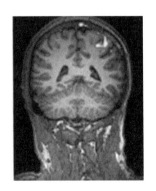

（c）Kul Bhatia/Science Source

（a）PET 扫描显示的 20 岁的健康脑。（b）MRI 扫描显示的儿童脑及其奶瓶，采集图像时他正在喝奶。（c）顶叶激活的 fMRI 图像。

与 EEG 相比，fMRI 可以相对精确地定位脑活动，它可以告诉你什么地方发生了什么事，但是不能精确地判断发生的时间。由于你的脑一直处于活动状态，使用 fMRI 的科学家必须将实验任务下人们的脑活动与对照任务下的脑活动做比较。例如，想要获知词义理解所涉及的脑系统，研究人员可能会要求参与者在实验条件下阅读真词，而在对照条件下阅读无义词（例如"glorp"）。这两种条件下，人们都能看到并识别字母，但只能理解真词的含义。将对照条件下无义词的脑影像从真词条件下的脑影像中"减去"，就有可能识别出与词义理解相关的脑区。研究人员通过 fMRI 探究从种族态度到道德推理再到精神冥想等一切事物。

争议及注意事项 尽管这些发展与技术是令人兴奋的，但我们仍需记住：技术不能代替批判性思维（Legrenzi & Umiltà，2011；Tallis，2011；Wade，2006）。一项使用 fMRI 研究认知与情绪的心理学团队曾写道，"你仅仅是对脑进行了成像，这并不意味着你可以停止思考"（Cacioppo et al.，2003）。由于脑扫描图在传统医学意义上看起来如此科学，许多人没有意识到这些图像会导致过于简单甚至误导性的结果。与任何类型的图表或数据分析一样，研究人员会做出各种选择，可以使小效应比实际看起来更大，或者让大效应看起来不显著（Carp，2012；Dumit，2004）。

就此而言，简单的一张脑活动图像就足以使研究结论看起来更有说服力，即使并非如此。为了证明这一点，一个研究团队要求人们阅读一些听起来很科学的废话。其中一篇文章解释说，因为看电视和做数学题都会激活颞叶，所以看电视可以增进数学能力！（这个结论显然是假的、无意义的。）一些参与者阅读不附带图像的文章，另一些参与者阅读附带结果条形图或脑激活图像（例如通过 fMRI 获得的影像）的文章。相对于阅读无图像文章或附带条形图文章的参与者，那些阅读附带脑图像文章的参

与者认为这些结论是通过较好的科学推断得出的（McCabe & Castell，2008）。

基于 fMRI 的研究有时还会受到统计程序的影响，这些程序可能夸大了脑活动与性格、情绪测量之间的相关性（Vul et al.，2009）。然而，新闻界通常不会批判性地报道这些发现，给人的印象是：心理学家对脑与心理过程之间关系的了解比他们实际上了解的要多（甚至在许多情况下比他们所声称的要了解得多）。一个聪明的科学家团队很好地说明了这一点，他们使用 fMRI 扫描一条死去的大西洋鲑鱼，同时要求该鱼观看情绪图片，并判断每张图片中人的感受（Bennett et al.，2010）。是的，你没有看错：他们向死鱼呈现了图片并进行了 fMRI 扫描。扫描结果显示，鲑鱼似乎正在"思考"图片及其中的人物。为什么会这样？因为 fMRI 产生的是信号与噪声的混合，试图探测的 fMRI 信号有点像在嘈杂的酒吧中追踪谈话一样。科学家必须用复杂的技术减弱或消除噪声并揭示真实的信号，统计误差随时会发生。在这种情况下，由于我们知道鲑鱼已经死了，该结果就变得很有趣。但是，在真实生活中，我们不一定能够判断结果是真的，还是另一条死鱼。

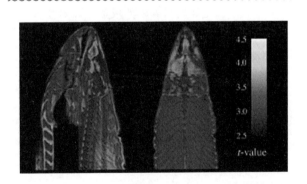

Craig M. Bennett

这条死亡的大西洋鲑鱼对情绪图片有显著的"脑激活"（Bennett et al.，2010）。因为鱼已经死了，所以这种激活一定是由不恰当的统计技术造成的。

这里的问题不在于fMRI技术，而在于错误的理论、不明确的测量以及对结果的不恰当解释，所有这些都可能产生不可信的结果。人们对科技的热情催生了一种广为流传的信念，即特定的"脑中枢"或"关键回路"可以解释为什么你更喜欢可口可乐而不是百事可乐，为什么你认为自己是自由主义者而不是保守主义者，或者恋爱时脑在做什么。这些信念当然很有吸引力，因为它们用简单的术语解释了复杂的行为（Beck，2010）。然而，将复杂行为简化于单一脑区的尝试注定是失败的，就像颅相学一样（Gonsalves & Cohen，2010；Tallis，2011；Uttal，2001）。

无论神经科学家是操纵不同的脑区以判断其对行为的影响，还是操纵行为继而记录脑内的变化，诸如此类的研究只是理解脑活动的第一步，必须非常谨慎地加以解释。然而，如果使用得当，它们有助于对脑功能进行启发性的观察。因此，在本书中我们将报道许多脑扫描研究的发现。

日志4.3　批判性思维：考虑其他的解释
脑扫描为我们提供了一个绝佳的脑窗口。但是，如果扫描结果显示，当你涂鸦时，一个脑区被激活了，这是否意味着该区域是"涂鸦中心"？为什么是或者为什么不是呢？

模块4.3　小考

1. 通过手术破坏动物的脑结构以了解其对行为的影响，这是一种研究脑功能的技术，被称为_____。
   A. 损毁法
   B. PET扫描
   C. 经颅磁刺激
   D. 正电子发射断层扫描

2. 尽管这两种技术都干预脑功能，但_____通过较大的电流产生磁场，而_____使用相对较小的电流。
   A. MRI；TMS
   B. EEG；ERP
   C. tDCS；PET
   D. TMS；tDCS

3. 记录脑电波时，_____和_____都可以提供脑电活动的一般记录。
   A. EEG；ERP
   B. PET；MRI
   C. TMS；tDCS
   D. EOM；EOC

4. 脑消耗的葡萄糖可被_____记录。
   A. EEG
   B. PET
   C. ERP
   D. TMS

5. 有一天，皮埃尔和索朗格在聊天。"我有点紧张，"皮埃尔承认道，"我的医生告诉我，我应该做一个头部扫描……MR之类的东西。""哦！"索朗格回答道，"MRI还是fMRI？""嗯，我不确定，"皮埃尔回答，"有什么不同？"你能回答皮埃尔的问题吗？
   A. MRI是一种干预技术，而fMRI只是一种记录技术
   B. MRI使用电磁脉冲电流来刺激脑，而fMRI使用的是低电压电流
   C. MRI记录血液中葡萄糖水平的变化，而fMRI记录一般的电活动
   D. MRI记录脑的结构，而fMRI记录与特定思维或行为有关的脑活动

4.4　脑之旅

大部分的现代脑理论都假定脑的不同区域执行不同的任务（尽管有很大的重叠）。这一概念被称为功能定位，至少可以追溯到约瑟夫·加尔（Joseph Gall，1758—1828），一位奥地利解剖学家，他认为脑特定区域的发展可以反映人格特质。加尔的颅相学理论

可以说是完全错误的，但是他关于脑功能特异性的观点还是有价值的。

想要了解脑主要结构的功能，让我们从脑的下部（即脊柱的上方）开始，进行一次假想的脑漫步。图 4.8 显示了我们这次脑旅行中将会遇到的主要结构，请以此为参照继续前进。但请记住，任何活动——体验到的情绪、产生的思想、执行的任务——都需要多种不同的结构共同协作。因此，我们的描述是简化的。

互动

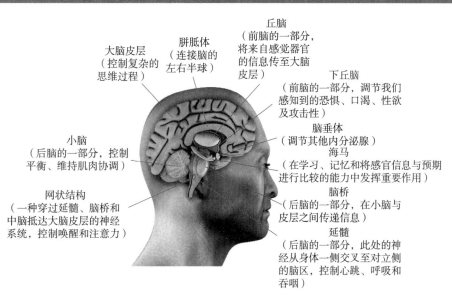

图 4.8　人脑的主要结构

这个断面所描绘的脑如同从中间分开。它显示了下面内容中将要描述的结构。

4.4. A　脑干与小脑

学习目标 4.4. A　列举并描述脑干三个主要结构的功能，并讨论小脑的控制过程

我们从颅骨底部的**脑干**（brain stem）开始。脑干大约从五亿年前开始以分节蠕虫的形式进化。脑干看起来像是从脊髓里长出来的一根茎。脑上部区域的进出通路会经过脑干的两个主要结构：延髓和脑桥。**延髓**（medulla）负责那些不需要意志控制的身体功能，例如呼吸、心跳。（用绳子绞断脖子时，延髓的神经通路被切断，导致呼吸停止，因此绞刑被作为死刑的一种执行方法。）**脑桥**（pons）参与（其他事情之外的）睡觉、觉醒和做梦。

网状激活系统（reticular activating system，RAS）从脑干的核心区域向上延伸。这种密集的神经元网络可从脑干上方延伸至脑中央，与更高的区域相连，筛查传入的信息，当需要个体注意的事情发生时，可引起高级中枢的唤醒。没有 RAS，我们将无法保持警觉，甚至不能保持清醒。

在脑桥后面，即脑的底部，我们会看到一个拳头大小的结构。它是**小脑**（cerebellum），负责平衡感和肌肉协调，以使动作顺畅而精确（见图 4.9）。如果小脑受损，你可能会变得笨拙且不协调，对你而言使用铅笔、穿针引线甚至行走都可能困难重重。此外，这一结构还负责经典条件反射及简单技能的记忆（Manto et al.，2012）。曾经被认为只是一个运动中心的小脑，并不像它的名字所暗示的那样"小"，它还涉及知觉加工、工作记忆、言语与语言（Baumann et al.，2015；Durisko & Fiez，2010；Mariën et al.，2014）。

脑干
脑的一部分，位于脊髓的上部，由延髓和脑桥组成。

延髓
脑干的一个结构，负责某些自动化的功能，例如呼吸、心跳。

脑桥
脑干的一个结构，与睡觉、觉醒和做梦有关。

网状激活系统（RAS）
位于脑干核心区域的一种密集的神经元网络，可以唤醒大脑皮层并筛查传入的信息。

小脑
一个调节运动及平衡的脑结构，与经典条件反射和简单技能记忆有关，在知觉及更高级的认知过程中发挥作用。

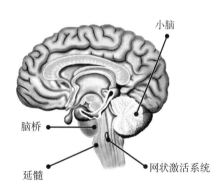

图 4.9　脑干与小脑

延髓负责维持身体功能，例如呼吸；小脑参与平衡与运动。

4.4.B　丘脑

学习目标 4.4.B　描述丘脑的位置和功能

丘脑（thalamus）是脑的感觉中继站，位于脑内部的深处，大致处于脑的中心（如图4.10所示）。当感官信息进入脑，例如日落的景象、警报声或者苍蝇落在手臂上的感觉，丘脑会指引这些信息传递

到负责视觉、听觉及触觉加工的更高级区域。唯一绕过丘脑的感觉就是嗅觉，它有自己的私人中继站，即嗅球。嗅球位于与情感相关的区域附近，这可能是为什么某些气味，如洗衣房的气味、热气腾腾的鸡汤或者某种香水的香味等常常会重新唤起人们的生动记忆。

丘脑
将感官信息传递到大脑皮层的脑结构。

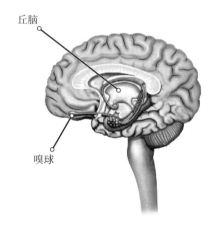

图 4.10　丘脑

丘脑是脑的感觉中继站。

4.4.C　下丘脑及脑垂体

学习目标 4.4.C　描述下丘脑和脑垂体的位置和功能

丘脑下方有一个叫下丘脑（hypothalamus）的结构。它是身体的老大，不断监测身体的当前状态，并发布指令以维持机体的相对稳定，这被称为内稳态。它参与了四种基本的生存驱动——进食（feeding）、战斗（fighting）、逃跑（fleeing）和性（sex）。它通过引发出汗或发抖来调节体温，并控制自主神经系统的各类复杂操作。它还控制人体日常节律的生物钟。

悬挂在下丘脑下方并通过小短柄相连的樱桃大小

的内分泌腺，被称为**脑垂体**（pituitary gland）。我们在前文关于激素的讨论中提到过。脑垂体通常被认为是身体的"主腺"，因为它分泌的激素会影响其他内分泌腺。然而，这个主腺实际上只能算是主管，真正的老大其实是下丘脑，它向脑垂体发送化学物质，告诉脑垂体何时与其他内分泌腺"对话"。随后，脑垂体向这些腺体发送激素信息（如图 4.11 所示）。

下丘脑与其他一些松散互连的结构被视为边缘系统的一部分，这个术语来自拉丁语中的"边界"，这些结构被认为是脑"高级"部分和"低级"部分的边界。这个区域的结构与我们同其他动物共享的情绪密切相关，例如愤怒和恐惧。因此，该区域有时也被称为"情绪脑"。然而，研究人员已发现这些区域还具有其他功能，并且旧边缘系统以外的部分也涉及情绪。因此，边缘系统这一术语已不再受欢迎。

下丘脑

负责情绪及驱力的脑结构，这些情绪及驱力对生存至关重要；可调节自主神经系统。

脑垂体

脑底部的小分泌腺，可释放多种激素并调节其他内分泌腺。

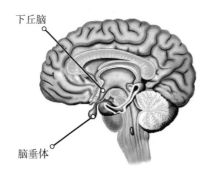

图 4.11 下丘脑与脑垂体

下丘脑监测并维持身体状态，控制脑垂体释放激素。

4.4.D 杏仁核

学习目标 4.4.D 描述杏仁核的位置和功能

杏仁核（amygdala，源自古希腊语中的"almond"一词），位于脑颞叶的深处，太阳穴的下方（如图 4.12 所示）。

杏仁核负责评估感官信息，快速判定其潜在的生物学影响，并参与做出接近或远离某人或某情境的最初决定。有些人把杏仁核描述为脑的"恐惧中心"，它确实有助于监测环境中的潜在威胁，但不只这些。杏仁核会评估那些刺激是否与你当前的心理状态匹配，从而对积极、消极甚至只是单纯有趣的刺激做出反应（Janak & Tye, 2015）。它还可以与更高级的脑区合作来调节你的反应。例如，相比性格内向的人，如果你性格外向，你的杏仁核对喜悦的人的照片的反应更加活跃；当你饥饿时，杏仁核对食物的反应也更活跃（Cunningham & Brosch, 2012）。杏仁核在调节焦虑和抑郁以及形成、提取情感记忆方面均发挥作用（Giachero, Calfa & Molina, 2015；Pitman et al., 2012）。

杏仁核

一个脑结构，用于评估传入的感官信息所伴随的潜在生物学影响，并驱动身体对其做出反应。

4.4.E 海马

学习目标 4.4.E 描述海马的位置和功能

海马（hippocampus，源于古希腊语中的"sea horse"）位于杏仁核的正后方，是形成新记忆的关键脑结构（见图 4.12）。它使我们能够吸收并结合经验的不同成分——视觉、声音和感觉，将其绑定在一起形成"记忆"，尽管这些成分最终可能存储于大脑皮层的各个区域。我们即将对此进行讨论。当你想起昨天见过某人时，记忆的各个方面——握手、语调和外貌等信息——可能存储于大脑皮层的不同位置。但是，如果没有海马，信息就不会到达这些目的地。同样，海马也涉及回忆过程中的信息检索。

我们对海马在记忆中关键作用的认知，部分来自脑损伤导致病人出现严重记忆问题的研究。其中最著名的是亨利·莫莱森（Henry Molaison），他被科学界称为 H. M. 。当亨利还是个孩子时，他与一个骑自行车的人发生了碰撞，撞到了头。不久之后，可能就是这个原因，他开始癫痫发作。成年后，他的癫痫症状使他无法保住工作。他被介绍给一位外科医生，医生大胆建议亨利切除海马及部分颞叶区域。手术虽然控制了亨利的癫痫，但却给他带来了一个新问题：亨利不能再对事实或事件形成新记忆。他可以回忆童年，学习新技能，进行得体的交谈。但即使你昨天刚见过他，他今天也会不认识你。心理学家对海马和记忆的认识大部分都来自 H. M.（Corkin，2013）。

海马

在记忆中存储新信息的脑结构。

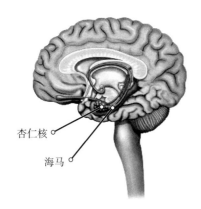

图 4.12　杏仁核与海马

杏仁核对生理上重要的刺激做出反应，海马参与新记忆的形成。

4. 4. F　大脑

学习目标 4. 4. F　描述大脑和胼胝体的功能

大脑（cerebrum）指的是脑的上半部分，在脑桥与小脑的上方。它被分成两个独立的**大脑半球**（cerebral hemispheres），由一条叫**胼胝体**（corpus callosum）的粗纤维带相连。通常，右半球负责左侧身体，左半球负责右侧身体。很快我们将会看到，这两个半球在任务表现与功能上的不同，这种现象被称为**偏侧化**（lateralization）。

大脑

脑的上半部分，被分成两个半球，负责大部分的感觉、运动和认知过程。

大脑半球

大脑的两个半球。

胼胝体

连接两个大脑半球的神经纤维束。

偏侧化

两个大脑半球的特异性功能。

4. 4. G　大脑皮层

学习目标 4. 4. G　描述大脑皮层各个脑叶的位置，并解释其功能，尤其是前额叶皮层

大脑被几层致密的细胞所覆盖，统称**大脑皮层**（cerebral cortex）。如同脑中其他许多部分一样，大脑皮层内的细胞体会形成一个灰色的组织，因此称为灰质。脑的其他部分（以及神经系统的剩余部分）由髓鞘覆盖的长轴突所主导，形成了脑的白质。尽管皮层只有大约 3 毫米（八分之一英尺）厚，但它几乎包含了人脑全部细胞的四分之三。大脑皮层上有许多较深的裂和褶皱，这使它能够在一个紧凑的空间中容纳数十亿神经元。其他哺乳动物的神经元较少，它们的皮层皱缩也较少。大鼠的大脑皮层相当光滑。

大脑皮层

覆盖在大脑上的几层细胞的集合，主要负责高级心理功能。

〰〰〰〰〰〰〰〰〰〰〰〰〰〰〰〰

大脑皮层的叶　在每一个大脑半球中，较深的裂将皮层分成了四个不同的区域或叶（如图 4.13）。

互 动

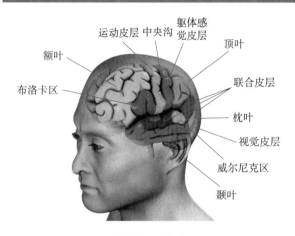

图 4.13　脑叶

每个大脑半球可被分为四个叶：枕叶、顶叶、颞叶和额叶。

枕叶（occipital lobe，源自拉丁语中的"头后

部"）位于脑的后下部，其中包括视觉皮层，负责处理视觉信号。具体来说，来自眼睛的信息穿过丘脑到达初级视觉皮层进行初步处理，然后到达次级及第三级视觉皮层进行更高水平的处理。初级视觉皮层的损伤会引起盲点。次级或第三级视觉皮层的损伤会导致对物体或人的识别能力下降。

顶叶（parietal lobe，源自拉丁语中的"临近房顶"）位于脑的顶部。它包含躯体感觉皮层，该皮层接收整个身体关于压力、疼痛、触碰和温度的信息。躯体感觉皮层的组织方式使该皮层上的特定位置代表了身体的各个部位。神经外科医生怀尔德·潘菲尔德（Wilder Penfield）在 20 世纪 50 年代的一项研究表明，对躯体感觉皮层某一特定区域的电刺激会使相应的身体部位产生感觉。躯体感觉皮层的组织方式可以通过图形形象地显示出来（见图 4.14），该图形通常被称为躯体感觉小矮人。

〰〰〰〰〰〰〰〰〰〰〰〰〰〰〰〰

枕叶

大脑皮层后下方的脑叶，包含接收视觉信息的区域。

顶叶

大脑皮层后上方的脑叶，包含接收压力、疼痛、触碰和温度信息的区域，还参与空间关系的注意与觉知。

〰〰〰〰〰〰〰〰〰〰〰〰〰〰〰〰

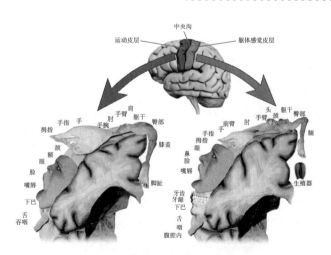

图 4.14　感觉小矮人与运动小矮人

躯体感觉皮层与运动皮层的不同位置代表了身体的不同部位。

由于手、脸等身体部位特别敏感，因此负责接收这些部位信号的躯体感觉皮层的区域比较大。另外，躯体感觉皮层后面的顶叶部分涉及空间关系的注意与觉知。例如，右顶叶皮层发生病变会导致一种叫半边忽视的情况，即患者无法注意左侧的空间，他们可以看到左侧空间，但是无法关注它。因此，要求这些病人画一个像房子一样的物体时，他们通常会忽略它的左边（如图 4.15）。

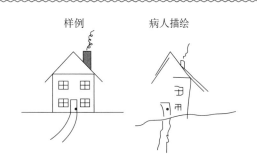

样例　　病人描绘

图 4.15　半边忽视

患有半边忽视症的人虽能看到左侧空间，但无法关注它；因此，他们绘画时往往忽略了左边视野中的细节。

颞叶（temporal lobe，源自拉丁语中的"临近太阳穴"）位于脑的两侧，在耳朵的上方、太阳穴的后面。颞叶包含听觉皮层，负责处理来自耳朵的声音信息。位于颞叶深处的是杏仁核和海马。颞叶也参与物体（例如脸）视觉特征的处理。两个半球内颞叶与枕叶之间皮层区域的损伤会导致辨认熟悉面孔有困难。位于左侧颞叶后部的威尔尼克区与语言理解有关。

额叶（frontal lobe），顾名思义，位于脑的前部，就在前额区域颅骨的下方。它包含了初级运动皮层，能够向躯体中进行有意运动的 600 条肌肉发出指令。与躯体感觉皮层一样，初级运动皮层的不同区域控制着身体的不同部位（见图 4.14）。左侧额叶的布洛卡区负责言语的产生。额叶在工作记忆任务中特别活跃。额叶还参与对情绪及冲动的控制、制订计划、创造性思维以及与他人的共情。

由于大脑皮层的各个脑叶具备不同的功能，在脑外科手术中用微小电极直接刺激它们时，病人往往会产生不同的反应。（直接刺激，不会引起脑的任何感觉，因此病人在手术过程中可以保持清醒。）如果一个外科医生触碰了位于顶叶的躯体感觉皮层，病人可能会感到皮肤有刺痛感或者有被轻轻触碰的体验。如果位于枕叶的视觉皮层受到电刺激，病人可能会报告看到了一道光或者彩色漩涡。然而，大脑皮层的大部分区域受到刺激时不会产生明显的反应或体验。这些"沉默"的区域有时被称为联合皮层，它们参与更高水平的心理加工过程。

颞叶

大脑皮层两侧的脑叶，包含了与听觉、情绪、记忆、视觉加工及语言理解（通常在左叶）有关的区域。

额叶

大脑皮层前部的脑叶，包含了与运动、工作记忆、情绪及冲动控制、高级思维及言语产生（通常在左叶）有关的区域。

前额叶皮层　额叶最前面的部分是前额叶皮层。大鼠和小鼠基本上没有这个区域，猫的这个区域仅占大脑皮层的 3.5%，狗的约占 7%，但在人类中它约占了大脑皮层的三分之一。它是我们的脑近期才进化出来的结构，与推理、决策和计划等复杂能力有关。

科学家早就知道，额叶，特别是前额叶皮层，肯定与性格有关。第一条线索出现在 1848 年，当时有个突发事故：一根 1 英寸厚、3.5 英尺长的铁棒穿过了一名年轻铁路工人的头部，这名工人叫菲尼亚斯·盖奇（Phineas Gage）。这根铁棒（现在还在哈佛大学医学院图书馆，与盖奇的头骨一起展出）从左眼下方进入，从头顶穿出，破坏了大面积的前额叶皮层（Damasio et al.，1994；Van Horn et al.，2012）。盖奇奇迹般地从这次事故中活了下来，而且，据大多数人所说，他保留了说话、思考及记忆的能力。但他的朋友抱怨他不再是盖奇了。这代表了什么仍然是存在争议的（Macmillan，2000）。正如故事里经常讲的那样，盖奇已经从一个温文尔雅、友好、高效的人变成了一个满嘴脏话、脾气暴躁、不可靠的人。他无法保住一份稳定的工作，也无法坚持一个计划，只能把自己变成一个马戏团的小丑。然而，有人注意到，盖奇在受伤后活了 12 年，其中包括在智利照顾马匹、驾驶马车的 8 年。

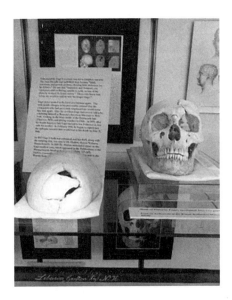

Courtesy of Lisa Shin

上图为马萨诸塞州波士顿哈佛大学医学院展出的菲尼亚斯·盖奇的头骨。

不过，仍然清楚的是，事故后，盖奇的心智表现与行为发生了变化。此外，无论是中风还是外伤，许多其他脑损伤病例都支持从盖奇案例中得出的结论：额叶部分区域关系到社会判断、行为抑制、理性决策以及设定目标和执行计划的能力。这个区域受损的人有时很难管理他们的财务及社会关系。这些区域受损所引起的心理缺陷往往伴随着情感或感受的淡漠，这表明对于日常推理和试误学习而言，正常的情绪情感是必不可少的。

额叶还能够控制个体以适当的顺序执行一系列任务并在适当的时间停止执行。苏联心理学家亚历山大·鲁利亚（Alexander Luria，1980）研究了许多额叶受损影响了这一能力的案例。一名男子在火柴已经点燃后仍然试图点燃它。另一个人在医院旁的木工店里刨一块木头，木头刨完后，他没有停下，而是继续刨工作台。在下面的互动中，你将有机会尝试那些对于额叶受损的人来说很难完成的任务。

互动

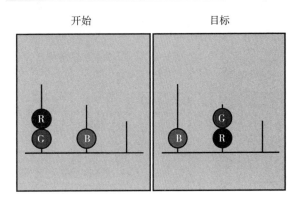

伦敦塔

这是伦敦塔任务。你的任务是将开始时的配置转化为目标配置，并且每次只能移动一个小球。你应该能在头脑中完成这项任务，尽可能少地移动小球，边走边计算移动的次数。

表4.1 总结了我们讨论过的脑的主要结构及其功能。这里列出的功能只是与这些结构有关的一些功能。

表 4.1 脑的主要结构及其功能

结构	功能
脑干	
脑桥	睡眠、觉醒、做梦
延髓	呼吸、心跳等自主功能
网状激活系统（RAS）（一直延伸至脑中央）	筛查传入的信息、高级中枢的唤醒、意识

续表

结构	功能
小脑	影响平衡、肌肉协调、简单技能的记忆与经典条件反射，参与知觉及一些高级认知加工过程
丘脑	从高级中枢向脊髓传递脉冲，并将传入的感官信息（嗅觉除外）传递给其他的脑中枢
下丘脑	影响生存所必需的行为，例如饥饿、口渴、情感、繁衍；调节体温；控制自主神经系统
脑垂体	在下丘脑的控制下，分泌激素，影响其他腺体
杏仁核	初步评估感官信息并判断其重要性；调节焦虑与抑郁；情感记忆的形成与提取
海马	形成关于事实或事件的新记忆，以及记忆的其他方面
大脑（包括大脑皮层） 枕叶 顶叶 颞叶 额叶	高级思维 视觉加工 压力、疼痛、触碰、体温的处理 记忆、知觉、情感、听觉、语言理解 动作、工作记忆、计划、设定目标、创造性思维、直觉、社会判断、理性决策、言语产生

日志4.4　批判性思维：检查证据

假定50%的重大案犯前额叶皮层受损（这只是一个假设）。立法者在得知这一点后，建议对少年司法中心目前所有被拘者进行前额叶皮层异常筛查，"以识别出将来可能犯下严重罪行的人"。你会支持这个提议吗？为什么会或者为什么不会？在得出结论之前，你还想检查哪些其他的证据？

模块4.4　小考

1. 以下哪个部分不是脑干的主要结构？
   A. 网状激活系统　　　　B. 延髓
   C. 下丘脑　　　　　　　D. 脑桥

2. 哪种脑结构可以充当感觉中继站，将视觉或听觉信息传递到脑的其他部位？
   A. 胼胝体　　　　　　　B. 海马
   C. 脑桥　　　　　　　　D. 丘脑

3. 如果你在记忆形成方面遇到严重困难，那么脑的哪个部分最可能受损？
   A. 海马　　　　　　　　B. 下丘脑
   C. 小脑　　　　　　　　D. 脑桥

4. 连接脑两个半球的粗纤维带被称为_____。
   A. 基底神经节　　　　　B. 大脑皮层
   C. 丘脑延伸　　　　　　D. 胼胝体

5. 塞西莉娅是一位使用fMRI检测脑活动的研究人员。如果她向参与者呈现带有不同情绪的面部表情图片，那么该fMRI研究可能会发现，相比于中性面孔，恐惧面孔下_____的脑血流更大。
   A. 枕叶　　　　　　　　B. 杏仁核
   C. 小脑　　　　　　　　D. 海马

4.5　脑的两个半球

我们已经看到，脑分为两个半球，控制着对侧的身体。虽然在结构上相似，但这些半球存在不同的功能或特异性区域。脑半球的特异性在脑损伤患者中尤其明显，这些损伤一般都是由中风导致的。1861年，法国神经病学家保罗·布洛卡（Paul Broca）观察到了这一现象。他指出，左半球受损的人有时会丧失说话或语言理解能力，而右半球受损的人很少会这样。从那时起，我们还了解到，左半球受损的人可能在阅读、物体识别、做出象征性手势或表演哑剧，以及以正确的顺序描述事件方面存在困难。而右半球受损的人可能难以辨别面孔、表达情感或者理解音乐或艺术，他们即使在自己的家中也很容易迷路。

4.5. A　割裂脑：分裂的房子

学习目标 4.5. A　讨论裂脑实验的基本范式，以及这些结果所揭示的脑半球功能

关于半球功能特异性的一些有趣发现来自"裂脑人"研究。在正常的脑中，大脑皮层的两个半球通过胼胝体彼此交流，胼胝体即连接它们的一束纤维。脑一侧发生的任何事情都会立即传递到另一侧。但是，如果双方的联系被切断，那将会发生什么？

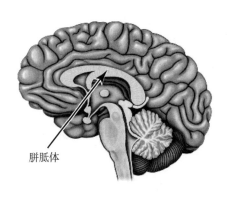

胼胝体

Alexilusmedical/Shutterstock

展示人脑的胼胝体断面。

1953 年，罗纳德·E. 迈尔斯（Ronald E. Myers）和罗杰·W. 斯佩里（Roger W. Sperry）在回答这个问题上迈出了第一步，他们切断了猫的胼胝体，还切断了从猫眼睛到猫脑的部分神经。正常情况下，每只眼睛都会将信息传递给两侧的脑。切断胼胝体和部分神经后，猫的左眼只能向左半球发送信息，而右眼只能向右半球发送信息。

起初，这种破坏性的手术并未对猫造成太大的影响。它们进食、走路等日常行为保持正常。迈尔斯与斯佩里训练这些猫在蒙住一只眼的情况下执行任务。猫可能学会了推动木板上的方块来获取食物，但却忽视了木板上的圆形物体。研究人员将眼罩换到猫的另一只眼睛上，再次对猫进行测试。这些猫表现得好像从来没有学习过这些任务一样。显然，脑一侧半球不知道另一侧在干什么，如同这些动物长了两个脑。后续的研究在其他物种上也证实了这一结果，包括猴子（Sperry, 1964）。

在 20 世纪 60 年代初，外科医生决定切断胼胝体以控制癫痫患者的癫痫发作。这种疾病的严重后果表现为混乱的电活动会从受伤区域扩散至脑的其他部位。外科医生认为，切断脑两半球之间的连接可能会阻止电活动从一侧扩散至另一侧。当然，这是为重症患者进行的手术。但科学家们也有收获，他们发现了每个脑半球在与另一个完全隔绝的情况下能做些什么。

这种裂脑手术的结果通常被证明是成功的。癫痫发作减少，有时甚至完全消失。在他们的日常生活中，裂脑患者似乎并没有受到两个脑半球单独通信的影响。他们的性格及智力保持不变，能走路、说话，过着相当正常的生活。显然，脑内不可分割的深度连接使身体运动和其他功能保持正常。两个功能正常的脑半球各自做着自己的工作，只是不能相互交流。但在一系列巧妙的研究中，斯佩里和他的同事（以及后来的其他研究人员）还是发现，这些患者的感知与记忆都受到了影响，就像早期的动物研究那样。斯佩里因他的研究工作获得了诺贝尔奖。

要了解这项研究，你必须知道眼睛到脑的神经是如何连接的。（与迈尔斯和斯佩里的猫不同，人类患者的这些神经没有被切断。）如果你直视前方，你面前左侧场景内的所有事物信息——视野——都将进入你的右半球，而右侧场景内的所有事物信息都将进入你的左半球。两只眼睛都是如此（如图4.16）。

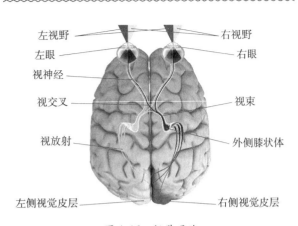

图 4.16 视觉通路

每个脑半球都会接收来自眼睛对侧视野的信息。因此，如果你看向房间的某个角落，那么交界处左侧的所有事物都将表征在脑的右半球上，反之亦然。这是因为每条视神经有一半的轴突（在视交叉处）会交叉到对侧的脑。正常情况下，每一个半球都实时地与另一个半球共享信息。但对于裂脑患者而言，切断胼胝体会阻止这种交流。

这个过程只向患者其中一侧的脑提供信息。在一项早期的研究中，研究人员拍摄了不同面孔的照片，把它们切成两半，将不同半侧脸的照片粘在一起（Levy，Trevarthen & Sperry，1972）。重构后的照片通过幻灯片呈现。要求参与者盯住屏幕中央的一点，使一半的面孔落在该点的左侧，另一半落在该点的右侧。每张照片快速闪现，以至于参与者没有时间移动自己的眼睛。当要求参与者说出他们所看到的东西时，他会对右侧的面孔进行命名（如图4.17中的小男孩），这是因为脑的左半球控制了言语，并且左半球只"看到"了右侧的面孔。然而，当要求参与者用左手指出他们所看到的面孔时，他们选择了左侧面孔（图中留着胡子的人），原因在于右半球控制着左手，且右半球只能"看到"左侧的面孔。此外，参与者声称他们没有发现最初呈现的照片有什么异常！脑的每一个半球都"看到"了对侧的图像，并自动填补了缺失的部分。然而，两个半球却不知道对方看到了什么。

互动

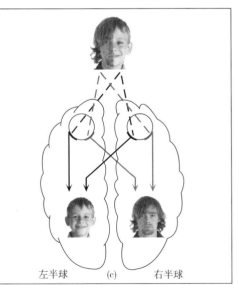

图 4.17 分割视图

研究人员向裂脑患者展示合成的照片（a），然后要求他们从一系列照片中辨认他们所看到的照片。当被要求口头陈述他们所看到的面孔时，他们报告了合成照片中右侧的面孔；当被要求用左手指出他们所看到的面孔时，他们都指向了左侧的面孔（b）。由于脑两半球之间无法交流，所以负责言语的左半球只"看到"了右侧的面孔，而不负责言语的右半球只"看到"了左侧的面孔（c）。

为什么患者命名一侧的面孔却指向另一侧的面孔？当患者用言语回应时，通常是控制言语的左半球在进行交谈。由于左半球只"看到"了右侧的面孔，患者只能对这一侧的面孔进行描述。当患者用左手指出时，左手的运动被右半球所控制，因此指向了右半球所"看到"的面孔（也就是照片左侧所显示的面孔）。

在另一项研究中，研究人员在幻灯片上呈现了一系列普通物体，然后突然闪现了一张裸体女性的照片。两个半球都为此感到惊讶和好笑，然而只有左半球拥有"发言权"，所以两个半球的反应是不同的。当照片闪现在一名参与者的左半球时，她笑了，并辨认出这是一张裸体照片。当该照片闪现在她的右半球时，她什么也没说，只是开始咯咯地笑。当被问到她在笑什么时，她说："我不知道……什么都不知道……哦，那是台有趣的机器。"右半球无法描述所看到的事物，但引起的情绪反应一样，此时会说话的左半球被迫为刚才的大笑提供一个合理的解释（Gazzaniga，1967）。事实上，主持这项研究及其他裂脑研究的杰出心理学家迈克尔·加扎尼加（Michael Gazzaniga，2000），将左半球称为"解释者"。因为左半球的主要作用之一就是不断地为我们的想法、感受及行为提供一个合理（尽管并不总是准确）的说法。正如另一位神经科学家所言，左半球是脑的"公关专家"（Broks，2004）。

4.5. B　两个半球：协作还是对立

学习目标 4.5. B　描述脑的两个半球为什么是协作而非对立的

裂脑手术仍在进行，尽管越来越少，现在已经有更好的药物可用于对癫痫的治疗，但我们还是能够从裂脑患者身上得出一些结论。他们癫痫发作严重到需

采用这种具有破坏性的手术予以治疗的事实表明他们的脑从一开始可能并不是完全正常的，这会影响研究结果在他人身上的适用性。此外，最近的一项研究揭示了与最初割裂脑研究结果的不同。在这项对两位裂脑患者的研究中，研究人员发现每个脑半球实际上对它们"看不见"的视野内的信息也能做反应。这一发现至少说明了早期的研究结果可能过于简单了。还有一种原因可能是，这些患者在术后多年来已经发展出新的神经机制，使脑半球可以将信息以某种方式报告给一个能够统一觉知的区域，并在那里共享信息（Pinto et al.，2017）。简而言之，对裂脑研究的解释比通常所描述的要复杂得多。

幸运的是，关于左、右半球功能的研究，也可以在那些脑完好无损的人身上进行（Hugdahl & Westerhausen，2010；Prete et al.，2015）。如果你的右视野中快速闪现一张图片，它将先到达你的左侧视觉皮层，并通过胼胝体，快速地传递给右侧视觉皮层。但是，它先到达左侧视觉区域，这一时间差为研究人员提供了重要的信息。如果单词闪现于右视野中，那么人们可以更快地读出单词，这是因为单词直接映入了专用于阅读的左半球。相比之下，人们更擅长识别闪现于左视野的面部表情，原因在于这些面孔直接映入了右半球，而右半球在面部表情的加工上具有优势（Abbott et al.，2014）。同样，研究人员可以向你的双耳播放不同的声音，左耳的声音进入右侧听觉皮层，右耳的声音进入左侧听觉皮层。该研究表明，尽管左半球专用于言语信息的处理，但右半球专门负责加工言语产生时所伴随的语调（Grimshaw et al.，2003）。

虽然早期研究人员经常说左半球占主导地位，尤其是在言语或分析能力方面，但多年来人们已经清楚地认识到右半球远非"跟随者"，它不仅在面部表情的识别上表现优异，在处理需要视觉-空间能力的问

题上也十分出色，例如看一张地图或者跟随一种缝纫花样。它在艺术与音乐的创作和欣赏中起着积极的作用。它能够识别如狗叫声等非言语声音。它也具有一些语言能力，通常情况下，它可以读出一闪而过的单词，并且能够理解实验者的指导语。

互动

提出问题，乐于思考

你是否听说过这样的观点："左脑"型人更善于分析和逻辑思考，而"右脑"型人更富有创造力和艺术性？

□ 是

□ 否

WavebreakMediaMicro/Fotolia

让一名右撇子参与者用右手拿着铅笔在纸上轻敲一分钟，然后让他拿着一张新纸用左手做同样的事情。最后，重复这一过程，并要求参与者边敲击边讲话。对于大多数人来说，说话会降低敲击的频率，但右手的频率还是比左手高，这可能是因为这两个活动都涉及同一个半球（左半球）且它们之间存在竞争关系。（左撇子参与者在主导言语的半球上差异更大，因此他们的结果也更加多变。）

左半球有时被描述为具有理性和分析性的认知风格，相比之下，右半球则是直觉性、整体性的。此外，畅销的心理学书籍甚至将人归类为"左脑"型和"右脑"型，许多心理学专业的学生都知道这一说法。然而，这种说法过于简单（Nielsen et al.，2013）。事实上，两个半球之间的差异不是绝对的，而是相对的，只是程度问题。在大多数日常活动中，双方自发合作，每一方都做出了有价值的贡献。在视觉感知中，左半球通常"看到"细节，而右半球"看到"这些细节如何组合在一起（Chance，2014）。在言语感知中，左半球"听到"组成句子的单个声音；右半球则"听到"语调，告诉我们说话者是高兴的、开心的还是讽刺的（Godfrey & Grimshaw，2015）。大部分的思想与行为都需要左、右半球的协同工作。这就是为什么将人分类为"左脑"型或"右脑"型的观点是错误的，这也是我们必须谨慎看待"两个半球是两个'脑'"的原因。正如罗杰·W. 斯佩里（1982）很久以前指出的那样，"左右二分法……是一种很容易失去控制的想法"。

日志 4.5 批判性思维：检查证据

大多数学生都听到过这样的论点，即存在"左脑"型人和"右脑"型人。你能举出什么证据来证明这不是一个合理的科学论断？畅销书或普通大众为什么会被这种过于简单的论断所吸引？

模块 4.5 小考

1. 想象一下，裂脑患者的左半球接收到了一只猫的图像，右半球接收到了一只狗的图像。如果患者做出言语反应，那么他会说什么？

   A. "我看到一只猫。"

   B. "我看到一只狗。"

   C. "我看到了猫和狗。"

D. 患者无法说出任何东西

2. 想象一下，裂脑患者的左半球接收到了一只猫的图像，右半球接收到了一只狗的图像。如果要求患者用左手指出图像，他将指向哪张图？

A. 患者无法指向任何事物

B. 猫

C. 患者指向狗或猫的可能性相等

D. 狗

3. 想象一下，裂脑患者的左半球接收到了一只猫的图像，右半球接收到了一只狗的图像。如果要求患者用右手指出图像，他将指向哪张图？

A. 猫

B. 狗

C. 患者指向狗或猫的可能性相等

D. 患者无法指向任何事物

4. 如果将单词呈现给两个脑半球，哪个半球将在快速阅读单词上表现出优势？

A. 右半球

B. 左半球

C. 两个半球的阅读速度没有差异

D. 左半球负责短单词，右半球负责长单词

5. 根据我们从现有研究中了解到的所有知识，关于脑半球最合理的结论是什么？

A. 有些人是"左脑"型，另一些人是"右脑"型，并可以判断哪种类型能够使人生活得更轻松

B. 两个脑半球是合作伙伴，每一个半球都在为脑主人做出贡献

C. 两个半球相互独立，在各种任务上争夺霸主地位

D. 人们只有一个脑的观点是不正确的，人们实际上拥有两个彼此独立运作的脑

4.6 灵活的脑

在此之前，我们一直将脑作为一个固定不变的器官来讨论。每个人的脑都是相似的，基本上出生

时的脑与 8 岁、18 岁、28 岁甚至 98 岁时的脑基本相同。作为人类，我们拥有许多共同的早期经历，例如学习走路、说话、与学校及家庭成员打交道等，因此我们的脑在基本组织上也是相似的。然而，我们也有不同的经历，原因在于成长环境或富有或贫穷，性别是男性或女性，被精心养育或被忽视等，这些经历产生于特定的文化，塑造着我们的价值观、技能及机会选择。这些差异也可以塑造脑的神经连接及运作方式。

4.6.A　经历与脑

学习目标 4.6.A　定义神经可塑性，并总结主要证据，证明脑具有响应新经历而做出改变的能力

出生时，我们的脑尚未完全发育。在婴儿期，突触猛增。神经元长出新的树突，形成新的突触，并在脑的神经元之间产生更复杂的连接（Bock et al., 2014; Greenough & Black, 1992; Kostović & Judaš, 2009）。新的学习及刺激性环境能够增进其复杂性。而后，在儿童期，那些有助于儿童对环境做出反应的突触连接能够被保留下来并继续生长，而那些无效的突触连接会逐渐消失，从而留下更有效的神经网络。通过这种方式，每个人的脑都会根据其所处环境进行优化。这种**可塑性**（plasticity），即脑为了应对新经历而做出变化的能力，虽在婴儿期和儿童期最为明显，但会贯穿一生。

Gary Waters/Ikon Images/Alamy Stock Photo

脑发生变化以应对新经历。

可塑性

脑通过神经发生、重组或者发展新的神经连接来做出改变以适应新经历的能力。

脑的可塑性可能有助于解释这些现象。一些人中风后无法回忆起简单的语句而数月后却几乎能正常地讲话，以及一些头部受损后无法移动手臂的人在接受身体治疗后可重新使用手臂，他们的脑显然发生了重组以适应损伤（Liepert et al.，2000；Wu et al.，2015）。可塑性在那些刚出生或幼儿期失聪或失明的人身上也很明显。在出生后的快速发育时期，眼睛与视觉皮层、耳朵与听觉皮层，以及眼睛与听觉皮层、耳朵与视觉皮层之间会形成大量的连接。一般来说，经历会加强眼睛与视觉皮层、耳朵与听觉皮层的连接，而消除其他两种类型的连接（Innocenti & Price，2005）。因此，有趣的问题便产生了：盲人的视觉皮层发生了什么？它是因为无法接收到视觉信息，继而才能对听觉信息做出反应吗？

为了回答上述问题，研究人员使用 PET 扫描检测参与者通过扬声器听声音时的脑活动（Gougoux et al.，2005）。一部分参与者视力正常，另一部分参与者从小失明。当他们通过双耳听声音时，视力正常的参与者枕叶皮层的激活水平下降，但盲人参与者没有表现出这一现象。当他们的一只耳朵被塞住时，擅长声音定位的盲人参与者枕叶皮层中的两个区域表现出了较强的激活。但无论是视力正常的参与者还是声音定位能力一般的盲人参与者，都未表现出这种激活。另外，这些区域的激活程度与盲人参与者完成任务的准确性有关（如图4.18）。显然，那些表现最好的人的脑已适应了失明，他们可以激活视觉区域以辅助完成听觉活动。这就是可塑性的一个典型示例。

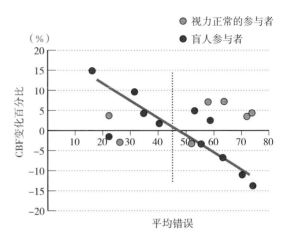

图 4.18　对失明的适应

在一些盲人中，与视觉相关的脑区通常会在听觉任务中变得活跃。虚线左侧的深色圆圈代表了在声音定位任务中错误率较低的盲人参与者，而虚线右侧的深色圆圈代表了错误率较高的盲人参与者。该图显示，盲人参与者的错误率与脑视觉区域的脑血流量（CBF，即神经活动）的变化有关。盲人参与者的准确率越高，该区域的激活水平越高（改编自 Gougoux et al.，2005）。

对于视力正常的人而言，在听觉或触觉（例如触摸盲文）任务中，脑的视觉区域十分安静。然而，研究人员想知道，如果这些视力正常的参与者的双眼被蒙上五天，那么视觉区域会发生什么变化。答案是：到了第五天，视觉区域在听觉或触觉任务中变得相当活跃，但将眼罩移除后，它们再次平静了下来（Pascual－Leone et al.，2005）。脑的视觉区域显然拥有处理非视觉信息的计算机制，但这种机制一直处于休眠状态，直到情境需要时它才会被激活（Amedi et al.，2005）。当人们大部分的时间都处于失明状态时，可能会形成新的连接，从而使脑的神经回路发生持久性的结构变化。在听力障碍者的身上也有类似的发现：当神经科学家要求听力障碍者与听力正常的人去研究一组运动的点时，听力障碍者的听觉皮层表现活跃，而听力正常的人没有表现出这一现象（Finney，Fine & Dobkins，2001）。

这项研究告诉我们，脑是一个动态的器官：它的回路不断被修改以应对信息、挑战及环境变化。随着科学家对这一过程的深入了解，他们也许能够运用自己的知识，为患有感觉障碍、发育障碍和脑损伤的人设计出更好的康复方案。

4.6.B　文化与脑

学习目标 4.6.B　讨论文化力量与脑功能之间的关系

我们刚刚看到，人脑的结构与功能在整个生命过程中都受到环境的影响。环境的很大一部分是文化——一种由共同的规则、价值观、符号、交流系统和惯例所组成的程序——控制着社区成员的行为。新兴的文化神经科学探索神经与文化力量之间的交互如何创出不同的行为、觉知及认知模式（Ambady，2011；Chiao，2015；Sasaki & Kim，2017）。

Lyn Alweis/Denver Post/Getty Images

对于心理学家而言，探究文化与脑之间关系的途径之一是研究双语能力。

考虑一下双语能力。会说两种语言的人使用脑的不同部分来处理这两种语言吗？关于该问题有支持性证据，也有反对性证据，但是一些有趣的发现表明，第一语言与第二语言涉及的脑区不同。解决该问题的一种方法是当外科医生刺激不同脑区时观察会发生什么。通常情况下病人是清醒的，能够说话，但当外科医生刺激对语言至关重要的脑区时，病人就会停止说话。使用这种方法的研究发现，双语者的第二语言所依赖的脑网络比第一语言更广泛（Cervenka et al.，2011）。

影响脑组织的另一个文化因素是读写能力。与识字的人相比，不识字的人与阅读和言语记忆相关的顶叶区域及其他区域的白质较少（de Schotten et al.，2014）。技术发展也可能影响脑活动。一些科学家推测，互联网搜索、发短信和社交网络可能会加强与信息过滤及快速决策有关的神经回路，同时也可能削弱与持续注意和记忆等有关的神经回路（Risko & Gilbert，2016；Small，2008）。

当两种文化重视成员间的不同技能时，或者强调获得某一技能的不同方法时，人们的脑能够反映出这些差异。例如，在一项简单的视觉空间任务中，西方人与亚洲人的脑活动取决于这项任务是要关注视觉环境（亚洲文化强调这样做）还是要忽视视觉环境（西方文化鼓励这样做）。在这两组人中，fMRI 显示：当人们做出与文化背景不符的判断时，与注意控制相关的额叶及顶叶区域的激活强度更大（Hedden et al.，2008）。这是有道理的，因为这些判断需要更多的注意力及努力。

简而言之，文化对其成员的符号、态度及漫游世界的方式有着深远的影响。来自文化神经科学的研究正通过觉知、问题解决、语言和思维等方面的 fMRI 研究追踪文化对脑的影响。

4.6.C　脑有性别差异吗

学习目标 4.6.C　注意脑的性别差异与行为的性别差异之间的关系

互动

提出问题，乐于思考

研究结果表明，男性在形状旋转和空间导

航上的表现往往优于女性。你是否认为这种明显的性别差异是由男性、女性天生的生理差异造成的？

□是
□否

许多畅销书声称男性与女性的脑不同。劳安·布里曾丹（Louann Brizendine）2006 年写的《女人，为什么来自金星》（*The Female Brain*）一书非常成功，以至于它为续集《男性脑》（*The Male Brain*）提供了灵感。另一本名为《它是个女婴！》（*It's a Baby Girl！*）的书声称，"如果没有睾酮的干扰，你的女儿不仅会发育出女性生殖器，还会形成一个绝对化的女性脑……这将引导她以女性的方式对待世界"（引自 Fine，2010）。你的批判性思维可能会使你产生适当的怀疑，什么是"以女性的方式对待世界"？

关于领导力、婚姻问题、养育子女和教育的畅销书同样声称，男性与女性的脑存在天生的差异。这些差异解释了女性所谓的直觉准和共情能力强，女性喜欢谈论情感而男性喜欢谈论运动，女性的言语能力更强而男性的数学能力更强，以及为什么男性迷路时不愿意问路等（Sommers，2011）。这些论点经常通过 fMRI 扫描或其他脑图像呈现出来，一个外行人该如何看待这些论点呢？当然，男性与女性在不同领域中的经验与行为存在着平均差异。不幸的是，意识形态会阻碍对关于性别差异与脑的研究的解读：有些人认为这些研究可为性别歧视辩护（鉴于那些过于简单的心理学畅销书，这是一个合理的担忧）；另一些人则认为，这些研究是合理的，对这些证据的忽视是不科学的，必将成为改善男性、女性生活及健康的障碍（Fine，2012；Roy，2012）。

为了理智地评论上述问题，我们需要先思考两个独立的问题：平均而言，男性和女性的脑在结构或功能上是否存在差异？如果是这样，那么这些差异与男性和女性的行为、能力、解决问题的方式以及现实生活中的其他表现有什么关系呢？

第一个问题的答案是肯定的。在其他动物与人类的脑中已经发现了许多解剖学和生物化学上的性别差异（Cahill，2012；Luders et al.，2004）。其中一些似乎具有普遍性：一项综合了来自澳大利亚、中国、英国、芬兰、德国、美国和威尔士的 24 个实验室及全世界 1 000 多人的 fMRI 研究显示，休息时，男性与女性的脑在整体上呈现出不同的激活模式（Biswal et al.，2010）。通过 fMRI，科学家可以根据两个脑区之间的活动状态，判断这两个脑区是否相连，如果两个脑区既可同时处于活动状态又能同时处于失活状态，那么这两个脑区是彼此相连的。在这项庞大的国际研究中，尽管在各种文化背景下各个年龄段的人都表现出了相似的连接模式，但该模式在男性与女性之间存在差异，例如皮层与杏仁核的连接。

此外，相对于脑的整体大小而言，女性的额叶部分较大，而男性的顶叶皮层部分和杏仁核较大（Goldstein et al.，2001；Gur et al.，2002；Kim et al.，2012）。女性顶叶及额叶上的皮层褶皱也比男性多（Luders et al.，2004）。平均而言，男性大脑皮层中的神经元数量多于女性，一些研究人员推测，这种差异导致了空间能力（例如，想象物体旋转）的性别差异（Burgaleta et al.，2012）。不过，其他研究对这种空间能力上的性别差异给出了一些外部解释，例如电子游戏经验不同以及与性别相关的刻板印象（Feng，Spence & Pratt，2007）。

你（男性或女性）的脑还在运转吗？归根结底，脑的平均性别差异确实存在。但是，我们的第二个问题还没有解决：总的来说，这些差异对于日常生活中的行为及人格特质意味着什么？当你听到或读到关于"性别与脑"的流行说法时，请记住这些警示：

1. **男性和女性在直觉、能力及人格特质上的许多假定差异都属于刻板印象。**两性之间的相似性往往比两性之间的差异性要大得多。虽然性别差异在统计上是显著的，但实际上它往往非常小。国家差异可能都要大于性别差异。因此，在美国和日本，男孩的数学成绩略好于女孩，但国家之间存在着更大的差异，日本的女孩比美国的男孩得分还要高（Else-Quest，Hyde & Linn，2010）。一些所谓的差异，在仔细观察后甚至都消失了。是不是像许多关于性别的心理学畅销书所说的那样，女性比男性更健谈？为了验证这一假设，心理学家用录音机记录了男性与女性在日常生活中的谈话，发现两性在说出的单词数量上没有差异，男性与女性平均每天使用16 000个单词，但参与者之间的个体差异很大（Mehl et al.，2007）。

2. **脑的差异并不一定会产生行为与表现差异。** 在许多研究中，男性和女性做某事或测试某项能力时会表现出不同的脑活动模式，但他们在所讨论的行为及能力上没有差异。科学家对这些不同的活动模式非常感兴趣，毕竟他们想要了解行为产生的机制。当外行人错误地将脑的差异视为行为差异的原因时，问题就出现了（Fine，2010）。在一项研究中，研究人员利用MRI检查了智力相当的男性、女性的脑。他们发现了一些差异，例如女性的脑与智力相关的白质区域较大，而男性的脑与智力相关的灰质区域较大（Haier et al.，2005）。但两性在智力上没有差异，这很有趣。研究人员因此得出的结论是，脑的组织方式虽然不同，但能形成相同的智力。

3. **脑的差异不能解释各种情境下的行为差异。** 例如，共情的例子，它是女性刻板印象中的核心技能。大多数人会告诉你，在共情及直觉上女性比男性要好得多。在自我报告调查问卷上，女性比男性更可能形容自己富有同情心。不幸的是，人们对自己任何特质或行为的评价通常不能很好地预测他们在各种情境下的实际行为。因此，当我们听到女性天生富有同情心时，我们需要问：哪位女性？在什么情况下？同情谁？举个例子，女性对敌人的同情心并不比男性强。如果你观察人们做了什么，而不是听他们说自己做过什么，又或者你改变了观察他们做事时的情境，那么性别差异会一次又一次地消失（Jordan-Young，2010）。

4. **永恒的因果问题：脑的一些性别差异是行为差异的结果，而不是原因。** 正如我们所见，经历与文化持续不断地塑造着脑回路，影响着脑组织及脑功能。当然，女性与男性在童年乃至一生之中的经历是不同的。因此，当研究人员发现脑结构及脑功能存在性别差异时，他们无法自动得出这些差异来自先天或不可改变的结论。在前述调查问题中，你是否认为在空间任务上的性别差异反映了男女之间先天的生理差异？我们的许多学生都同意这个结论。但如前所述，男性与女性在玩电子游戏的平均时间上也存在差异，并且游戏经验是空间任务表现的积极预测因素（Spence & Feng，2010）。那么，是脑回路还是经历造成了空间能力方面明显的性别差异？

5. **难以捉摸的脑差异：现在你看到了，你又看不到了。** 人们具有一种思维偏向，即如果一项关于十几位男性或女性的脑研究发现了平均差异，那么人们会认为这个结果必然可以推广到每一个人身上。毕竟，脑就是脑，不是吗？然而，所有的研究必须具备可重复性，但有时无法重复这些结果。例如，研究人员曾确信男性和女性的胼胝体大小不同，但后续研究没能重复这些早期的发现。研究人员曾确信女性的脑的偏侧化程度低于男性，尤其在涉及言语的任务中，这意味着女性在执行该任务时可以使用两侧的脑而男性只能使用一侧。但是，元分析和大规模研究未能证实"大家都知道的"偏侧化现象（Chiarello et al.，2009；Sommer et al.，2008）。

Liv friis – Iarsen/Shutterstock

一些研究表明，空间能力上明显的性别差异可能是由玩电子游戏的经验不同所致。增加女孩在年幼时对这类游戏的接触机会是否能在现实中缩小这一差距？

科学家对这些研究有不同解释，原因之一在于，一些研究人员关注的是性别之间的差异，而另一些关注的是相似性。双方都有可能是正确的。双方也都同意应该避免给出过于简单或草率的结论。人们需要学习批判性思维技能，需要运用它来思考性别差异。

我们相信你也认为关于脑的这些发现是迷人的，我们将在本书的其余部分讨论其他问题。然而，关于脑的这些发现不应该转移人们对其他影响因素的注意力，例如我们的人际关系、经历、社会地位、文化等，这些影响因素无论好坏都造就了我们自己。请记住，仅从生理学角度分析人类如同从建造材料铆钉上分析埃菲尔铁塔一样。即使我们可以监控脑的每一个神经元及回路，我们仍然需要了解环境、思想及文化规则对我们的影响，需要了解我们是否被仇恨所束缚、被悲伤所吞噬、因爱而充满力量、因喜悦而感动。

心理学与你同行

对修补脑的再三思考

几个世纪以来，人们一直寻找提高脑工作效率的办法。他们已转向通过使用药物、行为方法甚至神经刺激来提高认知能力。但是，这些方法有效吗？它们安全吗？

有些人试图通过药物来提高认知能力，比如莫达非尼（一种被批准用于治疗嗜睡症和其他睡眠障碍的药物）和哌甲酯（一种被批准用于治疗注意缺陷障碍的药物）。学生、飞行员、企业高管、倒时差的旅行者以及其他人，有时会服用其中的一种或多种。这些药物要么是非法获取的，要么是开的处方。使用者声称这些药物可以帮助他们保持警觉并且更好地学习。事实上，有一篇文献综述得出结论，认为这些药物可以提高个体对研究材料的记忆（Smith & Farah，2011），尽管它们的促进作用低于人们的预期（Repantis et al.，2010）。然而，这些药物的副作用很少被关注，例如哌甲酯具有神经过敏、头痛、失眠和食欲不振等副作用。

你可能不会这么想，但体育锻炼是另一种（问题较少的）促进认知的方法。有氧运动可以提高注意力、处理速度，增强执行功能和记忆（Smith et al.，2010）。此外，有氧运动似乎可以改善痴呆症患者或高风险个体的认知能力（Panza et al.，2018）。虽然这些影响的确切机制尚不清楚，但体育锻炼能够导致海马中血流量的增加（Dresler et al.，2013；Gomez – Pinilla，Vaynman & Ying，2008）。

最后，有证据表明，使用 tDCS 对脑进行电刺激可以增强学习与工作记忆（Clark et al.，2012；Mancuso et al.，2016）。2012 年，牛津大学的神经科学家报告 tDCS 可能很快就会用于健康人群，以提高他们的数学技能、记忆力、问题解决及其他心理能力。其中有人说，"我能想象有这么一天，人们把一个简单的设备连接到 iPad 上，使其在人们做作业、学习法语或弹钢琴时刺激他们的脑"。他还补充说，tDCS 能够向儿童提供巨大的教育帮助。

那么，你是否会购买 tDCS 设备呢？你最好等一下。作为一名批判性思维者，你应该先问一下人们在 tDCS 方面已经做过多少研究了。（答案：大多数都是初步的实验室研究，且基于的是小规模群体。）这些研究是否明确了对不同的心理能力存在更好或更坏的 tDCS 使用方法？（答案：尚未。）这种方法是否已经在脑正在发育的儿童群体中进行了检测？（答案：尚未。）是否已知某领域能力的提升会对其他领域的能力产生影响？（答案：尚未。）批判性思维者应该警惕那些未将这些问题解决就已向家长、患者及学生推销 tDCS 设备的企业家。

Andrii_M/Shutterstock

日志 4.6　批判性思维：提出问题，乐于思考

　　脑研究提出了许多富有挑战性的科学和哲学问题。为什么脑回路中的一个小故障会对某些人造成毁灭性的影响，另一些人则在功能上受到严重损害？生活中的经历如何改变我们的脑？

模块 4.6　小考

1. 尽管人们通常认为脑在成年之后已完全成熟或"不再变化"，但实际上它有能力通过加强某些神经连接、修剪其他连接或自身重组以应对新经历。此属性被称为_____。
   A. 生殖力
   B. 可塑性
   C. 改革
   D. 重新配制

2. 关于脑中的突触连接，下列哪种说法是正确的？
   A. 学习与经验可以增强有效连接，消除无效连接，继而形成一个有效的神经元互联网络
   B. 在适当的刺激下，随着年龄的增长，所有神经连接在数量上不断扩大
   C. 童年时期的突触连接数量最少，12 岁时达到顶峰，随后开始缓慢而稳定地减少，直至生命的终结
   D. 由于神经元不能再生，脑中神经连接的数量从出生到死亡一直保持不变

3. 下列哪一项是在脑的性别差异研究中比较可靠的结论？
   A. 男性倾向于"左脑"型，女性倾向于"右脑"型
   B. 女性的下丘脑比较发达，而男性的丘脑比较发达
   C. 相对于个体的身体大小而言，男性的枕叶通常比女性大
   D. 相对于脑的整体大小而言，男性的顶叶部分较大，女性的额叶部分较大

4. 在解释关于脑的性别差异的研究结果时，以下哪一项是不需要谨记的警示？
   A. 脑的性别差异可能是行为性别差异的结果，而非原因
   B. 脑在解剖及生物化学上的性别差异尚未被研究人员记录下来
   C. 脑的差异不能解释不同情境下的行为差异
   D. 脑的差异并不一定会导致行为或表现差异

5. 史蒂维读到男性和女性的脑的组织方式不同，因此他推论这种组织方式导致了行为上的性别差异。史蒂维的逻辑有问题吗？
   A. 行为上的性别差异实际上是由脑发育中的性别差异所致，而不是脑组织上的性别差异所致

B. 脑组织中相对较小的差异——大约几百个神经连接——足以影响行为，更别提整体的组织方式了

C. 所有的脑差异都是由性别的刻板印象造成的

D. 脑的差异并不一定会引起行为差异，不同的脑组织可以产生相同的行为结果

写作分享：脑与神经系统

假设你在寻找一种方法来改善你的脑及认知功能。在本章所描述的潜在方法中——认知训练、体育锻炼、药物治疗、神经刺激——你会选择哪一种，为什么？请给出你的理由。

批判性思维演示

主张：基于电脑的脑力训练游戏可以使脑保持年轻
步骤 1. 批判这一主张

电脑游戏很有趣，不是吗？你可以成为一个冰激凌造型师——试图赶制顾客的订单。你可以是一名空中交通管制员——安排飞行路线，使所有飞机都能到达按颜色编码的目的地。你知道玩这样的游戏能够锻炼你的脑，让它保持年轻吗？至少，一些公司会这样告诉你。

让我们来批判该主张：基于电脑的脑力训练游戏可以使脑保持年轻。

步骤 2. 分析假设与偏见

当我们说"让你的脑保持年轻"的时候，该说法存在一个前提假设，即年轻的脑更好。我们愿意花费时间和金钱来追求一个年轻的脑。这是一个合理的假设吗？随着我们年龄的增长，我们的脑开始变迟钝了吗？事实证明，"年轻的脑"确实存在一定的优势，但并非所有的认知能力都会随年龄的增长而衰退……

加工速度	情绪调节	情景记忆	语义记忆
信息的加工速度随着年龄的增长而下降。也就是说，老年人比年轻人需要更长的时间来加工信息（Salthouse，2000）。	相较于年轻人，老年人更多地关注积极信息而不是消极信息，并且在积极地重新诠释情绪情境方面更加成功（Reed, Chan & Mikels, 2014；Shiota & Levenson, 2009；Urry & Gross, 2010）。	老年人在那些必须回忆新情景或信息的任务上表现较差，例如要求他们学习单词（Luo & Craik, 2008）。	老年人通常具有对事实或知识的记忆能力（Luo & Craik, 2008）。

步骤 3. 分析（更多的）假设与偏见

在评估有关脑训练游戏的主张时，我们可能会遇到偏见。例如：这些游戏很有趣啊！还有什么比提高自己的同时享受乐趣更吸引人的呢？

很难抗拒一则充满煽动性的广告，该广告说你可以通过玩游戏来获得更好的认知功能！这是我们迫切希望能够实现的主张之一。它能煽动我们的情绪，使我们所期望的结果看起来很容易实现。

步骤 4. 定义术语

接下来，我们需要定义术语。"脑训练"是一个具有误导性的短语。大多数研究只测量了认知表现而非脑活动。当一家公司宣称它的产品可以"让脑保持年轻"时，我们还需要判断这句话的含义。该公司的意思是：

• 即使你变老了，也能保证脑功能不变吗？
• 能够预防老年痴呆吗？

- 能真的改善脑功能吗？

虽然这些定义看起来很相似，但实际上它们是截然不同的。每一种定义都需要不同类型的研究来评估它，在某种定义下这一主张可能是正确的，而在另一种定义下该主张可能就变得不正确了。一家公司甚至可能故意使用模糊术语以达到销售目的，这样一来，这一主张的真实性就取决于消费者的解释了。

步骤 5. 检查证据

哪种类型的数据会起作用？这取决于我们如何定义术语。游戏能让我们的脑不随年龄的变化而变化吗？为了检验这一点，我们需要：

1. 一组参与者随着年龄的增长一直玩这些游戏，时间跨度要很长；

2. 对照组不玩这些脑训练游戏，但需要在同一时段内完成相同强度的任务训练；

3. 反复评估两组参与者的能力，比较他们在认知任务上的表现，并测量他们的脑功能。

随着年龄的增长，脑功能保持不变？

有一项研究成功地对某一老年人群体追踪了 10 年，该群体中的老年人之前都参加过 8 ~ 14 次的认知训练。研究人员发现，接受过加工速度及推理能力训练的老年人，10 年后在这些方面的表现要好于那些没有接受过训练的老年人对照组。然而，认知训练组中大约只有 60% 的老年人在这 10 年中保持了正常的功能水平，而对照组的这一数字只有 50%（Rebok et al.，2014）。显然，认知训练不能维持衰老进程中的所有功能。

预防老年痴呆？

定期进行诸如算数、单词记忆、绘画和面孔再认之类的任务训练，有助于改善患有认知障碍的老年人（Cotelli et al.，2012；Kawashima et al.，2005）及健康老年人（Mahncke et al.，2006；Willis et al.，2006）的认知功能并提高其生活质量。然而，到目前为止，还没有研究指出认知训练确实可以预防老年痴呆。

改善脑功能？

参与者在特定脑训练任务上的表现可随着练习而提高，但是这种改善似乎并不适用于其他任务（Simons et al.，2016）。而且很少有研究去真正地测量训练前后的脑功能。一项研究发现，参与者在完成了长达十周的网络认知训练后，其表现和脑功能并没有比那些玩了十周标准网络游戏的对照组有更大的变化（Kable et al.，2017）。

步骤 6. 权衡结论

在你已经了解了这些研究后，你对这项主张有什么看法？当一项主张似乎太好而显得不真实时，它通常是无法成立的。实际上，这一主张使一家公司损失了 200 万美元。美国联邦贸易委员会指控卢莫斯实验室（Lumos Labs）在其认知培训项目中使用了具有欺骗性的广告，因为该公司"没有足够的科学依据来支持它的广告"。

认知训练可能并不像人们吹嘘的那样好。然而，它看起来也并没有什么害处。因此，如果基于计算机的认知训练能够使你开心，且不会转移你对更重要事情的注意力，那么也许就没有必要放弃它。

总结：脑与神经系统

4.1　神经系统：基本模型

学习目标 4.1. A　描述中枢神经系统的主要功能，并理解其中的两个主要结构

中枢神经系统包括脑与脊髓，负责接收、处理、解释和存储信息，并向肌肉、腺体和器官发送信息。科学家将神经系统分为中枢神经系统（CNS）和周围神经系统（PNS）。

学习目标 4.1. B　列出周围神经系统的主要结构和分支，并说明它们的基本功能

周围神经系统由躯体神经系统和自主神经系统组成，前者负责感知及有意运动，后者负责调节血管、腺体和内部器官。自主神经系统通常在没有意识控制的情况下工作。自主神经系统又分为交感神经系统和副交感神经系统。交感神经系统负责调动身体活动，副交感神经系统负责储存能量。

4.2 神经系统中的通信

学习目标 4.2.A 比较神经元和神经胶质细胞的功能

神经元是神经系统的基本单位。它们被神经胶质细胞所固定，神经胶质细胞可以滋养、绝缘、保护及修复神经元。

学习目标 4.2.B 描述神经元的三个组成部分，并解释它们的功能

神经元由树突、细胞体和轴突组成。在周围神经系统中，轴突（有时还有树突）聚集成束被称为神经。大部分的轴突由髓鞘绝缘，可加速神经冲动的传导，并防止相邻神经元中的信号相互干扰。

学习目标 4.2.C 解释干细胞对神经产生的贡献作用

研究已经推翻了两个古老的假设：人类中枢神经系统中的神经元不能被诱导再生，以及婴儿期之后不会再形成新的神经元。胚胎干细胞可以在体内分化成多种不同类型的细胞。各个器官中的干细胞，以及与学习和记忆有关脑区中的干细胞，在整个成年期继续分裂和成熟，产生新的神经元。刺激性环境似乎可以促进神经产生。

学习目标 4.2.D 概述神经元之间的通信过程，并解释突触、动作电位、突触小泡和神经递质的基本功能

两个神经元之间的通信发生在突触处。当电压波（动作电位）达到轴突终末时，神经递质被释放到突触间隙。当这些分子与接收神经元上的受体位点相结合时，神经元或多或少会放电。

学习目标 4.2.E 总结脑中主要神经递质的作用，并识别影响行为的重要激素

神经递质在情绪、记忆和心理健康中起着关键

作用。血清素、多巴胺、乙酰胆碱和去甲肾上腺素系统通过不同的途径在脑中传播；γ-氨基丁酸（GABA）和谷氨酸分布在整个脑中。激素主要由内分泌腺产生，与神经系统相互影响。神经科学家对褪黑素特别感兴趣，它可以促进睡眠并有助于调节身体节律；催产素与抗利尿激素在依恋与信任中发挥作用；肾上腺激素，例如肾上腺素和去甲肾上腺素，与情感和压力有关；性激素与青春期的生理变化、月经周期（雌激素和孕酮）、性唤起（睾酮）及一些非生殖功能（包括心理功能）有关。

4.3 绘制脑

学习目标 4.3.A 描述研究人员用来操纵脑以观察行为的研究技术

研究人员通过观察脑损伤的病人、损毁动物的脑组织法、使用最新技术如经颅磁刺激（TMS）和经颅直流电刺激（tDCS）来研究脑。

学习目标 4.3.B 描述研究人员用来操纵行为以观察脑活动的研究技术

脑电图（EEG）、事件相关电位（ERP）、正电子发射断层（PET）扫描和功能性磁共振成像（fMRI）等技术使研究人员能够探究脑的结构和功能。这些技术手段揭示了不同任务下哪些脑区是活跃的，但尚未揭示特定功能的"脑中枢"。

4.4 脑之旅

学习目标 4.4.A 列举并描述脑干三个主要结构的功能，并讨论小脑的控制过程

在位于脑下方的脑干中，延髓控制如心跳、呼吸等自主功能，脑桥负责睡觉、觉醒和做梦。网状激活系统（RAS）筛查传入的信息，负责警觉。小脑负责平衡、肌肉协调、经典条件反射、知觉及一些高级认知加工。

学习目标 4.4.B 描述丘脑的位置和功能

丘脑可以将信息传导至脑相应的高级中枢。嗅

觉是绕过丘脑的唯一感觉，嗅觉的特异性细胞存在于嗅球中。

学习目标 4. 4. C　描述下丘脑和脑垂体的位置和功能

下丘脑负责情绪及与生存相关的驱动力。它还控制着自主神经系统，并释放化学物质，告诉脑垂体何时与其他内分泌腺"对话"。

学习目标 4. 4. D　描述杏仁核的位置和功能

杏仁核负责评估感官信息，快速地判断其潜在的生物学影响，并做出接近或回避某人/情境的初步决定。它还参与情感记忆的形成和提取。

学习目标 4. 4. E　描述海马的位置和功能

海马在对事实或事件形成长期记忆或其他记忆方面起着关键作用。

学习目标 4. 4. F　描述大脑和胼胝体的功能

脑的大部分回路存在于大脑中，大脑被分成了两个半球，由胼胝体连接，被一些称为大脑皮层的细胞薄层所覆盖。

学习目标 4. 4. G　描述大脑皮层各个脑叶的位置，并解释其功能，尤其是前额叶皮层

皮层的枕叶、顶叶、颞叶和额叶都具有专门（但部分重叠）的功能。联合皮层负责高级心理过程。额叶，尤其是位于前额叶皮层的区域，负责工作记忆、对情绪与冲动的控制、制订计划、创造性思维以及与他人的共情。

4.5　脑的两个半球

学习目标 4. 5. A　讨论裂脑实验的基本范式，以及这些结果所揭示的脑半球功能

对裂脑手术（切断胼胝体）患者的研究表明，两个脑半球的功能不同。对于大多数人来说，左半球专门处理言语，该半球通常负责逻辑、符号及顺序任务。而右半球与视觉－空间任务、面孔识别以及艺术和音乐的创作、欣赏有关。

学习目标 4. 5. B　描述脑的两个半球为什么是协作而非对立的

在大多数的心理活动中，两个半球像伙伴一样合作，每个半球都做出了有价值的贡献。脑更像是一个相互协作的联盟，而非被分割的房子。

4.6　灵活的脑

学习目标 4. 6. A　定义神经可塑性，并总结主要证据，证明脑具有响应新经历而做出改变的能力

脑回路不是固定不变的，而是随着信息、挑战及环境的变化而变化，这一现象被称为可塑性。对于一些从小就失明的人来说，通常致力于视觉的脑区会被声音所激活，这是一个关于可塑性的生动例子。

学习目标 4. 6. B　讨论文化力量与脑功能之间的关系

文化神经科学研究神经和文化力量间的交互如何创造出行为、觉知及认知的不同模式。这类研究包括双语能力调查、读写能力及跨文化研究。

学习目标 4. 6. C　注意脑的性别差异与行为的性别差异之间的关系

脑部扫描及其他技术揭示了脑解剖及脑功能方面的许多性别差异。然而，这些差异在现实生活中意味着什么仍然存在争议。部分脑研究关注行为及认知差异，但这些差异很小，也不显著。一些发现虽被广泛接受，但无法重复。最后，经历上的性别差异是脑组织及功能变化的原因，而非结果。

第 4 章测试

1. 中枢神经系统中的哪一部分负责反射性运动以及不需要或较少需要意志努力的信号传递与接收？

A. 副交感神经系统　　　　　B. 脑

C. 脊柱　　　　　　　　　　D. 脊髓

2. 自主神经系统的两个分支是_____神经系统和
_____神经系统。

    A. 中枢；周围   B. 交感；副交感

    C. 躯体；交感   D. 副交感；周围

3. 在典型人脑中，神经元与神经胶质细胞的分布情
况是？

    A. 典型人脑中大约有1万亿个神经元和40亿个
神经胶质细胞

    B. 脑内神经胶质细胞的数量是神经元数量的
12倍

    C. 神经元与神经胶质细胞的比例是3∶1；每3
个神经元对应1个神经胶质细胞

    D. 神经元与神经胶质细胞平均分布在构成典型
人脑的1 710亿个细胞中

4. 神经元的三个主要部分包括_____。

    A. 树突、细胞体和轴突

    B. 轴突、髓鞘和突触

    C. 细胞体、躯体和树突

    D. 髓鞘、巩膜和轴突终末

5. 未成熟的干细胞产生新的神经元，这一过程被称
为_____。

    A. 神经传递   B. 受精

    C. 神经发生   D. 可塑性

6. "啊!"杰瑞叫道，"我能感觉到钠和钾离子在我
的神经元细胞膜上移动，这太让人分心了!"杰
瑞的陈述是不正确的。首先，他无法感觉到离子
在细胞膜上移动。其次，如果可以的话，他描述
的是_____。

    A. 动作电位   B. 再摄取

    C. 突触间隙   D. 神经发生过程

7. 性激素的三种主要类型有_____。

    A. 雄激素、睾酮和孕酮

    B. 雄激素、雌激素和孕酮

    C. 雌激素、孕激素和睾酮

    D. 皮质醇、肾上腺素和去甲肾上腺素

8. 经颅磁刺激（TMS）如何帮助研究人员了解脑
功能？

    A. TMS可以使脑回路暂时失活，使研究人员观
察其对行为的影响

    B. TMS测量脑中血糖水平的变化，该变化与不同
类型的信息加工任务有关

    C. TMS记录了脑电波活动，使研究人员能够预测
未来的思维模式可能会出现的位置

    D. TMS探测脑中血氧的吸收差异，为研究人员
提供了一种能被检验的脑功能地图

9. 为什么在解释针对特定行为的"脑中枢"的fMRI
研究结果时，科学家与广大群众均需要格外小心
谨慎？

    A. EEG为查明基于脑的行为变化提供了一种较
好的机制

    B. fMRI仍是一项实验性技术，尚未在研究中广
泛应用

    C. 脑部扫描图像通常会传达误导性或过于简单的
结论

    D. 神经发生不可能将脑功能隔离到某一特定的
脑区

10. 负责睡觉、觉醒及做梦的脑干结构是_____。

    A. 脑桥   B. 延髓

    C. 脑垂体   D. 下丘脑投射

11. 丘脑位于人脑中的什么地方？

    A. 小脑下方，延髓上方

    B. 与脑干中的脑桥临近

    C. 脑内部的深处，几乎是脑的中心

    脑垂体上方，下丘脑下方

12. 为什么脑垂体通常被称为人体的"主腺"？

    A. 它分泌的激素能够影响其他内分泌腺

    B. 它控制下丘脑的功能

    C. 它位于人脑的正中心

    D. 它分泌影响前额叶皮层的化学物质

13. 实验参与者会看到代表各种情绪的面部表情。

恐惧、悲伤、愤怒和喜悦的表情在屏幕上快速闪现。尽管脑的许多区域因响应这些图像而被激活，但以下哪个脑结构在处理情感内容上发挥着特别重要的作用？

A. 小脑　　　　　　　B. 嗅球

C. 海马　　　　　　　D. 杏仁核

14. 有一天，基思和希瑟正在讨论整容手术。基思说："我在考虑切除我的海马，它太小了，我想如果没有它，我的脑看起来会更加精简。""是呢……你怎么不仔细看看呢。"希瑟讽刺地怀疑。为什么希瑟认为基思在追求一个极其愚蠢的想法？

A. 基思将无法识别环境中的危险刺激

B. 基思会失去味觉和嗅觉

C. 基思将无法形成新的记忆

D. 基思将部分失聪

15. 为什么人的大脑皮层中有那么多的裂和褶皱？

A. 这样可以使数十亿的神经元容纳在这个相对紧凑的区域中

B. 因为神经元的轴突需要同时向多个方向延伸

C. 因为进化压力导致脑多次再发育

D. 这样，树突可以在皮层的多个几何平面上共存

16. 枕叶位于人类大脑皮层的什么位置？

A. 额叶下方　　　　　B. 头的前部

C. 顶叶上方　　　　　D. 头的后部

17. 外科医生为什么要切断人脑中的胼胝体而创造出裂脑患者？

A. 为了更大的科学利益

B. 为了研究胼胝体是如何工作的

C. 为了缓解癫痫发作的后果

D. 为了进入丘脑、下丘脑及海马等脑结构

18. 为什么将人视为"左脑"型或"右脑"型是错误的？

A. 任一半球都与可识别的功能无关；谈论的"左脑"是一种刻板印象

B. 一个半球接收到的信息会通过胼胝体传递给另一个半球，所以"整个脑"都参与活动

C. 对脑结构进行"低级"和"高级"划分更重要，比如有些人是"低级脑"，另一些人是"高级脑"

D. 左脑处理复杂任务，右脑处理与生存有关的任务，因此，只要我们活着，我们就都是"右脑"型

19. 下列哪种说法最能概括我们当前对脑的认识？

A. 人脑是一个动态的器官，能够根据经历及环境变化而改变其神经回路

B. 大多数人 10 岁时脑已完全成形，在那之后会经历相对较小的变化

C. 人脑是一个静态的器官，执行自然选择所塑造的信息加工程序

D. 人脑从人出生到 5 岁之间呈爆炸性增长，而在 70 岁之后迅速衰退

20. 为什么我们在解释关于人脑性别差异研究时要格外谨慎？

A. 众所周知，MRI 扫描不能确定脑结构的差异

B. 对性别差异研究的推动属于一种社会文化手段，用来制造并不存在的分歧

C. 脑结构或脑功能上的性别差异尚未被发现

D. 新的证据或更好的技术可能无法复制出证明性别差异的研究结果

第5章
感觉和知觉

你需要做什么？

心理学是一门研究我们日常思考、感受及行为的科学。学习本章之前，我们有关于你自己日常生活的问题要问你。我们希望这只是你在阅读本章时思考自己人生经历的开端。

互动

提出问题，乐于思考

你是否曾经盯着一个无生命的物体（例如云、食物），看着看着好像出现了一张脸？

□ 是

□ 否

密苏里州的一名大学生报告说，在交通高峰时段，他发现有三个呈三角形的"UFO"在高速公路上空盘旋。一名澳大利亚男子在烟灰缸的表面看到了耶稣的肖像。在 2001 年 9 月 11 日之后不久发布的一张照片中，世贸中心浓烟中露出一张邪恶的面孔，一些人将其解读为乌萨马·本·拉登（Osama bin Laden）的脸。我们以前都听说过这样的故事——这种奇怪的现象是只有容易受骗的人才会看到，还是聪明的人也会看到？

我们当中有更多的人报告有这样的经历：将一个无生命的物体看成一张脸。事实上，当我们看这一章开始的那张照片时，很容易看出一张微笑的脸在盯着我们。为什么这些经历如此频繁？为什么有些人看到不存在的东西却那么确信他们看到的是真实的（Voss, Federmeier & Paller, 2012）？

在这一章，我们将通过探索我们的感觉如何接收环境中的信息，以及我们的脑如何使用这些信息构建世界模型，来试着回答这些问题。我们将聚焦于这两组紧密相关的过程，这使我们知道，我们身体内部和我们皮肤以外的世界正在发生什么。感觉是对声音、颜色、形状和知觉的其他组成部分的即时意识。没有感觉，我们就会与现实脱节。但是，为了理解碰撞我们感觉的这个世界，我们也需要知

觉来将感觉信息组织成有意义的模式。

感觉和知觉过程分离但又互动的一个例子是面孔失认症。由于一个特定脑区即梭状回受损，患者不能知觉面孔。他们的眼睛没有问题，他们感觉世界中的视觉信息也没有问题。但是，他们知觉人类面部的感觉脉冲的能力受到了损害。有面孔失认症的人再认他们之前已经见过很多次的人时会有问题，即使是亲密的朋友和家人。虽然感觉和知觉通常"对我们来说"是一个无缝的过程，但是，在这一章，我们将了解：可以通过它们发生的地点和方式，以及可能影响其中一个过程而不会影响另一个过程的破坏性因素来区分它们。

MATA EDGAR/SIPA/Newscom

人们经常看到他们想看到的。戴安娜·德伊瑟（Diana Duyser）是佛罗里达赌场的一名厨师，她咬了一口奶酪三明治，并且相信自己在剩下的三明治中看到了圣母玛利亚（Virgin Mary）。

5.1 我们的感觉

在某种程度上，你可能知道我们有五种感觉：视觉、听觉、味觉、触觉和嗅觉。事实上，我们的感觉多于五种。皮肤是触觉或压力的感觉器官，也能感觉到热、冷和疼，更不用说了。耳朵是听觉器官，但它也含有负责平衡感的感受器。骨骼、肌肉含有负责身体运动的感受器。

我们所有的感觉都有助于我们生存。即使是给

人类带来如此多痛苦的痛觉，也是我们进化遗产中不可缺少的一部分，因为它会提醒我们生病和受伤。有些人生来就患有一种罕见的疾病，这种疾病让他们感觉不到生活中常见的疼痛，但你不应该嫉妒他们：他们容易烧伤、擦伤和骨折，而且他们可能会英年早逝，因为他们不能捕捉疼痛的警告信号。在这一部分，我们将探讨感觉发生的基础，从令人痛苦的黄蜂刺痛到壮丽日落的惊人景象。

5.1.A 不同感觉的谜题

学习目标 5.1.A 区分感觉和知觉，并解释神经特殊能量学说和联觉如何有助于我们理解感觉模式

感觉（sensation）是对物理客体所发射或反射的物理能量的检测。负责检测的细胞位于感觉器官——眼睛、耳朵、舌头、鼻子、皮肤和体内组织。相反，**知觉**（perception）是指将感觉脉冲组织成有意义的模式的一系列心理操作。

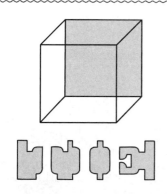

如果你盯着立方体看，外面和前面会突然分别变成里面和后面，反之亦然。因为你的脑可以用两种不同的方式解读感觉图像。立方体下面的图形也可以用两种方式知觉。你看出哪两种了吗？

感觉
感觉器官对物理客体所发射或反射的物理能量的检测。

知觉
通过知觉，脑会组织和解释感觉信息。

感觉始于**感觉感受器**（sense receptors），即位于感觉器官的细胞。嗅觉、压力、痛觉和温觉的感受器是感觉神经元的延伸（树突）。视觉、听觉和味觉的感受器是由突触从感觉神经元中分离出来的特殊细胞。

当感觉感受器检测到一个合适的刺激时——光、机械压力或化学分子——它们就会将刺激的能量转化成沿着神经元到达脑的电脉冲。感觉感受器就像"侦察兵"：仔细观察地形，寻找活动迹象。这些"侦察兵"自己不能做很多决定：它们必须把它们了解到的东西传递给"军官"，即周围神经系统中的感觉神经元。反过来，军官必须报告给指挥中心的"司令"，即脑细胞。"司令"负责分析报告、综合不同侦察兵带来的信息并决定这些信息意味着什么。图 5.1 阐述了这个过程。

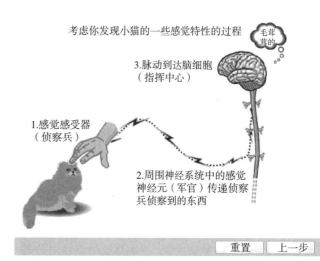

图 5.1 感觉的一般过程

虽然个体的感觉对世界上不同种类的能量做出反应，但是感觉的总体过程是相同的。

感觉神经元"军官"都使用相同的交流形式：一个神经脉冲。就好像它们必须使用邦戈鼓来传递信息，只能发出"嘣"的声音。那么，我们是如何体验到这么多种不同的感觉的呢？答案是，神经系统编码这些信息。其中一种密码是结构密码，由德国生理学家纳翰内斯·缪勒（Johannes Müller）于 1826 年在他的**神经特殊能量学说**（doctrine of specific nerve energies）中提出的。这个学说认为，由感觉器官接收的信号激活不同的神经通路，这些神经通路通往不同的脑区，所以会出现不同的感觉模态（例如视觉和听觉）。来自眼睛的信号导致脉冲沿着视神经传到视觉皮层。来自耳朵的信号导致脉冲沿着听觉神经传到听觉皮层。由于这些生理结构上的差异，光波和声波引发不同的感觉。

神经特殊能量学说表明，我们对这个世界的了解最终是因为我们对自己神经系统状态的了解：我们用脑而不是眼睛和耳朵去看和听。因此，如果声波可以刺激脑内负责视觉部分的神经元，那么我们可以"看到"声音。通过利用这种从一种感觉到另一种感觉的交叉，研究人员希望通过教盲人解读来自其他感觉的脉冲——这些脉冲随后会发送到脑内的视觉区域——从而使盲人能够看到东西。神经科学家已经开发了一种设备，它可以将摄像机图像转换成一种电子脉冲，这种电脉冲被发送到舌头上的电极，电极再将关于这种模式的信息发送到加工图像的视觉脑区（Chebat et al.，2011；Proulx，Ptito & Amedi，2014）。使用这种设备，先天盲人已经能够辨认形状，并且他们长期安静的视觉脑区突然变得活跃了。

感觉交叉也发生在一种叫**联觉**（synesthesia）的罕见情景中。在这种情景中，一种感觉的刺激也会不断地唤起另一种感觉。产生联觉的人可能说，紫色闻起来像玫瑰、肉桂的香气摸起来像天鹅绒或者单簧管发出的声音尝起来像樱桃。最常见的情况是，当人们看到特定的字母或数字，会感受到特定的颜色。大多数联觉者天生就有这种情况，但也可能是由于脑受到了损伤。一名中风后恢复的妇女会听到来自身体左侧的一种刺痛感的声音（Ro et al.，2007）。

目前还没有人能确定联觉的神经基础。一种主要的理论认为，联觉者的不同感觉脑区之间的神经连接数量要多于其他人（Bargary & Mitchell，2008；Rouw & Scholte，2007；Xu et al.，2015）。有趣的是，联觉者与"额外"感觉相关的脑区似乎比其他人敏感得多。当普通人的视觉皮层受到经颅磁刺激，他们往往看到短暂的闪光。但是，能看到带有颜色的数字或字母的联觉者只需要三分之一的刺激就能看到闪光（Terhune et al.，2011）。可能是这种更强的神经反应在某种程度上有助于在脑区之间产生额外的连接。但是，另一种可能是，这种情况是由于缺乏对不同感觉脑区之间信号的正常抑制（Hale et al.，2014）。

感觉感受器

将环境或身体中的物理能量转换成可以作为神经脉冲传递到脑的电能的特定细胞。

神经特殊能量学说

因为由感觉器官接收的信号刺激不同的神经通路，这些神经通路通往不同的脑区，所以会出现不同的感觉模态。

联觉

一种模态的感觉不断地唤起另一种模态的感觉的情况。

Courtesy of Wicab

这种实验设备能够将来自舌头的信号发送到视觉脑区，使盲人能够分辨一些形状——将感觉交叉应用到真实生活问题中的一个例子。

但是，联觉是一种异常现象；对我们大多数人来说，感觉是分离的。结构密码不能完全解开这样的谜题，它也不能解释在一种特定感觉内经验的变化——粉色和红色的对比、短笛和大号声音的对比、针刺和亲吻感觉的对比。因此，需要另外一种密码。第二种密码叫作功能密码。功能密码依赖以下事实：感觉感受器和神经元只有在特定刺激的情况下才会放电或被抑制。在任何特定的时间，神经系统中一些细胞正在放电，另一些则没有。关于哪些细胞正在放电、多少细胞正在放电、细胞放电的比率以及每个细胞放电的模式的信息形成了一个功能密码。功能密码可能沿着一个感觉路径发生，始于感觉器官，止于脑。

5.1.B 测量感觉

学习目标5.1.B 区分绝对感觉阈限、差别感觉阈限、信号检测

我们的感官到底有多敏感？这个答案来自心理物理学领域，它关注刺激的物理属性如何与我们对该刺激的心理经验有关。基于物理学和心理学原理，心理物理学家已经研究了一个刺激的强度是如何影响观察者的感觉强度。

绝对感觉阈限 知道感觉有多敏感的一种方法就是，向人们呈现一系列强度不同的信号，并要求他们说出他们可以检测到哪些信号。刚能引起感觉的最小刺激量叫**绝对感觉阈限**（absolute threshold）。但是，"绝对"这个词有点让人误解，因为人们在某些情况下会检测到边缘信号，在另一些情况下会忽略它们。"刚能引起感觉"的意思是，有50%的概率检测到一个信号。

如果对你的亮度绝对感觉阈限进行测量，你可能被要求坐在一个暗室内，看一面墙或一个屏幕。然后向你展示不同亮度的闪光，一次闪一下。你的任务就是判断自己是否注意到了闪光。有些闪光你永远不会看到，有些闪光你总会看到。有些时候，你将会看不到闪光，即使在其他试次中，你已经注意到了相同亮度的闪光。这种错误的发生，部分原因似乎是神经系统中细胞的随机放电使背景噪声发生了波动，就像无线电传输中稍微超出范围的静电干扰一样。

绝对感觉阈限
刚能引起感觉的最小刺激量。

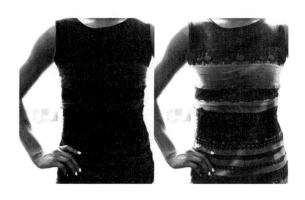

Amina Khan/National science foundation

几年前，网络上流传着一个流行的"脑筋急转弯"：这条裙子是什么颜色的？一些人看到的是白色和金色的，而另一些人看到的是蓝色和黑色的。当我们知觉一个物体时，光的数量和类型可以"欺骗"我们的视觉系统，使我们相信一个或另一个结论。（顺便说一下，照片中原始的裙子实际上是蓝色和黑色的。）

通过研究绝对感觉阈限，心理学家已经发现我们的感觉确实非常敏锐。如果你有正常的感觉能力，你可以在晴朗的黑夜里看到30英里①远的烛光。你也可以尝出稀释到两加仑水中的一茶匙糖的味道、闻到从三间房里扩散出来的一滴香水味，还可以感觉到一只蜜蜂的翅膀从一厘米的高度落在你的脸颊上（Galanter, 1962）。

尽管有这些令人印象深刻的技能，但我们的感觉只对一个狭窄的物理能量波段敏感。在视觉上，我们只对我们周围的一小部分的电磁能量敏感；我们看不到无线电波、红外线波或微波（见图5.2）。

---

① 1英里≈1.609千米。——译者注

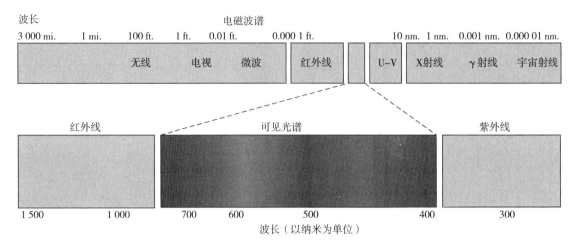

波长　　　　　　　　　　　　电磁波谱

| 3 000 mi. | 1 mi. | 100 ft. | 1 ft. | 0.01 ft. | 0.000 1 ft. | 10 nm. | 1 nm. | 0.001 nm. | 0.000 01 nm. |

无线　　电视　微波　　红外线　　U–V　X射线　γ射线　宇宙射线

红外线　　　　　可见光谱　　　　　紫外线

1 500　　1 000　　700　600　　500　　400　　300

波长（以纳米为单位）

图 5.2　电磁能量的可见光谱

我们的视觉系统只能检测到我们周围的一小部分电磁能量。

注：mi. 是英里，ft. 是英尺，nm. 是纳米。

其他许多物种能够接收到人类无法接收到的听觉和视觉信号。狗能够检测到我们无法检测到的高频声波，如果你曾经用"无声的"的狗哨声呼唤过你的狗，你就会知道这一点。蜜蜂能够看到紫外线，而紫外线只会把人晒伤。

Hwongcc/Shutterstock

Thomas Males/Alamy Stock Photo

不同的物种对世界的感觉不同。左边的花朵是在正常的光线下拍摄的。右边的花朵是在紫外线下拍摄的，这可能是蝴蝶看到的花朵，因为蝴蝶有紫外线感受器。

差别感觉阈限　假如你在体育馆，举着一个100磅的杠铃，一个爱搞恶作剧的朋友趁你不注意的时候给你增加了重量。在你想"嘿，等一下……这更重一些"之前，她可以增加的最小重量是多少。如果你和你的朋友试着系统地回答这个问题，你很可能确定的答案是增加2磅。换句话说，2磅是你刚能检测到的最小差别重量。(同样,"刚能"指一半的次数。)科学家称这一点为 **差别感觉阈限**(difference threshold)或最小可觉差(just noticeable difference,JND)。

现在假如你把一个 1 磅重的小哑铃举过了头顶,你的朋友也做了相同的恶作剧。在你注意到之前,她能增加 2 磅吗?不可能——这将会是原来哑铃重量的三倍。对有趣的最小可觉差的发现,可归功于 19 世纪德国科学家恩斯特・韦伯(Ernst Weber)。他认为,为了让人们发现两种刺激之间的差异,比如两种重量,这些刺激之间的差异必须是一个固定的比例(比如 2%),而不是一个特定的量(例如,2 磅或 2 盎司)。刺激的差别部分有它们自己的恒定比例:对于两种重量,就是 2%;对于光的两种亮度或液体的两种咸度,就是 8%;对于声音的两种响度,就是 5%。

信号检测论　虽然以上描述是正确的,但它们却存在一系列的局限性,当不能确定信号是否出现时,反应结果会受到个人一般倾向反应的影响,如"是的,我注意到了一个信号(或者一种差别)"或者"没有,我没有注意到任何信号"。一些人习惯回答"是的",愿意相信发现了信号。另一些人习惯回答"没有",谨慎保守。此外,警觉、动机和期待会影响一个人在任何条件下如何反应。如果你在淋浴的时候等待一个重要的电话,你可能认为你听到了电话铃响,而实际上电话并没有响。在实验室研究中,当观察者想要给实验者留下深刻的印象时,他们可能倾向于做出一个积极的回答。

幸运的是,这些反应偏向问题并不是不可克服的。根据 **信号检测论**(signal - detection theory),在一项检测任务中,一个观察者的反应可以被分成一个取决于刺激强度的感觉过程和一个受观察者反应偏向影响的决策过程(Tanner & Swets,1954)。研究者可以分离这两种成分的一个方法就是,检测任务需要包含一些没有刺激出现的试次和一些有弱刺

激出现的试次。在这些条件下,个体有四种可能的反应:(1)检测到一个出现的信号("击中");(2)当信号没有出现时,说信号出现了("虚报");(3)当信号出现时,未能检测到信号("漏报");(4)当信号没有出现时,正确地说信号不存在("正确拒绝")。

习惯回答"是"的人比习惯回答"否"的人击中更多,因为当信号真实存在时,他们能快速说出"信号存在";但是,他们也会出现更多虚报,因为当信号不存在时,他们同样能更快说出"信号存在"。习惯回答"否"的人比习惯回答"是"的人正确拒绝了更多,但是他们也有更多漏报,因为实际上当信号存在时,他们经常回答"信号没出现"。这些信息可以输入一个能分离个体的感觉能力和反应偏向的数学公式中。每个人对任何特定强度信号的真实敏感度就可以预测出来了。

~~~~~~

差别感觉阈限

刚能引起差别感觉的两个同类型刺激之间的最小差别量,也叫作最小可觉差(JND)。

信号检测论

将对一个感觉信号的检测分成一个感觉过程和一个决策过程的一种心理物理学理论。

~~~~~~

测量阈限的原始方式认为,一个人检测一种刺激的能力只依赖这种刺激。信号检测论认为,没有单独的阈限,因为在任何既定的时刻,一个人对刺激的敏感性取决于他主动做出的一个决定。信号检测方法有许多实际应用,从筛选其工作需要敏锐听力的求职者到培训空中交通管制员(他们对雷达屏幕上是否存在光点的决定对飞机飞行的安全至关重要)。

5.1.C　感觉适应

学习目标 5.1.C　讨论为什么感觉适应原则能帮助我们理解人类知觉系统是如何工作的

人们说,变化是生活的调味品。这也是感觉的

本质，因为我们的感觉被设计来对环境中的变化和对比做出反应。当一种刺激没有变化或重复进行时，感觉经常减弱或消失。感觉系统中较敏感的感受器或神经元会感到"疲劳"，因而较少放电。由此导致的感觉反应能力降低被称为**感觉适应**（sensory adaptation）。通常，这种适应使我们不必对不重要的信息做出反应；大部分时间，你没有必要感觉你手腕上的手表或者注意你室友的宠物鸟的叫声。但有时候，适应是危险的，例如当你不再闻出你第一次走进厨房时闻出的煤气泄漏。

我们从来不会完全适应强度极端的刺激——可怕的牙痛、氨气的气味、沙漠里太阳的热。我们很少完全适应视觉刺激，不论它们是弱还是强。无论是自主还是非自主的眼球运动，都会导致物体在眼球后部的图像位置不断变化，因此视觉感受器没有机会"疲劳"。

如果我们的感觉适应了大多数外来的刺激，那么将会发生什么呢？（或者，如果真的没有任何刺激呢？）我们会感觉不到任何东西吗？还是脑会用它自己的图像来代替那些不再通过感觉器官获得的感觉体验？在有关**感觉剥夺**（sensory deprivation）的早期研究中，研究者通过将男性志愿者与所有模式的光和声音隔离来研究这些问题。研究者会通过一个半透明的面罩限制视觉，通过一个 U 形枕和风扇发出的噪声限制听觉，通过棉手套和纸板袖口限制触觉。志愿者花很短的时间吃饭、洗漱，其他时间都躺在床上什么都不做。结果充满戏剧性。在几小时内，许多人感到烦躁不安。一些人在第一天就分不清方向了，以至于退出了研究。坚持更长时间的人变得困惑、不安、不开心。许多人都说他们看到了奇异的景象，例如，一群松鼠或一列行进中的眼镜。好像他们在做白日梦。很少有人愿意在研究中停留超过两三天（Heron，1957）。

感觉适应

当刺激没有改变或重复时，感觉反应能力降低或消失。

感觉剥夺

缺乏正常程度的感觉刺激。

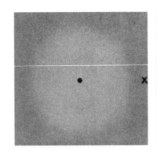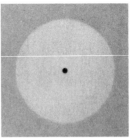

感觉依赖环境的改变和对比。用手捂住一只眼睛，盯着右边圆圈中间的点。保持圆的形象应该没问题。但是，如果你盯着左边圆圈中间的点，圆圈的形象将会消失。从亮到暗的逐渐变化不能提供足够的对比度，让你的视觉感受器以一种稳定的速度放电。只有当你闭上眼睛再睁开，或者将目光转向 × 时，圆圈才会重新出现。

但是认为感觉剥夺令人不开心甚至危险的观点被证明过于简化（Suedfeld，1975）。后来的研究使用了更好的方法，结果显示幻觉出现的频率比最初想象的要低，迷惑感也比最初想象的要少。许多人享受着有限的剥夺阶段，一些人的知觉和智力实际上得到了改善。你对感觉剥夺的反应取决于你的期待和对正在发生的事情的解释。如果你被永久地关在一个房间里，感觉减退会让你感到害怕；但如果你自愿在那个房间待一段时间，你会感到放松，比如在一个豪华的水疗中心或一个修道院。

然而，人脑确实需要最少的感觉刺激来使其功能正常运转。这种需求可能有助于解释为什么独居的人有时会一直开着收音机或电视机，以及为什么长时间的独居可以被用作一种惩罚甚至酷刑。

5.1.D 没有知觉的感觉

学习目标 5.1.D 选择性注意和非注意盲视是如何相关的

如果感觉剥夺有时会令人沮丧，那么感觉超负荷也会如此。幸运的是，我们的**选择性注意**（selective attention）能力——专注于环境中的某些方面、屏蔽掉另一些方面的能力——保护我们不被不断冲击我们感觉感受器的感觉信号淹没。但是，相互竞争的感觉信息都会进入神经系统，并且会得到一些加工，使我们捕捉到重要的刺激，如当距离我们较远的人喊我们的名字时，我们仍能听到。

但是，我们对环境的意识远没有大多数人想象的那么完整，我们甚至不能有意识地注意到我们正在看的物体，这种现象被称为**非注意盲视**（inattentional blindness）（Kreitz et al.，2015；Mack，2003；Most et al.，2001）。

虽然人们也注意到（或者至少是电视节目注意到）其他例子，但是"看不见的大猩猩"这个例子可能是最著名的非注意盲视的例子（Chabris & Simons，1999，2009）。在犯罪剧《罪案第六感》（*Perception*）里，丹尼尔·皮尔斯博士是一位神经科学家，是 FBI 棘手案件的顾问。在"失明"（Blindness）这一集中——实际上始于丹尼尔在课上讲我们怎么能在一片吐司上看到耶稣的形象——非注意盲视是侦破法官谋杀案的关键。事实证明，没有人注意到凶手在法官的房间里杀死了法官，穿上法官的长袍，短暂进入法庭，然后转身逃跑。这种盲视在真实生活中是如何发生的呢？一个研究团队想知道以下哪种情景最有可能导致人们看不见一个打扮得花枝招展、骑着独轮车的小丑：独自走着、边走边打电话、边走边听音乐，还是和其他人散步。结果发现，最不可能注意到这个小丑的是边走边打电话的人（Hyman et al.，2010）。非注意盲视也可以发生在其他场景，例如当我们正专注于一个任务时，没有注意到房间内的气味（Forster & Spence，2018）。当然，没有注意到烟味或煤气味可能是特别严重的问题。

选择性注意
专注于环境中的某些方面、屏蔽掉另一些方面的过程。

非注意盲视
不能有意识地知觉到你正在看的一些东西，因为你没有注意到它。

因此，选择性注意是一件好坏参半的事情。它保护我们远离超负荷、允许我们专注于重要的事情，但是它也剥夺了我们可能需要的感觉信息。如果你太专注于给朋友发短信或玩《精灵宝可梦 GO》，你可能就会走进一个坑洼里或者走向一条交通堵塞的街道。

> **日志5.1 批判性思维：提出问题，乐于思考**
> 感觉剥夺让人开心还是不开心？违背自己的意愿被孤立是很可怕的，但是很多人发现独自冥想、远离所有画面和声音能让人感到平静和开心。你们怎么看待环境和个体差异都有助于体验感觉剥夺？

模块5.1 小考

1. 针刺穿你皮肤的感受是_____的表现，而你说"哟！疼！"是_____的表现。
   A. 剥夺；过度刺激　　B. 知觉；感觉
   C. 感觉；知觉　　　　D. 传导；消退

2. 罗科非常清楚地检测到数字 6 是蓝色、数字 8 是橘色、数字 12 是洋红色。假定罗科正在正确而诚实地报告他的体验，那么是哪种不寻常的感觉现象在起作用？
   A. 过度敏感　　　　B. 联觉
   C. 舌头撤退　　　　D. 非注意不足

3. 即使在最明亮的夜晚，肉眼也看不见一些星星，因为它们在观看者的_____阈限下。
   A. 行动　　　　　　B. 差别感觉
   C. 决策过程　　　　D. 绝对感觉

4. 当你跳入冰冷的湖中，过一会儿，你觉得水似乎没有那么冷了，这是因为发生了感觉_____。

 A. 适应　　　　　　　B. 冷漠

 C. 扩散　　　　　　　D. 平衡

5. 安妮在一家餐馆工作。在她休息的时候，她被一本书迷住了，以至于她没有注意到盘子发出的咔嗒咔嗒的声音和厨师吆喝的命令声。这是一个_____的例子。

 A. 知觉钝化　　　　　B. 感觉剥夺

 C. 冥想　　　　　　　D. 选择性注意

5.2 视觉

因为我们进化到在白天最活跃，所以我们能充分利用太阳的光照。我们通过眼睛获得的有关外部世界的信息比通过其他感官获得的要多。

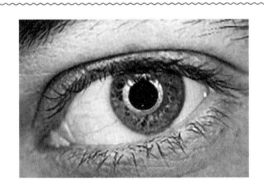

Jessmine/123RF

在这个图片中，虹膜显示为彩虹色，表示眼睛能探测到的光谱。

5.2.A　我们所看到的

学习目标 5.2.A　描述视觉的三个心理学维度和光的三个物理属性

用于视觉刺激的是光；即使是猫、浣熊和其他以在黑暗中行走而闻名的生物，也需要一些光才能看清东西。可见光来自太阳、其他恒星和灯泡，它

也会被其他物体反射。光的物理特征影响我们视觉世界的三个心理学维度：色调、亮度、饱和度（见图5.3）：

1. **色调**（hue）是特定颜色的视觉体验维度，和光的波长有关，即和光波波峰之间的距离有关。更短的波往往被看成紫色和蓝色，更长的波往往被看成橘色和红色。太阳产生的白光是所有可见光波长的混合。有时，空气中的水珠就像一个棱镜：它将太阳的白光分解成可见光谱的不同颜色，我们就看到了彩虹。

2. **亮度**（brightness）是与一个物体发出或反射的光的量或强度有关的视觉体验维度，和光波的振幅（最大高度）相对应。一般来说，一个物体若反射更多的光，它就更亮。但是，亮度也受波长影响：黄光似乎比红光、蓝光更亮，即使它们的物理强度一样。

3. **饱和度**（saturation）（色彩）是与光的复杂性有关的视觉体验维度，即波长的范围有多宽或多窄。当光只包含一种波长，也就是纯的时，由此产生的颜色是完全饱和的。相反，当白光包含所有可见光的波长时，饱和度为零。黑色缺少任何光（没有色彩），因此也是完全不饱和的。在大自然中，纯粹的光极其少。我们通常感觉到的是混合的光波，因此，我们会看到比完全饱和的颜色更暗淡和更浅的颜色。

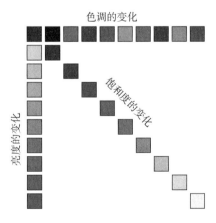

图5.3　视觉世界的心理学维度

亮度、色调和饱和度的变化代表了视觉心理学维度，分别对应光的强度、波长和复杂性。

色调

特定颜色的视觉体验维度，与光的波长有关。

亮度

与由一个物体发出或反射的光的量（强度）有关的视觉体验维度。

饱和度

与光的复杂性有关的视觉体验维度，使人产生生动颜色或纯粹颜色的感觉。

5.2.B 观察世界的一双眼睛

学习目标 5.2.B 界定人眼的结构和细胞，追踪光线从角膜到视神经的路径

光通过眼睛（一种非常复杂且精细的结构）进入视觉系统。阅读这一部分时，请看图5.4。值得注意的是，眼睛的前部被透明的角膜覆盖。角膜保护眼睛，使射入的光线折射到后面的水晶体上。对于照相机，镜头通过靠近或远离快门来聚焦入射光。眼睛的水晶体通过精细地改变自己的形状来起作用，通过或多或少变得有些弯曲来聚焦来自近处或远处物体的光。进入眼睛的光的量被虹膜的肌肉所控制，虹膜是眼睛中有颜色的那部分。虹膜围绕着眼睛的圆形开口或瞳孔。当你进入一个昏暗的房间，瞳孔变宽或放大来让更多光进入。当你出现在强烈的阳光下时，瞳孔变小来减少光的进入。

视觉感受器位于眼睛的后部或**视网膜**（retina）。在一个正在发育的胚胎中，视网膜是由从脑中发出的组织形成的，而不是由形成眼睛其他部分的组织形成的。因此，视网膜实际上是脑的一个扩展。正如图5.5所展示的一样，当眼睛的水晶体将光集中在视网膜上时，会形成一个上下颠倒的图像，就像任何光学设备一样。来自视野顶部的光刺激位于视网膜底部的光敏感感受器细胞，反之亦然。脑将这个上下颠倒的刺激模式解释为正面朝上的刺激。

在视网膜上，有大约12亿～12.5亿个感受器是狭长的，它们叫作**视杆细胞**（rods）。另外七八百万个感受器是圆锥体的，它们相应地叫作**视锥细胞**（cones）。视网膜的中心或中央凹，是视觉最敏锐的位置，这个位置只有视锥细胞，密集地聚在一起。从中心到外周，视杆细胞的比例在增大，外缘几乎没有视锥细胞。

视杆细胞比视锥细胞对光更敏感，因此，即使在暗光中，我们也能看到物体。（猫在暗光中看得很清楚，部分是因为它们有很多视杆细胞。）视杆细胞位于视网膜的外缘，它们也处理外周（边）视觉。但是，视杆细胞不能区分不同波长的光，因此对颜色不敏感，这就是为什么在暗光中很难清楚地区分颜色。为了看到颜色，我们需要视锥细胞。视锥细胞有三种，它们分别对特定波长的光敏感。但是，视锥细胞比视杆细胞需要更多光来区分颜色，因此，当我们试着在一个黑暗的电影院找到座位时，视锥细胞不能给我们提供较多的帮助。

我们都注意到了我们的眼睛完全适应暗光是需要时间的。这个**暗适应**（dark adaptation）的过程涉及视杆细胞和视锥细胞的化学变化。视锥细胞适应迅速，大约在10分钟内，但是它们对暗光不敏感。视杆细胞适应得更慢，需要20分钟或更长时间，但是对暗光更敏感。在适应的第一阶段之后，你能看得更清楚，但不是最清楚；在第二阶段之后，你的视觉是最好的。

视杆细胞与视锥细胞通过突触连接到双极细胞，而双极细胞又与那些称为**神经节细胞**（ganglion cells）的神经元通信（见图5.6）。神经节细胞的轴突聚集形成视神经，它将信息通过眼睛后部传递至大脑。

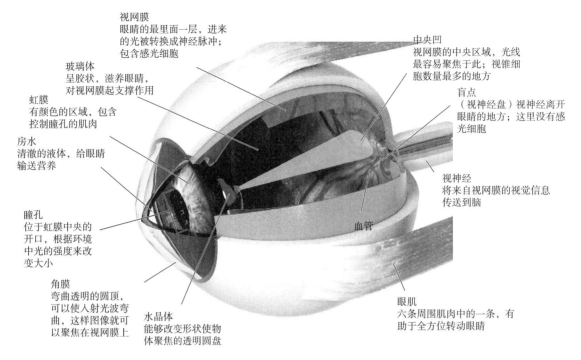

视网膜
眼睛的最里面一层，进来
的光被转换成神经脉冲；
包含感光细胞

中央凹
视网膜的中央区域，光线
最容易聚焦于此；视锥细
胞数量最多的地方

玻璃体
呈胶状，滋养眼睛，
对视网膜起支撑作用

盲点
（视神经盘）视神经离开
眼睛的地方；这里没有感
光细胞

虹膜
有颜色的区域，包含
控制瞳孔的肌肉

房水
清澈的液体，给眼睛
输送营养

视神经
将来自视网膜的视觉信息
传送到脑

血管

瞳孔
位于虹膜中央的
开口，根据环境
中光的强度来改
变大小

眼肌
六条周围肌肉中的一条，有
助于全方位转动眼睛

角膜
弯曲透明的圆顶，
可以使入射光波弯
曲，这样图像就可
以聚焦在视网膜上

水晶体
能够改变形状使物
体聚焦的透明圆盘

图 5.4　眼睛的主要结构

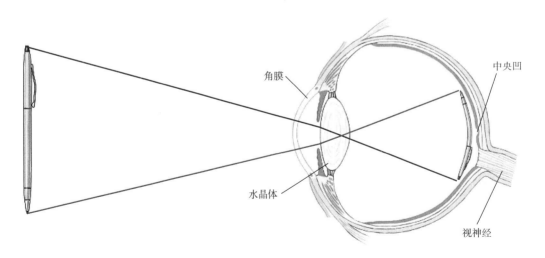

角膜

中央凹

水晶体

视神经

图 5.5　视网膜成像

当我们看一个物体时，视网膜上的光所成的像是上下颠倒的。勒内·笛卡尔（René Descartes）可能是第一个证明这个事实的人。他从一头牛的眼睛的后部剪下一块并用纸代替这一块。当他把牛的眼睛对准光时，他在纸上看到了一个上下颠倒的房间的图像。你可以用任何普通的镜头得到同样的结果。

视网膜

排列在眼球内部后面的神经组织，包含视觉感受器。

视杆细胞

对暗光做出反应的视觉感受器。

视锥细胞

涉及颜色视觉的视觉感受器。

暗适应

通过这个过程，视觉感受器对暗光变得最敏感。

神经节细胞

视网膜上的神经元，它从感受器细胞处收集信息（通过中间的双极细胞），它的轴突构成视神经。

互动

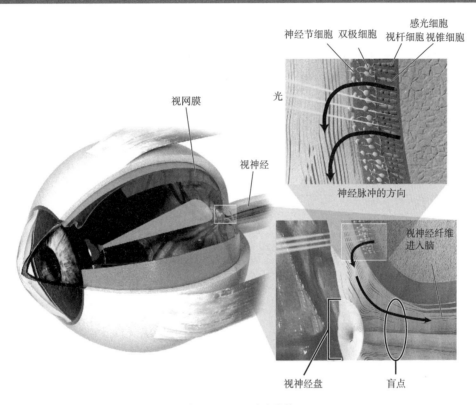

图 5.6　视网膜的结构

视神经离开眼睛的地方是视神经盘，这里没有视杆细胞或视锥细胞。感受器的缺失在视野中会产生一个盲点。通常，我们没有意识到盲点，因为：（1）投射到这个点上的图像正击中另一只眼睛的一个不同的"非盲"点；（2）我们的眼睛移动得如此之快，以至于我们可以获得完整的图像；（3）脑填补了这个空白。可以使用图 5.7 来找到你的盲点。

5.2. C　为什么视觉系统不是一台照相机

学习目标 5.2. C　总结视觉系统不仅是一台照相机的证据

虽然经常拿眼睛和照相机相比，但是视觉系统不是被动地记录外部世界。视觉系统中的神经元通过检测世界的有意义的特征来积极地构建世界图像。

丘脑的神经节细胞和神经元对环境中简单的特

征做出反应，例如亮点和暗点。但是，在哺乳类动物中，视觉皮层的特定**特征检测细胞**（feature - detector cells）对更复杂的特征做出反应。这个事实被大卫·休伯尔（David Hubel）和托尔斯滕·威塞尔（Torsten Wiesel）（1962，1968）首次证明，他们煞费苦心地记录了来自猫和猴子的脑中单个细胞的脉冲，这项工作最终使他们获得了诺贝尔奖。休伯尔和威塞尔发现，不同的神经元对投射到动物眼前屏幕上的不同形状敏感。大部分细胞对运动的或静止的线条反应最大，这些线条有特定的方向，且位于视野的一个特定部分。一种类型的细胞可能对位于视野右下方的水平线条放电最迅速，另一种类型的细胞可能对位于视野左上方的有特定角度的对角线放电最迅速。在真实世界中，这些特征构成了物体的边界和边缘。

图 5.7 找到你的盲点

盲点出现在视神经离开你眼睛后部的地方。闭上你的右眼并且看着魔术师，然后慢慢地移动图像接近或远离你自己，找到你左眼的盲点。当这个图像距离你眼睛 8 ~ 12 英寸时，这只兔子而不是帽子应该会消失。

特征检测细胞

位于视觉皮层的细胞，对环境的特定特征非常敏感。

自这项开创性研究之后，科学家发现视觉系统中其他细胞也有特定的作用。大脑皮层底部的一群细胞，正好位于小脑上面，对面孔比对其他物体反应强烈——人类面孔、动物面孔甚至是卡通面孔。进化心理学家观察到，辨认面孔的能力是有意义的，因为它确保我们的祖先能够迅速区分朋友和敌人。拿婴儿来说，辨认面孔的能力确保他们能够迅速区分妈妈和陌生人。这有助于解释为什么婴儿更喜欢看面孔而不是被搅乱五官特征的图像，以及为什么许多人报告在非生物物体上看到了面孔。另一个脑区位于靠近海马的皮层，它的作用是确保你理解环境：它对各种地方的图像做出反应，从你的宿舍到一个开放的公园，它对物体比对面孔反应强烈。又一个脑区位于枕叶皮层，它选择性地对身体和身体部位做出反应，对身体和身体部位比对面孔或物体反应强烈——对他人的身体比对自己的身体反应强烈（Downing et al.，2006；Pitcher et al.，2012）。

其他脑区有助于我们知觉环境中额外的特征吗？视觉系统中有一个用来知觉笔记本或咖啡壶或冰激凌的脑区吗？脑不可能包含一个专门的脑区来加工每个能想到的物体，但是有证据表明，特定脑区似乎对手、工具、单词和数字等特定类别有强烈的、选择性的反应（Peelen & Downing，2017）。但是更一般地说，脑的工作就是获取关于边、角、形状、运动、亮度、纹理和图案的零碎信息，并弄明白一把椅子就是一把椅子、挨着它的是一张桌子。对任何既定物体的知觉很可能依赖不同脑区中许多细胞的激活以及它们激活的总体模式和节奏。

也请记住，经验会塑造脑。因此，一些本来是对面孔再认做出反应的脑细胞也会对其他东西做出反应，这取决于一个人的经验和兴趣。在一项研究中，当汽车爱好者看经典汽车的图片时，"面孔"细胞放电；当他们看奇异鸟的图片时，"面孔"细胞不放电。鸟类爱好者的情况正好相反（Gauthier et al.，2000）。

Erich Lessing / Art Resource, NY

　　脑损伤的案例支持了在辨认重要物体或视觉形状，如面孔时，脑细胞的特定系统具有高度特异化的观点。一个脑损伤的人不能辨认普通的物体，他说这些物体经常看起来像"斑点"。但是，他辨认面孔时却没有问题，即使是上下颠倒的或打乱的面孔。当给他展示这张图片时，他很容易地就看到了面孔，但是不能辨认组成面孔的蔬菜（Moscovitch, Winocur & Behrmann, 1997）。

5.2.D　我们如何看到颜色

学习目标 5.2.D　比较色彩视觉的三原色理论和对立过程理论

　　300 多年来，科学家一直在试图弄清楚为什么我们看到的世界五彩缤纷。我们现在知道不同的过程可解释不同阶段的颜色视觉。

　　三原色理论　三原色理论（trichromatic theory）[也叫作杨 - 赫尔姆霍兹（Young - Helmholtz）理论] 适用于颜色加工的第一阶段，这一阶段发生在眼睛的视网膜上。视网膜包含三种基本类型的视锥细胞。第一种对蓝色反应最大，第二种对绿色反应

最大，第三种对红色反应最大。我们看到的成千种颜色是这三种类型的视锥细胞激活结合的结果。

　　全色盲通常是由于基因变异导致视网膜视锥细胞功能障碍或缺失。视觉世界由黑色、白色和灰色阴影组成。许多动物是全色盲，但是在人类中这种情况极为罕见。大部分"色盲"的人实际上是一种或更多种视锥细胞缺失或受损导致的颜色缺失。通常这类人不能区分红色和绿色。世界由蓝色、黄色、棕色和灰色构成。更罕见的情况是，"色盲"的人不能看到蓝色、黄色，只能看到红色、绿色和灰色。在大约 8% 的白人男性、5% 的亚洲男性、3% 的黑人男性和美洲原住民身上发现了颜色缺失（Sekuler & Blake, 1994）。这种情况由于是遗传的，因而在女性中很罕见。

　　对立过程理论　对立过程理论（opponent - process theory）适用于颜色加工的第二阶段，该阶段出现在视网膜的神经节细胞以及丘脑和视觉皮层的神经元。这些细胞被称为对立过程细胞，它们要么对短波反应但被长波抑制，要么相反（De-Valois & DeValois, 1975）。一些对立过程细胞按相反的模式对红色和绿色或对蓝色和黄色做出反应；也就是说，它们对一种颜色放电，对另一种不放电。（第三个系统按相反的模式对白色和黑色做出反应，因此产生关于亮度的信息。）最终的结果是，一种颜色的代码被传递到更高的视觉中心。因为这个代码将红色和绿色，以及蓝色和黄色作为对抗色，所以我们可以将一种颜色描述为蓝绿色或黄绿色，而不是红绿色或黄蓝色。

三原色理论

颜色知觉的一种理论。该理论认为视觉系统存在三种机制，每种机制对某个特定范围的波长敏感，它们通过相互作用产生不同的颜色体验。

对立过程理论

颜色知觉的一种理论。该理论认为视觉系统把成对的颜色看成对立的或对抗的。

当某种特定的颜色被移除时，被该颜色所抑制的对立过程细胞就会发生一连串的放电，就好像如果相反的颜色出现了，它们会放电一样。相似地，当某种颜色被移除时，对该颜色放电的细胞会停止放电，就好像如果相反的颜色出现时，它们会停止放电一样。这些事实解释了为什么当我们盯着某个特定的颜色时，容易产生负后像——例如，为什么当我们盯着绿色时，会看到红色。（为了理解这种效应，请看图 5.8。）这是一种神经反弹效应：当绿色被移除时，用放电或不放电来表示"绿色"出现的细胞会发出相反的信号（"红色"），反之亦然。

图 5.8 变心

当绿色（内圈）被移除的时候，对绿色放电或不放电的对立过程细胞会发出一个相反的信息"红色"（外圈），从而产生一个负后像。持续盯着这个心形中间的黑点至少 20 秒，然后盯着一张白纸或一面白墙，你能体验到"变化的心"吗？你应该会看到一颗带有蓝色边框的红色或粉红色的心。

5.2.E 构建视觉世界

学习目标 5.2.E 总结指导形状知觉、深度和距离知觉、视觉恒常性和视错觉的原则和过程

我们实际上看不到视网膜上的图像；脑必须主动解释图像并根据碎片化的感觉信息构建世界。脑中产生的视觉、听觉、味觉、嗅觉和触觉的感觉信息时时刻刻地都被组合在一起，形成一个统一的世界模型。这就是知觉的过程。

形状知觉 为了使世界有意义，我们必须知道一个东西在哪结束、另一个东西在哪开始。在视觉中，我们必须将房子的前门和其余部分分离开；在听觉中，我们必须将他人的低语和电话铃声分离开；在味觉中，我们必须将蘑菇和热巧克力分离开。划分世界的这个过程发生得如此迅速和毫不费力，以至于我们认为这是理所当然的，直到我们必须在浓雾中辨认出物体，或者当人们以一种我们并不熟悉的语言进行交谈时，我们如何从中辨认出词语。

格式塔心理学是于 20 世纪 20—30 年代在德国建立的具有影响力的心理学流派。格式塔心理学家首次研究人们如何用视觉方式将世界组织成有意义的单位和模式。在德国，格式塔（Gestalt）的意思是"形状"或"构造"。格式塔心理学家的座右铭是"整体大于部分之和"。他们观察到，当我们知觉到某物时，来自整体构造中的属性在任何特定组成部分中都找不到。格式塔效应的一个现代例子发生在你看电影的时候。你看到的运动在电影中无处不在，电影由（通常）每秒 24 帧的单独画面组成。

格式塔心理学家还注意到，人们将视野组织成图形和背景。图形在环境的其他部分中显得很突出（见图 5.9）。有些东西因为强度或大小而突出；在夜晚你很难忽视闪光灯的亮度或者在沙滩上你很难忽视向你逼近的浪潮。独特的物体也会脱颖而出，例如一碗橘子中的一根香蕉。静止环境中的移动物体也是如此，例如流星。事实上，我们很难忽视环境中突然的变化，因为我们的脑能够对变化和对比做出反应。但是，选择性注意——专注于某些刺激并过滤掉其他刺激的能力——对我们所知觉到的图形或背景进行控制，有时候它使我们对物体视而不见，否则我们将会把该物体解释成图形，正如我们在前文看到的那样。

图 5.9　图形和背景

在这幅图中，你首先注意到了白鱼还是黑鱼？

其他**格式塔原则**（Gestalt principles）描述了视觉系统将感觉基本要素集合成知觉单位的策略（Köhler，1929；Wertheimer，1923，1958）。格式塔心理学家认为这些策略在出生时就存在，或者在婴儿早期就出现，是发育成熟的结果。但是，现代研究表明其中一些依赖经验（Quinn & Bhatt，2012）。下面是一些众所周知的格式塔原则：

格式塔原则
描述脑将感觉信息组织成有意义的单位和模式的原则。

1. **接近性**。距离近的物体往往被组织到一起。你会把左边的圆点知觉为三组圆点，而不是 12 个单独的、彼此无关的圆点。同样，你会把右边的图案知觉为垂直点列，而不是水平点行。

2. **封闭性**。脑倾向于填充空白来知觉完整的图形。这是幸运的，因为我们经常需要破译不那么完美的图像。以下图形很容易被知觉为一个三角形、一张面孔和字母 e，即使这些图形都不完整。

3. **相似性**。在某些方面（例如颜色、形状或大小），相似的物体往往被知觉为是一体的。在左边的图形中，你会把所有圆圈看成一个 X。在右边，你会看到水平的线条而不是垂直的列，因为水平方向排列的星星要么都是黑的，要么边框都是黑的。

4. **连续性**。在时间或空间上，线条和图案往往被知觉成连续的。你会把左边这个图形知觉成被椭圆部分地盖住的一条单独的线条，而不是被椭圆连接的两条单独的线条。在右边的图形中，你会看到两条线——一条曲线、一条直线，而不是四条线——两条曲线和两条直线——在中心相遇。

不幸的是，有时对消费品的设计很少考虑格式塔原则，这就是为什么确定炉子上哪个旋钮对应哪个烧嘴，或者区分外观相似的洗发水和沐浴露是一个重大的挑战（Norman，1988，2004）。除了其他方面，好的设计要求关键的区别在视觉上是显而易见的。

由丽莎·M. 申提供

由丽莎·M. 申提供

在设计消费品时没有考虑格式塔原则会导致消费者困惑。例如，一位作者不太确定家里的炉子上哪个旋钮对应哪个烧嘴，某一次该作者在酒店浴室寻找一瓶洗发水，但是不小心错拿了沐浴露……发现拿错时已经太晚了。

深度和距离知觉　通常我们不仅需要知道某物是什么，还要知道它在哪里。触觉直接给了我们这个信息，但是视觉不行，因此，我们必须通过估计一个物体的距离或深度来推测该物体的位置。

为了完成这一壮举，我们部分依赖**双眼线索**（binocular cues），这需要使用两只眼睛。一种线索是**会聚**（convergence）。眼睛向内转，当它们聚焦于附近的物体时，会聚就发生了。物体越近，会聚就越多，如果你曾经试着以斗鸡眼的方式看自己的鼻子，你就会知道这一点。随着会聚角度的变化，相应的肌肉变化向脑提供了关于距离的信息。

两只眼睛接收到的同一物体的视网膜图像也略有不同。你可以通过将一根手指放在脸前 12 英寸处，一次只睁开一只眼睛看着它来验证这一点。当你变换眼睛时，它的位置会发生变化。现在举起两根手指，大致并排但要有一定的距离，一根比另一根更靠近你的鼻子。注意，当你变换眼睛时，两根手指之间的距离似乎会发生变化。左眼和右眼所看

到的两个物体在横向（侧面）分离上的细微差别被称为**视网膜像差**（retinal disparity）。因为视网膜像差随着两个物体之间距离的增加而减小，脑可以利用它来推断深度和计算距离。

双眼线索帮助我们估计 50 英尺的距离。对于更远的物体，我们只使用**单眼线索**（monocular cues），这种线索不依赖两只眼睛。其中一种单眼线索是插入：当一个物体被插入到观察者和第二个物体之间，部分地阻挡了第二个物体的视野时，这个物体被认为是更近的。另一种单眼线索是线性透视：当两条平行的线会聚（例如，铁轨）时，这就暗示了深度的存在，如第 7 张图所示。

双眼线索

需要使用两只眼睛来判断深度或距离的视觉线索。

会聚

眼睛向内转，当聚焦于附近的物体时，会聚就发生了。

视网膜像差

左眼和右眼所看到的两个物体在横向（侧面）分离上的细微差别。

单眼线索

只使用一只眼睛来判断深度或距离的视觉线索。

深度视觉的单眼线索

大部分的深度视觉线索不依赖两只眼睛。一些单眼（一只眼睛）线索展示如下。

IZO/Shutterstock

（1）光线和阴影：它们都有助于赋予物体三维外观。

Kent Weakey/Shutterstock

（2）插入：一个物体部分遮挡或遮蔽另一个物体，且该物体在另一个物体的前面，因此被视为近距离。

Bakharev/123RF

（3）运动视差：当观察者移动时，物体似乎在以不同的速度、朝不同的方向运动。一个物体越近，它似乎移动得越快。近距离的物体似乎向后移动，而远距离的物体似乎向前移动。

ESB Professional/Shutterstock

（4）相对大小：一个物体在视网膜上的图像越小，物体似乎越远。

Francisco Martinez/Alamy Stock Photo

（5）相对清晰度：由于来自尘埃、雾或烟的微粒弥漫在空气中，远处的物体往往看起来更模糊、更暗淡或不那么清楚。

Mimohe/Shutterstock

（6）纹理梯度：具有相同表面的远处似乎更密集；也就是说，元素似乎分布得更加紧密。

TUYOSHI/a. collectionRF/Getty Images

（7）线条透视：平行线似乎会在远处会聚；会聚性越大，感知到的距离就越远。艺术家经常通过夸大这个线索来表现令人印象深刻的深度。

视觉恒常性：眼见为实 当我们移动时，照明条件、观察角度和静止物体的距离都在不断变化，但我们很少将这些变化与物体本身的变化混淆。物体产生的感觉模式不断地变化，而我们将其知觉为稳定或不变的能力叫作**知觉恒常性**（perceptual con-

stancy）。研究最充分的恒常性是视觉，包括以下几种：

1. **大小恒常性**。即使一个物体的视网膜图像可变小或变大，我们也视它有一个恒定的大小。一个在街上走过来的朋友似乎没有变高；一辆驶离路边的汽车似乎没有变小。大小恒常性部分依赖于对物体的熟悉性——你知道人和汽车不会时时刻刻地改变大小。它也依赖于一个物体的表观距离。近距离的物体比远距离的物体产生更大的视网膜图像，脑会考虑到这一点。因此，在知觉大小和知觉距离之间存在一种密切的关系。

2. **形状恒常性**。即使当我们观看一个物体的角度发生变化时，这个物体产生的视网膜图像的形状发生了变化，我们仍然知觉这个物体有恒定的形状。如果你把一个飞盘直接放在你的面前，它在视网膜上的图像将是圆形的。当你把飞盘放在一张桌子上时，它的视网膜图像会变成椭圆形，但是你仍把它看成圆形的。

3. **位置恒常性**。当我们移动眼睛、头部和身体时，视网膜图像也在移动，但我们知觉到静止的物体仍然停留在同一个地方。当你沿着高速公路开车时，电线杆和树木从你的视网膜上飞过。但是，你知道这些物体不会自己移动，你也知道你的身体在移动，所以你知觉到电线杆和树是静止不动的。

4. **亮度恒常性**。即使物体反射的光随着整体照明水平发生了变化，我们也认为物体有一种相对恒定的亮度。即使在阴天，雪仍然是白色的；即使在晴天，黑色汽车仍然是黑色的。我们没有被愚弄，因为脑记录了场景中的总光照并自动对它做出调整。

5. **颜色恒常性**。尽管事实上光（从一个物体到达我们的眼睛）的波长可能会随着光照的变化而变化，但是，我们看到的物体保持着它的颜色。室外的光比室内的光"更蓝"，因此室外的物体比室内的物体反射更多的"蓝色"光。相反，来自白炽灯的室内光具有丰富的长波波长，因此"更黄"。然而，无论你是在厨房里还是在院子里看苹果，苹果看起来都是红色的。部分原因与我们之前讨论的感觉适应有关。在室外，我们很快就能适应短波光（蓝光）；在室内，我们适应长波光。此外，当计算一个特定物体的颜色时，脑会考虑该物体周围视野中所有的波长。如果一个苹果放在蓝光中，通常，它周围的所有物体也都在蓝光中。在视觉皮层中，苹果反射的增加的蓝光被周围环境反射的蓝光抵消了，所以苹果仍然是红色的。我们对世界的认识也进一步帮助我们了解颜色恒常性：我们知道苹果通常是红色的，香蕉通常是黄色的，因此，当光照改变时，脑会按照经验重新调整这些物体的颜色（Mitterer & de Ruiter，2008）。

知觉恒常性

尽管物体产生的感觉模式发生变化，物体仍被正确知觉为稳定的或不变的。

视错觉：当所见正在误导我们 知觉恒常性使我们能够理解这个世界。但是，偶尔我们会被捉弄，这个结果就是知觉错觉。对于心理学家，错觉是有价值的，因为它们是系统的错误，给我们提供了关于内心知觉策略的线索。

虽然错觉在任何感觉模态下都可能发生，但是视错觉是研究得最充分的。当通常能带来正确知觉的策略被过度扩展到不适用的情况时，有时会出现视错觉。比较图 5.10（a）中两条竖线的长度。你可能会知觉右边的线比左边的稍微长些，但是它们其实一样长。（测量它们——每个人都这样！）这是缪勒-莱尔（Müller-Lyer）错觉，以 1889 年首次描述它的德国社会心理学家的名字命名。

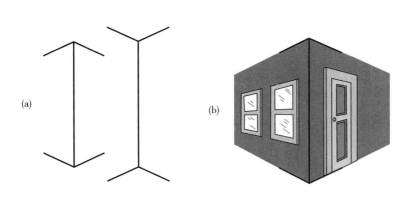

图 5.10 缪勒-莱尔错觉

（a）中的两条竖线长度完全相同。我们通常错误地知觉它们不一样长，因为脑将那些向外分支的竖线解释成离我们更远，就好像它是一个房间内远处的角落，将那些向内分支的竖线解释成更近的，就好像它是一个建筑的近处的边，如（b）所示。

对缪勒-莱尔错觉的一种解释就是线段的分支起到了通常表示深度的透视线索的作用（Bulatov et al.，2015；Gregory，1963）。左边的竖线就像一个建筑的近处的边，右边的竖线就像一个房间内远处的角落［见图 5.10（b）］。虽然两条竖线产生的视网膜图像大小一样，但是向外分支的竖线呈现了更远的距离。我们被误导认为它更长，因为我们自动地应用一个经常使用的关于大小和距离的规则：当两个物体产生相同大小的视网膜图像，且其中一个距离更远时，越远的物体越大。这种情况下的一个问题是，这两条竖线实际上没有差异，因此这个规则让我们出错。

正如有大小、形状、位置、亮度和颜色恒常性一样，也有大小、形状、位置、亮度和颜色变化，从而导致错觉。识别一个物体的颜色取决于其周围环境所反射的波长，这是艺术家和室内设计师所熟知的事实。因此，除非周围其他物体反射光谱中的蓝色和绿色部分，否则你永远不会看到一种强烈的正红色。当相同颜色的两个物体所处的环境不同时，你可能会错误地认为它们的颜色不同（见图5.11）。

一些错觉仅仅是物理问题。因此，半杯水中的一根筷子看起来折断了，这是因为水和空气对光的折射不同。其他错觉的发生，是由于来自感觉器官的误导信息，如感觉适应。还有其他错觉的发生是因为脑错误地解释感觉信息，正如缪勒－莱尔错觉和图5.12中的错觉。

或许，当瑞典的研究人员欺骗人们，让人们感觉自己正在和另一个人甚至是一个人体模特交换身体时，最终的知觉错觉就发生了（Petkova & Ehrsson，2008）。参与者戴着具备虚拟现实功能的护目镜，护目镜与另一个人（或人体模特）头上的摄像头相连。这使得参与者从他人角度看世界，因为实验者用一根杆子同时击打两个人。大多数人很快就会有一种奇怪的感觉，那就是对方的身体实际上是他们自己的；当对方的身体被戳到或受到威胁时，参与者甚至会畏缩。研究人员推测，身体交换错觉有一天可能会对婚姻咨询有所帮助，让夫妻双方真正地从对方的角度看问题，或者会对治疗那些身体图像扭曲的人有所帮助（Ahn，Le & Bailenson，2013）。

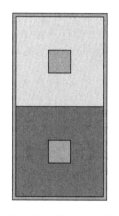

图5.11 背景的颜色

你知觉一个颜色的方式取决于它周围的颜色。在这个例子中，两个小方块拥有完全相同的颜色和亮度。

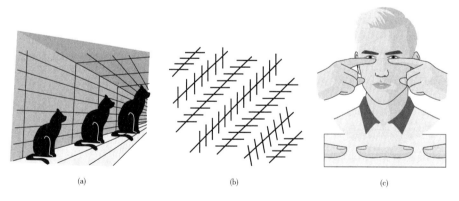

(a)　　　　(b)　　　　(c)

图5.12 戏弄眼睛

虽然我们的知觉通常是正确的，但我们也会被欺骗。在（a）中，三只猫的大小完全相同；在（b）中，斜线都是平行的。为了理解（c）中的错觉，如图所示，将食指放在眼睛前方5～10英寸处，然后注视房间内前方远处的一个点。你看到一根漂浮的"指尖式法兰克福香肠"了吗？你能让它变小或变大吗？

日常生活中，大部分错觉是无害且有趣的。但是，一个错觉偶尔会干扰人们的任务或技能表现，甚至可能导致一场事故。例如，因为大的物体似乎比小的物体移动得慢，一些司机低估了铁路十字路口处火车的速度。他们认为他们可以在火车到来之前穿过铁路，有时候结果是悲惨的。

日志 5.2　批判性思维：检查证据

想象最近一次你的视觉系统以某种方式被"欺骗"。也许你认为你看到了一些东西，结果是别的东西，或者你错误地判断一个物体的大小或距离。利用研究人员对形状知觉、深度和距离知觉、视觉恒常性和视错觉的本质的了解，解释在你的视觉灾难中起作用的原则。

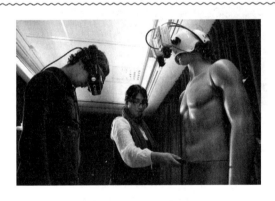

Niklas Larsson/AP Images

简直是错觉！左边的人戴着具备虚拟现实功能的护目镜，右边的人体模特戴着一台摄像机，从而将图像传递到护目镜上。

模块 5.2　小考

1. 和光的复杂性有关的视觉体验维度叫作_____。

   A. 色调
   B. 饱和度
   C. 亮度
   D. 密度

2. 对暗光做出反应的视觉感受器叫作_____，而涉及颜色视觉的感受器叫作_____。

   A. 双极神经元；神经节细胞
   B. 视锥细胞；视杆细胞
   C. 神经节细胞；双极细胞
   D. 视杆细胞；视锥细胞

3. 艾玛在几乎所有的科目中考得都很好。她的同学既嫉妒又好奇，想知道她成功的秘密。艾玛回复说："很容易，我只是盯着一页笔记或课本上的信息，直到我的眼睛形成一张图片。就好像我的眼睛是一台照相机！"尽管艾玛在学业上很成功，但为什么她在这件事上被误导了？

   A. 视觉系统不是一个被动的信息接收器，而是主动地构建和检测环境中有意义的特征
   B. 盯着一页笔记应该会导致非注意盲视，在这种情况下，艾玛考试成绩会变差
   C. 听觉比视觉更有力，因此，艾玛取得好成绩的原因更可能是老师讲课的内容而不是一张图片
   D. 视觉系统容易产生错觉，因此艾玛不确定她正在知觉的东西是否正确

4. 根据颜色视觉的三原色理论，视网膜中三种基本类型的视锥细胞对蓝色、绿色和_____反应最大。

   A. 蓝绿色
   B. 黄色
   C. 白色
   D. 红色

5. 科拉德将红、黄和绿三种不同颜色的交通信号灯知觉为一个统一的单元而不是单独的、单个的灯。哪种形状知觉的格式塔原则解释了这种情况？

   A. 接近性原则
   B. 连续性原则
   C. 封闭性原则
   D. 会聚性原则

5.3 听觉

和视觉一样，听觉提供了我们与周围世界的重要联系。因为社会关系在很大程度上依赖于听觉，当人们失去听觉时，他们会感到社会孤立。当然，许多有听力障碍的人学习美式手语（American Sign Language，ASL）或其他手势系统，这使得他们能和其他手语者交流。

5.3.A 我们听到了什么

学习目标5.3.A　描述听觉的三个心理学维度和声音的三个物理属性

当物体振动（或当压缩的空气被释放，如在管风琴中）时，它产生的压力波就是声音刺激。振动（或空气的释放）导致传播介质中的分子一起运动或分离。这种运动产生的压力向四面八方传播。传播介质通常是空气，但声波也可以通过水和固体传播，如果你曾经把耳朵贴在墙上来听隔壁房间的沉闷声音，你就会知道这一点。

和视觉一样，刺激的物理特性——在这里是声波——以一种可预测的方式与我们的心理体验相关：

1. **响度（loudness）** 是与声波压力强度有关的听觉体验维度。强度对应声波的振幅（最大高度）。声波中包含的能量越大，其峰值就越高。

声音强度以分贝（dB）为单位来测量。1分贝是1/10贝尔［以电话的发明者亚历山大·格雷厄姆·贝尔（Alexander Graham Bell）的名字命名］。人类听力的平均绝对感觉阈限是0分贝。不像尺子，分贝不是等距的。每10分贝代表声音强度增加10倍。如果你上网看看，会发现不同网站对不同声音的分贝估计不同。这是因为，一个声音的强度依赖于声源有多远以及产生这个声音的人或物体。重要的是，60分贝（谈话）不是30分贝（耳语）的两倍，而是大1 000倍。

Huntstock / Getty Images

手语能够让听力损伤的人与他人交流。

2. **音高（pitch）** 是听觉体验的又一维度，与声波频率有关，在某种程度上，也与强度有关。频率指的是空气（或其他介质）的振动有多迅速——每秒钟声波通过一个高峰和一个低谷这一循环周期的次数。每秒一个周期就是1赫兹（Hz）。一个健康的年轻人的耳朵正常能检测的频率范围是16Hz（管风琴的最低音）到20 000Hz（蚱蜢腿的刮擦声）。

3. **音色（timbre）** 是对声音质量的区分。它是与声波复杂性相关的听觉体验维度，声波复杂性是指构成声波的频率范围的相对宽度。纯音只有一种频率，但是纯音在自然中极其罕见。通常我们听到的是一种复杂的声波，它包括几种不同频率的子波。

音色决定了为什么长笛演奏的音符相对纯净，这与双簧管演奏的相同音符不同——双簧管产生复杂的声音。

当许多声波频率被呈现但不和谐时，我们听到的就是噪音。当声谱的所有频率都出现时，它们会产生一种叫作白噪音的嘶嘶声。正如白光包含了可见光谱的所有波长一样，白噪音也包含了可听到范围内的所有频率。

响度
与声波压力强度有关的听觉体验维度。

音高
与声波的频率有关的听觉体验维度。

音色
与声波的复杂性有关的听觉体验维度。

5.3.B　听世界的一对耳朵

学习目标 5.3.B　界定人耳的主要结构，并描述每个部分的功能

正如图 5.13 显示的那样，耳朵分为外耳、中耳、内耳。柔软的、漏斗状的外耳可以很好地收集声波，但是没有它听觉仍然可以很好。耳朵的重要部分隐藏在头的内部，在我们的视线外。

声波进入外耳，通过一英寸长的管道，撞击一个叫作鼓膜的椭圆形薄膜。鼓膜非常敏感，它可以对单个分子的运动做出反应！声波使它以与声波本身相同的频率和振幅振动。这种振动被传递到中耳的三块小骨骼上，它们是人体中最小的骨头。这些骨头——通常被称为锤骨、砧骨和镫骨——一个接一个地移动，有增强振动力的效果。最里面的骨头是镫骨，它推动通向内耳的隔膜。

互动

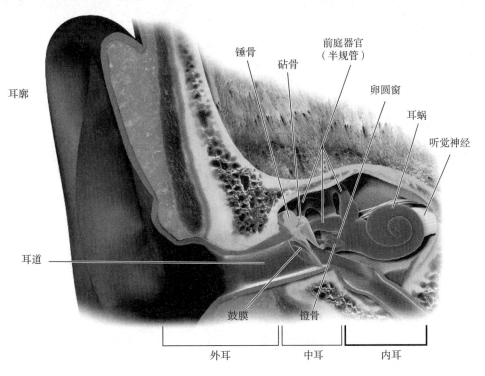

图 5.13　耳朵的主要结构

真正的听觉器官是**柯蒂氏器**（organ of Corti），即**耳蜗**（cochlea）内部的一个堂室。耳蜗位于内耳，有着像蜗牛一样的结构。柯蒂氏器在听觉中的作用与视网膜在视觉中的作用一样，它包含所有重要的感受器细胞，在这里就是顶部有细小的鬃毛或纤毛的毛细胞。

耳蜗的毛细胞嵌在基底膜中，它延伸到耳蜗内部。当压力到达耳蜗时，它会在耳蜗内部的液体中引起波状运动。这些液体波推动基底膜，使它也以波状方式移动。毛细胞的上方是另一层膜。随着毛细胞的上升和下降，它们的尖端碰到这层膜并弯曲。这使得毛细胞开始发出信号，然后传递给听觉神经，听觉神经再把信息传递给脑。毛细胞运动的特定方式受到基底膜运动方式的影响。运动方式决定了哪个神经元放电，以及放电的速度，而产生的密码反过来帮助确定我们听到的声音的类型。例如，我们

主要根据基底膜上发生的活动来辨别高音；不同部位的活动导致不同的神经密码产生。

柯蒂氏器

耳蜗中的一个结构，包含了作为听觉感受器的毛细胞。

耳蜗

一个具有像蜗牛一样的结构、充满了液体的器官，位于内耳，包含了含有听觉感受器的柯蒂氏器。

互动

提出问题，乐于思考

你是否通过耳机听音乐，其音量大到你听不到同房间里人们正常说话的声音？

☐ 是
☐ 否

Ben Houdijk/Shutterstock

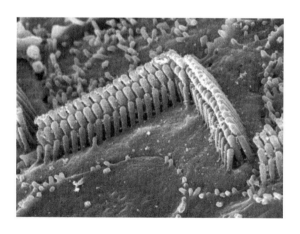

DR DAVID FURNESS，KEELE UNIVERSITY/
Science Photo Library/Getty Images

有声音持续较长时间的情况下，120分贝的摇滚音乐会会破坏内耳脆弱的毛细胞，损害坐在或站在扬声器附近的歌迷的听力。右边的显微镜照片显示了单个毛细胞投射的微小的鬃毛（纤毛）。

不幸的是，短暂地暴露在极大的噪声中，如枪或喷气式飞机发出的声音（140分贝），或持续暴露在中等的噪声中，如车间工具或卡车行驶发出的声音（90分贝），都会损害脆弱的毛细胞。纤毛像断

了的草一样倒在地上，如果损伤达到临界值，听力就会丧失。在现代社会，随着摇滚音乐会、震耳欲聋的酒吧和俱乐部、吹落叶机和手提钻变得普遍，这种破坏也越来越普遍，甚至在青少年和年轻人中

也是如此（Agrawal，Platz & Niparko，2008）。科学家们正在寻找新的正常功能的毛细胞的生长方法，但是毛细胞的损伤目前是不可逆的（Liu et al.，2014）。但是，即使毛细胞得以幸免，噪声引起的听力丧失仍可以通过破坏毛细胞和听觉神经之间的突触而发生（Liberman et al.，2016）。研究人员在大学生中测试了这种与噪声相关的损伤（称为耳蜗突触病）。相对于那些报告暴露在低水平噪声下的参与者，那些报告暴露在高水平噪声下的参与者确实表现出了耳蜗突触病的迹象，并且在辨别词语和探测高音调方面出现了更大的困难。这些发现很好地提醒了我们，在不可避免的噪声中，应该把音量调低，并戴上耳塞。

5.3.C　构建听觉世界

学习目标 5.3.C　举例说明适用于构建听觉世界的知觉格式塔原则

就像我们看到的不是视网膜图像一样，我们听到的也不是位于耳蜗的黑暗深处的毛细胞弯曲和摇摆的声音。相反，我们的听觉系统组织声音模式，并构建一个有意义的听觉世界。

在你的心理学课上，你的老师希望你将他的声音知觉为图形，将来自操场的遥远的欢呼声知觉为背景。当然，这些希望能否实现取决于你选择把注意力放在哪里。其他格式塔原则似乎也适用于听觉。一段旋律中音符的接近性告诉你哪些音符可以一起组成乐句；当两把小提琴奏出不同的旋律时，连续性帮助你跟随其中一把小提琴的旋律；音色和音高的相似性可以帮助你分辨出合唱中的女高音，并把它们作为一个整体来听；封闭性可以帮助你理解打电话的人说的话，即使信号不佳让人说的某些话听不清楚。

除了需要组织声音，我们还需要知道声音来自哪里。我们可以把响度作为线索来估计声源的距离：我们知道火车在 20 码外时的声音比在 1 英里外时更

响。要确定声音发出的方向，我们部分依赖于我们的双耳。来自右耳的声音到达右耳的时间比到达左耳的时间快几分之一秒，反之亦然。这种声音也可能会给右耳提供更多的能量（取决于它的频率），因为它必须经过头部才能到达左耳。很难定位直接从你背后或头顶发出的声音，因为这样的声音会同时传到你的两只耳朵。当你转动或抬起你的头，你是在积极地尝试克服这个问题。马、狗、兔子、鹿和其他许多动物不需要这样做，因为这些幸运的动物可以在不动头的同时动耳朵。

一些盲人已经学会利用距离和声音之间的关系，以惊人的方式在环境中导航——徒步旅行、骑山地自行车，甚至打高尔夫球。他们用嘴发出咔嗒声，倾听物体反射的微小回声，这一过程被称为回声定位，类似于蝙蝠四处飞翔寻找食物时的做法。在盲人的回声定位器中，视觉皮层会对产生回声的声音做出反应——带有物体大小和位置信息的声音——但不会对没有回声的其他声音做出反应（Thaler，Arnott & Goodale，2011）。

和视觉一样，听觉在我们日常生活中有着重要的作用，帮助我们理解和应对周围的世界。因此，理解这两种核心感觉背后的基本生物机制和格式塔原则对理解人类知觉至关重要。但是，我们对视觉和听觉的回顾并不能解决关于这些过程的所有问题。那么阈下信息呢——它们真的能改变人们的行为吗？就此而言，听众真的能听到并加工隐藏在流行音乐中的反向信息吗？的确，知觉可以发生在我们的意识之外。我们能够在没有意识的时候看到、听到、触摸到、闻到东西，这些经验影响我们的行为。但是，你可能听到过许多关于这种无意识信念的不太传统的说法——比如那些关于音乐中隐藏的反向信息的说法——这些说法更接近于有科学依据的都市传说。

Bill Greenblat/Newsmakers/Hulton Archive/Getty Images

在 2000 年的美国总统大选中，乔治·W. 布什（George W. Bush）的一则竞选广告引发了争议。在该广告中，"官僚"（bureaucrats）一词出现了，用以批评布什的对手阿尔·戈尔（Al Gore）。但当你仔细观察时，你会发现在整个单词以较小的字体排列到位之前，单词的最后四个字母——R‐A‐T‐S——以巨大的字体在屏幕上短暂地闪现。布什说戈尔是老鼠吗？更重要的是，这样的事情会影响选民的印象吗？

日志5.3　批判性思维：定义术语

奥齐·奥斯本（Ozzy Osbourne）、克里斯·马汀（Chris Martin）、威廉（Will. i. am）和戴夫·格罗尔（Dave Grohl）有什么共同点吗（除了都是音乐家）？由于他们的职业，他们都遭受了明显的、严重的听力损伤。听力损伤是如何发生的？

模块 5.3　小考

1. 对应声波的频率这一物理属性的听觉心理学维度是_____。

   A. 音色　　B. 响度　　C. 音高　　D. 复杂性

2. 尼尔的声音听起来像鼻音，汤姆的声音听起来沙哑。听觉的哪种心理学维度描述了这两种现象的差异？

   A. 音高　　B. 音色　　C. 频率　　D. 强度

3. 听觉的感受器细胞叫作_____，这种细胞在大的噪声中会被不可逆转地破坏。

   A. 基底膜　　　　　　B. 毛细胞

   C. 柯蒂氏器　　　　　D. 耳蜗细胞

4. 人类通常有两只耳朵，这一事实有助于声音定位（确定声波传播的方向）。这一过程是如何起作用的呢？

   A. 来自特定方向的声波可能会先到达其中一只耳朵，这让我们能够确定声音的相对位置

   B. 来自每只耳朵的信息通过其各自的听觉神经传到脑，脑中有专门的定位细胞对信息进行解码

   C. 两只耳朵可以让人类听到立体声，立体声的声音比单音的声音传播得更快

   D. 复杂的加工过程允许一只耳朵解码声波的音色，而另一只耳朵解码声音的强度；这些信息在脑中重新组合

5. 关于阈下信息，以下结论哪个最正确？

   A. 阈下信息最有可能影响已经处于相关动机状态的个体行为

   B. 脑的特定区域已经进化，从而使人们能够从讲话或音乐中获取反向信息

   C. 没有意识，是不可能发生知觉的

   D. 阈下信息最常见、最具影响力的一种形式是回声定位

5.4　其他感觉

由于视觉和听觉对人类生存的重要性，心理学家一直对这些感觉特别感兴趣。然而，随着人们越来越意识到其他感觉对我们生活的影响，加之新方法的出现，对其他感觉的研究正在迅速发展。

5.4.A　味觉：美味的感觉

学习目标 5.4.A　识别人类舌头的主要结构，并列举被人类知觉的五种基本味觉

味觉的产生是因为化学物质刺激了口腔中的数千个感受器。这些感受器主要位于舌头上，但也有一些位于喉咙、脸颊内侧和上颚。如果你对着镜子

看你的舌头，你会注意到许多小凸起，它们被称为**乳状突**（papillae）（源自拉丁语，意为"粉刺"），它们有几种形式。除了一种形式以外，在所有其他形式中，每个乳状突的侧面都排列着**味蕾**（taste buds），近看有点像分隔的橙子（见图 5.14）。由于基因差异，人类舌头上有少则 500 个或多则 10 000 个味蕾（Miller & Reedy，1990）。

味蕾通常被错误地称为味觉感受器。实际上，感受器细胞位于味蕾的内部，一个味蕾有 15～50 个感受器细胞。这些细胞将细小的纤维从味蕾的开口处释放出来；感受器位于这些纤维上。大约每 10 天，新的感受器细胞就会替代旧的感受器细胞。但是，40 岁以后，味蕾（连同感受器）的数量就会下降。有趣的是，舌头的中央没有味蕾，就像眼睛的盲点一样。但是，你通常不会注意到感觉缺失，因为脑填补了这个空白。

ESB Professional/Shutterstock

心理学家研究的感觉不只包括视觉和听觉。

乳状突

舌头上球状的突起，包含味蕾。

味蕾

味觉感受器细胞的巢。

互动

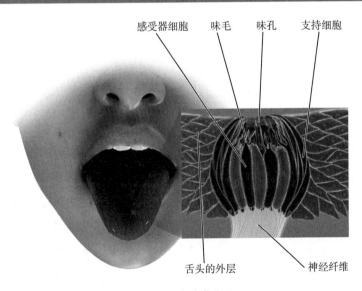

感受器细胞　味毛　味孔　支持细胞

舌头的外层　　　神经纤维

图 5.14　味觉感受器

四种基本的味觉是我们进化产物的一部分：咸、酸、苦、甜，每一种都是由不同的化学物质产生的。它们对应的感受器对分子进行调节，这些分子会向我们发出好的或危险的味道提醒：苦味帮助我们发现毒药；甜味会吸引我们去摄取具有生物学意义的糖，比如水果中的糖；咸味使我们能够识别钠——一种对生存至关重要的矿物质；酸味让我们避免了可能会伤害组织的高浓度酸（Bartoshul & Snyder，2012）。所有的基本味觉都可以在舌头上任何有感受器的地方被知觉到，而且这些区域之间的差别很小。当你咬一个鸡蛋、一片面包或一个橘子时，它独特的味道是由这些味觉的某种组合组成的。

一些研究者认为我们有第五种基本的味觉——鲜味，即味精的味道（monosodium glutamate，MSG），据说这能让我们检测出富含蛋白质的食物。研究者正在舌头上搜索可能的感受器。20世纪初，日本化学家发现鲜味是风味增强剂。（这个单词没有精确的英语表达，但是"可口的"或"风味极佳的"最接近。）对鲜味的研究主要是由味精行业资助的，对鲜味的发现是有争议的。在大多数含有蛋白质的食物中，人们对鲜味的知觉和人们对甜甜圈中糖的知觉不一样，人们对鲜味的反应也大不相同（Bartoshuk，2009）。一个研究小组也提出了另一种基本的味觉——油脂味，指的是脂肪的味道。它似乎不同于其他味觉，也不同于通过质地和气味知觉脂肪（Running，Craig & Mattes，2015）。

每个人都知道，人们生活在心理学家琳达·巴特舒克（Linda Bartoshuk，2000）所说的不同的"味觉世界"中。有些人喜欢花椰菜，有些人不喜欢。有些人能吃火辣辣的辣椒，其他人则不能忍受最温和的墨西哥辣椒。或许没有什么食物比香菜更能将人分开。网上都在抱怨那些看上去无害的绿叶，香菜的批评者认为它的味道像肥皂。是什么导致了这些味觉差异？

根据巴特舒克的研究，大约25%的人生活在一个"霓虹"的味觉世界中。在这些味觉超敏感者中，女性、亚裔、西班牙裔和黑人占多数，他们的乳状突小而密集（Reedy et al.，1993）。对于他们来说，苦的食物如咖啡、奎宁（奎宁水中的苦味成分）和许多蔬菜让其不舒服——其程度至少是他人的两倍。味觉超敏感者也会觉得甜的味道更甜、咸的味道更咸，而且他们会因生姜、胡椒和辣椒等而感到更"灼烧"（Bartoshuk et al.，1998；Cena & Oggioni，2016）。

人与人之间的味觉差异部分是基因的问题。事实上，最近的研究已经表明，人们对苦味和香菜的知觉有遗传基础（Eriksson et al.，2012；Knaapila et al.，2012；Reed et al.，1999）。但是，文化和学习也有重要作用。许多西方人喜欢原始的食物如牡蛎，但对在亚洲国家流行的其他原始海鲜感到反感，如海胆。即使在一种既定的文化中，人们也有不同的味觉偏好。对香荚兰、胡萝卜、大蒜、八角、辛辣调料和薄荷等各种食材的滋味偏好都可以通过羊水遗传给胎儿或通过母乳遗传给新生儿，并带来长期的影响（Beauchamp & Mennella，2011；Mennella et al.，2011）。吃过咸味食物的婴儿到学龄前更偏好咸味食物（Stein，Cowart & Beauchamp，2012）。

甚至生病也影响味觉。如果你曾经患过耳部感染，它可能改变了你舌头上的神经活动，并改变了你的味觉。当你鼻子不通气的时候，你可能很难尝出食物的味道，因为食物的气味会影响它的味道。我们所谓的"味道"其实是我们放入口中的食物所释放出的气味。事实上，如果我们闻不到气味，如巧克力和香草的气味，那么我们几乎品尝不出它们有什么味道（见图5.15）。大多数有味觉识别障碍的人都是嗅觉出了问题，而不是味觉出了问题。

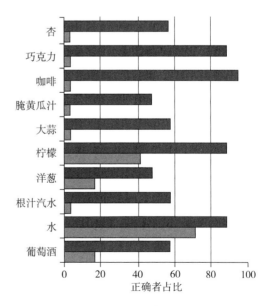

图 5.15 味觉测试

纯色图显示的是,当可以闻到气味时,能够识别放在舌头上的物质的味道的人所占的比例。条纹图显示的是,当不能闻到这种物质的气味时,能够识别这种物质的人所占的比例(Mozell et al.,1969)。

因此,你的味觉体验不仅由一个因素例如基因决定,还由生病感染、嗅觉、文化偏好、接触其他文化的食物,以及父母教给你的东西决定。这就是为什么你能够学会喜欢你以前认为没有吸引力的食物——即使你内心继续坚持认为,在任何情况下你永远不会喜欢球芽甘蓝。

Ryan McVay/Photodisc/Getty Images

证明嗅觉可以增强味觉。捏住你的鼻子,咬一口苹果片,然后再咬一口生土豆片。你会发现你尝不出有什么不同。如果你认为你尝出了不同的味道,或许是你的期望影响了你的反应。试着做同样的事情,但是这次闭上你的眼睛,让别人喂你。你还能分辨出它们吗?用调味软糖做这个小测试会更有趣。它们尝起来仍然很甜,但你可能无法分辨出不同的味道。

5.4.B 嗅觉:对气味的感觉

学习目标 5.4.B 描述从嗅觉感受器到大脑皮层的基本通路

当你考虑如何应对你周围的世界时,嗅觉可能不是你第一个想到的东西。当然,和猎犬或许多其他动物物种相比,我们的嗅觉似乎不够灵敏。但是,

不要低估你的嗅觉!人类的嗅觉实际上相当好,人类可以探测到复杂机器无法探测到的香气。

嗅觉感受器是一种特殊的神经元,嵌在鼻道上部、眼睛下方的一小块黏膜上(见图 5.16)。每个鼻腔中有数百万个感受器以对空气中的化学分子(水蒸气)做出反应。当你吸气时,这些分子会被吸入鼻腔,但它们也可以从口腔进入,像烟囱里的烟一样从喉咙飘上来。这些分子触发感受器的反应,这些感受器结合起来会产生新鲜烤面包的酵母味或咖喱的辛辣味。来自感受器的信号通过由感受器的轴突组成的嗅觉神经传递到脑中的嗅球,再从嗅球传到脑的高级区域。

互动

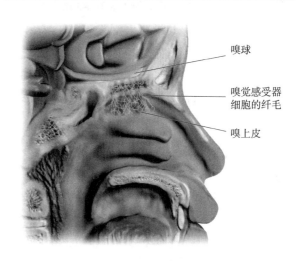

图 5.16 嗅觉感受器

空气中的化学分子(水蒸气)进入鼻子,并在嗅觉感受器所在的鼻腔内循环。这些感受器的轴突组成了嗅觉神经,将信号传递给脑。当你吸气时,更多的水蒸气进入鼻子,加速循环。水蒸气也可以经由咽喉的通道从口腔到达鼻腔。

弄清楚嗅觉的神经密码是一项真正的挑战。我们闻到的大约 10 000 种气味(腐烂味、烧焦味、麝香味、水果味、鱼味、辛辣味……)都很重要。此外,大约有 1 000 种感受器存在,每种感受器对一种气味分子结

构的一部分做出反应（Axel，1995；Buck & Axel，1991；Nakamoto，2015）。不同的气味激活独特的感受器组合，不同类型的感受器发出的信号在脑的单个神经元中结合。有些神经元似乎只对特定的混合气味做出反应，而不是对混合气味中的个别气味做出反应，这也许可以解释为什么丁香和玫瑰的混合气味可能被认为是康乃馨，而不是两种不同的气味（Zou & Buck，2006）。

当然，与人类相比，一些动物能够闻出会使人类受伤的东西。在机场，狗能检测人类行李箱中的毒品、炸弹等违禁品；在临床上，狗可通过闻一个人的呼吸来检测癌症（Sonoda et al.，2011）。不只是狗有非常有用的嗅觉；在非洲，老鼠可以帮助发现患有未确诊结核病的人（Mgode et al.，2012）。许多非人类动物之所以进化出嗅觉天赋，是因为嗅觉对这些动物的生存至关重要。

虽然嗅觉对人类的生存没那么重要，但它仍然很重要。我们通过闻到烟味、腐烂的食物味和煤气味来感知危险，所以嗅觉存在缺陷不是一件小事。这样一种缺陷可能来自嗅觉神经的感染、疾病、受伤或吸烟。例如，嗅觉受损似乎是痴呆的早期标志，因为痴呆的脑病理也会影响嗅球（Devanand et al.，2015；Roberts et al.，2016；Stanciu et al.，2014）。因为测试人们的气味识别缺陷是简单、安全、低成本的，所以研究人员正在评估这类测试在临床实践中的可能用途，以帮助识别有痴呆风险的个体。

气味也会对我们的心理产生影响，这就是为什么我们会买香水、送散发香味的鲜花，并确保在房地产开盘期间烤箱里有饼干。也许是因为脑的嗅觉中心与加工记忆和情绪的脑区有关，特定的气味经常能唤起生动的、有感情色彩的记忆（Herz & Cupchik，1995；Reid et al.，2015）。气味还会影响人们的日常行为（Pazzaglia，2015），这就是为什么购物中心和酒店经常安装香薰机——希望能让你有一个好心情。

5.4. C　皮肤感觉

学习目标 5.4. C　列举人类知觉的四种基本的皮肤感觉

皮肤不仅仅能保护我们的身体。我们两平方码的皮肤帮助我们识别物体，并与他人建立亲密关系。通过提供我们和其他事物之间的一个边界，皮肤也给我们一种我们不同于环境的感觉。

基本的皮肤感觉包括触摸（或压力）、温暖、寒冷和疼痛。瘙痒、发痒和令人疼痛的灼烧感似乎是它们的变异。虽然皮肤上的某些部位对四种基本的皮肤感觉非常敏感，但多年来，除了压力以外，科学家们很难发现针对这些感觉的独特感受器和神经纤维。但随后瑞典的研究人员发现了一种神经纤维，似乎与组胺引起的瘙痒有关（Schmelz et al.，1997）。另一个研究小组发现，能检测到烧伤或鼻子被打产生的疼痛的纤维似乎也能检测到与组胺无关且抗组胺药物无法缓解的病态瘙痒（Johanek et al.，2008）。科学家也确认了一种可能的冷觉感受器（McKemy，Neuhausser & Julius，2002；Peier et al.，2002）。

或许还会发现用于其他皮肤感觉的特殊纤维。与此同时，触摸的许多方面仍然令人困惑，比如，为什么快速、连续地轻轻触摸邻近的压力点会产生瘙痒感，为什么抓挠会减轻（有时会加重）瘙痒感。破解皮肤感觉的信息将最终告诉我们，我们如何能够区分砂纸和天鹅绒、胶水和油脂。

5.4. D　疼痛的秘密

学习目标 5.4. D　描述门控理论原则，解释什么是幻痛以及治疗它的新方法

疼痛，既是皮肤的感觉，也是内在的感觉，受到了研究者的特别关注。疼痛与其他感觉的一个重要的区别是：即使产生疼痛的刺激消除了，这种感觉仍可能持续，有时长达数年。慢性疼痛会打乱和摧毁一个人的生活，给身体带来压力，导致抑郁和绝望。理解疼痛的生理机制一直是一项巨大的挑战，因为不同类型的疼痛（源自一根刺、一块瘀伤或一个滚烫的烙印）涉及不同的化学变化，损伤或疾病部位、脊髓和脑的神经元活动的不同变化。疼痛涉及几种化学物质，也涉及支持神经元的神经胶质细胞；神经胶质细胞释放出会加重疼痛的炎性物质（Watkins & Maier, 2003）。但是，我们主要关注疼痛的一般理论以及影响疼痛体验的心理因素。

Jeff Riedel/Contour by Getty Images

由于一种罕见的情况，阿什林·布洛克尔（Ashlyn Blocker）无法感觉到疼痛。这意味着，她需要定期检查是否受伤。严重的慢性疼痛给数百万人带来可怕的痛苦，但是中度的、短暂的疼痛是有用的，因为它提醒我们受伤了。

多年来，最具影响力的疼痛理论是**门控理论**（gate-control theory），该理论由加拿大心理学家罗纳德·梅尔扎克（Ronald Melzack）和英国生理学家帕特里克·沃尔（Patrick Wall）于1965年首次提出。根据这个理论，疼痛脉冲必须通过脊髓中的一个"闸门"。这个"闸门"并不是一个真正的结构，而是一种神经活动模式，它要么阻断来自皮肤、肌肉和内部器官的疼痛信号，要么让这些信号通过。正常情况下，由于对压力和其他刺激做出反应的大纤维发出的脉冲或来自脑本身的下行信号传入脊髓，"闸门"一直关闭。但是当身体组织受伤时，大纤维被破坏，小纤维打开大门，让疼痛信号不受限制地到达脑。门控理论正确地预测了轻微的压力，或其他类型的刺激可以通过关闭脊髓"闸门"来干扰严重的或持久的疼痛。当我们用力摩擦受伤的肘部，或用冷敷、热敷或药膏治疗受伤部位时，就是在运用这个原则。

门控理论

一种认为疼痛的体验部分取决于疼痛脉冲是否通过脊髓中的神经"闸门"，从而到达脑的理论。

根据门控理论，脑不仅对来自感觉神经的输入信号做出反应，也能完全靠自己产生疼痛（Melzack, 1992, Melzack, 1993）。脑中神经元的广泛矩阵（网络）让我们对自己的身体和身体部位有一种感觉。当这个矩阵产生异常的活动模式时，就会产生疼痛感。脑产生疼痛感的能力有助于解释许多没有任何损伤或疾病迹象的严重的慢性疼痛。

由于现在的技术允许科学家们在分子和细胞水平上研究疼痛，我们知道，门控理论虽然有用，但还不完整（Mendell, 2014）。疼痛也可能是由中枢神经系统（CNS）神经元的敏感性变化引起的。例如，当动物的爪子被反复地加热时，爪子和皮肤上的疼痛感受器就会兴奋起来，并能保持几个小时的敏感。在这段时间里，即使是轻微的、无害的触摸也会激活疼痛感受器，对受伤部位施以麻醉也不会使疼痛感受器恢复正常。这一发现表明，中枢神经系统水平的变化有助于解释曾经无害的刺激最终如何导致疼痛（Latremoliere & Woolf, 2009）。

一种极端的无损伤的疼痛是**幻痛**（phantom pain），即一个人持续感到似乎是来自被截肢的手臂或腿的疼痛。高达 90% 的截肢者遭受幻痛的折磨。患者可能会感到与手术前一样的疼痛、灼烧或剧痛，如褥疮、小腿抽筋、脚趾搏动或趾甲内生引起的。即使脊髓被完全切断，截肢者也经常报告被切断下方区域的幻痛。即使没有神经脉冲受阻或让神经脉冲通过脊髓"闸门"，疼痛也会持续且难以忍受。

对幻痛的一个主要解释是，脑自我重组了：感觉皮层中原先与身体缺失部分对应的脑区被来自另一个脑区（通常是与脸部对应的脑区）的神经元"入侵"了。高级脑中心然后将这些神经元的信息解释成来自身体缺失部分（Cruz et al.，2005；Ramachandran & Blakeslee，1998）。尽管缺失的肢体不再通过触摸和内部感觉来发送信号，但这些信号的记忆仍然存在于神经系统中，包括截肢前产生的疼痛、瘫痪和痉挛感觉的记忆。结果是，脑中出现了一个不准确的"身体地图"，疼痛信号无法被关闭。

幻痛

缺失的肢体或身体其他部位疼痛的经历。

维兰努亚·拉玛钱德朗（Vilayanur Ramachandran）是第一次提出这个理论的神经学家，他发展了一个极其简单但有效的治疗幻痛的方法。拉玛钱德朗想知道是否能设计出一种幻觉来欺骗患有幻痛的截肢者的脑，使其知觉到失去的肢体是活动的、没有疼痛的。他将镜子垂直放置在患者边上，这样截肢者完好无损的手臂就能在镜子中反射出来。从截肢者的角度来看，结果是产生了拥有两条功能手臂的错觉。然后，截肢者被要求一边看着镜子、一边同步移动双臂。现在这项技术已经被很多人使用。有了这项技术，脑会误认为主人有两条健康的手臂或腿，重新同步信号，幻痛就消失了（Ramachandran & Altschuler，2009）。神经学家已经在美国退伍军人身上测试了这

种方法，他们发现这种方法比控制疗法更成功。在控制疗法中，患者只是在精神上想象自己拥有完好的四肢（Anderson-Barnes et al.，2009；Chan et al.，2007；Griffin et al.，2017）。

我们大多数人都能体验到由一种类似拉玛钱德朗所建立的机制所引起的幻觉。想象你坐在那里，双臂搁在桌子上。在你的手臂之间竖有一道屏幕，这样你可以看到你的左臂而不是你的右臂。但在屏幕前，当然也在你的视野中，有一只全尺寸的、橡胶制成的右手。你被要求集中注意力在橡胶手上，此时，实验者拿着两支小画笔同时轻轻触碰你的左手和橡皮手。你认为你能感觉到画笔对橡胶手的触碰吗？

难以相信，答案是能！在这个被称为"橡胶手错觉"的研究中，人们报告他们感觉到画笔触碰到了橡胶手，而又感觉橡胶手像是他们自己的手（Botvinick & Cohen，1998；Kammers et al.，2009）。这些人并没有妄想。通常，我们的视觉、感受和了解身体各部分在做什么的能力都是紧密协调的。但在橡胶手错觉中，你的脑试图通过"接受"橡胶手是自己的，"否认"你真正的右手，来调和这种不寻常的情况。这种令人着迷的现象在最近的研究中得到了重复（Barnsley et al.，2011；Longo & Haggard，2012；Ramachandran，Krause & Case，2011）。

5.4.E　内部环境

学习目标 5.4.E　讨论能够让我们监控自身内部环境的两种感觉

我们通常认为我们的感觉是通往我们周围世界的管道，但有两种感觉让我们了解自己身体的运动。**动觉**（kinesthesis）告诉我们身体部位的位置，并让我们知道它们何时运动。这些信息是由位于肌肉、关节和肌腱中的疼痛和压力感受器提供的。如果没有动觉，你在做任何有意动作时都会有困难。想想看，当你的腿"睡着了"时，行走是多么困难；当牙医对你的下巴进行麻醉时，咀嚼是多么令人尴尬。

平衡觉（equilibrium）或者说平衡的感觉，给了我们关于我们身体整体的信息。除了视觉和触觉，平衡觉能让我们知道我们是直立还是倒立，还能告诉我们何时坠落或旋转。平衡觉主要依赖内耳的三个**半规管**（semicircular canals）（见图 5.13）。这些细管充满液体，当头部旋转时，液体就会移动并压迫细微的感受器。感受器开始传递信息，这些信息通过与听力无关的一些听觉神经传递。

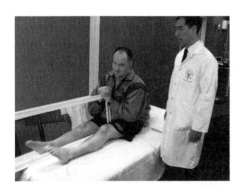

Courtesy of US Army Military History Institute

美国陆军中士尼古拉斯·波普尔（Nicholas Paupore）在伊拉克服役期间，右腿在一次爆炸中受伤，他经历了难以忍受的幻痛，即使是吗啡也不起作用。然后，他接受了一个简单的日常手术。镜子被放置在一个合适的角度来反射他完好的腿，欺骗他的脑记录两条健康的腿。疼痛几乎立刻消退了。治疗一年后，他只是偶尔有轻微的疼痛，也不需要药物治疗。在一些患者中，镜像治疗完全消除了幻痛。

Courtesy Proceedings of the National Academy of Sciences

演示橡胶手错觉。

动觉
身体位置和身体部位运动的感觉。

平衡觉
平衡的感觉。

半规管
内耳中的感受器，通过响应头部的旋转来保持平衡。

正常情况下，动觉和平衡觉共同作用，给我们一种关于我们自己的身体现实的感觉，即感觉有一些我们认为理所当然但实际不应该出现的东西。奥利弗·沙克斯（Oliver Sacks, 1998）讲述了一个令人心碎的故事：一位年轻的英国女子克里斯蒂娜，由于一种神秘的炎症，动觉神经纤维遭受了不可逆转的损伤。起初，克里斯蒂娜像布娃娃一样软弱无力；她不能坐着，不能走，也不能站起来。然后，慢慢地，她学会了依靠视觉线索和纯粹的意志力去做这些事情。但是，她的动作仍然不自然；她必须用力抓住叉子，否则会把它弄掉。更重要的是，尽管她仍然对轻触皮肤保持敏感，但是她说她已经知觉不到自己的身体，她对沙克斯说："好像有什么东西从我身上挖了出来，就在中间。"

有了平衡觉，我们仿佛到达了感觉的终点（或者，至少是我们对感觉回顾的终点）。每一秒钟都有数百万个感觉信号到达脑，脑将这些信号结合起来，形成了我们所体验到的现实。

Sergey Nivens/Shutterstock

这个人显然具有非凡的运动才能和平衡能力。

心理学与你同行

为什么知觉比眼睛看到的多

你已经了解了知觉过程是如何将感觉信息组织成有意义的模式，但不要忘记知觉是有偏差的，就像在无生命物体中"看到"人脸的常见现象所证明的那样。此外，知觉会随着我们的心理状态而改变，而且人与人之间也会有所不同。以下这些因素是你应该牢记在心的，它们可能会影响我们知觉的内容或如何知觉。

1. **需要**。当我们对某件东西感兴趣或想要它时，我们就很有可能知觉到它。这就是为什么当屏幕上简短地闪现与饥饿有关的单词时，一个饥饿的人会比其他人更快地看到这些单词（Radel & Clément – Guillotin，2012；Wispé & Drambarean，1953）。人们还倾向于将他们想要的东西——如口渴时的水瓶、在游戏中可以赢的钱——相比于他们不想要或不需要的东西知觉成离他们更近。一些心理学家把这些有动机的知觉错误称为"一厢情愿"（Balcetis & Dunning，2010）。

2. **信念**。我们所认为的正确世界，会影响我们对模糊的感觉信号的解释。相信在日常物品上可以找到神圣信息的人报告他们在墙上、盘子、薯片和玉米饼上看到了宗教人物的图像。这样的画面引起极大的兴奋，但不可避免地会被世俗之事所解释。相信自己能与鬼魂交流的人可能会把含糊不清的声音解释为与来世交流的证据。比如在《未解之谜：超自然》（*Buzzfeed Unsolved：Supernatural*）系列中，主持人使用一个"幽灵盒子"来接收来自鬼魂的信息。这个"幽灵盒子"快速播放收音机中随机的声音片段——基本上是没有意义的噪声——但主持人将这些含糊不清的声音解释成鬼魂的话。

3. **情绪**。情绪可以影响我们对感觉信息的解释，就像一个怕黑的小孩看到挂在卧室门上的一件长袍以为是鬼。另外，情绪唤醒也可能会通过激活大脑视觉皮层来改善对刺激的知觉（D'Hondt et al.，2014；Lee et al.，2014；Padmala & Pessoa，2008），当试着确定一个不熟悉的环境是否危险时，这是有用的。焦虑和悲伤也能增强对疼痛的知觉（Wang，Jackson & Cai，2016；Wiech & Tracey，2009）。

4. **预期**。之前的经验或来自他人的指导能够导致预期，这样的预期会影响我们如何知觉这个世界（de Lange，Heilbron & Kok，2018）。预期迟早会派上用场，例如，当我们还没有真的听到单词时，它帮我们填词造句。

最近的网络爆红视频证明了预期影响知觉的可能性：在一个视频中，一个电子游戏片段发出了一种合成声音，听起来像是"头脑风暴"（brainstorm）或"绿针"（green needle），这取决于知觉者在听到这两个词之前脑子里想的是哪一个词；在另一个视频中，同样的音频片段可以被听成"劳雷尔"（Laurel）或"燕妮"（Yanny）。

预期也能降低我们对刺激的反应，否则会造成不愉快。一个典型的例子就是安慰剂效应，即人们在接受像糖丸（即安慰剂）这样的惰性治疗后，会感受到疼痛或其他症状减轻了。为什么会发生这种情况？至少部分安慰剂效应似乎仅仅是由改善的预期所驱动的。换句话说，简单地预期疼痛减轻可能与更少的知觉疼痛有关（Schedlowski et al.，2015）。

5. **文化**。不同的文化让人们在不同的知觉环境中生活。在一项来自 20 世纪 60 年代的经典研究中，研究者发现：与西方人相比，一些非洲部落的成员不太可能体验到缪勒 – 莱尔错觉（见图 5.10）和其他几何学错觉。研究人员观察到，在西方，人们生活在一个充满矩形结构的"木制"世界里。西方人也习惯于把二维的照片和绘画理解为三维世界的表现。因此，他们把缪勒 – 莱尔错觉中使用的角度解释为在空间中延伸的直角。在这项研究中，住在圆形小屋的非洲农村居民似乎更倾向于把图形中的线条看成二维的，这可以解释为什么他们不那么容易产生错觉（Segall，Campbell & Herskovits，1966；Segall et al.，1999）。

文化也通过塑造我们的刻板印象、引导我们的注意来影响知觉。例如，西方人在观看场景时，往往更关注人物，而很少关注背景。而东亚人则更注重整体语境以及人物与背景的关系。在一项记忆实验中，给来自日本和美国的参与者呈现生动的水下场景，其中有颜色鲜艳的鱼，它们比场景中的其他物体更大、移动更快。之后，两组都报告了同样数量的关于鱼的细节，但是日本参与者记住了背景中其他事物的更多细节，比如石头和植物（Miyamoto，Nisbett & Masuda，2006）。当旅行者处于另一种文化，并惊奇地发现该文化下的成员"以不同的方式看待事物"时，他们可能确实是正确的。

由 Mikey Pando 提供

思考与知觉相关的过程如何影响日常生活是重要的。例如，你知道自拍会让你的鼻子看起来比实际更大吗？比较12英寸（自拍）（左）和5英尺（右）的照片中鼻子的大小。医生们担心，自拍中对鼻子大小的扭曲知觉可能会促使更多的人去做整容手术，而且他们会对结果不太满意（Ward et al.，2018）。

日志5.4　批判性思维：提出问题，乐于思考

美国军方已经花费了一些时间和金钱来研究非致命性武器的发展，如找一种有害的、令人厌恶的，甚至可能在军事行动中使敌人丧失能力的气味。（在目前的测试中，人类粪便的气味明显胜出。为此出现了"恶臭的战争"的说法。）为什么气味有这种力量？嗅觉感受器和嗅觉知觉过程与其他感觉有何不同？为什么对某些气味的反应是即时的、普遍的？

模块5.4　小考

1. 以下哪个不是被舌头检测到的基本味觉？
   A. 辣　　　　　　　　B. 甜
   C. 苦　　　　　　　　D. 酸

2. 嗅觉神经由_____组成。
   A. 嗅觉感受器细胞的树突
   B. 嗅球的毛细胞
   C. 嗅觉感受器细胞的轴突
   D. 嗅球的集合

3. 和视觉或听觉相比，科学家对决定皮肤感觉的机制了解多少？
   A. 了解不充分
   B. 非常了解
   C. 一点也不了解
   D. 我们对皮肤感觉的了解要好于我们对听觉的了解，但是不如对视觉的了解

4. 帮助我们理解疼痛的一个主要理论是_____。
   A. 激活－整合模型　　B. 门控理论
   C. 细化－可能性模型　D. 感受器－损坏理论

5. 一个人的平衡感被称为_____。
   A. 外感受性　　　　　B. 动觉
   C. 前庭感觉　　　　　D. 平衡觉

写作分享：感觉和知觉

大多数人喜欢糖果、房间清新剂或大自然中的冬青的气味。但当被告知这是一种工业溶剂的气味时，一些人实际上会感到恶心。在这一章中，你已经读到类似这样的例子，在这些例子中，你会得到完全相同的感觉体验——条纹连衣裙的外观、香菜的味道、一个网络爆红音频片段——在不同的人中，或相同的人在不同的环境中会产生完全不同的知觉结果。使用其中一个（或其他）例子，讨论生物、心理和文化因素如

何在这些不同的知觉结果中发挥作用。

批判性思维演示

主张：人们可以嗅出恐惧

步骤 1. 批判这一主张

动物的嗅觉是惊人的。信天翁能够通过气味一次追踪水下猎物数英里。一些雄蛾的触角可以定位一英里外雌蛾的一个性激素分子。经过训练，狗可以利用嗅觉探测一系列目标，如毒品、爆炸物、臭虫、电子设备，甚至癌细胞。人类的嗅觉也不是太糟糕。甚至有人认为，人们可以嗅出恐惧。让我们把这个主张放在批判性思维的显微镜下。

步骤 2. 提出问题，乐于思考

在评价这项主张时，要问的一个问题是：这种能力是否会促进生存？也就是说，从进化的角度来看，利用气味来探测恐惧有什么好处？

对于以下段落中的每个空白，请从下方选项中选择适当的选项以完成句子。

许多与感觉和知觉有关的过程已经进化到最大限度地提高有机体生存的可能性。考虑以下和味觉有关的例子：(1) _____。当谈到恐惧时，迅速感觉到他人的恐惧对个人有利，因为 (2) _____。相应地，这与进化的角度 (3) _____，即人类拥有通过尽可能多的感觉输入来检测恐惧的能力。

1) a. 即使我们吃了让我们生病的食物，我们也会很快忘记那段经历，并在未来继续渴望那种食物

   b. 许多喜欢生吃牡蛎的美国人会因为其他文化中他们不太熟悉的生食而产生反感，比如海胆

   c. 精细的感受器让我们能够察觉苦味，帮助我们识别和避免潜在的毒药

2) a. 这可能表明了周围环境中迫在眉睫的威胁

   b. 对于表达恐惧，不同的文化有不同的标准

   c. 个体随之可以通过传递一种更积极的情绪来寻求补偿

3) a. 不一致

   b. 一致

步骤 3. 再次提出问题，乐于思考

另一个问题是：是否有证据表明，在嗅觉方面，人类还有其他令人印象深刻的能力？答案是肯定的。在一项研究中，100 名大学生持续 24 小时穿着相同的 T 恤，之后他们必须通过气味来识别哪件 T 恤是自己的。四分之三的人第一次就猜对了。

在另一项研究中，妈妈使用嗅觉来区分自己孩子的衬衫和无亲戚关系的他人的衬衫，有不止一个孩子的妈妈经常能够辨别出哪件衬衫是自己孩子的。

步骤 4. 检查证据

我们如何测量嗅觉恐惧检测呢？研究者进行了一项研究，让人们在观看恐怖片或喜剧片时，在腋下放置气垫。这些气垫被存储在密封的瓶子里，然后呈现给另外一组参与者，以进行气味测试。当要求猜测哪个瓶子装有产生恐惧的人的气味时，参与者通常的表现在随机水平之上；至少在某种程度上，他们能够发现恐惧。

步骤 5. 进一步提出问题，乐于思考

这些令人激动和惊讶的发现需要努力去复制；它们还促使我们提出更多值得进一步研究的问题。

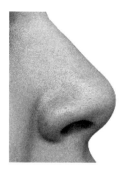

Big Foot Productions/ Shutterstock

每个人的嗅觉灵敏度是相同的吗？在刚刚描述的一项研究中，陈和哈维兰 - 琼斯（Chen & Haviland - Jones，2000）发现男性和女性参与者同样善于察觉恐惧的气味。但在检测快乐的气味时，女性的表现更好。

Markus Beck. Shutterstock

恐惧的气味如何改变一个人的行为？据推测，嗅觉恐惧检测的适应性目的是让个体保持警惕并为行动做好准备。事实上，陈、凯特戴尔和卢卡斯（Chen, Katdare & Lucas, 2006）发现，在认知反应类任务中，暴露在恐惧汗液气味中的参与者表现出了更快的速度和更高的准确性。

Dalibor Sevaljevic/ Shutterstock

那么，人类性信息素的可能性又如何呢？有些公司出售的古龙水含有类固醇，如雄二烯酮（在男性的汗液和精液中发现）和乙烯基烯醇（在女性的尿液中发现），公司声称它们可以提高性吸引力。但是，在最近的研究中，哈雷等（Hare et al., 2017）发现，没有证据表明性信息素会影响人们对异性面孔的吸引力评级。

步骤 6. 权衡结论

当被要求评价五种感觉的重要性时，人们把嗅觉放在了最后。相对而言，我们对自己的嗅觉能力缺乏信心。但是，至少在某种程度上，人们可以嗅出恐惧。这种通过多种感觉输入检测恐惧

的能力，带来了潜在的生存益处。

我们的批判性回顾显示，人体气味可以传递有关情绪状态的信息。简言之，你的鼻子知道的比你想象的多。

答案：1）c, 2）a, 3）b

总结：感觉和知觉

5.1　我们的感觉

学习目标 5.1. A　区分感觉和知觉，并解释神经特殊能量学说和联觉如何有助于我们理解感觉模式

感觉是由于环境或内部事件而对物理能量的觉察和直接体验。知觉是一个过程，通过这个过程感觉脉冲被组织和解释。感觉始于感觉感受器，它把刺激的能量转换成电脉冲，然后沿着神经传到脑。不同的感觉可以用神经系统的结构密码（如神经特殊能量学说所述）和功能密码来解释。有时会发生从一种模态到另一种模态的感觉交叉。而在联觉中，一种模态的感觉始终会唤起另一种模态的感觉，但这种体验很少见。

学习目标 5.1. B　区分绝对感觉阈限、差别感觉阈限、信号检测

专门从事心理物理学的心理学家通过测量绝对感觉阈限和差别感觉阈限研究了感觉敏感度。然而，信号检测论认为，检测任务中的反应既依赖感觉过程，也依赖决策过程，并且会随着人的动机、警觉程度和预期而变化。

学习目标 5.1. C　讨论为什么感觉适应原则能帮助我们理解人类知觉系统是如何工作的

我们的感觉是为了对环境的变化和对比做出反应而设计的。当刺激不变时，感觉适应就会发生。太少的刺激会导致感觉剥夺。

学习目标5.1.D　选择性注意和非注意盲视是如何相关的

选择性注意使我们能够专注于重要的事情，从而防止我们被刺激所淹没，但它也剥夺了我们可能需要的感觉信息，就像在非注意盲视中一样。

5.2　视觉

学习目标5.2.A　描述视觉的三个心理学维度和光的三个物理属性

刺激视觉的是光，它是一种电磁辐射。视觉受到光的波长、强度和复杂性的影响，光的波长、强度和复杂性产生视觉体验的心理学维度——色调、亮度和饱和度。

学习目标5.2.B　界定人眼的结构和细胞，追踪光线从角膜到视神经的路径

视觉感受器——视杆细胞和视锥细胞位于眼睛的视网膜上。它们（通过其他细胞）将信号发送到神经节细胞，最终到达视神经，再由视神经将视觉信息传送到脑。视杆细胞负责在昏暗光线下的视觉；视锥细胞负责色觉。

学习目标5.2.C　总结视觉系统不仅是一台照相机的证据

视觉世界的特定方面，比如不同方向的线条，被脑视觉区域的特征检测细胞检测到。其中一些细胞对复杂模式的反应最大，脑中有三组独立的细胞帮助我们识别面孔、位置和身体。

学习目标5.2.D　比较色彩视觉的三原色理论和对立过程理论

颜色视觉的三原色理论和对立过程理论适用于视觉加工的不同阶段。在第一阶段，视网膜中的三种视锥细胞对不同波长的光有选择性地做出反应。在第二阶段，视网膜和丘脑中的对立过程细胞对短波光和长波光做出相反的反应。

学习目标5.2.E　总结指导形状知觉、深度和距离知觉、视觉恒常性和视错觉的原则和过程

知觉涉及时时刻刻对世界模型的积极建构。格式塔原则（例如，形状/背景、接近性、封闭性、相似性、连续性）描述了脑知觉形式所使用的视觉策略。我们利用对深度的双眼线索和单眼线索定位视觉空间中的物体。知觉恒常性让我们认为物体是稳定的，尽管它们产生的感觉模式会发生变化。当感觉线索被误导或我们误解线索时，就会出现知觉错觉。

5.3　听觉

学习目标5.3.A　描述听觉的三个心理学维度和声音的三个物理属性

听觉受到空气或其他传播介质中压力波的强度、频率和复杂性的影响，与声音的响度、音高和音色体验相对应。

学习目标5.3.B　界定人耳的主要结构，并描述每个部分的功能

听觉感受器是嵌在基底膜内的毛细胞（上面有纤毛），基底膜位于耳蜗内部的柯蒂氏器上。这些感受器将信号传递到听觉神经。我们听到的声音是由毛细胞的运动模式决定的，这会产生不同的神经密码。

学习目标5.3.C　举例说明适用于构建听觉世界的知觉格式塔原则

格式塔原则（例如接近性、形状/背景、连续性、相似性）帮助我们理解听觉世界。当我们定位声音时，我们以压力波到达我们每只耳朵的细微差别为线索。一些盲人能够使用回声定位来导航。

5.4　其他感觉

学习目标5.4.A　识别人类舌头的主要结构，并列举被人类知觉的五种基本味觉

味觉是一种化学感觉。舌头上的突起称为乳状突，它包含许多味蕾，而味蕾又包含味觉感受器。基本的味觉包括咸、酸、苦、甜。最近，鲜味和油脂味分别与蛋白质和脂肪的味道有关，也作为基本味觉被提出，这些问题的研究仍在进行中。

学习目标 5.4.B　描述从嗅觉感受器到大脑皮层的基本通路

嗅觉也是一种化学感觉。还没有确定基本的气味有哪些。存在多达 1 000 种不同的感受器。但是，研究者已经发现不同气味会激活不同类型的感受器的独特结合，研究者已经确认了一些结合。

学习目标 5.4.C　列举人类知觉的四种基本的皮肤感觉

皮肤感觉包括触摸（压力）、温暖、寒冷、疼痛（及其变异，如发痒和瘙痒）。一些针对瘙痒的感受器和针对寒冷的一种可能的感受器已经被发现了。

学习目标 5.4.D　描述门控理论原则，解释什么是幻痛以及治疗它的新方法

疼痛在生理上是复杂的，包括几种不同化学物质的释放和神经元及神经胶质细胞的变化。根据门控理论，疼痛的体验取决于神经脉冲是否通过脊髓中的"闸门"到达脑；此外，即使没有来自感觉神经元的信号，脑中的神经元矩阵也能产生疼痛。一种关于幻痛的主流理论认为，当脑在截肢或切除身体某器官后重新连接时，就会产生幻痛。镜子可以用来欺骗脑，让它记录下健康四肢的存在，从而减少疼痛。

学习目标 5.4.E　讨论能够让我们监控自身内部环境的两种感觉

动觉告诉我们身体各部分的位置，平衡觉告诉我们身体作为一个整体的方向。总之，这两种感觉给我们提供了一种物理具体化的感觉。

第 5 章测试

1. 人类神经系统使用哪两种编码来将感觉信息转化为知觉？
   A. 中央和外周　　　B. 直接和间接
   C. 结构和功能　　　D. 有说服力的和轰鸣的

2. 根据信号检测论，在有无刺激的情况下，一个人有几种反应方式？当一个人说信号出现了而实际

上信号并没有出现时，这被称为什么？
   A. 虚报　　　　　　B. 漏报
   C. 击中　　　　　　D. 正确拒绝

3. 想想你的舌头在嘴里静止的感觉。想象它对牙齿施加的轻微压力。想想它的大小和形状。五分钟前，你很有可能没在想自己的舌头。五分钟后，你也不会一直专注于舌头在嘴里的感觉。你对舌头受到持续刺激的反应下降，这被称为_____。
   A. 刺激恒常性　　　B. 感觉剥夺
   C. 感觉适应　　　　D. 刺激泛化

4. 吉塔全神贯注地看她最喜欢的电视节目。当她室友出现在她身边并大喊"吉塔！你没有听到电话铃响了五分钟吗?!"时，她吓了一大跳。为什么吉塔对她室友的喊叫和明显的电话铃响视而不见？
   A. 她选择性地将注意力投入到电视节目上
   B. 她处于一种感觉剥夺状态
   C. 她有主动的心盲
   D. 她有一种非注意力缺失

5. 色调的心理学维度对应光的_____物理属性，就像_____的心理学维度对应光的复杂性物理属性。
   A. 频率；强度　　　B. 亮度；饱和度
   C. 强度；亮度　　　D. 波长；饱和度

6. 视神经由来自_____的成束的轴突构成。
   A. 神经节细胞　　　B. 视杆细胞
   C. 双极神经元　　　D. 视锥细胞

7. 有选择地对水平线、垂直线或环境中的面孔做出反应的特定细胞都是_____的例子。
   A. 双极神经元　　　B. 特征检测细胞
   C. 神经节细胞　　　D. 树突放射

8. 对立过程理论认为，视觉系统中的一些细胞对蓝色的/黄色的、亮的/暗的和_____光的波长做出反应。
   A. 红色的/蓝色的　　B. 橘色的/紫色的
   C. 红色的/绿色的　　D. 黄色的/绿色的

9. 在深度和距离知觉中，会聚和视网膜像差都是_____的例子。

A. 单眼线索　　　　B. 双眼线索

C. 格式塔原则　　　D. 知觉恒常性

10. 分贝是测量声波的_____的方式。

A. 音高　　　　　　B. 频率

C. 复杂性　　　　　D. 强度

11. 人耳中三个微小的骨头是_____

A. 砧骨、锤骨和镫骨

B. 鼓、木槌和门闩

C. 纤毛、基底和鼓

D. 情感、精神和理性

12. 亚历克斯正在用他的吉他弹奏一个复杂的重复乐段，盖瑞加入进来，用贝斯弹奏一个同样复杂的重复乐段。由于_____格式塔原则，你能够跟随亚历克斯演奏的一连串音符并欣赏旋律。

A. 良好形状　　　　B. 封闭性

C. 相似性　　　　　D. 连续性

13. _____是舌头上微小的突起，它们含有_____。

A. 马约兰；耳蜗　　B. 鳞茎；纤毛

C. 味蕾；基底细胞　D. 乳状突；味蕾

14. 人类大约可以检测到多少种气味？

A. 5 000　　　　　　B. 1 000

C. 10 000　　　　　 D. 50 000

15. 人类皮肤能感觉温暖、寒冷、疼痛和_____。

A. 热　　　　　　　B. 刺激

C. 压力　　　　　　D. 刺穿

16. 乔治完成了4年的服役，回来时，很遗憾他的右胳膊没了。即使是现在，他也能感觉到刺痛和右臂应该在的地方的搏动。这个例子叫作_____。

A. 幻痛　　　　　　B. 同步损失

C. 门控　　　　　　D. 非同步损失

17. 即使眼睛闭上了，旺达仍然能够感到她的手垂在身体两侧，身体略微前倾，腿在膝盖处微微弯曲。哪种感觉系统允许她知觉这一切？

A. 平衡觉　　　　　B. 动觉

C. 螺旋器　　　　　D. 枕叶

18. 你很可能听过这种表达："当我看到它时，我就相信它。"但是，这里有句话同样正确："当我相信它时，我就能看到它。"第二种表达说明了什么？

A. 感觉系统对持续输入的反应最充分，比如来自核心信念的结果

B. 人们可以让信念暂时停止产生影响，直到感觉信息引导他们得出结论

C. 人类的知觉系统有偏见地反对确认我们的期望

D. 人们先前存在的信念可以影响他们如何知觉世界上的事件和刺激

19. 受虐者报告说，他们在经历痛苦时受到了快乐。客观地说，鞭打和束缚会使人痛苦。但主观地说，受刑者不会感到痛苦。这是为什么？

A. 门控理论预测，疼痛之门会在"寻求疼痛"的情况下迅速打开和关闭，而在"意外疼痛"的情况下会保持关闭

B. 身体的"精神免疫系统"会抑制痛苦刺激的程度，使其不至于大到造成心理痛苦

C. 与真正感受到疼痛的人相比，外部观察者总是高估了疼痛的程度

D. 情绪可以影响我们对感觉信息的解释；即使是痛苦的刺激也可能不会被体验到

20. 悠悠在炎热的夏天徒步旅行时犯了带太少水的错误。当她沿着徒步小道走到停车场的时候，她确信她看到路边有一瓶冰冻的水。当她走近时，她意识到那是一块闪闪发光的石头，事实上，它的形状一点也不像水瓶。为什么悠悠的知觉出错了？

A. 她认为水应该存在，这引起了幻觉

B. 她对水的需求影响了她的知觉能力

C. 她脆弱的情绪状态让她发生了错误知觉

D. 她的半规管因徒步旅行而中断

第6章
意识与睡眠

学习目标

6.1.A 了解昼夜节律的含义，解释身体"生物钟"的工作

6.1.B 解释并总结心境随季节和月经周期变化的证据

6.2.A 描述并解释睡眠四个阶段的特征

6.2.B 列举睡眠不足对心理的不良影响，以及良好睡眠对心理的益处

6.3.A 讨论做梦的原因

6.3.B 总结关于梦的主要理论的优点和不足

6.4.A 总结关于催眠的事实和误解

6.4.B 比较催眠的分离理论、社会认知理论和生物学理论如何解释催眠

6.5.A 列出四种主要的精神活性药物并总结每种药物的主要作用

6.5.B 解释药物如何影响脑中的神经递质

6.5.C 总结四个可以缓和药物生理作用的心理变量

你需要做什么？

心理学是一门研究我们日常思考、感受及行为的科学。学习本章之前，我们有关于你自己日常生活的问题要问你。我们希望这只是你在阅读本章时思考自己人生经历的开端。

提出问题，乐于思考

在上学期，你是否至少有一次彻夜"通宵"？

□ 是

□ 否

在一整天的时间中，心境、警觉、效率、意识——自我意识，包括对自己的想法和周围环境的意识，都在不停变化。为什么有时我们对自己的感觉和周围的事情过分警觉，但其他时间我们会做"白日梦"或让意识进入"自动驾驶"状态？为什么有时候我们说话就好像我们的意识与我们自己分离，就像"我的意识在捉弄我"？在这些事例中，谁在观察你的意识玩弄这些把戏，又是谁被捉弄了？意识在哪里停止，而身体从哪里开始？

类似的问题在流行文化中很重要。考虑一系列大量令人费解的电影和电视节目，例如《盗梦空间》（Inception），在这部电影中，由莱昂纳多·迪卡普里奥（Leonardo DiCaprio）饰演的柯布，尝试从别人的头脑中"窃取"信息，并将一个人的想法植入另一个人的潜意识中。又或者像《怪奇物语》（Stranger Things），在这部电视剧中，小11是每个人都最喜欢的有心灵遥感超能力的少女，她可以用超能力进入"虚无"——一个精神上虚无的广阔空间，并通过她发现的这个虚无空间，与身体处于另一个地方的人交谈。或者，像是在《逃出绝命镇》（Get Out）中，丹尼尔·卡卢亚（Daniel Kaluuya）饰演的克里斯被催眠进入了"沉没之处/地"，在那里他的意识被强行地、令人不安地与身体分离。

关于意识的问题也与技术进步有关。在我们现在生活的世界，汽车可以自动驾驶，手机可以进行人脸识别；数学家用设备向我们提出问题，并智能地回应我们的回答；机器人可以监控自己的进度，并在试图解决问题时进行相应的调整。这些设备中的任何一个有意识吗？一些科学家认为人类拥有的意识与一系列机器可以做的具体计算没有区别，这些机器可以拥有这样的意识（Dehaene, Lau & Kouider, 2017）。还有一些科学家，包括发明家兼企业家埃隆·马斯克（Elon Musk），担心有自我意识的人工智能最终将导致人类的灭亡。

长期以来，心理学家对这些事件、问题都很感兴趣，但是要回答它们却很难，毕竟，研究意识是非常棘手的！研究意识的一种方法是检验它如何随着时间变化。基于心理和生理状态就像阳光和阴影一样不可分割的假设，心理学家探索了主观经验的波动与脑活动和激素水平变化之间的联系。表明意识随着时间变化的一个例子是，我们每天晚上都会做（或者应该做）的事情：睡眠。你很快会阅读到，睡眠包括几个阶段，可通过意识和脑功能的变化对这些阶段进行标记。此外，睡眠对生理和认知有许多益处。但是，很多人却睡眠不足。确实，依据互动问题，许多读者最近都熬夜了，或者根本没有睡觉。后面会回到睡眠缺失及其潜在危害这一主题。

本章会探索意识和功能如何在一段时间内发生可预知的变化；然后会研究睡眠和做梦，以及通过催眠和消遣性药物引起的意识状态的改变。

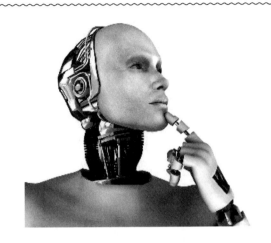

Sarah Holmlund/Shutterstock

随着新技术的发展，关于什么是意识、智力，甚至什么是人类，都有新的问题出现。

6.1　生物节律：体验之潮

你是"早起鸟"还是"夜猫子"？你是否在早上或晚上 8 点更加精力充沛？

对这些问题的回答，也许可以反映你在一天中如何应对身体系统起伏的复杂作用。在这一节中，我们会探索身体经历的自然循环。

6.1.A　昼夜节律

学习目标 6.1.A　了解昼夜节律的含义，解释身体"生物钟"的工作

人体的生理功能在一天、一周、一年中，会发生很多起伏。这些变化被称为**生物节律**（biological rhythms）。人脑中的生物钟，控制激素的增减、尿量、血压，甚至是脑细胞对刺激的反应。生物节律通常与外部时间线索保持一致，例如时钟上的时间、温度、阳光。但是，有一些节律在没有这些线索时仍会发生；这些节律是**内源性**（endogenous）的，或形成于机体内部。

昼夜节律（circadian rhythms）是 24 小时发生一次的生物节律。它们在植物、昆虫、人类和其他动物身上进化，以适应与地球自转有关的许多变化，例如光照、气压和温度的变化。最著名的昼夜节律是睡眠 – 觉醒周期，与此同时，还有数百种生物节律会影响生理和表现。

体温每天波动的范围是 1℃。通常体温在傍晚时最高，凌晨时最低。其他节律发生的周期比昼夜节律长一些，例如，一个月一次或一个季度一次。在动物世界，季节性节律是普遍的。鸟类在秋季迁徙到南方，熊在冬季冬眠，海洋动物的活跃与否取决于两个月一次的潮汐变化。一些季节性和月度节律也发生在人类身上。对男性和女性而言，睾酮在秋季达到高峰，在春季下降（Stanton，Mullette Gillman & Huettel，2011），女性的月经周期一般为 28 天。

还有一些节律的发生比一天一次更频繁，多数以 90 分钟为一个周期。对人类而言，这些节律包括睡眠中的生理变化、胃的收缩、激素水平、视错觉的易感性、言语和空间表现、面对认知任务时的脑电波反应，以及白日梦（Blumberg，Gall & Todd，2014；Klein & Armitage，1979；Prendergast & Zucker，2016）。

在现实社会，时钟和其他外在时间线索很多，人们的昼夜节律常与外在时间线索有关，以 24 小时为周期。因此，为了识别内源性节律，科学家将参与者与阳光、时钟、环境声音和其他所有时间线索隔绝开。一些顽强的人可在地下洞穴被隔离几个星期；然而，通常来说参与者会住在特别设计的房间里，房间配备音响系统、舒适的家具和空调。没有了钟表，这些参与者中的少数人的一"天"的时间短于或长于 24 小时。然而，如果允许参与者白天打盹，大多数人很快就习惯了一天平均比 24 小时长 5 ~ 10 分钟（Duffy et al.，2011）。需要注意，对于许多人来说，体温在傍晚时最高，在凌晨时最低（Lavie，2001）。

Lightwise/123RF

生物节律在我们的思考、感觉和行动中扮演了重要角色。

生物节律
生物系统中周期性的、或多或少有规律的波动，通常有心理学意义。

内源性
产生于内部，而非由外部线索引起。

昼夜节律
一种生物节律，从高峰到高峰或从低谷到低谷大约为 24 小时。

AMELIE – BENOIST/BSIP SA/Alamy Stock Photo

睡眠实验的参与者被要求在睡眠实验室中度过一整晚，他们身上连接很多测量生理和脑活动的仪器。经过一段时间的适应之后，尽管在不寻常的环境中，大部分参与者仍可以睡一整晚。

生物钟　生物钟控制着生物节律，或者说，生物钟像一位总协调员，它位于下丘脑的一个微小的细胞群中，这个细胞群称为**视交叉上核**（suprachiasmatic nucleus，SCN）。神经通路借助于眼睛后面的特殊感受器将信息传递到视交叉上核，允许它对明暗变化做出反应。随后，视交叉上核发出的信息引起脑和身体适应这些变化。人的身体中还存在其他生物节律的神经调节器，但是对于大部分生物节律而言，视交叉上核被认为是主要的神经调节器。

视交叉上核调节激素和神经递质的波动水平，而激素和神经递质提供的反馈信息反过来会影响视交叉上核的功能。由视交叉上核调节的激素——**褪黑素**（melatonin），由脑深处的松果体分泌。褪黑素诱导睡眠。当你在黑暗的房间内睡觉时，褪黑素水平升高；早上，当你的房间变得明亮时，褪黑素水平降低。反过来，褪黑素有助于保持明暗循环中的生物钟（Haimov & Lavie，1996；Houdek et al.，2015）。此外，褪黑素疗法已经用于调节失眠，并用于调节盲人较弱的睡眠周期，因为盲人缺乏对光的感知，且褪黑素分泌周期不正常（Flynn – Evans et al.，2014）。

当生物钟不同步时　在正常情况下，视交叉上核控制的节律是同步的。它们的峰值可能出现在不同的时间，如果你观察到一个节律峰值出现了，便可以准确地预测另一个峰值出现的时间。有点像如果你知道纽约的时间，你就可以知道伦敦的时间了。但是，当你的正常作息时间发生变化时，你的生物钟可能会失调。当人们乘坐飞机穿越几个时区，会出现这种**内在去同步化**（intenal desynchronization）。睡眠和觉醒模式通常调整得很快，但是体温和内分泌周期需要几天才能恢复正常。由此产生的时差会影响精力水平、思维能力和运动协调（Bedrosian，Fonken & Nelson，2016；Sack，2010）。

内在去同步化在工人适应新的倒班安排时也会发生。他们的效率下降，感到疲惫和易怒，更容易发生意外。对于警察、急诊室员工、航空公司飞行员和卡车司机，内在去同步化导致的后果可能事关生死。夜间工作本身不一定是个问题：如果一个时间表保持不变，即使在周末也不发生变化，那么人们通常能适应。然而，很多轮班和夜班安排都是交替进行的，因此工人的生物节律没有机会重新同步。一些科学家尝试通过使用褪黑素、药物或其他技术"重置时钟"，以帮助这些倒班的工人和穿越时区的旅行者更快地重新同步他们的生物节律（van de Werken et al.，2013），但是迄今为止，这些技术似乎还不成熟。给予倒班工人褪黑素有时会有帮助，有时却没什么作用（Sadeghniiat-Haghigi et al.，2016）；兴奋剂可以提高注意力，但不能消除身体疲劳（Kolla & Auger，2011）。

视交叉上核（SCN）
脑中控制昼夜节律的生物钟所在的区域。

褪黑素
由松果体分泌的一种激素，参与调节昼夜节律。

内在去同步化
生物节律与其他节律不同步的状态。

科学家至今没有找到一个治疗内在去同步化的简单方法，其中一个原因是昼夜节律会受到疾病、压力、运动、药物、进餐时间和其他许多因素的影响。而且，昼夜节律在人与人之间也不同。确实有人是早上精力充沛（"早起鸟"），也有人是晚上精力旺盛（"夜猫子"）。科学家依据你的"睡眠时型"把你称为早起鸟或夜猫子。虽然早期试图寻找"睡眠时型基因"的尝试已经被证明很难复制，但基因的影响可能会导致睡眠时型的形成（Chang et al.，2011；Kalmbach et al.，2017；Osland et al.，2011）。此外，你的节律可能会随着

年龄改变：青少年比儿童和老年人更容易变成夜猫子（Biss & Hasher，2012；Fischer et al.，2017），这给青少年带来了一些问题，他们面临着高中早起上学的问题。你可能通过仔细的自我观察知道自己的节律，以便在制作日程表时用到这些信息。

Wavebreak Media/Alaamy Stock Photo

在生活中，有时工作职责和学业任务与身体自然的时钟相冲突。一些研究者把这些社会和生物时间的失调称为"社会性时差"（Wittmann et al.，2006）。唉，在许多学区，随着孩子进入青春期，开始上课的时间越来越早；大约在同一时间，学生变得更像夜猫子而不是早起鸟。

6.1.B　心境和长时节律

学习目标 6.1.B　解释并总结心境随季节和月经周期变化的证据

现代科学认为：从牙疼的阈值到受孕率，长时节律存在于一切事物中。民间传说认为我们的心境遵循相似的节律。就像应对季节的变化，以及女性月经周期的变化。真的是这样吗？

Mark Bussell　　　　　　　　　Sebnem Ragiboglu/123RF

　　至少三天，除了睡觉的时候，试着每小时记录下你的精神警觉性水平，使用5点量表：1 = 极度困倦或精神上极度昏昏欲睡；2 = 有点困倦或者精神上有点昏昏欲睡；3 = 中等程度觉醒；4 = 警觉且高效；5 = 极度的警觉和高效。你的警觉性水平是否遵循昼夜节律，每24小时达到一次高峰或一次低谷？或者，遵循一个更短的节律，一天中出现几次高峰和低谷？周末时，你的生物节律是否与平时一致？更重要的是，你的日程安排与你的警觉性自然波动有多吻合？

　　季节影响心境吗？　　临床医生报告有些人在特殊的季节会变得沮丧，特别是在冬季，当日照时间变短时，一种人们熟知的、被称为季节性情感障碍（SAD）的现象就会出现。尽管临床医生使用的主要诊断手册《精神障碍诊断与统计手册（第五版）》（DSM－5）（American Psychiatric Association，2013），没有把 SAD 正式列为一种明确的疾病，但它的确指出，心境障碍中会出现一种季节性模式。在冬季的几个月里，SAD 患者报告有悲伤、无精打采、嗜睡的感觉，以及对碳水化合物的渴望。SAD 可能发生在昼夜节律不同步的人身上；本质上，他们似乎有一种慢性时差反应（Lewy et al.，2006）。或者，他们也可能在产生褪黑素方面或对褪黑素的反应方面有一些异常（Wehr et al.，2001），比如说，在冬季的白天褪黑素水平过高。

　　为了抵消日照不足的影响，医生和治疗师通常用光照疗法治疗 SAD，即让人们在一天中的特定时间，通常是在清晨，坐在明亮的灯光前。在一些案例中，他们也会使用抗抑郁药物和其他药物。元分析表明，患有 SAD 的人在清醒后暴露在明亮的光照下一段时间（如30分钟），或者通过慢慢将光照变亮来模拟黎明，患者的症状的确会减轻（Golden et al.，2005；Martensson et al.，2015）。SAD 可能有生物学基础，但是机制尚不清楚。同样要明白的是，对于一些在冬天感到轻微忧郁的人来说，可能是因为他们讨厌寒冷的天气、运动不足、缺乏户外活动，或是在冬季假期里感到孤独。值得注意的是，光照疗法甚至帮助了轻度到中度的非季节性抑郁症患者（Perera et al.，2016；Ravindran et al.，2016），但是原因尚不清楚。

Image Point Fr/Shutterstock

光照疗法常用于对季节性抑郁症的治疗。在像这样的台灯前30分钟可能对某些人有好处。

月经周期影响心境吗？ 月经周期平均 28 天。在这个周期的前半程，雌激素水平上升，导致子宫内膜为准备可能的受孕而增厚。在中期，卵巢释放一个成熟卵子。接下来，包含卵子的卵巢开始产生黄体酮，帮助子宫内膜准备接受卵子。之后，如果没有成功怀孕，雌激素和黄体酮水平就会下降，子宫内膜脱落形成月经，于是周期重新开始。心理学家关心的问题是，这些激素变化是否与心境变化有关。

答案似乎是肯定的，至少对部分人来说是肯定的。事实上，2% ~6% 的女性，在月经开始之前会经历低落和焦虑，且严重到影响日常功能。这种情况被称为经前焦虑障碍（PMDD），现在它是 DSM - 5 中的官方诊断之一。月经结束后，症状会有所改善。通常女性到了更年期，雌激素和黄体酮水平较低，女性月经停止，症状就会完全消失。随着时间推移而变化的这种模式，表明激素变化和心境变化存在某种关系（APA，2013；Halbriech et al. ，2003；Rapkin，2003）。

虽然 PMDD 相对较严重且不常见，但较轻的经前症状（如低落、疲劳、头痛和易怒）可能在更多的女性中出现。事实上，许多人似乎不加批判地承认，在大多数女性中，轻微的经前症状通常会出现。但她们真的有这些症状吗？

为了找到这个问题的答案，一个研究小组询问了女性和男性在 70 天内每天的心境变化，这些参与者认为这是一个简单的心境和健康研究（McFarlane，Martin & Williams，1988）。70 天之后，这些女性回忆了她们每周和月经周期的平均心境。研究者发现，在她们的每日报告中，随着研究的进行，女性的心境在月经周期中的波动比一周中的几天要小（对于我们大多数人来说，周一似乎很艰难）。此外，女性和男性在每个月的任何时候都有类似的心境症状和心境波动次数，如图 6.1 所示。但在研究结束时的回顾性报告中，女性回忆说，和月经期相比，经期开始之前她们比每日报告的更愤怒、易怒和抑郁，这表明她们的回顾性报告受到了月经周期和心境之间关系预期的影响。

这些结果是否意味着月经前的心境症状并不真实？当然不是这样的！这些心境变化是真实的，甚至对有些人是有害的。心境确实会随着月经周期而变化（就像心境随着季节而变化一样），至少对一些人来说是这样的。但是，我们也必须批判性地思考心境和长时生物节律之间的关系，牢记对症状的回忆和解释可能会因我们自己的预期而产生偏差。事实上，正是因为这个原因，DSM - 5 诊断经前焦虑障碍需要通过患者月经周期期间的每日评分来确认症状，以免依赖可能不太准确的回顾性评分。

互动

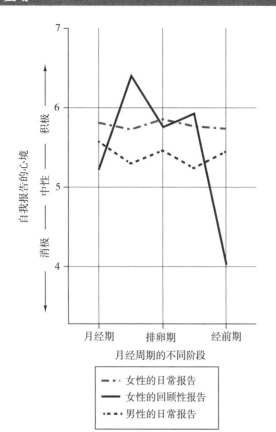

图 6.1　男性和女性的心境变化

　　大学生在不了解真实研究目的的情况下，连续 70 天每天记录自己的心境。在研究结束时，其中的女性回忆说，她们的心境在月经前比这个月的其他时间更消极，但她们的每日记录却显示相反的结果。男、女性都只经历了适度的心境变化。这个时间段内，男女性之间没有显著差异（McFarlane，Martin & Williams，1988）。

日志6.1　批判性思维：检查证据

　　许多人说他们在冬天感到更加沮丧。但是预期会如何影响这些症状的报告呢？如何设计一项研究来帮助确定心境是否随季节而变化？

模块 6.1　小考

1. 大约每 24 小时发生一次的生物节律被称为_____。
   A. 夜间传递　　　　B. 日循环
   C. 昼夜节律　　　　D. 同步循环
2. 生物钟控制昼夜节律的功能受到_____的影响。
   A. 褪黑素　　　　B. 雌激素
   C. 血清素　　　　D. 睾酮
3. 出现时差是因为_____。
   A. 时间变化
   B. 内在去同步化
   C. 视交叉上核退化
   D. 递增俯冲
4. 研究人员对季节性情感障碍（SAD）了解多少？
   A. 虽然光照疗法有助于减轻症状，但可能导致 SAD 发生的生物学机制尚不确定
   B. SAD 是文化的产物，因为没有可靠的证据表明受其影响的人对光照疗法反应良好
   C. SAD 的治疗是这种疾病所独有的，这表明它的症状和生物学基础与其他形式的抑郁症不同
   D. 光照疗法能有效地缓解 SAD 症状，因为它能使下丘脑降低孕酮产生的水平
5. 经前焦虑障碍（PMDD）被认为会影响____的女性。
   A. >60%　　　　B. 50%~60%
   C. 30%~40%　　　D. <10%

6.2　睡眠节律

　　也许在我们所有的生物节律中，最令人困惑的是控制睡眠和觉醒的节律。毕竟，睡眠会使我们处于危险之中：通常准备好应对危险的肌肉变得放松，感官变得迟钝。就像英国心理学家克里斯托弗·埃文斯（Christopher Evans，1984）曾经说过的，"与

睡眠有关的行为模式明显几乎是疯狂的，与常识相悖"。那么，睡眠为什么如此重要？

6.2.A 睡眠阶段

学习目标 6.2.A 描述并解释睡眠四个阶段的特征

首先，你爬上床，闭上眼睛，并放松自己，你的脑会发出阵阵 α 波。在一个脑电图（EEG）记录中，与脑在觉醒状态发出的波相比，α 波的节律稍慢（每秒的周期数较少），振幅（高度）稍高。通常，这些波会变得更慢，你会逐渐入睡，经过三个睡眠阶段，每一个阶段都比前一个阶段睡得更深：

- **阶段 1.** 你的脑电波变得小而不规则。你感到自己处于意识的边缘，处于轻度睡眠状态。如果被唤醒，你可能会回想起幻想和一些视觉影像。
- **阶段 2.** 脑不定期发出短的、快而高幅的睡眠梭状波。你可能不会再受到较小噪声的干扰。
- **阶段 3.** 脑发出 δ 波，非常慢，但波峰高，此时你处于深度睡眠。你的呼吸和脉搏跳动均放慢下来，肌肉放松，只有用力地摇动或大的噪声才能把你唤醒。然而，奇妙的是，如果你能够在睡眠期间走动，这一阶段就是你可能这么做的时段。还没有人知道是什么导致了梦游，它更多地发生在孩子而非成年人身上，但是它看起来包含了不平常的 δ 波活动模式（Zadra et al.，2013）。

通常需要 30~45 分钟。之后，你从阶段 3 到阶段 2 再回到阶段 1。在睡眠开始之后的 70~90 分钟，一些奇怪的事情发生了。阶段 1 并不像人们所预期的那样变成昏昏欲睡的清醒状态。相反，你的脑开始发射很快的、有点不规则的长脉冲波。你的心率上升，血压上升，呼吸加快且变得不规则。你的脸部和手指可能出现小的抽动。

男性的阴茎可能会有点勃起，好像血管组织放松，血液充满生殖器的速度比流出的速度快。在女性身上，阴蒂变大而且阴道分泌液增加。同时，大多数骨骼肌柔软无力，避免被唤醒的脑引发身体动作。你的眼睛在眼皮下快速地来回运动，你可能开始做梦了。你进入了**快速眼动睡眠** [rapid eye movement（REM）sleep] 阶段。REM 睡眠阶段持续的时间从几分钟到长达 1 个小时，平均时长是 20 分钟。无论何时，当 REM 睡眠开始时，睡眠者的脑的电活动模式就会发生变化，类似于警觉的清醒状态。

Blueskyimage/123RF

充足的睡眠（或睡眠不足）会带来各种各样的生理和心理结果，我们将更详细地进行回顾。

快速眼动（REM）睡眠
以眼球运动、肌肉张力丧失和梦境生动为特征的睡眠阶段。

因为脑极其活跃，而身体极不活跃，REM 睡眠也被称为"矛盾的睡眠"。就是在这个阶段，生动的梦境最有可能发生。人们从非 REM 睡眠中被唤醒时也报告梦的出现。在一项研究中，82% 的梦出现在睡眠者从 REM 睡眠中被唤醒的时候，但也有 51% 的梦出现在睡眠者从非 REM 睡眠中被唤醒的时候（Foulkes，1962）。然而，除了一个人在早晨苏醒之前 1 个小时左右被唤醒之外，与 REM 睡眠阶段的梦相比，非 REM 睡眠阶段的梦持续时间更短、生动性更差，而且更为现实。

偶然地，当睡眠者醒过来时，会发生一些奇怪的现象。从 REM 睡眠中挣脱出来的人，在这个阶段特有的肌肉无力状态完全消失之前，会渐渐意识到没有移动的能力。大约 30% 的人经历过这样的事，大约 5% 的人在这种状态下有一个"醒梦"。虽然他们的眼睛是睁着的，但是他们"看见"的内容是梦幻的，通常都是模糊的图像。他们甚至可能"看见"一个鬼魂或外星人坐在他们的床上或者在走廊上徘徊。如果它是午夜梦魇的一部分，人们会把这一可怕的现象视作完全正常，而不是说："啊，多么有趣，我正在做一个醒梦！"一些人不加夸张地解释他们的经历，并且相信他们被外星人造访过，或者被鬼魂反复纠缠（Clancy，2005；McNally，2003）。

Shymar27/Shutterstock

Vera Kailova/Shutterstock

因为猫的睡眠时间高达 80%，所以很容易在不同的睡眠阶段捉到它们。一只猫在非 REM 睡眠（左）阶段保持卧姿；但在 REM 睡眠阶段（右），它的肌肉会变得无力，它会侧躺。

REM 睡眠和非 REM 睡眠在整个夜晚持续转换。几个小时过去之后，阶段 3 趋于变短，甚至消失，REM 睡眠变长，间隔更短（见图 6.2）。这种模式可以解释为什么清晨闹钟响起时你可能在做梦。但这四个阶段并不是规律性的。个体可以直接从阶段 3 回到阶段 2，或者从 REM 睡眠回到阶段 2，再回到 REM 睡眠。同样，REM 睡眠与非 REM 睡眠之间的时间存在很大的可变性：不同的个体之间，或特定的个体本身，均有差异。

如果在人们每次进入 REM 睡眠的时候把他们唤醒，不会发生特殊的事情。然而，当最后允许他们正常睡眠时，与平时相比，他们的 REM 睡眠阶段更长。与 REM 睡眠相关的脑电活动会突然进入非 REM 睡眠阶段，甚至进入觉醒期，好像此人正在补偿他曾经被剥夺的东西。一些研究者认为这个"东西"和梦有关，但是该想法存在一定的问题。在稀有案例中，脑受损的病人失去做梦的能力，然而他们继续显示出正常的睡眠阶段，包括 REM 睡眠（Bischof & Bassetti，2004）。此外，几乎所有的哺乳动物都经历过 REM 睡眠，但许多理论家怀疑老鼠或鼹鼠是否具备我们所认为的建构梦的认知能力。REM 睡眠显然很重要，但正如我们将要看到的，它一定是出于做梦以外的原因。

互动

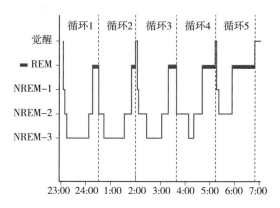

REM	脑活跃，肌肉不活跃
NREM-1	睡眠者处于意识边缘，处于轻度睡眠阶段
NREM-2	以短的、爆发性的快波为特征的睡眠阶段
NREM-3	以非常慢但有波峰为特征的睡眠阶段
α波	放松、清醒状态下的脑活动

图 6.2　年轻成年人典型的夜晚睡眠

在图中，水平的粗线条代表 REM 睡眠时间。随着夜晚的推进，REM 睡眠阶段趋于延长；但是阶段 3〔在非 REM（NREM）睡眠阶段占主导地位〕会随着早晨的到来而消失。

6.2. B　我们为什么睡觉

学习目标 6.2. B　列举睡眠不足对心理的不良影响，以及良好睡眠对心理的益处

一般来说，睡眠似乎提供了一个暂停时间，这样身体就可以把肌肉和脑产生的废物排出，修复细胞，保存或补充能量，增强免疫系统，恢复白天失去的能力（Xie et al.，2013）。当我们睡眠不足时，身体运转就会异常，肌肉正常发育和免疫系统发挥功能所必需的激素水平会下降（Leproult et al.，1997）。

睡眠不足的心理后果　睡眠对正常的心理功能也是必要的。慢性的睡眠剥夺会提高应激激素皮质醇的水平。它会损害学习和记忆所必需的脑细胞（Minkel et al.，2014）。同时，新的脑细胞既可能不再生长，也可能异常成熟（Guzman-Marin et al.，2005）。也许，一定程度上正是由于这种破坏，甚至在只失去一个夜晚的睡眠之后，心理灵活性、注意力以及创造力均会受到影响。在连续几天一直保持清醒之后，人们甚至可能开始出现幻觉和错觉（Dement，1978）。

TheFinalMiracle/Shutterstock

这辆卡车的司机显然在开车时睡着了，从而导致了撞车。由于疲劳驾驶，每年发生数千起严重且致命的机动车事故。

当然，睡眠剥夺很少达到那种程度，但是人们经常遭受比较轻微的睡眠问题的困扰。根据美国国家睡眠基金会的报告（National Sleep Foundation，2005），超过一半的美国成年人每周至少有几个晚上会经历至少一种失眠症状。导致他们出现睡眠问题的原因包括焦虑、心理问题、生理问题、不规律或要求过高的时间表。此外，许多药物会干扰睡眠的正常进程，不仅是那些含有咖啡因的药物，酒精和一些镇静剂也可能导致第二天昏昏欲睡。

白天困倦的另一个原因是**睡眠呼吸暂停症**（sleep apnea），这是一种呼吸周期性地停止几分钟从而引发窒息和喘息的疾病。一个晚上，呼吸可能停止几百次，而本人经常一无所知。睡眠呼吸暂停症常在老年男性和超重的人身上出现，但是也会在其他人身上出现。它出现的原因有几种——从气道阻塞到脑无法正确控制呼吸。久而久之，它会导致高血压和心跳不规则（Tobaldini et al.，2017）；它可能逐渐损害一个人的健康，并与死亡率上升有关（Cappuccio et al，2010；Young et al.，2008）。

嗜睡症（narcolepsy）是一种经常在青少年时期发展起来的疾病，患者在白天会受到不可抗拒的、不可预测的嗜睡发作的影响，持续 5~30 分钟。人们对引发嗜睡症的原因并不清楚，但是这种疾病与某种特定脑蛋白的减少有关，可能是由自身免疫问题、病毒感染或基因异常引起的（Baumann et al.，2014；Kornum，Faraco & Mignot，2011；Mieda et al.，2004）。当某个人进入睡眠状态，他很可能立即进入 REM 阶段。有些嗜睡症患者会出现一种叫作猝倒的不寻常症状，尽管他们仍然清醒，但这种症状会导致 REM 睡眠的瘫痪；结果，他们可能会突然倒地。猝倒通常是由兴奋大笑引发的，但有时也会由讲笑话甚至性高潮诱发（Overeem et al.，2011）。

其他的疾病也会破坏睡眠，还包括某些引发奇怪或危险行为的疾病。在 **REM 行为障碍**（REM behavior disorder）中，与 REM 睡眠相关的肌肉麻痹没有出现，睡眠者（通常是年长的男性）的身体开始活动，经常从梦境中醒来，但是对自己在做的事情没有意识（Randall，2012；Schenck & Mahowald，2002）。如果梦到足球，他可能尝试"拦截"一件家具；如果梦到一只小猫，他可能会尝试抚摸它。其他人可能会认为

这种疾病很有趣，但患者可能会伤害自己或他人，他们以后患帕金森病和痴呆症的风险也会增加（Mariotti et al.，2015）。

睡眠呼吸暂停症
睡眠时呼吸短暂停止，使人喘息并立即醒来的一种疾病。

嗜睡症
一种睡眠障碍，包括突然和不可预测的白天嗜睡或进入 REM 睡眠状态。

REM 行为障碍
一种疾病，通常在 REM 睡眠期间出现的肌肉麻痹没有出现，睡眠者能够做出梦境中的行为。

在白天嗜睡的大多数原因中，通常可能最显而易见的是没有足够的睡眠。有些人在相对较短睡眠时长的情况下仍然做得很好，但是大多数成年人需要超过 6 小时的睡眠才能呈现最佳表现，而很多青少年需要 10 小时。在美国，昏昏欲睡每年导致 10 万起交通事故。睡眠不足也会导致工作场所的事故和失误，例如，在获得住院医师资格的医生中，这是一个令人担忧的问题。尽管联邦法律限制了航空公司飞行员、卡车司机和核电站操作员的工作时间，但在许多州，医务人员仍经常轮班工作 24~30 小时（Landrigan et al.，2008）。

正如我们之前提到的，睡眠不足也与在学校的警觉性下降和较低的成绩有关。因此，美国儿科学会（American Academy of Pediatrics，2014）建议初中和高中在早上 8：30 或之后开始上课，让学生有机会获得充足的睡眠。大部分美国学校的上课时间仍然早于 8：30，但是越来越多的地区开始考虑推迟上课时间的建议。确实，研究表明儿童和青少年上课时间晚，有更多的睡眠，他们的心情会更好，在课堂上注意力更加集中；上课时间晚的青少年司机发生车祸会更少（Fallone et al.，2005；Vorona et al.，2011；Wahlstrom，2010）。

睡眠的心理益处 就像困倦会妨碍良好的心理

机能一样，晚上良好的睡眠也能提升心理机能，并不仅仅因为休息得好。在近一个世纪前进行的一项经典研究中，在学习了一系列无意义的音节后，睡了 8 个小时的学生比继续做日常工作的学生记忆效果更好（Jenkins & Dallenbach，1924）。多年来，研究人员将这一结果归因于睡眠时很少有新信息进入脑，而这些新信息可能会干扰已经存储的记忆。然而，今天大多数人认为睡眠是**巩固**（consolidation）的关键时期，在这一时期，与最新存储的记忆有关的突触变化会变得持久和稳定。

一种理论认为，当我们睡觉时，在最初的经历中被激活的神经元被重新激活，促进海马中暂时存储的记忆转移到皮层长期存储，从而使这些变化更加持久（Born & Wilhelm，2012）。睡眠似乎会增强多种记忆，包括对事件、事实和情感经历的回忆，尤其是负面的回忆（见图 6.3）。

记忆巩固与非 REM 睡眠期间阶段 3 出现的神经活动慢波的关系最为密切。在一项研究中，科学家告诉人们几对相配的卡片（一种记忆游戏）的位置，他们也呈现了玫瑰的香味。一些人在慢波睡眠、REM 睡眠或清醒时再次接触到玫瑰的气味。结果显示，在慢波睡眠时接触到这种气味可以改善人们对卡片位置的记忆（Rasch et al.，2007）。但是，REM 睡眠似乎与学习和记忆上的一些表现改善有关（Mednick et al.，2011）。当人或动物掌握了一项感知任务，并被允许进入正常的 REM 睡眠阶段时，第二天他们对这项任务的记忆会更好，即使他们在非 REM 睡眠阶段被唤醒。然而，当 REM 睡眠被剥夺时，他们的记忆会受到损害（Karni et al.，1994）。因此，这两个阶段的睡眠似乎对巩固都很重要，科学家现在正试图明确它们各自的作用（Born & Wilhelm，2012）。

巩固

记忆变得持久和相对稳定的过程。

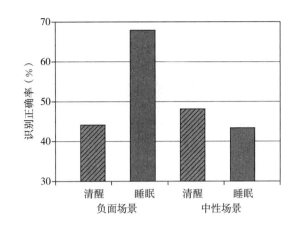

图 6.3　记忆中的睡眠和巩固

当大学生学习中性场景（例如，一辆普通的汽车）和情感上的负面场景（例如，一辆车祸中的汽车）时，睡眠会影响他们后来识别场景中的物体。那些在晚上学习场景，然后在测试前睡了一夜的学生，比那些在早上学习场景并在白天清醒 12 小时后接受测试的学生，在识别带有情感信息的物体方面做得更好（Payne et al.，2008）。

如果睡眠能增强记忆力，也许它也能提高解决问题的能力，这依赖于记忆中存储的信息。为了找出答案，研究人员让两组参与者学习一款需要逻辑推理才能完成的电子游戏。在最初的学习阶段之后，参与者要么午睡、要么保持清醒。90 分钟后，参与者被要求继续玩游戏。午睡组的参与者比清醒组的参与者更容易在游戏中解决问题。此外，与那些睡觉但没有达到慢波睡眠的人相比，那些进入慢波睡眠阶段的参与者更有可能解决问题（Beijamini et al.，2014）。其他研究人员也报告了类似的发现（Sio，Monaghan & Ormerod，2013）。

睡眠对记忆和解决问题的能力至关重要。内在的生物学似乎不仅涉及脑中新突触连接的形成，还涉及不再需要的连接的减弱（Donlea，Ramanan & Shaw，2009；Gilestro，Tononi & Cirelli，2009；Michel & Lyons，2014）。换句话说，我们睡觉是为了记住，但也是为了遗忘，这样脑就会有空间和能量进行新的学习。即使是小睡一下也有助于改善你的心理功能，并提高你以新的方式把所学的知识组合起来的能力（Lau, Alger & Fishbein, 2011；Mednick et al., 2002）。

心理学与你同行

提高你的睡眠质量（和增加你的睡眠时长）

你们中的很多人都曾经"通宵"过，在这期间你根本没有睡觉，所以你可能已经对这种睡眠不足的后果很熟悉了。研究表明，短期睡眠不足会对许多认知任务上的表现产生负面影响，尤其是那些需要快速反应、持续注意和记忆的任务（Lim & Dinges, 2010；Waters & Bucks, 2011）。开车、学习和上课记笔记（更不用说编写心理学教材了）都是很容易被睡眠不足干扰的任务。此外，随着睡眠时间的减少，认知障碍通常会恶化（Waters & Bucks, 2011；Wickens et al., 2015）。不幸的是，即使你只是在几个星期内每晚少睡 2～4 小时，你仍然有可能表现出认知障碍（Van Dongen et al., 2003）。此外，神经影像学研究表明，睡眠剥夺与注意力和记忆任务期间脑关键回路的激活减少有关（Ma et al., 2015；Yoo et al., 2007a）。

睡眠不足也会影响情绪任务中的脑功能（Goldstein et al., 2013；Yoo et al., 2007b）。在一项研究中，遭受 35 小时完全睡眠剥夺的实验组和未被剥夺睡眠的对照组在功能性磁共振成像（fMRI）扫描仪内观看令人不安的照片。与对照组相比，睡眠剥夺组表现出更大的杏仁核激活特征，而杏仁核和内侧前额叶皮层之间的相关性较弱。这些发现表明，与没有遭受睡眠剥夺的对照组相比，睡眠不足的参与者对厌恶性照片的情感反应更强烈，而前额叶对这些情感反应的调节较少（Yoo et al., 2007b）。

睡眠不足不仅影响现在的认知和情感功能，还可能增加未来患痴呆症、心血管疾病和糖尿病等的风险（Anothaisintawee et al., 2016；Cappuccio et al., 2011；Spira et al., 2014）。元分析表明，每晚 7～8 小时的睡眠似乎是最佳的，患心血管疾病、糖尿病和死亡的风险最低（Cappuccio et al., 2010, 2011；Shan et al., 2015）。

考虑到睡眠的重要性，你可以通过以下几点来提高睡眠的质量和增加睡眠的时长：

- 睡前 4～6 小时避免咖啡因、尼古丁、酒精和其他药物。稍后你会读到更多关于这些物品潜在负面影响的内容，但是它们对睡眠的干扰是另一种可能导致不良后果的方式。

- 让你的卧室有利于睡眠：用窗帘、耳塞或眼罩尽可能地挡住光线和声音。加强床与睡眠之间的联系，只在你累的时候才上床睡觉，避免躺在床上工作、学习和使用电子设备。

- 避免在白天长时间睡觉，保持一致的睡眠计划。有些手机应用可以帮助你保持一致的睡眠计划：用户可以输入他们想要的入睡时间和起床时间，手机会每天在这两个时间响铃提醒你。当然，你要继续认真完成家庭作业，这样你就不会被迫在平时睡觉的时间完成它。

- 如果你遵循以上所有的指导原则，但仍然与失眠做斗争，那么针对失眠的认知行为疗法（cognitive behavioral therapy for insomnia，CBT-I）是非常有效的（Ritterband et al., 2016；Trauer et al., 2015）。CBT-I 包括：（1）认知疗法，帮助患者识别和挑战有关睡眠和失眠的不良理念；（2）睡眠限制技术，按照你实际入睡的时间，严格限制你的卧床时间。所以，举例来说，如果你觉得你每晚只睡 4 小时，需要早上 7 点起床，那么你最初会在凌晨 3 点上床睡觉，这样就保证了你睡觉时会很困。一旦出现了你在床上至少 85% 的时间都是在睡觉，你可以提前 15 分钟上床睡觉。重复这个过程，直到获得你想要的睡眠时间。

睡眠只是生活中的核心节律之一，却是非常重要的！获得足够的不被打扰的睡眠是你可以做的最有用的事情之一，以促进你现在和将来的身体、认知和情绪健康。

年轻人的睡眠障碍与手机的过度使用有关（Exelmans & Van den Bulck，2016）。虽然这样的发现源于相关研究的结果，且因果关系还未得到实验证明，但在睡前把手机收起来还是很有道理的，没有坏处！

Ana Bliazic Pavlovic/123RF

日志 6.2　批判性思维：考虑其他的解释

在介于睡眠和清醒之间的状态下，有些人认为他们在卧室里看到了鬼魂或来自外星的访客，这是一种相当可怕的经历。还有什么其他的解释呢？

模块 6.2　小考

1. 短的、快而高幅的脑波（称为睡眠梭状波）是_____的睡眠特征。
   A. 阶段 3　　　　　　　　B. 阶段 2
   C. 阶段 1　　　　　　　　D. REM

2. 在一个晚上的睡眠中，REM 睡眠倾向于在什么时候时间更长且发生的时间比较接近？
   A. 在睡眠周期开始，人昏昏欲睡时
   B. 在睡眠的阶段 1 和阶段 2 之间的"半睡半醒之间"
   C. 在睡眠周期的中间，从第一次入睡到醒来的中间

   D. 随着夜更深，人会花更长的时间睡觉

3. 伊恩和朋友们在一起玩得很开心。他听了他们讲的笑话，笑得很开心。突然，他瘫倒在沙发上，进入 REM 睡眠状态。伊恩的朋友们并不担心，因为他们知道他患有睡眠障碍。伊恩最有可能患哪种障碍？
   A. 睡眠呼吸暂停症　　　B. 嗜睡症
   C. REM 行为障碍　　　　D. 失眠

4. 白天困倦最常见的原因是_____。
   A. 嗜睡症　　　　　　　　B. 睡眠不足
   C. REM 被打断　　　　　　D. 睡眠呼吸暂停症

5. 研究人员认为，睡眠的一项重要功能是有助于记忆在脑回路中变得持久和稳定。研究人员给这个过程起了个什么名字？
   A. 活跃　　　　　　　　　B. 清醒梦
   C. 改善　　　　　　　　　D. 巩固

6.3　探索梦的世界

每种文化都有关于梦的理论。一些文化认为当梦出现时，精神已离开身体，在世界漫步或者与上帝对话。在其他文化中，梦被认为是在揭示未来。根据经典动画片《灰姑娘》（*Cinderella*），梦就是你心中的一个愿望。心理学家对梦有什么看法？

多年以来，研究者相信每个人都做梦，而且事实上，大多数声称从来不做梦的人，如果在 REM 睡眠期间被唤醒，也会报告他们做梦了。然而，就像前面提到的，有极少数的人确实从不做梦（Pagel，2003；Solms，1997）。这些个体中的大多数受过某种脑损伤。在本节中，我们将从解释人们为什么会做梦开始，探索梦的世界。

6.3. A　关于梦的解释

学习目标 6.3. A　讨论做梦的原因

在梦中，注意力的焦点是内在的，尽管偶尔会

有外部事件，如凄厉的警笛声会影响梦的内容。当正在做梦时，梦可能是生动的或模糊的，也可能是恐怖的或平静的。它可能产生很完美的感觉，直到你醒来并回忆起它的不合逻辑、离奇、不连贯之处。虽然大多数人在做梦时没意识到自己的身体或自己身在何处，但我们中的一些人偶尔也会做**清醒梦**（lucid dreams）：在梦中，他们知道自己在做梦，并感觉到他们是有意识的（LaBerge，2014）。甚至，有少数人声称他们可以控制梦中的活动，就像编剧可以决定电影中将会发生什么。

为什么梦中会出现图像？为什么脑不休息一下，关掉所有想法和图像产生的开关，让我们陷入昏迷？另外，为什么我们要在夜晚重温一个古老的爱情故事，在空中飞翔，不穿裤子上学，或者在我们梦幻的世界里逃离外星人？

在流行文化中，许多人依然支持梦的精神分析观。弗洛伊德（Freud，1900，1953）认为，梦反映了无意识的冲突和愿望，这些通常有性和暴力的属性。他认为，梦中的想法和客体被象征性地伪装起来，使它们不再那么具有威胁性：你的父亲可能看起来像你的兄弟，阴茎可能伪装成蛇或雪茄，或者与被禁止的伴侣的性交可能表现为火车进入隧道。

如今，大多数心理学家接受这样一个观点：梦不仅仅是心灵的无条理的漫谈，还可以有心理学意义。但他们也认为，对梦的精神分析解释是牵强附会的。没有可靠的规则来解释梦的无意识意义，也无法借助客观的方法来知道某个解释是否正确。精神分析解释也没有任何令人信服的实证支持。甚至弗洛伊德也警告不要用简单的"这个符号意味着那样"对梦进行解释。弗洛伊德说，每个梦都必须在做梦者清醒时的生活背景下进行分析。并不是梦中的一切都具有象征性；有时，他警告说，"雪茄只是一支雪茄"。让我们来看看关于我们为什么做梦的一些解释。

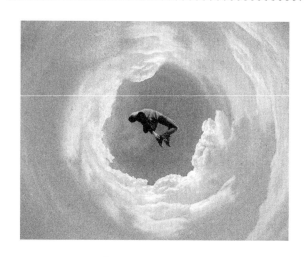

Lilawa. Com/Shutterstock

人们的梦里有一些共同的主题。例如，一项对加拿大大学生的调查显示，最常见的梦是：（1）被追赶；（2）性经历；（3）摔倒；（4）学习或考试；（5）迟到（Nielsen et al. , 2003）。

清醒梦

做梦者意识到自己在做梦的梦。

梦是解决问题的努力　另一种解释认为，梦反映了对清醒时生活的一种持续的有意识的关注，比如关注人际关系、工作、性或者健康（Cartwright，1977；Hall，1953a，1953b）。用这种观点解释梦，梦中的符号和隐喻并没有掩盖它们的真正含义，而是传达了它们的含义。心理学家盖尔·德莱尼（Gayle Delaney，1997）写道，一名女性说，她梦到她在后院试着飞翔，但不管她如何用力拍打翅膀，她都不能飞到比六英尺更高的高度。当她低头看时，她看见丈夫抱着她的脚踝，让她靠近地面。当被要求描述她的丈夫时，这名女性说他很爱她，但是他有占有欲和控制欲，他不同意她上夜校（如果去上夜校，她就可以开始自己的职业生涯了）。"我觉得他在压抑我，"她解释说，"我在清醒的生活中感到非常沮丧，就像在梦中一样。"

对梦的问题关注取向的解释得到了研究的支持。研究发现,梦可能更多包含与一个人当前所关注事件相关的内容,而不是预言可能的机会(Domhoff,1996)。大学生中经常担心成绩和考试的人,关于考试焦虑的梦是很常见的:做梦的人没有准备好考试,考试中出现错误,或者找不到考场。创伤经历也会影响梦。在一项跨文化研究中,研究者要求儿童记录一周的梦境,生活在暴力威胁下的巴勒斯坦儿童比生活在和平环境中的儿童报告了更多的有关迫害和暴力主题的梦(Punamaeki & Joustie, 1998)。

一些心理学家相信梦不仅反映我们清醒时关注的事情,而且会给我们提供一个机会去解决它们。罗莎琳德·卡特赖特(Rosalind Cartwright, 2010)的研究发现,在遭受离婚痛苦的人中,自我恢复与梦的一种特别模式有关:夜晚的第一个梦通常比平时更快来临,持续时间更长,并且更情绪化。随着夜的流逝,抑郁者的梦往往变得更积极,这种模式也预示着康复(Cartwright et al., 1998)。卡特赖特推断,度过危机或艰难时期需要"时间、好朋友、好基因、好运和良好的做梦系统"。

梦是思考 与问题关注取向类似,对梦的认知取向的解释强调对当前的关注,但不涉及睡眠期间的问题解决。以这个观点来看,做梦只是我们清醒时认知活动的一种修改。在梦中,我们利用清醒时的记忆、知识和假设,对现实世界进行合理的模拟(Antrobus, 1991, 2000; Foulkes & Domhoff, 2014)。因此,我们梦的内容可能包括与日常问题相关或无关的想法和情景。人们最有可能梦到关于家人、朋友、工作、烦恼或业余兴趣的话题,这些话题也占据了人们清醒时的思绪。

从认知取向来看,脑在做梦时所做的工作和在清醒状态下一样。事实上,大脑皮层在清醒时参与知觉和认知处理的部分在做梦时非常活跃。区别是当我们睡着的时候,切断了来自外部世界以及身体运动的感觉反馈;脑的唯一输入是它自己的输出。

因此,梦中的想法往往比清醒状态下的更分散,除非我们在做白日梦。当我们晚上做梦时,我们的脑会表现出类似白日梦的活动模式,表明这两种形式的梦可能是一种机制,即模拟我们认为(或担心)未来可能发生的事件(Domhoff, 2011, 2018)。

认知取向的解释预测,如果一个人在清醒时来自外界的所有刺激被完全切断,那么他的心理活动将与梦中的非常相似,具有同样的幻觉特性。认知取向的解释也预测,随着认知能力和脑连接在孩童期逐渐成熟起来,梦在本质上会发生变化,且事实的确如此。刚学步的孩子可能根本没有成年人意义上的梦。因此,虽然小孩在梦中可能会经历视觉图像,但7~8岁之前,他们的认知局限性使其不能创造真正的故事(Foulkes, 1999)。他们做梦并不频繁,而且梦到的往往是寻常事物("我看到了一只狗""我正坐着")。但是随着他们长大,他们的梦渐渐变得越来越复杂、越来越有故事性(Sandor, Szakadat & Bódizs, 2016)。

梦是脑活动的解读 梦的第三种现代解释,即**激活-整合理论**(activation-synthesis theory),大量借鉴了生理学研究,其目的不是解释为什么你在即将参加考试时会梦到考试,而是解释为什么你会梦到成为一个小丑,这个小丑变成在摇滚乐队中演奏牛铃的河马。通常,梦境是没有意义的;大多数梦境都是离奇的、不合逻辑的,或者两者兼而有之。

依据精神病学家 J. 艾伦·霍布森(J. Allan Hobson, 1988, 1990)提出的激活-整合理论的解释,梦不是莎士比亚所称的"大脑空洞的产物"。梦在很大程度上是 REM 睡眠期间脑桥(脑下部)神经元自发放电的结果。这些神经元控制着眼睛的运动、凝视,身体平衡和姿势,并向大脑皮层中在清醒时负责视觉处理和自主行为的感觉和运动区发送信息。

激活－整合理论

　　认为梦是大脑皮层整合和解释脑下部活动所触发的神经信号的一种理论。

互动

记录无形的梦的内容

J. Allan Hobson/Science Source

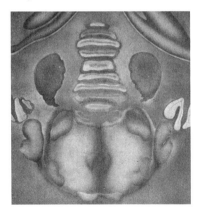

J. Allan Hobson/Science Source

（a）脑力劳动——这些来自梦境杂志的画表明梦中的图像可以是抽象的，也可以是文字性的。无论哪种情况，梦都可能反映出一个人的担忧、问题和兴趣。此处两幅奇特的画代表了一个人的梦，他整天都在用脑组织工作，而这两幅画很像。

J. Allan Hobson/Science Source

（b）灵感——这张桌子是一位科学家在1939年绘制的，目的是说明他的梦：一种可以立即检索文献的机械装置——一台早期的台式电脑。

Uckyo/Fotolia

（c）记录——记录你的梦是很有趣的。一旦你醒来，把你所能记得的关于梦的一切都记录下来。你的梦里有没有反复出现的主题？你认为它们能为你当前的问题、活动或担忧提供线索吗？

　　根据这一观点，源于脑桥的信号本身没有心理学意义。但是大脑皮层试图通过将它们与现有的知识和记忆进行整合来理解它们，从而产生某种连贯的解释，就像普通清醒时感觉器官发出的信号一样（见图6.4）。无论你是清醒的还是睡着的，脑的一部分都会解释其他部分做了什么（这种解释与很多解释脑是如何工作的现代理论是一致的）。例如，当处理平衡的脑神经元放电时，大脑皮层可能产生一个关于坠落的梦。通常当引起奔跑的信号产生时，大脑皮层可能产生一个被追赶的梦。从脑桥传来的信号是任意的，大脑皮层对这些信号的解释——梦——很可能是混乱的，但也与你独特的认知、冲突和担忧有关。因为控制新记忆最初存储的皮层神经元在睡眠期间被关闭，所以我们通常在醒来时就会忘记自己的梦，除非我们把梦写下来或立即告诉别人。

自霍布森提出最初构想以来，他和他的同事对这个理论进行了改进和修正（Hobson et al.，2011；Tranquillo，2014）。他们认为脑干激发脑中情感和视觉部分的反应。同时，处理逻辑思维和来自外部世界的感觉的脑区关闭。这些变化可以进一步解释为什么梦多倾向于充满情感、幻觉、不合逻辑的事实。霍布森（1988）提出，脑"如此不可阻挡地致力于对意义的追求，以至于当在被要求处理的信息中几乎找不到意义或根本没有意义时，它就赋予了这些信息意义，甚至创造了意义"。总之，这一观点是，愿望不会引起梦，而脑机制却会引起梦。

2.大脑皮层整合信号，并尝试解释它们（"我正坐着真空吸尘器飞越树林"）

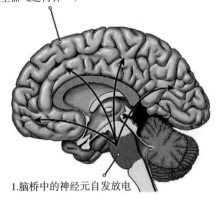

1.脑桥中的神经元自发放电

图 6.4　梦的激活－整合理论

依据激活－整合理论，梦产生于脑桥的随机信号，更高级的脑中枢试图对梦进行解释。有时候这些解释很奇怪或者不合逻辑。

6.3.B　评价梦的理论

学习目标 6.3.B　总结关于梦的主要理论的优点和不足

我们如何评价这些对梦进行解释的尝试呢？每一种后弗洛伊德时代的解释都能对一些证据进行说明，但每一种解释都有缺点。

梦是解决问题的一种方法吗？很明显，有些梦与当前的忧虑和担忧有关，但怀疑论者质疑人们是否能在熟睡中解决问题或解决冲突（Blagrove，1996；Squier & Domhoff，1998）。他们认为，梦只是表达了我们的问题。对于那些人们认为由梦造成的对问题的洞察，可能是他们在醒来后有机会去思考是什么在困扰着他们。

对梦的认知取向解释是颇有前景的领域，但它的一些主张仍有待神经和认知证据的检验。然而，目前它是强有力的竞争者，因为它融合了其他理论的很多元素，并且它与我们目前所知的清醒时的认知和认知发展相符。

最后，激活－整合理论也面临批评（Domhoff，2003）。并不是所有的梦都像该理论预测的那样杂乱无章或离奇；事实上，许多梦讲述的是一个连贯的甚至充满想象的故事。此外，激活－整合理论没有很好地解释在 REM 睡眠之外所做的梦。一些神经心理学家强调梦涉及不同的脑机制。

也许不同的梦有不同的目的和起源。由经验可知，一些梦似乎与日常的问题有关，一些梦则模糊不清、不连贯，一些焦虑的梦发生在我们感到担忧或沮丧的时候。但是，无论我们睡眠状态下的脑中图像的来源是什么，在解释自己的梦或他人的梦时都需要谨慎。一项对印度人、韩国人和美国人的研究表明，个人在梦的解释上存在偏见和自利倾向，人们会接受符合他们已有信念或需求的解释，拒绝那些与他们先前的需求不符的解释。例如，与上帝要求他们休假一年去麻风病区工作的梦相比，他们会更加重视上帝要求他们休假一年并环游世界的梦。而且比起他们梦到自己的伴侣亲吻某位友人，他们更可能在这位友人保护自己不受攻击的梦里发现意义（Morewedge & Norton，2009）。对梦有偏见的解释可能会告诉我们更多关于自己的事情，而不是我们真正的梦。

日志6.3　批判性思维：容忍不确定性

　　对梦有许多基于研究的解释，甚至还有更多的伪科学解释。但目前，我们还不能确定梦的功能和意义。是什么让这个课题特别难以研究？你会用什么样的证据来理清相互矛盾的解释？

模块6.3　小考

1. 在安迪的梦里，他是一个孩子，在黑暗的隧道里爬行，寻找他丢失的东西。听到这些，一位心理学家说："很明显，安迪压抑了他母亲早期对他的性吸引力，而隧道象征着她的阴道。"心理学家可能赞同哪种梦境理论？

   A. 认知取向

   B. 激活–整合理论

   C. 问题关注取向

   D. 精神分析理论

2. 在安迪的梦里，他是一个孩子，在黑暗的隧道里爬行，寻找他丢失的东西。听到这一点，一位心理学家评论道："安迪睡觉时，脑桥上通常会刺激参与腿部肌肉运动的脑神经元是活跃的。"心理学家可能赞同哪种梦境理论？

   A. 精神分析理论

   B. 激活–整合理论

   C. 问题关注取向

   D. 认知取向

3. 在安迪的梦里，他是一个孩子，在黑暗的隧道里爬行，寻找他丢失的东西。听到这个，一位心理学家说："安迪已经和他的爱人分手了，正在努力克服情感上的失落。"心理学家可能赞同哪种梦境理论？

   A. 精神分析理论

   B. 问题关注取向

   C. 激活–整合理论

   D. 认知取向

4. 在有关梦的主要科学理论中，哪种理论很难解释遵循逻辑、线性、连贯的故事线而做的梦？

   A. 激活–整合理论

   B. 素质–压力理论

   C. 问题关注取向

   D. 认知取向

5. 在目前对梦的解释中，哪种理论的前景最差？

   A. 激活–整合理论

   B. 精神分析理论

   C. 问题关注取向

   D. 认知取向

6.4　催眠之谜

　　多年来，很多报道显示：舞台催眠师、"前世通灵师"以及一些心理治疗师能让"时光倒退"，使被催眠者回到多年以前甚或更早的世纪。一些治疗师声称催眠有助于他们的病人准确地检索掩埋已久的记忆，还有些甚至声称催眠帮助他们的病人回想起所谓的被外星人绑架的经历。对此我们该如何理解？因为催眠已经被广泛应用于舞台表演、警方对目击证人的调查和心理治疗，所以很重要的一点是要了解这个过程到底能达到什么目的，以及什么是不能实现的。在这一节中，我们将对催眠的主要发现进行一个概括性的观察；然后，我们会对催眠效果的两个主要解释进行思考。但首先，做一个小测验看看你对催眠的了解程度。

正误判断

1. 一个被催眠的人通常能意识到正在发生的事情，并在之后能回忆起这段经历。
2. 催眠给了我们平时所没有的特殊能力。
3. 催眠可以减少记忆中的错误。
4. 被催眠的人不能控制自己的行为和思想。
5. 催眠可以帮助人们回忆起婴儿期发生的事情。
6. 催眠可以成为管理疼痛的一种有效的方法。

6.4.A　催眠的本质

学习目标 6.4.A　总结关于催眠的事实和误解

催眠（hypnosis）是一种过程，在这个过程中，催眠师通过暗示让参与者的感觉、思想、情绪或行为有所改变（Lynn & Kirsch, 2015）。反过来，被催眠的人根据这些暗示，试图改变自己的认知过程（Nash & Nadon, 1997）。催眠暗示通常包括动作表现（"你的手臂会慢慢抬起"）、某个无法执行的动作（"你将无法弯曲手臂"），或是对正常知觉或记忆的扭曲（"你不会感到疼痛""在我向你传递信号之前，你会忘了自己被催眠"）。人们通常报告说，他们对暗示的反应是不自觉的，就好像它是在自己缺乏意愿的情况下发生的。

催眠

一种过程，在这个过程中，催眠师通过暗示让参与者的感觉、思想、情绪或行为发生变化。

为了诱导催眠，催眠师通常会暗示被催眠的人感到放松、困倦、眼睑越来越重。催眠师向参与者保证他正在"越陷越深"。有时催眠师会让人专注于一种颜色或一个小物体，或某种身体感觉。被催眠的人报告说，注意力的焦点转向外部，朝向催眠师的声音。他们有时把这种体验比作全神贯注于一部好电影或最喜欢的音乐。被催眠的人几乎总是完全意识到正在发生的事情，并可以在以后回忆起这

段经历，除非有明确指示要忘记它。即使忘记了，记忆也可以通过预先安排好的信号恢复。

自 20 世纪 60 年代以来，出现了数千篇关于催眠的文章。根据对照研究，大多数心理学家同意催眠不是一种神秘的恍惚状态或奇怪的意识状态。事实上，有些人担心，把催眠看作一种黑暗的艺术已经干扰了我们对催眠的理解（Posner & Rothbart, 2011）。尽管科学家们对催眠究竟是什么意见不一，但他们普遍同意以下几点：

1. **催眠反应更多地依赖被催眠的人的努力和特性，而非催眠师的技巧。** 一些人比其他人更容易对催眠有反应，但是为什么会这样仍然是未知的（Barnier, Cox & McConkey, 2014）。令人惊讶的是，这种催眠易感性与诸如轻信、顺从或从众等一般人格特质无关，只与容易沉迷于活动和想象世界的能力弱相关（Green & Lynn, 2010; Khodaverdi-Khani & Laurence, 2016; Nash & Nadon, 1997）。

2. **不能强迫被催眠的人去做违背他们意愿的事。** 像醉酒一样，催眠也能用于证明释放压抑是正当的（"我知道这看起来很愚蠢，但是我被催眠了"）。被催眠的人可能服从暗示去做看起来令人尴尬或者危险的事情。个体选择把责任移交给催眠师，然后与催眠师的暗示进行合作（Lynn, Rhue & Weekes, 1990）。被催眠的人不会做任何违背道德或者对自己或他人真正构成危险的事情。媒体对强迫式催眠的描述，如本章开头提到的《逃出绝命镇》中的例子，并不特别现实。

3. **催眠状态下完成的技艺也能由未被催眠的但有明确目的的人完成。** 被催眠的人有时候完成了看起来非凡的脑力活动或者获得了非凡的身体技艺，但是大多数研究发现，催眠事实上并不能让人们做看起来不可能的事。即使在没有被催眠的情况下，如果有适当的动机、支持和鼓励，同一个人也能做同样的事（Chaves, 1989; Spanos, Stenstrom & Johnson, 1988）。

4. **催眠不能提高记忆的准确性。** 在极少数情况下，催眠被成功地用于唤醒犯罪受害者的记忆。但通常被催眠的证人的记忆是完全错误的。虽然有时催眠

的确会提升回忆的信息量，但是同样增加了错误量，也许因为被催眠的人比其他人更愿意去猜测，或者因为他们把想象生动的可能发生的事，错认为真实的记忆（Dasse，Elkins & Weaver，2015；Dinges et al.，1992；Robin，Bonamy & Ménétrier，2018）。由于错误在催眠诱导的回忆中非常普遍，世界上许多科学协会都反对在法庭上使用"通过催眠想起"的证词。

5. 催眠并没有产生对以前事件的再次体验。很多人相信，催眠能用于恢复追溯至出生时的记忆，但这种信念只是简单的错误。当人们退回到更早的年纪，他们可能用儿语或者报告他们感觉自己又回到了4岁，但并不是他们真的再次体验到4岁时的经历，而只是因为他们愿意去扮演这个角色（Nash，1987）。

6. 催眠暗示已经被有效地应用于医学和心理学领域。虽然催眠不那么多地用于发现过去发生的事，但它在心理治疗和医学领域是有用的。有些人因烧伤、癌症和分娩等引起的疼痛，经催眠后得到了显著的缓解；而另一些人则学会了在情绪上更好地应对慢性疼痛。催眠暗示也被用于治疗压力、焦虑、肥胖、哮喘、肠易激综合征，甚至是化疗引起的恶心（Nash & Barnier，2007；Patterson & Jensen，2003）。

Hulton – Deutsch Collection/Corbis Historical/Getty Images

是催眠术使那个在两张椅子之间伸展的人能够承受站在他身上的人的重量吗？观众们都这么认为。但唯一能找出答案的办法是使用对照组研究催眠是否能使人产生独特的能力。事实证明，即使没有被催眠，人们也可以做同样的事情。

6.4.B　催眠理论

学习目标 6.4.B　比较催眠的分离理论、社会认知理论和生物学理论如何解释催眠

多年来，人们对催眠是什么，以及催眠如何产生效果提出了很多解释。每一种对现象的解释都源于不同的观点。

分离理论　这是最初由欧内斯特·希尔加德（Ernest Hilgard，1977，1986）提出的一个主要理论取向。他认为，催眠像清醒的梦，甚至简单的注意力分散，涉及**分离**（dissociation），一种意识的分裂，在那种状态下意识的一部分独立于其他意识而存在。希尔加德说，在很多被催眠的人当中，大部分的心智受制于催眠暗示，有一部分心智是隐藏的观察者，这一部分心智仅观察但不参与其中。除非给予特殊的指令，否则被催眠的心智意识不到观察者的存在。

分离

意识分裂，意识的一个部分独立于其他部分而存在。

希尔加德试图直接对隐藏的观察者进行提问。某个步骤中，被催眠的人必须将一只手臂浸入冰水中几秒，这种经历通常很痛苦。他们被告知将感觉不到疼痛，他们没浸入冰水的手可以通过按一个键从而发出任何隐痛程度的信号。在这种情况下，很多人说他们感觉到很少的疼痛或者没有疼痛，然而同时，他们那只自由的手却忙于按键。在这个过程之后，这些人继续坚持说他们没有感到疼痛，除非催眠师要求那位隐藏的观察者出具一份单独的报告。

分离理论的当代视角认为，在催眠期间，分离出现在脑的两个系统之间：一个系统加工来自外部世界的信息，另一个"执行"系统控制我们如何利用这些信息。在催眠中，执行系统关闭，将它的功能移交给催眠师。这使得催眠师能够暗示我们如何对世界进行解释并据此采取行动（Rainville et al.，1997；Woody & Sadler，2012）（见图6.5）。

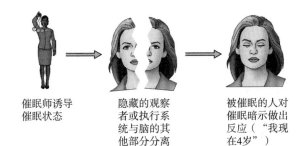

图 6.5　催眠的分离理论

催眠师诱导
催眠状态

隐藏的观察
者或执行系
统与脑的其
他部分分离

被催眠的人对
催眠暗示做出
反应（"我现
在 4 岁"）

社会认知理论　解释催眠的另一个理论是社会认知理论，该理论认为催眠的效果是催眠师的社会影响（"社会"部分）与参与者的能力、信念、期望（"认知"部分）相互作用的结果（Sarbin, 1991; Spanos, 1991）（见图 6.6）。被催眠的人基本上在扮演一个角色，这个角色与日常生活有相似之处。日常生活中，我们自愿地服从父母、老师、医生、治疗师以及电视商业广告的暗示。按照这个观点，甚至那个"隐藏的观察者"也仅是对情境的社会要求和催眠师暗示的一个反应（Lynn & Green, 2011）。

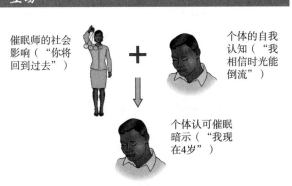

催眠师的社会
影响（"你将
回到过去"）

个体的自我
认知（"我
相信时光能
倒流"）

个体认可催眠
暗示（"我现
在 4 岁"）

图 6.6　催眠的社会认知理论

然而，被催眠的人不仅仅是在装模作样。一个被指示假装进入催眠状态来愚弄观察者的人，往往会过度扮演这个角色，一旦其他人离开房间就会停止扮演。相比之下，真正被催眠的人会继续遵循催眠暗

示，即使他们认为自己没有被观察（Kirsch et al., 1989; Spanos et al., 1993）。社会认知理论可以解释为什么有些人在催眠状态下会报告被灵魂附体或被外星人绑架的"记忆"（Clancy, 2005）。假设一名年轻的女性去找治疗师，为她的孤独、不快乐或噩梦寻求一个解释。一个已经相信存在外星人绑架的治疗师可能会通过催眠，用不明飞行物的微妙线索，来向客户解释其症状的原因。

社会认知理论也可以解释前世回溯。在一项吸引人的研究计划中，尼古拉斯·斯潘纳斯（Nicholas Spanos）和他的同事（1991）指导被催眠的加拿大大学生回到自己前世出生的时代。大约 1/3 的学生报告他们能这么做。但是，当被问及在前世生活时他们国家领导人的名字、他们所在的国家是和平还是处于战争中，或要求他们描述他们社会中使用的货币时，学生不能回答这些问题。然而，即使学生们不知道"前世"的语言、日期、风俗和事件，也不能阻止他们构建一个关于前世生活的故事。他们试图将现在生活中的事件、地点和人物编织到他们的解释中，并从实验者那里获取线索，来满足角色的要求。研究人员得出结论，"记住"另一个自我的行为涉及构建一个符合忆者自身信仰和他人信仰的幻想——在这种情况下，催眠师的信仰是权威。

生物学理论　关于催眠究竟是什么以及它如何起作用的争论愈演愈烈，科学家已经开始使用各种技术来研究这一神秘现象。从脑电图（EEG）研究中我们知道，当一个人处于放松的催眠状态时，α 波是常见的。这并不令人惊讶，因为 α 波与放松的觉醒状态有关。然而，脑扫描使我们可以更加详细地了解被催眠者脑中正在发生什么。

一项使用 fMRI 和事件相关电位（ERP）技术的研究表明，催眠可以减少两个心理任务之间的冲突（Raz, Fan & Posner, 2005）。研究者让参与者进行 Stroop 测试，这项测试常用于研究当颜色识别与阅

读发生冲突时会发生什么。在这项测试中，参与者看一些表示颜色的字（如蓝，红，绿，黄），其中一些字呈现相应的颜色（例如，"红"字被印刷成红色），而其他字却被印刷成不同的颜色（例如，"红"字被印刷成蓝色）。当一个字的含义与它的印刷颜色不同时，要识别这个字的印刷颜色是很困难的。对吗？这是因为你的自动倾向是阅读字句，而颜色命名任务会迫使你压抑这个倾向。如果某个字是用你不懂的语言表达的，比如法语，你就不会觉得这项任务困难。

红
黄
绿
蓝
红
蓝
黄
绿
蓝
红

在这项研究中，研究者告知被催眠的人，在他们不再被催眠之后，他们会在一台电脑的屏幕上看到从Stroop测试中抽取的字，但这些字看起来像一串毫无意义的符号，如同"一门你不懂的外语字符"。

在测试期间，与不太容易被催眠的人相比，容易被催眠的人能更快和更好地进行颜色命名；事实上，容易被催眠的人的"Stroop效应"几乎消失了。此外，在这项测试中，他们脑中解码文字的区域和脑前部监控冲突想法的另一个区域的激活减少。由于催眠过程中给予的暗示，他们能够在测试中较少注意字本身，从而能够避免阅读的行为倾向。他们能做到只是关注印刷颜色。

当人们被催眠并躺在正电子发射断层（PET）扫描仪上时，可以观察到脑的各个区域也会发生变化。在一项研究中，高催眠感受性者在催眠状态下能够从类似左图的长方形图画中从视觉上提取颜色，或者当同一幅图画以灰色调呈现时能够看到颜色。当他们被告知在灰色图画中能看到颜色时，他们的脑中与颜色感知相关的区域显示出激活；当他们被告知在彩色图画中能看到灰色时，相同区域的激活程度降低了（Kosslyn et al.，2000）。

这些发现对催眠理论意味着什么？催眠可以影响脑的激活模式，这一事实鼓励了那些相信催眠是一种特殊状态的人，这种状态不同于精心设计的角色扮演或极度专注。另一些人则认为，从这项研究中得出催眠机制或本质的结论还为时过早。每一种经验都会以某种方式影响脑。此外，即使没有催眠，暗示也可以减少高暗示感受性者的Stroop效应（Raz et al.，2006）。事实上，高暗示感受性者甚至可以在没有被催眠的情况下产生幻觉（McGeown et al.，2012）。

进一步的研究可能会告诉我们催眠是否有特殊之处。但不管这场争论的结果如何，研究人员一致认为，催眠不会使记忆变得更清晰，也不会让早期的经历完美且准确地重演。对催眠的研究教会了我们很多关于人类受暗示性的知识、想象力的力量，以及我们感知现在和回忆过去的方式。

互动

冥想

Dean bertonceli/Shutterstock

（1）瑜伽——现在，冥想——包括在瑜伽和太极拳等练习中的冥想可能是比催眠更受欢迎的一种诱导精神放松的方法。一个例子是正念冥想，它涉及对当前经验的高度但非评判性关注，研究表明它能促进身体和心理健康（Tang，Hölzel & Posner，2015）。

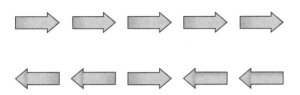

（2）对注意的影响——冥想可以提高注意力。例如，注意网络测试（Attentional Network Test，ANT）。在这个测试中，参与者必须快速确定一行箭头中中间箭头的朝向。上图中最下面一行的任务更具挑战性，其中不一致的箭头可能会分散注意力。仅仅 5 天、每天 20 分钟的正念冥想可提高 ANT 中注意任务的表现。

Moodboard/Alamy Stock Photo

（3）改善情绪调节—— 另一个潜在的好处是改善情绪调节。研究发现，正念冥想会降低人们在观看一部令人不愉快或有压力的电影后的情绪反应，也有助于在这种情况下恢复到一种基本的情绪状态。

Courtesy of Mark Bussell

（4）可帮助戒除成瘾——正念冥想也可以提高自我调节能力，或者提高控制自己行为和抵御诱惑的能力。临床试验表明，冥想可能有助于解决成瘾、广泛性焦虑和行为问题。

日志 6.4　批判性思维：检查证据

想象一下，你是刑事审判中的一名辩护律师，控方声称关键的目击者能够回忆起犯罪细节，目击者在被催眠后从照片中认出了被告。在盘问中，你会问警察调查员和目击者什么问题来质疑这些关于催眠后记忆的说法？在以上详细的解释中，哪一个可以为你提供最好的论据以驳斥目击者的证词（作为审判时的可靠证据）？

模块 6.4　小考

1. 在哪个领域中，催眠表现得最有效？

   A. 重新体验过去的生活

   B. 提高记忆正确性

   C. 疼痛管理

   D. 给人不可思议的力量

2. 克莉丝汀告诉她的朋友安娜和拉安娜，她昨晚参加了催眠表演。"真的太狂野了，"克莉斯汀说，"我自愿接受催眠，我上台时，催眠师使我陷入恍惚，命令我和随机的人亲热，并在舞台上跳舞。我以前从没做过！我永远不会在现实生活中做到这一点！那个催眠师真的赋予了我奇怪的力量。"安娜低声对拉安娜说："我敢打赌，她以前随意和陌生人亲热过，她还可能会在接下来的几个月内再做一次。"安娜怎么能有如此大胆的表态和预言？

A. 安娜知道没有科学证据证明催眠术的存在；因此，克莉丝汀正在编造一个故事来解释她的可疑行为

B. 安娜知道催眠暗示可以产生强大而持久的效果；当植入的触发词在几个月后再次被提及时，克莉丝汀会再次表现她不寻常的行为

C. 安娜知道，不能强迫被催眠的人违背他们的意愿去做事情；尽管克莉斯汀声明这些行为她平时不会做，但这可能是在克莉丝汀正常的行为范围内

D. 安娜知道，被催眠的人通常会被诱导做出恶意行为（比如伤害他人），而不是轻松愉快的行为（比如在舞台上跳舞）

3. 2040 年，基思和他的朋友阿尼和卡尔说他最近拜访了催眠师。"伙计，是的，"基思说，"催眠师唤醒了我多年前参加过的一个舞台表演的记忆。有个女孩叫克莉丝汀，在舞台上跳舞，然后她跳进观众席开始和我亲热。那次经历我都忘了！我都不记得我在那儿！我的催眠师真的有一些奇怪的力量来改善我很久以前的记忆力。"阿尼小声对卡尔说："我敢和你打赌，他几年前未参加那场表演；他可能只是在心理学教材上读到那些事件，并认为自己真的经历过这些事件。"阿尼怎么能有这么大胆的表态？

A. 阿尼知道，治疗师郑重宣誓，不使用催眠的力

量来哄诱客户隐藏的记忆

B. 阿尼知道，催眠只能让人回忆起过去五年中被压抑的生动记忆，而不是比那更久的记忆

C. 阿尼知道催眠只能让人想起至少 30 年前被压抑的生动记忆，但不能回忆比这更近的记忆

D. 阿尼知道催眠并不能提高记忆的准确性，事实上，会使记忆错误与任何实际信息一起增加

4. 下列哪一项属于催眠的分离理论？

A. 隐藏的观察者

B. 社会认知理论

C. 生物学理论

D. 精神分析理论

5. 下列哪一项催眠理论强调了催眠师的影响和参与者对被催眠的期望之间的相互作用？

A. 执行 – 控制取向

B. 隐藏的观察者取向

C. 分离取向

D. 社会认知理论

6.5 改变意识的药物

在耶路撒冷，成百上千的哈西德派男性为庆祝神圣律法年度读经活动的结束在大街上跳舞好几个小时。对他们来说，跳舞不是消遣，而是一条通往某种狂喜的道路。在南达科他州，一些成年的拉科塔人在黑暗中裸身坐着，他们战胜了汗蒸房的热量，其目标是精神愉悦、超越痛苦，并与宇宙中伟大的精神相连接。在亚马孙丛林，一个年轻人正在接受训练以成为一位宗教领袖。有些人只是静静坐着冥想，专注于他们内心深处的个人世界，以此作为启迪和扩展意识的一种手段。

文化和意识

Images & Stories/Alamy Stock Photo

（1）灵性——所有文化中，都发现了改变意识的方式。土耳其的梅夫列维，著名的旋转苦行僧式传统，以一种充满活力但受控制的方式旋转，以达到某种狂喜。

Sasin Tipchai/123RF

（2）冥想——在许多文化中，冥想是一种使心灵平静下来并获得精神启迪的方法。

DOZIER Marc/Hemis/Alamy Stock Photo

（3）迷幻剂——在一些文化中，精神活性药物被用于启发灵感，就像墨西哥西部的惠乔尔印第安人一样。这里所展示的是一个人正在收获能使人产生幻觉的蘑菇。

这些看起来很不一样的仪式，都是为了摆脱普通意识的束缚。因为世界各地的文化都有类似做法，一些作家相信它们反映了人类的需求，就像需要食物和水一样，是一种基本的需要（Siegel，1989）。威廉·詹姆斯（William James，1902，1936），一个沉迷于意识状态改变的人，一定会同意上述说法。他写道："我们正常的清醒意识，被称为理性意识，它只是意识的一种特殊类型。而这一切，不同于屏幕最朦胧的那部分，那里存在着意识的完全不同的潜在形式。"但直到 20 世纪 60 年代，当数百万人开始寻求有意改变意识状态的方法时，研究人员才对精神活性药物的心理和生理方面的研究产生了兴趣。终于，詹姆斯所述的朦胧屏幕开始升起。

6.5.A 药物分类

学习目标 6.5.A 列出四种主要的精神活性药物并总结每种药物的主要作用

精神活性药物（psychoactive drug）是一种通过改变脑和身体的生物化学过程来改变知觉、情绪、思维或者行为的物质。在全世界，纵观历史，最常见的精神活性药物是尼古丁、酒精、大麻、麦司卡林、阿片、可卡因、佩奥特碱，当然还有咖啡因。服用精神活性药物的理由多种多样：改变意识、消遣、为减轻身体疼痛或者不适，以及心理逃避。

在西方社会，存在着一整套娱乐性药物，每隔几年就会出现新的药物，包括天然药物和合成药物。根据对中枢神经系统的影响以及对行为和情绪的影响，这些药物中的大多数可分为**兴奋剂**（stimulant）、**抑制剂**（depressant）、**麻醉剂**（opiate）或迷幻剂（psychedelic）（见表 6.1）。这一节，我们会描述它们的生理和心理效果。

1. **兴奋剂能加速中枢神经系统的活动。**适量的兴奋剂会使人产生兴奋、自信和幸福感或欣快感。兴奋剂的例子包括尼古丁、咖啡因、可卡因、苯丙胺类、甲基苯丙胺和 3，4 - 亚甲基二氧甲基苯丙胺（MDMA）。大量服用兴奋剂，会使人焦虑、紧张和过度警觉。非常大的剂量还可能导致抽搐、心力衰竭和死亡。

苯丙胺类是以药丸、注射、吸烟或鼻吸形式服用的合成药物。甲基苯丙胺与苯丙胺类相似，使用方法相同，它有两种形式：一种是粉末；另一种是游离碱（纯化的）形式，是固态晶体。可卡因是一种天然药物，从古柯树的叶子中提取。玻利维亚和秘鲁的农村工人每天嚼古柯叶，却没有明显的副作用。在北美，被称为霹雳可卡因（它在吸食时会发出爆裂声）的纯可卡因通常采用鼻吸、注射或吸烟的形式。这些方法能使药物更快地进入血液和脑，使这种药物比咀嚼古柯叶有更直接、更强大且更危险的后果。安非他命、甲基苯丙胺和可卡因会让使用者感到精力充沛，但实际上并不会增加能量储备。当这些药物的作用逐渐消失时，可能会出现疲劳、易怒和抑郁。

2. **抑制剂能减缓中枢神经系统的活动。**抑制剂通常能使一个人感到平静或者困倦，可以减轻焦虑、内疚、紧张、压抑。它们包括酒精、镇静剂、巴比妥类药物和大多数普通的化学物质（有些人为了达到兴奋状态会使用这些物质）。这些药物增强了 GABA（γ - 氨基丁酸）的活性，GABA 是一种抑制神经元相互交流能力的神经递质。大剂量服用时，人可能对疼痛的感觉迟钝以及产生其他感觉。和兴奋剂一样，服用超大剂量可导致不规则心跳、痉挛以及死亡。

人们得知酒精是中枢神经系统的抑制剂后常感到非常惊讶。少量的酒精有一些兴奋剂的作用，因为它会抑制脑中约束冲动行为的脑区的活动，比如大声笑和胡闹。然而，从长远来看，它减缓了神经系统的活动。像巴比妥类和阿片类药物一样，酒精也能产生麻醉作用，这就是为什么人们在过度饮酒时会晕倒（如果不先吐出来的话）。久而久之，酒精会损害肝脏、心脏和脑。大量的酒精会通过抑制控制呼吸和心跳的脑区的神经细胞而致死。每隔一段时间，都会有一则新闻报道声称某大学生死亡，因为他在参加入会活动时将大量酒精"注入"自己体内。偶尔喝点红酒、啤酒或白酒会怎么样？多年来，研究人员认为适量饮酒有助于健康，包括降低心脏病发作和中风的风险（Mukamal et al.，2003；Reynolds et al.，2003）。但最近的研究描绘了一幅更为复杂的图景，发现每天喝一杯酒对预期寿命没有好处（Wood et al.，2018），况且许多人并没有限制自己每天只喝一杯。

表 6.1　几种精神活性药物及其作用

药物分类	类型	常见效果	滥用/成瘾的结果
苯丙胺类，甲基苯丙胺	兴奋剂	清醒、警觉、新陈代谢加快、情绪高涨、食欲下降	紧张、头痛、高血压、妄想、精神病、心脏损害、抽搐、死亡
可卡因	兴奋剂	欣快、兴奋、精力充沛、抑制食欲	易激动、失眠、出汗、偏执、焦虑、恐慌、抑郁、心脏损害、心力衰竭、鼻子闻了会受损
尼古丁（烟草）	兴奋剂	从警觉到平静，取决于心理状态、环境和先前的唤醒水平；降低对碳水化合物的食欲	尼古丁：心脏病、高血压、循环障碍、男性勃起问题、由于一种关键酶水平的降低而损害全身　焦油（香烟残留物）：肺癌、肺气肿、口腔癌和喉癌，还有其他许多健康风险
咖啡因	兴奋剂	清醒、警觉、反应时间缩短	烦躁、失眠、肌肉紧张、心跳不规律、高血压
酒精	抑制剂	减少焦虑和压抑、减缓反应、协调性差、抑郁、记忆缺陷	昏厥、肝硬化、其他器官损伤、心理和神经功能损害、精神病、大量饮用导致死亡
镇静剂（如安定），巴比妥类药物（如苯巴比妥）	抑制剂	减轻焦虑和紧张、镇静	为达到药效，需增加剂量；运动和感觉功能受损，新信息永久存储受损，戒断症状；可能出现抽搐、昏迷、死亡（尤其是与其他药物一起服用时）
阿片、海洛因、吗啡、可待因、可待因类止痛药	麻醉剂	欣快、减轻疼痛	食欲不振、恶心、便秘、戒断症状、抽搐、昏迷，可能致死
LSD、赛洛西宾、麦司卡林、迷幻鼠尾草	迷幻剂	依赖药物：兴奋、幻象、幻觉、顿悟体验	精神病、偏执狂、惊恐反应
大麻	轻微的迷幻剂（分类有争议）	放松、快感、食欲增强、存储新记忆的能力下降，其他影响取决于心理定势和环境	刺激喉咙和肺，大量吸入可能造成肺损伤

Archives du 7e Art／AMC／Photo 12／Alamy Stock Photo

甲基苯丙胺的固态晶体形式是电视剧《绝命毒师》（*Breaking Bad*）中的人物制造和销售的一种药物。正如剧中所描述的，"冰毒"会对使用者的心理、生理和社会性产生各种严重的负面影响。

3. **麻醉剂能减轻疼痛**。这些药物与内啡肽作用于一些相同的脑神经，有些药物对情绪有强大的影响。麻醉剂包括：从罂粟中提取的阿片；阿片的衍生物吗啡；吗啡的衍生物海洛因；芬太尼和美沙酮等合成药物；可待因和可待因类止痛药，如羟考酮和氢可酮。当注射麻醉剂时，可以增强多巴胺的传递，从而产生一种冲动的、突然的快感。它们也可以减少焦虑和动力。麻醉剂极易上瘾，大量使用会导致昏迷甚至死亡。

4. **迷幻剂会扰乱正常的思维过程**。这包括时间和空间的知觉；有时会令人产生幻觉，尤其是视幻觉。一些迷幻剂，如麦角酸二乙酰胺（LSD），是在实验室中制造的。例如麦司卡林（来自仙人掌）、鼠尾草（来自墨西哥的一种草本植物）和赛洛西宾（来自某种蘑菇），都是天然物质。对迷幻剂的情绪反应因人而异，它们对个体的作用也因时而异。"旅行"可能是愉快的，也可能是不愉快的，可能是神秘的启示，也可能是噩梦，正如流行媒体所描述的那样，从《广告狂人》（*Mad Men*）和《辛普森一家》（*The Simpsons*）等各种电视剧，到近年来的电影，如《逍遥骑士》（*Easy Rider*）、《恐惧拉斯维加斯》（*Fear and Loathing in Las Vegas*）、《谋杀绿脚趾》（*The Big Lebowski*）和《龙虎少年队》（*21 Jump Street*）。半个世纪前，披头士乐队（The Beatles）唱出了一个有橘子树、橘子果酱的天空和一个有着万花筒眼睛的女孩的世界。该乐队声称，他们的歌曲《露西在缀满钻石的天空中》（*Lucy in the Sky with Diamonds*）可以缩写为LSD，这只是一个"巧合"。

几十年来，由于缺乏资金，有关迷幻剂的研究一直停滞不前。但是一些临床研究人员正在探索它们在心理治疗、缓解心理痛苦和治疗焦虑症方面的潜在作用（Gasser, Kirchner & Passie, 2015; Griffiths et al., 2008）。在一项试验性研究中，12名面临晚期癌症死亡的患者接受了中等剂量的赛洛西宾治疗，该药物显著降低了他们的焦虑和绝望情绪（Grob et al., 2011）。

一些常用药物不属于这四种分类，或是结合了一种以上的成分。其中一种是大麻，在食物或饮料中被吸食或消费。近年来大麻的使用有所增加，部分原因是大麻在美国的一些州是合法的（Brown et al., 2016; Hasin et al., 2015）。一些研究者把它归类为迷幻剂，但是其他人认为它的化学成分和导致的心理效应使它位于主要分类之外。大麻中的主要有效成分是四氢大麻酚（THC），提取自大麻类植物。在某些方面，THC好像是温和的兴奋剂，能提高心率并且使人们对味道、声音、色彩的感觉更强烈。但是使用者经常报告的反应范围可以涵盖从轻微的欣快感到放松状态甚至是昏昏欲睡的感觉。

一些研究人员认为大量使用大麻（焦油含量高）可能会增加肺损伤的风险（Barsky et al., 1998; Mehra et al., 2006）。在中等剂量下，它会干扰信息向长时记忆的转换，影响协调和反应时间，这是它与酒精共有的特点。大剂量使用会引起幻觉和不真实感。元分析发现，与非使用者相比，长期使用者表现出记忆与学习障碍，以及海马的结构异常（Broyd et al., 2016; Grant et al., 2003; Rocchetti et al., 2013）。然而，大麻在治疗上已有近 3 000 年的历史，是传统中医的基本药物之一（具有多种药用价值）。它的益处在当代医学中也得到了肯定。它可以减少在癌症和艾滋病治疗过程中经常伴随的恶心和呕吐；可以减少身体颤抖、食欲不振和多发性硬化症引起的其他症状；还可以减轻疼痛；有助于降低癫痫患者癫痫发作的频率；有助于疏通动脉；还可以减轻由青光眼引起的视网膜肿胀（Aggarwal et al.，2009；Ben Amar，2006；Steffens et al.，2005）。

大麻曾经被认为是一种温和无害的镇静剂，但它的形象在 20 世纪 30 年代发生了变化，当时书籍和电影开始警告"大麻狂热"的可怕后果。

6.5. B　药物的生理作用

学习目标 6.5. B　解释药物如何影响脑中的神经递质

精神活性药物通过作用于脑神经递质产生作用，神经递质是可以将信息从一个神经元传递到另一个神经元的化学物质。药物可以增加或减少突触处神经递质的释放，阻止释放过多神经递质的细胞再摄取（重新吸收），或干扰与神经递质正常结合的受体。图 6.7 展示了可卡因这种药物如何通过阻断神经递质的再摄取，以提高突触中去甲肾上腺素和多巴胺的水平。可卡因像其他药物一样，也能增加 5 - 羟色胺的可利用性（Müller & Homberg，2015）。

这些生物化学的改变影响认知和情绪功能。酒精激活了 GABA 的受体，GABA 是一种几乎存在于脑所有部位的抑制性神经递质。因为 GABA 很普遍，并能调节其他神经递质系统的活动，所以酒精可以影响许多行为。仅仅几杯酒就能影响知觉、反应时间、协调和平衡感，尽管喝酒的人在自己的印象中行为并没有改变。酒精饮料同样影响记忆，可能妨碍 5 - 羟色胺的工作。饮酒前存储的信息在饮酒时保持完整，但检索速度较慢（Haut et al.，1989）。少量饮酒似乎不会影响清醒时的心理表现，但即使只是偶尔狂饮，如通

常定义为一次饮酒五杯或更多，也会损害随后的抽象思维和执行功能（Parada et al.，2012；Salas - Gomez et al.，2016）。换句话说，一个周六狂欢夜比一次日常的饮酒具有更多的潜在危险性。

至于其他消遣性药物，很少有证据表明轻度或中度使用这些药物会损害人脑，或影响认知功能，但是几乎所有的研究者都同意重度或频繁使用就是另一回事了。一项研究发现甲基苯丙胺重度使用者的多巴胺细胞受损，并且在记忆、注意力以及运动测试中比其他人完成得更差，即使他们已经至少 11 个月没有使用这种药物（Volkow et al.，2001）。

在某些情况下，反复使用某些精神活性药物会导致**耐受性**（tolerance）：随着时间的推移，需要越来越多的药物来产生同样的效果。当惯性重度吸食者停止服用药物时，他们可能会出现严重的身体**戒断**（withdrawal）症状；根据药物的不同，这些症状可能包括恶心、腹部绞痛、出汗、肌肉痉挛、抑郁、睡眠障碍以及对更多药物的强烈渴望。

耐受性
重复使用后对药物的反应减弱。

戒断
成瘾者停止使用药物时出现的生理和心理症状。

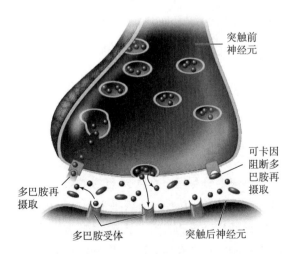

图 6.7　可卡因对脑的影响

可卡因阻止脑对多巴胺和去甲肾上腺素的再摄取，从而使突触中的这些神经递质水平上升，结果导致对某些脑受体的过度刺激和短暂的兴奋。然后，当药效逐渐消退时，多巴胺的消耗可能会导致使用者"崩溃"，从而变得困倦和沮丧。

6.5. C　药物的心理作用

学习目标 6.5. C　总结四个可以缓和药物生理作用的心理变量

人们通常认为药物的作用是自动的，这是药物化学作用的必然结果。但是对一种精神活性药物的反应不仅取决于药物的化学性质，还取决于一个人对药物的经验、个人特征、环境设置和心理定势。

1. **药物使用经验指的是一个人服用的次数**。当人们第一次尝试一种药物——迷幻剂、兴奋剂等时，他们的反应会有明显的变化：从不愉快到中性再到愉悦。一个人在使用一段时间的药物后，对药物的反应可能会变得越来越积极，并且已经熟悉了它的作用。

2. **个人特征包括情绪唤醒和个性的初始状态**。对个人来说，一种药物在疲劳一天后可能有一种效果，在激烈的争论后可能会有不同的效果；效果也可能会随着一天中的时间而变化，因为昼夜节律会影响各种神经递质。不同个体对药物反应的差异可能是由他们的个性特征不同导致的。当容易生气和易怒的人贴上尼古丁贴片从事竞争性或攻击性任务时，脑会剧烈活跃起来。然而，这些变化不会发生在相对更放松和更快乐的人身上（Fallon et al.，2004）。

3. **环境设置指一个人使用药物的背景**。一个人可能在家中独自喝一杯酒就感到困倦，却在一次聚会上喝了三杯仍感到充满活力。一些人与好朋友喝酒时可能感到高兴和平静，但与陌生人一起喝时却感到紧张和害怕。

Sylvie Bouchard/Fotolia

Oneinchpunch/Fotolia

使用药物的动机、对其效果的预期以及使用环境都会影响一个人对药物的反应。这就是独自喝酒消愁可能会产生不同于在聚会上玩喝酒游戏的反应的原因。

4. **心理定势是指一个人对药物效果的期望和使用药物的原因**。有些人喝酒是为了变得更合群、更友好或更具诱惑力，有些人喝酒是为了减轻焦虑或抑郁的感觉，有些人喝酒是为辱骂或使用暴力找个借口。有些人滥用药物是为了逃避现实世界，而慢性疼痛患者可能为了在现实世界正常生活而使用同样的药物。使用药物的动机在很大程度上会影响其效果。

期望可以对行为有很大的影响。在一些充满想象力的研究中，研究者把喝烈性酒（伏特加加奎宁水）

的人，与那些认为他们正在喝烈性酒而事实上喝的只是奎宁水加柠檬汁的人进行比较。实验发现一种"自以为喝"效应，即无论喝的实际上是什么，认为自己正在喝伏特加的男性比认为自己喝奎宁水的男性在行为举止上更具侵略性。而且，无论他们实际上喝的是什么，当男性和女性认为自己在喝伏特加时，他们都会感到性兴奋（Abrams & Wilson, 1983；Marlatt & Rohsenow, 1980）。但这并不意味着酒精和其他药物仅仅是安慰剂。如我们所见，精神活性药物有生理作用，其中许多非常有效。相反，这些发现表明，仅仅是对药物作用的预期，就至少可以产生其中的一些效果。

日志 6.5　批判性思维：考虑其他的解释

一个人喝了一杯酒就勃然大怒。另一个人喝了一杯酒却变得柔和。是使用者的什么品质而非药物造成了这种差异？

模块 6.5　小考

1. 哪种精神活性药物被归类为兴奋剂？
   - A. 麦司卡林
   - B. 阿片
   - C. 海洛因
   - D. 尼古丁

2. 巴比妥类药物是_____类精神活性药物。
   - A. 兴奋剂
   - B. 抑制剂
   - C. 迷幻剂
   - D. 阿片

3. 下列哪种药物不是迷幻剂？
   - A. 赛洛西宾
   - B. LSD
   - C. 可待因
   - D. 麦司卡林

4. 反复使用精神活性药物会导致一个人需要越来越多的药物来产生同样的效果。这种现象被称为_____。
   - A. 宽容
   - B. 耐受性
   - C. 戒断
   - D. 退化

5. 哈维得到了一小杯纯奎宁水，但他被告知杯子里装的是伏特加和奎宁水。他又喝了一杯像第一杯一样的饮料，接着喝了一杯纯奎宁水，但他一直相信自己喝的是掺了伏特加的饮料。哈维接下来可能会有什么行为？
   - A. 他很可能会表现出与喝了三杯伏特加的人一致的行为
   - B. 他很可能会表现出与喝了三杯奎宁水的人一致的行为
   - C. 他很可能会表现出一种与他酒前行为一致的行为
   - D. 他很可能会以与不喝酒的人一致的方式行事

写作分享：意识和睡眠

本章的大部分内容都集中在身体节律和生理波动上。但我们有能力操纵自己所处的环境来优化行为表现，无论我们谈论的是学术、工作效率、社会关系，还是一般的认知功能。看看你现在的生活空间，你工作、生活和睡觉的地方。你能否确定某两个具体的改变，并把这些改变应用于你的昼夜节律和生物钟或改善你的睡眠质量（和睡眠时长）上？

批判性思维演示

主张：当你被一个问题难住时，你应该"睡一觉"

步骤 1. 批判这一主张

在漫长的一天后，没有什么是比上床、拉起毯子、闭上眼睛这种感觉更好的了。睡眠让我们保存能量、恢复精力。睡觉时，身体修复细胞，脑去除垃圾并清除堆积的废物。你知道我们睡觉的时候也会做脑力劳动吗？至少，这是一个假设，当你遇到思考瓶颈时，建议你休息一下。让我们来评估一下这种说法：当你被一个问题难住时，你应该"睡一觉"。

步骤 2. 提出问题，乐于思考

在评估这一说法时，我们可能首先会问一些与睡眠相反的问题，即睡眠剥夺问题。当我们没有得到足够的休息时，关于心理表现的研究会告诉我们什么？

对于以下落段中的每个空白，请从下方选项中选择适当的选项以完成句子。

尽管许多大学生有过"通宵"的体验，但研究表明，睡眠不足对情绪、运动技能和认知能力都有负面影响。在生物学上，如本章所述，长期睡眠不足会增加应激激素，即_____。更普遍地说，睡眠不足与最佳表现负相关支持了最近关于_____的决定。的确，在2018年的一项研究中，哈特曼（Hartmann）和普理查德（Prichard）研究了50 000多名大学生的反应，发现睡眠问题与平均成绩呈负相关关系，这意味着_____。

1）a. 皮质醇

　　b. 肾上腺素

　　c. 血清素

2）a. 在公立高中把上学时间提前

　　b. 限制航空公司飞行员、卡车司机和核电站操作员一天工作的小时数

　　c. 缩小与睡眠呼吸暂停症和嗜睡症有关的治疗费用的保险范围

3）a. 我们可以确信睡眠问题会影响GPA，但GPA不影响睡眠问题

　　b. 学生报告的睡眠问题越多，他们的GPA就越低

　　c. 睡眠问题与学习成绩之间没有真实可靠的关系

步骤3. 再次提出问题，乐于思考

一个批判性思维者也会问睡眠是否有积极的认知效果，睡眠确实有此作用。睡觉是巩固记忆的关键，新的记忆会增强、稳定。睡眠期间，最初活跃的神经通路被重新激活，有助于将记忆长期存储起来，甚至进行重组。但是，当我们被一个问题困住时，我们如何测试"睡一觉"对解决这个问题的效果呢？

步骤4. 定义术语

我们需要一个有明确定义的变量和假设的研究，就像乌尔里希·瓦格纳（Ullrich Wagner）和他的同事在2004年设计的那样。他们把问题解决定义为数学表现。他们的假设是：睡眠会影响参与者找出解决一系列问题的隐藏捷径。

研究人员创建了三个明确定义的实验组：第一组在早上接受任务训练，8小时后再来完成任务。第二组在晚上接受训练，然后保持清醒8小时，再来完成任务。第三组晚上训练，然后睡了8小时，第二天早上才来完成任务。

步骤5. 检查证据

在训练后睡上一觉的参与者发现隐藏捷径的可能性是其他组的两倍多。其他研究表明，梦到任务的参与者能在睡觉时获得更大的洞察力。

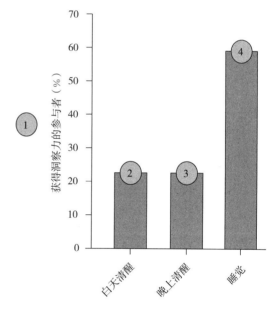

①这里的Y轴代表研究中的因变量，即参与者是否获得解决问题的洞察力（即他们是否找到隐藏捷径）。

②参与者在早上接受任务训练，8小时后再完成任务，有25%的参与者找到了隐藏捷径。

③参与者在晚上接受了训练，然后在他们完成任务之前保持清醒8小时。同样观察到25%的参与者可以解决这个问题。

④在很大程度上（60%），最有可能找出有效解决问题诀窍的参与者是那些在接受训练后"睡上"8小时的人。

步骤 6. 权衡结论

睡眠有广泛的积极作用，包括帮助我们在解决问题时获得洞察力的潜力。有证据支持这样一个建议：当你被一个问题困扰时，你应该"睡一觉"。也就是说，批判性思维者必须容忍不确定性，而对于睡眠如何以及为什么会产生这些影响，我们还不清楚。虽然睡眠有助于解决基于规则的问题，但最近的研究表明，睡眠对洞察创造性问题可能帮助不大。睡眠的影响仍然是休息良好的研究人员要解决的问题。

　　答案：1）a，2）b，3）b

总结：意识与睡眠

6.1　生物节律：体验之潮

学习目标 6.1. A　了解昼夜节律的含义，解释身体"生物钟"的工作

意识是对自己和环境的觉醒。意识状态的变化通常与生物节律相关，即与生理功能的周期性波动有关。昼夜节律波动大约每天发生一次，由位于下丘脑视交叉上核（SCN）的生物钟控制。SCN 调节褪黑素，且反过来受褪黑素的影响，褪黑素对光照和黑暗的变化有反应，在黑暗的时间里增加。当一个人的正常生活习惯发生变化时，他可能会经历内在去同步化，在这种情况下，通常的昼夜节律会与其他节律不同步。

学习目标 6.1. B　解释并总结心境随季节和月经周期变化的证据

一些人的确会在每年冬季表现出抑郁，这一模式被称为季节性情感障碍（SAD）。SAD 的原因尚不清楚，但光照疗法对缓解症状是有效的。另一个长时节律是月经周期，在该周期内会出现各种激素水平的升高和下降。一些女性经历了与月经周期相关的严重的、有损害性的情绪变化，这种情况被称为经前焦虑

障碍（PMDD）。期望和学习影响两性如何解释身体和情感的变化。

6.2　睡眠节律

学习目标 6.2. A　描述并解释睡眠四个阶段的特征

在睡眠期间，REM 睡眠和非 REM（NREM）睡眠交替，大约遵循 90 分钟的节律。非 REM 睡眠根据其特有的脑电波模式可分为不同阶段。在 REM 睡眠期间，脑是活跃的，并且有其他的觉醒迹象，然而大部分骨骼肌是麻痹的；人们通常在 REM 睡眠期间报告有生动的梦。

学习目标 6.2. B　列举睡眠不足对心理的不良影响，以及良好睡眠对心理的益处

睡眠不仅对身体的恢复是必要的，而且对形成正常的心理功能也是必要的。许多人睡眠不足，可能患有失眠、睡眠呼吸暂停症、嗜睡症或 REM 行为障碍，但白天嗜睡最常见的原因可能是睡眠不足。睡眠有助于巩固记忆和解决问题。这些好处与慢波睡眠最密切相关，但也与 REM 睡眠有关。

6.3　探索梦的世界

学习目标 6.3. A　讨论做梦的原因

弗洛伊德认为梦允许我们表达被禁止或不现实的欲望，这些欲望被强迫进入脑的无意识部分，但是没有客观的方法来验证弗洛伊德对梦的解释，他的大部分主张也没有得到令人信服的证据的支持。最近有三种关于梦的理论强调了梦和清醒的思想之间的联系。问题关注取向认为梦表达了当前的担忧，甚至可以帮助我们解决当前的问题。认知取向认为梦只是我们清醒时认知活动的一种修正。不同的是，在睡眠中，我们与外界的感觉输入隔绝，因此我们的思想往往更加分散和不集中。激活－整合理论认为，当大脑皮层试图理解或解释脑桥内自发的神经放电时，这就是梦出现的原因。这些信号与现有知识和

记忆的整合结果就是一个梦。

学习目标 6.3.B 总结关于梦的主要理论的优点和不足

现有的所有关于梦的理论都得到了一些支持，也各有不足。一些心理学家怀疑人们在睡眠中能否解决问题。认知取向现在是一个主要的且有竞争力的理论，但是这个理论中的一些部分还有待验证。激活－整合理论似乎没有解释连贯的、故事性的梦和非 REM 睡眠期间的梦。

6.4 催眠之谜

学习目标 6.4.A 总结关于催眠的事实和误解

催眠是一种过程，在这个过程中，催眠师暗示一个人改变他的感觉、知觉、思想、情绪或行为，然后这个人试图顺从。尽管催眠在医学和心理学的许多方面都得到了成功的应用，但人们对催眠能达到什么目的仍持有许多误解。它不能强迫人们违背自己的意愿去做事情，也不能赋予人们不可能的特殊能力，无法提高记忆的准确性，或者没法让人对很久以前的事件进行与之前相同的再体验。

学习目标 6.4.B 比较催眠的分离理论、社会认知理论和生物学理论如何解释催眠

理解催眠的一个主要取向是分离，即一种意识上的分裂。在该取向下一种观点认为，分离是指将意识分裂成被催眠的部分和不参与催眠的"隐藏的观察者"部分。另一种观点认为，分离存在于脑中的执行系统和负责思考与行动的其他脑系统之间。社会认知取向认为催眠是正常社会和认知过程的产物，在这个过程中，被催眠者的期望和信念与遵从催眠师的暗示相结合。从这个观点来看，催眠是一种角色扮演形式；这个角色是如此引人入胜，以至于人们把它理解为真实的。最近技术的进步也催生了催眠的生物学解释，比如说，催眠可以影响脑的激活模式。

6.5 改变意识的药物

学习目标 6.5.A 列出四种主要的精神活性药物并总结每种药物的主要作用

在所有文化中，人们已经发现改变意识状态的方法。例如，精神活性药物通过作用于脑中的神经递质而改变人们的认知和情绪。大多数精神活性药物被分类成兴奋剂、抑制剂、麻醉剂或者迷幻剂，这取决于它们对中枢神经系统的影响，以及对行为和情绪的影响。然而，某些普遍的药物，比如大麻，横跨在这些分类之上，或在这些分类之外。

学习目标 6.5.B 解释药物如何影响脑中的神经递质

药物可以促进或阻碍突触处神经递质的释放，阻止释放过多神经递质的细胞再摄取（重新吸收），干扰与神经递质正常结合的受体。当频繁和大量使用时，一些精神活性药物会损害脑中的神经元，有损于学习和记忆。药物的使用可能会导致耐受性，在这种情况下，需要增加剂量才能达到同样的效果。如果重度使用者试图停止使用药物，就会出现戒断症状。但某些药物，如酒精和大麻，适量使用也会带来一些益处。

学习目标 6.5.C 总结四个可以缓和药物生理作用的心理变量

对精神活性药物的反应不仅受其化学特性的影响，而且受到使用者先前的药物使用经验、个人特征、环境设置以及心理定势，即这个人的期望和服药动机的影响。

第 6 章测试

1. 人体的生物钟位于_____。
   A. 视交叉上核　　　　B. 松果体
   C. 垂体　　　　　　　D. 丘脑

2. 每到冬天，当白天变短、夜晚变长时，海克特似乎变得沮丧起来。当春天来临时，他注意到自己的情绪有了很大的改善。尽管对他的行为有很多的解释，但他倾向于使用＿＿＿＿＿＿＿解释自己的心境。

　　A. 双相情感障碍

　　B. PTSD

　　C. 恶劣心境障碍

　　D. 季节性情感障碍

3. 在睡眠中，δ 波常与＿＿＿＿＿＿睡眠相关。

　　A. 阶段 2　　　　　　B. 阶段 1

　　C. 阶段 3　　　　　　D. REM

4. 为什么有时 REM 睡眠被称为"矛盾的睡眠"？

　　A. 即使身体非常不活跃，脑也非常活跃

　　B. 这是睡眠的第一阶段，发生在清醒之后

　　C. REM 睡眠期总是比非 REM 睡眠期短

　　D. 没有可测量的迹象表明个体在这段时间内睡着了

5. 穆罕默德晚上睡觉的时候会有几十次呼吸停止，尽管他甚至没有意识到。穆罕默德患有哪种睡眠障碍？

　　A. 嗜睡症

　　B. 睡眠呼吸暂停症

　　C. REM 行为障碍

　　D. 失眠症

6. 拉吉睡觉时经常表现出奇怪的行为。从表面上看，他似乎在表现他梦中的行为，比如弹班卓琴或喂一个想象中的婴儿。排除了其他疾病后，他的医生断定拉吉患有＿＿＿＿＿＿＿＿。

　　A. 猝倒

　　B. 失眠症

　　C. 嗜睡症

　　D. REM 行为障碍

7. 哪种梦的理论特别地提及脑的脑桥、感觉皮层和运动皮层？

　　A. 认知理论

　　B. 激活 – 整合理论

　　C. 问题解决理论

　　D. 触觉理论

8. 根据现有的理论和证据，我们应该对梦的本质得出什么结论？

　　A. 我们仍然缺乏对梦发生原因的全面理解

　　B. 梦是大脑皮层随机放电的结果

　　C. 梦是一种进化机制，它能帮助我们解决问题

　　D. 梦的奇异性表明它必须是象征性的

9. 在催眠状态下，阿塞莉亚能够通过一系列的呼噜声、口哨声和舌头咔嗒声来复制复杂的鸟叫声，这让她的朋友大吃一惊。所有人都印象深刻，除了余，他知道催眠不太可能驱动阿塞莉亚的行为。余知道什么阿塞莉亚和她的朋友不知道的事情吗？

　　A. 阿塞莉亚被催眠暗示所激发，若没有催眠暗示，她的这种旋律听起来更像是恼人的尖叫声

　　B. 催眠是一种文化认同现象，而不是一种科学记录现象

　　C. 阿塞莉亚的壮举完全取决于那位催眠师的熟练程度；如果是不熟练的催眠师，她将无法复制鸟叫声

　　D. 有动机且受到鼓励的人，可以在没有催眠的状况下完成催眠状况下同样的惊人任务

10. 关于被外星人绑架的"记忆"，关于灵魂附体的报告，或者关于回到过去生活的叙述，可以用催眠的＿＿＿＿＿＿＿＿理论解释。

　　A. 社会认知

　　B. 分离

　　C. 隐藏的观察者

　　D. 执行 – 控制

11. 以下哪一项不是精神活性药物的主要类别？

　　A. 兴奋剂　　　　　　B. 激动剂

　　C. 麻醉剂　　　　　　D. 抑制剂

12. 能扰乱正常思维过程和时空知觉的精神活性药

物被称为_____。

A. 抑制剂
B. 麻醉剂
C. 兴奋剂
D. 迷幻剂

13. 亚斯明试图在没有医疗监督或其他人帮助的情况下戒掉海洛因。她出现一阵阵的出汗、恶心、呕吐和腹泻等症状。这些症状是关于_____的迹象。

A. 分离
B. 耐受性
C. 镇痛
D. 戒断

14. 以下哪项最能描述可卡因对脑的作用？

A. 可卡因是一种抑制剂，会使脑功能普遍下降
B. 可卡因能阻止突触再摄取多巴胺，从而使更多的突触与受体结合
C. 可卡因能阻止突触可摄取多巴胺，从而使更多的多巴胺与受体结合
D. 可卡因会损害记忆和注意力，但它究竟如何影响脑功能尚不清楚

15. 星期四晚上，卡西乌斯和老朋友在酒吧喝了几杯，他感觉精力充沛、健谈、活泼。下一个星期四，卡西乌斯和一些新同事在同一家酒吧喝了同样多的酒，却感到焦虑、疲惫、脑子"嗡嗡作响"。为什么同样数量的酒精会给卡西乌斯带来如此不同的结果？

A. 在不同时间摄入酒精的反弹效应可以解释互补反应
B. 连续一周饮用的经验表明，每次摄入酒精后，反应都会有所不同
C. 与亲密朋友和新同事一起喝酒的不同环境会影响酒精的效果
D. 摄入酒精对血液影响的生理学机制尚不清楚

第7章
学习

你需要做什么?

　　心理学是一门研究我们日常思考、感受及行为的科学。学习本章之前，我们有关于你自己日常生活的问题要问你。我们希望这只是你在阅读本章时思考自己人生经历的开端。

> **互动**
>
> **提出问题，乐于思考**
>
> 　　你是否曾对感到恶心前吃过的某种食物产生了厌恶感?
>
> 　　□是
>
> 　　□否

　　试想一下你在某一天可能会做的一系列事情。你可能喝了咖啡，跑了 3 英里，复习了考试内容，玩了一会儿吉他，刷了刷网络视频，还召集朋友共进晚餐。你是否思考过，这些行为是如何被组织起来的，以及你为什么会持续做这些事? 你为什么喝咖啡? 为什么学习与考试相关的内容? 同时，请你也想一想为什么你没有去做另一些事。也许你克制自己没去喝酒，或是你拒绝吃寿司。不管你是否意识到，你表现出的许多行为，甚至是你没表现出的另一些行为，都是学习（或称为条件反射）的结果。

　　前述互动问题的结果显示，你们中的许多人已经对某种特殊的食物产生了厌恶感，而这种食物是在你感到恶心之前吃的。正如你在本章后面所学到的内容，这被称为条件性味觉厌恶，可以用经典条件反射原理来解释。简而言之，你的脑已经在食物和引起恶心的感觉之间建立了一种联系; 因此，将来再遇到那种食物时，你的反应就是对预期恶心的条件反射。结果，你可能会选择彻底地回避该食物。在上述例子中，如果你曾经在食用它们后马上生病，这可能就是你避免饮酒和吃寿司的原因。

　　让我们回到你为什么要为考试而学习的问题上。这样做的原因可能有很多，包括获得一个好成绩、收获成就感、让父母开心等。这些让人愉悦的结果会强化你的学习行为，而且你很可能在未来维持（甚至增加）这种行为。但是，如果你不学习，让人不愉悦的结果——不及格的成绩、挫折感、父母的失望——可能会减少你不学习的行为，并促使你在未来花更多时间学习。在这个例子中，你的行为受到了对应结果的影响，这个过程叫作操作性条件反射。

　　这两类条件反射，即经典条件反射和操作性条件反射，可解释人和其他动物的许多行为; 本章通过聚焦环境刺激和行为之间的关系进行解释。对学习和条件反射的研究受到行为主义的深刻影响。作为心理学的一个学派，行为主义以可观察的行动和事件来解释行为。与认知取向不同，行为主义的观点强调先前的经验对当前行为的影响，而不是思维或心智的其他方面产生的影响。我们将在本章探讨条件反射以及与学习有关的各种现象。

7.1　经典条件反射

　　我们将从**经典条件反射**（classical conditioning）开始，这是人类和其他动物最基本的学习形式之一。经典条件反射也被称为巴甫洛夫条件反射，以俄国生理学家伊凡·巴甫洛夫（Ivan Pavlov）的名字命名，接下来的内容将会详细讨论这位学者。这种条件反射有助于解释各种各样的日常行为，例如为什么微波炉的提示音会让你流口水。

经典条件反射

　　以前的中性刺激与已经引起反应的刺激产生联系，进而获得引起类似或相关反应的能力的过程。

Leonard Zhukovsky/Shutterstock

冰激凌车的声音会让你感觉到饥饿或者快乐吗？这些反应可能不仅仅是对童年的怀念——当你读到更多关于经典条件反射的内容时，你会发现的确如此。

7.1.A 在旧的基础上建立新的反射

学习目标 7.1.A 解释经典条件反射的关键要素

20 世纪初，生理学家伊凡·巴甫洛夫（1849—1936）研究了犬类的唾液分泌，当时，该项目是消化系统研究的一部分。他的实验操作之一是在狗的面颊上做手术：切开一个口，并置入一根导管，将其唾液腺中的唾液导出，以进行测量。为了刺激反射性的唾液分泌，巴甫洛夫将肉粉或其他食物放入狗的嘴中（见图 7.1）。

巴甫洛夫是一位真正专心致志的科学观察家，在他的教导下，其学生和助手具备了同样的对细节观察的热忱。在唾液研究过程中，其中一个助手注意到了一件大多数人都会忽略或将其当作琐碎小事的事情：一只狗被带到实验室几次后，在将食物放进它嘴里之前，它就会开始分泌唾液。不论是看到食物或闻到食物的气味，还是看到盛食物的盘子，甚至是看到喂食者的身影，参与实验的那只狗都会垂涎。这些新的唾液分泌反应显然并非与生俱来的，它们一定是通过经验习得的。

起初，巴甫洛夫把狗的这种垂涎反应仅当成无关紧要的唾液分泌，但是很快他就意识到他的助手误打误撞地发现了一个重要现象，并且他相信该现象是人类及其他动物大部分**学习**（learning）的基础（Pavlov，1927）。他将这种现象称为"条件"（conditional）反射，因为它依赖环境条件。后来，在翻译他著作的过程中出现了错误，将"条件"（conditional）变成了如今最常用的"条件"（conditioned）。这种**条件反射**（conditioning）指的是一种基于联系的基本学习。

图 7.1 巴甫洛夫的实验方法

左侧照片中间的是巴甫洛夫（留着白胡子），两边有他的学生和一只实验狗。右侧的图画描绘了一个类似于他所使用仪器的设备；导管将唾液从狗的面颊导出，并通过旋转鼓上指针的移动来测量唾液量。

巴甫洛夫很快放下当时正在做的项目，转而开始研究条件反射，并在其人生最后30年中一直致力于该研究。他很想知道：为什么实验狗面对食物以外的东西也会分泌唾液？巴甫洛夫最初思考这些狗到底想到了什么，以至于它们在得到食物之前就会垂涎。这是不是相当于狗的脑子里当时在想"哦，天哪，这意味着开饭时间到了"？不过，他很快就认定，这种猜测毫无意义。相反，他专注于分析引起这些条件反射时的环境因素。

根据巴甫洛夫的描述，原始的唾液反射包括了**无条件刺激**（unconditioned stimulus，US），即嘴中的食物，以及**无条件反应**（unconditioned response，UR），即唾液。对于无条件刺激，巴甫洛夫指的是无须学习即可触发特定反应的事件或物体。对于无条件反应，他指的是无条件刺激对应产生的反应。

在巴甫洛夫的实验室里，当一些中性刺激，如一种以前不会引发狗流口水的刺激——铃铛，在食物出现前有规律地出现时，狗就学会了把铃铛和食物联系起来。结果，单独呈现铃铛就能让狗流口水。

更一般地说，当中性刺激和无条件刺激发生联系时，中性刺激就变成了**条件刺激**（conditioned stimulus，CS）。之后，条件刺激有能力引起一个习得的反应或**条件反应**（conditioned response，CR），它通常与某种原来的、未经学习的反应相似或相关。在巴甫洛夫的实验室里，之前一直是中性的、没有引起过唾液分泌的铃铛声，成为唾液分泌的条件刺激。与经典条件反射相关的关键术语汇总见表7.1。

巴甫洛夫及其学生在后续实验中进一步发现，如果将物体与食物联系在一起，所有物体均可变为

唾液分泌的条件刺激：如节拍器的滴答声、蜂鸣器的震动声、对实验狗腿部的触摸，甚至是针刺或电刺激。

互动

表7.1 经典条件反射术语：第一部分

	定义
无条件刺激	无须额外学习即可引起特定反应的刺激
无条件反应	由无条件刺激引起的反应
条件刺激	在与无条件刺激相关联后会引起条件反应的最初的中性刺激
条件反应	由条件刺激引起的反应，发生在条件刺激与无条件刺激形成联系之后

7.1.B 经典条件反射的原理

学习目标7.1.B 讨论经典条件反射的基本原理，包括消退与恢复、高级条件作用以及刺激泛化与辨别

经典条件反射存在于所有物种中，从单细胞生物到人类。除了分泌唾液这种反应之外，经典条件

反射也可用于其他许多反应，包括心跳、血压、警觉、饥饿和性唤起。事实上，美剧《办公室》（*The Office*）的粉丝们可能还记得，吉姆利用经典条件反射对德怀特玩了一个他喜爱的恶作剧：通过把薄荷糖与自己电脑的启动铃声联系起来，促使德怀特产生了吃薄荷糖的渴望。在实验室里，中性刺激的呈现和无条件刺激的呈现之间的最佳间隔往往很短，有时不到一秒钟。让我们更仔细地考察一下经典条件反射的一些其他重要特征：消退、高级条件作用、刺激泛化和辨别。

　　消退　条件反射可持续几个月至几年之久。但是，如果条件刺激不和无条件刺激一起重复出现，条件反射会越来越弱，直到最终消失，即发生了**消退**（extinction）（见图 7.2）。假设你训练你的狗米罗在听到铃声时便分泌唾液，但是，你每 5 分钟按响一次铃，却不给它食物，米罗听到铃声后分泌的唾液就会越来越少，并且很快会停止分泌唾液。此时，唾液分泌就发生了消退。不过，消退并不等同于未习得。如果你第二天又按响铃声，米罗可能会分泌几次唾液，尽管这种反应可能比第一天表现得更明显。条件反射的重现过程被称为**自发恢复**（spontaneous recovery），解释了要彻底消除某种条件反射往往需要不止一次的消退训练。

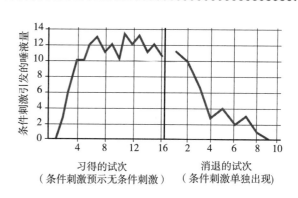

图 7.2　唾液分泌反应的习得与消退

　　一种中性刺激（如铃声）伴随某个引发唾液分泌的无条件刺激（如食物）一直出现，这个中性刺激就会成为唾液分泌的条件刺激，正如假设数据所示（左侧图）。但是，如果该条件刺激重复呈现，却不再伴随无条件刺激，那么条件作用的唾液分泌反应会减弱，直到消失，至此消退完成（右侧图）。

　　高级条件作用　有时候，中性刺激可以通过与已经形成的条件刺激进行配对而成为新的条件刺激，该过程被称为**高级条件作用**（higher – order conditioning）。比如，米罗已经学会了在看到它的饭盆时分泌唾液，现在你在呈现饭盆之前先闪现一道亮光，这样重复配对亮光和饭盆，米罗便会在有亮光时分泌唾液。高级条件作用形成的过程如图 7.3 所示。

 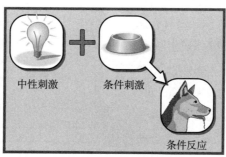 

图 7.3　高级条件作用

　　本图解释了高级条件作用，饭盆就是导致唾液分泌的最初条件刺激（左图）；当作为中性刺激的亮光与饭盆（中间图）成对呈现后，亮光也成为能产生唾液分泌的条件刺激（右图）。

消退

习得的反应减弱并最终消失的现象。

自发恢复

习得的反应表面上消退后再次出现的现象。

高级条件作用

在经典条件作用下，一个中性刺激通过与已经形成的条件刺激建立联系而成为一个新条件刺激的过程。

高级条件作用可以用来解释为什么有一些词可以激发人们的情绪反应，为什么它们可以使我们发怒、感到温暖，又或是伤感。当一些词和一些能够引起情绪反应的物体或其他词建立联系，它们也可能引起相应的情绪反应（Staats & Stasis，1957）。比如，一个小孩可能学会对生日这个词有积极的反应，因为生日总是与礼物和得到关注相联系。反过来，如果某个种族标签或其他人口标签与愚蠢或懒惰等让这个小孩感到厌恶的词建立联系，那么他可能对这些标签产生消极的反应。换言之，高级条件作用可能是产生偏见的部分原因。

刺激泛化与刺激辨别 当一个刺激成为一些反应的条件刺激后，其他类似的刺激也可能会引发类似的反应，这种现象被称为**刺激泛化**（stimulus generalization）。例如，如果你训练实验狗米罗在听到钢琴上的中音 C 时开始分泌唾液，米罗可能也会对比 C 音高一个音的 D 音分泌唾液，尽管你并没有在米罗听到 D 音的时候给它食物。刺激泛化用俚语来描述就是"一朝被蛇咬，十年怕井绳"。

与刺激泛化相对的是**刺激辨别**（stimulus discrimination），即在一定程度上，对相似（而非完全相同）的条件刺激做出不同的反应。假设你已经重复将食物与钢琴上的中音 C 匹配，并将米罗训练得在听到 C 音时分泌唾液。现在，你开始弹吉他上的 C 音，但不给食物（其间，你依旧保持钢琴 C 音一出现就给它食物）。最终，米罗习得只对钢琴的 C 音分泌唾液，而不对吉他上的同一音阶做出反应。

也就是说，它将会辨别这两种声音。如果你一直这样长期训练它，你有可能将米罗训练成一个出色的辨别垂涎专家！表 7.2 回顾了这些经典条件反射术语。

刺激泛化

在条件作用后，对与原条件作用中相似的刺激做出反应的倾向。

刺激辨别

对两个或两个以上相似却不同的刺激做出不同反应的倾向。

互动

表 7.2　经典条件反射术语：第二部分

消退	习得的反应减弱并最终消失的现象；在经典条件作用下，当条件刺激不再预示无条件刺激时，就会出现这种现象
自发恢复	习得的反应表面上消退后再次出现的现象
高级条件作用	一个中性刺激通过与已经形成的条件刺激建立联系而成为一个新条件刺激的过程
刺激泛化	在条件作用后，对与原条件作用中相似的刺激做出反应的倾向；在经典条件反射中，当某个刺激与引发条件反应的条件刺激相似时，会产生这种现象
刺激辨别	对两个或两个以上相似却不同的刺激做出不同反应的倾向；在经典条件反射中，当某个与条件刺激相似（却与之不同）的刺激出现但没有引发条件反应时，就会产生这种现象

7.1.C　在经典条件反射中究竟学到了什么

学习目标 7.1.C　解释为什么在经典条件反射中条件刺激先于无条件刺激出现

经典条件反射的一个关键特征是，人或其他动物学会了刺激的联系，而不是刺激与反应的联系。米罗之所以学会对铃铛流口水，是因为它学会了把铃铛和食物联系起来，而不是（通常认为的）因为它学会了把铃铛和流口水联系起来。如果要让经典条件反射最有效，被条件化的刺激应当在无条件刺激之前出现，而不是在它之后或者同时出现。这在经典条件反射中是合理的，因为条件刺激成了一个可预测无条件刺激出现的信号。经典条件反射能够使机体对将要发生的具有重要生物学意义的事件进行预测并做好准备。在巴甫洛夫的研究中，一个铃铛、蜂鸣器或者其他刺激都可以成为即将有肉吃的信号，而狗分泌唾液是为消化食物所做的准备活动。因此，当今许多心理学家都主张，人或者其他动物在经典条件反射过程中习得的不仅包括两个在时间上很接近的成对出现的刺激间的相互联系，而且包括信息从一个刺激传递到另一个刺激的过程，如"如果有一个声音响起，食物很可能会随之而来"。

该观点得到罗伯特·雷斯科拉（Robert Rescorla，1988，2008）的研究的支持。他发现，在一系列关于想象的研究中，仅仅让无条件刺激和中性刺激成对出现，并不足以产生学习。要成为条件刺激，中性刺激必须可靠地提示或预示无条件刺激。如果食物出现之前并没有某个声调响起，那么这个声调就不可能成为分泌唾液的条件刺激，因为这个声调并不能提供得到食物的可能性信息。试想一下：如果你收到的每一条短信都带来了让你心跳加速的坏消息，那么每次手机响起或发出嗡嗡声时，你的心脏就可能会跳得很快——这是一种条件反射。不过，通常情况下，令人不安的短信出现的频率并不高，而且随机散布在大量的常规短信中。你听到的短信提示音有时可能与坏消息联系起来，但它并不总是灾难的信号，所以不会发生条件性的心跳加速反应。

雷斯科拉（1988）总结道："巴甫洛夫条件反射并非机体蠢笨地、胡乱地将同时发生的任意两种刺激联系起来的过程。相反，生物体最好被看作信息的探索者，它会利用事件间的逻辑和知觉联系，以及自己的先入之见，一起来构建一个关于世界的复杂表征。"并非所有的学习理论家都认同这一结论。一位正统的行为主义者会说谈论一只大白鼠的先入之见是很荒谬的。但重要的是，那些像"信息探寻"、"先入之见"及"世界的表征"的概念为经典条件反射打开了从认知角度认识它的大门。

Jacob Rodriguez – Call/Fotolia

试试你的行为技能吧！在一个愿意合作的朋友身上，利用条件反射引发眨眼反应。你需要一根吸管和一些能发出响声的东西，用勺子敲水杯也行。告诉你的朋友，你要用吸管向他的眼睛吹气，但不要说为什么。在每次吹气之前，立即发出响声。重复这个过程 10 次。然后发出响声，但不要吹气。你的朋友很可能会眨眼，并且可能会在反应消退前继续这样重复一两次。你能识别出这个练习中的无条件刺激（US）、无条件反应（UR）、条件刺激（CS）和条件反应（CR）吗？

日志 7.1　批判性思维：检查证据

想一想你通过经典条件反射学到的一种不利联系。例如，也许你喜欢躺在床上学习。然而，你的床与昏昏欲睡和睡眠建立了联系，因此当你试图学习时，真正发生的是你感到疲倦并打瞌睡。在这个例子中找出无条件刺激（US）、无条件反应（UR）、条件刺激（CS）和条件反应（CR），并描述你如何改变这种不利联系。

模块 7.1 小考

1. 五岁的卡塔丽娜正在窗前观看一场暴风雨。一道巨大的闪电之后是巨大的雷声，卡塔丽娜被这声音吓得跳了起来。在经典条件反射术语中，雷声是_____。

   A. UR 　　　　　B. US
   C. CS 　　　　　D. CR

2. 五岁的卡塔丽娜正在窗前观看一场暴风雨。一道巨大的闪电之后是巨大的雷声，卡塔丽娜被这声音吓得跳了起来。这发生了好几次。在短暂的平息后，又是另一道闪电。卡塔丽娜看到闪电后也跳了起来。用经典条件反射术语来说，卡塔丽娜的反应是_____。

   A. CS 　　　　　B. UR
   C. US 　　　　　D. CR

3. 五岁的卡塔丽娜正在窗前观看一场暴风雨。一道巨大的闪电之后是巨大的雷声，卡塔丽娜被这声音吓得跳了起来。这发生了好几次。在短暂的平息后，又是另一道闪电。卡塔丽娜看到闪电后也跳了起来。用经典条件反射术语来说，闪电是_____。

   A. US 　　　　　B. UR
   C. CS 　　　　　D. CR

4. 曾经习得的反应在它被认为已经消退的情况下再次出现。经典条件反射理论家会把这种现象称为_____。

   A. 去消退 　　　　B. 刺激泛化
   C. 刺激辨别 　　　D. 自发恢复

5. 为什么中性刺激要先于无条件刺激出现才能使经典条件反射成功？

   A. 中性刺激发出信号，表明无条件刺激即将到来。最终，中性刺激变成条件刺激
   B. 中性刺激的出现相当于"把学习中的障碍一扫而空"，使得无条件刺激的作用更强
   C. 中性刺激与条件刺激配对的前提是先与无条件刺激配对
   D. 中性刺激能引起无条件反应的前提是先呈现无条件刺激

7.2 现实生活中的经典条件反射

如果狗能学会对铃声流口水，你也可以。事实上，你可能已经学会了对午餐钟声、热软糖圣代和"令人垂涎欲滴"的食物图片流口水。经典条件反射每天都在我们的生活中以不同方式影响着我们。

Tobi/123RF

当你看着这些柠檬的时候，你能否感到唾液腺的刺痛？你会不会流口水？如果答案是肯定的，那就是条件反射在起作用！

7.2.A 学会喜欢

学习目标 7.2.A 举例说明经典条件反射如何有助于形成偏好

首先意识到巴甫洛夫理论在现实生活中的潜在意义的心理学家是约翰·B. 华生（John B. Watson），他是美国**行为主义**（behaviorism）学派的奠基人，并热衷于推崇巴甫洛夫的观点。华生相信人类丰富的情绪和行为均可用条件反射原理解释。他在观念上走得更远，甚至声称人们在将爱抚及拥抱与另一个人建立联系之时，就能学会去爱那个人。大量心理学家，以及非心理学家都认为华生关于爱的观点是错

误的，事实上爱远比他想象的更为复杂。但是，他关于经典条件反射对情绪、偏好和味觉的影响的观点是正确的。（并且，他关于拥抱的观点也有道理。）

行为主义

心理学中的一种研究取向，强调研究可观察到的行为，以及环境和先前经验作为行为的决定因素。

经典条件反射在我们对物体、人、符号、事件、地点的情绪反应中扮演了十分重要的角色。它可以解释为什么当我们看到学校吉祥物、国旗、家乡地标或奥运会符号时，感怀的情绪反应会席卷而来。对于我们大多数人来说，上述事物中至少有一些事物与我们过去的积极感受相联系，如图 7.4 中举的例子。

图 7.4 条件反射与积极情绪

经典条件反射可以解释为什么我们对国旗这样的刺激会有积极的情绪反应。

许多广告手段会利用经典条件反射在情绪反应中的作用。当你看到广告时，请注意有多少广告将产品与广告商认为你会喜欢的音乐、好看的人、田园风光，及你欣赏的或认为有趣的名人搭配在一起。用经典条件反射术语来说，音乐、风景、有吸引力的人或名人是一种可引发内部反应的无条件刺激，而这种内部反应与快乐建立了联系。广告商希望广告中的产品能成为一种条件刺激，唤起你类似的反应。

7.2.B 学会恐惧

学习目标 7.2.B 举例说明经典条件反射如何产生习得性恐惧，并描述对抗性条件作用是如何发生的

积极情绪并非唯一一种可被经典条件化的情绪，厌恶和恐惧也是如此。一个人能够学会害怕任何东西，如果这个东西与某些引起痛苦、惊吓或者尴尬丢脸之事建立了联系。然而，从生物学角度来看，人类可能有一种原始的或"预备"的恐惧，使得人们习得对某类事物的恐惧比习得对其他类事物的恐惧要更容易。比如，对蜘蛛、蛇、高处形成恐惧条件作用远比对蝴蝶、花朵、烤箱形成恐惧条件作用要简单，前者对你的健康可能是有危险的。因而有些研究者认为，在进化过程中，人类习得了一种倾向性，即快速提防这些事物并保持这种恐惧状态（Hoehl et al.，2017；LoBue & DeLoache，2008，2011；Öhman & Mineka，2001；Mallan，Lipp & Cochrane，2013）

当对某个物体或某些情景的恐惧让人变得非理

性，并影响到正常行为时，就可被称为恐惧症。为了解释恐惧症是怎样被习得的，华生和罗莎莉·雷纳（Rosalie Rayner）（1920）谨慎地在一个11个月大的男婴阿尔伯特身上建立了恐鼠症（老鼠恐惧症）。华生和雷纳慎重地选择了一个性情温和的孩子来开展这项研究，因为他们认为实验操作对这种孩子产生的伤害相对较小。的确，最初当他们给阿尔伯特玩一只活着的毛茸茸的大白鼠时，他并没有表现出任何恐惧，事实上，他很开心。在明确阿尔伯特喜欢老鼠之后，华生和雷纳开始教他害怕老鼠。

华生和雷纳的目标是证明：（1）成年人的情绪反应，如特定的恐惧，可能源于童年早期；（2）恐惧反应可以转化为广泛的刺激（如今，我们称之为刺激泛化）。在上述两方面研究目标上，他们都成功了。就在阿尔伯特伸手去抓老鼠时，在他的头部后方配上敲击钢条的可怕声响，这吓了他一跳，还使他呜咽、颤抖。在多次重复这个过程、跨越多个环节后，老鼠成了恐惧的条件刺激。只要把老鼠拿出来给阿尔伯特，但不发出声音，就足以让孩子摔倒、哭闹，并迅速爬走，以至于在大人抓住他之前，他几乎爬到了自己所坐桌台的边缘。后来的测试表明，阿尔伯特的恐惧已经泛化到其他有毛或毛茸茸的物体上，包括白色兔子、棉絮、圣诞老人面具，甚至华生的头发。

华生和雷纳所用的研究程序是有缺陷的。出于道德伦理的考虑，今天没有一个心理学家会试图对孩子做这样的事情。尽管如此，该研究的主要结论仍广泛得到接受，即恐惧可以由条件反射建立。不幸的是，华生和雷纳失去了后续与阿尔伯特接触的

机会，所以我们不知道孩子的恐惧持续了多久。阿尔伯特究竟是谁，一直是个争论不休的问题，导致人们对他的身份和最终命运进行了各种猜测和调查（Beck & Irons，2011；Fridlund et al.，2012；Powell et al.，2014）。此外，由于这项研究结束得比较早，华生和雷纳没有机会逆转这种条件反射，导致人们担心这项研究对可怜的阿尔伯特产生了长期的影响。

然而，华生和玛丽·科弗·琼斯（Mary Cover Jones）矫治了另一名儿童的条件性恐惧，华生称这种恐惧是"居家养成的"，而不是心理学家诱发的（Jones，1924）。有个3岁的孩子，名叫彼得，他一开始非常害怕兔子。为了矫治彼得的恐惧，华生和琼斯利用了一种被称为**对抗性条件作用**（counter-conditioning）的方法，该方法将条件刺激与其他一些刺激配对，而后者所引发的反应与不想要的反应相矛盾。对抗性条件作用可能不会消除先前学到的东西，而是通过产生新的学习来推翻旧的学习。在该案例中，兔子（条件刺激，CS）与牛奶和零食配对，后者能使人产生与恐惧的条件反应不相容的愉快感觉。起初，华生和琼斯让兔子与彼得保持一定距离，这样彼得的恐惧就会保持在一个较低的水平；否则，彼得可能学会害怕牛奶和零食！然后，在随后的几天时间里，他们逐渐拉近兔子与彼得的距离，如图7.5所示。

对抗性条件作用

在经典条件反射中，将一个条件刺激与其他刺激配对的过程。在该过程中，后一个刺激会引发与不想要的条件反应不相容的反应。

互动

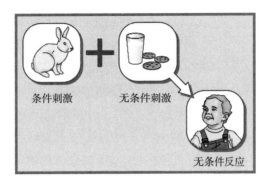

无条件刺激 — 无条件反应 | 条件刺激 + 无条件刺激 — 无条件反应 | 条件刺激 — 条件反应

图 7.5 对抗性条件作用

一个叫彼得的小男孩通过对抗性条件作用克服了对兔子的恐惧。在这个过程中，兔子与他喜欢的零食联系在一起。

最终，彼得学会了喜欢兔子。彼得甚至可以把兔子放在自己的腿上，一只手和兔子玩，一只手吃东西。与这个过程类似的一系列操作被称为系统脱敏法，后来被用于治疗成年人的恐惧症。如今，用于治疗恐惧症的暴露疗法涉及消退——重复呈现一个不带有无条件刺激的条件刺激，以减少恐惧反应。

改变脑功能的方法的出现使得科学家们探索出帮助人们克服逐渐衰弱的条件性恐惧的方法，而这些方法几乎是华生无法想象的。例如，给大鼠服用一种增强脑中谷氨酸活性的药物（D-环丝氨酸），可以加快消退的速度（Schmidt et al.，2015；Walker et al.，2002）。在这些结果的启发下，科学家们开始探索对人类也安全的D-环丝氨酸是否可以帮助恐高症患者（Davis et al.，2005）。研究者采用双盲实验程序，将这类药物给了 15 名患者，并将安慰剂给了另外 15 名患者。这些参与者接下来接受了两个疗程的治疗，在治疗中，他们带上"虚拟现实"眼镜，并"乘坐"逐层升高的玻璃观光电梯来到一家虚拟酒店的高层。如果恐高，这将是一件相当恐怖的事情。他们也可以"走"到一座桥上鸟瞰酒店大堂内的喷泉。

在每个疗程，治疗一周后（3 个月后的另一疗程中重复这样），参与者需要对自己在每一"层"

的不舒适感做出评估。结果发现，采用 D-环丝氨酸治疗的小组症状减弱与改善的程度远远高于安慰剂治疗组。该研究进一步发现，在这些恐高症患者的日常生活中，服用药物者比对照组更少回避现实中的高度。随后的研究证实，D-环丝氨酸能增强针对恐惧症和其他焦虑症的暴露疗法的效果（Rodrigues et al.，2014）。这种研究不仅有助于我们了解恐惧的生物学机制，还能促进我们理解那些可能帮助我们控制甚至克服恐惧的行为主义原则。

7.2.C 解读味觉好恶

学习目标 7.2.C 描述经典条件反射在食物回避与厌恶反应联系中的作用

Ines Bazdar/123RF

我们说一种食物"难吃"还是"好吃"，可能取决于过去的经历，该经历涉及经典条件反射。

经典条件反射可以用于解释人们为何习得对某些食物和气味的反应。在实验室里，行为主义学家让动物习得对某些食物或气味的厌恶，方法是让食物或气味与引起恶心或者其他不快症状的药物配对出现。一个研究组训练蛞蝓，同时让它闻喜欢的胡萝卜气味和一种带有苦味的化学药品。很快，蛞蝓便开始回避胡萝卜的气味。然后，研究者又证明了高级条件作用，将胡萝卜的气味与马铃薯的气味建立联系。当然，蛞蝓又开始回避马铃薯的气味（Sahley，Rudy & Gelperin，1981）。

很多人在吃过某类食物后就生病，他们便开始厌恶这种食物，即便其实两者之间可能并不存在任何关系。事实上，本章开头的调查结果显示，大多数学生对他们在感到恶心前吃过的某种食物产生了厌恶感，这与已发表的研究结果一致（Scalera，2002）。该食物原先是一种中性刺激，现在变成了恶心或某个疾病产生的症状的条件刺激。心理学家马丁·塞利格曼（Martin Seligman）有一次说起他自己因为条件反射而讨厌蛋黄酱。一天晚上，就在他和夫人刚吃过美味的蛋黄酱加牛排后，他患了流感。自然地，他觉得很难受。不过，他的痛苦与蛋黄酱毫无关系。但当下一次品尝时，他恼怒地发现自己不喜欢这种味道（Seligman & Hager，1972）。

引人注目的是，不同于实验室环境下的条件反射，塞利格曼对蛋黄酱的厌恶感源于仅有一次的蛋黄酱与生病的联系，而且条件刺激与无条件刺激之间还有很长的时间间隔。另外，塞利格曼的夫人并没有成为他感到恶心的条件刺激，尽管当时他夫人与他共同进餐，此外那些与他生病相联系的其他事物，如餐盘或当时餐厅的服务生也没有成为条件刺激。这是为什么呢？在对大白鼠的早期研究中，约翰·加西亚（John Garcia）和罗伯特·库林（Robert Koelling）

（1966）针对这个问题给出过答案：生物体将疾病与味觉刺激相联系的倾向胜过将疾病与视觉或听觉刺激相联系的倾向（即"加西亚效应"）。这种生物学倾向可能从自然选择中进化而来，因为它提高了生存机会：食用腐烂的食物比看到或听到它更容易导致生病和死亡。

心理学家已利用这种现象，找到了人道主义的方式，让掠食动物远离农畜，即利用条件性味觉厌恶而非设置陷阱和下毒的方法来驱逐那些掠食动物。在一个经典案例中，研究者在羊肉中掺入了一种能催吐的化学物质。土狼和狼只吃了一两次，虽然之后还是会跑到羊羔前，但是并不会攻击它们，而是退缩、躲藏、呕吐。可见，它们建立了对羊肉的条件性厌恶（Gustavson et al.，1974；Gustavson & Gustavson，1985）。相似的条件性味觉厌恶法已被用于阻止其他的掠食动物，如阻止浣熊猎杀鸡，阻止乌鸦偷吃鹤类的蛋（Maguire，Stojanovic & Weston 2010；Smith et al.，2000）。

7.2.D 对医疗措施的反应

学习目标 7.2.D 描述经典条件反射如何影响人们对医疗措施的反应，包括患者对安慰剂的反应

由于经典条件反射，药物治疗可能造成一些意想不到的痛苦或减轻症状，导致这种结果的原因几乎与治疗本身完全没有关系。许多病人都了解，对一种治疗的厌恶反应可以泛化到其他许多刺激上。尤其是对于癌症患者，他们有时会把由化疗造成的恶心和呕吐与在治疗室所见、所闻、所嗅到的事物相联系。药物治疗是导致恶心和呕吐的一种无条件刺激，通过建立联系，其他原本的中性刺激也成了这些反应的条件刺激，如图7.6所示。甚至关于诊所的视觉和嗅觉意象也会成为恶心的条件刺激（Dadds et al.，1997；Redd et al.，1993）。有些癌症患者也会形成条件性焦虑，即对任何与化疗相关的事物的焦虑感（Jacobsen et al.，1995）。

另外，患者可能在获得安慰剂时感到不那么痛苦和焦虑。安慰剂是某些不含有活性成分或治疗作用的药片和注射剂。安慰剂的作用总是出人意料地有效，特别是当它们以注射、大粒药丸或标有品牌名称药片的方式呈现给患者时。事实上，安慰剂对脑的影响与真正的药物治疗有着异曲同工之效，都可作用于同样的神经通路（Price，Finniss & Benedetti，2008；Wager et al.，2011）。

安慰剂为什么会起作用呢？认知心理学家强调期望的作用，至少在人类参与者中是这样；期望康复可能会减轻焦虑，而焦虑的减轻可能会对免疫系统产生积极作用。这种期望也可能使我们的行为产生我们所希望的结果（Michael，Garry & Kirsch，2012）。但行为主义者却强调条件反射：医生的白大褂、医生的办公室、药片或注射都成了缓解症状的条件刺激，因为这些刺激在以往总是与真正的药物相关（Ader，2000）。真正的药物是无条件刺激，它所带来的症状缓解是无条件反应。安慰剂带来的效果也相似，所以它成了条件刺激。

用期望解释安慰剂效应与经典条件反射的解释并不矛盾（Kirsch，2004；Stewart-Williams & Podd，2004）。正如我们之前所看到的，许多行为主义者接受这样一种观点，即经典条件反射本身就涉及期望，即期望条件刺激之后出现无条件刺激。所以，至少某些经典条件作用下的安慰剂效应可能涉及患者的期望。事实上，患者以前的条件作用经历可能是这些期望产生的原因。

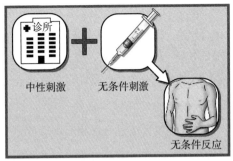

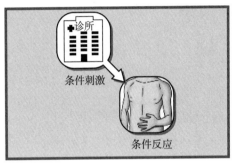

图 7.6　条件反射与医疗措施

经典条件反射可以解释为什么化疗室的视觉景象或气味会使癌症患者感到恶心。

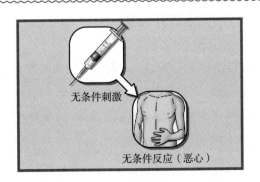

模块 7.2　小考

1. 贾德森教授每次讲课都会给学生们带来一些小礼物，有时是柠檬糖，有时是现金，有时是对小测验的加分。虽然他是一位糟糕的讲师，但学生们总是来上课，而且总是给他很高的课程评价。根据经典条件反射的原理，这是为什么呢？

A. 小礼物是一种条件刺激，会引发无条件反应；在这种情况下，学生们表现出对贾德森教授的好感

B. 学生之前已经对他们的课程形成了条件反射性的厌恶，所以贾德森教授通过提供小礼物来消退这种行为

C. 学生把贾德森教授的存在与小礼物的存在相联系；他们喜欢小礼物，所以通过联系他们也喜欢贾德森教授

D. 小礼物是能产生刺激辨别的条件刺激；在这种情况下，学生们对喜欢小礼物做出反应

2. 小阿曼达害怕洗澡，所以她的父亲只放了一点水在浴缸里，并在给她洗澡的同时让她吃棒棒糖。很快，小阿曼达对洗澡的恐惧就消失了。她的父亲用了经典条件反射中的什么技术？

A. 对抗性条件作用

B. 刺激泛化

C. 前消退

D. 自发辨别

3. 埃德加希望他蹒跚学步的儿子米格尔吃健康的食物，而避免吃垃圾食品。每当他们开车路过一家快餐店时，埃德加就会大声尖叫，发出一阵可怕的声音，吓得米格尔大哭。不出所料，米格尔从小就对垃圾食品深恶痛绝。这个例子中的条件刺激是什么？

A. 米格尔对垃圾食品的厌恶

B. 埃德加的尖叫声

C. 米格尔的哭泣

D. 快餐店的出现

4. 一天晚上，巴尼在沙威玛宫（Shawarma Palace，一家以中东美食为特色的连锁饭店）吃饭，大口吃着一盘盘口袋面包、鹰嘴豆泥、芝麻酱和塔布莱沙拉。当晚看新闻时，他看到那家店已经被卫生部门责令关闭，并且巴尼强烈的肠胃不适发作也证实了该店被关的原因。几个月后，当朋友们邀请他去法拉费王国（Falafel Kingdom，一家以中东美食为特色的快餐店）吃饭时，巴尼立即拒绝了邀请。可怜的巴尼到底怎么了？

A. 刺激辨别在起作用——巴尼学会了排斥某种菜系的食物

B. 巴尼在食物厌恶感消退后表现出自发恢复的证据

C. 他把疾病所致的肠胃不适与某种特定类型的食物相联系，导致他对该食物产生了习得性味觉厌恶

D. 高级条件作用使得他把所见的食物与某种特定类型的食物相联系，导致了厌恶反应

5. 化疗经常会使癌症患者恶心和呕吐。久而久之，患者就会把诊室、所见的白大褂和候诊室椅子的样式与这种不愉快的经历相联系。只要出现在治疗现场，并经历所有这些感观，就会导致恶心。在这个例子中，无条件刺激是_____。

A. 化疗中使用的化学物质

B. 诊室的景象和其中的所有元素

C. 因环境因素而产生的恶心感

D. 由化疗引起的恶心感

7.3 操作性条件反射

经典条件反射通过依赖刺激之间的联系来形成学习的基础，它对人类和其他动物学习情境的适用性得到了翔实证据的支持。操作性条件反射涉及一种不同的联系，它取决于特定行为所带来的结果。

7. 3. A　激进行为主义的诞生

学习目标 7. 3. A　讨论爱德华·桑代克的研究如何成为操作性条件反射的基础

为得到食物
愿意按压
操作杆

食物、金钱、一个温暖的微笑和鼓舞人心的赞美。通过一个被称为操作性条件反射的过程，像这样的奖励可以使我们更有可能再次参与到最初引发上述奖励的行为中。

我们一个朋友的三岁女儿不喜欢在餐馆吃饭。在这样的场所里待约 15 分钟，她就会大声哭闹，拒绝吃饭，并开始试图从座位上逃跑。由于不想打扰餐馆里的其他客人，她的父母往往在这些行为出现后就把她带回家。父母的这种反应是可以理解的，但这对小女孩今后的行为可能会有什么样的影响呢？

当然，孩子哭闹有很多合理的理由——痛苦、不舒服、恐惧、疾病、困倦，这些哭闹值得我们同情和关注。然而，上述例子中的这个孩子之所以最有可能在餐馆里哭闹、坐立不安，是因为她从以往的经验中学习到，这种行为的结果是回到家里，而这是她一开始更愿意待的地方。她在餐馆发脾气说明了一个最基本的学习规律：行为出现概率的提高或降低取决于行为的结果。

这就是**操作性条件反射**（operant conditioning）（也被称为工具性条件反射）的核心原则，这是行为主义者研究的第二类条件反射。在经典条件反射中，人或其他动物的行为所导致的结果并不重要。例如在巴甫洛夫的实验中，一只狗学会了将两个不由它控制的事物联系起来（如一种声音和送达的食物），同时，不论是否分泌唾液，那只狗都会得到食物。但是，在操作性条件反射中，生物体的反应（比如小女孩的哭泣）对环境进行了操作，或者说对环境产生了影响。这些影响反过来决定了这种反应再次出现的可能性。

操作性条件反射

一种过程，即某种反应发生的可能性高低取决于该反应的结果。

因此，经典条件反射的核心特征是刺激（中性刺激与无条件刺激）之间的联系，而操作性条件反射的核心特征是反应（行为）和结果之间的联系。经典条件反射和操作性条件反射在它们涉及的反应类型上也存在差别。在经典条件反射中，反应具有典型的反射性，即一类在环境中产生了对某事的自动反应，比如看到食物或听到铃声等都是环境中的事件。一般来说，操作性条件反射的反应更为复杂，而且并非简单的反射性，例如骑自行车、写信、爬山……或者发脾气。

爱德华·桑代克（Edward Thorndike, 1898）通过观察猫试图从"迷宫箱"逃脱以获取箱外的一块鱼肉，为操作性条件反射的研究奠定了基础。起初，猫用很随意的方式，如挠、咬或拍打箱子的任意部分。几分钟后，它会碰巧做出一些成功的反应（松一松插销锁栓、拉拉绳子或碰到按钮），之后便冲出去获取奖赏。当把猫再次放入箱子，它逃脱出所用的时间越来越短。在几次尝试后，猫突然立即做出正确反应。桑代克认为，猫的这种反应是由于之前得到食物，这种令它满意的结果被"印刻"下来。

相反，不满意的结果会导致行为的"抹除"。正如桑代克所说：行为由它的结果控制。

这个基本原理在后来得到更翔实的阐述，并且由 B. F. 斯金纳（Burrhus Frederic Skinner）扩展到更复杂的行为模式中。斯金纳称其研究取向为"激进的行为主义"，以区别于约翰·B. 华生所强调的经典条件反射。斯金纳争论道，若要理解行为主义，我们应当关注一个行为的外在原因，以及这个行为带来的结果。他避免使用桑代克的术语，如"满意的"和"恼人的"，诸如此类的表述反映了关于机体内在主观感受和渴望的臆断。他认为，要解释行为，我们应看到人类或其他动物的外在表现而非内在。

7.3. B 行为的结果

学习目标 7.3. B 辨别强化与惩罚，并举例说明强化与惩罚的不同类型：初级、次级强化，以及正、负惩罚

斯金纳的分析启发了众多研究。一种反应（"操作"）可受到以下两类结果的影响：

1. **强化（reinforcement）增强了反应或者使该反应更容易再次发生。** 当你的狗在饭桌边乞求食物时，你从盘子里拿了一块羊排给它，则它的乞求行为可能会增加。

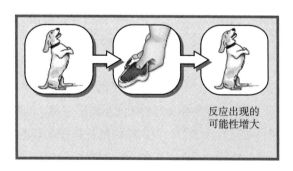

反应出现的
可能性增大

强化物可以粗略等同于奖赏，很多心理学家将奖赏和强化物基本等同为近义词使用。然而，严格的行为主义学者避免使用"奖赏"一词，因为这个词暗指通过努力获得某物后产生了愉悦感和满足感。对行为主义者而言，一种刺激如果增强了之前的行为，那它就是一个强化物，而与有机体是否体验到愉悦或积极情绪无关。相反，无论一种刺激有多么让人愉悦，如果它没有增大反应出现的可能性，那它就不是一个强化物。拿到工资是一件很棒的事情，但如果不论你是否努力工作都会得到工资，那么这些钱将不会强化"努力工作的行为"。关于操作性条件反射和强化的内容甚至出现在流行文化中。美剧《生活大爆炸》（*The Big Bang Theory*）的粉丝可能还记得这样一个情节：每当佩妮表现出谢尔顿认为可取的行为时，比如把桌上的脏盘子清理干净，或走到公寓外接/打电话，他就会给她一颗巧克力糖。

2. **惩罚（punishment）会削弱对应的反应或者降低该反应再发生的可能。** 任何反感（不愉悦）的刺激或者事件都可能成为惩罚物。如果你的狗乞求吃你盘中的羊排，而你却轻轻地拍打它的鼻子并吼道"不行"，它的乞求行为很可能会减少，只要你不会因此感到愧疚，并在随后还给它羊排。

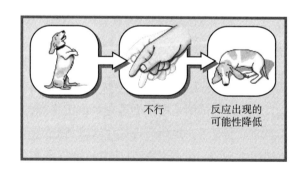

不行   反应出现的
可能性降低

父母、老板以及政府部门经常使用强化物和惩罚物，来让孩子好好表现、让员工勤奋工作、让公民纳税。然而，他们并不总能有效地使用这些方法。比如，他们会等很久才使用强化物或惩罚物。一般来说，一种反应之后的结果出现得越及时，其强化效果就越明显；如果不用等几年才能升一级，或不用等太久就能得到赞美或受到惩罚，你更有可能做出可靠的反应。如果有延迟，并且其他反应在间隔期间发生，就可能导致很难习得所期望的或不期望的反应与它对应结果间的联系。

强化

某个反应后出现的刺激或事件使得那个反应增强或使其出现概率更高的过程。

惩罚

某个反应后出现的刺激或事件使得那个反应减弱或使其出现概率更低的过程。

初级强化物

本质上具有强化性的刺激，通常能满足生理需求（如食物）。

初级惩罚物

本质上具有惩罚性的刺激（如电击）。

次级强化物

通过与其他强化物的联系获得强化特性的刺激。

次级惩罚物

通过与其他惩罚物的联系获得惩罚特性的刺激。

初级和次级强化物与惩罚物　食物、水、爱抚，以及舒适的气温都是自然的强化物，因为它们能够满足生理需求。因此，它们被认为是**初级强化物**（primary reinforcers）。与之相似，疼痛、炽热、寒冷本身都具有惩罚性，因而它们被称为**初级惩罚物**（primary punishers）。初级强化物和初级惩罚物均非常有效，但无论在现实生活中还是在科学研究中，它们也都存在一些缺陷。首先，如果一个人或其他动物并未达到渴求的状态，初级强化物就可能是无效的；如果你刚喝了 3 杯水，那么额外 1 杯水对你而言就不是什么奖赏。其次，出于明显的道德原因，科学家不可能随意使用初级惩罚物（如打他们的参与者）或剥夺初级强化物（如让参与者挨饿）。

所幸，被习得的**次级强化物**（secondary reinforcers）和**次级惩罚物**（secondary punishers）可以有效地控制行为。金钱、赞扬、鼓励、好评，以及金色的星标均为常用的次级强化物。批评、记过、责骂、罚款及差评均为常用的次级惩罚物。大多数行为主义者认为次级强化物和次级惩罚物通过与初级强化物和初级惩罚物相联系，获得了影响行为的能力。（如果这让你想到了经典条件反射，那么用手拍拍你的背，以示表扬，强化一下你敏锐的思维吧！事实上，次级强化物和次级惩罚物也常被称为条件性强化物和惩罚物。）作为次级强化物，金钱对大多数人的行为有影响，因为它可以用来交换初级强化物，比如食物和住宿（Magoon & Critchfield, 2008; Thorndike & Forlano, 1933）。金钱还与其他次级强化物相联系，如赞美和尊重。

正面和负面强化物与惩罚物　在小狗乞求食物的例子中，紧跟在小狗乞求反应之后的是一些令它愉悦的事情（得到羊排），因此这种反应就会增加。相似地，如果你在刻苦学习之后获得好成绩，你在学习上的刻苦努力也会继续或增加。这一类因愉悦的结果而使得反应更加频繁发生的过程被称为正强化。但是也有另一类强化，即负强化，它指移除某些让人不愉快的事情也能使得反应更频繁地发生。通过防止某事出现或发生来逃避某事，或回避某件让人厌恶的事，都是负强化。比如，如果有人总是向你唠叨让你去学习，而你顺从的时候他就不唠叨了，你学习的主动性可能会增强，因为你可以避免再听到唠叨。

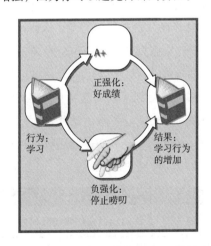

同样，当吃药消除了你的痛苦，或者当你为了避开嘈杂、拥挤的建筑工地而走某条路线穿过校园时，也是负强化。

上述正负之别也可运用到惩罚上：一些令人不

愉快的事情可能会跟随一些行为而发生（正惩罚），或者一些令人愉悦的事情可能被移除（负惩罚）。两类惩罚都能让某种行为出现的可能性降低。例如，如果你的朋友讽刺你是个书呆子（正惩罚），或者如果学习让你失去了很多与朋友共处的时间（负惩罚），你有可能会停止学习。

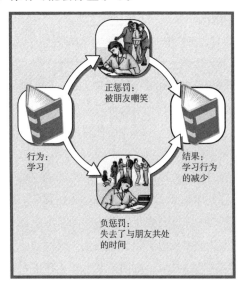

正、负强化，以及正、负惩罚的辨别，让好几届学生都感到迷惑不解，为了检验你对这些术语的理解，请看表7.3。如果你理解到"正"和"负"与"好"或"坏"没有任何关系，你便可以很快掌握这些术语。它们只是给予一些东西（正）或者拿走一些东西（负）。对于强化来说，将正强化想象为加上某物，或得到某物（想象一个正号），而将负强化想象为回避，或者避免某些令人不愉快的情况（想象一个负号）。无论是上述哪一种情况，特定的某种反应均会更频繁。

互动

表7.3　正面和负面强化物与惩罚物

使用的策略	具体内容	例子
正强化	增加某刺激以增大反应出现的可能性	老师表扬你努力学习

续表

使用的策略	具体内容	例子
负强化	移除某刺激以增大反应出现的可能性	当你遵守规则来上课时，老师不再斥责你
正惩罚	增加某刺激以降低反应出现的可能性	你的伙伴嘲笑你在学习上花的时间过多
负惩罚	移除某刺激以降低反应出现的可能性	父母拿走了你的驾照，因为你开车时发短信

你还记得阿尔伯特通过学习经典条件反射学会害怕大白鼠时发生了什么吗？在他习得这种恐惧后，迅速爬开的行为就是得到了负强化，即避开让他害怕的啮齿类动物。由逃脱或者回避某些令人不愉快的感觉所引发的负强化解释了为什么很多恐惧感会长期存在。当你回避一种令人恐惧的物体或情境时，你同时也放弃了很多让恐惧消退的机会。

可以理解的是，人们经常混淆正惩罚与负强化，因为二者均与令人不愉悦的刺激有关。为了厘清这些术语，只要记住：强化，无论是正面还是负面，均能增大反应再次出现的可能性；而惩罚，无论是正面还是负面，均能降低反应再次出现的可能性。在现实生活中，惩罚和负强化往往是相辅相成的。假如，你用带链子的项圈教你的狗学会跟随主人的脚步，用力拉扯项圈是对其胡乱走动行为的惩罚，而松开项圈会负强化它站在你身边的行为。

作为对已经学了这么多内容的正强化，你现在可以让自己放松一下！随着你掌握了这些内容，焦虑感的逐渐降低会负强化你的学习。但是我们希望你不要用"我永远也学不会"或者"这些内容太难了"的说法来惩罚自己的努力！

日志7.3　批判性思维：检查证据

假设你想利用操作性条件反射来改变自己的行为，比如更经常地锻炼，吃更健康的食物，或者减少看电视或玩电子游戏的时间。描述你如何使用正强化、负强化、正惩罚和负惩罚来实现你心中的目标。其中哪种方法最能成功地改变你的行为？为什么？

模块7.3 小考

1. 操作性条件反射侧重于_____之间的联系，而经典条件反射侧重于_____之间的联系。

   A. 两种刺激；一种刺激与一种反应

   B. 一种刺激与一种反应；两种刺激

   C. 一种反应及其惩罚；一种反应及其强化

   D. 一种反应及其强化；一种反应及其惩罚

2. 尽管它们可能有许多形式和种类，但强化_____，而惩罚_____。

   A. 作用于无条件反射；作用于条件反射

   B. 使某种反应更有可能发生；也使某种反应更有可能发生

   C. 对无条件刺激起作用；对条件刺激起作用

   D. 使某种反应更有可能发生；使某种反应更不可能发生

3. 初级强化物_____，而次级强化物_____。

   A. 能够使某一行为再次发生；使某一行为不太可能再次发生

   B. 是奖励；是惩罚

   C. 能自然地强化；是习得的

   D. 通过习惯获得；通过强化获得

4. 毛利西奥在女儿打扫完她自己的房间后给了一块她最喜欢的糖。这块糖是一个_____的例子。

   A. 正强化   B. 条件刺激

   C. 负强化   D. 条件反应

5. 娜塔莉吃了三口她不爱吃的炒西兰花后就可以离开无聊的餐桌。这是个_____的例子。

   A. 正惩罚   B. 正强化

   C. 负强化   D. 负惩罚

7.4 操作性条件反射的原理

关于操作性条件反射已经进行了数以千计的研究，其中很多使用了动物参与者。斯金纳箱（Skinner box）是一种备受喜爱的研究工具。在这个箱子里，当动物做出实验者想要的正确反应之后，箱内装置就会传出一个强化物，如食丸；而当动物做出实验者不希望的反应时，箱内装置会给它一个惩罚，如电击（见图7.7）。在现代版斯金纳箱中，电脑记录动物的每一次反应，并随着时间的推移累计反应次数。

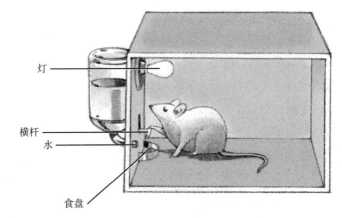

灯

横杆

水

食盘

图 7.7　斯金纳箱

当斯金纳箱中的老鼠按下一根横杆时，设备会自动释放食丸或几滴水。图为斯金纳在训练他的一个实验对象。

在其职业生涯早期，斯金纳（1938）把斯金纳箱作为操作性条件反射的经典示范。一只刚学会从食丸投放器获得食物的大白鼠被放进箱子里。一开始，它在箱子里乱窜，四处嗅探，随机地触碰箱底或四周。偶然之间，大白鼠压到了箱子某一侧的一根横杆，然后一粒美味的鼠粮很快地落入食盘中。大白鼠继续之前漫无目的行为，然后又一次偶然地压到了那根横杆，于是另一粒鼠粮落入食盘。经过多次重复按压横杆，而食物随之出现，这只小动物开始减少随机行为，更频繁地按压横杆。最终，斯金纳使得大白鼠做到了尽可能快地按压横杆。

7.4. A 反应的重要性

学习目标 7.4. A 描述操作性条件反射的基本原理，包括消退和恢复、刺激泛化和辨别、学习和塑造的时间进程

操作性条件反射与经典条件反射有许多共同之处。然而，经典条件反射强调的是两种刺激间的联系，操作性条件反射侧重的是反应如何被刺激（强化物和惩罚物）所改变。在操作性条件反射的原理部分，接下来会阐述反应的重要性。

消退 与经典条件反射相似，在操作性条件反射中，消退是使之前学习到的反应终止的程序。然而，在操作性条件反射中，当维持反应的强化物被移除或不再可得时，消退才会发生。起初，反应可能仍会在一段时间内频繁出现，但是该反应会逐渐减少并最终消失。想象一下，你向自动售货机投入一枚硬币，却什么也没得到，你可能会再投一枚甚至两枚，但是之后你可能就会停止尝试。第二天，你可能会再投入一枚硬币，这是一个自发恢复的例子。但是，最终你会放弃那台机器。你的反应将会消退。

刺激泛化与辨别 与经典条件反射相似，在操作性条件反射中，刺激泛化也可能会发生。也就是说，反应可能泛化至最初学习时并不存在的刺激上，而该刺激在某种程度上与最初学习时的刺激相似。例

如，一只被训练过在看到圆形图案时就用喙啄圆形的鸽子，在看见椭圆形时也可能用喙轻轻啄椭圆形。但是如果你想训练这只鸽子分辨这两种图形，你就需要同时呈现圆形和椭圆形，然后在鸽子啄圆形时给它强化物，而在它啄椭圆形时不给强化物。最终，刺激辨别就会发生。事实上，鸽子已经掌握了一些非凡的辨别能力。它们已经学会了区分不同艺术家的画作，如文森特·梵·高（Vincent van Gogh）的和马克·夏卡尔（Marc Chagall）的（Watanabe，2001）。然后，当这两位艺术家的新画作同时呈现时，它们也能分辨出两幅画作之间的区别（Watanabe，2010）。

有时，人类或者其他动物只有在被称为**辨别性刺激**（discriminative stimulus）的刺激存在时，才能学会对某种特定刺激产生反应。辨别性刺激标志着某种反应，以及如果出现该反应时是否会得到奖赏。在斯金纳箱里放一只鸽子，一盏灯就能成为鸽子啄圆形的一个辨别性刺激。当灯亮起时，啄圆形的行为才会得到奖赏；当灯灭了，啄圆形的行为则是徒劳的。人类的行为也被很多辨别性刺激控制着，既有言语型的（"商店营业时间为早九点到晚九点"），也有非言语型的（交通信号灯、电话铃、其他人的面部表情）。我们都学会在这些刺激出现时做出正确的反应，以此顺利而有效地度过每一天，并与他人和谐相处。表7.4回顾了与操作性条件反射相关的关键术语及其定义。

辨别性刺激

当某种特定反应后可能紧随某种结果时，作为标识的刺激。

互动

表7.4 操作性条件反射术语

	定义
消退	学习反应的减弱和最终消失。在操作性条件反射中，当反应之后不再有强化物时，就会出现这种情况

续表

	定义
刺激泛化	某种在一种刺激下被强化（或惩罚）的反应。当其他相似的刺激呈现时，该反应也会出现（或被抑制）的倾向
刺激辨别	产生特定反应的倾向只发生在呈现某种刺激而非其他相似（且在某些方面不同）刺激的情况下
辨别性刺激	当某种特定反应后可能紧随某种结果时，作为标识的刺激

按计划学习　当习得一种反应，如果这种反应每次发生时均得到强化，学习速度最快，该过程被称为**连续强化**（continuous reinforcement）。但是，一旦形成一种固定的反应，如果奖赏以一种**间歇性（部分）强化程序**［intermittent（partial）schedule of reinforcement］实施，该反应的消退会变得更加困难。这种强化节奏意味着，只有一些反应得到强化，而非所有反应。斯金纳（1956）在鼠粮不够用的时候，被迫降低给予强化物的频率时，发现了这个现象（并非所有科学家的发现都是预先计划好的）。在间歇性（部分）强化程序中，只有出现一定数量的反应后，或距离上次强化反应已经过去一定时间后，才会提供强化物；这些模式会影响行为反应的速度、形式和时间。

连续强化
某个反应总是得到强化的一种强化时间节奏。

间歇性（部分）强化程序
某个反应有时而非总能得到强化的一种强化时间节奏。

间歇性强化帮助我们解释为什么人们经常会相信"幸运"帽、护身符或某些仪式。一个棒球手走出击球区，按某种特定方式调整手套，然后完成了一个本垒打，从此他每次都会在击球前调整手套。一个学生参加考试时用了一支紫色的笔，然后得了A，自那以后他参加所有考试都坚持用紫色的笔。此类仪式性的习惯会一直持续的原因是有时在它们之后会伴随着纯属巧合的强化物，如一次完美的击球，一个好成绩；只要这种正面结果至少在一段时间内继续发生，这些习惯就变得很难消退。

斯金纳（1948，1976）曾在实验室里训练了8只"迷信"的鸽子来说明这个现象。他操控鸽子笼，使食物每隔15秒发放一次，尽管这些鸽子其实什么都没做。由于鸽子不会一直保持静止，因而当食物出现时，这些动物很可能正在做某个动作。于是，它们正做着的某个动作因为食物的供给而得到强化。当然，这类行为完全是被随机强化的，但它依然会变得更可能发生，因此也更有可能再次被强化。在很短的时间里，6只鸽子开始进行某种固定的仪式，如逆时针绕圈转、上下点头，或者来回晃动它们的头。这些活动对强化物的供给没有任何影响，但那些鸽子依然"迷信地"表现出这些行为，就好像它们认为自己的动作可引发食物的发放。

简言之，如果你想让某种反应在习得后持续下去，你应该间歇性强化它而非连续强化它。如果你的小仓鼠哈里每次用鼻子推球的时候你都给它一个奖赏，之后你突然停止这种强化物，哈里很快就不再推那个球。因为强化物的改变很大，从连续到没有，哈里很容易识别到这种改变。但是如果你只是偶尔强化哈里的行为，那么改变就不会那么剧烈，你那只饥饿的小仓鼠会在一段时间内持续做出反应。在间歇性强化节奏下，实验室里的鸽子、大白鼠和人在反应停止之前，会在没有强化物出现的情况下做出千百次反应，尤其当给予强化物的时机不规律时。动物们有时候会为不可预料的、不经常出现的一点点食物而非常努力地完成任务，结果导致它们所消耗的能量远远大于它们从奖赏中获得的能量。理论上，它们会一直努力做出反应，直到把自己累死。

如果你想要消除一种反应，无论这种反应是你自己的还是他人的，你都应该注意不要间歇性地强化它。如果你要通过忽略而使一种令你不喜欢的行为消退（比如小孩发脾气、一个朋友的午夜电话、一项你不喜欢的家长建议），你绝对不能给予强化物（这指你的关注）。否则，对方将学到，如果他不间断地尖叫、打电话，或者在很长时间内不断提出建议，最终会得到回报。从行为学的角度看，人们经常犯的一个错误，就是间歇性地奖励他们想消除的极端反应。

塑造　要想让一种反应得到强化，首先它必须发生。但是假设你想训练奶牛自己挤奶，训练一只狗玩滑板，或者训练一个朋友把网球打得很棒，类似的行为和大部分的日常行为，都不太可能自发出现。你可能为了等待它们发生再强化它们而等到白发苍苍。通过操作性手段解决该问题的过程就是被称为**塑造**（shaping）的过程。

在塑造中，起初，你需要强化某种倾向朝正确的方向发展，然后逐步产生与最终期待的反应越来越相似的反应。这种使反应朝着最终目标接近的过程被称为**连续接近**（successive approximations）。就拿教奶牛自己挤奶的问题来说吧。奶牛没有手，它们怎么可能做到呢？没错，人们可以训练奶牛使用挤奶机器人。在一些国家，心理学家已经做到了这一点（Tse et al.，2018）。首先，只要奶牛站在与挤奶机器人连接的平台上，他们就给奶牛碾碎的大麦（相当于奶牛眼中的巧克力点心）。在站在连接平台上的这个反应建立好之后，当奶牛将身体转向机器人连接挤奶杯的地方，他们就会给奶牛大麦。然后，人们会奖励奶牛站在机器人连接挤奶杯所需的准确位置上，依此类推，直到奶牛最终学会自己挤奶。关键是，随着每个接近行为的达成，下一个接近行为更有可能发生，从而使其可以被强化。奶牛允许它们自己每天挤奶三四次，而不是传统的一天两次。此外，这些训练有素的奶牛表现出的压力迹象也比其他奶牛更少。牧场主也表现出较少的压力，因为他们不再需要在清晨5点起床挤奶了！

塑造

一种操作性条件反射的程序。在该程序中，所期望反应的连续接近行为会被强化。

连续接近

在塑造的操作性条件反射程序中，奖励与所期望反应越来越相似或越来越接近的行为。

利用塑造及其他技术，斯金纳成功训练了鸽子用喙打乒乓球；他还采用一个木球和一些迷你保龄球瓶，使鸽子学会了在迷你球道上玩保龄球。（斯金纳有很强的幽默感。）如今，动物训练师通常都使用塑造法教会动物做出反应，使它们成为盲人的"眼睛"和脊髓损伤患者的"手足"。这些能干的动物陪护学会了开灯、打开冰箱门，还会取下架子上的盒子。

Huntstock/ Brand X Pictures/Getty Images

塑造等行为技术有很多实用价值。

学习的生物学极限　所有操作性条件反射的原理如同经典条件反射一样，都受限于动物的基因特性和生理特征。如果你试图去教一条鱼跳桑巴，你可能会倍受挫折。而如果配合动物自身的天赋，操作性条件反射的原理便能发挥到极致。

几十年前，两名成为动物训练师的心理学家凯勒·布里兰（Keller Breland）和马里安·布里兰（Marian Breland）（1961）了解到当忽略学习的生物学局限性会发生什么。他们发现，动物在学习很简单的任务时也非常困难。其中的一只动物——一头猪，被要求向盒子里投入一枚大的木制币。结果却是，它扔下木制币，用鼻子推它，然后将其抛到空中，继续多次推它。这种奇怪的行为事实上延迟了强化物的出现（食物对于猪而言是十分有效的强化物），所以就很难用操作性条件反射的原理来解释。布里兰夫妇最终意识到猪有刨根的本能——利用它的鼻子去翻刨可以食用的根茎，这个天性使它无法学会看似简单的任务。他们将这种本能行为的重现称为**本能漂移**（instinctive drift）。

本能漂移

在操作性学习过程中，生物体对自身根深蒂固行为的还原倾向。

人类也是如此，操作性学习受到我们的基因、生理和进化历史的影响。人类的小孩在生物意义上就具有学习语言的倾向，而且他们也很容易学会一些算术。此外，气质和其他先天性倾向可能会影响一个人对强化物和惩罚物的反应。例如，如果一个人在气质上倾向于开朗、外向，那么对他来说，塑造跳肚皮舞的行为就会比天生害羞的人更容易。

7.4.B 斯金纳：人类与神话

学习目标 7.4.B 讨论围绕斯金纳的研究与操作性条件反射一般目标的一些误解

由于其对操作性条件反射的开创性研究，斯金纳成了最有名的美国心理学家之一。不过，他也是被误解最深的心理学家之一。比如，很多人（甚至包括一些心理学家）认为斯金纳否认人类意识的存在，也否认研究意识的价值。实际上，斯金纳（1972，1990）一直以来持有的观点是内隐事件（我们所说的知觉、情绪和思考）与其他事件一样，是真实存在的，而且我们可以通过我们的感觉反应、别人的口头报告，以及这些事件发生时的条件来研究它们。但是，他坚持思考和感觉不能用来解释行为。他认为，这些意识元素本身也不过是行为，它们存在的原因就是强化和惩罚。

斯金纳在其支持者和反对者中都引起了很大反响。也许最让大家愤怒的观点是他坚持认为人类的自由意志是一种幻觉。与人道主义者和一些宗教信条认为人类有能力改变自己的命运相反，他的思想体系促进了决定论的观点，即认为我们是被环境和遗传物质所决定的。

由于斯金纳认为环境可以被操纵以改变行为，

一些反对者把他描述为冷血的人。在斯金纳为婴儿时期的女儿德博拉（Deborah）发明一个叫空气床的"生存空间"时，一个很有名的争议就浮现出来了。这个被称为"婴儿箱"的盒子具有温度和湿度调节系统，以消除常见的会使小宝宝感到不适的刺激，如燥热、寒冷、潮湿，及毯子和衣服带来的限制和不适。斯金纳相信，若要减少婴儿由于不舒适而产生的哭泣，并使父母照看婴儿变得简单，应当修正环境。但是，人们错误地想象斯金纳夫妇把小孩子一直放在婴儿箱里，却从来不哄她或抱她，于是谣言四起，还流传了好几年——传言说他的孩子起诉了父亲，最后她疯了或自杀了。事实上，斯金纳家的两个女儿被呵护得很好，她们深爱她们的父母，后来也很成功，都是适应良好的成人。

AP Images

斯金纳发明的空气床。与传统婴儿床那种带有栏杆和毛毯的设计相比，他的设计为婴儿提供了更舒适、限制更少的环境。图中是斯金纳夫妇正在和他们 13 个月大的女儿德博拉玩耍。

日志 7.4 批判性思维：考虑其他的解释

人们坚持迷信的仪式，是因为他们认为这些仪式有效。如何用操作性条件反射的原理解释这种"有效性"的错觉？消退、刺激泛化、刺激辨别或强化的程序是如何与坚持迷信信念有关的？

模块 7.4 小考

1. 要消退一种通过操作性条件反射强化的反应，必须做到_____。
   A. 将反应与不同的无条件刺激联系起来
   B. 用不同的强化物来对那种反应进行对抗性条件作用
   C. 在一段时间内不使用强化物
   D. 用次级强化物来取代初级强化物

2. 伊曼妮给她的手机设置了一个特别的电话铃声，通过铃声就可以识别出是她男友打来的电话："叮——铃铃"，每当她听到这个铃声时，她就会很开心，因为她知道是男友。一天在咖啡店里，她听到了类似的但略有不同的铃声："叮——嘟嘟"。她欣喜地拿起手机期待着，却失望地看到没人打电话来，反而是附近桌子上别人的手机在响。伊曼妮在咖啡店里的反应是一个关于_____的例子。
   A. 连续接近   B. 刺激辨别
   C. 自发恢复   D. 刺激泛化

3. 玛乔训练狗的方式是，每当狗用后腿坐起来时，就给它一项奖励。洛厄尔训练他的狗做同样的动作，但是每隔一段时间才给狗一项奖励。一个月后，洛厄尔的狗仍然能稳定地表演这个动作，而玛乔的狗只是偶然地做这个动作。为什么会有这样的差异？
   A. 洛厄尔使用的是间歇性强化，而玛乔使用的是连续强化
   B. 玛乔使用的是正强化，而洛厄尔使用的是负强化
   C. 洛厄尔使用的是初级强化物，而玛乔使用的是次级强化物
   D. 玛乔使用的是辨别性刺激，而洛厄尔使用的是分散性刺激

4. 根据操作性条件反射中的塑造原理，如果想让你的鹦鹉摇响三次铃，你应该先做什么？
   A. 鹦鹉摇铃三次以上就惩罚
   B. 鹦鹉摇铃一次就强化
   C. 鹦鹉正确摇响铃铛的前几次不予强化
   D. 在把鹦鹉放进笼子里之前对其进行强化

5. 把操作性条件反射作为行为的一般解释系统的主要支持者是_____。
   A. 铁钦纳   B. 桑代克
   C. 华生   D. 斯金纳

7.5 现实生活中的操作性条件反射

关于人们为什么会有某些举动的不解之谜，用操作性条件反射原理就可做出清晰的解读。这些原理也可解释为什么尽管有人参加了动员会或是下定决心做出改变，但改变却很难。如果生活中仍然充斥着一成不变的强化物、惩罚物和辨别性刺激（一个懒散的室友、一位性情乖戾的老板、一台装满垃圾食品的冰箱），任何一种已经获得的新反应都有可能无法泛化。

为了帮助人们改变不想要的、危险的或是自我挫败的习惯，行为主义者将操作性条件反射原理搬离实验室，并将其投入到大千世界，比如课堂、运动场、监狱、精神病院、疗养院、托儿所、工厂和办公室。在现实世界中使用操作性条件反射技术被称为**行为矫正**（behavior modification）（也被称作应用性行为分析）。

行为矫正
运用操作性条件反射技术来引发新反应，或减少、消除不适应或问题行为的应用。

行为矫正已经取得了一些巨大成就（Kazdin, 2012；Martin & Pear, 2014）。行为主义者教会家长如何只通过几次训练就能让孩子学会自己上厕所。他们已经训练了智力受损的成人学会交流、打扮自己、与他人进行社会互动，并挣钱自给自足。他们教会了脑损伤患者如何控制不恰当的行为，如何集

中注意力、增强语言能力。他们还帮助自闭症患儿提升社交和言语技能。他们也帮助普通人消除不良习惯，如吸烟、咬指甲，或是习得想要的习惯和行为，如练习钢琴、勤于锻炼或认真学习。

心理学与你同行

改变你的行为

我们希望本章能帮助你理解为什么自己会有某些行为特点，并确定当需要改变某种行为时，如何使你的行为变得更好。所以，假设今天是 1 月 1 日，崭新的一年开始了。过去一年里的过失和错误都已过去；万象更新，你已经准备好迎接新的开始。你坐下来，乐观地记下自己的新年决心清单：多锻炼、少拖延、直面你在发表公开演讲时的恐惧、控制你的脾气、管理你的消费……（你可以根据自己的需要编辑这个清单。）什么可以增大你以自己想要的方式有效改变行为的可能性呢？

让我们以更频繁地锻炼为目标。你已经了解到，行为会随着强化而增加，且强化应在所期望的行为之后立即进行。所以，如果你想多锻炼，给自己设定一个可达到的目标（如每天跑 2 英里），并在每次达到目标后给自己一个喜欢的强化物，例如看一集你最喜欢的电视剧。重要的是，在你完成目标后不久就奖励自己，而且只有在你真正完成目标的情况下才实施奖励。如果你想实现每天跑 5 英里的目标，你可以每周逐步增加跑步的里程。

现在，假设你想克服对公开演讲的恐惧。也许，你最近一次的课堂演示并不顺利，让你感到恐慌，从那时起你就回避这种演讲。你可以做些什么来改变自己的行为呢？如果演讲不顺利是因为准备不足，你可以在下一次演讲前使用操作性条件反射技术来增加准备工作。例如，你可以设定一个目标，在演讲前五天每天准备两小时，在每两个小时的准备工作完成后用你喜欢的东西奖励自己（如最喜欢的零食或与朋友一起学习一会儿）。你可以计划当着朋友

们的面做演讲练习，他们可为你提供建设性反馈，告诉你哪些内容效果好、哪些内容可能需要改进。最近你在上次演讲中的负面经历也可能使你产生了经典条件反射。现在课堂对你而言可能是一个能引起恐惧反应的条件刺激（CS）。你可以尝试提前到教室，在同一个地方练习演讲，直到你感觉更舒适为止，消除你对该条件刺激的恐惧反应。

简而言之，学习伴随着我们生活的方方面面，而不仅仅是课堂上的学习。我们学会将某些刺激与危险或令人愉悦的结果相联系。我们学习到哪些行为会受到奖励或惩罚。我们通过观察其他人的行为，学习如何以所期望和"恰当"的方式行事。现在，你已经做好了充分的准备，可以利用这些关于学习的知识和你的批判性思维能力来塑造周围其他人的行为，消除自己的一些消极行为倾向，并强化你希望实现的积极的生活变化。

Mohd Haniff/123RF

下一次，当你在写新年决心清单时——或做出关于改善自我或自己行为的一些努力时——看看你是否可以利用本章的原理来最大限度地提高你的成功率。

7.5.A 惩罚的利与弊

学习目标 7.5.A 列出并讨论惩罚通常无法有效改变行为的原因

要遏制社会上某些不良习惯和反社会行为，惩

罚似乎是一种明显的解决方案。但惩罚可能产生复杂的结果。

几乎所有国家都禁止老师体罚学生。与其他发达国家相比，美国更倾向于将非暴力犯罪者关押起来（如吸毒者），并且对暴力犯罪者执行最高的惩罚——死刑。当然，很自然地，人们在社会关系中都会以吼叫、责骂和生闷气来惩罚彼此。这些惩罚都能起作用吗？

当惩罚有效时　有时，惩罚毫无疑问是有效的。比如，惩罚可以制止一些少年犯重复犯罪。一项研究调阅了所有出生于1944—1947年的丹麦男性（约29 000名男性）的犯罪记录，并统计了他们在26岁前的重复被捕记录（累犯）（Brennan & Mednick，1994）。在每一次被捕后，虽然再犯率仍然处于较高水平，但是惩罚仍降低了轻罪与重罪的再被捕率。然而，与研究者期望相悖的是，惩罚的严厉程度没有造成效果差异：罚款、缓刑和蹲监狱一样有效。惩罚的一致性才是最重要的。用行为主义术语来解读上述现象就很容易理解：当违法者偶尔脱罪时，他们的行为被间歇性地强化了，从而变得难以消退。

Dennis MacDonald/PhotoEdit，Inc

我们都知道，人们经常会做一些不该做的事情。你有没有想过，为什么那么多人无视警告和惩罚的威胁而继续做不该做的事情？

不幸的是，这正是美国的现状。与丹麦相比，美国的年轻罪犯被惩罚的一致性更低；部分原因是公诉人、陪审团和法官不愿将他们判为强制入狱。这一事实很好地解释了为什么用于制裁作恶者的那些严苛的判决法和过于简单的努力总是失败，甚至起到反作用。

当惩罚失效时　实验室和现场研究表明，惩罚经常失效，原因如下：

1. 惩罚的承受者常以焦虑、恐惧或愤怒来回应。通过经典条件反射，这些情绪副作用可能会泛化到惩罚发生时的所有相关因素上，如地点、惩罚者和环境。这些消极的情绪反应带来的问题比惩罚能解决的问题还要多。一名受到严厉惩罚的青少年可能会反击或逃跑。经常遭受侮辱、贬低、挑剔的人将会产生憎恨，并极有可能回敬以充满敌意的动作。极端的惩罚，如体罚，是导致个体抑郁、低自尊、暴力行为及其他很多问题行为的高风险因素，对儿童来说尤其如此（Fréchette，Zoratti & Romano，2015；Gershoff，2002）。

2. 惩罚的效果往往很短暂，且十分依赖于惩罚者是否在场或当时的环境。我们可能会记得一些童年时期的胡作非为，那些事是我们从来不敢在父母在场时承认的；但是，一旦父母走开，我们就会继续胡作非为。我们所学到的就是千万别被逮个正着。

3. 大部分错误行为难以被即时惩罚。像奖赏一样，如果惩罚能紧随不当反应之后，其效果将会达到最佳。但在实验室外，迅速惩罚通常难以实现；而在拖延过程中，某种不当行为可能已经被强化了多次。比如，你回到家，发现你的狗钻进宠物饼干盒里把饼干吃了个精光，你因此惩罚它，但这种惩罚没什么益处，因为已经迟了：宠物狗的错误行为早已被那些美味大餐所强化了。

4. 惩罚几乎不包含信息。惩罚也许能告诉承受者什么不能做，但不能告诉这个人（或其他动物）应该做什么。一个蹒跚学步的孩子尿了裤子，大人打他的屁股并不能教会他使用坐便椅。老师责骂学生学习过慢并不能教会他快速学习。

5. 本来意在惩罚的行为可能会因它带来的关注而强化错误举止。 如果母亲对闹脾气的小孩大喊，这种大喊的行为也许给了小孩想要的：母亲的回应。在教室里，当众责骂学生的老师却也将被责骂的学生置于聚光灯下，不知不觉奖赏了那个想要消除的错误行为。

正因为这些缺点，大部分心理学家认为惩罚，尤其是严酷的惩罚，对消除错误行为收效甚微。思考一下打孩子屁股这件事。加拿大学者回顾了 20 年的研究，发现虽然打屁股可以在短期内制止孩子恼人或危险的行为，但从长远来看，它却会产生反效果，因为随着时间的推移，受到体罚的孩子往往会变得更具攻击性和反社会性（Durrant & Ensom，2012）。打屁股也与日后的心理健康问题和认知发展延缓有关。没有一项研究发现体罚与任何积极结果相联系，并且父母们也开始了解到这个信息。50 年前，在世界许多地方，大多数父母认为打孩子是纠正他们不良行为的好方法，但如今仅有约一半的父母持有该观点（Holden et al.，2014；Roberts，2000）。2014 年，明尼苏达维京人队（Vikings）的跑卫①阿德里安·彼得森（Adrian Peterson）因使用木条对 4 岁的儿子进行体罚而招致虐待儿童的指控，他因此被禁赛一个赛季。迄今为止，有 53 个国家（地区）完全禁止打孩子，包括丹麦、以色列、蒙古国、新西兰、尼加拉瓜、多哥和突尼斯等。

在一些特例中，暂时的身体约束也许是必需的。比如有精神障碍的孩子突然处于自残的危险中，又或是校园霸凌者将要殴打同学。但即使是在这样的例子中，也能找到惩罚的替代物。学校课程通过教会孩子们解决问题的技巧、情绪控制和冲突解决方案，以及奖励良好的行为，成功减少了校园暴力（Hahn et al.，2007；McCarty et al.，2016；Wilson & Lipsey，2007）。而在某些情况下，阻止一种行为的最好方法就是通过忽略来使它消退，如孩子在吃饭前唠叨着要吃饼干、室友在你学习时的打扰。当然，忽视一种行为需要耐心，而且并不总是可行。如果你的狗整日整夜地吠

叫，你告诉你的邻居最好不要理睬它的吵闹声，这并不是收效长久的成功策略，即使你解释说自己在心理学课程中学到了所有关于惩罚的弊端。

最后，当必须使用惩罚时，以下几项准则需要铭记于心：（1）惩罚不应涉及生理上的虐待，父母可以用"过时不候"权和取消特权代替它（负惩罚）；（2）惩罚应该始终如一；（3）在惩罚的同时，应该告诉孩子什么样的行为才是合适的；（4）无论何时，只要有可能，就应在惩罚后伴随对所期待行为的强化。

7.5.B 奖赏的问题

学习目标 7.5.B 讨论为何奖赏可能会导致事与愿违，且无法产生预期结果

到目前为止，我们阐述了奖赏，以及其他强化物的优点。但如同惩罚物一样，奖赏并不一定能达到预期效果。让我们看看人们在应用奖赏过程中的两种难题。

互动

提出问题，乐于思考

你父母是否因为你考了好成绩给过你金钱奖励？

☐ 是
☐ 否

奖赏的误用 多年来，老师们总是夸赞学生。尽管有些学生的表现并不够好，老师们还是会给他们发放笑脸贴纸或打高分，希望学生的学业表现会随着他们"自我感觉良好"而得以改善。然而，科学地说，这种方法具有误导性。一项又一项的研究表明，高自尊不会提升学业表现（Baumeister et al.，2003）。相反，实现学业成就需要努力和坚持（Duckworth et al.，2011）。

---

① 美式橄榄球中的一员，一般列阵在进攻组后场，是球队进攻组主要的冲球者。——译者注

它不是通过不应得的奖励来实现的，而是通过老师对学生作业内容的真诚欣赏，以及对如何改正错误或弥补不足的具体建设性反馈来实现的（Damon，1995）。这些来自心理学的研究结果终于开始影响一些老师，他们也做出了适当改变，即从发放毫无根据的"自尊心增强剂"转而注重帮助学生体会努力和坚持的好处。

在学校里，滥用奖励产生的明显结果就是成绩膨胀。如今，在美国的大学里，超过 40% 的成绩都是 A（Rojstaczer & Healy，2012）。一项研究发现，三分之一的大学生希望自己仅到课就能得到 B，40% 的学生认为仅完成规定的阅读就有权得到 B（Greenberger et al.，2008）。我们曾和一些学生交流过，他们觉得光是努力学习就应该可以得 A 了。也许你听到后也觉得不错，但请记住，批判性思维要求我们把感觉和事实分开！问题是，奖励，包括成绩，只有当它们与一个人试图增加的行为联系在一起时，才是有效的强化物，而不是当它们被不加区别地随意分发时。仅仅因为到课、出勤而获得好成绩，虽然能强化学生去上课的行为，但不一定能强化课后的学习。如果有这样一些专业人士，如医生、律师、会计，只是通过到课，或是通过完成规定阅读任务却没理解相应内容就完成学业，你想让他给你看病、做你的代理或帮你计算个税吗？

为什么奖赏会有反作用 大多数操作性条件反射的例子都涉及**外在强化物**（extrinsic reinforcers），它源于外界，且与被强化的活动不存在固有联系。金钱、赞美、喝彩、拥抱均是外在强化物。但人们（可能还包括其他一些动物）也会为了**内在强化物**（intrinsic reinforcers）而努力，比如，任务完成过程中伴随的乐趣，以及完成它时产生的满足感。在现实情境里，外在强化物并不总是好的：如果专注于外在，就会因此抹杀了做某件事本身所带来的乐趣。

外在强化物

来自外部的、与被强化的行为没有内在联系的强化物。

内在强化物

来自内部的、与被强化的行为有内在联系的强化物。

仔细思考一下一项关于赞美如何影响儿童内在动机的研究发现（Lepper，Greene & Nisbett，1973）。首先，研究者给幼儿园的孩子们用毡尖笔自由创作的机会，同时记录他们自发地玩这种笔的时长。很明显，孩子们十分享受这项活动。随后，研究者告诉其中一些孩子，如果他们用毡尖笔画画，就可能得到一项大奖，即由金色奖章和红色丝带组成的"优秀玩家奖"。画了 6 分钟后，这些孩子均得到承诺的大奖。另一些孩子既没有期待获得奖励，也没有得到任何奖励。一周后再次观察孩子们在自由玩耍期间的表现，结果显示：那些期待并得到过奖励的孩子用笔的时间比实验初期少得多。相比而言，没有期待也没有得到过奖励的对照组儿童对画笔继续表现出和实验初期同等的兴趣，正如你从图 7.8 中看到的一样。当孩子们由于做他们本就享受的事而得到奖励时，奖赏不会起作用，相似的结果也出现在其他研究中。

为什么外在奖赏破坏了做事本身带来的乐趣？为什么家长为孩子取得的好成绩提供金钱奖励可能效果不太理想？心理学家认为，有一种可能是，当我们因某种活动而得到酬劳时，我们会将其理解为工作，而并非我们自身的兴趣、技能和努力的结果。这就像我们对自己说："我做这件事是因为有报酬，这件事一定是我不想做却不得已而为之的事。"那么，当奖赏撤销时，我们便拒绝工作。另一种可能是，我们倾向于将外在奖赏视为控制，所以它会让我们感到压力并降低了我们的自主感和选择感（"我想我必须得做别人叫我做的事，但仅仅是他们叫我做的"）（Deci，Koestner & Ryan，1999）。第三种可能，也是更趋于行为学的解释是，外在强化物有时会使回应率提高到最佳的、令人愉悦的水平之上；而在这种水平上，活动就真的成了工作。

互动

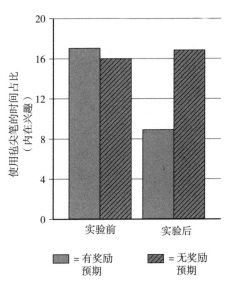

图 7.8 变乐趣为工作

外在奖励有时会降低活动的内在乐趣。当孩子被许诺用毡尖笔画画会得到奖品时，他们用毡尖笔画画的行为会暂时增加。然而，在得到奖品后，他们用毡尖笔的时间比研究开始前少得多（Lepper, Greene & Nisbett, 1973）。

关于外在与内在强化的研究结果具有广泛影响。经济学家的研究已表明，经济奖励会削弱伦理和道德规范，如诚实、努力工作和公平对待他人；金钱奖励还会降低人们为公益事业做出贡献的意愿（如纳税、为慈善事业捐赠）。换句话说，只强调金钱会鼓励人们的自私自利（Bowles, 2008）。

一般，就内在强化与外在强化的关系来说，如果你因圆满完成某项任务，或达到一定的绩效水平，又或是表现有进步，而非仅仅完成任务本身，就得到了表扬、金钱或奖杯等奖赏，那么你的内在动机不太可能下降（Cameron, Banko & Pierce, 2001; Pierce et al., 2003）。像这种奖赏更倾向于让你感到自己能胜任而非被控制。如果你一直痴迷于阅读或弹奏班卓琴，你可能会在既没有成绩认定也没有掌声的情况下坚持阅读或弹奏。在这些例子中，你可能把持续地参

与活动归结为自己的内在兴趣和动机，而非奖赏。

那么，外在奖赏带给我们什么启示呢？它们通常是有用的，或是必需的。如果不是因为有报酬，很少有人会一大早就去上班；在学校，老师需要给某些学生多些鼓励。但是，外在奖赏要慎重使用，尤其不能过度，这样做才能促进活动的内在乐趣。教育工作者、雇主和政策制定者可以通过意识到下面这一点来避免非此即彼的思维陷阱，即当大多数人因为真正的工作成就而得到切实的回报时，以及当他们的工作有趣、有挑战性且种类丰富时，绝大多数人都会尽力去做到最好。

> **日志 7.5 批判性思维：分析假设与偏见**
>
> 因为强化物能增加可取的行为，所以有些老师不管学生是否应得高分都会给他们打高分。这种做法提高了学生的成绩还是仅仅提高了他们的自尊？这些奖励到底强化了什么？你能否从自己生活中找到你因为一些并不值得奖励的事情而得到了奖励的例子？这种有问题的奖励会带来什么心理上的结果？

模块 7.5 小考

1. 下列哪个因素可以预测惩罚何时能有效改变行为？
   A. 惩罚者的权威
   B. 惩罚的严厉程度
   C. 惩罚的公共性
   D. 惩罚的一致性

2. "你就等着吧，等你爸爸今晚回来！等我告诉他你干的事儿，你一定会受到惩罚！"为什么这种策略对改变行为无效？
   A. 只有在被惩罚的反应之后迅速进行惩罚才会收效最佳
   B. 只有每次都由同一个人实施惩罚，惩罚才会有效
   C. 严厉的惩罚比不太严厉的惩罚更有效，而且严

厉程度往往会随着时间的推移而降低

D. 父亲的到来是令人愉快的强化，但父亲的惩罚是严厉的，对抗性条件作用会发生

3. 当罗斯科在课堂上做错一道数学题时，老师斥责他，还嘲笑他，认为惩罚会让他更加努力，以便他在下次把题目做对。相反，罗斯科的成绩却不断下滑，数学不及格，他还讨厌学校。你能告诉罗斯科的老师关于她惩罚策略的有效性是什么吗？

A. 间歇性惩罚比连续惩罚更有效。放过罗斯科的几个错误不惩罚他，之后一次性用一大堆嘲笑打击他

B. 惩罚需要保持一致。老师应该在罗斯科每次犯错时都嘲笑他，这样他才能更快地从错误中学习

C. 惩罚可能会指出不应该做什么，但它并没有提供任何信息说明应该做什么；老师并没有真正帮助罗斯科学习如何正确地做数学题

D. 体罚比言语惩罚更有效。罗斯科没有学习，因为当他犯错时，你是在责备他，而没掐他

4. 增强学生的自尊心对提高学习成绩有怎样的作用？

A. 适度的　　　　　B. 大量

C. 几乎没有　　　　D. 少量但始终如一

5. 米曼莎喜欢在巴哈阿姨送给她的小本子上涂色和画画。有一天，巴哈阿姨告诉她："米曼莎，你为我画的每幅画，我都会给你25美分。"很快，米曼莎发现她的小猪存钱罐更重了，然而她对画画和涂色的热情却大大降低了。为什么会这样？

A. 发生了刺激泛化。随着时间的推移，画画和现金产生了联系

B. 为画画本身而画的内在强化已经转变成为钱而画的外在强化

C. 消退发生了，米曼莎发现自己的绘画技能不如以前了

D. 米曼莎正处于操作性条件反射的"低谷期"，

但最终自发恢复会使她对绘画的兴趣也恢复

7.6 学习与意识

半个世纪以来，大部分理论认为，学习可以通过具体的"ABC"来解释，即前因（antecedents，行为之前的事件）、行为（behaviors）、结果（consequences）。行为主义者喜欢用工程术语"黑箱"来比喻意识，它是一种运行过程只能被推测而无法被直观观察的装置。对工程师来说，箱子里的线路是怎样连接的无关紧要，只要知道按一个按键能够产生可预测的反应就足够了。但是，即使早在20世纪30年代，也没有几个心理学家能抵御窥探黑箱中的奥秘的诱惑。

许多行为主义者意识到，为了最好地理解为何人（和其他动物）会有这样或那样的行为，我们需要研究脑这个"黑箱"的工作原理。

7.6.A 潜在学习

学习目标 7.6.A　定义潜在学习，并举例说明在大学生的日常生活中潜在学习如何发挥作用

当行为主义者爱德华·托尔曼（Edward Tolman，1938）注意到他的大白鼠会在迷宫的每个分叉口暂停一下，好像在决定究竟要走哪条路时，他就被认为是行为主义学派中的异端。此外，这些大白鼠有时似能在没有任何强化的情况下学习。他

在想，这些小小的鼠脑究竟在想什么对解决谜题有帮助的事情呢？

互动

在一项经典实验中，总在迷宫尽头得到食物的大白鼠，在走到食物所在位置的过程中所犯的错误会越来越少（灰色虚线）。相比之下，一直没有得到食物的大白鼠几乎没有什么改善（黑色虚线）。但前 10 天都没得过食物，然后在第 11 天得到食物的大白鼠，从那时起就显示出快速改善（黑色实线）。该结果表明，学习涉及认知变化，这些变化可能在没有强化物的情况下发生，而且这些变化则可能要等到强化物出现后才会表现出来（Tolman & Honzik，1930）。

在一项经典实验中，托尔曼和翁齐克（C. H. Honzik）（1930）在连续两周多的时间里，每天都观察 3 组大白鼠在迷宫中的表现。第一组大白鼠每次都能够在迷宫尽头获得食物，它们很快学会了直奔主题，找到最快的路。第二组大白鼠一直都得不到食物，正如你所推测的那样，它们在迷宫里没有固定的行动路线。第三组大白鼠是最有意思的，它们前 10 天在迷宫终点都没得到食物，看上去总是不规则地游荡，但是在第 11 天的时候得到了食物，然后也非常迅速地学会了直奔主题，找到出口获得食物。到了第 12 天，第三组的表现和从一开始就获得奖励的第一组已经相差无几了（见图 7.9）。

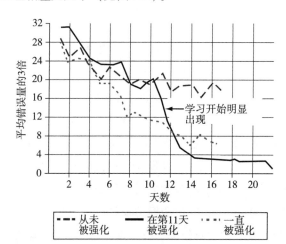

图 7.9 潜在学习

第三组大白鼠的实验结果证明了**潜在学习**（latent learning），即不立即表现在成绩上的学习。人类的许多学习行为会在环境允许或要求它们表现出来之前一直潜伏着。一位司机为了摆脱交通拥堵，在没有 GPS 辅助的情况下，沿着一条她从没走过的路到达第四大道，再到金橘街，却没有迷路。一个小男孩观察他父母摆放餐具或者拧紧螺丝，但是多年来并不将这种学习付诸行动，之后他发现自己会做这些从来没做过的事情。

潜在学习提出了这样一个问题：在操作性学习的过程中，究竟学到的是什么？在托尔曼和翁齐克的研究中，那些在前 10 天都没有得到食物的大白鼠似乎学到了迷宫的心理表征。它们一直在学习；仅仅是因为没有表现这种学习的理由，直到第 11 天食物出现。与此相似，那位司机能够找到一条新路，是因为她已经掌握了整个城市的布局。通过潜在学习所真正学习到的东西，似乎不是某种特定的反应，而是关于做出某种反应及它所引发结果的知识。我们知道世界如何运行，知道哪条路通向什么地方，知道采取什么样的行为会付出什么样的代价。这些知识让我们能够创造性地并灵活地实现我们的目标。

潜在学习

一种在没有明显强化的情况下发生的、不以外显反应立即表现出来的学习形式。

7.6.B 社会认知学习理论

学习目标 7.6.B   定义观察性学习，并举例说明它在儿童时期如何发生

在 20 世纪六七十年代，许多学习理论家认为，如果不考虑人的高层次认知加工能力，就无法理解人的行为。他们也同意行为主义者的观点，即人类与老鼠和兔子一样，都受操作性条件反射和经典条件反射法则的制约。但他们也认为，人类不像老鼠和兔子，人类充满了态度、信念和期望，这些都会影响他们获取信息、做出决策与推理以及解决问题的方式。如今，这种观点已经变得非常有影响力。

我们将使用**社会认知理论**（social – cognitive theory）这一术语来表示所有将行为原理与认知原理相结合来解释行为的理论（Bandura，1986；Mischel，1973；Mischel & Shoda，1995）。这些理论都强调信念、认知和观察他人行为对塑造学习和行为的重要性。对社会认知理论者来说，信念和认知的差异有助于解释为什么两个经历过同一事件的人可能会从中得到完全不同的教训（Bandura，2012）。所有有兄弟姐妹的人都知道这一点。兄弟姐妹中的一人可能会把被父亲禁足视为父亲很刻薄的证据，而另一人可能会把同样的行为视作父亲关心孩子的证据。对这些人来说，被禁足可能会对他们的行为产生不同影响。

通过观察来学习　某个深夜，一个住在乡下的朋友被巨大的噼啪声和猛烈的撞击声吵醒。原来是一只浣熊撞翻了一个"防浣熊"的垃圾桶，而且看上去那只浣熊像是在给周围的其他浣熊展示如何打开它：如果你在垃圾桶的侧边上蹦下跳，盖子就会弹开。在一旁观察的浣熊从这一片段中学会了如何开启难弄的垃圾桶，而在一旁观察的人类明白了浣熊有多聪明。简而言之，它们均从**观察性学习**（observational learning）中受益，即通过观察别的浣熊做什么，以及这样做会引发什么结果，从而获得学习过程。

~~~~~~~~~~~~~~~~~~~~~~~~~~~~~~~

社会认知理论

　　强调如何通过观察他人和认知过程（如计划、期望和信念）来学习和维持行为的理论。

观察性学习

　　个人通过观察他人（榜样）的行为而非通过直接经验学习新反应的过程。

~~~~~~~~~~~~~~~~~~~~~~~~~~~~~~~

浣熊通过观察学到的行为符合操作性条件反射学

习，但是观察性学习也可通过经典条件反射获得。事实上，仅仅是看着别人经历经典条件反射程序的研究参与者，也学习并表现出了条件反应（Olsson，Nearing & Phelps，2007）。因此，除了像阿尔伯特那样，直接通过经典条件反射习得对大白鼠的恐惧，你还可以通过观察别人看见或触摸大白鼠时的情绪表达来产生对大白鼠的恐惧。觉察到的他人反应对你自己产生恐惧来说是一种无条件刺激，而且这种情境下产生的学习可能与你直接遭遇一只大白鼠的学习效果同样强烈。孩子们通常用这种方式习得恐惧，比如，在观察了父母对狗的靠近所产生的恐惧反应之后习得恐惧（Mineka & Zinbarg，2006）。

行为主义者也把观察性学习称为替代条件作用，并认为可以用刺激 – 反应术语来解释它。但是，社会认知理论者相信，如果不考虑学习者的思维过程，就不能完全理解人类的观察性学习行为（Meltzoff & Gopnik，1993）。他们强调当一个人看到一个榜样，即另一个人，以某种方式行动并体验到其结果时产生的知识（Bandura，1977）。有趣的是，当榜样和学习者都来自同一族群或社会组织时，观察性学习似乎会得到增强（Golkar，Castro & Olsson，2015；Golkar & Olsson，2017）。显然，在你观察的人身上越容易"看到自己"，你就越有可能被这个人的经验条件化。

如果没有观察性学习，我们都不会活得长久。比如，我们将不得不通过走入车流来学会躲避迎面而来的汽车，并承担相应的后果，或者通过跳入深水池中四处拍打来学习游泳。如果没有观察性学习，家长和老师将不眠不休地一天 24 小时忙于塑造孩子的行为。此外，老板将不得不站在员工的办公桌前，奖励我们在打字、写报告和进行会计核算等复杂行为链中每一个小环节的表现。但观察性学习也有它的黑暗面。人们经常会模仿反社会或不道德的行为（他们观察到朋友作弊，决定自己也可以通过作弊逃脱），或是自我挫败和有伤害性的行为（他们看到学校里一个受欢迎的孩子在抽烟，于是就养成了这个习惯，为了努力让自己看起来和他一样酷）。

班杜拉的经典研究 很多年前，阿尔伯特·班杜拉（Alert Bandura）和同事展示了观察性学习有多么重要，尤其是对学习社会行为规则的孩子们来说（Bandura，Ross & Ross，1961，1963）。研究者让幼儿观看关于成人玩玩具的短篇电影（显然孩子们没觉得这一行为有什么奇怪的）。在电影中，一位名叫约翰尼的男士拒绝分享他的玩具，另一位名叫罗基的人的反应是揍了他一顿。罗基的挑衅行为得到了回报：当可怜的约翰尼沮丧地坐在角落里时，罗基用胳膊夹着一个装满玩具的袋子大摇大摆地走了。

看完这个影片后，每个孩子都被单独留在满是玩具的游戏室里长达 20 分钟，这些玩具包括电影中展示的一部分。通过单向镜，研究者发现，在他们玩耍时，看过影片的那组孩子比没看过影片的孩子更具攻击性。一些孩子几乎精确地模仿了罗基的行为。在实验的最后，有个小女孩甚至向实验员讨要一个装玩具的袋子。

在另一项研究中，孩子们先是看大人敲打一个塑料做的充气波波玩偶，这是一种底部加重的不倒翁娃娃，所以它被打倒后又会直立着弹回来。大人用手打娃娃，还来回踢它，对它大吼大叫，甚至用棒子打它。当后来让孩子们和玩偶玩耍时，他们模仿大人对玩偶的攻击行为，甚至发明了有创意的新方法对波波进行攻击。那些起初没有看到成人的攻击行为的孩子，在有机会和波波玩耍时，他们自己也很少表现出攻击性。班杜拉的研究为社会学习在解释攻击行为方面所起的作用提供了强有力的支持。

互动

Courtesy of Albert Bandura

攻击行为的观察性学习

在班杜拉与同事们的研究中，孩子们看到影片中的成人脚踢、棒打一个大的娃娃。之后，孩子们会模仿成人的行为，他们中有一些还模仿得很准确。

关于潜在学习、观察性学习以及认知在学习中的作用的研究结果可以帮助我们评估一些争论，即对媒体暴力影响的热烈争论。儿童和青少年在电视、电影和电子游戏中看到无数的暴力行为。所有这些血肉模糊的混乱画面是否影响了他们？你认为这对你有影响吗？最近的研究表明，电子游戏中的暴力游戏与之后的身体攻击行为有关，尽管目前对这种相对较小的影响有多大的实际意义仍存在分歧（Anderson et al.，2010；Ferguson & Kilburn，2009；Hilgard，Engelhardt & Rouder，2017；Prescott，Sargent & Hull，2018）。

日志 7.6　批判性思维：定义术语

有时候，我们只是从观察别人的行为中学会做可怕的事情，而没有受到对那种行为的直接强化。例如，你可以通过观看电视上的犯罪节目，学会如何闯入别人的家中或车中。然而，你可能永远不会实施这样的行为，其他绝大多数观察过同样行为的人也不会这么做。这个结论如何说明学习和表现之间的区别？是否可以在不对这种学习采取行动的情况下进行学习？如果可以，我们如何知道这种行为是否真的学到了呢？

模块 7.6　小考

1. 穆雷每天早上和拼车伙伴一起坐车去上班，他总是坐在后座，让别人开车。有一天，他朋友的车送去了修理厂，意外的是他要开车送其他人去上班。虽然他从来没有自己开车走过那条路线，但他却能驾驭每一个弯道，并让这段旅程完美无缺。穆雷的表现能说明哪个学习原则？
   A. 塑造那些对最终目标的连续接近行为
   B. 自发恢复
   C. 潜在学习
   D. 强化

2. 潜在学习可能发生在_____的时候。
   A. 没有立即以外显反应的形式表现出来
   B. 相应的行为不符合反应者兴趣
   C. 强化物的作用非常强且明显
   D. 所有情况下都会立即出现相应行为

3. 社会认知理论强调的是_____。
   A. 社会学习与认知学习的区别
   B. 发生在独特文化背景下的行为
   C. 社会行为的强化
   D. 用行为和认知原则的相互作用来解释行为

4. 三岁的巴里看着他的哥哥希德伸出手放在炉灶上。巴里接着看到了希德惊恐地缩回手，还听到他把受伤的手放进冷水里时发出的惊恐尖叫声。在此后的生活中，巴里从未将手放在炉灶上，也从未被强化过不要这样做；事实上，他也从未有过直接接触烤焦的肉体或危险的厨房设备的经历，然而显然他已经产生了一些学习。巴里经历了什么样的学习呢？
   A. 观察性学习
   B. 经典条件反射
   C. 操作性条件反射
   D. 辨别学习

5. 以下哪位研究者与社会认知学习理论，尤其是观察性学习最相关？
   A. 斯金纳　　　　　B. 班杜拉
   C. 华生　　　　　　D. 弗洛伊德

写作分享：学习

假设你最好的朋友正在为越来越频繁的偏头痛而苦恼，这种偏头痛会引起剧烈的头疼、恶心和呕吐。他的偏头痛是由几种不同因素引发的，如失眠、喝红酒、脱水和吃巧克力。他想请你给出一些建议，以改善他的状况，更好地避免这些诱因。根据本章内容，你会给他哪些具体建议呢？

批判性思维演示

主张：玩暴力电子游戏的孩子会学得更暴力

步骤 1. 批判这一主张

　　班杜拉的波波玩偶研究表明，儿童可以通过观察别人来学习暴力行为。看过成人凶狠地打充气娃娃的孩子，他们之后对充气娃娃打得更凶狠。这种观察性学习不仅仅是模仿行为。看到成人对波波玩偶拳打脚踢的孩子，对其他玩具的攻击性更强。

　　今天的年轻人可能不会再看到波波玩偶，但仍有很多进行观察性学习的机会。让我们批判性地思考一下这样的说法：玩暴力电子游戏的孩子会学得更暴力。

步骤 2. 分析假设与偏见

　　人们对这个问题有强烈的意见。自由派和保守派的政治家都批评媒体对暴力行为的示范。人们模仿暴力电子游戏的犯罪行为引发了具有情绪煽动性的新闻报道。当然，暴力电子游戏制造商会强烈否认其产品和现实生活中的暴力之间的联系。当涉及像这样有争议且情绪化的议题时，批判性思维尤其重要。

步骤 3. 定义术语

　　为了检验"玩暴力电子游戏的孩子是否会学得更暴力"，我们需要定义术语。如果是研究者，他们会如何定义"更暴力"呢？

认知
"更暴力"可能指的是一个人的认知。玩暴力电子游戏是否会引发年轻人对暴力有更多的思考呢？他们会不会认为面对威胁或侮辱时做出暴力反应更合适？他们是否对表现出攻击性或暴力倾向的人持有更积极的态度？

情感
"更暴力"也可以指一个人的情感或情绪。暴力电子游戏是否会改变儿童对暴力的感受？例如，许多年轻人可能一开始会对暴力信息感到惊恐、害怕或厌恶。但这些负面情绪是否会随着接触暴力的次数越来越多而逐渐减少？暴力电子游戏是否会降低青少年对暴力受害者的同情程度呢？

行为
对认知和情感的潜在影响十分重要，但最关键的研究问题是玩暴力电子游戏在多大程度上会改变一个人的行为方式。暴力电子游戏和暴力行为之间的这种关系一直是许多研究的重点，也是近几年元分析的重点。元分析可将多项研究结果结合起来，以揭示可靠的结果模式和结论。

步骤 4. 提出问题，乐于思考

　　在暴力电子游戏上的用时和暴力行为正相关。但暴力电子游戏是否会导致现实生活中的暴力行为？还是说，那些有暴力倾向的人会被这类游戏吸引？如你所知，询问关于因果关系的问题需要来自实验研究而非相关研究的数据。

相关的（无因果结论）	实验的（有因果结论）
· 那些更多接触暴力电子游戏的八年级和九年级学生，也会在学校里打架。 · 那些报告有更强攻击性的青少年，也会报告更喜欢暴力电子游戏。	· 研究者分别要求两组大学生玩 3 次暴力电子游戏或非暴力电子游戏。之后，暴力电子游戏组在阅读与敌意有关的单词时，反应时间更短。 · 研究者分别要求两组 5～7 岁的孩子玩空手道电子游戏或非暴力游戏。后来，在自由玩游戏期间，玩空手道电子游戏的孩子被评价为更具攻击性。
· 玩暴力电子游戏时间较多的小学生，也被家长认为是攻击性较强的人。 · 自称花更多时间玩暴力电子游戏的大学生在一项关于"攻击性人格"的调查中得分也较高。	· 与被分配到玩非暴力电子游戏的大学生相比，被分配到玩暴力电子游戏的大学生更有可能在后来对另一个参与者做出具有攻击性的反应。 · 与被分配到玩非暴力电子游戏（或只是看别人玩暴力电子游戏）的青春期男孩相比，被分配到玩暴力电子游戏的青春期男孩在当天晚些时候的课间休息时被同龄人评价为表现得更具攻击性。

步骤 5. 检查证据

另一种考察跨时间学习情况的方法是，进行有时间跨度的纵向研究。安娜·普雷斯科特（Anna Prescott）与她的同事研究了 24 项纵向研究的数据，这些研究涉及 17 000 名 9～19 岁的参与者，研究人员对他们进行了为期 3 个月至 4 年不等的追踪调查。

这些研究以各种方式定义了暴力：关于攻击性想法的调查；父母对孩子行为的评价；在学校打架的次数。大多数研究表明，随着时间的推移，玩暴力电子游戏预示着身体攻击性会增强。虽然总体上看这种影响很小，但是它在统计上显著。

步骤 6. 权衡结论

这个元分析表明，的确，玩暴力电子游戏的孩子会习得更暴力，至少在小范围内是这样。但这并不意味着每个玩暴力电子游戏的人都会变得更暴力。这也不意味着暴力主要是由媒体造成的。然而，正是这样的发现，应该让那些玩暴力电子游戏的人知道后好好反省一番，更不用说他们的父母了。

半个多世纪前，班杜拉首次用充气娃娃来证明观察性学习在暴力行为学习中的作用。虽然玩具技术已经进步了不少，但同样的风险依然存在：甚至是谈论暴力方面的内容时，我们也常常通过案例学习。

总结：学习

7.1 经典条件反射

学习目标 7.1. A 解释经典条件反射的关键要素

俄国生理学家伊凡·巴甫洛夫首先研究了经典条件反射。在这种形式的学习中，当一个中性刺激与一个能诱导出一些无条件反应（UR）的无条件刺激（US）产生联系时，这一中性刺激会诱导出一个与无条件反应相似的或相关的反应。随后，这一中性刺激变成了一个条件刺激（CS），它诱导出的反应是一个条件反应（CR）。

学习目标 7.1. B 讨论经典条件反射的基本原理，包括消退与恢复、高级条件作用以及刺激泛化与辨别

在消退中，条件刺激在没有无条件刺激的情况下重复呈现，最终条件反应会消失，虽然后来它可能会重现（自发恢复）。在高级条件作用中，一个中性刺激通过搭配一个已建立起的条件刺激会成为一个新的条件刺激。在刺激泛化中，一个刺激针对某个反应变成一个条件刺激后，其他相似的刺激可能会引发相同的反应。在刺激辨别中，在某种程度上与条件刺激相似的刺激会引起不同的反应。

学习目标 7.1. C 解释为什么在经典条件反射中条件刺激先于无条件刺激出现

很多理论家相信，人或其他动物从经典条件反射中学到的不仅仅是无条件刺激与条件刺激间的联系，还有信息从一个刺激传到另一个刺激的过程。的确，经典条件反射似乎是一种进化的适应过程，它允许有机体为具有生物学重要意义的事件做准备。大量证据显示，中性刺激不会变成条件刺激，除非它明确代表或预示了无条件刺激。

7.2 现实生活中的经典条件反射

学习目标 7.2. A 举例说明经典条件反射如何有助于形成偏好

经典条件反射有助于解释对特定对象和事件的积极情绪反应，这通常是通过将中性刺激（如汽车）与令人愉悦的刺激（有吸引力的代言人、免费小饰品或现金）配对产生的。

学习目标 7.2. B 举例说明经典条件反射如何产生习得性恐惧，并描述对抗性条件作用是如何发生的

约翰·B. 华生展示了恐惧是如何习得的，此外，他还通过对抗性条件作用的过程展示了习得的恐惧是如何被忘却的。现在，关于经典条件反射的研究正在与关于恐惧、学习和生物学的发现整合。在暴露疗法中使用一种药物（D – 环丝氨酸）来增强杏仁核中谷氨酸的活性，可以加速恐惧症的消退。

学习目标 7.2.C　描述经典条件反射在食物回避与厌恶反应联系中的作用

由于进化上的适应性，人类（和许多其他物种）在生物上很容易习得一些可以用经典条件反射解释的反应，如条件性味觉厌恶。通常，某刺激与令人不愉快的结果（如一顿饭后感到恶心）的单次配对就足以产生条件性厌恶。

学习目标 7.2.D　描述经典条件反射如何影响人们对医疗措施的反应，包括患者对安慰剂的反应

经典条件反射也可解释人们对医疗措施的反应。将以往的中性刺激（如候诊室的颜色、消毒剂的气味）与令人不愉快的结果（注射产生的疼痛感、化疗产生的恶心）联系起来，可能导致中性刺激本身不会引起的厌恶反应。

7.3　操作性条件反射

学习目标 7.3.A　讨论爱德华·桑代克的研究如何成为操作性条件反射的基础

在操作性条件反射中，行为变得更易发生或更少依赖结果。操作性条件反射中的反应通常来说没有反射性，而且比经典条件反射更复杂。这一领域的研究与斯金纳密切相关，他把该方法称为"激进行为主义"，尽管桑代克进行的一项早期研究（猫逃离迷宫箱）为操作性条件反射的一些基本原则奠定了基础。

学习目标 7.3.B　辨别强化与惩罚，并举例说明强化与惩罚的不同类型：初级、次级强化，以及正、负惩罚

在斯金纳理论的分析中，强化会加强或增大某个反应的可能性，惩罚则削弱或减小反应的可能性。当强化物自然而然地强化（因为它们满足了生理需求）时，我们称其为初级强化物。当它们通过与其

他强化物联合而获得强化某个反应的能力时，它们被称作次级强化物。相似的区别也存在于惩罚物中。在正强化中，令人愉快的事物紧随反应；在负强化中，令人不愉快的事物被移除。在正惩罚中，令人不愉快的事物紧随反应；在负惩罚中，令人愉快的事物被移除。

7.4　操作性条件反射的原理

学习目标 7.4.A　描述操作性条件反射的基本原理，包括消退和恢复、刺激泛化和辨别、学习和塑造的时间进程

消退、刺激泛化和刺激辨别在操作性条件反射中与在经典条件反射中都会出现。辨别性刺激发出信号，表明某个反应后很可能出现某种结果。连续强化引发最快速的学习。然而，间歇性（部分）强化会使反应不易消退（因此，它有助于解释迷信仪式的持续存在）。塑造用于训练自发概率较低的行为。塑造需要做到对那些连续接近所期待反应的行为给予强化物，直到产生所期待的反应。然而，人或其他动物通过操作性条件反射所能学到的内容，或学习的容易程度都会受到生物学的限制。动物有时会因为本能漂移而难以学会一项任务。

学习目标 7.4.B　讨论围绕斯金纳的研究与操作性条件反射一般目标的一些误解

操作性条件反射是学习理论的主要支柱之一，其发现和结论已得到反复证明。然而，作为生物体为何会做出某些反应的唯一解释系统也并不完整。斯金纳的激进行为主义常被误解为对人类学习状况的冷漠的、机械的观点。

7.5　现实生活中的操作性条件反射

学习目标 7.5.A　列出并讨论惩罚通常无法有效改变行为的原因

惩罚，当被恰当应用时，可遏制不被鼓励的行为，如犯罪行为。但是，如果它被频繁地误用，将

导致违背本意的结果。惩罚常因为瞬时的情绪而执行不得当；它可能令人产生愤怒和恐惧；其效力通常只是暂时性的；它很难被即时执行；惩罚所传达的关于所期望行为的信息极少；它还可能引发作为奖赏而使用的关注。消除令人讨厌的行为，如果与强化所期望的行为相结合，一般来说比单独使用惩罚更胜一筹。

学习目标 7.5.B　讨论为何奖赏可能会导致事与愿违，且无法产生预期结果

强化物也会被误用。如不加区分地给予奖赏，尽管奖赏意在提升孩子的自信，却无法强化所期望的行为。对外在强化物的过度依赖有时会削弱内在强化物的效力。然而，当一个人不是因为单纯地参与活动，而是因为他的成功或进步而获得奖赏，或是当某人已经对活动有极高的兴趣时，金钱和赞扬通常不会妨碍内在愉悦感。

7.6　学习与意识

学习目标 7.6.A　定义潜在学习，并举例说明在大学生的日常生活中潜在学习如何发挥作用

即使是在行为主义的鼎盛时期，一些研究者仍在探查意识的"黑箱"。在 20 世纪 30 年代，爱德华·托尔曼研究了潜在学习，潜在学习中没有明显的强化物出现，而反应直到强化物呈现时才会表现出来。在潜在学习中学到的东西看上去不是某个具体的反应，而是关于反应和它所引发结果的知识。

学习目标 7.6.B　定义观察性学习，并举例说明它在儿童时期如何发生

20 世纪六七十年代见证了社会认知理论对学习日益加深的影响，该理论聚焦于观察性学习和信念、对事件的解释以及其他认知因素在决定行为中起到的作用。社会认知理论者主张，就像潜在学习一样，从观察性学习中获得的不是一个具体反应而是知识。由于人们在认知和信念上各自不同，他们可能会从同样的事件或情景中得到不同的经验教训。

第 7 章测试

1. 德纳德每天晚上都会喂他的猫咪"绒球"吃罐头。过程总是相同：他先拿出电动开罐器，将刀片旋转，打开罐头，再把食物舀到碗里，然后拿给绒球。然而，他注意到，绒球只要一听到柜门打开的声音，或听到操作开罐器的呼呼声，就会迫不及待地跑进厨房。根据经典条件反射的原理，开罐器的声音是_____。

   A. US　　　　　　B. CS
   C. CR　　　　　　D. UR

2. 施卢蒂训练她的狗，每当它看到一张邻居家猫的照片时，它就会得到一份点心。通过照片和点心的多次配对，当照片单独呈现时，狗就会流口水。然后，施卢蒂通过出示照片但不给食物的方式来消退狗流口水的行为。她惊讶地发现，一周后，当她偶然拿起猫的照片时，她的狗还是会开始流口水。这到底是怎么回事呢？

   A. 刺激泛化：狗一直对猫的很多照片流口水，而施卢蒂刚好呈现了正确的照片

   B. 刺激辨别：施卢蒂的狗在等待一张特定的照片再次出现，以再次开始流口水

   C. 自发恢复：消退某个条件反应并不一定意味着它"未被习得"或永远消失

   D. 高级条件作用：条件反应的消退只是意味着另一种更强的反应已取代了原先的反应

3. 阿里在心理学课上学习了经典条件反射，他很想用它来训练自己的狗。他拿出了美味的食物，摇响了铃铛，然后看到小狗在吃东西时不断流口水。他重复了多次：食物、铃铛、反应。然后，他只摇响铃铛，却发现什么也没发生。小狗没有流口水，没有反应，百无聊赖的小狗脸上只有一副事不关己的样子。为什么没有发生学习呢？

   A. 在配对之前，无条件刺激和无条件反应需要分

别建立

B. 在配对之前，无条件刺激和条件反应需要分别建立

C. 条件刺激需要先于无条件刺激出现，以使得条件反应产生

D. 阿里实际上是在用他所谓的技术使一个无条件反应消退了

4. 罗西想买一台新微波炉。她在同一家商店看了两个型号的微波炉。两个型号有相同的功能，也都符合她的需求。但其中一个型号上有一个笑脸的贴纸，而另一个没有。罗西决定购买贴有笑脸贴纸的微波炉。根据经典条件反射的原理，这是为什么呢？

A. 微波炉是无条件刺激，笑脸是条件刺激，购买是无条件反应

B. 罗西知道店长不会给一台坏烤箱贴上笑脸的表情，所以她认为那台微波炉有些她未知的优点，比如它可能质量更好

C. 因为罗西把微波炉和美味的食物联系在一起，她对微波炉有无条件反应

D. 罗西将笑脸贴纸产生的愉悦感与微波炉的品质联系起来

5. 安吉拉有恐高症。朋友建议他应该乘坐电梯到市中心高楼的顶层，同时戴上耳机听他最喜欢的舒缓音乐。安吉拉鼓起勇气照做了，然后又继续了几次。最后，他发现自己的恐高症大大减轻了。这是经典条件反射中的什么原理在起作用？

A. 刺激收回

B. 自发恢复

C. 刺激辨别

D. 对抗性条件作用

6. 胡安喜欢吃蘸了蜂蜜芥末酱的鸡柳。一天晚上，他刚在一家快餐店吃完饭，就因为前几天潜入体内的流感病毒而感到胃痛和恶心。一个月后，当朋友邀请他再去那家快餐店时，胡安迅速拒绝

了。这是经典条件反射中的什么原理在起作用？

A. 刺激辨别

B. 条件性味觉厌恶

C. 刺激识别

D. 条件性味觉辨别

7. 玛丽亚的父母运气很差，还表现出很差的计划性。每次他们带玛丽亚去打预防针时，都会给她穿上同一件红色毛衣。无一例外，玛丽亚每次去医生那里打针，都会穿上红色毛衣。一天，她母亲从衣柜里拿出那件毛衣，问道："亲爱的，你今天想穿这个吗？"结果，玛丽亚哭了。母亲不明白玛丽亚为什么会流泪。你能解释一下原因吗？

A. 玛丽亚表现出自发恢复了某个被消退的反应

B. 玛丽亚把这件毛衣与她的父母联系在一起，所以她以为父亲已经不在了

C. 玛丽亚学习到毛衣预示着她要坐车

D. 玛丽亚将毛衣的出现与痛苦的打针之旅相联系

8. 被困于迷宫箱中的猫起初会做出许多随机的动作以试图脱困，然而只有一种行为会绊到那个可以打开门闩的锁，使它重获自由。随着时间的推移，不能引发开门这个结果的随机行为会越来越少，而引发开门这个结果的行为会越来越多。事实上，在最后，被关进这种迷宫箱里的猫会立即反复表现出那一种有效行为。根据操作性条件反射的原理，为什么会出现这种情况？

A. 当许多行为得到强化后，最终一种行为会超越其他行为

B. 随机行为往往会受到惩罚，无效的策略会通过继续把动物关在箱子里来惩罚它们

C. 得到强化的行为经常会在未来再次发生；打开门闩的行为会被猫的自由所强化

D. 生物体以自己的速度学习：先强化几种行为，再逐渐强化某一种行为。强化符合这些猫的学习速度

9. 金钱、好成绩、赞美和掌声都是_____的例子。

A. 原始强化物

B. 初级强化物

C. 辨别性刺激

D. 次级强化物

10. 当试图用操作性条件反射教会动物做某事时，有时候动物会恢复到做出其物种特有的某种行为。这种现象被称为_____。

A. 生物还原

B. 物种转移

C. 本能漂移

D. 机体调整

11. 当孩子不乖的时候，琼斯会采用以下几种策略来改变他的行为，比如将他置于"过时不候"的状态，重新引导他去做另一种行为，或忽略不受欢迎的行为、强化想要的行为。她不使用体罚，因为她知道_____。

A. 惩罚或强化都能有效地消除一种行为，但强化更容易实施

B. 在消除不良行为方面，惩罚并不是什么好方法

C. 如果她威胁要打孩子，她可能会被指控犯刑事罪

D. 在这些情况下，惩罚可作为一种初级强化物

12. 西贝女士迫切地想开始她作为幼儿园老师的首年工作。每天早上，当学生们来到她的教室时，她都会给每人发一张"优秀到达者"的贴纸。当她要求孩子们打开自己的图画书，而无论他们是否有书时，她都会给每个学生发一个"棒棒书虫"的徽章。在课间休息学生们出去玩之前，他们都会得到"正义奔跑者"的奖章来挂在脖子上。西贝老师的学生在整个学年中学习

和成就的内在动力如何？

A. 中等偏上

B. 不会受到影响

C. 比较高

D. 很低

13. 罗迪的童年是看着父亲修车度过的。罗迪的父亲从来没有真正让罗迪帮忙，但他同意罗迪坐在附近的椅子上休息，这样父亲就可以照看到正在进行的工作。年轻的时候，当罗迪买了自己的第一辆车时，他就能修理和养护汽车的各个方面。这其中发生了什么呢？

A. 罗迪在成长过程中得到了潜在的强化

B. 罗迪知道，如果自己不会修车，他的父亲就不会赞同他，所以他在成长过程中偷偷地修过废旧汽车

C. 罗迪获得了潜在学习，后来又在表现中呈现了出来

D. 罗迪知道如果他不追随父亲的脚步就会受到惩罚，而惩罚的威胁超过了强化的好处

14. 万达和她的妈妈格莱迪斯一起坐车时注意到，每次妈妈要踩刹车时都会拍打方向盘并大喊："你这个肮脏的爬虫！"几个月后，格莱迪斯注意到，当万达坐着她的儿童车踩着踏板前进时，她的哥哥把她拦了下来，万达拍打着方向盘对着哥哥大喊："你这个肮脏的爬虫！"格莱迪斯感到意外、惊恐。然而，你却不觉得惊讶。万达身上到底发生了什么呢？

A. 观察性学习

B. 操作性条件反射

C. 自发恢复

D. 高级条件作用

第8章
记忆

你需要做什么？

心理学是一门研究我们日常思考、感受及行为的科学。学习本章之前，我们有关于你自己日常生活的问题要问你。我们希望这只是你在阅读本章时思考自己人生经历的开端。

提出问题，乐于思考

你是否还记得，2018 年 2 月 14 日周五的下午，一名持枪的青少年在佛罗里达州帕克兰市的 Marjory Stoneman Douglas 高中杀害 17 名学生时，你在哪里并正在干什么？

☐ 是

☐ 否

你是否还记得 2018 年 2 月 13 日，前一个下午你在哪里并正在干什么？

☐ 是

☐ 否

如果你不能形成任何新的记忆了，生活将会变得怎么样？这种情况可能发生在那些患了痴呆症的老年人身上，同样有时也可能发生在那些脑受到损伤或出现疾病的年轻人身上。例如，亨利·莫莱森（Henry Molaison）的故事是记忆研究史上最有名的案例（Annese et al.，2014；Corkin，2013；Corkin et al.，1997；Hilts，1995）。在 1953 年，当亨利 27 岁时，外科医生为了治疗他严重的癫痫发作，切除了他的海马、大部分的杏仁核和一部分的颞叶。这个手术达到了它的目标：亨利的癫痫得到了缓解，并且用药物可以控制了。但是也产生了一项严重的副作用：他不再记得超过 15 分钟的新的经验。

新的事实、歌曲、故事以及面孔在亨利脑中消失得非常迅速，就像水流入排水口一样。他可能一遍又一遍阅读相同的杂志而完全没有意识到；他不能回忆起一周当中任何一天的事情，甚至最近一次吃了什么也记不起来。亨利仍然喜欢玩填字游戏、宾戈游戏等这些在他手术之前很早就学会的技能。虽然他知道自己有记忆上的问题，但他仍然保持着愉悦的心情。亨利的独特经历引起了研究者的兴趣，研究者在数十年的时间里邀请他进行了一系列与记忆相关的研究，许多研究在这一章中你都会阅读到。事实上，亨利在心理学圈里变得非常有名，尽管是匿名的：为了保护他生前的隐私，发表的文章中仅仅以他姓名的首字母 H. M. 来指代他。

H. M. 可以偶尔回忆起特殊的情绪性事件，而且他有时能够想起他的父母都去世了。但是对他做了大量研究的苏珊·科金（Suzanne Corkin）认为，这些"记忆的小岛"仅仅是广阔遗忘大海中的例外。这个性格温厚的男人因为没法记住任何人，甚至研究了他十几年的科研人员他也记不住，所以很难交到朋友，对此他感到非常难过。他经常认为自己比实际年龄要年轻很多，他也不能识别自己的脸；他被困在了过去的时光隧道里。

在 2008 年他 82 岁去世的时候，一个神经科学家说到，H. M. 给了科学最宝贵的礼物：他的记忆（Ogden，2012）。确实，H. M. 教会了心理学家大量关于记忆通常是如何运行的知识。他的困境也揭示了记忆的很多潜在生物学机制。而且 H. M. 这一迷人的案例表明了记忆不是一个简单的、通用的过程，而是由多种系统和功能组成的。例如，H. M. 可以学习做新的事情，但是他无法记住学习做这些事情时的情景。我们后面会讲到这种对程序的记忆与对事实和情景记忆的分离。

此外，考虑记忆中情绪的作用。在本章开始前，我们询问了你两个问题。关于第一个问题，你是否记得在一个特定的情绪紧张的时间点，即 2018 年佛罗里达州帕克兰市校园枪击悲剧发生的时候你在干什么。我们的猜想是，与让你回忆袭击发生之前的这种平常的、没有情绪意义的一天相比，让你回忆袭击这一天你能更容易想起来你在哪里、在做什么。当有情绪的参与时，记忆加工是不一样的。

的确，H. M. 也为这个结论提供了证据。有一次，和亨利一起的一个研究人员问他发生在 1963 年——在他手术 10 年之后的一个主要的新闻事件。H. M. 回答有一个很重要的人被刺杀，虽然他想不起来这个人的名字了。当告诉他这个人姓名的首字母是"JFK"时，他回答道"约翰·菲茨杰尔德·肯尼迪"。对于 H. M. 来说，在生命中的大多数时候，他都没法想起身边事物的新进展，但是那些引发他情绪共鸣的事件似乎更容易被记住，即使不是特别完美。

我们将在本章中再次提到这些问题——生物学视角下的记忆、不同类型的记忆、情绪与记忆。我们还会在不同的部分再次提到 H. M.。然后，我们将一起讨论记忆的测量以及不同记忆系统如何共同工作的模型。

8.1 寻找记忆

H. M. 的案例是迷人的（尽管也是悲伤的），因为它证明了记忆在某些情况下是不工作的。下面，让我们一起转向记忆是怎样工作的相关研究。首先，我们一起来试着区分不同的记忆类型以及不同的记忆评估方法。

互动

Debra Millet/Alamy Stock Photo

AF Archive/Alamy Stock Photo

鲁道夫和其他人

如果你对以"圣诞节的前夜"开头的诗或者《红鼻子驯鹿鲁道夫》这首曲子很熟悉，你可以试着完成这项回忆测试。鲁道夫（Rudolph）有 8 个驯鹿朋友，你可以说出多少驯鹿的名字？现在请你问问自己，如果给你一份有 20 个姓名的名单，让你选择其中 8 个正确的名字，你是否发现这种再认任务要更容易完成？

8.1.A 测量记忆

学习目标 8.1.A 区分外显记忆中的回忆和再认，区分外显记忆和内隐记忆

有意识地去回想一件事或者一个信息被称作**外显记忆**（explicit memory）。通常会采用两种方法中的一种来进行测量。第一种方法用来测试**回忆**（recall）——一种提取并再现之前经历过的信息的能力。做文章阅读理解题以及填空题需要回忆能力。第二种方法用来测试**再认**（recognition）——一种识别先前观察过、阅读过或者听说过的信息的能力。信息会提供给你，你需要做的是判断是新的信息还是旧的信息，或者判断正确还是不正确，或者从多种可供选择的项目中将正确的挑选出来。这一任务，换句话说，就是比较向你呈现的信息和已经存储在记忆中的信息。正确与否的问题以及多选题需要这种再认能力。

再认测验可能会很难，尤其是不正确选项和正确选项特别相似的时候。但是在视觉图像的再认上往往表现得非常好（Spachtholz & Kuhbandner，2017）。在一项研究中，研究者在5.5小时的时间里给参与者展示2 500张不同物品的图片，然后让他们参加一项记忆测验。（而且你认为自己必须为最后的心理学测验学习很长时间！）记忆测验展示了一系列物品配对，其中一个是参与者之前看过的，另外一个是没有看过的。当先前看过的物品和一个不同类别的物品同时呈现时（例如，一片哈密瓜和一条橡胶做的龙），参与者回答得非常好，可以正确回答出之前看过的92%的物品。甚至当先前看过的物品和相同物品的不同图片（例如，同一块哈密瓜的不同视角）同时呈现时，仍然能够再认出87%的物品（Brady et al.，2008）。考虑到参与者需要记忆大量的图片，这一成绩已经是非常好的。

在大部分情况下，再认比回忆更简单。这一结论在一项关于人们对高中同学的记忆研究中得到了证明（Bahrick，Bahrick & Wittlinger，1975）。参与者年龄为17～74岁，首先让他们尽可能多地写出同学的姓名，他们的回忆表现非常差；甚至当给他们一些周年图片的提示时，年龄最小的人有三分之一的同学的名字记不起来，年龄最大的人大部分同学的姓名都记不起来。然而，在再认任务中，其表现要远远好于回忆。让他们去看一系列的图片，每堆图片包含5张图片，然后需要说出每堆图片里哪张图片是之前的同学。刚刚毕业的人能答对90%，毕业35年的人也能答得一样好。最近的研究证明，当我们逐渐看到被再认者的各种各样的图片后，面孔再认的能力会得到提高（Jones，Dwyer & Lewis，2017）。

有时，即使我们并未有意识或有目的性地记住过去经历的事件，这些事件也会影响我们的思维和行为，这种现象称为**内隐记忆**（implicit memory）（Bireta et al.，2018；Graf & Masson，2011；Schacter，Chiu & Ochsner，1993）。内隐记忆可以通过经典条件反射出现，这一过程可以通过建立刺激之间的联系形成，例如，当一只狗学会了将打开罐头的声音和食物的出现联系在一起时，它会仅在听到声音时就非常兴奋地朝盘子跑过去。为了理解这种记忆的类型，研究者必须依赖间接的方法，而不是像回忆和再认这种直接测量外显记忆的方法。

例如，研究者可以通过**启动**（priming）的方式来评估内隐记忆，通过让参与者去阅读或者听相关的信息，然后测试这些信息，来看这些信息是否会影响到他们在另一项任务中的表现。假设你阅读了一系列的单词，有些单词以def开头（例如define、defend、deform）。如果要求你根据脑中能想到的第一个单词来完成单词的片段填空（例如def－），与那些没有看到过单词列表的人相比，你将更有可能从最初学习过的单词列表中想到一个单词来完成单词的片段填空，即使让你回忆的时候你不能很好地记得最初看到的单词（Richardson－Klavehn & Bjork，1988；Roediger，1990）。通过这种方式，最初学习的单词列表中的单词可以"启动"（变得更容易）你在随后的单词片段填空任务上的反应。

启动不仅仅局限于单词，通过不常使用的句子结构启动可以使得人们一周后使用这些结构（Kaschak，Kutta & Jones，2011）。图画碎片也可以作为一种启动。在一项研究中，人们简单观看描述物品和动物的一些图画碎片。17年后，他们收到了相同碎片以及新的图画碎片，然后要求他们命名碎片描绘的内容。即使人们不记得参与了最初的实验，与新的物品相比，他们仍然能够更好地去识别这些启动物品（Mitchell，2006）。

外显记忆

有意识地刻意去回忆一件事或者一个信息。

回忆

从先前经历的材料中提取并再现的能力。

再认

识别先前经历的材料的能力。

内隐记忆

记忆中无意识留存的部分。先前经验或者先前遇到的信息对当前思维或行为的影响可以证明此记忆的存在。

启动

一种测量内隐记忆的方法。人们阅读或者听一些信息，随后测量这些信息是否可以影响在另一项任务中的表现。

其他内隐记忆的例子可以在人们从事更加复杂的任务时，无须过多注意或有意思考这种能力上体现出来——打个比方，就好像以"自动驾驶"的方式运行。你是否发现，在你开车或者走路的时候走神，你不能准确回忆起你怎么到了现在的地方？你是否记得，因为某些原因发现自己心情很好，然后意识到是因为你闻到了一种能够使你想到先前愉快经历的食物或者香水？你是否有过锁上你家的前门、激活汽车警报或者是关掉烤箱而完全没有意识到，一段时间后，你又因为不记得你是否做过这些事情而感到有点害怕的情况？这些任务或经历中的任何一个都依赖和内隐记忆相关的加工过程。这些例子，以及以上提到的研究，表明人们知道的比他们认为他们知道的要多，而且他们能够在很长的一段时间内都知道。

Abramsdesign/Shutterstock

你是否听说过钱不会长在树上？但是，有时候确实会这样——至少在心理学实验中会。在一项研究中，研究者将纸币悬挂在路边的一棵树上（Hyman，Sarb & Wise–Swanson，2014）。大量行人，有些在打电话，有些没有，经过这棵树的时候却没有意识到这些钱。但是，几乎没有人会撞上这棵树，即使是在分心的时候。我们执行复杂任务——例如边发信息边走路——不需要用有意识的思维或者注意过程，而是依赖与内隐记忆相关的加工过程。当然，如果过多地依赖"自动驾驶"，我们可能会忽视在生命中提供给我们的一些东西，例如挂满钱的树或者其他东西。

8.1.B 记忆模型

学习目标 8.1.B 依据信息加工模型，描述三个记忆系统的基本特征，注意平行分布加工模型提出的挑战

尽管人们经常将记忆看成一项单一的能力，例如一些常见的用语"我的记忆很差"或者"他的记忆就像捕兽夹一样"，但实际上记忆这个术语包含了一系列复杂的能力和加工过程。许多认知心理学家喜欢将人脑类比成信息处理器，就好像电脑一样，尽管人脑更加复杂。因此，他们提出了认知加工的信息加工模型，并大量借鉴计算机、编程的相关术语，例如输入、输出、访问和信息提取。当你用电脑的键盘输入一些内容时，软件将把你输入的信息编码为电脑语言，存储在硬件中，当需要使用它的时候提取出来。同样，在记忆的信息加工模型中，我们编码信息（转变为脑能够加工和使用的形式），存储信息（长时间保持），并且提取信息（恢复以供随后使用）。

在大部分的信息加工模型中，存储发生在三个记忆交互系统中（Atkinson & Shiffrin，1968，1971）。感觉登记保持输入的信息一两秒，直到信息被进一步加工。随后短时记忆系统——通常被当代的研究者称为工作记忆——保持少量的信息最长30秒，除非有意地努力保持信息更长时间。长时记忆解释更长时间的信息存储，从短时间的几分钟到长达几十年。信息可以从感觉登记传递到工作记忆，而且可以在工作记忆和长时记忆之间来回交换信息，如图8.1所示。

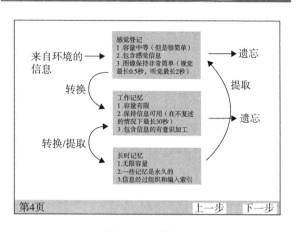

图8.1　三箱模型

传统的记忆三箱模型认为，没有从感觉登记或工作记忆转为长时记忆的信息会被永久遗忘。一旦进入长时记忆，信息可以被提取出来以分析新的感觉信息，或者是在工作记忆中进行心理操作。

这一模型被称为信息加工的三箱模型，从19世纪60年代开始就主导记忆研究领域。但有一个问题是人脑并不是像通常意义的电脑那样运作。大部分的电脑加工指令或数据序列是一个项目接着一个项目，因此三箱模型强调的是系列操作。相比较而言，人脑在许多情况下表现为以平行加工的方式同时加工多种信息。它在同一时间识别各种模式而不是一系列的信息字节的序列，并且新信息感知、语言产生和记忆搜索发生在同一时间。人脑能够做这些事情是因为成千上万的神经元可以同时激活，并且每一个神经元和数以千计的其他神经元相联系，而这些神经元又可以和成千上万的其他神经元进行通信。

因为这些原因，许多认知科学家偏向于**平行分布加工模型**［parallel distributed processing（PDP）model］或者联系主义模型。与信息从一种系统流向

另外一种系统的表征方式不同，PDP模型将记忆内容表征为大量的相互交互的加工单元之间的联系，这些加工单元以网络的形式分布并且同时发挥作用——就好像脑中的神经元一样（Bowers，2017；Cox，Seidenberg & Rogers，2015；Rogers & McClelland，2014；Rumelhart，McClelland & the PDP Research Group，1986）。和图8.1不同，在图8.1中三个箱子以线性的形式呈现为一列，平行分布模型中许多图片和许多箱子分布在不同的层，每个箱子之间以及不同层的箱子之间相互联系。换句话说，更像是一张网而不是一个线性的流程图。

平行分布加工（PDP）模型

一种记忆模型，认为记忆内容是由数以千计的相互联系的加工单元表征的，这些加工单元是以网络的形式分布，并且同时运行。这一模型也被称作联系主义模型。

日志8.1　批判性思维：定义术语

思考你在学生生涯中接受过的测验方式。可能你已经接受了各种各样的测验：多选，判断，论文，简答，填空，等等。哪种形式的测验你最喜欢？是更依赖回忆能力的还是更依赖再认能力的？根据你学习过的关于记忆提取的内容，举出一个你如何针对这些测验中的一种来改善你的学习习惯的例子。

模块8.1　小考

1. 从记忆中提取信息并再现的能力被称为_____。
   A. 再认　　　　　　　B. 回忆
   C. 启动　　　　　　　D. 内隐记忆

2. 艾伯塔几天前完成了一个填字游戏。她不再回忆填字游戏中的单词，但是在玩另一个填字游戏时，她不自觉地倾向于形成前一个填字游戏中的单词，表明她有这些单词的_____记忆。

A. 共同　　　　　　B. 外显

C. 内隐　　　　　　D. 不当

3. 三种基本的记忆加工过程包括_____、存储和_____。

A. 存储；再认　　　B. 子类；分布

C. 感知；短时　　　D. 编码；提取

4. 三箱模型中的三个记忆系统包括_____、_____和长时记忆。

A. 感觉登记；工作记忆

B. 感知；回忆

C. 感觉登记；再认

D. 编码；分布

5. 平行分布加工模型对记忆三箱模型的主要挑战是提出_____。

A. 信息并非总是从记忆系统中的一个部分到另一个部分

B. 有时我们甚至没有意识到我们拥有某些记忆

C. 在某种情况下提取可以发生在编码和存储之后

D. 启动可以同时影响外显记忆和内隐记忆

8.2　记忆的三箱模型

信息加工模型由三个记忆系统组成——感觉登记、工作记忆和长时记忆——这提供了一种简便的方式来组织和解释关于记忆的主要发现，并且这一模型与记忆的生物学事实一致。接下来，让我们一起来学习这三个"箱子"。

Peter Righteous/Alamy Stock Photo

8.2.A　感觉登记：转瞬的印象

学习目标 8.2.A　解释记忆三箱模型中感觉登记的功能和持续时间

在三箱模型中，所有输入的感觉信息首先必须在**感觉登记**（sensory register）这一记忆的入口通道上有一个短暂的停留。感觉登记包含许多不同的记忆子系统，它们是不同的感觉。视觉图形通常在视觉子系统中最长保持半秒钟，而听觉刺激在听觉子系统保持的时间稍长，但不会超过 2 秒（Cheng & Lin，2012；Sams et al.，1993）。

感觉登记就好像是一个储物箱，以高度准确的形式保持信息，指导我们从感知丰富的刺激流中选择注意的项目。这给我们一瞬间（实际上更短）去决定信息是干扰性的还是重要的，因为并不是被我们知觉到的所有信息都会得到注意。那些没有迅速进入工作记忆的信息会永久消失，就像用消失的墨水写的信息一样（Pratte，2018）。输入的感觉信息会消失这一特点实际上是有益的；它可以阻止多通道的感觉图像——"二次曝光"——这可能会干扰对信息的准确知觉和编码。

一项证明感觉登记存在的经典研究是由乔治·斯伯林（George Sperling，1960）进行的。斯伯林在研究中用不到一秒的时间向参与者展示 12 个字母，精确来说，是 1/20 秒，也就是 50 毫秒的时间。这 12 个字母以三排、每排四个字母的方式呈现。当问到呈现的字母是什么时，大部分的人只能报告不超过 4 个或 5 个字母。为什么呢？斯伯林（1960）认为，当参与者试着提供答案的时候，他们的感觉记忆已经消失了。

但是，另一个假设仍然是可能的：也许参与者仅仅是因为本来就没有时间来知觉所有的 12 个字母。也就是说，在人们花时间去报告这些字母之前，大部分的字母已经从感觉登记中消失了。斯伯林首先需要排除他们一开始就没有接收到所有字母的可能性。斯伯林想出了一个巧妙的解决办法：使用一种音调表示哪一排的字母是参与者需要注意的。记住，有三排：上、中和下。高音表示参与者需要报告上排的字母。中音表示需要报告中排的字母。低音表示需要报告下排的字母。斯伯林（1960）发现，不管要求参与者报告哪一排，他们都能很好地报告3~4个字母，这证明了12个字母确实都进入了感觉登记中，仅仅是因为当参与者报告某一排的时候，其他的两排在感觉登记中消失了。

感觉登记

暂时保存感觉信息的一种记忆系统。

Supakiat Chuaboonmee/123RF

在暗室或壁橱中，快速地用闪光灯画圈，你将会看到一个完整的光环，而不是一系列相互分离的点。这是因为在感觉登记中一系列图像会短暂地保持。

8.2.B 工作记忆：记忆的笔记本

学习目标 8.2.B 解释工作记忆的功能和持续时间

就像感觉登记一样，**工作记忆**（working memory）保持信息也是短暂的，许多研究估计不会超过30秒，虽然有一些研究者认为在特定的任务下信息的持续时间最长可以达到几分钟（Baddeley，1992；D'Esposito & Postle，2015）。在工作记忆中，内容不再是精确的感觉图像，而是编码的形式，例如单词或者短语。这种内容或将转入

长时记忆，或将永远消失。

工作记忆

短时记忆的一种形式，可以短时地将信息保持一段时间，并且使得信息在当前可用。

脑损伤患者表明了新的信息从工作记忆转入长时记忆的重要性。例如，H. M. 可以将信息存储在短时记忆中；当你第一次见到他时，你会发现他可以进行交谈并且行为表现和正常人一样。但是，大部分的时候，他不能将外显的关于新事实或事件的信息保持超过几分钟的时间。他严重的记忆障碍就存在将外显记忆转为长时记忆进行存储的问题。但是，即使是我们这种记忆正常的人，也会在日常生活中出现短时记忆维持失败的情形。例如我们查找一个电话号码，在我们还没来得及使用之前，我们就会发现找到的号码很快就从我们脑中消失了。我们在一个聚会上见到一个人，但是两分钟后就发现我们想不起来这个人的名字了。从这方面说，我们的工作记忆就好像是一个"漏了的水桶"一样。

依据大部分的记忆模型，水桶不漏的话，水将很快溢出来，因为在一个特定的时刻，工作记忆只能主动地保持那么多的项目。多年以前，乔治·米勒（George Miller，1956）估算了工作记忆容量这一"魔法数字"是7，上下浮动2个单位。米勒指出，对大部分人来说，工作记忆在一个时间上只能保持5~9个项目。简单来讲，就是5个数字的邮编一样的大小；可惜，长达16个项目的信用卡卡号却不行。自米勒最初的研究之后，对工作记忆容量的估算范围是从2个项目到20个项目（Cowan et al.，2008；Mathy & Feldman，2012），而且很清楚的是，有的人的工作记忆容量要比其他人高（Xu et al.，2018）。然而，研究者一致认为，工作记忆可以处理的项目数量在任何时候都是相对很小的。

如果我们一次只能记住7个（±2个）项目，那么我们如何在说话者说话结束的时候记起他说出的长句子的开头？大部分的记忆信息加工模型都认为，我们会将

少量信息整合为较大的单元或**组块**（chunk）。事实证明，工作记忆的真正容量不是一些字节，而是一些组块（Gilchrist & Cowan，2012）。一个组块可以是一个单词、短语、句子，甚至是图像，这取决于个体以往的经验。对大多数美国人而言，数字 1 776 是一个小组块，而不是 4 个项目，因为它代表了他们国家诞生的年份。同样，《星球大战》的粉丝会将 C3PO 视为一个组块（这是他们最喜欢的星际机器人之一）。但是，大多数人会将另外 4 个缺乏这种显而易见含义的字符组成的字符串——例如 2PHQ——视为 4 个单独的项目。

组块

有意义的信息单元，可能由许多小的单元构成。

组块同样可能是视觉的形式：如果你了解橄榄球，当你看一场比赛时，你可能看到了一个独立的信息组块——例如，一个叉骨队形或一个防御系统——并且记住它。如果你不了解橄榄球，那么你只会看到一个满是球员的球场，而当你移开视线时，你可能无法记住他们的位置。但是，即使区分组块也无法阻止工作记忆最终被填满。人们必须将较长时间需要的信息转移到长时记忆中，否则它将被新信息取代，并最终从木桶中溢出。尤其是那些有意义的项目可能会被快速传输，但是其他信息通常需要更多加工——除非我们做一些事情将其保留在工作记忆中一段时间，下面我们将会讲到。

RGR Collection / Alamy Stock Photo

即使在《哈利·波特》（*Harry Potter*）的虚构世界中，记忆容量也是有限的。因此，只有最高级的巫师才能使用冥想盆、浅色石头或金属盘子来存储和查看记忆。但是对其余的普通麻瓜来说，他们缺少魔法能力，不能简单地将记忆吸进一个水池中，以便日后回忆。他们要么将信息从工作记忆转移到长时记忆，要么将来完全失去这些记忆。

在"工作记忆"中，工作二字从何而来？最初的三箱模型使用的短语为"短时记忆"，并且认为这第二个箱就像存储器一样工作，短时地保存新的信息，或者从长时记忆中提取信息。但是这种关于短期保持单元的观点并不能说明我们在尝试解决问题时需要付出努力的情况。

$2×(3+5)/4$ 的结果是 4 吗？解决该问题感觉似乎是我们不仅将计算出的结果保存，还需要使用这些结果，这就是今天的心理学家通常会使用更复杂的工作记忆系统的原因。该系统包括一个临时储物箱，但同时也是一种控制注意力的更活跃的成分，将注意力集中在我们手头任务所需的信息上，并避开分散注意力的信息（Cowan，2017；Baddeley，2007；Ma，Husain & Bays，2014）。在解决上述代数问题时，你的工作记忆必须包含数字和对其进行运算的指令，需要执行这些运算并保存每个步骤的中间结果。更普遍地讲，当信息从感觉登记转移到工作记忆时，可以将其与已经包含在长时记忆中的信息进行比较。如果匹配，则可以更容易地识别刺激。

在工作记忆测试中表现出色的人往往在智力测试和其他需要复杂认知与注意力控制的任务上表现同样出色，例如遵循导航、做笔记、打桥牌、估算经过的时间、驾驶时感知道路危险，以及现实生活中的其他任务（Broadway & Engle，2011；Wood et al.，2016）。当他们全神贯注于需要集中精力和努力的具有挑战性的活动时，他们的任务停留时间会更长，而且他们走神的可能性比其他人更低（Kane et al.，2007）。对于像 H. M. 这样的患者，将长时记忆中的信息带入工作记忆的能力没有受到损害。

他们可以进行算术运算，将新产生的信息与他们受伤之前的事件相关联，并执行那些需要从长时记忆中提取信息到工作记忆中去的事情。他们的问题是相反方向的运行不畅，即从工作记忆转到长时记忆。

8.2.C 长时记忆：记忆的存储系统

学习目标 8.2.C 描述长时记忆的不同形式，并说明从工作记忆向长时记忆转变中的系列位置效应

三箱模型中的第三箱是**长时记忆**（long－term memory）。长时记忆的容量似乎没有什么实际限制。长时记忆中存储的大量信息使我们能够了解、理解环境，建立身份感和个人历史。

长时记忆中的组织 由于长时记忆包含大量信息，因此必须对其进行组织，以便我们可以找到所需的特定项目。组织词语（或词语表征的概念）的一种方式是通过它们所属的语义类别来进行。例如，椅子属于家具这一类别。在很多年前的一项研究中，人们必须记住来自四个语义类别的 60 个词语：动物、蔬菜、姓名和职业。这些词语是以随机顺序出现的，但是，当人们可以以任何他们所希望的顺序来回忆这些项目时，他们倾向于按照与这四个类别相对应的簇来回忆出它们（Bousfield，1953）。这一研究发现已被多次重复并得到扩展（Morton & Polyn，2016）。当你回忆自己生活中的清单时，你可能也会使用类似的分类策略。

~~~~~~~~

长时记忆

在记忆的三箱模型中，信息的存储时间很长的记忆系统。

~~~~~~~~

按语义类别存储信息的证据也来自脑受损的病人。在一个相关案例中，一个名叫 M. D. 的患者在几次中风后似乎已经完全康复，唯一的例外是：他难以记住水果和蔬菜的名称。M. D. 可以很容易地命名算盘或狮身人面像的图片，但是当他看到橙子或胡萝卜的图片时，他没法命名。他可以将动物、车辆和其他物体的图片恰当分类，但对水果和蔬菜的图片却做得很差。另外，当给 M. D. 呈现水果和蔬菜的名称时，他立即指出了相应的照片（Hart，Berndt & Caramazza，1985）。显然，M. D. 仍保留着有关水果和蔬菜的信息，但是他的脑部病变使他无法在需要时使用它们的名称来获取信息，除非别人提供了这些名称。该证据表明，有关某个特定概念（例如橙子）的记忆信息会以某种方式关联到有关该概念的语义类别（例如水果）上。

实际上，许多长时记忆模型以一种由相关概念和命题构成的庞大网络来表示其内容（Collins & Loftus，1975；Jackson et al.，2016）。有关鸟类的语义或概念网络的一部分可能类似于图 8.2。人们使用这些网络的方式取决于自身经验和受教育程度。例如，一项研究表明，在利比里亚农村，儿童受教育水平越高，他们越有可能使用语义类别来回忆物品列表（Cole & Scribner，1974）。这一发现是有道理的，因为在学校里，孩子们必须在短时间内记住很多信息，而按语义分组可以帮助他们完成任务。受教育程度较低的孩子较少需要记住列表，也就没有将物品归类和记住它们。但这并不意味着未上学的孩子记忆力就差：当任务对他们来说很有意义时，例如回忆一个故事中的或乡村场景中的物体时，他们做得很好（Mistry & Rogoff，1994）。

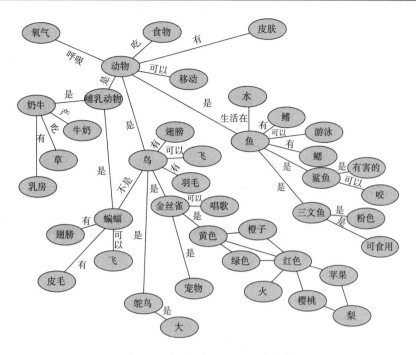

图 8.2 长时记忆语义网络的部分

许多记忆模型将长时语义记忆的内容表示为概念及其相互关系的巨大网络。此图显示了这种网络的一部分。

我们不仅可以通过语义分组的方式来组织长时记忆中的信息，而且可以根据单词的发音或形式来组织。你是否曾试着回想一些刚刚忘记的名字、短语或单词？几乎每个人都经历过舌尖现象（tip-of-the-tongue，TOT）；如果是手语使用者，则称其为"指尖"现象（Thompson，Emmorey & Gollan，2005）。科学家将它们看作记忆过程中的一种慢动作视频（Brown，2012b；Resnik et al.，2014）。处于TOT状态的人往往会想出在声音、含义或形式（例如音节数）方面与正确单词相似的单词，然后才最终想起他们正在搜索的单词，这表明长时记忆中的信息以这些方式组织（Brown & McNeill，1966）。比如，对于路易莎（Luisa）这个名字，他们可能会说："等等，它以 L 开头，有三个音节……洛雷塔（Loretta）？拉里萨（Larissa）？……"

Emil Muench/Science Source/Getty Images

文化决定了长时记忆中信息的编码、存储和提取。纳瓦霍治疗者在仪式中使用程式化的象征性沙画，因为没有精确的复制品，并且每次仪式后这些画都被销毁，所以他们必须努力去记住数十种错综复杂的视觉设计。

长时记忆中的信息同样可能以熟悉度、相关性或者与其他信息相关的方式组织起来。任何情况下所使用的方法可能都要取决于记忆的性质。毫无疑问，有关欧洲主要城市的信息，与自己和伴侣在帕尼尼店初次约会的信息的存储方式肯定不一样。因此，要了解长时记忆的组织形式，我们必须知道可以在其中存储哪些不同类型的信息。

长时记忆的内容　回顾我们之前对外显记忆和内隐记忆的讨论。大多数记忆理论区分了事实和事件的外显知识，也区分了关于如何做某事的内隐知识，例如系鞋带、骑自行车、编织毛衣、扔棒球（参见图8.3）。

外显记忆，有时也称为陈述性记忆，分为两种：语义记忆和情景记忆（Tulving, 1985）。**语义记忆**（semantic memory）是世界的内部表征，与任何特定环境无关，包括事实、规则和概念这些常识项目。根据你关于猫的语义记忆，你可能会把猫描述为一只小的、带毛的哺乳动物，大部分时间在吃东西、睡觉、游荡、凝视天空。你可以清楚地说出这些特征，即使此时可能没有猫出现，甚至你可能不知道自己是如何或何时第一次学习到这些的。

互动

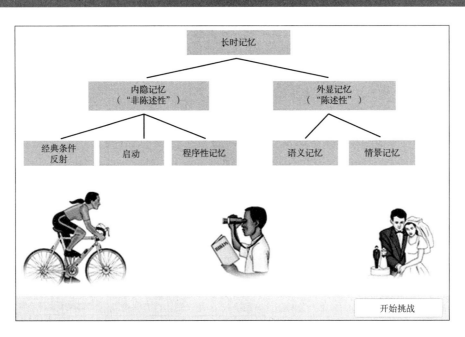

图 8.3　长时记忆的类型

该图总结了不同类型的长时记忆之间的区别。内隐记忆可能是如何跳出一支你曾经在电影中看到的完整舞蹈；外显记忆可能是知道坦帕是佛罗里达州第三大人口城市。你能否想出一些关于自己的各种记忆类型的例子？

语义记忆

对常识的记忆，包括事实、规则、概念和命题等。

情景记忆（episodic memories）是个人经历过的

事件的内部表征；换句话说，是情景的回忆。当你想起你的猫曾经是如何在半夜突然向睡着的你扑过来并吓到你的时候，你正在进行一段情景记忆的提取。情景记忆使我们不仅可以回忆过去，还可以指向未来，以想象可能的未来经验（Devitt & Schacter,

2018；Schacter et al.，2015）。我们提取情景记忆来建构可能发生的实践，然后预演我们可能的行为。

情景记忆

对个人经历的事件以及事件发生环境的记忆。

前面我们讨论了内隐记忆——有时也被称为非陈述性记忆，包括经典条件反射和启动，以及学习一系列的运动任务和程序等。研究表明，内隐记忆和外显记忆依赖不同的脑回路（Rugg et al.，1998；Squire，2004）。

从工作记忆到长时记忆：一个难题　通常使用三箱模型来解释一种被称为**系列位置效应**（serial - position effect）的现象。如果向你呈现一个项目列表，然后要求你立即回忆，你会发现，你对位于列表的开头（首因效应）和列表的结尾（近因效应）的项目的回忆表现最好。列表中间的项目会逐渐在记忆中消失（Bhatarah，Ward & Tan，2008；Hurlstone & Hitch，2018；Overstreet，Healy & Neath，2017）。如果将结果绘制成图，则会看到一条 U 形曲线，如图 8.4 所示。系列位置效应的一个例子是在一个聚会上遇到很多人，你会发现，你可以记住前几个人和最后几个人的名字，但是中间的人名几乎记不住。

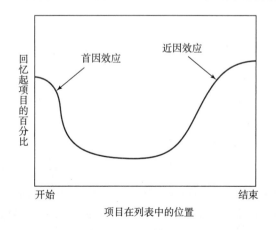

图 8.4　系列位置效应

当人们学习完一组相似项目后进行回忆时，这组项目中最前面及最后面部分倾向于回忆得比较好，而中间项目的回忆表现最差。

系列位置效应

人们回忆一系列项目时，最初的项目和最后的项目的回忆表现优于中间的项目。

首因效应和近因效应似乎是由不同原因引发的。一方面，首因效应之所以会发生，是因为列表中的前几项已被多次复述，因此很可能使它们进入长时记忆并得以保存（我们将在后面几节中更详细地讨论记忆复述的影响）。另一方面，出现近因效应是因为在回忆时，项目会从工作记忆中原本所在的位置提取出来。而处于列表中间的项目不能很好地保存，因为当它们进入工作记忆时，它们前面已经存在很多学习过的项目。因此，中间项目经常在长期存储之前就消失了。事实上，功能性磁共振成像（fMRI）研究发现，再认列表中前面的单词时激活了海马中与长时记忆提取相关的区域，但再认列表末尾的单词时却没有（Talmi et al.，2005）。

日志8.2　批判性思维：定义术语

想想这个概念：书。请分别列举一个与该概念相关的内隐记忆、语义记忆和情景记忆的例子。然后，在长时记忆的语义网络中指出最接近该概念的三个术语，以及与该概念相距较远但仍在同一网络中的三个术语。最后，简要描述你语义网络中的这些近端术语和远端术语之间的联系。

模块8.2　小考

1. _____保持图像不到一秒钟。

　　A. 工作记忆

　　B. 漏水的桶

C. 听觉感觉登记

D. 视觉感觉登记

2. 许多研究表明，工作记忆保持信息最长可以达到_____。

A. 5 分钟　　　　　　B. 15 秒

C. 30 秒　　　　　　D. 2 分钟

3. 用来测量工作记忆容量的最佳单元是_____。

A. 音节　　　　　　B. 信息的每个片段

C. 单词　　　　　　D. 组块

4. 关于怎样滑冰的记忆属于_____记忆的例子。

A. 语义　　　　　　B. 陈述性

C. 内隐　　　　　　D. 工作

5. 在一个商务会议上，Heather 被介绍给一群人：Rich、Gina、Klaus、Liz、Holly、Ani、Alex、Robin、Keith、Nate、Paul、Ayanna、Ariel 和 Jessica。根据首因效应，对她来说，记住谁的名字最简单？

A. Rich、Gina 和 Klaus

B. Holly、Ariel 和 Jessica

C. Rich、Robin 和 Jessica

D. Liz、Alex 和 Paul

8.3　记忆的生物学基础

了解记忆的方式之一是以信息加工的方式看待它。但是正如 H. M. 的例子所示，记忆还取决于脑中的特定结构、系统和加工。在与记忆有关的信息加工过程中，脑中到底发生了什么？

8.3.A　神经元和突触的变化

学习目标 8.3.A　概述记忆形成中的长时程增强过程

记忆的形成涉及突触水平的化学变化和结构变化，而这些变化对工作记忆和长时记忆而言是不一样的。

在工作记忆中，神经元内的变化会暂时改变其释放神经递质的能力，神经递质这一化学物质所携带的信息从一个细胞传递到另一个细胞。相关的证据来自对海蜗牛、海参和其他拥有数量少且易于识别的神经元的生物体的研究（Kandel，2001；Sweatt，2016）。研究中让这些原始动物学会简单的条件反射，例如对触摸采取缩回或不缩回身体的一部分的反应。当动物仅在短期内保留技能时，相关的神经元会暂时表现出增强或减弱的特征，以准备将神经递质释放到突触中去。

相反，长时记忆涉及脑的持久性的结构变化。为了模仿他们所认为的在长时记忆形成过程中发生的事情，研究人员将短暂的高频电刺激作用于动物脑中的神经元组或实验室培养的脑细胞。在脑的各个区域，特别是海马，这种刺激增强了突触反应，这种现象被称为**长时程增强**（long‐term potentiation）（Bliss & Collingridge，1993；Camera et al.，2016；Whitlock et al.，2006）。某些接收神经元对传入神经元的反应更强，使突触路径更易于兴奋。

长时程增强可能是许多形式的学习和记忆的基础。钙和神经递质谷氨酸似乎都在这一过程中起关键作用，导致海马中的接收神经元对下一个传入的信号更敏感（Lisman，Yasuda & Raghavachari，2012）。这有点像增大漏斗颈部的直径以允许更多的流量通过。此外，在长时程增强过程中，树突生长并产生分支，某些类型的突触数量增加（Greenough，1984；Bosch et al.，2014）。同时，在其他加工过程中，某些神经元的反应程度相较于以前降低了（Bolshakov & Siegelbaum，1994）。

这些变化大多数需要时间，这或许可以解释为什么长时记忆在存储之后的一段时间内仍然容易受到破坏——为什么对头部的打击可能会破坏较新的记忆，但较旧的记忆不受影响。记忆必须经过一段时间的**巩固**（consolidation）后才能"固化"。对某些动物来说，这种巩固可以持续数周；而对人类来说，则可以持续数年。而且，记忆可能永远不会完全固化。回忆先前存储的记忆这一行为可能会使它们再次变得不稳定。然后，新一轮的巩固通常会将新信息整理到旧记忆中，从而对其进行重塑（Dumay，2016）。睡眠在促进新信息的巩固方面起着重要作用（Boyce et al.，2016；Seibold et al.，2018），这就是在考试前整夜学习带来的问题可能会比你在学习过程中需要解决的还要多的原因之一。

长时程增强

突触反应强度长时间提高，被认为是长时记忆的生物学机制。

巩固

长时记忆变得持久和相对稳定的过程。

8.3.B 记忆从哪里产生

学习目标 8.3.B 评估记忆不存储于脑中某一特定区域的研究证据

科学家已经使用电极、脑扫描技术和其他技术来识别与特定类型记忆的形成和存储有关的脑结构。杏仁核参与情感性唤起事件记忆的形成、巩固和提取（Buchanan，2007；Girardeau，Inema & Buzsaki，2017）。脑额叶和顶叶在工作记忆任务中特别活跃（Constantinidis，2016；Mitchell & Johnson，2009）。额叶和海马附近的颞叶对图像和文字的有效编码也很重要（Takashima et al.，2017）。

但是，海马在记忆的许多方面起着重要作用。它对长时外显记忆的形成至关重要。正如我们在 H. M. 的例子中所看到的，这一结构的损害会导致对新的事实和事件的遗忘。同时，海马对回忆过去经验也至关重要（Mack & Preston，2016；Pastalkova et al.，2008）。

例如，一个研究小组已经确定了海马中的神经元是如何参与特定记忆的。他们将电极植入那些即将接受手术的严重癫痫患者的脑中。（这是一种标准程序，因为它使医生能够确定引起癫痫的脑活动的

位置。）在准备过程中，病人们会观看一系列 5 ～ 10 秒的电视节目或关于动物和地标性建筑的视频片段。研究人员记录了海马中哪些神经元在活动；对每个病人来说，特定的神经元对特定的片段反应非常活跃，而对其他片段的反应却非常微弱。几分钟后，病人被要求回忆他们所看的片段。他们几乎记住了所有的片段，当他们回忆起每一个片段时，他们第一次看到该片段时活跃的神经元被重新激活（Gelbar-Sagiv et al.，2008）。

内隐记忆的形成和保持似乎涉及其他脑结构。例如，理查德·汤普森（Richard Thompson，1983，1986）使用兔子为研究对象研究经典条件反射，例如兔子对音调的眨眼反应，取决于小脑的活动。小脑损伤的人类患者无法完成这种类型的条件反射（Daum & Schugens，1996）。另一种与学习一系列按键操作有关的内隐记忆任务，则取决于另一个被称为纹状体的脑区的活动（Rieckmann，Fischer & Backman，2010）。

外显记忆和内隐记忆依赖不同的脑区可以解释像 H. M. 这样的病人的奇怪发现。尽管他们无法形成新的陈述性记忆，但经过充分的练习，此类患者仍可以获取新的程序性记忆，从而使他们能够解决难题、阅读镜像文字或打网球——即使他们不记得他们学习这些技能时候的训练课程。显然，参与获取新的程序性记忆的脑区仍然完好无损。

想一想当研究人员要求 H. M. 练习一项新任务——镜像追踪时会发生什么。当你只能在镜子中看到物体（以及你的手和铅笔）时，由于右变为了左，左变为了右，所以你很难描绘出物体的形状。图 8.5 的上半部分显示了要求 H. M. 画出的星星，下半部分记录了他在任务练习三天中的进展。可以看到，H. M. 在第一天犯了很多错误，接近 30 个错误，但随着时间的推移表现有所改善，这与我们所有人一样。到了第三天，可以发现他只犯少数一些错误；他通过练习，在这项任务上表现得更好了（Milner，1962）。H. M. 保留了与内隐记忆有关的脑区，因此他的表现

可以通过练习得到改善。但是，他在第三天的出色表现令他自己也感到惊讶。为什么？因为切除海马使他无法回想起在第一天和第二天练习过这项任务。事实上，在做完最后一次测试之后，他大声说道："好吧，这很奇怪。我以为那会很难，但似乎我做得很好"（Corkin，2013）。

然而，参与长时记忆的形成和提取的脑回路与长时记忆存储所涉及的脑回路不同。尽管海马对记忆的形成和提取至关重要，但记忆的存储最终由大脑皮层负责（Battaglia et al.，2011；Cavalcante et al.，2017）。实际上，记忆可以存储在与信息最初知觉有关的相同皮层中。当人们回忆起图片时，脑中的视觉区域变得活跃；当人们回忆起声音时，听觉区域会激活（Nyberg et al.，2000；Thompson & Kosslyn，2000）。

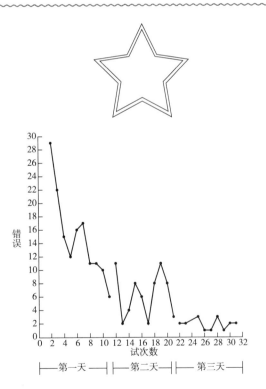

图 8.5　H. M. 的镜像追踪任务表现

该图的上半部分显示了 H. M. 通过镜子观察时被要求画出的星星。下半部分显示了他在完成任务过程中的表现。如图所示，H. M. 练习得越多，执行该任务犯的错误就越少，就像你（或我们）一样。但是由于没有海马，他没有记住以前练习过这项任务的经历。这种进步使 H. M. 感到惊讶，因为他无法弄清楚为什么他第一次做这样的事情却看起来如此擅长。

资料来源：改编自 Milner（1962）。

典型的"记忆"是一个复杂的信息集群。当你回想起昨天与一名男性会面时的情景，你会记得他说话的语气、他的穿着、他驾驶的汽车等。甚至一个单一的概念，例如仙人掌，也包含许多有关其颜色、位置以及是不是有刺的信息。这些不同的信息独立进行加工，并分布式地存储在脑各个区域的不同位置，所有位置都有助于对整个事件或概念的表征（见图 8.6）。海马可能以某种方式将记忆的各个方面绑定在一起，因此，即使各个方面存储在不同的皮层，随后也可以将记忆作为一个完整实体来提取（Moscovitch et al.，2016；Squire & Zola-Morgan，1991）。

互动

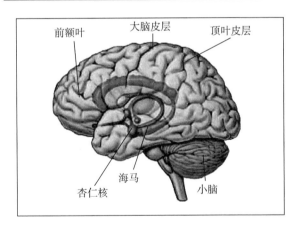

图 8.6　与记忆相关的脑区

脑的不同区域与记忆的不同方面相关。脑深处的结构（例如海马和杏仁核）在编码长时外显记忆中起到重要作用。形成和存储记忆依赖于许多相互交织的加工过程。

表 8.1 总结了我们已经讨论过的结构以及与之相关的记忆功能。但是，相较于当前大量的研究发

现，我们仅仅列举了其中很少的一部分。神经科学家希望有一天他们能够描述出从你对自己说"我必须记住这件事"开始，到你真正记得或不记得的那一刻之间，你的脑中所发生的整个过程。

与记忆相关的脑区是非常复杂的，简单的总结是难以对其进行描述的。这里仅仅是一些已被研究的脑区和功能。

互动

表 8.1　记忆与脑

脑区	相关的记忆功能
杏仁核	情绪记忆的形成、巩固和提取
额叶和顶叶	工作记忆任务
额叶和颞叶	单词和图片的有效编码
海马	长时外显记忆的形成；有助于特定记忆的提取；将记忆中的各种成分联系在一起，以便随后以完整实体的方式进行提取
小脑	经典条件反射的形成和保持
大脑皮层	存储长时记忆，可能存储在最初感知信息的相关区域中

8.3.C　激素、情绪和记忆

学习目标 8.3.C　总结记忆可能被情绪和激素水平影响的证据

一些令人震惊或悲惨的事件——例如自然灾害和大规模杀伤性犯罪——在记忆中占有特殊的位置。同样，一些不寻常的、令人振奋的快乐之事，例如得知你刚中了彩票，也会这样。几年前，这些关于地点、时间以及我们如何了解情绪性事件的生动回忆被称为闪光灯记忆，以描述这些事件的强度和像照相般的细节（Brown & Kulik，1977）。

一些闪光灯记忆可以持续数年：在一项针对丹麦人的研究中，在第二次世界大战中经历了纳粹占领该国的人保留了电台宣布解放那一天的准确记忆

（Berntsen & Thomsen，2005）。回想本章中开头的问题，结果表明，回想起了自己在听到有关佛罗里达州帕克兰市 2018 年校园枪击事件的悲惨新闻时正在做什么的读者比回想起前一天在做什么的读者更多。

James Steidl/123RF

几年前，在智能手机时代到来之前，摄影师可能会使用与上面类似的附属闪光灯照亮要拍摄的物体。拍照时，明亮的灯泡会熄灭，因此使相机能够准确捕获当时所显示的图像。"闪光灯记忆"这个概念借鉴了这种古老的摄影过程中的术语，但是如下所述，记忆无法像相机那样捕捉完美的图像。

但是，即使是闪光灯记忆也并非总是准确的。人们通常会记住令人震惊的情感事件的要点，但是随着时间的推移，当研究者对它们进行质疑时，错误就会渗入他们的记忆中（Neisser & Harsch，1992；Talarico et al.，2017）。2001 年袭击世贸中心和五角大楼事件的第二天，研究人员问大学生们什么时候第一次听到这个消息、谁告诉他们的，以及当时他们在做什么；还要求大学生们报告袭击事件发生的前一天一件普通事情的细节，以便可以将普通记忆与闪光灯记忆进行比较。在八个月的时间里，研究人员对学生进行了不同时间间隔的重新测试。在这段时间内，闪光灯记忆的生动性和学生对这些记忆的信心仍然高于他们的日常记忆。然而，这种信心是错位的。随着时间的流逝，学生报告的细节变得越来越不一致，并且两种记

忆都具有同等的不一致性（Hirst et al.，2015；Talarico & Rubin，2003）。

为什么比起没有情绪唤醒的事件，我们会更清楚地记住有情绪唤醒的事件？在情绪唤醒和压力状态下，肾上腺释放激素，包括肾上腺素和去甲肾上腺素，它们可以增强记忆（这一过程部分是由杏仁核和海马之间的通信引起的）。如果给人们提供一种药物来阻止肾上腺产生这些激素，那么他们对所听到的情绪性故事的记忆将比对照组要少（Cahill et al.，1994）。相反，如果在学习后立即给动物注射去甲肾上腺素，它们的记忆就会增强（McGaugh，2015）。情绪唤醒和记忆之间的联系具有进化意义：情绪唤醒告诉脑这条信息足够重要，可以进行编码和存储以备将来使用。

互动

闪光灯记忆

Mike Stocker/Sun – Sentinel/ZUMA Wire/Alamy Stock Photo

佛罗里达州帕克兰市校园枪击事件（2018）

AF Archive/Alamy Stock Photo

肯尼迪遇刺事件（1963）

Courtesy of Mark Bussell

世贸中心遇袭（2001）

Ariel Skelley/Tetra Images，LLC/Alamy Stock Photo

上大学的第一天

如果事件对个人或国家产生重大影响，例如学生上大学的第一天或特殊的全国性事件，那么事件可以形成具有闪光灯特征的记忆——生动、充满情感的图像（Talarico，2009；Tinti et al.，2009）。

但是，强烈的情绪唤醒不一定对记忆有好处。当给人或其他动物很大剂量的压力激素时，对学习任务的记忆有时会受到损害而不是得到增强；中等剂量可能才是最佳选择（Andreano & Cahill，2006）。两名心理学家在现实生活中证明了高压力和焦虑的危害：伦敦地牢的恐怖迷宫（Valentine & Mesout，2009）。迷宫是有哥特式拱顶的镜像迷宫。当参观者穿行时，会听到奇怪的声音和尖叫声，突然出现各种引起警报的情况，包括一个穿着黑袍的演员，身上似乎有伤痕并且流着血。志愿者在迷宫中穿行时佩戴了无线心率监测器，因此可以记录他们的压力和焦虑程度。结果发现，他们的压力和焦虑程度越高，他们随后准确描述或识别"恐怖人物"的能力就越差。

压力和焦虑对记忆的影响在娱乐场所不是什么大问题，但是当犯罪受害者、警务人员和战斗士兵必须回忆高度紧张的经历的细节时，例如枪战或被俘虏，这些压力或焦虑就会产生重大影响。在经过高强度的审讯之后，即使是训练有素的士兵也很难正确识别谁抓住了他们（Morgan et al.，2007）。极端压力对记忆的影响，加上我们将在本章最后部分讨论的误导性建议带来的意想不到的影响，意味着审查者需要对他们如何从被抓获的犯罪分子和恐怖分子那里收集情报信息特别谨慎（Loftus，2011）。

假设肾上腺激素不会变得很高，这些激素如何增强脑中信息的存储？一种可能性是去甲肾上腺素会影响神经元表面的谷氨酸受体，从而增强传入的信号（Hu et al.，2007；Mather et al.，2016）。另一个假设是肾上腺激素会导致血液中葡萄糖的水平上升，并且葡萄糖可以很容易地从血液进入脑，在那里它可以直接增强记忆或通过改变神经递质的作用来增强记忆。实际上，增加脑可利用的葡萄糖量确实可以增强衰老大鼠和人类的记忆。在一项令人振奋的研究中，健康的老年人禁食过夜，喝了一杯加了葡萄糖或糖精的柠檬水，然后进行了两项记忆力

测试。加糖精对记忆表现没有影响，但是加葡萄糖可提高他们在听到一篇文章 5 分钟及 40 分钟后的记忆表现（Manning，Hall & Gold，1990；Macpherson et al.，2015）。

但是，在改用高糖饮食增强自己的记忆之前，你应该知道葡萄糖的有效剂量很窄：过多的葡萄糖反而损害认知功能，而不是提高认知功能。"甜蜜的记忆"效应还取决于一系列其他因素（Smith et al.，2011），包括你的新陈代谢、当天你还吃了什么，以及在摄入更多糖之前脑中的葡萄糖水平。回到记忆的生物学基础，我们还有很多东西要学习。还没有人确切知道脑如何存储信息、不同的记忆环路如何相互联系，或者学生如何在看到多项选择题的时候定位并提取信息。

日志 8.3　批判性思维：考虑其他的解释

一方面，从直觉上讲应该有一个"记忆中心"，就像其他具有清晰定义特性的可识别的脑结构一样。另一方面，如果将记忆存储在这样的中心，将会有什么风险呢？换句话说，从进化、生物学和发展的角度看，如果将记忆全部存储在脑的单个位置为什么是一个坏主意？

模块 8.3　小考

1. 长时程增强效应和_____有关。

   A. 树突中的钾钠离子化

   B. 某些接收神经元的受体减少

   C. 某些接收神经元对中间神经元的反应降低

   D. 某些接收神经元对传入神经元的反应增强

2. 长时记忆变得持久且相对稳定的过程称为_____。

   A. 巩固　　　　　B. 启动

   C. 增强　　　　　D. 提取

3. 小脑与_____记忆有关；海马与_____记忆

有关。

    A. 外显；内隐　　　　B. 内隐；外显

    C. 语义；情景　　　　D. 情景；语义

4. 关于闪光灯记忆，以下哪项陈述是正确的？

    A. 它们存储在小脑中

    B. 它们说明了情绪与记忆之间的联系，即使它们并不总是完全正确的

    C. 只有当事件令人惊讶时，它们才特别生动

    D. 它们与葡萄糖消耗量负相关

5. 激素水平如何有助于信息的保持？

    A. 高激素水平是学习新任务的最佳选择

    B. 适度的激素水平是学习新任务的最佳选择

    C. 低激素水平是学习新任务的最佳选择

    D. 低激素水平最适合学习体育锻炼类任务；高激素水平最适合学习认知类任务

8.4　我们怎样记忆

　　乔舒亚·福尔（Joshua Foer）是一名记者，根据他自己的描述，他的记忆力一般。他有时会忘记将车停在了哪里；他总不记得生日。但他还是美国记忆大赛的冠军。没错，全国记忆冠军——福尔曾经因在 1 分钟 40 秒内记住整副扑克牌（共 52 张）的顺序而赢得比赛，创造了新的美国纪录。但是，在国际比赛中，福尔还有很大的进步空间：世界纪录是不到 22 秒！

　　具有一般记忆力的人如何成为杰出的“记忆运动员”？答案是练习以及正确的策略。正如福尔在他吸引人的书《与爱因斯坦月球漫步》（*Moonwalking with Einstein*）中所叙述的，他（2011）在撰写文章时发现了记忆竞赛。他惊讶地发现参加比赛的人似乎没有什么例外。确实，一个研究小组发布了一项有关世界记忆锦标赛中表现最佳的参赛者的研究。研究人员检查了“记忆运动员”的脑解剖结构和认知能力，发现他们与对照组的个体没有太大差异。该研究报告的唯一差异是由 fMRI 扫描揭示的，表明

当优秀的参赛者识记信息时，内侧顶叶皮层和右后海马的血流量更大，这些脑区通常与空间记忆和导航相关（Maguire et al.，2003）。原因是大多数精英参赛者都依赖一种被称为“记忆宫殿”的策略，在这种策略中，他们想象自己走在一条路上，并在途中遇到了要识记的物品。然后，当他们被要求回忆这些物品时，他们回顾了自己想象的路程。

　　福尔练习了一年，提高了他使用“记忆宫殿”策略的能力。当他获得国家冠军时，他已经开发了一种个人系统，在该系统中，他将每次看过的三张卡片快速转换成沿自己的心理路径能够可视化的特殊图像。草花 3、方块 7、黑桃 J？无敌绿巨人在骑健身自行车时戴着超大耳环。（为什么绿巨人是三个俱乐部的成员？你必须问福尔。他没有在书中透露他的所有秘密。）黑桃 4、红桃 K、方块 3？在福尔的心理系统中，有他与爱因斯坦一起漫步的形象。诸如此类。当然，我们大多数人无须在两分钟内记住整副扑克牌的顺序。但是福尔的研究表明，在进入记忆时，方式与位置和人物同等重要。我们所有人，无论是应对学习考试、记住杂货店清单，还是想记住一个乐于助人的陌生人刚刚的行车路线，都可以通过正确的技术和策略来提高记忆力。

D Dipasupil/FilmMagic/Getty Images

乔舒亚·福尔是《与爱因斯坦月球漫步》的作者，也是靠自己的努力获得冠军的"记忆运动员"。阅读本章时，问问自己可以使用哪些策略来提高自己的记忆力。

8.4. A　编码、复述和提取

学习目标 8.4. A　描述并给出主要的记忆保持策略的示例

"记忆宫殿"是**记忆术**（mnemonic）的示例，是用于提高记忆力的正式策略或技巧（Mnemosyne 是古希腊的记忆女神）。一些记忆术采用容易记忆的押韵形式〔例如，"九月、四月、六月和十一月有 30 天"（Thirty days hath September/April, June, and November）〕。其他的记忆术则使用公式、句子或首字母缩写〔例如，"每个好男孩都做得很好"（**e**very **g**ood **b**oy **d**oes **f**ine），以便记住乐谱上高音谱号的音符在哪〕。还有一些人使用视觉图像或单词联想。记忆术还可能使用组块，这就是为什么许多公司将单词用作电话号码而不是不太容易记住的数字（例如 1 - 800 - FLOWERS）的原因。记忆术可以通过多种方式促进信息的编码、存储和提取。

记忆术

用以增强记忆的策略和技巧，例如使用押韵或易于记忆的句子。

有效的编码　我们的记忆并非我们经验的精确复制；记忆并不是像摄像机那样工作。感觉信息几乎一被检测就被汇总并编码为单词或图像。当你听讲座时，你可能会坚持听每个单词（我们的教授希望你这样做），但是你并没有逐个记住这些单词。你提取要点并将它们进行编码。

为了很好地记住信息，你必须首先对其进行准确的编码。有时，准确的编码会自动进行，而无须付出任何努力。想一想你通常在心理学课上坐的位置。即使你从未刻意地对其进行编码，你也可以轻松地提供这类信息。但是许多信息需要努力编码：小说的情节、柜子的组装过程、赞成和反对拟议法律的论点。要保持此类信息，你可能必须选择要点、标记概念，或将信息与个人经验或其他已知材料相关联。有经验的学生知道，大学课程中的大多数信息都需要努力编码，或者称为学习。大脑不会自动将信息囫囵吞枣；你必须使材料易于消化。

互动

注意

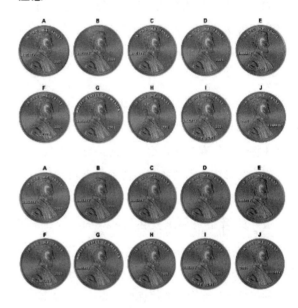

看起来很明显，但是通常我们没法记住，因为我们从来没有首先对信息进行编码。如果你是美国人，你可能已经看过数以百万计的便士了，但是你可能很难从以上真假便士中识别出真正的便士，因为你从未密切注意并编码过它的设计细节（Nickerson & Adams, 1979）。如果你不是美国人，请尝试画出你最常用的硬币之一的正面，然后检查自己做得如何。同样，你可能难以记住所有细节。

复述　将信息保存在工作记忆中并延长保存时间的一项重要技术是在学习过程中进行复述，即学习材料时的复习或重复。当人们无法复述时，他们的工作记忆很快就会消失（Lilienthal，Hale & Myerson，2016；Peterson & Peterson，1959）。查找电话号码后，你可以利用复述的方式，然后不断重复以将其保存在工作记忆中，直到不再需要为止。而且，当手机总是替你记住电话号码因而自己无法记住电话号码时，你就会知道不复述会发生什么了！

工作记忆包含多种形式的信息，包括视觉信息和抽象意义。但是，大多数人，或者至少是大多数具备听力的人，似乎更喜欢使用语言来编码和复述工作记忆的内容。人们可以大声说出来或自言自语。当人们在采用字母或单词的记忆测试中犯错时，他们常常会混淆听起来相同或相似的项目，例如 d 和 t 或 bear 和 bare。这些错误表明他们一直在进行口头复述。

一些复述策略比其他策略更有效。**保持性复述**（maintenance rehearsal）仅仅是机械地重复材料。这种复述将信息保存在工作记忆中还是可以的（例如，记住你在杂货店中需要找到的四种物品），但是这种方式并不总是可以长时间保持信息。如果你想记得更久，最好的策略是**精细复述**（elaborative rehearsal）（Bartsch，Singmann & Oberauer，2018；Benjamin & Bjork，2000；Craik & Lockhart，1972）。精细化涉及将新的信息与已经存储的信息相关联；它还可能涉及分析一项信息的物理、感觉和/或语义特征。例如，你不仅可以简单地重复要购买的四种食品（汤、新鲜面包、牛奶、冰激凌）的名称，还可以思考你准备一份热晚餐和冷甜点的计划，以在脑中保持这些信息。对于这样简短的杂货清单，精细化处理似乎并不那么重要。但是，在尝试记住更复杂或更长的信息时，精细化处理尤其有用。

〰〰〰〰〰〰〰〰〰〰〰

保持性复述

为了在记忆中保持信息而机械地重复材料。

精细复述

将新信息和已经存储的信息相联系并进行深入分析以记住它。

Evgeniy Shkolenko/123RF

当演员学习脚本时，他们不仅仅依赖保持性复述。他们同样使用精细复述，分析每一行的含义，并将每一行的台词和所想象的将要扮演的角色的信息联系起来。

〰〰〰〰〰〰〰〰〰〰〰

假设你正在学习工作记忆的概念。简单地记住定义并不会有太大帮助。但是，如果你可以详细说明这个概念，那么你很可能会记住它。"工作"一词应提醒你，工作记忆涉及需要努力和注意的任务，而努力和注意会带来明显的记忆好处。许多学生试图将学到的知识简化为基本知识，但是了解更多有关某事的细节会使它更令人难忘。这就是精细化的含义。

延长保持时间的一项相关策略是**深度加工**（deep processing）或意义加工（Craik & Lockhart，1972；Rose，Craik & Buchsbaum，2015）。如果你仅处理刺激的物理或感觉特征，例如下丘脑（hypothalamus）一词的拼写方式和发音方式，那么你的处理将很简单。如果你识别出某种模式并为对象或事件分配标签（"hypo 的意思是'在下方'，那么下丘脑应该在丘脑下方"），你的处理将更深入。如果你完全分析了要记住的内容的含义（也许通过对下丘脑的功能和重要性进行编码），你的加工将更加深入。浅加工有时很有用；例如，当你背诵一首诗时，你不仅要注意诗歌的含义，还需要注意单词的发音和诗歌的节奏模式。但是，通常而言，深度加工在记忆方面更有效。这就是为什么如果你试图记住对你意义不大或毫无意义的信息，则通常难以保持这些信息。

深度加工

在信息编码过程中，加工刺激的意义而非加工刺激简单的物理或感觉特征。

提取练习 许多学生认为，记住课程内容的最佳方法就是彻底学习一次，或者学习两次，以便他们可以在考试中回想起正确的答案。不幸的是，在考试后的几周或几个月内，其中的一些答案就会像打开浴室门后镜子上的水汽一样消失了。如果要对记忆进行巩固并长时间保持可用，则必须进行提取练习，即从记忆中重复提取一项信息。毕竟，这才是学习的真正目标。

在一项研究中，研究人员为处于三种不同条件下的学生提供了一系列教育性文本供他们阅读（Roediger & Karpicke，2006）。第一组可用四个单独的学习阶段来阅读文本（SSSS 条件，每个 S 代表了一个学习阶段）。第二组标记为 SSSR，进行了三个学习阶段，然后是一个提取阶段。在提取阶段，他们被要求尽可能多地写下来自所阅读文本的观点。第三组标记为 SRRR，有一个初始学习阶段，然后进行三个单独的提取阶段。

当要求学生预测他们将来对这些材料的记忆程度时，他们花在阅读和学习该材料上的时间越多，他们就越相信自己掌握了这些材料。如图 8.7 的左侧所示，处于 SSSS 状态的学生对他们的未来表现最有信心，其次是 SSSR，然后是 SRRR。但是，如图 8.7 的右侧所示，实际上回忆结果的模式正好相反。有四个学习阶段并且没有提取阶段的学生的记忆最差；学生进行更多的提取练习，他们将能够更好地

记住最初的文本内容。

互动

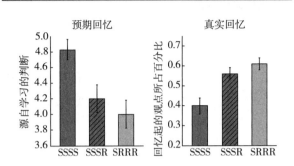

图 8.7 提取练习对预期和真实记忆表现的影响

研究人员研究了提取练习如何影响参与者对他们记忆水平的预测，以及如何影响他们的实际记忆表现（Roediger & Karpicke，2006）。SSSS 条件为参与者提供了四个单独的学习阶段。SSSR 条件包括三个学习阶段和一个提取阶段。SRRR 条件下的参与者有一个初始学习阶段，然后是三个单独的提取阶段。如图所示，我们认为会影响我们记忆的事物并不总是实际影响我们记忆的事物。

你如何利用提取练习的有益影响？一种方法是在学习之后但在考试之前进行简短测验（这就是本书的每个章节都以选择题结尾的原因）。在一系列利用单词进行的实验中，一个学生学习了一个单词之后，进行了以下研究：（1）重复学习但不包括进一步的测试；（2）反复测试但不包括进一步的学习；（3）不包括进一步的学习或测试。再一次，令学生们惊讶的是，学习后再学习对他们随后回忆单词的能力几乎没有影响。但是反复测试导致他们反复从记忆中提取单词，这有很大的益处（Karpicke，2012；Karpicke & Roediger，2008）。学生可能没有意识到重复测试比重复学习更有益——他们当然可能不喜欢频繁测试！但是研究表明，当你的教授（和本书作者）不断给你测试时，通常只是为了你好。

心理学与你同行

让记忆为你所用

关于记忆的许多常识性假设被证明是错误的：记忆不能像摄像机那样工作。处在高压状态下不会"消耗"记忆，也不会给我们带来比平时更准确的记忆。被动重读并不是提高考试前记忆效果的最佳方法。

作为一名学生，你可以通过各种富有成效的方式来对记忆有新的认识。确实，本章有很多提高学习成绩的具体技巧。也许最适用的一项是测试效应！大多数学生不接受超出自己需要的测试的想法，但是现在你知道，反复回忆比反复学习更有效。因此，请参考你的课本和教授提供的每节末尾的测验。同样，你也可以自己编制问题来测试你的学习伙伴（甚至是自我测试）。你强迫自己提取信息的次数越多，对信息的保持就越好。

不要低估记忆术的作用。如果 ROY G BIV 可以帮助你记住彩虹的颜色，那么类似的技术也可以帮助你完成当前的课程。你可以设计一两个助记符来帮助你记住本章中的概念吗？

避免集中复习。有很多理由对大学的传统——"通宵达旦"表示怀疑（我们在其中一章专门讨论了睡眠问题）。但是避免最后一刻集中复习的一个明显原因是，当我们分开进行学习和测试时，我们能更好地记住内容（Dunlosky et al.，2013）。你可以采取任何方式将更多的分布式练习纳入你的日常工作中——可能实际上是在考试前的几周内在日历上安排学习和自测阶段——这可能会增强记忆和课堂表现。

这一章还没有结束！因此，当你继续阅读时，请问自己应该如何制定策略，以避免记忆消退、替换、干扰以及线索依赖性遗忘的风险。所以，也许你没有参加国家记忆竞赛的计划。但是，有许多策略可用来帮助你提高你以学术为目的及各种不同生活环境中的信息编码、存储和提取能力。

JamieB/Room/Getty Images

尽管划重点很流行，但研究表明，划重点并不是学习和记忆信息的有效策略。鉴于你已经了解到精细复述的重要性，你能解释一下为什么不这样做吗？

日志8.4　批判性思维：定义术语

提高学习技能的一种方法是练习对信息的深度加工。与其记住教材中一个术语的定义，不如挑战自己，想一想该术语的新颖示例。想出示例需要你付出更多的精力——你必须更多地思考信息——这将带来更好的保持。你能想到你在学习中可能会使用的其他两项技术，并描述为什么它们会导致深度加工吗？

模块8.4　小考

1. 多米尼克似乎是一个记忆力超群的人。当被问及如何记住可见光谱的颜色时，她会告诉你她的朋友 ROY G BIV 可以帮助她。当被问及相关的地理信息时，她会告诉你在大湖上有几处 HOMES。多米尼克的记忆成功听起来像是她有效地使用了_____所致。

A. 回忆 　　　　　 B. 再认

C. 短时记忆 　　　 D. 记忆术

2. 准确_____是实现有效记忆保持的第一步。

A. 分布 　　　　　 B. 存储

C. 提取 　　　　　 D. 编码

3. 除非我们进行_____，否则信息会迅速从工作记忆中消失。

A. 潜能 　　　　　 B. 复述

C. 提取 　　　　　 D. 平行分布加工

4. _____复述涉及机械地复述材料，而_____复述指的是将新材料和已经学习的材料建立起联系。

A. 保持性；精细 　 B. 精细；保持性

C. 回忆；提取 　　 D. 再认；提取

5. 罗利试图为他即将参加的解剖学考试学习一系列术语。他说道："小肠，我的鲍伯叔叔的小肠不大好，'鲍伯的小肠'。'横结肠'（transverse colon）······嗯，我们的邻居来自巴拿马科隆（Colon），他们在这儿来回穿梭（traversed）。'直肠'（rectum），我记得我们小时候，我的弟弟开着我的风火轮汽车并把它撞坏了（wrecked）。"罗利使用了哪种信息处理策略？

A. 保持性复述 　　 B. 深度加工

C. 自动编码 　　　 D. 组块

8.5　我们为什么会忘记

似乎那些遵循本章建议的人很难忘记一些事情。有效地对信息进行编码，练习深度加工，依靠复述策略，等等，这些都能使记忆不消失。很多人确实有很好的记忆力，这是一项真正的优势。但事实证明，遗忘也具有适应性：如果我们希望有效地记住其他事情，就需要忘记一些事情。堆砌事实而不区分重要之事和琐碎之事会令人混乱不清，也会导致

精神超负荷。尽管如此，我们大多数人忘记的东西都比我们想象的要多。让我们通过关注遗忘的主要原因来看看信息随着时间的推移而丢失的一些原因。

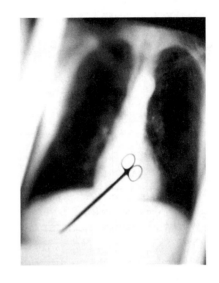

Paul Austring/Design Pics Inc/Alamy Stock Photo

遗忘可能是一件好事，它能让我们更好地记住其他更重要的信息。但这也可能是灾难性的，比如手术团队在手术结束时忘记取出所有的器械；或者在炎热的天气里，父母不小心把孩子遗忘在无人看管的停放的汽车里。在本节中，我们将探讨遗忘的多种解释。

8.5. A　遗忘机制

学习目标 8.5. A　总结消退、替代、干扰和线索依赖性遗忘的过程

在早期心理学中，为了测量独立于个人经验的纯粹记忆丧失，赫尔曼·艾宾浩斯（Hermann Ebbinghaus, 1885, 1913）在几年的时间里进行了一系列独特的研究。我们之所以说独特，是因为这些研究只有一个参与者——艾宾浩斯本人。艾宾浩斯记住了一长串的无意义音节，如 bok、toaf 和 ged，然后在几个星期的时间里测试了他的记忆力。

为什么是无意义的音节呢？因为它们将不受任何先前已经建立的联系的影响，允许对新的学习和记忆进行纯粹的测试。艾宾浩斯发现，他大部分的遗忘发生在最初的学习之后不久，然后趋于平稳［见图8.8（a）］，这一发现通常被称为遗忘曲线。从那以后，一代又一代的心理学家都采用了艾宾浩斯研究记忆和遗忘的方法（尽管他们中的大多数人都以他人为参与者!）。但请你仔细想想，艾宾浩斯的方法并没有告诉我们人们真正关注的记忆类别——对真实事件而不是无意义音节的记忆。

互动

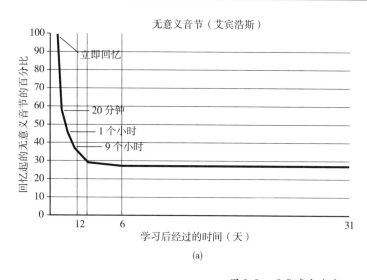
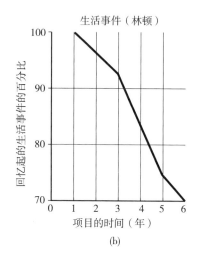

图 8.8　两类遗忘曲线

艾宾浩斯采用无意义音节测量了自己的记忆，发现他遗忘的速度先快后慢（a）。相比较而言，当玛丽戈尔德·林顿（Marigold Linton）测试自己对个人事件在几年中的记忆时，体现出先较好然后逐渐下降到稳定水平的趋势（b）。

资料来源：改编自 Ebbinghaus（1885，1913）；Linton（1978）。

一个世纪后，为了考察人们是如何忘记真实事件的，和艾宾浩斯一样，林顿做出了一个非常规的决定，把自己作为研究对象，但她画出了一条以年为时间单位而不是以天为时间单位的遗忘曲线，12年来她把每天发生的两件或更多的事情记在一张4×6英寸的卡片上。最后，她把数千件不相干的事情整理成了一个目录，既有琐碎的（"我在广州菜馆吃晚餐：美味的龙虾"），也有重要的（"我在巴黎奥利机场降落"）。每个月，她都会随机抽取积攒到某个时间点的所有卡片，记录下她是否能记住卡片上的事件，并试着回忆事件的日期。林顿（1978）期待的是艾宾浩斯所报告的那种快速遗忘。然而，结果如图8.8（b）所示。她发现对个人事件的长期遗忘速度较慢，且随着细节的逐渐减少，遗忘速度也越来越稳定。

当然，有些事件，特别是那些标志着重要转变的事件，会比其他事件更令人难忘。可是林顿为什么像我们其他人一样，把她生活中发生的事情的许多细节都忘掉了呢？心理学家提出了四种机制来解释遗忘：消退、替换、干扰和线索依赖性遗忘。

消退　一个常识性的观点，即**痕迹消退理论**（decay theory），认为记忆会随着时间的流逝而消失，如果我们不经常使用它们的话。我们已经看到，除非我们不断地复述，否则感觉记忆和工作记忆也会消退。然而，在长时记忆中，仅是时间的流逝并不能很好地解释遗忘：人们通常会忘记昨天发生的事情，而记住许多年前发生的事情。的确，有些记忆，无论是外显的还是内隐的，会持续一生。如果你小时候就学会了游泳，即使你已经 22 年没有在游泳池里游泳了，你在 30 岁的时候仍然会游泳。（你可能很熟悉这样一句话，"它就像骑自行车一样"，常用来指那些即使不多加练习也能相对容易地保持下来的能力。）

Courtesy of Mark Bussell

运动技能作为内隐记忆储存起来，可以持续一生而不会消退。

痕迹消退理论

如果信息不被访问，记忆中的信息最终会消失。

作为教师，我们很高兴地报告，一些学校的课程也有很强的持久力。在一项研究中，人们在高中学习西班牙语，50 年后在西班牙语考试中表现很好，尽管在这几十年中大多数人几乎从未使用过西班牙语

（Bahrick，1984）。仅凭消退并不能完全解释长时记忆（或工作记忆）的消失（Souza & Oberauer，2015）。

替换　另一种理论认为，进入记忆的新信息可以抹去旧信息，就像在硬盘上写入新信息会删除原来的内容一样。在一项研究中，研究人员向人们展示了关于交通事故的幻灯片，并使用引导性问题让他们认为他们在真正看到让路标志时看到了停车标志（例如，"另一辆车在停车标志处停下来时是否经过了红色达特桑？"）或者相反。对照组中没有被这种方式误导的人能够辨认出他们实际看到的标志。之后，所有的参与者被告知这项研究的目的，并被要求猜测他们是否被误导了。几乎所有被误导的人仍然坚持认为他们真的很早就看到了停车标志，停车标志的存在被引导性问题植入了他们的脑海中（Loftus, Miller & Burns，1978）。研究人员将这一发现解释为，参与者不仅仅是在试图取悦他们，而且人们的原始认知已经被误导的信息所覆盖。

干扰　第三种理论认为，遗忘的发生是因为在存储和提取过程中相似的信息相互干扰；信息可能进入记忆并停留在记忆中，但它与其他信息相混淆，这种干扰发生在工作记忆和长时记忆中，尤其是当你不得不回忆一些孤立的事实，比如姓名、地址、密码和邮政编码时（Farrell et al.，2016）。

假设你在一个聚会上遇到了一个叫朱莉的人。过了一会儿，你遇到了一个叫朱迪的人。你继续和其他人交谈。一个小时后，你又碰到了朱莉，但你错称她为朱迪。第二个名字干扰了第一个名字。如图 8.9 所示。这种干扰，即新信息干扰记忆旧信息的能力，被称为**倒摄抑制**（retroactive interference）。

因为新信息不断地进入记忆，我们很容易受到倒摄抑制，至少大多数人是这样。H. M. 是一个例外：他对童年和青少年时期的记忆异常详细、清晰和恒久。当他还是个孩子的时候，他记得那些著名

的演员、他们参演的电影，以及他们的合作演员是谁。他还知道二年级朋友的名字。据推测，这些早期的外显记忆不会受到手术后获得的记忆的干扰，原因很简单：H. M. 没有获得任何新的记忆。

倒摄抑制

当最近学习的材料干扰了记住先前存储的类似材料的能力时，就会发生遗忘。

互动

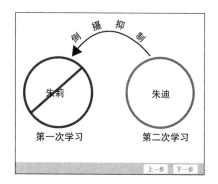

图 8.9　倒摄抑制

第二次学习的信息（朱迪的名字）干扰了回忆第一次所学信息（朱莉的名字）的能力。

干扰也会以相反的方式发生作用。旧的信息（比如你在高中学的外语）可能会干扰你记住当前信息的能力（比如你正在学习的新语言）。如图 8.10 所示，这称为**前摄抑制**（proactive interference）。在数周、数月、数年的时间里，由于我们存储了太多可能干扰任何新信息的信息，前摄抑制可能比倒摄抑制导致更多的遗忘。

前摄抑制

当先前存储的材料干扰了记住相似的、最近学习的材料的能力时，就会发生遗忘。

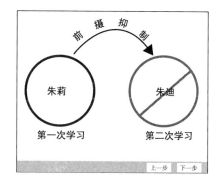

图 8.10　前摄抑制

先前存储在记忆中的信息（朱莉的名字）干扰了回忆新获取的信息（朱迪的名字）的能力。

线索依赖性遗忘　当我们需要记住某项内容的时候，我们经常依靠提取线索，这些细节可以帮助我们找到我们正在寻找的特定信息。如果你想记住你在一部老电影中看到的演员的名字，知道他名字的首字母或电影名称可能会有所帮助。当我们缺乏提取线索时，我们可能会感觉好像迷失在了脑的图书馆里。这种记忆失败，即所谓的**线索依赖性遗忘**（cue - dependent forgetting），可能是最常见的一种类型。

学习一个新事实或有一段新的经历时出现的线索，作为提取的工具在日后尤其有用（Doss，Picart & Gallo，2018；Hanczakowski，Zawadzka & Coote，2014）。这也许可以解释为什么当你处于与事件发生时相同的物理环境时，记住它通常更容易。通常，这种重叠有助于我们更准确地记住过去。但它也可能有助于解释奇怪的似曾相识现象，即你曾经处于与当前情境完全相同情境的短暂感觉。当前情境中的、在你无法识别的其他情境中所熟悉的某些元素——甚至是一个梦、一部小说或一部电影——可能会让整个场景看起来如此熟悉，感觉就像之前发生过一样（Jersakova，Moulin & O'connor，2016）。换句话说，似曾相识可能是一种错误的再认记忆。在实验室里也能产生相似的熟悉感。当新出现的单词、形状或照片与之前看到的刺激元素相似时，人们报告这些新事物似乎很熟悉，尽管他们不记得为什么（Cleary，2008）。

线索依赖性遗忘

由于没有足够的回忆线索而无法提取存储在记忆中的信息。

在日常情况下，你的精神或身体状态可能作为提取线索，唤起**状态依存性记忆**（state - dependent memory）。如果你在某件事发生时感到害怕或生气，那么当你再次处于同样的情绪状态时，你对这件事的记忆可能会最好（Carr，2015；Lang et al.，2001）。你的记忆也会因为你当前的情绪是否与你试图记住的材料的情绪性质一致而产生偏差，这种现象被称为**情绪一致性记忆**（mood - congruent memory）（Buchanan，2007；Fitzgerald et al.，2011）。与你感到悲伤时相比，当你感到快乐时，你更容易记住令人快乐的事情，忘记或忽略令人不快乐的事情。同样，当你不开心的时候，你更容易记住令人不快乐的事情，这反过来又会形成一个恶性循环：你回忆的令人不快乐的事情越多，你感到越沮丧，你越沮丧，你回忆起的令人不快乐的事情就越多（Gaddy & Ingram，2014；Joormann Gotlib，2007）

状态依存性记忆

在与最初学习时相同的身体或精神状态下记住某事的倾向。

情绪一致性记忆

记住与自己当前情绪一致的经历，而忽视或忘记与自己当前情绪不一致的经历的倾向。

8.5.B　童年期失忆：失踪的岁月

学习目标 8.5.B　讨论童年期失忆发生的可能原因

> 互动
>
> **提出问题，乐于思考**
>
> 你是否还记得不到三岁时发生的事情？
>
> □是
>
> □否

正如我们对闪光灯记忆和情景记忆的讨论所表明的，很多记忆都是自传体式的。**童年期失忆**（childhood amnesia）（有时也被称为婴儿失忆）现象的一个奇怪方面是，大多数成年人实际上不能回忆起他们两岁之前的生活事件（Jack & Hayne，2010；Madsen & Kim，2016）。

童年期失忆困扰着很多人，以至于有些人坚决否认，声称自己记得出生后第二年甚至第一年发生的事情。事实上，本章的许多读者在回答上述调查问题时可能会说，他们确实拥有这么早的记忆。但这些都是典型的错误记忆——根据照片、家庭故事和想象重构的事件；有时候，"被记住的"事件可能根本就没有发生过。瑞士心理学家让·皮亚杰（Jean Piaget，1952）讲述过他在两岁时差点被绑架的记忆。皮亚杰记得，他坐在婴儿车里，看着他的保姆勇敢地保护他免受绑匪的伤害。他记得她脸上的抓痕。他记得有一个警察穿着短斗篷，手持白色警棍，最后把绑匪赶走了。但当皮亚杰 15 岁时，他的保姆写信给他的父母，承认她编造了整个故事。皮亚杰说："当我是一个小孩的时候，我一定是听过这个故事……并将它以视觉记忆的形式投射到过去，这是记忆中的记忆，但却是错误的。"

当然，我们确实保留了从蹒跚学步阶段开始的内隐记忆，例如我们第一次学会使用叉子、从杯子里喝水、投球等。我们还保留了早年获得的语义记忆：计数规则、人和事物的名称、客观世界物体的知识、单词及其含义。此外，蹒跚学步的孩子经常以非语言的方式表明他们记得过去的经历（例如，通过模仿他们之前看到的东西），而一些四岁的孩子能记住两岁半之前的经历（Bauer，2015；Tustin & Hayne，2010）。年幼的孩子做得不好的地方是对他们早期的情景记忆进行编码和保持，并将其带入童年或成年。直到大约四岁半的时候，他们才开始坚持这样做（Fivush & Nelson，2004）。当代心理学家对童年期失忆提出了至少三种解释：

童年期失忆

无法记住在生命最初两三年里的事情和经历。

Lawrence Manning/ Corbis/ Getty Images

如果这些孩子以后还记得这个生日聚会，他们的建构可能包括从家庭照片、视频和故事中获得的信息。他们可能无法区分他们的真实记忆和他们从别处得到的信息。如果这是他的第二个或第三个生日呢？那么，我们就会真的怀疑他们声称拥有的任何个人记忆。

1. 脑发育。 前额叶皮层以及参与事件形成或存储的其他脑区，直到出生后的几年才发育良好（Alberini & Travaglia，2017；Newcombe，Lloyd & Balcomb，2012）。此外，婴儿和幼儿的脑忙于处理所有新的生活体验，但这一确切的事实使他们很难只专注于一个事件，并使其忽略了编码和记忆所需的其他所有事情（Gopnik，2009）。

2. 认知发展。 在你把关于你自己的记忆带到成年期之前，你必须有一个自我去记住这些内容。自我概念的出现通常不会发生在两岁之前（Koh & Wang，2012）。此外，只有在学习语言和开始上学之后，儿童才会形成图式，其中包含回忆早期经历所必需的信息和线索（Howe，2000）。幼儿有限的语言能力也使他们无法向自己或他人叙述经历的某些方面。后来，即使他们的语言能力已经成熟，他们仍然不能使用这些能力来回忆早期的、前语言时期的记忆，因为这些记忆不是以语言的方式编码的（Simcock & Hayne，2002）。

3. 社会发展。 学龄前儿童还没有学会社会习俗或什么是对他人重要的。因此，他们把注意力集中在一个经验的常规方面，而不是那些可以在以后提供提取线索的独特方面。他们也倾向于依赖成年人提出的问题来提供提取线索（"我们在哪里吃早餐？"或者"你和谁一起玩了不给糖就捣蛋的游戏？"）。但是，随着孩子长大，他们与父母的对话帮助他们发展自己的自传体式记忆，从而在结束童年期失忆方面起到重要作用（Reese，Jack & White，2010）。

8.5.C　关于压抑说的争议

学习目标 8.5.C　解释为什么压抑记忆的观点应该受到怀疑

在成年人中，失忆症最常见的原因是器质性疾病，如脑部疾病或头部损伤。然而，心因性失忆的原因是心理上的，例如需要逃避尴尬、内疚、羞愧、失望或情感冲击。心因性失忆在突发事件之后立即开始，涉及大量的记忆丧失（包括丧失个人身份），通常几周后就会突然结束。如果这种类型的失忆听上去很熟悉，那很可能是因为它在电影、电视剧和小说中被频繁地描绘——仅仅是过去十年里有失忆故事情节的电视剧就包括《超女》（*Supergirl*）、《天使》（*Angel*）、《犯罪现场调查：纽约》（*CSI：NY*）、《超市特工》（*Chuck*）、《嘻哈帝国》（*Empire*）和《盲点》（*Blindspot*）。《盲点》这部电视剧讲述的是一名女性在时代广场一丝不挂地醒来，却不知道自己是谁，也不知道自己是怎么来的。然而，这种情况在现实生活中是相当罕见的（McNally，2003）。

心理学家普遍接受心因性失忆的概念。然而，创伤性失忆则更具争议性。创伤性失忆据说包括长期掩埋特定的创伤事件，通常是几年。当记忆回归时，它被认为对通常的扭曲和虚构过程免疫，并以完美的准确性被回忆起来。创伤性失忆的概念起源于弗洛伊德的精神分析理论，他认为脑通过**压抑**（repression）机制来保护自己，以防受到不受欢迎和令人苦恼的记忆的伤害，即不自觉地将威胁或令人不愉快的信息推向无意识。

压抑

在精神分析理论中，不自觉地将威胁或令人不愉快的信息推向无意识。

大多数记忆研究者认为，采用"压抑"这一特定的无意识机制来解释心因性或创伤性失忆的观点是没有必要的（Rofé，2008）。理查德·麦克纳利（Richard McNally，2003）回顾了实验和临床证据，并得出结论："脑通过抑制或分离创伤记忆来保护自己，使其无法意识到，这是一个缺少令人信服的实证支持的精神病学民间传说。"对于大多数经历过不愉快经历的人来说，问题不是他们记不住，而是他们不能忘记：这些记忆不断闯入。没有任何记录在案的人曾压抑过在集中营、战斗中或是作为地震或恐怖袭击受害者的记忆，尽管这些可怕经历的细节

也会随着时间的推移扭曲和消失。此外，压抑很难与正常的遗忘区分开来。那些似乎忘记了不愉快经历的人，可能是故意不让自己找回痛苦的记忆，只要一项记忆被重新激活，就会分散自己的注意力（McNally，2003）。

在 20 世纪 90 年代，有关创伤性失忆和压抑的争论转向了公共领域，当时有关性虐待记忆恢复的说法开始出现。在接受心理治疗的过程中，许多人开始相信，他们可以回忆起多年来被性侵害的记忆，而且通常是以奇怪的方式。如今，大多数研究人员认为，几乎所有这些记忆都是虚假的，都是由不了解关于暗示作用的研究的治疗师诱发的（Lynn et al.，2015；McNally，2017；Schacter，2001）。通过询问诱导性问题和鼓励来访者构建生动的受虐待画面，这些治疗师不知不觉地设置了鼓励虚假记忆的条件，我们将在本章的最后一部分详细讨论。

自 20 世纪 90 年代以来，基于"恢复记忆"的指控稳步下降，许多指控者已经与家人和解，心理治疗师对压抑记忆的信念也在削弱（McHugh et al.，2004；Patihis et al.，2014）。事实上，我们有充分的理由怀疑那些声称某人恢复了在生命的头一两年受虐记忆的说法；正如你们现在知道的，这样的早期记忆在生理上或认知上是不可能的。如果一个人在新闻中听到所谓的恢复记忆的案例或在畅销自传中读到有关创伤性失忆的案例后，突然恢复了创伤性记忆，我们也应该怀疑。假如治疗师使用暗示技术——如催眠、梦分析、意象引导和引导性问题——来"恢复"记忆，我们应该听到警钟响起（Lynn et al.，2015）。

日志 8.5　批判性思维：考虑其他的解释

批判性思维者应该如何评价那些在治疗中声称他们压抑了多年的离奇的、存在创伤性经历的记忆，而只记得几十年后发生的事情的人的话？还有什么解释可以说明这些明显的记忆？

模块 8.5　小考

1. 在19世纪晚期，赫尔曼·艾宾浩斯记住了一长串无意义的音节（比如 gek、bof、jeh），并在不同的时间延迟下测试了他的记忆。根据他的研究结果，最大程度的遗忘发生在什么时候？
   A. 在最初学习后的两天内
   B. 在最初的学习开始一周后
   C. 在最初的学习开始三周后
   D. 在最初的学习开始一月后

2. 艾伦在高中的时候学会用吉他弹齐柏林飞艇（Led Zeppelin）乐队的曲目；几乎每首歌，无论好坏，都有相当好的效果。随着时间的推移和他追求其他音乐兴趣，他停止了演奏那些歌曲。几十年后，当他试图回忆如何弹奏其中一首曲子时，他发现自己完全被难住了，甚至不记得从哪里开始。什么样的遗忘理论能解释这种结果呢？
   A. 压抑　　　　　B. 消退
   C. 前摄抑制　　　D. 情绪一致性遗忘

3. 当新信息干扰了记忆旧信息的能力时，_____抑制发生了。
   A. 倒退　　　　　B. 前摄
   C. 倒摄　　　　　D. 进步

4. 你在五金店排队时，一个男人拿着一把扳手走了进来。他开始对店员大喊大叫并威胁店员，然后跑了出去。店主想知道你能否描述一下那个人，并问你："拿着螺丝刀的那个人是什么人？他有多高？"根据先前关于引导性问题的研究结果，下列哪一项是这个场景中最有可能的结果？
   A. 你开始相信他确实拿着一把螺丝刀，你最初的记忆已经被引导性问题中的信息所取代
   B. 你搞不清他拿的是扳手还是螺丝刀，这会影响你记住那个人穿的衣服和他的身高
   C. 目睹如此严重的事件，使你能够避免引导性问题的影响，并准确地记住他是拿着扳手的

   D. 你将经历线索依赖性遗忘，将不再能够记住五金店里发生了什么

5. 以下这些概念中，哪一个是最受心理学家怀疑的？
   A. 倒摄抑制　　　B. 心因性失忆
   C. 创伤性失忆　　D. 情绪一致性记忆

8.6　重构过去

既然我们已经用了几乎整整一章来思考记忆模型、如何测量记忆、记忆的种类、记忆的生理基础以及记忆何时会失效，那么让我们回过头看看如何最好地描述记忆是什么以及记忆不是什么。人们对记忆的描述通常会受当时技术的影响。古代哲学家将记忆比作一块柔软的蜡版，可以保留任何印在上面的东西的痕迹。后来，随着印刷机的出现，人们开始将记忆描述为一个巨大的图书馆，存储着特定的事件和事实，以备日后提取。如今，许多人将记忆比作数码相机或者摄像机，自动捕捉生活中的每一刻。但现在你应该认识到，因为相似的理由，所有这些不同的类比都是有问题的。

8.6.A　记忆的产生

学习目标 8.6.A　解释为什么记忆比人们认为的更具重构性

思考一种更具想象力（和生动性）的记忆是如何工作的。在2015年皮克斯公司的电影《头脑特工队》（Inside Out）中，观众可以看到一个名叫莱利的11岁女孩的内心活动，其核心情绪——愤怒、厌恶、恐惧、高兴和悲伤都由不同的角色代表。这些内在角色的职责之一是管理莱利的记忆，每一个记忆都被小心地保存在一个球体内，以便以后任何时候都可以提取和回放（即回忆）。它再一次把记忆描绘成一种对原始的、完美的过去经验的再现，可以随意重演。

尽管以上关于记忆的看法是流行的和有吸引力的，但它们是错误的。不是所有发生在你身上的事都会被藏起来以备日后之用。记忆是有选择性的。如果不是这样，我们的脑子就会被精神垃圾弄得乱七八糟：周四中午的气温，两年前的牛奶价格，一个只需要用一次的电话号码。再者，记忆也完全不像重放一个事件的录像。记忆更像是看了几个不连续的片段，然后找出剩下的录像应该是什么样子。

Andrea Izzotti/Shutterstock

在哪些方面记忆就像一个巨大的图书馆，存储信息以备日后提取？在哪些方面这种比较是不正确的？

最早提出这一观点的人中有英国心理学家弗雷德里克·巴特利特（Frederic Bartlett, 1932）。巴特利特让人们阅读来自其他文化的冗长、陌生的故事，然后再让他们把这些故事讲给他听。当志愿者试图回忆这些故事时，他们犯了有趣的错误：他们经常省去或改变那些对他们来说没有意义的细节，并且依照自己的文化添加了其他细节——这些细节使故事对他们而言更有意义。因此，巴特利特总结出，记忆一定是一个具有重构性的过程。巴特利特说，我们可能会死记硬背式地重复一些简单的信息，但当我们记住复杂的信息时，我们的记忆就会被先前的知识和信仰所扭曲。自巴特利特时代以来，数百项研究支持了他最初的想法，表明这适用于所有类型的记忆。简而言之，记忆是一个活跃的过程，它不仅包括挖掘存储的信息，还包括通过两个东西加两个东西来重构过去。不幸的是，有时我们把两个东西和两个东西加起来，却等于五个东西。

AF Archive/Alamy Stock Photo

与皮克斯公司的《头脑特工队》中描绘的五颜六色的球体不同，我们的记忆并没有保持为一种原始的状态，无法像事情发生那样一次又一次地准确重放。但说句公道话，《头脑特工队》也描述了关于记忆的一些重要的东西。在这部电影中，每个进入年轻莱利脑海的记忆球都是由情感来编码的：红色代表愤怒，蓝色代表悲伤，黄色代表欢乐，等等。恰当的地方是，影片认识到了情感和记忆的复杂交织，一些回忆出现在多种颜色旋涡的交织中。另一些时候，其中一个人说悲伤会把以前快乐的记忆世界变成带着淡淡的苦乐参半的怀旧之情的记忆世界。所以，在电影的结尾，我们逐渐对记忆的可塑性有了更准确的认识。

在重构记忆的过程中，人们通常会基于多种来源。假设有人让你描述一下你早期的生日聚会。你可能对这件事有一些直接的记忆，但正如我们之前讨论过的那样，你也可能整合了家庭故事、家庭录像，甚至是其他人对生日的叙述或电视上对生日的描述等信息。你把所有这些零碎的东西构建成一个完整的记录。之后，你可能无法区分你的实际记忆和你在别处所得到的信息——这种现象被称为**来源归因错误**（source misattribution）（Mitchell & Johnson, 2009; Ünal et al., 2016）。

来源归因错误

无法区分一个事件的实际记忆和你在别处所获得的关于这个事件的信息。

在 H. M. 身上曾经发生过一个戏剧性的重构实例（Ogden & Corkin, 1991）。吃了情人节心形巧克力后，H. M. 把闪亮的红色包装纸塞进衬衫口袋里。两个小时后，他在找手帕时掏出那张纸，困惑地看着它。当一位研究人员问他为什么要把这张纸放在口袋里时，他回答说："嗯，它本来是要包裹一颗巨大的心形巧克力的。今天一定是情人节！"但不久之后，当研究人员再次让他拿出包装纸，并问他为什么把它放在口袋里时，他回答说："嗯，它本来是要包裹一颗巨大的兔子形状的巧克力的。今天一定是复活节！"让人伤心的是，H. M. 不得不重构过去，他受损的脑无法以任何其他方式回忆过去。但是，我们这些记忆力正常的人也会重构，并且比我们意识到的要频繁得多。

Victor Biro/Alamy Stock Photo

KMazur/WireImage/Getty images

2017 年，当艾德·希兰（Ed Sheeran，左）的《Shape of You》荣登音乐排行榜榜首时，一些耳朵灵敏的听众很快注意到，这首歌的旋律似乎和 20 年前 TLC 乐队（右）的热门歌曲《No Scrubs》有很多相似之处。（如果你在 YouTube 上搜索多种组合，你可以去听一下。）希兰在写歌时是否有意识地受到早期歌曲的影响？这仅仅是巧合吗？或者来源归因错误在起作用，希兰真的不知道他在脑子里构建的所有旋律片段来自何处？不管好坏，希兰最终选择将歌曲创作者的名誉（和版税）让给原来的创作者。

大众媒体对记忆的描述开始符合这一基于研究得到的结论。今天电视上关于记忆的一个更有趣的描述来自剧情类电视剧《婚外情事》（*The Affair*），它讲述了诺亚和艾莉森过山车般的婚外情故事。每集的前半部分都是从诺亚的角度来展示的，后半集则是从艾莉森的角度来展示的（至少在第一季中是如此，接下来的几季扩展到了其他角色的视角）。有时这意味着观众在后半集会获得在前半集还不清楚的新信息。但另一些时候，这两个角色以截然不同的方式记住了同样的互动：从一些小的情景细节，比如谁穿什么衣服、谁打电话给谁，到重大的故事发展，比如在第一集里是诺亚还是艾莉森救了差点窒息了的诺亚的女儿，两个角色都以不同的、独特的方式重构了对事件的回忆。这很像现实生活中记忆的工作方式。

8.6.B 记忆虚构的条件

学习目标 8.6.B 描述在何种情况下记忆虚构最有可能发生

因为记忆是具有重构性的，它会受制于**记忆虚构**（confabulation）——把发生在别人身上的事和发生在你身上的事搞混了，或者开始相信自己记得一

些从未真正发生过的事。在某些特定情况下，这种
记忆虚构最有可能发生（Brown et al.，2017；Garry
et al.，1996；Mitchell & Johnson，2009）：

**1. 你已经多次思考、听到或告诉别人关于想象
中的事件。** 假设在家庭聚会上，你经常听到这样一
个故事：你叔叔拉尔夫在一次聚会上非常生气，他
开始用锤子敲打墙壁，其用力之大，使得墙都倒塌
了。这个故事是如此生动，你几乎可以看到它在你
的脑海中展开。你越想这件事，你就越有可能相信
你真的在现场，而且它是像你"记住"的那样发生
的，即使你当时是在别处睡着了。这一过程被称为
想象膨胀，因为你自己活跃的想象力会促使你相信
事情真的是这样发生的（Garry & Polaschek，2000；
Scoboria，Otgaar & Mazzoni，2018）。即使仅仅是解
释一个假定的童年经历是如何发生的，也会促使人
们更加相信这件事确实发生了。解释一件事会使它
看起来更熟悉，因而更真实（Sharman，Manning &
Garry，2005）。

**2. 事件的画面具有更多的细节，使其感觉起来
真实。** 通常，我们可以通过回忆起的细节来区分想象
的事件和真实的事件（真实事件的记忆往往包含更多
的细节）。但是，你对一个想象中的事件想得越久，
你就越有可能往这些画面中添加细节——你叔叔穿的
衣服、摇摇欲坠的墙体、锤子的声音——这些附加的
细节都会让你相信你真的记得这件事（Ianì，Mazzoni &
Bucciarelli，2018；Johnson et al.，2011）。

3. 容易想象的事件。 如果想象一件事不费吹灰
之力（比如想象一个人用锤子敲打墙壁），那么我们
就最有可能认为记忆是真实的。相反，当我们必须努
力形成一个经历的画面、一个我们从未见过的地方，
或一个对我们来说陌生的或不可信的活动时，我们会
用我们的认知努力来暗示自己只是在想象这个事件或
从别人那里听说过（Mazzoni，Loftus & Kirsch，2001；
Pezdek，Blandon - Gitlin & Gabbay，2006）。

记忆虚构

把发生在别人身上的事和发生在你身上的事搞混了，或者你
认为自己记得某件事而实际上它从未发生过。

WENN Rights Ltd / Alamy Stock Photo

布莱恩·威廉姆斯（Brian Williams）是许多美国电视观众的
熟人。从 2004 年开始，作为美国全国广播公司（NBC）的主播，
他每晚的新闻报道保证了观众所获信息的可靠性。然而，在 2015
年，他因错误地陈述他在 10 年前参与的伊拉克战争中的一件事情
而被停职。威廉姆斯曾声称，他乘坐的直升机遭到枪击，必须紧
急降落；而事实上，他所在的飞机在那架遭到枪击的飞机后面。
这个案例是谎言、修饰，还是记忆虚构？

作为记忆虚构的结果，你最终可能得到一个情
感上真实但却虚假的记忆（Mitchell & Johnson，
2009）。这意味着你对某件事的感受并不能保证这件
事真的发生了，无论这种感受多么强烈。再想想拉
尔夫叔叔的故事，这件事碰巧是真的。我们认识的
一位女性多年来一直相信，当她 11 岁的时候，她的

叔叔毁掉了一堵墙，那时她就在旁边。因为这个故事太生动了，让她很不安，她对她叔叔的这一有问题且暴力的行为感到愤怒。后来，作为一个成年人，她知道自己根本不在聚会上，只是多年来反复听说过这件事。此外，拉尔夫并没有生气地捶墙，只是开玩笑地告诉聚会的客人，他和他的妻子要重新装修他们的房子。然而，我们这位朋友的家人很难说服她相信对这件事的"记忆"是完全错误的，而且他们还不确定她是否还相信他们。

正如拉尔夫叔叔的故事所证明的那样，虚假记忆与真实记忆一样稳定，并且实验室研究也证明了这一点（Carneiro et al.，2017；Johnson，Mitchell & Ankudowich，2012）。这是无法回避的：记忆具有重构性。

8.6. C 受审的目击者

学习目标 8.6. C 总结目击者证词容易受到错误记忆影响的证据

正如我们所看到的，记忆的重构特性有助于脑有效地工作。我们不必往脑子里塞满无限的细节，而是存储这些经验的精华，然后在需要的时候利用我们对世界的认知来找出细节。但正是因为记忆具有重构性，它很容易受到暗示——在事件发生后植入想法，然后这些想法随后会被联系起来。这一事实在涉及目击者证词的法律案件中引发了棘手的问题。

以詹妮弗·汤普森（Jennifer Thompson）和罗纳德·科顿（Ronald Cotton）的双重悲剧为例。在被强奸后，汤普森从一本面部照片集中指认出她认为袭击她的人（她在列队指认时认出了同一个人）。在陪审团听取了她的目击者证词后，科顿被判有罪，并两次被判终身监禁。然而，几年后，证据显示真正的强奸犯可能是另一个人——一个名叫鲍比·普尔（Bobby Poole）的罪犯。法官下令进行新的审判，汤普森面对面地看着两人，再次指认强奸她的人是

科顿。科顿被送回监狱。11 年后，DNA 证据确切证明科顿无罪，同时毫不含糊地指向普尔，他也最终承认了罪行。正如汤普森学到的很多让她惊恐的事情，目击者的证词并不总是准确的。当进行列队指认和查看照片集时，目击者可能只是简单地指认与其他选择相比更像罪犯的人（Fitzgerald，Oriet & Price，2015；Wells & Olson，2003）。结果，一些基于目击者证词的定罪，如对科顿的定罪，最终被证明是不公正的误判。

A7A collection/ Photo 12 / Alamy Stock Photo

罗纳德·科顿（右）仅根据詹妮弗·汤普森（左）的目击者证词就被判犯强奸罪。他在监狱里待了 11 年，直到 DNA 证据证明他不可能犯罪，真正的强奸犯是另一个人。在获释后，科顿和汤普森成了朋友，并成为目击者政策改革的倡导者。在思考目击者提供唯一证据指控嫌疑人的案例时，一个批判性思维者会问：在目击者仔细看了行凶者的情况下，他们的证词有多准确？如果是创伤性事件，我们的记忆有多可信？正如你在阅读本章时可能已经猜到的那样，心理学家已经对这些问题得出了一些令人惊讶的回答。

在一项历时 40 多年的研究项目中，伊丽莎白·洛夫特斯（Elizabeth Loftus）和她的同事们发现，向目击者提问的方式以及在审讯或面谈时所做的暗示性评论也会影响记忆。在一项经典的研究中，研究人员证明了即使是提问措辞上的细微变化也会导致目击者给出不同的答案。参与者首先观看描述汽车

碰撞的短片。之后，研究人员问他们中的一些人："汽车相撞时的速度大概有多快？"其他观众也被问到了同样的问题，但动词改为"撞碎""碰撞""撞上""相撞""接触"——取决于所用的词，对汽车行驶速度的估计各不相同。"撞碎"得到的平均速度估计值最高（40.8 英里/小时），其他依次是"碰撞"（39.3 英里/小时）、"撞上"（38.1 英里/小时）、"相撞"（34.0 英里/小时）和"接触"（31.8 英里/小时）（Loftus & Palmer，1974）。更令人吃惊的是，一周后，那些之前听到"撞碎"这个词的参与者最有可能错误地记得在车祸现场见过碎玻璃。

引导性问题、暗示性评论和误导性信息都会影响目击者的记忆。研究人员还成功地利用这些技术诱导人们对自己生活中从未发生过的事情产生错误的信念，比如在购物中心迷路，在一年级老师身上搞恶作剧而惹上麻烦，或者在婚礼上用拳头打新娘的母亲（Lindsay et al.，2004；Loftus & Pickrell，1995；Scoboria et al.，2017）。在一项研究中，当人们看到一个以兔八哥为主角的虚假迪士尼广告时，大约 16% 的人会回忆起在迪士尼乐园遇到过兔八哥的角色（Braun，Ellis & Loftus，2002）。在后来的研究中，这个比例甚至更高，有些人甚至声称记得和该角色握手或拥抱过。但这些记忆是不可能的，因为兔八哥是华纳兄弟的作品，肯定会成为在迪士尼乐园不受欢迎的兔子！

正如你在本章中了解到的，记忆的功能不像摄像机。这一事实对法律制度有着深刻的影响。事实上，研究表明，目击者指认错误是刑事犯罪中被告被错误定罪的主要预测因素之一（Leo，2017）。在一些国家，法律制度要求至少有两名独立证人给出的证据才能作为目击者证据；不能仅凭一名目击者就判定被告有罪。当然，也不能保证多个目击者总是准确无误。而在将这一更严格的标准努力应用于减少错误定罪的过程中，也可能增加有罪者获释的风险。

日志 8.6 批判性思维：提出问题，乐于思考

你玩过"电话游戏"吗？为了唤醒你的记忆，游戏是这样的：小组中的一个人将一条信息直接悄声传递到另一个人的耳朵里，然后收到的人又对另一个人悄声传递，依此类推，直到最后一个人向所有人宣布这条信息。此时，信息通常与第一个人最初悄声传递的内容相去甚远。根据你现在对记忆的重构特性的了解，为什么在这个游戏中信息经常发生了如此巨大的变化？

模块 8.6 小考

1. 以下哪项是对记忆最好的比喻？
   A. 它就像一个万花筒，由一个个零碎信息拼凑成完整的图像
   B. 它就像一台摄像机，准确地捕捉信息直到视频被删除
   C. 它就像一台过滤器，只保留最少量的信息
   D. 它就像一块可雕刻的金属板，上面刻好信息以供后人使用

2. 吉娜清楚地记得几十年前在音乐会上见到了她最喜欢的乐队——门基乐队（The Monkees）。她是一个会收集关于这个乐队的剪报，与其他歌迷交流他们去过的音乐会的故事，并在电视上观看乐队每一场演出的粉丝。随着时间的推移，吉娜突然意识到，她很难将自己对某场音乐会的记忆与多年来积累的其他乐队的信息区分开来。吉娜受到了_____影响。
   A. 巩固
   B. 来源归因错误
   C. 启动
   D. 长时程增强

3. 芳已经听过很多次关于她在三岁的时候如何将双

手砸进巧克力生日蛋糕的故事。这是一个很受欢迎的家庭故事，通常在亲戚聚会时讲，尤其是过生日的时候。一天，芳翻阅一本剪贴簿，发现了自己的照片，照片很明显地记录着在她三岁生日那天，她面前放着一个草莓蛋糕。一张又一张照片显示，蛋糕被切成块分发，她的手上没有一点污渍，也看不到任何巧克力的痕迹。以下哪一种现象最能解释芳对她三岁生日的错误记忆？

A. 童年期失忆

B. 记忆虚构

C. 压抑

D. 来源归因错误

4. 关于目击者记忆的研究表明_____。

A. 与其他事件的记忆不同，对犯罪的记忆如此重要以至于错误很少发生

B. 只有一个目击者提供的证据应该用批判性思维仔细审查

C. 提问措辞与目击者记忆的准确性无关

D. 目击者年龄越大，越有可能准确无误

5. 在 Loftus 和 Palmer（1974）的研究中，当参与者被问及汽车撞碎时车速有多快时，_____。

A. 参与者估计这些汽车的车速比被问及汽车相撞时的车速要慢

B. 参与者经常记错两辆车的颜色

C. 与被问及汽车相撞时的车速有多快的参与者相比，他们更易错误地记得在现场看见了碎玻璃

D. 最不可能发生记忆虚构和表现出来源归因错误的迹象

写作分享：记忆

情绪事件也是难忘的事件。科学中如此，电影中也是如此。为什么你会这么认为？从进化论的观点来看，人们更容易生动地记得发生大规模枪击或恐怖袭击（或其他悲惨的、充满情绪的事件）的一天，而不是记住平凡的、缺少情绪影响的一天，这

是件好事吗？

批判性思维演示

主张：这种中药补充剂已被临床证明可以增强记忆力

步骤 1. 批判这一主张

我们经常收到一些关于产品的信息，信息会承诺让我们的生活在某些方面变得更好。其中许多信息涉及心理影响。向你的医生要这种药，这样你就可以更快乐！睡得更好！有一个更好的生活！如果我们运用批判性思维能力来仔细审视这些说法，我们可以变得更加见多识广（是的，以及更健康、更快乐）。

让我们用一个与记忆有关的例子作为练习。具体来说，让我们评价这一主张：这种中药补充剂已被临床证明可以增强记忆。

步骤 2. 定义术语

这样的主张有时会故意在术语上含糊其词，所以我们要弄清楚它们的真正含义。在这个例子中，"临床证明"指的是什么？是指发表在同行评议期刊上的研究，还是仅仅指公司自己的数据？只是针对单个样本的研究吗？

在本章，你已经学会了定义和测量记忆的一系列方法。这种补充剂会影响工作记忆还是长时记忆？情景记忆还是语义记忆？编码、存储还是提取？如果主张中没有为我们定义相关术语，那么我们就需要自己去定义。

步骤 3. 分析假设与偏见

一个批判性思维者还会问睡眠是否有积极的认知效应，事实上确实如此。睡眠对巩固记忆至关重要，睡眠时新的记忆会得到加强和变得稳定。在睡眠过程中，原始经验中活跃的神经通路被重新激活，帮助将记忆转为长期存储，甚至重新组织它们。但是，我们被困在一个问题上，该如何测

试"睡一觉再说"的效果呢？

利益冲突
严谨的研究人员必须严格根据数据进行探索。但是，如果一项研究是由一家生产记忆补充剂的公司支持的，研究人员可能会为获得支持该产品的结论（或者不发表不利的研究结论）而感到有压力。并且即使他们尽力避免偏见，利益冲突是否仍会在不知不觉中影响他们呢？

安慰剂效应
有时候，仅仅知道他们正在接受治疗就会改变人们的感受和表现。仅仅期望一片药或手术会让他们感觉更好——在这个案例中，记忆变得更好——就足以导致改善。研究人员必须弄清楚如何设计一项研究来控制这种安慰剂效应。

过度分析数据
最好的做法是在研究开始之前就提出精确的假设和数据分析计划。不过，有时研究人员会以不同的方式对数据集进行一次又一次的切割，直到某个数据集按照他们希望的方式"生效"。过多地解读一个令人惊讶的结果是有风险的——对意想不到的发现而言，重复尤其重要。

步骤 4. 提出问题，乐于思考

现在，我们准备进行自己的研究来评估这种记忆补充剂的效果。我们可以通过寻找与他们正在测试的补充剂没有经济利益关系的研究人员来化解利益冲突。

那么，安慰剂效应呢？在我们的研究中，我们让一组人服用补充剂一周，另一组则完全不服用，第三组则在同一时间段服用外观相似的安慰剂。为了测试记忆力，我们让参与者花一分钟学习单词表，然后在时间 1（T1）进行基线记忆测试。在服用补充剂或安慰剂或根本不服用一周后，我们将在时间 2（T2）用另一组单词测试他们的记忆力。

步骤 5. 检查证据

让我们看看我们新研究中的一些假设的数据。提醒一下，所有参与者在时间 1 进行基线记忆测试，一周后再进行另一次测试。处于记忆补充剂状态的参与者整周服用补充剂，对照组的参与者不服用任何补充剂，安慰剂组的参与者服用糖丸。

（1）补充剂状态下的结果似乎支持该产品的有效性。服用补充剂一周后，参与者在测试中回忆起的单词比一周前（基线时）要多。

（2）对照组在时间 1 和时间 2 的记忆力表现没有差别。再一次，这让我们认为也许补充剂是有效的，因为我们看到了补充剂状态下记忆存在改善的情况，而不是对照组。

（3）但别忘了安慰剂组的情况！重要的是，我们看到从时间 1 到时间 2 的提升，就像我们在补充剂状态下观察到的一样。这样的结果表明，影响记忆力的并不是补充剂本身——真正起作用的是期望，你服用的任何东西都能增强你的记忆力。

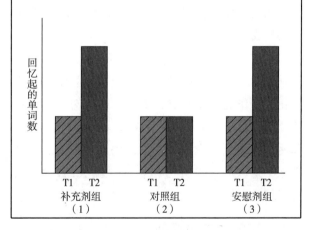

步骤 6. 权衡结论

公司在产品营销中寻找一切优势。像"研究表明"和"临床证明"这样的短语是为了提高主张的可信度。下一次当你遇到关于产品的研究时，问问自己是谁做的研究，为什么做这项研究？他们是如何定义他们的术语的？他们是否采取措施来限制偏见或误导性结论？

是否有一种神奇的药片可用来增强记忆的想法听起来太好，以至于被认为不可能是真的？大部分心理学家和医生认为缺乏严格的有关安慰剂控制的研究来支持这种说法。忘了药店吧——你最好把精力放在吃好、锻炼好和获得充足的睡眠上。

总结：记忆

8.1 寻找记忆

学习目标 8.1. A　区分外显记忆中的回忆和再认，区分外显记忆和内隐记忆

记忆能力部分取决于需要完成的任务类型。在外显记忆（有意识地回忆）测试中，再认通常比回忆容易。通过间接的方法，例如启动，在测量内隐记忆的过程中，即使没有有意识地记住过去的经验，这些经验也可能会影响当前的思想或行为。

学习目标 8.1. B　依据信息加工模型，描述三个记忆系统的基本特征，注意平行分布加工模型提出的挑战

在信息加工模型中，记忆涉及信息的编码、存储和提取。三箱模型提出了三个交互系统：感觉登记、工作记忆和长时记忆。一些认知科学家更喜欢平行分布加工（PDP）或联系主义模型，该模型将知识表征为众多相互作用的处理单元之间的联系，这些处理单元分布在一个庞大的网络中，并且同时运行。

8.2 记忆的三箱模型

学习目标 8.2. A　解释记忆三箱模型中感觉登记的功能和持续时间

在三箱模型中，输入的感觉信息在感觉登记中有短暂的停留，感觉登记以感觉图像的形式暂时将信息保存。

学习目标 8.2. B　解释工作记忆的功能和持续时间

工作记忆最多可保存 30 秒钟的新信息（除非进行复述）。工作记忆的容量在某些情况下限制为 7 ± 2 个项目，但是如果通过组块将信息组织为较大的单位，则可以扩展工作记忆的容量。早期的模型将这"第二个箱子"描绘成主要用于临时存储信息的短期存储箱，但是现在许多模型将其看成更活跃的记忆系统的一部分。工作记忆使我们能够控制注意力，抵制干扰并使信息保持活跃、可访问的状态。

学习目标 8.2. C　描述长时记忆的不同形式，并说明从工作记忆向长时记忆转变中的系列位置效应

长时记忆包含大量信息，必须对其进行组织才能使其易于管理。单词（或其代表的概念）通常按语义类别和网络进行组织。记忆可以采用不同的形式，例如内隐或外显的，以及外显记忆中语义或情景的形式。通常使用三箱模型来解释记忆中的序列位置效应，包括首因效应和近因效应。

8.3 记忆的生物学基础

学习目标 8.3. A　概述记忆形成中的长时程增强过程

工作记忆涉及神经元内的暂时变化，从而改变其释放神经递质的能力；而长时记忆涉及神经元和突触的持久性结构变化。长时程增强，即突触反应增强，似乎是长时记忆的重要机制。与长时程增强相关的神经变化需要一定时间才能发展，这有助于解释为什么长时记忆需要一段巩固期。

学习目标 8.3. B　评估记忆不存储于脑中某一特定区域的研究证据

杏仁核参与情绪记忆的形成、巩固和提取。在工作记忆任务期间，额叶和顶叶特别活跃。额叶和部分颞叶参与单词和图片的有效编码。海马在长时外显记忆的形成和提取中起关键作用。小脑和纹状体等其他区域对内隐记忆的形成至关重要。外显记忆的长期存储会发生在信息或事件的最初知觉过程中的皮层。记忆的各种成分会存储在不同的位置，所有这些位置都参与整个事件的表征。

学习目标 8.3.C　总结记忆可能被情绪和激素水平影响的证据

情绪记忆通常是强烈而生动的，随着时间的流逝，即使是生动的闪光灯记忆也会变得不那么准确。肾上腺在压力状态下或情绪激动时释放的激素，包括肾上腺素和去甲肾上腺素，可增强记忆。这些肾上腺激素还会引起血液中葡萄糖水平的升高。葡萄糖可以直接增强记忆，也可以通过改变神经递质的作用来增强记忆。

8.4　我们怎样记忆

学习目标 8.4.A　描述并给出主要的记忆保持策略的示例

某些信息，例如大学课程内容，要求努力编码，这和自动编码相对。对信息的复述将使其保存在工作记忆中，并可延长保存时间。与保持性复述相比，精细复述更可能导致信息转变为长时记忆，因为深度加工通常比浅加工更有效。提取练习是促进长时记忆保存的有效方法，即使许多人没有意识到。

8.5　我们为什么会忘记

学习目标 8.5.A　总结消退、替代、干扰和线索依赖性遗忘的过程

遗忘的原因可能有多种。如果不进行进一步的处理，感觉登记和工作记忆中的信息就会消减。新信息可能会抹掉并替代长时记忆中的旧信息。可能会发生前摄抑制和倒摄抑制。当提取线索不足时，可能会发生线索依赖性遗忘。最有效的提取工具是形成最初经验时出现的提示。一个人的精神或身体状态可能会充当提取线索，从而唤起状态依存性记忆。我们倾向于记住那些与我们目前的情绪一致的事件（情绪一致性记忆）。

学习目标 8.5.B　讨论童年期失忆发生的可能原因

大多数人无法回忆起两岁之前的任何事情。童年期失忆的原因包括某些脑结构的不成熟，使年幼的孩子很难集中注意力、编码和记忆；认知因素，例如不成熟的认知图式，缺乏语言技能和缺乏自我概念；缺乏对编码和报告事件的社交习惯的知识。

学习目标 8.5.C　解释为什么压抑记忆的观点应该受到怀疑

涉及丧失个人身份并有心理原因的心因性失忆很少见。创伤性失忆涉及长时间遗忘特定的创伤性事件，而压抑是创伤性失忆的精神分析解释，这引起了高度争议。由于这些概念缺乏良好的实验支持，心理学家对其有效性以及"恢复的记忆"的准确性表示怀疑。

8.6　重构过去

学习目标 8.6.A　解释为什么记忆比人们认为的更具重构性

与数码相机或摄像机不同，人类记忆具有高度的选择性和重构性：人们以帮助自己理解信息和事件的方式添加、删除和更改元素。他们经常会遇到来源归因错误，即无法将事件发生期间存储的信息与后来添加的信息区分开。

学习目标 8.6.B　描述在何种情况下记忆虚构最有可能发生

由于记忆是可重构的，因此容易被虚构，即想象中的事件与实际事件相混淆。以下情况下虚构更有可能发生：当人们多次思考、听到或告诉其他人有关想象的事件并因此经历想象膨胀效应时；当发生想象膨胀时，事件的形象包含许多细节；当事件很容易想象时。

学习目标8.6.C　总结目击者证词容易受到错误记忆影响的证据

记忆的重构性也使记忆容易受到暗示的影响。当向目击者提出引导性问题或向目击者提供误导性信息时，目击者的证词特别容易出错。目击者的错误指认是无辜被告人被错误定罪的主要危险因素。

第8章测试

1. 在大多数情况下，哪种记忆提取任务更为简单？

　　A. 复述　　　　　　B. 回忆

　　C. 编码　　　　　　D. 再认

2. 以下哪一项是当前对记忆三箱模型的挑战？

　　A. 信息加工模型

　　B. 平行分布加工模型

　　C. 健忘假说

　　D. 艾宾浩斯－巴特利特理论

3. 大部分研究对信息在听觉感觉登记中持续时间的估计大概是_____。

　　A. 1分钟　　　　　B. 20秒

　　C. 30秒　　　　　　D. 2秒

4. 斯伯林（1960）在感觉登记研究中使用的高/中/低音调使得研究者可以证明_____。

　　A. 对音乐的记忆比对视觉刺激的记忆更好

　　B. 参与者编码字母的速度比数字快

　　C. 参与者编码所有他们看到的信息，但是只能在其他信息从记忆中消失之前报告三个或四个项目

　　D. 再认任务比回忆任务更简单并且更好用来评估记忆表现

5. 工作记忆的概念和经典的短时记忆的概念有什么不同？

　　A. 工作记忆模型处理记忆的内隐形式，而传统模型仅关注提取线索的层级结构

　　B. 工作记忆模型最重要的是组块的意义；传统的

短时记忆观点不考虑这种类型的操作

　　C. 工作记忆模型包括短时记忆存储，以及从长时记忆中提取信息时对信息的主动操作

　　D. 工作记忆模型使用"漏桶"的比喻来描述短时记忆，传统观念则将其视为有孔的箱子

6. 卡莉记得圣保罗是明尼苏达州的首府。香农记得她九岁时住在圣保罗。卡莉说明的是_____记忆，而香农说明的是_____记忆。

　　A. 语义；情景

　　B. 情景；语义

　　C. 语义；内隐

　　D. 外显；语义

7. "一起放电的神经元会相互连接。"这种表达（不是按字面意思理解）可能描述了学习和记忆形成过程中海马细胞之间发生的哪种过程？

　　A. 随机同调

　　B. 抑制解除困难

　　C. 双侧连续性

　　D. 长时程增强

8. _____是一种"记忆文件柜"，它对可能存储在脑中各个位置的记忆的形成和提取很重要。

　　A. 罗朗多氏裂

　　B. 海马

　　C. 顶叶

　　D. 胼胝体

9. 在特定情况下，肾上腺释放的哪些激素可以增强记忆？

　　A. 肾上腺素和去甲肾上腺素

　　B. 谷氨酸和GABA

　　C. 乙酰胆碱和睾酮

　　D. 多巴胺和血清素

10. 珍妮想记住她刚遇到的那个人的电话号码，所以她一遍又一遍地重复以将其保存在短时记忆中：867－5309…867－5309… 867－5309。珍妮使用的是什么复述策略？

A. 深度加工

B. 精细复述

C. 保持性复述

D. 努力编码

11. 线索依赖性遗忘发生在_____。

　　A. 我们缺乏提取线索来从记忆中调出适当的信息

　　B. 再认比回忆更迅速

　　C. 前摄抑制出现时，但在倒摄抑制出现时不会发生

　　D. 对海马的损害使记忆存储变得困难

12. 以下哪一项不是对童年期失忆的令人信服的解释?

　　A. 杏仁核和海马彼此同步以编码情景记忆，并且两种结构都需要大约三年的时间才能发展成熟

　　B. 有关编码、报告和提取信息的社会传统的发展尚需时日。幼儿缺乏发展有效记忆所必需的社会性发展

　　C. 儿童缺乏完善的自我图式和其他认知图式，无法通过这些图式来解释、分类和从心理上

"归档" 早年发生的事情

　　D. 前额叶皮层参与记忆的形成和存储，但是前额叶皮层需要数年的发展

13. 创伤性失忆的可能机制是_____；像创伤性失忆的概念一样，这种机制也是有争议的。

　　A. 压抑　　　　　　　B. 巩固

　　C. 提取　　　　　　　D. 启动

14. 不能区分真实记忆和通过其他来源收集到的信息被称作来源_____。

　　A. 巩固

　　B. 虚构

　　C. 破坏

　　D. 归因错误

15. 虚构的记忆_____。

　　A. 是记忆植入者主动说谎的结果

　　B. 是记忆持有者主动说谎的结果

　　C. 可以像真实的记忆一样强烈、生动并长时间保持

　　D. 与真实记忆随着时间的推移快速消失不同，虚构的记忆会随着时间的流逝慢慢消失

第9章
思考和智力

你需要做什么？

心理学是一门研究我们日常思考、感受及行为的科学。学习本章之前，我们有关于你自己日常生活的问题要问你。我们希望这只是你在阅读本章时思考自己人生经历的开端。

提出问题，乐于思考

你是否会边完成课堂阅读或作业，边摆弄智能手机、平板电脑或其他联网设备？

□是

□否

在日常生活的每一天，我们都在做决定，制订计划、构建解释，并组织和重构我们精神世界的内容。笛卡尔的著名宣言"我思故我在"同样可以反过来说，"我在，故我思"。我们的思维能力和智慧启发了人类毫不谦虚地称自己为智人，拉丁语的意思是充满智慧或理性的人。

但我们到底有多聪明呢？对于每一个有潜力将世界变得更美好的年轻企业家来说，有人认为在自己的两臀瓣之间放烟花并引爆是个好主意，结果导致受伤并住院治疗。（是的，一名 23 岁的澳大利亚人最近就这样做了。）

尽管观察到了这样的滑稽行为或朋友中发生的印象不那么深刻的恶作剧，但我们的认知能力实际上是相当出色的。试想一下思考能为你做些什么。它把你从当前的限制中解放出来：你可以想象三年前的一次旅行，下星期六的一次聚会，或者 1812 年的一场战争。你可以想象独角兽和乌托邦，火星人和魔法。你可以制订长远的计划，判断事件好坏的可能性。因为你在思考，你认为自己不必在遇到问题时盲目摸索，而是可以运用知识和推理，聪明地、创造性地解决问题。

是的，人类的思维已经设法创造出诗歌、青霉素和个人电脑等事物，这是一个奇迹。但人类的思维也设法制造了污染、电话营销和战争。当谈到思考能力时，我们应该知道，即使是一些更令人印象深刻的发明也会有其缺点。在本章开篇的问题中，许多读者表示，他们通常边完成课堂作业边上网。本书的作者承认自己即使是在工作的时候（包括写这一章时），也喜欢摆弄自己的手机、平板电脑和笔记本电脑。但是，人们真的像他们自己认为的那样擅长多任务处理吗？为了回答这样的问题，并更好地理解为什么我们这种成功登上月球的"物种"在地球上仍会笨手笨脚，我们将探讨人类如何推理、解决问题，智力如何增长，以及一些智力缺陷产生的原因。

9.1 思考：用我所知

就在几年前，一台名为沃森（Watson）的 IBM 电脑在《危险边缘》（*Jeopardy !*）节目中击败了两位非常聪明的人类选手。当时，全世界都在讨论，这是否意味着机器的思维最终会超越人。但认知科学家很快指出，人类的思维实际上比电脑复杂得多；这些机器还没学会洞察他人的感受，写出可获奖的剧本，或者开玩笑。或者，至少，它们通常不会讲特别好的笑话，就像这个由电脑生成的幽默一样：树叶与车的区别是什么？你可以刷（brush）树叶，也可以将树叶把（rake）成堆，而车却能加速（rush）或减速（brake）。

尽管如此，思维与机器之间的相似性可以作为认知思考的有效指南，因为它们都通过改变、组织和使用信息做决策而积极地加工信息。就像计算机内部通过操作 0 和 1 来"思考"一样，我们从心理上操作物体、活动和情境的内部表征。

Brian Cahn/ ZUMA Press, Inc. /Alamy Stock Photo

你怎么想：如果一台电脑能在游戏节目中打败人类冠军，这是否意味着电脑是智能的？它真的在思考吗？

9.1. A　认知的要素

学习目标 9.1. A　解释认知的基本要素：概念、原型、命题、图式和心理表象

有一种心理表征叫**概念**（concept），它是将具有共同属性的物体、活动、抽象事物或特质归类的心理范畴。概念的实例大致相似：金毛猎犬、可卡犬和边境牧羊犬都是概念"狗"的实例；椒盐脆饼、香蕉面包和肉馅卷饼都是概念"食物"的例子。概念简化并总结了世界上的各种信息，使其易于管理，从而使我们能够快速有效地做出决策。你可能从未见过巴仙吉犬或者也没吃过蜗牛，但如果你知道第一个例子是狗的例子，第二个例子是食物的例子，你将大致知道如何理解这些概念。

基本概念有一个适度的数量，并且比那些拥有少量或大量实例的概念更容易理解（Rosch, 1973）。右图中的东西是什么？你可能会称它为苹果。"苹果"这个概念比"水果"更基本；"水果"包含更多的实例，也更抽象。但"苹果"这个概念也比布瑞本苹果（新西兰苹果品种）更加基础，后者则更具体。相较于其他概念，儿童学会基本概念的时间

更早，且成年人使用基本概念的次数多于使用其他概念，因为基本概念在大多数情况下能传达最佳的信息量。

概念

一种心理范畴，将具有共同属性的对象、活动、抽象事物或特质归类。

Vaclav Volrab/Shutterstock

这是什么？

与一个概念相关的特质不一定适用于每一个实例：有些苹果不是红色的；有些狗不叫；有些鸟不会飞。但概念的所有实例都拥有家族相似性。当我们需要决定某物是否归属于某个概念时，我们可能会将其与**原型**（prototype）进行比较，即概念的一个代表性实例（Rosch, 1973）。哪一种更像狗，是金毛猎犬还是吉娃娃犬？苹果和杏，哪一种更像水果？足球和举重，哪种运动更能代表体育运动？一种文化中的大多数人都能很容易地告诉你一个概念的哪些实例最具代表性或最具典型性。

原型

概念的一个特别有代表性的例子。

Nancy Kaszerman／ZUMA Press，
Inc.／Alamy Stock Photo

Robert Nicholas／OJO Images Ltd／
Alamy Stock Photo

Pictorial Press Ltd／Alamy Stock Photo

概念的某些实例比其他实例更具代表性或典型性。单身汉是指未婚的男性。音乐家约翰·梅尔（John Mayer）与不同的女人恋爱多年，他是一个单身汉吗？牧师是单身汉吗？埃尔顿·约翰（Elton John）呢？他 2014 年在英国与自己长期的合作伙伴大卫·费尼什（David Furnish）结婚，但当时美国的一些州并不承认他们的婚姻。

用来表达概念的词语可能会影响或塑造我们对它们的看法。几十年前，本杰明·李·沃尔夫（Benjamin Lee Whorf）提出，语言塑造认知和知觉。根据沃尔夫（1956）的说法，因为英语中只有一个词表示雪，而因纽特人有多种表示雪的方式（粉状的雪、松软的雪、飘落的雪等），因此，因纽特人注意到了雪的不同而说英语的人没有。他还认为，语法（单词的形成和排列方式，以传达时态和其他概念）影响着我们对世界的看法。

沃尔夫的理论流行了一段时间，然后就"失宠"了。毕竟，说英语的人能看到各种各样的雪，而且有很多形容词来描述不同种类的雪。但是沃尔夫的观点再次引起了人们的注意。词汇和语法确实会影响我们知觉物体的位置、对时间的思考、对形状和颜色的注意以及记忆事件的方式（Boroditsky, 2003；Gentner et al., 2013；Wright, Davies & Franklin, 2015）。在巴布亚新几内亚人的语言中，用同一个词来表示蓝色和绿色，却用两个独立的词来区分绿色的深浅。在知觉辨别任务中，说这种语言的巴布亚新几内亚人对绿色的加工比对蓝绿色要好，说英语的人则相反（Roberson, Davies & Davidoff, 2000）。在比较英语和某些非洲语言的研究中，也得到了类似的结果（Özgen, 2004；Roberson et al., 2005）。

Eky Chan／Fotolia

你是如何划分这些色调的？有些人使用的语言中只用一个词表示蓝色和绿色，却用不同的词表示绿色的深浅。这些人对绿色的加工比对蓝绿色的加工要好。说英语的人则恰恰相反。

另一个例子：在许多语言中，说话者必须指明一个物体在语言学上具备男性化特征还是女性化特征。如西班牙语中的 *la cuenta*（账单）是女性化的，但 *el cuento*（故事）则是男性化的。似乎给一个概念贴上男性化或女性化的标签会影响母语使用者赋予它的属性。因此，说德语的人会把一把钥匙（德语中为男性化的）描述为坚硬的、沉重的、参差不齐的、有锯齿的、有用的，而说西班牙语的人更可能把一把钥匙（西班牙语中为女性化的）描述为金色的、复杂的、小巧的、可爱的和闪亮的（Boroditsky，Schmidt & Phillips，2003）。

概念是思想的基石，但如果我们只是在心理层面上把它们堆积起来，它们的用处就有限了。我们还必须表征它们之间的关系。实现这一点的方式之一可能在于**命题**（propositions）的存储和使用，命题是由概念组成的意义单位，表达一个单一的看法。命题可以表达几乎任何类型的知识（"罗伯塔养了边境牧羊犬"）或信念（"边境牧羊犬很聪明"）。命题又在知识、联系和期望的复杂网络中连接在一起。这些网络被心理学家称为**认知图式**（cognitive schemas），是描述和思考世界各个方面的心理框架。例如，性别图式代表了一个人对男性或女性含义的信念和期望。人们对文化、职业、事件、地理位置以及社会和自然环境的其他许多特征也有图式。

命题

由概念组成的表达单一看法的意义单位。

认知图式

关于世界某一特定方面的知识、信念和期望的一个完整的心理网络。

心理表象（mental images）尤其是视觉表象，或

心灵的眼睛中的图像，在思考和构建认知图式方面也很重要。虽然没有人能直接看到另一个人的视觉表象，但心理学家能够间接地研究它们。一种方法是测量人们想象旋转一幅图像所需的时间或想象从图像一点扫视到另一点所需的时间。结果表明，这种视觉表象的行为如同电脑屏幕上的图像：我们可以操纵它们，它们发生在一个大小固定的心理空间，小表象的细节比大表象要少（Edmiston & Lupyan，2017；Kosslyn，Ganis & Thompson，2001；Shepard & Metzler，1971）。人们经常依靠视觉表象来解决空间或机械难题（Hegarty & Waller，2005）。大多数人还会报告听觉表象（比如你能在"心灵的耳朵"中听到一首歌、口号或诗歌），还有许多人报告其他感觉模式的表象，如触觉、味觉、嗅觉或痛觉。概念、命题、认知图式和心理表象之间的关系如图 9.1 所示。

图 9.1　认知要素

概念是可被归类为命题的心理范畴，命题又可以进一步连接成一系列的联系网络，即认知图式。心理表象也有助于这些图式的形成。

心理表象

一种在头脑中反映或类似于其所代表事物的表征。

9.1.B　思考的意识性有多强

学习目标 9.1. B　区分潜意识思考和无意识思考，解释多任务处理和内隐学习的含义

当我们思考时，我们通常会想到那些经过深思

熟虑的、有明确目标的心理活动，比如解决问题、假期计划或决定去哪里上大学。然而，许多心理过程是无意识的。

潜意识思考　有些认知过程是在意识之外的，但在必要的时候，只需一点努力就可以将其带入意识。与完全依赖意识过程相比，这些**潜意识过程**（subconscious processes）能让我们处理更多的信息，完成更复杂的任务。的确，许多自动化但复杂的例行程序是在"不加思考"的情况下完成的，尽管它们以前可能需要仔细、有意识的注意，例如打字、开车、编织、为了读懂单词而对其中字母的解码。

潜意识过程

在意识之外发生的心理过程，但在必要时可被意识接受。

正因自动加工能力，人们可以边吃午餐边看书，或边开车边听音乐；在这种情况下，个体自动加工其中一项任务。然而，这并不意味着你应该在开车时给你的朋友发短信。这就是多任务处理，而多任务处理很少能较好完成。事实上，在两个或多个需要集中注意力的任务之间来回切换，非但不能节省时间，反而需要更多的时间去完成它们，导致错误率升高，也增加了压力（Lien, Ruthruff & Johnston, 2006; Szumowska & Kossowska, 2017）。即使是无意中听到一旁的人在打电话，你的注意力也会从正在做的事情上被吸引走，这可能是因为你只能听到电话一方的谈话内容，你需要花大力气才能听懂双方在交谈什么。在一个实验中，当人们边做视觉任务边听"一半对话"（两人对话中的一个人的讲话）时，参与者的错误量是听普通两人对话时的六倍多（Emberson et al., 2010）。

当你在打电话的同时处理多项任务，可能会对你的生命安全造成威胁。开车时对手机的使用极大地损害了一个人的驾驶能力，无论手机是否处于免提状态；与听音乐相比，打电话更能转移司机的注意力

（Briggs, Hole & Land, 2011; Medeiros-Ward, Cooper & Strayer, 2014）。其他干扰因素同样危险。司机们在高速公路上疾速行驶时化妆、用牙线清洁牙齿、戴隐形眼镜，这些都被摄像头拍了下来（Klauer et al., 2006）。尽管我们愿意相信自己拥有无限的认知能力，可以同时承担越来越多的任务，但有足够的证据证明并非如此。事实上，一些心理学家认为多任务处理根本不是正确的说法，我们应该称它为任务切换，因为我们的注意力是在任务之间切换，而不是同时完成它们。

无意识思考　其他类型的思考，一种**无意识过程**（nonconscious process）。即使你试图把它带回意识之内，它也仍在意识之外。我们很快就会看到，有时人们会在放弃尝试解决问题之后突然想到解决问题的办法。有时，人们学习了一项新技能，但无法解释他们是如何执行这项技能的。例如，他们可能在没有意识到自己在做什么的情况下就发现了赢得纸牌游戏的最佳策略（Bechara et al., 1997; Chiu et al., 2018）。在这种**内隐学习**（implicit learning）中，不管你有没有意图，你仍旧学会了一种规则或适应性行为，但你却不知道你是如何学会的，而且你也无法对自己或他人确切地说明你学到了什么（Frensch & Rünger, 2003; McDougle, Bond & Taylor, 2015）。我们的许多能力，从说母语到爬楼梯，都是内隐学习的结果。但是，内隐学习并不总是有用的，因为它也会产生偏差和偏见。我们能学会特定人群与"危险"之间的联系，但却不知道我们是如何学会的，或者是谁教给我们的。

无意识过程

在意识之外发生的、无法意识到的心理过程。

内隐学习

当你获得知识却没有意识到你是如何做到的，也不能确切地说明你学到了什么时所发生的学习。

9.1.C 问题解决与决策

学习目标 9.1.C 作为决策策略,对比算法和启发式,并解释顿悟和直觉如何有助于问题解决

有意识过程和无意识过程都涉及问题解决。在明确定义的问题中,问题的性质是明确的("我需要为明天的聚会准备更多的饼干")。通常,解决问题所需要做的就是应用正确的**算法**(algorithm),即一组保证产生正确(或最佳)解决方案的程序,即使你不知道它为什么有效。例如,为了提高饼干的产量,如果原来的配方可生产 10 块饼干,而你需要 40 块时,你可以将每种原料的用量乘以 4。食谱本身也是一种算法(加入面粉,轻轻搅拌,加入巧克力片……),尽管你将这些原料混合并倒入烤箱加热,你可能也意识不到其中发生的每一个化学变化。

算法

一种问题解决策略,即使使用者不知道它是如何工作的,也能产生一个解决方案。

其他问题则更加模糊。没有明确的目标("明天晚餐我应该吃什么"),也没有明确的解决方案,所以没有算法可用。在这种情况下,你可以求助于**启发式**(heuristic),这是一种经验法则,可在不提供最佳解决方案的情况下给出行动建议("也许我应该在线浏览一些菜谱或去杂货店看看什么能吸引我的眼球")。许多启发式,比如下国际象棋时使用的启发式,可以帮助你将选择限制在数量易控的备择项上,减少做出决定所需要的认知努力(Galotti, 2007; Galotti, Wiener & Tandler, 2014)。启发式对试图预测股市的投资者、为病人寻找最佳治疗方案的医生、促进生产的工厂主都很有用。这些人都需要在面对不完整信息时解决问题,因此,他们可能会求助于在过去的类似场景中被证明是有效的经验法则。

虽然算法和启发式很有用,但有时试图解决问题

的有意识的努力似乎不会产生任何结果。一旦发生了顿悟,你会突然明白如何去做,但不知道自己是如何找到解决办法的。你可能对顿悟的含义很熟悉——啊哈!这种感觉有时伴随着先前烦恼问题的突然解决。有了!这样的场景在流行文化中很常见,比如医学剧里一名医生突然想出了一个难以捉摸的诊断方法,或者侦探剧里侦探突然破案。或者考虑到那些有惊喜结局的电影(别担心,此处没有特别的剧透),比如《非常嫌疑人》(*The Usual Suspects*)、《第六感》(*The Sixth Sense*)和《搏击俱乐部》(*Fight Club*)。在这些作品中,某个角色(或者是你自己,或者是观众)会突然意识到打开前面所有东西的钥匙。

Archives du 7e Art/Hartswood Films/ Photo 12/Alamy Stock Photo

当然,任何讨论都可以!流行文化中肯定少不了夏洛克·福尔摩斯(Sherlock Holmes)。英国广播公司(BBC)出品的电视剧《神探夏洛克》(*Sherlock*)的每一集都吸引着观众的眼球。本尼迪克特·康伯巴奇(Benedict Cumberbatch)饰演的著名侦探和马丁·弗瑞曼(Martin Freeman)饰演的华生带领着观众,通过他们的顿悟解决了一个看似无法解决的难题。

启发式

一种经验法则,能够给出行动方针或指导解决问题,但不能保证其是最佳解决方案。

从科学的角度来看,顿悟可能涉及心理过程的

不同阶段（Weisberg, 2015）。首先，问题中的线索会自动激活某些记忆或知识。尽管你还不能说出它是什么，但你已经开始看出问题的模式或结构，可能的解决方案已经在你的脑海中酝酿。尽管你没有意识到，但大量的脑力工作正在引导你走向一个假设，它反映在你的脑活动模式中，这些模式同那些与普通的、有条理的问题解决相关的活动模式是不一样的（Fields, 2011; Kounios & Beeman, 2009; Zhao et al., 2014）。最终，一个似乎不知从何而来的解决方案浮现在脑海中（"啊哈，现在我明白了！"）。

人们还说，他们有时会依靠直觉（预感和瞬时感觉）而不是有意识地思考来做出判断或解决问题。在下次考试中，你是否应该凭直觉回答问题？不一定。丹尼尔·卡尼曼（Daniel Kahneman）的书《思考，快与慢》（*Thinking, Fast and Slow*）解释了原因。"快"思考适用于我们快速、凭直觉、情感化、几乎是自动化的决断；"慢"思考则需要智力上的努力。自然地，大多数人依赖快速思维，因为它节省时间和精力，但这往往是错误的。下面是他的一个例子：假设一根球杆和一个球加起来是 1.10 美元，球杆比球贵 1 美元。这个球多少钱？大多数人会快速反应回答说 10 美分。但是，正确的答案是 5 美分。（慢慢地）想一想。

Courtesy of Mark Bussell

无论你是国际象棋大师还是解决平常问题的普通人，你都可以依靠算法和启发式来帮助你决定策略。

杰罗姆·卡根（Jerome Kagan, 1989）曾经把意识比作在消防局安静打牌的消防员，直到警铃响起，他们才开始行动。很多时候，我们依靠自动加工和无意识印象来引导我们完成日常任务。这通常是件好事。在全意识状态下四处走动是不可能的。如果我们必须"深思熟虑地"检查我们所做的每一件小事，那么我们将不能完成任何事情。但是，多任务处理和自动加工也会导致错误和意外，从轻微（把钥匙放错了）到严重（因发短信而不自觉地走到公路上）。因此，如果我们的"心灵消防员"多关注一下自己的工作，那么大多数人都会明显受益。如何提高我们的理性推理及批判性思维能力？我们接下来讨论这个问题。

9.1.D 理性推理

学习目标 9.1.D 注意形式推理、非形式推理、辩证推理和多阶段反思判断的定义特征

推理（reasoning）是一种有目的的心理活动，涉及对信息的操作以得出结论。与冲动（"快速"）或无意识反应不同，推理要求我们从观察、事实或假设中得出具体的推论。在形式推理问题中，比如你可能在智力测试中发现的一类问题，解决该问题所需的信息是明确的，这些信息指向唯一的（或最好的）答案。在非形式推理问题中，通常没有明确的正确解决方案。许多方法、观点或可能的解决方案之间相互竞争，你可能需要判断哪一个是最"合理的"。

要想明智地完成它，个体必须能够运用**辩证推理**（dialectical reasoning），即一个在分析和评价对立观点的过程中解决分歧的过程。哲学家理查德·保罗（Richard Paul, 1984）曾将辩证推理描述为"在对立的推理路线之间来回移动，用每一条路线来批判性地反诘另一条路线"。陪审团在做出裁决时要用到辩证推理：考虑支持和反对被告有罪的观点、论点及对立点。这也是选民在考虑政府是否应该提高或降低税收，或考虑改善公共教育的最佳方式时应该做的事情。

推理

从观察、事实或假设中得出结论或推论。

辩证推理

一个权衡和比较相反的事实或观点以确定最佳解决方案或解决分歧的过程。

然而，许多成年人在辩证思考方面存在问题；他们持有一种观点，事实就是那样。人们什么时候能够形成批判性思维能力——质疑假设、整合证据、考虑其他解释并得出最合理的结论？为了找到答案，帕特里夏·金（Patricia King）和凯伦·基奇纳（Karen Kitchener）（1994，2002，2004）提供了一个由青少年和成年人组成的多样化样本，他们对不同话题进行了观点相反的陈述。每个人被要求回答几个问题，例如"你认为这些陈述怎么样？""为什么你认为在这个问题上存在分歧？"从数千名参与者的回答中，金和基奇纳确定了他们所谓的"反思性判断"（即我们所说的"批判性思维"）过程的几个关键点。对于每一个话题，人们对该事物如何被了解做出不同的假设，并使用不同的方式来证明自己的信念是正确的。

一般来说，依赖前反思性思维的人倾向于假定存在一个正确答案，并且可以直接通过感觉（"我知道我看到了什么"）或者从权威那里（"他们在新闻上这么说"）得到。他们不区分知识和信念，或信念和证据，他们认为没有理由为信念辩护；前反思性思维者倾向基于当时"感觉是对的"的东西得出结论。当被问及进化论时，一位受访者说："有些人认为我们是从猿进化而来的，这也是他们愿意相信的。由于我相信《圣经》中所讲述的进化方式，因此我永远不会相信他们所说的方式，也没有人能说服我放弃我所相信的。"

准反思性思维者认识到，有些事情不能完全确定，判断应该有理由支持，但他们只注意那些他们已经相信的证据。他们似乎认为，由于知识是不确定的，任何对证据的判断都是纯粹主观的。准反思性思维者会通过说"我们都有权拥有自己的观点"来捍卫某一立场，就好像所有观点都是平等的。当一个大学生被问及食品添加剂是安全的这一看法是对还是错时，他回答说："没有对错。我认为这取决于你个人的感受，因为人们是基于他们的感受和他们所看到的研究而做判断……如果我觉得化学物质会致癌，而你觉得如果没有这些化学物质食物就不安全，你的观点可能对你来说是对的，我的观点对我来说也是对的。"

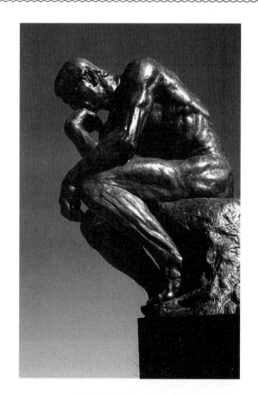

Digital N/Shutterstock

奥古斯特·罗丹（Auguste Rodin）的《思想者》（The Thinker）

被大量模仿的一个原因是，它捕捉到了反思性思维的完美体验。

最后，一些人变得能够进行反思性判断。他们明白，尽管有些事情永远无法确定，但有些判断比其他判断更有说服力，因为它们具有连贯性、与现有证据相符、具有实用性等。他们愿意考虑各种来源的证据，并辩证地进行推理。

日志9.1　批判性思维：检查证据

回想一下你最近一次发现自己无意识地执行一项任务的情景。也许你在开车的时候走神了，错过了岔路口，也许你不假思索地在错误的日期走进了错误的教室，或者也许你在你认为已经熟记的食谱中加入了错误的配料。实际上，你应该注意哪些类型的信息？你应该依赖什么样的认知过程来产生一个专注度更高的结果呢？

模块9.1　小考

1. 下列哪个概念是最基础的？
   A. 活动躺椅　　　　B. 椅子
   C. 家具　　　　　　D. 高脚椅子
2. 哪个例子是椅子概念的原型？
   A. 豆袋椅　　　　　B. 高椅
   C. 摇椅　　　　　　D. 餐椅
3. 一些研究人员认为，多任务处理的一个更好的名称为_____。
   A. 双重处理　　　　B. 任务切换
   C. 通道浏览　　　　D. 注意力缩小
4. 辛迪在数学课上做一道长除法运算题，她按照老师教她的步骤来完成这项任务。辛迪的问题解决策略属于_____的一个例子。

A. 启发式推理　　　B. 算法
C. 命题　　　　　　D. 无意识处理

5. 米纳认为媒体有自由主义型政治偏见，玛利亚姆认为媒体太保守了。"好吧，"玛利亚姆说，"我有我所相信的，你有你的，这完全是主观的。"金和基奇纳的哪一种思维方式描述了米纳的说法？
   A. 准反思　　　　　B. 前反思
   C. 反思　　　　　　D. 形式推理

9.2　理性推理的障碍

虽然大多数人都有逻辑思维和辩证推理的能力，但很明显，他们并不总是能运用这类思维和能力。障碍之一在于对正确的需要：如果你的自尊依赖于赢得争论，你会发现你将很难以开放的心态去倾听竞争性观点。其他障碍包括有限的信息和缺乏时间仔细思考。但是，人类的思维过程也会被许多可预测的系统性偏见和错误所羁绊。心理学家已经研究了几十种（Kahneman, 2003, 2011）。这里我们只描述一些。

Roger parkes/Alamy Stock Photo　　Andrew Harrer/Bloomberg/ Getty Images

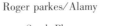

2002年，丹尼尔·卡尼曼（Daniel Kahneman，左）凭借数十

年对影响人类判断的系统性偏见和错误的研究，获得了诺贝尔经济学奖。（为什么他获得了经济学奖？因为心理学领域没有诺贝尔奖，他讨论的是非理性！）2008 年，丹·艾瑞里（Dan Ariely，右）出版了畅销书《怪诞行为学》（*Predictably Irrational*），这本书对大多数人基于理性思考而做出决策的假设提出了新的挑战。举个例子，你有没有在当地一家餐馆排队拿免费的墨西哥卷饼或冰激凌？当你停下来思考时，省下的 3 美元真的值得 45 分钟的等待吗？忘了免费的食物吧，如果我给你 3 美元，让你花 45 分钟的时间站在原地，你会接受吗？如果你觉得没法接受，那为什么"免费"的食物值得你浪费同样多的时间呢？

9.2. A　夸大不可能之事

学习目标 9.2. A　描述情感性启发式和可用性启发式如何解释夸大不可能之事的倾向

一种常见的偏见是倾向于夸大罕见事件的概率。这种偏见有助于解释为什么那么多人购买彩票，以及为什么非理性的恐惧持续存在。进化使我们具备了畏惧某些自然危险的能力，比如蛇。然而，在现代生活中，这些危险中的大部分已不再构成威胁：在芝加哥或纽约，响尾蛇用尖牙咬你的风险是非常低的！然而，恐惧挥之不去，我们高估了危险。不幸的是，我们的脑不能对未来的严重威胁发出警报，这些威胁看似不能构成直接的、具体的危险，比如气候变化（Gifford, Lacroix & Chen, 2018）。

当判断概率时，人们强烈地受到**情感性启发式**（affect heuristic）的影响，倾向于参考他们的情绪（情感）来判断一个情境的"好"或"坏"，而不是客观地判断概率（Slovic & Peters, 2006；Västfäll, Peters & Slovic, 2014）。情绪通常通过缩小我们的选择范围或允许我们在不确定或危险的情况下迅速行动，而帮助我们做出决定。但情绪也会误导我们，阻止我们准确评估风险。举个例子，想想几年前的"疯牛病"恐慌，当时有大量的新闻报道说之所以

感染这种退化性的脑部疾病是由于食用了受污染的牛肉。在法国一项有趣的实地研究中，研究人员发现，每当报道了"疯牛病"的危险，牛肉的消费量在接下来的一个月里就会下降。但是，当在新报道中将该危险名称替换为疾病的技术性名称时——克雅氏病和牛海绵状脑病，牛肉的消费量保持不变（Sinaceur, Heath & Cole, 2005）。换句话说，越是令人担忧的标签，就越会使人情绪化地进行推理，从而高估危险。事实上，在整个研究期间，法国只有 6 个人被诊断出患有这种疾病。

情感性启发式

倾向于参考自己的情绪而不是客观地估计可能性。

我们对风险的判断也受到**可用性启发式**（availability heuristic）的影响，即判断一个事件的概率取决于它的实例出现的容易程度（Tversky & Kahneman, 1973）。可用性启发式通常与情感性启发式密切相关。灾难和令人震惊的事故会引发我们特别强烈的情绪反应，因此会在我们的脑海中凸显，这要比其他负面事件更容易在心理上出现。这就是为什么人们高估了龙卷风造成的死亡率，而低估了哮喘造成的死亡率；哮喘的发生率比龙卷风高几十倍，但却不会成为新闻头条。这也是几起鲨鱼袭击事件的新闻报道会让人们担心他们正处于鲨鱼袭击的潮流之中的原因，尽管这种袭击人类的事件很罕见。

可用性启发式

通过考虑实例发生的容易程度来判断某类事件发生概率的倾向。

互动

可用性启发式

（1）Vadim Ratnikov/Shutterstock

（2）Mogens Trolle/Shutterstock

（3）Maksim Mazur/Shutterstock

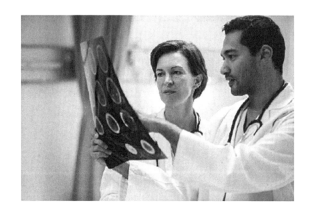

（4）Gregg Vignal/Alamy Stock Photo

（1）可用性启发式引导我们根据容易想到的例子来判断一类事件发生的概率。例如，你可能认识一些害怕坐飞机的人，但是你可能没有几个害怕开车的朋友——尽管发生致命车祸的概率比飞机失事的概率大得多。（2）由于可用性启发式，我们许多人都高估了遭受鲨鱼袭击的概率。鲨鱼袭击是罕见的，但很容易被形象化（更不用说心理上的恐惧）。（3）快问一下自己，以 r 开头的单词和以 r 为第三个字母的单词，哪种单词更多？因为想出以 r 开头的单词更容易，所以你可能会这样回答，但实际上有更多的单词以 r 作为第三个字母。（4）可用性启发式甚至可以在高风险决策中发挥作用，如医疗诊断。刚刚读过一篇关于罕见疾病的文章的医生更有可能准确地诊断出这种疾病，因为它的症状更容易出现在有意识的思考中。

9.2.B　避免损失

学习目标 9.2.B　解释框架效应如何引导人们避免概率判断中的损失

一般来说，人们在做决定的时候会尽量避免或最小化蒙受损失的风险。这种策略是足够理性的，但人们对风险的认知受制于**框架效应**（framing effect），即根据选择的呈现方式做出不同决定的倾向。当一个选择被定义为失去某种东西的风险时，人们会比同样的选择被定义为潜在的收益时更加谨慎。他们会选择一张有 1% 的概率中奖的彩票，而不是一张有 99% 的概率不中奖的彩票。当他们被告知避孕套在预防艾滋病方面有 95% 的成功率时，他们会认为它是有效的；但当他们被告知它有 5% 的失败率时，则会认为它无效。显然，在数学上，这是完全相同的事情（Linville，Fischer & Fischhoff，1992；Walasek & Stewart，2015）。

框架效应

人们的选择受到这个选择的呈现方式或框架影响的倾向，例如它是否用潜在的损失或收益来表达。

假设你必须在两种健康方案间做出选择，以对抗一种预计会导致 600 人死亡的疾病。你更喜欢以下哪一个：一个是肯定能救 200 人，另一个则有三分之一的可能性救全部 600 人，三分之二的可能性一个也救不了。（图 9.2 中的问题 1 说明了这种选择。）当被问到这个问题时，大多数人，包括医生，都说他们更喜欢第一个方案。换句话说，他们拒绝了风险更大但潜在回报更高的解决方案，而倾向于获得肯定的收益。然而，如果人们认为当前方案是一种避免损失的方式，他们就会接受风险。假设现在你必须在这样两个方案之间选择一个，第一个方案是 400 人肯定会死，第二个方案是有三分之一的概率没有人死、三分之二的概率 600 人都会死。如果你思考一下，你会发现，在概率结果方面，这个问题和第一个问题是完全一样的；它们只是表达方式不同而已（见图 9.2 中的问题 2）。然而这一次，大多数人选择了第二种方案。当他们从挽救生命的角度考虑结果时，他们拒绝风险；但当他们从失去生命的角度考虑结果时，他们接受风险（Tversky & Kahneman，1981）。

我们中很少有人会面临涉及数百条生命的决定，但我们可能不得不在为自己或亲人提供不同的医疗服务之间做出选择。我们的决定可能会受到医生提出的生存机会、死亡机会框架的影响。的确，对框架效应的敏感性似乎已经根深蒂固，甚至在非人灵长类动物中也发现了这一效应。在最近的一项研究中，黑猩猩和倭黑猩猩被要求做出一系列与食物相关的选择。正如我们在对人类的研究中所预期的那样，其他动物更喜欢被定义为获益的选择，而不是被定义为损失的选择，即使实际回报完全相同（Krupenye，Rosati & Hare，2015）。

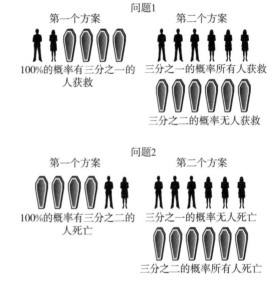

图 9.2 措辞问题

我们所做的决定取决于备选方案框架的制定。当被要求在问题 1 的两个方案间做出选择时，大多数人选择了第一个。当被要求从问题 2 描述失去生命的方案中做出选择时，大多数人选择了第二个。然而，就概率而言，这两个问题的备选方案实际上是相同的。

9.2.C 偏见和心理定势

学习目标 9.2.C 总结并举例说明公平偏见、后见之明偏见、确认偏见和心理定势

基于启发式或受框架效应的影响只是理性推理的一些障碍。人类思考者在推理过程中也会受到一系列偏见的影响。让我们来看一看其中的一些。

公平偏见　假设你在玩一个两人游戏，叫最后通牒博弈：当你的同伴得到20美元时，由他来决定跟你分享多少钱。你可以选择接受对方的提议，这样双方都可以保留各自的那部分钱；你也可以选择拒绝对方的提议，这样双方都得不到一分钱。你能接受多低的报价？

实际上，接受任何数额的报价都是有意义的，无论多么微不足道，因为这样至少你会得到一些东西。但这不是人们玩最后通牒博弈时的真实反应。如果出价太低，他们很可能会拒绝。在工业社会中，50%的报价是典型的，低于20%或30%的报价通常会被拒绝，即使绝对金额很大。在其他社会中，提供和接受的数量可能更高或更低，但总有一些数量人们认为是不公平的，拒绝接受（Guth & Kocher，2014；Henrich et al.，2001）。人们会受到公平偏见的强烈影响，在这种情况下，他们会积极地看到公平占上风——尤其是当任何的不公平都是以他们个人的损失为代价的时候。

为什么对公平竞争的渴望有时会超过对经济利益的渴望？进化理论家认为，合作倾向和互惠得以发展，因为这有利于我们的祖先，能够确保团队合作和团队成员之间的和谐（Debove，Baumard & Andre，2016；Trivers，2004）。不同的文化通过发展其自身的规则来促进合作并惩罚欺骗者，但关注公平似乎是普遍的，甚至在非人灵长类动物中也是如此。在一项研究中，卷尾猴收到了一枚代币，它们可以用它来交换一片黄瓜。这些猴子认为这种交换是一笔相当不错的交易，直到它们看到旁边的猴子用代币换取更好的奖励——一颗葡萄。从那个时候起，它们开始拒绝交换代币，即使之后它们没有得到任何奖励。有时，它们甚至厌恶地把黄瓜片扔在地上（Brosnan & de Waal，2003）！

Sarah Brosnan

这幅图来自一个视频，右边的猴子看着左边的猴子用代币换取了一个奖励。随后，正在观察的猴子可能会拒绝换取较小的奖励。

人类婴儿似乎也有一种公平感。在一项对婴儿的巧妙研究中，研究人员利用了这样一个事实：当某件事违背了婴儿的期望时，他们会看得更久。当实验者没有给两个正在做家务的成年女性平均分配报酬时，婴儿对公平游戏的期望就被违背了（Sloane，Baillargeon & Premack，2012；Ziv & Sommerville，2017）。虽然这些婴儿可能从早期与成年人的互动中学到了公平的相关知识，但是他们掌握公平规则时的年龄如此之小，这表明公平规则的习得具有（先天）生物学倾向。

一些行为经济学家已经通过使用功能性磁共振成像（fMRI）来研究人们玩不同版本的最后通牒博

弈时的脑活动（Feng, Luo & Krueger, 2015; Haruno, Kimura & Frith, 2014）。通常，当一个人决定是否接受一个低的或不公平的报价时，脑中有两个区域是活跃的：一个是与理性解决问题有关的前额叶皮层；另一个是叫作前脑岛的区域，该区域与痛苦、厌恶和其他不愉快的感觉有关。理性地说，赚钱是好事；但从情感的角度来说，被人利用则让人沮丧。前额叶皮层更活跃的人更容易接受较低的报价：他们做出了经济上明智的选择，而对具有一定侮辱倾向的分配行为置之不理。相反，那些前脑岛更活跃的人很可能拒绝这种不公平的分配行为。

后见之明偏见　后见之明是有原因的。当人们得知一件事的结果或一个问题的答案时，他们通常确信"我早就知道"。以事后诸葛亮的智慧为武器，他们认为实际发生的结果是不可避免的，他们高估了自己事先预测会发生什么的能力（Coolin et al., 2015; Fischhoff, 1975; Pohl et al., 2018）。在评估人际关系（"我早就知道他们会分手"）、政治选举（"我本可以告诉你这位候选人会输"），甚至是悲剧（"政府本应该知道这次恐怖袭击迫在眉睫"）时，这种**后见之明偏见**（hindsight bias）总是会出现。

后见之明偏见也出现在上心理学课的学生中：他们可能会觉得，即使不进行研究，他们也会对某种特定的趋势或现象得出同样的结论——他们的反应是"这难道不都是常识吗？"事实上，你可能觉得我们现在没有告诉你任何新东西，因为你一直都知道"事后诸葛亮"这一现象。但话说回来，也许你可能对后见之明的认识是片面的。

后见之明偏见

在某一事件的结果已知之后，高估自己对该事件预测能力的倾向（如"我早就知道"现象）。

确认偏见　当人们想做出最准确的判断时，他们通常会考虑所有相关的信息。但是，当他们在思考一个他们已经强烈感受到的问题时，他们往往会屈服于**确认偏见**（confirmation bias），只关注那些会证实他们信念的证据，并对不支持自己的证据挑毛病（Nickerson, 1998）。你很少听到有人说："哦，谢谢你向我解释为什么我一生的育儿哲学（或政治、投资哲学）是错误的！"这个人更可能会说："哦，滚开，带上你那些疯狂的想法滚开。"

当你开始寻找它，你会发现确认偏见无处不在。那些获得投票的政客及政党人士通过吹嘘经济报告以证实其政党的立场，并视反证为偏见（Knobloch-Westerwick, Mothes & Polavin, 2017）。老师们开始对某些学生抱有很高的期望，更多地关注他们擅长的科目，并将他们学得不好的科目视为反常行为（Rosenthal & Jacobson, 1968）。即使是警方调查人员也会成为这种偏见的受害者，他们会去询问他们所怀疑的并认为很可能有犯罪倾向的嫌疑人——由此产生的一种高压气场很可能使无辜的平民在认罪书上签字（Kassin, 2015）。我们打赌你自己的反应中也存在心理学课上所学习的确认偏见。在进行批判性思考时，我们大多数人会采用双重标准；对不喜欢的结果，我们的思考是最挑剔的。这就是我们很难借助科学的方法进行思考的原因。它迫使我们去考虑那些驳斥我们自身信念的证据（见图 9.3）。

确认偏见

一种只寻求或只注意能证实自己信念的信息的倾向。

图 9.3　证实确认偏见

假设某人给你发了四张卡片，每张卡片的一面是字母，另一面是数字。每张卡片只显示一面，如图所示。你的任务是弄清下面的规则是否正确："如果一张卡片的一面有一个元音字母，那么它的另一面就有一个偶数。"你需要翻哪两张牌？大多数人说他们会把 E 和 6 翻过来，但这不是正确答案！你需要把 E（一个元音字母）翻过来，因为如果另一边的数字是偶数，这就证实了规则；如果是奇数，这条规则就被证明为假的。然而，翻 6 这张卡片实际上什么也不能告诉你。规则没有说一张偶数卡片的另一边有一个元音字母。因此，6 的另一边是元音字母还是辅音字母并不重要。你需要翻过来的卡片是 7，因为如果它的另一面有一个元音字母，那就不符合规则了。人们在这个问题上表现得很差，因为他们偏向于寻找确认性证据，而忽略了否定性证据的可能性。

心理定势　理性思考的另一个障碍是**心理定势**（mental set），即试图用过去在类似问题上有效的相同的方案、策略和规则来解决新问题的倾向（见图 9.4）。思维模式使学习和解决问题更有效率。但是，当一个问题需要新的见解和方法时，心理定势是没有帮助的。它使我们僵化地坚持同样的旧假设和方法，使我们看不到更好或更快的解决方案。

一种普遍的心理定势是在事件中寻找模式的倾向。这种倾向具有适应性，因为它帮助我们在一定程度上控制生活中发生的事情。但它也会引导我们看到一些有意义的模式，即使它们并不存在。例如，许多关节炎患者认为他们的症状是由天气决定的。他们说，当气压变化或天气潮湿时，他们会遭受更多的痛苦。然而，在一项对关节炎患者进行的长达 15 个月的研究中，没有发现天气状况与患者自我报告的疼痛程度、他们日常生活的活动能力或医生对他们关节的压痛程度的评估存在关系（Redelmeier & Tversky, 1996）。当然，由于确认偏见，患者拒绝相信结果。

心理定势
一种用以前处理同类问题的方法来解决新问题的倾向。

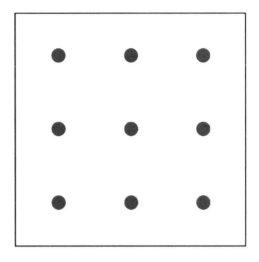

图 9.4　连点成线

在不将手指抬起、不多次接触任何点的情况下，你该如何画出四条能穿过所有 9 个点的直线？这些线必须经过每一点。大多数人在解决这个问题上有困难，因为他们有一种将点的排列理解为正方形的心理；然后，他们假定自己不能将线延伸到正方形的边界之外。既然你知道了，再试一次。将线延伸至由 9 个点组成的正方形之外能帮助你解决这个问题吗？

9.2.D　克服认知偏见

学习目标 9.2.D　讨论在什么情况下认知偏见对推理是有利的，以及在什么情况下是有害的

有时候心理偏见是一件好事。拥有公平感可以防止我们表现得像个以自我为中心的傻瓜，后见之明偏见可以让一个令人畏惧的世界看起来更像是一个有秩序和可预测的地方。从这个观点来看，这些倾向并没有那么不理性。但是，我们的心理偏见也会给我们带来麻烦，比如允许人们继续做那些最终被证明是自我挫败的、有害的或不正确的决定。医生可能会继续使用过时的方法，地区检察官可能会忽视犯罪嫌疑人是无辜的证据，管理者可能会拒绝考虑更好的商业手段。

更糟糕的是，大多数人都有一个"偏见盲点"。他们承认其他人的偏见扭曲了现实，但他们认为自己没有偏见，自己看到的是真实的世界（Jones, Crozier & Strange，2018；Pronin, Gilovich & Ross，2004）。这种盲点本身就是一种偏见，而且是一种危险的偏见，因为它会妨碍个人、国家、种族或宗教团体解决与另一方的冲突。双方都认为自己提出的结束冲突的建议或自己对问题的分析是合理的和公平的，而对方的观点是"有偏见的"。

幸运的是，这种情况并非毫无希望。首先，人们并非在所有情况下都是非理性的。当我们在做一些有专业知识参与的事情时，或者当我们做一些会产生严重个人后果的决定时，我们的认知偏见往往会消失（Smith & Kida，1991）。此外，在我们理解了偏见之后，我们可以通过一些努力来减少或消除它。我们积极地、用心地去做，并花时间仔细思考的话，更是如此（Kida，2006）。

当然，很多时候，有些人似乎会比其他人更理性地思考，我们称他们"聪明"。究竟什么是聪明，我们又该如何衡量和证明它呢？我们接下来将讨论这些问题。

日志9.2　批判性思维：提出问题，乐于思考

上述研究表明，人们的决定并不总是完全基于理性的考虑。这一定是件坏事吗？如果决策总是理性的，人性会是什么样子的？这种严格遵循理性的不足或后果可能是什么？

模块 9.2　小考

1. 2014 年，美国疾病控制与预防中心（Centers for Disease Control and Prevention）报告称，美国有四例确诊感染埃博拉病毒的病例。其中三名患者康复，但有一名患者不幸死于此病。尽管每个人感染这种疾病的概率极小，但所有美国人都担心自己的健康和安全。哪些理性推理障碍有助于解释这种恐慌反应？

A. 偏见盲点和后见之明偏见

B. 公平偏见和后见之明偏见

C. 后见之明偏见和确认偏见

D. 情感性启发式和可用性启发式

2. 卢在新闻广播中听到一则新闻，该新闻提出他所在的城市 80% 的生活垃圾要循环重复利用。迪伊在同一时间听到了不同的新闻广播，得知同样的计划将把 20% 的生活垃圾送到当地的垃圾填埋场。卢认为这个新项目很棒，迪伊则认为它很可怕。哪种理性推理障碍可能会影响他们得出不同的结论？

A. 框架效应　　　　B. 可用性启发式

C. 情感性启发式　　D. 后见之明偏见

3. 阿德南在健身房遇到一位年轻的女子，两人一见如故，最终结了婚。阿德南说："那天早上醒来的时候，我就知道会有特别的事情发生。"是什么认知偏见影响了他的思考，尽管这是一段迷人的浪漫经历？

A. 公平偏见　　　　B. 后见之明偏见

C. 确认偏见　　　　D. 框架效应

4. 下列哪一类研究最不可能证明公平偏见具有先天性或遗传性？当研究涉及＿＿＿＿＿。

A. 非人灵长类动物

B. 人类婴儿

C. 玩最后通牒博弈的成年人

D. 谈判过程中的脑活动

5. 凯莎和米歇尔正在热烈地讨论。"凯莎，你的偏见太深了！你只看那些支持你观点的证据，而忽略那些不支持你观点的信息。在心理学课上，我们称之为确认偏见，你一直都是这样做的。你应该像我一样心胸开阔，公平公正。"米歇尔喝令道。对于米歇尔的话，你和凯莎会怎么想呢？米歇尔的评价不正确吗？

A. 大多数人都有"偏见盲点"；他们认为别人是

有偏见的，但自己没有

  B. 人们很少成为确认偏见的牺牲品；米歇尔用了一个模糊的例子来证明自己的观点

  C. 米歇尔提出了一个不可证伪的论点；凯莎无法就她的偏见提供任何证据

  D. 米歇尔的评价没有错；有些人从不诉诸偏见性思考，而米歇尔可能就是其中之一

9.3　测量智力

  聪明的人对什么是智力有着不同的看法。一些人把它等同于抽象的推理能力，另一些人把它等同于从日常生活的经验中学习并获益的能力。一些人认为它是理性思考的能力，另一些人强调它是有目的地行动的能力。这些看法的部分分歧在于我们无法直接观察智力。

  如果外科医生想知道一个人的胆囊有多重，可以从病人身体取出胆囊并称重，然后放回并缝合。如果外科医生想知道很多人胆囊的重量，这个手术可以在很多病人身上重复。胆囊是人体的有形部位，可以直接观察和测量。然而，智力具有看不见的特征；无论你怎样刺、怎样戳、怎样搜索，智力都无法握在手中，也无法放在天平上称重。

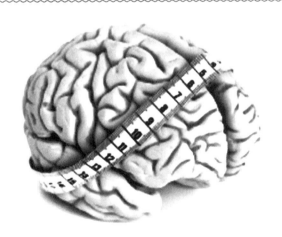

Rozbeh/Shutterstock

  脑越大人越聪明吗？最近的研究表明，脑的体积（具体地说，是灰质体积）和智力实际上有一种可靠的但很不明显的关系（Nave et al.，2019）。然而，智力的测量远比仅仅测量一个人的脑的大小要复杂得多，我们将在接下来的章节中探索这个问题。

9.3.A　测量无形之物

学习目标 9.3.A　定义智力及其晶体和流体形式之间的区别

  那么，我们如何测量**智力**（intelligence）呢？通常，我们可以根据直接看到或测量到的特征（例如理性决策的结果、标准化测试的答案或行为的目的性）来推断一个人的某种智力水平。举个例子，一项典型的智力测试要求你做几件事：注意物体之间的相似性，解决算术问题，定义词语，组装拼图，或者判断在特定情况下什么样的行为才是合适的。

  一个多世纪的研究使大多数心理学家相信，智力测试所衡量的各种能力和才能背后有一种普遍的能力或 **g 因素**（g factor）（Bouchard，2014；Gottfredson，2002；Jensen，1998；Spearman，1927；Wechsler，1955）。这种基本能力有两个组成部分。**晶体智力**（crystallized intelligence）指的是能够计算、定义词语和做决定的知识和技能。**流体智力**（fluid intelligence）指的是推理和使用信息解决新问题的能力（Horn & Cattell，1966）。晶体 g 因素严重依赖教育，往往在一生中保持稳定甚至会增加，而流体 g 因素相对独立于教育，并在老年时趋于减少。g 测试在许多领域都能很好地预测学术成就、职业成功和卓越程度（Kuncel，Hezlett & Ones，2004；Schmidt & Hunter，2004；Simonton & Song，2009）。但是，正如我们将看到的，一些科学家对一种被称为"智力"的全球性素质存在争议，他们观察到一个人可能在某些领域聪明，而在其他方面却并不聪明（Gardner，2011；Guilford，1988）。

智力

一种推断出来的特性，通常被定义为从经验中获得知识、进行抽象思维、有目的地行动或适应环境变化的能力。

g 因素

许多理论家假定的一种一般智力能力，由特定的心理能力和才能构成。

晶体智力

一生中获得的认知技能和特定知识。

流体智力

推理和运用信息解决问题的能力。

Pictorial Press Ltd/Alamy Stock Photo

2014 年的电影《模仿游戏》（*The Imitation Game*）讲述了由本尼迪克特·康伯巴奇饰演的英国数学家、计算机科学家艾伦·图灵（Alan Turing）的故事。图灵的深远贡献之一在于图灵测试，它致力于判断机器或计算机是否能像人类一样思考。在图灵测试中，人类评估者只能与人类和机器进行文本对话。如果一台机器能够使大多数评估者相信它实际上是一个人，那么就可以说这台机器通过了模仿人类的智力测试。

另一个问题是，智力是否是生物所专有的？正如本章最后一部分的描述，关于非人类动物是否具有智力以及智力水平如何，这些问题仍存在着争论。但是那些没有生命的实体呢？在《危险边缘》节目中打败人类竞争对手的沃森电脑具有智力吗？机器真的会思考吗？对于这些问题，认知心理学家、计算机科学家和哲学家已经争论了几十年，可能还会持续更久。正如"人工智能"一词所暗示的那样，机器能够执行我们对智能的定义中所包含的某些操作：从经验中获益、获取知识和适应环境变化。但是机器能抽象地思考吗？它们能有目的地行动吗？沃森打败了两名人类游戏节目的冠军，但这台电脑真的能理解它在节目中解析的海量信息吗？

这些都是复杂的问题。我们鼓励你在阅读本章剩余部分时记住它们。正如你很快会看到的，当代心理学家通常认为智力不仅包括解决问题和学习如何完成任务。智力还包括自我意识、艺术能力、创造力，以及对情绪反应的解码、预测和共情能力。这是关于人工智能问题的终极答案，或者在《危险边缘》节目中也应该是这样！这些问题的答案可能并不仅仅包括节目中出色的表现能力。

9. 3. B　智商测试

学习目标 9. 3. B　总结智商的概念、如何测量它、它的一些局限性，以及对它进行跨文化评估的挑战

第一种广泛使用的智力测试设计于 1904 年，当时法国教育部要求心理学家阿尔弗雷德·比奈（Alfred Binet，1857—1911）寻找一种方法来识别学习速度慢的孩子，这样就可以对这些孩子采取一定的教育补救工作。教育部不愿让老师识别这样的孩子，因为老师可能对贫穷家庭的孩子存在偏见，或者认为害羞或爱捣乱的孩子有智力问题。政府想要一种更客观的方法。

比奈的头脑风暴　比奈深刻认识到：在课堂上，"迟钝"孩子的反应与那些年龄更小的普通孩子相似。相比之下，聪明孩子的反应就像年龄更大的孩子。因此，需要测量一个孩子的**心理年龄**（mental age，MA），即相对于其他孩子的智力发展水平。比奈认为，这样就可以根据孩子的能力量身定制教学方案。

这项由比奈和他的同事西奥多·西蒙（Théodore Simon）设计的测试测量了记忆力、词汇水平和知觉辨别能力。根据对大量儿童、青少年的测试结果，测试范围从大多数年幼的孩子可以轻松完成的项目，到只有年龄较大的孩子可以处理的项目。后来有人开发了一个计分系统，用儿童的心理年龄除以儿童的实际年龄，计算出每一个儿童的**智商**（intelligence quotient，IQ）。根据这个公式，所有孩子无论年龄大小，他们的平均智商都是 100，因为他们的心理年龄和实际年龄是一样的。但是，如果一个 8 岁的孩子表现得和一般 10 岁的孩子一样，那么他的心理年龄应该是 10 岁，智商应该是 125（＝10/8×100）。

心理年龄（MA）

用给定年龄的平均心理能力来衡量发展水平的一种测量方法。

智商（IQ）

智力的测量指标。最初的计算方法是用一个人的心理年龄除以他的实际年龄，并将结果乘以 100，目前则是依据标准化智力测试的常模。

不幸的是，这种 IQ 计算方法有严重的缺陷。在一个年龄段，分数可能集中在平均值附近；而在另一个年龄段，分数可能更为分散。因此，各年龄组前 10%、20% 或 30% 所得分数会因年龄而异。IQ 公式对成年人也没有意义；一个 50 岁的人得分和 30 岁的人一样，并不意味着他 IQ 低！因此，今天的智力测试的计分方式有所不同。平均值通常被随意地设定为 100；测试的结构使三分之二的人的得分处于 85 和 115 之间；个人分数是根据既定的常模从表格中计算出来的。这些分数仍然被非正式地称为 IQ，无论是特定年龄段的孩子还是一般的成年人，它们仍然反映了个体与他人的比较。在各个年龄段，分数的分布近似于一条钟形曲线，接近平均值的分数比高分或低分更常见（见图 9.5）。

IQ 测试传到美国　美国斯坦福大学心理学家刘

易斯·推蒙（Lewis Terman）修订了比奈的测试，为美国儿童建立了常模。他的版本——斯坦福 - 比奈智力量表（Stanford-Binet Intelligence Scales）于 1916 年首次出版，此后修订多次，2 岁的儿童到成年人都可以使用。测试要求一个人执行各种任务：在句子中填写缺失的单词，根据常识回答问题，预测一张折叠纸将会如何展开，使用两个大小不同的容器测量水的体积，并区分相似的概念（例如，区分活力和能量）。参与者的年龄越大，对其语言理解能力和流利程度、空间能力、推理能力的要求就越高。

20 年后，德怀特·韦克斯勒（David Wechsler）专门为成年人设计了另一种测试，即韦氏成人智力量表（Wechsler Adult Intelligence Scale，WAIS）；紧随其后的是韦氏儿童智力量表（Wechsler Intelligence Scale for Children，WISC）。这些测试也已经修订了好几次。这些测试会给出一个一般 IQ 分数，也会对语言理解、智力推理、处理速度和工作记忆进行单独的计分。其中的多个项目会测量一系列能力，包括词汇、算术能力、识别相似性的能力（例如，书和电影有什么相似之处？）、一般知识和理解能力（例如，在美国为什么想离婚的人必须要上法庭？），以及非语言技能（例如，能够在规定的时间内重新创建组块设计，或者识别出图片中缺失的部分），部分示例见图 9.6。

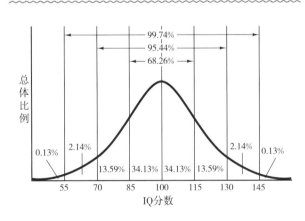

图 9.5　IQ 分数的预期分布

在一个大的总体中，IQ 分数倾向于呈正态分布。在大多数测试中，大约 68% 的人得分在 85 到 115 之间；大约 95% 的人得分在 70 到 130 之间；大约 99.7% 的人得分在 55 到 145 之间。然而，

在任何实际的样本中，实际分布将与理论上的理想分布有所偏离。

互动

图片排序
（将图片排列成一个有意义的故事）

代码	1	2	3	4	5
	△	○	╱	ϟ	○

测试	2	1	4	3	5	2	1	3	4	2	1

项目组装
（拼图）

符号转译
（使用顶部的符号代码，在每个数字下方填入适当的符号）

补全图片
（补上缺失的部分）

图 9.6　韦氏智力测试示例

对于那些听力差、语言不流利、教育水平有限或排斥课堂提问的人来说，非语言项目尤其有用。一个人的语言任务表现与非语言任务表现之间的巨大差距有时能够反映出一个特定的学习问题。

比奈曾强调，他的测试只测量了智力的部分内容，并没有测量智力概念所涵盖的所有内容。他说，考试分数和其他信息可以一起用来预测学生在学校的表现，但不应将其与智力本身相混淆。这些测试被设计成单独的任务，以便施测者能够分辨出孩子何时生病或神经紧张、视力不佳或没有动力完成任务；其目的是找出有学习问题的儿童，而不是对所有儿童进行排名。但是，当智力测试从法国传到美国后，它原本的目的发生了变化。智力测试被广泛使用，但不再是为了让学习速度慢的人跟上进度，而是根据他们假定的"天生能力"来对学校和军队里的人分类。但施测者还是忽略了这样一个事实：在美国有很多族裔，人们并不拥有相同的背景和经历（Gould, 1996）。

文化与智力测试　智力测试在第一次世界大战

至 20 世纪 60 年代的学校应用中得到发展。智力测试的普遍结果发现，城市孩子比农村孩子 IQ 分数高，中产阶级的孩子比贫穷家庭的孩子 IQ 分数高，白人孩子比非白人孩子 IQ 分数高。其中一个项目问道：《皇帝协奏曲》（Emperor Concerto）是贝多芬、莫扎特、巴赫、勃拉姆斯还是马勒写的？（答案是贝多芬。）批评人士抱怨说，这些测试并没有测量在少数族裔社区或重新改造的农村社区中揭示聪明行为的知识和技能。他们担心，由于老师们认为 IQ 分数揭示了孩子的潜能极限，分数低的孩子将得不到他们所需的教育关注和鼓励。

测试编制者的目的是试图构建不受文化影响的测试，或者整合许多不同文化中常见的知识和技能。但这些努力的结果难免令人失望。其中一个原因在

于，文化在他们强调的问题解决方式上存在差异（Serpell & Haynes, 2004）。编制测试的专家还发现，文化价值观和经验除了影响在特定测试项目中的反应，还会影响很多事情，包括一个人对测试的总体态度、测试所需环境的舒适度、与其他参与者的关系、竞争力，以及独立解决问题而非与他人一起解决问题的倾向等（Anastasi & Urbina, 1997; López, 1995; Sternberg, 2004）。

此外，人们在智商和其他心理能力测试中的表现部分地取决于他们对自己如何表现的期望，而这些期望又受到文化刻板印象的影响。刻板印象将女性或某些族裔、年龄或社会经济群体的成员描述为不聪明的人，实际上这会损害这些群体中人们的表现。这些刻板印象会导致个人对其能力产生怀疑，造成不安全感，这被称为**刻板印象威胁**（stereotype threat）（Steele, 2010; Steele & Aronson, 1995）。任何显著增加群体刻板印象的事物都会增加刻板印象威胁并影响行为表现，包括你是测试环境中唯一不同于群体的成员，或者在测试前被要求说明你的种族。当人们认为自己做得不好时，他们就会确信自己所在群体的负面刻板印象，这种威胁就出现了。消极的想法会干扰参与者的注意力（"我讨厌这个考试""我不擅长数学"）（Shih, Pittinsky & Ambady, 1999; Spencer, Logel & Davies, 2016; Tellhed & Adolfsson, 2018）。由此产生的焦虑可能会恶化他们的表现，或者抑制他们努力做好的动机。

刻板印象威胁

由于对自身所处群体能力的消极刻板印象，个体对自身表现产生怀疑。

怎样做才能减少刻板印象威胁？一个有效的方法是向人们保证测试是公平的，或者告诉人们刻板印象威胁的存在。另一个方法则是强调个体没有达到一种固定的智力水平，但是能够通过努力和反复试

错，最终得以在大多数领域中强化自身的表现，正如肌肉可以通过体育锻炼来加强一样（Good, Aronson & Harder, 2008; Johns, Schmader & Martens, 2005; Shapiro, Williams & Hambarchyan, 2013）。但是这些解决方案不可能消除所有组别之间测试成绩的差异，以及智力与其他心理能力测试的核心困境：尽管也测量他们在课堂上用到的技能和知识，智力和其他心理能力测试依然使一些群体处于不利地位。心理学家和教育工作者如何才能认可或接受文化差异，与此同时促进有助于人们在学校和更大的社会范围中取得成功的能力？

9.3.C　智力要素

学习目标 9.3.C　描述元认知、三元智力理论、多元智力和情绪智力如何阐明"智力"的多样性

工作记忆是智力的一个认知成分，是一种复杂的能力，能使你从长时记忆中检索信息，并在给定的任务中恰当地解释信息。它允许你在处理一个问题时有效利用你的注意力，将你的注意力从一个信息转移到另一个信息，而忽略会令人分心或不相关的信息。在工作记忆测试中表现出色的人往往擅长完成需要注意力控制的复杂现实任务，包括阅读、理解、写作和推理（Engle, 2002）。相比之下，工作记忆能力较差的人往往难以将注意力集中在手头的工作上，而且即使经过练习，情况也没有好转（Kane et al., 2007）。因此，与其试图帮助人们更好地完成个人任务，是不是更应该改善他们的工作记忆，从而提高智力的一个重要组成部分？科学家已经报告了工作记忆训练项目的一些成功案例（Au et al., 2015; Redick et al., 2012）。

智力的另一个认知成分是**元认知**（metacognition），即对自己认知过程的认识或意识，以及监控它们的能力（Rouault et al., 2018）。元认知能力较弱的学生在阅读课本的某一章节时，往往注意不到其中的难点，也总意识不到自己对所读内容的不理

解。因此，他们花在难懂的内容上的时间太少，而花在已经理解的内容上的时间太多。他们对自己的理解和记忆过于自信，当在考试中表现不佳时，他们会感到惊讶（Dunlosky & Lipko，2007）。相比之下，元认知能力较强的学生则通过重读所看内容、自我测试、必要时回溯、质疑来检查自己的理解情况（Metcalfe，2009；Zabrusky et al.，2015）。

元认知

一个人对自己认知过程的认识或意识，以及监控这些过程的能力。

反之亦然：提高学业成绩这一类型的智力也能帮助你发展元认知技能。学习能力差的学生通常没有意识到他们知道多少；他们认为自己做得不错（Schlösser et al.，2013）。正是这些弱点让他们在考试或课程中表现不好，也使他们意识不到自己的弱点。在一项研究中，参加心理学课程的学生和其他学生共同对考试成绩做出评估。正如你在图 9.7 中看到的，那些成绩倒数 25% 的人大大高估了他们自己的表现（Dunning et al.，2003）。相比之下，学习能力强的人其自我评估更接近实际情况。通常，他们甚至会稍微低估自己与他人表现之间的差距。

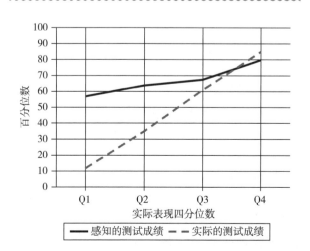

图 9.7　无知真的是福吗？

在学校和其他环境中，表现差的人往往元认知能力差，因而不能认识到自己能力的欠缺。正如你所看到的，学生在考试中的得分越低，他们认为的表现和实际表现之间的差距就越大（Dunning et al.，2003）。

三元论　然而，拥有良好的工作记忆和强大的元认知能力并不能解释为什么这些聪明人总是在人际关系中做出同样愚蠢的选择，也不能解释为什么那些看起来并不特别聪明的人在工作中却非常成功。这就是为什么一些心理学家拒绝把 g 因素作为智力的准确描述，而更喜欢用不同类型的智力来描述。

例如，罗伯特·斯滕伯格（Robert Sternberg，1988，2012）提出了**三元智力理论**（triarchic theory of intelligence）（三元代表了"三部分"）。他将智力定义为"在个人的社会文化背景下，根据自己对成功的定义，在生活中获得成功所需的技能和知识"。如果一个人能充分利用自己的优势，适应、选择和塑造他们所处的环境，以改善自己的生活，那么一个吉他手、建筑工人、科学家和农民都可以被称为成功的人。斯滕伯格认为，聪明人能成功地平衡三种智力：分析性智力、创造性智力和实践性智力。如果其中一种比较弱，他们就会学习克服这个弱点。

三元智力理论

强调分析能力、创造力和实践能力的智力理论。

1. 分析性智力是指你在思考一个问题时所使用的信息处理策略：识别并定义问题，选择解决问题的策略，掌握并执行策略，以及评估结果。这种能力虽然是每个领域都需要的，但适用于不同类型的问题。一种文化可能会逐步使用这些成分来解决抽象问题，而另一种文化可能会强调使用相同的成分来维持平稳的关系。在西方文化中，分析性智力是一种最常在标准化测试中被测量的并与学术联系在一起的智力。

2. 创造性智力指将技能运用到新情境中的智力。具有创造性智力的人能很好地应对新奇事物，并能快速学习，使新的任务自动完成。那些在这方面欠缺的人只在有限的情况下有好的表现。一个学生可能在学校表现得很好，因为学校布置的作业有明确的截止日期，并且可得到即时反馈；但如果毕业后，工作上要求她自己设定截止日期，而雇主又不告诉她做得如何，那么她就没法那么成功了。

3. 实践性智力指的是智力的运用，这要求你考虑到自己所处的不同环境。如果你有很强的实践性智力，你就知道什么时候去适应环境（你处在一个危险的环境中，所以你会变得更加警觉）、什么时候去改变环境（你本来打算当一名教师，但发现自己

不喜欢和孩子们一起工作，于是转做会计）、什么时候去解决问题（你的婚姻不稳定，所以你和你的配偶去咨询）。

实践性智力使你获得**隐性知识**（tacit knowledge）——为达到目标而采取的以行动为导向的策略，这些策略通常不会被正式教授，而必须通过观察他人来推断获得。拥有隐性知识和实践性智力的大学教授、商业经理和销售人员在他们的工作中往往比其他人做得更好。在受过高等教育的学生中，关于如何成为一名好学生的隐性知识实际上预示着他的学术成就，就像入学考试一样（Sternberg et al.，2000）。

隐性知识
无法明确地教授，而必须通过自我推断得到的通向成功的策略。

互动

三元智力理论

智力类型	特点	举例
分析性智力	识别、定义问题，比较、筛选出解决问题的策略，实施策略，评估结果	在大学课堂解决逻辑问题
创造性智力	将固有技能应用于新情境的能力	发现熟悉事物的新用处以解决问题
实践性智力	应用智力，这需要你考虑能发现自我的各种情景	对你老板的坏脾气做出有效反应

多元智力　霍华德·加德纳（Howard Gardner）也主张扩展对智力的定义。他的**多元智力理论**（multiple intelligence theory）（Gardner，1988，2011）认为，智力的最佳特征是处理某种信息的能力。就像蜜蜂、鸟类和熊依靠不同生物和环境机制的相互作用来驾驭它们的认知世界一样，人类也是如此。加德纳认为，我们所拥有的信息处理技能可以有多种形式，而不是集中于单一的 g 因素。例如，一个拥有丰富音乐

智力的人，可能会比其他人更有效地处理关于音高或节奏的信息；又如，一个拥有丰富人际智力的人，可能更擅长解码他人的非语言行为。

多元智力理论
一种强调多方式加工信息的智力理论。

情绪智力　最重要的一类非智力型"聪明"可能就是**情绪智力**（emotional intelligence），即准确识

别自己和他人情绪、清晰表达自己的情绪并管理情绪的能力（Cabello et al.，2016；Mayer & Salovey，1997；Salovey & Grewal，2005）。拥有高情绪智力（通常被称为"情商"）的人，他们利用情绪来激励自己，激发创造性思维，并以同理心对待他人。缺乏情商的人往往无法识别自己的情绪，可能会不恰当地表达情绪——比如，当周围的人都处于危机中时，他却开玩笑或者在社交媒体上发布轻松愉快的消息。他们也会误读别人的非语言信号，长篇大论

地讲述他们的所有问题，即使听者明显地表现出无聊的样子，或者没有意识到他们可以通过一个简单的拥抱或道歉来减轻身边人的痛苦。

情绪智力

准确地识别情绪、清晰地表达自己的情绪并调节自己和他人情绪的能力。

Dmitry Kalinovsky/123RF Elena Elisseeva/Shutterstock Bruce Cotler/Globe Photos/ZUMA Wire/ZUMA Press，Inc./Alamy Stock Photo

支持扩展对智力的定义的理论家会说，测量员有空间智力，富有同情心的朋友有情绪智力，泰勒·斯威夫特（Taylor Swift）有音乐智力。智力的定义应该这样扩展吗？还是把这些能力定义为天赋更好？

并非所有人都同样热衷于扩展"智力"及其成分。例如，一些人认为情商不是一种特殊的认知能力，而是一种普通人格特质的集合，比如同情心和外向性（Matthews，Zeidner & Roberts，2003，2012）。尽管如此，拓宽"智力"的定义之所以有用，有几个原因：它迫使我们更加批判地思考我们所说的智力是什么，并考虑不同的能力如何帮助我们在日常生活中发挥自身的作用；它推动了对心理测验的研究，为参与者提供持续的反馈，以便人们能够从经验中学习并提高他们的表现（Sternberg，2004）；最重要的是，研究智力的新方法鼓励我们克服这样一种心理定势，即认为成功的人生所必需的能力只涉及智力测试所包含的能力。

9.3.D　动机、努力工作与智力上的成功

学习目标 9.3.D　概述纵向和跨文化研究如何阐明动机、努力工作和智力成就的相互作用

即使你有高智商、高情商和高实践技能，面对困难时你有时也可能苦苦挣扎。才华，不像奶油，必然不会上升到顶端；成功还取决于干劲和决心。

让我们来看看一项历史悠久的心理学研究的发现。1921 年，路易斯·特曼（Louis Terman）和他的同事们开始跟踪调查 1 500 多名 IQ 分数位于前 1% 的儿童。这些男孩和女孩（特曼后来称呼他们为"白蚁"）一开始就很聪明，身体健康，善于交际，适应能力强。当他们进入成年期后，大多数人都以

当时的传统方式取得了成功：男性进入职场，女性成为家庭主妇（Sears & Barbee，1977；Terman & Oden，1959）。然而，一些有天赋的人未能实现他们的早期承诺，他们有的辍学，有的从事低收入工作。这些成功的人与不成功的人在 IQ 上并没有显著的差异。

即使你在智力上获得成功，你仍然需要自律来实现你的目标。另一项纵向研究是，在一个族裔多元化的八年级课堂，研究者根据学生的自我报告、家长报告和教师报告计算学生的自律分数（Duckworth & Seligman，2005）。学生们还在自律的行为测量方面（他们延迟满足的能力）获得一个评分。（这些青少年不得不在留下一美元或归还一美元并在一周后换取两美元之间做出选择。）正如你在图 9.8 中看到的那样，自律比 IQ 更能预测学生的最终成绩和测试分数。在随后的几年里，安琪拉·达克沃斯（Angela Duckworth）的研究发现了另一个相似但却独特的成就要素：勇气，即使面对挫折和失败也要继续追求目标的心理韧性（Duckworth & Gross，2014）。对于智力上的成功，毅力和自律的结合可能比你的 IQ 分数更重要。

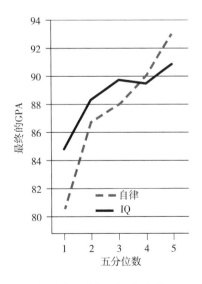

图 9.8　成绩、IQ 和自律

八年级的学生根据 IQ 分数被分成五组，然后在一年的时间里测试他们的学业成绩。发现自律比 IQ 更能预测成功（Duckworth & Seligman，2005）。

对智力和成就的态度也很重要，它们受到文化价值观的强烈影响。多年来，哈罗德·史蒂文森（Harold Stevenson）和他的同事们研究了亚洲和美国对成就的态度，比较了明尼阿波利斯（美国）、芝加哥（美国）、仙台（日本）、台北（中国）、北京（中国）的小学学龄儿童、家长和老师的大样本情况（Stevenson，Chen & Lee，1993；Stevenson & Stigler，1992）。他们的研究结果可以教给我们很多关于智力培养的知识。1980 年，在一系列数学和阅读测试中，亚洲儿童的表现远远超过了美国儿童。到 1990 年，差距变得更大：只有 4% 的中国儿童和 10% 的日本儿童的数学成绩与同龄的美国儿童一样低。这些差异并不是教育资源造成的：中国的教育设施比美国的差，班级容量也比美国要大得多。这与一般的智力也没有任何关系：在常规信息测试中，美国儿童和亚洲儿童拥有同样的知识和能力。

但亚洲人和美国人在几个关键方面有天壤之别：

- **关于智力的信念**。与亚洲人相比，美国父母、老师和孩子更相信数学能力是天生的（见图 9.9）。他们倾向于认为，如果你有这种能力，你就不必努力工作；如果你没有这种能力，就不要做无意义的尝试。
- **标准**。美国父母对孩子表现的要求要低得多：在 100 分的测试中，他们对刚刚高于平均分的成绩感到满意。相比之下，中国和日本父母只对非常高的分数感到高兴。
- **价值**。美国学生不像亚洲学生那样重视教育。当被问及如果一个巫师能给他们任何想要的东西，他们想要什么时，超过 60% 的中国五年级学生说出了一些与他们的教育有关的东西。你能猜出美国孩子想要什么吗？大多数人说是金钱或财产。

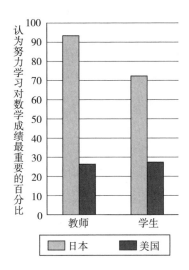

图 9.9　学好数学的秘密是什么？

日本老师和学生比美国老师和学生更有可能相信学好数学的秘诀是努力学习。美国人倾向于认为你要么有数学能力，要么没有（Stevenson，Chen & Lee，1993）。

说到智力，重要的不只是你拥有什么，还包括你用它做什么。自满、低标准、缺乏勇气和渴望立即享乐会阻碍人们去认识他们不懂的东西，也会阻碍他们努力学习。

心理学与你同行

增强你的注意力和创造力

当涉及关于思考和智力的研究时，作为学生，你有很多方法可以从日常生活中学习心理学。例如，这一章的大多数读者一边完成课程作业一边上网。相信我们：大家都明白，手机、平板电脑和笔记本电脑带来的诱惑是难以抗拒的。我们想告诉你的是，整本书都是在没有任何干扰的情况下写成的——我们很想这么做，但我们是在说谎。

现在，你（和我们）将进一步地了解多任务处理所带来的认知挑战，也许你（和我们）在阅读、写作或学习时将更有动力去寻求无干扰的环境。多任务处理转移了我们本应关注的重点。这种任务切换对你的 GPA 甚至对你的健康都是有害的。如同偏见盲点让我们意识不到自己的一些非理性倾向一样，我们也常常对多任务处理导致的分心视而不见——我们大多数人都认为自己在这方面的表现比实际情况要好得多。

另一个重要的领域是创造力。在这部分内容中，我们强调了提出问题、思考不明显的解释、检查假设和偏见的必要性。这些批判性思维的指导方针依赖创造力。让我们花点时间来测试你的创造力。请你回答远程联想测验（Remoto Associates Test）（对思维灵活性的测试）中的一些测试题。你的任务是想出与一组单词中的每个单词都相关的第四个单词（Mednick，1962）。例如，如果我们给你的单词是：新闻（news）—夹子（clip）—墙壁（wall）。你可能要做的是给出纸（paper）这个单词。你想到了吗？现在再试试下面这些（答案会在最后给出）：

1. 援救（aid）—橡胶（rubber）—马车（wagon）
2. 惊奇（surprise）—政治（political）—喜欢（favor）
3. 蛋糕（cake）—干酪（cottage）—蓝色（blue）
4. 戳（stick）—制造者（maker）—网球（tennis）
5. 沐浴（bath）—向上（up）—爆炸（burst）

创造性思维要求你找到意想不到的联系，以新的方式将问题的要素联系起来。缺乏创造力的人一般依赖聚合思维，遵循他们所认为的一套正确解决方案的特定步骤，然后以同样的方式处理未来出现的问题。相比之下，更有创造力的人善于发散思维；他们并不固执地坚持一条已被验证过的道路，而会提出新的假设，想象其他的解释，寻找可能被忽视的联系（Amabile & Pillemer，2012；Helson，Roberts & Agronick，1995；McCrae，1987）。

当然，有些人可能比其他人更有创造力，但环境可以促进或抑制创造性表现。创造力不只是

"在你身上"，它可以被你生活及工作的环境激发或抑制。当老师和雇主激发你的内在动机（成就感、求知欲、对一项活动的纯粹热爱），而不仅仅是给金色的星星和金钱之类的额外奖励时，创造力就会爆发。当你和那些有不同想法、观点和接受过不同训练的人一起工作时，创造性思维就会高涨，往往会使你从熟悉的解决问题的方式中解脱出来。个人的创造力往往需要独处——有时间做富有成效的白日梦——和独立完成任务的自由。集体"头脑风暴"会议通常比自己的脑能产生更多的想法（Amabile & Khaire，2008）。

所以，如果你希望优化你的思维和智力，那么本章充满了你可以学习的要点。避免任务切换的陷阱。展现自律和毅力，不要认为所有的成功都是靠天赋。请记住，定义智力有多种方式。寻找可以让你展现自己能力和尝试新想法的环境。不要忽视元认知的重要性，它能够理解和监控你自己的心理过程。我们希望，阅读本章将会成为一个很好的起点！

［创造力测试的答案：绷带（band）、派对/政党（party）、奶酪（cheese）、火柴/比赛（match）、泡泡（bubble）］

Julien Tromeur/Shutterstock

聪明不是你的东西，而是你得到的东西。至少，本书其中一个作者的小女儿在学校阅读到本章内容后这样说。有点陈词滥调？是的。但学校（和孩子）说得有道理。这一章充满了具体的技巧，我们可以利用它们在工作中更有效地、创造性地、聪明地思考。

模块 9.3   小考

1. 推理并利用信息来解决新问题的能力被称为_____
   A. 晶体智力   B. 流体智力
   C. 适应性洞察力   D. 元认知

2. 整个城市的成年人都同意参加同一个标准化的智力测试。在公布测试结果之前，你预计有多少人的分数会超过 130 分？
   A. 大约 2%   B. 大约 16%
   C. 大约 50%   D. 大约 68%

3. 洛根理解统计学课上的内容，但在考试中他把所有时间都花在了最难的问题上，甚至连他能轻易解决的问题都没有解决。他需要提高哪方面的智力？
   A. 三元技能   B. 工作记忆
   C. 元认知   D. 创造性智力

4. 特拉奇的智商并不高，但在工作中她很快就得到了晋升，因为她知道如何确定事情的优先级，如何与管理层沟通，以及让其他人感到被重视。特拉奇拥有_____知识，使其在工作中获得成功。
   A. 隐性   B. 成分性
   C. 三元   D. 分析性

5. 在对八年级学生的研究中，_____比_____和学业成绩的相关性更强。

A. 自律；智商

B. 智商；自律

C. 智商；自我同情

D. 自我同情；智商

9.4　动物心智

　　一只苍鹭从野餐者的桌子上抓走了一些面包屑，并把面包屑撒到附近的小溪上。当鲦鱼上钩时，苍鹭就会出击，你还没来得及说"晚餐时间到了"，它就把它的猎物吞了下去。一只海獭平静地仰面漂浮着，用贻贝敲击肚子上的一块石头。当贝壳裂开时，海獭就会把美味的嫩肉取出来吃掉，然后把石头塞到鳍状的肢体下，潜下去寻找另一只贻贝。诸如此类的事件使一些科学家相信，人类并不是唯一具有认知能力的动物，"哑巴动物"其实并没有那么哑。但是，它们有多聪明呢？既然我们不能对苍鹭和海獭进行书面的智力测试，我们又该如何回答这个问题呢？

Terence/Shutterstock

这只海獭到底有多聪明？我们怎样才能回答这个问题，测量动物的智力？这样做的障碍和内在复杂性是什么？

9.4.A　动物智力

学习目标 9.4.A　总结支持和反驳动物智力概念的证据

　　在 20 世纪 20 年代，沃尔夫冈·科勒（Wolfgang Köhler，1925）把黑猩猩安排在够不着诱人香蕉的地方，观察它们会做什么。它们大多数什么都没做，但有几只却相当聪明。如果香蕉在笼子外，黑猩猩可能会用棍子把香蕉弄进来。如果香蕉悬挂在头顶上，笼子里有盒子，黑猩猩就会把盒子堆起来，然后爬到盒子上面去摘香蕉。通常情况下，黑猩猩在安静地坐了一段时间之后，解决方案就有了。动物似乎一直在思考问题，突然就顿悟了。

　　学习理论家认为，这种表面上令人印象深刻的行为可以用操作性学习的标准原则来解释，而无须诉诸心智能力。多年来，由于受到这些学习理论家的影响，任何声称动物能够思考的科学家都很可能被忽视或嘲笑。然而，今天，对动物智力的研究正在蓬勃发展，尤其是在**动物认知行为学**（cognitive ethology）的跨学科领域（动物认知行为学研究动物的行为，尤其是在自然环境中的行为）。动物认知行为学家认为，一些动物能够预测未来发生的事件、制订计划，并与同伴协调行动（Griffin，2001）。

动物认知行为学

对非人类动物的认知过程的研究。

3LH/SuperStock　　　　　3LH/SuperStock　　　　　3LH/SuperStock

在一项早期的动物智力研究中，沃尔夫冈·科勒研究了一只名叫苏尔坦（Sultan）的天才黑猩猩，它能够通过将盒子叠起来并爬到上面的方法够到一串香蕉。（1）如果你是一只黑猩猩，看到香蕉没在你手中可能会引发一个大问题——你想要香蕉！但是，怎样才能拿到香蕉呢？安静地坐了一会儿之后，苏尔坦收集了房间里的一些板条箱和盒子，把它们堆得足够高，以便够到香蕉。（3）成功！苏尔坦吃到了香蕉。心理学家在这个过程中了解到了动物的智力。

当我们思考动物的智力时，我们必须小心，因为即使是看似有目的的复杂行为，也可能是基因预设和自动化的，不需要认知努力（Wynne，2004）。南美的猎蝽通过在背上黏筑巢的材料这样的伪装来捕捉白蚁，但是很难想象这种虫子小小的脑组织是如何让它有意识地计划出这一策略的。然而，针对动物行为，那些不考虑任何意识、把动物的行为完全归因于本能的解释，似乎不能解释它们为何能做这些令人惊奇的事情。许多动物将自然环境中的物体作为基本工具，在一些非人灵长类动物中这种行为是后天习得的。

因此，黑猩猩妈妈偶尔会向幼崽展示如何用石头砸开坚硬的坚果（Boesch，1991）。在苏门答腊岛的一片沼泽，猩猩们学会了用嘴衔着棍子从树洞里撬出昆虫，从水果缝中取出种子，而附近的猩猩们则只会用蛮力来获取美味（van Schaik，2006）。甚至一些非灵长类动物也有能力学会使用工具，尽管

这一证据仍存在争议。澳大利亚海岸的雌性宽吻海豚在猎食时将海绵附着在嘴上，这可以保护它们免受尖锐的珊瑚和刺人的石头鱼的伤害，而且它们似乎是从它们的母亲那里获得了这种不寻常的技能（Krützen et al.，2005）。

在实验室里，非人灵长类动物完成了更令人惊讶的事情。例如，已经证明黑猩猩对数字有基本的感知。在一项研究中，黑猩猩比较了两对含有巧克力屑的食物：一对可能包含了 5 片和 3 片，另外一对包含 4 片和 3 片。当允许它们选择想要的一对时，黑猩猩几乎总是选择总数较高的那一对，这显示出了它们的某种算术能力（Rumbaugh，Savage-Rumbaugh & Pate，1988）。在观看香蕉被逐个放进两个容器后，黑猩猩甚至能在 20 分钟内记住哪个容器里装的香蕉更多。事实上，他们在这项任务上的表现和小孩子一样好（Beran & Beran，2004；Parrish，Evans & Beran，2014）。

关于动物认知，最具争议的问题之一是除了人类之外，其他动物是否拥有**心理理论**（theory of mind），即一套关于他人心智运作方式的信念体系，以及对思想和感受如何影响行为的理解（Martin & Santos, 2016；Meunier, 2017）。心理理论能让你对他人的意图、感受和信念得出结论，同情他人（"如果我处在别人的位置，我会经历什么？"），欺骗别人，从镜子中认出自己，以及知道别人何时能或不能看到你。对人类来说，心理理论在两岁时开始发展，在三四岁时明显出现。

一些研究人员认为，类人猿（黑猩猩、大猩猩和红毛猩猩）、海豚和大象拥有能够反映心理理论的某些能力（de Waal, 2001；Plotnik, de Waal & Reiss, 2006；Suddendorf & Whiten, 2001）。在照镜子时，这些动物可能会试图在自己的身体上找到标记，这表明它们有自我认识，或者至少有身体意识。此外，黑猩猩还会安慰其他处于痛苦中的黑猩猩，在争夺食物时使用欺骗手段。它们会指向物体，引起其他黑猩猩的注意，这些都表明它们能够理解其他黑猩猩的想法。在野外，当一只雄性非洲黑猩猩在社交过程中对它身体的某个部位（比如前额）做了夸张的抓挠动作时，在梳理其他部位的同伴也会梳理它指定部位的毛发（Pika & Mitani, 2006）。不仅是黑猩猩，甚至猴子也可能有元认知能力——理解和监控自己的认知过程的能力。当它们接受一项新任务的测试时，它们有时为了避免出错而避开困难的试次。当它们不确定回答是否正确时，它们会按下触摸屏上的图标，请求人类观察者提供"提示"，即使寻求提示意味着获得的奖励较少（Kornell, 2009）。以上发现表明，这些动物知道它们了解什么和不了解什么。

心理理论

一种关于他人心智运作方式以及他人如何受其思想和感受影响的信念体系。

9.4.B　动物与语言

学习目标 9.4.B　关于动物能够使用语言的观点，总结支持和反对该观点的证据

人类认知的一个主要组成部分是语言，这种能力将本身毫无意义的元素组合成无数表达意义的话语。非人类动物有类似的东西吗？很多人都希望能问问自己的宠物：当一只狗、一只猫或一条鱼是什么感觉？要是它们会说话就好了！

要成为一种合格的语言，交流体系必须将声音、姿势及符号以有意义的方式结合起来而不是随机结合。它必须允许转移，即就物体和事件进行交流，而这些物体和事件并不存在于此时此地，而是位于其他时间或空间。它还必须有一种具备生产力的语法（句法），即产生和理解无限数量的新话语的能力。根据这些标准，任何非人类的物种都没有自己的语言。当然，动物确实可以通过手势、身体姿势、面部表情、发声和气味进行交流。其中一些信号具有非常特殊的含义：长尾黑颚猴似乎用不同的叫声来警告豹、鹰和蛇的到来（Cheney & Seyfarth, 1985）。但是，它们无法将这些声音结合起来，发出完全新奇的声音，比如"当心，哈里，那只眼尖的豹子要来咬你了"。

然而，一些动物如果能从它们的人类朋友那里得到一点帮助，或许也能学会语言。由于猿类的声道没法使它们说话，大多数研究人员已经使用了基于手势或视觉符号的创新性方法。在一项实验中，黑猩猩学会了用排列在磁性板上的几何塑料模型来书写单词。在另一个实验中，它们学会在电脑监控下的键盘上输入符号（Rumbaugh, 1977）。还有一次，它们学会了数百种美国手语（Fouts & Rigby, 1977；Gardner & Gardner, 1969）。

在这些研究中，动物学会了听从指令、回答问题和完成任务。它们甚至好像在用新技能为自己的不听话道歉，责骂它们的教练，以及和自己说话。据报道，一只低地大猩猩科科（Koko）用手势表示它感到高兴或悲伤，提及过去和未来的事件，哀悼它死去的宠物小猫，并在做了一些淘气的事情时，它会为此撒谎（Patterson & Linden，1981）。最重要的是，这些动物将单个信号或符号组合成它们从未见过的长话语。

不幸的是，在对灵长类动物的研究中，一些早期的研究人员过度解释了这些动物的话语，他们把各种各样的意思和意图解读成一个单一的信号或符号，且忽略语序的混乱（"香蕉吃了我"），并无意中给予动物非语言暗示，使类人猿做出正确的反应。但在过去的几十年里，随着研究技术的不断提高，研究者发现，经过精心的训练，黑猩猩确实能够掌握语言的某些方面，其中包括使用符号指代物体的能力。一些动物也会自发地使用手势来相互交流，这表明它们不仅仅是在模仿或试图获得奖励（Van Cantfort & Rimpau，1982）。倭黑猩猩（猿类的一种）尤其精于语言。一只叫坎兹（Kanzi）的倭黑猩猩在没有经过正式训练的情况下学会了理解英语单词、短句和键盘符号（Savage-Rumbaugh & Lewin，1994；Savage-Rumbaugh, Shanker & Taylor，1998）。坎兹对诸如"把钥匙放在冰箱里"这样的命令能做出正确的反应，即使它以前从未听过这些字以这种特殊方式组合在一起的话语。它像孩子一样通过观察别人如何使用和正常的社会互动来学习语言。通过训练，它还学会了操作键盘符号来请求得到喜爱的食物或参加活动（玩游戏、看电视、拜访朋友），并表达自己的意图。

在另一个例子中，鸟的脑也并不像人们以前认为的那样。艾琳·佩珀伯格（Irene Pepperberg 2002，2008）从 20 世纪 70 年代后期开始研究非洲灰鹦鹉。她最喜欢的鹦鹉叫亚历克斯（Alex），它能使用英语单词来数数、分类和比较物体。当向它展示 6 件东西并被问到有多少时，它会回答（或者称为嘎嘎叫？）英语短语，如"2 个软木塞"或"4 把钥匙"。它甚至能正确地回答有关二维或三维物体的问题，比如"有多少把蓝钥匙？"亚历克斯还会提出一些要求（"想要意大利面"），并回答一些关于物品的简单问题（"哪个更大？"）。当你拿着蓝色的软木塞和蓝色的钥匙，问它"二者有什么相同之处？"它的回答是正确的："颜色"。事实上，它在学习新事物时的得分要比学习熟悉事物时的得分略高，这说明它不只是在鹦鹉学舌式地学习一些套词。

在非正式的交流中，亚历克斯也能说非常恰当的话。它会对佩珀伯格说"我爱你""对不起"。当她感到压力过大时，它还会说"冷静点"。一天，亚历克斯问佩珀伯格的会计师："想发疯吗？""不。"会计师说。"想要一些水吗？""不。""要香蕉吗？""不。"亚历克斯又提了几个建议，最后问："你想要什么？"（引自 Talbot，2008）。让全世界成千上万的仰慕者感到悲伤的是，亚历克斯在 2007 年突然死去了。

BBC/AF archive/Alamy Stock Photo

坎兹是一只倭黑猩猩，它通过在一个特别设计的电脑键盘上敲击符号来回答问题和提出要求，它还能理解英语短句。

John Robert Miller/AP Images

亚历克斯是一只非常聪明的鹦鹉。它的能力引出了关于动物智力的有趣问题和它们在特定语言方面的能力。

9.4.C 对动物思维的思考

学习目标9.4.C 解释拟人主义与否定拟人主义的方法在动物认知理解上的局限性

这些关于动物语言和认知的研究结果令人印象深刻，但是科学家们对这些动物在做什么仍然存在分歧（Tomasello，2017）。它们有真正的语言吗？它们在用人类的方式思考吗？它们有多聪明？科科、坎兹和亚历克斯的确不寻常，这在它们所属物种中典型吗？在努力纠正数百年来对动物认知能力的低估的进程中，现代研究人员是否对他们的数据进行了过度解读，高估了动物的能力？

这场辩论的一方是那些担心拟人主义的人，拟人主义错误地将人类的品质归于非人类，而不考虑对动物行为的简单解释（Balter，2012；Epley，Schroeder & Waytz，2013；Wynne，2004）。他们喜欢讲聪明的汉斯的故事（世纪之交的"神奇之马"），据说它拥有数学和其他能力（Spitz，1997）。聪明的汉斯可以用蹄子踩出适当的次数来回答数学问题。但心理学家奥斯卡·芬斯特（Oskar Pfungst，1911，1965）进行的一项小实验显示，当聪明的汉斯看不见提问者时，它的超能力就消失了。似乎提问者在提问后都盯着马蹄，身体前倾，期待地望着汉斯，然后在汉斯完成正确踢踏个数后，便抬起眼睛放松下来。聪明的汉斯的确很聪明，但它并不擅长数学或其他人类技能。它只是对人们经常提供的非语言信号做出反应。最重要的是，也许它的情商很高！

辩论的另一方是对否定拟人主义提出警告的人。有人错误地认为人类与其他动物没有任何共同点，尽管它们是我们进化上的表亲（de Waal，2001；Fouts，1997）。他们认为，将人类视为独特的物种可

能会使我们无法认识到其他物种也存在的认知能力，即使它们的认知不像我们的这样复杂。持这一观点的人指出，大多数现代研究人员已经竭尽全力避免聪明的汉斯的问题了。

总而言之，人类习惯于认为自己是最聪明的物种，因为我们拥有惊人的能力来适应变化，找到新的解决问题的方法，发明新的小装置，并使用语言创造一切——从双关语到诗歌。然而，正如本章所述，我们的思维并不总是像我们认为的那样明智。但是，我们可以夸耀一项至高无上的成就：我们是唯一一个试图了解自己的错误并改善自己的物种（Gazzaniga，2008）。我们想知道我们不知道的东西，我们被激励去克服自己的心理缺陷。人类独特的自我反省能力可能是对我们的认知能力重新持乐观态度的最佳理由。

TopFoto/The Image Works

这张老照片展示了汉斯的"聪明"。

日志9.4 批判性思维：分析假设

诸如情绪智力或三元智力理论等概念表明，有许多定义智力行为的方法。你如何将这些方法应用到动物认知的话题上呢？假设海豚短期内不会谱写一部轻歌剧，那么什么才算得上聪明的动物行为呢？你会如何识别它，如何测量它？

模块9.4 小考

1. 在非人类动物身上进行的关于认知过程的研究称为_____。

   A. 动物认知行为学　　　B. 拟人主义

   C. 元认知　　　　　　　D. 转移

2. 以下哪一种动物（到目前为止）还没有被证明拥有习得语言的能力？

   A. 黑猩猩　　　　　　　B. 倭黑猩猩

   C. 老鼠　　　　　　　　D. 非洲灰鹦鹉

3. 一只蜜蜂表演一小段舞蹈，用来向其他蜜蜂传递食物的方向和距离信息。由于蜜蜂可以通过"说话"来指明位于其他地方的东西，它的交流系统体现了_____。但是，由于蜜蜂只能说出从基因上讲属于它自己的"语言"，所以它的交流系统缺乏_____。

   A. 转移；意义　　　　　B. 生产力；转移

   C. 意义；转移　　　　　D. 转移；生产力

4. 巴纳比认为他的宠物蛇科莉对他怀有愤怒的想法，因为科莉一直很冷淡，不再缠在他的脖子上。巴纳比的想法错在哪？

   A. 否定拟人主义　　　　B. 拟人主义

   C. 人体测量学　　　　　D. 人类中心论

5. 人类和其他动物有着共同的进化历史；因此，假设其他动物没有认知能力而只有人类有这种能力是不明智的。这是对"_____"这一概念的

警告。

   A. 否定拟人主义　　　　B. 拟人主义

   C. 人体测量学　　　　　D. 人类中心论

写作分享：思考和智力

你在一所中学的教室里帮忙。班上的一个学生发现数学作业很有挑战性，在和你一起做作业的时候，他说："我只是不聪明。"考虑一下你对思考和智力的科学理解的新发现。从下列主题中选择一个：可用性启发式，多元智力，或对智力的态度（或本章涵盖的任何其他内容）。你如何利用智力这一概念来回应这个学生，使他在最终的学业评估中取得好成绩？

批判性思维演示

主张：不同的人有不同的学习方式

步骤1. 批判这一主张

假设你是一名游客，试图在一个陌生的城市找到一个目的地。你喜欢哪种类型的帮助？

选择1：你的朋友，一个当地人，递给你一张地图。

选择2：你的朋友一步一步地给你指明方向，你要听并记住了。

选择3：你的朋友写下怎么走。

选择4：你的朋友陪你走，给你带路，这样下次你就能自己找到它了。

人们以不同的方式思考新信息。事实上，老师经常根据他们所认为的学生的不同思维方式来组织他们的课程。让我们来评估这一主张：不同的人有不同的学习方式。

步骤2. 提出问题，乐于思考

我们批评这一主张的第一步，可能是要问我们是否能可靠地测量人们对新信息的思考偏好。我们能测量不同的学习方式吗？

例如，我们可以通过开发书面项目来测量例子中提到的四种不同的学习方式：视觉、听觉、读/写

和身体（与身体相关）。举例来说，试着回答下面的问题，看看你将收到哪些关于你的学习方式的反馈。当你这样做的时候，请批判性地思考问题和反馈。这些问题中所预设的情境对评估学习方式是否合理？你的反馈对你来说准确吗？

1）你买了一件需要组装的新家具。你会先尝试以下哪一个步骤？
 a）查看随附的组装说明书中的图示
 b）组合不同的组件，看看怎样组装合适
 c）向一个刚刚组装了同样东西的朋友取经
 d）阅读附带的组装说明书
2）你必须在课堂上做一个口头报告。你认为下列哪一种策略在准备时最有帮助？
 a）把你的演讲写下来，多读几遍来学习它
 b）把你的演讲录下来，然后多听几遍来学习它
 c）在幻灯片中加入图表以帮助解释你所呈现的事物
 d）反复练习演讲
3）你在一个需要跳舞的音乐剧中获得了一个角色。你认为下列哪一种方法对学习舞蹈最有帮助？
 a）一遍又一遍地练习舞步
 b）一遍又一遍地看别人的舞蹈视频
 c）反复阅读按顺序列出的舞步清单
 d）将列出的舞步按顺序录音，然后一遍又一遍地听
答案：1a）视觉，1b）身体，1c）听觉，1d）读/写
 2a）读/写，2b）听觉，2c）视觉，2d）身体
 3a）身体，3b）视觉，3c）读/写，3d）听觉

步骤 3. 定义术语

　　就像游客喜欢用不同的方式问路一样，人们也会对你刚才看到的问题给出不同的答案。但是，仔细想想这些问题背后真正的问题是什么。它们测量的是学习方式本身吗？还是它们测量了学习偏好？

　　"学习方式"这个术语意味着有些人获取某种模式的信息更有利于学习，而其他人通过其他模式会学得更好。我们对术语的精确定义提醒我们，学

习方式和学习偏好之间可能有重要的区别。

步骤 4. 分析假设与偏见

　　另一个挑战来自"学习方式"这一流行概念。它呼吁学生（以及他们的家长）相信，只要教学能根据个人需要量身定做，每个人都有潜力更高效地学习。

　　让我们想想为什么假设与偏见会影响人们对学习方式的看法。为下面每个空格选择适当的选项，完成句子。

　　想想那些在课堂上困难挣扎的学生。也许学习内容很有挑战性，也许他们的学习策略需要调整，也许他们只是不够努力。但一个替代性的结论是：老师的教学风格与学生自身的学习方式不能很好地匹配，这是一个(1)_____的假设。对于老师自己而言，德克尔等（Dekker et al.，2012）的研究报告说，94% 的老师相信当学生以自己所偏好的模式接收信息时，他们表现得更好，这表明(2)_____。为了检验这些假设，我们需要研究参加测试的学生，看他们是否具备一种特殊的学习方式。例如，当向他们呈现听觉信息而未向其他学生呈现时，他们是否存在这样一种让他们(3)_____的听觉学习方式。
1）a. 不那么威胁自我
 b. 不那么吸引人
 c. 更有成效
2）a. 老师对学生学习方式的判断比学生更准确
 b. 学生对学习方式的假设部分源于老师的信念
 c. 这些老师中的大多数已经对这个话题进行了科学的研究
3）a. 享受更多
 b. 画画和借助其他视觉辅助工具
 c. 学得更好
答案：1）a，2）b，3）c

步骤 5. 检查证据

　　2008 年，哈尔·帕舍尔（Hal Pashler）和他的同事回顾了这项科学研究，认为尽管这一想法

很受欢迎，但"没有足够的证据"支持基于学习方式评估的教学计划。此后的研究没有改变这一结论。在2017年的一项研究中，参与者被分为视觉学习者和语言学习者两组。视觉学习者说他们在记忆图像的任务上表现得更好；语言学习者说他们在记忆单词方面做得更好。但是，他们的实际成绩并没有沿着这些趋势变化。其他研究也报告了类似的理解力测试的结果。

步骤6. 权衡结论

不同的人有不同的学习方式吗？不，至少不是我们通常认为的那样。然而需要肯定的是，人们有不同的学习偏好。每个人都有不同的学习能力。但是，并没有证据表明成功思考的关键在于教学风格和学习方式的匹配。这可能是个好消息！生活中的许多任务只适合于一种类型的学习而非其他。就像精明的背包客可以应对各种突发事件一样，我们最好把不同类型的学习作为我们应该随身携带的不同装备。

总结：思考和智力

9.1　思考：用我所知

学习目标9.1.A　解释认知的基本要素：概念、原型、命题、图式和心理表象

概念是一种心理范畴，它将具有某些共同属性的物体、活动、抽象事物或特质归类。实例数量适中的概念比实例少或多的概念更容易获得。原型是概念的实例，比其他实例更具代表性。命题由概念组成，表达一个单一的看法。它们可以连接在一起形成认知图式，作为思考世界各个方面的心理框架。心理表象也在思考中发挥作用。

学习目标9.1.B　区分潜意识思考和无意识思考，解释多任务处理和内隐学习的含义

并非所有的心理过程都是有意识的。潜意识过程存在于意识之外，但在必要时可以被带入意识。

它使我们能够同时执行两个及以上的动作，其中一个动作是高度自动化的。但多任务处理——并非自动地在任务之间切换——通常是低效的，会带来错误，甚至是危险的。无意识过程存在于意识之外，但仍会影响行为；它涉及内隐学习，即我们学习了一些东西，但不知道我们是如何学习的，也不能确切地说出我们学到了什么。

学习目标9.1.C　作为决策策略，对比算法和启发式，并解释顿悟和直觉如何有助于问题解决

当问题被清晰定义时，通常可用算法来解决；然而，当问题比较模糊时，人们往往必须应用称为启发式的经验法则。有些问题引发了无意识过程，比如直觉和顿悟。"快"思考适用于快速的、凭直觉的、情感化的以及几乎自动化的决定，"慢"思考需要智力上的努力，这就是为什么人们经常依赖前者并犯错的原因。

学习目标9.1.D　注意形式推理、非形式推理、辩证推理和多阶段反思判断的定义特征

推理是一种有目的的心理活动，它涉及从观察、事实或假设中得出推论和结论。形式推理问题需要提供必要的信息，以达成一个结论或解决方案，并生成正确的或最好的答案；非形式推理问题往往没有明确的正确解决方案，因此需要辩证思考对立观点。

9.2　理性推理的障碍

学习目标9.2.A　描述情感性启发式和可用性启发式如何解释夸大不可能之事的倾向

人们倾向于夸大不可能事件的可能性，部分是因为情感性启发式和可用性启发式。人们能够轻易地想起一个事件的实例，尤其是带有强烈情感成分的事件，这会让我们相信这个事件特别有可能发生。

学习目标9.2.B　解释框架效应如何引导人们避免概率判断中的损失

避免损失的愿望和框架效应——选择是如何被呈

现的——左右了我们的选择。同样的信息，以积极或消极的方式呈现，其评价会大不相同。

学习目标 9.2.C 总结并举例说明公平偏见、后见之明偏见、确认偏见和心理定势

人们往往会因为公平偏见而放弃经济利益，这种偏见似乎有进化的根源，目前人们正通过对灵长类动物和人类婴儿的脑扫描来对此进行研究。人们还经常高估自己做出准确预测的能力（后见之明偏见），并主要关注那些能够证实他们信念的证据（确认偏见）。推理的另一个障碍是，人们倾向于形成心理定势，看到一些根本不存在的模式。

学习目标 9.2.D 讨论在什么情况下认知偏见对推理是有利的，以及在什么情况下是有害的

"偏见"听起来像是坏事，但它们有时会加速我们对复杂世界的思维处理，或使我们的社会交往变得更顺畅，从而起到积极作用。虽然我们愿意相信别人是有偏见的（而不是我们自己），但事实上大多数人在很多情况下都能减少自己的不理性，比如当一个决定特别重要或对个人有意义的时候。

9.3 测量智力

学习目标 9.3.A 定义智力及其晶体和流体形式之间的区别

智力很难定义。大多数心理学家认为，它的基础是一种普遍的能力——g 因素，这种普遍的能力可以进一步描述为晶体智力（反映积累的知识）或流体智力（反映推理和利用信息解决新问题的能力）。

学习目标 9.3.B 总结智商的概念、如何测量它、它的一些局限性，以及对它进行跨文化评估的挑战

智商代表一个人在智力测试中的表现与其他人相比有多好。阿尔弗雷德·比奈设计了第一个广泛使用的智力测试，以确定哪些孩子可以从对教育的补救工作中受益。人们批评 IQ 测试是依据中产阶级

白人的情况编制的：文化几乎影响着与考试有关的一切——从态度到问题解决策略。对一个人的族裔、性别或年龄的刻板印象可能会使这个人感受到刻板印象威胁，从而导致焦虑，干扰测试表现。

学习目标 9.3.C 描述元认知、三元智力理论、多元智力和情绪智力如何阐明"智力"的多样性

智力的认知取向强调不同种类的智力和用以解决问题的策略。智力的一个重要认知成分是元认知，即对自己认知过程的理解和监控。罗伯特·斯滕伯格的三元智力理论提出了智力的三个方面：分析性、创造性和实践性。霍华德·加德纳的多元智能理论认为，智力的最佳特征是处理某种信息的能力。情绪智力也很重要，即迅速识别情绪、清楚表达情绪和调节情绪的能力，它可以增强社会交往。

学习目标 9.3.D 概述纵向和跨文化研究如何阐明动机、努力工作和智力成就的相互作用

智力成就还取决于动机、努力工作、自律和毅力。跨文化研究表明，关于智力的信念、父母的标准和对教育的态度在造成学业成绩差异方面起着重要作用。

9.4 动物心智

学习目标 9.4.A 总结支持和反驳动物智力概念的证据

一些研究人员，尤其是动物认知行为学研究人员，认为非人类动物的认知能力比以往认为的要强。有些动物可以将物体作为简单的工具来使用，黑猩猩和鸟类表现出对数字的简单理解。一些研究人员认为，类人猿、海豚和大象拥有心理理论的某些方面，能够理解他人的心理活动。

学习目标 9.4.B 关于动物能够使用语言的观点，总结支持和反对该观点的证据

在使用视觉符号系统或美国手语的研究项目中，灵长类动物获得了语言技能。一些动物（即使是非灵长类动物，如海豚和非洲灰鹦鹉）似乎能够使用

简单的语法规则来传达或理解意思。

学习目标9.4.C　解释拟人主义与否定拟人主义的方法在动物认知理解上的局限性

科学家们对如何解释动物认知方面的发现存在分歧，对拟人主义（错误地把人类的品质归于非人类）以及否定拟人主义（认为人类与其他动物没有任何共同之处）这两种观点存在一定的担忧。

第9章测试

1. 概念的代表性实例被称为＿＿＿＿＿＿＿。

   A. 启发式　　　　　B. 基本概念

   C. 图式　　　　　　D. 原型

2. 发生于意识之外但必要时可被意识到的心理过程被称为＿＿＿＿过程，而发生在意识之外但无法被意识到的心理过程被称为＿＿＿＿过程。

   A. 潜意识；无意识　B. 无意识；前意识

   C. 前意识；潜意识　D. 无意识；潜意识

3. 玛诺什想在大学毕业后赚很多钱。在决定攻读哪个专业时，她把选择范围缩小到医学预科、商科、工程和计算机科学。虽然她不确定自己究竟想学什么，也不确定哪类工作最让她高兴，但她至少在很大程度上缩小了解决方案的选择范围。玛诺什依靠的是哪种决策策略？

   A. 算法　　　　　　B. 启发式

   C. 心理表象　　　　D. 前反思性思维

4. 杰拉尔德认为政客对人们日常生活的影响巨大，埃德加认为政客对人们日常生活的影响较小。"好吧，"杰拉尔德说，"我想有很多方法可以看待这个问题。重要的是，我们既要考虑周全，又要为自己的观点提供连贯的论据。"金和基奇纳的哪一种思维方式描述了杰拉尔德的观点？

   A. 形式推理　　　　B. 前反思性

   C. 准反思性　　　　D. 反思性

5. 杰伊瑟拉被问及英语中以 ing 结尾的单词是否比以 n 作为倒数第二个字母的单词更常见。她的脑海里浮现出一长串以 ing 结尾的单词（running、jumping、reading、laughing），但她只能想到几个倒数第二个字母为 n 的单词（drink、second）。因此，她马上得出结论：以 ing 结尾更常见。是什么妨碍了理性推理？

   A. 情感性启发式　　B. 可用性启发式

   C. 框架效应　　　　D. 后见之明偏见

6. 因加专心地听讲，她的经济学教授说她所在的县存在 4% 的失业率。她对这一统计数据感到不安，后来她和朋友约书亚聊了聊。约书亚在同一门经济学课程中选修了不同的专题。"我们县的失业情况太可怕了！"因加哀叹道。"你是什么意思？"约书亚回应，"教授告诉我们，我们县 96% 的人都有工作，这听起来相当不错。"推理的哪种障碍可能会影响因加和约书亚的结论？

   A. 情感性启发式　　B. 可用性启发式

   C. 框架效应　　　　D. 后见之明偏见

7. 弗朗哥和卡拉走在街上，突然发现了一个纸袋。卡拉先把它捡起来，发现里面有20张一美元的钞票。"真是太棒了！"卡拉说，"这样，你拿 5 美元，我留下 15 美元。"弗朗哥气愤地说："你疯了！要么给我一半，要么把袋子放回去。我宁愿什么也不要，也不愿接受你那糟糕的提议！"弗朗哥阐述了理性推理中的哪种障碍？

   A. 公平偏见　　　　B. 情感性启发式

   C. 确认偏见　　　　D. 可用性启发式

8. 什么时候人们对认知偏见的依赖性可能会降低？

   A. 人们在做一些他们擅长的事情时，或者当他们所做的决定严重影响个人时

   B. 人们在评判别人的行为而非评判自己的行为时

   C. 人们在判断自己做决定的理由而不是试图理解别人的决定时

   D. 人们在面对一个定量的决定而不是一个定性的判断时

9. 一个人一生可以获得的认知技能和专门知识被称为_____。

　　A. 心理理论　　　　B. 流体智力

　　C. 晶体智力　　　　D. 心理年龄

10. 以下哪一项陈述最好地抓住了智力测试所衡量的要义以及智力测试应该如何使用?

　　A. 智力测试测量先天能力,它在预测遗传智力技能的基本水平上的准确性已经得到了很好的证明

　　B. 智力测试只测量了智力的部分内容,不能测量与智力概念相关的一切;因此,在评估一个人的时候,应该将它和其他形式的证据一起使用

　　C. 智力测试主要按照"聪明"这一维度对人进行分类

　　D. 已证明智力测试适用于测试来自世界各地的人。智力测试的悠久历史表明,这些测试衡量先天能力的方式是一致的

11. 根据三元智力理论,哪个组成部分阐述的是利用信息加工技能,例如识别和定义问题,比较解决方案,以及评估问题解决策略的结果?

　　A. 情绪智力　　　　B. 经验智力

　　C. 分析性智力　　　D. 创造性智力

12. 萨拉的智力略高于平均水平,但她为自己设定每天的学习目标并努力实现,愿意学习到深夜,对自己在学校的进步保持积极的态度。以下哪一种说法得到了研究结果的支持,最好地总结了萨拉的情况?

　　A. IQ 是智力成功的有效衡量标准,但勤奋、动力和自律也能预测成功

　　B. 若没有原始智力的坚实核心成分,萨拉不太可能在以后的生活中取得很大的成功

　　C. 努力工作使人有成就感,但只有加上高 IQ 才能使人通向成功

　　D. 萨拉正在展现情绪智力的所有成分。因此,她很可能是"聪明的人",而不是"聪明的书呆子"

13. 一个关于他人心智运作方式的信念体系被称为_____。

　　A. 框架效应　　　　B. 情境智力

　　C. g 因素　　　　　D. 心理理论

14. 就此时此地不存在但存在于其他时间或空间的对象进行交流的能力,被称为_____。

　　A. 反思性判断　　　B. 辩证推理

　　C. g 因素　　　　　D. 转移

15. 聪明的汉斯的故事,据说是一匹懂数学的马的故事,该故事作为一个警示,警告科学家_____的危险。

　　A. 拟人主义　　　　B. 否定拟人主义

　　C. 人体测量学　　　D. 人类中心主义

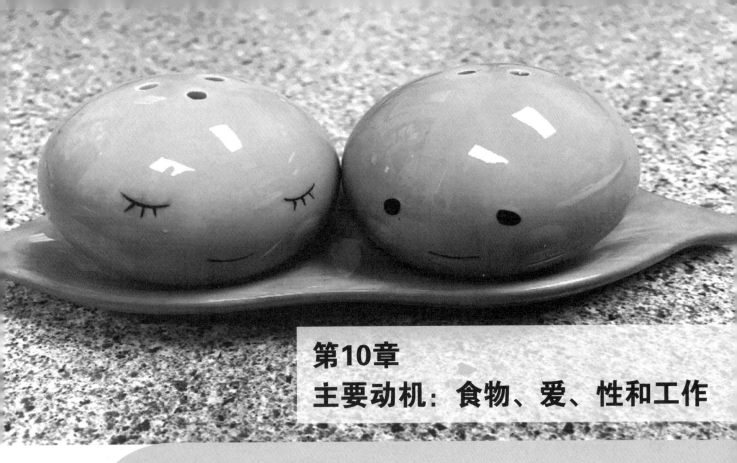

第10章
主要动机：食物、爱、性和工作

你需要做什么？

心理学是一门研究我们日常思考、感受及行为的科学。学习本章之前，我们有关于你自己日常生活的问题要问你。我们希望这只是你在阅读本章时思考自己人生经历的开端。

互动

提出问题，乐于思考

你是否会与在网络或手机应用上刚认识的人约会或发生一段关系？

□ 是

□ 否

如果你曾仔细地观察小学的墙壁、牙医的办公室或公司的办公室，你可能会觉得自己对动机有所了解。这些位置通常会有一些广告、海报或鼓舞人心的标语，例如"相信你能做到，你已经做到一半了"、"你越努力，就越幸运"或"团队里没有'我'"。理解动机，看起来就像找到一台彩色打印机和四个图钉那么简单。

但是，如果这看起来太简单，你可能会愿意为一些"专家"的建议支付更多的钱。上网搜索一下"励志演说家"，你会得到成千上万的结果。有无数的机构和个体随时准备告诉你创新的秘密、成功的关键、未来的前景、找寻合作伙伴的最佳方式——当然，这些都是收费的。如果你不想耐着性子听完45分钟的演讲，他们中的很多人也非常愿意卖给你一套练习册和视频，这样你就可以在私人时间里提高士气。

现在你可能猜到了，理解动机并不像海报或线上教程那么简单。理解一个人的动机意味着要回答心理学上的一个核心问题：人们为什么要做他们正在做的事？你自己的经验告诉你做出某一行为的理由非常复杂，包含生理的、心理的、文化的和人际的力量。更重要的是，人们的思想和行为的范围巨大，这意味着关于"为什么"的任何单一答案可能是不够的。

在过去的许多年里，动机研究主要集中在生物学驱力上：获取食物和水、寻求伴侣、为了性、寻找新鲜事物、避免不适和痛苦等需求。但是，驱力理论并不能解释人类动机的复杂性，因为人类是有意识的生物，能够提前思考和计划，为自己设定目标，并为实现这些目标制定策略。例如，人们可能会为了生存而去吃，但这不能解释为什么有些人会用绝食来抗议不公正，而其他人即使已经饱了还是会在自助餐厅里取食物。人们可能受到与他人建立社会联系和寻找理想伴侣等需求的驱使，但这不能解释为什么一些人沉浸于一次又一次的邂逅，而另一些人则在专一、长期的关系中更快乐。

使问题更加复杂的是，心理学家试图理解生物学和人类进化形成的这些动机，但他们研究的对象——人类——是生活在一种复杂的、技术先进的世界中的有自我意识的生物。动物为了生存必须繁衍，但在当今社会，人们可以通过约会网站和应用程序快速跨越时空，遇到数以千计的潜在伴侣。对于研究动机的心理学家来说，长期存在的行为倾向和最近社会进步带来的偏好的交叉点，是一个特别有趣的领域——我们将在本章的多个部分回顾这一领域。

具体来说，在这一章中，我们将考察人类动机的四个核心内容：食物、爱、性和工作（或成就）。我们也会看到为自己设定的目标是如何影响我们的幸福和心理健康的。

RTimages/Alamy Stock Photo

当你在人生的道路上遇到一个充满隐喻的岔路口时，是什么驱使你朝着一个而不是另一个方向前进？

10.1　动机和饥饿的动物

在我们开始研究具体的动机之前，首先理解"动机"对心理学家意味着什么，这非常重要。

10.1.A　动机的定义

学习目标 10.1.A　定义动机，并区分其内在形式和外在形式

将某人描述为"有动机的"，会让人联想到许多可能的定义。如目标导向、决心、专注等，但这些术语同样需要定义。一只快速逃跑的蟑螂似乎不想被鸟吃掉，但你能把它的行为称为"专注"吗？定义**动机**（motivation）是必要的。对大多数心理学家来说，它指的是一个人或其他动物内部的一个过程，这个过程使得有机体朝着一个目标前进，或者摆脱一个不愉快的处境。

动机有两个主要来源。**内在动机**（intrinsic motivation）指的是为了某项活动本身而追求某项活动。例如，一个跑步者热爱运动可能仅仅因为运动让她感觉良好和充满活力。一个年幼的孩子热爱阅读纯粹是因为阅读是一种令人愉快的活动。**外在动机**（extrinsic motivation）是指为了外在的奖励而追求某项活动，如金钱、好成绩或其他外在的诱惑。一个以赢得大量奖牌为动机的跑步运动员，关注的不是运动的内在价值。同样，一个孩子如果为了提高成绩或者从当地图书馆获得证书而读书，那么他不会在书的世界里找到内在的乐趣。正如我们在本章中看到的，你的动机是内在的还是外在的影响你如何实现目标，以及实现目标后你的满意度如何。在讨论这个问题之前，我们先来看看为了满足生存需要的一个基本动机：吃。

动机

一种导致朝向目标或远离不愉快情况的推断过程。

内在动机

为了某项活动本身而追求某项活动。

外在动机

为了外在的奖励而追求某项活动，如金钱或表扬。

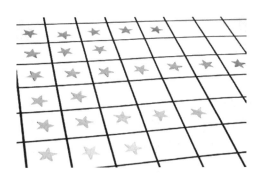

Braclark/iStock/Getty Images

许多家长和学校使用星星和其他奖励来鼓励孩子的某些倾向。但是，从长远来看，这是个好主意吗？这种外在动机可以增大孩子短期内参与这些行为的可能性，但是，一旦这些动机消失，孩子们还会参与这些行为吗？

10.1.B　体重生物学

学习目标 10.1.B　讨论影响体重的生物因素，并解释什么是定点

如果你曾极度饥饿，你就会知道食物的力量有多强大。你变得只专注于填饱肚子，你接受你能找到的第一种可食用的东西，而不是花时间去寻找你真正渴望的美味，或者对你来说最健康的食物。但是，假如你不是等到饥饿才开始吃东西，那么在日常生活中，基因、心理过程、环境对我们吃东西的动机以及我们选择吃什么有多大影响呢？

有一段时间，大多数心理学家认为超重是情感障碍的标志。如果你超重了，那是因为你讨厌你的母亲、害怕亲密关系，或者想通过吃甜点来填补心灵上的空虚。然而，这些理论的证据主要来自自我报告和有缺陷的研究，这些研究缺乏对照组或没有客观测量参与者的实际饮食量。当研究人员进行对照研究时，他们发现，与体重正常的人相比，超重的人并没有表现出更多或更少的情绪失调。更令人惊讶的是，研究人员发现，肥胖并不总是由饮食过量引起（Munsch & Jansen, 2014; Stunkard et al., 2004）。很多肥胖者吃大量的食物，但有些瘦子也是。在一项早期的实验中，志愿者们花了几个月的时间让自己变漂亮。对于苗条的人来说，增加体重和超重者减肥一样困难。研究结束后，在节食者体重回升的同时，瘦子的体重也减轻了（Sims, 1974）。

基因对体重和体型的影响 从这些发现中得出的解释是，生物机制会将你的体重保持在一个固定范围，即受基因影响的**定点**（set point），当你不想增加或减少体重时，你的体重会围绕定点上下浮动10%（Lissner et al., 1991; Müller et al., 2018）。定点理论催生了大量关于如何调节食欲、饮食和体重增减的研究。每个人都有一个由基因编程的基础代谢率（即身体燃烧卡路里获取能量的速率），以及一定数量的脂肪细胞（它们储存脂肪以获取能量，并可以改变体型）。肥胖者的脂肪细胞数量是正常体重成年人的两倍，且他们的脂肪细胞更大（Kopelman, Caterson & Dietz, 2009）。减肥时，他们的脂肪细胞并没有消失，只是变小了，之后又很容易变得丰满起来。

定点

由基因影响的个体体重范围，这个范围由调节食物摄入、脂肪储备和新陈代谢的生物机制所维持。

David Ryan/Alamy Stock Photo

体重和体型受到遗传因素的强烈影响。定点理论可以解释为什么美国西南部的皮玛族人很容易增加体重，减肥过程却很慢，而其他地区的人尽管吃很多食物却保持苗条。

新陈代谢、脂肪细胞和激素的复杂交互作用，使人们保持设定好的体重，就像恒温器保持室温恒定一样。激素和其他能增加食欲的化合物被称为**食欲诱发物质**（orexigenic substances）；那些能减少食欲的化合物被称为**厌食物质**（anorexigenic substances）。当一个肥胖的人节食时，身体的新陈代谢会减慢以保存能量和脂肪储备（Harrington et al., 2013）。当一个瘦子暴饮暴食时，新陈代谢就会加速，以消耗能量。在一项研究中，16名身材苗条的参与者连续8周每天多摄入1 000卡路里，他们的新陈代谢加速，以燃烧多余的卡路里。他们就像蜂鸟一样，不停地移动：坐立不安、踱步、频繁地变换姿势（Levine, Eberhardt & Jensen, 1999）。

是什么设定了定点？首先是基因。在不同家庭长大的成年双胞胎，体重和体型变化情况和一起抚养的双胞胎相似。当同卵双胞胎增加体重时，他们发胖的部位相同：有些双胞胎在腰部堆积了脂肪，有些则堆积在臀部和大腿上（Comuzzie & Allison, 1998; Horn et al., 2015）。除了白色脂肪，基因也影响一个人有多少棕色脂肪。棕色脂肪是一种燃烧能量的脂肪，对调节体重和血糖很重要。肥胖者缺乏这种脂肪，这可能是肥胖者不能燃烧他们摄入的所有卡路里的原因之一（Cypess et al., 2009）。然而，寒冷和运动能让生物体产生棕色脂肪，至少在老鼠体内，寒冷和运动会让白色脂肪变成棕色脂肪（Ouellet et al., 2012）。棕色脂肪细胞很吸引人，当它们耗尽自己的能量来源时，会吸取身体其他部位的脂肪来保持身体的温暖。

食欲诱发物质

一种诱发食欲的化合物，能增加食欲，通常会导致食物摄入量增加。

厌食物质

一种降低食欲的化合物，通常导致食物摄入量降低。

～～～～～～～～～～

基因突变和瘦素　当调节正常饮食和控制体重的基因发生突变时，可能会造成肥胖。其中一种基因叫作"肥胖基因"，它使脂肪细胞分泌一种导致厌食的蛋白质，研究人员将其命名为瘦素（来自希腊语，意思是"苗条"）。瘦素通过血液到达参与食欲调节的下丘脑。当瘦素水平正常时，人们只吃足够维持体重的食物。当肥胖基因突变导致瘦素水平过低时，下丘脑认为身体缺乏脂肪储备，并向个体发出大量进食的信号。给缺乏瘦素的老鼠注射瘦素，会降低老鼠的食欲，加速它们的新陈代谢，使它们更加活跃，从而体重减轻。对于大多数肥胖者和超重的人来说，服用瘦素并不能帮助他们减掉太多体重（Comuzzie & Allison, 1998; Liu et al., 2013）。

～～～～～～～～～～

Remi BENALI/Gamma – Rapho/Getty Images

这两只老鼠的肥胖基因都发生了突变，这通常会让老鼠变胖，比如右边的那只。但是，当每天注射瘦素时，老鼠吃得更少，消耗更多的热量，变得苗条，就像左边的那只。不幸的是，对大多数人来说，注射瘦素没有同样的效果。

～～～～～～～～～～

对老鼠的研究表明，瘦素在生命早期发挥着最关键的作用，它改变了影响人或其他动物今后进食量的脑化学物质。更具体地说，瘦素通过增强下丘脑中降低食欲的神经回路和弱化刺激食欲的神经回路来帮助调节体重（Elmquist & Flier, 2004）。在婴儿期这一关键时期，瘦素影响这些神经连接的形成，从而建立定点（Bouret, Draper & Simerly, 2004）。事实上，人们发现母乳中的瘦素水平因人而异。最近的研究表明，母乳中较高浓度的瘦素能帮助预测婴儿出生后第一年的较低体重（Chan et al., 2018）。

导致肥胖的其他因素　还有许多基因与超重或肥胖有关（Frayling et al., 2007; Hasnain, 2016; Herbert et al., 2006）。一种基因调节蛋白质的合成，这种蛋白质能使人吸收多余的卡路里而不是将其转化为脂肪。你的鼻子和嘴巴里有个吸血鬼，一直催你多吃点（"食物就在那儿！很好吃！快吃！"）；内脏里的感受器则告诉你放弃（"你已经吃饱了！"）；瘦素和其他化学物质会告诉你，你已经储存了足够的脂肪或脂肪不足。令人产生食欲的饥饿素会让你感到饥饿并渴望吃更多；而瘦素会让你食欲大减，让你吃更少。这个复杂的定点系统似乎可以解释为什么减肥的节食者在减重后很难保持。即使在减肥一年后，节食者的体内仍然缺乏瘦素，并发出让他们多吃、恢复体重的神经信号（Kissileff et al., 2012）。

不仅如此，即使你的舌头无法品尝到含糖食物，或者享受它们的口感，你的脑也会因为它们而变得"兴奋"。甜食会提高脑中诱导快感的多巴胺的含量，使你渴望更丰富的食物（de Araujo et al., 2008）。一些肥胖的人可能有低活跃的奖励回路，这导致他们暴饮暴食，以提高他们的多巴胺水平（Stice et al., 2008）。当肥胖的人哀叹他们对食物上瘾时，他们可能是对的。控制食欲和体重的机制复杂性解释了为什么抑制食欲的药物不可避免地失效，因为它们只是你保持体重的众多影响因素之一。

但是，根据美国疾病控制和预防中心的最新数据，美国 72% 的成年人和至少 33% 的儿童和青少年存在超重或肥胖的情况，因此减肥产品、减肥手术和减肥项目的销售势头强劲。男性和女性、所有社会阶层、所有年龄群体，以及许多其他地区（如墨西哥、北非、加拿大、英国、日本、澳大利亚，甚至东南亚）的肥胖率都在上升（Popkin，2009）。根据世界卫生组织的数据，自 1975 年以来，全世界的肥胖率增加了三倍多。许多健康研究人员为这一趋势感到担忧，因为肥胖被认为是导致 2 型糖尿病、高血压、心脏病、中风和其他疾病的危险因素。

10.1.C 环境对体重的影响

学习目标 10.1.C 讨论并举例说明环境对体重的重要影响

导致全球体重上升的罪魁祸首反映了环境的重大变化：

1. 越来越多的快餐和加工食品。 当食物丰富时，人类基因倾向于增重，因为在人类的进化过程中，饥饿常常发生。因此，以脂肪形式储存卡路里的倾向提供了一种生存优势。不幸的是，进化并没有产生一种相对应的机制来阻止人们在食物廉价、易得且高糖、高淀粉和高碳水化合物的情况下增加体重（Monteiro et al.，2013）。当然，这就是今天的情况：我们被 3/4 磅的汉堡包、薯条、玉米煎饼、比萨，还有巧克力棒包围了。

一个研究小组在学校新快餐店开业前后跟踪调查了校内数千名九年级学生。一些学生的学校在汉堡包店或比萨店附近，一些学生的学校距离新快餐店 0.25 英里或更远，前者比后者在次年更容易变胖（Currie et al.，2010）。食用快餐似乎也是"新生增重 15 磅"的主要原因。在对中西部和东海岸两所不同大学的一项研究中，超过 70% 的新生体重显著增加（Lloyd-Richardson et al.，2009）。当然，其他原因（如焦虑和思乡）可能也会导致新生体重增加。

Beowulf Sheehan/ZUMA Press，Inc./Alamy Stock Photo

在《终极健康》（*Drop Dead Healthy*）这本书中，作者雅各布（A. J. Jacobs，2012）测试了改变饮食习惯的各种潜在策略，从把零食放进个性化的袋子、控制食用量，到在餐桌上支起镜子看着自己吃东西等。雅各布的书轻松而有趣地探讨了环境对体重的影响，许多心理学家已经对此进行了科学研究。

2. 广泛消费高糖、高热量的软饮料。 在人类历史的大部分时间里，饮料（牛奶、葡萄酒、果汁等）中的卡路里比例很低。因此，人体并没有进化出一种可以通过降低食物摄入量来补偿液体摄入量的机制。可是，富含糖和卡路里的软饮料开始在全球蔓延。事实上，几十项研究表明，软饮料的消费已经与成年人和儿童的体重增加联系在一起（Malik et al.，2013）。

3. 运动减少和其他能量消耗的急剧下降。 由于智能手机、笔记本电脑和平板电脑、电视机、电子游戏，以及驾车的方便化，许多当代人花费大量时间从事久坐不动的活动。

4. 增加食物和饮料的摄入量。食物和饮料的摄入量变大，是上一代人的 2～3 倍。婴儿和刚学走路的孩子也摄入了超过他们需要的 30% 的热量（Fox et al.，2004）。在法国，人们吃油腻的食物，但比美国人少得多。他们所认为的适量——对于酸奶、汽水、沙拉、三明治等——比美国人认为的要少得多（Rozin et al.，2003）。

5. 丰富多样的食物。当饮食是可预测的时候，人们习惯于他们所吃的东西，并且少吃一点。这就是为什么限制人们只吃几种食物的饮食可能在一开始是成功的，但随着允许吃的食物变得更加多样化，人们吃得更多，体重增加更多（Remick, Polivy & Pliner, 2009）。

Michael Caulfield Archive/ WireImage/Getty Images

Ari N/Shutterstock

下次你和朋友出去的时候，记下每个人吃了多少（包括你自己），注意一下是否有食物分量、分散注意力的事情或者其他环境因素在起作用。

综上，吃东西的动机是复杂的。许多人认为他们吃什么和吃多少是受到良好管理的，但是也有一些看不见的外部因素影响着你的饮食习惯。举个例子，考虑一下分散注意力对食物消耗的影响。通过两项研究——一项是吃比萨，另一项是吃通心粉和奶酪——研究人员考察了大学生在看电视时吃了多少（以及多快），控制条件是他们在听古典音乐时吃了多少（Blass et al.，2006）。学生们在看电视时，平均多吃掉一块比萨；吃每一块比萨所需的时间不受条件影响，但在看电视时，学生们在吃完一块比萨后会更快地拿起另一块比萨。此外，学生们在看电视的时候吃了更多的通心粉和奶酪。其他研究发现，边吃边看电视或玩电脑会损害关于食物消耗量的记忆（Higgs & Woodward, 2009；Oldham Cooper et al.，2010）。

10.1.D　身体成为战场：饮食失调

学习目标 10.1.D　区分神经性厌食症和神经性贪食症，并讨论导致这两种疾病的因素

Lydie/SIPA/Newscom　　Jstone/Shutterstock

一些人认为，神经性厌食症和其他饮食失调症患病率的上升，是女性在杂志上看到超瘦时尚模特的结果。与此同时，随着"理想"男性逐渐变得更胖、肌肉更发达，在男性中饮食失调和身体形象障碍也在增加。你是怎么想的？

一些人每天都在他们所拥有的身材和想要的身材间做斗争和挣扎，从而患上严重的饮食失调症，这反映了他们对肥胖的非理性恐惧。**神经性贪食症**（bulimia nervosa）患者暴饮暴食（吃大量的油腻食物），然后通过呕吐或滥用泻药排出；其他补偿性行为包括禁食或过度运动。患有**神经性厌食症**（anorexia nervosa）的人通常会有严重扭曲的身体形象，即使是在他们消瘦的时候，他们依然认为自己很胖。厌食症是所有精神疾病中死亡率最高的疾病，因为患者可能死于器官衰竭或骨质疏松引起的并发症。

神经性贪食症
一种特征是暴饮暴食，然后强迫自己呕吐或使用泻药，或经历一段时间的禁食或过度运动的饮食失调症。

神经性厌食症
一种特征是担心自己变胖，身体形象扭曲，食物摄入量大幅减少的饮食失调症。

贪食症和厌食症是最广为人知的饮食失调症，但许多病理性饮食行为并不符合贪食症或厌食症的诊断标准（Thomas，Vartanian & Brownell，2009）。患有暴饮暴食症的人大吃大喝，但不会用极端方法排出；其他人想吃什么就吃什么，但是他们在咽下去之前会吐出来；还有的人体重正常，但是不喜欢吃东西，因为他们过分担心体重会增加。所有这些病态的饮食行为都涉及对食物、体重、身体的不健康态度。

在不同文化和历史中，基因都在一些饮食失调的发展过程中扮演着重要角色，特别是对厌食症患者（Hinney et al.，2017；Striegel-Moore & Bulik，2007）。

然而，心理因素——包括抑郁和焦虑、低自尊、完美主义和扭曲的身体形象——也在饮食失调的发生和持续中发挥了作用（Hilbert et al.，2014；Presnell，Bearman & Stice，2004；Sherry & Hall，2009）。文化因素也会引起人们对自己身体的不满。贪食症在非西方文化中几乎不存在；随着女性"以瘦为美"越来越普遍，贪食症只成为西方文化中的一个重要问题（Grabe，Ward & Hyde，2008；Keel & Klump，2003；Slevec & Tiggemann，2011）。美国文化充斥着对身材的羞辱，对他人身材的无情批评和恶毒评价在社交媒体上十分常见，也成为娱乐杂志和脱口秀节目上永久不变的话题（Boepple & Thompson，2016）。

所以，在美国，女性对自己身材的不满跨越了种族界限则不足为奇（Bucchianeri et al.，2016）。饮食失调和身体形象扭曲的男性也在增加，虽然他们采取不同的形式（McLean，Wertheim & Paxton，2018）。正如厌食症女性认为她们消瘦的身体过于肥胖一样，一些有着发达肌肉的男性会产生自己很瘦弱的错觉，所以他们强迫性地滥用类固醇、锻炼或举重（Thompson & Cafri，2007）。相比之下，肯尼亚北部的游牧民族并不认为肌肉发达的男性更具有吸引力，他们的文化也不宣传肌肉发达男性的媒体形象。这些文化中的男性比美国男性有更少的身体形象障碍，而且对强健肌肉的药物没有兴趣（Campbell，Pope & Filiault，2005；Yang，Gray & Pope，2005）。总之，在给定环境中，某种体重和新陈代谢的遗传倾向与心理需求、文化规范和个人习惯交互作用，共同塑造了我们是谁。

日志 10.1　批判性思维：提出问题，乐于思考
说到饮食，人们现在什么都想要：快餐、快速减肥计划甚至快速治疗饮食失调。根据你对饥饿和进食动机的了解，你为什么会认为快速未必是好的？

模块 10.1　小考

1. 有人问玛雅为什么喜欢表演形意舞。她回答："我喜欢，我想表达自己。"同样的问题，有人也问了奥利维亚。她的答案是："我想得到星探的注意，我想得到一份表演合同。"玛雅的话表现出＿＿＿＿＿＿，而奥利维亚的话表现出＿＿＿＿＿＿。

   A. 外在动机；内在动机

   B. 心理努力；遗传漂移

   C. 遗传漂移；心理努力

   D. 内在动机；外在动机

2. 通过告诉下丘脑人体已经储存足够的脂肪来调节食欲的激素叫＿＿＿＿＿＿。

   A. 血管升压素　　　　B. 瘦素

   C. 胃饥饿素　　　　　D. 睾酮

3. 下列哪一项不是导致全球体重增加的主要环境因素？

   A. 对稀缺资源的竞争

   B. 食物摄入量增加

   C. 食物的丰富多样性

   D. 运动的减少

4. 以下关于戴芬娜的言论中，哪一个最符合关于分心时进食的研究？

   A. 当坐在电视机前吃东西时，戴芬娜会因为分心而吃得比平时少，因为她会忘记自己在做什么

   B. 与电视机关着的时候相比，电视机开着时戴芬娜吃比萨的间隔时间会更长

   C. 与不分心时吃东西相比，电视机的干扰会造成戴芬娜的记忆力变差，使她忘记自己吃了多少东西

   D. 开着电视机时，戴芬娜吃的比萨或通心粉、奶酪要比关着电视机时少

5. 暴饮暴食，然后是强迫性呕吐的饮食失调症是＿＿＿＿＿＿。

   A. 神经性厌食症　　　B. 神经性贪食症

   C. 神经性催泻　　　　D. 暴饮暴食

10.2　社会性动物：爱的动机

1932 年 11 月 25 日，约翰·贝塔（John Betar）和安·沙瓦（Ann Shawah）在纽约哈里森私奔，持怀疑态度的亲戚们认为这段婚姻不会长久。2018 年 9 月，约翰在康涅狄格州的费尔菲尔德去世，比他活到 107 岁更令人印象深刻的是：他与安已经一起快乐地生活了 85 年。

AP Photo/The Connecticut Post, BK Angeletti

在约翰 107 岁逝世前，约翰和安是美国婚龄最长的夫妻。

有什么是约翰知道而其他人不知道的？是什么让他们相爱超过 80 年，而其他那么多浪漫的激情却在 5 年、5 周或 5 个小时后消失？爱到底是什么？是疯狂、热血、心跳加速的爱情，还是稳定而持久的依恋？研究爱的心理学家将激情（浪漫）之爱（即强烈的情绪和性激情）与伴侣之爱（即关爱和信任）相区别。激情之爱是迷恋、一见钟情，以及恋爱初期的东西。它可能会完全燃烧殆尽，或演变成伴侣之爱。激情之爱在所有的文化中都是众所周知

的，并且有着悠久的历史。它可能会引发战争和决斗，还会有人因此而死亡。在这一部分，我们将探讨生物学、心理学、文化观点的爱。

但在我们开始探索之前，让我们先问问约翰自己。2016 年，这对夫妇同意在推特上提供建议，回答婚姻问题。其中一些亮点包括安的解释："你必须先喜欢一个人，然后才能爱上他。我们是好朋友。"约翰说："我们从不怀恨在心。大多数争论都是关于食物的。"而关于"你怎么定义爱情"这个问题，安的回答是："这是一辈子的事情。通过行动、理解、小事……"

10.2.A　爱的生物学

学习目标 10.2.A　描述后叶加压素、催产素和内啡肽是如何帮助我们理解爱的生物学的

在这个拥有功能性磁共振成像（fMRI）技术的时代，研究人员通过扫描脑来解释爱是不可避免的。如果你认为科学家发现的关于饮食和体重的问题是复杂的，那么当他们试图厘清浪漫激情、性渴望和长期之爱之间的联系时，肥胖问题看起来就是小菜一碟。在潜在伴侣的气味中，有一些嗅觉线索可以让你兴奋（或厌恶）。在潜在伴侣的声音、身材、光滑的皮肤、微笑、丰满的嘴唇，甚至他或她的脸和你的有多相似中，也存在大量线索。还有因奖励引起的多巴胺激活——就像多巴胺让人对美食或上瘾药物的期待变得如此愉悦一样。肾上腺素引发了兴奋（Aron et al.，2005；Ortigue et al.，2010）。还有一些激素影响了依恋和结合。

爱是怎样开始的？　激情之爱的神经起源可能始于婴儿期，始于婴儿对母亲或主要照顾者的依恋。根据进化心理学家的观点，亲情和激情之爱是人类最深层的依恋，它们有着共同的进化目的——保护物种——因此它们有着共同的神经机制，即让依恋关系和配偶关系感觉良好。与快乐和奖励有关的神经递质和激素在父母与婴儿的关系中被激活，随后

在成年人的情侣关系中再次被激活（Diamond，2004）。

Spass/Shutterstock　　　　Spass/Shutterstock

亲子关系的生物学可能是成年人激情之爱的起源，深深的依恋转变为充满爱意的目光。

促进社会关系的两种重要激素是后叶加压素和催产素，它们在依恋 - 照料系统中发挥重要作用，不仅影响父母和婴儿之间的爱、关怀和信任感，也影响朋友之间和恋人之间的信任感（Poulin, Holman & Buffone, 2012；Walum et al.，2008）。在一项研究中，在鼻腔喷雾中加入催产素的参与者比对照组的参与者更有可能在危险互动中信任他人（Kosfeld et al.，2005）。在另一项研究中，与服用安慰剂的夫妇不同，服用催产素的夫妇增加了对彼此的非言语性爱意表达——凝视、微笑和触摸（Gonzaga et al.，2006）。相反，当草原田鼠（一夫一妻制的物种）被注射一种药物来抑制催产素时，它们会继续交配，但它们不会对伴侣产生依恋（Ross et al.，2009）。

这些发现诱发了一些过于简单的言论，即将催产素称为"爱"或"拥抱"激素。但是，如果这真的是一种依恋的动力，为什么人类会打这么多架呢？结果表明，给予人们一定剂量的催产素，会使他们更倾向于偏爱自己的群体而不是其他群体，并增强对外来者的防御性攻击（De Dreu et al.，2011；De Dreu & Kret, 2016）。也许催产素就是一种"拥抱你自己……让其他人见鬼去吧"的激素。此外，人们的爱和依恋经历会影响他们对催产素的反应，反之亦然（DeWall et al.，2014）。与服用安慰剂相比，

那些对母亲有积极依恋的男性在服用催产素后回忆说，母亲对他们十分关心和支持。然而，那些在早期家庭生活中遇到麻烦的男性在服用催产素后回忆说，他们的母亲远没有那么关心他们。

内啡肽的作用 在依恋过程中产生的情感，是由脑中的奖励回路调节的，涉及内啡肽的释放。内啡肽是脑的天然阿片。当小老鼠和其他动物与它们的母亲分开时，它们会痛苦地哭出来，母亲的触摸会促进幼崽体内分泌内啡肽。当小狗、豚鼠和小鸡被注射低剂量的吗啡或内啡肽时，它们与母亲分离后，表现出的痛苦要比平时少得多，这些化学物质似乎是母亲的生物学替代品（Nelson & Panksepp，1998）。当老鼠的基因被改造成缺乏某种内啡肽受体时，它们对母亲的依恋就会减少，与母亲分离后也不会表现出痛苦的迹象。这些发现表明，内啡肽刺激的快感可能是孩子寻求关爱和拥抱的最初动机——在某种意义上，一个孩子对父母的依恋就是对爱的追逐。成年人激情之爱的上瘾特质，包括热恋期分开时感受到的身体和情感上的痛苦，可能涉及相同的生物化学（Diamond，2004）。

通过 fMRI，神经科学家发现父母与婴儿之间的爱和成人之间的激情之爱还有其他相似之处。当人们看到爱人的照片时，脑的某些区域会被激活；而当看到朋友或家具的照片时，脑的其他区域会被激活。当母亲看到自己孩子的照片而不是其他孩子的照片时，这些区域也会被激活（Bartels & Zeki，2004）。很明显，依恋有生物学上的影响。然而，正如我们从催产素研究中看到的，避免过于简单化很重要，比如得出结论说"爱发生在脑的这个角落，而不是那个角落"。人类的恋爱关系涉及许多其他因素，这些因素会影响我们选择的对象、我们如何与那个人相处，以及我们是否会与伴侣相处多年（甚至可能是85年！）。

10.2.B 爱的心理学

学习目标 10.2.B 解释依恋理论是如何应用于成年人的恋爱关系的

很多浪漫主义者相信，只有一个真爱在等着他们。考虑到这个星球上有 70 多亿人口，找到这个人的概率有点小。如果你在得梅因，而你的真爱恰好在杜布罗夫尼克呢？幸运的是，进化使得人类不用环游世界就可以形成深刻而持久的依恋。事实上，我们爱谁的第一个主要因素就是接近度：我们倾向于从居住、学习或工作在我们附近的人群中选择朋友和爱人（Festinger, Schachter & Back, 1950; Shin et al., 2018）。

Tim Robberts/Stone/Getty Images

"灵魂伴侣"的概念在电影、电视剧和书籍中都很流行。了解生物学在吸引力中扮演的角色是否会改变你对"灵魂伴侣"的看法？

第二个主要的预测因素是相似度——尽管人们普遍认为对立物互相吸引，但事实是我们倾向于选择那些与我们最相似的人作为我们的朋友和爱人（Montoya & Horton, 2013; West et al., 2014）。我们倾向于被具有相似态度、价值观、个性的人吸引，还有那些和我们一样对同样的笑话发笑、对电影有着相同的品位以及同样对甜点、巧克力、蛋糕表现出喜爱的人。最近的 fMRI 研究表明，在看电影片段时，朋友间的脑活动往往比刚相识的人有更多相似的模式，这表明即使在神经层面上，我们在感知和回应周围世界的方式上也和亲近的人表现出相似性（Parkinson, Kleinbaum & Wheatley, 2018）。

互联网使人们能够在各个方面进行匹配：年龄、政治态度、宗教、性取向、对特定性活动的偏好以及宠物。婚介公司管理着长长的调查问卷，声称用科学原理来配对，以寻找潜在的灵魂伴侣；其中一个问卷叫"化学反应"（Chemistry），承诺根据你的神经递质和性激素的模式来匹配你的基因伴侣。然而，这些婚介公司通常不公开它们所声称的研究，这些研究只是听起来很科学而已（Finkel et al., 2012; King, Austin-Oden & Lohr, 2009）。

一项关于网络交友的综述发现，通过婚介网站往往不能找到你一生的挚爱（甚至不能找到一个月内的挚爱），而且它们在建立长期关系方面也没有比传统的交友方式好多少（Finkel et al., 2016）。你觉得这是为什么？

- 一开始，态度匹配是很重要的。但是，长期来说，其他事情更重要，比如双方在面对决策和压力时如何应对，以及如何处理冲突。
- 人们的自我报告经常被歪曲，他们在调查问卷中撒谎。
- 大多数人不知道为什么他们会被一个人而不是另一个人吸引。你可能喜欢个人资料上的特征，但这和你是否喜欢那个人没有什么关系。类似地，许多人认为他们很清楚自己的伴侣"必须拥有"什么品质，然后他们遇到了一个几乎没有这些品质的人，突然之间一大堆其他品质就变得非常重要。

互动

网上约会：兼容性调查

以下是约会网站向用户展示的兼容性调查的例子。

兼容性调查

下面的每个描述在多大程度上与你相符？

	完全不		有时		非常
温暖	○	○	○	○	○
具有竞争性的	○	○	○	○	○
高兴	○	○	○	○	○
生气	○	○	○	○	○

在线约会的最新趋势在于智能手机应用程序，比如 Tinder、Zoosk 和 Hinge，它们可以让人们快速决定自己是否被对方吸引，进而快速安排线下约会。另一个结识潜在伴侣的方法是快速约会，即单身人士报名参加约会，与各种各样的人简短对话。

爱的依恋理论 当你找到爱人之后，你怎么去爱？根据菲利普·萨瓦（Phillip Shaver）和辛迪·哈丹（Cindy Hazan）（1993）的说法，成年人就像婴儿一样，他们的依恋关系可以是安全型、焦虑型或回避型。有安全感的爱人很少会嫉妒或担心被抛弃。他们比那些缺乏安全感的人更富有同情心，更乐于助人，并且在需要的时候能更快地理解和原谅他们的伴侣（Konrath et al., 2014; Mikulincer & Shaver, 2007）。焦虑的爱人对他们的关系更加焦虑：他们想变得亲密，又担心伴侣会离开他们。其他人经常说他们黏人，这可能是为什么他们比更具安全感的爱人更容易遭受单相思之苦。回避型个体不信任和回避亲密关系。

人们成年后的依恋类型似乎在很大程度上源于他们的父母曾经如何照顾他们（Simpson & Rholes, 2015）。孩子们形成了对人际关系的内在"工作模式"关系。如果父母很冷漠，很少或根本没有提供情感和生理上的安慰，孩子就会期望其他关系也是这样的。相比之下，如果孩子对值得信任的父母形成了安全型依恋，他们就会更加信任他人，希望在成年后与朋友和爱人形成安全型依恋关系（Milan, Zona & Snow,

2013；Simpson & Rholes，2017）。然而，儿童自身的气质也可以解释依恋类型从童年到成年的一致性（Fraley et al.，2011；Gillath et al.，2008）。那些天生恐惧或执拗的孩子，或者那些奖励回路异常的孩子，可能会拒绝父母的安慰。这样的孩子可能同样会在成人关系中感到焦虑或矛盾。

明尼苏达州风险和适应纵向研究追踪了大量从出生到成年的样本，以观察早期依恋类型如何影响成年人的关系。那些在生命早期缺乏安全型依恋的人，可能会很难建立忠诚关系。作为青少年，他们在处理同伴冲突和冲突后恢复方面存在困难；作为成年人，他们倾向于通过让自己成为关系中不忠诚的伴侣来"保护"自己。然而，如果这些个体幸运地与一个有着安全型依恋的伴侣建立关系，这些维持稳定伙伴关系的障碍是可以克服的（Orina et al.，2011；Simpson & Overall，2014）。

爱的成分　当人们被要求定义爱的关键成分时，大多数人都认为爱是亲密、激情和承诺的混合体（Hutcherson，Seppala & Gross，2015；Lemieux & Hale，2000）。亲密基于对他人的深刻了解，这种了解是逐渐积累起来的；而激情基于情绪，情绪是由新奇和变化引发的。这就是为什么激情通常在一段关系开始时最强烈。生物因素可能促进了早期的激情，但大多数心理学家认为，维持一段长久而亲密的爱情关系的能力，更多地与双方的态度、价值观和权力平衡有关，而不是与基因或激素有关。对处于长期和短期关系中的伴侣的研究分析发现，激情之爱可以持续很多年，且与两个人的幸福感密切相关。在这些幸福的夫妻中，减少的是激情之爱的一部分，我们可以称之为痴迷，即持续担心所爱的人和两人的关系（Acevedo & Aron，2009）。

在长期关系中，最重要的心理预测因素之一就是双方都认为这种关系是公平的、有益的和平衡的。感觉受益过多（得到的比付出的多）的伴侣会感到内疚，感觉受益不足（没有得到他们认为应得的东西）的伴

侣会感到愤怒和不满（Galinsky & Sonenstein，2013；Sprecher，Regan & Orbuch，2016）。影响夫妻维持爱情能力的另一个关键心理因素是，他们维持这段关系的主要动机是积极的（享受亲密关系）还是消极的（避免感到不安全和孤独）？受到积极目标激励的夫妻往往会报告更高的满意度（Gable & Poore，2008）。我们将看到这种动机上的差别——积极的或消极的——在生活的许多方面影响着幸福感和满足感。

我们定义爱的方式深深地影响了我们对关系的满意度，以及我们的关系是否持久。毕竟，如果你相信唯一真正的爱是由痴迷、性激情和情绪所定义的爱，那么当初始阶段的吸引力消退时，你可能会认为你已经失去了爱，并反复感到失望。人们以不同的方式坠入爱河：有些夫妻从朋友开始，随着时间的推移，逐渐爱上对方；包办婚姻中的夫妻可能会在婚后很久才开始相爱（Aron et al.，2008）。所有的功能性磁共振成像技术都无法捕捉到人们如何彼此相爱。

10.2.C　性别、文化和爱

学习目标 10.2.C　总结关于恋爱关系中性别和文化差异的研究

哪种性别更浪漫？哪种性别更容易坠入爱河却不肯做出承诺？流行心理学书籍中充满了老套的答案，但实际上，两种性别没有什么区别（Dion & Dion，1993；Hatfield & Rapson，1996，2005）。男性和女性都有可能遭受单相思的折磨。他们同样可能形成安全型或不安全型依恋（Feeney & Cassidy，2003）。当一段爱情结束时，如果他们不希望这样，那么男性和女性都会遭受痛苦。

然而，男性和女性在表达爱和亲密的基本动机方面往往不同。许多文化中的男性很早就知道，情感的表露会被理解为脆弱和软弱的证据，这被认为是不男性化的。因此，在这样的文化中，男性有时会发展出一种基于行动而不是语言的表达爱意的方式：为伴侣

做事、发起性接触，或者只是分享同样的活动（Schoenfeld, Bredow & Huston, 2012; Shields, 2002）。

这种性别差异反映了性别角色，而性别角色又受到社会、经济和文化力量的影响。在人类历史的大部分时间里，在世界各地，人们认为两个人为爱而结婚是荒谬的。（"爱情？谁在乎呢？我们要结盟，要找食物，要生孩子。"）直到20世纪，爱才被视为结婚的"正常"动机（Coontz, 2005）。即便如此，直到大约20世纪80年代，女性在选择伴侣方面仍比男性务实得多（Reis & Aron, 2008）。一个原因是，女性不仅仅是嫁给男性，更是嫁给了一个生活标准。因此，即使她爱那个男人，她也不能把时间浪费在一段不会有结果的感情上。简而言之，她结婚是出于外在原因，而不是出于内在原因。相比之下，男性在选择伴侣时可能表现得非理性和浪漫。亨利八世娶他的六个妻子可能有很多动机，但他的妻子们对此没有太多的发言权。

在20世纪下半叶，随着进入劳动力市场的女性人数不断增加，随着两份收入在家庭中变得越来越普遍，经济动机逐渐消失。如今，大多数人结婚都是出于内在动机，即为了获得和自己选择的伴侣在一起的快乐——如果他们结婚的话（DePaulo, 2013）。在贫困率高或大家庭控制女性性行为和婚姻经济条件的社会中，结婚的实用主义理由确实存在（Coontz, 2005）。然而，即使是在这些国家，比如印度和巴基斯坦，严格的婚姻选择规则也在松动。禁止离婚的规定也是如此，即使是在以前传统的国家，如日本和韩国（Rosin, 2012）。

日志10.2 批判性思维：定义术语

很多人把爱情定义为无法抗拒的浪漫激情。这样定义爱情的结果是什么？随着时间的推移，还有什么其他定义能给一段关系带来更大的满足感？

模块 10.2 小考

1. 在建立社会联结中，最重要的两种激素是_____和_____。

   A. 后叶加压素；催产素

   B. 褪黑素；胰淀素

   C. 肾上腺素；去甲肾上腺素

   D. 生长素；瘦素

2. 只要安娜在附近，安德瑞就会情绪激动，他知道这是一见钟情。当他想到和安娜在一起时，他就会感到刺激和兴奋。安德瑞正在经历的这种爱叫_____。

   A. 伴侣之爱　　　　B. 外在之爱

   C. 激情之爱　　　　D. 生物学之爱

3. 多米尼克有点不习惯和别人亲近，当别人想要亲近他时，他会紧张，很难让自己依靠别人，但同时，有些人似乎认为他很黏人。哪种成人依恋类型能最好地描述多米尼克的感受和行为？

   A. 依赖型依恋　　　　B. 回避型依恋

   C. 安全型依恋　　　　D. 焦虑型依恋

4. 艾米丽和里奇在一起的动机是，她喜欢和他在一起，感觉和他很亲近。莉迪亚和蒂姆在一起的动机是，她不喜欢孤独，不确定是否能找到另一个伴侣。你觉得哪种关系能产生最大的满足感？

   A. 莉迪亚和蒂姆

   B. 艾米丽和里奇

   C. 两种关系带来的满足感相同

   D. 两种关系带来的不满足感相同

5. 在许多文化中，情感表达被认为是非男性化的，男性如何学会表达爱意？

   A. 生孩子，组建家庭

   B. 写下他们的情绪

   C. 表现出体贴或深情的行为

   D. 向伴侣表达自己的感受

10.3　有性行为的动物：性动机

有些人将性描述为生物驱动，认为仅仅是为了繁衍而自然发生的事情。"关于性动机有什么好谈的？""这难道不是天生的、不可避免的、天然的快乐吗？"

的确，在大多数动物中，性行为是由基因决定的。在没有教导的情况下，雄性刺鱼就知道如何对付雌性刺鱼，鸣鹤知道什么时候该叫。但是，正如性研究者和治疗师利奥诺·蒂费尔（Leonore Tiefer，2004）所观察到的，对于人类来说"性不是自然行为"。她说，性更像是跳舞，是你学到的东西，而不是简单的生理过程。首先，在一种文化中"自然"的活动——如接吻——在另一种文化中或某个历史时期被视为不自然。其次，人们从经验和文化中学习他们应该如何处理他们的性欲望，以及他们应该如何行事。最后，人们发生性行为的动机决不总是，也不仅仅是为了生育或内在的快感。人类的性行为受到生物学、心理学和文化因素的共同影响。

10.3.A　欲望的生物学

学习目标 10.3.A　描述早期关于性行为的研究结果，以及生物学、激素、体重等因素对男女性行为差异的影响

在 20 世纪中叶，阿尔弗雷德·金赛（Alfred Kinsey）和他的同事们（1948，1953）出版了两本关于人类性行为的开创性著作。金赛的研究小组从 1938 年到 1963 年调查了数千名美国人的性态度和性行为，他们还回顾了现有的性生理学研究。那个时候，很多人认为女性的性动机与男性不同，女性更在乎的是情感满足而不是性满足，这些观点在金赛的报告中被驳倒了。金赛不仅因为他的发现而受到关注，还因为他居然敢询问人们的性生活。伴随着金赛的报告是全国性的歇斯底里，以及"金赛的

书中潜藏着危险！"这种报纸头条的宣扬，在今天看起来这似乎让人难以置信。然而直到今天，许多成年人仍然对讨论性活动感到不舒服，就像在一些以促进青少年禁欲而阻止性教育的努力中可以看到的那样，这种策略实际上提高了青少年的性行为发生率和怀孕率（J. Levine，2003；Stanger-Hall & Hall，2011；Trenholm et al. , 2007）。

Bettmann/Getty Images

"金赛关于美国女性的报告"并没有得到赞扬和接受。漫画家们嘲笑它是"炸弹"。在这张 1953 年的照片中，两位著名的爵士乐歌手和一位女演员滑稽地模仿了女性对这本书的震惊以及她们对阅读它的渴望。

继金赛之后，下一波性学研究始于 20 世纪 60 年代的威廉·马斯特斯（William Masters）和弗吉尼亚·约翰逊（Virginia Johnson）（1966）的实验室研究。马斯特斯和约翰逊所研究的问题有助于扫除人们对身体如何运作的迷信和忽视。在对性唤起和性高潮期间生理变化的研究中，他们证实了男性和女性的性高潮是非常相似的，而且所有的性高潮在生理上都是一样的，不管刺激的来源是什么。

如果你曾经上过性教育课，你可能会记住马斯特斯和约翰逊提出的性反应周期的各个阶段：欲望、

唤醒（兴奋）、高潮和消退。不幸的是，把这四个阶段当作洗衣机循环来对待可能会导致普遍性的错误推断。不是每个人都会在极度兴奋之后达到高潮，欲望也会随着兴奋而来（Laan & Both, 2008）。马斯特斯和约翰逊的研究没有调查人们的生理反应，以及抑制和控制性兴奋的能力如何随着年龄、经历、文化和遗传倾向而变化（Bancroft et al., 2009; Tiefer, 2004）。

促进性欲的因素 促进两性性欲的生物因素之一是雄激素——睾酮。因此，有些人认为，对于抱怨性欲低的男女性来说，应该提高睾酮水平，这就像给油箱加油一样。如果目标是降低性欲，例如对于性侵犯者，应该降低睾酮水平。然而，这些努力并没有产生预期的效果（Berlin, 2003）。为什么？一个主要原因是，与其他哺乳动物不同，灵长类动物的性动机不仅仅需要激素，它还受到社会经验和环境的影响（Randolph et al., 2014; Wallen, 2001）。事实上，人工注射的睾酮在提高健康人群的性满意度方面只起到了安慰剂的作用，睾酮的下降也不会导致性动机或性享受的丧失。在对切除子宫或卵巢，或即将进入更年期的女性的研究中，使用睾酮贴片仅仅使她们的性活动比安慰剂组每月增加一次（Randolph et al., 2014; Wallen, 2001）。

男性和女性：相同还是不同 尽管金赛、马斯特斯和约翰逊所研究的性反应有相似之处，但男性和女性在潜在的、基于生物学的性冲动方面的差异，仍然引发了激烈的争论。尽管女性肯定和男性一样有能力获得性快感，但男性确实拥有更高的进行各种性行为的概率，包括自慰、性幻想、随意性行为和性高潮（Peplau, 2003; Schmitt et al., 2012）。男性比女性更有可能同意与陌生人发生性关系或后悔错过了发生性关系的机会，而愿意发生性关系是因为"机会自己出现了"（Buss, 2016）。

生物学和进化心理学家认为，这些差异的普遍存在是由于男女性在激素和进化压力上的不同（Buss, 2015; Schaller et al., 2017）。例如，他们坚持认为，对于男性来说，考虑到生殖是一项成本相对较低的投资，经过几代人的进化，其动机应该是与尽可能多的伴侣发生性关系。对于女性来说，生育成本要高得多，她们面临着怀孕的潜在不适、生育风险，以及（传统上）照顾婴儿直到其成熟的主要责任。因此，这种观点认为，女性应该更挑剔，等待与高质量且与自身有某种意义联系的伴侣发生性关系。

然而，其他心理学家认为性行为的性别差异反映了女性和男性之间不同的生活角色和经历（Ainsworth & Baumeister, 2012; Eagly & Wood, 1999; Tiefer, 2008）。女性可能比男性更不愿意进行随意性行为，这并不是因为她们的"欲望"较低，而是因为这种经历不太可能让她们感到满足：女性在性爱过程中获得性高潮的可能性比男性低；她们可能担心潜在的伤害和意外怀孕；在许多社会中，进行随意性行为的女性被视为一种耻辱。然而，当这些问题得到解决时，女性对随意性行为的热情就会大大提高。异性恋女性实际上和男性一样，愿意和她们认为能给她们带来"积极性体验"的朋友或随意的约会对象发生性关系（Conley et al., 2011; Rosin, 2012），双性恋女性则表示更热衷于和女性或男性伴侣发生随意性行为（Conley, 2011）。当风险降低、获得性快感的可能性增大时，女性就会更容易接受进行随意性行为的想法。

10.3.B 性取向和生物学

学习目标 10.3.B 讨论与性取向相关的生物学因素，以及对伴侣偏好单一解释的局限性

为什么大多数人认为自己是异性恋者，有些人认为自己是同性恋者，有些人认为自己是双性恋者，还有些人认为自己是无性恋者、泛性恋者，或者有各种各样的性取向？多年来，人们提出并驳斥了许多关于性取向的心理学解释。例如，同性恋不是母亲让人感到窒息、父亲不在身边或情感问题造成的，也不是因为父母的影响或榜样作用。大多数同性恋男性回忆说，他们从小就拒绝了典型的男孩角色，拒绝了男孩的玩具和游戏，尽管父母和同龄人强烈要求他们遵守"男性"的传统观念（Bailey & Zucker, 1995；Li, Kung & Hines, 2017）。相反，尽管绝大多数同性恋父母的孩子比普通父母的孩子更有可能对同性恋和男性角色持开放态度，但绝大多数同性恋父母的孩子不会变成同性恋者（Fedewa, Black & Ahn, 2015；Sasnett, 2015）。

因此，许多研究人员转向性取向的生物学解释。例如，从宽吻海豚到企鹅再到黑猩猩，450 多个物种的同性恋行为（包括求偶表演、性行为，以及两只雄性或两只雌性哺育后代）被记录（Volker & Vasey, 2006）。性取向似乎也是适度遗传的，尤其是在男性中（Bailey, Dunne & Martin, 2000；Rahman & Wilson, 2003）。但是，大多数同性恋男女，他们的兄弟姐妹，包括双胞胎，绝大多数都是异性恋者（Peplau et al., 2000）。

Focke Strangmann/AP Images

在 450 多个非人类物种中，有关同性性行为的大量证据驳斥了同性性行为是罕见的或"非自然"的假设。在德国，一个动物园里的年轻雄性企鹅，扭着脖子、亲吻、互相呼唤、交配——它们明确地拒绝雌性。另一个动物园里的另一对雄性企鹅——西洛和罗伊似乎非常渴望一起孵蛋，于是它们在巢里放了一块石头，坐在上面。人类饲养员深受触动，以至于给了它们一个能繁殖的蛋来孵化。西洛和罗伊在上面坐了 34 天，直到它们的宝宝探戈出生，它们跳起了优美的探戈。动物园管理员说："它们做得很好！"

研究人员还研究了产前接触雄激素的作用，以及这对脑组织和伴侣偏好的影响（McFadden, 2008；Rahman & Wilson, 2003）。女婴在出生前偶然接触到雄激素，则比其他女孩更有可能变成双性恋者或同性恋者，并且更喜欢典型男孩的玩具和活动（Collaer & Hines, 1995）。然而，大多数男性化的女孩不会变成女同性恋者，而且大多数女同性恋者不会接触到非典型产前激素（Peplau et al., 2000）。

其他的产前事件可能造成了孩子的同性恋取向。十多项研究发现，男性成为同性恋者的可能性与他拥有同性恋（或非同性恋）哥哥的数量显著相关。这种"兄弟效应"与家庭环境无关，而是与出生前子宫内的状况有关（James & Grech, 2018）。预测性取向的唯一因素是拥有亲生兄长；与继兄或养兄（或姐妹）一起长大对性取向没有任何影响。即使在不同的家庭长大，只要男性与其同性恋兄长是一母所生，其为同性恋者的概率也会增大（Bogaert, 2006）。研究人员仍在研究出生前的因素如何造成了上述结果。最近的一个假说认为怀孕的母亲会对一种对男性胎儿脑部发育很重要的物质产生免疫反应，这种影响随着再次怀孕而增强（Bogaert & Skorska, 2011）。

Lucy Nicholson LN/HB/Reuters

Hero Images Inc. /Alamy Stock Photo

戴尔·马丁（Del Martin）和菲利斯·莱昂（Phyllis Lyon）（上）同居了 56 年。2008 年，她们终于被允许结婚。两个月后，马丁去世了。男同性恋者（下）越来越有可能收养孩子。虽然导致性取向的因素仍然很复杂，需要进一步的研究，但在过去的一二十年里，社会对同性婚姻和养育子女的态度已经发生了巨大的变化，这些家庭内部的动态和心理学结果只会在未来的几年里继续吸引更多的研究关注。

找到性取向单一起源的核心问题是性别认同和性行为有不同的形式（Savin-Williams, 2006）。有些人在行为上是异性恋，但有同性恋幻想，甚至将自己定义为同性恋者。在一些文化中，十几岁的男孩经历一个阶段的同性性行为并不影响他们未来与女性的关系（Herdt, 1984）。类似地，在莱索托，女性与其他女性

有亲密关系，包括激情接吻，但她们并不将这些行为定义为性行为（Kendall, 1999）。此外，虽然有些女同性恋者一辈子都只有同性取向，但大多数女同性恋者的性取向更多变。一位研究人员花了 10 年时间，采访了 100 位女同性恋者和双性恋者，发现只有三分之一的女性表现出一致的同性取向。对于这些女性中的大多数来说，在性别问题上，爱情是真正盲目的；她们的性行为取决于她们是否爱着伴侣，而不是伴侣的性别（Diamond, 2008）。

生物因素不能解释这种性反应、文化习俗或经验的多样性。因此，目前我们必须容忍性取向来源的不确定性。也许男性和女性的性起源会有所不同，不同的个体也会有所不同。

10.3.C 欲望的心理学

学习目标 10.3.C 讨论性行为的各种动机，并与强奸动机进行对比

心理学家喜欢观察的性器官是脑，脑是知觉的开始。人们的价值观、幻想和信仰深刻地影响着他们的性欲望和性行为。这就是为什么一个人在自己的膝盖被令人怦然心动的约会对象触碰时会产生性冲动，而在公交车上被陌生人触碰时却感觉毛骨悚然、充满威胁。这就是为什么忧虑的思想可以瞬间扼杀性唤醒、为什么幻想可以比现实更色情。虽然人们倾向于从"自下而上"的角度来看待性爱，特定器官的生理刺激会导致脑对快感的更高层次知觉，但显然，性爱中也有一个非常重要的"自上而下"的组成部分（至少，当涉及好的性爱时是这样的！）。性欲望、性快感甚至性高潮都有明显的心理成分，且都是通过正确的心态来促进的。

性的多种动机 对大多数人来说，性的主要动机似乎很明显：享受性带来的快乐、表达爱和亲密，或者生孩子。但是，其他动机并不是那么积极，包括义务感、获得金钱、反抗、行使对伴

侣的权力、服从伴侣以避免对方愤怒或拒绝。正如我们在这一章中讨论的其他行为一样，性可以受内在的和外在的动机驱使（Gravel，Pelletier & Reissing，2016）。

　　一项针对近 2 000 人的调查显示，他们有 237 种性行为动机，其中，近乎每一种都被认为是最重要的动机。大多数男性和女性都列出了前 10 项，包括对

伴侣的吸引力、爱情、乐趣和身体上的愉悦。但一些是"我想更接近上帝"，"我喝醉了"，"想摆脱头痛"（这是第 173 项），"助我入睡"，"让我的伴侣觉得自己很强大"，"还一个人情"，"因为有人挑衅我"，或者"想伤害敌人或对手"（Meston & Buss，2007）。在对性行为动机的研究中，出现了几个主要类别（Kennair et al.，2015；Watson et al.，2016），如下所示：

互动

（1）Michaeljung/Shutterstock

（2）Giovanni mereghetti/MARKA/Alamy Stock Photo

（3）Mmphotographie. de/Shutterstock

（4）Lucky Business/Shutterstock

性动机

　　（1）身体上的：性的满足和愉悦，减轻压力。（2）目标的实现：获得金钱，获得地位。（3）情感上的：向伴侣表达亲密和承诺，精神超越。（4）不安全感：确信自己有吸引力，渴望给别人留下深刻印象或"留住"一个伴侣。

人们发生性行为的动机影响着他们性行为的许多方面，包括他们是否参与性行为、是否享受性行为，以及拥有少数或多数伴侣（Browning et al.，2000；Muise, Impett & Desmarais，2013；Snapp et al.，2014）。外在动机，例如通过性行为获得他人的认可或者得到一些切实的利益。与危险行为联系最紧密，如拥有许多伴侣，不采取避孕措施，以及强迫伴侣进行性行为（Hamby & Koss，2003）。对于男性来说，常见的外在动机包括同龄人的压力和害怕看起来缺乏男子气概。女性的外在动机通常包括不想失去这段关系或者想要避免冲突（Impett，Gable & Peplau，2005）。

当一方对一段关系感到不安时，他或她也更有可能同意发生不想要的性行为。在一项对 125 名女大学生的研究中，超过一半的女生报告说，她们在不想发生性行为的时候同意发生性行为。你还记得之前讨论过的依恋理论吗？具有焦虑型依恋的女性最倾向于同意发生不想要的性行为，尤其是当她们担心自己的伴侣没有自己那么忠诚的时候。她们报告说，她们经常出于责任感、阻止伴侣离开的意图而发生性行为。具有安全型依恋的女性偶尔也会有不想要的性行为，但她们的理由是不同的：获得性体验，满足她们的好奇心，或积极取悦她们的伴侣，进一步增进双方的亲密关系（Impett，Gable & Peplau，2005）。

性胁迫与强奸　不幸的是，男女在性体验方面最持久的差异之一与性胁迫有关。美国政府一项基于全国 16 507 名成年人的调查显示，近五分之一的女性说她们曾被强奸或至少经历过一次强奸未遂。调查人员还发现，高频率的侵犯行为通常不会被强奸研究所测量，包括为控制女性的生殖健康和性健康而采取的强制措施。男性也报告了受害经历，但比例较低：七分之一的男性称他们曾被伴侣殴打，1%~2% 的人称他们还是孩子的时候曾被强奸（Black et al.，2011）。

然而，值得注意的是，报告遭受过符合法律定义的性侵（被迫违背自己的意愿发生性行为）的女性却

没有给它贴上强奸的标签（McMullin & White，2006；Peterson & Muehlenhard，2011）。大多数女性将"强奸"定义为：被熟人或陌生人强迫发生性关系，导致她们反抗的行为；或者是小时候被性骚扰。如果她们遭到男友（曾与他发生过两情相悦的性关系，或者喝醉了）的性侵犯，则较少称自己遭到强奸。其他女性不愿意给自己的经历贴上这种带有指责意味的标签，因为她们觉得尴尬，或者仅仅是因为她们不想把自己认识的某个人想象成一个"强奸犯"（Koss，2011；Perilloux，Duntley & Buss，2014；Peterson & Muehlenhard，2011）。因此，强奸发生率甚至可能高于调查报告的数据。

是什么导致一些男性实施强奸行为？进化论的观点——强奸源于男性想尽可能多地让女性受精——并没有得到研究的支持（Buss & Schmitt，2011）。在人类当中，强奸通常是由地位高的、能够找到自愿性伴侣的男人实施的，包括名人、政治家和企业领导人。很多时候受害者是无法生育的孩子或者老年人。而施虐成性的强奸犯通常会伤害或杀死受害者——这很难让自己的基因延续下去。因此，人类实施强奸的动机似乎主要是心理上的，包括：

- **自恋和对女性的敌意。**实施性侵犯的男性通常是自恋的，无法与女性产生共鸣。他们错误地理解了女性在社交场合的行为，把权力感和性等同起来，指责女性挑衅了他们（Bushman et al.，2003；Widman & McNulty，2010）。

- **支配、羞辱或惩罚受害者的欲望。**这种动机在战争期间强奸被虏女性的士兵中很明显（Olujic，1998）；在美国空军学院有关强奸女学员的报告中也提到过，其目的是羞辱这些女性，迫使她们退学。男性强奸男性的动机是征服和贬低受害者（King & Woollett，1997）。更广泛地说，研究支持这样的断言，即在性胁迫可能性测试中得分较高的男性，也倾向于将性与权力联系起来（Chapleau & Oswald，2010；Thomas & Gorzalka，2013）。

- **虐待狂**。有些强奸犯是暴力罪犯，他们以给受害者施加痛苦为乐（Healey, Lussier & Beauregard, 2013；Turvey, 2008）。

10.3. D 性别、文化和性

学习目标 10.3. D 解释文化和性别对性预期和性行为的影响

想想接吻。西方人喜欢接吻。但是，如果你认为接吻是自然的，试着记住你第一次认真接吻，以及所有你需要学习的关于鼻子、呼吸、牙齿和舌头位置的内容。性爱之吻是如此复杂，以至于有些文化从来没有涉及它。一些文化中的人认为亲吻另一个人的嘴——食物进入的地方——是令人厌恶的（Tiefer, 2004）。而其他人把性爱之吻提升为高雅艺术；为什么有一种吻被人们称为法式亲吻？

正如亲吻所表明的那样，仅仅拥有进行性行为的生理基础并不足以解释性动机。人们必须了解什么能让他们兴奋（或者不兴奋），身体的哪些部位和哪些活动是性感的（或者令人厌恶的），甚至如何拥有令人愉快的性关系。在一些文化中，某一性行为被认为是一种奇怪的性偏好；在另一些文化中，同一性行为不仅被认为是正常的，而且被认为是最令人向往的。在许多文化中，男人认为经历过性快感的女人都会变得不忠，所以性关系仅限于快速性行为；在其他文化中，男性的满足感和自豪感取决于知道女性在性方面得到满足。在某些文化中，性本身被视为一种令人快乐和美丽的东西，一种需要提升的艺术，就像一个人可以培养美食烹饪技能一样。在另一些情况下，它被认为是丑陋和肮脏的、需要尽快结束的东西。

文化如何向成员传递其对性的规则和要求？在童年和青春期，人们学习他们文化中的性别角色，即决定男性和女性"正确"态度和行为的规则集合。就像剧中的演员一样，个体依赖于**性别脚本**（sexual script）来扮演性别角色，该脚本提供了在性场合中如

何表现的指导（Gagnon & Simon, 1973；Sakaluk et al., 2014）。

如果你是一个青春期少女，你应该在性方面自信还是谦虚？如果你是一个青春期男孩呢？如果你是一个老女人或者老男人呢？答案因文化和一代又一代的变化而不同，因为身处其中的成员依照其性别、年龄、性取向、宗教信仰、社会地位、同龄群体的性别脚本行事。

性别脚本

一套隐含的规则，在特定的情况下，根据个人不同的性别、年龄、性取向、宗教信仰、社会地位和所属群体，为个人指定适当的性行为。

Big Cheese Photo LLC/Alamy Stock Photo

Cultura Motion/Shutterstock

这些人都是按照性别和文化的脚本行事——男性弯曲身体，试图表现出超男子气概，以便给别人留下深刻印象；女性则化妆以使自己看起来更有吸引力。

在世界上的许多地方，男性对性的态度是在竞

争的气氛中形成的，他们的目标是给其他男性留下深刻印象，他们会和朋友们谈论性经历。在很小的时候，女孩就知道她们越接近其所在文化中的理想美，她们在性和其他方面的力量就越大（Impett et al.，2011；Matlin，2012）。然而，这种力量也可能带来意外结果，因为一些研究表明，她们的衣着越性感，就越可能被视为无能和不聪明（Graff, Murnen & Smolak，2012；Montemurro & Gillen，2013）。

脚本可能是行为的强大决定因素，包括安全性行为的实践。在对 22 岁至 39 岁黑人女性的采访中，研究人员发现实施安全性行为的可能性降低与脚本培养的信念有关：如男性控制关系；女性维持关系；男性不忠是正常的；男性控制性活动；女性想使用避孕套，但男性控制避孕套的使用（Bowleg, Lucas & Tschann，2004）。正如一名女性总结的"球总是在他的球场上"，这样的脚本鼓励女性以牺牲自己的需要和安全为代价来维持性关系。

AF archive/Alamy Stock Photo

电视剧《衰姐们》（Girls）中有三个互为朋友的女孩：一个处女，一个性冒险家，还有一个正在寻找爱情和性。这种对传统女性性别脚本的改写——以及女孩们谈论性的简单、直白的方式——吸引了粉丝和评论家。

然而，由于女性经济地位的提高，今天的性别脚本正在改变。球不再总是在男性的球场上。因此，年轻女性越来越自由地控制自己的性生活（Rosin，2012）。当女性需要婚姻来确保她们的社会和经济安全时，她们就把性看作一个讨价还价的筹码、一种配给的资产，而不是一种为了享受而进行的活动。毕竟，一名没有经济来源的女性如果冒着意外怀孕、人身安全得不到保障或社会声誉受损的风险，就不能随便地寻求性快乐。当女性获得更好的教育机会、更多的就业机会，以及能控制自己生育能力的时候，她们更有可能把性作为一种享受，而不是达到另一个目标的手段。

那么，在阅读本章的读者所熟悉的文化中，性别脚本和期望是什么呢？在过去的几年里，手机摄像头的兴起对性别脚本的改变产生了影响。今天的年轻人（在父母、其他监护人和老师的监督下）仍然在驾驭这项新技术，探索如何最好地将其融入他们丰富多彩的性生活中。关于"发送色情内容"——发送色情视频、照片或信息——的问题，最近一项包含 39 个研究的元分析涉及 10 万多名青少年参与者，结果发现 15% 的青少年报告自己发送过色情内容，27% 的青少年报告收到过色情内容，两项指标都没有显示存在性别差异（Madigan et al.，2018a）。至于在没有得到发送方同意的情况下，将内容转发给其他人这种更有问题的做法，12% 的青少年报告他们做过这种事，8% 的青少年报告他们知道别人如此做过。随着智能手机变得越来越普及，这些数字在未来几年可能还会攀升。

日志 10.3 批判性思维：提出问题，乐于思考

考虑到最低水平的睾酮对性欲的重要性，许多人认为提高睾酮水平会增强性欲，而降低它的水平会降低性欲。为什么这个假设过于简单？

模块 10.3　小考

1. 马斯特斯和约翰逊描述了性反应周期的四个阶段。根据他们的研究，这些阶段的正确顺序是什么。

   A. 唤醒、欲望、消退、高潮

   B. 唤醒、欲望、高潮、消退

   C. 欲望、唤醒、高潮、消退

   D. 欲望、唤醒、消退、高潮

2. 在灵长类动物（包括人类）中，提高睾酮水平是如何影响性欲的？

   A. 对女性有效，对男性无效

   B. 非常有效，性欲主要是一个生物学过程

   C. 无效，睾酮不会影响性欲

   D. 无效，性欲受到多种因素的交互影响

3. 下面哪个关于性取向的陈述是正确的？

   A. 绝大多数同性恋父母所生的孩子不会变成同性恋者

   B. 人类是唯一被证实有同性性行为的动物物种

   C. 暴露于产前激素与性取向没有关系

   D. 生物因素本身就可以解释在社会上观察到的性反应、喜好和习俗的多样性

4. 下列哪一个选项说明了性快感有一种"自上而下"的结构？

   A. 维克拉姆始终误认为他的女性朋友对他有性兴趣，但现实中他们只是好友

   B. 卡洛通常会同意发生性行为，因为他觉得他有义务这么做，他是为了取悦他的伴侣

   C. 露丝坠入了爱河。当她听到她的新伴侣接近高潮时，她也感受到了快乐

   D. 海丽从父母、榜样人物和媒体那里学到，坚持社会对美的标准会让她更好地利用自己的性别来达到自己想要的结果

5. 在什么情况下，女性最有可能把性作为"谈判筹码"？

   A. 当她们采取避孕措施时

   B. 当她们已经有孩子时

   C. 当她们经济独立时

   D. 当她们有工作，可以用自己的钱讨价还价时

10.4　有能力的动物：成就动机

几乎每个成年人都以这样或那样的方式工作。学生在学习中工作。在家里照顾孩子的父母，其工作的时间往往比领薪水的雇员多。即使艺术家、诗人和演员的工资不固定（或者根本没有工资），他们也工作。大多数人工作的动机是为了满足对食物和住所的需要。然而，生存并不能解释为什么有些人想把工作做好，而另一些人只是混日子。这也不能解释为什么有些人工作是为了谋生，然后把他们的热情投入到无报酬的活动中，比如学习成为一个吉他手，或到马达加斯加去看一种罕见的鸟类。在这一部分，我们将看到动机是如何影响工作的，也会看到工作是如何影响动机的。

10.4.A　动机对工作的影响

学习目标 10.4.A　描述使目标设定成功的条件，并区分表现目标和掌握目标

心理学家，尤其是工业/组织心理学领域的心理学家，研究了促进成就的心理素质，以及影响生产力和满意度的环境条件。

目标的重要性　为了理解成就动机，研究人员强调了目标而不是内在驱动力：你所实现的取决于你为自己设定的目标以及你追求它们的原因（Dweck & Grant，2008）。然而，并不是任何目标都能促进成就。当满足三个条件时，一个目标最有可能提高你的动机和表现（Locke & Latham，2006）：

- **目标是具体的**。模糊地定义一个目标，比如"尽力而为"，和根本没有目标一样无效。要明确你要做什么、什么时候做。例如："我今天要写四页论文。"

- **目标有挑战性，且可以实现**。你倾向于为了实现艰难的目标而努力工作。最困难的目标会产生最高水平的动机和表现，当然，除非你选择了你永远无法实现的、不可能的目标。

- **你的目标是得到你想要的，而不是逃避你不想要的。**

接近目标（approach goals）是指根据期望的结果或经验来设定目标，比如获得一个更好的成绩或者学习潜水。**逃避目标**（avoidance goals）是指根据预防不愉快的经历来设定目标，比如在不在聚会上出丑，或者避免依赖他人。

接近目标

根据期望的结果或经验来设定目标。

逃避目标

根据预防不愉快的经历来设定目标。

本章所讨论的所有动机都会受到接近目标和逃避目标的影响。那些用具体的、可实现的方法来设定目标的人（例如，"我要通过每周跑步三次来减肥"）比那些用回避术语来设定同样目标的人（例如，"我要通过少吃油腻食物来减肥"）感觉更好、更加乐观（Coats, JanoffBulman & Alpert, 1996; Gable & Gosnell, 2013）。同样地，为了实现接近动机而进行性行为的人——为了享受身体的愉悦、提升伴侣的幸福感，或者寻求亲密关系——往往比那些为了避免伴侣失去兴趣或与伴侣争吵而进行性行为的人，拥有更幸福、冲突更少的关系（Muise, Impett & Desmarais, 2013）。你能猜到为什么接近目标比逃避目标产生更好的结果吗？接近目标让你将注意力集中于你能积极实现的事情，集中于活动的内在乐趣。逃避目标让你专注于你必须放弃的东西。

就工作而言，明确你的目标会推动你走向成功，但是当你遇到麻烦时会发生什么？在实现目标变得困难或面对挫折时，一些人选择放弃，另一些人则更有决心取得成功。他们之间最关键的区别在于他们为这个目标而努力的原因：在别人面前炫耀，或为了满足而学习。

受**表现目标**（performance goals）激励的人主要关心的是得到好评和避免批评。那些受**掌握（学习）目标**［mastery（learning）goals］激励的人关心的是提高他们的能力和技能，并从他们所学的东西中获得内在的快乐（Grant & Dweck, 2003; Kamarova et al., 2017; Senko, Durik & Harackiewicz, 2008）。

当那些受表现目标激励的人表现不佳时，他们常常会认定错在自己，并停止改进。因为他们的目标是展示自己的能力，所以当他们暂时失败时，他们就会陷入悲伤之中。相比之下，那些积极掌握新技能的人通常会把失败和批评看作有用的信息，这些信息有助于他们提高。他们知道学习需要时间。在商业、教育和生活中，教训很清楚：失败对最终成功非常重要。

表现目标

在别人面前表现良好，受到好评，避免遭批评。

掌握（学习）目标

以提高自己的能力和技能为目标。

掌握目标在各级教育和整个生活中都是强大的内在动力。与那些只是为了获得学位和工作的学生相比，那些在大学里主要为了掌握新知识的学生会选择更具挑战性的项目，坚持面对困难，使用更好的学习策略，并且更不可能作弊（Elliot & McGregor, 2001; Grant & Dweck, 2003）。像往常一样，我们应该避免过于简单化：奥林匹克运动员，世界级的音乐家，还有那些决心在他们的领域里成为最好的人同时拥有表现目标和掌握目标。

另一个成功的因素是自我控制（Duckworth & Gross, 2014）。自我控制是在诱惑面前调节注意力、情绪和行为的能力。如果你能在电视机、手机的干扰下集中精力学习，你就已经表现出了令人钦佩的自制力。事实上，你应该坚持下去。研究人员已经证明，人生早期的自我控制水平越高，学习成绩越好，身体越健康，工作越好，收入越高（Duckworth & Carlson, 2013; Mischel, 2014; Moffitt et al., 2011）。

最近的一些研究也强调了毅力的重要性。毅力是一种伴随着决心和努力，并长期坚持不懈的热情投入（Duckworth & Gross, 2014）。从顶尖小提琴手到象棋大师，再到全国拼字比赛的获胜者，他们的表现往往是数千小时刻苦练习的结果（Duckworth et al., 2011; Ericsson, 2001）。尽管毅力与自我控制、韧性的区别还有待研究，但长期坚持这种坚韧不拔的精神有助于成功

(Credé, Tynan & Harms, 2017；Duckworth, 2016；Eskreis　Winkler et al., 2014）。

互动

（1）Pascal Deloche/Corbis Documentary/Getty Images

（2）Library of Congress Prints and Photographs Division Washington, D. C. 20540 [LC – USZ62 – 112513]

（3）LEON NEAL/AFP/Getty Images

（4）Everett Collection Inc/Alamy Stock Photo

（5）Juergen Hasenkopf/Alamy Stock Photo

（6）Kristin Callahan/Everett Collection/Alamy Stock Photo

（7）Kristoffer Tripplaar/Alamy Stock Photo

成就的多种动机

　　（1）永恒不朽：老子（公元前 6 世纪），哲学家、作家——"死而不亡者寿"。（2）知识：海伦·凯勒（Helen Keller）（1880—1968），盲/聋作家、教育家——"知识就是幸福，因为拥有博大精深的知识就能够明辨是非"。（3）自由：纳尔逊·曼德拉（Nelson Mandela）（1918—2013），南非前总统——"获得自由不仅仅是挣脱枷锁，更是以尊重和促进他人自由的方式生活"。（4）自主权：乔治娅·欧姬芙（Georgia O'Keeffe）（1887—1986），艺术家——"我发现自己对自己说——我不能住在我想住的地方，去我想去的地方，做我想做的事……我觉得自己是个非常愚蠢的傻瓜，至少不能按照自己的意愿画画"。（5）优秀：塞雷娜·威廉姆斯（Serena Williams）（生于 1981 年），网球冠军、奥运会金牌得主——"我很幸运，无论我内心有多么恐惧，我对胜利的渴望总是更强烈"。（6）职责：机长切斯利·苏伦伯格（Chesley Sullenberger）（生于 1951 年），在紧急迫降中拯救了 155 名乘客的飞行员——"我们只是在做我们受训要做的工作"。（7）创新：埃隆·马斯克（Elon Musk）（生于 1971 年），发明家、企业家——"当一件事足够重要的时候，即使机会对你不利，你也要去做"。

期望与自我效能感　你为某事付出多少努力也取决于你的期望。与肯定失败相比，如果你相当肯定会成功，你就会更加努力地达到目标。你的期望受你对自己和能力的自信程度的影响（Dweck & Grant,2008；Judge,2009）。没有人生来就有自信或**自我效能感**（self–efficacy）。你通过掌握新技能、克服障碍和从偶尔的失败中学习的经验获得它。自我效能感还来自成功的榜样、周围的人给予的建设性反馈和鼓励，他们教会你雄心壮志是可能实现的（Bandura,2013）。

自我效能感

相信一个人能够实现预期的结果，例如掌握新技能和达到目标。

具有强烈自我效能感的人更容易处理问题，而不是闷闷不乐。在北美、欧洲和俄罗斯的研究发现，自我效能感几乎与人们生活的每个方面都有着积极的关系：成绩、追求目标的坚持程度、选择的职业、为政治目标而工作、健康的饮食习惯，甚至从心脏病发作中恢复的机会（Bandura et al.,2001；Luszczynska et al.,2016）。对十年研究的元分析发现，自我效能感和设定雄心勃勃但可实现的目标，是学习和成就的最强预测因素（Lanaj,Chang & Johnson,2012；Sitzmann & Ely,2011）。

10.4.B　工作对动机的影响

学习目标10.4.B　描述工作条件如何影响实现目标的动机

许多人认为动机影响工作：你动机很强，所以你选择了一个职业，然后努力工作以获得成功。但心理学家也研究了相反的方向：职业的可获得性如何影响动机。例如，影响许多人在某一特定领域工作的动机的一个简单但有力的因素，是该职业的男女比例（Kanter,2006）。当职业被性别隔离时，许多人对这种职业的要求形成性别刻板印象：传统上所谓的女性工作需要善良和养育，传统上所谓的男性工作需要力量和智慧。这些成见反过来扼杀了许多人进入非传统职业的愿望，也在雇主中制造了自我实现的偏见（Agars,2004；Eccles,2011）。

在美国，法律、兽医学、制药和调酒几乎全是男性从事的职业，护理、教学和儿童保育几乎全是女性从事的职业，很少有女性渴望从事"男性"职业。然而，当职业隔离被视为非法时，人们的职业动机发生了变化。如今，我们经常能看到女律师、女兽医、女药剂师和女酒保。尽管女性在工程、数学和科学领域仍然处于次要地位，但她们的人数一直在上升：在1960年，女性在工程领域的博士学位中只占0.4%，在数学领域占5.2%，在生命科学领域占8.8%。但是到了2016年，根据政府的统计数据，这个比例分别上升到了23.1%、24.2%和55.1%。随着这些数字的增大，认为女性"天生"不适合工程、数学和科学的观点已经减少。

印度的一项自然实验发现，特定的榜样会对青少年的教育和成就抱负产生强大的影响（Beaman et al.,2012）。1993年，印度通过了一项法律，为近500个随机选定的村庄的女性保留领导职位。多年后，一项对8 453名青少年的调查发现，在女性领导人居住的村庄中，教育愿望方面的性别差距缩小了近三分之一。很明显，你看到的东西会影响你想要的东西，以及你认为你能得到的东西。

工作条件　想象一下，你住在一个只有一家著名公司的小镇上，不管这家公司是制造厂还是大型商超。镇上的每个人都对该公司充满感激之情，满怀希望地去那里工作。然而，很快，一件奇怪的事情发生在许多员工身上：他们抱怨疲劳，并且易怒；他们请了很多病假，致使生产率下降。这是怎么回事？大家都变懒了吗？

但是，如果是公司本身有什么问题呢？心理学家想知道工作环境是培养还是摧毁了我们成功的动力。人们在工作之后，是什么促使他们做得更好？而其他人完全失去了动力？首先，成就取决于有机会实现。当人们在工作中做得不好时，其他人往往会说这是员工自己的错，因为他们缺乏做好工作的内在动力。但是，员工可能真正缺乏的是一个公平的机会，对于那些受到系统性歧视的人来说尤其如此（Sabattini & Crosby，2009）。当人们开启职业生涯后，他们可能会变得更加有动力或更缺乏向上爬的动力，这取决于他们被允许攀登多少级台阶。过去女性在政界很少见，但现在她们成为市长、州长、参议员或总统候选人的事情已经没有新闻价值了。

　　工作环境的其他几个方面可能会增强工作动机和提高满意度，并减小情绪倦怠的可能性（Bakker，2011；Geldart et al.，2018；Maslach，Schaufeli & Leiter，2001）：

● 这份工作对员工来说重要且有意义。

● 员工可以控制自己工作的许多方面，比如设定自己的工作时间和做出决定。

● 任务是多种多样的，而不是重复的。

● 员工与他们的上司、同事之间有着支持性的关系。

● 员工会收到关于他们工作的有用反馈，这样他们就知道自己完成了什么，需要做什么来改进。

● 公司为员工提供学习和提升的机会。

　　具有这些条件的公司往往有着更高的生产力和更满意的员工。与那些对日常工作缺乏控制力或灵活性的员工相比，在符合上述条件的公司工作的员工在思考上更有创造力，对工作更加投入。

互动

媒体对工作条件的描述

| (1) | (2) | (3) | (4) |

　　(1) 心理学家并不是唯一理解工作环境对员工满意度和工作表现有显著影响的人。查理·卓别林（Charlie Chaplin）的《摩登时代》（*Modern Times*）（1936）可能是传统电影和电视节目中第一部突出了工作场所潜在的挫折感的作品。这部电影以喜剧的效果描绘了一名工厂工人被失灵的流水线压得喘不过气来的过程。(2) 职场电影有时也涉及重要的社会问题。在《朝九晚五》（*9 to 5*）（1980）中，多莉·帕顿（Dolly Parton）和她的女同事们努力克服（确切地说是报复）阻碍女性在公司晋升的制度和个人性别歧视。(3)《上班一条虫》（*Office Space*）（1999）通过喜剧效果，在一个枯燥无味的环境中展现无聊工作令人心碎的潜力，成为备受追捧的经典。正如许多与挑战工作环境有关的电影一样，观众看到的是"复仇"的场景——用棒球棒对不合作的办公室打印机进行暴力袭击。(4) 最近，英国和美国的观众都在观看一部广受好评的电视剧《办公室》（*The Office*）。这再次强调了日常工作条件对工人生产力的影响，但这也提醒人们注意工作场所在当代个人的社会生活中所扮演的核心角色。

　　资料来源：(1) JT Vintage/Glasshouse Images/Alamy Stock Photo；(2) UA_IFTN_NEU/United Archives GmbH/Alamy Stock Photo；(3) United Archives/IFTN Cinema Collection/United Archives GmbH/Alamy Stock Photo；(4) NBC UNIVERSAL TELEVIS/Mary Evans Picture Library Ltd/AGE fotostock.

　　相反，当人们成功的欲望和能力遭挫败时，他们常常变得不满意。他们的动力下降，可能放弃。例如，一项针对科学、工程和技术领域的近2 500名男性和女性的研究，探索了女性最终离开工作岗位、完全放弃科学的原因。在这些领域失去工作动

力的女性报告感到被孤立（许多人说她们是工作组中唯一的女性），三分之二的人说她们遭到过性骚扰（Hewlitt，Luce & Servon，2008）。其他原因包括同样工作的报酬低于男性，以及工作条件不允许她们承担家庭义务。母亲比父亲更有可能减少工作时间，调整工

作安排，并因为照顾孩子的问题而分心（Sabattini & Crosby, 2009）。

总之，如你所见，工作动机和满意度取决于个人素质和工作条件之间的正确匹配。

10.4. C 需求、动机和对幸福的追求

学习目标 10.4. C 讨论什么能使人幸福，以及人们在预测自己幸福的方面有多准确

我们在这一章中研究了一系列的需求和动机，从寻找食物到寻找真爱，从渴望性爱到渴望工作满足感。多年前，人本主义心理学家亚伯拉罕·马斯洛（Abraham Maslow）（1970）试图将人们的各种需求组织成一个等级系统。在加拿大的黑脚族保留地上，马斯洛深受人性对话的影响，他提出了一个模型。在这个模型中，这些动机形成了一个金字塔（也许并非巧合，这个形状与第一民族的帐篷有些相似）。底层是对食物、睡眠和水的基本生存需求，上一层是对住所的安全需求，更高层次的需求是社会需求和与尊重相关的需求。在最顶层，当所有其他需求都得到满足时，则是自我实现需求和自我超越需求。

马斯洛的理论变得非常流行，励志演说家经常提到它。但马斯洛的理论在很大程度上依赖于他对那些自认为"自我实现"的人的观察，而且它几乎没有直接的实证支持（Sheldon, 2011；Sheldon et al., 2001）。一个原因是人们同时需要舒适、安全、亲密和能力。更高层次的需求有时甚至会取代更基本的需求。历史上充满了这样的例子：有些人宁愿死于酷刑或饥饿，也不愿牺牲自己的信念；有些人宁愿探索、冒险尝试或创造新的艺术，也不愿处于安全状态。对不同的人来说，满足、安全意味着不同的东西。当我们结束关于生活的主要动机这一章时，我们探讨了什么能让人们幸福，以及人们认为什么会让他们幸福。

当你考虑为自己设定目标时，这里有一个重要的

心理发现需要牢记在心：人们不擅长预测幸福（或痛苦）事件将对他们造成什么影响，也不擅长估计这种感觉会持续多久（Buechel, Zhang & Morewedge, 2017；Eastwick et al., 2008；Wilson & Gilbert, 2005）。在一项研究中，大学生们被问及如果他们被随机分配到一间他们认为"理想"或"不理想"的宿舍后，会感到多么幸福或多么不幸福（Dunn, Wilson & Gilbert, 2003）。学生们预测，宿舍分配将对他们的整体幸福水平产生巨大影响，被分配到一间不理想的宿舍将从根本上影响他们一整年的满意度。事实上，你可以从图 10.1 中看到，一年后，无论他们生活在哪种宿舍，两组人的幸福水平几乎相同。

互动

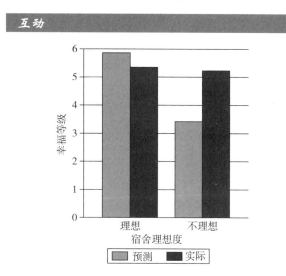

图 10.1 情绪的错误预期

在现实生活中，即将被分配宿舍的大学生们也会预测，如果被分配到一间他们认为"理想"或"不理想"的宿舍里，他们会感到多么幸福或多么不幸福。这个追踪研究的结果是：大多数学生认为他们在一间"不理想"的宿舍里会更不幸福。但事实上，一年后，这两组学生之间没有任何差别。

为什么？因为学生们在预测他们未来的幸福感时，关注了错误的因素。他们更看重宿舍的外观和位置，而不是室友。事实上，所有的宿舍都有可爱的人，是人让一个地方变得有趣或令人不愉快。因

为学生们无法预见这一点，或者他们有多喜欢新室友，他们错误地预测了未来的幸福感。

这个结果在很多不同的情况下都得到了验证：好的方面很少像我们想象的那样好，而坏的方面很少像我们想象的那样糟糕。人们会很快适应令人幸福的变化——新的人际关系、晋升，甚至彩票中奖——却没有预料到他们也会同样迅速地应对糟糕的经历。然而，人们做出的许多决定都是基于对未来感受的错误假设。许多人花在汽车或房子上的钱超出了他们的承受能力，因为他们认为这才能让他们真正感到幸福。

那么，什么能让人们感到幸福呢？在我们所研究的人类动机的所有领域中，一个关键的结论浮现出来：那些被活动的内在价值激励的人比那些仅仅被外在奖励激励的人更幸福和更满足（Deci & Ryan, 1985；Deci, 2016）。在美国，很多人更热衷于赚钱，而不是寻找自己喜欢的活动。他们认为更多的财富会带来更大的幸福，然而当他们达到一种能提供基本舒适和安全的生活水平后，发现更多并不一定更好。他们迅速适应更多的财富，然后认为他们需要更多的财富才能更幸福（Dunn, Gilbert & Wilson, 2011；Gilbert, 2006）。拥有巨额财富甚至削弱了人们享受小乐趣的能力，如阳光明媚的日子、冷饮和巧克力（Quoidbach et al., 2015）。

此外，不管他们是生活在一个富裕的国家还是生活在一个不富裕的国家，与那些自我接纳、和他人交往或想让世界变得更美好的人相比，那些以致富为动机的人有更差的心理适应性和更弱的幸福感（Ryan et al., 1999）。当追求金钱的原因是外在的（例如，为了给别人留下好印象、炫耀你的财产）而不是内在的（例如，这样你就可以做你喜欢的志愿者工作）时（Carver & Baird, 1998；Srivastava, Locke & Bartol, 2001），更是如此。相比之下，拥有积极的、令人愉快的经历会让大多数人感到比拥有

东西更幸福：换句话说，做事比购物更令人满意（Carter & Gilovich, 2012；Dunn & Norton, 2013）。

日志 10.4 批判性思维：检查证据

思考并简要描述当你高估了某个结果给你带来多少好处（或坏处）时的感觉。也许这是一个你为之努力奋斗了很久的成就；也许这是一个你拼命想要避免的消极事件。你能给出什么解释？为什么你高估了这件事对你的影响？在了解了情绪错误预测的知识后，你认为自己会在未来再次做出过高的估计吗？为什么？

心理学与你同行

对现代动机的再思考

在这一章中，我们探讨了与日常人类经验的核心方面相关的动机：食物、爱、性、工作。几十年来，心理学家一直在探索为什么我们在这些熟悉的领域里会表现出我们所表现的行为方式。

这次探索的最大挑战之一是，人类现在表现出的许多偏好是经过许多代进化而来的。随着技术的进步，长期以来促成这些趋势的环境因素突然发生了变化，在人性和现代社会之间造成了有趣的不匹配。例如，高糖、高脂肪和高蛋白质的食物在过去是稀缺品，这促成了为生存而进行的激烈竞争。但在今天，这些食物通常很容易获得。然而，我们对甜食和高脂肪食物的偏好依然存在，从而导致了现代肥胖症的流行。考虑一下寻找伴侣。随着时间的推移，由进化压力和文化信息促成的偏好是如何在现代社会中发挥作用的（在这个社会中，越来越多的恋爱关系和性关系是通过约会网站或应用程序开始的）？

更广泛地说，我们希望本章回顾的研究能够促使你问一些宏观的问题。比如，你的价值观是什么？你这辈子最想实现的是什么？财富、安全感、激情、

自由、名望、改善世界的渴望、找到你的灵魂伴侣、成为运动或其他技能中的佼佼者？还有别的吗？你的短期目标是什么？你想改善你的爱情生活吗？得到更好的成绩？去更喜欢的学校？减肥？成为一名更好的网球选手、甜点厨师或者需要帮助的朋友的倾听者？

激励演说家、书籍和视频服务只是一些改变你的生活的步骤，但我们希望，你将应用批判性思维去思考做出的承诺。激情/灵感就其本身而言是好的，但它通常不会帮助你在现实生活中做出改变。相反，想想你在这里学到的一些经验：

- **寻找令人内在愉快的活动。** 如果你真的非常想学习斯瓦希里语或瑞典语，即使这些语言不在你的毕业要求之内，也想个办法去做吧。正如著名作家雷·布拉德伯里（Ray Bradbury）在 89 岁时所说，长寿的秘诀就是"做你爱做的事，爱你所做的事"。如果你不喜欢你的专业或工作，考虑一条更令人愉快的道路，或者至少确保你有其他喜欢的项目和活动。

- **关注掌握目标，而不仅仅是表现目标。** 如果你的目标在于掌握，而不是向别人展示你有多优秀，那么你就能更好地应对挫折。将失败看作一个学习机会，而不是无能的标志。

- **评估你的工作环境。** 无论你是一个学生、一名自由职业作家，还是一位父/母亲，都检查一下你的环境，特别是当你的动力和幸福感开始下降时。你得到别人的支持了吗？你是否有机会拓展自我，改变自己的日常生活，还是期望自己每天都做同样的事情？有什么障碍限制了你在这个领域的进步吗？

- **采取措施解决动机冲突。** 你会在两个目标之间纠结吗？例如，你是否不幸地被困在实现独立的目标和被父母照顾的愿望之间？调和这样的冲突对你的幸福很重要。

Slavica/E + /Getty Images

批判性地思考你为自己选择的目标是很重要的：它们是你想做的还是别人想让你做的？它们反映了你的价值观吗？如果你对你的身体、人际关系、性生活或工作不满意，为什么不思考一下，再制定战略，采取行动呢？

模块 10.4　小考

1. 霍雷肖想获得空手道黑带。哪种思维方式最有可能帮助他实现这个目标？
   A. 我应该保证不会输掉很多比赛
   B. 我要尽我所能做到最好
   C. 我会设定明确的目标，虽然困难，但是可以实现
   D. 我会设定明确的目标，我知道我可以轻松达到

2. 米兰达想学滑冰，因为滑冰看起来很有趣，而且她喜欢尝试新事物。顺子想学习滑冰，因为她不想在朋友面前丢脸，而且她害怕被排除在有趣的活动之外。米兰达的动机是＿＿＿＿＿，而顺子的动机是＿＿＿＿＿。
   A. 具体的；无意义的
   B. 表现目标；掌握目标
   C. 逃避目标；接近目标
   D. 接近目标；逃避目标

3. 克劳德和英格都在准备律师资格考试，想成为律师。克劳德觉得通过考试的压力很大，因为通过考试后他就能给朋友留下好印象，让家人为他骄傲。英格也感到很大的压力，因为他想挑战自

己，对自己的学习进行公平的检验。克劳德受_____目标激励，而英格受_____目标激励。

A. 接近；逃避　　B. 掌握；学习

C. 表现；掌握　　D. 无意义；具体

4. 研究表明，学习和成就最有力的预测因素之一是_____。

A. 自我反馈　　B. 自我逃避

C. 自我捐赠　　D. 自我效能感

5. "如果我中彩票，我就可以安定下来了，"迈思说，"中彩票会改变一切，我会每天都很开心。"根据你对预测未来情绪状态的了解，你认为迈思的预言有多准确？

A. 非常准确；研究表明，中奖者的生活方式在拿到奖励后会发生根本性变化

B. 有些准确；研究表明，人们有大约一半的概率能够正确地预测他们未来的幸福

C. 不太准确；他可能会很幸福，但是不像他想的那样幸福，他的生活也不会像他想的那样改变

D. 一点都不准确；中彩票并同时收到很多钱使大多数人不高兴

写作分享：主要动机：食物、爱、性和工作

想一些你有动力去完成的事情：在学校取得好成绩，变得擅长运动，改善你的爱情生活，改变一些不健康的习惯。尽可能详细地写下你目前的行为和你期望的最终目标。你是否发现在你从 a 点到 b 点的过程中，内在动机和外在动机的结合在驱动着你的行为？对于你所选择的目标，环境因素是否比基因因素更重要？

批判性思维演示

主张：越来越多的大学生为了进行随意性行为而"勾搭"在一起

步骤 1：批判这一主张

一个汉堡包和一份薯条，夏日凉风习习，A＋成绩，

找到你一生的挚爱并发现对方也爱你。这些是生活中的好东西。它们说明了推动我们前进的主要动力：饥饿、成就、在情感而非身体上与他人建立联系。

我们可能会考虑很多关于爱和性动机的主张。有人认为今天的年轻人首先看重身体联系而不是情感联系。让我们来分析一下这种说法：越来越多的大学生为了进行随意性行为而"勾搭"在一起。

步骤 2：提出问题，乐于思考

即使是我们最隐秘的偏好和行为，也可以被科学地研究。但是，有关性的研究问题由于各种原因而具有挑战性。

让我们思考一下研究人员用来考察性行为问题的各种方法的优缺点。对于下面段落中的每一个空格，选择适当的选项来完成句子。

人类的性行为是一个具有挑战性的研究课题。事实上，直到 20 世纪中叶，1)_____和他的同事们才对男性和女性的性取向进行了开创性研究，这项研究发表在两本畅销书中。出于保护隐私、道德和实际考虑，这些研究中采取的措施通常是 2)_____。当然，即使询问人们的性取向也有局限性。参与者的回答可能会因他们 3)_____而有所偏差。即便如此，调查数据仍提供了许多关于人类性行为的有用结论。

1) a. 西格蒙德·弗洛伊德

b. 阿尔弗雷德·金赛

c. 戴维·巴斯

2) a. 观察

b. 自我报告

c. 自然的

3) a. 担心泄露自己的尴尬信息

b. 希望给提问者留下积极的印象

c. 以上两个答案都正确

答案：1) b，2) b，3) c

步骤 3：分析假设与偏见

那大学里的随意性行为呢？现在的学生真的比上一代有更多的性伴侣吗？杂志和博客称大学校园

被所谓的"勾搭"文化所主宰，这种说法对吗？这个主张是一个很好的故事、一个我们想点击的链接。但吸引人的标题不能证明它是真的。人们认为正式的约会和忠诚的关系在过去比现在更常见吗？

步骤4：定义术语

回答这些问题的一个关键就是定义术语。今天的年轻人可能比上一代人更多地谈论"勾搭"。但这个术语到底是什么意思？对许多人来说，这个术语似乎暗示着性行为。但最近一项针对女大学生的调查发现，她们所谓的"勾搭"中，只有三分之一包括性行为。根据数据，勾搭可能意味着接吻，也可以是心动。它可以意味着任何事，并不仅仅是性行为。

步骤5：检查证据

为了了解校园内的性行为，研究人员必须提出措辞准确的关于……性行为的问题。通过比较当今和过去的学生，总结出行为是如何随着时间变化的。

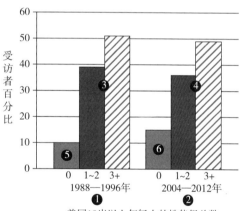

美国18岁以上年轻人的性伴侣总数

关键：

①这些数据来自一项针对年轻人的年度调查。前三个条形代表了1988—1996年间（在网上约会和"勾搭"流行之前的年份），年轻人拥有的不同性伴侣数量。

②后三个条形代表了2004—2012年间年轻人拥有的不同性伴侣数量。通过比较同一人群在两个时间跨度内的反应，研究人员可以提出这样一个问题：性行为是否随着时间的推移而改变？

③在我们较早的样本中，39%的年轻人有1~2个性伴侣，51%的人有3个或更多的性伴侣。这些数字与前三个条形看起来非常相似。

④在我们最近的样本中，36%的年轻人有1~2个性伴侣，49%的人有3个或更多的性伴侣。这些数字并不支持这样的观点，即现在与多个性伴侣发生随意性行为比几十年前更为普遍。

⑤1988—1996年间，10%的受访者表示没有性伴侣。这个比例实际上低于20年后的比例，这表明随着时间的推移，禁欲更有可能发生。

⑥2004—2012年间，15%的受访者表示没有性伴侣。这些数据再次表明，当今的年轻人并没有发生更多的随意性行为。

步骤6：权衡结论

数据表明，事实并非如此，今天的大学生并没有比以往任何时候有更多的性伴侣和更多的随意性行为。新兴的校园"勾搭"文化的故事可能就是这样一个好故事。术语的精确定义对批判性思维至关重要。当大学生们谈论"勾搭"的时候，他们并不总是在谈论性。

所以，当涉及情绪化的亲密过程时，比如性、坠入爱河，我们的假设并不总是与科学数据和实际行为一致。

总结：主要动机：食物、爱、性和工作

10.1 动机和饥饿的动物

学习目标10.1. A　定义动机，并区分其内在形式和外在形式

动机是一个过程，它使生物体朝着一个目标前进，或者摆脱一个不愉快的处境。内在动机指的是为了某项活动本身而追求某项活动。外在动机是指为了外在的奖励而追求某项活动。

学习目标10.1. B　讨论影响体重的生物因素，并解释什么是定点

超重或肥胖不仅仅是意志力不足、情绪障碍或暴饮暴食的结果。饥饿、体重和进食是由一系列身体机制调节的，比如基础代谢率和脂肪细胞的数量。这些使人们接近他们受基因影响的定点。基因影响体型、脂肪的分布、脂肪细胞的数量，以及身体是否会将多余的卡路里转化为脂肪。厌食物质，如瘦素，会降低食欲，减少食物消耗。食欲诱发物质，如饥饿素，能刺激食欲。

学习目标 10.1. C　讨论并举例说明环境对体重的重要影响

单靠遗传学无法解释为什么全世界所有社会阶层、种族和年龄的超重率和肥胖率都在上升。主要的环境原因包括廉价快餐和食品的增加、高热量含糖饮料消耗的增加、久坐不动的生活方式的增加、食物分量的增加，以及高度多样化的食物可得性的提高。

学习目标 10.1. D　区分神经性厌食症和神经性贪食症，并讨论导致这两种疾病的因素

神经性厌食症和神经性贪食症是最著名的饮食失调症。遗传和文化因素影响饮食失调，但心理因素，包括抑郁、焦虑、自卑、完美主义、扭曲的身体形象，也是影响饮食失调的起因和持续性因素。

10.2　社会性动物：爱的动机

学习目标 10.2. A　描述后叶加压素、催产素和内啡肽是如何帮助我们理解爱的生物学的

所有人都需要依恋和爱。多种脑部化学物质和激素，包括后叶加压素和催产素，都与联结和信任有关；内啡肽和多巴胺令人产生快感和感觉受到奖励，与浪漫的激情有关。

学习目标 10.2. B　解释依恋理论是如何应用于成年人的恋爱关系的

人们爱谁的两个强有力的预测因素是接近度和相似度。恋爱时，人们会产生不同的依恋。依恋理论认为成年人的爱之关系，就像婴儿的爱之关系一样，包含安全型、回避型或焦虑型。

学习目标 10.2. C　总结关于恋爱关系中性别和文化差异的研究

男性和女性在感受爱和需要依恋等方面是一样的，但是，他们在表达爱的感觉和定义亲密等方面有所不同。双方的态度、价值观以及认为两人在关系中

是平等的这一观念比基因或激素更能预测长期的爱情。

10.3　有性行为的动物：性动机

学习目标 10.3. A　描述早期关于性行为的研究结果，以及生物学、激素、体重等因素对男女性行为差异的影响

人类的性行为不仅仅是"做自然发生的事情"，因为对一个人或一种文化来说，自然发生的事情对其他人来说可能不那么自然。金赛对男性和女性性行为的调查，以及马斯特斯和约翰逊的实验室研究表明，从生理学上讲，两性在性唤醒和性反应方面都有相应的能力。然而，个体在性兴奋、性反应和性抑制方面差异巨大。尽管激素不会以简单直接的方式引起性行为，但睾酮可促进两性的性欲。

学习目标 10.3. B　讨论与性取向相关的生物学因素，以及对伴侣偏好单一解释的局限性

许多研究人员转向生物学，试图解释性取向，包括超过 450 个物种发生同性性接触的证据。研究发现，暴露在各种产前激素中，以及有亲生兄长，可以预测性取向。考虑到性别认同和性行为有不同的形式，并且在一生中会发生变化，仅仅用一种观点很难解释性取向。

学习目标 10.3. C　讨论性行为的各种动机，并与强奸动机进行对比

男性和女性发生性行为是为了满足许多不同的心理动机，包括快乐、亲密、安全、伴侣的认可、同伴的认可，或是为了达到某个特定的目的。人们同意发生不想要的性行为的动机各不相同，取决于他们在关系中的安全感和承诺。男性实施强奸有多种原因，包括：自恋和对女性的敌意，支配、羞辱或惩罚受害者的欲望，有时还有虐待狂。

学习目标 10.3. D　解释文化和性别对性预期和性行为的影响

文化通过性别角色和性别脚本传递关于性的观

念，这些脚本根据性别、年龄和性取向的不同，规定了求爱和性爱期间的适当行为。就爱情而言，性别差异（和相似性）受到文化和经济因素的强烈影响。随着性别角色变得越来越相似，女性在经济上越来越独立，男性和女性的性行为也变得越来越相似，即女性希望性爱是为了快乐，而不是作为讨价还价的筹码。

10.4 有能力的动物：成就动机

学习目标 10.4. A 描述使目标设定成功的条件，并区分表现目标和掌握目标

当人们有具体的、集中的目标时，当他们为自己设定高但可实现的目标时，当他们接近目标（寻求积极的结果）而不是逃避目标（避免不愉快的结果）时，他们会取得更多的成就。实现目标的动机也取决于人们具有掌握（学习）目标（重点是提高能力和技能）还是表现目标（重点是在他人面前表现良好）。自信和毅力都有助于达到目标。自我效能感水平决定了人们的期望，而这些期望决定了人们的表现。

学习目标 10.4. B 描述工作条件如何影响实现目标的动机

工作动机也取决于工作本身的条件。当工作是高度性别隔离的时候，人们常常对在那个领域工作的男女性的能力抱有成见。提高动机和满意度的工作条件包括为员工提供有意义、具有控制感的多种任务，建立支持关系，提供反馈和晋升机会。

学习目标 10.4. C 讨论什么能使人幸福，以及人们在预测自己幸福的方面有多准确

人们不善于预测什么会让他们幸福、什么会让他们痛苦，或者估计这种感觉会持续多久。当人们享受一项活动带来的内在满足感时，幸福感就会增强。拥有本质上的快乐体验比拥有财富更能让大多数人感到幸福。

第 10 章测试

1. 科怀认为，如果他在学校取得好成绩，女孩们会注意到他，他的朋友们会崇拜他，他的父母也会为他感到骄傲。因此，他在写作业的过程中大写特写，几乎没有注意理解材料，只着眼于获得尽可能高的分数。科怀表现出了被_____动机激励的迹象。

   A. 过度　　　　　　　B. 内在

   C. 心理　　　　　　　D. 外在

2. 哪种基因导致脂肪细胞分泌瘦素？

   A. 肥胖　　　　　　　B. 加压素

   C. 饥饿素　　　　　　D. 催产素

3. 为什么你会预测去自助餐厅的人会比那些去传统餐厅的人吃得更多？

   A. 自助餐对一大群人很有吸引力，而一大群人比一小群人吃得多

   B. 自助餐厅比传统餐厅或快餐店的食物更加油腻

   C. 在自助餐桌前缓慢行走为脂肪细胞的积累提供了时间

   D. 丰富多样的食物一般会激励人们吃得更多

4. 所有精神疾病中死亡率最高的饮食失调症是_____。

   A. 神经性贪食症

   B. 神经性厌食症

   C. 暴食症

   D. 夜间进食综合征

5. 皮特和布拉恩已经维持了 17 年的浪漫关系。他们的关系属于_____。

   A. 强烈的情感　　　　B. 激情之爱

   C. 伴侣之爱　　　　　D. 迷恋

6. 罗拉不会嫉妒她的伴侣在派对上和别人说话，或者和朋友共度周末。她理解夫妻喜欢一起做事，但有时也需要分开做事。她并不担心她的伴侣会

因为他更喜欢的人而抛弃她。罗拉的依恋类型属于_____。

A. 焦虑型   B. 逃避型

C. 自信型   D. 安全型

7. 爱思罗瓦无法维持有意义的浪漫关系。她不信任别人，总是在对方想要承诺的时候结束一段关系。她的依恋类型可以描述为_____。

A. 逃避型   B. 倒退型

C. 安全型   D. 焦虑型

8. 第一个探讨性行为的研究者是_____。

A. 艾格尼丝·史蒂文斯

B. 西德·李维

C. 罗纳德·艾萨克森

D. 阿尔弗雷德·金赛

9. 麦迪森同意和她的伴侣发生不想要的性行为，主要是因为她害怕如果她不这样做，她的伴侣会离开她，她也觉得有义务在他想要的时候给他快乐。你认为麦迪森会有什么样的依恋类型？

A. 焦虑型   B. 安全型

C. 矛盾型   D. 犹豫型

10. 在特定情况下指定人的适当性行为的文化和性别规则，被称为_____。

A. 性别脚本   B. 期望

C. 规范角色   D. 性别计划

11. 关于目标设定的研究表明，能被界定为接近目标的是_____和_____。

A. 具体的；有挑战性的

B. 短期的；积极的

C. 可实现的；流行的

D. 遥远的；一般的

12. 哪一种说法最好地概括了工作场所对员工动机的影响？

A. 工作场所的属性比员工的内在动机更重要，即使是懒惰的人也能在适当的环境中获得成功

B. 动机影响工作，但工作条件通常不影响动机

C. 追求成功的内在动机是伟大的，但人们也需要机会和适当的工作条件才能成功

D. 研究表明，工作条件在一个人的成就中约占18%，其他的82%由个人因素决定

13. 一般来说，未来的糟糕之事与人们的预期相比会有多糟？

A. 更糟

B. 不太糟

C. 与个体预期的一样

D. 是个体预期的两倍

14. 关于马斯洛的需求等级金字塔模型，下列哪个陈述是错误的？

A. 人们通常有同时存在的需求，这很难与他的模型所描述的金字塔形状相协调

B. 它缺乏直接的实证支持

C. 它从来都不受欢迎

D. 人们往往以较低的需求为代价来追求更高的需求，这与金字塔模型不一致

15. 维尼在看日落，因为他知道谢丽喜欢大自然，他真的喜欢谢丽而且希望谢丽也喜欢他。菲利普在看日落，因为日落很美。_____是最喜欢欣赏日落的人。

A. 菲利普   B. 维尼

C. 谢丽   D. 菲利普和维尼

第11章
情绪、压力与健康

你需要做什么？

心理学是一门研究我们日常思考、感受及行为的科学。学习本章之前，我们有关于你自己日常生活的问题要问你。我们希望这只是你在阅读本章时思考自己人生经历的开端。

互动

提出问题，乐于思考

你是否觉得一学年当中临近考试的时段比其他时段更容易生病？

□是

□否

"很明显，他是一个内心充满仇恨的人。"

"悲伤、困惑和绝望充斥于心。"

"我们必须团结一致同仇敌忾，绝不允许偏见、暴力和恐惧占据上风。"

"我们伤透了心，并且很气愤。"

上述言论是美国政要在一家位于佛罗里达州奥兰多市的同性恋夜总会遭到大规模枪击后发表的，枪击事件共造成 49 人死亡、53 人受伤。上面这些问题毫无疑问都带着情绪。事实上，对该事件的描述也会受到强烈情绪的影响。思考人们对枪击者的行动进行的描述：恐怖主义。很少有比恐怖更强烈的情绪词。很明显，这个枪击者是带着愤怒和仇恨发动的袭击，该夜总会的顾客在袭击当中经历了恐惧和焦虑，那些在袭击中受伤的人和他们的家属势必会花费很长时间才会消除由此带来的悲伤和痛苦。

类似这样的悲剧也是压力与应对的例子。想想那些第一时间到达现场的高度警戒人员，他们并不确定要找谁，或是在哪可以找到他。附近居民可能要面对封锁、宵禁、搜捕以及其他的不确定性。面对心爱的人的离世、重伤后要重新振作，或者发生

悲剧后继续生活，这些可能是所有状况中最让人倍感压力的。在当今全时段的新闻报道中，第一手视频，以及智能手机应用程序和社交网站上的新闻提醒，甚至发生在世界各地的事件，都有可能对我们的心理造成一定的影响。

然而，并不一定是生死攸关的事情才会使人产生压力、需要应对，甚至引发健康问题。许多阅读本章的读者反映，和其他时间相比，他们更有可能在临近期末考试的那段时间生病。一个较为充分的解释就是压力会削弱人体的免疫系统，使其更容易生病。

本章我们将对情绪和压力的生理、心理基础进行探讨。长期的负面情绪，比如愤怒、恐惧势必使人产生一定的压力，而压力反过来亦会导致负面情绪滋生。然而，这两个过程的变化取决于我们对发生在自己身上的事件的解释、所处环境的要求以及我们所处的文化规则。

11.1 情绪的本质

人们总是希望自己从愤怒、嫉妒、羞耻、罪恶和悲伤的痛苦情绪中解脱出来。但是想象一下，一个没有情绪的生命，将无法被音乐的魔力所打动，永远不会在意失去一个心爱的人，不仅仅因为他不懂得悲伤，更因为他不懂得爱。你从来不会大笑，因为没有什么事情能让你觉得是有趣的。而且你会变得孤立无援，因为你无法体会他人的感受。如果没有情绪感受，你可能什么都不会做，因为你并不在乎，所以也不会采取任何行动。

进化而来的情绪能够帮助人们面对生活中的挑战（Nesse & Ellsworth, 2009）。例如，进化而来的厌恶情绪可以帮助婴儿和成人避免食用被污染和有毒的食物（Stevenson et al., 2014）。让人紧张的尴尬情绪有一个很重要的作用：你觉得你出丑、违反规则或行为规范会

起到抚慰他人的效果（Crozier & de Jong, 2013；Feinberg, Willer & Keltner, 2012）。一些积极情绪，如喜悦、爱、大笑、嬉戏等并不仅仅具有单一的愉悦功能，其适应性作用同样能够帮助人们提升心理灵活性和心理韧性，与他人建立联系，以及激发创造力（Baas, De Dreu & Nijstad, 2008；Kok et al., 2013）。

让我们先来看一下神经科学家和其他研究者在情绪的生理表现方面的发现，包括面部表情、脑区和脑回路及植物性神经系统。

11.1.A　情绪与面孔

学习目标 11.1.A　解释什么是情绪，哪些情绪具有共通的面部表情，以及有关情绪解码的局限

情绪（emotion）的成分主要包括以下几个方面：首先是面孔、脑和身体的生理变化；其次是对事件的评价和解释的认知过程；再次是诱发我们"战斗或逃跑"的行为倾向；最后是主观感受。此外，人们所处的社会环境和文化也会对个体的内部情绪体验和外部情绪表达产生一定的影响。

情绪
一种伴随面孔和身体变化、脑激活、认知评估、主观感受以及行为倾向的唤醒状态。

人类可以通过多种方式来表达自己的想法和感受，但是最简单的区别在于言语和非言语的表达。言语交流是指一个人通过说话或书面文字来向另一个人传达信息。非言语交流是指除言语交流之外的所有交流方式：包括通过声道（比如语调、停顿或者频率）、身体语言（包括姿势、手势、人际距离、目光接触）、面部表情，甚至服装搭配或我们对周围物理环境的维持方式所进行的表达（Gosling, 2009；Knapp, Hall & Horgan, 2014）。

Courtesy of Lisa Shin

非言语交流方式承载的信息量有多大？它足以表达陈列在面包店柜台内的饼干的表情含义，这些表情是通过在饼干上加点创意糖霜实现的。

非言语交流方式要远多于言语交流方式。非言语交流方式可以承载大量信息，尤其体现在情绪的表达上（Ekman & Friesen, 1969；de Gelder, de Borst & Watson, 2015；Sauter & Fischer, 2018）。在诸多非言语交流方式上，面部表情最能传达一个人的情绪状态。当一个陌生人交叉双臂时，很可能表示他正处于一种负面情绪中，但究竟是哪种负面情绪呢，是生气、担忧、蔑视或是厌恶？肌肉异常发达的面孔可以表达各种各样的特异表情（Hwang & Matsumoto, 2015）。

1872 年，查尔斯·达尔文提出人类的面部表情，像微笑、皱眉、痛苦、怒视，都是与生俱来的，就如同受惊的小鸟会本能地振动翅膀，一只心满意足的猫会发出呼噜声，再如一头受恐吓的狼会发出咆哮声（Darwin, 1872, 1965）。他认为这些表情可以让我们的祖先在很短的时间内迅速辨别对方是敌是友。此外，他还提出，情绪的进化功能使得人们随时做好应对环境中的挑战的准备，并向他人传达重要信息。而当代研究也证实了上述观点（Hess & Thibault, 2009；Shariff & Tracy, 2011）。

几十年前，保罗·艾克曼（Paul Ekman）和他的同事们收集了大量关于面部表情表达的普遍性证据，并提出了六种面部表情在表达上存在一定的普遍性，它们分别是：愤怒、高兴、恐惧、惊讶、厌恶和悲伤（Ekman, 2003；Ekman et al., 1987）。在他们所研究的每种文化中，包括巴西、智利、爱沙尼亚、德国、希腊、意大利、日本、新几内亚、苏格兰、苏门答腊岛、土耳其、美国等，绝大多数人能够辨别出上述其他文化背景中的人的六种面部表情（见图11.1）。甚至那些从未看过电影或阅读过流行杂志的原始部落的人，例如新几内亚或苏门答腊岛西部的米南加保，也能够辨别出图片中对他们来说完全陌生的人的表情，而西方人也能辨认出这些原始部落的人的表情。

互 动

  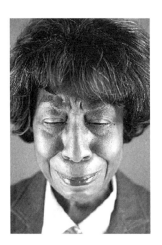

Jason Stitt/Shutterstock　　Platslee/Shutterstock　　Simon Watson/Stockbyte/Getty Images

  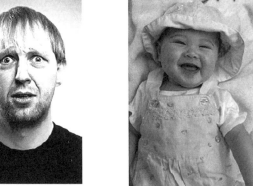

Giuseppe Lancia/Fotolia　　Cameron Whitman/123RF　　Bressonimages/Fotolia

图 11.1　一些通用的面部表情

世界上大多数人都能轻易地辨别出愤怒、高兴、厌恶、惊讶、悲伤和恐惧的表情——与表达情绪的人的年龄、文化、性别或历史年代无关。你能识别出上图中的面部表情吗？

这种认为所有人都有共同的核心情绪的观点在大众媒体上也有所体现。例如，2015 年皮克斯公司推出一部动画电影《头脑特工队》，影片中 11 岁的小女孩头脑中就存在着五种核心情绪，而且这些情绪又分别被赋予了不同的动画角色。（尽管艾克曼和其他心理学家对该电影的制作进行了指导，但惊讶情绪并未入选。）

有研究者提出将蔑视加入公认的核心情绪清单中。骄傲情绪也逐渐成为当前研究的焦点，说明该情绪具有适应性功能，可以激励人们超越自我，从而增强对他人的吸引力（Williams & DeSteno，2009）。事实上，四岁的儿童和来自原始部落的人同样能够准确解读骄傲的面部表情和身体表情（Sznycer et al.，2017；Tracy & Robins，2007，2008）。

艾克曼和他的同事编制了一套编码系统，用于鉴别和分析面部的约 80 块肌肉是如何与各种情绪联系的（Ekman，2003）。根据艾克曼的理论，当人们试图隐藏自己的感受而表现出一种情绪时，他们往往会使用与真实情绪不同的面部肌肉群来表达该情绪。例如，当人们想要假装自己很悲伤时，只有 15% 的人能做到将眉毛、眼睑以及额头上的皱纹表现得恰到好处，模仿真实的悲伤情绪的自然流露方式。再如，真实的微笑通常只会持续 2 秒，而假装的微笑可能会持续 10 秒甚至更长时间，而且假性微笑很少会牵动眼睛周围的肌肉（Ekman，Friesen & O'Sullivan，1988）。

面部表情的功能　正如达尔文所言，面部表情能够帮助我们向他人表达自身的情绪状态，而后引起对方的反应，如"过来帮我一下！""走开！"（Fridlund，1994；Hager & Ekman，1979；Reed & DeScioli，2017）。面部表情的这种信号功能始于婴儿期。婴儿的痛苦或沮丧的表情对大多数父母来说是显而易见的，他们往往会做出安抚或给暴躁的孩子喂奶等反应（Cole & Moore，2015；Izard，1994）。婴儿愉悦的微笑通常会融化父母那颗疲惫的心，父母也会抚爱地给予拥抱。

虽然婴幼儿可以明显地展露各种各样的面部表情，但是他们必须学会去解读成年人的面部表情。刚开始，他们似乎只能够辨别两类情绪：积极的情绪（开心）和消极的情绪（恐惧、愤怒）。等到六七个月大的时候，宝宝对成年人的恐惧表情表现出特殊的敏感性（Leppänen & Nelson，2012）；很快，他们能够通过改变自己的行为来回应父母的面部表情。这种能力同时也具有生存价值。如果你见到过一个蹒跚学步的孩子跌倒后，他先看向父母，然后做出哭泣或是毫不在意的反应，你就会理解父母的面部表情对孩子表现的影响。而且你会明白为何父母的面部表情对宝宝有如此大的生存价值：婴幼儿要能够读懂父母的面部警告信号，因为他们还不具备判断危险的经验。婴幼儿到三岁左右才能够识别成年人的悲伤表情，五岁左右能够识别厌恶表情；在此之前，他们通常会把这些表情误解为愤怒（Widen & Russell，2010）。

在以成年人为对象的研究中，研究者发现面部表情不仅反映出我们的内心感受，还会对我们产生一定的影响。换句话说，有时候我们不会因为开心而笑，而是因为微笑了所以开心。在这种**面部反馈**（facial feedback）的过程中，面部肌肉会将面孔表达的情绪信息传至脑：例如，皱眉说明我们此刻的状态是悲伤或者愤怒。当向参与者呈现积极的面部表情，并要求他们对该表情进行模仿时，他们的积极情绪会明显提升；相反，当参与者模仿愤怒、厌烦或者厌恶的表情时，他们的积极情绪则会出现下降（Kleinke，Peterson & Rutledge，1998）。此外，如果你展现出一副生气的表情，你的心率将比你展现出高兴或中性的表情明显要高；脸上挂着微笑实际上可以帮助我们更快地从压力事件中恢复过来。（Levenson，Ekman & Friesen，1990；Kraft & Pressman，2012；Lee et al.，2013）。在另一项研究中，实验者要求参与者要么用牙齿咬住笔（让他们不自觉地微笑），要么用嘴唇将笔夹紧（让他们产生噘嘴动作）。结果发现，用牙齿咬住笔的参与者比用嘴唇夹紧笔的参与者认为动画片更有趣（Strack, Martin & Stepper, 1988）。因此，虽然不要求参与者刻意去模仿一种具体的面部表情，但是他们摆出的表情姿势仍然会对情绪的判断产生影响。

面部反馈

面部肌肉将面孔表达的基本情绪信息传至脑的过程。

Pictorial Press Ltd/Alamy Stock Photo

2015年的电影《头脑特工队》描述了一个名叫莱利的11岁小姑娘被头脑中的五种核心情绪所掌控，分别是：厌恶、高兴、愤怒、悲伤和恐惧。然而研究表明，婴幼儿在刚开始时似乎只能大体辨别出积极或消极的情绪。

现在，作为一名严谨的思考者，你也许会质疑后一项研究的结果是否存在偶然性——用牙齿咬住笔真的能改变自身的情绪吗？其他人也有同样的怀疑。一批研究者通过17个不同实验试图去复制该结果，然而最终未能实现（Wagenmakers et al., 2016）。那是否意味着面部反馈的观点就是错误的呢？并不完全是。这只能说明这项用牙齿咬住笔的研究结果并不可靠，无法重复验证。而另一些实验研究，包括不同的实验设计方案取得的结果支持了面部反馈的假说（Larsen, Kasimatis & Frey, 1992; Noah,

Schul & Mayo, 2018; Soussignan, 2002）。

还有一些研究从不同的角度去考察这个问题，它们会关注当面部反馈受阻时会发生什么。比如说，使用含有A型肉毒毒素（也称肉毒杆菌）的化妆品是否会麻痹皱眉所牵动的面部肌肉？有研究发现肉毒杆菌会削弱个体加工情绪的能力。例如，在实验中，研究者发现，与未注射肉毒杆菌的参与者相比，那些注射肉毒杆菌的参与者对积极电影片段的情绪反应明显降低（Davis et al., 2010）。另一项研究发现注射肉毒杆菌的女性在解读只露出眼睛的照片时对该照片中积极和消极情绪的解读的准确率要远低于其他女性（Neal & Chartrand, 2011）。在一项要求参与者模仿别人愤怒面部表情的研究中，肉毒杆菌注射组的杏仁核的激活显著下降（Hennenlotter et al., 2009）。因此，麻痹面部肌肉不仅使人更难表达情绪，而且更难加工情绪。

环境中的面部表情　　面部表情的普遍可读性会受到文化和社会环境的限制。当你去解读对方的面部表情时，你会受到周围环境、自身情绪状态以及文化环境的影响（Caldara, 2017; Barrett, Mesquita & Gendron, 2011; Jack et al., 2012）。人们更擅长辨别同种族、同一个国家或同一个地域的人的表情，而不擅长辨别外国人的表情（Elfenbein, 2013）。即使在同一个文化环境中，面部表情也会因环境的不同而有不同的含义：微笑可能表示"我很开心"或者"我只是不想在告诉你这件事时让你生气"。

同样，人们经常会对相同的表情进行不同的解读，甚至是公认的那些普遍表情——厌恶、悲伤和愤怒，这些解读取决于在所处社会环境中观察到的情况（Griffiths et al., 2018; Kumfor et al., 2018）。例如，如果成年人在一张面孔图片中只看到了厌恶表情，那么几乎所有人都能识别出厌恶表情。但是，当他们看到一张照片中一个男人带着同样的厌恶表情举起手臂像要攻击时，他们会说这个人的表情是愤怒的（Aviezer et al., 2008; Witkower & Tracy, 2018）。总之，面部表情虽然重要，但它只揭示了部分情绪内容。

Richard Wareham Fotografie/Alamy Stock Photo

面部表情并不总是能表达自身的真实感受。高兴的情绪并不总会明显展露。就如图中这位运动员看起来是悲伤的，但更可能是获得金牌后的喜悦之情。

11.1.B 情绪与脑

学习目标 11.1.B 讨论涉及情绪体验的脑结构、镜像神经元的功能、情绪体验涉及的化学物质

不同的情绪体验会涉及不同的脑区：如识别他人情绪、感知一种具体情绪、表达情绪、管理情绪，以及对情绪做出反应。举个例子来说，由于中风会影响涉及厌恶情绪体验的脑区，所以那些中风的人很难感知或表现出厌恶情绪。倘若一个中风的年轻人的相应脑区受损，那么他们很少或者不会对那些使大多数人产生厌恶的图片（如粪便状的巧克力）或想法产生情绪反应（Calder et al., 2000）。读了这个以后，你会做出厌恶的表情吗？但是他不会。

杏仁核在情绪辨别中发挥着至关重要的作用。该脑区主要负责对输入的感觉信息进行评估，确定该信息在情绪上的重要性，然后做出接近或远离某个人或环境的初始决定（LeDoux, 1996, 2012）。杏仁核会立即对潜在的危险或威胁进行评估，以帮助维护个体的安全。但是，杏仁核过度激活并非好事。近期一项研究发现，在某个时间点测量到的杏仁核

过度激活预示着 1~4 年后由于生活压力而产生的抑郁和焦虑会明显加剧（Swartz et al., 2015）。因此，杏仁核过度激活也可能是应激后加重焦虑和抑郁的一个危险因素。

杏仁核的初始反应有时会被大脑皮层所控制，这能够提供更多关于最初被视为潜在威胁的人或情况的准确信息。简单来说，就是当你在一条黑暗的巷子里突然感到一只手摸了你的背，此时你的杏仁核会驱使你产生恐惧反应，但是你的大脑皮层则会降低这种反应，因为它分析出这只手来自你的朋友，他只是想用一种拙劣的幽默方式来吓唬你一下。

互动

情绪与脑

大脑皮层

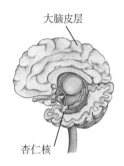

杏仁核

脑的多个区域都会参与情绪对外部事件的反应。杏仁核会对信息的情绪部分进行重要性评估（"可能是一只熊!" "小心!" "跑!"）。大脑皮层会整合出更完整的信息，它可以推翻由杏仁核发送的信息（"那只是迈克穿了件棕色的外套。"）。

如果杏仁核或大脑皮层的一些主要区域受损，就会导致体验恐惧或识别他人恐惧情绪的能力出现异常。在以往发表的文献中，一位名叫 S. M. 的患者得了一种罕见的疾病，杏仁核受损严重，导致她无法感知恐惧，无论是迎面而来的蛇、观看惊悚的电影，甚至是在公园被人持刀袭击，也不会产生恐惧情绪（Feinstein et al., 2011）。另外，大脑皮层受损的人可能很难停止做出恐惧反应，从而易导致焦虑。

研究发现，前额皮层的部分区域会参与情绪调节，这些脑区对调整和控制我们的情绪有一定的帮

助，使我们保持平和，并对他人的情绪做出适当的反应（Ochsner, Silvers & Buhle, 2012）。研究发现，一种退化性疾病会损害额叶区域的细胞，这样不仅会导致细胞的缺失，还会导致患者对他人情绪的反应能力严重下降，难以理解为何他人与自己会有同样的感受，以及难以对自身的情绪反应做出适度调整。例如，一位慈爱的母亲开始变得对自己受伤的孩子漠不关心，成年人做着一些尴尬的事并且毫不顾忌周围其他人的反应（Levenson & Miller, 2007）。

大多数情绪都会在某种程度上激发反应（一种行为倾向），例如去拥抱或靠近一个带给你快乐的人，去攻击让你愤怒的人，拿走令你恶心的食物，或是逃离让你感到恐惧的人或环境（Frijda, Kuipers & ter Schure, 1989）。前额叶会参与上述反应。右侧前额叶专门负责发出逃跑或撤离的指令（如产生厌恶或恐惧情绪时），而左侧前额叶主要负责发出接近他人的指令（如产生快乐的积极情绪或生气的消极情绪时）（Harmon-Jones & Harmon-Jones, 2015）。那些左侧前额叶活跃度高于平均水平的人会拥有更多的积极情绪，而且能够更快地从消极情绪中恢复过来，并能更好地抑制消极情绪（Urry et al., 2004）。如果该脑区受损，人们会失去感知快乐的能力。

互动

激活脑右半球

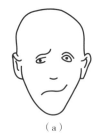 

（a）　　　　（b）

上图中，一个是高兴的面孔，另一个是悲伤的面孔。请仔细盯着面孔的中心（鼻子的位置）看，哪一个看起来更高兴一些？哪一个更悲伤一些？你可能会觉得右边的面孔看起来更高兴，而左边的更悲伤。原因就在于对于大多数人来说，图片左侧的信息是由脑的右半球加工的，而该半球同样是主要负责情绪识别的脑区。

模仿与共情的神经元　1992年，一支由意大利神经科学家组成的研究团队无意中有了一个惊人的发现。他们将电线植入猕猴的脑中，这些脑区与计划和行动相关。每当猴子移动并抓住一个物体时，细胞就会放电，监视器会发出响声。一天，一个研究人员听到监视器响了，原来是猴子在观察他吃蛋卷冰激凌。神经科学家们经过更仔细的观察发现，猴子脑中的某些神经元不仅在它们捡起花生进食的时候放电，而且仅仅是在观察管理员做相同事情时也会放电。这些神经元只对非常具体的动作产生反应：当猴子抓到花生时，神经元会激活；而在看到科学家抓花生时，猴子的神经元也会激活；但当科学家抓其他东西时，猴子的神经元则不会出现激活反应（Rizzolatti & Sinigaglia, 2010）。科学家将这些神经元称为**镜像神经元**（mirror neurons）。

镜像神经元
当一个人或动物观察到其他人或动物做某个动作时会放电的脑细胞。

JENS SCHLUETER/AFP/Getty Images

在这个对话中，镜像神经元显然正在发挥着作用。

人类同样也有镜像神经元，当我们观察他人做事或者模仿他人的动作时，这些神经元就会被激活。

由数百万神经元组成的"镜像系统"能够帮助我们知觉他人的感受，理解他人的意图，并模仿他人的行为及手势（Ferri et al.，2015；Fogassi & Ferrari，2007）。当你看到别人痛苦的时候，你会有共情反应，其中一个原因就是你自身的与痛苦相关的镜像神经元正在放电。当你看到一只蜘蛛爬上某人的腿，你也会有一种毛骨悚然的感觉，也是由于你的镜像神经元在起作用。同样，如果蜘蛛爬到了你自己的腿上，这些神经元也会放电。此外，当你看到别人的表情时，你自己的面部肌肉也会经常进行一些细微的模仿，从而使自己处于一种类似的情绪状态（Dimberg，Thunberg & Elmehed，2000）。

镜像神经元的发现虽然令人兴奋，但科学家们围绕它的功能争论不休（Gallese et al.，2011；Keysers & Gazzola，2018）。例如，这些神经元似乎与共情密切相关，而共情却有着某些社会局限性：当人们看到他们不喜欢的人或者对自己有偏见的人时，镜像神经元就会进入休眠状态。如果你喜欢一个人，通过模仿他的面部动作和手势会增加对他的好感，而如果你压根儿就不喜欢这个人，即使模仿也不会提升任何好感度（Stel et al.，2010；van Baaren et al.，2009）。

在那些彼此喜欢的人中，镜像神经元的活动可能是情绪感染的内在机制，即一个人的一种情绪向另一个人扩散。你是否有过在很愉快的状态下和一个沮丧的朋友共进午餐，然后带着沮丧心情离开的经历？你是否有过在结束和一个面对即将来临的考试而焦虑紧张的朋友聊天后，自己也感到紧张的经历？这些都是情绪感染在作祟。当两个人感受到彼此的积极情绪、非语言信号和姿势都很和谐时，情绪感染也会发生，他们的手势会变得越来越一致，表现出更合作，感受到的快乐情绪也更多（Salazar Kämpf et al.，2017；Wiltermuth & Heath，2009）。该现象可能就是在趋于一致的人类活动中，像聚会、参加乐队、跳舞等产生社交和情绪益处的原因。这也意味着我们的朋友和邻居对我们情绪的影响比我们想象的更大。

情绪的力量　情绪相关脑区被激活以后，情绪传达的下一步就是分泌激素以快速反应。当你处于一定压力下或强烈的情绪状态时，自主神经的交感神经系统会刺激体内的肾上腺分泌肾上腺素和去甲肾上腺素。这些化学物质会使个体产生兴奋感和警觉性；此外，还会使瞳孔扩大以允许更多的光线进入眼睛，令人心跳加快、血压升高、呼吸加快、血糖升高。无论你是开心地想要去接近自己喜欢的人还是因为害怕而想要离开某个人，体内的这些生理变化都为个体做出行为反应提供了所需的能量（Löw et al.，2008）。

尤其是肾上腺素的分泌会带给人一种强烈的兴奋感。大量分泌时，它会使人产生一种被"抓住"或被"淹没"的感觉——一种你无法控制的情绪。从某种意义上说，是因为你不能有意识地改变你的心率和血压，所以才失去了对其的控制。然而，当你受到某种情绪支配时，你是能够学会去控制自己的行为的。当生理唤醒减弱时，愤怒可能会趋近于烦恼，狂喜会变成满足，恐惧会变成怀疑，之前的情绪风暴可能会变为风平浪静。

情绪反应的这些生理变化同样可应用于现实状况。例如，警察调查人员（和其他人）通过努力，可以发现欺骗行为。几个世纪以来，人们一直试图通过测量无法由意识控制的生理反应来判断一个人何时说谎。这也是测谎仪发明背后的理论想法，该仪器是由哈佛大学教授威廉·马斯顿（William Marston）于 1915 年发明的。（马斯顿后来因为"神奇女侠"的角色广为人知。）测谎仪是基于对大多数人来说在说谎时会诱发情绪上的唤醒这一假设而发明的。在回答指控性问题时，一个有罪并害怕被发现的人，其自主神经系统活动理论上会明显增强，如心率加快、呼吸频率增大、皮肤的导电性提高。

执法人员依然对测谎仪很感兴趣，但大多数心理学家认为测谎仪缺乏有效性，因为并没有特定的由说谎诱发的自主唤醒生理模式（Leo，2008；Lykken，1998；Meijer & Verschuere，2015）。也就是说，仪器无法判断你是否感到内疚、愤怒、紧张或愉快（无辜的人也有可能仅仅因为测谎仪通上电以及回答执法人员提出的问题而感到紧张害怕）。测谎仪虽然能够准确地辨别许多骗子和罪犯，但它也会错误地将很多无辜的人判定为在撒谎（见图 11.2）。

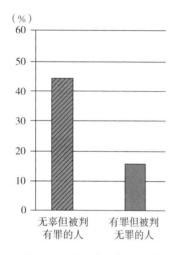

图 11.2　对无辜人员的误判

该图显示了三项通过测谎仪测试将个体进行分类的研究成果。从上图可看到，将近一半的无辜者被判有罪，而相当多有罪的人被判无罪。嫌疑人实际上是有罪还是无罪是通过其他独立的方式来确定的，例如实际作案人自己招供（Iacono & Lykken，1997）。

出于对测试有效性的担忧，测谎结果在绝大多数法庭上都是不可接受的。政府机构利用测谎仪来筛选潜在雇员，还有一些执法部门继续利用这些手段去试图诱使嫌疑人招供，但不管这些嫌疑人是否真的通过了测试，执法人员都会告诉他们未通过测试（Kassin，2015）。

总之，情绪的生理基础包括面部表情的特点；脑特定部位的活动，特别是杏仁核、前额叶皮层的活动和镜像神经元的反应，以及时刻为身体行动做准备的交感神经系统的活动（见表 11.1）。

表 11.1　情绪与身体

面部表情	反映内心感受，影响内心感受（面部反馈），沟通感受，信号功能，影响他人的行为和感受（情绪感染），隐藏或假装一种情绪（欺骗）
杏仁核	分析感觉信息在情绪上的重要性，对接近或退却做出最初决定，参与恐惧情绪的习得、识别和表达
大脑皮层	评价来自杏仁核的情绪信息的重要性，参与情绪调节
镜像神经元	存在于脑的各个部位，因他人的动作和情绪反应而激活，建立同步化，增进同理心，产生情绪共鸣
自主神经系统	激活肾上腺素和去甲肾上腺素，产生兴奋感和警觉性

11.1.C　情绪与思维

学习目标 11.1.C　总结有关认知评价在情绪体验中的作用的基础研究发现

我们的两个朋友从尼泊尔登山回来，其中一个人说："我好高兴啊！那里的天空无比蓝，当地人也很友好，群山雄伟，生活很美好。"另一个说："我非常痛苦！那里到处是臭虫和跳蚤，没有厕所，还要喝牦牛酥油茶，山里太糟糕了。"同一次旅行，会有两种不同的情绪反应。这个故事告诉我们，情绪的产生过程是相当复杂的。

如果你问人们的情绪是如何在体内"工作"的，大多数人可能会说情绪的产生源于身体的某些反应。所以，当一个徒步旅行者看到一只熊时，她的心跳开始加速并由此感到恐惧。然而，有趣的是，一些研究表明，人们之所以变得恐惧、愤怒、悲伤或狂喜，并不是因为事件本身或这些事件引发的身体变化，而是他们对这些事件和身体反应的解释。

斯坎特·沙赫特（Stanley Schachter）和杰罗姆·辛格（Jerome Singer）（1962）认为情绪体验主要取决于两个因素：生理唤醒，以及你如何理解和解释这种唤醒。你的身体可能一直在高速运转，除非你能解释和标记运转中出现的变化，否则你将很难产生情绪反应。他们通过一些经典实验来阐明这个观点：实验中，他们给参与者注射一定剂量的肾上腺素来引起生理唤醒，但告知参与者服用的是一种可以影响视力的药物，因而不知道参与者为什么后来会出现心率加快和其他生理唤醒迹象。为了弄清参与者的情绪反应，他们对周围环境进行了认真观察以寻找线索。研究发现，参与者对自身唤醒水平的评估取决于周围其他人的情绪反应。当参与者与另一个带着愤怒情绪的"参与者"（实际上是个演员）被困在一个房间里时，前者认为自己的情绪也是愤怒的；而当他和一个佯装高兴的"参与者"在一起时，他则会报告自己的情绪也是高兴的。

沙赫特和辛格（1962）的研究在随后几年也一直备受争议。除了对药物的误导性注射是否符合伦理存在疑虑外，一些研究者认为实验最初的效果并不像研究者声称的那么强烈；还有一些人认为该实验结果难以复制。尽管如此，沙赫特和辛格的观点激发了其他许多研究者开始关注**评价**（appraisals）是如何引发并影响情绪的，包括人们用来解释自己和他人行为的信念、认知、期望和归因（Fairholme et al.，2009；Lindquist & Barrett，2008；Moors et al.，2013）。毕竟，人类是唯一能说"想得越多，我就越疯狂"的物种。我们能够把自己想象成处于某种情绪状态，有时我们会觉得自己脱离了这种状态。

评价

决定一个人在既定环境中会感受到哪种情绪的认知、信念、归因和期望。

情绪评价的重要性也能够解释为何两个人对同一种境况会有不同的情绪反应。想象一下，如果你在心理学期中考试中得了 A，你的情绪会是怎样的？要是拿到了 D，感受又会如何呢？大多数人会认为成功带来快乐和幸福，失败则会带来不开心。但究竟是哪种情绪感受，主要取决于你如何看待你的分数。你会将这个分数归功于自己的努力（或归咎于懈怠）？归咎于老师、命运或者运气？一系列的研究表明，那些认为自己成绩好是因为自身努力的学生往往会感到自豪，觉得自己优秀，并感到满足。那些认为自己考得好纯属侥幸的学生则会充满感激、感到惊喜或内疚（"我不配获得这个成绩"）。那些将考试失败归咎于自己失误的学生更倾向于感到后悔、内疚或无能为力。而那些将考试失利归咎于别人的学生往往会感到愤怒（Weiner，1986）。

这些情绪评估模式也因文化而异。日本人和美国人在对失败和成功的情绪评价上就存在些许不同。日本人在出了问题时更倾向于责备自己，并感到羞愧；而美国人更倾向于责怪别人，并感到愤怒。就拿成功来说，美国人在获得成功时更多地体会到荣誉感和自豪感；日本人则会把他们的成功看作形势和机遇的眷顾，由此感到幸运（Imada & Ellsworth，2011）。

下面举一个典型的例子来说明人们的评价是如何对情绪产生影响的。同样是奥运会决赛选手，其中一位获得第二名拿了银牌，另一位获得第三名拿了铜牌，那么哪个选手会更快乐呢？肯定是那个银牌得主，对吧？答案是否定的。一项关于运动员反应的研究发现，铜牌获得者要比银牌获得者更快乐（Medvec，Madey & Gilovich，1995）。很明显，运动员们会把自己的真实表现和可能的结果进行比较，银牌获得者因与金牌失之交臂而感到沮丧和难过。而对铜牌获得者来说，最为担心的是排到第四名从而失去获得奖牌的机会，所以只要能站上领奖台就已经很开心了！

Nikola Solic/Reuters

在这次欧洲游泳比赛中，银牌得主俄罗斯选手维塔利·罗曼诺维奇（Vitaly Romanovich）（左）的情绪状态看起来不仅比金牌得主——意大利选手费德里科·科尔贝尔塔尔多（Federico Colbertaldo）（中）更加暴躁，还比获得铜牌的意大利选手塞缪尔·皮泽蒂（Samuel Pizzetti）更为不开心。事实上，罗曼诺维奇甚至都不愿展示他的银牌！

显然，认知和生理反应在情绪体验中是密不可分的。不过，婴儿的原始情绪相对要简单直接一些："嘿，我要抓狂了，因为没人喂我！"随着孩子大脑皮层的不断成熟，这些评价会变得更加复杂，情绪也会变得更加复杂："嘿，我生气了，因为这完全不公平！"某些情绪体验，像羞耻和内疚，完全取决于人的高级认知功能的成熟，孩子在两三岁的时候才会逐渐体会到这些情绪（或者对一些人来说可能永远体会不到）。这些带有自我意识性的情绪体验需要自我意识的出现，且具有觉察自身糟糕行为的能力才能够体会到（Baumeister, Stillwell & Heatherton, 1994; Conroy et al., 2015; Tangney et al., 1996）。

因此，评价对大多数情绪的产生是必不可少的。但是，当人们认为男性头上戴着灯罩在桌上跳舞，或是女性赤身裸体在街上散步可耻时，那么这些关于羞耻的想法是从哪里来的呢？如果你是一个生气的时候会大声咒骂的人，那你是如何知道这种咒骂

是可接受的呢？想要弄清楚这些问题，我们需要先了解一下文化在情绪表达和交流中的作用。

日志 11.1　批判性思维：检查证据

回忆一下你上次参加的考试或写的论文，把导致你拿到那个分数的所有可能的原因列出来。哪些原因能够表明这个成绩是在你的掌控之下拿到的？这些原因和你对自己成绩的看法有什么关系？你列出的理由或自身感受会因成绩的好坏而不同吗？

模块 11.1　小考

1. 情绪的成分包括生理变化、_____、行为倾向以及_____。

   A. 面部表情；非言语行为

   B. 生物变化；文化规范

   C. 内在感受；外在表现

   D. 认知过程；主观感受

2. 下列哪种情绪不属于具有普遍性的面部表情？

   A. 惊讶　　　　　　B. 愤怒

   C. 嫉妒　　　　　　D. 厌恶

3. 三岁的格里塞尔达看到她爸爸穿着一件外观类似大猩猩的衣服，吓得立马跑掉了。哪个脑区可能与她的情绪反应有关？

   A. 脑桥　　　　　　B. 杏仁核

   C. 黑质　　　　　　D. 松果体

4. 阿尔多正看着3D电影《嗜血屠夫》（*The Bloodthirsty Butchers Meet the Maniac Madmen*）。每次主角被攻击时他也会产生退缩反应，该反应是他脑中的哪种细胞在起作用？

   A. 镜像神经元　　　B. 脑桥神经元

   C. 蒲肯野细胞　　　D. 丘脑延伸

5. 下列关于沙赫特和辛格（1962）的情绪两因素理

论叙述，正确的是？

A. 给参与者注射肾上腺素会导致他们产生愤怒情绪，因为生理唤醒会加剧愤怒体验

B. 他们的研究并不是一个真正意义上的实验研究，因为参与者可以按照自己的意愿选择进行哪种注射

C. 参与者知道自己注射的药物会使他们产生生理唤醒

D. 参与者被告知注射的药物会影响他们的视觉，但其实并不是

11.2 情绪与文化

在当今日益全球化的时代，人们比以往任何时候更容易接触到许多来自其他文化的人。因此，也不乏一些宣传境外旅游或做生意"需知"的文化差异之类的网站。下面介绍一些常用的避免在国外旅行时冒犯他人的小建议。在日本，直接提问或直接回答问题都是不礼貌的。在中国，人们收礼物时通常先婉拒几次然后才收下。在墨西哥，应该避免过多的目光接触或做出"OK"的手势（它表示做得非常差）。在巴基斯坦，只能用右手吃饭，因为左手被认为是不洁净的。在肯尼亚，要等最年长的人落座后才能开饭。

其实，很难评估这些网站所提供建议的准确性，因为即使在特定文化中，不同地区的当地规范也有很大的差异。例如，一个在东海岸的大城市长大的美国人去中西部的一个杂货店买东西时，会因一个完全不认识的陌生人直勾勾地看着自己，然后面带微笑地口头问候自己而感到惊讶。但其实在不同文化中，人们都会对那些违反社会规则的人感到愤怒，甚至责骂他们。正如任何一个在国外旅行时冒犯过别人的人告诉你的，或者正如你通过观看一系列记录文化冲击的电影，像《圣诞精灵》（*Elf*）与《波拉特》（*Borat*）所明白的，来自不同文化的人对这些潜

在规则的意见并不统一。本节中，我们将对文化是如何影响我们的情绪以及情绪表达方式进行探讨。

11.2.A 文化如何塑造情绪

学习目标 11.2.A 讨论情绪体验的概念、语言和预期在不同文化间的差异

某些情绪是特定文化特有的吗？有些语言有表达微妙情绪状态的词汇，而其他语言却没有，这意味着什么呢？德国人用 schadenfreude 来描述一种幸灾乐祸的情绪状态；日本人用 hagaii 来表达一种略带挫折感的无助、痛苦的情绪；塔希提人会用 mehameha 来表达一种对自己的感知产生怀疑时产生的颤抖状态，如在日落黄昏的灌木丛中，盯着没有热量的火焰所发出的光而产生的情绪体验。在西方，人们对一个未知的事件通常都会充满恐惧，然而 mehameha 并没有真正描述出西方人所说的恐惧或恐怖情绪（Levy，1984）。文化也对情绪的整合产生了一种塑造和标记作用，就像英语单词 bittersweet（苦乐参半）或喜悦和悔根情绪的混合产生了 nostalgia（怀念）一词。但英语中缺少一个对于密克罗尼西亚的伊法鲁克环礁居民来说的核心情绪词：fago，意思与"同情/爱/悲伤"类似，它既可以反映一种当所爱的人离去或陷于困苦时的悲伤情绪，也可以反映能够提供关心和帮助时那种令人愉快的同情心（Lutz，1988）。

这些有趣的语言差异是否意味着德国人比其他人更容易感到 schadenfreude，日本人更容易感到 hagaii，而塔希提人更容易感到 mehameha 呢？还是他们仅仅就是想要给这些微妙的情绪起个名字（Hepper et al.，2014）？原型是指某一类事物的典型代表，世界各地的人会认为有些情绪是情绪的典型代表。因此，如果让人们列出一些情绪，大多数人会把愤怒和悲伤排在其他情绪（比如易怒和怀念）的前面。有些典型的情绪在幼儿时期刚开始学情绪词时就排列其中了，像高兴、悲伤、疯狂和害怕。随着孩子的成长，他们开始辨别没那么典型的、具

体到自己语言和文化中的情绪间的差别，例如狂喜、沮丧、敌对或焦虑（Hupka, Lenton & Hutchison, 1999; Shaver, Wu & Schwartz, 1992）。而且他们对特定情况的评价也会有所不同，正如我们之前描述美国人和日本人之间的差异时所看到的那样，这取决于他们的文化价值观、文化规范和传统。通过这种方式，儿童和成人逐渐了解他们文化所强调的情绪间的细微差别。这样就使得情绪多种多样，有些在一些语言中会有固定表达，但在其他语言中则没有固定表达。

所有的情绪都取决于形成其表达方式的文化和语境。愤怒这种情绪可能是普遍存在的，但不同文化下愤怒的表达方式千差万别，不论这种感觉是好是坏、有利还是有害。文化决定了大多数能够使人们产生情绪体验的内容。例如，厌恶是一种很普遍的情绪，但随着个体的成长与成熟，使其产生厌恶的内容也会发生变化，并且在不同的文化中也会有所差异（Rozin, Lowery & Ebert, 1994）。在某些文化中，人们会厌恶虫子（其他人会觉得它们很漂亮或者很美味）、无知的性行为、污垢、死亡、与陌生人握手产生的污秽或吃一些特殊的食物（如肉，如果他们是素食主义者）。

Wxin/123RF

对吃昆虫的感受取决于你的文化背景。

11.2.B 情绪交流

学习目标 11.2.B 解释表露规则及情绪加工对情绪交流的影响机制

假设你心爱的人去世了，你会哭吗？如果会，你是躲起来一个人独自哭泣还是在公共场合哭泣呢？该问题的答案在一定程度上取决于你所在的文化对情绪表达的**表露规则**（display rules）和要求（Cordaro et al., 2018; Ekman et al., 1987; Gross, 1998; Hayashi & Shiomi, 2015）。在有些文化中，悲伤通过哭泣来表达；在另一些文化中，悲伤通过隐忍来表达；还有一些文化会通过跳舞、喝酒和唱歌来表达悲伤。当你体会到一种情绪时，你几乎很少会根据自己的真情实感来表达。你也许不得不掩饰自己的感受。你希望能感觉到自己所表述的。

表露规则

调节个体在何时、何地以及如何表达（或压抑）情绪的社会和文化规则。

在世界各地，情绪表达的文化规则各不相同。根据表露规则，日本正式婚礼的肖像画要求是"人不能直接表达情绪"。

即使是一个可以直接传达友好信号的微笑，也有许多不多见的含义和用途（LaFrance, 2011）。美国人比德国人更爱笑，不是因为美国人天生就比较友好，而是因为他们对何时微笑更合适的看法存在差异。在一次德美商务会议之后，美国人往往抱怨德国人冷漠；而德国人往往抱怨美国人过于开朗，把他们的真实感受隐藏在微笑的面具之下（Hall & Hall，1990）。日本人的微笑甚至比美国人还要多，他们这样做其实是为了掩饰尴尬、愤怒或者其他一些公开表达会被认为是粗鲁和不合规矩的负面情绪。

表露规则还对人的肢体语言，即身体动作、姿势、手势以及凝视等非言语行为产生一定的控制作用（Birdwhistell，1970）。许多肢体语言都是特定语言和文化所特有的，这使得即便是最简单的手势也可能引发误解和冒犯（Matsumoto & Hwang，2013）。得克萨斯大学奥斯汀分校足球队的标志是伸出食指和小指，拇指按住中指和无名指。而在意大利和欧洲其他地区，同样的手势可能有几种不同的含义，包括一个男人的妻子对他不忠——这是一种严重的侮辱。

表露规则不仅告诉我们当我们产生一种情绪时该怎么做，还告诉我们如何以及何时去表达我们没有产生的情绪。大多数人在葬礼上应该表现出悲伤，在婚礼上应该表现出幸福，对亲友有关爱之情。倘若我们就是感觉不到悲伤、幸福或关爱之情，会怎样呢？所谓**情绪加工**（emotion work），就是我们佯装出一种自己并未真正产生的情绪，因为这种情绪在社交场合是恰当的。这是我们和别人在一起时对情绪的一种自我调节（Gabriel et al.，2015；Gross，1998）。有时"情绪加工"是一种工作要求。乘务员、服务员和客服人员必须摆出一副高兴的表情来表达愉快的心情，尽管他们私下里对那些粗鲁或醉酒的顾客感到愤怒。收银员也必须摆出一副严肃的表情，即使他们会因此对结账的顾客感到抱歉，但他们也不得不这么做（Hochschild，2003）。

情绪加工

通常因为角色需要而进行的情绪表达，但个体并未真正感受到该情绪。

11.2.C　性别和情绪

学习目标 11.2.C　解释情绪体验的性别差异

一些男性会抱怨"女人太感性了"。而一些女性也会抱怨"男人太古板了"。这些都是常见的性别刻板印象。一般来说，当人们说女性容易"情绪化"的时候，他们并没有想到大量的证据表明，那些"失去理性"而互相殴打甚至互相残杀的男性数量要远多于女性。那么，"太情绪化"意味着什么呢？我们首先需要对其进行定义，然后验证我们的假设。我们需要考虑到男性和女性所处的大文化环境，毕竟这些文化环境塑造了规范男女行为的准则和规范。

尽管女性比男性更容易罹患抑郁症，但无论男性还是女性，在日常生活中没有谁比谁更容易感受到愤怒、担忧、尴尬、焦虑、爱或者悲伤（Archer，2004；Kashdan et al.，2016；Kring & Gordon，1998；Shields，2005）。男性和女性之间的主要区别并不在于他们是否产生了情绪变化，而在于他们的情绪是如何及何时被表达的，以及他人是如何感知这些表达的。

在美国，女性比男性更爱谈论自己的情绪。她们更有可能在别人面前哭泣，承认揭露出自己的脆弱和弱点的情绪，比如"伤害感情"、恐惧、悲伤、孤独、羞耻和内疚（Chaplin，2015；Grossman & Wood，1993；Timmers，Fischer & Manstead，1998）。相比之下，大多数美国男性只在一种情绪的表达上比女性更随意，那就是对陌生人，尤其是对其他男性表达愤怒之情。否则，男性通常会掩饰他们的负面情绪。当他们担心或害怕时，他们比女性更容易使用一些含糊的词来表达自己的情绪，比如他们会说感到沮丧或紧张（Fehr et al.，1999）。和许多性别差异一样，社会对男女性产生的影响在他们很小的时候就能看出来。研究发现，当父母和蹒跚学步的孩子交流时，他们更容易将愤怒的信号与男孩联系起来，而把悲伤和快乐的信号与女孩联系起来（van der Pol et al.，2015）。

然而，一些特定情况的影响往往凌驾于性别规则之上。例如，在足球比赛的看台上，你会发现很多人用男性方式来表达公众情绪！而且，在某些情境下或在工作需要时，男性和女性也会进行类似的情绪加工。男乘务员对乘客的微笑要和女乘务员一样多，FBI女特工也必须和男特工一样要有强烈的情绪和情绪自控能力。影响情绪表达的最重要的情境约束之一是参与者的状态，与性别无关（Kenny et al.，2010；Snodgrass，1992）。当愤怒的对象是地位更高或权力更大的人时，男性和女性一样都会去控制自己的脾气；很少有人会对教授、警察或他们的雇主动粗。对于在判断他人情绪时的同理心，据说是一种"女性"特有技能，但一系列实验研究发现，工薪阶层（无论男女）比上层社会更能设身处地地理解他人的感受，比如判断他人的情绪表达以及在面试中解读陌生人的情绪。工薪阶层（无论男女）对观察那些比他们地位高、权力大的人的非言语行为颇感兴趣（Kraus，Côté & Keltner，2010）。

Myrleen Pearson/Alamy Stock Photo

Robb Kendrick/Aurora Photos

两性对朋友都有情感上的依恋，但他们表达情绪的方式往往不同。从童年开始，女孩们更喜欢基于共同感受的"面对面"友谊；男孩们更喜欢基于共同活动的"肩并肩"友谊。

即使存在性别差异，也并不普遍（Fischer et al.，2004）。以色列和意大利的男性要比女性更容易掩饰自己的悲伤情绪，但英国、西班牙、瑞士和德国的男性相比女性来说却很少压抑这种情绪（Wallbott，Ricci-Bitti & Bänninger-Huber，1986）。总之，对于"到底是哪种性别更感性"这个问题，答案并不统一，有时是男性，有时是女性，有时两者都不是，这取决于个体所处的环境、文化以及我们对"感性"的定义。

日志11.2　批判性思维：提出问题，乐于思考

如果一种语言中有另一种语言所缺乏的用于描述某种情绪的特定词语，比如"幸灾乐祸"或"无助、痛苦"，这意味着什么？那些语言中包含这些词的人更容易感受到这种情绪，还是说只是为了用一个词来描述这种情绪？

模块 11.2　小考

1."saudade……"你的葡萄牙朋友比阿特丽丝叹了口气说。"saudade，我有点抑郁了，"她继续说，

"你不会明白的，英语中没有描述 saudade 这个感受的对应词。"事实也确实如此，那它如何影响我们对文化和情绪体验的理解？

A. 你和比阿特丽丝对 saudade 的体验可能不同，但你们可能都能够理解和体验典型情绪

B. 如果比阿特丽丝能很好地解释 saudade 的概念，你应该能够将其"翻译"成三四个表示同样情绪含义的英语表达

C. 在你的人生经历中，你和比阿特丽丝可能有着截然不同的情绪体验。这个例子主要强调了情绪体验的文化差异

D. 正因为情绪存在的普遍性，在不同的语言中都有相对应的词来表达。比阿特丽丝需要扩大词汇量来表达自己的情绪

2. 你的一个日本朋友苏奎的教授告诉她这次考试得了 D，苏奎依然微笑着向教授表达感谢。当你的美国朋友罗恩获得同样的考试成绩时，他会带着愤怒和厌烦的表情偷偷回到自己的座位上。该如何解释苏奎和罗恩表现出来的情绪差异？

A. 文化上的表露规则不同

B. 典型情绪的相似性

C. 面部情绪表达的普遍性

D. 镜像神经元

3. 沙尼布莱特公司针对其客服人员出台了一项新规定，要求所有的客服人员在与客户互动的过程中，从说"您好"到"感谢您的光临！"，每句话说完都要面带微笑。可以想象，客服人员经常会碰到一些脾气暴躁、不好应付的客户，因此他们在工作期间也很难体会到幸福感。沙尼布莱特公司对员工提出了什么要求？

A. 情绪替代　　　B. 表情管理

C. 平复情绪　　　D. 情绪加工

4. 美国女性比美国男性_____。

A. 更容易将愤怒表现出来

B. 在很大程度上更倾向于谈论自己的情绪

C. 更频繁地感受日常情绪

D. 更多地表达消极情绪而非积极情绪

5. 下列哪种情绪男性比女性表现得更自如？

A. 愤怒　　　B. 悲伤　　　C. 惊讶　　　D. 欢乐

11.3　压力的本质

正如我们所见，情绪会有多种表现形式，其复杂性和强度也各不相同，情绪变化会受到生理、认知过程和文化规则的影响。而生理、认知过程和文化规则这三个因素有助于我们了解那些会使消极情绪变成慢性压力以及慢性压力会引发负面情绪的窘境。

当人们说他们"有压力"时，这其中可能包括各种各样的事情：担心和父母或伴侣再次发生冲突，无法正常工作，或害怕失去工作。研究者将压力定义为一种对具有威胁或挑战性（例如某种压力源）的环境中的事件做出的不愉快反应。压力与疾病有关吗，像偏头痛、胃痛、流感或者更致命的疾病？压力对每个人的影响方式都是一样的吗？通过本节的学习，能够帮助你对自己生活中的压力源有个更清晰的了解，从日常生活中的小烦恼到一些灾难性事件，以及知道如何应对压力。

Radius Images/Alamy Stock Photo

压力对身心有着各种不同的影响。

11.3.A　压力与身体

学习目标 11.3.A　描述一般适应综合征的三阶段、HPA 轴及心理神经免疫学对其的扩展

现代压力研究始于 1956 年，当时汉斯·塞利（Hans Selye）医生出版了《生活的压力》（*The Stress of Life*）一书。塞利在书中提到一些环境压力，如热、冷、毒素和危险等会破坏机体的平衡。而机体会调动自身的资源来对抗这些压力从而恢复正常功能。塞利将机体对各种压力的反应称为**一般适应综合征**（general adaptation syndrome），是一系列生理反应，包括三个阶段。

一般适应综合征

由汉斯·塞利提出，是指对压力源的一系列生理反应，可分为三个阶段，即报警、抵抗和疲惫。

1. 报警阶段：人体动员交感神经系统去应对威胁。威胁可能来自任何事件，如一个从未学习过的测试、逃离一只疯狗。正如我们之前看到的，人在强烈的情绪状态下会释放肾上腺素和去甲肾上腺素，这些激素的释放可促使机体增强活力，使肌肉紧张，降低对疼痛的敏感性，抑制消化（以使血液更快地流至脑、肌肉和皮肤）以及提升血压。在塞利之前的几十年，心理学家沃尔特·坎农（Walter Cannon, 1929）将这些变化称为"战斗或逃跑"反应，现在这种表达依然在使用。

互动

压力下的身体反应

激素水平升高 —— 血流增加
心率加快
消化减缓
肌肉紧绷

2. 抵抗阶段：人体试图抵抗或应对无法避免的压力事件。该阶段中，报警阶段出现的生理反应仍在继续，但这些反应很容易使身体受到其他压力源的影响。例如，当你的身体已经做好准备去应对热浪或断腿引发的疼痛时，你会发现你更容易被一些小挫折所激怒。大多数情况下，人体最终会适应压力并恢复常态。

3. 疲惫阶段：长期面对压力会使机体的资源耗竭，易使人患上身体疾病。同样地，在报警和抵抗阶段，让机体一直做出有效的长期反应也是不健康的。持续紧张的肌肉最终会导致头痛和颈部疼痛。血压升高会变成慢性高血压。如果正常的消化过程被中断或抑制太久，可能会造成消化系统紊乱。

塞利并不认为人们应该追求一种无压力的生活。他认为，有些压力是积极的、对身心有益的，即使它会在短期内消耗一些身体能量，比如参加体育比赛、谈恋爱、为自己喜欢的项目奋斗努力。一些消极压力也是不可避免的，这就是生活。

现代方法　塞利的一个最重要的发现就是察觉到生物变化在短期内是可适应的，因为它们允许身体对危险迅速做出反应。但从长远看，这些变化是存在一定危险的。当前，研究人员正在对其中的发生机制进行研究（McEwen, 2007）。

当个体处于压力之下时，下丘脑会通过两条主要途径向内分泌腺发送信息。一条就如塞利所观测到的，通过激活自主神经系统的交感神经分支来调节"战斗或逃跑"反应，促使肾上腺内部（髓质）释放肾上腺素和去甲肾上腺素。另一条是下丘脑沿着 **HPA 轴**（hypothalamus-pituitary-adrenal cortex axis），即沿着下丘脑—脑垂体—肾上腺进行活动。下丘脑会释放一些能够与脑垂体交流信息的化学物质，进而将信息传递到肾上腺表层（皮质）。肾上腺皮质会分泌**皮质醇**（cortisol）和其他一些激素，可以提高血糖，防止身体组织受伤时产生炎症（见图 11.3）。

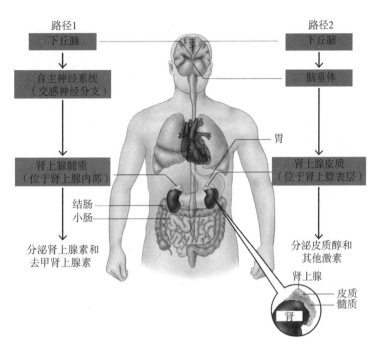

图 11.3 压力下的脑与身体

HPA 轴激活可以提升身体机能，这在应对压力源的短期反应中至关重要（Kemeny，2003）。但是，如果皮质醇和其他应激激素持续过高的时间过长，就容易导致高血压、免疫系统紊乱以及其他身体疾病和情绪问题（比如抑郁）（Ping et al.，2015）。不过，皮质醇升高也会刺激动物（包括人类在内）去寻找丰富的、安全的食物，并将多余的热量储存起来形成脂肪。

压力源的累积效应也许能够使我们明白为什么处于社会经济底层的人比位于顶层的人的健康状况更差，疾病导致的死亡率会更高（Adler & Snibbe，

2003）。除了缺乏良好的医疗保健和过度依赖饮食而导致肥胖和 2 型糖尿病等这些明显的原因以外，低收入群体经常生活在持续存在的环境压力之下，如高犯罪率、歧视、破旧的住房，以及更大程度地暴露于化学污染等危险环境中（Gallo & Matthews，2003）。例如，上述情况对城市黑人的影响程度并不相同，这有助于理解该群体高血压发病率高的原因，高血压又易导致肾病、中风和心脏病发作等（Clark et al.，1999；Pascoe & Richman，2009）。而长期失业会威胁到所有群体的身体健康，甚至使他们连普通的感冒也难以抵挡。在一项研究中，志愿者首先要注射一种滴鼻剂，或是普通滴鼻剂，或是含有感冒病毒的滴鼻剂，注射后被隔离 5 天。研究发现，最容易出现感冒症状的是那些没有正经工作或者失业至少一个月的人。如图 11.4 所示，工作问题持续的时间越长，患病的可能性就越大（Cohen et al.，1998）。该研究结果与前人对学生的研究结果一致，前人研究指出学生在考试前后生病的可能性要比在学年的其他时段更高。

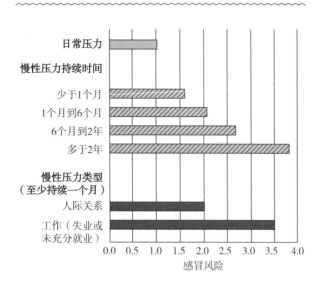

图 11.4　压力与普通感冒

持续一个月或更长时间的慢性压力会增加感冒的风险。该风险在那些与朋友或爱人有矛盾的人群中更高，失业人群感冒的风险是最高的（Cohen et al.，1998）。

儿童特别容易受到贫穷、虐待等压力源的影响，通常在这种环境下长大后，其皮质醇水平也较为异常（Chen，Cohen & Miller，2010；Doom et al.，2018；Gustafsson et al.，2010），还会伴随体内发炎的情况（Danese et al.，2007；Fagundes，Glaser & Kiecolt-Glaser，2013）。此外，在行为表现方面，长期生活在压力下的儿童往往会表现出对危险过于敏感，不信任他人，无法调节情绪，滥用药物，以及不吃健康食物。鉴于这些生物和行为风险因素对健康的不利影响，在成年之后，这些人患上心血管疾病、免疫系统疾病、2型糖尿病以及早期死亡的风险毫无疑问会更高（Eriksson，Räikkönen & Eriksson，2014；Miller，Chen & Parker，2011）。

压力诱发的生理变化在每个人身上的表现程度并不相同。人们会基于自己的学识、性别、现有的医疗条件以及各种健康问题的遗传性对压力源产生不同反应（Belsky & Pluess，2013；McEwen，2000，

2007）。这也是为什么有些人对同样的压力做出反应时，血压、心率和激素水平要比其他人高得多，他们的身体变化需要更长时间才能恢复正常。对高敏感人群来说，最终患病的风险也是最大的。

免疫系统　健康心理学领域的研究人员对身心如何通过相互影响来保持健康或导致疾病进行了探讨。为此，研究者们创建了一个跨学科的专业，叫**心理神经免疫学**（psychoneuroimmunology，PNI）。其中，"心理"主要指包括情绪和感知在内的心理过程；"神经"代表神经和内分泌系统；"免疫学"则代表能够使身体抵抗疾病和感染的免疫系统。

心理神经免疫学

主要是对心理过程、神经和内分泌系统以及免疫系统之间关系的研究。

PNI研究人员对免疫系统中的白细胞尤其感兴趣。白细胞可以识别外来的或有害的物质（即抗原），比如流感病毒、细菌和肿瘤细胞，继而消灭这些入侵物质或使其失去活性。人体免疫系统会根据入侵物质的性质调控不同种类的白细胞进行防御。而这些天然的具有杀伤力的细胞在肿瘤检测和排斥反应中起着重要的作用，此外它们还参与防止癌细胞和病毒的扩散。辅助性T细胞能够增强和调节免疫反应，它们是艾滋病毒的主要攻击目标。免疫细胞产生的化学物质运送至大脑，大脑转而又会发送化学信号来刺激或抑制免疫系统。任何扰乱该沟通回路的事物，不管是药物、手术还是慢性压力，都会削弱或抑制机体的免疫系统（Segerstrom & Miller，2004）。

虽然压力可以抑制免疫系统某些方面的功能，但它也可能刺激机体的其他方面，导致体内出现炎症反应，最终形成疾病。例如，压力可能会促进骨髓中免疫细胞的释放，进而导致心脏周围的动脉发炎和堵塞；血流受阻又会增加罹患心血管疾病（如心脏病）的风险（Tawakol et al.，2017；Zhang et al.，2010）。

一些 PNI 研究者已经开始探究细胞损伤情况下压力是如何导致机体患病、衰老甚至过早死亡的。每一条染色体的末端都有一种叫端粒的蛋白质复合物，它可以从本质上揭示细胞的寿命。每一次细胞分裂，酶都会削掉端粒的一小部分；当端粒几乎完全消失时，细胞停止分裂并死亡。慢性压力，特别是在儿童期就开始的这种压力，会导致染色体末端的端粒缩短（Puterman et al. , 2015）。一个研究小组对两组健康的成年女性进行了比较：其中一组有健康的孩子，而另一组主要照顾患有慢性疾病的孩子，比如脑瘫。生病孩子的母亲觉得她们一直处于压力之下，她们的细胞损伤程度也比健康孩子的母亲要严重得多。其实，这些生活在高压下的女性的细胞看着像至少大 10 岁的女性的细胞，而且端粒要短得多（Epel et al. , 2004）。

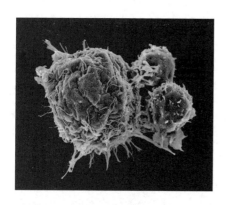

STEVE GSCHMEISSNER/Science Photo
Library/ Alamy Stock Photo

免疫系统由战斗细胞组成，看起来比好莱坞设计的任何外星生物都要奇特。在这张图中，右边两个较小的免疫细胞将自身附着在左边的癌细胞上。

11. 3. B　压力与心理

学习目标 11. 3. B　描述乐观、责任心及控制感对身体健康的影响

在试图说服你的导师相信不断学习的压力会对你

的健康有害之前，先看一下这个：绝大多数身处压力下的人，即便是经历诸如失业或亲人离世等重大压力，也不会生病（Bonanno, 2004；Taylor, Repetti & Seeman, 1997）。是什么在保护他们？哪些态度、品质与人们的健康、幸福和长寿最为相关？

乐观　当一些不好的事情发生在自己身上时，你的第一反应是什么？是告诉自己你会以某种方式渡过难关，还是沮丧地喃喃自语"是不是我的问题"？从本质上讲，乐观是一种面对挫折和意外依然认为事情会顺利进行的整体预期，它使生活能够持续前行。如果人们处在困境之中却仍然坚信一切终会变好，那他们会持续奋斗，直至达到预期。

起初，有关乐观主义的研究报告指出，乐观对人们的健康、幸福甚至长寿比悲观要更有利（Carver & Scheier, 2002；Maruta et al. , 2000）。由此，媒体上的推广者开始宣传这种观点，有些还声称即使身患重病，乐观的心态也能延长寿命。然而不幸的是，这种希望后来被证明是错误的：一个由澳大利亚研究人员组成的研究团队对 179 名肺癌患者进行了为期 8 年的追踪观测后发现，乐观对患者的存活率或寿命并没有明显的影响（Schofield et al. , 2004）。其实，对于每一项揭示乐观有益处的研究，都有其他研究表明乐观实际上是有害的：例如，乐观主义者即便输钱也还会继续赌博，当他们期望的结果没有发生时，他们反而会更容易患上抑郁症（McNulty & Fincham, 2012）。此外，乐观主义也会适得其反，因为它会削弱人们对手术并发症的风险认识（"哦，一切都会好起来的"）或者导致他们低估这些风险对自身健康的影响（Friedman & Martin, 2011）。

悲观主义者自然会谴责乐观主义者不切实际。不过，对于乐观主义者来说，想要从中获益，就必须立足于现实，激励自己更好地自我照顾，把问题和坏消息当作能克服的困难来看待。现实的乐观主义者比悲观主义者更有可能成为积极的问题解决者，他们会积极寻求朋友的支持，并寻找一切能够帮助他们的信息

（Brissette，Scheier & Carver，2002；Geers，Wellman & Lassiter，2009）。他们幽默乐观，善于计划未来，并以积极的心态去重新审视所有境况。

Robnroll/Shutterstock

这个杯子是半空的还是半满的？如何回答取决于你是乐观主义者还是悲观主义者。但你知道在追求积极的健康结果时，乐观在某些情况下也可能会适得其反吗？

责任心和控制力　乐观本身不能用于预测健康和幸福。你可以将"万事如意！一切都会好起来的！"每天说上 20 次，但这并不会让你有太多收获（除了来自同学们的奇怪眼神）。乐观是需要一个行为伙伴的。

1921 年，刘易斯·推孟（Lewis Terman）开始对 1 500 多名儿童的生活进行追踪研究。该项追踪研究共持续了 90 年，也是心理学史上最长的纵向研究之一（Terman，1925）。推孟一直跟踪这些被亲切地称为"蚁群"的孩子，直到他们成年，当他在 1956 年去世时，其他研究人员接管了这个项目（Kern，Della Porta & Friedman，2014）。健康心理学家霍华德·弗里德曼（Howard Friedman）和莱斯利·马丁（Leslie Martin）

（2011）发现，这些"蚁群"长寿的秘诀是有责任心、能够坚持不懈地追求目标、拥有良好的教育、努力工作并享受其中，同时勇于面对工作带来的挑战并为之负责。有责任心的人通常是乐观主义者，因为他们相信付出就会有回报，而且他们也会努力去实现这种期望。有关"蚁群"（基本上是由白人和中产阶级组成）的研究结果已经在不同族裔和社会阶层的 20 多个独立样本中进行了验证（Deary，Weiss & Batty，2010）。

责任心与健康中另一个重要的认知因素存在关联，即内部控制点。**控制点**（locus of control）是指你对自己是否能够控制发生在自己身上的事情的总体预期（Rotter，1990）。具有内部控制点的人（"内控者"）倾向于认为他们应该对自己的遭遇负责。那些具有外部控制点的人（"外控者"）则认为他们的生活是由运气、命运或其他人所控制的。研究发现，具有内部控制的特性，尤其是涉及你现在能做的事情，而不是看不见的未来事件，这与个体的身心健康、学业成就、政治活动以及主观幸福感有一定关联（Frazier et al.，2011；Roepke & Grant，2011；Strickland，1989）。

控制点

个体对自身的行为结果是在自己的控制之下（内控）还是超出控制范围（外控）的一般预期。

绝大多数人都可以忍受各种各样的压力，前提是他们能预测或控制它们。想象一下拥挤的情景。我们知道老鼠挤成一团时看着很恶心，但是许多人很喜欢拥挤，他们甘愿被挤扁也要去纽约时代广场跨年或者听音乐会。人类并不是在他们真的处于拥挤状态时体会到压力，而是在他们感觉到拥挤时才体会到压力（Evans，Lepore & Allen，2000）。那些对自己的工作节奏和安排有最大控制力的人，如高管和经理，他们患病的概率和承受的压力要明显小于那些没有控制力、受困于重复性工作以及升职机会渺茫的员工（Canivet et al., 2012；Karasek & Theorell, 1990）。与一些间歇性的、巨大的、不可预测的噪声（比如住在机场附近的人听到的飞机轰鸣声）相比，人们往往能更好地应对那些连续的、可预测的噪声（比如繁华城市街道的嘈杂声）。这点在医疗保健中非常重要，在医院里，病房内不时响起的高分贝哔哔声和警报声经常会使病人处于紧张状态，导致其血压和皮质醇水平升高（Stewart, 2011；Szalma & Hancock, 2011）。

控制感对免疫系统的影响可能是它有助于人们更快地从手术和某些疾病中恢复过来的原因（Skinner, 1996；Griffin & Chen, 2006）。研究发现，内控者会比外控者更能够抵抗感冒病毒（Cohen, Tyrrell & Smith, 1993；Cohen et al., 2002）。与现实的乐观主义一样，控制感也能使人们在必要时采取行动来改善自己的健康状况。在对心脏病发作后康复的患者的研究中，那些认为心脏病发作是因为吸烟、不锻炼或工作压力大的病人更有可能改变自己的坏习惯并迅速康复。相比之下，那些将自己患病归咎于无法掌控的一些诸如运气不佳或命运等外部因素的人，不太可能制订康复计划，反而更可能重拾原来的不健康习惯（Affleck et al., 1987；Ewart, 1995）。

日志 11.3 批判性思维：考虑其他的解释

大多数人认为压力只是发生在他们身上的一些外在东西。但是，还可以从另一角度看待压力，可以将它看作你内心的某种东西，与你的思想和情绪不可分割。你会把你的工作看作一系列永远无法完成的任务，还是一项需要掌控的挑战性任务？你的回答又是如何影响你可能感知到的压力的？

模块 11.3 小考

1. 史蒂夫出乎意料地被要求在课堂上回答问题。但他一点也不知道这道题的答案，此时他感到心跳加速、手掌出汗。根据塞利的一般适应阶段理论，史蒂夫处于压力反应的_____阶段。

A. 适应   B. 抵抗

C. 疲惫   D. 报警

2. 能够导致血糖升高，保护身体在受伤期间不会出现组织发炎的激素是_____。

A. 肾上腺酶   B. 雌激素

C. 皮质醇   D. 催产素

3. 在医学院完成学业的凯蒂说："疾病是身体的产物！"刚获得临床心理学博士学位的克莱奥则认为："疾病是心理的产物！"正在攻读生物学博士学位的鲍里斯则辩解道："疾病是身体的自然防御系统的产物！"听了三个人的回答后，佩特拉跳起来说："健康和疾病是这三者种混合的产物。"请问佩特拉的专业是什么？

A. 心理神经免疫学   B. 神经分类学

C. 生理社会文化学   D. 药理学

4. 你认为下列哪一类人的健康会最受益？

A. 不切实际的乐观主义者

B. 不切实际的悲观主义者

C. 现实的乐观主义者

D. 现实的悲观主义者

5. 安妮卡通常都会非常出色地完成工作任务，而且她常常把失败归咎于自己不够努力。贝尼西亚会把她的成功归因于运气，如果失败就会归咎于自己是个双子座的人。由此可见，安妮卡是一个具有____控制点的人，而贝尼西亚是一个具有____控制点的人。

A. 外部；内部   B. 成熟；不成熟

C. 不成熟；成熟   D. 内部；外部

11.4 压力与情绪

也许你听过"他很沮丧，他肯定生病了"或

"她总是看起来非常生气，这样她的心脏病会发作"之类的话。那些消极情绪，尤其是愤怒和抑郁，真的对你的健康有害吗？

在开始下面的内容之前，我们需要将消极情绪对健康者的影响与消极情绪对病人的影响区分开来。当一个人已经感染了病毒或者身体状况欠佳，又或是长期生活在充满压力的环境中时，焦虑和无助等消极情绪确实会使人增加患病的风险，而且还会影响康复进程（Kiecolt‐Glaser et al.，1998）；但积极情绪则会起到相反的作用（Stellar et al.，2015）。研究发现，那些心脏病发作后变得抑郁的人在接下来的一年中死于心脏病的可能性明显增大，即使控制了疾病的严重程度和其他危险因素，结果依然如此（Frasure‐Smith et al.，1999）。

ocusfocus/123RF

压力会对任何人的身体产生负面影响，对那些已经患病的人来说更为明显。

11.4.A　敌意和抑郁：它们有负面作用吗？

学习目标 11.4.A　总结消极情绪（例如敌意、抑郁）对健康的负面影响的研究证据

最早将情绪与疾病联系起来的研究之一是 20 世纪 70 年代研究者对"A 型"人格进行的研究。该研究发现"A 型"人格包含了一些与心脏病有关的人格特质，如雄心勃勃、急躁、愤怒、努力工作以及自我高要求。随后的研究排除了所有这些因素，只剩下了敌意（Myrtek，2007）。其实，也有研究表明努力工作和高标准都是健康长寿的重要因素（Friedman & Martin，2011）。

所谓"敌意"，并不是指人们偶尔感受到的易激惹或愤怒，而是指一种愤世嫉俗或对抗性的敌意。充满敌意的人的特点是不信任他人，总是挑起一些低劣的、令人愤怒的争吵。在一项经典的关于男性医生的研究中，这些医生在 25 年前还是一帮医学生，研究者发现那些长期愤怒和怨恨的男医生患心脏病的概率是那些没有敌意的男医生的 5 倍，即使将吸烟和不良饮食等其他危险因素考虑在内，结果依然如此（Ewart & Kolodner，1994；Williams，Barefoot & Shekelle，1985）（见图 11.5）。该研究结果也被其他大样本（包括黑人和白人、女性和男性）研究所验证（Krantz et al.，2006；Williams et al.，2000）。易怒本身就是一个容易导致免疫系统受损、血压升高、心脏病、伤口愈合缓慢的危险因素（Chida & Hamer，2008；Gouin et al.，2008；Suinn，2001）。

临床上的抑郁症也同样与心脏病发作和患心血管疾病的风险加倍相关（Frasure-Smith & Lespérance，2005；Gan et al.，2014）。但是，为何会产生这种关联呢？有可能是抑郁症通过几种不同的途径引发心血管疾病，而且这些途径的相对强度可能因人而异。例如，抑郁症可使体内皮质醇水平升高，从而导致体重增加，血糖升高和血液中的循环脂肪增加，所有这些变化都会增加患心血管疾病的风险。此外，抑郁症也容易导致一些与心血管疾病相关的行为方面的危险因素出现，如吸烟、酗酒、缺乏锻炼等。最后，抑郁症还与炎症和血凝的形成相关，这两种因素都易导致心血管疾病（Dhar & Barton，2016）。

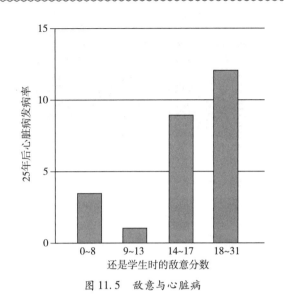

图 11.5　敌意与心脏病

敌意比高负荷工作对健康的危害要大得多。在医学生中，敌意得分最高的男学生在 25 年后患心脏病的概率也最高（Williams, Barefoot & Shekelle, 1985）。

一段时间以来，研究者认为抑郁症也可能致癌。但现在看来，恰恰相反，癌症可以导致抑郁症，并不仅仅是因为诊断结果"令人沮丧"。恶性肿瘤，以及抵抗它的免疫系统，释放出高水平的会导致抑郁症患者出现情绪和行为上的抑郁反应的化学物质（Brüning et al., 2015）。一项对老鼠患癌的研究发现，这些患癌老鼠并不能意识到自己得了癌症，但是为了安全起见，它们会被动地浮在水面而不是游来游去，还表现出其他焦虑和冷漠的迹象（Pyter et al., 2009）。

11.4.B　积极情绪：它们起作用吗？

学习目标 11.4.B　总结积极情绪有益健康的研究证据

和消极情绪不一样，积极情绪看起来是对健康有益的，尽管很难区分积极情绪和健康谁是因、谁是果。对于一群很快乐的老年人来说，快乐并不意

味着他们就会长寿；随着年龄的增长，他们通常会变得不容易生气了，更容易满足了。而我们明白，他们在 20 岁或 50 岁的时候脾气可能真的很暴躁。此外，快乐和健康可以同时存在的，不分因果。一项对哈佛大学男学生的纵向研究发现，有些人的人生道路会让他们变得幸福安康，有些人的人生道路则会让他们倍感悲伤甚至生病。由此可见，快乐与健康，悲伤与疾病，并不存在谁导致谁的问题，无关因果（Vaillant, 2012）。

尽管如此，积极情绪对身体还是有益的，因为它们能抵消机体因消极情绪或慢性压力出现的高水平的生理唤醒。它们可以让人们更富有创造性地去思考自身的机会和选择，就像乐观和内部控制点一样，激励人们采取行动来达成目标（Kok, Catalino & Frederickson, 2008）。另外，善于表达积极情绪的人也比总是愤怒和抱怨的人更容易吸引朋友和支持者。而且，我们会在下面的介绍中看到社会支持是保持健康的最有力的助推器之一（Friedman & Martin, 2011; Ong, 2010; Pressman & Cohen, 2012）。

我们并不是一直处于精力充沛和欢快愉悦的情绪状态，偶尔也会暴躁、易发怒和感到不开心。那么，在你的生活中，消极情绪是不是比积极情绪更普遍呢？如果是，你会采取什么行动来提高积极情绪的比例呢？

11.4.C　情绪的抑制与表达

学习目标 11.4.C　讨论自白、宽容及其他"消解委屈"的形式对健康的益处

如果消极情绪是有害的，那么你在感到愤怒、沮丧或担忧时可能会尽力去抑制这些情绪。对于一些小问题、小烦恼，压抑情绪是有用的。但是，我们却很难做到驱逐脑中糟糕的想法、忘掉一段痛苦的回忆或是对前任恋人眷恋的痛楚（Ryckman & Lambert, 2015; Wenzlaff & Wegner, 2000）。当你努力不去思考某件事时，事实上你却在更频繁地加工它；你在积

极地监控自己的想法以寻找应该避免的想法。这就是为什么当你一直迷恋一个曾经爱过的人时，越是克制不去想那个人，实际上越会延长你对他/她的情感反应（Wegner & Gold，1995）。

互动

思想压制

Art Wolfe/ Cultura RM/Alamy Stock Photo

费奥多尔·陀思妥耶夫斯基（Fyodor Dostoevsky）写道："试着完成这项任务：不要去想北极熊，但你会发现越是想克制，这个想法就越会无时无刻冒出来。"他说的是对的。丹尼尔·韦格纳（Daniel Wegner）和他的同事（1987）在研究中要求参与者不去想北极熊。但参与者经常失败，而且在接下来的任务中，想北极熊这件事不断地干扰或打断他们完成当前的任务。

Patrick de grijs/123RF

也许你在一个不眠之夜经历过这种失败的思想压制，你越是努力忽视那些在你脑海中兴奋的想法，它们就越是令你烦躁不安。

Keith Levit/Alamy Stock Photo

避免不必要想法的一个方法就是将注意力集中在一个能够分散注意力的想法上。例如，韦格纳和他的同事发现，如果让参与者把注意力集中在红色大众汽车上，那么参与者就能够有效地避免去想北极熊。

Song_about_summer/Shutterstock

另一个解决办法就是向别人倾诉你的担忧，而不是压制它。你甚至不需要一个固定听众；就像下面将要详细介绍的那样，简单地把那些令人不安的经历和情绪写下来也能带来心理上的好处。

人体需要消耗一定的体力来维持对思想和情绪的持续压制，而这种耗费会给身体带来压力。那些意识到情绪表达的重要性以及能够直抒情绪的人，他们体内防御疾病的白细胞水平也相对较高，而那些抑制自身重要情绪的人往往白细胞水平偏低（Smyth，Pennebaker & Arigo，2012）。压抑重要情绪也得付出一定的社会代价。在一项对大一新生的纵向研究中，研究者发现，那些喜欢向其他人坦露自己的担忧和恐惧的学生，比那些说更喜欢自我消化情绪的学生，在毕业时拥有了更好的、更令人满意的人际关系（Srivastava et al.，2009）。

自白的益处　鉴于消极情绪对个体的负面影响，以及抑制这些情绪的困难和代价，该如何处理这些消极情绪呢？一项关于自白益处的研究提供了一种减少消极情绪的方法：对外表露出（即使是对自己）那些让你感到羞耻、担心、害怕或悲伤的个人想法和感受（Pennebaker，2002，2011）。在另一项研究中，研究者将 156 名心脏病人随机分为两组，要求实验组病人写出他们第一次心脏病发作时的感受，而要求对照组病人写出他们的日常活动，结果发现，实验组病人要比对照组恢复得更快、更好（Willmott et al.，2011）。那么，那些私下将自己对初入大学校园的"内心最深处的想法和体会"写下来的大一新生又是怎样的呢？短期来看的话，他们比那些经常记录一些生活琐碎之事的学生更多表达出了自己的乡愁和焦虑。但到了学年末，这些学生患流感的概率以及去校医务室的次数要明显低于或少于那些记录生活琐碎之事的学生（Pennebaker，Colder & Sharp，1990）。

当人们写下自己的创伤经历时，这种方法尤其管用。在一项研究中，当实验者要求一组大学生连续四天、每天用 20 分钟的时间去写自己的创伤经历时，很多人道出了自己被性胁迫、性侵犯、羞辱或被父母遗弃的经历。而他们大多数人从未将这些经历跟任何人说过。研究者收集了这些学生的身体症状、白细胞数目、情绪状况以及去健康中心的情况，结果显示：写下创伤经历的学生比那些就中立话题进行写作的学生各方面都要好一些（Pennebaker，Kiecolt - Glaser & Glaser，1988）。随后的研究也证实了直面创伤事件的益处，而不是试图去抑制那些侵入脑中、令人不安的想法（Dalgleish，Hauer & Kuyken，2008）。

写作的好处主要体现在，这种自白可以在对自身产生洞察力和理解力的时候，培养自己远离不良经历的能力，结束那些强迫性想法和未消解的情绪带来的重复性压力（Kross & Ayduk，2011；Lepore，Ragan & Jones，2000）。一位年轻女子在 9 岁时被一个大她一岁的男孩猥亵。第一天，她将自己的尴尬和内疚写了出来。第三天，她写下了对那个男孩的愤怒。到了最后

一天，她开始对整个事件有了不同的看法：毕竟他也只是个孩子。研究结束后，她说："以前，当我想到它时，我会对此自欺欺人。现在，我连想都不会想，因为我把它说出来了。我终于接纳了这件事。"

放下怨念的益处　在一部经典的情景喜剧《宋飞正传》（Seinfeld）中——这部剧尽管已经有 20 年的历史了，但仍值得一看——剧中一位主角的父亲因对圣诞节的商业化嗤之以鼻而发明了自己的寒假：Festivus。Festivus（"我们的假期"）在许多方面都与传统节日大相径庭。一家人围坐在铝合金做的柱子周围而不是树的周围，不喝蛋奶酒，不唱颂歌，传统活动就是发泄不满，告诉其他家庭成员自己在过去一年中的种种不满。Festivus 这个节日很荒谬，很戏剧化，而且也不利于家庭成员间的关系向好的、积极的方向发展。

Wusuowei/Fotolia

每个人都有自己的私密和难过的回忆。然而，当这种悲伤或恐惧持续的时间过长时，这种内隐的感受可能会导致自身的压力不断增加。

这种"情绪发泄"并不像我们（或其他心理学家）认为的那样把怨恨和过去的挫折感释放出来后可以带来心理上的好处。相反，研究表明，摆脱这些消极的不满情绪的方法就是摒弃会产生这些情绪的念头，用一种宽容的态度去看待它们。当人们的

积怨越来越多时，他们的血压、心率、皮肤电阻也会随之升高。而宽容则会降低这些生理唤醒，有助于恢复个体的自我控制感（Witvliet et al., 2015）（见图11.6）。宽容，就像自白一样，对个体是有益的，它能帮助人们从另外一个新的视角去看待所发生的事；能够增进同理心，也即提升从他人的角度看问题的能力；此外，还有助于修复和加强现有的人际关系（Fehr, Gelfand & Nag, 2010）。但是，也要注意，宽容并不总是一件好事，其好坏与冲突发生的背景密切相关（McNulty & Fincham, 2012）。例如，在一项针对遭遇家暴的女性的研究中，那些选择宽容虐待自己的伴侣的女性更有可能再次回到伴侣身边，继续经历身体和心理上的双重虐待（McNulty, 2011）。

宽容并不意味着被冒犯者否认、忽视或为违法行为进行辩解，那可能会导致严重的后果。它通常意味着受害者最终带着不公感与冒犯者达成协议，好让自己尽快排解那些难以消散的痛苦、愤怒和仇恨之情。

互动

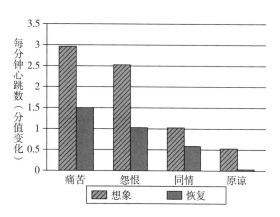

图 11.6 发自内心的宽容

某研究中，研究者要求参与者想象一个曾经冒犯或伤害过他们的人，然后想象一些不宽容反应（比如痛苦、怨恨）以及宽容反应（比如同情或原谅对方）。结果，从斜线条形可看出，相比于宽容，当参与者的想法是不宽容时，他们的心率要远高于基线水平。另一条形表明想象结束8秒后的心率变化——心率变化在不宽容的条件下仍然很大（Witvliet et al., 2001）。

模块 11.4   小考

1. 下列 A 型行为表现中哪个对心脏的危害最大？

   A. 敌意　　　　　　B. 匆忙

   C. 努力工作　　　　D. 路怒症

2. 临床上的抑郁症与心脏病和心血管疾病都有一定的关系。为何会有这种关联？

   A. 抑郁症患者的皮质醇水平较高，且存在一些易诱发心脏病的行为表现

   B. 抑郁症会导致肾上腺素分泌减少，继而造成心脏泵血困难，不利于维持身体健康

   C. HPA 水平下降与抑郁症相关，HPA 是维护心脏健康的一个重要因素

   D. "沉重的心"能够形象地对此进行描述，即抑郁症本身就是在折磨心脏

3. 卡梅伦在生活中是一个乐观、积极的人，身体也很健康。那么，对于卡梅伦的积极情绪和健康状况之间的关系，下列说法正确的是？

   A. 卡梅伦的积极情绪是导致身体健康的原因

   B. 卡梅隆体验到了积极情绪，同时拥有健康的体魄

   C. 卡梅伦健康的体魄使其对待生活也积极乐观

   D. 卡梅伦会抱着积极的态度对待生活，并且对自身的健康状况很满意。他会继续保持这样

4. 维克拉姆同意借给他的朋友马特一大笔钱。然而，马特却违反当初的协议一直未还钱，尽管催促了几次，但仍未归还。根据前人的研究结果，

维克拉姆应该怎么做才能减少他对马特这种行为的负面情绪反应？

A. 维克拉姆应该时刻关注马特的这种背叛行为

B. 维克拉姆应该从马特的角度想一下：也许他遇到了严重的财务危机

C. 维克拉姆应该与马特绝交

D. 维克拉姆应该雇用一家索赔公司来要回欠款

5. 安伯对上大学一直顾虑重重，但她不敢告诉任何人。下列哪种解决方案对她来说最有效且利于健康？

A. 将自身的感受写下来，对其反复诵读、反复思考

B. 在推特上告诉朋友自己的心情

C. 经常和愿意倾听的人谈谈自己的感受

D. 尽量不去想自己的感受

11.5　应对压力

我们会注意到，大多数处于压力下，甚至是生活在困境中的人，也不容易患病。那么，除了乐观和自我掌控之外，他们又有哪些应对策略呢？

应对由压力和负面情绪诱发的生理紧张最直接的方法就是休息，以减少身体的生理唤醒。一种源于古代佛教的正念冥想练习也是一种较为有效的方法，它可以让你静心养神。冥想的目的是学会接纳自己愤怒、悲伤或焦虑的情绪，而不去评判或试图摆脱它们（Davidson et al. , 2003）。练习冥想的方法有很多，其中较为常见的一种方法是专注于你的呼吸；当一些想法侵入脑中时，先接受它们，然后把它们送走，再次专注于自己的呼吸。这样连续做几周后，脑活动会随之发生变化（Engström et al. , 2010；Xue, Tang & Posner, 2011）。久而久之，冥想似乎能增强与端粒长度变化相关的酶的活性，并延长体内一些重要的免疫细胞的寿命（Jacobs et al. , 2011；Moyer et al. , 2011）。

另一种减少负面情绪、降低患病风险的重要方法是体育锻炼（Otto & Smits, 2011）。身体健康的人要比不健康的人能够更好地改善心血管疾病症状、提升

认知功能，以及降低罹患 2 型糖尿病和痴呆症的风险，即便处于同等压力下亦是如此（Hörder et al. , 2018）。经常进行适度锻炼的人应对压力时的生理唤醒水平也相对较低（Hamer, Taylor & Steptoe, 2006；Vita et al. , 1998）。运动甚至还可以减缓一些退行性疾病的发病进程，比如帕金森综合征（Gitler, 2011）。

这些活动，包括其他可以让身体平静下来、集中精神的活动，如按摩、祈祷、听音乐、跳舞、编织、烘焙等，都有利于保持健康。不过，如果你的房子被烧毁或是需要做一个重大的手术，其他应对策略也是必不可少的。

11.5. A　问题解决

学习目标 11.5. A　讨论情绪关注策略和问题关注策略如何有助于缓解压力

几年前，我们的朋友西米·林顿（Simi Linton）经历了一场悲剧，那年她 23 岁。林顿和她的新婚丈夫，还有她最好的朋友，在那年遭遇了一场可怕的车祸。当她在医院的病房里苏醒过来时，她对车祸只剩下一些模糊的记忆，随后得知自己的丈夫和朋友都在这次车祸中丧生了，她自己也被撞成了永久性的脊椎损伤，再也无法行走了。

Derek Storm/ Everett Collection Inc/Alamy Stock Photo

电视名人罗宾·罗伯茨（Robin Roberts）曾面临一系列危及生命的疾病，但她仍坚持到底，毫不妥协。那么，类似重评的压力应对策略该如何帮助人们克服重病呢？

如何才能从这样的灾难性事件中恢复过来呢？有些人建议说，让那些灾难或悲剧的幸存者"不再关注灾难性事件"或者"接纳你的感受"。但幸存者知道他们是非常痛苦的。他们应该怎么做才能摆脱这些痛苦呢？这个问题其实触及了情绪关注策略和问题关注策略两种应对策略的核心差异（Lazarus & Folkman，1984）。情绪关注策略的主要关注点在问题引起的情绪上——不管会出现愤怒、焦虑还是悲伤。在任何悲剧或灾难发生后的一段时间里，人们沉浸于这些情绪中，感到不知所措是很正常的。在这一阶段，人们常常需要反复地谈论这件事，以便能够接受它，认识到它真的发生了，然后决定该如何面对（Lepore，Ragan & Jones，2000）。

最终，大多数人都会把精力集中于解决问题本身。这种以问题为中心的应对策略的具体步骤取决于问题的性质：它是否是一个紧迫的、需要果断做出决定的问题；或是一种持续存在的困难，比如残疾；抑或是预料之中的事情，如做手术。一旦问题确定，应对者就可以从专业人士或处于同样困境的其他人那里尽可能多地了解它（Clarke & Evans，1998）。对问题越了解，就越能够增加自身的控制感，进而加快恢复速度。

至于西米·林顿，她学会了在轮椅上做任何事情（包括跳舞！），之后她又回到了学校。她获得了心理学博士学位，也再婚了，还成了一位非常受人尊敬的教师、心理咨询师和作家，同时也是一位积极致力于改善残疾人条件和机会的活动分子（Linton，2006）。像林顿这样的故事告诉我们，人的弹性是巨大的，甚至大到可以应对最具挑战性的考验。

11.5.B　问题再思考

学习目标 11.5.B　描述与压力问题再思考相关的有效处理策略

有些问题是无法解决的，有些是在生活中不可避免的事实，比如不能生育、失业或患上慢性病。那么当面对这些问题时，你能做些什么呢？健康心理学家提出了三种有效的认知应对策略。

1. 情境重评。虽然你无法摆脱压力，但你可以从不同的角度去看待它，这个过程就叫作重评。重评可以帮你把愤怒变成同情，把担忧变成决心，把失落变成机遇。也许你失去的那份工作并不怎么样，但你因为太害怕以至不敢辞职并去找新工作。不过，现在你可以这样做了。此外，研究发现，重评还可以提升人们的幸福感，减少负面情绪（Moskowitz et al.，2009；Ochsner & Gross，2008；Troy et al.，2018）。

2. 汲取经验。很多人从逆境中走出来都会学会一些新技能，因为在逆境中他们不得不学习一些之前不知道的东西，比如如何操作医疗系统或如何管理死者的遗产。有些人挖掘出了潜在的勇气和力量。那些从不可预期的人生悲剧中吸取教训并从中找到意义的人，会因逆境生活得更加多姿多彩而不只是简单地活着（Davis，Nolen-Hoeksema & Larson，1998；Folkman & Moskowitz，2000）。事实上，经历过一些诸如失去、困苦、疾病或其他压力事件的人要比一帆风顺的人在接下来的几年中更健康（Seery et al.，2013）。直面生活的压力能够使人们习得掌控生活的技能，而这些技能是提升幸福感以及应对未来问题的关键。

3. 善于进行社会对比。在困境中，成功的压力应对者通常会把自己和他们觉得不那么幸运的人进行对比。即使身患重病，他们也会去想那些比他们的情况更糟的人（Taylor & Lobel，1989；Wood，Michela & Giordano，2000）。一位艾滋病患者在一次采访中说："我列了一张清单，清单上是与艾滋病相比我更不愿意得的病，像肌萎缩侧索硬化症、坐在轮椅上、让人痛苦不堪的风湿性关节炎。"不过，有时成功的应对者也会和那些比自己做得好的人进行对比。他们可能会说："看看她，她之前的家庭多么糟糕，但她还是在与癌症的较量中活了下来，她现在的生活比以往任何时候都幸福。她是如何做到的？"或"他和我遇到了同样的难题，为什么他在学校的表现比我好得多？哪些事情是他知道而我不知道的？"只有当这些对比为人们提供了一些应对、管理疾病或改善压力状况的方法时，这些对比才是有益的。

互动

应对压力

想象以下情景：下周你有一个重要的化学考试。每个人似乎压力很大，因为内容相当有挑战性，并且考试成绩占最终成绩的很大比例。以下是你应对考试压力的一些机制。

11.5. C　利用社会支持

学习目标 11.5. C　讨论朋友促进或阻碍成功应对压力的渠道

另一种处理消极情绪和压力的方法是社交。你的健康不仅取决于身心变化，还取决于你的人际关系：你从中得到了什么，又付出了什么。当某些社会团体可为个人提供一定的意义、目标和归属感时，它们就能给团体成员的健康和幸福带来巨大的好处（Finlay, Peacock & Elander, 2018; Haslam et al. , 2009; Uchino, 2009）。参与社交网络和亲密的社区活动是长寿和健康生活的最有力的预测因素之一（Friedman & Martin, 2011）。为什么这么说呢？

朋友相助　想想所有能够给你提供帮助的人，包括家人、朋友、邻居、同事。他们可以给你提供一些关心和关爱，可以帮你剖析问题并制定相应的解决方案，还可以给你提供资源和服务，比如借给你钱或一辆汽车，或者在你生病的时候帮你在课堂上记笔记。最重要的是，这些是每个人一生都需要的与社会联结的源泉。

研究表明，拥有强大的社会关系甚至还可以改善个体的健康（Holt-Lunstad, Smith & Layton, 2010）。社会支持对那些每天都需要警惕会患心血管疾病的在高压下工作的人来说尤为重要，比如消防员（Carpenter et al. , 2015）。社会支持有助于压力过后个体的心率与激素更快地恢复到正常水平（Roy, Steptoe & Kirschbaum, 1998）。另有研究显示，虽然压力会增加个体患感冒的风险，但是社会支持和拥抱式的身体接触则有助于降低这种风险（Cohen et al. , 2003b, 2015）。在一项对 16 对夫妻的研究中，妻子们被要求躺在核磁共振扫描仪上，她们的脚踝会定时受到一种轻微但有压力的电击（Coan, Schaefer & Davidson, 2006）。在实验过程中的不同时段，妻子们要么握着丈夫的手，要么握着陌生人的手，要么独自一人躺在扫描仪上。当妻子握着丈夫的手时，她们的不愉快情绪和参与情绪反应的脑区激活度比她们自己单独完成测试时要明显偏低。握着陌生人的手也有类似的效果，尽管反应没有那么强烈。

当触摸是深情的、受欢迎的时候，它会提高体内"治疗性"激素的水平，特别是能够提升使人放松并与依恋密不可分的催产素的水平。事实上，人之所以有这样的行为，一方面是为了在面对压力和挑战时做出"战斗或逃跑"反应；另一方面还是一种"互助友好"反应，即一种友好与和解、找寻朋友或爱人以及照顾他人的反应倾向（Taylor & Master, 2011）。动物研究表明，父母或其他一些"互助友好"类成人的早期抚育会影响 HPA 轴的敏感性，使婴儿更能够适应日后的慢性压力（Young et al., 2014）。这些研究结果也许能够解释为什么那些缺乏养育的儿童会更容易生病，而那些虽然在逆境中长大但一直有母亲呵护和抚育的儿童通常不会出现健康问题（Miller et al., 2011）。

当然，也不能简单地认为只要有恰当的社会支持，人们就能战胜任何疾病。几年前，一位精神病医生基于一项初步研究声称，晚期乳腺癌患者如果加入互助小组，她们的寿命就会更长。但这项研究一直被质疑，而且也从未得到后续研究的重复验证（Coyne et al., 2009; Coyne & Tennen, 2010）。尽管这种疗法在参与者的情绪调整和社交方面有一定的好处，但似乎并不能延长参与者的寿命。

此外，并非所有的文化群体对"社会支持"的定义都是相同的，或者都能从同样的社会支持中获益。有些群体可能不太愿意明确地向自己的朋友、同事和家人寻求帮助，并向他人坦露自己的痛苦。例如，研究发现，亚洲人和亚裔美国人更不愿意向朋友甚至关系亲密的人寻求支持和帮助，因为他们担心这样做可能会对彼此的关系产生负面影响。结果是，当要求他们必须去寻求帮助或说出自己的个人感受时，他们可能会觉得压力很大，压力性激素水平也会升高（Kim, Sherman & Taylor, 2008）。

心理学与你同行

我们对自己的情绪和健康有多大的掌控力？

消极情绪和压力会增加人体患病的风险，从普通感冒到心脏病，都有可能。例如，研究发现，在接触甲型流感病毒的人群中，心理压力的增加与流感症状和炎症的加重存在一定关联（Cohen, Doyle & Skoner, 1999）。然而，拥有积极的情绪状态和良好的社会支持系统可以降低感染感冒或流感病毒后出现相关症状的风险（Cohen et al., 2003, 2006, 2015），这也表明多种心理因素在疾病的发生过程中发挥着重要作用。

我们怎么做才能控制消极情绪和压力，从而降低患病风险呢？在本章中，我们回顾了一些会对情绪、压力和健康产生影响的因素。有些是心理上的，比如拥有内部控制点、积极乐观并有责任心、不再抱怨等都可以对情绪和健康产生积极的影响。还可以使用一些认知策略来调控自身的情绪和压力，比如重评、汲取经验和社会比较。此外，我们还可以采取一些行为措施来减少消极情绪和压力对健康的负面影响，比如不吸烟（或者戒烟）、饮食健康、定期锻炼以及保证充足的睡眠等。当然，在众多因素中，社会支持是缓解压力、降低患病风险的一个关键因素。

我们鼓励你从理性的角度思考一下如何才能最有效地调控你的情绪和压力，尤其是在考试期间或者其他一些特别具有挑战性的时刻。例如，正如我们在本章中了解到的敌意，它对健康十分不利，那么一旦被激惹，人们该如何做才能避免产生这种情绪呢？其实，"将愤怒发泄出来"的想法往往会适得其反：它会让人们在发泄愤怒之后身心更加疲惫。当人们不停地和别人说自己有多愤怒或是把这种情绪转嫁到敌对行为上时，他们的血压会迅速升高，愤怒情绪也更为高涨，行为攻击性也会更强（Bushman et al., 2005; Tavris, 1989）。相反，当人们学会控制自己的脾气，并能够合理地表达愤怒时，他们通常会感觉更好，而不是更糟糕；会变得更冷静，而不是更愤怒。

所以，当你生气时，你可能无法控制心跳加速或情绪本身，但你可以操控接下来的行动：你可以数五个数，先冷静下来（意气用事只会让事情变得更糟）。可以用辩证思维去思考问题，从而避免进行情绪化的推理，还要核查你对当前境况的认识是否准确。那些容易生气的人往往把别人的行为理解为故意侵犯。而那些不轻易发怒的人往往会认为他人是无意冒犯，而且他们也不会很在意自己受伤的自尊。简言之，我们可能无法控制生活中的压力源，也无法控制在遭受巨大损失、不公正对待或悲剧之后所产生的情绪的强烈程度，但我们有一种非常好的能力，就是思考自己的行为并控制下一步行动的能力。

Alexey Poprotsky/123RF

冥想和瑜伽只是降低压力和唤醒水平的两个行为策略的例子。

和朋友打交道　众所周知，有时候别人的帮助是无济于事的。有时，那些不开心、压力和愤怒反而来源于他们。甚至像脸书、照片墙（Instagram）和色拉布（Snapchat）等这些带来和数百万人连接体验的社交媒体也会有其阴暗面。"每个人"看起来都是那么开心、那么成功——他们列出所有的成就，还有孕育宝宝、工作升职、可爱的小狗、美味的饼干以及超级假期——许多人浏览过他们朋友更新的动态后，自己的感受更加糟糕了（Appel, Gerlach & Crusius, 2016）。毕竟，很多学生不会在社交媒体上发布他们很孤独或者被甩了的动态。一系列针对大一新生的研究发现，大多数学生总是低估朋友的消极情绪和经历，高估同龄人的快乐程度。与看上去更快乐的脸书好友相比，许多人看完他们好友的动态后会更加孤独和沮丧，女性的感受尤为明显（Jordan et al., 2011）。

Moviestore collection Ltd/Alamy Stock Photo

正如电影《贱女孩》（*Mean Girls*）中所说：朋友既可以是温暖、支持和乐趣的最大源泉，也会是我们愤怒和痛苦的源泉。

除了成为矛盾的根源之外，遇到麻烦时，你的亲朋好友可能会因为无知、尴尬或无法理解你的想法而不支持你。还有些时候，他们可能会极力阻止你去改变自己的不良习惯，比如酗酒、吸烟，或者取笑你，迫使你遵从"每个人"的行为表现去行事。他们还可能会抛弃你，或者说一些愚蠢而伤人的话。有时，因为他们没能感同身受，所以他们也不知道该如何提供帮助，因而就提供了错误的支持。总之，当你的亲朋好友和你不在一个频道上时，他们也很难给你提供有效的帮助。

最后，我们应该牢记给予支持和帮助的好处，而不是一味地站在被援助的一端。朱利叶斯·西格尔（Julius Segal, 1986）——一位研究大屠杀幸存者、难民和其他灾难幸存者的心理学家在书中写道：这些人康复的一个关键因素就是对他人的同情，即"助人愈己"。为什么？从外部审视自我的能力与我们之前讲过的所有成功的应对机制有关。它可以鼓励你去自己解决问题，而不是责备他人或只会发脾气，帮助你从他人的角度看待问题，学会宽恕，让你对自己的问题有一个正确的看法（Brown et al., 2003）。助人愈己能够使我们接受生活中的各种艰难困苦。

如表 11.2 所示，表中列出了影响健康和疾病的若干因素，这些因素既包括我们无力改变的，也包括我们可以控制的。问题解决成功并不意味着消除了所有的压力来源或所有的不良情绪；也并不是说生活会永远幸福，不再有愤怒、悲伤和挫折。身心健康的人会直面问题，积极解决问题，并从中汲取经验，受益匪浅。但是，问题的长期存在、需要做出艰难的决定，或偶发的悲剧，仍是不可避免的。如何对这些进行较好的掌控，也是对我们人性的一种考验。

表 11.2　增加患病风险的因素

因素	例子
环境	贫穷、医疗保健短缺、接触毒素、犯罪
经历	童年忽视、创伤事件、长期的工作压力、失业、歧视
生物	病毒或细菌感染、疾病、基因缺陷、毒素
心理	敌意、慢性重性抑郁症、情绪压抑、责任心不强、外部控制点（宿命论）、无力感
行为	吸烟、饮食不良、缺乏锻炼、酗酒和滥用药物、睡眠不足
社会	缺乏给予帮助的朋友、较少参与有意义的组织、处于敌对关系中

日志 11.5　批判性思维：提出问题，乐于思考

　　试着回忆一下你过去经历过的一个具体压力，然后想一下你是如何利用社会支持消解这个压力的。这些社会支持源自哪里，都包括谁？他们提供了哪些帮助（或者没有提供帮助），为什么你认为它是有用的（或没有任何作用）？获得社会支持的经历是否会影响今后你对他人的社会支持方式？

模块 11.5　小考

1. 马丁和刘易斯的家被盗了。一开始，他们都被吓了一跳，还把这件事告诉了他们的朋友。对这次入室盗窃，他们既害怕又气愤。三个星期后，在刘易斯联系保安公司安装窗户锁的时候，马丁还在抱怨他们的处境。故事中，马丁是在_____，而刘易斯是在_____。

   A. 寻求社会支持；专注于处理情绪

   B. 进行社会对比；寻求社会支持

   C. 专注于解决问题；进行社会对比

   D. 专注于处理情绪；专注于解决问题

2. 你不小心打碎了眼镜。下列哪种反应属于重评的例子？

   A. "虽然好可惜，但我一直想换副新镜框。"

   B. "我真是个愚蠢、笨拙的白痴！"

   C. "我老是做错事。"

   D. "上健美操课时，我会忘了这个事的。"

3. 奥利维亚的拇指在排球比赛中摔断了，不得不错过最后六场比赛。虽然她很失望，但她意识到自己的情况比基娅拉要好一些：基娅拉在本次排球赛季刚开始时就摔断了胳膊，根本没打比赛。奥利维亚采用了哪种压力应对策略？

   A. 正念减压　　　　　B. 社会对比

   C. 社会支持　　　　　D. 汲取经验

4. 当幸福的夫妻拥抱彼此的时候，哪种激素水平会升高？

   A. 催产素　　　　　　B. 氧可酮

   C. 羟考酮　　　　　　D. 硫柳汞

5. 安吉拉知道她的室友赛库拉最近过得不太顺。她告诉赛库拉，如果需要帮助，她可以随时陪赛库拉闲逛、聊天，或者做任何事情来帮助赛库拉应对当前的情况。安吉拉的好意多次被赛库拉断然拒绝，她开始觉得她和赛库拉的关系并不像她以为的那么近。赛库拉果断拒绝的原因会是什么？

   A. 在寻求社会支持以及如何定义社会支持提供者方面可能存在着文化差异

   B. 赛库拉的问题特别严重，只有沉思和惩罚才是

唯一有效的应对方法

C. 安吉拉专注于处理情绪，但赛库拉专注于解决问题

D. 赛库拉采用了一种"互助友好"的反应方式来应对压力，而安吉拉采用的是一种与"战斗或逃跑"反应相同的方法

写作分享：情绪、压力与健康

很多人已经注意到经受压力的那段时间（比如考试期间）和生病是存在一定联系的。记下你在生活中常用的 3～4 种应对压力的策略，然后对它们进行认真的思考。根据你在本章中所学的知识，你所使用的策略效果如何呢？是否一些策略只对某些形式的压力（例如截止日期、学习）更有效，另一些则会更适用于其他情况（例如人际关系、家庭问题）？那么，你会如何因地制宜地使用这些策略来消解生活中的压力，并成为一个更好的压力应对者呢？

批判性思维演示

主张：情感支持类动物可以减轻心理痛苦

步骤 1. 批判这一主张

2018 年，一架从纽瓦克飞往洛杉矶的航班拒载一位名叫德克斯特的乘客，尽管德克斯特很和善，很有礼貌，还很冷静。那么，这是为什么呢？因为德克斯特是只孔雀。德克斯特的主人说它是一种情感支持类动物。并不是只有她一个人会这么做。数以万计的乘客在乘坐飞机时携带过狗、鸭、猪、海龟、小型马，甚至还有猴子……而且曾经有治疗师说这种动物能减轻他们旅途中的痛苦。但是，德克斯特太大了以至于无法搭载。这些要求现在也会出现在大学生宿舍中。所以，我们来审视一下这个观点：情感支持类动物可以减轻心理痛苦。

步骤 2. 提出问题，乐于思考

让我们先从有关这些情感支持类动物的请求中产生的伦理问题开始思考。

倘若这个人提出的支持理由给另一个人带来痛苦呢？

人们应该采取一些措施来减轻自己的心理痛苦，这似乎是无可争议的。但是，情感支持类动物（emotional support animals，ESA）是否也会给其他人（比如那些有过敏症、恐惧症或仅仅是因为有动物坐在自己座位旁边就会感到不舒服的人）造成不适甚至痛苦呢？我们该如何平衡焦虑的旅行者或学生与周围其他人的需求？

如果人们只是利用这些政策规定呢？

对 ESA 政策的批判理由之一是一些利用这些政策的人可能并不真的"需要"动物的陪伴来减轻他们的痛苦。当一只只是想和自己喜爱的动物一起旅行的人提出这样的请求时，你会有不同的感受吗？或者一个大学生只是觉得在校园里养宠物听起来很有趣才提出这样的请求呢？那么，我们该如何权衡那些可能利用这种便利条件的人的行动？

心理健康专家应该如何回应这些请求？

ESA 的观念太新，大多数心理治疗师都没有这方面的训练。不过，由于大多数航空公司或大学都要求本人从心理健康专业人士那里拿到证明才给予 ESA 资格，现在治疗师们已经收到了这样的请求。但是，在没有什么正式的指导方针可遵循的情况下，他们该如何解决？是否应该根据具体动物的不同有不同的反应？如果治疗师以不适当的理由拒绝这样的请求，会不会损害他们与患者之间的关系？

步骤 3. 分析假设与偏见

你会想着用偏见去解释这个主张吗？想想看：超过 2/3 的美国家庭至少有一只宠物，加起来有 8 000 多万只狗和 9 000 多万只猫。

人们喜欢动物！可是，我们对那些毛茸茸的朋友的喜爱真的会影响我们对情感支持类动物的看法吗？那如何看待那些对宠物过敏或有恐惧症的人与此对立的偏见呢？

在评估这种与情绪有关的主张时，我们必须小心，不要让自己的情绪妨碍其中。

步骤 4. 定义术语

下面，我们需要先定义一下什么是"心理痛苦"。其中一个定义可能是指压力感。例如，那些在学期忙碌的时候喜欢与动物互动的大学生是否会在压力和焦虑水平上有所变化？"心理痛苦"的另一个定义是指那些伴随疾病出现的负面情绪。比如，动物的陪伴是否能减轻创伤后应激障碍（post-traumatic stress disorder，PTSD）的症状？

步骤 5. 检查证据

鲜有研究会直接对情感支持类动物的影响进行考察。我们所能做的最理想的，就是研究它对其他人和动物的影响。

那些参加校园动物参观活动的学生确实报告他们的压力减轻了一些。当然，一次性的参观与每天24小时不间断地照顾宠物有着很大的区别，对那些住在狭小宿舍里整天忙碌的学生来说更是如此。

此外，许多患有创伤后应激障碍的退伍军人报告说，他们自从养了小狗以后，自身的症状也有所改善。然而，因为这些研究通常没有设置对照组，所以很难找出状况改善的原因。

更笼统地说，由于很多复杂变量牵涉其中，也很难将饲养宠物和心理痛苦的因果关系分离出来。

回答下列关于情感支持类动物研究的问题。

以下哪项研究是对"情感支持类动物是否能减轻心理痛苦？"这个问题的最有说服力的研究？

a) 一项揭示出饲养宠物的数量与自我报告的主观幸福感呈正相关的研究

b) 一项发现了与没有 ESA 的乘客相比，可以带 ESA 乘机的乘客会感到更少的焦虑和压力的采访研究

c) 一项对比参加为期 8 周的动物参观计划的退伍军人和没有参加该计划的退伍军人的创伤后应激障碍症状差异的研究

d) 一项安排有焦虑症的一部分学生与情感支持类动物生活一个学期，另一部分则没有，之后比较两组学生的焦虑症状和压力水平的研究

答案： d

步骤 6. 权衡结论

当前关于情感支持类动物产生的心理方面的影响尚未有定论。有多种方式都可以用于定义痛苦；无论在伦理上还是在实操上都有一些复杂的问题需要考虑。我们仍然不清楚昼夜陪伴人的动物会对我们有何影响，需要未来进一步研究，包括对临床医生如何处理有关情感支持类动物的请求提出一些更明确的指导原则。

至于德克斯特——那只禁飞名单上的孔雀呢？不用担心，它和它的主人最后搭便车去了加利福尼亚——一次横跨全美的公路旅行，它的主人还将途中各种有趣的自拍上传到了德克斯特自己的照片墙上。

总结：情绪、压力与健康

11.1　情绪的本质

学习目标 11.1. A　解释什么是情绪，哪些情绪具有共通的面部表情，以及有关情绪解码的局限

情绪可以把人们联系在一起，激励他们达成目标，帮助他们做决定和计划。情绪体验包括生理变化、认知过程、行为倾向以及主观感受。一些面部表情，如愤怒、恐惧、悲伤、高兴、厌恶、惊讶、蔑视，可能还包括骄傲等，在不同文化中都可以被广泛识别。但是，个体对同种族成员的面部表情的解读正确率会相对较高，且解读正确率还取决于其所在的社会环境。另外，因为人们可以并且确实会在生活中掩饰自己的情绪，所以他们的表达并不总是准确的。

学习目标 11.1. B　讨论涉及情绪体验的脑结构、镜像神经元的功能、情绪体验涉及的化学物质

杏仁核负责对传入的感觉信息中的情绪的重要性进行初级评估，尤其是对潜在威胁刺激的监测。而大脑皮层会调控认知功能来推翻来自杏仁核的初始评价。左侧前额叶皮层看起来是专门负责监测个

体趋近动机（如趋近快乐还是愤怒）的脑区，右侧前额皮层则是负责监测回避动机（如回避厌恶或恐惧）的脑区。当人们观察他人时，脑中的镜像神经元会被激活，尤其是观察同一群体的其他人或者他们喜欢的人时，这种激活会更明显。这些神经元在共情、模仿、同步化以及情绪感染中似乎都有所参与。无论是哪种情绪体验，肾上腺素和去甲肾上腺素的分泌都会使个体产生生理唤醒以使其做好输出能量的准备。

学习目标 11.1.C　总结有关认知评价在情绪体验中的作用的基础研究发现

情绪的认知过程主要是对情绪的感知和评价过程。认知与情绪是相互作用、相互影响的。有些情绪，比如羞耻和内疚，则需要一些复杂的认知能力。

11.2　情绪与文化

学习目标 11.2.A　讨论情绪体验的概念、语言和预期在不同文化间的差异

许多心理学家认为，所有人都有体验某些基本情绪的能力。然而，由于价值观、社会规范和认知评价方面的文化差异，产生了特定文化下的情绪感受。文化几乎会影响情绪体验的方方面面，包括哪些情绪被认为是恰当的、哪些是错误的，以及人们的真情实感。

学习目标 11.2.B　解释表露规则及情绪加工对情绪交流的影响机制

文化对表露规则的影响显而易见，包括那些调控身体语言的规则。这些表露规则对人们如何表达情绪以及是否恰当地将其表达出来具有一定的调节作用。情绪加工是指个体为了表露自己并未真实体验到但又必须表现出来的情绪感受所做出的努力。

学习目标 11.2.C　解释情绪体验的性别差异

尽管情绪表达存在性别差异，但女性和男性在情绪体验上是一样的，都能感受到所有情绪。一般而言，在美国，女性比男性更善于表达自己的情绪

感受，但在对陌生人表达愤怒时，二者都倾向于表达出来。不管男性还是女性，都不善于在比自己地位高的人面前进行情绪表达，他们都会根据工作要求来展现情绪，而某些情境会有助于所有人的情绪表达能力的提升。

11.3　压力的本质

学习目标 11.3.A　描述一般适应综合征的三阶段、HPA 轴及心理神经免疫学对其的扩展

汉斯·塞利提出环境压力源会使个体产生一般适应综合征。该综合征包括三个阶段，分别是：报警、抵抗和疲惫阶段。如果压力源持续存在，它可能使身体的资源耗尽、应对能力衰竭，从而导致疾病出现。现代研究表明，当一个人处于压力或危险中时，下丘脑会激活两条向内分泌腺发送信息的重要途径：一条是激活自主神经系统的交感神经分支，促使肾上腺内部释放肾上腺素；另一条是通过下丘脑，沿着 HAP 轴产生兴奋。当压力源是长期压力源时，它们会提高人们的压力水平，提高患病概率。然而，面对压力的反应则因人而异，主要取决于压力源的类型和个体自身的遗传特质。心理神经免疫学（PNI）领域的研究者们还对压力引发的心理过程、神经和内分泌系统以及免疫系统之间的相互作用进行了考察。

学习目标 11.3.B　描述乐观、责任心及控制感对身体健康的影响

现实主义的乐观、责任心以及有内部控制点都有助于改善个体的免疫机能，提升个体忍受疼痛、面对困难以及从疾病中快速康复的能力。究其原因，可能是这些因素能够激励人们更好地照顾自己。

11.4　压力与情绪

学习目标 11.4.A　总结消极情绪（例如敌意、抑郁）对健康的负面影响的研究证据

一直以来，研究人员都在对情绪、压力和疾病

之间的关系进行探索。长期愤怒,特别是以敌意的形式表现出来的愤怒,是一种易诱发心脏病的危险因素。重性抑郁症也会增加罹患晚期心脏病的风险。

学习目标 11.4. B　总结积极情绪有益健康的研究证据

那些有意压抑自己情绪(由严重事件诱发)的人比那些接纳并积极处理消极情绪的人有更大的患病风险。刻意去压抑那些烦恼、秘密以及不愉快的经历反而会使身体产生压力。

学习目标 11.4. C　讨论自白、宽容及其他"消解委屈"的形式对健康的益处

缓解消极情绪的方法有两种,分别是自白和宽容。自白和宽容的目的都是获得一定的洞察力和理解力,远离不好的经历,以及放下怨恨。不过,如果宽容会让人们处于一些暴力和受虐待的关系中,那么此时它的作用可能是有害的。

11.5　应对压力

学习目标 11.5. A　讨论情绪关注策略和问题关注策略如何有助于缓解压力

应对压力的一个有效方法就是关注解决压力事件本身(问题关注策略),而不是发泄由压力事件引起的情绪(情绪关注策略)。

学习目标 11.5. B　描述与压力问题再思考相关的有效处理策略

对问题的重新思考,包括情境重评,汲取经验以及和他人对比,可以给人们提供一些新见解和不同于以往的心态。

学习目标 11.5. C　讨论朋友促进或阻碍成功应对压力的渠道

社会支持在维持人们的身体健康和幸福感方面发挥着非常重要的作用;它甚至可以延长寿命,促进人们快速从疾病中恢复。来自提供支持的伴侣的抚摸或拥抱可以减少自己的负面情绪,提高体内的催产素水平,从而可能导致心率和血压下降。但是,朋友和家人也可能成为压力的来源。在亲密关系中,采取敌对和消极方式争斗的夫妻显示出免疫功能受损。

第 11 章测试

1. 艾达被甩了,觉得有点沮丧、难过,脾气也变得暴躁。她的祖母对她说:"艾达,笑一下,你会感觉好点的!"下列哪个理论能够证明祖母的做法是对的?

   A. 坎农－巴德理论

   B. 情绪环形理论

   C. 文化相对论

   D. 面部反馈

2. 如果你去了异国他乡,仔细观察当地人的面部表情后,你最有可能误解下面哪种表情?

   A. 嫉妒　　　　　　B. 高兴

   C. 悲伤　　　　　　D. 愤怒

3. 当个体紧张或情绪激动时,肾上腺会分泌_____和_____来提高机体的生理唤醒和警觉水平。

   A. 皮质醇;多巴胺

   B. 五羟色胺;丁氨酸

   C. 肾上腺素;去甲肾上腺素

   D. 胰岛素;瘦素

4. 弗洛里安必须去医生那里打预防针。但前天晚上在路上开车时,他一直不停地想打针有多疼、多难受,坐在候诊室还在想。打针时间到了,医生仅仅注射了 2 毫米,弗洛里安就开始痛苦地尖叫。这是怎么回事呢?

   A. 弗洛里安对当时情境的评价导致其情绪反应与情绪诱发事件诱发的实际情绪强度和方向不一致

   B. 弗洛里安的情绪爆发是由混杂的情绪而非某种

主要情绪导致的

C. 弗洛里安的谷氨酰胺和组氨酸水平升高，导致其疼痛强度增大

D. 社会对比使弗洛里安做出了一种他认为的打预防针应该有的反应

5. 伊达尔戈、汤玛斯、玛丽和索尼娅都在学生会上进行了各种各样的表演。那么，她们可能会有哪种共同的情绪体验呢？

A. 幸灾乐祸　　　　B. 悲伤

C. 高兴　　　　　　D. 痛苦

6. 文化规范中对人们如何表达情绪以及何时对谁表达情绪进行的规定被称为_____；工作中的角色需要决定了情绪表达的方式和时间（即使他们没有经历过）被称为_____。

A. 情绪管理；情绪感染

B. 情感管理；情绪管理

C. 表露规则；情绪加工

D. 情绪加工；情绪管理

7. 男性和女性，谁更容易情绪化？

A. 这取决于自身所处的环境以及你对"情绪化"的定义

B. 女性

C. 男性

D. 男性更容易快乐；女性更容易出现轻视感

8. 以下哪一项不属于汉斯·塞利提出的一般适应综合征的三阶段？

A. 抵抗　　　　　　B. 疲惫

C. 准备　　　　　　D. 报警

9. 金妮的座右铭是"我是自己命运的主人"，弗瑞达的座右铭是"该发生的终究会发生"。你认为她们两个人谁具有内部控制点？

A. 都没有　　　　　B. 弗瑞达

C. 二者都有　　　　D. 金妮

10. 在所有 A 型人格特质中，哪种特质对个体的健康是有害的？

A. 急躁　　　　　　B. 雄心勃勃

C. 敌意　　　　　　D. 勤奋

11. 所有的积极情绪都会有益于人们健康长寿吗？

A. 对女性来说是，对男性来说不是

B. 是的；每天微笑与皱眉之比与寿命具有直接关系

C. 可能会；但它们的影响可能是由于其他机制在起作用

D. 不是；没有证据表明积极情绪对人们的健康、压力管理和应对或幸福感有促进作用

12. 下列哪一项是缓解抱怨的恰当方法？

A. 宽容必须是相互的，抱怨的双方都宽容对方才会对健康有益

B. 应该不惜一切代价为严重的冒犯行为寻求宽容

C. 虽然被宽容者可能比宽容者受益更多，但它对健康的益处微乎其微

D. 宽容能够激发同情心、解放思想，以及加强人际关系，这些对宽容者是有益的

13. 卡洛斯想减轻自己生活中的压力，所以他把所有给他带来压力的事件列了个清单，同时找出了三种策略去处理这些压力，并要求自己每天至少执行一个策略。卡洛斯使用的是哪种压力应对策略？

A. 问题关注策略

B. 情绪关注策略

C. 监督变化

D. 情绪管理

14. "既来之则安之"这句俗语是下列哪种压力应对策略的例子？

A. 情境重评　　　　B. 汲取经验

C. 进行社会对比　　D. 社会支持

15. 社会支持网络对下面哪种压力应对方式是有益的？

A. 战斗或逃跑　　　B. 自如应对

C. 互助友好　　　　D. 立即行动

第12章
生命全程发展

你需要做什么？

心理学是一门研究我们日常思考、感受及行为的科学。学习本章之前，我们有关于你自己日常生活的问题要问你。我们希望这只是你在阅读本章时思考自己人生经历的开端。

互动

提出问题，乐于思考

童年期的你是否曾因为想玩所谓"不符合"自身性别的游戏而被嘲笑（也就是说，男孩想玩"女孩"的玩具，或者相反）？

□是
□否

安妮格特·罗尼格（Annegret Raunigk）对生命全程发展略知一二。2015 年，这位生活在柏林的教师 65 岁，有 13 个儿女和 7 个孙辈。但是那一年，她的后代人数又增加了，因为她借助体外授精技术生了四胞胎。她说再次怀孕是因为最小的女儿想要个弟弟或妹妹。安妮格特没打算要四胞胎："我只想再要一个孩子，但却怀了四胞胎。这不是计划内的，完全是自然发生的。"作为高龄产妇，她的孩子早产了 14 周，但她认为"不了解我的人没资格评价我，我只是在做自己认为对的事情"。

如果为人父母存在时限，人从何时开始"老"到不能通过体外受精或者收养来拥有孩子？如果母亲"只有"55 岁，是否会有什么不同？如果母亲 50 岁呢？是否存在成为父母的"最佳时间"？就此而言，上学、离家、结婚、退休……死亡，这些生活事件是否都存在最佳时间？

个体从出生到死亡的生命历程曾比今天更容易预测。在许多文化中，上大学、择业、成家和退休是按顺序发生的事件。但是，由于人口结构的改变、生殖技术的发展以及其他因素的推动，数以百万计的人"打乱顺序"完成这些事件。现在，上大学、结婚、生孩子或者改变职业，这些事件在许多文化中都被允许发生在成年后的任何时段。

发展心理学家研究人生命全程的生理和认知变化以及这些变化如何受遗传、文化、环境和经验影响。一些研究者关注儿童的心理和社会发展，包括社会化。社会化是指儿童习得社会所期待的准则和行为。回顾一下我们在本章开头提到的问题。你们大多都能回忆起童年时被告知自己想做的事情或者想玩的东西是不符合性别的"错误"。也许你是那个万圣节上马尾辫从士兵头盔露出后引来路人异样目光的小女孩，或者你是那个在快餐店吃儿童餐时想要紫色小马却被给予玩具消防车的小男孩。作者想起近日与三岁小侄子在商场里的对话，小家伙吐露心声："我想做个女孩。"当被问及原因时，他的回答是："我喜欢鞋店里女孩那些粉红色的闪闪发光的鞋子。"本章将学习生物因素、认知因素和学习因素对性别认同、性别角色感知和性别角色期望的影响。

但是请注意，社会化过程持续存在于生命全程，并非仅限于儿童期。实际上，发展本身就是终身的过程。因此，尽管本章的许多理论和研究仅涉及儿童以及胎儿和孕期发展，但发展心理学家也研究个体生命全程的变化。例如，有些研究者专门研究青少年、成年人或老年人。

12.1　从受孕到出生第一年

婴儿出生前后的发展是成熟（即基因序列对行为和生理特征的影响）的结果。大概 10 个月的孕期，细胞从一个点（·）长成一个看起来像（也可能不像）拉尔夫叔叔的啼哭的新生儿。再过 15 个月，这个新生儿成长为对一切充满好奇的咿呀学语的小孩。人类发展的其他任何时期都不曾有如此迅速的巨大变化。

互动

普通婴儿

Chronicle/Alamy Stock Photo

Hulton Archive/Getty Images

　　不管是好是坏，每个平凡的孩子都会成长为非凡的成年人。稍后，你将在本章了解他们的身份。读到本章时，请思考哪些因素和影响使得这些有影响力的人在成年后最终走上截然不同的人生道路。

12. 1. A　孕期发育

学习目标 12. 1. A　概述孕期发育的三阶段及其影响因素

　　孕期发育从受精开始——精子与卵子结合成一个单细胞卵，其被称为受精卵。受精卵迅速分裂并在10～14天内变成一簇细胞，附着在子宫壁。这簇细胞的外部成为胎盘和脐带的一部分，大约受精两周后受精卵完成着床，细胞团内部成为胚胎。胎盘通过脐带与胚胎相连，脐带是母体为胚胎发育输送食物的通道，起着输送营养、排出废物和过滤部分有害物质的作用。

　　第四周至第八周，男性胚胎萌芽状态的睾丸开始分泌睾酮；如果不分泌这种激素，就是女性胚胎。八周后，这个生物体被称为胎儿，它会进一步发育出在胚胎阶段处于萌芽状态的器官和系统。

　　子宫为胚胎或胎儿的发育提供坚强保护。尽管

如此，孕期环境仍受到母亲自身的健康状况、遗传物质、过敏状况和饮食因素影响。所有这些因素也会影响发育进程（Coe & Lubach, 2008; Madigan et al. , 2018b）。女性怀孕期间，一些有害因素可能会跨越胎盘屏障并伤害胎儿（O'Rahilly & Müller, 2001）。这些影响包括疾病，如德国麻疹（风疹）或性传播疾病，两者皆会传染给胎儿并导致其身体异常。X射线或其他辐射、污染物和有毒物质会导致胎儿终身性畸形和认知异常；例如，注意力缺陷和低智商与暴露于铅、汞（最常见于受污染的鱼）、农药和被污染的空气有关（Newland & Rasmussen, 2003; Perera et al. , 2013; Raloff, 2011）。

　　药物也会对胎儿造成伤害，无论是诸如可卡因和海洛因这样的非法药物，还是酒精、抗生素或处方药等合法药物（Healy, 2012; Lester, LaGasse & Seifer, 1998; Stanwood & Levitt, 2001）。经常饮酒会

损伤胎儿的脑神经细胞（Gautam et al. , 2015；Streissguth, 2001）：每天饮酒超过两次会显著增加胎儿患有酒精谱系障碍的风险，该疾病与胎儿出生时体重过低、面部畸形、缺乏协调能力和智力缺陷有关（Rangmar et al. , 2015）。同样不足为奇的是，孕期吸烟也很危险，它会增大流产和早产的可能性。这些负面影响可能还会持续至出生后的相当长一段时间，表现为婴儿患病率的提高、婴儿猝死综合征以及儿童期的多动症、学习困难、哮喘甚至反社会行为（Button, Thapar & McGuffin, 2005；Chudal et al. , 2015）。

母亲的压力同样会影响胎儿，增加其产生认知和情绪问题的风险，并使其易患高血压之类的成人疾病（Ping et al. , 2015；Talge, Neal & Glover, 2007）。2001 年美国世贸中心恐怖袭击后患有创伤后应激障碍的母亲所生婴儿可能会在出生时体重过低和 1 岁时皮质醇水平异常，这两项是未来健康问题的指标（Yehuda et al. , 2005）。孕妇如何才能尽可能生出健康宝宝？除了避免上述有害因素，还可以保持健康体重，服用孕期维生素（特别是叶酸，它可以防止脑和脊髓的神经缺陷），并定期接受孕期检查（Abu – Saad & Fraser, 2010）。

很多人可能没有意识到，父亲在孕期发育中也扮演着重要角色。父亲年龄超过 50 岁时，精子基因突变，孩子患精神分裂症的风险是父亲年龄 25 岁以下时的三倍（Goriely et al. , 2013）。年仅十几岁的父亲，孩子早产或者出生时体重过低的风险增加；男性暴露于工作场所中的溶剂和其他化学物质，孩子流产或是个死胎或者在以后的生活中罹患癌症的可能性增大；父亲年龄较大时，孩子患自闭症或躁郁症的风险也更高（Frans et al. , 2008；Kong et al. , 2012；Sandin et al. , 2014）。

12.1.B 婴儿的世界

学习目标 12.1.B 阐述婴儿的先天能力以及文化对生理和心理发育的影响

婴儿首次睁开眼睛时会发生什么？他们能否知觉到与成人相同的景象、声音和味道？或者像威廉・詹姆斯（William James）所描述的"嘈杂混乱的"、有待体验和学习的婴儿世界？事实介于这两者之间。

新生儿无法独立生存，但他们并不被动和呆滞。人类普遍具有的许多能力、倾向和性格特征，在出生时就已经具备或者很早就得到发展。新生儿天生具有**一些运动反射**（motor reflexes），这是生存所必需的自动行为。他们能够朝着触摸脸颊的方向转头，并寻找东西进行吮吸，这是一种灵活的觅食反射，帮助他们找到乳房或奶瓶。他们会吮吸任何可以吸吮的东西，比如乳头或手指。他们会紧紧握住放在其掌心的手指。许多这样的条件反射最终消失，但其他反射——例如膝跳反射、眨眼反射和喷嚏反射——仍然存在。

运动反射

一种自动的、天生的、有助于生存的身体行为。比如婴儿吮吸置于其嘴边的任何东西。

Tony Wear/Shutterstock

婴儿天生具有抓握反射；他们会紧紧抓住向其伸出的任何手指；他们需要触摸安抚，这是成人照顾者所喜欢做的。

婴儿也具有一套先天的知觉能力。虽然各种感觉并没有发育成熟，但是他们能看、能听、能触、能闻、能尝。我们怎么知道的呢？毕竟，婴儿不像成年人，不能向我们口头报告他们的经历。所以，研究婴儿的人员必须创造新的方法。一种方法是利用习惯化。例如，研究人员给婴儿反复呈现一个视觉物体直至其习惯并不再注视它（即习惯了）。如果研究人员将该物体替换为一个新物体，识别新物体的婴儿将会开始注视它；继续表现出习惯了的婴儿则被认为不能区分这两个物体。另一种研究婴儿感知的方法是偏好注视。使用这种方法，研究人员同时呈现两个（或多个）刺激来考察婴儿对哪个刺激表现出更多的注视。

使用这些评估方法可知，新生儿的视觉聚焦范围只有 8 ~ 12 英寸（这是婴儿距其抱持者面部的平均距离），但视觉能力确实发展得很快（Fantz，1963）。新生儿可以区分对比、阴影和边缘，他们似乎更喜欢注视与人脸相似的刺激（Constantino et al.，2017；Wilkinson et al.，2014）。他们也可以基于视觉、嗅觉或者听觉直接识别主要抚养人（Sherman, Rice & Cassidy，2015）。更令人赞叹的是，婴儿天生具有对新奇物品的兴趣和基本的认知能力，包括基本的数字感（他们知道 3 大于 2）（Izard et al.，2009；Odic，2018）。

有关婴儿深度知觉的研究同样也反映了研究人员在婴儿发育研究中的巨大创造性。埃莉诺·吉布森（Eleanor Gibson）和她的同事们设计了一个巧妙（现在被视为经典）的程序，把婴儿置于一个叫视觉悬崖的装置中（Gibson & Walk，1960）。对于刚刚开始发展深度知觉的婴儿来说，视觉悬崖看起来非常可怕，但它实际上是无害的。所谓的悬崖实际上只是把一块玻璃用覆盖物分割为浅区和深区，两个分区都覆盖着棋盘图案（见右图）。婴儿被放置在中间的板子上，父母尝试引诱婴儿穿过视觉浅区或视觉深区。六个月大的婴儿选择爬出浅区，但是会犹豫是否要爬过"悬崖"，这表明他们具有深度知觉。婴儿通常要在"悬崖"边上花费相当长的时间评估情况（Adolph, Kretch & LoBue，2014；Kretch & Adolph，2017）。这表明让他们远离危险的不是恐惧，而是探索世界的好奇心和对危险的知觉之间的思想斗争（Adolph，2000；

Adolph & Kretch，2012）。

Mark Richard/PhotoEdit, Inc.

六个月大的婴儿通常不愿意爬过视觉悬崖边缘，这表明他们具有深度知觉。婴儿的面部表情与成人站在摩天大楼观景台的厚玻璃地面时的面部表情极为相似。

虽然许多知觉能力是与生俱来的，但经验也起着至关重要的作用。婴儿在关键时段（称为关键期）缺失某些经验，知觉能力将会受损。由于神经系统的细胞退化、改变或者无法形成适当的神经通路，先天能力可能会丧失。脑具有惊人的可塑性，因此那些直到童年中期甚至成年期才能看到或听到的人，可以重新获得足以应对日常生活的知觉能力（Ostrovsky, Andalman & Sinha，2006；Šikl et al.，2013）；然而，他们的知觉能力并不能完全恢复。婴儿期失明的成年人恢复视力后，大多数人视力仍不好（Fine et al.，2003；Ostrovsky et al.，2009）。一般来说，婴儿的先天性失明如果能够较早得到矫正就可以实现最佳康复效果，这可能是因为视觉发育的关键期出现在婴儿期或幼儿期。听觉方面也有类似的发现。先天失聪的成年人植入人工耳蜗（它刺激听觉神经，使听觉信号传入脑）后依然感觉声音嘈杂不清，年幼儿童或失聪较晚的成年人植入人工耳蜗则可以取得较好的效果（Rauschecker，1999；Sharma, Dorman & Spahr，2002）。

经验塑造婴儿思维、脑和基因表达的另一个例证是，缺乏身体接触的婴儿往往生长缓慢，释放的生长激素少于获得充分接触的婴儿。触摸被剥夺的婴儿终身都对压力有更强烈的反应，更容易患抑郁症和其他认知缺陷（Diamond & Amso, 2008; Field, 2009）。婴儿发育也受文化习俗的影响，这些文化习俗支配着父母抱持、抚摸、喂食和交谈的方式（Rogoff, 2003）。在美国、加拿大和众多欧洲国家，人们认为 4 ~ 5 个月的婴儿应该形成 8 小时不间断睡眠。这被认为是神经系统成熟的标志，尽管很多婴儿夜晚被父母放在婴儿床上并单独留在房间里时仍然会大声号哭。但是，玛雅印第安人、意大利村民、非洲村民、印度拉杰普特村民和日本城市居民则很少经历这种夜间的意愿冲突，因为在生命的最初几年里婴儿都和母亲睡在一起，母亲几乎每隔四小时就要醒来照顾孩子。这些睡眠安排的差异反映了文化价值观和父母价值观。在这些文化中，父母认为和孩子同睡是很重要的事情（这样他们之间就会形成亲密的关系）。然而，北美城市和德国的父母则认为尽快培养孩子的独立性是很重要的（Super & Harkness, 2013）。显然，虽然婴儿天生具有某些反射、禀性以及其他"固有的"倾向，但是文化和经验影响着它们的出现。

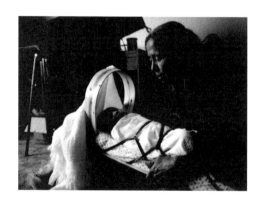

ORRIONE Stefano/Hemis/Alamy Stock Photo

文化差异会影响新生儿的经验，影响他们的思维、脑和基因表达。

12. 1. C 依恋

学习目标 12. 1. C 阐述依恋的概念、影响因素及对跨生命全程的影响

人是社会性动物。我们与他人建立情感联结，这不仅让我们感觉良好，而且对我们的健康和生存至关重要。**依恋**（attachment）就是这样一种联结——一种特别强烈、亲密和持久的联结。对于人类婴儿来说，母亲通常是首位也是首要的依恋对象。但是，对于其他文化（和其他物种）而言，婴儿的依恋对象可能是父亲、兄弟姐妹和祖父母（Hrdy, 1999; Shwalb & Shwalb, 2015）。

依恋

各种互动和社会情境中的持久、亲密的情感联结。

英国精神病学家约翰·鲍尔比（John Bowlby, 1969, 1973）最早开展对早期依恋重要性的研究。他发现，缺乏触摸或拥抱的孤儿院成长经历会给婴儿带来灾难性后果。这些婴儿身体健康，但是感情冷漠、无精打采。鲍尔比说，通过与抚养人建立依恋关系，孩子们获得了探索环境的安全基地和面临恐惧时的避风港。理想情况下，婴儿会在依恋抚养人和自由探索与了解新环境之间找到平衡。实际上，被抚摸和被拥抱的快乐不仅对新生儿至关重要，而且在整个人生中都很重要，因为它可以让人释放大量具有创造快乐和减轻压力作用的内啡肽（Jakubiak & Feeney, 2017; Rilling & Young, 2014）。

玛格丽特·哈洛（Margaret Harlow）和哈里·哈洛（Harry Harlow）通过对两种由人工妈妈饲养的恒河猴幼崽的研究证实了这种接触性安慰的重要性（Harlow, 1958; Harlow & Harlow, 1966）。一种是"钢丝妈妈"，它是用金属丝和保温灯制成的冷峻形象，胸前挂着奶瓶。另一种是"绒布妈妈"，它用金属丝制成，但外面包裹着海绵橡胶和绒布。当时的许多心理学家认为，婴儿对母亲产生依恋是因为母亲提供食物（Blum，2002）。但是，哈洛夫妇研究的猴宝宝受到惊吓时时跑向"绒布妈妈"——依偎在其身旁能使其心情平复。人类幼儿身处不熟悉环境时也会寻求接触性安慰，比如被噩梦吓到或者摔伤自己的时候。

Nina Leen/The LIFE Picture Collection/Getty Images

某些物种的依恋意识远比人类要强。例如，如图所示，跟随在奥地利动物学家康拉德·洛伦兹（Konrad Lorenz）身后的灰雁。洛伦兹论述了灰雁对出生后最初几小时内遇到的首个动态客体的印记。通常，这意味着印记住自己的母亲，并跟随其觅食和寻求保护。这些可怜的灰雁印记住了洛伦兹；即使见到母雁，它们仍然追随着他。电视剧《摩登家庭》（Modern Family）的粉丝可能会在菲尔·丹菲的故事里发现关于印记的类似情节：菲尔试图成为新孵化鸭子的印记对象，但鸭子们先遇到他的妻子克莱尔从而使得计划破产。

分离和安全　婴儿会对母亲或其他抚养人产生情感依恋，把他们当作探索世界和寻求安慰的安全基地。与这个安全基地的被迫分离令人痛苦。因此，6～8个月的婴儿变得警惕或害怕陌生人。如果被置于不熟悉的环境或者被留给不熟悉的人，他们会大哭。如果主要抚养人离开，即使是暂时离开，他们也会产生**分离焦虑**（separation anxiety）。这种反应通常持续到两岁半，但是许多孩子会持续到三岁（Hrdy，1999）。

分离焦虑

6～8个月时，当被主要抚养人暂时留给陌生人，婴儿产生的痛苦体验。

尽管抚育孩子的文化习惯影响分离焦虑的强度和持续时间（见图12.1），但是大多数孩子都会度过这个阶段。在一些文化中，婴儿在有其他孩子和多个成人的环境中被抚养长大，他们的分离焦虑并没有那么强烈和持久。而在另一些文化中，婴儿主要或者完全依恋母亲，他们的分离焦虑则更严重。但是，对9个地区——美国、加拿大、哥伦比亚、法国、意大利、日本、秘鲁、葡萄牙和中国台湾——的一项跨文化调查发现，这些地区的儿童都倾向于把母亲作为安全基地（Posada et al.，2013）。

为了研究抚养人和婴儿之间依恋关系的本质，玛丽·安斯沃思（Mary Ainsworth，1973，1979）设计了一种新的实验法，叫作陌生情境。抚养人把婴儿带到一个有很多玩具的陌生房间。过了一会儿，一个陌生人走了进来，试图和婴儿玩耍。接着，抚养人把婴儿留给陌生人。然后，抚养人回来和婴儿玩耍。最后，抚养人把婴儿单独留在房间里三分钟，之后返回。观察员记录婴儿在每种情境下对抚养人、陌生人的行为反应以及独处时的行为反应。在之后的几十年里，许多研究采用陌生情境的变式在不同文化和群体中开展研究（Archer et al.，2015；van IJzendoorn & Sagi-Schwartz，2008）。

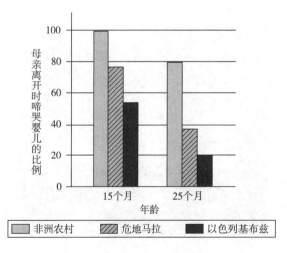

图 12.1　分离焦虑的变化

大约 6 个月时，许多婴儿开始表现出分离焦虑。这种焦虑通常在 1 岁左右达到顶峰，然后稳步下降。但是产生分离焦虑的婴儿的比例具有跨文化差异。在非洲农村这个比例较高；以色列基布兹集体环境中的婴儿产生分离焦虑的比例较低，那里的婴儿对多个成年人形成依恋（Kagan，Kearsley & Zelazo，1978）。

什么决定了依恋类型？　　安斯沃思认为，安全型依恋、回避型依恋和焦虑型依恋的分化主要取决于抚养人在婴儿 1 岁前的养育方式。她说，父母对孩子的需求敏感并且反应灵敏，婴儿能够形成安全型依恋；父母对孩子不悦或不敏感，孩子形成不安全型依恋。这对我们的启示在于，建立安全型依恋需要让婴儿从起初就得到非常恰当的养育，把孩子送到日托中心会损害安全型依恋的建立——这种观念已经使忙于工作的父母产生了极大的不安！

但是，安斯沃思对依恋的测量并没有全面考虑婴儿的经历。因生活于大家庭或者在日托中心待过一段时间而依恋多个成年人的婴儿，在陌生情境中会被认为是回避型，因为他们不为母亲的离开而痛苦。但或许他们只是学会了与陌生人友好相处。此外，虽然母亲的敏感性和孩子的安全型依恋低相关，但我们并不知道孰因孰果，也不知道是否有其他因素共同影响了敏感性和安全型依恋。

Jupiterimages/Stockbyte/Getty Images

纵向研究发现，优质的日托并不会对孩子形成安全型依恋产生消极影响，而是会对社会性发展和智力发育产生积极影响（Cárcamo et al.，2016；Oliveira et al.，2015）。

同样值得注意的是，尽管世界各地的孩子抚养方式存在很大差异，但大多数儿童都形成了安全型依恋（LeVine & Norman，2008）。德国父母经常一连几个小时把婴儿独自留在家里，因为他们认为即使是婴儿也应该自力更生。在非洲埃菲，婴儿大约有一半的时间在接受年长的儿童和其他成年人的照顾（Tronick，Morelli & Ivey，1992）。然而，这两种孩子并不缺乏安全感，他们的发展状况和那些受到抚养人更多照顾的孩子一样正常。

那么，哪些因素能够预测不安全型依恋？

- **1 岁前被遗弃和收养**。1 岁或 2 岁前被收养的婴幼儿可以像其他孩子那样形成安全型依恋，但是孤儿院里的婴儿更有可能在以后出现依恋问题（Lionetti，Pastore & Barone，2015；Vorria et al.，2015）。

- **无责任感或抑郁症父母的不规律养育或虐待**。一个南非的研究团队调查了 147 位母亲后发现，许多患有产后抑郁症的母亲要么变得过于厌烦自己的孩子，要么过于疏远自己的孩子或者对孩子很不敏感。她们的孩子更有可能在 18 个月时形成不安全型依恋（Tomlinson，Cooper & Murray，2005）。

- **孩子自身的基因影响其气质**。从出生开始就怕人和爱哭的孩子在陌生情境中更容易表现出不安全型依恋的行为反应。这表明他们的不安全型依恋可能是先天气质的反映（Gillath et al.，2008；Khoury et al.，2016）。

- **紧张的家庭环境**。如果家人正处于压力期，比如父母患慢性病，婴幼儿可能会从安全型依恋暂时转为不安全型依恋，变得黏人、害怕独处（Belsky et al.，1996）。

但是，至少婴儿在生理上倾向于依恋其抚养人。正常情况下，文化、家庭和抚养习惯的个体差异并不会影响健康依恋关系的建立。依恋类型具有深远的影响：纵向研究发现，形成安全型依恋的婴儿长大后在面对挫折时表现出较强的独立性、自信心和复原力，在面临社会情境变化时表现出较强的适应能力，并且更不容易变得抑郁（与形成不安全型依恋的婴儿相比）（Agerup et al.，2015；Sroufe，2005）。就此而言，人们发现婴儿期的安全型依恋可以预测成年期的积极情绪和恋爱关系（Simpson et al.，2007；Zeifman，2019）。但需要注意的是，这项研究并没有说依恋类型是一成不变的，也没有说它一定会产生积极或消极的结果。即使孕期发育或在出生后的第一年出现问题，在这种最糟糕的情况下，脑的可塑性和人类的复原力也通常能够克服早期的匮乏或伤害。

> **日志 12.1　批判性性思维：考虑其他的解释**
>
> 　　研究发现，婴儿依恋类型能够预测儿童后期的发展甚至成年后的恋爱关系。一些人可能会据此推论：婴儿后来的社会倾向归因于生命早期的养育质量。对于这些研究所发现的依恋类型与成年期行为表现之间的关联，这是否是唯一的因果解释？还有哪些气质和环境方面的因素影响这种关联？什么样的环境决定了个体的依恋类型在整个生命周期保持相对稳定或者发生变化？

模块 12.1　小考

1. 关于孕期发育的顺序，下列哪个选项是正确的？

   A. 受精卵，胚胎，胎儿

   B. 受精卵，胎儿，胚胎

   C. 胚胎，受精卵，胎儿

   D. 胚胎，胎儿，受精卵

2. 关于运动反射，下列哪个选项是不正确的？

   A. 它们有益于婴儿的生存

   B. 它们存在文化差异

   C. 它们是自动产生的

   D. 其中一些随着婴儿长大而消失，另一些保留至成年期

3. 哈洛夫妇的恒河猴实验证实了身体接触的重要性。下列关于人类的研究结果，哪项与哈洛夫妇的研究结果最一致？

   A. 公开演讲前，与亲密对象握着手的成人体验到的压力小于独自等待的成人

   B. 与由父母用奶瓶喂奶的孩子相比，吮吸母亲乳房的孩子受到惊吓时更可能跑向妈妈

   C. 假设你尝试说服某人做某事，与他发生身体接触会使得他更不可能按你的要求去做

   D. 较少被父母触摸或拥抱的孩子成为父母后会在跟自己孩子的相处中弥补这种缺失，与孩子多进行身体接触

4. 7 个月大的选戈的妈妈需要外出几小时，把他交给了能干的保姆。尽管这两名成人对他都很关切并给予积极回应，选戈还是在妈妈离开后大声哭嚷。该婴儿的行为反应属于_____。

   A. 分离焦虑　　　　　B. 产后抑郁

   C. 发育迟缓　　　　　D. 响应管理

5. 依据玛丽·安斯沃思的分类，依恋类型不包括以下哪个？

   A. 焦虑型　　　　　　B. 回避型

   C. 恐惧型　　　　　　D. 安全型

12.2　认知发展

　　一个朋友告诉我们，他和他两岁的孙子进行了一次有趣的交流。小男孩说："你太老了。"爷爷回答说："是的，我很老。"孩子又说："我很年轻。"

　　两岁的时候，这个小男孩的脑已经开始工作，他进行观察，试图理解他观察到的差异，并用语言（创造性地）描述这种差异。思维和语言从婴儿期

开始发展并贯穿整个童年期，每一个见证婴儿成长过程的人都会为此赞叹。在这一节，我们将探讨这些过程如何发生。

12.2.A　思维

学习目标 12.2.A　阐述皮亚杰的认知发展四阶段论及对其的批评和修正

孩子的思维方式与成人不同。如果你用布盖住婴儿最喜欢的拨浪鼓，婴儿就会认为拨浪鼓已经消失，并不再找它。三岁的孩子玩捉迷藏时可能试图通过屏住呼吸和捂住自己的眼睛来隐藏自己。年幼的妹妹可能会因为两个玻璃杯的形状不同而抗议说姐姐的果汁更多。

Courtesy of Shannon LeMay – Finn

Tony Freeman/PhotoEdit, Inc.

例如，观察上面的两幅图。早已过了学龄前阶段的儿童很容易就知道饼状黏土和球状黏土一样多，

两个容器里装有等量的果汁。当然，仅仅看这些图片很难做出精确的比较。但是，我们成人都知道，估计体积时不能只考虑黏土的形状和果汁的"高度"。正如本节要讲到的，这实际上是一个困扰幼儿的复杂问题。

但需要注意的是，孩子们以自己的方式展现着聪明才智。他们总是像小科学家似的以儿童的理论探索事物的工作原理（Gopnik, Griffiths & Lucas, 2015）。在你给孩子喂饭的时候，当她第六次把勺子扔在地板上的时候，你说："够了！我不会再捡起你的勺子！"孩子会认为你在虚张声势，并且检验你的说法。你是认真的吗？你生气了吗？如果她再次扔掉勺子，会发生什么？她这样做并不是为了让你发疯，相反，她还不了解你们双方的意愿可能存在差异，有时这些差异很重要，有时则不然。

孩子的思维如何发生变化？为什么会发生变化？在20世纪20年代，瑞士心理学家让·皮亚杰（Jean Piaget）（1896—1980）提出，儿童认知能力就像花朵的盛开那样自然发展。虽然多年来他的许多具体结论已经被修正或者面临质疑，但是他的观点引发了世界各地研究人员的成千上万项研究。

皮亚杰的认知发展阶段理论　根据皮亚杰（1929, 1960, 1984）的观点，在儿童发展过程中，他们的智力不断适应新的情境和经验。有时候，他们将新的信息同化到现有的心理图式中。例如，一个蹒跚学步的孩子发现，当他拉跩毯子时，毯子离他越来越近。当他拉跩最喜欢的玩具时，玩具也离他越来越近。当他遇到一个新物体（例如，气球的绳子）时，他也往回拉跩它，看到它离自己越来越近，他将这种新的经验同化到现有的心理图式中。但是有时候，儿童必须改变其心理图式去顺应新的经验。当刚才那个孩子去拉拽一只家猫的尾巴时，会发生相反的结果（家猫逃离）。因此，他必须调整自己的心理图式以纳入新发现。皮亚杰认为，在儿童认知发展的四个阶段中，同化和顺应过程不断相互作用。

根据皮亚杰的观点，0~2岁的婴幼儿处于感知运动阶段。在该阶段，婴幼儿通过具体的动作进行学习，这些动作包括：眼看、触摸、把东西放进嘴里品尝、吮吸、抓握。"思维"依赖于身体动作带来的感觉信息。在探索周围环境的过程中，儿童动作的目的性逐渐增强，儿童逐渐懂得特定动作引发特定结果。揭开布，会露出隐藏的玩具；松开手，毛茸茸的玩具鸭会掉落；用勺子敲击桌子，会发出很大的声音，会有东西吃，或者父母会把勺子拿走。

像优秀的小科学家一样，儿童尝试找出因果关系："如果我扔掉这个盘子，会发生什么事情？会发出声音吗？妈妈会还给我吗？她会还给我多少次？"

James Woodson/DigitalVision/Getty Images

即使是最小的孩子也会花大量时间去探索因果和验证关于周围世界的其他假设。

根据皮亚杰的观点，这个阶段的儿童最重要的成就是习得**客体永久性**（object permanence），即理解事物不在眼前或者触摸不到时仍然存在。在出生后的最初几个月，婴儿会专注地盯着玩具看，但是如果你把它藏在一张纸后面，他们不会看向纸的后面或者尝试寻找玩具。在他们的心目中，这个玩具好像已经不存在了。但是大约6个月时，不管婴儿是否能够看到玩具，他们都知道玩具仍然在那里。对于这个年龄的婴儿，如果玩具从婴儿围栏掉落，她会去寻找它；她也会揭开布去寻找被藏了一半的玩具。到1岁时，大多数婴幼儿已经发展出客体永久性，认识到即使玩具被布覆盖，它也一定在布下面。这个阶段的婴幼儿特别喜欢玩躲猫猫。皮亚杰认为，客体永久性代表儿童开始具备运用心理表象和符号的能力。即使看不见或者摸不到物体，儿童也能够记住这个概念。

客体永久性

即使看不见或者触摸不到某个物体，该物体仍然存在。婴儿在出生后第一年获得这种认知。

2~7岁，儿童对符号和语言的使用发展迅速。皮亚杰称它为前运算阶段，因为这个阶段的儿童仍然缺乏理解抽象原理所必需的认知能力。皮亚杰认为，处于前运算阶段的儿童不能采择别人的观点，因为他们的思维具有自我中心性：他们只能通过自己的框架去看待世界，无法想象别人看到的世界与其不同。（稍后我们将会看到，这种观点最近受到了挑战。）

此外，皮亚杰认为前运算阶段的儿童不能掌握**守恒**（conservation）的概念，即物体的物理属性不随形状或外观的变化而改变。当液体从一个玻璃杯倒入另一个不同尺寸的玻璃杯时，它的体积并没有发生变化；几块积木被换一种方式堆积时，它们的数量也没有发生变化。这个阶段的儿童往往不能理解这些。他们依靠液体的外观（它在玻璃杯中的高度）来判断它体积的多少，而不是通过对问题的逻辑推理来确定液体在两个容器之间来回倾倒并不会改变液体本身。

守恒

物体的物理特性（比如，物体的数量或者玻璃杯里液体的体积）不因形状或外观变化而改变。

皮亚杰提出，7～12 岁的儿童逐渐能够采择他人的观点并且较少犯逻辑错误。他称之为具体运算阶段，因为儿童的心理能力依赖具体信息，即实际经验或具有实际意义的概念。这个阶段的儿童还不能够理解抽象的概念如"爱国主义"或"经济安全"。但是，他们的认知能力飞速发展。他们开始掌握守恒和因果关系。他们学会心理运算，例如基本的算术。他们能够对事物进行分类，把事物按照从小到大、从明到暗、从短到长进行排序。

皮亚杰认为，12 岁或 13 岁以后直至成年，个体能够进行抽象思维，进入形式运算阶段。他们能够推理未曾亲身经历过的情境，能够考虑未来的可能性，能够抽象地思考，能够系统地解决问题，能够基于文化和经验得出合乎逻辑的结论。

Gavin Hellier/Robertharding/Newscom

文化和经验影响认知发展。跟黏土、木头和其他材料打交道的儿童（比如，图中这个年幼的印度制陶工），比没有这种经历的儿童更早掌握守恒概念。

互动

皮亚杰的认知发展阶段

阶段	特征
感知运动阶段	通过具体动作（比如，看和接触）进行学习
前运算阶段	逐渐运用符号，但仍然不能理解抽象事物
具体运算阶段	思维依赖实际经验，不能进行抽象思维
形式运算阶段	能够进行抽象思维和逻辑推理

当代认知发展观 新的高级认知能力的形成基于先前低级认知能力的发展，这是皮亚杰的核心思想，它得到了广泛支持。学习代数，要先学会计数；学习哲学，要先理解逻辑。在皮亚杰的初创性研究之后，发展心理学领域出现了大量富有创造性的研究，探究最年幼的婴儿的内心世界。这些研究结果是对皮亚杰观点的修正，一些发展心理学家甚至觉得皮亚杰的观点已经被推翻。以下是批评意见的示例：

1. 认知发展呈连续、交叠的曲线状，而非离散的阶梯状。 如果像皮亚杰那样观察不同年龄段的孩子，你会发现他们的认知能力存在差异。但是，如果你观察某个年龄段的孩子的日常学习，你会发现他们可以使用多种策略解决问题，有些策略比其他策略更复杂或更准确（Siegler，2006）。学习是逐渐发生的，它会倒退至先前的思维形式，也会前进至新的思维形式。儿童的推理能力不仅取决于其所处的发展阶段，也取决于环境——提问者是谁、提问者的遣词用语以及思维的内容。简言之，认知发展是连续的过程；儿童新的认知能力并不是到了特定年龄段就突然自然出现（Courage & Howe，2002；Golenia et al. , 2017），认知发展也不是到了 12 岁时就停止。

Zak Waters/Alamy Stock Photo

皮亚杰把 13 岁儿童和成人都归入形式运算阶段。但是，社会对少年犯的司法体系和惩罚措施有所不同，这反映出社会普遍认为青少年初期犯罪不应承担和成人同等的罪责。实际上，美国最高法院始终基于青少年认知发展的心理学研究考虑少年犯被区别对待的程度（Albert, Chein & Steinberg, 2013; Steinberg, 2007）。

2. 学龄前儿童并没有皮亚杰所说的自我中心性。大部分 3～4 岁的儿童可以从他人的角度看问题（Flavell, 1999; Hahn & Garrett, 2017）。例如，我们认识的一个学龄前儿童向老师展示了她的画，画上有一只猫和一团无法辨认的东西。"真可爱，"老师说，"但这个东西是什么？""这对您不重要，"孩子说，"这是那只猫正在看的东西。"

3～4 岁时，儿童开始关心他人行为的原因（"为什么约翰尼这么吝啬？"）。简言之，他们正在形成**心理理论**（theory of mind），这是关于他人的心智运作方式以及他人如何受其思想和感受影响的信念体系。儿童开始使用"认为"和"知道"这类动词。到了 4 岁，他们能够明白他人的想法可能与自己的知识不符。在一个经典实验中，一个孩子看着另一个孩子把球放到壁橱后离开房间。然后，成人进入房间并把球放进篮筐里。三岁的孩子猜测另一个孩子回来之后会和他一样知道去篮筐里找球，但是四岁的孩子知道另一个孩子会去自己放球的壁橱里找球（Wellman, Cross & Watson, 2001）。

心理理论

关于他人的心智运作方式以及他人如何受其思想和感受影响的信念体系。

值得注意的是，婴幼儿就已经具备了心理理论的雏形：当 15 个月大的婴幼儿意识到成人有错误或假装的信念时，他们会感到惊讶（Luo & Baillargeon, 2010）。理解他人可能会有错误信念的能力是婴幼儿心理发育的里程碑，因为这意味着孩子开始质疑我们认识事物的方式，为后来的高阶思维奠定基础（Moll, Kane & McGowan, 2015）。

3. 儿童甚至是婴儿的认知能力的发展时间比皮亚杰认为的要早得多。婴儿对新奇或惊异刺激的注视时间长于熟悉的刺激，心理学家据此设计了探究婴儿认知的新方法。这些在皮亚杰时代没有得到广泛应用的新方法发现，婴儿可能天生具有某些思维模式或者关于数字、空间关系和物质世界其他特征的知识系统（Kibbe, 2011; Schultz & Tomasello, 2015; Scott & Baillargeon, 2013）。

例如，对于 4 个月大的婴儿，当球滚过一个坚固障碍物或者悬挂在半空中时，他们看球的时间长于球遵循物理定律时的时间。这表明这个不寻常的事件对他们来说是令人惊异的（见图 12.2）。当物体被其他物体所掩盖时，3 个月大的婴儿能意识到该物体仍然存在，这远远早于皮亚杰所认为的客体永久性的习得年龄（Baillargeon, 2004）。对皮亚杰所认为的婴幼儿自我中心性最具挑战性的是，即使是 3 个月大的婴儿也能够感知他人行为的意图性；他们能够区分有意图地用手抓取玩具和随意地用棍子点戳玩具。在这个年龄，他们显然还不具备有意图地抓取物体的能力。但是，当实验者用"连指手套"盖住他们的小手时，婴幼儿实际上从这种经历中学会了区分他人的意图性接触和随意性接触（Sommerville，Woodward & Needham，2005；Woodward，2009）。

可能事件

不可能事件

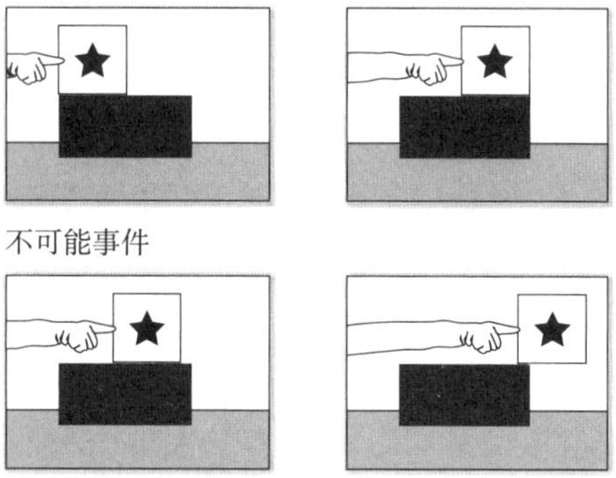

图 12.2　探索婴儿的认知

在这个精巧的实验程序中，婴儿看着盒子被沿着平台从左向右推移。盒子被推移至平台右边缘（可能事件）或只剩一小部分留在平台上（不可能事件）。婴儿注视不可能事件的时间更长，这表明他们对此感到惊异。他们知道物体需要物理支撑而不能飘浮在空气中（Baillargeon，1994）。

4. 认知发展受儿童所处的文化的影响。与皮亚杰同时代的俄国心理学家利维·维果茨基（Lev Vygotsky）（1896—1934）对此提出反对意见，他强调社会文化对儿童认知发展的影响。维果茨基（1962）认为，儿童通过文化、语言和环境形成对世界的心理表征，成人通过不断地指导和教育促进儿童心理发育。因此，他认为儿童的认知发展并非依次经历固定阶段，而是可以朝任何方向发展。实际上，研究也已发现，文化（语言、仪式、信念和社会制度）构建儿童认知发展，它培养某些能力而不培养另外一些能力（Tomasello，2014）。因此，游牧部落的空间定位能力强，因为空间定位对寻找水源和成功狩猎至关重要。相比之下，农耕部落（比如科特迪瓦的

巴乌雷）的量化能力快速发展，但空间推理能力发展缓慢。

尽管存在诸多批评意见，但值得注意的是，皮亚杰给后世留下了意义深远的遗产：儿童不是被动接受教育和经验的容器。儿童积极地诠释他们的世界，利用他们的认知能力去吸收新信息，把事情弄清楚。他最大的影响是激励一代又一代的研究者关注人类的认知发展。研究儿童思维方式以及思维在生命全程的发展的研究者可能不同意皮亚杰的一些基本观点和结论，但是他们仍然在探究皮亚杰大约一个世纪前提出的问题。

12.2.B　语言

学习目标 12.2.B　概述 0～6 岁婴幼儿语言发育的转折点

请试着大声朗读这个句子：Kamaunawezakusomamanenohayawewenimtuwamaanasana.

你能找出词的边界吗？除非你懂斯瓦希里语，否则这个句子听起来就像是胡话。①

对于学习母语的婴儿来说，每一句话最初都是胡话。那么，婴儿如何从环境里混杂的声音中分辨出不连续的音节和单词？如何弄清楚这些单词的意思？如何在短短几年内理解成千上万的单词，而且还能给出和理解不计其数的新词组合？

要回答这个问题，我们必须首先认识到，**语言**（language）不仅仅是一种交流系统，它还是把无意义元素组合成有意义话语的一套规则。这些元素通常是声音，但也可以是手势。由于语言的存在，我们不仅可以谈及此时此地，还可以了解过去和未来的事件以及不在眼前的事或人。此外，无论是口语、手语还是书面语，人类都能够表达和理解无数即时创造出的新奇话语。这种能力至关重要。除了几个

① "Kama unaweza kusoma maneno haya, wewe ni mtu wa maana sana" 在斯瓦希里语里的意思是，"如果你能读懂这句话，那么你是个非凡的人"。——译者注

固定的短语（"你好吗？""马上回来！"），我们在一生中说出或者听到的大多数话语都是新的。我们到底是怎么做到的呢？

语言

把声音或者手势这些元素组合成有意义的结构化话语的系统。

语言：先天的还是习得的？　许多心理学家认为，人类进化出了先天的语言能力，因为这种能力非常有用（Pinker，1994）。它使得我们的史前祖先能够精准传递时间、空间和事件信息（比如"亲爱的，你今天要去狩猎猛犸象吗？"）以及进行生存所必需的结盟协商（"如果你们跟我们分享你的水和浆果，我们就跟你们分享我们的猛犸象。"）。语言的发展也可能是为了建立社会纽带（Dunbar，2004；Tomasello，2003）。其他灵长类动物为了传递感情和联结的信号，会花几个小时清理、抚摸和梳理同伴的毛发；人类朋友之间则会坐上几个小时，边喝咖啡边聊天。

主流理论曾经认为儿童是通过模仿成人以及成人帮忙纠错来习得语言。但是，语言学家诺姆·乔姆斯基（Noam Chomsky，1957，1980）认为语言太过复杂，并不能像学习世界各国首都列表那样一点一滴地学会。我们在蹒跚学步的时候，并没有人教我们语法。因此，乔姆斯基认为，人类脑中必定存在与生俱来的心理装置——普遍语法，它使得幼儿只要置身于足够多的对话交流环境中就能学会这种语言。幼儿的脑对语言的共同核心特征（比如，名词和动词、主语和宾语等）非常敏感（Baker，2001；Nevins，Pesetsky & Rodrigues，2009）。例如，在英语中，两岁的孩子就能够使用句法理解语境中的新动词：他们知道"Jane blicked the baby！"涉及两个人，但"Jane blicked！"只涉及 Jane（Dautriche et al.，2014；Yuan & Fisher，2009）。

乔姆斯基关于人类具有先天语言能力的理论得到

了多方证据支持。首先，不同文化背景下的儿童经历相似的语言发育阶段，他们能说出成人不曾说过的词语组合。他们把父母的话（"Let's go to the store！"）简化成只有两个单词的独特版本（"Go store！"），也会犯成人不会犯的小错误（"The alligator went ker-plunk."）[①]（Marcus et al.，1992）。成人没有刻意去教孩子语法，但孩子们还是学会了正确说话。两岁的小孩说"要牛奶"就能得到牛奶。大多数父母不会非要孩子说出合乎语法的（或者礼貌的）句子。

最令人信服的证据是，那些从来没有学过标准语言（无论手语还是口语）的听力障碍儿童，他们自创手语，并且不同地区（美国、西班牙和土耳其）的手语的句子结构具有相似性（Fay et al.，2014；Goldin-Meadow，2015）。尼加拉瓜有个令人震惊的案例。一群听力障碍儿童自创了语法复杂的本土手语，这些手语与西班牙语并无关联（Senghas，Kita & Özyürek，2004）。这为科学家提供了宝贵的机会去观察语言从若干个简单符号发展成完整语言系统的演变过程。

Oswaldo Rivas/Reuters

---

① 原文中的 goed 是错误的，正确的应该是 went。——译者注

这些尼加拉瓜的听力障碍儿童自创了语法复杂的手语，它与西班牙语或任何传统的手语均无关联（Senghas、Kita & Özyürek, 2004）。

然而，近十年，一些心理语言学家把矛头对准了乔姆斯基的观点，他们认为普遍语法假设是完全错误的（Dunn et al., 2011; Hinzen, 2014; Tomasello, 2003）。有些人认为，文化而非先天语法是语言结构的主要决定因素。尽管父母不会整天纠正孩子的语言，但是他们能重塑和拓展孩子说出的笨拙语句（"猴子爬！""是的，猴子在爬树。"）。一些科学家认为，儿童不是本能地推断语法规则，而是基于一个单词或音节跟随另一个单词或音节出现的概率（Seidenberg、MacDonald & Saffran, 2002）。词组的重复使用（"把你的袜子捡起来！""快来吃饭！"）使得幼儿能够掌握短的词序频率，这使他们不仅掌握词汇，而且习得语法（Arnon & Clark, 2011）。

尽管乔姆斯基学派和文化学派之间的争论仍在继续，但双方都认为语言发育取决于生理成熟和社交经历。童年早期缺乏语言环境的儿童的发音和语法都很难达到标准水平。这暗示了生命最初几年里存在着语言发育的关键期。在关键期内，儿童需要暴露于语言环境并且有机会通过交谈练习新掌握的语言技能。同理，年幼时学习第二语言比长大后再学习要容易得多，我们成人对此都深有体会（Norrman & Bylund, 2015）。让我们看看这些语言技能如何发展。

从咿呀学语到对话交流　语言的习得可能始于子宫。加拿大心理学家测试了新生儿对英语或者塔加洛语（菲律宾的通用语言）的听觉偏好。他们给新生儿交替呈现两种语言的声音，每种语言每次持续10分钟，记录新生儿听每种语言时吸吮奶嘴的次数（衡量新生儿对刺激感兴趣程度的方法）。孕期只会说英语的母亲，她的孩子明显偏好英语，表现为更多的吮吸次数。会说这两种语言的母亲，她的孩子对两种语言表现出同等程度的偏好（Byers-Heinlein、Burns & Werker, 2010; Fennell & Byers-Heinlein, 2014）。

因此，婴儿已经能够对语言的音调、强度和声音做出反应，并且还会对声音中的情绪和节奏做出反应。成人通过使用婴儿导向式语言来利用婴儿的这些能力。人们和婴儿说话时，他们的音调比平时更高、更富有变化，并且语调和语气都被夸大了。全世界的父母都这么做。舒阿尔族属于没有文字的南美洲狩猎采集文明，成人可以仅仅通过音调准确区分美洲母亲的婴儿导向式语言和成人式语言（Bryant & Barrett, 2007）。这种婴儿导向式语言帮助婴儿习得母语的韵律和节奏（Burnham、Kitamura & Vollmer-Conna, 2002）。

4~6个月大的婴儿通常能够识别自己的名字和其他饱含感情的词，比如"妈妈"和"爸爸"。他们还知道许多重要的辅音和元音的发音，并可以把这些发音与其他语言进行区分（Kuhl et al., 1992）。然后，随着时间的推移，暴露于母语环境的婴儿降低了对母语中不存在的语音的感知能力。因此，日本婴儿能够听出英语语音"la"和"ra"的区别，但是年龄稍大的日本人则不能对二者进行区分。因为母语不需要区分这两个语音，所以他们变得对此不再敏感。

6~12个月大的婴儿越来越熟悉母语的声音结构。当单词的发音不符合预期时或者当句子结构不符合预期时，他们听这些单词或者句子的时间增加（Jusczyk, 2002）。他们开始咿呀学语，发出"吧吧"和"咕咕"的声音，不断地重复发音和音节。7个月大时，他们能记住所听到的词语，但是由于他们也关注说话者的语调、频率和音量，当换个人说这个词语时，他们通常不能识别它（Houston & Jusczyk, 2003）。10个月大时，他们能够做到这一点，这是短时间内的一个巨大飞跃。大约1岁时（尽管具体时间因孩子而异），他们又实现了巨大飞跃：他们开始能够给事物命名，比如"妈妈""狗狗""卡车"。

当然，交流可以不需要语言。在1岁时，婴儿会形成一套具有象征性的手势，用于发出请求（咂嘴要"食物"）、描述物体（举起手臂表示"大"）和回答问题（推开手掌表示"我不知道"）。与不被父母鼓励使用手势的孩子相比，被父母鼓励使用手势的孩子能够掌握更多的词语，成为更好的倾听者，并且在交流过程中较少感到挫败和沮丧（Goodwyn & Acredolo, 1998；Rowe，Özçalışkan & Goldin-Meadow，2008）。当婴儿开始说话时，他们会继续一边说话一边做手势，就像成人说话时经常做手势一样。反过来，家长也会用手势吸引宝宝的注意力，并教给他们词语的意思（Clark & Estigarribia，2011；Özçalışkan et al.，2017）。

Leungchopan/Shutterstock

象征性手势出现得很早！

另一个非语言交流的例子是音乐。即使是婴儿，也能记住旋律并自发地随着音乐起舞（Trainor，Wu & Tsang，2004；Zentner，2010）；许多家长都经历过为了哄睡宝宝而给他们唱歌的不眠之夜。为什么？因为音乐就像语言一样，会形成社会联结。在一项研究中，给 5 个月大的婴儿在家里听一首新异歌曲，歌曲由父母演唱，或者由视频里的陌生人演唱，或者来自玩具（Mehr，Song & Spelke，2016）。随后，婴儿进入实验室，观看两段陌生人唱歌的视频，其中一段视频是刚刚听过的熟悉歌曲，另一段视频则是新的歌曲。只有当熟悉歌曲由父母演唱时，婴儿对熟悉歌曲视频的观看时间才会更长（也就是说，当熟悉歌曲由陌生人或者玩具演唱时，则不会出现这种情况）。这项研究表明，音乐是另一种向年幼儿

童传递社会信息的交流方式，尤其是由抚养人发出的音乐声音。

回到传统的语言交流。18 个月至 2 岁时，蹒跚学步的孩子开始使用两个或三个词语组成的短语（"妈妈，这里""走开，臭虫""我的玩具"）。孩子对词语的组合被称为**电报式语言**（telegraphic speech）。在过去，电报需要按字付费，所以人们常常省略不必要的冠词（a、an 或 the）和助动词（is 或 are），就像现在的成人省略单词和字母以满足推特文本框的字符限制要求一样。幼儿的双词句同样也省略了冠词、词尾、助动词或者句子的其他部分，但是这些句子能够明确表达句意。孩子使用双词句来定位物体（"there dog"）、发出请求（"more milk"）、否定行为（"no want"）、描述事件（"car go"）、表示所属（"Mama dress"）以及提出问题（"Where Daddy"）。对一个小孩子来说，这已经很棒了，对吧？

电报式语言

儿童最初的词语组合，该组合省略了不必要的句子成分。

6 岁时，儿童的平均词汇量在 8 000 到 14 000 之间，这意味着他们平均每天学习几个新单词！他们能够记住听到的新单词，并且依据语法知识和单词出现的社会情境推断词义（Golinkoff & Hirsh-Pasek，2006）。总之，仔细想想，能在相对短暂的时期获得如此快速的发展是非常了不起的，这种飞速发展反映了生物（先天）和环境（后天）的共同作用。

日志 12.2　批判性思维：提出问题，乐于思考

在大多数心理学实验中，如果研究人员想知道某人的观点、想法或者行为反应，他们会直接询问对方。但是这项策略对婴儿不太奏效：要求 10 个月大的婴儿"在量表上圈出数字进行作答"不会获得太大收获。研究人员可以通过测量婴儿的哪些行为来推论他们的思维或者注意内容？如何验证推论的准确性？

模块 12.2　小考

1. 依据皮亚杰的观点，客体永久性是_____认知发展阶段的特征。

   A. 具体运算　　　　B. 感知运动

   C. 前运算　　　　　D. 形式运算

2. 依据皮亚杰的观点，_____认知发展阶段的儿童不能掌握物体守恒原则。

   A. 前运算　　　　　B. 具体运算

   C. 感知运动　　　　D. 形式运算

3. 下列哪一项违背了皮亚杰的认知发展阶段理论？

   A. 认知能力随着年龄自然成熟和变化

   B. 儿童在 13 岁以后进入形式运算阶段

   C. 儿童是试图理解周围世界的积极学习者

   D. 认知发展呈连续、交叠的曲线状而非离散的阶梯状

4. 诺姆·乔姆斯基提出，儿童的语言学习是基于_____。

   A. 环境的强化　　　B. 尝试错误

   C. 普遍语法　　　　D. 正式教育

5. 鲁尔是个 18 个月大的婴儿，他对妈妈说"Ball mine"，这属于_____。

   A. 婴儿式语言　　　B. 电报式语言

   C. 父母式语言　　　D. 普遍语法

12.3　道德发展

Nolte Lourens/123RF

你可能听说过人们把他们的孩子称为"我们的小天使"。但是很明显，孩子们并不总是表现得像天使一样！孩子们如何学会分辨是非、对抗自私以及遵守社会行为准则？这些行为是后天习得的，还是道德认知也带有遗传成分？在这一节，我们将讨论这些道德发展问题。

12.3.A　道德发展阶段

学习目标 12.3.A　阐述并评价科尔伯格的道德发展阶段理论

20 世纪 60 年代，受皮亚杰的启发，劳伦斯·科尔伯格（Lawrence Kohlberg）在 1964 年提出，儿童分辨是非的能力随其他认知能力的发展而发展。科尔伯格要求人们对一系列道德两难困境进行评价。例如，妻子快死了，但是丈夫买不起可以救命的药，发明药的药剂师拒绝以虽然低廉但仍有利可图的价格卖药，丈夫进入实验室偷走了药。科尔伯格并不太关注被调查者支持丈夫还是药剂师，而更关注态度背后的认知推理。

科尔伯格的理论认为，人们对两难困境的道德认知发展分为三个水平。他认为，很小的孩子倾向于服从，这不是出于个人道德准则，而是害怕不服从带来的惩罚。具有这些表现的儿童处于前习俗道德水平，对于上述两难困境，他们可能会说丈夫不应该偷窃，因为偷窃需要坐牢。依据科尔伯格的观点，大约 10 岁时，儿童的道德判断开始基于对社会规则的遵守、他人的认可以及对法律的敬畏。具有这些表现的儿童处于习俗道德水平，他们可能会认为丈夫出于对妻子的忠诚应该偷药，或者认为丈夫不应该偷药因为偷药违法。此外，科尔伯格认为，部分成年个体能够发展到后习俗道德水平，此时道德判断基于抽象的原则、标准和对普遍人权的关注。处于这个阶段的个体可能会认为丈夫应该偷药，因为人的生命比财产更重要。

和其他的发展阶段理论一样，科尔伯格的道德发

展阶段理论同样受到批评。他的研究是基于假设性的、相对不熟悉的情境。并且，科尔伯格的结论是基于相对狭窄的样本范围。最著名的批评者是曾与科尔伯格共事过的卡罗尔·吉利根（Carol Gilligan, 1982），他认为科尔伯格的理论主要基于男性参与者，忽视了女性所看重的联结与人际关系。例如，处于后习俗道德水平的个体认为，与保护生命权的需要相比，财产权微不足道。科尔伯格认为这是最高层次的道德认知。但吉利根认为，另一个同样深刻的观点是丈夫不应该偷窃，因为那样他就会坐牢，以后无法帮助妻子，也无法在妻子死后养活其他家里人。这里涉及了长期关系——科尔伯格的理论没有把它纳入最高级别的后习俗道德水平，但吉利根认为它同样是两难情境中的深刻认知。

科尔伯格认为道德认知能力在孩子上学期间不断发展，这是对的。但不幸的是，欺骗、谎言、残忍以及将这些行为合理化的认知能力也在随之发展。因此，当代发展心理学家更加重视儿童如何学会调节自己的情绪和行为（Mischel, 2014）。大多数孩子都能抑制自己攻击弟弟妹妹、偷同学玩具或者在未能如愿时大喊大叫的冲动。孩子区分对错和行为恰当的能力取决于道德心和道德情感（例如羞耻感、内疚感和同理心）的出现（Kochanska et al., 2005; Ongley & Malti, 2014）。

Evgeniy Kalinovskiy/Fotolia

孩子们如何内化道德规则？他们如何知道欺骗、偷窃、抢兄弟姐妹的玩具是错的？

然而有趣的是，并非所有的道德行为和认知都是如此。幼儿因为害怕违背规则的后果而遵守规则，但遵守规则也是因为他们能够区分对错。5 岁时，即使老师告诉幼儿去伤害别人，他们也知道这是错的（Turiel, 2014）。在研究中，研究人员让婴儿置身于有多个成人的环境中，观察他们最先向哪个成人伸出双手。研究人员发现，6 个月大的婴儿已经更喜欢帮助他人者而不是阻碍他人者，这表明他们在很小的年龄就表现出对符合道德的亲社会行为的知觉（和欣赏）（Hamlin, Wynn & Bloom, 2007）。这些研究结果表明，区分对错的能力可能带有先天性。进化心理学家认为这种"道德感"是基本信念、判断和行为的基础，这些行为几乎在任何地方都被认为是道德的，它起源于帮助祖先解决冲突和友好相处的合作性利他主义策略（Bloom, 2013; Delton et al., 2011; Krebs, 2008）。

12.3.B　儿童道德培养

学习目标 12.3.B　阐述父母教养方式和自我调节对道德发展的影响

尽管如此，父母早期的塑造和管教显然也影响孩子道德感的发展。当你在孩童时代做错事时，家里的成人会打你吗？会对你大喊大叫吗？会用惩罚来威胁你吗？会试着按照你能理解的方式解释你犯的错误吗？为了强化道德标准和良好行为，一些家长主要依靠**施加权威**（power assertion），包括身体上的惩罚、剥夺儿童的权利，以及利用自身体型更大、更强壮的优势取得主导权。当然，每对父母在生活中都曾经或多或少地说过"照我说的做！"但是对于一些家长来说，他们长期施加权威。

当施加权威涉及十足的欺凌、残酷的侮辱（"你真蠢""我真希望没生过你"）和频繁的体罚时，儿童会表现出更强的攻击性和更弱的同情心（Alink et al.，2009；Kochanska et al.，2015）。体罚往往事与愿违，尤其是当它被严厉地、无节制地滥用或者引发孩子的愤怒和怨恨时。此外，暴力的父母让孩子觉得管教孩子的方法就是使用暴力（Capaldi et al.，2003）。

施加权威

父母通过惩罚和权威去纠正孩子错误行为的养育方式。

另一种做法是什么？与施加权威相反，父母可以使用**诱导**（induction），激发孩子的能力、同情心和责任感（"你把道格惹哭了""咬人是不好的""你绝对不能戳别人的眼睛，因为那样会伤着他"）。或者父母可以激发孩子的助人倾向（"我知道你是一个喜欢表达友好的人"），而不是使用外部诱因培养良好行为（"你最好表现得友好些，否则就吃不到甜点了"）。

诱导

父母采用激发孩子自身能力、责任感和情感的方式纠正孩子错误行为的养育方式。

心理学家提出了父母教养方式类型的理论，并通过研究比较了这些不同教养方式产生的结果。在一个早期但仍然有影响力的模型中，戴安娜·鲍姆林德（Diane Baumrind，1966）描述了三种主要的父母教养方式：权威型、专制型、宽容型（有时也被称为溺爱型）。当前又增加了第四种教养方式：忽视型或放养型。当然，确定父母倾向和孩子行为之间的关系并不总是容易的。例如，如果宽容型父母所生的孩子表现出令人费神的行为，很难确定是父母的教养方式导致这种行为，还是孩子的行为导致了更宽容的教养方式，或者两者兼而有之。

那么，父母教养方式和道德发展之间存在什么关系呢？一方面，专制型父母（他们依赖于对绝对规则的严格服从）在行为塑造过程中通常采用施加权威的方式。另一方面，权威型父母努力寻求权威与自主之间的平衡，通常设定限制，但也告知孩子设限的原因，并允许反复商量。研究发现这种坚定而民主的方式很有益处。例如，有研究发现，相比其他三种教养方式，权威型父母所生的孩子欺凌弱小的可能性最小（Gómez-Ortiz，Romera & Ortega-Ruiz，2016；Lereya，Samara & Wolke，2013）。

互动

儿童道德培养

（1）Fotofeel/Fotolia

（2）Imtmphoto/Fotolia

（3）Allen Donikowski/Moment/Getty Images

像生活中的许多其他行为一样，做一个好人需要学习。（1）施加权威是指使用武力、威胁、侮辱或其他形式的权力让孩子服从（"照我说的做！""马上停下来！"）。孩子可能会服从，但只有父母在场的情况下才会服从，而且孩子经常感到怨愤。（2）采用诱导的父母会激发孩子的善良本性、同情心及对他人的责任感，并向孩子解释规则（"你已经长大了，不能那样做。""打架会伤害你的小弟弟。"）。孩子倾向于内化做出良好行为的原因。（3）如下文所述，控制冲动的能力和延迟满足的能力是儿童良知和道德行为发展的重要里程碑。

父母的帮助以及自身的发展使儿童获得了一些社会情感技能。其中最重要的是控制即时冲动和愿望的能力。具体来说，他们需要学会延迟满足以稍后获得更大好处。测量延迟满足的经典实验是著名的"棉花糖实验"：幼儿可以选择马上吃掉一颗棉花糖；或者等待几分钟直到离开房间的实验员回来，从而获得两颗棉花糖（Mischel, Shoda & Rodriguez, 1989）。后续还有许多类似的研究，其中一些研究对原始实验中的孩子进行跟踪。结果发现，能够抵挡棉花糖（或者其他奖励）的诱惑以稍后获得更大奖励的儿童，往往也更能控制消极情绪，专注于手头作业，并取得学业成功。事实上，早期延迟满足的能力可以帮助预测十年后甚至更晚些时候的良好健康状况和幸福感（Casey et al., 2011; Mischel, 2014; Watts, Duncan & Quan, 2018）。

这种延迟满足的技能来自哪里呢？它部分来自孩童时期的气质和人格，能够控制自己的情绪和冲动的儿童通常在各种情况下都能如此（de Ridder et al., 2012; Raffaelli, Crockett & Shen, 2005）。它还来自学习，因为年轻人可以通过许多方式来提升自己延迟满足的能力，比如关注稍后的更大好处，分散自己对诱人奖励的注意力，以及心理上"冷却"奖励的诱人特征（例如，把棉花糖想象成一朵云或者一个棉球而不是甜点）。

孩子们还会通过观察周围的人来学习自我控制。在最新版的棉花糖实验中，萨宾·多贝尔（Sabine Doebel）和宗像裕子（Yuko Munakata）（2018）安排3~5岁的幼儿加入"绿队"，告诉他们这个团队非常棒，并且给他们穿特制的绿色 T 恤；然后告诉他们，其他的绿队成员都抵制住了一颗棉花糖的诱惑，因而随后可以获得两颗棉花糖，但是橙队成员却急迫地吃

掉了那颗棉花糖。这种社交信息使得幼儿表现出更强的自我控制力，他们像其他绿队成员那样耐心等待。但是，如果孩子们被告知其他绿队成员没有等到两颗棉花糖，但橙队成员耐心等到了两颗棉花糖呢？那么，他们也会表现出较低的自我控制力，变得不太可能耐心等待（Doebel & Munakata, 2018）。

互动

提出问题，乐于思考

如果家人提前一周送你生日礼物，你是否能够等到生日当天再打开？

☐ 是
☐ 否

父母对待孩子的方式是影响社会情感发展的重要因素。对 106 名学龄前儿童的追踪研究探索了父母教养方式与儿童自我控制和良心的关系（Kochanska & Knaack, 2003）。研究人员如何测量良心这个抽象概念呢？在这项研究中，给幼儿展示成对的木偶，它们代表相互矛盾的道德倾向。例如，一个木偶可能会这样"说"："当我一个人的时候，我不会做妈妈不让做的事情。"另一个木偶可能会这样"说"："当我一个人的时候，我有时候会做妈妈不让做的事情。"然后，要求幼儿指出每对木偶中更像自己的那个木偶。研究人员发现，那些早年最能控制自己冲动的幼儿在这项任务上的良心得分最高，他们也最不可能因为打架或破坏行为而惹上麻烦。

父母的教养方式同样也很重要。在刚才那项研究中，那些命令自己孩子规规矩矩的母亲（也就是说，那些依赖施加权威的人），其孩子往往更加冲动和有攻击性。但是，如前所述，存在两个方向的因

果关系。一些母亲依赖于施加权威，因为她们的孩子冲动、目中无人、不听话。这种结果模式再次提醒我们，不要过于简单地下定论："这都是父母的原因"或者"这都是因为孩子的个性"。父母和孩子似乎是相互影响的。

日志 12.3　批判性思维：提出问题，乐于思考

你认为幼儿园时的自己在棉花糖实验中会表现如何？你现在是否能为了获得两颗棉花糖的承诺而抵挡住一颗棉花糖的诱惑？你认为自己延迟满足的能力随着年龄的增长一直保持不变还是已经完全发生变化？现在的你是否在某些方面比别人更能延迟满足？你认为这是为什么呢？

模块 12.3　小考

1. 劳伦斯·科尔伯格认为幼儿遵守规则是因为____。

   A. 害怕惩罚

   B. 认为这是对的

   C. 懂得规则背后的道德准则

   D. 先天具有道德觉悟

2. 下列哪个选项不属于科尔伯格的道德发展阶段？

   A. 前习俗阶段　　　　B. 后习俗阶段

   C. 反习俗阶段　　　　D. 习俗阶段

3. 穆罕默德发牢骚说："为什么我要给祖母写感谢语？"妈妈回答说："照我说的做！"穆罕默德的妈妈采用的是____。

   A. 放任　　　　　　　B. 诱导

   C. 推理　　　　　　　D. 施加权威

4. 穆罕默德发牢骚说："为什么我要给祖母写感谢语？"妈妈回答说："因为向赠送我们礼物的人表示感谢是有礼貌的表现，你是个有礼貌的孩子。"

穆罕默德的妈妈采用的是____。

   A. 推理　　　　　　　B. 诱导

   C. 施加权威　　　　　D. 放任

5. 亨丽埃塔和她父亲在车里等着她姐姐完成舞蹈课。她的父亲提出要带她去糖果店买东西。但是亨丽埃塔知道如果她耐心地等待姐姐完成课程，爸爸会带她们去冰激凌店。"爸爸，谢谢你的邀请，但我想等到姐姐上完课。"亨丽埃塔决定。"一点也不意外，"爸爸说，"你总是这样选择。"根据关于延迟满足的相关知识，你预测亨丽埃塔在未来会怎样？

   A. 她还有至少 40 年的寿命

   B. 她可能是典型的"精疲力竭"的例子，先是很光鲜耀眼，然后迅速暗淡

   C. 即使极为努力，她可能也不如姐姐成功

   D. 她可能会获得成功的事业和健康的身体，并且生活得很愉快

12.4　性别发展

当得知一个女婴即将出生时，我们的两位心理学家朋友用科学的方法给她取名。首先，他们查阅了在过去的几年全球最受欢迎的 100 个名字，选择了在第 51 位至第 100 位之间的名字——他们想要受欢迎但又不过于受欢迎的名字。接着，他们把名单缩减至只保留中性名字，比如克里斯或者摩根，并请一些朋友对这些名字的熟悉度和女性化程度进行评价。经过数据分析（以及父母自己的偏好），他们给女儿起名凯西。

然而，奇特的事情发生了。凯西出生时头发不多，父母不愿让她过早打耳洞、佩戴丝带和蝴蝶结，或者穿粉红色衣服。在出生后的第一年，陌生人常对她说"多么可爱的小家伙！"或者"嗨，你好，伙计！"，他们以为这个缺乏典型性别标志的婴儿是

个男孩。这样对待凯西是希望她在生活中拥有公平的开端，取一个中性的、不会直接激活女性原型的名字，但这不能阻止人们预设另一种刻板印象：如果这是个男孩，那很正常；如果这是个女孩，那是个特例。

心理学家越来越关注"女孩"或者"男孩"、"女性"或者"男性"的称呼意味着什么。这是对人类进行分类的方式，它有着悠久的历史，但目前人们的观念正在发生转变。就性别发展而言，主要存在这些问题：孩子什么时候开始注意到男孩和女孩的性别差异并且了解自己的性别？孩子如何习得女性气质和男性气质的规则（即"女孩所做的"与"男孩所做的"不同）？哪些生物、认知和学习因素塑造了我们的性别发展？

12. 4. A　性别认同

学习目标 12. 4. A　区分生理性别、性别认同、性别特征形成和性取向

首先，我们先澄清一些术语。过去，心理学家试图区分"性征"和"性别"，认为"性征"是基于生理或解剖属性，"性别"是习得的差异。因此，他们可能会说发生秃顶的概率存在性征差异，对言情小说的喜爱程度存在性别差异。如今，这两个术语经常被互换使用，因为，正如我们在本书中反复论述的那样，先天和后天不可分割地联系在一起（Roughgarden，2004）。

另一个值得注意的区别是，**性别认同**（gender identity）是指儿童的男性或女性意识，他们意识到自己属于某种性别而不属于另一种性别。**性别特征形成**（gender typing）是儿童性别角色的社会化过程，它反映了社会所要求的男性或女性应该具备的能力、兴趣、特质和行为。个体可以具有强烈的性别认同，但没有完成性别特征形成：一名男性可能很确信自己的男性身份，但不会因为做一些"非男性化"的事情（比如缝纫）而感受到压力；一名女性可能很确信自己的女性身份，但不会因为做一些"非女性化"的事情（比如参加战斗）而感受到压力。我们在本章开头的问题中询问童年期的你是否曾因为想玩所谓"不符合"自身性别的游戏而被嘲笑。换句话说，这个问题是关于性别特征形成，我们很快会回到这个问题上。

性别认同

对自己性别的基本感知，它无关个体是否遵守关于性别的社会和文化规则。

性别特征形成

儿童习得自身文化所要求的符合自身性别的能力、兴趣和行为的过程。

你可能会注意到，我们对性别认同的定义暗示了性别非此即彼的性质。男性还是女性？男孩还是女孩？但是，性别并没那么简单。有些男性和女性的性别认同强于其他人；有些人认为自己是"中性人"，并拒绝被称为"他"或"她"。还有很多人称自己是跨性别者，这类人不认同自己出生时的性别。一些跨性别者对自己的性别感到不舒服，希望被认为是另一性别，在某些情况下采取注射激素和外科手术的方法改变自己的身体性征。脸书已经承认了人们对性别认同的多样性，它提供了 50 多种选项，例如流动性别者、非二元性别者、双性人或顺性别者（Ball，2014）。

媒体中的性别认同

（1）AF archive/Alamy Stock Photo

（2）JoJo Whilden/Netflix/Everett Collection

（3）Feature Flash Photography/Shutterstock

（4）Jeff Neumann/Showtime/Everett Collection

（1）多年来，大众传媒对个体的"非传统"性别外貌或身份的描述通常被用于制造喜剧效果。但是，1999 年的《男孩别哭》（*Boys Don't Cry*）是一部具有里程碑意义的电影，它讲述了由希拉里·斯万克（Hilary Swank）扮演的跨性别者布兰顿·蒂娜的真实故事，他在内布拉斯加州遭受了仇杀。（2）从那以后，观众已经熟悉了几个电视节目中常见的跨性别者，有些是虚构的，比如《女子监狱》（*Orange Is the New Black*）里的索菲亚·伯赛特［由拉文·考克斯（Laverne Cox）扮演］。（3）原著名奥运会运动员布鲁斯·詹纳（Bruce Jenner），在 2015 年变性为女人，更名为凯特琳·詹纳（Caitlyn Jenner）。她的故事拍成了真人秀《我是凯特》（*I Am Cait*）。（4）在《亿万》（*Billions*）中饰演泰勒·梅森的艾莎·凯特·狄龙（Asia Kate Dillon），在 2017 年的大型电视连续剧中饰演首个非二元性别认同者。狄龙使用"they"的单数代词指代他人。

在过去的几年里，媒体、政治和流行文化对跨性别者的关注在美国呈爆炸式增长。未来要研究的问题是，这些关于跨性别者的普遍描述会在多大程度上影响公众的态度和偏见。但更重要的是，越来越多的研究关注影响跨性别者心理健康的积极因素，这些人群遭受欺凌、社会压力及酗酒和吸毒的风险更高（Reisner et al.，2015；Valentine & Shipherd，2018）。例如，最近的研究表明，两类社会支持可以减缓这种风险：一般性社会支持和跨性别组织（Pflum et al.，2015）。

与性别发展相关的话题还有性取向，即个体的恋爱或性唤起对象的性别。本书的读者可能已经熟悉一些性取向类别，如异性恋（被异性吸引）、同性恋（被同性吸引）以及双性恋（既被男性吸引，也被女性吸引）。研究人员目前正在探究关于性取向的一系列重要心理学问题：哪些因素可以预测家庭在知道孩子公开表明自己的非传统性取向后的反应？（家庭生活满意度是积极预测因子，它包括已有的灵活性、沟通情况和凝聚力）（Chrisler，2017；Schneider, Glover & Turk，2016）。同性恋夫妇抚养的孩子与异性恋夫妇抚养的孩子在性取向上是否存在差异？〔简言之，同性恋夫妇与异性恋夫妇的孩子几乎没有差异，男–男伴侣和女–女伴侣的孩子也不存在显著差异（Patterson，2017；Richards et al.，2016）。〕还有，哪些因素决定和可预测个体的最终性取向？影响因素通常包括遗传、生物和社会因素。

12.4. B　性别发展的影响因素

学习目标 12.4. B　总结生理、认知和学习因素对性别认同和性别特征形成的影响

为了解性别发展的一般过程和特殊变化，发展心理学家探究生理、认知和学习因素对性别认同和性别特征形成的影响。

生理影响　从学龄前开始，男孩和女孩主要和同性别儿童一起玩耍。如果有需要，男孩和女孩也会一起玩耍，但是如果按照自己的偏好，他们/她们通常会选择和同性伙伴一起玩耍。女孩和男孩玩的游戏也不同，至少总体上来说是这样。男孩和所有灵长类动物的年轻雄性一样，更喜欢选择身体打闹

类和攻击类游戏。这种性别差异在世界各地都存在（Lytton & Romney，1991；Maccoby，1998，2002）。一些家长哀叹道，尽管他们给孩子同样的玩具，但是儿子想要卡车和枪具，女儿想要洋娃娃。当然，同性别也存在差异：有些女孩喜欢卡车，有些男孩喜欢洋娃娃。

生理学家认为，孩子对游戏和玩具的偏好是由于孕期激素的作用，特别是孕期雄激素的存在与否。孕期在子宫内接触超高雄激素的女孩比未接触雄激素女孩更喜欢"男孩的玩具"，也比其他女孩更具有攻击性（Berenbaum & Bailey，2003；Martin & Dinella，2012）。对普通群体中的 200 多名健康儿童的研究也发现了胎儿睾酮水平和游戏方式之间的相关性（虽然男性胎儿睾酮的平均水平更高，但两类性别的胎儿都会分泌睾酮）。孕期羊水中测得的睾酮水平越高，儿童的典型男性游戏的测量得分越高（Auyeung et al.，2009）。恒河猴实验发现，雄性猴子和人类男孩一样，更喜欢玩带轮子的玩具而非可爱的长毛绒玩具；而雌性猴子像人类女孩一样，具有更加多样化的玩具偏好（Hassett，Siebert & Wallen，2008）。

Santiago Cornejo/Alamy Stock Photo

假如研究发现男孩比女孩更喜欢把自己装扮成建筑工人或者警察，我们该如何解释这种现象？这是由于生理差异（例如孕期性激素的影响）还是从媒体上和从成人角色榜样中学到的？或者兼而有之？或者还有其他因素的共同作用？

认知影响　认知心理学家认为儿童的性别隔离以及玩具与游戏偏好是由于认知能力的发展。甚至在婴幼儿会说话之前，他们就能区分两种性别。9个月大时，大多数婴幼儿可以区分女性和男性的面孔（Leinbach & Fagot，1993；Quinn et al.，2002），他们可以将女性的面孔与女性的声音进行匹配（Poulin-Dubois et al.，1994）。18~20个月大时，大多数婴幼儿都有性别标签意识（Zosuls et al.，2009）。当儿童可以给自己和别人贴上固定的性别标签时，他们会改变自己的行为，以符合自己的性别。虽然并没有人明确教导，但是许多儿童开始喜欢同性别的玩伴和符合性别的玩具（Halim et al.，2014；Martin，Ruble & Szkrybalo，2002）。与那些仍然不能给人贴上固定性别标签的儿童相比，那些能给人贴上固定性别标签的儿童的玩具、游戏和攻击性程度更具有性别特征。

大约在5岁时，大多数孩子已经形成稳定的性别认同，他们知道自己是男孩还是女孩。直到这时，他们才明白男孩和女孩的行为并不能表明他们的性别：即使女孩玩足球，她仍然是女孩；即使男孩留长头发，他仍然是男孩。在这个年龄，儿童对自己的错误和误解进行整合，形成**性别图式**（gender schema），它是由一系列观念和期望组成的心理网络，包括性别意味着什么，每种性别的人"应该"如何穿、如何做、如何感觉、如何思考（Bem，1993；Martin & Ruble，2004；Todd，Barry & Thommessen，2017）。性别图式在5~7岁最为死板；在这个年龄，很难改变他们对男孩和女孩行为的既定期待（Martin et al.，2002）。

性别图式

关于男性或女性的一系列观念、知识和期待。

Bill Aron/PhotoEdit, Inc.

看起来眼熟吗？这是在很多家庭和幼儿园中都会出现的典型场景：男孩在玩卡车，女孩在玩洋娃娃。无论这些行为是否具有生物学基础，早期的性别僵化不会持续到成年期，除非有文化规则的强化。

性别图式甚至带有隐喻。4岁以后，男童和女童都会认为粗糙、尖锐或者机械的东西是雄性的，而柔软、华丽或者毛茸茸的东西是雌性的。他们还认为，黑熊是雄性的，粉红色的贵宾犬是雌性的（Leinbach，Hort & Fagot，1997）。但是，这些图式并不是天生的。一百年前，《妇女家庭杂志》（*Ladies' Home Journal*）上一篇文章所说的与今天大多数人的想法相反："粉色是更明确和更强烈的颜色，更适合男孩；而蓝色是更精致和更秀丽的颜色，更适合女孩"（Paoletti，2012）。婴幼儿着装的性别"规则"是20世纪末市场营销的产物。尽管如此，颜色还是广泛影响着行为倾向。当玩具颜色带有性别特征时，儿童强烈要求玩"符合性别"的玩具（即男孩玩蓝色玩具，女孩玩粉色玩具）（Wong & Hines，2015）。

许多人一生中都保持着僵化的性别图式。他们对那些打破传统角色的男性或女性感到不悦或者愤怒，更别提那些不属于任何一种性别或想改变自身性别的跨性别者。但是，随着经验的增长和认知能力的提高，年龄较大的孩子的性别图式通常变得更加灵活，尤其是如果他们有异性朋友或者他们的家庭和文化鼓励这种灵活性（Martin & Ruble，2004）。不同文化和宗教的性别图式也有所不同。在以宗教名义禁止女性接受教育的文化中，许多上学的女孩受到死亡威胁，成为恶性攻击的目标。性别图式具有强大的力量，挑战性别图式的事情可能对当事人构成巨大威胁。

学习影响　性别发展的另一个影响因素是环境，它充斥着关于男孩和女孩应该做什么的隐晦的或者明显的信息（Sommer，2011）。行为和社会认知学习理论者研究社会化过程如何向儿童灌输这些信息（Eagly & Wood，2013）。他们发现，性别社会化始于出生那一刻，因为成人的反应方式取决于婴儿的衣服或哭声的声调所标志的性别（Reby et al.，2016；Shakin，Shakin & Sterglanz，1985）。（虽然哭声低沉的被认为是男孩子，哭声尖锐的被认为是女孩子，但是婴儿哭声的音调并没有明显的性别差异。）

父母、老师和其他成人在无意识的情况下流露出他们对性别的信念和期望（Kollmayer，Schober & Spiel，2018）。如果父母相信男孩在数学或运动方面天生比女孩强，女孩在英语或人际关系方面天生比男孩强，他们就会在回应孩子的成功或失败时无意中流露出这些信念。如果儿子数学成绩很好，他们可能会说："卡洛，你是个天生的数学天才！"但如果女儿数学成绩很好，他们可能会说："哇，卡洛，你数学学得很努力，成绩说明了一切！"这意味着女孩子必须努力学习数学，但是男孩子天生就有数学天赋。孩子们会把这些信息记在心里。即使最初的能力相当，无论是哪种性别，都会对那些被认为自己没有天赋的活动失去兴趣（Dweck，2006；Frome & Eccles，1998）。

再回想一下我们在本章开始时提出的问题：童年期的你是否曾因为想玩所谓"不符合"自身性别的游戏而被嘲笑？这种嘲笑是社会化的直接而明显的形式。

但是，其他关于性别期望的信息比较隐晦，比如快餐店给点儿童餐的男孩送玩具飞机、给女孩送洋娃娃，或者儿童电影中强壮的主角大多是男孩而

不是女孩。孩子们同样会注意到这些信息，有时甚至是无意识的。幸运的是，当今社会的许多领域都提升了对这些性别信息的察觉。

Courtesy of Crystal Smith

Courtesy of Crystal Smith

作者克里斯托·史密斯（Crystal Smith）抄写了投向"男孩"的商业广告（上图）和投向"女孩"的商业广告（下图），然后做了这些"词汇集"。你可以看到广告商是多么迎合夸大的性别图式。

事实上，在当今这个快速变化的世界，社会给男性和女性传递的信息以及父母给孩子传递的信息都在不断演变。性别发展已经成为持续一生的过程，在这个过程中，性别图式、态度和行为随着人们的新经历和社会本身的变化而变化（Rosin，2012）。5岁的孩子可能会表现出性别歧视行为，因为他们试图弄明白什么是男性、什么是女性。幼儿的行为受激素、遗传、性别图式、社会教育和文化习俗的影响。但是，他们5岁时的性别特征行为与其25岁或者45岁时的性别特征行为没太大关系。事实上，到了成年早期，男性和女性在认知能力、性格特征、

自尊或心理幸福感方面几乎没有差异（Hyde，2007）。因此，孩子们即使在极其强调性别特征的家庭中长大，成年后也依然能够在事业、人际关系或者身份方面成为未曾想象过的自己。

互动

性别信息

（1）Michael Neelon（misc）/Alamy Stock Photo

（2）CFimages/Alamy Stock Photo

（3）Esther Moreno/Alamy Stock Photo

（4）Moviestore collection Ltd/Alamy Stock Photo

（1）康涅狄格州的少女安东尼娅·艾丽萨－布朗（Antonia Ayres－Brown）在网上发起了一场运动，说服麦当劳不要自作主张给购买开心乐园餐的男孩和女孩赠送不同的玩具。经过多年的努力，她终于收到了来自公司首席多元化官的信件，表示他们将建议员工直接问孩子更喜欢哪种玩具，而不再提及（或假设）"男孩的玩具"或"女孩的玩具"。（2）2015 年，在线零售商亚马逊（Amazon）网站采取了性别中立措施，从搜索筛选中除去了"男孩玩具"和"女孩玩具"的标签。塔吉特（Target）公司随后立即采取了同样的做法，并且其实体店也同样使用中性标签，但仍有许多商店继续使用性别标签。（3）性别信息遭到抗议的例子，比如获得 DC 漫画公司授权的女性衬衫上印着"训练成为蝙蝠侠的妻子"，在许多商店与传统的男性超级英雄衬衫一起出售。沃尔玛和其他一些商店已把这些女性衬衫下架。（4）多年来，儿童电影中大多数女主角都被描绘成美丽的、需要被强壮而英勇的王子拯救的形象。最近的一些电影设计了强大、独立的女性主角，比如莫阿娜公主，她在没有王子恋人的情况下最终拯救了自己的子民。

> **日志 12.4　批判性思维：定义术语**
>
> 　　性征与性别，性别认同与性别特征形成，性别取向与性取向，所有这些成对的术语相似但不同。请选择一对术语，用自己的话解释它们的区别，引用具体的例子进行说明。你认为这种区别是否重要？还是两个术语可以互换使用？你的依据是什么？

模块 12.4　小考

1. 儿童对自己性别的感知叫性别_____ 。
   - A. 期待
   - B. 特征形成
   - C. 社会化
   - D. 认同

2. 有关性取向的研究发现_____ 。
   - A. 同性伴侣抚养的孩子比异性伴侣抚养的孩子的自信心水平和社交技能更低
   - B. 性取向是遗传、生理和社会因素共同作用的结果
   - C. 男－男同性伴侣抚养的孩子比女－女同性伴侣抚养的孩子更有攻击性
   - D. 儿童 3 岁时就已经明确了自己的性取向

3. 从生物学的视角看，孕期激素，尤其是_____，会影响女孩和男孩的游戏和玩具偏好。
   - A. 性激素
   - B. 致畸剂
   - C. 胸腺素
   - D. 甲状腺激素

4. 内尔达认为男孩应该穿裤子，挨打的时候不应该哭，可以随心所欲地随地吐痰。内尔达形成了_____ 。
   - A. 性别图式
   - B. 性别归属
   - C. 性别认同
   - D. 性别角色

5. 成人看到戴黑色帽子、穿米色衬衫和白色裤子的陌生宝宝在玩各式各样的玩具。研究人员预先告诉一些成人这是个女孩，告诉另一些成人这是个男孩，然后要求所有的成人评价这个孩子玩耍时的强势性和攻击性。依据性别发展的学习观，哪些成人会认为这个孩子玩耍时很强势？
   - A. 认为孩子是男孩的成人
   - B. 认为孩子是女孩的成人
   - C. 两组成人的评价没有差异
   - D. 身为父母的成人

12.5　青春期

　　青春期是指个体从具有生育能力到成年之间的发展阶段。在人类历史的长河里，这个时间跨度非常小。一种观点在一些文化中仍然存在，这些文化认为性成熟的男孩或女孩应该结婚和承担成人事务。然而，在现代西方社会，人们认为青少年在情感上还不够成熟，不足以享有成人的全部权利并承担起全部责任。在本节，我们将探讨青春期的起起落落，首先介绍身体的变化，然后介绍心理的变化。

Kelsey McNeal/Freeform/Everett Collection

　　在西方文化中，许多年轻人搬出父母的房子，（通常在大学校园里）第一次开始独立生活。这个过渡期充满成功和挫败、尝试和错误。近年来，许多书、电视节目或电影都戏剧性或喜剧性地记录了这些起伏变化，比如电视剧《成长不容易》（Grownish）。

12.5.A 青春期的生理发育

学习目标 12.5.A 概述男性和女性在青春期的生理变化

处于童年中期（6～12 岁）的儿童正在经历**肾上腺功能初现**（adrenarche），肾上腺开始分泌影响脑部发育的激素，尤其是雄激素脱氢表雄酮（DHEA）（Campbell，2011）。这些激素使脑中的葡萄糖转移，促使负责理解社交和情感线索的脑区发育成熟。事实上，儿童的脑此时正处于最灵活、对学习最敏感的时期。他们变得能够控制自己的冲动，更好地推理、关注和计划未来，并且理解生命的有限性以及死亡。当童年中期结束后，他们进入**青春期**（puberty），开始具有生育能力。

肾上腺功能初现

在童年中期出现，肾上腺开始分泌雄激素脱氢表雄酮（DHEA）以及其他激素，它们促进认知和社交的发展。

青春期

个体开始具备生育能力的时期。

在青春期之前，男孩和女孩分泌几乎等量的雄激素（男性激素）和雌激素（女性激素）。但是，从青春期开始，男孩的雄激素水平高于女孩，女孩的雌激素水平高于男孩。男孩的生殖腺是睾丸，它生成精子。女孩的生殖腺是卵巢，它负责排卵。在青春期，这些器官发育成熟，个体开始具备生育能力。女孩性成熟的标志是乳房的发育和月经**初潮**（menarche）。男孩性成熟的标志是梦遗以及睾丸、阴囊和阴茎的生长。激素水平的变化还使得第二性征出现，比如男孩声音变低沉、长胡子和胸毛，男孩和女孩长阴毛。

初潮

青春期时，月经开始。

青春期的开始取决于生物和环境因素。月经初潮需要女性体内脂肪高于临界水平，这是受孕的必要条件，并引发激素水平变化。发达国家儿童的体脂增加或许能够解释为什么 20 世纪中叶欧洲和北美儿童的青春期提前。现在女孩月经初潮的平均年龄是 12 岁或再稍后一些（Anderson，Dallal & Must，2003）。女孩青春期的其他标志，例如阴毛和乳房发育，出现得越来越早。男孩进入青春期的时间也比预估的时间提前 6 个月到 2 年。

Pearson Education，Inc

研究发现，目前青春期的开始时间早于以往任何时候。可能的原因包括儿童肥胖、暴露于新的化学物质以及家庭压力（Maron，2015）。

简言之，青春期的时间差异很大，有些女孩在 10 岁、9 岁甚至更早就经历初潮，有些男孩在 19 岁以后身高仍在增长。早熟男孩比晚熟男孩对自己身体的看法更积极，更大的体型和力量往往使他们擅长体育并因此获得声望。但是，他们吸烟、喝酒、使用其他药物和犯罪的可能性也高于晚熟男孩（Cota-Robles，Neiss & Rowe，2002；Rudolph et al.，2014）。早熟女孩在社交方面受欢迎，但她们也更有可能叛逆、辍学，对形体不满、滥用药物、人际关系差、易怒或易抑郁（Skoog，Özdemir & Stattin，2015；Westling，Andrews &

Peterson，2012）。初潮较早并不会导致这些问题，它只是会加剧现有的行为问题和家庭冲突。相比之下，较晚进入青春期的女孩，刚开始的时候会经历一个困难时期，但在青春期结束后，许多人对自己的外表更加满意，也比早熟的女孩更受欢迎（Beltz et al.，2014；Caspi & Moffitt，1991）。

　　激素水平变化和身体成熟并不是青春期唯一的生理变化。青春期时脑部也经历了显著的发展变化，尤其是大幅度的突触修剪。突触修剪主要发生在负责抑制冲动和做出计划的前额叶皮层，以及参与情绪加工的脑区（Drzewiecki，Willing & Juraska，2016；Spear，2000）。青春期突触修剪过程中的错误可能与易感人群的精神分裂症发病有关。

　　另一个生理变化是髓鞘化，它使神经元之间绝缘，提高了神经传输的效率，增强了情绪脑区和负责推理的前额叶皮层之间的联系。该过程需要持续到青春期晚期甚至 20 岁左右，这就解释了为什么青少年的强烈情绪往往压倒理性决策，并且有时表现得比成人更冲动。这也可以解释为什么青少年更容易受到同伴压力的影响，去尝试冒险的、愚蠢的或者危险的事情，为什么"我看你敢不敢！"和"你是胆小鬼！"这样的嘲笑对 15 岁的孩子比对 25 岁的年轻人更有影响力。即使知道自己在做错事，许多青少年也缺乏预见行为后果的这种推理能力（Reyna & Farley，2006）。

12.5.B　青春期的心理发育

学习目标 12.5.B　概述男性和女性在青春期的心理与行为变化

　　媒体喜欢有关青少年的愤怒或暴力、情绪混乱、孤独感、低自尊以及性放纵的轰动性故事。从詹姆斯·迪恩（James Dean）主演的电影《无因的反叛》（*Rebel Without a Cause*）（20 世纪 50 年代）到《早餐俱乐部》（*The Breakfast Club*）（描述了五个叛逆的青春期学生，20 世纪 80 年代），再到最近的《贱女孩》、《八年级》

（*Eighth Grade*）以及《暮光之城》（*Twilight*）和《饥饿游戏》（*Hunger Games*），流行文化对青少年的描述总是聚焦于他们的叛逆、焦虑和剧变。回到现实生活，父母和检察官对"色情信息"（给朋友发送裸照）极其警觉，美国和加拿大的青少年被指控制作和传播儿童色情作品。

　　然而，实际上，总体自尊水平并不会在 13 岁之后突然暴跌（Gentile et al.，2009），青少年暴力犯罪率自 1993 年以来一直在稳步下降。至于性，根据美国青少年危险行为调查，现在的高中生其实比起父母当年更保守；性活跃者人数不多，而且他们的平均伴侣数量已经下降（Rosin，2012）。对青少年代表性样本的研究同样发现，只有少数人身处麻烦困境、愤怒和不悦。然而，有三类问题在青春期比在儿童期或成年期更常出现：与父母的冲突；情绪波动和抑郁；鲁莽、违规和冒险行为（Steinberg，2007）。

　　同龄人对青少年非常有影响力，因为他们代表了青少年所认同的他们这代人的价值观和风格，他们像成年人那样彼此分享经历（Harris，2009；Smith，Chein & Steinberg，2014）。许多人表示，青少年时期被同龄人拒绝的感觉比被父母惩罚更具有灾难性。关于网络技术是否影响以及如何影响儿童安全，一项由政府赞助的研究报告指出，青少年在互联网上面临的最常见的危险不是色情作品，甚至不是成年人的掠夺，当然也不是色情信息。研究报告指出，"无论线上还是线下，未成年人面临的最常见的威胁是欺凌和骚扰，它通常来自同龄人"（Berkman Center for Internet & Society，2008，2012）

　　孤独、抑郁或愤怒的青少年表达这些问题的方式存在性别差异。男孩遇到这些问题通常会外化为攻击行为和其他反社会行为，女孩则更容易将自己的感情和问题内化为退缩、自责和进食障碍（Wicks - Nelson & Is-rael，2003）。一般来说，女孩比男孩更不满意自己的身材和外表，男孩则比女孩更不满意自己在学校时以及和朋友相处时的社交行为（Gentile et al., 2009）。

一些心理学家认为，与先前的青少年相比，现在的青少年确实存在明显不同的地方：自恋。自恋是一种人格特质，它与自尊不同，是过度关注自我和缺乏同情心（Twenge, 2013）。珍·特温格（Jean Twenge）及其同事（2008）提出，当代大学生和青少年的自恋心理持续上升，以至于他们自称"我们这代人"。例如，自恋人格量表（Narcissistic Personality Inventory, NPI）是一种书面量表，用来衡量个体对自身重要性、权力和愤世嫉俗的夸大程度（例如，"我希望有一天会有人为我写传记"和"我发现我很容易就能操纵别人"）。特温格及其同事发现，在过去的20年里，大学生的NPI得分持续上升（Twenge et al., 2008；Twenge & Foster, 2010）。为什么？一个原因是，在我们生活的这个时代，美国文化变得更加以自我为中心，更少导向他人。例如，回想一下"自拍"文化和流行语"拍照留证！"，似乎整代人都专注于记录他们生活的方方面面，把自己作为注意的中心。

另有研究者认为，其实并没有证据证明NPI得分随着时间的推移发生显著变化，也有研究者认为人们总是在年轻时更加自恋，但是年长时就会不那么自恋（Roberts, Edmonds & Grijalva, 2010）。你怎么认为？当代的年轻人文化是否充满自恋色彩？还是每一代成年人都对年轻人充满挑剔的眼光？公平地说，现在不是也有很多成年人热衷于自拍，并在社交媒体上频频发布他们在每一家餐馆、每一顿餐食的照片吗？

日志12.5 批判性思维：检查证据

青少年时期是介于青春期和成年期之间的一段时间。这话没问题。但是，我们生活在喜欢分级和区分的文化环境中。现在很多人把传统的青春期划分为"吞世代""青春期前期""青春期后期"等。你认为这些区别是否有效和重要？回顾一下你在青春期的认知、社会、生理和情感发展。你的心理画像/侧写在青春期"早期"和"晚期"有什么不同吗？

模块12.5 小考

1. 肾上腺分泌影响脑部发育的激素的发展阶段被称为_____。
   A. 青春期
   B. 初潮
   C. 肾上腺功能初现
   D. 更年期

2. 胡里奥的声音开始变得低沉，并且开始长腋毛。罗西的乳房开始发育，并且开始长阴毛。这两个孩子正在经历_____。
   A. 肾上腺功能初现
   B. 初潮
   C. 青春期
   D. 关键期

3. 初潮是指_____。
   A. 个体开始具备性繁殖能力的时间点
   B. 青春期男孩的加速发展时期
   C. 童年中期至肾上腺功能初现之间的时段
   D. 女孩月经的开始

4. 那些暴力、孤独和性放纵的青少年_____。
   A. 并不多见，不是普遍情况
   B. 是大部分青少年的典型代表
   C. 几乎不存在
   D. 是晚熟的女孩

5. 与儿童期和成年期相比，下列哪项不是青春期更频发的典型问题？
   A. 药物成瘾
   B. 鲁莽和冒险行为
   C. 情绪起伏和抑郁
   D. 与父母发生冲突

12.6　成年期

在古希腊传说里，斯芬克斯是个半狮半人的怪物，它在去底比斯的路上恐吓路人。斯芬克斯会向每个路人问同一个问题，然后杀掉那些回答错误的人。斯芬克斯的问题是：哪种动物早上用四只脚走路，中午用两只脚走路，晚上用三只脚走路？过路者俄狄浦斯猜中了谜底。他说，这种动物是人，婴儿时四肢着地爬行，成年时直立行走，老年时拄着拐杖或手杖跛行。

斯芬克斯可以说是首个生命全程发展心理学家。自那时起，许多哲学家、作家和科学家开始思考成人的发展历程。成人的变化是否像儿童那样可预测？成人生活的主要心理问题是什么？老年人的心理和生理退化是否不可避免？可以确定的是：尽管成人都曾经是青少年，青少年都想要成为成人，但是理解对方并不是件容易的事。

12.6. A　发展阶段和年龄

学习目标 12.6. A　概述埃里克森提出的八种"发展危机"

如前所述，许多人把发展心理学和儿童研究联系在一起，但是发展心理学家感兴趣的是整个生命周期的发展（毕竟，看看本章的标题）。精神分析学家爱利克·埃里克森（Erik Erikson, 1902—1994）是最早强调生命全程的现代理论家之一。埃里克森（1950, 1963, 1982）提出，所有个体都要经历八个人生阶段。

每个阶段包含一种"危机"，它是一种特定的心理挑战，最理想的情况是在个体进入下个阶段之前得到解决。

- **信任对不信任**。出生第一年，婴儿依靠他人提供的食物、安抚、拥抱和温暖。如果这些需求得不

到满足，孩子可能无法形成对他人的基本信任，这种基本信任是个体在这个世界上与他人相处融洽的必要条件。

- **自主对羞愧与怀疑**。蹒跚学步的孩子需要处理好独立的问题。年幼的孩子正在学习成为独立自主的人，但是这个过程需要避免对自己行为和能力的过度怀疑。

- **主动对内疚**。随着自身的发展，学龄前儿童获得新的身体和心理技能、设定目标和享受新发现的才能。但是，他们也必须学会控制冲动。潜在风险在于，他们可能会对自己的行为产生超出意愿和想象的过强内疚感。

- **能力对自卑**。学龄儿童正在学习制作东西、使用工具以及学习成人生活的必备技能。不能胜任这些任务的孩子可能会觉得自己不够好，感到自卑。

- **同一性对角色混乱**。在青春期，青少年需要明确自己是谁、将来要做什么以及希望过怎样的生活。埃里克森认为这个阶段的主要冲突是"同一性危机"。解决这个危机的人将会具有很强的同一性，为未来做好准备。没有解决这个危机的人将陷入混乱，无法做出决定。

- **亲密对孤独**。埃里克森认为，成年早期的个体在明确了自己是谁之后，需要与他人分享自己，并且要学会做出承诺。无论事业多么成功，有亲密能力才算完整。

- **繁殖对停滞**。中年期的你已经明确了自己是谁并且建立了亲密关系，你是会陷入自满和自私，还是会体验繁殖——创造和更新？为人父母是体验繁殖的常见做法，但是人们还能以其他方式，在工作中或者在与年轻一代的关系方面展现生产力、创造力和培养力。

- **自我整合对绝望**。这是成年晚期和老年期面临的最后一项挑战。随着年龄的增长，人们努力达到

的终极目标是智慧、精神的安宁和对生活的接纳。埃里克森说，正如健康的孩子不会害怕活着一样，健康的成人不会害怕死亡。

Buena Vista Images/Photodisc/Getty Images

根据爱利克·埃里克森的观点，儿童必须解决能力危机，成人必须解决繁殖危机。但只在特定的人生阶段才需要胜任力和繁殖力吗？

埃里克森认识到文化和经济因素会影响这些阶段的进程。在某些社会中，危机相对容易解决。如果你知道自己将来会成为一个像父母那样的农民，并且你别无选择，那么你不太可能经历青春期的同一性危机（除非你讨厌务农）。但是，如果你有很多选择，或者相反，经济已经糟到很难找到好工作，这个过渡期可能会延长（Schwartz，2004）。同样，在高度重视独立性和个人主义的文化中，个体很难解决埃里克森提出的第六个危机，即亲密对孤独。

现在人们的生活已经变得越来越不可预测，这些心理危机可能会不按这个顺序发展，或者甚至在危机已经得到解决的情况下再次产生该危机。例如，尽管西方社会的青少年经历着同一性混乱和困惑，但同一性危机并不仅限于青少年。一个人在某个岗位工作了20年后，在45岁时被解雇，他必须找到一个全新的职业；这个成人可能也会面临同一性危机。同样，儿

童期的胜任力也不是一劳永逸的。人们在一生当中不断学习新技能、失去旧技能，胜任力也随之提高或降低。致力于社区服务和帮助下一代的个体具有高繁殖力，他们往往选择志愿者工作或能够终身服务社会的职业（McAdams，2006）。

互动

埃里克森的生命阶段

发展阶段	生命阶段	面临的挑战
信任对不信任	出生第一年	如果获得食物和安抚等基本需求没有得到满足，婴儿就无法建立对他人的基本信任。
自主对羞愧与怀疑	学步期	幼儿开始学习自主，但是需要避免对自己行为和能力的过度怀疑。
主动对内疚	学龄前	儿童获取新的技能和设定目标，但是需要学会控制冲动，避免产生超出意愿和想象的过强内疚感。
能力对自卑	学龄期	儿童开始学习做事情和成人生活所必备的技能。不能胜任的孩子可能会觉得自己不够好。
同一性对角色混乱	青春期	青少年需要明确自己对生活的期望。无法解决同一性危机的个体会陷入混乱。
亲密对孤独	成年早期	明确了自己是谁之后，个体需要与他人分享自己，并且要学会做出承诺。
繁殖对停滞	中年期	明确了自己是谁并且建立了亲密关系之后，你是否会体验繁殖——创造和更新？
自我整合对绝望	老年期	随着年龄增长，他们努力达到的终极目标是智慧、精神的安宁和对生活的接纳。

因此，阶段理论并不能充分描述成人如何成长和变化，或者如何在整个生命周期保持不变。但是，埃里克森认为发展并不止于青春期或成年早期的观点是正确的：发展是一个持续的过程。他的观点影响深远，因为他把成人发展置于家庭、工作和社会背景之下，详细说明了成人的许多基本关注点：信任、能力、同一性、繁殖以及享受生活和接受死亡的能力。总体来说，这些主题反映了成人的永恒、普遍关注（Dunkel & Sefcek，2009；Schwartz et al.，2013）。

12.6.B 生活的变迁

学习目标 12.6.B 概述成年初显期和中年期的心理与行为变化

如果几乎所有的同龄人都有同样的经历或者同时扮演一个新角色（上大学、生孩子、退休），那么你并不难适应这些变迁。同样，如果你没做这些事情，而且几乎所有你认识的人也没做这些事情，那么你不会觉得自己不合拍。但是，现在大多数人都会面临未曾预料的变迁——没有预兆的情况下发生的事件，例如被老板开除。许多人也不得不面对他们期望发生但却没有发生的变化：大学毕业后没能找到工作，没能在预期的年龄结婚，没能力负担退休后的生活或者无法生孩子（Schlossberg & Robinson，1996）。心里想着这些，让我们来看看其中一些重大生活变迁。

成年初显期 工业化国家的主要人口结构变化使得许多人就业、结婚和生子的时间推迟到了30岁左右。许多18~25岁的年轻人正在上大学，在经济上至少部分依赖父母。有人把这个人生阶段称为成年初显期（Arnett，2014）。当被问及自己是否已经成年，大多数人的回答是：在某些方面已成年，在某些方面尚未成年。

在某些方面，处于成年初显期的成人比青春期时更加成熟，变得更能控制情绪，更自信，较少愤怒和不那么孤僻（Azmitia，Syed & Radmacher，2008；Ro-

berts，Caspi & Moffitt，2001）。但他们也是最容易居无定所和最有漂泊感的人。他们比其他群体更频繁地搬家——先是回到父母家，然后又从父母家搬出来，从一个城市搬到另一个城市，从和室友一起住到独自生活。他们出现高风险行为（如酗酒、不安全性行为、高速飙车或者酒驾）的比例高于其他各个年龄段，比青少年要高（Arnett，2014）。

当然，这个年龄段的年轻人并不都是一样的。有些群体（例如，摩门教徒）提倡早婚和早育。贫穷的年轻人、辍学的年轻人、16岁生孩子的年轻人以及找不到好工作的年轻人，他们不会有收入或闲暇去探索多种选择（Arnett，2016）。所有工业化国家都在转变，受教育年限的增加、事业和婚姻的延迟意味着成年初显期的成长意义可能在于，它是延长探索期和自由期的独特阶段。

中年期 对于大多数人来说，35岁到65岁正值壮年（Mroczek & Sprio，2005）。有许多关于"中年危机"的笑谈，比如以前循规蹈矩的成人忽然换伴侣、工作，或者买了一辆豪华新车。与此相反，这个时期是心理幸福感最强、最健康、最高产和社会参与度最高的时期。这也是自我反思和重新评估的时期。人们回顾取得的成就，盘点遗憾的事情，并且思考如何度过剩下的人生。危机确实会发生，原因无关衰老，而是由于改变生活的特定事件，例如生病、失业或者丧偶（Robinson & Wright，2013；Wethington，2000）。

但是，更年期不是会让大多数中年女性抑郁、易怒和不可理喻吗？**更年期**（menopause）通常发生在45岁至55岁之间，是卵巢停止分泌雌激素和黄体酮后的停经期。这个过程会带来身体不适，尤其是潮热，因为血管系统需要调整以适应雌激素的减退。虽然绝经期时患抑郁症的风险会增加，但大部分女性并不会经历这种新的抑郁期（Cohen et al.，2006；Freeman et al.，2006）。最近的一项元分析发现，女性更年期开始时间越晚，患抑郁症的风险越低（Georgakis et al.，2016）。

更年期

逐渐停经和停止排卵的过程。

虽然女性过了更年期就会失去生育能力，而理论上男性终身都有生育能力，但是男性也有生物钟。虽然男性睾酮不会像女性雌激素那样急剧下降，但也在减少。男性精子数量也在逐渐下降，而且余下的精子更容易受到基因突变的影响，这种突变会使得高龄父亲的孩子患某些疾病的风险增加，正如前文所说的那样（Wyrobek et al.，2006）。

中年人的身体变化并不能预测人们对衰老的感受和反应（Schaie & Willis，2002）。人们对衰老的看法受文化和科技的影响，科技为延长寿命和维持健康带来希望，其中一些已成为现实，另一些仍然仅存在于科幻小说。衰老是正常的、不可避免的，且只能豁达接受的吗？还是我们可以利用各种化学、手术和基因手段全力对抗衰老？如果我们能活到100 岁，为什么不在 65 岁生孩子？社会应该为延长人类寿命付出多少？这些问题在未来几年将会引发激烈争论。

12.6.C 老年期

学习目标 12.6.C 阐述老年期的认知功能变化并区分流体智力与晶体智力

老年期始于什么时候？几十年前，70 多岁被认为是老年人，但现在情况发生了变化。北美人口增长最快的地区现在都是 85 岁以上的人。2016 年，640 万美国人年龄在 85 岁以上。美国人口普查局预计到 2050 年这个数量可能会多达 1 800 万（Ortman、Velkoff & Hogan，2014）。老年学家专门研究衰老和老年人，他们调查了人口结构的这个巨大变化带来的可能后果。

其中一个后果是退休年龄将发生重大变化。如果人们预期自己能活到 70 多岁，65 岁退休意味着失业——从工作和任务中退出，除了疾病和衰老无可期待，那么现在，退休生活可能会持续二三十年。因此，它不再仅仅是工作向不工作的转变。心理学家称这个阶段为"建设性的退休生活"，人们可以从事新的职业、志愿者工作或其他感兴趣的活动（Halpern，2008）。

尽管如此，智力、记忆力、决策力和其他心理功能的许多方面都随着年龄的增长而显著下降。大约 65 岁以后，老年人的推理能力、空间能力和复杂问题解决能力的测试成绩开始低于年轻人。他们需要更长的时间来提取词汇和名称、日期以及其他信息；事实上，整个认知加工的速度都减慢了。但是，也存在个体差异，有些老年人的认知加工速度显著下降，另一些老年人依然很灵敏（Lovden et al.，2010；Salthouse，2012，2017）。

幸运的是，并非所有的认知能力都会随着年龄的增长而退化。**流体智力**（fluid intelligence）是进行演绎推理和使用新信息解决问题的能力。它在一定程度上受遗传影响，与其他生理功能一样，先是增强，然后退化（Au et al.，2015；Opitz et al.，2014）。**晶体智力**（crystallized intelligence）由终身积累起来的知识和技能组成，它是我们做运算、下定义和持有政治立场的能力。它主要取决于教育和经验，基本保持稳定甚至在整个生命周期持续增长。这就是为什么医生、律师、教师、农民、音乐家、政治家、心理学家以及许多其他职业的人可以继续很好地工作到老年（Halpern，2008）。此外，老年人还可以通过开发过去未激活的脑区弥补年龄带来的衰退（Huang et al.，2012）。

流体智力

进行演绎推理和使用新信息解决问题的能力；它基本不受教育影响，在老年时退化。

晶体智力

个体在整个生命周期获得的认知技能和特定知识；它主要受教育影响，终身保持稳定。

Courtesy of Mark Bussell

越来越多的老年人过着健康、忙碌、锻炼脑力的生活。

老年期的许多生理和心理衰退是由生理因素和遗传因素决定的，但另一些衰退则是文化、行为和心理因素作用的结果（Park & Gutchess，2006）。心理学家在区分老年期的不可逆情况与可防可治情况方面取得了重大进展：

- 老年人的明显衰老可能是由于营养不良以及处方药和非处方药（如安眠药和抗组胺剂）的副作用（Saka et al.，2010）。
- 虚弱甚至老年疾病都是由不活动和久坐引起的（Booth & Neufer，2005）。
- 抑郁、消极被动和记忆力问题是由于缺乏有意义的活动和脑力锻炼，缺乏对目标的追寻和对事情的掌控（Wang & Blazer，2015）。

老年人可以通过有氧运动和力量训练获得改善，这两种方式可以帮助老年人保持身体力量和灵活性，提高脑供血量，促进海马和其他脑区新细胞的发展。他们的记忆力、计划能力、专注力和日程安排能力都会随之改善（Duzel，van Praag & Sendtner，2016；Erickson et al.，2011；Hertzog et al.，2008）。即使是到了老年期，

脑力锻炼也能促进脑神经连接的发展。认知强化并不能阻止大多数严重的认知衰退和痴呆，但是可以延缓衰退的时间（Bozzali et al.，2015；Gatz，2007）。好消息是，随着年龄的增长，大多数人能够更好地应对负面情绪，关注积极方面。强烈的负面情绪出现的频率在 18～34 岁的人群中最高，然后在 65 岁之前急剧下降。65 岁之后，它趋于平稳，仅在面临疾病和丧亲危机的老年人中稍稍增大（Opitz et al.，2014；Urry & Gross，2010）。显然，随着年龄的增长，许多人都变得更明智，或者至少更平静。

因此，一些研究衰老的研究者持乐观态度。在他们看来，拥有具备挑战性的职业和兴趣、保持身心活跃、灵活适应变化的人比其他人更能维持认知能力和幸福感。他们说"用进废退"，他们相信有关脑可塑性的研究未来将会发现有效的干预措施来预防或者延缓认知衰退（Lovden et al.，2010）。一项对调查开始时刚好 100 岁的人的研究发现，73% 的人在死亡之时没有患痴呆症（其中一例是 111 岁）（Hagberg & Samuelsson，2008）。原因是什么？全基因组关联研究开始尝试识别与高龄老年人良好记忆力相关的特定分子通路（Barnes，2011）。

一些老年学家则不那么乐观。他们回应道："当你失去了它，你就无法再使用它。"他们对 90 岁及以上老年人数量的增加表示担忧。这个年龄段的老年人患认知障碍和痴呆症的概率急剧增大（Salthouse，2006）。社会面临的挑战是，准备好帮助高龄老年人尽可能地使用他们的脑，避免其失去认知和情感能力。

心理学与你同行

请牢记：发展贯穿生命全程

大多数人理所当然地认为，从儿童期到青春期再到成年期的发展是连续的。态度、习惯以及父母传递给我们的价值观具有持久性。一些负面影响也具有持久性：受忽视或虐待的儿童比其他儿童更容易产生情

感问题、不良行为、精神障碍以及相关慢性应激障碍（Margolin & Gordis，2004；Repetti，Taylor & Seeman，2002）。

但是，早期创伤并不总是会产生长期影响。大多数孩子都有心理弹性，最终克服了父母虐待、父母酗酒、性虐待甚至战争产生的影响（Nelson et al.，2007；Rutter et al.，2004；Werner，1989）。实际上，心理弹性很常见（Masten，2001）。许多摆脱早期剥夺和创伤的儿童具有随和的性情或性格特征，比如自我效能感和自我控制力，这使得他们能够从容应对更大的困难。他们建立了安全型依恋关系，这使得他们能够以治愈创伤、重获希望与稳定情绪的方式消化创伤性事件（Mikulincer，Shaver & Horesh，2006）。或者他们在家庭以外的地方（学校、宗教场所或者其他组织）获得胜任感、精神支持、安慰和自尊（Cowen et al.，1990；Garmezy，1991）。

所以，我们绝不是完全被动地受社会经验、生物因素、认知倾向和早期文化背景的影响。另一个例证可见性别特征形成。人们接收到的大量关于性别角色、倾向和职业期待的信息会影响他们未来的个人偏好和计划。例如，研究者发现，小学女教师对数学越焦虑，班里的女孩越认同男孩擅长数学而女孩擅长阅读的观点，男孩则不这样（Beilock et al.，2010）。甚至父母、老师和榜样人物隐晦传递的信息也能起到作用。

但我们并不受限于性别特征形成或者其他社会期待。对于本章的开篇问题，回答童年时曾因某些倾向被嘲笑的那些人，有些女孩长大后成为工程师、数学家、物理学家和其他男性主导领域的专业人员，有些男孩从事女性主导领域的事业、兴趣和活动。2016 年，希拉里·克林顿（Hillary Clinton）成为首位获主要政党提名的美国总统女性候选人。是的，达成这些需要很大的毅力和韧性去应对数不尽的挑战。但这是可实现的。

World History Archive/Alamy Stock Photo

每个政治候选人都面临诸多障碍，希拉里的经历表明女性面临额外的挑战，它涉及本章所讨论的性别特征形成。但是，希拉里在 2016 年美国总统大选中仍然获得了 6 500 万张选票，是有史以来得票数第二高的美国总统候选人，她的坚持不懈精神为未来的政治家树立了榜样。

你可以使用批判性思维来克服性别刻板印象，让自己（和亲近的人）处于最佳状态，最终取得成功。有了对性别特征形成的新看法以及性别认同影响因素的新知识，你是否更能帮助自己的孩子（或其他年幼的亲戚）避免预设的观念和策略，克服社会偏见？也许知道延迟满足能力带来的积极结果后会改变你对饮食、预算或者其他各种行为的看法。也许想到埃里克森的八个"危机"将会提醒你，发展从未停止，而是贯穿整个生命周期。

所以，要牢记这一章的发现。你在现阶段忍受的考验和磨难、忧虑和苦恼、压力和风暴可能将始终存在。有可能它们不会始终存在——生命是一个不断变化和适应的连续过程。但即使它们始终存在，你也可能比自己所认为的有韧性。基因、激素、文化和我们的早期学习经验极大地塑造了我们，我们人类不像小鸭那样对出生后的首次经历印记终身。

我们可以在任一事情上做出不同选择——从儿童期至青春期和成年期的直线式发展过程。

互动

回顾前文提到的"普通婴儿"

H A Mason/Daily Mail/Rex
Features/Alamy Stock Photo

Sueddeutsche Zeitung Photo/
Alamy Stock Photo

还记得本章开始那两个普通婴儿吗？每个人后来都变得那么不平凡。他们是伊丽莎白女王（Queen Elizabeth）和阿尔伯特·爱因斯坦（Albert Einstein）。现在，你已经读完本章，有哪些你能想到的遗传、家庭和历史因素可以解释这两位名人的巨大差异？

日志 12.6 批判性思维：提出问题，乐于思考

人们认为衰老不可避免地导致抑郁、身体虚弱和智力衰退。但是，除了年龄的增长，还有哪些其他因素可以解释这些问题？

模块 12.6 小考

1. 克劳斯正在审视自己的人生。一方面，他可以凭借自己积累的物质财富和享有的社会地位过着安逸而舒适自足的生活。另一方面，他可以挑战自我，通过帮助他人、分享才华和服务社会使世界变得更好。根据埃里克森的发展阶段理论，克劳斯处于哪个发展阶段？

    A. 繁殖对停滞　　　　B. 主动对内疚

    C. 自主对羞愧与怀疑　D. 能力对自卑

2. 根据埃里克森的发展阶段理论，下列哪个选项不是人们在整个生命周期会面临的危机？

    A. 自我整合对绝望　　B. 同一性对角色混乱

    C. 挑剔对接纳　　　　D. 信任对不信任

3. 18 ~ 25 岁（过了青春期，在上大学或者刚刚大学毕业，尚无法承担全部的人生责任）被称为_____

    A. 后青春期　　　　　B. 成年初显期

    C. 初潮　　　　　　　D. "危机年"

4. 月经的停止被称为_____。

    A. 男性更年期　　　　B. 肾上腺功能初现

C. 初潮　　　　　　　　D. 更年期

5. 法蒂玛的祖父 80 岁了，但仍然很敏捷。在学习使用法蒂玛的技术设备时，他不再像从前那样学得那么快，但是仍然可以像从前做会计时那样正确地心算数字。祖父的 _____ 存在退化，但是 _____ 没有退化。

A. 流体智力；晶体智力

B. 归纳能力；演绎能力

C. 演绎能力；归纳能力

D. 晶体智力；流体智力

写作分享：生命全程发展

毫无争议，男性和女性在生理上存在差异。但是性别特征形成主要涉及对社会偏好、行为模式以及外表的期待。显然，儿童要学会把人们按照性别和其他社会维度分类——你是否认为这意味着性别特征和其他形式的刻板印象不可避免？换言之，儿童能否学会识别人与人之间的身体差异（和相似之处），但不武断地认为他们将会或者应该如何表现？我们是否应该努力防止这些武断？我们所讨论的，无论是性别还是诸如种族、族裔、性取向这样的其他维度，是否会影响你的答案？

批判性思维演示

主张：棉花糖实验可以预测未来的成功

步骤 1. 批判这一主张

想象一下：一个学龄前儿童坐在桌子旁边，桌上有一个按铃和两只碗。一只碗里有一块棉花糖，另一只碗里有两块棉花糖。研究人员问孩子更想要哪只碗——当然，他更想要有两块棉花糖的那只碗！研究人员接着解释说，她需要离开房间一会儿，如果他能耐心地等她回来（15 分钟），会得到两块棉花糖；如果不想等，他随时可以按铃，但是只能得到一块棉花糖。

儿童在棉花糖实验中的延迟满足能力被用来预测未来几年的行为。让我们批判性地思考这个主张：棉花糖实验可以预测未来的成功。

步骤 2. 定义术语

如果我们可以通过一个简单的实验来预测儿童未来的成功，这不是很棒吗？当然，首先我们需要定义"成功"。棉花糖实验究竟能预测未来生活的什么呢？

我们把参与研究的孩子分为"单棉花糖"儿童和"双棉花糖"儿童。"单棉花糖"儿童无法耐心等待研究者归来，"双棉花糖"儿童成功等到研究者归来。左栏是"单棉花糖"儿童可能的行为表现。右栏是"双棉花糖"儿童可能的行为表现。如果棉花糖实验真的能预测未来的成功，就会如这两栏所示。

单棉花糖	双棉花糖
肥胖	考试分数更高
缺乏专注力	能提前做计划
难以应对压力	能控制消极情绪
容易出现成瘾问题	遇到挫折或失败时坚持不懈
出现身体攻击	被父母认为具有良好的应对技能

步骤 3. 检查证据

自 20 世纪 60 年代沃尔特·米歇尔（Walter Mischel）开始的棉花糖实验以来，研究者发现了儿童延迟满足能力和各种未来表现之间的关联。1990 年的一项研究发现，幼儿园时能够等到两块棉花糖的儿童，10 年后能够更好地制订长期计划、应对压力以及保持对任务的专注。棉花糖实验成绩甚至可以预测 SAT 成绩。当时能够等待 15 分钟的学生的 SAT 平均成绩比当时只能等待 30 秒的学生高出 200 分。

步骤 4. 提出问题，乐于思考

这些结果非常引人注目：儿童在实验室的行为可以预测十年后的表现？！棉花糖实验逐渐出名，出现在电影、儿童电视节目和心理学畅销书中。但是，即使研究已经公开发表，继续提问依然很重要。

思考几个针对棉花糖实验结果的批判性问题。选择合适的选项填在下文空格处，以补全句子。

棉花糖实验的许多后续研究都基于 50 人或者数量更少的参与者。需要质疑的是，采用更大样本是否能够得到同样的实验结果，因为 _____。在最初的棉花糖实验，参与者主要选自受教育水平高、经济水平高的父母所生的孩子，那么另一个需要考虑的问题是，如果 _____，是否会出现相同的实验结果？研究结果已发表并不意味着我们就不需要再对其质疑追问。

(1) a. 大样本研究更耗时耗资
   b. 样本越大，研究结果越可靠、越有信服力
   c. 大样本研究是实验研究，小样本研究是相关性研究
(2) a. 参与者拥有不同的背景
   b. 如果引诱物不是棉花糖这样的食物，而是玩具
   c. 参与者包含男孩和女孩

步骤 5. 检查证据

2018 年，瓦特（Watts）、邓肯（Duncan）和全（Quan）对拥有不同背景的近 1 000 名儿童进行了重复研究。他们发现，棉花糖延迟满足实验可以预测未来的成就，但是二者之间的关联强度弱于先前的研究结果。他们还发现，贫穷家庭的儿童更容易选择单块棉花糖。这是合乎逻辑的：如果你经常面临食物匮乏，在能吃到的时候及时享乐似乎是更明智的。这项近期研究发现了延迟满足与未来成就之间更为复杂的关系，说明仅仅教儿童延迟满足可能不会影响他们的未来成就。

步骤 6. 权衡结论

棉花糖实验是一个经典研究。所以，我们更应该批判性地思考可以进行哪些推论、不可以进行哪些推论。棉花糖实验能够预测未来的成功，这是真的吗？在某种程度上，这是真的。但这种预测的准确性也许不像我们曾经以为的那么高。家庭状况和环境因素或许更能预测未来的学业成就、社会成就和健康状况。

或许最重要的教训是：重复研究在科学研究中很重要。因为一项研究被公开发表或者用于课堂教学并不意味着我们就要停止质疑追问、不再挑战它的假设。永远都需要具有批判性思维。

答案： 1）b，2）a

总结：生命全程发展

12.1　从受孕到出生第一年

学习目标 12.1.A　概述孕期发育的三阶段及其影响因素

孕期发育始于受精，即精子与卵子结合形成受精卵。在孕期发育的前八周，该有机体被称为胚胎；此后，它被称为胎儿。对胎儿发育产生不利影响的因素包括：有毒物质、性传播疾病、烟草、酒精、非法药物、非处方药和母亲的长期精神压力。父亲也会影响孕期发育。青少年和 50 岁以上男性的精子可能会突变，这些突变会增加流产、出生缺陷和后代患某些疾病的风险。

学习目标 12.1.B　阐述婴儿的先天能力以及文化对生理和心理发育的影响

婴儿天生具有运动反射、知觉能力和基本的认知技能。文化经验影响生理发育里程碑的出现时间。

学习目标 12.1.C　阐述依恋的概念、影响因素及对跨生命全程的影响

婴儿天生就有被接触、安抚的需要和与抚养人建立情感依恋的倾向，他们倾向于把抚养人当作探索世界的安全基地。6～8 个月大的婴儿开始产生分离焦虑。依据陌生情境的研究结果，婴儿的依恋类型分为安全型依恋和不安全型依恋。不安全型依恋又分为两种形式：回避型依恋和焦虑型依恋。依恋类型相对不受正常范围内的育儿方式的影响，也不取决于婴儿是否在日托所待过。不安全型依恋受诸

多父母因素和其他环境因素的影响。

12.2 认知发展

学习目标 12.2. A 阐述皮亚杰的认知发展四阶段论及对其的批评和修正

皮亚杰认为，儿童的思维通过同化和顺应来完成改变和适应。皮亚杰提出了四个认知发展阶段：感知运动阶段（0~2岁），该阶段的孩子习得客体永久性；前运算阶段（2~7岁），该阶段的儿童尽管推理时仍然具有自我中心性，但语言和象征性思维得到发展；具体运算阶段（7~12岁），该阶段的儿童开始理解守恒；形式运算阶段（12岁或13岁至成年），该阶段儿童的抽象思维得到发展。现在我们知道，从一个阶段到另一个阶段的变化并不像皮亚杰认为的那么明显，发展是连续和交叠的过程。婴幼儿的认知能力比皮亚杰认为的要高，出现时间也更早，并且并不总是具有自我中心性。

学习目标 12.2. B 概述 0~6岁婴幼儿语言发育的转折点

不同文化的儿童经历相似的语言发展阶段，这支持了人类脑中存在对普遍语法敏感的先天模块的观点。然而，世界各地的语言也各不相同，这表明语言是一种文化工具。4~6个月大的婴儿开始识别母语的声音。6~12个月大的婴儿处于咿呀学语阶段，1岁时他们能够说出单个词，使用象征性手势。2岁时，孩子能说出两三个词构成的电报式句子，这些句子可以传递许多信息。

12.3 道德发展

学习目标 12.3. A 阐述并评价科尔伯格的道德发展阶段理论

劳伦斯·科尔伯格提出，随着认知的逐渐成熟，儿童共经历三种水平的道德认知：前习俗道德水平、习俗道德水平、后习俗道德水平。但是，人们可能具有道德认知而没有道德行为。一些人对科尔伯格

理论的批评主要在于，其过分依赖假设情景和高比例的男性样本。发展心理学家还探究了儿童如何内化是非对错的标准，该能力取决于良心以及罪恶感、羞耻感和同情心等道德情感的出现。

学习目标 12.3. B 阐述父母教养方式和自我调节对道德发展的影响

作为一种教导孩子良好行为的策略，施加权威与孩子的攻击性和同情心缺乏有关。诱导则与孩子的同理心发展、道德标准内化和抵制诱惑相关。幼儿延迟满足的能力和控制自身情绪的能力与内化的道德标准和良心的发展以及其他积极生活成就有关。

12.4 性别发展

学习目标 12.4. A 区分生理性别、性别认同、性别特征形成和性取向

性别发展包括性别认同和性别特征形成。前者指个体意识到自己的生理性别。后者指男孩或女孩习得自身性别的文化含义的过程。有些人认为自己是跨性别者，其性别认同与自己出生时的性别不同。性取向指个体的恋爱或性唤起对象的性别。

学习目标 12.4. B 总结生理、认知和学习因素对性别认同和性别特征形成的影响

幼儿更喜欢与自己性别相符的玩具，更喜欢与同性伙伴玩耍。生理心理学家从基因和产前雄激素水平的角度解释该现象。认知心理学家研究儿童如何形成关于"男性"和"女性"的性别图式，这些性别图式反过来又塑造了他们的性别特征行为。学习理论家研究明显的和隐晦的社会信息对性别特征形成的促进作用。

12.5 青春期

学习目标 12.5. A 概述男性和女性在青春期的生理变化

肾上腺功能初现时，肾上腺开始释放影响脑部发育的激素。青少年期始于青春期的身体变化。女

孩进入青春期的标志是初潮和乳房的发育，男孩进入青春期的标志是梦遗以及睾丸、阴囊和阴茎的发育。激素使得第二性征开始出现，如阴毛的出现、男性声音变低沉。

学习目标 12.5. B　概述男性和女性在青春期的心理与行为变化

大多数美国青少年不会经历极端的情绪混乱、愤怒或叛逆。但是，他们的亲子冲突、情绪波动和抑郁、鲁莽或违规行为增加。有些人认为，现在的青少年比以前的青少年更加自恋。

12.6　成年期

学习目标 12.6. A　概述埃里克森提出的八种"发展危机"

爱利克·埃里克森提出，人生分为八个阶段，每个阶段都包括一个独特的、必须解决的心理挑战或危机。例如，青春期的同一性危机。埃里克森明确了成年期的基本主题，并认为发展是终身的过程。但是，并非仅在特定年龄或阶段才存在心理问题或危机。

学习目标 12.6. B　概述成年初显期和中年期的心理与行为变化

许多年龄在 18～25 岁之间的人，尤其是那些尚未实现经济独立的人，处于成年初显期。中年期通常不是动荡期或危机期，而是大多数人生命中的黄金时期。女性的更年期始于 40 多岁或 50 岁出头。中年男性的激素分泌减缓，精子数量下降；他们仍然具有生育能力，但胎儿畸形的风险增加。

学习目标 12.6. C　阐述老年期的认知功能变化并区分流体智力与晶体智力

老年人的认知加工速度减慢，流体智力与其他生理能力共同衰退。但是，晶体智力则在很大程度上取决于文化、教育和经验，它往往终身保持稳定。虽然有些心理损伤不可避免，但是锻炼和心理刺激有利于促进人类脑中突触的生长，甚至在老年期也是如此。

第 12 章测试

1. 胚胎形成于受精后_____。
   A. 48 小时内　　　B. 大约 3 天
   C. 大约 2 周　　　D. 大约 4 周

2. 影响新生儿发育的文化差异是_____。
   A. 婴儿出生后的前几个月是独自睡觉还是与父母同睡
   B. 新生儿出现吮吸行为的时间
   C. 出生和出现抓握反应之间的时间间隔
   D. 婴儿是接触自然环境还是在相对隔离的环境中长大

3. 陌生情境是指_____。
   A. 新生儿出生后第一周
   B. 考察依恋的实验程序
   C. 接触安抚的冲突源
   D. 不同年龄组的人进行社交互动

4. 皮亚杰观察发现，儿童有时_____新信息，以使其进入当前心理类别，但有时需要改变自身心理类别以_____新知识。
   A. 外化；操作化　　B. 顺应；同化
   C. 操作化；外化　　D. 同化；顺应

5. 奥古斯特看到妈妈把果汁倒进一个矮胖的玻璃杯。然后，他看着妈妈把果汁从矮胖的玻璃杯倒进细高的玻璃杯。"现在，果汁变多了！"奥古斯特望着高高的玻璃杯说道。根据皮亚杰的认知发展阶段理论，奥古斯特可能_____。
   A. 6 个月　　　B. 1 岁
   C. 4 岁　　　　D. 10 岁

6. "宝宝想玩珠子吗?! 你——想玩珠——子吗？哦你想——玩!! 你想——玩，是——不——是?!!"这种语言方式通常被称为_____。
   A. 婴儿导向式　　B. 电报式
   C. 怪异　　　　　D. 普遍语法

7. 20 世纪 60 年代，提出道德发展进程分阶段的理论学家是_____。

A. 劳伦斯·科尔伯格

B. 让·皮亚杰

C. 爱利克·埃里克森

D. 玛丽·安斯沃思

8. 下列哪一项是可以帮助儿童建立良好行为和关注内在准则的有效养育策略？

A. 诱导   B. 施加权威

C. 繁殖感   D. 内化

9. 儿童习得该文化下男性或女性应该具有的能力、兴趣和行为的过程被称为_____。

A. 性别认同   B. 性别特征形成

C. 性别取向   D. 性取向

10. 年轻的雄性，无论是人类还是猴子，都喜欢玩带轮子的玩具而非可爱的娃娃。年轻的雌性，无论是人类还是猴子，都表现出各种各样的玩具偏好。这些跨物种证据使得一些研究人员推论_____因素在性别发展中起着重要作用。

A. 生理   B. 认知

C. 学习   D. 母亲

11. 女孩性成熟的标志是初潮和_____的发育。男孩性成熟的标志是生殖器发育和_____的开始。

A. 雄激素；睾酮   B. 阴毛；睾酮

C. 乳房；梦遗   D. 性态度；与异性玩耍

12. 感到孤独、焦虑或抑郁的青春期男孩可能会_____这些问题，而有同样感受的青春期女孩可能会_____这些问题。

A. 写出；说出   B. 交流；写出

C. 内化；外化   D. 外化；内化

13. 依据埃里克森的生命全程发展阶段理论，成年初显期面临的挑战是_____。

A. 亲密对孤独

B. 同一性对角色混乱

C. 繁殖对停滞

D. 能力对自卑

14. 成年中期，即 35～65 岁，具有什么特点？

A. 对于大部分人来说，这是个健康、幸福、高产和自我反思的时期

B. 对于大部分人来说，这是个动荡期，是对错失的机会和失败进行重新审视的时期

C. 对于大部分人来说，这是态度、行为和兴趣发生根本性变化的时期

D. 对于大部分男人来说，这是匮乏感和无成就感冲击意识的时期

15. 研究衰老和老年人的研究者被称为_____。

A. 末世学家   B. 银发学家

C. 老年学家   D. 存在论者

第13章
社会心理学

你需要做什么？

心理学是一门研究我们日常思考、感受及行为的科学。学习本章之前，我们有关于你自己日常生活的问题要问你。我们希望这只是你在阅读本章时思考自己人生经历的开端。

互动

提出问题，乐于思考

你是否可以回想起明知所在的群体做出错误的决定但自己没有站出来制止的经历？

☐ 是

☐ 否

考虑以下（现实生活中的）场景：

时间：1月份某个周四早晨7∶00；地点：纽约市。

警察被召集到地铁站，准确地说是Q列车处。这里发生了一起不幸的事件，布鲁克林的美国邮政雇员尤金·赖利（Eugene Reilly）被发现死亡。邮递员的换班时间在午夜之后，而且考虑到他返回居所通常仅花费30分钟，他的死亡时间至少早于被发现时的6个小时。目前尚不清楚其间有多少乘客经过他的身旁。对于纽约人来说，该事件让人回想起其他类似的地铁事件，例如，在地铁早高峰期间，有一位来自特拉华州的游客曾在某列车上丧生。即使那辆列车挤满了往返布朗克斯和曼哈顿下城的数百名乘客，但在有人发现并通知当局之前，也至少有3个小时未曾有人注意到他们同车的乘客需要救助。

现在考虑以下（也是现实生活中的）场景，这是人性阴暗面的另一个例子，且更为不幸，更加发人深省，影响范围也更广：阿道夫·艾希曼（Adolf Eichmann），二十年前他曾是纳粹精英并担任德国高级军官，在第二次世界大战期间犯下参与驱逐以及杀害数百万人的罪行，最终被捕并判处死刑。他总是自豪于自己在工作上的效率以及对怜悯受害者的"免疫力"。

但是，当以色列人俘虏他时，他坚称自己不是反犹太主义者，也没有对纳粹大屠杀所针对的其他宗教、政治、性别或种族群体有任何偏见。相反，艾希曼视自己为忠实的步兵，认为他只是遵从了上级的命令，正如他曾经在一封信中写道的——他只是纳粹德国这一更大的官僚机构下的"一种工具"。在因战争罪被处决之前不久，艾希曼说："我不是所谓的恶魔，我是谬论的受害者"。（Brown，1986）

对艾希曼所指的谬论的一种诠释是这样一种信念，即认为做出邪恶行为的人必定是恶魔。事实上，如果你像我们一样，初始的倾向是将艾希曼以及其他犯下危害人类罪行的人贴上这样的标签：他们是疯狂又邪恶的恶魔，在某种程度上是与我们其他正常人完全不同的生物。同样地，对那些不愿耗费时间去关心失去回应的同行乘客的人，你或许会有相似的评价，只是程度较轻。我们通常会很快地得出结论：他们一定是残酷、冷漠和自我的人。

CUS Archives/Everett Collection Inc/Alamy Stock Photo

想到阿道夫·艾希曼或其他犯下滔天罪行的人，人们很容易得出结论：他们在某种程度上是"恶魔"。但这是一种过度简化吗？如果持有"所有邪恶的行为都是穷凶极恶之人所做出的"这种观点，我们是否能够全面地了解人性？

我们应该清楚一点：艾希曼的罪行是毋庸置疑的。而且，所有人都愿意相信自己会帮助有需要的同行乘客。但是，在本章我们将探讨以下可能性，即邪恶的行为多于邪恶的人，冷漠的旁观者多于冷漠的人格类型。思考本章开头的问题：你是否可以回想起明知所在的群体做出了错误的决定但自己没有站出来制止的经历？多数人会给出肯定的回答，这表明许多人从亲身经历中了解到：好人有时没能采取行动去阻止不良后果的产生。当然，在回答这个问题的时候，你可能不会考虑生死攸关的情况，比如说帮助病重的同行乘客，你当然也不会考虑艾希曼所推崇的暴行。但是，一些同样的心理、逻辑倾向也可能在其他领域的不适应甚至是破坏性决策中发挥作用，比如说，阻止你向研究小组的其他成员说出你认为他们对一个重要概念的定义是错误的。

但是请记住，我们本章的目标不是为这些问题行为进行辩护或辩解，而是更好地理解并可能在将来防止这些行为的发生。这个世界尽管存在许多残酷和冷漠，但同时也存在许多仁慈、奉献和英雄主义。毕竟，有时也有乘客不顾自身安危跳入轨道帮助跌落的陌生人，第二次世界大战中也有一些英雄人物不惜冒着生命危险违抗上级命令拯救无辜的民众。我们该如何着手解释人性的阴暗与光明这两个方面呢？

社会心理学通过检验社会和文化环境对个体以及群体行为的强大影响来回答这一问题。本章中，我们将着重探讨社会心理学的基本原理，其中一些原理可以帮助我们理解为何看似平常的人会做出令人瞠目结舌的恶行，而为何又有些普通人会在情境需要的时候能达到英雄主义的高度。我们将关注角色和态度的影响、个体的行为如何受到其所处群体以及情境的影响、人们从众或不从众的条件，以及群体间偏见和冲突的社会文化因素。如开篇的例子所示，我们将深入探讨各种类型的问题行为、不安全行为甚至是不道德行为。但是

请不要害怕，本章将重点关注人性更积极的、亲社会的方面。我们提出，更好地理解社会心理学不仅能理解和预测他人的日常倾向，还能够使你在社会中成为一个更加体贴、参与程度更高以及令人印象更深刻的人。

13.1　社会影响力

想象过着隐士般的生活：完全脱离社会，可以在任何时间做任何你想要做的事情，而不必满足其他人的期许。在某种程度上这可能听起来很有吸引力，但是很快你可能会发现独身一人有着恶劣的影响。在喜剧《地球上最后一个男人》（*The Last Man on Earth*）第一集中，名为菲尔·米勒的懒汉在病毒近乎使人类灭绝之后探索了一个荒芜的星球（是的，这是一部喜剧，我们保证……）。他享受了一段短暂的时光，将荒无人烟的土地变为自己的单人游乐场，居住在豪宅中，装饰墙壁的是从博物馆抢夺的无价艺术品，他还用瓷制灯具和装满鱼的鱼缸进行自创的保龄球游戏。但是，突如其来的孤寂很快吞噬了他所有的乐趣，导致他开始用无生命的物体创造"朋友"，然后满世界找寻可以交谈的对象。

正如该剧（公认可笑）的创作者所揭示的那样，人类是社会动物，我们会为孤独、孤立和社会排斥付出高昂的代价（Cacippo et al.，2015；Freidler, Capser & McCullough，2015）。事实上，被排斥、拒绝或羞辱的社会疼痛所激活的脑区，在感受到物理疼痛时同样被激活（Chen et al.，2008；Dalgleish et al.，2017；Williams，2009）。但是，有时我们似乎可以为社会参与付出同等高昂的代价，正如碰到不易相处的室友、与兄弟姐妹在家庭旅行中共享狭窄的空间，或经历轰轰烈烈的恋爱关系。当人们同意达成社会协议时，这种协议所暗含的内容就是一套复杂的规则、期望和标准。

FOX/FOX Image Collection/Getty Images

正如威尔·福特（Will Forte）扮演的角色菲尔·米勒在《地球上的最后一个男人》中所发现的那样，独享整个星球有一些好处（你是否曾经想过在白宫居住几天？去吧！）。但是，他也很快明白了社会关系的重要性以及被剥夺社会关系的心理代价。

13.1. A 规范和角色

学习目标 13.1. A　比较社会规范与社会角色，并注意它们对规范行为的作用

社会心理学家斯坦利·米尔格拉姆（Stanly Milgram）曾说过，"我们都是被缠绕在社会约束这张蛛网里的脆弱生物"。他这里所指的约束就是社会**规范**（norms），是关于我们应该如何行动的规则，如果违反会面临强制性惩罚（如果遵循则会获得奖励）。规范是日常生活的惯例，使得与他人的互动具有可预测性且有秩序；它们无形又牢固。每个社会都具备规范，包括：如何接近陌生人，对话过程中的非言语行为，得体的公共穿着，购买谈判，等等。规范可以是内隐的，或者是人们下意识遵循的不言而喻的文化理解（例如，公共汽车不是大声歌唱的场所，或者学生不应该把脚放到教授的桌子上）。规范也可以是外显的、他人明确表述的正式期望（例如，在晚宴上讨论宗教或政治是不礼貌的，或者当有人

为你开门时总是要说谢谢）。

Courtesy of Mark Bussell

不论是自己一个人还是与朋友一起，小试一下违反规范的行为（当然，不要采取引起恐慌的、淫秽的、危险的甚至是攻击性行为）。你可能会倒着排队；即使有其他空位，仍然在公共场合坐在陌生人的旁边；在谈话过程中站得离朋友太近或太远；在你进入教室的时候和你的教授击掌或碰拳头。在你违反规范的时候，注意围观者的反应以及你自己的感受。你觉得这样做容易吗？为什么容易或为什么不容易？

违反规范令人难堪，在极端情况下还会导致社会孤立。因此，通常只有在别人都违反某项社会规范时，人们才会摆脱这一规范的束缚。如此，将社会凝聚在一起的黏合剂就会瓦解。例如，在荷兰进行的六次自然田野实验中，如果人行道脏乱，墙上有涂鸦的痕迹，或者陌生人非法引燃烟花，那么行人就更容易乱扔垃圾、非法停车，甚至是从信箱中窃取一张五欧元的钞票。所有这些线索都表明其他人也没有遵循社会规范（Keizer, Linderberg & Steg, 2008）。

每个社会同样包含着各种各样的社会**角色**（roles），即一些规范所规定的关于不同类型的人"应该"如何表现。例如，性别角色定义男性和女性的"适当"行为。职业角色决定管理人员和员工、教授和学生的"正确行为"。如同规范一样，角色可以是内隐的。即有时社会角色的要求是不成文的——仅仅知道什么时候违反了它们，不论是有意还是无意。

这是因为你会感到不适。如同规范一样，角色可以是外显的，正如别人告诉你男孩不应该轻易哭泣，雇员应该把顾客当作上帝，教授在课程大纲中说明学生在课堂上应该如何表现。角色的某些方面必须履行，否则会面临情感、社会、经济或专业方面的惩罚。

规范

管理社会生活的规则，包括外在的法律和内在的文化习俗。

角色

由一系列"适当"的行为规范所管理的社会地位。

社会角色的要求还会受到所在文化的影响。**文化**（culture）被定义为社会中多数成员共享的一套价值观、信念和习俗，文化代代传承（Heine, 2015；Lonner, 1995）。习得本土文化的大部分规范和价值观的方式与习得母语的方式相同：不假思索。一种文化规范支配谈话距离的规则：人们通常在说话时与他人的距离（Burgoon, Guerreo & Floyd, 2016；Gharaei & Rafieian, 2018）。例如，阿拉伯人和拉丁美洲人通常喜欢离得很近，近到可以触碰你的胳膊并看到你的眼睛——这样的近距离会让很多北美人和北欧人感到不适，至少对陌生人是如此。当与一个有着不同文化距离规则的人交谈时，你很可能会感到不明缘由的不舒服。一位来自黎巴嫩的学生曾告诉我们，他在学习这些内容之后感到如释重负。"当白人同学远离我时，我以为他们是对我有偏见，"他说道，"现在我明白了为什么我和拉丁裔的同学交谈时会感到更自在。他们和我一样也喜欢近距离。"

文化

社会中的多数成员共享的一套价值观、信念和习俗，支配着他们的行为。

Jon Pack/Comedy Central/Everett Collection

规范是强有力的，它们根据文化和情境的不同而变化，我们经常努力避免与其发生冲突。看见别人违反它们呢？正如艾比和伊兰娜（上图）在《大城小妞》（*Broad City*）的几乎每一集中所展示的那样，这既有趣又值得一试。事实上，各种各样的喜剧，包括《衰姐们》、《办公室》、《消消气》（*Curb Your Enthusiasm*）和《公园与游憩》（*Parks and Recreation*），其中大部分笑点都来自描绘挑战或忽视社会规范所带来的令人不安的结果。

事实上，只要意识到这种文化差异，就能带来更好的社会结果。如果你发现自己对另一种文化背景的人正在做（或没有做）的事情感到愤怒，你可以用批判性思维来判断此时自己的期望和观念是否合适。例如，将握手作为礼貌举止的人遇上不愿意配合的人（另一种不同文化背景）很可能会感觉受到了冒犯，除非他们问过自己这样一个问题："是不是每个人都有着和我们文化一样的握手习惯？"花点时间检查一下你的臆断和偏见，考虑对他人行为的其他解释，避免情绪化的推理，这样你就可能避免刻板化的倾向，并避免以敌对的、消极的方式看待交流中的文化差异；希望他人也予以回报，为你做同样的事情。

自然而然地，人们也把自己的人格和兴趣带入他们所扮演的角色当中。正如两个拿着同样脚本的演员会以不同方式扮演同一角色，对如何扮演学生、朋友、父母和雇员也会有自己的理解。虽然如此，社会角色的要求仍然很高，甚至会使你的行为方式破坏你对自己的基本认识。我们现在来看两项经典的研究，以阐释社会角色在我们生活中的威力。

13.1.B 米尔格拉姆的服从研究

学习目标 13.1.B 概述并评价米尔格拉姆的服从研究，并讨论使得服从权威的可能性更大的特定条件

20世纪60年代早期，米尔格拉姆（1963，1974）设计了一项研究，后来成为心理学中——尽管不是所有的行为科学中——最著名的研究之一。米尔格拉姆感兴趣的是，权威人士的命令是否能够迫使普通人违背自己的伦理标准。他为何对服从权威感兴趣？很大程度上是因为他想了解二战纳粹大

屠杀背后的心理因素——根据米尔格拉姆（1963），"只有很多人都服从命令"，系统性的种族灭绝才有可能发生。

当然，研究这样的内容绝非易事。米尔格拉姆所提出的创造性程序，在很大程度上是他的研究在半个多世纪后仍然如此著名的原因。米尔格拉姆的实验参与者以为他们参加的是一个研究惩罚对学习的影响的实验。每个参与者看似被随机地分配"教师"的角色。而另一个人——志愿者同伴——被分配"学生"的角色。"学生"坐在相邻的房间，一旦在回答本应记住的词组时犯了错误，"教师"就要按压机器上的杠杆电击学生（见图13.1）。学生

互动

(a) Courtesy of Alexandra Milgram　(b) Courtesy of Alexandra Milgram　(c) Courtesy of Alexandra Milgram

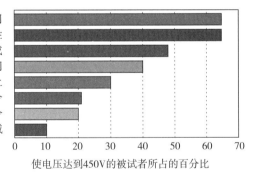

使电压达到450V的被试者所占的百分比

图 13.1 米尔格拉姆的服从研究

（a）米尔格拉姆的原始电击机器；（b）"学生"被实验人员和"教师"绑在椅子上；（c）米尔格拉姆对研究进行一些改变，包括"教师"直接电击"学生"。条形图为总结。

每犯下一个错误，电压（从0~450 V）就相应升高15 V。机器的电击级别标注显示从"轻微电击"到"危险电击"，最后是不详"×××"。

实际上，所谓的"学生"是米尔格拉姆找来的合作演员——通常称之为"同盟"——他们没有受到任何电击。但是"教师"并不清楚这一点。演

员受害者非常逼真地进行表演：随着研究的进行，他痛苦地叫喊并祈求释放，而所有的内容都依照事先安排的脚本。因此，参与者——"教师"——深信在另一个房间的志愿者正备受折磨。与此同时，一位身着白大褂（实验室外套）的研究人员无动于衷地坐在附近。每当"教师"开始动摇时，研究人员都会给出平静但严厉的命令，鼓励"教师"继续。例如，"请继续"或"实验要求你继续"。米尔格拉姆的问题是：人们对权威人物的错误命令的服从程度有多高？

开始研究之前，米尔格拉姆询问了很多精神病学家、学生和其他成年人，以了解他们认为会有多少人会"坚持到底"：将电压一直加到×××（450 V）。精神病学家预测，多数人会拒绝超过 150 V 的电击，一旦"学生"请求被释放，就会立即停止。只有千分之一的人（精神失常者和虐待狂）才会使电压达到最高。外行人也同意这一种观点，并补充说自己会在实验过程的早期就不服从。

但事实并非如此。每名参与者均对"学生"实施了一定程度的电击，其中 2/3 的参与者都服从到了最大限度，不论年龄、职业。许多人向实验人员抗议，但当实验人员平静地回答"继续下去是至关重要的"时，他们就放弃了进一步的抗争。即使受害者叫喊着停下，甚至本人也因为所造成的伤害备受煎熬，他们仍然选择了服从。正如米尔格拉姆（1974）所记录的，参与者"会出汗、颤抖、结巴、咬嘴唇、呻吟、用指甲掐自己"。显然，他们仍保留了道德，所以才会感到难受。尽管如此，他们还是选择了服从。

近几十年来，参与米尔格拉姆变式研究的人数已经超过了 3 000。其中大部分人（不同性别、不同国籍以及不同的文化背景）都使陌生人承受了他们自以为的有害后果（Caspar, Christensen, Cleeremans & Haggard, 2016；Meesus & Raaijmarkers, 1995）。在

2009 年，杰瑞·伯格（Jerry Burger）重复了米尔格拉姆的原始研究，并要求不知情的"教师"最高施加 150 V 的电击（"学生"首次开始抗议的时刻）。在米尔格拉姆的研究中，150 V 的电击是一个关键的决策时刻，因为接近 80% 的"教师"在超过 150 V 之后最终都将电压施加到最大。总体而言，伯格（2009）得出的服从率仅仅略低于米尔格拉姆的研究。几年后，利用伯格研究的修改版也发现了相似的结果（Doliński et al., 2017）。在一个相对怪异的网络版的米尔格拉姆研究中，研究人员要求参与者"电击"电脑屏幕上的虚拟女性。即使知道她并非真人，参与者的心率依旧增大，并报告对施以"电击"感到不适。尽管如此，他们却并未停止（Slater et al., 2006）。

米尔格拉姆同样对原始研究进行了一些改变以确定人们可能违抗实验人员的特定条件（见图 13.1）。他发现，学生不论做什么、说什么，都无法动摇服从性，即使受害者说自己有心脏问题、痛苦地尖叫或假装崩溃并失去反应也没有任何作用。然而，参与者在其他条件下更容易不服从：

- **当实验人员离开房间时，**许多"教师"施以低程度的电击，但谎称自己遵守了命令，暗中破坏权威性。
- **当和受害者在同一房间时，**"教师"必须直接对受害者施以电击，很多人拒绝继续。
- **当两名实验人员的要求互相矛盾时，**一人要求继续而另一人要求停止，无人选择听从前者。
- **当参与者的同伴（"教师"）表示拒绝时，**他们通常会获得违抗命令的勇气。

米尔格拉姆得出结论：人们之所以服从，更多的是情境在起作用，而非人格。米尔格拉姆（1974）总结道："他们行为的关键不在于被压抑的愤怒或攻击性，而在于与权威的关系。他们屈服于权威，视自己为执行他人意志的工具；一旦如此定义，则无

法从中摆脱。"

米尔格拉姆的研究也曾受到批评（Griggs & Whitehead, 2015；Nicholson, 2011）。有人曾质疑该研究的伦理性（Tolich, 2014）。这情有可原，许多参与者发现这种体验令人极度痛苦，他们一直被蒙在鼓里，在实验结束前对真相一无所知（当然，如果事先告诉他们，研究也就失去了意义）。近期的批评是质疑米尔格拉姆是否像他所声称的那样在事后翔实告知所有参与者实验的真实情况（Perry, 2013）。一些心理学家对米尔格拉姆的结论表示怀疑，即人格特质实际上与是否服从权威无关，但某些特质——特别是敌意、自恋以及刻板，的确预示着服从性的提高以及向他人施加痛苦的意愿增强（Blass, 2000；Twenge, 2009）。还有一些人反对米尔格拉姆将参与者的行为与纳粹的暴行相提并论。在米尔格拉姆的研究中，人们在实验人员监视的情形下不情愿地服从。相比之下，许多纳粹分子的行为没有受到监督，心理上也没有承受痛苦。

尽管如此，米尔格拉姆的研究还是极大地影响了公众对盲目服从的危险性的意识，这一点毋庸置疑。正如约翰·达利（John Darley, 1995）观察到，"米尔格拉姆向我们展示了一条道路的开端，即普通人如何在社会力量的控制之下成为现实世界中暴行的根源"。

13.1.C　斯坦福监狱实验

学习目标 13.1.C　概述并评价斯坦福监狱实验

另一著名的研究是斯坦福监狱实验，常被吹捧为角色力量的体现。其首席研究员菲利普·津巴多（Philp Zimbardo）试图研究如果向普通的大学生随机分配囚犯和狱警的角色，会发生什么情况。他和同事在斯坦福大学心理学系的地下室建了一个看起来很真实的"监狱"，里面有单独的牢房、带编号的监狱制服以及狱警用的警棍（Haney, Banks & Zimbardo, 1973）。学生们同意在模拟的监狱中生活和工作，为期两周。

津巴多报告许多"囚犯"在很短的时间内变得痛苦，甚至无助，出现情绪症状和身体疾病。一些人变得冷漠，另一些人变得叛逆；还有一个人出现明显的恐慌，然后崩溃。而"狱警"开始享受新获得的权力。一些人试图表现出友善，帮助"囚犯"并施以小恩小惠。一些人"强硬但公平"。还有约三分之一的人变为酷吏，即使"囚犯"没有进行任何形式的反抗。一名"狱警"变得异常残忍，他用警棍拍打手心发誓要"抓到"囚犯，并命令其中两名"囚犯"模拟性行为（被拒绝）。津巴多本人也承认自己没有预料到普通学生会有如此惊人的迅速转变，因此他在6天后提前结束了研究。

一届又一届的学生都观看过当时研究所录制的充满感情的视频片段。对于津巴多来说，研究结果证明了角色如何影响行为："狱警"的攻击行为是穿着狱警制服以及被授予狱警权力的结果（Haney & Zimbardo, 1998）。然而，一些社会心理学家认为监狱研究实际上体现的是对权威的服从以及一些人如何自愿地服从指示。在这个案例中，指示来自津巴多本人（Bartels, Milovich & Moussier, 2016；Carnahan & McFarland, 2007）。思考津巴多在研究开始前对"狱警"进行的描述：

> 你可以使"囚犯"感到无聊，以及产生某种程度的恐惧。你可以制造专制的现象，即他们的生活完全由系统、你和我控制，他们将没有隐私……我们将通过各种方式剥夺他们的个性。总的来说，以上会导致一种无力感。即在这一情境中，我们拥有权力而他们一无所有（引自 Halam & Reicher, 2003）。

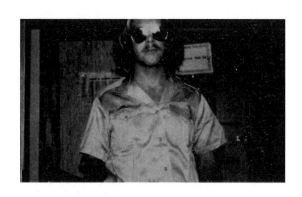

Courtesy of Philip G. Zimbardo

图中所示为津巴多监狱研究中的某个"狱警"。

这些都是对"狱警"应该如何表现的有力建议，也传达了津巴多本人的鼓励（"我们"将拥有所有的权力）。因此，有人听信他的话并粗暴地行事也许就不足为奇。那名最残忍的"狱警"后来进行辩解，称他只是想要按照他在电影中看到的"最糟糕的混蛋狱警"来扮演角色。甚至调查人员也注意到，当时的数据"由于存在选择性抽样，可能会出现错误。视频和音频往往集中于所发生的更有趣、更具戏剧性的事件"（Haney，Banks & Zimbardo，1973）。因此，关于这项研究所揭示的社会角色的力量是否能作为令人信服的、客观的科学证据，或它是否展现了参与者被引导进行角色扮演的能力，出现了新的质疑。根据一些新的说法，即使是研究团队所记录的出现崩溃的"囚犯"，现在也声称他只是在表演他认为应该扮演的角色。

评估斯坦福监狱实验关于社会角色的假设是否严谨的一种方法是查看重复研究的结果。事实上，如果不使用与津巴多相同的某种暗示性指令，并不会观察到原始研究中的同类型病理行为（Bartels，2015；Reicher & Haslam，2006）。这类发现使得津巴多的著名研究更加复杂。此外，许多评论家对该研究提出伦理上的担忧，从"狱警"的虐待，到作为

"囚犯"的参与者，很难被定义为真正意义上的自愿以及失去话语权（Bartels et al.，2016）。在对究竟什么样的人会报名参加监狱研究这一问题的探索上，有研究者灵机一动，在报纸上刊登了与津巴多招募实验参与者时几乎一模一样的广告（Carnahan & Mc-Farland，2007）。他们发现，最初的研究表明，将那些不同的甚至更普通的参与者群体作为对照组，那些对监狱研究做出回应的人的攻击性、专制性更强，社会支配地位更高，而同情心更弱，利他程度更低。这一发现表明，在原始的研究中，一组不同的甚至更加"平均"的参与者可能不会以津巴多监狱实验中如此戏剧的方式进行表现。

Atlaspix/Alamy Stock Photo

Steve Diet/IFC Films/Everett Collection

时至今日，米尔格拉姆和津巴多的研究仍兼具影响力和争议性。事实上，2015 年还发行了独立影片，分别讲述他们的故事［由彼得·萨斯加德（Peter Sarsgaard）饰演斯坦利·米尔格拉姆的《实验者》（*Experimenter*）和由比利·克鲁德普（Billy Crudup）饰演菲利普·津巴多的《斯坦福监狱实验》（*The Stanford Prison Experiment*）］。

13.1.D 人们为什么服从

学习目标 13.1.D 解释导致破坏性服从的因素

当然，对权威或情境规范的服从并不总是有害的。在任何群体中，对规则进行一定程度的服从都是必要的。如果所有公民都忽视交通信号、偷税漏税或随地乱扔垃圾，国家就无法运转。如果所有雇员都随心所欲，企业就无法运行。然而，服从也有黑暗的一面。纵观历史，"我只是服从命令"的托词已经成为愚蠢、破坏性或不道德行为的借口。作家查尔斯·珀西·斯诺（C. P. Snow）曾经说过，"以服从的名义所施行的可怕罪行要多于以反叛的名义"。

多数人遵守命令是因为不服从会有显而易见的后果：被学校退学、被解雇或被捕。人们服从权威也可能是为了个人的晋升，或出于对权威合法性的尊重，以及对事业的崇高信念（Haslam & Reicher, 2017；van der Toorn, Tyler & Jost, 2011）。然而，米尔格拉姆研究中那些明明知错，希望退出研究，但仍无法脱离"社会约束的蛛网"的人又是怎么回事呢？为什么人们会违背自己的价值观，不分轻重缓急，与自己的初心背道而驰？

在米尔格拉姆的研究中，一种可能的答案是，参与者受到了各种快速判断和先入为主的观念的影响。他们参加的是大学校园里的科学研究，监督者是穿着白大褂的可靠人士。所有的线索都传达了某种正当性——我们中的许多人会想当然地认为受人尊敬的科学家不会让研究发生任何真正意义上的危险。因此，他们勉强服从了指示（事实上，如果给出指示的人没有穿着象征科学家的实验服，服从率就会大大下降）。

另一种可能是**陷阱**（entrapment）。通过这个过程，个体在某个行动进程中的投入不断升级，从而证明其付出的合理性（Brockner & Rubin, 2012）。在陷阱的第一阶段，面临的选择可能相对简单。但当又迈出一步，或继续做出决定时，他们就会证明进一步行动的合理性，从而泥足深陷，不久之后变得越来越自暴自弃、残忍或莽撞。

陷阱

一个循序渐进的过程，个体在一系列行动中的投入不断升级，使付出的时间、金钱或努力合理化。

以米尔格拉姆的实验参与者为例，他们刚刚对某人施加了15V的电击。下一个级别也就"只有"30V。由于每一次的增量很小，多数人不自觉地施加了他们认为存在危险的强电击，从而使得他们很难将突然放弃的决定合理化——如果我已经尝试了150V，又怎么能拒绝165V呢？那些施以最大程度电击的人通常会把责任推给权威人士（实验人员）以合理化自己的行为，并为自己开脱罪责（Burger, 2014；Modigliani & Rochat, 1995）。相反，那些拒绝实施高强度电击的人则通过对自己的行为负责来为自己的退出进行辩护。一位32岁的工程师说："我认为将责任推卸给他人是懦弱的。看，如果我现在转过身说'这是你的错……不是我的'，我认为这就是懦弱的表现。"（Milgram, 1974）

另一项关于陷阱的令人毛骨悚然的研究以25名曾在1974年结束的独裁政权时期服役于希腊宪兵队的军人为对象（Haritos-Fatouros, 1988）。一位心理学家采访并揭露了他们审讯、拷问囚犯的训练过程。首先，审讯时受训者被命令在刑讯室外站岗。然后，他们进入拘留室内站岗，并在此观看对囚犯的刑讯拷打。最后，他们再帮助殴打囚犯。在逐步服从这些命令并越来越主动参与之后，他们发现自己更容易实施酷刑。不幸的是，类似的程序在世界各地都被用来训练军事人员和警察审讯人员以打击犯罪嫌疑人（Huggins, Haritos-Fatouros & Zimbardo, 2003；Mayer, 2009）。

Kamonwan Thongduang/123RF

社会心理学研究挑战了坏行为总是由"坏苹果"导致的观念。相反，研究表明，各种社会力量、规范以及角色既能以积极的方式，也能以消极的方式决定普通人的行为。

从刑讯者的立场来看，自己只是在"履行职责"的"好人"，尤其是在战争时期。但是，这样的合理化忽略了陷阱。一名囚犯可能是杀人犯或恐怖分子，但如果另一名囚犯是完全无辜的呢？刑讯者的思路就会很快发生变化，从"如果这个人有罪，那么他就应该受到折磨"转变为"如果我在折磨这个人，那么他一定有罪——而且这根本就不是折磨"。于是，虐待升级（Tavris & Aronson, 2007）。

对那些趋向于将世界划分为"好人"和"坏人"的人来说，他们很少考虑先前的情境因素对酷刑和其他类型的破坏性服从的影响。有些人很难相信好人做坏事；如果是坏事，那么就定义而言，一定是坏人做的。然而，在日常生活中，就像在米尔格拉姆研究中那样，人们往往走上一条在道德上模棱两可的道路，最后发现已经与自身的原则背道而驰。从希腊宪兵的酷刑到纳粹军官，从米尔格拉姆研究中善意的志愿者到日常生活中的我们，从欺骗朋友到考试作弊，人们常常会跨越自己所谓的底线。研究表明，许多时候，规范的要求、角色以及情境

的社会压力能够压制内心的良知。

> **日志 13.1　批判性思维：定义术语**
>
> 　　思考你所扮演的三种社会角色。哪些是内隐的，哪些是外显的？描述你可能会做什么来违反其中一个角色的相关规范。你周围的人会有什么样的反应，你会因此受到什么样的惩罚？

模块 13.1　小考

1. 管理社会生活的规则，例如外显的法律和内隐的文化习俗，被称为_____。
   A. 规则　　　　　B. 习俗
   C. 规范　　　　　D. 角色

2. 斯坦利·米尔格拉姆关于服从的研究发现，如果_____，"教师"更倾向于对"学生"施以更轻的电击。
   A. 研究是在一个有声望的环境中进行的
   B. 实验人员被呈现为一个正统的权威人士
   C. 实验人员不在场
   D. 米尔格拉姆本人站在"教师"旁边给出命令

3. 以下哪一项是针对米尔格拉姆服从研究的批评？
   A. 米尔格拉姆不够重视研究参与者和纳粹分子之间的相似之处
   B. 米尔格拉姆不应该在实验结束后向参与者表明实际情况，即并没有真正地实施电击
   C. 米尔格拉姆不应该提前告诉参与者研究的目的是什么
   D. 米尔格拉姆关于人格特质与人们是否服从权威几乎无关的结论值得怀疑

4. 以下哪一项关于津巴多监狱研究的陈述是正确的？
   A. 研究中的"囚犯"对自己的待遇有过多的发言权
   B. 研究者关于"狱警"的描述可能使他们倾向于

残忍地对待"囚犯"

    C. 这项研究已经被重复多次，对"狱警"的建议性指示更少；近期的研究得出了与原始研究相同的结论，发现了相同类型的病态行为

    D. 该研究表明，社会情境只有在不寻常的条件下才会影响行为

5. 当人们在某个行动进程中的投入不断升级，以合理化对行动的付出——即使行动是错误的或具有破坏性，这说明发生了_____。

    A. 约定   B. 服从

    C. 顺从   D. 陷阱

13.2 社会信念

    社会心理学家不仅关心人们在社会情境下做什么，还关心此时在他们的头脑中发生了什么。社会认知领域的研究者考察人们如何看待自己和他人，以及社会环境如何影响这些思想和信念。本节中，我们将要探讨社会认知领域两个重要的主题：归因和态度。

13.2.A 归因

学习目标 13.2.A 比较情境归因和个性倾向归因，并解释基本归因错误和其他偏见

    我们花费了很多时间来试图理解他人的行为（Olcaysoy，Okten & Moskowitz，2018）：售货员真的认为我穿这件衬衫好看吗？或者他夸赞我只是为了拿回扣？朋友朝我发脾气是因为睡眠不足所导致的情绪不稳定，还是因为她本身就是个混蛋？根据**归因理论**（attribution theory），对行为的解释一般分为两类。情境归因将行为的原因归为情境或环境："沃尔特贩卖毒品是因为家境贫穷"。个性倾向归因将行为的原因归为人本身所具有的某些倾向："沃尔特贩卖毒品是因为他天生渴望权力，道德品质败坏"。

    人们在试图解释他人行为时，往往容易高估人格特质而低估情境（Gilbert & Malone，1995；Li et

al.，2012；Stiensmeier – Pelster & Heckhausen，2018）。用归因理论的术语来说，他们忽略情境归因而偏好个性倾向归因。这一倾向被称为**基本归因错误**（fundamental attribution error）（Jones，1990）。

Alekup/123RF

    她为什么会那样做？我对他有什么感觉？我们经常问自己这样的问题——这与归因和态度有关。

归因理论

解释自己和他人行为的动机，并将其归于特定情境或某种个性倾向。

基本归因错误

解释他人行为时高估人格因素而低估情境因素的倾向。

互动

归因理论

"为什么艾瑞莉娅最近如此暴躁、刻薄？"

情境	个性倾向
"她最近工作压力大。"	"她只顾自己，一窍不通。"
"她的孩子生病了，所以睡眠少。"	"她本身就是个不友好的人。"
"她最近出现了经济问题。"	"她不在乎别人怎么想。"

那些没有帮助同行乘客的人，难道是他们生性冷漠吗？米尔格拉姆实验中几百名服从权威的人天生就是虐待狂吗？

监狱研究中残酷的"狱警"和胆小的"囚犯"的性情都是如此吗？这些想法都犯了基本归因错误。当我们相信人们在上述场景中的行动是出于自己的自由意志的选择时，犯这种错误的可能性就更高（Genschow, Rigoni & Brass, 2017）。然而，用人格解释他人行为的冲动是如此强烈，以至于即使知道他人的行为是遵照特定方式的要求，我们还是会如此归因（Yzerbyt et al. , 2001）。

基本归因错误在西方国家尤其普遍。相比情境的影响，人们更容易相信个体应该为自己的行为负责（de Oliveira & Nisbett, 2017; Na & Kitayama, 2011）。例如，当被问及上述问题时，许多美国人会认为自己会帮助有需要的同行乘客，并拒绝实验人员的残酷命令。相反，印度、日本、韩国等更强调群体目标和个体之间的相互关系，个体更容易意识到情境对行为的限制（Balcetis, Dunning & Miller, 2008; Choi et al. , 2003; Lee et al. , 2017）。因此，如果某人举止奇特，犯错或出现道德过失，印度人便不像西方人，可能更倾向于做出情境归因（"他压力大"），而不是个性倾向归因（"他不称职"）。

产生基本归因错误的一个主要原因是对自己和他人行为的判断依赖于不同来源的信息。你知道自己在想什么，但你不可能总是知道别人在想什么。因此，对自己行为的判断可以基于内省（感受和意图），而对他人的判断只能依据外显的行为（Boothby, Clark & Bargh, 2017; Pronin, 2008）。社会感知中所存在的基本不对称性被自我服务偏差以及习惯性地使自己感觉良好的思维方式进一步扩大。即使（也许尤其）不应该这样做，比如用最宽容的归因方式解释自己行为的失误。以下是自我服务偏差的两个具体类型，同时它们也影响我们的社会感知。首先，请先快速完成下面的调查。

互动

你怎么样？

你的驾驶技术是否高于平均水平？
□是
□否
你的领导能力是否高于平均水平？
□是
□否
你的社交能力是否高于平均水平？
□是
□否

1. **优于常人偏差**。大多数人倾向于认为自己在价值维度上高于平均水平：更善良、更能干、更有魅力（Balcetis, Dunning & Miller, 2008; J. D. Brown, 2012; Kim, Kwon & Chiu, 2017）。他们高估自己在道德困境中做正确事情的意愿，救助陷入困境的陌生人，等等。当然，不可能每个人（或几乎每个人）都高于平均水平。平均不是这样的！这种有时膨胀的自信会夸大我们在为自己的问题行为进行归因时的自我服务倾向。上述调查是否提供了这种**优于常人效应**（better - than - average effect）的证据？当我们要求班里的同学举手表明自己的驾驶水平是否高于平均水平（首先告诉他们闭上眼睛，以避免同龄人压力的影响或潜在的尴尬）时，通常会发现约四分之三（或更多）的学生认为自己优于常人。

2. **公平偏差**。根据**公平世界假设**（just-world hypothesis），归因还受到相信正义通常会获胜，善有善报、恶有恶报的需要的影响（Lerner, 1980; Sutton, Stoeber & Kamble, 2017）。当这种信念被质疑时——特别是当坏事发生在像我们一样的"好人"身上时——会出现重申信念的动机（Aguiar et al. , 2008; Hafer & Rubel, 2015）。不幸的是，重申对公平世界的信念的一种常见方式是被称为责难受害者的个性倾向归因。例如，得知某位同学被抢劫或袭击使你对校园安全感到不安。认定受害者是咎由自取——独自在深夜行走，所以在公共场所受到伤害——可能诱使你相信自己永远不会遇到相同的情形。当然，这样一种思维定势的代价是对受害者缺乏同情，将事件的责任归咎于错误的对象。

优于常人效应

多数人认为自己在大多数领域的表现高于平均水平的一种认知偏差。

公平世界假设

多数人都需要相信世界是公平的，善有善报，恶有恶报。

觉得自己比他人更善良、更有能力、更讲道德，相信好人有好报，这对我们的自尊心有一定的好处。这也是这些信念被视作自我服务的原因。但是，这些令人欢喜的错觉也会歪曲沟通，阻碍冲突的解决，并预测各种复杂的人际关系的结果（Dufner et al., 2018；Makridakis & Moleskis, 2015）。

当然，有时个性倾向归因确实可以解释一个人的行为。要牢记的是，你所做出的归因会产生巨大的影响。例如，幸福的人往往会把伴侣偶尔的失误归因于某种情境因素（"这个可怜的家伙压力很大"），而另一半有爱的举动则被归因于稳定的个性倾向（"她天生温柔体贴"）。但是，不幸福的人可能恰好相反。失误被归因于伴侣的人格（"她很自私"），而好的行为被归因于情境（"是的，他给我送礼物只是因为他母亲告诉他要这样做"）（Karney & Bradbury, 2000；Kimmes, Durtschi & Fincham, 2017）。

你会明白为什么对伴侣、父母和朋友的归因会影响你与他们相处的方式以及他们对你的容忍程度。

互动

回顾归因过程

概念	定义
归因理论	主张将内部或外部力量作为解释自我和他人行为的动机

续表

概念	定义
情境归因	个体的行为是受环境、情境或周围人影响的结论
个性倾向归因	个体的行为是受内部因素、人本身的特质影响的结论
基本归因错误	解释他人行为时高估人格因素而低估情境因素的倾向
自我服务偏差	对自己有利的归因倾向
公平世界假设	多数人相信世界是公平的，善有善报，恶有恶报
优于常人效应	多数人认为自己在大多数领域的表现均高于平均水平的一种认知偏差

13. 2. B　态度

学习目标 13. 2. B　解释态度形成的因素，并预测说服和态度改变

人们对各类事物——食物、电影、体育英雄、死刑等都持有态度（张口就来）。态度是关于人、群体或观念的信念。一些态度是内隐的：它们无法察觉，无意识地影响行为，并以间接的方式被测量（Hahn et al., 2014）。另一些则是外显的：我们能够察觉到它们，从而形成有意识的决策和行动，可通过自我陈述问卷进行测量（Albarracin & Shavitt, 2018）。

关于大多数的日常主题，比如音乐、电视节目、停车时车头朝里还是朝外，人们的态度有随便的，也有坚定的。如果你最好的朋友对棒球持中立态度，而你是狂热球迷，你们的友谊可能会维持下去。但是，如果主题涉及赋予一个人生命的意义和对目标的信念，尤其是政治和宗教，那么这就是另一番情景。狂热的信念会引发战争，尽管我们自己的信念并不总是像自以为的那样高人一等（Hall & Raimi, 2018）。不可调和的态度会导致持续不断的冲突，有时还被用来为恐怖主义和其他暴行辩护，稍后我们将对此进行更详细的探讨。

每天，在你的周围，广告商、政客和朋友都在试图影响你的态度。他们所使用的武器之一就是不断重复，不分昼夜（Lee, Ahn & Park, 2015）。甚至只是重复接触一个无意义的音节，比如 Zug，就足以使个体对它产生更积极的感觉（Zajonc, 1968）。**熟悉效应**（familiarity effect），即对熟悉的人或物持有积极态度的倾向，在不同文化、物种以及意识形态中均得到证明（不论是警觉还是心不在焉）（Kawakami & Yoshida, 2015；Montoya et al., 2017）。熟悉的事物，比如使人怀旧的食物，儿时记忆中的声音或气味，甚至是可辨识的广告歌曲，都会让人产生温暖的感觉。

劝说他人改变态度有不同的方法（或路径）。根据说服的**详尽可能性模型**（elaboration likelihood model），动机影响说服性交流中对信息的专注程度（Petty & Cacioppo, 1986；Petty & Briñol, 2014）。当动机（和认知能力）是审查信息时，则更容易被论据的力度说服，而不是被一些表面的特征说服，例如信息传递者的魅力。换言之，当主题对个人有重要意义时，就需要详细说明信息，仔细思考其内容。心理学家将此称为说服的核心途径。而当我们缺乏动机或认知资源（例如，忙碌、心烦意乱或疲惫）时，说服是通过外围途径实现的。相比而言，外围途径更为漫不经心，不论事实如何，长信息比短信息更具说服力，名人的论点比普通人的论点更具说服力。

熟悉效应
对熟悉的人或物持有积极态度的倾向。

详尽可能性模型
一种表示通过说服性交流实现态度改变的两种途径（核心和外围）是由个体的认知能力和动机决定的模型。

Handout/MCT/Newscom

像《广告狂人》（*Mad Men*）里的唐·德雷珀这样的广告商，可以利用态度改变的心理学原理使几乎所有产品看起来有吸引力、实用甚至是必需的。

下次当你希望改变他人的态度时，明智的做法是考虑受众以及信息，思考哪种说服路径最有效。有时候，你或许不只是想改变他人的信念，可能还想说服他们采取特定的行动。一种可靠的策略就是登门槛技术，先让别人同意较小的请求，这会使其更易接受较大的请求（Burger, 1999）。使个体先同意一个请求会让他们认为自己是乐于助人的，从而使得他们更有可能接受后续的请求。有趣的是，相反的策略同样有效：先提出一个明知会被拒绝的较大请求，再提出一个相对而言更合理的较小请求。这被称为留面子技术（Feeley et al., 2017）。

13.2.C　认知失调

学习目标 13.2.C　概述认知失调的过程，以及认知失调如何导致态度改变

他人的说服，新的经历，以及意识到自己在某些事情上的错误，都会改变人的态度。态度也会因为处理信息时的思维偏差以及对一致性的心理需求发生改变。**认知失调**（cognitive dissonance）是两种态度——或态度和行为——发生冲突（即失调）时所产生的不舒适感。为了消除这种失调，多数人会改变他们的态度。如果你所崇拜的政治家或名人做了一些愚蠢的、不道德的或非法的事情，你可以通过减少崇拜或重新评估事件的愚蠢性（没那么糟糕）来恢复一致性。

认知失调

同时持有两种心理上不一致的认知，或信念与行为不对等所产生的紧张状态。

另一个例子是学术舞弊（Bryan, Adams & Monin, 2013；Stephens, 2017）。假设有两名学生持有相同的态度，认为这虽然不是一种理想的晋升方式，但也不等同于最糟糕的犯罪。现在，假设他们在参加一个重要的考试时在一个关键的问题上停滞不前。他们面临一个选择：偷看邻座的答案而作弊，或者保持正直，但得到一个较低的分数。其中一人在冲动之下选择作弊，另一人则没有。接下来会发生什么？为减少失调，他们会合理化自己的行为以使其与信念保持一致。克制住作弊行为的人开始认为作弊行为很严重，它伤害了所有人，作弊者应该受到处罚（"开除他们！"）。而作弊的一方需要解决"我是一个诚实的人"和"我刚才作弊了"之间的失调。这个学生可能会说"我想我终究不是一个诚实的人"，但更有可能的是，他会反过来认为作弊实际上并没有那么严重（"每个人都会作弊！"）。

减少认知失调的方式可能会产生意想不到的后果，因此了解认知失调的原理即信念和行为如何保持一致是非常重要的。那个只"作弊一次"的学生会发现下次作弊更容易，然后又一次作弊，这次可能是上交别人代笔的期末论文，最后逐渐堕入深渊。等到跌入谷底时，作弊者就很难再回头，因为这意味着承认"我错了；我做了坏事"。这也是为什么一点点的不诚实、腐败或小错误——从考试作弊到维持一段糟糕的感情——可以让一个人逐步走向一条有悖初衷和越来越鲁莽的道路……且难以回头（Tavris & Aronson, 2007）。

不幸的是，对于批判性思维，人们通常摒除那些可能会质疑现有信念的证据，以恢复认知一致性（Aronson, 2012）。事实上，一旦某种信念遭受质疑，他们往往会更加坚定。在一项研究中，人们在对某种于自己而言重要的信念的正确性产生怀疑时——比如作为一个素食者或肉食者——会通过更强烈地倡导自己最初的立场来减少失调（Gal & Rucker, 2010）。这种倾向有助于解释为什么那些在关于世界末日的失败预言上投入了大量精力的人很少会说"我错了，真是松了口气"。相反，许多人变得更加致力于这项事业（Festinger, Riecken & Schachter, 1956）。

13.2.D 说服还是"洗脑"？自杀性炸弹案

学习目标 13.2.D 总结有助于思想灌输的社会心理因素

现在思考一下，到目前为止所讨论的社会心理因素如何有助于解释一种极端的破坏性行为，即自杀性炸弹这种令人不安的现象。在许多国家，年轻人在自己身上绑上爆炸物，炸死了军人、平民，甚至儿童，也失去了自己的性命。冲突双方倾向于对恐怖主义的定义存在争议——一方是"恐怖分子"而另一方是"自由战士"——大多数社会科学家将恐怖主义定义为具有政治动机的暴力活动，其目的是向大众灌输恐惧感和无助感（Moghaddam, 2005；Roberts, 2015）。这些自杀式犯罪者是不是有精神疾病？他们被"洗脑"了吗？

Ap Images

1978 年，900 多名"人民圣殿教"信徒在创始人吉姆·琼斯（Jim Jones）的煽动下集体自杀。

"洗脑"指的是思想在毫无所知的情况下的突然转变；这听起来很神秘，甚至是魔幻的。相反，招募自杀性爆炸袭击者的方法通常极为简单（Bloom, 2005；Moghaddam, 2005）。一些人较另一些人更容易被影响，但很难将许多成为恐怖分子的人与一般人区分开来。事实上，大多数人不存在精神疾病，有些人受过良好的教育，生活富足（Krueger, 2007；Sageman, 2008）。他们对自己的定义不是恐怖分子，而是"为了实现伟大利益而自我牺牲的暴力行为"；许多自杀性爆炸袭击者非但没有被视为疯狂的孤独者，反而被其同伙作为"殉道者"颂扬。这种社会支持强化了他们对事业的献身（Bloom, 2005；Ginges & Atran, 2011）。导致这种献身的思想灌输方法包括：

- 沦为陷阱的受害者。普通人不会一夜之间变成恐怖分子，这个过程是逐步进行的。首先，新招募的对象同意做一些小事情，但需求逐渐增加，要求投入更多的时间、金钱以及做出更多的牺牲（Moghaddam, 2005）。
- 用简单的归因解释个人问题和政治问题。反复强调"都是那些坏人的错，我们必须消灭他们"。

- 给予新的身份，承诺救赎。被告知是天选之人。在 1095 年，教皇乌尔班二世（Urban Ⅱ）对穆斯林发动战争，并向他的军队保证，在战争中死亡的所有人都会升入天堂。当代的一些恐怖分子为杀害"异教徒"也做出了相似的承诺。
- 严格控制否定（失调）信息的获取渠道。一旦成为坚定的信徒，领导者就会限制他们的选择，贬损批判性思维，压制个人疑虑。新招募的对象与家人分离，历经 18 个月或更长时间的思想灌输和训练，最终与群体以及领导者建立情感联系（Atran, 2010）。

这些方法类似于邪教的引诱方式（Ofshe & Watters, 1994；Singer, 2003）。在 20 世纪 70 年代，邪教领袖吉姆·琼斯告诉"人民圣殿教"的 900 多名成员死期已经来临，他们忠实地排队服下掺有氰化物的酷爱牌饮料（这个悲剧流传下来的警句"喝酷爱"，指代一个人或群体对某一立场的盲目信念）。1997 年，马歇尔·阿普尔怀特（Marshall Applewhite）说服邪教"天堂之门"的 30 多名追随者服下剂量致命的巴比妥酸，据说是为了与隐藏在海尔 - 波普彗星尾部的一艘飞船相遇。在这些群体中，多数新招募的对象最初都是普通人，但在接受了之前描述的这些手段的思想灌输后，最终做出了自己意想不到的事情。社会心理学原理有助于解释在恐怖主义和邪教活动中所发现的极端的说服案例，正如这些真实案例所体现的以及最近电视剧所描绘的邪教活动，如《我本坚强》（The Unbreakable Kimmy Schmidt）和《圣路教》（The Path）。

日志 13.2　批判性思维：分析假设与偏见

　　思考上次你对他人行为做出的负面的个性倾向归因（"那个家伙真是个混蛋！"）。你能获取什么信息？那个人能获取什么信息？也就是说，作为观察者，你关注的是什么，它如何影响你关于这个人行为的原因的结论？现在想象你站在这个人的视角，他关注的是什么，它如何导致这个人对自己行为的原因得出不同的结论？

模块 13.2　小考

1. 基本归因错误发生在_____。

A. 观察者未能忽视他人个性倾向特质的影响

B. 观察者高估了他人行为的情境因素，低估了个性倾向因素

C. 观察者低估了他人行为的情境因素，高估了个性倾向因素

D. 我们认为，他人比我们更像我们

2. 责难受害者是_____的一种方式。

A. 陷阱

B. 对他人的不幸进行情境归因

C. 恢复对公平世界的信念

D. 产生一致性错觉

3. 莫里斯是个聪明人，重视健康，并了解吸烟的危害。然而他却每天抽一包烟。认知失调理论表明_____。

A. 随着时间的推移，莫里斯吸烟量越来越大使他感到舒适

B. 莫里斯对自己的吸烟倾向进行内部归因

C. 态度和行为的不一致让莫里斯感到不适

D. 莫里斯通过说服的外围路径劝告自己戒烟

4. 根据详尽可能性模型，以下哪一项最符合说服的核心路径？

A. 说服者外貌的影响力大于论据

B. 仔细思考某个议题的动机

C. 外显而非内隐的态度

D. 走认知捷径的欲望

5. 以下哪一项不是思想灌输过程的要素？

A. 用简单的归因解释个人问题

B. 思想在毫无所知的情况下的突然转变

C. 严格控制否定信息的获取渠道

D. 沦为陷阱的受害者

13.3　群体中的个体

与他人交往的需求是人类最强大的动机之一（记住，独享整个星球在仅仅一集或两集半个小时的剧情后就开始令人厌倦）。社会排斥阻碍移情、批判性思维和解决问题的能力，并可能导致其他负面的心理后果，如饮食失调和自杀未遂（Buelow et al.，2015）。相反，社会接纳（一种归属感）有许多正面的影响。例如，对学校有归属感的少数族裔学生在学业上更成功、更加健康和幸福（Walton & Cohen，2011）。

这种与他人相近的内驱力也具有积极的进化意义。如同猿猴、蜜蜂和大象，人类的生存与部落息息相关。当然，我们都属于许多不同的社会群体，这些群体的重要性各不相同。重点是我们在群体中的行为与自己独处时的行为不同，不论群体聚集在一起是为了解决问题和做出决策，由匿名的旁观者组成，还是为了娱乐。在本节中，我们将关注他人在场影响自身行为的多种方式。

Georgejmclittle/123RF

若想知道自己有多么"社交化"，试试这个简单的实验：关掉你的手机！是的，关掉！你可以多长时间不看微信、微博、电子邮件，或者任何线上的东西？与社交媒体隔绝会让你感到焦虑不安吗？在你感受到与家人和朋友隔绝之前，你还能维持这种"隔绝"状态多久？

13. 3. A 从众

学习目标 13. 3. A 概述阿希的线段判断研究，并讨论从众与服从和说服等相关概念的不同

许多流行的网站都提供了一些"你可能也喜欢"的主题。不论是下载书籍还是购买单曲，你都有可能收到一条信息，突出显示购买过同一商品的其他人的推荐和偏好。

这一策略直接来自一种被称为"群体智慧"的现象：群体的判断往往比个体更加准确（Surowiecki, 2004；Vul & Pashler, 2008）。正如神经元在网络中相互连接所产生的思想和行为远超于单个细胞的范畴，群体也会形成社交网络，其行为超出个体成员的预期（Goldstone, Roberts & Gureckis, 2008）。但是，群体也会制造混乱，它散播流言、错误信息和恐慌的速度如同分享链接，立刻从有益的、和平的转变为误导性的，甚至是破坏性的。

假设你出现在一个心理学实验室并参加一项知觉实验。你和其他 7 名学生一起坐在一个房间。你看到一条 10 英寸的线段，并被问及其他三条线段中与它相等的是哪一条。正确答案显而易见是线段 A。所以，第一个人选择线段 B 使你感到好笑。你对自己说："视力真差，它差了整整两英寸！"第二个人也选择了线段 B，你会想："真是个白痴。"但是，当第五个人还是选择线段 B 时，你开始自我怀疑。其余两名同学也选择了线段 B。现在，你质疑的是自己的视力。实验人员看着你说："轮到你了。"你是相信自己的眼睛还是群体的判断？

以上设计来自所罗门·阿希（Solomon Asch, 1952, 1965）所进行的一系列关于从众的著名研究。这 7 名"视力不好"的学生实际上是阿希的盟友。阿希想知道，当群体的一致意见与显而易见的事实相矛盾时，人们会怎么做。他发现，独自进行线段比较的正确率接近百分之百。然而，准确率在群体条件下降低。不过，给出正确答案的人数仍超过半

数。但是在 37% 的试次中，参与者遵照了群体的错误答案。实际上，75% 的参与者在研究过程中至少有一次选择了附和错误答案。无论是否从众，学生们经常对自己的决策感到不确定，对如何最好地应对这种情况感到焦虑。正如一位参与者后来所说，"我感到不安、困惑、被孤立，像一个社会弃儿"。多年来，阿希的实验在许多国家被重复和扩展了多次（Bond & Smith, 1996；Gaither et al. , 2018）。

从众有两种基本动机。值得注意的是，这两种动机也存在于其他许多物种，从老鼠到灵长类动物，表明从众具有强大的适应功能（Claidière & Whiten, 2012）。一是社会接纳的需要，就是人们做出各种愚蠢（或聪明）行为的原因仅仅是因为他们的朋友在做，他们为了融洽地相处。正如前文所讨论的内容，遵循群体规范的动机是强大的。因此，社会心理学家设计了相应的干预措施，在同辈群体的帮助下戒烟戒酒、留在学校、反抗欺凌，并做出其他自己可能并不会去尝试的有益改变（McDonald & Crandall, 2015；Wilson, 2011）。

嘲笑阿希研究中的参与者也许很容易：将他们看作盲目的追随者，谴责从众是思想软弱的标志。但重要的是牢记：从众也可以有正面的影响。几年前的夏天，如果不是首先看到朋友们在社交媒体上制作的相关视频，还会有数百万人通过向自己泼冰水为肌萎缩侧索硬化症（ALS）患者筹款吗？很大程度上是不可能的。参与一项社交行动的欲望促成了冰桶挑战的现象。再看看最近的"我也是"运动，无数女性（和男性）利用社交媒体上的标签，公开表示自己曾亲身经历过性别歧视、性骚扰或性侵犯。其中一些帖子详述了事件的一些不为人知的具体细节。一些只是简单地使用标签。就其中的许多人而言，其他人所开创的先例赋予了他们前进的动力——对于一些人来说前所未有。看见他人的相似经历使他们相信讲述自己的故事是可以被接纳的、是安全的，事实上，也是正常的。

Sven Hoppe/dpa picture alliance/Alamy Stock Photo

2017年，"我也是"运动在社交媒体和整个社会范围内爆发，这是一个引人注目的例子，说明了与从众相关的过程如何产生正面的社会影响。但"我也是"的观念实际上早在多年前就已经出现，该创意来自塔拉娜·伯克（Tarana Burke）（上图），她是一家旨在帮助性骚扰和性侵犯受害者的非营利性组织的创始人。运用你的批判性思维能力，思考这场本由黑人活动家开创的运动，为什么只有在艾莉莎·米兰诺（Alyssa Milano）和艾什莉·贾德（Ashely Judd）这样的白人明星的推动下才得以发展，或者为什么性侵犯指控在总统竞选活动中成为突出问题后，"我也是"的标签才开始风靡？你认为这说明了关于社会规范和角色的什么内容？

二是在决定做"正确的"事情之前对信息的需要，这也是从众的原因（Cialdini，2009；Sherif，1936）。人们的直观理解是，有时群体知道的比个人更多，这种认识始于童年早期。三岁和四岁的孩子在一个成年人和三个成年人提供的关于陌生物体名称的信息之间会选择多数的那一边（Corriveau, Fusaro & Harris, 2009）。相信"其他人"都在做某事往往意味着这一定是最明智的行动。同样地，社会心理学家利用这些知识诱导人们做出改进。酒店在客房的浴室张贴通知，称"本酒店大部分客人重复使用毛巾"（相比于简单请求他们重复使用，酒店这样做是出于环

保），之后选择重复使用毛巾的人数显著上升（Goldstein, Cialdini & Griskevicius, 2008）。

因此，像服从一样，从众有积极的方面。当人们有归属感，在模棱两可的情境下知道该如何表现，并享有相同的规范时，社会就更加稳定。但像服从一样，从众也会带来负面影响，尤其是对批判性思维和创造力的压制。在群体中，许多人会否认自己的个人信仰，赞同愚蠢的观念，甚至是否定自己的价值观——只是为了被接受。

思考从众与其他类似倾向（如服从）的不同之处也很重要。毕竟，米尔格拉姆和阿希的研究有明显的相似之处。在这两个例子中，个体在他人面前的表现与独处时的表现不同。但二者也存在关键的区别。米尔格拉姆研究中的实验人员指导参与者该如何表现，因此行为的变化反映的是对权威的服从。而在阿希的研究中，没有人告诉参与者应该做什么。相反，参与者自己推测什么样的行为是被接受的。从众不是被告知要做什么，它的内容是觉察他人对自己的期望并相应地调整自身的行为。

同样，从众有别于说服。说服并不是微妙的内部过程，而是一方有意地改变另一方的态度。简而言之，本章所讨论的许多倾向都具有相似的主题，即群体对个体施加的影响。但是，重要的是要记住这些相关的概念有本质的区别。

Courtesy of Mark Bussell

Tdbp/Alamy Stock Photo

我们往往觉得自己是群体的一部分,但我们同样喜欢坚持自己的个性。

13.3.B　群体思维

学习目标 13.3.B　定义群体思维,并描述其表现

密切的、友好的群体通常合作得很好,并享受这个过程。但他们也会面临一个问题:无法最大限度激发成员们的想法和努力——有时一个群体会过于强调和睦相处,而错失最佳决策。我们从本章开篇的问题中了解到,很多人在一生中至少有一次,因为某些原因没有去制止群体的错误决定。这种从众类型的一种极端形式被称为**群体思维**(groupthink),即群体产生趋同思维的倾向,并压制意见上的分歧。根据欧文·贾尼斯(Irving Janis,1982,1989)的观点,当一个群体对完全一致的需求压倒了做出最明智决策的需求时,群体思维就会发生,其表现包括:

- **无懈可击的错觉**。群体认为自己不会犯错。
- **自我审查**。持异议者决定保持沉默,不去制造麻烦或得罪朋友。
- **持异议者因压力而从众**。领导者嘲弄或羞辱持异议者或以其他方式强迫他们从众。
- **全体一致的错觉**。不鼓励反对意见以及未能考虑其他行动路线,领导者和群体成员形成一种错误

的共识,使得个体认为其他成员都赞同群体的观点,尽管实际上并非如此。

> **群体思维**
>
> 群体产生趋同思维的倾向,并压制意见上的分歧。

Kevin Diersch/dpa picture alliance/Alamy Stock

许多重要的决策都是由群体而不是个体做出的。虽然当群体中的成员具有相似的态度时,人们在群体中更加快乐,但是,当不同的观点得以表达时,群体的表现往往是最好的。

群体思维领域的研究者已经将这一概念应用于现实生活中的灾难性决策。1986 年,美国宇航局的管理层忽视了工程师们对在低温下发射"挑战者"号航天飞机的危险性发出的警告,结果航天飞机在起飞后不久发生爆炸。2003 年,总统乔治·沃克·布什入侵伊拉克,声称该国拥有大规模杀伤性武器并与基地组织结盟,他和他的团队无视反对意见和来自情报机构的相关证据对以上说法的质疑(Mayer,2009)。事实上,这些机构后来也指控布什政府存在"群体思维"。

幸运的是,当领导者奖赏表达疑虑和异议,要求群体成员想出尽可能多的解决问题的替代方案,并让所有人都试着去思考首选决策的风险和不利因素时,可以最小化群体思维(Packer,2009;Turner,Pratkanis & Samuels,2003)。当然,并非所有的领导者都采用这样的管理方式。对于许多身居要职的人,从公司高管到总裁再到电影大亨,他们所面对的诱

感是让自己身边围绕着与自己意见相符的人，并将那些被认为"不忠"的人降职或解雇。或许那些伟大领袖的一个关键品质就是他们能够克服这种诱惑。

13.3. C 旁观者效应

学习目标 13.3. C 解释人群中匿名感的增强如何导致旁观者效应和去个体化

假设你在某个城市的街头或其他公共场所遇到麻烦，比如，被抢劫或阑尾炎突发，你认为在什么情况下你更有可能获得帮助？（1）一名路人经过；（2）附近有几名路人；（3）附近有许多路人。多数人可能会选择第三个选项，然而这并不是人类通常的行事方式。相反，你周围的人越多，人群中某个人过来帮助你的可能性越低，这一发现被称为**旁观者效应**（bystander effect）。为什么会这样呢？

其中一个答案与**责任分散**（diffusion of responsibility）过程有关，在这一过程中对后果的责任被分散到很多人身上，减轻了个体的责任感。假设收到一封群发邮件，其中包括对你的时间或资源的请求。如果你和我们一样，你可能会发现这样的请求相较于直接的、一对一的请求更容易忽略，甚至是删除这封邮件。或者想象一盏熄灭了的路灯，通常情况下，会有其他人来负责修理路灯。具有讽刺意味的是，在这两个例子中，你可以仰赖的人越多，你的匿名感和无责任感也就越强。在紧急情况下，同样的过程也在发挥作用。

旁观者效应

旁观者的数量越多，任一旁观者提供帮助的可能性越低。

责任分散

群体中成员因假定其他人会采取措施而避免自己行动的倾向。

如果自己是陌生人唯一的求助对象，人们帮助他们的可能性更大。在这种情况下，责任无法分散

给他人，而是全部落在自己身上——唯一能做些什么的人。身处人群之中的一个结果是，有人陷入困境时，个体往往不会采取行动，因为他们假定其他人会这样做（Darley & Latané, 1968; Fischer et al., 2011）。可参见本章开始时引用的地铁事件的例子。近期研究表明，旁观者效应甚至出现在5岁的孩子中。研究人员通过要求孩子给一幅画涂色，创建非紧急情况场景。一些5岁的孩子在涂色时仅有研究人员在场；而另一些在涂色时有研究人员和另外两名孩子在场。随后，在研究人员"不小心"打翻了一杯水之后，前一情境中的孩子相比于后一情境中的孩子（其他孩子也能提供帮助时）更愿意帮忙打扫。

尽管如此，我们仍有理由保持乐观。对旁观者冷漠的诸多研究的元分析显示，在真正危险的、明确的紧急情况下，例如，被困在燃烧的大楼里，他人在场能够激励旁观者奋不顾身地冲进火海救人。其中一个原因是，选择干预的人通常都能从他人身上获取生理和心理上的支持（Fischer et al., 2011; Greitemeyer, 2015）。

Scott Morris/Alamy Stock Photo

人群中的匿名者可能会做出在独处条件下不会做出的破坏性行为。

群体所提供的匿名性不仅仅会导致不作为。责任分散的一个更为极端的例子出现在大群暴徒或人群中，他们可能是狂热的体育观众或愤怒的暴徒。不论是哪种群体，当人们失去个体意识，将自己交付于群体的情绪和行为中时，这种状态就被称为**去个体化**（deindividuation）（Festinger, Pepitone & Newcomb, 1952）。在大城市中，你更有可能感觉到去个体化，因为这里没有人认识你，不像在小城镇那样无处可藏（在大的班级里，你更有可能感觉到去个体化。你可能会错误地认为，相比小班级，在大的班级里老师看不见你）。某些组织甚至通过制服或面具促进成员去个体化，弱化每个成员的特有身份。

去个体化一直以来被视为聚众暴力的主要原因。根据这一解释，去个体化的个体在人群中"忘我"，失去对自己行为的责任意识。比起自己独自一个人，处于人群中时，他们更容易违反社会规范和法律：打破商店橱窗、打架斗殴或参与暴动。最近的研究也发现了网络匿名与网络欺凌频率之间的联系（Barlett, 2015）。但是，去个体化并不总是使人更好斗，有时也会使人们更友善。想想那些在公交车或飞机上喋喋不休的陌生人，他们会向邻座透露一些自己永远不会告诉熟人的事情。

人们在人群或匿名情境中，真正发生的似乎不是变得好斗。相反，他们失去自制力，就像喝醉了一样。这种去抑制化反而使他们更容易遵守特定情境的规范，这些规范可能是反社会的，也可能是亲社会的（Hirsh, Galinsky & Zhong, 2011）。大学生在假期的疯狂行为可能会违反当地的法律，但遵守了同学及同伴"来狂欢吧"的规范。人群规范还能培养互助行为，就像灾难之后常常发生的那样，陌生人帮助受害者和救援人员，留下食物、衣服和其他物品。因此，人群的影响有利也有弊。可以明确的结论是：我们在他人面前往往与我们独自一个人时不同。

去个体化

在人群中失去个体意识，产生匿名感的个体可能会做出在独处条件下不会做出的破坏性行为。

互动

他人在场影响我们的行为

人们在紧急情况下有时会挺身而出提供帮助。而有时他们会显得冰冷又无情，对他人的苦难袖手旁观。回顾这些与帮助、伤害他人有关的概念，然后匹配每个术语和对应的定义。

概念	定义
旁观者效应	与直觉相反的是，周围的人越多，你在紧急情况下提供帮助的可能性越低
责任分散	当在某个群体中时，对某个后果的责任被分散到群体成员身上，导致个体对行为的个人责任感变弱
去个体化	群体或人群使个体产生的同一性或匿名感
去抑制化	去个体化所带来的自制力缺失

13.3. D　利他和异议

学习目标 13.3. D　讨论提高帮助他人和违反群体规范的可能性的具体情境因素

我们已经学习了角色、规范以及服从权威和从众的压力如何导致行为方式发生变化。然而，纵观历史，总是有人（不论男女）违抗他们认为错误的命令，并且反对主流的文化信念。记住，在阿希的线段判断研究中 75% 的参与者选择了从众，说明还有 25% 的人没有从众。并且 95% 的参与者选择不从众的次数至少超过一次。更重要的是，这些不墨守成规的人改变了历史的进程。1995 年在亚拉巴马州的蒙哥马利，一位名为罗莎·帕克斯（Rosa Parks）的文静的女性，拒绝给白人乘客让座，并因违法被捕。她的反抗引起了为期 381 天的公交抵制行动并推动了当代民权运动。

令人遗憾的是，异议、勇气以及诚实的代价往往很高：许多群体不接受意见不合。很多揭发者非但没有因为他们的勇敢而得到奖赏，反而因此受到惩罚，往往为此付出巨大的个人或职业代价。事实上，关于揭发者的研究发现，超过一半的人失去了工作，许多人甚至无家可归（Andrade，2015）。由于认识到团体报复的潜在成本，大多数州都通过了保护揭发者的相关法律。

不墨守成规、抗议和利他，即自愿为了他人的利益采取无私的行动，是个人信仰和良知的一部分。然而，正如服从和从众存在情境因素一样，个体发表非主流观点，选择良知而非从众，或帮助对于危难中的陌生人，也存在外部影响。以下是有助于人们克服旁观者冷漠和提升勇气的一些情境因素。

1. 察觉到对干预或帮助的需求。这也许看起来很明显，但是在你能采取独立行动之前，你必须意识到行动的必要性。当某个情境对注意力的要求过高时，如人口密集的大都市和拥挤的地铁车厢里，就会对采取行动的必要性视而不见。

2. 文化规范鼓励采取行动。你会告诉路人他掉了一支笔吗？你会帮助盲人过马路吗？一项涉及23个美国城市和22个其他国家城市的关于陌生人在这类非紧急情况下互助行为的国际性田野研究发现，对乐于助人方面的预测，文化规范比人口密度更重要。助人率的范围从马来西亚吉隆坡的40%到巴西里约热内卢的93%（Levine，2003；Levine, Norenzayan & Philbrick，2001）。

3. 有一个盟友。在阿希的从众研究中，只要有另外一个人给出了正确的答案，就足以极大地消除从众心理。在米尔格拉姆的研究中，在场的他人违抗了实验人员的电击学生的指示，那么参与者不服从的比例就会急剧升高。群体中持有异议的单个成员可能会被视为麻烦制造者，但两个或三个成员则是一个联盟。盟友使个体相信抗议的正确性，并且在他们的共同努力之下可能最终会说服大多数人

（Jetten & Hornsey，2014；Wood et al.，1994）。

如你所见，特定的社会和文化因素能够促进利他和持有异议，如同那些倾向于压制它们的外部因素。

Amble Design/Shutterstock

帮助他人并非总是需要充满戏剧性的英雄举动。这些人互相帮助，从而改变他们的社区。

心理学与你同行

成为一个思想成长且社会参与程度更高的人

社会心理学得出的结论是，人性中包含了做出残忍恶行的可能。哲学家汉娜·阿伦特（Hannah Arendt，1963）用"平庸之恶"来描述阿道夫·艾希曼和其他看似普通的人如何犯下滔天罪行（平庸意味着"平凡"和"老套"）。好人也会做可怕的、令人不安的事情，对此的一些解释包括本章所讨论的一些再正常不过的过程，例如服从权威、从众、群体思维、去个体化、刻板印象和偏见。

或许事实的真相令人难以消化？这些过程存在于我们每个人身上。举个例子，思考本章开篇的问题：我们多数人都曾遇到过这样的情况，我们周围的人参与了可疑行为甚至破坏性行为，而我们表示附和。或许我们未能替遭受不公平对待的人发声。又或许我们加入并参与了某种我们自己从来不会去考虑的群体行为。

然而，了解这些现象是很有用的。你现在知道，在某些条件下，独立思考和原则性的异议更容易实现。在前进的道路上，你可以利用新发现的觉悟和批判性思维能力去反抗人性中的一些较坏倾向。例如，下次选择随波逐流的时候，问问自己这种从众是否有害，看看自己是否能制定策略阻止群体误入歧途。同样，在下次遇到模棱两可的情境时，即有人似乎需要帮助但大家都不为所动，提醒自己是否发生了责任分散，并相应地采取行动。

通过辨识使平庸变为负面社会行为的条件，或许你还可以创造其他条件促进"平庸之善"——善良、无私、公平、慷慨，甚至是英雄主义的日常行为。

Emma Swann/Alamy Stock Photo

下次当你看到群体做出糟糕的决定或产生消极的社会后果时，你是否会觉得自己有义务进行表态？

日志 13.3　批判性思维：分析假设与偏见

附和群体有坏处吗？从众是否是软弱或懦弱的表现？这些简单的问题其实充满了微妙的差别。描述一种情境，在这种情境下从众会导致消极的结果或者错误的反应。然后描述一个从众产生积极影响的情境。

模块 13.3　小考

1. 所罗门·阿希的一系列著名的从众研究试图探究当群体的一致意见与显而易见的事实相矛盾时人们会怎么做。参与阿希的线段判断研究的 75% 的受访者_____。

A. 私下一个人时（周围没有其他人）给出线段比较的错误答案

B. 拒绝改变正确的答案以与群体的错误答案保持一致

C. 改变自己的个人信念以与群体的错误答案保持一致

D. 至少有一次选择了附和错误答案

2. 托妮娅参加了某个商务会议的鸡尾酒会，她不确定是该给酒保小费，还是该由活动组织者负责相关事宜。她向服务生征求建议，服务生回答说："给不给酒保小费是个人决定。"所以，托妮娅给了小费。托妮娅的行为体现了从众的哪个方面？

A. 对平等的需要

B. 对社会接纳的需要

C. 对信息的需要

D. 对消除失调的需要

3. 以下哪一项不是群体思维的表现？

A. 自我审查

B. 一种全体一致的错觉

C. 一种无懈可击的错觉

D. 一名包容的领导者

4. 正派的公民所煽动的暴乱可能是_____的最好例证。

A. 熟悉性效应

B. 领导行为的跨文化差异

C. 去个体化

D. 社会抑制效应

5. 你看见盲人猛然转向繁忙的街道。虽然你此时可以继续忙自己的事情，但你选择了提供帮助，并指引他回到安全的正确道路上。你为什么会突然迸发出乐于助人的热情？

A. 被责任分散掌控。虽然你觉得自己没什么责任

采取行动，但还是略多于其他路人

B. 文化规范鼓励你采取行动，即"我们应该帮助那些需要我们帮助的人"的规范

C. 利他性在很大程度上是遗传的。你去帮助他人的遗传倾向战胜了把自己的利益置于首位的情境冲动

D. 旁观者效应在起作用。作为旁观者，你认为自己在道义上有义务帮助别人

13.4 我们对他们：群体认同和冲突

你认为自己是谁？这并非挑战或侮辱，而是社会心理学家要解决的一个主要问题。定义自己是谁，通常需要考虑我们所处的环境，审视我们交往的对象以及思考他们如何定义自己。本节中，我们将从"什么是社会认同"这个问题开始探讨以上内容。

Igorstevanovic/Shutterstock

社会心理学家关注的一个重要问题是，我们为何会轻易地陷入"我们对他们"这样的思维方式之中。

13.4.A 社会认同

学习目标 13.4.A 定义社会认同，并讨论它与人们如何看待周围世界的联系

每个个体都会发展出一个基于自身特定特征和独特生活经历的个人身份。事实上，18 个月大的婴儿已经开始表现出自我意识的迹象，在镜子前面可以认出自己（让成年人感到有趣的是，更小的孩子认为镜子里自己的脸是别人的）（Ross et al.，2016）。但我们也会基于所属的群体发展出多重**社会认同**（social identities），包括国家、宗教、种族、政治和职业（Abrams，2015；Tajfel & Turner，1986）。拥有社会认同的标志是对群体的认同、对群体产生情感上的依恋，并受到其规则、价值观和规范的影响。

社会认同

个体某部分的自我概念是基于对国家、宗教、种族、职业或其他社会从属关系的认同。

事实上，绝大多数人都有多重社会认同，我们自我意识的不同方面在不同的时间、不同的环境下被激活。例如，我们倾向于用那些让我们与众不同的词语来描述自己（Grant & Hogg，2012）。如果在课堂上要求你列出自己的社会认同（也就是说，将本节开篇的问题稍做改动：你认为自己是谁），你可能不会立刻想到大学生的身份。但在机场、医生办公室或杂货店问你同样的问题时，你的学生身份会更加独特，因此会更容易想到。同样，留学生在国外比在国内会更常用国籍描述自己，男性在婴儿派对中比在足球比赛中更能意识到自己的性别认同，等等。事实上，兼容的社会认同预示着心理健康（Brook，Garcia & Fleming，2008）。这有一定的道理：当你有其他的社会关系可以利用时，应对社会认同某一方面的挑战也就更容易。然而，不同的社会认同也会发生碰撞，尤其是在多元文化社会中。少数族裔成员往往面临着宗教或族裔认同与文化适应，或主流文化认同之间的平衡（Cheung，Chudek & Heine，2011；Phinney，2006）。

需要注意的是，社会认同之间的界限并不总是像许多人认为的那样严格。2010 年，美国仅 15% 的

新婚夫妇是异族通婚，而认为自己是多族裔的美国人在短短十年间增加了三分之一以上。研究表明，多族裔的人有时会感到有压力，他们基于交往的对象和在做的事情"选择"一种社会认同而不是另一种（Gaither, 2015）。这种灵活性与拥有多族裔认同相关，或更一般地说，拥有任意类型多重社会认同的灵活性，也与问题解决任务中的创造性思维有关（Gaither et al., 2015）。因此，灵活地思考自我的习惯似乎也可以延伸到各种其他的思维过程当中。

Alberto Ruggieri/illustration Works/Alamy Stock Photo

绝大多数人会将多种社会认同带入不同的社会情境当中。我们如何看待自己通常取决于我们在哪里、在做什么以及和谁在一起。

13.4.B 内群体和外群体

学习目标 13.4.B 解释什么是内群体和外群体，并讨论陷入"我们—他们"思维的轻易程度

社会认同赋予了我们对世界的归属感。不论是政治团体、学校学生，还是某个球队的球迷，成为

"我们"中的一员的感觉很不错。但是，与"我们"建立关系的迫切渴求是否也存在不利的一面？这是否意味着我们不由自主地认为自己高人一等？在某种程度上，这可能是一种适应倾向，增强人们对群体的忠诚和为之奋斗的意愿。它甚至在一些语言中也有所体现，如纳瓦霍人、基奥瓦人和因纽特人称自己为"人民"。

一旦创建了"我们"的范畴，其他人一律被视为"不是我们"。对于你所属的每个内群体——在社会认同中所提到的——至少存在一个（通常不止一个）外群体。如果你是美国的民主党选民，那么你至少是共和党的外群体，更不用说独立党和较小的政党了。如果你是天主教徒呢？有了这种宗教信仰，新教徒、犹太教徒、穆斯林、佛教徒以及其他人都成为外群体。如果你是洋基队球迷呢？恭喜你，你刚刚成为 29 个其他球队粉丝的外群体。

正如亨利·塔吉菲尔（Henri Tajfel）和同事（1971）所证明的那样，内群体的团结可以由实验制造。塔吉菲尔向英国中小学中的男学生展示数目不断变化的点，并要求他们估计点的数量。随机告诉这些男孩他们是"高估者"或"低估者"。随后进行另一项分配点数的任务，分配对象是那些被认定为高估者或低估者的其他男孩。虽然每个男孩的任务都是单独完成的，但几乎所有人都把更多的点数分配给了那些他们认为与自己相像的人。也就是说，这些男孩表现出**内群体偏好**（in-group favoritism），即在思想和行为上对内群体成员更加宽容的倾向。

内群体偏好
对内群体成员比对外群体成员更加宽容的倾向。

"我们—他们"社会认同在两个群体相互竞争时进一步加强。多年前，穆扎弗·谢里夫（Muzafer Sherif）和同事以名为罗伯斯山洞的童子军营地作为

自然情境，证实竞争对群体敌意与冲突的影响（Sherif, 1958；Sherif et al., 1961）。谢里夫将 11 岁和 12 岁的男孩们随机分为两队：老鹰队和响尾蛇队。为建立内群体认同和团队精神，他让每支队伍协作完成一些项目，比如制作绳索桥和跳板。然后，谢里夫让老鹰队和响尾蛇队为奖品展开竞争。激烈的足球、棒球以及拔河比赛期间，男孩们所掀起的狂热竞争很快蔓延到了赛场以外的地方。他们开始袭击对方的小屋，互相辱骂，甚至斗殴。

接下来，谢里夫决定尝试着消除他所创造的老鹰队和响尾蛇队之间的敌意，并缔造和平。他和同事设计了一系列的困境，使得两支队伍需要相互协作以实现预期目标。例如，集中资源去看一部大家都想看的电影，或者推着工作人员的卡车去山上露营。相互依赖的共同目标成功缓解了男孩们的群体冲突和敌意。许多男孩最终和他们以前的"敌人"成为朋友（见图 13.2）。相互依赖在成人群体中也有类似的影响（Gaertner & Dovidio, 2012）。其原因似乎是合作使人们将自己视为一个大群体的成员，而不是两个相互竞争的群体——我们和他们。

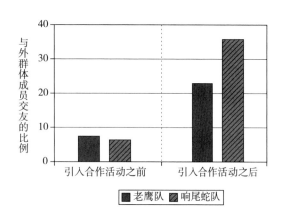

图 13.2　罗伯斯山洞实验

竞争游戏引发了老鹰队和响尾蛇队之间的敌意。只有几个男孩与另一群体的成员成为好朋友（左）。但是，在合作解决了多个问题以后，越过"敌人防线"成为朋友的比例迅速上升（右）（Sherif et al., 1961）。

13.4. C　刻板印象

学习目标 13.4. C　定义刻板印象，并讨论刻板印象歪曲现实的特定方式

我敢打赌，你不太了解列支敦士登人。列支敦士登是一个位于阿尔卑斯山、在瑞士和奥地利之间的小国。它只有 62 平方英里[①]，人口仅有约 37 000 人，比美国的许多城市还要小。

尽管你对它的了解很少，你可能已经形成了对典型的列支敦士登人可能是什么样子的看法。也许是这样的：皮肤白皙，富有，擅长滑雪，喜欢唱约德尔。**刻板印象**（stereotype）是对一群人的印象概括，群体的成员被认为享有共同的特征。人们对那些开法拉利或本田的人、工程专业和艺术专业的学生、女权主义者和兄弟会成员都有刻板印象。

刻板印象

一种印象上的概括，相信特定群体的成员享有共同的特征。

刻板印象可以是消极的（群体 X 的成员都是懒惰的），或至少是表面积极的（群体 Y 的成员都擅长数学），"积极的"刻板印象对许多人来说仍然是一种不舒服的体验，而这类刻板印象促成了社会差距和特权（Alt, Chaney & Shih, 2018；Czopp, Kay & Cheryan, 2015）。刻板印象有时也是准确的（Lee, McCauley & Jussim, 2013），并且它们还可以作为脑工具箱中的有用工具——节能设备，使人做出有效的决策，快速加工新的信息并检索记忆（Macrae & Bodenhausen, 2000）。它们允许我们利用过去的经验理解个体与群体之间的差异，并预测人们未来的行为。事实上，脑

① 1 平方英里 ≈ 2.590 平方千米。——译者注

自动记录和编码基本的类别，如性别、种族和年龄，这表明刻板印象的认知效率存在神经基础（Ito & Urland, 2003；Kubota & Ito, 2017）。

也就是说，正如前文所述，很多人都经历过刻板印象——一种令人不安的经历，特别是消极的刻板印象。此外，刻板印象能够反映人与人之间的真实差异，但它们还会以各种方式歪曲现实（Rogers & Biesanz, 2014；Wilson, Hugenberg & Rule, 2017）。首先是夸大了群体之间的差异，使遭受刻板印象的群体看起来古怪、危险，并且不像"我们"。其次，它们引发选择性知觉；人们倾向于只看到与刻板印象相符的证据而排斥不相符的知觉。最后，它们低估了遭受刻板印象的群体内部的差异，造成群体内所有成员千篇一律的印象。

文化价值观也会影响人们如何评价其他群体的行为，以及特定刻板印象的消极程度（Cuddy et al., 2015；Forgas & Bond, 1985）。例如，中国重视尊长，因此中国学生往往认为上课迟到或与家长争论是不尊重成年人的行为。但是，澳大利亚学生重视个人主义，可能会认为这种行为问题不大。你可以领会到中国人如何形成澳大利亚人"不尊重长辈"的消极刻板印象，而澳大利亚人如何形成中国人"过于恭顺"的消极刻板印象。不幸的是，从这样的刻板印象思维到偏见和歧视行为的形成，只是很小的一步。在下一节中，我们将探讨偏见如何形成、科学家如何衡量偏见以及如何消除偏见。

日志 13.4　批判性思维：避免情绪化推理

写下你所持有的三种刻板印象（不要试图说你没有——我们所有人都有刻板印象）。现在，写下你生活中发生的事件如何导致你形成这些刻板印象。例如，你的种族认同会影响你如何看待他人吗？你是否被有意识地教导持有某些刻板印象，还是它们是潜移默化形成的？与某个人的个人交往是否让你得出结论，认为群体 X 的所有成

员都是这样的？有时候，批判性地思考你的态度从何而来可以消除这些态度的情感基础。把你的想法变为文字有助于理解形成刻板印象的起源。

模块 13.4　小考

1. 以下哪一项关于社会认同的陈述是正确的？
   A. 多数人只有一种社会认同
   B. 拥有的社会认同越多样，往往预示心理健康状况越差
   C. 有时，社会认同会发生碰撞，彼此冲突
   D. 社会认同与外群体可以建立稳固的关系

2. 亨利实施了一项研究，将参与者随机分为两组。他却告诉参与者这种分组依据的是人格类型。一组是"J 类型"，而另一组是"R 类型"。然后要求参与者阅读关于各种假想个体的一系列事实，其中一些被描述为 J 类型者，另一些则被描述为 R 类型者。随后测试参与者对这一系列事实的记忆。基于前人的研究，以下哪一项最有可能是亨利的研究发现？
   A. 分组标准非常细微和随意，因此不会影响个体的知觉和记忆
   B. 相比 R 类型者的积极行为，J 类型参与者更有可能记住与其他 J 类型者相联系的积极行为
   C. 相比 J 类型者的消极行为，J 类型参与者更有可能记住与 R 类型者相联系的消极行为
   D. 相比 R 类型者做出的任何行为，J 类型参与者更有可能记住与其他 J 类型者相联系的任何行为

3. 罗伯斯山洞研究提出的缓解"我们—他们"思维以及群体敌意的策略是什么？
   A. 竞争稀缺资源
   B. 相互依赖的共同目标
   C. 各群体代表之间的对话和辩论

D. 权力地位的"分享"

4. 一个阿尔巴尼亚人搬家到巴里附近。一天，巴里和隔壁的邻居在栅栏外交谈时说道："哎呀，所有的阿尔巴尼亚人都是一样的——非常冷漠。"（即使巴里不认识任何其他阿尔巴尼亚人，也没有和他们互动过，甚至不能在世界地图上找到阿尔巴尼亚。）巴里的观点宣扬了什么？

A. 去个体化

B. 文化适应

C. 种族认同

D. 刻板印象

5. 关于刻板印象的本质，我们可以得出什么结论？

A. 提供了对一群人的客观、公正的看法

B. 总是完全错误的，与真正的倾向毫无关系

C. 是脑的工具，允许我们更有效地加工社会信息

D. 在不同的文化下有着相同的含义

13.5 偏见

刻板印象本质上是认知层面的。换句话说，刻板印象是关于其他群体的信念。刻板印象，尤其是消极的刻板印象，常常伴随着偏见，它更为情绪化，或与情绪有关。**偏见**（prejudice）导致对某个群体的强烈的、不理智的厌恶或仇恨。当然，偏见可能会加剧冲突。一个群体的行为可能是为了挑起与另一个群体的战争，在通过先入为主的观念和长期存在的信念解读这些行为时，群体间的冲突就会加剧。在本节中，我们将探讨形成偏见的原因和后果，并思考消除偏见和冲突的方式。

~~~~~~~~~~~~~~~~

偏见

对某个群体以及群体成员强烈的、不理智的厌恶，往往伴随着消极的刻板印象。

~~~~~~~~~~~~~~~~

13.5.A 偏见的来源

学习目标 13.5.A 描述偏见的心理、社会、经济和文化/国家来源

偏见的目标随着时间和社会的不同而变化。世界上最古老的偏见可能是性别歧视，它也作用于现有的角色和权力不平等的合理化。根据对19个国家1.5万名男性和女性的调查，敌意性别歧视反映了对女性的主动厌恶，不同于善意性别歧视将女性奉若神明（Glick et al., 2000；Glick & Fiske, 2012）。善意性别歧视看似温和，实则是一种高人一等的偏见，表达的态度是女性如此善良、道德，就应该待在家里相夫教子，远离公共生活，以及权力和收入（Ramos et al., 2018）。由于善意性别歧视缺乏敌意，看似不是一种偏见，但以上两种形式的性别歧视——不管是认为女性不够好，不能胜任某些角色和责任，还是认为女性太好——都使对女性的歧视合理化（Brandt, 2011）。尽管不同的时代、文化和目标存在差异，但偏见仍以某种形式存在，且随处可见。为什么？很大程度上是因为它有许多来源和功能，包括心理、社会、经济和文化/国家方面。

1. 心理。偏见可以让人们避开怀疑、恐惧和低自尊的情绪。虽然我们可能不愿承认，但许多国家的研究证实，人们通过厌恶群体并将其视为下等人，来拔高自己较低的自我价值感（Goplen & Plant, 2015；Pica et al., 2015）。偏见也会使人们利用替罪羊（"这些人是我麻烦的来源"）转移愤怒并应对无力感。2001年"9·11"恐怖袭击事件发生后不久，一些美国白人将怒火发泄到那些刚好是阿拉伯裔、巴基斯坦裔、印度裔或阿富汗裔的美国同胞身上。不幸的是，以这种方式，偏见可以缓解不安全感，

并将一种秩序感强加给这个具有威胁性、变幻莫测的世界。

2. 社会。 并非所有的偏见都有深植的心理根基。有些只是来自顺应朋友、家人或同事的观点的压力。如果你不赞同一个群体对另一群体的偏见，你可能会被礼貌或粗鲁地逐出群体。一些偏见来自机械式的代代相传，比如，父母会告诉自己的孩子"我们不和这样的人交往"。

3. 经济。 偏见通过为多数派的主导优势、地位或更多的财富辩护，使官方形式的歧视看起来是合情合理的。当多数派为了维护自己的权力而系统地歧视少数派时，通常会声称自己的行为是合情合理的，因为少数派是低下的、无能的（Jost, Nosek & Gosling et al., 2008；Sidanius, Pratto & Bobo, 1996）。你可以通过观察两个群体为工作展开直接竞争时的情况或人们担忧自己收入时的情况，发现偏见如何随经济条件的变化而起伏：偏见增加了。

4. 文化和国家。 偏见也将人们与自己的种族或国家联系在一起。厌恶"他们"会使人感觉和"我们"更亲密。反过来，这种感觉使得我们为维护自己的习俗和国家政策而认为对"他们"所做的一切都是合理的。事实上，尽管许多人认为是偏见导致了战争，但事实往往恰恰相反：是战争导致了偏见。当两个国家宣战，或一个软弱的领导人把国家的经济问题转嫁到少数替罪羊身上时，公民对敌人的偏见就被激化。战争可以将正当的愤怒转变为盲目的偏见，使人们相信这些人不仅是敌人，甚至不配做人，应该被消灭（Haslam & Loughnan, 2014）。这也就是为什么敌人经常被描述为害虫、疯狗或怪物，反正不会是像我们一样的人。对偏见不同来源的回顾可见表 13.1。

Jay Maidment/Channel 4/Netflix/Everett Collection

在战争时期，将敌人非人化是很常见的。英国电视剧《黑镜》（*Black Mirror*）的剧迷们会在第五季看到这种极端的倾向：一支军队试图铲除并摧毁一群被称为"蟑螂"的生物。不过，这里没有剧透。我们不会破坏科幻小说（和心理）的情节转折……

表 13.1　偏见的来源

尽管偏见在不同的时代和社会中针对不同的群体表现出不同的方式，它仍可以划分为心理、社会、经济，以及文化/国家这几种共同的来源。			
心理	社会	经济	文化/国家
低自尊 焦虑 不安全感 无力感	群体思维 从众 长辈的教导	多数派维护地位的欲望 对职位、权力和资源的竞争	内群体、外群体思维 寻求群体认同 战争的合理化
导致偏见的例子			
"那些人不像我们一样富有道义感和正派。"	"我的父母告诉我那些人不是什么好人。"	"那些人不够聪明，做不了这份工作。"	"我们必须保护我们的宗教、国家和政府不受那些怪物的伤害。"

13.5.B　偏见的测量

学习目标 13.5.B　描述测量偏见的多种方式

随着奥巴马历史性地当选首位非裔美国总统，

女性在商界和政界获得越来越多的地位，许多人都表达了美国最恶劣的种族主义和性别歧视形式将要结束的希望。事实上，当代人在被问及对种族、性别和其他社会范畴的态度时，许多人声称（以及真正相信）他们没有偏见。然而，近期一些涉及警察使用武力对抗手无寸铁的少数族裔的高曝光度案件加剧了种族关系的紧张。丑陋的仇外口号和事件在政治集会中爆发。数据显示，仇恨犯罪在过去几年里急剧增加。不同性别的工资差距仍然存在，同类工作女性的工资持续低于男性。简言之，偏见仍然存在（Richeson & Sommers，2016；Salter，Adams & Perez，2017）。

正如戈登·奥尔波特（Gordon Alport，1954，1979）很久以前所观察到的，其中一个原因是"偏见在理智上被击败，但在情感上仍挥之不去"。即使公开表达的态度发生变化，歧视行为被禁止，根深蒂固的负面情绪仍以微妙的方式持续存在。偏见在繁荣时期可能蛰伏，但在萧条时期却很容易被唤醒。而且，并非所有存在偏见的人都有相同程度或相同方式的偏见。假设雷蒙德想要成为宽容、开放的人，但成长于一个小的同质社区，他就会发现其他文化和宗教团体让他感到不自在。鲁珀特是一个直言不讳的偏执狂，对除自己所属族裔以外的其他所有族裔都表达出了厌恶。那么，我们是否应该把雷蒙德和鲁珀特归为一类？善意有用吗？直白露骨的偏见与无知的区别是什么？或偏见与自私的区别是什么？如果有人说自己没有偏见，但发表的言论却并非如此，那该怎么办呢？

社会心理学家非常支持外显的、有意识的偏见已经减少的证据，且承认某些偏见不再像以前那样容易被接受。研究者也已经开始使用创造性的方法来确定群体之间内隐的、无意识的负面情绪是否同样减少了。其观点是，内隐态度是自动的和无意识

的，反映了隐藏在表面之下挥之不去的负面情绪（Cheon et al.，2015；Dovidio & Gaertner，2008）。对此，研究者创造了测量这类情绪的几种方法（Olson，2009）。

1. 测量社交距离和"微歧视"。 社交距离，即不愿与另一个群体距离"太近"，可能是偏见的一种行为表现。异性恋者和同性恋者的社交距离会比异性恋者和异性恋者更远吗？身体健全的人是否会远离坐着轮椅的人？一些心理学家称这些微妙的行为为"微歧视"：许多少数派和身体残疾的人所经历的蔑视、侮辱和贬低（Dovidio，Pagotto & Hebl，2011；Jones & Galliher，2015）。德络德·苏（Derald Sue，2010）提供了以下事例：一位白人教授称赞一位亚裔美国研究生"英语出色"，尽管该学生一直居住在美国；讨论组里男性成员忽视唯一女性成员所做的贡献，他们越过她说话，并只注意彼此；一名白人女性下班后进入电梯，看见一个黑人在里面，用手捂住了项链，"想起"自己在办公桌上落下了一些东西，需要回去拿。

2. 测量不平等待遇。 在美国，多数外显的歧视如今都是非法的，但偏见可以以不那么明显的方式通过行为来表达。想想"缉毒战"中黑人和白人的不平等待遇（Fellner，2009）。相对于黑人在普通人口中和毒贩中的数量，美国黑人因毒品指控被逮捕、定罪和监禁的比例是不均衡的。在西雅图（白人占70%）进行的一项研究发现，使用或销售毒品的绝大多数是白人，但近三分之二的抓捕对象是黑人。在使用或销售甲基苯丙胺、摇头丸、粉末状可卡因和海洛因的人群中，白人占多数；在使用或销售强效纯可卡因的人群中，黑人居多。但从历史上看，执法部门实际上忽略了白人市场而集中于缉拿黑人。研究者得出结论：警察的禁毒执法反映了种族对城市毒品问题根源认知的无意识影响（Beckett，Nyrop & Pfingst，2006）。

互动

偏见的许多目标

偏见有着悠久而普遍的历史，为什么新的偏见不断出现，有些逐渐消失，有些却依然存在？

Bettmann/Getty Images

Library of Congress Prints and Photographs Division
Washington，D. C. 20540 ［LC－USF34－058504－D］

有些偏见随着战争或征服等历史事件起起落落。美国的反日情绪在 20 世纪 20 年代和 40 年代高涨；如今，对日本人的偏见已经没那么普遍了。

有些偏见，比如对印第安人的偏见，几个世纪以来一直很普遍。

Kypros/Alamy Stock Photo

A katz/Shutterstock

对犹太人的偏见不仅仅是一个历史问题。2017 年，美国报告了近 2 000 起反犹太人事件，50 个州中每个州至少有一起。

一些偏见，尤其是对同性恋的憎恶，似乎至少在一定程度上仍然存在，因为它们反映了人们更深层次的焦虑和不安全感。

Library of Congress Prints and Photographs Division

Washington，D. C. 20540 ［LC － DIG － fsa － 8d33365］

对非裔美国人的偏见长期以来一直是西方历史的一部分。在美国，种族隔离直到 20 世纪 50 年代才被废止。

U. S. National Archives and Records Administration

在美国，虽然女性不再被明确禁止从事特定的职业，但数据显示，同样的工作，男性每挣 1 美元，女性仅挣 80 多美分。

Orlin Wagner/AP Photo

随着经济和地缘政治关切的变化，其他偏见也出现了。反移民偏见的产生有很多原因，但当本国公民担心自己的工作时，这种偏见往往会增强。

Bill Pugliano/Getty Images News/Getty Images

2001 年 9 月 11 日之后，美国人对中东人的敌意与日俱增。

---

3. 测量压力下或生气时的行为。在正常情况下，很多人都会控制自己的负面情绪。但是，一旦生气、醉酒或沮丧，隐藏的偏见就会露出马脚（Aronson，2012）。在首次证明这一现象的一个实验中，以为自己参加的是一项生物反馈研究的白人学生被要求对黑人或白人（同盟）施以电击。在实验条件下，参与者无意听到"受害者"（实际上没有受到电击）说了一些贬低他们的话。在对照条件下，参与者没有听到恶意言论。参与者的攻击程度被定义为所实施的电击数量。起初，白人学生对黑人的

攻击比对白人的少；而一旦被无意中听到的贬损言论激怒，他们便对黑人表现出更强的攻击性（Rogers & Prentice – Dunn，1981）。类似的效应也出现在男性对女性的性别歧视行为的研究中（Maass et al.，2003；O'Connor，Ford & Banos，2017）。

4. 测量脑活动。 社会神经科学家已使用 fMRI 来确定参与刻板印象的形成以及持有对外群体偏见的相关脑区（Krendl，2016；Stanley，Phelps & Banaji，2008）。在一项研究中，当美国黑人和白人看到彼此的照片时，杏仁核（对潜在威胁信号做出反应的脑结构）的活动增强，而看自己群体成员的照片则不影响其活动变化（Hart et al.，2000）。然而，脑的某些部位在特定条件下被激活并不一定意味着一个人是"有偏见的"。脑可能被用来记录差异，任何与这些差异相联系的负面内容则取决于环境和学习（Wheeler & Fiske，2005）。

5. 测量内隐态度。 评估偏见的一种方法是内隐联想测试（Implicit Association Test，IAT），它测量人们对目标群体产生积极和消极联想的速度（Greenwald，McGhee & Schwartz，1998；Greenwald et al.，2009）。支持者认为，如果反应者对与积极词汇（如胜利、诚实）相关联的黑人面孔做出反应的时间比对与消极词汇（如魔鬼、失败）相关联的黑人面孔做出反应的时间更长，则表明对黑人的无意识偏见。数以万计的人在网上参加这一测试，它也被用来评估对亚洲人、女性、老年人、同性恋者、超重者以及其他社会类别的所谓的偏见（Nosek，Greenwald & Banaji，2007）。

我们之所以说"所谓的"偏见，是因为其他社会心理学家认为该测试并不评估个人态度（De Houwer et al.，2009；Oswald et al.，2013）。一些研究者认为，这个测试捕捉到的是文化联想，就像人们会更快地把牛奶和饼干搭配在一起，而不是牛奶和电话，这仅仅是因为前组想法比后组想法更频繁地出现。值得注意的是，一些研究的确表明一个人内隐联想测试的偏见分数越高，就越有可能歧视这种偏见的目标（Greenwald，Banaji & Nosek，2015）。但是，仅仅知道内隐联想测试的分数并不一定意味着

我们就能确切地预测他们未来是否以歧视的方式行事。

如你所见，定义和测量偏见并不容易！为理解偏见，我们必须区分外显的和内隐的态度、主动的敌意和单纯的不适，人们对他们感受的表达和在他们的实际行为中感受到了什么。

13.5.C 减少冲突和偏见

学习目标 13.5.C 描述有助于减少偏见和群体间冲突的情境因素

研究表明，仅仅诉诸道德或理智的争论尚不足以减少偏见，还必须触及人们更深层次的不安全感、恐惧或负面联想。当然，鉴于偏见的多重来源和功能，没有一种方法是万能的。但是，社会心理学家在研究增加群体间偏见和仇恨的同时，也考察了可能减少偏见和仇恨的条件（Dovidio & Gaertner，2010；Pettigrew & Tropp，2006）。

1. 平等的法律地位、经济机会和权力。 这一要求是努力改变允许歧视的法律基础。如果民权倡导者只是等待种族隔离主义者良心发现，美国南部政治资源的整合将永远不会发生。女性如果不挑战准许性别歧视的法律，将永远不会获得投票、上大学或从事"男性职业"的权利。但是，如果一个群体保有对另一群体的权力和支配地位，仅仅修改法律是不够的。

2. 权力机构必须提供道义和经济支持。 社会必须建立平等的规范，并以官方行动予以支持——涉及教师、雇佣单位、司法系统、政府官员以及警察。在种族隔离虽非官方政策但已然形成惯例的地方，冲突和偏见不只会延续，还会看似正当合法。当政治家和其他领导人面对带有偏见的言论或行动一言不发时，他们的沉默就被视为对偏见的默许。

3. 存在很多一起工作和交往（正式和非正式）的机会。 根据接触假说，当人们有机会习惯彼此的规则、习俗和态度，从而发现共同的兴趣和人性时，偏见就会降低。多族裔大学校园就是一个生动的实验室，用以检验接触假说。拥有跨族裔的室友、朋友或恋人的白人学生倾向于偏见更少，并找到共性

（Gaither & Sommers，2013；Van Laar，Levin & Sidanius，2008）。跨族裔的友谊也有益于少数族裔：对一所以白人为主的大学里的黑人和拉丁裔学生的一项纵向研究发现，与白人的友谊增强了归属感，减少了对学校的不满情绪（Mendoza-Denton & Page-Gould，2008）（见图 13.3）。

互动

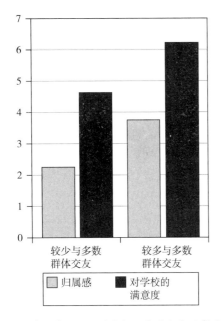

图 13.3　跨族裔的友谊对少数族裔学生幸福感的影响

　　跨族裔的友谊对双方都有好处。在以白人为主的大学进行的一项纵向研究中，许多黑人学生一开始感到被冷落，对自己的教育经历不满意。但当他们交的白人朋友越多时，他们的归属感就越强，对学校的满意度就越高。这一发现对那些一开始对白人学校感到最焦虑和不安的少数族裔学生尤其重要。后续研究采用了相同的实验设计，并将拉丁裔学生作为研究对象，重复了这项研究（Mendoza-Denton & Page-Gould，2008）。

　　4. 合作、努力完成共同目标。 接触有助于减少偏见，偏见也能减少接触。一项对德国、比利时和英国学生的纵向调查发现，强迫性接触只会让双方都心怀怨恨，甚至偏见更深（Binder et al.，2009）。为缓解群体间的紧张状态，埃里奥特·阿伦森（Elliot Aronson）和同事开发了建立合作关系的"拼图

法"。这项任务像拼图一样被分解，需要彼此合作才能完成。这类班级里的学生，从小学到大学，往往比传统班级的学生更喜欢他们的同学，在思想上也有更少的偏见（Aronson，2000，2010）。

　　合作和相互依赖通过创造包容的社会认同来减少"我们—他们"思维，就像罗伯斯山洞研究中的老鹰队和响尾蛇队。同样的事情似乎也发生在虚构的影视作品中，比如《暮光之城》，狼人和吸血鬼是由来已久的敌人，双方之间存在充满蔑视的竞争，但双方知道他们必须联合起来共同努力保护女主角贝拉。这种方式如同现实生活：曾经的对手可以培养出对彼此的尊重；一个群体对另一群体的偏见开始瓦解，并形成新的团体意识。

ParisaMichelle/Splash News/Newscom

Vince Bucci/PictureGroup/Sipa USA/ Newscom

　　如果与不同背景的人接触可以减少偏见，那么接触不同族裔或种族群体的电视人物又会怎样呢？例如，白人（或其他非黑人）观众观看《喜新不厌旧》（*Blackish*）中约翰逊一家可爱的滑稽动作会如何影响他们的种族态度？认识（至少通过电视）《初来乍到》（*Fresh off*）中的黄氏一家如何影响对亚洲人的态度？以往研究发现，电视人物之间的互动会影响观众的种族态度（Weisbuch，Pauker & Ambady，

2009），我们需要进一步研究接触假说在大众媒体中的运用。

日志 13.5 批判性思维：分析假设与偏见

偏见意味着什么？偏见是否总是公然的敌意，或者是否也包括了对另一群体有些宽泛的不适、一种无意识的厌恶情绪，或对陌生文化的无知？

模块 13.5 小考

1. 以下哪一项是偏见的心理原因？
   A. 人们通过将其他群体视为下等人来增强自我价值感
   B. 人们通过主动对抗另一群体来获得民族自豪感
   C. 人们厌恶某一群体的成员是因为他们的父母和祖父母也厌恶这一群体
   D. 人们厌恶某一群体的成员是因为他们被认为不公平地攫取有限的资源

2. 保罗称女性为"宝贝"或"甜心"，称赞她们为成为更好的家庭主妇所做的努力，并认为她们普遍较弱。虽然保罗可能是好意，但他的态度有很多_____性别歧视的标志。
   A. 国家　　　　　　B. 敌意
   C. 权势　　　　　　D. 善意

3. 阿洛每天下班步行回家。然而，他会选择一条较长的路线，以避免经过他所形容的"城镇里的一个藏污纳垢的地区"。警方统计数据表明，该地区的犯罪率并不比附近高，但阿洛仍坚持自己的原则，阿洛的行为可以说明_____是偏见的有效测量手段。
   A. 不平等待遇　　　B. 脑活动
   C. 社交距离　　　　D. 内隐态度

4. 根据接触假说，以下哪一项条件必须存在，以减少偏见和群体间敌意？
   A. 有敌对史的群体应该限制彼此间的接触
   B. 法律、命令或禁令应该约束群体双方的行为
   C. 法律、命令或禁令应该约束其中一个群体的行为
   D. 他们必须有机会去了解作为个体的竞争群体中的成员

5. 以下哪一项是为拥有不同背景的个体之间的合作而创建的课堂名称？
   A. 拼图法　　　　　B. 外群体
   C. 归属感　　　　　D. 拼布床单

写作分享：社会心理学

在本章的开始，我们问到是否有过明知所在的群体做出错误的决定但自己没有站出来制止的经历。大多数人的回答是肯定的。即使你没有这样的经历，我们也确信你能想到这种情况曾发生在你所认识的人身上，尤其是在同辈压力重重的中学时期。让我们来检验一下你学到的知识：假设你正在和一个准备进入初中的人交谈，你想要帮助他做好准备以应对青春期所带来的同辈压力。在本章所详细介绍的与群体相关的过程中，例如从众、服从权威、旁观者效应、去个体化和群体思维，选择其中一个并用自己的语言加以解释。然后告诉他这种倾向会在什么情况下出现，以及如何抵抗导致消极行为的群体压力。

批判性思维演示

主张：警察区别对待黑人公民和白人公民
步骤1：批判这一主张

我们在本章的结尾重点讨论了刻板印象和偏见。不幸的是，许多人经常会遇到这种情况。但是，当涉及任何单一的互动或决策时，很难精确地指出诸如种族、族裔、性别和性取向等社会认同的确切影响。思考最近有关种族影响警察的对待方式的抗议和辩论。让我们批判性地审视这一重要主张：警察区别对待黑人公民和白人公民。

步骤2：提出问题，乐于思考

这种主张引起了激烈的反应。想想职业足球运动员在国歌响起时屈膝以引发人们对这一问题的关

注所引发的争议。我们如何以客观和科学的视角评估这种说法？

思考常被引用以支持这一主张的证据：警察枪

击的具体案例。这些都是发生在现实生活中的悲剧事件，所以要注意，阅读这些报道是相当令人悲伤的，可能也是令人痛苦的。

Jay Shaw Baker/Nuiphoto/Alamy Stock Photo

2014 年 8 月，18 岁的黑人迈克尔·布朗（Michael Brown）被白人警察达伦·威尔逊（Darren Wilson）开枪击毙，这引发了密苏里州弗格森市及周边地区数天的抗议活动和警民冲突。尽管没有武器，但布朗中了 6 枪。圣路易斯的一个大陪审团决定不起诉威尔逊：他声称开枪是出于自卫。

Gina Kelly/Alamy Stock Photo

据多方报道，菲兰多·卡斯提尔（Philando Castile）在明尼苏达州的一所小学担任自助餐厅经理，深受孩子们的喜爱。2016 年 7 月，他被警察拦下，当这名 32 岁的黑人男子伸手拿身份证时，他被一名叫杰罗尼莫·亚内斯（Jeronimo Yanez）的警察连开 5 枪。卡斯提尔的女友在社交媒体上发布了枪击事件的余波。陪审团宣布对亚内斯的所有刑事指控均不成立。

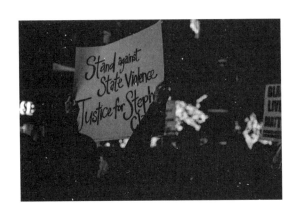

Zack Abrams/Alamy Stock Photo

2018 年 3 月，在加利福尼亚州萨克拉门托，一位好心邻居在听到玻璃碎的声音后报警，称可能发生了夜间抢劫。警方随后的反应以斯蒂芬·克拉克（Stephon Clark）的死亡而告终。这名 22 岁的黑人手无寸铁，当时他正站在他祖母的后院里。尸检显示，克拉克中了 8 枪，大部分在背部。在这起案件中，警方没有受到指控。

Gina Kelly/Alamy Stock Photo

现年 40 岁、来自澳大利亚的白人女性贾斯汀·戴蒙德（Justine Damond）居住在明尼苏达州，于 2017 年 7 月拨打了 911，报告房子后面可能发生了袭击。当她走到街上，走近一辆驶来的警车的驾驶座窗口时，她被黑人警官穆罕默德·诺尔（Mohamed Noor）开枪打死。戴蒙德的死亡表明，警察枪击事件可能发生在不同种族的受害者身上。诺尔在 2019 年被判三级谋杀罪。

结论

提出心理学问题的一种方式是审视我们周围的真实事件。回顾这些警察枪击事件得出的结论是：有时警察会开枪杀死手无寸铁的平民，这很可悲。但还有其他重要问题：这种情况多久发生一次？某些种族的人更容易发生致命的事件吗？就此而言，男性和女性的情况又如何呢？编制一个示例列表可以帮助我们识别潜在的问题或关系。但将个别事件列成清单并不是一种像科学调查一样严谨的手段。所以，让我们考虑一下更科学的分析应该是什么样的。

步骤 3. 定义术语

为验证警察区别对待黑人公民和白人公民的主张，我们需要定义"对待"。例如，我们可以根据在任何特定环境中种族如何影响警察对个体的关注来定义。或者，我们可以调查警方拘留或逮捕特定个体的决定。又或者，我们可以调查警察使用武力的情况。实际上，一个严格的评估可能同时包括以上三种定义。

步骤 4. 分析（更多的）假设与偏见

特别是在研究一个情绪化的问题时，我们必须停下来考虑我们潜在的假设和偏见。你的个人经历或态度是否会影响你对警察的看法？你遇到过警察吗？你的家人或朋友是警察吗？

人们自身的身份能预测他们对这些问题的看法吗？在最近的一项民意调查中，只有 28% 的白人受访者认为警察使用致命武力的速度过快，而这样认为的黑人受访者的比例为 74%。在另一项民意调查中，只有 14% 的白人对"黑人的命也是命"运动表示强烈支持，而黑人的这一比例为 41%。

步骤 5. 检查证据

让我们来思考一下使用不同的定义会找到什么证据。

警察关注

珍妮佛·埃伯哈特（Jennifer Eberhardt）和同事（2004）发现，当警察想到犯罪时，他们会更关注黑人的脸，而不是白人的脸。例如，相比看白人的照片，向参与者展示武器和其他与犯罪有关的物品的潜意识图像会导致他们花更多的时间看黑人的照片。

逮捕决定

对现实世界数据的分析表明，警察更有可能拘留、搜查和逮捕具有特定人口特征的个体。例如，在 2017 年的纽约市，警察拦截黑人市民的比例占 58%，西班牙裔占 32%，白人占 9%，即使全市的人口分布为黑人占 23%、西班牙裔占 28%、白人占 33%，即使搜查白人发现非法活动证据的比例更高。

使用武力

约书亚·科雷尔（Joshua Correll）和同事（2014）进行了一项警察模拟研究。在这项研究中，参与者，包括现实生活中的警察，必须决定他们是否应该开枪，这取决于图片中所呈现的个体是持有武器还是一个无害的物体，如手机或钱包。与白人相比，这些研究的参与者更有可能误判并对手无寸铁的黑人照片开枪。

步骤 6. 权衡结论

公民可能会因为他们的种族或族裔而受到不同的对待，这种想法令人不安。不过，数据确实支持这一说法，这些数据来自对现实世界警察拦截事件和实验室实验的研究。但请记住，绝大多数警察和平民的互动不会以悲剧告终。很多专业人士，包括医生、律师、法官、教师、招聘经理等，都可以观察到潜在的种族偏见。批判性思维和科学方法始终是重要的工具，在思考情绪化和有争议的主张时，它们也许是最重要的工具。

总结：社会心理学

13.1　社会影响力

学习目标 13. 1. A　比较社会规范与社会角色，并注意它们对规范行为的作用

社会心理学家研究社会角色、态度、关系以及群体如何影响个体，文化心理学家研究文化对人类行为的影响。许多文化规则，例如支配谈话距离的规则，是不言而喻的，也是强大的。

学习目标 13. 1. B　概述并评价米尔格拉姆的服从研究，并讨论使得服从权威的可能性更大的特定条件

米尔格拉姆的服从研究阐述了规范和角色影响个体行为的力量。扮演"教师"角色的大部分人基于实验人员的权威使他人遭受了极端的电击。

学习目标 13. 1. C　概述并评价斯坦福监狱实验

在津巴多的斯坦福监狱实验中，大学生倾向于按照他们所扮演的"囚犯"或"狱警"角色行事。社会情境对个人的行为产生了强大的影响，经常促使他们做出不寻常的行为。当代人对这项研究的批评集中于伦理、参与者样本的代表性，以及对可能导致参与者在研究期间进行角色扮演的暗示性指示的关注。

学习目标 13. 1. D　解释导致破坏性服从的因素

服从权威有助于社会的平稳运行，但也可能导致致命的、愚蠢的或非法的行为。人们服从命令是因为如果不服从就会受到惩罚，这是出于对权威的尊重，也是为了获取利益。即使他们不愿意服从，他们也可能合理化自己所做的决定，并将任何有害行为的责任推给权威，显示出陷阱的迹象。

13.2　社会信念

学习目标 13. 2. A　比较情境归因和个性倾向归因，并解释基本归因错误和其他偏见

根据归因理论，人们的动机是去寻找原因，以对自己和他人的行为进行归因。归因包括情境归因和个性倾向归因。当人们高估人格特质作为行为的原因而低估环境的影响时，就会发生基本归因错误。归因还会进一步受到三种类型的自我服务偏差的影响：用最受吹捧、用最宽容的方式解释自己行为的偏差；认为我们比别人更好、更聪明、更善良的偏差；世界是公平的偏差（公平世界假设）。

学习目标 13. 2. B　解释态度形成的因素，并预测说服和态度改变

人们对人、事和想法持有多种态度。态度可能是外显的（有意识的）或内隐的（无意识的）。影响态度的一种有效方式是利用熟悉效应，而说服则由详尽可能性模型所描述的核心途径和外围途径实现。许多态度，例如那些涉及宗教、意识形态和政治信仰的态度，也显示出一定程度的遗传性。

学习目标 13. 2. C　概述认知失调的过程，以及认知失调如何导致态度改变

信念（或信念与行为）之间的冲突所产生的不舒适感被称为认知失调。当面对认知失调时，人们会采取各种策略来缓解这种不适，包括努力合理化问题行为，尽量减少明显的冲突，或者忽略那些会造成更多认知失调的信息。

学习目标 13. 2. D　总结有助于思想灌输的社会心理因素

自杀性爆炸袭击者和恐怖分子没有被"洗脑"，大多数人也不是精神病患者或有心理疾病。他们常常陷入对真实或假想的敌人采取越来越暴力的行动的陷阱，鼓吹把所有问题都归咎于一个敌人，提供新的身份和救赎，切断失调信息的获取渠道。

13.3　群体中的个体

学习目标 13. 3. A　概述阿希的线段判断研究，并讨论从众与服从和说服等相关概念的不同

在群体中，个体的行为通常与他们单独行动时有所不同。从众使社会平稳运行，但也会导致不良的后果。从众的两个动机是社会接纳的需要和对信息的需要。然而，正如阿希的研究所表明的，有时人们会遵从他人的判断，即使他人明显是错误的。与服从和说服相比，从众是一个更为微妙的过程，通过这个过程，个体能够感受到对自己的期望，并相应地调整自己的行为。

学习目标 13.3.B　定义群体思维，并描述其表现

团结的群体容易受到群体思维的影响，即群体成员产生趋同思维，自我审查，主动压制分歧，并倾向于认为群体的决定是无懈可击的。群体思维常常会产生错误的决定，群体成员未能去寻找否定他们想法的证据。然而，群体可以被构建来对抗群体思维。

学习目标 13.3.C　解释人群中匿名感的增强如何导致旁观者效应和去个体化

与直觉相反的是，你周围的人越多，你在紧急情况下提供帮助的可能性就越小，这种倾向被称为旁观者效应。对这种倾向的一种解释是责任分散，即群体中成员因假定其他人会采取措施而避免自己行动。失去个体意识的一个更极端的后果是去个体化，这与暴乱和其他形式的所谓的暴民心理有关。

学习目标 13.3.D　讨论提高帮助他人和违反群体规范的可能性的具体情境因素

为不受欢迎的观点发声的意愿，揭发非法行为，或帮助一个陷入困境的陌生人，以及采取其他利他行为，在一定程度上关乎个人信仰和良知。但一些情境因素同样很重要：察觉到需要干预或帮助；文化规范鼓励采取行动；有一个盟友；提供帮助或持有异议的承诺。

13.4　我们对他们：群体认同和冲突

学习目标 13.4.A　定义社会认同，并讨论它与人们如何看待周围世界的联系

人们基于所属的群体发展出多重社会认同，包括国家、宗教、种族、政治和职业。绝大多数人都有多重社会认同，在不同时间、不同地点以不同的方式显现，彼此之间相互碰撞、补充，并影响我们看待周围世界的方式。

学习目标 13.4.B　解释什么是内群体和外群体，并讨论陷入"我们—他们"思维的轻易程度

我们拥有的每一种社会认同都创造了一个内群体，而内群体反过来又创造了一个（或多个）外群体。这种区别会导致"我们—他们"思维、群体之间的敌意，以及表现为内群体偏好的偏见。减少群体冲突的一种方法似乎是相互依赖，或者迫使双方共同努力以实现共同的目标。

学习目标 13.4.C　定义刻板印象，并讨论刻板印象歪曲现实的特定方式

刻板印象有助于人们快速处理新信息，组织经验，并预测他人的行为。但刻板印象也会通过夸大群体之间的差异、低估群体内部的差异以及产生选择性知觉来歪曲现实。

13.5　偏见

学习目标 13.5.A　描述偏见的心理、社会、经济和文化/国家来源

偏见是对某类人不合理的负面情绪。从心理上讲，有时候通过找到一个替罪羊，偏见可以消除焦虑感，并在一个人感觉受到威胁时增强自尊。偏见也有社会原因，由于从众和父母的教导，人们无意识地产生了偏见。偏见可以用来为多数派的经济利益和支配地位辩护。最后，偏见服务于文化和国家目的，使人们与他们的社会群体建立联系，在极端的情况下为战争辩护。

学习目标 13.5.B　描述测量偏见的多种方式

心理学家采用各种方法测量种族主义和其他偏见。有些试图通过以下方式间接地测量偏见：评估社交距离和"微歧视"；测量警察或其他机构所施行的不平等待遇；确定人们在高压下或愤怒时是否更有可能对目标表现出攻击性；观察脑部的变化；评估对特定群体的无意识的积极或消极联想，如内隐联想测试。关于以上技术的有效性和局限性的争论仍在继续。

学习目标 13.5.C 描述有助于减少偏见和群体间冲突的情境因素

努力减少偏见针对的是人们的外显态度和内隐态度。有助于减少两个群体之间的偏见的四个条件包括：双方必须具有平等的法律地位、经济机会和权力；双方必须有权力机构所提供的法律、道义和经济支持；双方必须有一起工作和交往的机会（接触假说）；双方必须努力完成共同目标。

第 13 章测试

1. 当阿卜杜拉第一次见到艾曼纽时，他被三件事所震撼：她很漂亮，她有法国口音，而且她总是从他身边往后退。艾曼纽也被三件事震撼到了：阿卜杜拉很帅，他很高，而且他站得离她非常非常近——事实上，近得令人不舒服。是什么导致了他们第一印象的主要差异呢？

   A. 文化规则改变了每个人所要"扮演"的社会角色

   B. 进行和保持眼神交流是他们两个人都违反了的社交规则

   C. 他们每个人都扮演了一个不正确的社会角色

   D. 适当的谈话距离是一种因文化而异的规范

2. 托马斯被要求在一个模拟真实监狱的环境中扮演狱警的角色。随着时间的推移，津巴多和同事预测托马斯的行为会是什么样的？

   A. 他将会不服从比他权力大的人的不合理要求

   B. 他将会忠于自己的信仰和个人价值观

   C. 他将会表现出真实的狱警的言谈举止

   D. 他将开始表现得更像一个囚犯，而不像一个狱警

3. 逐步满足权威人士的要求最终会导致_____。

   A. 从众　　　　　B. 陷阱

   C. 怨恨　　　　　D. 反抗

4. 公平世界假设认为_____。

   A. 人们会根据情境做出反应，淡化自己的个性倾向

   B. 善有善报，恶有恶报

   C. 有利的结果是由于个性倾向，而不利的结果是由于情境的影响

   D. 只有现世，没有来生

5. 凯莎已经向朋友们宣告她这学期要多锻炼。在朋友们去学校体育馆的时候，她打开电视，开始了一个放松的、不活动的夜晚。以下哪一项描述了她想到自己的运动目标时可能会有的感觉？

   A. 认知偏差　　　B. 认知协调

   C. 内隐熟悉　　　D. 认知失调

6. 玛茜加入了一个邪教组织，她的最高领袖指示她进行一次政治暗杀。她相信，这是实现世界和平的唯一途径，能够把最高领袖安置在他应有的世界统治地位上。玛茜知道她肯定会因为她的行为被枪毙，但她期待着永恒的救赎和完成她的使命所承诺得到的上天堂的奖励。玛茜坚持任务的可能性有多大？

   A. 不太可能。她似乎不相信自己的事业

   B. 可能。她表现出许多思想灌输的特点

   C. 可能。她把情境的影响归因于个性倾向

   D. 不太可能。陷阱很容易被克服

7. 所罗门·阿希关于线段判断的著名研究发现了什么？

   A. 许多人维护他们信息的权威性，并使整个群体倾向于遵循他们自己的信念

   B. 当团体的意见与自己的不一致时，绝大多数人都持有异议

C. 只有"意志薄弱"的个体，如他们的朋友所定义的，才会遵从群体的意见

D. 许多人遵从了群体的观点，尽管这些观点明显是错误的

8. 群体成员以牺牲实际考虑其他观点和相关信息为代价来取得共识和一致意见的倾向被称为_____。

A. 社会性惰化　　B. 群体心理

C. 群体思维　　　D. 群体极化

9. 在紧急情况下，你身边的人越多，其中任何一个人提供帮助的可能性就越小。以下哪一项是对这一奇怪而令人不安的发现的解释？

A. 公平世界假设　B. 群体思维

C. 服从　　　　　D. 责任分散

10. _____可以增加助人行为。

A. 增强去个体化

B. 增加可以提供帮助的人数

C. 存在一个首先提供帮助的同盟

D. 等待一个领导者从一群旁观者中出现

11. 以下哪一项关于社会认同的陈述是正确的？

A. 大多数人只有一种社会认同

B. 我们往往首先想到让我们在特定情境中脱颖而出的特定的社会认同

C. 拥有多重社会认同往往降低我们的创造力

D. 拥有多重社会认同并不会改善心理健康

12. 玛丽认为所有的亚洲人都擅长数学，虽然这可能被看作一种赞美，但它也是_____。

A. 歧视　　　　　B. 刻板印象

C. 偏见　　　　　D. 文化适应

13. 外显偏见的测量可能通过记录_____实现。

A. 人们观看其他种族的照片时的脑电波活动

B. 人们如何回答关于他们偏见态度的问卷中的问题

C. 人们在愤怒或压力下的行为

D. 人们如何对内隐联想测试进行反应

14. 光肚史尼奇和星肚史尼奇有着敌对和群体间冲突的历史。以下哪一项最有可能减少双方的冲突？

A. 中心体育馆被烧毁，两个群体合作重建

B. 当地牧师要求两个群体的成员参加关于和谐和团结的布道

C. 当地社区中心赞助了两个群体之间的滚木球竞赛

D. 城市为星肚史尼奇建造了一个公园

15. 服从、偏见、帮助他人、群体思维和从众的研究表明，有时人们在规范、角色和情境的影响下做坏事。但是，相同的研究也指出另一种理解_____的方式。

A. 人格差异比情境因素更能预测行为

B. 当社会压力解除时，人们可以做更残忍的事情

C. 人们也可以在规范、角色和情境的指示下做好事

D. 人类本质上是善良的，是社会造成了我们的行为不端

第14章
人格理论

你需要做什么？

心理学是一门研究我们日常思考、感受及行为的科学。学习本章之前，我们有关于你自己日常生活的问题要问你。我们希望这只是你在阅读本章时思考自己人生经历的开端。

互动

提出问题，乐于思考

比起小组活动，你更喜欢一对一的谈话？

□是

□否

如果你参加过相亲大会，你可能会听到对方介绍自己说"我有良好的人格"，这到底是什么意思？极好的人格与较好或普通人格的区别是什么？人格从何而来？

爱情世界里的"人格"通常指的是一系列令人向往的特质：风趣、健谈、体贴、细心等。但是，对于心理学家而言，人格不仅仅指这些属性，更是个体行为和思想的相对稳定模式。事实上，"人格"中的"人"代表着某个人独有的、稳定的、包罗万象的、深远的东西。

对于上述调查问题，大多数读者倾向于选择亲密的一对一环境，而不是在更大的群体中进行互动。有些人会认为，做出这种回答的人都是内向的，而不是外向的（我们将在本章后面解释这个术语）。但是，仅仅基于所描述的一个场景就得出结论是否合理？如果问题改为是和朋友一对一闲聊还是和陌生人闲聊，或者是和几位好友一起外出游玩还是和一群不认识的人外出游玩，你的选择会发生变化吗？

关于"内向好还是外向好？"的问题，一些研究发现，性格外向的人也会表现出更强烈的幸福感和更高的工作满意度（Lucas，Le & Dyrenforth，

2008；Seddigh et al.，2016）。也许你或你认识的人在协作小组中讨论想法，或者坐在嘈杂的咖啡店时效率更高。另外，2012 年苏珊·凯恩（Susan Cain）在自己的畅销书《安静：内向性格的竞争力》（*Quiet: The Power of Introverts in a World That Can't Stop Talking*）中所强调的创造力和生产力来自那些可以在孤独中独自思考和专注地工作的人。

本章我们将讨论以下问题：心理学家是如何研究人格的，以及如何解释人格的起源。我们将首先讲述最古老的人格理论——心理动力学理论，探讨它的广泛影响，以及为什么它的许多观点不再受到大多数科学家的青睐。接下来，我们将考虑最新的基因理论的证据。最后，我们将考察既不是心理动力学的，也不是生物学的主流方法：环境法。该方法强调社会学习、情境、父母和同龄人的影响作用；强调文化对人格特质和行为的影响；强调自我决定和人们对自己的看法的人本主义和叙事法。

14.1 人格的心理动力学理论

一名男子为把工作中的挫折感"转移"给家人而道歉。一名女子怀疑她在"压抑"童年的创伤。一个酒鬼说他不再"否认"自己酗酒。一位老师告诉一对即将离婚的夫妇，他们 8 岁的孩子正在"退化"到不成熟的行为。这些转移、压抑、否认和退化的观念在日常语言中已经司空见惯，而它们的用法可以追溯到西格蒙德·弗洛伊德的人格观。

14.1.A 弗洛伊德和精神分析

学习目标 14.1.A 从精神分析的角度描述人格结构、心理防御机制和性心理发展阶段

就像我们将在本章讨论的大多数理论家和研究

人员一样，弗洛伊德将**人格**（personality）视为个体行为、思想、动机和情绪的独特且相对稳定的模式，具有跨时间和跨情境的稳定性。但是，进入弗洛伊德的世界，就是进入了无意识的动机、狂暴的激情、罪恶的秘密、难以言喻的渴望，以及欲望和责任之间的冲突。弗洛伊德认为，这些看不见的力量比能意识到的意图对我们的人格有更大的影响力。弗洛伊德的**精神分析**（psychoanalysis）理论强调了这些动机和冲突在塑造人格中的作用。

弗洛伊德的理论之所以被称为**心理动力学**（psychodynamic），是因为它强调人内在的心理能量的运动（动力学是一个物理学术语，指系统在外力或内力作用下的运动和平衡）。虽然当今的心理动力学理论不同于弗洛伊德的理论，但它们都强调脑的无意识过程，也都认为成人的人格和问题主要是由儿童时期的早期经验导致的。这些经验产生了无意识的思想和情感，之后便会逐渐形成特有的习惯、冲突和自我挫败行为。

人格结构　在弗洛伊德的理论中，人格由三个主要系统组成：本我、自我和超我。我们所采取的任何行动或遇到的问题，都是由这些系统之间的相互作用和平衡程度引起的（Freud，1905b，1920/1960，1923/1962）。

本我（id），理论上认为在出生时就存在，是无意识心理能量的蓄水池，是获得快乐和避免痛苦的原始动机的来源。本我包含两种相互竞争的本能：生本能或性本能［由称为**力比多**（libido）的性能量驱动］和死本能或攻击本能。当能量在本我中不断积聚时，寻求满足这些本能的冲动会增强，就会导致紧张的产生。本我可能通过反射动作、身体症状或不受控制的心理图像及自发的想法来释放这种紧张。

Scherl/Süddeutsche Zeitung Photo/Alamy Stock Photo

西格蒙德·弗洛伊德（1856—1939）

人格
个体行为、思想、动机和情绪的独特且相对稳定的模式。

精神分析
由弗洛伊德创立的一种强调无意识动机和心理冲突的人格理论和心理治疗方法。

心理动力学
根据个体内在的无意识能量动力学解释行为和人格的理论。

本我
在精神分析学中，由无意识驱动的人格部分，尤其是激发对快乐的追求。

力比多
在精神分析学中，维持本我生本能或性本能的心理能量。

自我（ego），第二个出现的系统，是本能需求和社会需求的调节者。它屈从于生活现实，对本我的性欲和攻击欲进行控制，使其以合适的、社会允许的形式发泄。弗洛伊德认为，自我既是有意识的，也是无意识的，它代表着"理智和良好的判断力"。

超我（superego），人格发展的最后一个系统，是良知的声音，代表一种后天的道德感（和父母的权威）。超我判断本我的活动，当你做得好的时候，会释放出积极的情绪，比如骄傲和满足；当你违反规则时，会产生内疚感和羞耻感等痛苦的情绪。超我一部分是有意识的，但大部分是无意识的。

弗洛伊德认为，健康的人格必须保持这三个系统的平衡。主要受本我支配的人被冲动和自私的欲望所控制。主要受超我支配的人则表现出僵化、爱说教及专横。自我比较脆弱的人不能在自己的需要、愿望和社会责任、现实限制之间达到平衡。这三种心理系统存在的经验证据是什么？这是一个重要的问题，我们将在下面更详细地回顾弗洛伊德理论缺乏科学支持的方面。尽管如此，弗洛伊德的观点是早期人格研究的一个重要里程碑，可以从科学和大众文化对人性的描述中看到它的影响。

PictureLux/The Hollywood Archive/Alamy Stock Photo

弗洛伊德关于人格的思想继续对当今流行文化产生直接和间接的影响。想象一个面临伦理困境的虚构人物，他被描绘成一边肩上扛着一只魔鬼、另一边肩上扛着一个天使。你在屏幕上看到的是本我和超我之间的战斗，他自己处于中间的艰难的自我的位置。就这一点而言，许多电视节目中都有一些角色（或多或少）代表了弗洛伊德的思想。《办公室》（见上图）的粉丝们有很多这样的例子可选择——例如，以细米·夫林的会计部为例，凯文的冲动性娱乐（本我）和安吉拉的判断性批评（超我）常常让奥斯卡陷入居中调停的困境（自我）。

自我

在精神分析学中，是人格的一部分，代表理智、良好的判断和理性的自我控制。

超我

在精神分析学中，是人格的一部分，代表良心、道德和社会标准。

防御机制 弗洛伊德认为，如果一个人在本我的愿望与社会规则相冲突时感到焦虑或感觉受到威胁，那么自我就有办法来缓解这种紧张。这些无意识的策略被称为**防御机制**（defense mechanisms），会否认或扭曲现实，同时也保护我们免受冲突和焦虑的影响。当它们导致自我挫败行为和情绪问题时，人们可能会生病。以下是弗洛伊德和后继者们确定的五种主要防御机制（Freud，1967；Perry & Metzger，2014；Vaillant，1992）。

防御机制

自我用来防止无意识焦虑或威胁性思想进入意识的方法。

1. 压抑是指阻止一种危险的观点、记忆或情绪进入意识之中。例如，一名女性有着可怕的童年经历但她自己却记不得，这就是压抑了自己的记忆。现代分析家倾向于把压抑看作一种无意识的防御机制，尽管弗洛伊德用压抑这个词来表示个体无意识地将令人不安的内容从意识中驱逐出去，以及对这些内容进行有意识的压制。

2. 投射指一个人把不可接受的或具有危险性的情感压抑后，却将其归因于他人。一名因为对其他男性有性感觉而感到尴尬的男性，可能会把这种不适感投射到广泛的同性恋身上，并说他自己反对同性恋。

3. 转移指人们将自己的不舒服和冲突情绪指向并非真正的感受对象，这种情绪通常是愤怒和欲望。一个男孩不能向父母发火，但可能把火发在他的玩具或他的妹妹身上。当转移起到更高级的对文化或社会有益的作用时，如将性激情转移到艺术创作或将攻击冲动转移到体育运动上，就叫升华。

4. 退化指一个人退回到心理发展的早期阶段。一个为父母离婚而焦虑的八岁女孩，可能出现退化行为，如表现出吮吸拇指或紧握拇指的习惯性行为。成年人在压力下也会退化出不成熟的行为，也许是因为他们得不到想要的。

5. 否认指人们拒绝承认不愉快的事情发生，如拒绝承认被伴侣虐待；或者拒绝承认他们有问题，如拒绝承认自己酗酒；又或者拒绝承认他们有不被允许的情绪，如拒绝承认自己心怀愤怒。否认保护了一个人的自我形象，也保持了不被伤害的假象："这不可能发生在我的身上。"

互动

防御机制

弗洛伊德提出了几种他认为自我可以用来保护自己不受本我冲动影响的防御机制。

防御机制	解释
压抑	阻止一种危险的观点、记忆或情绪进入意识之中
投射	人们将不愉快的情绪直接导向另一个不是真正引起他们感受的人
转移	人们通常会将他们的不舒服或冲突情绪——一般来说是愤怒或欲望，直接引向那些不是真正引起他们感受对象的人、动物和物体
退化	一个人退回到心理发展的早期阶段
否认	人们拒绝承认问题或不愉快的事情正在发生

人格发展　弗洛伊德认为人格发展包括一系列的**性心理发展阶段**（psychosexual stages），在这些阶段，性能量随着孩子发育成熟会以不同的形式出现。每一个新阶段都会产生一定程度的挫折、冲突和焦虑。如果这些问题得不到正确的解决，正常的发育可能会中断，孩子可能在当前阶段保持固着或停滞。

性心理发展阶段

在弗洛伊德的理论中，性能量在孩子发育成熟时会有不同的表现形式：口唇期、肛门期、生殖器（恋母）期、潜伏期和生殖期。

弗洛伊德认为，有些人停滞在口唇期，这一阶段发生在出生后的第一年，婴儿通过嘴部体验世界。成年人会通过吸烟、暴饮暴食或咬指甲来寻求口唇满足。有些人会停滞在肛门期，这一时期发生在2～3岁的阶段，该阶段的关键是如厕训练和控制身体排泄物。他们可能会变得"肛门滞留"，记住每件事，对整齐和干净过度关注。或者他们会变得恰恰相反，即"肛门排出"，表现是杂乱而又无序。

然而，弗洛伊德认为，人格形成的最关键阶段是生殖器（恋母）期，这一阶段从大约三岁持续到五六岁。弗洛伊德说，在这一阶段，孩子无意识地希望拥有异性的父/母，并摆脱同性的父/母。孩子们常常骄傲地宣布，"我长大后要和爸爸（或妈妈）结婚"，而且排斥同性的"对手"。弗洛伊德将这种现象称为**俄狄浦斯情结**（Oedipus complex），源于希腊传说中的俄狄浦斯国王无意中杀死了父亲，娶了母亲。

俄狄浦斯情结

在精神分析学中，发生在生殖器期的一种冲突。在这种冲突中，儿童对异性父/母产生欲望，并将同性父/母视为竞争对手。

弗洛伊德认为，当俄狄浦斯情结问题得到解决时，孩子的人格就基本上形成了，此时的孩子五六岁。与父母无意识的冲突，未解决的固着和内疚，以及对同性和异性的态度将在一生中不断重演。孩子会进入一个所谓的非性潜伏期，为生殖期做准备。生殖期从青春期开始，并产生成人性行为。因此，在弗洛伊德看来，你的成人人格是由你的自我是否足够强大来平衡本我（你想做什么）和超我（你的良心）之间的冲突形成的，即你发展出了哪些防御机制来减少焦虑，以及你如何度过性心理发展的早期阶段。

互动

人格发展的性心理阶段

阶段	年龄范围
口唇期	出生后的第一年
肛门期	两岁到三岁
生殖器（恋母）期	三岁到五六岁
潜伏期	五六岁到青春期
生殖期	青春期到成年

弗洛伊德的观点　如你所料，弗洛伊德的观点饱受争议。五岁的儿童就有性感觉！受人尊敬的成年人压抑了自己的欲望！无意识的想法反映在梦中！但在 20 世纪早期，这种观点的影响力强大。而且不久之后，精神分析的思想便在欧洲和美国被公众接纳。但是，精神分析也与新兴的经验主义心理学流派产生了巨大的分歧，因为弗洛伊德的许多观点在科学上是不可检验的，或者没有得到证据的支持。

现代批评家认为弗洛伊德并不像他声称的那样是理论天才、公正的科学家，甚至也不是成功的临床医生。相反，弗洛伊德有时会胁迫病人，让他们接受自己对他们症状的解释，以及忽视驳斥其观点的证据，这对所有自称是科学家的人来说都是最大的罪过（Borch-Jacobsen & Shamdasani，2012；Samuel，2013；Webster，1995）。

从积极的一面来看，弗洛伊德支持女性进入职场，他为社会对女性性欲压制所造成的毁灭性后果进行辩护。他超前地认为，同性恋既不是一种罪恶，也不是一种变态，而是一种"性功能的变异"，"没有什么可羞愧的"（Freud，1961）。此外，不要急于下结论说弗洛伊德对当今心理学的科学研究没有影响。他关于无意识在日常运转中的作用，在启动效应、内隐态度和自我强化认知的现代研究中得到验证。因此可以说，弗洛伊德是一个智慧、傲慢，但同时又愚笨、敏感的混合体。他的煽动性想法给心理学留下了一份有争议的遗产，其他人很快开始修补该遗产。

14.1.B　其他心理动力学方法

学习目标 14.1.B　解释荣格的观点和弗洛伊德的人格观有何不同

弗洛伊德的一些追随者保留了精神分析的传统，并从内部改进他的理论。例如，克拉拉·汤普森（Clara Thompson，1943/1973）和凯伦·霍尼（Karen Horney，1926/1973）对弗洛伊德提出的女性在发育过程中会感到"阴茎嫉妒"的说法提出异议，认为声称有一半的人对她们的身体构造不满是侮辱人类的，是亵渎科学的。她们认为，当女性感到不如男性时，我们应当从女性生存的不利处境和社会从属地位来寻找解释。

其他的精神分析学家脱离了弗洛伊德，或者被弗洛伊德逐出师门后，创办自己的学派。卡尔·荣格（Carl Jung，1875—1961）原本是弗洛伊德最亲密的朋友之一，也是弗洛伊德核心圈子的一员，但这段友谊以一场关于无意识本质的激烈争吵而告终（嘿，友谊因为不重要的分歧而破裂！）。根据荣格（1967）的观点，除了个体无意识之外，所有人都共享一个巨大的**集体无意识**（collective unconscious），包含着普遍的记忆、故事和符号，荣格称之为**原型**（archetypes）。

集体无意识
在荣格的理论中，指人类普遍的记忆和经历，表现在所有文化中的符号、故事和意象（原型）。

原型
荣格视其为在神话、艺术和梦中出现的普遍的、象征性的意象，它反映了集体无意识。

在荣格看来,《哈利·波特》中的伏地魔是一个邪恶的现代原型,而邓布利多的原型是智慧、善良的战斗英雄。

原型可以是一幅图,例如"魔法圈",在东方宗教中被称为曼陀罗,荣格认为它象征着生命的统一和"自我的统合";也可以是童话、传说和流行故事中的形象,如英雄、养育人类的大地母亲、坚强的父亲或邪恶的女巫;它甚至可以是自我的一个方面。阴影原型反映了史前对野生动物的恐惧,代表了人性中野蛮邪恶的一面。一些基本原型确实几乎在每个社会故事和形象中都出现过(Campbell, 1949/1968;Neher, 1996)。事实上,荣格的理论可能会把达斯·维德 [《星球大战》(*Star Wars*)中的

大魔头]、德古拉 [《惊情四百年》(*Dracula*)中的吸血鬼]、《蝙蝠侠》(*Batman*)中的小丑和《哈利·波特》中的伏地魔看作阴影原型。

尽管荣格与弗洛伊德均对人格黑暗面表现出迷恋,但荣格对自我积极向前发展的力量更有信心。他认为人们的动力不仅来自过去的冲突,还来自未来的目标和自己愿望的实现。和经验主义心理学相比,荣格的许多思想都具有神秘主义和哲学化的倾向。这可能就是为什么荣格的诸多思想在新时代和其他精神运动中流行的原因。但值得注意的是,荣格也是最初将"外向/内向"视为人格基本维度的人之一。

14.1.C 评价心理动力学理论

学习目标 14.1.C 总结在科学检验下心理动力学理论衰落的原因

如果心理学是一双手,那心理动力学就是大拇指,它与其他手指相连,但也与其他手指相隔较远,因为它在语言、方法和可接受证据的标准上与经验方法有根本的不同。许多心理学家认为,心理动力学方法更像小说或电影,而不是心理学文本。但是,一些心理治疗师和外行仍然被心理动力学强调人格黑暗面的观点所吸引。

尽管现代心理动力学理论家在许多方面有所不同,但他们都有一个共同的信念:要理解人格,我们必须探索无意识的动力和起源。他们认为,弗洛伊德理论的整体框架是永恒的、杰出的,即使他的许多具体想法被证明是错误的(Westen, Gabbard & Ortigo, 2008)。然而,许多心理学家将精神分析理论的大部分假设视为一种文学上的隐喻,而非科学的解释(Cioffi, 1998;Crews, 1998)。事实上,精神分析理论中的大多数基本假设,例如脑"压抑"创伤经历的概念,都没有得到科学的支持(Rofé, 2008;Wegner, 2011)。

Sirikorn Thamniyom/123RF

根据心理动力学理论，婴儿会在无意识的情况下构建父母的形象，这将影响孩子一生中与他人的关系。

心理学家已经表明，心理动力学理论至少缺乏三种科学方式：

1. 违反可证伪性原则。 事实上，许多关于无意识动机的心理动力学概念都是不可能证实或证伪的。追随者接受这个想法，往往是因为在直觉上它似乎是正确的，或者他们的经验似乎支持它。任何怀疑这个想法或提供否定证据的人都会被指控为"防御"或"否认"。

2. 从一些非典型病人的经验中得出普遍原则。 当然，有时通过个案研究可以获得关于人类行为的有效顿悟。然而，当研究者不通过研究更大、更具代表性的样本和适当的对照组来验证观察结果时，就容易出现问题。例如，一些以心理动力学为导向的治疗师，由于接受了弗洛伊德的儿童"潜伏期"阶段的概念，会认为如果一个孩子手淫或享受性游戏，那么这个孩子很可能受到过性骚扰。但研究发现，手淫和性好奇心不仅存在于受虐儿童身上；它们在大多数儿童中都是正常的一般行为（Bancroft，2006；Friedrich et al.，1998）。

3. 基于成人的回溯性叙述建立人格发展理论。 大多数心理动力学理论家并没有像现代儿童心理学家那样，为了建立发展理论而去观察不同年龄阶段的随机样本。相反，他们的做法是逆向的：在成人对童年回忆的主题基础上构建理论。但是，记忆往往是不准确的，受我们现在生活中发生的事情和过去发生的事情的影响。回溯性分析还造成了事件之间因果关系的错觉。人们通常认为，如果 A 先于 B，那么 A 一定是 B 的原因：如果母亲在你 5 岁时曾住院 3 个月，而今天你在大学里感到害羞和缺乏安全感，你可能倾向于把这两个事实联系起来。但是，很多其他的事情也可能会导致你感到害羞和缺乏安全感。当心理学家长期纵向追踪人们从童年到成年的数据，结果得到了与回溯性分析截然不同的对因果关系的理解。

尽管存在这些问题，一些心理动力学概念仍旧得到了实证检验和验证。研究证实了心理动力学的观点，即我们常常意识不到自己的困惑或自我挫败行为背后的动机。研究人员发现了一些有关防御机制的证据，如投射、否认和转移（Baumeister，Dale & Sommer，1998；Cramer，2000；Marcus Newhall et al.，2000）。一项有趣的研究表明，对同性恋的厌恶和恐惧可能是一种试图处理无意识但有威胁性的同性恋情绪的反应。当人们在看到与异性恋或同性恋有关的图片和文字之前，先向他们阈下呈现单词"我"（me）或"他人"（other），并要求他们将图片和文字进行分类时，大多数人在"我"的启动下，对与自己性取向一致的图片和文字进行分类的速度会更快。但是，一小部分自我认同是异性恋者，而且反对同性恋的人，在"我"的启动下对同性恋图片和文字的分类速度会更快（Weinstein et al.，2012）。

日志 14.1　批判性思维：分析假设与偏见

弗洛伊德和他的追随者们认为，他们可以通过研究接受治疗的病人来得出人格的一般原则：童年的创伤不可避免地会产生终身的情感后果；记忆是过去的可靠向导。从上述两个原则中选择一个并指出该原则的不足。

模块 14.1　小考

1. 根据弗洛伊德的精神分析理论，人格中包含的与性和攻击相关的无意识心理能量的部分被称为_____。

   A. 自我　　　　　　　B. 本我

   C. 超我　　　　　　　D. 集体无意识

2. 一个 4 岁的小女孩想依偎在爸爸的大腿上，却拒绝吻妈妈。这说明了弗洛伊德的哪个概念？

   A. 压抑　　　　　　　B. 升华

   C. 俄狄浦斯情结　　　D. 否认

3. 唐尼是一位牧师，他发誓要独身，并从未参与过任何形式的性活动，他写了一些关于性激情和性接触的诗歌并获奖。这说明了弗洛伊德的哪个概念？

   A. 退化　　　　　　　B. 否认

   C. 投射　　　　　　　D. 升华

4. 卡尔·荣格认为，人类分享共同的记忆、符号和意象，他称之为_____，这些都储存在_____之中。

   A. 原型；集体无意识

   B. 原型；超我

   C. 复合体；本我

   D. 物体；个体无意识

5. 以下哪一项不是对心理动力学理论的批评？

   A. 许多心理动力学理论家根据少数非典型患者的治疗经验得出了关于一般原则的普遍结论

   B. 心理动力学理论违反了可证伪的科学原则

   C. 这些理论虽然在心理学上有影响，但在社会上并没有得到太多的关注

   D. 对人格发展的心理动力学解释通常是基于成人提供的回溯性叙述

14.2　人格的现代研究

几个世纪以来，人们都一如既往地喜欢把自己和朋友归为某种"类型"。希腊哲学家认为，根据体液的混合，可以把人格分为四个基本类别。如果你是一个易怒、爱生气的人，就可能拥有过多的胆汁，如今"胆汁质"一词甚至用于描述暴躁的人。如果你行动迟缓、非情绪化，那么你应该是黏液过多，你就是"黏液质"。

如今，我们对人格类型仍保持较强的兴趣。许多求职者在面试过程中被要求填写一份人格量表，因为人们认为某些职位更适合某些人格类型的人（也许性格外向的人会在销售方面有出色的表现，而更随和、喜欢规避风险的人更适合客户服务方面的工作）。而社交媒体和各种网站上经常充斥着快速测试，通过这些测试你可以得到一些重要的答案。比如：你是一个自恋者吗？你在《权力的游戏》里所扮演的角色是什么？你的人格类型和哪种水果相似？当你得知这些人格测试中有些比其他测试更科学严谨时，你并不会感到震惊，正如以下所述。

14.2.A　受欢迎的人格测试

学习目标 14.2.A　概述客观人格测试与商业、约会所用或网上流行的人格测试的不同之处

测试被广泛使用并不意味着它是可靠的或科学的。以迈尔斯 - 布里格斯类型指标（Myers-Briggs type indicator）为例，它在商界和婚介服务中非常受欢迎，每年都有数百万美国人使用它（Gladwell, 2004）。这项测试受荣格人格观的影响，使用感觉与直觉、思维与情感等维度的得分，将人分为 16 种不同类型。不幸的是，迈尔斯 - 布里格斯测试并不比古希腊测量体液的策略更可靠；一项研究发现，五周后再接受该测试时得到的类型结果和初始类型一样的人不超过一半。更糟糕的是，对一个人类型的了解并不

能可靠地预测这个人在工作或人际关系中的行为（Barbuto，1997；Paul，2004；Pittenger，2005）。

另一项流行的测试——明尼苏达多项人格测验（Minnesota Multiphasic Personality Inventory，MMPI）在科学有效性方面做得更好一些（Egger et al.，2003；Van der Heijden et al.，2013）。MMPI 已有 75 年的历史，在过去的几十年里，它已经多次修正更新。它由几百个正误陈述题组成，并被翻译成多种语言，用于多种文化（Butcher & Williams，2009）。MMPI 似乎最有用的不是将个体划分为不同的人格类型，而是用于临床评估与焦虑、强迫症、行为问题、社交不适和偏执等特征相关的维度。MMPI 还设置了效度保护措施，旨在防止那些使用它的人通过夸大自己的积极品质或淡化个人问题来歪曲自己的真实人格。

简言之，对广义人格"类型"的识别并没有对人格研究有多大的推动作用。而对行为、思维和感觉等**特质**（traits）的研究是更加科学有效、更有研究和现实意义的。这些**客观测量（量表）**（objective tests/inventories）是标准化的调查问卷，提供有关人格的许多方面的信息，包括价值观、兴趣、自尊、情绪问题和应对情境的典型方式。心理学家们通过精心设计的量表已经确定了数百种特质，范围从寻求感觉（冒险的快乐）到情绪意识（关注自己的情绪状态）再到完美主义（追求完美）。

Irstone/123RF

好的，巫师们，再次回到霍格沃茨。"人格类型"的概念以"分类帽"的形式进入了《哈利·波特》系列，它评估学生被分配到学校的四所房子之一时依据的倾向和能力。因此，善良和谦卑的人被送到赫奇帕奇，聪明和自给自足的人被送到拉文克劳，狡猾和渴求权力的人被送到斯莱特林，勇敢和侠义的人被送到格兰芬多。

特质

一个人的特征，描述一种习惯性行为、思维或感觉。

客观测量（量表）

标准化的问卷，最典型的形式包括要求人们对自己进行评分的量表。

14.2.B　核心人格特质

学习目标 14.2.B　列出并描述大五人格中每个维度的特征

某些人格特质是否比其他的更核心或更重要？是否有些特质是重叠的或聚集在一起的？对于戈登·奥尔波特（Gordon Allport）来说，这两个问题的答案都是肯定的。奥尔波特（1961）认识到，在人们的生活中并不是所有的特质都同等重要。他认为我们大多数人都有 5 ~ 10 个核心特质，这些特质反映了我们特有的行为方式、与他人相处的方式以及对新情境的反应。例如，有些人认为世界是一个充满敌意和危险的地方，另一些人则认为它是有趣、好玩的。相比之下，次要特质是人格中容易变化的方面，比如音乐偏好、习惯、偶然的意见和喜好。

雷蒙德·B. 卡特尔（Raymond B. Cattell，1973）通过应用一种被称为**因子分析**（factor analysis）的统计方法推进了对这一问题的研究。进行因子分析就像给面粉加水：结果是使面粉聚集成小团。当用它来解释特质问题时，这一过程能识别出一系列相关项目，这些项目似乎可以衡量一些共同的潜在因素。大量的因子分析研究支持存在一个由五个中心的"稳定因素"组成的集群，被称为大五人格

（Chang，Connelly & Geeza，2012；Chiorri et al.，2016；Costa & McCrae，2014）。

～～～～～～～～～～～～～～～～～～～～～～

因子分析

一种统计方法，用于识别测量结果或得分中的共同因子，与评估同一特质或能力高度相关。

～～～～～～～～～～～～～～～～～～～～～～

1. 开放性描述了人们对新体验的开放程度。 你好奇，富有想象力，有创造力吗？或者更顺从，缺乏想象力，不喜欢新奇？在开放性方面得分很高的人可能会对这样的说法表示强烈的赞同，比如"我是一个有独创性并能提出新想法的人"。

2. 责任心描述了人们的责任感和可靠性。 你有条理，细心，自律吗？或者更冲动，心血来潮，有时粗心？在责任感量表上得分最高的人往往会同意这样的说法："我是一个会制订计划并按计划执行的人。"

3. 外倾性是指人们外向、善于交际、喜欢成为焦点的程度。 与之相反的是内向，它描述了一个人更专注于内心，更安静，更倾向于躲在阴影中。外向的人更可能同意这样的说法："我是一个高度热情的人。"内向的人更可能同意这样的说法："我是一个倾向于独来独往的人。"

4. 宜人性是指人们倾向于和善、合作和宽容（而不是多疑、苛求，更可能以敌意回应）。 宜人性反映了人们倾向于建立友好的社会关系，那些同意诸如"我不是一个喜欢挑剔别人的人"这样陈述的人得分较高的可能性更大。

5. 神经质是指一个人在多大程度上患有焦虑症，并倾向于产生诸如焦虑、内疚和怨恨等负面情绪。 神经质的人即使没有什么大问题，也可能是高度紧张的；而不那么神经质的人往往更放松和满足（Barlow et al.，2014）。神经质因子得分高的人更可能同意这样的说法："我是一个杞人忧天的人。"

尽管存在一些文化差异，但在澳大利亚、英国、加拿大、中国、捷克、埃塞俄比亚、德国、伊朗、以色列、日本、荷兰、菲律宾、葡萄牙、俄罗斯、韩国、西班牙和土耳其等国家中，大五人格被确定为核心人格因素（Atari et al.，2017；Katigbak et al.，2002；McCrae et al.，2005）。一项重大的研究项目收集了来自 50 种文化背景的数千人的数据。在这个庞大的项目中（与许多较小的项目一样），无论是要求人们自我报告还是由他人评估，都会出现五种人格因素（McCrae & Terracciano 2005；Terracciano & McCrae，2006）。事实上，更广泛地说，最近一项涉及 33 000 多人的 152 个研究样本的元分析表明，我们给自己的大五人格评级与朋友和家人给我们的大五人格评级高度一致（Kim，Di Domenico & Connelly，2019）。

互动

给你的特质打分

对于下面 10 个项目中的每一个，写一个范围从 1 到 7 的数字，表明你在多大程度上认为这种特质是你的特征，其中 1 = "我强烈反对这种特质描述了我"，7 = "我非常同意这种特质描述了我"。中间值 4 = "我既不同意也不反对这是我的特质"。（这项自测来自 Gosling，Rentfrow & Swann，2003。）

1. _____ 外向、热情
2. _____ 挑剔、好争论
3. _____ 可靠、自律
4. _____ 焦虑、容易心烦意乱
5. _____ 接受新的体验、复杂
6. _____ 沉默寡言
7. _____ 富有同情心、温暖
8. _____ 杂乱无章、粗心
9. _____ 冷静、情绪稳定
10. _____ 墨守成规、没有创造性

要就大五人格给自己打分，请使用以下关

键词：

　　开放性：问题 5 得分高，问题 10 得分低

　　责任心：问题 3 得分高，问题 8 得分低

　　外倾性：问题 1 得分高，问题 6 得分低

　　宜人性：问题 7 得分高，问题 2 得分低

　　神经质：问题 4 得分高，问题 9 得分低

　　现在请你的朋友或家人给你打分。

　　尽管大五人格在一生中相当稳定，但它们也受到普遍的成熟和衰老过程的影响（Schwaba et al.，2018；Stephan, Sutin & Terracciano, 2015）。一项针对 92 项纵向研究的元分析发现，年龄在 16 岁到 21 岁之间的年轻人最神经质，其宜人性和责任心最低。但对于暴躁和冲动的神经症，尤其是对年轻人来说有一个好消息。如图 14.1 所示，年龄处于 30 岁至 40 岁之间的人，其宜人性和责任心升高，神经质水平下降（Bleidorn et al., 2013；Roberts, Walton & Viechtbauer, 2006）。在成人后期，人们的外倾性和开放性水平下降（Roberts & Mroczek,

2008；Specht, Egloff & Schmukle, 2011）。

　　经验也会塑造人格特质（Bleidorn, Hopwood & Lucas, 2018；Denissen et al., 2018）。例如，性格外向的人显然会"寻求"一些内向的人可能不具备的经验，但当人们处于一种会激发他们不知道自身具备的某些品质的情况下，他们的特质可能会相应地改变（Specht et al., 2011）。这些情况会随着社会和经济条件的变化而变化。在一个令人印象深刻的浩大的研究项目中，研究人员长期追踪一大群从米尔斯学院毕业的女性，从大学一直追踪到 70 多岁。当这些女性年轻时，她们过着相对受限的生活，这种生活带有高度的性别刻板印象。因此，在当时，她们的人格特质无助于预测她们的工作或教育经历，外向者和内向者在家庭和工作的选择上都表现出传统行为。但是，随着性别角色的改变和女性在社会上的机会增多，个体的人格特质在这些女性的行为方面表现出了更强的预测性。特别是，外倾性、责任心和对经验的开放性，更能帮助预测女性在中年和晚年所从事的工作以及她们的满足感（George, Helson & John, 2011）。

互动

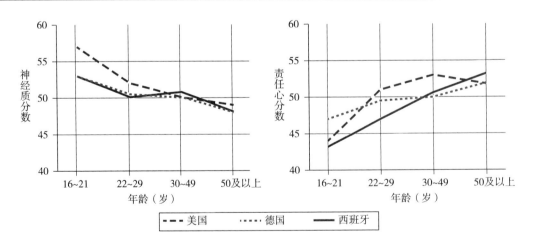

图 14.1　一生中人格的一致性和变化

　　虽然大五人格相当稳定，但在整个生命周期中确实会发生变化。如你所见，神经质在年轻人中最高，然后下降，而责任心在年轻人中最低，然后稳步上升（Costa et al., 1999）。

当然，大五人格并不能提供一个完整的人格图像。临床心理学家注意到了与精神障碍有关的各种特质的缺失，如精神病态（缺乏悔恨和同理心）、自我沉迷和强迫（Westen & Shedler, 1999）。人格研究者还注意到，其他重要的特质也被忽略了，比如宗教信仰、不诚实、幽默、独立、完美主义和移情（Abrahamson, Baker & Caspi, 2002；Paunenen & Ashton, 2001；Smith et al., 2019）。但今天大多数人仍同意，大五人格确实是个体人格差异的核心。

在一个有趣的关于当代人格评估的研究中，研究人员已经对传统的数据来源进行拓展，并开始探索从人们的"物品"中了解人格。这项研究表明，可以从人们的卧室和办公室装饰，以及散落在车内的物品，音乐品位，以及他们的脸书和推特内容，推断出其人格的行为证据（Gosling, 2008；Nave et al., 2018；Qiu et al., 2012）。

心理学与你同行

科学思考人格

在本章，从我们的调查问题开始，即相较于团队环境，你是否更喜欢一对一的互动？你已经考虑用一系列不同的方法来衡量人格。请允许我们再介绍一个。下面这一段有关你的描述如何？

你的一些愿望很不现实。有时，你性格外向，平易近人，善于交际；而有时，你又内向、谨慎、矜持。你为自己是一位独立的思想家而自豪，在没有令人满意的证据的情况下不接受别人的意见。你喜欢一定数量的变化和多样性。当你被限制时，你会变得不满意。有时，你会严重怀疑自己是否做出了正确的决定或做了正确的事情。

当作为一个个性化的星座或笔迹分析的结果时，人们相信这个描述是为他们量身定做的，他们经常会说这样的话："它准确地描述了我！"人们很容易误以为这种描述是准确的，因为它模糊到几乎适用于任何人。再加上这是奉承——难道我们不都愿意认为自己是"独立的思想家"？

这就是许多心理学家担心"巴纳姆效应"的原因（Snyder & Shenkel, 1975）。巴纳姆（P. T. Barnum）是一位出色的马戏表演者，他曾说"每分钟都会有一个傻瓜出生"。他知道，成功的秘诀在于"为每个人提供一些东西"，这正是不科学的在线人格测试和星座运势的共同点，也是它们不可证伪的原因。进一步说，如果你不想成为"巴纳姆效应"的受害者，科学研究提供了以下建议，以帮助你批判性地思考人格评估的非科学的结论。

- **小心那些可能适用于任何人的万能描述。** 有时候你会怀疑你的决定，我们当中谁没有呢？有时，你觉得外向，有时害羞，谁不是呢？你是否"有你害怕坦白的性秘密"？几乎每个人都有。你应该认识到这些都是一般性的陈述，可能或多或少适用于任何人，因此不能提供真正的见解。

- **小心你自己的选择性感知。** 当占星家、通灵者或笔迹分析学家做出正确的描述时，我们大多数人都会印象深刻，以至于我们忽略了所有完全错误的描述。运用你的批判性思维能力来消除确认偏见。确认偏见会让我们倾向于解释所有不符合的描述，这样我们的先入为主的观念就不会改变了。

- **抵制奉承和情绪化的推理。** 这很难！拒绝一个描述你自私或愚蠢的信息是很容易的。当心那些让你感觉良好的人，告诉你你有多优秀，你将成为一位多么伟大的领导者，或者你对自己的非凡能力有多谦虚。通灵读物和付费人格评估很少能描绘出一幅关于你的批判性图像，这类服务的提供者需要让你开心，这样你才能不断使用这类服务（并支付更多的费用）。

如果你保持批判性思维能力，你就不会把钱浪费在那些糟糕的、不可信的建议上，或者因为它符合你所谓的"人格类型"而选择一份你不喜欢的工作。你也不会成为这篇心理学研究文章的受害者，该文章是用精确的科学术语包装成的"屁话研究"（Pennycook et al., 2015）。换句话说，你会证明巴纳姆是错的。

最近的研究表明，另一个影响我们判断人格的因素是体型。胡英（Ying Hu, 2018）和同事向参与者展示了用计算机生成的男性和女性体型，并要求他们对这些个体形成印象。结果发现，当对外向性和严谨性进行评分时，人们确实是根据体型来判断的。但批判性思维者要小心！这并不意味着基于某人外表的第一印象是准确的。这项研究没有探究人的真实体型和他们实际的人格特质之间的联系。

日志14.2　批判性思维：定义术语

"害羞"这个词在闲聊中经常使用。也许你认为自己是个害羞的人；也许你认为自己在某些情况下是害羞的，但在其他情况下则不那么害羞。你对"害羞"的理解与"大五人格"有什么关系？也就是说，想想你认为害羞的人，并预测他在大五人格每个维度中的得分情况。一个人在某些情况下看起来很害羞，但在其他情况下却不会，这种情况会改变你对大五人格稳定性的看法吗？

模块 14.2　小考

1. 科学有效的人格测量被称为_____。

　　A. 客观测量　　　　　B. 投射技术

　　C. 兴趣指标　　　　　D. 特质协议

2. 卡特尔通过_____促进了人格研究。

　　A. 量化荣格概念

　　B. 发展个案研究分析

　　C. 设计迈尔斯-布里格斯类型指标

　　D. 使用因子分析

3. 以下哪一项不是大五人格因素之一？

　　A. 宜人性　　　　　　B. 外倾性

　　C. 精神病性　　　　　D. 开放性

4. 索耶正在进行一项人格调查，他非常赞同这一说法：我经常告诉别人怀疑的好处。根据这个回答，你预测索耶在大五因子中的哪一个得分相对较高？

　　A. 宜人性　　　　　　B. 神经质

　　C. 开放性　　　　　　D. 外倾性

5. 大五人格中的哪一个特质通常会在40岁时减弱？

　　A. 宜人性　　　　　　B. 神经质

　　C. 开放性　　　　　　D. 外倾性

14.3　基因对人格的影响

我们认识的一位母亲在描述她的两个孩子时说："我的女儿一直很难相处，容易紧张，脾气暴躁。但我的儿子恰恰相反，心平气和，心地善良。两人生来就是这样的。"她说的对吗？孩子生来就爱生气或心地善良吗？人格的哪些方面受遗传因素影响？研究人员通过多种方式测量基因对人格的贡献：通过研究人类婴儿和儿童的气质，通过研究其他物种的性格特质，以及对双胞胎和被领养的个体进行遗传力研究。让我们依次检验这些方法。

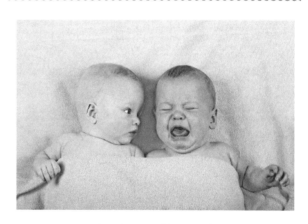

Irina Rogova/Shutterstock

这对双胞胎的气质相同吗？或者不同的情境经历是否影响了他们当前的情绪状态？我们怎么判断？

14.3. A　遗传和气质

学习目标 14.3A　定义气质，并讨论它与人格特质的关系

即使是在出生后的最初几周，人类婴儿的活动水平、情绪、反应能力、心率和注意力广度也各不相同（Fox et al., 2005a）。有些人易怒而暴躁，有些人平和而安静。有些人会依偎在成年人的怀里，有些人则蠕动不安，好像受不了被人抱着。即使你控制了可能的产前影响，如母亲的营养、药物使用或孕期问题，这些差异也会出现。因此，婴儿天生就具有受遗传因素影响的**气质**（temperament），即以某种方式对环境做出反应的倾向（Clark & Watson, 2008）。气质包括反应性（婴儿的兴奋性、唤醒性或反应）、舒缓性（使心烦意乱的婴儿平静下来的容易程度），以及积极和消极的情绪性。随着时间的推移，气质变得相当稳定，是塑造特定人格特质的基础（Dyson et al., 2015; Else Quest et al., 2006; Li et al., 2017）。

气质

以某种方式对环境做出反应的生理性倾向，在婴儿期和许多非人类物种中都会表现出来，被认为是先天的。

互动

气质的跨物种性

（1）Ian West/Alamy Stock Photo

（2）Courtesy of Dr. Stephen J. Suomi

（3）David Osborn/Shutterstock

极端的羞怯和对新环境的恐惧往往具有生物学基础，在人类和非人类动物身上都是如此，体现了气质的稳定性。（1）人类——这个孤独女孩的羞怯可能是由她的气质造成的；研究表明，即使是轻度的压力任务，也可能导致她的心率和应激激素水平提高。（2）猴子——在非人类动物中也观察到了类似的过程，比如这只胆小的小恒河猴在面对陌生猴子时会畏缩在朋友后面。（3）松鼠——这样的发现不限于灵长类动物。对地松鼠的研究表明，那些在面对新事物时表现出更大警惕性的动物往往具有更高的应激激素水平。

高反应性婴儿，即使只有四个月大，也容易兴奋、紧张和恐惧；他们对任何一件小事都会反应过度，甚至是对摆在他们面前的彩色图片。当蹒跚学步时，他们往往会对发出声音的新事物保持警惕——玩具、外形古怪的机器人——即使他们的父母就在那里（Van Bakel & Riksen Walraven, 2004）。在五岁的时候，这些孩子中的许多人在新情境下和陌生人在一起时仍然羞怯和感到不舒服（Hill Soderlund & Braungart Rieker, 2008）。即使在童年后期，许多孩子仍然有焦虑的症状，即使他们从未遭受过任何创伤。他们担心与父母分开，他们需要开灯睡觉，他们害怕睡在陌生的房子里。相比之下，无反应性婴儿安安静静地躺在那里，快乐地喃喃自语。蹒跚学步时，他们性格外向，对新玩具和新活动充满好奇。他们很可能在整个童年时期都很随和（Fox et al.，2005a；Kagan，1997）。

处于这两个极端状态的孩子在生理上也有所不同。在轻度压力任务中，高反应性儿童比无反应性儿童更容易出现心率加快、脑活动增强和高水平应激激素（Fox et al.，2018；Fu，Taber-Thomas & Pérez-Edgar，2017）。你可以看到，有生物基础的气质可能构成了我们称之为外倾性、宜人性或神经质的人格特质的基础。

Mila Atkovska/Shutterstock

像人一样，狗的全家福照片通常也会显示出不同的性格：有的摆出漂亮的姿势，有的不看镜头，有的分心，还有的在咬兄弟姐妹的耳朵。在一组富有想象力的研究中，戈斯林、坤和约翰（Cosling，Kwan & John，2003）通过在当地公园招募狗和它们的主人来研究狗的性格。首先，狗主人对自己的人格和狗的性格进行评估。然后指定一个同时认识他和他的狗的人，这个人可以判断狗的性格和狗主人的人格。接下来，狗主人把狗带到公园的一个封闭区域，在那里，独立的观察者对狗进行了评估。狗主人，他的朋友，以及中立的观察者，依照大五人格维度中的四个维度对狗进行一致性评分：外倾性、宜人性、神经质和开放性。

近年来，科学家们利用生理学、遗传学和生态学的研究成果，对我们的动物同伴与生俱来的气质进行了研究，以便更好地了解人类人格特质的生物学和进化基础。这些研究人员认为，人类对世界和周围环境的反应方式存在差异，这一现象在进化上

是具有适应性的，其他动物也是如此。当一个物种中的其他成员非常谨慎时，如果该物种的某些成员胆大或冲动到足以冒着生命危险去面对陌生人或尝试一种新的食物，这对物种来说是有益的。

事实上，熊、狗、猪、鬣狗、松鼠、山羊、猫，当然还有灵长类动物，都有着与众不同的行为方式，这使得它们不同于同物种动物（Adams et al.，2015；Clary et al.，2014；Weinstein，Capitanio & Gosling，2008）。有一段时间，科学家们不愿意将这些独特的模式与人格特质相关联，但关于老鼠性格的文章最早出现在20世纪50年代，然后是在1993年一篇学术文章描述了一种最不可能的物种的性格：章鱼。研究人员把一只螃蟹扔进一个装有章鱼的水缸，让独立的观察者注意发生了什么。观察者发现一些章鱼会立刻积极地抢夺它们的晚餐；有些则显得更加被动，等着螃蟹游近它们；还有一些会等着，直到没有人观察时才会攻击螃蟹（Mather & Anderson，1993）。显然，不一定是人才有性格，甚至不必是哺乳动物。

到目前为止，大五人格因子中的大多数已经在60多种不同的物种中被鉴定出来。这些发现指出了大五人格的进化重要性和生物学基础。所以，当你听到你爱狗、爱马或爱猫的朋友说"罗孚是一个害羞和容易紧张的家伙，而斯博林克先生是一个外向和善于交际的人"时，不要感到惊讶，他们的观察很可能非常准确。

14.3.B 遗传和特质

学习目标 14.3.B 解释双胞胎研究如何被用来评估人格特质的遗传力

另一种研究遗传因素对人格的影响的方法是估计儿童或成人群体中特征的**遗传力**（heritability）。遗传力是指某一特征的变异性有多少可以用遗传因素来解释。对遗传力的估计来自对被领养儿童和分开/一起抚养的同卵双胞胎和异卵双胞胎的研究。

遗传力

对群体内个体间某一特征的遗传方差在总方差中所占的比例的统计估计。

AP Images

同卵双胞胎杰拉尔德·列维（Gerald Levey）（左）和马克·纽曼（Mark Newman）（右）出生时分开了，在不同的城市长大。当他们 31 岁重聚时，他们发现了一些惊人的相似之处。两人都是志愿消防员，留着胡子，未婚。两人都喜欢打猎、看老约翰·韦恩（John Wagne）的电影、吃中国菜。他们喝的是同一品牌的啤酒，用小拇指勾着易拉环，会把空的易拉罐压扁。我们很容易得出这样的结论：所有这些相似之处都是遗传造成的。但我们也应该考虑其他的解释，有些可能是由于共同的环境因素，如社会阶层和教养方式，有些可能仅仅出于偶然。很难准确地判定任何一对双胞胎行为相似的原因。

来自被领养儿童研究和双胞胎研究的结果为基因对人格的影响提供了有力的支持。分开抚养的同卵双胞胎在手势、行为举止和情绪上往往有惊人的相似之处；事实上，和身体特征一样，他们的人格也相似。如果双胞胎中的一个倾向于乐观、忧郁或易激动，那么另一个可能也会如此（Braungart et al.，1992；Plomin, DeFries & Knopik, 2013）。行为遗传学的研究发现得出了非常一致的结果：对于大五人格特质和其他许多包含攻击性和总体幸福感的特质，其遗传力大约为 0.50（Bartels，2015；Vukasović & Bratko，2015；Weiss, Bates & Luciano，2008）。这意味着，在

群体内，大约 50% 的特质变异可以用个体间的遗传差异来解释。

迄今为止，行为遗传学研究只允许我们推断相关基因的存在。科学家们预计，总有一天，隐藏在关键特质背后的实际基因将被发现，而且特定基因与人格特质之间的许多关联已经被报道（Kalin，2017；Plomin, DeFries & Knopik, 2013；Rao et al.，2018；Verweij et al.，2016）。在未来，你将会听到更多关于基因研究的结果，可以更好地理解它们代表什么。

心理学家们希望，行为遗传学发现的一个明智应用是帮助人们更加接受自己和孩子。虽然我们都能学着去完善和改变我们的人格，但因为我们的基因倾向和气质，我们中的大多数人可能永远无法完全改变自己的人格。这种认识可能会使人们更现实地看待心理治疗能为他们做些什么，以及他们能为自己的孩子做些什么。

然而，许多人将这些信息简单化，并得出"基因就是一切"的结论。最近，纽约的一名法官对一名因持有儿童色情制品而罪名成立的男子处以重刑，因为法官确信该男子有导致他行为的"迄今尚未发现的基因"，而且据推测，还会对公共安全造成永久性的威胁。（那位法官需要参加心理学入门课程。）幸运的是，裁决被推翻了。这位法官不仅对遗传学一无所知——不存在"色情基因"，而且也不明白即使某些行为与遗传有关，具有遗传倾向也并不一定意味着一定会表达出来。一个人可能有抑郁或焦虑的遗传倾向，但如果没有特定的环境压力或条件，可能不会发展成情绪障碍。现在，让我们把注意力转向环境对人格的影响。

日志 14.3 批判性思维：权衡结论

一些人格特质，如对新经验的开放性，是高度遗传的。这是否意味着"基因就是一切"？一个对新事物不太开放的人永远也学不会变得更冒险，所以尝试改变就没有意义了吗？如何准确看待遗传对人格的影响？

模块 14.3　小考

1. 气质是指_____。
   - A. 在生命的第一年发展出的依恋类型
   - B. 形成人格特质表达的学习经验模式
   - C. 以某种方式对环境做出反应的生理性倾向
   - D. 与环境中的个人特质相互作用的环境质量

2. 对不同动物物种的人格研究表明_____。
   - A. 人格只在人类中能被观察到
   - B. 在非人类动物中，只有灵长类动物表现出人格的证据
   - C. 在超过 60 种不同的动物物种中观察到了人格的证据
   - D. 在非人类动物中只观察到了大五人格维度中的三个

3. 五个月大的茉莉娅易激动、紧张、害怕。她会被描述为具有_____气质。
   - A. 激发性
   - B. 反应性
   - C. 倾向性
   - D. 退行性

4. 群体内某一特质的遗传方差在总方差中所占的比例被称为_____。
   - A. 遗传转移
   - B. 连接
   - C. 遗传力
   - D. 遗传稳定性

5. 某些行为具有遗传倾向意味着什么？
   - A. 这些行为可能在给定的环境中表达，也可能不表达
   - B. 有这种倾向的人会以这种倾向所决定的方式行事
   - C. 环境对改变这些行为几乎没有影响
   - D. 只要有足够长的寿命，这些行为终会被观察到

14.4　环境对人格的影响

当我们说环境可能对人格的变化产生影响时，我们到底是什么意思？在本节，我们将考虑环境的三个方面对人格的相对影响：所处的环境、父母的教养方式以及同龄人。

SONY PICTURES TELEVIS/Mary Evans Picture Library Ltd/AGE Fotostock

Bryan Cranston/Sony Pictures Television/AF Archive/ Alamy Stock Photo

大众媒体提供了令人信服的例子，说明一个人的人格如何会因他们所处的环境而变得不同。电视剧《绝命毒师》的粉丝们会回想起沃尔特·怀特经历的巨大转变：在剧中，他出于健康和经济考虑，放弃了高中化学老师的生活，转变为一名毒品制造商，最终成为剧中的主要人物。

14.4.A 情境与社会学习

学习目标 14.4.A 解释交互决定论的概念，并讨论环境如何塑造特质和行为

特质在不同的情况下具有一致性，但是人们的行为则不同，例如，与父母相处的行为方式、与同龄人相处的行为方式，或者是大学期间的行为方式、在家时的行为方式。从学习的角度来看，不一致的原因是不同的行为在不同的环境中会受到奖励、惩罚或忽视。当你在演唱会上成为尖叫、欢呼的歌迷时，你会比在图书馆或是面试时更加外向。这就是为什么一些行为主义者认为谈论"人格"没有多大意义。

然而，社会认知学习理论家认为，人们确实从他们的学习经历和由此产生的期望中获得了核心的人格特质。一个努力学习并取得好成绩的孩子，朋友的赞赏和父母的表扬都会让他期望其他情况下的努力付出也将获得回报。

如今，大多数人格研究者认识到，人们具有一套核心的稳定特质，行为会随着情况的变化而变化（Fleeson，2004；Rauthmann et al.，2015）。你的气质、习惯和信仰会影响你对他人的反应、和谁在一起，以及你所追求的情境（Bandura，2001；Mischel & Shoda，1995）。反过来，这种情境会影响你的行为和信念，奖励一些行为并消灭你的另一些行为（Golle et al.，2019）。在社会认知学习理论中，这个过程被称为**交互决定论**（reciprocal determinism），如图 14.2 所示。

交互决定论

在社会认知学习理论中，环境和个体因素在人格特质形成过程中的双向交互作用。

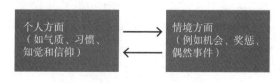

图 14.2 交互决定论

Ciao Hollywood / Splash News/Newscom

Carolina Hidalgo/Tampa Bay Times/
ZUMAPRESS. com/ Alamy Stock Photo

谁是"真正的"德韦恩·约翰逊（Dwayne Johnson）？溺爱三个孩子的父亲？一个迷人的好莱坞演员？"巨石强森"，一位吓人的职业摔跤手？潜在的政治候选人？通过理解交互决定论，我们可以避免过于简单化。我们的遗传倾向和人格特质使我们选择一些情境而非其他情境，但情境也会影响我们表达人格的某些方面。

交互决定论的双向过程（与"基因决定一切"或"一切都是后天习得"的单向决定论相反）有助于回答每个有兄弟姐妹的人提出的问题：除了基因，是什么让在同一家庭长大的孩子如此不同？答案似乎是对每个孩子有着不同影响的各种经历、无法预测的偶然事件、所处的环境，以及所属的同龄群体（Harris，2006；Plomin，2011）。行为遗传学家把这些独特、偶然且不和其他家庭成员共享的经历称为**非共享环境**（nonshared environment）：四年级就读于施密特夫人任教的班级（这可能会激励你成为一名科学家）、在学校戏剧表演比赛中赢得领先地位（这可能会推动你走向演艺事业），或者在学校被欺负（这可能会让你觉得自己软弱无力）。所有这些经历都与你自己对它们的解释、你的气质和你的知觉相互作用（施密特夫人的课让你兴奋还是让你厌烦？）。

记住交互决定论的概念，让我们看看人们生活中两个最重要的环境影响：父母和朋友。

非共享环境

个人与家庭其他成员不同的独特的环境和经历。

14.4. B　父母的影响及其限度

学习目标 14.4. B　总结表明父母对孩子人格发展的影响有限的证据

如果你看育儿书籍，你会发现，尽管书中提供了无数种不同的建议，但通常都有一个根深蒂固的信念：父母对孩子的养育是最有影响力的，甚至可能是唯一影响孩子人格发展的因素。几十年来，几乎没有心理学家想到要质疑这种假设，而且现在许多人仍接受这种假设。但是，在三个证据的重压下，人格主要是由父母对孩子的教养方式决定的观点瓦解了（Harris，2006，2009；Plomin，2011）。

1. 家庭共享环境对大多数人格特质的影响相对较小。 在行为遗传学研究中，"共享环境"包括你与兄弟姐妹和父母共享的经历和背景。如果这些因素像一般人所认为的那样具有强烈的影响，那么研究应该会发现，被收养儿童的人格特质与其养父母存在着强相关性。事实上，这种相关性微弱到几乎

不存在，表明与遗传因素的影响相比，教养方式和家庭生活的影响非常小（Cohen，1999；Plomin，2011）。

2. 很少有父母对所有子女采用稳定且单一的教养方式。 多年来，发展心理学家一直试图确定特定的教养方式对儿童人格特质的影响。问题在于，父母的教养方式各不相同，这取决于他们的压力、情绪和婚姻满意度（Holden & Miller，1999；Mabbe et al.，2018）。我们认识的一个孩子对她愤怒的母亲说："妈妈，我每天都这么淘气，但是为什么你今天却对我这么严格？"并且，父母往往会根据孩子的气质来调整自己的教养方式：对性格随和的孩子往往会比较宽容，对爱惹麻烦的孩子往往会更具惩罚性。

Rauf Aliyev/Shutterstock

你有兄弟姐妹吗？要想了解父母的教养方式是如何随着时间的推移而演变的，你所要做的就是思考出生顺序如何帮助预测孩子和父母之间的互动。

---

3. 即使父母试图保持一致，他们所做的和孩子的表现之间也可能没有什么关系。 一些父母本身就

有问题且虐待自己的孩子，但是这些孩子却有复原力，没有遭受持久的情感损伤，而一些最善良和有教养的父母的孩子却沉溺于毒品，患上心理疾病或是加入帮派。

当然，父母对孩子的影响包括很多与孩子人格无关的方面。他们对孩子的宗教信仰、智力和职业兴趣、成就动机、技能和社会偏见有影响（Beer, Arnold & Loehlin, 1998；Krueger, Hicks & McGue, 2001；Spiel et al., 2016）。最重要的是，父母的所作所为深刻地影响着亲子关系的质量——无论孩子感到被爱、安全、被重视，还是被羞辱、害怕和毫无价值（Harris, 2009）。

父母甚至对孩子的高遗传性特质也有一定的影响。一项跟踪 3 岁至 21 岁个体的纵向研究发现，比起温和的孩子，那些在 3 岁时就冲动、无法控制自己和有攻击性的孩子在成长过程中更有可能表现出冲动、不可靠和犯罪（Caspi, 2000）。早期气质是后期人格特质的有力且一致的预测因子。但不是每个孩子都是一样的。有些父母要求子女留在学校，这样可以保护子女免遭危险，帮助他们朝着更健康的方向前进，还能够密切监督他们，并给他们制定始终如一的纪律。

总的来说，父母对孩子人格的影响比很多人想象的要小。根据交互决定论，这种关系是双向的，父母和孩子不断相互影响。而且，一旦孩子离开家，从上幼儿园开始，父母对孩子在外行为的影响就有所减弱。与此同时，非共享环境就开始发挥作用了。

14.4.C　同龄人的影响

学习目标 14.4.C　讨论同龄人对儿童人格发展的影响

两位心理学家对康奈尔大学 275 名新生进行调查时发现，他们中的大多数人都有从未向父母透露过的私密自我（Garbarino & Bedard, 2001）。例如，在社交媒体上，许多青少年说他们犯罪、酗酒、吸毒、在学校作弊、发性短信和发生性行为，而他们的父母对此一无所知。（他们通常错误地认为，自己透露的信息是私人的，只有朋友和关注者才能阅读。）这种只向父母展示人格的一个方面，而向同龄人展示完全不同的人格的现象在青春期尤为明显。

和成人一样，儿童也生活在两个环境中：家和家之外的世界。在家里，孩子们学习父母希望他们习得的行为，以及避免遭受惩罚；然而，一旦他们上学，他们就更有可能附和同龄人的着装、语言和规则。大多数成人仍记得当年自己做了"愚蠢"（即没有和其他孩子一样）的事时遭到了同学的嘲笑，当时的感受是多么可怕，许多人还记得被排斥在外的痛苦。为了避免被嘲笑或拒绝，大多数孩子会尽自己所能去附和同龄人群体的规范（Harris, 2009；Wright, 2018），包括可能给他们带来麻烦甚至是非法的行为。

很难区分父母和同龄人的影响，因为父母通常会设法安排事情，让孩子所处的环境与自己的价值观和习惯相似。因此，要想知道哪一个对人格的影响更大，必须分析同龄人的价值观与父母的价值观发生冲突的情况。当父母看重学业成绩，而孩子的同龄人认为在学校的成功不那么重要（或者只对"另类者"来说重要）时，谁的观点会胜出呢？答案通常是同龄人（Harris, 2009；Menting et al., 2016）。相反的情形是，人们可能会发现没有受到父母鼓励的孩子和那些拼命努力想上大学的同龄人在一起时，后者会激励前者开始奋发学习。

因此，同龄人在塑造人格特质和行为方面扮演着重要的角色，导致我们强调人格中的某些品质和能力而忽视其他方面。当然，正如交互决定论所预测的那样，我们的气质和倾向性也会影响我们选择特定的同龄人群体而不是其他群体；同时，气质也可以帮助预测我们在群体中的行为。而一旦我们处于同龄人群体中，我们大多数人都会附和群体中的人，在群体的压力下塑造人格的各个方面。总而言之，核心人格特质可能来源于基因，但它们是由学习、同龄人、情境、经验，以及我们接下来将要看到的最大的环境之一——文化所塑造。

互动

同龄人的力量

输入你对有下列每一项行为的青少年所占比例的猜测。

报告为了减肥24小时甚至更长时间不吃东西的青少年所占的比例：_____。

报告有时、很少或从不使用防晒霜的青少年所占的比例：_____。

在过去一周内至少有1天没有锻炼60分钟的青少年所占的比例：_____。

过去一周内至少有5天没有锻炼60分钟的青少年所占的比例：_____。

过去一周7天都没有吃早餐的青少年所占的比例：_____。

报告每天饮用苏打水一次或多次的青少年所占的比例：_____。

报告在发生性行为前饮酒或吸毒的青少年所占的比例：_____。

报告发生性行为时没有采取任何避孕措施的青少年所占的比例：_____。

日志14.4 批判性思维：检查证据

想一种你和你身边的人都认可的你的核心人格特质：也许你特别外向，或富有同情心，或自信，或风趣。现在回答以下问题：是什么环境力量塑造了这种特质？你的父母或其他家庭成员对这种特质的发展有什么样的影响？或者说，你的同龄人、你的朋友是如何塑造你的人格的？举一个例子，说明你所处的环境以及与你交往的人是如何帮助你塑造你的人格的。

模块14.4 小考

1. 你的行为、习惯和信仰会影响你与谁交往以及你所追求的环境；此外，与你交往的人以及你所处的环境也会影响你的行为、习惯和信仰。这个循环过程被称为_____。

   A. 交互决定论

   B. 共同认同

   C. 表现性整合

   D. 对经验的开放性

2. 以下哪一个方面的环境对兄弟姐妹人格特质的差异影响最大？

   A. 他们父母教养他们的方式

   B. 他们所有人共享的家庭环境

   C. 他们没有与家人共享的独特经历

   D. 他们在同一个家庭中成长的时间长短

3. 父母对孩子人格的塑造有多大的影响？

   A. 很大　　　 B. 没有人们想象的那么大

   C. 23%　　　　D. 一点也没有

4. 玛丽尽力对她所有的孩子一视同仁，平等地执行她的规则和标准，但她时不时地犯错误：有时她会对卡塔琳娜更宽容一点，有时她对伊莎贝拉更严格一些，但有时她却让路易莎"逍遥法外"。玛丽很担心不一致的父母教养方式及其对孩子人格发展的影响，应该怎么消除她的担忧呢？

   A. 很少有父母有单一且稳定不变的教养方式

   B. 气质是决定人格的唯一因素，所以她几乎无法改变这一点

   C. 她典型的"母亲"地位在她有点失误的时候也会得到承认

   D. 孩子们对潜在的父母风格的反应比他们对表面行为的反应更强烈

5. 14岁的哈维尔在父母身边时相当沉默寡言。然而，当他和朋友们在一起时，他是喧闹的，甚至有点令人讨厌。这种行为模式在儿童和青少年中

有多普遍?

A. 相当罕见。即使是年幼的孩子,在与各种伙伴互动时行为也表现出明显的一致性

B. 相当普遍。我们在不同环境中的行为方式反映了父母和同龄人在塑造行为方面的不同影响

C. 相当普遍。"多重身份理论"认为核心人格特质对行为的塑造作用不大

D. 非常罕见。人格特质和行为倾向在生命早期就已经固化

14.5 文化对人格的影响

Fotokostic/Shutterstock

Yoshikazu Tsuno/AFP/Getty Images

不同的文化对个人主义、集体主义或社区导向的自我观的侧重程度不同。强调个人主义的文化中的人可能会通过骑自行车、散步或慢跑的方式来锻炼身体,因为这些项目都可以在不同的方向上以不同的速度进行。另一幅图描绘了一种侧重于集体主义的文化,在这个例子中,日本员工在招聘仪式上以同样的方式进行锻炼。

14.5.A 文化、价值观和特质

学习目标 14.5.A 比较个人主义文化和集体主义文化,并描述它们之间的一些普遍的人格差异

快速回答这个问题:"你是谁?"

你的回答会受到你的文化背景的影响,尤其是你的文化是否强调个人主义、社区或集体主义(Krassner et al.,2017;Markus & Kitayama,1991;Triandis,1996)。在**个人主义文化**(individualist cultures)中,个人的独立性往往优先于群体需要,自我常常被定义为一组人格特质的集合("我性格外向、随和、有抱负")。在**集体主义文化**(collectivist cultures)中,群体和谐往往优先于个人愿望,自我是在关系和社区的背景下定义的("我家有三个孩子,我的父亲是农民,我父亲那边祖祖辈辈都是农民")(见表 14.1)。一项有趣的研究表明了文化如何塑造我们的思维。出生在中国的双重文化个体,当用英语作文回答"我是谁?"时,其倾向于描述自身的人格特质;但当用中文时,更倾向于用自己与他人的关系来描述自己(Ross,Xun & Wilson,2002)。

个人主义文化

在这种文化中,自我更可能被认为是自主的,个人目标和愿望高于责任和与他人的关系。

集体主义文化

在这种文化中,自我更可能被视为植根于人际关系,群体和谐比个人目标和愿望更重要。

表 14.1 个人主义文化和集体主义文化之间的一些普遍差异

个人主义文化中的成员	集体主义文化中的成员
把自我定义为自主的、独立于群体的	把自我定义为群体中相互依赖的一部分
优先考虑个体和个人目标	优先考虑群体需求和目标
重视独立、领导权、成就和自我实现	重视群体和谐、责任、义务、安全
在对行为的解释上，相较于群体规范，更加重视个人态度和偏好	在对行为的解释上，相较于个人态度，更重视群体规范
关注人际关系的得失；如果得不偿失，则可能会放弃这段关系	关注群体成员的需求；如果一段关系对群体有利，但对个人来说需要付出高昂的代价，那么个人很可能会保持这段关系

个人主义和集体主义影响个体生活的许多方面，包括重视哪些人格特质，是否以及如何表达情感，以及对人际关系的重视程度（Forbes et al.，2009；Oyserman & Lee，2008；Yamawaki，Spackman & Parrott，2015；Parrott，2015）。这些影响是微妙而强大的。在一项研究中，中国选手和美国选手必须玩一种需要站在对方角度的交流游戏。对眼睛的注视结果显示，中国选手几乎总能从搭档的角度找到目标，而美国选手在这项任务上往往失败（Wu & Keysar，2007）。当然，这两种文化中的成员都明白自己和他人之间的观点差异，但集体主义导向的中国人更关注他人的非语言表达和观点。

来自集体主义文化的人往往更倾向于根据社会背景来调整自己的行为，他们倾向于认为自己的个性和自我意识比来自个人主义文化的人更灵活（Triandis，2001）。一项比较日本人和美国人的研究发现，美国人报告在不同的情况下，他们的自我意识只会发生5%～10%的变化，日本人则认为他们的自我意识会发生90%～99%的变化（de Rivera，1989）。以群体为导向的日本人认为为他人着想的观念非常重要，只有正确地履行自己的社会角色，才能与他人和谐相处。相比之下，美国人更看重"忠于自己"并拥有"核心

身份"（Hamamura & Heine，2008）。

另一组跨文化心理学家通过改编西方的人格问卷，并开发本土化的评分标准，对中国和南非进行了深入研究（Cheung，van de Vijver & Leon，2011）。在中国群体中发现了一种被称为"人际关系"的人格因素的证据。就像大五人格一样，这一特质普遍存在。亚洲人和对美国社会适应程度较低的亚裔美国人较欧洲人和对美国社会适应得很好的亚裔美国人在该特质上的得分更高。在南非，研究人员用九种班图语、南非荷兰语和英语编制了一份人格问卷，发现了熟悉的大五人格，也发现了一些其他核心特质，包括"关系和谐"和"仁慈"。

当人们不能理解文化对行为的影响时，他们可能会错误地将另一个人的神秘或恼人的行为归因于个体的人格特质。可以考虑以下有关乐于助人的问题。多年前，在对印度、日本、肯尼亚、墨西哥、菲律宾和美国的儿童进行的一项跨文化研究中，研究人员测量了儿童表现出的利他主义（提供帮助、支持或无私建议）或利己主义（寻求帮助和关注或想支配他人）频率（Whiting & Edwards，1988；Whiting & Whiting，1975）。结果发现，美国儿童在所有的测量结果上均表现出最低程度的利他主义、较高程度的利己主义。利他水平较高的儿童来自这样的社会：儿童被赋予许多责任，例如照顾年幼的弟弟妹妹、收集和准备食物。这些孩子知道，他们的工作影响家庭幸福。在重视个人成就和自我提升的文化中，照顾他人就没那么重要了。不同社会对作为一种人格特质的利他主义的培养程度并不相同（de Guzman，Do & Kok，2014）。

还可以考虑迟到的问题。个人在总是准时还是总是迟到的问题上也存在差异，但文化规范首先影响个体如何看待时间。在北欧、加拿大、美国和其他许多个人主义文化中，时间被组成线性片段，人们在某个时间只做一件事（Hall，1983；Leonard，2008）。一天被分为预约和日程安排。由于时间是非常宝贵的商品，人们不喜欢在任何一项活动上"浪费"或"花费"太多时间。在这样的文化中，准时是一种认真的表现，迟到是一种漠不关心或故意不尊重人的表现。因此，让别人等待被认为是粗鲁的（摆架子的）。但是，在墨西哥、南欧、中东、南美

和非洲，时间是沿着平行线组织起来的。人们一次做很多事情，而且为了朋友和家人的需要可以取消预约；他们认为等待几个小时或几天见一个人根本不足为奇。认为必须"准时"到达某个地方的观点意味着时间似乎比人更重要，这在某些社会是难以想象的。

Dave Stamboulis/Alamy Stock Photo

David Keith Jones/Images of Africa Photobank/
Alamy Stock Photo

许多文化认为，儿童应该为家庭收入做出贡献，并照顾年幼的弟弟妹妹。这些经历更鼓励助人为乐而不是独自一人。

14.5.B 评估文化方法

学习目标 14.5.B 评估用文化方法理解人格的利弊

我们所认识的一位原籍国是英国的女性，嫁给了一位黎巴嫩男性。他们在一起很幸福，但也经常产生误会和争吵。几年后，夫妻两人回了一趟黎巴嫩，她以前从未去过那里。她对我们说："我惊呆了。我原先以为他做的一切事情都是由他的人格导致的，结果才发现那都是因为他是黎巴嫩人！那里的每个人都和他一样！"

这位朋友的反应说明了人格文化研究的贡献和不足。她正确地认识到她丈夫的一些行为是由文化导致的，她的黎巴嫩丈夫对时间的观念确实与她这个英国人不同。但她错误地推断黎巴嫩人"都和他一样"：个人会受其文化的影响，但同一文化中的个体仍有很大的差异。

文化心理学家面临的问题是如何描述文化对人格的影响但要避免过于简单化或刻板化（Church & Lonner，1998）。正如我们的一个学生所说："为什么当我们学生说'日本人'、'白人'或'拉丁美洲人'时就是刻板印象，而当你这样做时是'跨文化心理学'？"这个问题展示了优秀的批判性思维！文化研究并非建立在同一文化背景下的所有成员都有相同的行为方式或人格特质的假设之上。由于气质、信仰和学习经历的不同，人们的行为和思想也存在差异，而且这种差异在每一种文化中都存在。

此外，每个社会的文化本身也各不相同。总体而言，美国强调个人主义文化，但与粗犷、独立的西部人相比，南部人有着更强烈的地区认同感，更偏向集体主义（Vandello & Cohen，1999）。中国和日本都重视群体和谐（Dien，1999；Lu，2008）。与白人相比，非裔美国人更倾向于融合美国个人主义和非洲集体主义（Komarraju & Cokley，2008）。即使是在个人主义－集体主义这样具有影响力的维度上，跨文化差异也不是固定不变的，也不适用于某一社会中的所有群体（Oyserman & Lee，2008）。

最后，尽管文化之间存在差异，但人类在爱、依恋、家庭、工作和公共传统上有许多共同的关注和需求。总体来说，文化规则使得瑞典人与贝都因人不同、柬埔寨人与意大利人不同。我们所重视的特质，我们对自我与社会的感觉，以及我们对正确的行为方式的观念，所有关键的人格特质都始于我们成长的文化。我们的自尊心和幸福感深深地受其影响：在一种重视个人成功和自我提升的文化中，外向的人是最幸福的；在一个整洁、受规则支配的国家里，严谨的人最幸福。正如旅行者和移民所了解的那样，当一个人的人格特质与更大文化所认可的人格特质发生冲突时，人们会奇怪地感到与周围的世界格格不入（Fulmer et al.，2010）。

日志14.5　批判性思维：定义术语
人们常说"德国人格"或"英国人格"，我们如何在不陷入刻板印象的情况下思考影响人格特质的文化因素？

模块14.5　小考

1. 优先考虑群体和谐和群体规范的文化被称为_____文化。
   A. 同心的　　　B. 集体主义
   C. 公共的　　　D. 社会主义
2. 奥黛丽把自己定义为一个为自己想要的东西而奋斗的独特个体。她的外向使她在人群中脱颖而出，她喜欢这样。奥黛丽认为她有一种独特的个性，使她与家人和朋友不同。在以下选项中，_____最有可能是奥黛丽的原籍国。
   A. 印度尼西亚　　B. 韩国
   C. 哥斯达黎加　　D. 美国
3. 希马利在日本出生并长大。如果让她描述一下自己，她最有可能说出以下哪一项？
   A. "我是我父母的女儿，是一个勤奋工作的团队中的成员。"
   B. "我有抱负，性格外向，喜欢在人群中脱颖而出。"
   C. "无论我在哪里或和谁在一起，我都是同一类型的人。"
   D. "我身高170厘米，有双浅棕色的眼睛，喜欢马。"
4. 克丽丝和她的大学朋友们在一起，包括米格尔（来自墨西哥）、努齐奥（来自意大利）和费利克斯（来自加拿大）。他们约定第二天晚上7点见面吃饭。"等等，"费利克斯问，"是北美时间晚上7点吗？到时候，每个人都会出现吗？"为什么费利克斯觉得有必要问这个问题？
   A. 米格尔、努齐奥和克丽丝很可能会在10分钟内出现，而费利克斯可能会迟到45分钟
   B. 鉴于费利克斯的加拿大背景，他本人很可能会迟到
   C. 不同文化的成员对方位和指示的理解有所不同
   D. 对准时和迟到的重视程度存在文化差异
5. 为什么很难评价人格的文化视角？
   A. 经验的差异使得人们如果没有生活在那种文化中，就不可能理解文化对个人的影响
   B. "文化"不能被充分定义
   C. 不刻板地描述广泛的文化倾向和忽视普遍的人类经验之间有着很好的平衡
   D. 人格文化差异的证据主要是轶事，而不是基于详细的科学研究

14.6　内部经验

考察人格的最后一种方法是从个人的角度出发，由内而外。生物学可能会助力或限制我们的气质倾向，环境可能会给我们带来一些艰难或幸运的经历，父母可能会以我们希望或不希望的方式养育我们，

但我们人格的总和就是我们如何将所有这些因素编织在一起。

14.6. A 人本主义方法

学习目标 14.6. A 描述亚伯拉罕·马斯洛、卡尔·罗杰斯和罗洛·梅提出的人本主义的核心思想

人本主义心理学（humanist psychology）是在 20 世纪 60 年代早期作为一种运动发起的。这一运动的主要领导人有亚伯拉罕·马斯洛（Abraham Maslow，1908—1970）、卡尔·罗杰斯（Carl Rogers，1902—1987）和罗洛·梅（Rollo May，1909—1994），他们呼吁用"第三势力"来代替心理学中的精神分析和行为主义的时候到了，"第三势力"可以勾画出人类潜能和人格的更完整图像。采取人本主义方法考察人格的心理学家强调人类具有决定自己行为和未来的独特能力。

人本主义心理学
一种强调个人成长、顺应力和实现人的潜能的心理学理论。

Itsuo Inouye/AP Images

你永远不会因太老而不能实现自我。图中的胡达·克鲁斯（Hulda Crooks）在 91 岁时攀登富士山。她 54 岁时开始登山。她说："这对我来说是个很大的鼓舞。当我下山的时候，我觉得我又可以在山谷里战斗了。"她去世时 101 岁。

亚伯拉罕·马斯洛 马斯洛（1970，1971）指出，心理学面临的问题在于它忽视了生活中许多积极的方面，如快乐、欢笑、爱情和巅峰体验，这些都是追求卓越或完美经历所带来的少有的狂喜时刻。马斯洛认为，最核心的人格特质不是大五特质，而是自我实现的品质，即追求有意义、富有挑战性和令人满意的生活。

对马斯洛来说，人格发展可以看作一个逐步走向自我实现的过程。他认为，大多数心理学家对人性的看法是不平衡的，这是因为他们强调研究情绪问题和诸如神经质或不安全感等负面特质。正如马斯洛（1971）所写，"当你为了仔细研究而挑选出非常优秀的、健康的、强壮的、有创造力的人……然后你会有一个不同的观点……人能长多高，能长成什么样"。

卡尔·罗杰斯 作为一名临床医生，罗杰斯（1951，1961）不仅对为什么有些人的功能不能很好地发挥感兴趣，而且对他所说的"完全发挥功能的个体"感兴趣。他说："你的行为取决于你的主观现实，而不是周围的外部现实。"功能充分发挥的人在他们投射给他人的形象和自己的真实感受及愿望之间，会体验到一种一致性或和谐性。他们是可信任的、热情的、开放的，而不是自我防御或狭隘的。他们对自己抱有现实的信念。

罗杰斯坚持认为，要成为一个功能充分发挥的人，我们需要**无条件的积极关注**（unconditional positive regard）——不附加任何条件地爱我们和支持我们的人。这并不意味着，当若伊对她哥哥生气时就

可以踢他哥哥，也不意味着扎克可以因为他不喜欢吃炖肉而把晚餐扔出窗外。在这种情况下，父母可以纠正孩子的行为，而不意味着不再爱自己的孩子。孩子知道，坏的是行为，而不是自己。"我们家的规矩是'禁止暴力，孩子们'"与"你们是行为恶劣、令人讨厌的孩子"截然不同。

不幸的是，罗杰斯表示，许多孩子在成长过程中都会受到有条件的积极关注："如果你表现得好，我会爱你；如果你表现不好，我就不会爱你。"成年人也经常这样对待对方。受到有条件的积极关注的人开始压抑或否认他们认为自己所爱的人无法接受的感情或行为。罗杰斯认为，这样的结果会带来不一致感，即与自己的感觉脱节，不是真实的自己的感觉。这反过来又会转化为较低的自尊心，产生自我防御和不快乐。产生不一致感的人在神经质上得分较高，会变得越来越痛苦和消极。

罗洛·梅　与人本主义者一样，梅（2007）认为存在自由意志的观念。但他也强调了人类状况中一些固有的困难和悲剧方面，包括孤独、焦虑和疏远。梅给美国心理学带来了欧洲**存在主义**（existentialism）哲学的元素，它强调人类存在不可避免的挑战，如寻找生命的意义、面对死亡的需要，以及对行为负责的重要性。

梅认为，自由意志往往要付出陷入焦虑和绝望的代价，这就是为什么有那么多人试图从自由逃向狭隘的确定性，并把自己的不幸归咎于他人。对梅来说，我们的人格反映了我们如何去寻找存在的意义，明智地使用我们的自由和勇敢去面对痛苦和死亡。他主张可以利用爱和勇气这样的内部资源来塑造最好的自己，使得人本主义的观念广为流行。但是，他也补充道，我们永远不能逃离生活和损失共存的残酷现实。

StockstudioX/E + /Getty Images

存在主义心理学家提醒我们：人类生存中不可避免地存在斗争，例如对抗孤独和疏远。

无条件的积极关注
根据卡尔·罗杰斯的说法，无条件地给予他人积极的爱或支持。

存在主义
一种强调人类生存不可避免的困境和挑战的哲学方法。

14.6.B　叙事法

学习目标 14.6.B　讨论通过回答"我是谁?"这一核心问题对人格进行研究的叙事法

在过去的几十年里，另一种研究人格的方法集中在人生叙事的重要性上，即我们每个人都会随着时间的推移发展出一个故事来解释自己，并使发生在自己身上的一切变得有意义（Bruner, 1990; McAdams & Guo, 2015; McAdams & Manczak, 2015）。从叙事学的观点来看，你独特的人格取决于你回答"我是谁?"这个问题时讲述的故事。

叙事法强调我们讲述的故事如何赋予自己身份、塑造自己的行为、激励自己追求或放弃自己的目标，它整合了我们在本章讨论过的对人格的多种不同影响。你相信你是童年不幸经历的受害者还是幸存者？你相信你的情绪波动是由生理失衡或恋爱失衡引起的吗？当你和别人谈论你的生活时，你是扮演英雄还是被动的旁观者？

你为自己创造的人生故事反映了你的需求，并证明了你为解决问题而采取的或未能采取的行动。它会影响到你是否觉得你能解决你的问题并改变你的生活（McAdams & Manczak，2015）。心理治疗师戴维·爱默森帮助一位名叫莫丽萨的移民女性，她一生饱受虐待和拒绝。"讲述一个关于你的生活的故事，然后把它变成一段历史，"心理治疗师告诉她，"一个可以抛在身后的故事，让你更容易创造一个由自己设计的未来"（引自 O'Hanlon，1994）。莫丽萨开始意识到，她可以讲述一个关于她的经历的新故事，不强调降临在她身上的悲剧，而是强调她战胜这些悲剧的胜利。她告诉爱默森："我的生活现在有了未来，再也不会和以前一样了。"

从叙事的角度来看，你如何看待和解释自己的故事是你人格的精髓。它捕捉了发生在你身上的一切，以及影响你的生理、心理和人际关系的所有因素。它使你与众不同。

14.6.C　评价人本主义和叙事法

学习目标 14.6.C　总结人本主义和叙事法对人格的贡献和不足

与心理动力学理论一样，人本主义心理学受到的主要批评也是许多假设是不可检验的。弗洛伊德看到了人性中毁灭性的动力、自私和欲望。马斯洛和罗杰斯看到了人性中的合作、无私和爱。梅看到了人性中对自由的恐惧、孤独和有意义的斗争。批评者说，这些差异可能更多地反映出观察者的角度，而不是观察的事情本身。

许多人本主义的概念虽然直观上很吸引人，但很难进行操作性定义。我们怎么知道一个人是自我满足的还是自我实现的？如何判断一名女性辞去会计工作成为一名职业斗牛士是"逃离自由"还是选择自由？什么是无条件的积极关注？如果它被定义为毫无疑问地支持一个孩子努力掌握一项新技能，或者是保证不管孩子犯什么错都会被爱，那么这显然是个好观点。但在流行文化中，它常常被解释为不愿意对孩子说"不"，或不能提出儿童所需要的建设性批评和行为限制。

尽管如此，人本主义心理学家还是为人格研究带来了平衡。一个被称为"积极心理学"的专业紧跟人本主义的脚步，该专业专注于研究人们在压力下保持乐观和韧性的品质（Donaldson，Dollwet & Rao，2015；Gable & Haidt，2005；Seligman & Csikszentmihalyi，2000）。部分受人本主义的影响，这些心理学家研究了许多积极的人类特质，如勇气、利他主义和追求卓越的动机。发展心理学家正在研究如何培养儿童的同理心和创造力。一些研究人员在研究恐惧死亡的情感和存在效应（Pyszczynski，Solomon & Greenberg，2015）。

采用叙事法的研究也在蓬勃发展，这表明讲述关于自己的故事在塑造自己的独特人格方面起着至关重要的作用（McAdams & Manczak，2015）。认知心理学家强调自己的故事如何塑造和歪曲我们的记忆。心理治疗师们正在探索如何让那些讲述自我挫败人生故事的来访者扭转颓势，创造出更有希望和积极的故事。社会和文化心理学家研究文化或社会中占主导地位的神话和共同的故事如何影响人们的雄心壮志、期望、政治观点和世界正在逐渐改善或永远不会改变的信念。

人本主义、存在主义和叙事视角的人格观都有一个核心信息：即使命运将我们带向悲剧，我们也有选择自己命运的力量。纵观心理学，这一信息培养了一种人们对逆境中韧性的认识。关于各种观点对人格的主要影响，见表14.2。

表14.2 各种观点对人格的主要影响

心理动力学	无意识动力塑造了人类的动机、内疚感、冲突和防御
基因	孩子们天生就有特殊的气质，而大多数特质都受到基因的高度影响
环境	学习、环境和独特的经历会影响哪些特质被鼓励，哪些基因被表达
文化	规范规定了哪些特质被重视，影响了对自我和人格的基本看法，塑造了从攻击性到利他主义的行为
人本主义	尽管受到遗传、环境、文化和心理动力的影响，人们仍旧可以有自由意志，成为自己想要成为的那种人
叙事法	人格取决于人们为解释自己的生活而创造的故事（例如，他们是将自己视为受害者还是幸存者）；而这些故事可以改变

日志14.6 批判性思维：定义术语

无条件的积极关注听起来是件好事，但它到底意味着什么呢？是否意味着无论你所爱的人做什么，你都要给予他们全力的支持和认可？它允许设定限制和提出建设性批评吗？你认为在什么情况下需要告诉别人不愉快的真相或者对他们的行为进行一定的限制？

模块 14.6 小考

1. 下列哪个理论家通常不会与心理学中的人本主义运动联系在一起？
   A. 卡尔·罗杰斯
   B. 罗洛·梅
   C. 亚伯拉罕·马斯洛
   D. 卡尔·霍夫兰

2. 根据卡尔·罗杰斯的说法，_____的人在他们投射给他人的形象和自己的真实感受及愿望之间，会体验到一种一致性或和谐性。他们热情开朗，对自己抱有现实的信念。
   A. 自主性
   B. 功能充分发挥
   C. 无条件
   D. 自我完善

3. 生活中，我们不可避免地会遇到与生活有关的困境和挑战。我们都需要面对死亡的恐惧、探索生命的意义，我们必须为自己的行为承担责任。我们应对这些的方式有助于塑造我们作为个体的自我。这三句话是对_____的良好总结。
   A. 逻辑实证主义
   B. 决定论
   C. 集体主义
   D. 存在主义

4. 迪丽娅在她的心理学课上被分配了一项艰巨的任务："描述你是谁。"这可以从很多方面来回答：身体描述、特质量表、来源于父母的遗传基因、社会和文化群体对她的定义。为了完成这项任务，迪丽娅决定简单地写下自己的人生故事，记录下她迄今为止经历的高潮和低谷、胜利和失败。迪丽娅采用了哪种方式来理解人格？
   A. 叙事法
   B. 心理动力学
   C. 特质
   D. 假设演绎

5. 以下哪一项不是对人本主义人格理论的批判？
   A. 人本主义理论包含的概念很难进行操作性定义
   B. 这些理论虽然在心理学上有影响，但在社会上并没有得到太多的关注
   C. 人本主义理论包含的概念是模糊的，有待解释
   D. 人本主义者对人格的解释包含了不可检验的假设

写作分享：人格理论

用10个词描述你自己。也就是说，回答本章的核心问题：你是谁？用10个词不容易做到是吗？但现在困难已经部分解决了，看看你的答案。你的自我意识是否如本章所描述的那样，更多地反映出遗传、环境或文化对人格的影响？还是更符合心理动力学、大五人格、人本主义或叙事法？你为什么这么说？

批判性思维演示

主张：当代年轻人比以往任何时候都更加自恋

步骤 1. 批判这一主张

在希腊和罗马神话中，那喀索斯的故事是一个悲剧。故事讲的是一个美丽绝伦的年轻人，他在湖边散步时瞥见一个倒影，立刻和他自己坠入爱河……那喀索斯被深深地迷住了，甚至饥渴难耐。他伤心地死去，因为他的真爱是单向付出。试想一下，如果有了自拍杆和社交媒体账号，那喀索斯会有多难以忍受。事实上，一些心理学家认为现在自恋正处于一个空前的高度。让我们来评价一下这一主张：当代年轻人比以往任何时候都更加自恋。

步骤 2. 分析假设与偏见

任何时候，当一个说法引起了对年轻人的担忧时，最明智的做法是问：有证据吗？或者，这仅仅是那些脾气暴躁的成年人对所谓美好时光的怀念？

争论可能会认为当代年轻人……非常自恋。他们过于敏感、懒惰、沉迷于手机，不知道自己生活在多好的环境中。当我像他们这样大的时候，我不得不光着双脚穿过雪山去上学。

人们有一种将过去浪漫化并批评社会变化的倾向。一个细心的批判性思维者会摆脱这些偏见，寻找客观和经验性地评估该主张的方法。

步骤 3. 定义术语

为了检验这种主张，我们需要定义自恋，并找出衡量它的方法。自恋问卷应该是什么样的？

> 以下问题来自自恋人格量表（NPI）。对于每个 NPI 问题，参与者的任务是从两个选项中选择一个他们最认同的。NPI 通常被认为有三个基本因素或项目类别：领导力、虚荣和权利。
>
> 1. 你最认同哪一项？如果你对两者有相同程度的认同，那就选择你认为最重要的那一个。
>   a）我喜欢凌驾于他人之上的权威
>   b）我不介意听从命令
>
> 2. 你最认同哪一项？如果你对两者有相同程度的认同，那就选择你认为最重要的那一个。
>   a）恭维的话使我难堪
>   b）我喜欢别人夸奖我
>
> 3. 你最认同哪一项？如果你对两者有相同程度的认同，那就选择你认为最重要的那一个。
>   a）我坚持得到应有的尊重
>   b）我通常得到应有的尊重
>
> 你的回答意味着什么？
> 1. 这个问题属于 NPI 的领导力因素。回答 a）会提高你在领导力维度上的得分。回答 b）会降低你在领导力维度上的得分。
> 2. 这个问题属于 NPI 的虚荣因素。回答 a）会降低你在虚荣维度上的得分。回答 b）会提高你在虚荣维度上的得分。
> 3. 这个问题属于 NPI 的权利因素。回答 a）会提高你在权利维度上的得分。回答 b）会降低你在权利维度上的得分。

步骤 4. 检查证据

珍·M. 温格（Jean M. Twenge）和她的同事们对几十年来的 NPI 分数进行了研究，并得出结论：随着时间的推移，大学生变得越来越自恋。

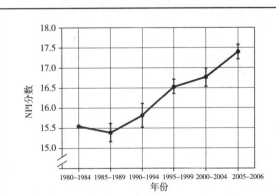

温格等人（2008）分析了收集到的 1979—2006 年 16 000 多名大学生的数据。他们报告说，这些年来，NPI 分数稳步上升，最新的样本得分比最早的样本高出 30%。

Photo of Jean M. Twenge Courtesy of Sandy Huffaker

这样的发现让温格认为我们目前正处于"自恋流行"时期。她将当今的青年群体称为"自我一代"，并认为当代年轻人比以往任何时候都更加自信和坚定，但也没有那么快乐，也没有为独立的成年生活做好准备。

Syda Productions/Shutterstock

除了问卷调查的分数，温格还指出，更加自恋也可以从流行歌曲和流行心理学书籍中对自我的关注程度的提高中看出。社交媒体和当代"自拍文化"也被认为是导致当今年轻人持有过度积极的自我观点的因素。

步骤 5. 提出问题，乐于思考

但其他研究人员继续对这些结论提出疑问。首先，NPI 分数衡量的是什么？当参与者选择"我很自信"而不是"我希望我更自信"时，这是有害的自恋还是健康的自信？

其他分析表明，NPI 分数并没有随着时间的推移而提高，不同年代的学生对量表的理解方式或许也不同。当代年轻人比以往任何时候都更有可能从事自己喜欢的工作，对多样性持更积极的态度，这一发现又如何呢？当我们从自我报告证据转向实际行为时，我们的结论会有什么变化？

步骤 6. 权衡结论

现在的年轻人是否比以往任何时候都更加自恋，现在还没有定论。根据我们如何定义术语和提出问题，证据也会有所不同。一个复杂的问题是，这种主张让人觉得这是真的。我们生活在自拍、社交媒体应用、YouTube 名人流行和以各种方式推销自己的时代。很容易想象那喀索斯适应了现代生活后，会通过个性化的标签来庆祝他新发现的爱情。但是，神话和常识与科学是不一样的！与那喀索斯不同的是，当科学家看到自己的倒影时，他们会透过表象看本质。他们经常看到的是，在得出结论之前，需要收集更多的数据。

总结：人格理论

14.1 人格的心理动力学理论

学习目标 14.1.A 从精神分析的角度描述人格结构、心理防御机制和性心理发展阶段

西格蒙德·弗洛伊德是精神分析学的创始人，开创了心理动力学理论，强调无意识的过程，相信童年经历和早期无意识冲突的形成作用。在弗洛伊德看来，人格包括本我、自我和超我。防御机制保护自我不受无意识焦虑的影响，包括压抑、投射、转移（升华的一种形式）、退化和否认。弗洛伊德认为人格的发展经历了一系列的性心理发展阶段，其中生殖器（恋母）期最为关键。

学习目标 14.1. B 解释荣格的观点和弗洛伊德的人格观有何不同

一些思想家从弗洛伊德最初的精神动力学观点中分裂出来。卡尔·荣格认为，人们共享一种集体无意识，其中包含了被称为原型的普遍记忆和意象。许多这样的原型似乎存在于不同的文化，比如英雄、养育人类的大地母亲、坚强的父亲或意味着危险的阴影。

学习目标 14.1. C 总结在科学检验下心理动力学理论衰落的原因

心理动力学理论被批评违反了可证伪性原则；从非典型患者推广到每个人过于笼统；把理论建立在成人不可靠的记忆和回溯性叙述的基础上，会造成因果关系的错觉。然而，一些心理动力学观点得到了经验的支持，包括无意识过程和防御机制的存在。

14.2 人格的现代研究

学习目标 14.2. A 概述客观人格测试与商业、约会所用或网上流行的人格测试的不同之处

许多将人格划分为"某类型"的流行测试都是无效的、不可靠的，或者非科学的。在研究中，心理学家通常依靠客观测量（量表）来识别和研究人格特质和障碍。

学习目标 14.2. B 列出并描述大五人格中每个维度的特征

戈登·奥尔波特认为，人有一些关键的核心特质，而更多的次要特质则不那么重要。雷蒙德·B.卡特尔用因子分析法确定了他认为是人格基本组成部分的一系列特质。世界各地的研究都为人格的大五维度提供了有力的证据：开放性、责任心、外倾性、宜人性和神经质。虽然这些维度相当稳定，但其中一些确实会在一生中发生变化，反映出成熟发展、社会事件和成人责任感。

14.3 基因对人格的影响

学习目标 14.3. A 定义气质，并讨论它与人格特质的关系

在人类身上，个体在气质上的差异，如反应性、舒缓性、积极或消极的情绪性——在出生或生命早期就显现出来，并影响随后的人格发展。在其他动物物种中也观察到了类似的趋势。

学习目标 14.3. B 解释双胞胎研究如何被用来评估人格特质的遗传力

来自双胞胎和被领养儿童研究的行为遗传学数据表明，许多成人人格特质的遗传力大约为 0.50。基因的影响创造了倾向性，并限制了特定特质的表达。但即使是高度遗传的特质，也常常在一生中受到环境、机会和学习的影响。"基因就是一切"的结论是不成立的。

14.4 环境对人格的影响

学习目标 14.4. A 解释交互决定论的概念，并讨论环境如何塑造特质和行为

当在一种情况下得到奖励的行为却在另一种情况下受到惩罚或被忽视时，在不同环境下人们的行为往往表现出不一致。根据社会认知学习理论，人格是环境和个体各方面相互作用的结果，是相互影响的。

学习目标 14.4. B 总结表明父母对孩子人格发展的影响有限的证据

有三个证据对父母对孩子人格和行为具有最大影响的普遍假设提出了质疑：（1）行为遗传学研究发现，主要的环境影响来自非共享环境；（2）很少有父母随着时间的推移对所有孩子保持一致的教养方式；（3）即使父母试图保持一致，他们所做的和孩子的人格和行为可能也没有什么关系。然而，父母可以改变孩子的气质，防止有犯罪风险的孩子做出反社会行为并影响孩子的价值观和态度。

学习目标 14.4. C　讨论同龄人对儿童人格发展的影响

同龄人比父母更能影响儿童的人格。由于种种原因，大多数儿童和青少年在同龄人和父母面前的行为方式是不同。

14.5　文化对人格的影响

学习目标 14.5. A　比较个人主义文化和集体主义文化，并描述它们之间的一些普遍的人格差异

心理学家把许多品质视为个体人格特质，这些特质在很大程度上受到文化的影响。一般来说，来自个人主义文化的人对自己的定义不同于来自集体主义文化的人，他们认为"自我"在各种情况下更为稳定。文化对许多行为的规范各不相同，比如利他主义和时间观念。

学习目标 14.5. B　评估用文化方法理解人格的利弊

人格的文化理论面临着这样一个问题：描述广泛的文化差异及其对人格的影响，而不提倡刻板印象或忽视人类的普遍需要。

14.6　内部经验

学习目标 14.6. A　描述亚伯拉罕·马斯洛、卡尔·罗杰斯和罗洛·梅提出的人本主义的核心思想

人本主义心理学家关注个体的主观自我意识和改变的自由意志。它们强调人的潜能和人性的力量，就像亚伯拉罕·马斯洛的巅峰体验和自我实现的概念一样。卡尔·罗杰斯强调无条件的积极关注对创造一个功能充分发挥的人的重要性。罗洛·梅将存在主义引入心理学，强调了人类存在的一些内在挑战，这些挑战是因拥有自由意志而产生的，比如对生命意义的探索。

学习目标 14.6. B　讨论通过回答"我是谁?"这一核心问题对人格进行研究的叙事法

作为从"内在"理解人格的另一种方式，一些

人格心理学家研究人生叙事，即人们为理解和解释自己的生活而创作的故事。这些故事可能会抑制或鼓励生活中的变化。

学习目标 14.6. C　总结人本主义和叙事法对人格的贡献和不足

人本主义和叙事心理学的一些观点是主观的，难以衡量；但另一些则促进了对人格积极方面的研究，如乐观和逆境下的韧性。

第 14 章测试

1. 根据弗洛伊德的心理动力学理论，人格发展中的性心理发展阶段的正确顺序是什么？
   - A. 本我，自我，超我
   - B. 口唇期，肛门期，生殖器（恋母）期，潜伏期，生殖期
   - C. 口唇期，肛门期，潜伏期，生殖期，生殖器（恋母）期
   - D. 肛门期，口唇期，潜伏期，生殖器（恋母）期，生殖期

2. 在世界许多文化、民族、宗教和其他群体中都可以找到十字图像。卡尔·荣格会把这个作为证据，证明十字图像是一个_____。
   - A. 客体关系　　　　　B. 象征
   - C. 原型　　　　　　　D. 心理动力曼陀罗

3. "人们之所以记不起童年的创伤和婴儿期的性冲动，是因为它们被压抑到无意识状态，在那里，它们仍然隐藏在意识中。当人们成年后，我们可以问他们关于他们的梦，然后拼凑出具有象征性的梦的内容，这些内容揭示了 30 年前的来自经验的无意识真相。"这种理论为科学检验提供了怎样的基础？
   - A. 许多　　　　　　　B. 适量
   - C. 一点也没有　　　　D. 大量

4. 毛里西奥说："我在网上做了一项人格测试，结果

显示我是一个高情绪调节者，有移情倾向。我想是的!"克莱奥说："我在网上做了一项人格测试，结果显示我社交能力很强。现在我知道了!"马蒂说："自从我的在线人格测试结果显示我是一个直觉演绎型同情者，我对自己的理解就好多了!"卡桑德拉说："我参加了一项在线人格测试，很有趣。现在，我要回到正统的科学心理学研究上。"谁的说法是正确的?

A. 马蒂   B. 克莱奥

C. 毛里西奥   D. 卡桑德拉

5. 人格的大五维度包括外倾性、宜人性、神经质、_____和_____。

A. 内向性；情绪稳定   B. 开放性；责任心

C. 对抗性；抵抗力   D. 创造力；严格性

6. 诺娜正在描述她四个月大的女儿劳雷尔："她听到一点声音就会吓一跳。她总是显得紧张和害怕，对最小的麻烦也反应过度。前几天在操场上，一只友好的狗舔了她的肩膀，她开始大哭大叫，我们不得不回家。"你怎么形容劳雷尔的气质?

A. 不专心   B. 慢热

C. 高反应性   D. 灵活

7. 假设你知道一种特定特质的遗传力是 0.35，这是什么意思?

A. 遗传所决定的特质调节了相关行为的 35%

B. 35% 的人格是由遗传因素造成的

C. 35% 的人格是由环境因素造成的

D. 该特质的 35% 可以由群体内的遗传变异解释

8. 沃利是一个相当害羞和腼腆的人。他认为，电影院、图书馆等安静的地方更适合自己的气质。这样的环境又强化了他的害羞和腼腆。沃利的情况就是一个有关_____的例子。

A. 交互决定论   B. 非共享环境

C. 归因漂移   D. 归因转换

9. 父母对孩子人格塑造的影响力不如大多数人想象的那么大，这是什么原因导致的呢?

A. 家庭共享环境对人格发展影响不大，非共享环境对人格发展的影响更大

B. 父母对孩子的教养方式往往是一致的。因此，人们会期望在同一家庭中长大的兄弟姐妹的人格相似，但事实并非如此

C. 人格特质完全是遗传的

D. 父母通常把大部分时间花在与其中一个孩子而非所有孩子的交流上，因此，施加影响的机会很少

10. 每天早上莫莉离开家去上学时，她穿着母亲喜欢的风格保守的服饰。然而，当她等车的时候，她解开了衬衫上的纽扣，把裙子拉到膝盖以上，然后涂上少量的眼影和唇膏，以配合朋友们的风格和衣着。她的行为寻常吗?

A. 非常不寻常。青春期是一个典型的混乱时期，尤其是对女孩来说，因此她们往往遵从父母制定的规则和树立的榜样

B. 相当不寻常。莫莉有意识地拒绝接受她母亲的标准，所以她表现出了一种心理动力的转变

C. 并不奇怪。青少年生活在受父母影响和受同龄人影响的环境中，而且这些影响并不总是相同的

D. 相当不寻常。莫莉的文化标准在家庭环境中得到加强，应该在她上学期间保持不变

11. 卡尔重视独立、成就和自我实现。如果是紧要关头，他不怕违抗团体的意愿，做出使自己利益最大化的决定。卡尔的文化背景很有可能是_____。

A. 个人主义   B. 集体主义

C. 存在主义   D. 人本主义

12. "算了，"莉迪亚喃喃自语，"杰伦不会借给我 20 美元。荷兰人真固执! 我更可能从翁贝托那里借到 20 美元，那些意大利人很情绪化并容易受人摆布……就像我在心理学课上学到的那样，

我认为'文化就是命运'。"莉迪亚在推理时犯了什么错误？

A. 她忽视了群体间的文化差异

B. 她忘记了文化对个体人格的影响

C. 她认为考察文化差异会导致刻板印象

D. 她认为文化影响和文化真理是一样的

13. 去年夏天，杰瑞去尼泊尔旅行，他坐在山顶上时有一种奇怪的感觉。这是一种内心的平静，他觉得自己与宇宙融为一体。他无法清楚地描述这一切，就像是他内在自我未被开发的潜能突然被唤醒。根据亚伯拉罕·马斯洛的说法，杰瑞有了一次_____，而且他或许_____。

A. 存在突破；和谐协调

B. 身心放松；处于忘我状态

C. 巅峰体验；正走向自我实现

D. 无条件时刻；功能充分发挥

14. 一种综合了遗传、文化、环境和内在经验的人格观的理解方法指的是_____方法。

A. 心理动力学　　　　B. 叙事

C. 荣格学派　　　　　D. 集体主义

15. 拥有巅峰体验的主要证据似乎是你认为自己有过巅峰体验。这个错误的推理说明了什么结论？

A. 心理动力学理论比人本主义更能预测人的行为

B. 人本主义的基本原则很难界定、操作或衡量

C. 人类经验的独特性意味着我们不能制定一般的行为准则

D. 因为人是不同的，所以试图解释人类的所作所为是没有用的

第15章
心理障碍

你需要做什么？

心理学是一门研究我们日常思考、感受及行为的科学。学习本章之前，我们有关于你自己日常生活的问题要问你。我们希望这只是你在阅读本章时思考自己人生经历的开端。

互动

提出问题，乐于思考

你是否认为过度使用智能手机会成瘾？

□是

□否

莱昂纳多·迪卡普里奥（Leonardo DiCaprio）是一位五次获得奥斯卡金像奖提名的演员，因在《泰坦尼克号》（*Titanic*）、《无间行者》（*The Departed*）和《荒野猎人》（*The Revenant*）等热门电影中扮演的角色而闻名。黛咪·洛瓦托（Demi Lovato）最初因参加迪士尼电视节目而出名，后来成为一名独唱歌手并担任选秀节目《X 因素》（*The X Factor*）的评委。约翰·纳什（John Nash）是普林斯顿大学的著名数学家，因对博弈论均衡理论的贡献而获得了诺贝尔经济学奖。里奇·威廉姆斯（Ricky Williams）在得克萨斯大学橄榄球队担任跑卫时获得了海斯曼奖，后来成为新奥尔良圣徒队、迈阿密海豚队和巴尔的摩乌鸦队的职业橄榄球运动员。皮特·戴维森（Pete Davidson）在 20 岁时加入了电视节目《周六夜现场》（*Saturday Night Live*）的演员阵容，使得他成为该节目播出四十余年以来最年轻的常驻演员之一。即使作家 J. K. 罗琳（J. K. Rowling）再也没有发表过其他著作，小说《哈利·波特》依然可以令她在世界文坛屹立不倒。

这些来自不同领域的人，在他们取得突出成就的背后，有什么东西是相同的呢？那就是他们每个人都面临着某种形式的、影响了他们日常生活的精神疾病。迪卡普里奥分享过自己与强迫性障碍的斗争，洛瓦托公开过自己被诊断为双相障碍的经历。如电影《美丽心灵》（*A Beautiful Mind*）所描述的那样，纳什成年期的大部分时间都在与精神分裂症做斗争，这种病使得他行为古怪并难以拥有良好的人际关系。威廉姆斯由于患有社交焦虑障碍，难以习惯在国家橄榄球联盟（NFL）这一聚光灯下的工作和生活，有时甚至需要戴着头盔或面罩出镜接受采访。戴维森有药物滥用的问题，并在深夜电视节目中谈到过他被诊断为边缘型人格障碍。罗琳也患有抑郁症，事实上，她对《哈利·波特》中可怕的摄魂怪的描写就是基于抑郁症的体验：这些妖魔吸取受害者的灵魂，令他们感到自己再也无法获得快乐和幸福。

实际上，大多数心理问题远非公众印象中那样罕见和具有新闻价值，而是非常普遍地存在着。有些人在发作期无法正常生活，但在平缓期看起来还不错；有些人虽然能够每天正常工作，却总是感到忧郁；还有一些人经常无法摆脱他们内心的担忧或无法控制自己的脾气。

在本章，你将学习到许多可以预报悲伤与苦恼的心理问题，以及许多使得人们无法控制自己行为的严重疾病。但是，请注意：当你阅读有关心理障碍的内容时，会很容易发现你自己也具有某些症状，而这可能会令你开始担心自己是否存在异常。要知道，害怕自己存在异常是一种很正常的现象，特别是你在阅读有关心理问题的内容时！不过，存在异常同样也是很正常的现象。我们所有人都会遇到似乎难以应对的问题，而且我们通常并不清楚"正常"问题何时会演变成"异常"问题。区分正常问题和异常问题的难点与我们在本章开始时提出的问题有关。具体来说，在被问及过度使用智能手机是否会成瘾（即是否是异常的）时，大多数人回答"是"，说明他们看到了正常使用智能手机和异常使用智能手机之间的某些界限。但是，这个界限应该精确地设置在哪里？正常使用会在什么时候转变为异常使用？由谁来做这个判断？我们将在本章重新讨论这些重要的问题。

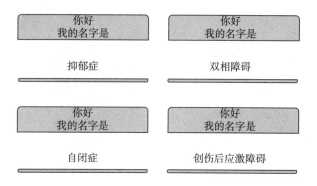

Courtesy of Sam Sommers and Lisa Shin

15.1 诊断心理障碍

许多人会将不寻常的行为（偏离规范的行为）与心理障碍相混淆，实际上两者并不相同。一个人可能有一些在统计上罕见的行为（例如收集陶瓷海豚、成为数学天才、犯谋杀罪等）而并未患有心理障碍。人们也容易混淆心理障碍与精神错乱。在法律上，精神错乱的定义主要取决于人们是否意识到他们的行为后果并可以控制他们的行为。然而，精神错乱只是一个法律术语，一个人可能患有心理障碍，但仍然被法庭视为"神智健全的"。

15.1.A 下定义的困境

学习目标 15.1.A 思考为什么难以对心理障碍下一个公认的定义

那么，我们应该如何定义"心理障碍"呢？诊断一个心理问题不像诊断糖尿病或阑尾炎之类的医学问题那样直截了当。一种考虑了进化因素和社会价值观的定义是，心理障碍是一种"具有危害性的功能失调"。也就是说，它涉及的行为或情绪状态的特点是：（1）根据其所在的群体或文化判断，行为或情绪状态对患者本人或他人具有危害性；（2）之所以出现功能失调，是因为行为或情绪状态没有执行其进化功能（Wakefield，2006，2012）。进化使得我们能够在处于危险中时感到恐惧，从而能够顺利逃离险境；当这种正常的警报机制在遇到危险时无法启动或者在危险过后无法关闭，就会发生功能失调。如果一种行为不对个人造成困扰或者不对社会构成危害，那么它就不是心理障碍。相反，如果一种行为是有危害性的或者是不良的，如违法犯罪等，只要它的进化功能未受损，那么它也不被视为心理障碍。

这一定义排除了一些与当前社会或文化观念中所认可的"正常"背道而驰的行为：一名身上到处都是文身的学生可能偏离了正常社会规范，但这并不意味着他患有心理障碍！但是，这一定义确实包括了那些自认为完全正常却会对自己或他人造成伤害的人，例如，无法控制纵火欲的孩子、赔上家人积蓄的赌徒、听到有个声音告诉他要去跟踪某位名人的人等。对将心理障碍定义为"具有危害性的功能失调"这一观点的主要批评是：在我们能够确定某种特定行为是否受损之前，我们必须要知道其进化功能是什么，而这并不总是很容易就能找出来的。因此，在本章，我们将**心理障碍**（mental disorder）定义为一种思维、情绪或行为的紊乱，这种紊乱导致一个人或有自我毁灭倾向，或严重损害其工作以及与他人相处的能力，或使其无法控制自身危害他人的冲动。根据这一定义，许多人在他们的人生历程中都会产生一些心理健康问题。

互动

自我表达……抑或心理障碍？

Roberto Cornacchia/Alamy Stock   Furryelvis/Alamy Stock Photo   Juan Cevallos/AFP/Getty Images

什么是心理障碍？在巴布亚新几内亚，年轻人会经历一项特殊的成年礼：他们的背上被切开许多又小又深的伤口，形成鳄鱼鳞片一般的永久疤痕。这样的文化习俗不会被定义为某种障碍。相反，对于一名仅仅为了遭受伤害和痛苦而割伤自己的女性，大多数人应该会认同其患有心理障碍。但是，对于一名因"人体艺术"而在手臂上留下疤痕的 23 岁女性呢？而且她的腿上和腹部也留有疤痕以及 29 处穿孔。你认为她有心理障碍吗？

心理障碍

一种思维、情绪或行为的紊乱。这种紊乱导致一个人或有自我毁灭倾向，或严重损害其工作以及与他人相处的能力，或使其无法控制自身危害他人的冲动。

15.1.B 诊断的困境

学习目标 15.1.B 描述 DSM 的主要内容，并举例说明使用它诊断心理障碍时可能面临的挑战

即使我们对心理障碍有一个合理的、公认的定义，但对心理障碍进行准确无误的分类也并非易事。在本节我们就来了解一下为什么会这样。

疾病分类：DSM 目前，用于诊断心理障碍的标准参考手册是《精神障碍诊断与统计手册》（*Diagnostic and Statistical Manual of Mental Disorders*，DSM），由美国精神医学学会 2013 年出版。编写 DSM 的主要目的是描述性的：提供明确的诊断类别，以便临床医生和研究人员可以就他们所讨论的

疾病达成共识，研究人员可以研究疾病，临床医生可以治疗疾病。不同的诊断类别包括神经发育障碍、神经认知障碍（疾病或药物对脑部造成损害）、进食障碍、性别认同及身份识别障碍、冲动控制障碍（如暴力行为和病理性赌博或偷窃）、睡眠觉醒障碍以及其他我们将在本章中讨论的主要疾病。

DSM 列出了每种障碍的症状，并尽可能地提供有关典型发病年龄、发病诱因、病程、流行率、发病人群性别比例以及可能影响诊断的文化习俗问题等信息。DSM 鼓励临床医生综合考虑多种因素再下结论，比如求诊者的个性特征、医疗条件、工作或家庭压力以及症状的持续时间和严重性等（Caspi et al.，2014；Galazer-Levy & Bryant，2013）。

DSM 在全球范围内产生了巨大影响。几乎所有的精神病学和心理学教材都依据 DSM 标准对心理障碍进行讨论。随着版本的更新，其中包含的心理障碍种类也在不断增加。第一版于 1952 年发布，只有 86 页以及约 100 种诊断。第三版（DSM-Ⅲ-R）于 1987 年发布，是第一版篇幅的六倍，包含了 292

种诊断。第四版（DSM-IV）发布于 1994 年，并于 2000 年进行了修订，长达 900 多页，包含了近 400 种心理障碍的诊断。第五版（DSM-5）于 2013 年发布，共 947 页，与第四版的诊断数量相当。

从 DSM 的第一版到最新版，诊断数量增长了 300% 以上。这种心理障碍爆炸式增长的原因是什么呢？事实上，这并不一定意味着现在比以前有更多的人患有心理障碍，可能只是 DSM 的最新版本捕获了更多现存的障碍（并将它们更加详细地分类）。另外还有一些更加实际的原因：保险公司要求临床医生使用恰当的 DSM 代码来表明求诊者的问题，这使得编写手册的专家不得不增加更多诊断类别从而扩大临床医生、心理学家获赔的范围，以及更多患者的保险覆盖范围（Whooley，2010）。某种特定障碍是否以及如何包含在 DSM 中，也会影响学龄儿童获得个性化教育方案的资格（Lobar，2015）。

DSM 可能以我们以前未曾意识到的方式影响着我们所有人。它的影响体现在人们如今可能会谈论某人患有双相障碍、自闭症或创伤后应激障碍（PTSD）。正如我们将会看到的，某些诊断类别或多或少地成为像野火一样传播的文化风尚，在被扑灭之前可能造成伤害。其他时候，DSM 各个版本的演变具有积极作用，例如在 1973 年排除了曾被列为心理障碍的同性恋，在 1980 年受到军方资深人士游说的影响首次增加了 PTSD。

由于 DSM 具有强大的影响力，因此了解 DSM 的局限性以及使用它诊断心理障碍时可能面临的一些问题就变得至关重要了。

过度诊断的危害　俗话说，如果你给孩子一把锤子，那么他会觉得他遇见的所有东西都需要锤一下。同样，批评者说，如果你给心理健康专业人士一个诊断标签，那么他们会觉得见到的每个人似乎都有这种障碍的症状。换句话说，有一个可用的标签可能会鼓励临床医生去使用它，即使它并不恰当，

而这可能导致过度诊断。

请想一想注意缺陷多动障碍（attention-deficit/hyperactivity disorder，ADHD），其常指冲动、坐立不安、容易受挫和注意力难以集中等问题。自从 ADHD 被添加到 DSM 中，美国的病例数量激增，至少达到了欧洲的 10 倍。批评者担心父母、老师和心理健康专家过度诊断，尤其是对男孩的诊断，他们占到 ADHD 病例的 80%～90%。批评者认为，一些儿童相对正常的行为（比如在学校里吵闹、不愿意午睡、不听老师的话）已经变成了一类心理问题（Cummings & O'Donohue，2008）。大众媒体上也出现了这类批评性观点，比如《洋葱》（The Onion）杂志上就曾发表过一篇讽刺文章，标题为《越来越多的美国儿童被诊断出患有天真倾向障碍》。这个半开玩笑的故事讲道："在天真倾向障碍的影响下，患者们奔跑、跳跃、攀爬、旋转、大喊、跳舞、翻跟头，并进入虚幻的、无法解释的状态。"有些批评者认为在"正常的"童年倾向与 ADHD 症状之间强行画一条线实在是太过分了。

Tatyana Dzemileva/Shutterstock

如果你曾经注意过一群孩子，那么你会发现他们经常容易冲动、不专心、坐立不安。但这些特征也是 ADHD 诊断的一部分。你如何区分正常的喧闹行为和 ADHD 临床诊断呢？有一个可用的诊断标准能让下诊断变得更容易吗？

诊断标签的力量　在对某人进行诊断之后，其他人可能就会根据主要标签来看待此人，而忽略了其他可能的解释（Corrigan，2007；Rosenhan，1973）。当一名叛逆的、不听话的青少年被诊断出患有"对立违抗性障碍"时，或者一名儿童被标签化为患有"破坏性心境失调障碍"时，人们倾向于认为这些问题是个体内在固有的。但也可能是因为这名青少年的父母没有倾听，所以他才表现出"违抗性"行为；也许是因为这名儿童的父母没有对她设定恰当的行为界限，所以她才有"破坏性"脾气爆发。一旦使用这些标签，观察者可能会忽视个体今后的行为改变（即这名青少年没有违抗或这名儿童没有发脾气的那些时候）。

另外，有许多人愿意将诊断标签应用于自己。得到某种诊断可以使正在寻求其情绪症状解释的人感到安心（"噢！原来是这么回事！"）。有些人甚至根据诊断来认识自己并将其作为自己生活的重心。一些患有阿斯伯格综合征（Asperger's disorder）的人建立了网站和支持小组，甚至将"Aspies"作为自己的绰号。那么，当标签消失时会发生什么呢？那些人可能会感觉到自己失去了社会支持或身份。的确，当阿斯伯格综合征不再作为一种 DSM 特定诊断而是被整合到更广泛的自闭症谱系中时，许多患者表现出抗拒。

客观性错觉　一些心理学家认为 DSM 的整个体系是对一个固有的主观过程强加一层科学粉饰的徒劳尝试（Horwitz & Grob，2011；Houts，2002；Kutchins & Kirk，1997）。这些批评者说，DSM 对心理障碍的界定，不是基于实证证据，而是基于群体共识。问题是，群体共识通常反映的是普遍的态度及偏见而不是客观证据。我们来看看，在过去偏见是如何产生影响的。在 19 世纪初，一位医生认为许多奴隶遭受了漫游癖的折磨——它是一种促使个体逃避奴役的内驱力（Landrine，1988）。[他根据 drapetes 和 mania 两个拉丁文创造了漫游癖（drapetonmania）这一名词，前者意为"逃亡的奴隶"，后者意为"疯狂"。]因此，医生们向奴隶主保证，奴隶们寻求自由是因为他们

得了一种精神疾病，而并非对奴隶制感到难以忍受。这一诊断对于奴隶主来说非常有利，但是今天我们意识到这是多么残酷和荒谬。

MPI/Archive Photos/Getty Images

哈丽雅特·图布曼（Harriet Tubman）（左）和她帮助过的、通过她的"地下铁路"逃离奴隶制的一些人。奴隶主们普遍认可图布曼和其他坚持自由的人患有所谓的"漫游癖"这一观点。

多年来，精神病学家非常恰当地拒绝了许多反映文化偏见的其他"障碍"，诸如阴道性高潮缺乏、儿童手淫行为和同性恋等。但是，批评家们认为一些 DSM 诊断仍然受到了偏见和个人价值观的影响，例如临床医生试图去判定"过于频繁"或"不够频繁"地想要发生性行为是否意味着个体患有某种心理障碍（Wakefield，2012）。DSM-5 还保留着与月经周期有关的情绪问题，但从来没有考虑过纳入与睾酮有关的行为问题。简言之，批评者认为，许多诊断仍源于一些有关什么是正常或适当行为的文化偏见。

不准确的诊断　大多数医学诊断源于其根本原因而非症状。例如，流感病毒引起的发烧被诊断为流感，而不是一种发烧障碍。与之相反，心理障碍的定义是根据其症状，而不是根本原因，因为心理障碍的确切病因目前还不清楚。DSM 诊断是一些征兆和症状的组合，是由撰写和修订 DSM 的那些临床

研究者选择和制定的。尽管 DSM 编写者做了很多研究，DSM 也提供了大量诊断描述的详细信息，但是仍然没有强有力的证据表明 DSM 能够完全准确地定义心理障碍、反映病因。例如，根据 DSM－5，患有神经性贪食症的人会以至少每周一次并持续三个月的频率出现暴饮暴食和不恰当的代偿行为（如催吐）。我们如何知道这是否为"正确的"频率？为什么不是两个月？或者为什么不是四个月？再例如，抑郁症和 PTSD 有重叠的症状，并且经常在同一个人身上同时产生。那么，两者是如 DSM－5 所描述的两种不同障碍，还是其实是同一障碍的不同方面？

解决此问题的一种方法是，以不同的方式思考心理障碍：不把它们看作一个人身上存在或不存在的独立类别，而是把它们看作在不同的情感、认知或行为维度上从轻到重的不同层级。实际上，临床医生、科学家和资助机构〔例如美国国家精神卫生研究所（NIMH）〕正在改变开展研究的方式，即较少关注分离的、独立的分类诊断，更多关注构成它们根基的情绪、认知或行为维度上的层级水平（Cuthbert, 2014; Watkins, 2015）。例如，由 NIMH 资助的研究人员不研究 PTSD 对应的脑功能，而是研究那些可能构成 PTSD 基础的与行为维度有关的脑功能，如恐惧条件化（即学习可预测威胁的线索）。但是，批评者认为，这种新方法在临床上用处不大，因为它不能帮助临床医生选择合适的治疗方法（Frances, 2014）。

尽管 DSM 具有局限性，但其支持者仍然认为，在找到更好的系统之前，DSM 诊断应当继续用于指导治疗方案的选择（Frances, 2014）。他们也完全赞同"正常问题"和"心理障碍"之间的边界是模糊的，并且通常难以做出判断（Helzer et al., 2008; McNally, 2011）。

文化与精神疾病 研究人员在从特定文化背景、规范和传统中分离出普遍的心理障碍（通常涉及基因易感性、脑疾病或脑损伤）方面取得了长足的进步。批评者们认为几乎所有的心理障碍诊断都是主观共识的结果，针对此观点，临床医生指出，某些障碍在世界各地都会发生。从阿拉斯加因纽特人到太平洋的岛民再到尼日利亚约鲁巴人，都有一部分人患有妄想性精神分裂症、重性抑郁，无法控制攻击行为，或惊恐发作（Butcher, Lim & Nezami, 1998; Kleinman, 1988）。

然而，文化确实塑造了这些障碍患者的特殊症状，如表 15.1 所示。在拉丁美洲和南欧，惊恐发作的人可能会报告感到窒息和死亡恐惧。在美国，对"发疯"的恐惧是比其他地方更常见的症状。在格陵兰，一些渔民会遭受"皮划艇焦虑"之苦，症状表现为他们在小型单人皮划艇中钓鱼时突然头晕和出现恐惧感（Amering & Katschnig, 1990）。抑郁在世界各地都有发生，但是各个族裔的成员在表达症状（例如，疲倦、饮酒、哭泣、退缩）、谈论感受和寻求帮助的意愿、实施自杀的可能性等方面均有很大差异。在美国，自杀风险最高的人群是美洲印第安人，而风险最低的是非洲裔美国妇女（Goldston et al., 2008）。

表 15.1　文化与 DSM

DSM－5 努力令大家认识到文化对心理障碍及其诊断的影响。下面讨论三种与文化有关的概念：
• 文化综合征是一种针对特定文化的症状群。例如，拉丁裔可能会体验到一种精神崩溃，包括不可控制的尖叫、哭泣和激动。在日本，"担心他人窘迫恐惧症"是指担心自己的身体、身体各部位或功能可能会冒犯到他人
• 苦恼的文化习语泛指一种与具体诊断无关的谈论苦恼的方式或语言。例如，津巴布韦的修纳人所说的 ku-fungisisa，即"想得太多"——对令人心烦意乱的想法和担忧的冗思
• 症状的文化解释指一种解释疾病的特有文化方式。例如，在海地，maladi moun（"人为造成的疾病"）是指由其他人的嫉妒和恶意造成的疾病

通过比较不同时间和地点的精神和情绪症状，研

究人员能够将普遍性心理障碍与文化综合征相区别。一项元分析发现神经性贪食症（涉及周期性暴食和以保持体重为目的的呕吐）是一种主要发生在美国的文化综合征。但神经性厌食症（即使在快要饿死的那一刻，患者也会感到自己"太胖"）具有跨历史和跨文化的特性（Keel & Klump, 2003）。总之，知道心理障碍在不同的文化中是如何表现的，可以帮助临床医生做出恰当诊断并选择适当的治疗方法。

15.1. C 心理测验

学习目标 15.1. C 描述自陈量表和投射测验，并思考在使用这些技术时可能面临的问题

临床心理学家和精神病学家通常通过对患者进行访谈和观察患者的行为来做出诊断。但是，许多人也使用心理测验来帮助进行诊断。此类测验也可以在学校中（例如，判断儿童是否有学习障碍）及在法庭上（例如，确定被告是否在精神上是健全的以接受审判）使用。

自陈量表 许多临床医生使用直接询问受测者自身行为及感受的自陈量表。主要的重性抑郁评定量表是贝克抑郁量表，评估人格和情绪障碍使用最广泛的量表是明尼苏达多相人格调查表（MMPI）。MMPI 分为 10 个类别或分量表，涵盖了抑郁症、妄想症和精神分裂症等。还有四个附加的效度量表可以监测受测者是否在回答时撒谎、防御或回避。自陈量表经过开发和验证，被用来评估多种心理概念，比如焦虑、幸福感、敌意、日常生活功能、情绪调节等。

自陈量表的优劣取决于各条目及其可解释性。例如，MMPI 的一些条目没有考虑文化、地区和社会经济地位之间的群体差异。墨西哥人和波多黎各人在男性气质－女性气质量表上的平均得分与非西班牙裔美国人的平均得分不同（Cabiya et al., 2000）。该结果意味着拉丁美洲人和白人之间具有人格特质的差异。但其他研究人员认为，该结果其实是反映了跨文化的男性和女性性别角色的变异（Lucio et al., 2001）。此外，MMPI 有时会将一个人的反应当作心理障碍的证据，但其实它们

确实是由生活中可理解的压力和冲突造成的，例如离婚或其他法律纠纷（Guthrie & Mobley, 1994）。幸运的是，专家不断改进 MMPI 在临床评估中的信度和效度，调整临床量表以反映有关心理障碍和人格特质的最新研究（Butcher & Perry, 2008）。

投射测验 投射测验（projective tests）由一些受测者需要解释或补全的模糊的图片、句子或故事组成。可能会要求儿童或成人画一个人、房子、其他物体，或完成句子（比如"我的父亲……"）。投射测验背后的假设是：人的潜意识将"投射"到测验上并显露于受测者的反应中。

投射测验

基于个体对模棱两可的刺激的解释，来推断个体的动机、冲突和无意识动力特征的心理测验。

投射测验可以帮助临床医生与来访者建立关系，并可以鼓励来访者公开其羞于讨论的、有关焦虑和冲突的信息。但是这类测验大部分缺乏信度和效度，这使其无法恰当评估人格特质或诊断心理障碍。测验缺乏信度表现在不同的临床医生可能对同一个人的得分解释不同，这也许是他们在判断一个特定的回答意味着什么时投射了自己的信念。测验缺乏效度表现在它们无法测量人们所期望测量的东西（Hunsley, Lee & Wood, 2015）。原因之一是来访者对投射测验的反应会明显受到困倦、饥饿、药物、忧虑、口头表达能力、临床医生指示以及临床医生的人格的影响。

最受欢迎的投射测验之一是罗夏墨迹测验（Rorschach inkblot test），由瑞士精神病学家赫尔曼·罗夏（Hermann Rorschach）在 1921 年设计出来。它包含 10 张对称抽象图案的卡片，最初是通过将墨水洒在一张纸上并将其对半折叠而形成的。其中五张卡片是黑色和灰色的，两张卡片是黑色和红色的，最后三张卡片是彩色的。受测者需要报告自己从墨迹中看到了什么，然后临床医生根据心理动力学理论所强

调的象征意义来解释答案。尽管该测验已经使用了数十年，但直到 20 世纪 80 年代才出现了用于管理、编码和解释它的综合指南体系。一项最近的元分析表明，罗夏墨迹测验在诊断心理障碍方面的信度和效度的变化主要依赖于综合编码体系中的 65 个变量（Mihura et al.，2013；Wood et al.，2015）。

例如，在墨迹中看到人的活动（例如，"看起来像两个人坐在一张桌子旁边"），被认为可以预测受测者与计划和同理心有关的心理能力。确实，在不少样本中，人类动作表现的报告都与受测者的智力和教育水平正相关，与阿尔茨海默病、阿斯伯格综合征和 ADHD 的诊断负相关。受测者报告自然图像（例如，"我看到一片贫瘠的土地"），可以作为一种预测孤独、回避和沮丧经历的隔离性指数，但其实几乎没有证据表明事实的确如此（Mihura et al.，2013）。

心理治疗师或临床社会工作者为什么要使用投射测验（请记住，罗夏墨迹测验只是投射测验的一个例子）？原因之一可能是帮助儿童表达那些他们无法通过口头描述的感觉。但是在 20 世纪 80 年代，一些临床医生开始将投射的方法用于其他目的：判断儿童是否遭受过性虐待。他们声称可以通过观察儿童如何玩"解剖结构详细的"玩偶（具有逼真生殖器的玩偶）而辨认出受过性虐待的儿童（Ceci & Bruck，1995）。

一幅罗夏墨迹图。你从中看到了什么？

不幸的是，这些治疗师没有使用基本的科学步骤来检验他们的假设：与对照组进行比较。他们没有问过"未受过性虐待的孩子是如何玩这些玩偶的"。心理学家对此进行了研究，他们发现大部分未受过性虐待的儿童也着迷于玩偶的生殖器：这些儿童会轻戳它们、抓住它们，以及做其他一些令成年人震惊的事情。因此，结论是：人们无法依据儿童玩玩偶的行为来可靠地诊断出儿童的性虐待史（Bruck，Ceci & Francoeur，2000；Hunsley，Lee & Wood，2015；Koocher et al.，1995）。多年来，临床医生已转向使用其他类型的"道具"，希望由此能够促使儿童举报其受到的性虐待。不幸的是，那些以疑似虐待受害者、经历过医学检查或实验室试验的儿童为研究对象的研究均未发现能证明道具可以改善儿童准确报告能力的一致性证据。相反，这些道具实际上会增加关于触摸的错误报告的风险（Poole，Bruck & Pipe，2011）。从上面的例子中，你能够看到不理解投射测验的主观性，或者对儿童认知能力局限性缺乏理解的人，是如何对儿童行为做出错误推断的。

现在，我们将进一步研究 DSM 中描述的某些障碍。由于我们无法在一章中涵盖所有内容，因此我们选取了一些在不同程度上影响人们生活的心理问题，包括从普通的到罕见的。

多年来，许多治疗师使用"解剖结构详细的"玩偶，作为一种判断孩子是否曾经受过性虐待的投射测验。但是，包括对未受过性虐待的对照组儿童研究在内的证据表明，这种方法是无效的。它可能导致错误的判断，因为它经常会误判那些只是着迷于玩偶生殖器而并未受过性虐待的孩子。

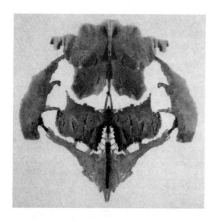

Spencer Grant/Science Source

日志 15.1　批判性思维：定义术语

对心理障碍的研究通常被称为异常心理学。"异常"一词的字面意思是"偏离正常或平常"，那么，为什么有人说术语"异常心理学"不足以涵盖此研究领域所包含的内容？一个人可以举止异常但又不紊乱吗？你能想到一些有关自己的，在不符合诊断标准的情况下，"偏离正常或平常"的例子吗？

模块 15.1　小考

1. 根据本章的内容，患有心理障碍的人的行为和/或情绪状态必然＿＿＿＿＿。
   A. 偏离规范
   B. 从文化和群体的视角看，会造成伤害
   C. 代表先前功能的永久性改变
   D. 失去分辨是非的能力

2. DSM 的主要目的是＿＿＿＿＿。
   A. 保持心理障碍诊断类别的数量最小化
   B. 帮助心理学家确定最佳治疗方案
   C. 描述常见心理障碍的根源
   D. 提供诊断心理障碍的描述性标准

3. 以下哪一项是使用 DSM 可能面临的局限性？
   A. DSM 缺乏用于辨别障碍的描述性信息
   B. DSM 在心理学和精神病学领域缺乏普遍认可
   C. 存在无法全面诊断心理障碍流行率的风险
   D. DSM 标准的准确度难以确定

4. 艾米丽被诊断出患有严重的精神疾病。关于她的病情，下列哪一项描述方式是恰当的？
   A. 艾米丽有精神分裂症
   B. 艾米丽是一名精神分裂症患者
   C. 艾米丽的精神错乱
   D. 艾米丽是一名精神病人

5. 关于心理测验，下列哪一项陈述是错误的？
   A. 一些自陈量表含有可能有助于发现受测者撒谎或回避行为的效度量表
   B. 罗夏墨迹测验是一种投射测验，受测者需要报告她或他在一系列墨迹中看到了什么
   C. 投射测验比自陈量表更有效，但更不可靠
   D. 一个人对自陈量表条目的回答可能部分反映了他或她的文化或社会经济背景

15.2　抑郁症和双相障碍

在 DSM－5 中，抑郁包括许多情况，涉及持续的悲伤、空虚或烦躁的情绪，并伴有影响患者日常生活功能的身体和认知上的改变。人们经常说感到"沮丧"，当然，每个人都会偶尔感到难过。但是，这些感觉不同于严重的临床抑郁。

Pailin Pinrarainon/123RF

15.2.A　抑郁症

学习目标 15.2.A　概述重性抑郁与正常的悲伤感有何不同

重性抑郁（major depression）涉及严重的、足以破坏个体正常功能的情绪、行为、认知和身体变化。有的发作期可长达 20 周，逐渐减退，随后再发作。患有重性抑郁症的人常常感到绝望和价值感缺失。他们觉得无法起床做事，甚至连穿衣也要付出巨大努力。他们可能会饮食过量或停止进食，难以

入睡或整夜失眠，注意力不集中，总是感到疲倦。他们对平时会给他们带来快乐的许多活动失去了兴趣。

重性抑郁

一种涉及情绪（过度悲伤）、行为（丧失对日常活动的兴趣）、认知（绝望感）和身体机能（疲倦和食欲不振）失调的障碍。

重性抑郁的症状之一是反复出现死亡的念头，这导致一些患者试图自杀。在美国，自杀是 15～24 岁的人群的第二大死因（National Center for Health Statistics，2017）。大多数有自杀念头的人并非真正想死，他们是想要从诸如无人关心、活着不值得、成为他们所爱的人的负担等这些痛苦的感觉中解脱出来（Mandrusiak et al.，2006；van Orden et al.，2006）。

全世界大约 20% 的人在一生中经历过重性抑郁（Hasin et al.，2018），女性抑郁症的发病率是男性的两倍。但是，由于女性比男性更可能去谈论她们的感受或寻求帮助，所以男性（更可能自杀的群体）的抑郁诊断可能被低估了。感到沮丧的男性通常会通过回避、酒精或药物滥用、暴力行为来掩饰自己的情绪（Canetto & Cleary，2012）。

RARAMOUNT TELEVISION/Album/Newscom

热门美剧《十三个原因》（13 *Reasons Why*）探究了一个名叫

汉娜·贝克的 17 岁青少年自杀的原因。一些人称赞该电视剧加深了大家对校园霸凌和青少年自杀的认识，另一些人则批评该电视剧未能充分探究与自杀相关的众多精神健康问题，这可能会潜在地美化自杀，并激发观看本剧的青少年模仿自杀。最近，一首热门歌曲《1－800－273－8255》（这是预防自杀的数字热线电话）提到了克里斯·康奈尔（Chris Cornell）、凯特·丝蓓（Kate Spade）和安东尼·波登（Anthony Bourdain）等几位名人自杀的事情，使得自杀成为大众媒体关注的焦点。你如何看待此事？增加的关注度对自杀来说是一件好事吗？

15.2.B 双相障碍

学习目标 15.2.B 阐明双相障碍的主要特征

与抑郁症相反的是躁狂症，这是一种兴奋过度的异常状态。躁狂症不是坠入爱河或赢得彩票的正常欣喜感。一名躁狂症患者不会感觉到疲倦或无精打采，而是极度精力充沛，受到挫败时会非常烦躁；也不会感觉到绝望和无能为力，而是会觉得自己强大有力且充满计划，但是这些计划通常基于一些妄想，例如认为她或他发明了可以解决世界上所有难题的东西。处于躁狂状态的人经常会陷入严重的麻烦，比如，过分奢侈的消费或做出轻率的决定。

当个体至少经历过一次躁狂与抑郁交替发作时，这类人就被认为患有**双相障碍**（bipolar disorder），以前被称为躁郁症。著名作家马克·吐温（Mark Twain）患有双相障碍，他将此形容为"情绪周期性的、突然的变化……从深沉的忧郁到半疯狂再到飓风般的癫狂状态"。其他一些作家、音乐家和科学家也患有这种障碍（Jamison，1992）。在高涨的躁狂期，这些富有创造力的人坚信他们创作出了自己最得意的作品；但在低谷的抑郁期，他们会人际关系紧张、破产甚至自杀。

DSM－5 已将双相障碍单独归为一类，当作架起抑郁症和精神分裂症之间联系的桥梁。这是因为，有研究表明双相障碍与抑郁症、精神分裂症等其他心理障碍的症状和病因有部分重叠。

15.2.C　抑郁症的病因

学习目标 15.2.C　讨论抑郁症的病因

在抑郁症发作之前通常会出现应激事件。但是，抑郁症的神秘之处在于，大多数经历此类应激事件的人不会出现临床上的抑郁，而许多出现临床抑郁的人反而没有客观的应激经历（Monroe & Reid，2009）。因此，其他因素肯定也在抑郁症的发病中起到了重要作用。事实上，大多数研究人员强调**易感性–应激模型**（vulnerability-stress model），即个体的易感性（遗传素质、人格特质或思维习惯）如何与应激事件（暴力、虐待、亲友死亡或失业）相互作用从而导致心理障碍（见图 15.1）。此模型有助于解释抑郁症以及其他心理障碍的病因。

易感性–应激模型

该模型强调个体易感性是如何与外部应激或与环境相互影响从而引发特定的心理障碍，比如抑郁症。

互动

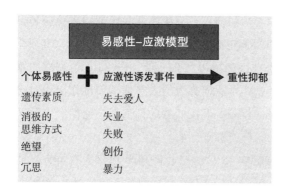

图 15.1　易感性–应激模型

易感性–应激模型强调个体差异（遗传、人格、认知习惯等）与应激性生活事件之间的相互影响。易感性本身可能不会引发某种可诊断的心理障碍，就像某些人也不会感知到应激性生活事件一样。但是，对于在某些应激情境下具有某些易感性的人来说，可能就会引发心理障碍，例如抑郁症。

让我们思考一下有关抑郁症的核心影响因素的证据：

1. 遗传素质。 重性抑郁属于中等水平的遗传病，但到目前为止仍未找到相关的特定基因。有关研究的重点之一是调控血清素（一种与情绪有关的神经递质）的基因。早期的理论认为抑郁症是由该神经递质浓度异常低导致的。但是，对动物血清素的消耗不会诱发抑郁症，增加脑内的血清素也不一定会缓解抑郁症。一些抗抑郁药物提高了血清素水平并不意味着低血清素水平会引发抑郁症——这是一种常见但错误的推论（Lacasse & Leo，2005）。

2003 年，一项针对 847 名新西兰人从出生到 26 岁的研究发现，5–羟色胺转运体基因（5–HTT）短臂等位基因的携带者，与长臂等位基因的携带者相比，在经历极端应激事件之后，更有可能出现重性抑郁（Caspi et al.，2003）。这一现象已在多个（但不是全部）研究中得到了重复验证（例如，Kendler et al.，2005）。但是，5–HTT 基因多态性、应激性生活事件和抑郁症之间的关系仍存有很多争议（Culverhouse et al.，2017；Duncan & Keller，2011），实际情况可能比早期研究要复杂得多。例如，该现象可能在特定的参与者群体中才会显现，如有童年期性虐待史的参与者或海马体积较小的参与者（Dunn et al.，2015；Little et al.，2015）。此外，5–HTT 基因多态性并非造成抑郁易感性的唯一原因。最近的研究发现，与应激反应有关的遗传变异似乎也会与应激相互作用从而导致抑郁（例如，Zimmerman et al.，2011）。实际上，抑郁易感性会受到多种遗传变异共同作用的影响（Dunn et al.，2015）。

重要的是记住，具有风险基因变异的人最终不一定会发展成抑郁症患者。例如，有抑郁症（或其他心理障碍）高遗传风险的孩子也许不会随着成长而患上抑郁症，尤其在他们的父母能够监控其易感性的情况下（Dick et al.，2011；Dougherty et al.，2011）。而且，遗传和环境因素的相对影响在整个生命周期中会有所不同。一项有关同卵双胞胎的综述发现，尽管遗传易感性可以预测双胞胎从童年期到成年早期的抑郁和焦虑程度，但到成年中期时，环境因素和生活经历已变得更具影响力（Kendler et al.，2011）。

2. 人格特质。 一些人格特质与抑郁症患病风险增加有关。例如，神经质是指面对压力时或即使在普通状况下也很容易体验到负面情绪状态（焦虑、内疚、愤怒等）的一种人格倾向性。一项针对20 000多名瑞典人的纵向研究发现，神经质水平较高的人相对更可能在他们的生命后期患有抑郁症（Kendler et al.，2006）。同样，根据一项规模较小的研究，在桑迪飓风发生之前的3~5年内具有较高负面情绪水平的人，在飓风过后呈现更多的抑郁症状（Kopala – Sibley et al.，2016）。相反，正面情绪水平较高的人抑郁水平更低（Khazanov & Ruscio，2016）。

但是，让我们批判性地思考一下这些发现！当研究人员试图确定人格特质是否可以预测今后的抑郁情况时，他们需要确保人格测试不能只反映人格评估之时或之前已存在的抑郁情绪。研究人员要对抑郁进行认真评估并加以控制，比如仅分析那些现在和过去都没有抑郁症的参与者的数据。前文引用的研究就采取了这种谨慎的方法，但并非所有研究都做得到！一个具有批判性思维的人在思考人格特质与抑郁之间的关系时，应当牢记此问题。

我们简单讨论了遗传素质。有趣的是，人格特质也具有中等程度的遗传性（Vukasović & Bratko，2015）。的确，一项对双胞胎的研究发现神经质与抑郁之间的关系主要是由遗传因素造成的（Kendler et al.，2006）。这意味着抑郁症的人格易感性因素至少部分反映了遗传易感性因素。因此，虽然我们分别描述了它们，但这两种不同的抑郁易感性因素可能是重叠的。

3. 认知习惯。 抑郁症也涉及一些关于自身的、特殊的、负性的思维方式（Beck，2005；Mathews & MacLeod，2005）。抑郁症患者通常相信自己的处境是永久的（"好事永远不会发生在我身上"）和无法控制的（"我抑郁是因为我丑陋可怕，而我对此无能为力"）。他们不期待事情会变得更好，也没有改善生活的意愿和行动，因此持续感到不快乐。当抑郁和不抑郁的人陷入一种悲伤心境再让他们在观看悲伤面孔或快乐面孔之间做出选择，抑郁的人经常选择悲伤面孔——这隐喻着他们加工世界的普遍方式，即更多关注生活中黯淡的一面，而不是欢乐的一面（Joormann & Gotlib，2007）。当被要求回忆自己的快乐时光时，不抑郁的人通常会感觉到情绪改善，但是抑郁的人却感到情绪更差，好像那些开心的回忆反而令他们感到自己永远不会再那么快乐了（Joormann，Siemer & Gotlib，2007）。

这些认知偏差不仅与抑郁症有关。纵向研究表明它们还起着因果作用，与严重的应激性生活事件相互作用从而导致抑郁症发作（Hallion & Ruscio，2011；Monroe et al.，2007）。抑郁的人，尤其是有较弱自尊感的抑郁症患者，往往会冗思——反复想他们生活中所有错误的事情，说服自己相信没人在乎他们，并沉浸于让自己感到绝望的理由。他们难以阻止这些想法进入他们的脑海中并将它们保存于记忆中，使自己沉溺于对过去事件的不快乐感知（Joormann，Levens & Gotlib，2011；Kuster，Orth & Meier，2012；Moore et al.，2013）。相比之下，经历了应激事件的不抑郁的人通常能够转移他们的注意力并寻求解决方案。从青春期开始，女性比男性更容易表现出冗思、内省，这会促使女性更易患有抑郁症并且病程更长（Hamilton et al.，2015；Treynor，Gonzalez & Nolen-Hoeksema，

2003）。

4. 暴力与虐待。与重性抑郁有关的重要环境因素之一是反复遭受暴力行为。世界卫生组织在 21 个国家和地区进行了一项大规模的研究，涉及 100 000 多个 18 岁以上的人。不论是在富裕的国家还是贫穷的国家，自杀和自杀未遂的最强预测因素都是童年期反复遭受的性虐待和暴力侵犯（Stein et al.，2010）。

在成年人中，家庭暴力对妇女造成的伤害尤为严重（Lövestad，Löve，Vaez & Krantz，2017）。一项针对 18～26 岁人群的纵向研究比较了有身体虐待关系与没有身体虐待关系的人，尽管抑郁的女性更有可能陷入虐待关系，但暴力关系还是会单独地提高其抑郁症和焦虑障碍的发病率；有趣的是，男性不会出现这种现象（Ehrensaft，Moffitt & Caspi，2006）。

5. 重要关系的丧失。研究还强调了重要关系的丧失对易感性个体来说是引发其抑郁的重要原因。婴儿在与主要依恋对象分离后，不仅会变得绝望和被动，其免疫系统也受到损害，进而可能导致抑郁（Hennessy，Schiml-Webb & Deak，2009）。许多患有抑郁症的人都经历过亲密关系的分离、丧失、拒绝和破坏以及有不安全的依恋史（Cruwys et al.，2014；Hammen，2009；Kumar et al.，2017）。

前文描述过的因素——遗传、人格、认知习惯和偏差、暴力与虐待以及重要关系的丧失，以不同的方式结合起来，成为抑郁症的发病原因。这就是为什么发生同样的负性事件（如考试不及格、亲密关系终止、失业）会对这两类人造成完全不同的影响：有的人会反击，有的人则被击倒。

> **日志 15.2　批判性思维：考虑其他的解释**
> 一则新闻报道某种基因已被证实为引发抑郁症的元凶。这是否意味着每个携带该基因的人都会患有抑郁症？批判性思维者应当如何解释这项研究？

模块 15.2　小考

1. 重性抑郁更有可能在 _____ 群体中被诊断出。
   A. 孩子
   B. 男性
   C. 太平洋岛民
   D. 女性

2. _____ 和 _____ 发作是双相障碍的特征。
   A. 抑郁；焦虑
   B. 躁狂；抑郁
   C. 强迫观念；强迫行为
   D. 愤怒；悲伤

3. 以下哪一项因素不是抑郁症的常见病因？
   A. 心理弱点
   B. 重要关系的丧失
   C. 认知习惯
   D. 遗传素质

4. 关于基因在抑郁症中的角色，以下哪一项是正确的？
   A. 一种重要的基因已被证实为引发抑郁的原因
   B. 特定基因的变异可能与应激性生活事件相互作用从而导致抑郁
   C. 5－HTT 短臂等位基因变异会导致所有携带者患上抑郁症
   D. 抑郁症主要是由童年期虐待造成的，基因并不起作用

5. 抑郁症患者倾向于认为造成他们不快乐的原因是 _____。
   A. 暂时的
   B. 由特定情境造成的
   C. 永久的
   D. 可控的

15.3　焦虑障碍

任何人在等待重要消息或者在一种不可预测的形势下生活时，都会体验到焦虑，这是一种常见的担忧或心理紧张状态。任何人处于一种危险和陌生的情况下，比如第一次跳伞或在远足途中遇到一条蛇，都会明显感到恐惧。短期而言，这些情绪具有适应性，因为它们可以激励我们去应对危险。它们会确保我们在知道如何操作的情况下进行第一次跳伞，也会确保我们尽快逃离那条蛇。但是，有时候恐惧和焦虑的程度会与实际的危险程度不匹配，或者尽管危险和不确定性已经过去了，这些负性感觉仍然存在。这样可能就会发展成广泛性焦虑障碍，其特点是长期持续的担忧感；也可能会发展成惊恐障碍，其特点是反复经历惊恐发作，这是一种短暂而强烈的唤醒和恐惧感；或发展成恐惧症，即对特定事物或情境的过度恐惧。

15.3.A　焦虑和惊恐

学习目标 15.3.A　区分广泛性焦虑障碍和惊恐障碍的主要症状

广泛性焦虑障碍（generalized anxiety disorder）的主要特征是过度的、无法控制的焦虑或担忧——一种不祥并可怕的感觉，持续六个月，并且不是由疾病、药物、喝太多咖啡等原因造成。有些患有广泛性焦虑障碍的人并没有经历过任何特定的可以引起焦虑的事件。他们可能会在不熟悉的或不可控的情况下出现坐立不安、睡眠障碍、肌肉紧张、注意力不集中等症状，并有一定的遗传倾向。基因也可能造成杏仁核的异常，杏仁核是使人产生恐惧感的核心脑结构，与感知危险发生的能力有关（Buff et al.，2017；Lonsdorf et al.，2009）。

广泛性焦虑障碍
一种持续的焦虑状态，特点为感到担心和忧虑，难以集中注意力，肌肉紧张。

与易感性–应激模型一致，这些遗传和神经生物学的易感性因素与有害的环境相互作用，从而引发日后的焦虑症（Gorka et al.，2014；Hanson et al.，2015）。无论广泛性焦虑障碍的起源是什么，该类患者都在处理威胁性信息的方式上存在偏差。他们将一切事物都视为引发灾难的契机，这种认知习惯加剧了焦虑并使之持续存在（Boswell et al.，2013；Mitte，2008）。

焦虑障碍的另一种类型是**惊恐障碍**（panic disorder），即一个人反复出现迅速袭来的强烈恐惧感和许多唤起性的生理反应。惊恐发作的症状包括心跳加速、胸闷胸痛、呼吸急促、头晕、不真实感、忽冷忽热、出汗、颤抖摇晃，并且所有这些可怕的生理反应会导致人非常惧怕死亡、发疯或失去控制。许多患者还担心自己会心脏病发作。

惊恐障碍
一种焦虑障碍，特点为个体会反复经历惊恐发作，有强烈的恐惧感，感到厄运或死亡迫在眉睫，同时伴有诸如心跳加速和头晕等生理症状。

互动

对事态的解释

惊恐发作尽管似乎总是突然出现，但通常发生在应激、长时间的情绪反应、特定的担忧或可怕的经历之后。我们的一位朋友在乘坐飞机时，在 33 000 英尺的高空成为炸弹威胁的目标，他当时处理得很好，但两周之后，他突然出现惊恐发作。这种在经历了危及生命的恐慌之后经过一段时间才出现的延迟发作很常见。

互动

提出问题，乐于思考

你是否曾经经历过惊恐发作，即突然感受到强烈的恐惧、心跳加速、呼吸急促和头晕？

□是

□否

实际上，惊恐发作在普通人中很常见，经历过惊恐发作的人约占 28.3%；相比之下，只有 4.7% 的人有惊恐障碍的所有症状（Kessler et al.，2006）。为什么更多的人不会由惊恐发作发展为惊恐障碍？答案在于人们如何解读惊恐发作期间自己的生理反应（Barlow，2000；Bentley et al.，2013）。多数偶尔出现惊恐发作的人认为这是由现在的某些危机或近期的应激造成的。但发展为惊恐障碍的人将惊恐发作视为疾病或濒死的迹象，而这只会使得惊恐发作的生理症状恶化。然后，他们开始害怕未来再出现这种情况，于是就以充满限制的方式生活着，以避免再次出现惊恐发作。

15.3.B 恐惧与恐惧症

学习目标 15.3.B 描述一种恐惧症的特征，并解释为什么广场恐惧症会影响人的生活

你害怕虫子、蛇或狗吗？你只是隐约地感到不舒服或害怕，还是无法忍受靠近它们？**恐惧症**（phobia）是一种对特定情境、活动或事物的过度恐惧和回避。一些常见的恐惧症表现，比如害怕飞行、

高处（恐高症）、血液或被困在密闭空间中（幽闭恐惧症），这些可能是在人类进化中产生的，因为它们反映了真正的危险（Hoehl et al.，2017；New & German，2015）。另一些恐惧症表现则反映了特殊的经历或文化传统，比如害怕数字 13。不论它的来源是什么，真正的恐惧症总令患者恐惧并经常感到无能为力。这不仅仅是看到一只狼蛛时所喊出的"啊"，或者避免与马戏团的小丑有目光接触。

恐惧症

对某种特定情境、活动或事物具有过度的恐惧和回避行为。

患有**社交焦虑障碍**（social anxiety disorder，也称为社交恐惧症）的人在他们可能被其他人观察的场景中会格外焦虑，包括在餐厅用餐、在公开场合演讲、不得不在观众面前表演等。他们担心自己会做出一些令人尴尬的、难以理解的事情，使得其他人会嘲笑或者拒绝自己。这些恐惧症表现比我们每个人都经历过的偶尔出现的害羞和社交焦虑更加严重，对患者造成的伤害更深。对于有社交恐惧症的人来说，只是仅仅想到自己将要与陌生人一起面对一个新场合就足以令他害怕到出汗、发抖、恶心以及产生一种压迫性的不适感。所以，这类患者不会去参加社交活动，但这又会加深他们的孤独感和想象中的恐惧感。

社交焦虑障碍

一种以恐惧或焦虑、回避可能会被他人审视或给予负面评价的社交情境为特征的障碍。

患有**广场恐惧症**（agoraphobia）的人一般会害怕那些当自己的惊恐发作或其他无法忍受的症状出现时难以逃离或被营救的地方，比如一个非常拥挤的商店或在开车行驶途中。（在古希腊，agora 是指城镇中的社会、政治和商业中心，以及远离住宅的

公共集会场所。）广场恐惧症通常始于一次似乎没有诱因的惊恐发作。这种发作太意外、太可怕了，以至于个体开始回避那些他或她认为可能再次引起惊恐发作的情境。最终，这种回避会变得很严重，以至于个体一直待在家里，或者只有在可信赖的朋友或伴侣的陪伴下才走出家门。

广场恐惧症

害怕和回避那些当自己惊恐发作或出现其他无法忍受的症状时难以逃离或被营救的地方。

互动

恐惧还是恐惧症

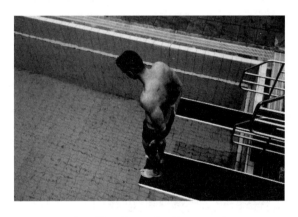

Ikonoklast Fotografie/Shutterstock

什么东西会令你害怕？每个人都会害怕一些东西。请思考一下你最害怕的东西。是高处？蛇？在公开场合发言？请问一问自己以下几个问题：（1）你对这种事物或情境的恐惧持续多久了？（2）如果你无法回避这种事物或情境，你会有多焦虑？（3）你愿意在多大程度上重新安排你的生活以回避这种令人恐惧的事物或情境？（4）这种恐惧是真的很困扰你或影响了你的正常生活吗？

仔细思考一下你对上面几个问题的回答。如果你想知道你的恐惧是一种正常的担忧还是一种恐惧症表现，需要思考的主要问题是，你的恐惧或回避是否会影响到你正常的社交、工作或其他重要的社会功能。如果没有，你的恐惧可能会被看作一种"正常"的恐惧而非恐惧症。

日志 15.3　批判性思维：定义术语

生活中有很多可怕或令人厌恶的情况，例如在跑道上意外遇到一条响尾蛇，去看牙医，或听到你乘坐的航班飞行员说："嗯，我想知道这个按钮的作用是什么？"但是，什么因素可以将合理的恐惧与恐惧症区分开来？有时候，害怕你所害怕的事情本身就是正确反应，因为当时你害怕的东西可能会危及你的生命。但在其他情况下，你害怕的东西则可能没有丝毫危险性。所以，正常的可被理解的反应与恐惧症之间的分界线在哪里？

模块 15.3　小考

1. 一种持续的担心、忧虑、肌肉紧张和注意力难以集中的状态是_____的特征。
   A. 惊恐发作　　　B. 广泛性焦虑障碍
   C. 恐惧症　　　　D. 重性抑郁

2. 某天晚上，博与朋友一起休息时突然感到汗流浃背，他的心脏仿佛要从胸口跳出来。作为一名年轻人，他很震惊地认为他心脏病发作了，他的朋友们迅速拨打了急救电话911。医护人员进行了一系列的检查，向他保证他的心脏功能是完好的。医护人员对此可能会做出什么诊断？
   A. 广泛性焦虑障碍
   B. 自恋型人格障碍
   C. 癫痫发作
   D. 惊恐发作

3. 以下哪一项是惊恐障碍发生的关键因素？
   A. 对常规心理健康检查的价值观的文化差异
   B. 人们如何解释自己与应激和焦虑有关的生理反应
   C. 患有心境障碍
   D. 个体是否经历过重大的童年创伤

4. 乔吉特对鸟类有强烈的恐惧。虽然她没有与鸟有关的糟糕经历，但她真的很害怕看到它们（即使是在图片上）、听到它们的叫声或它们拍打翅膀的声音。很明显，乔吉特患有_____。

 A. 广泛性焦虑障碍

 B. 恐惧症

 C. 惊恐发作

 D. 惊恐障碍

5. 恐惧症和恐惧的主要区别是什么？

 A. 恐惧比恐惧症更令人痛苦

 B. 患恐惧症的人一定对多个事物或情境感到焦虑

 C. 恐惧症会对个体造成伤害，而恐惧不会

 D. 恐惧症比恐惧更常见

15.4 创伤和强迫性障碍

为应对生活中的一些常见难题、冲突甚至悲惨事件而产生应激症状是完全正常的。同样，在某段时间内对一些人或目标产生"痴迷"，并遵循一些小的仪式也是正常的。但是，有时候这些症状会越界成为影响个体功能的某种障碍。

15.4.A 创伤后应激障碍

学习目标 15.4.A 解释创伤后应激障碍，并讨论其症状和病因

当遭受危机或创伤时，例如战争、强奸、虐待、自然灾害、亲人突然去世或恐怖袭击时，出现闯入性记忆、失眠、焦虑不安和其他烦躁苦恼的迹象是无可厚非的反应。但是如果这些症状持续一个月或更长时间，并且开始损害个体功能，这可能意味着个体患上了**创伤后应激障碍**（posttraumatic stress disorder, PTSD）。PTSD 的症状包括频繁地从闯入性记忆中再体验到创伤、闪回、做噩梦；回避与创伤相关的线索或谈话；产生与他人的疏离感，失去对日常活动的兴趣；生理唤醒增强，表现为失眠、易怒、

高度警觉（对潜在威胁提高注意力）和注意损伤。

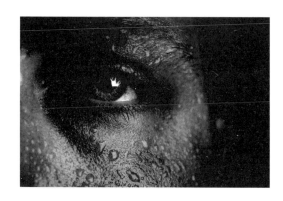

Knape/E +/Getty Images

在 2011 年 9 月 11 日世贸中心和五角大楼恐怖袭击之后的几年里，许多人出现了 PTSD 的症状，尤其是那些失去亲友或恋人、参与急救或者在附近居住或工作的人（C. Maslow et al., 2015；Neria, Di-Grande & Adams, 2011）。然而，大多数经历过创伤事件的人最终都会康复，不会发展为 PTSD，而且许多专家对"9.11"事件之后 PTSD 流行的预言也并未实现（Bonanno et al., 2010）。这是为什么呢？如果大多数人康复了，为什么还有一些人的 PTSD 症状会持续数年，甚至数十年呢？

创伤后应激障碍（PTSD）

一种在个体经历了创伤性的或威胁到生命的事件之后，出现包括做噩梦、闪回、失眠、闯入性记忆、生理唤醒增强等特征在内的障碍。

易感性－应激模型可以帮助回答这一问题。预先存在的易感性可以解释为什么有些人在经历创伤后会发展为 PTSD。一种类型的易感性是遗传。有关普通人群和退伍军人的双胞胎行为遗传研究发现，PTSD 症状具有可遗传的成分（Almli etal., 2014；Yehuda et al., 2015）。PTSD 也会与某些具有遗传特征的人格和心理特征联系在一起（Almli et al., 2015）。

另一种类型的易感性是神经生物学基础。许多PTSD患者的海马体积小于平均水平（O'Doherty et al.，2015）。海马对自传体记忆至关重要。海马体积异常小可能使得这些创伤幸存者难以把他们的回忆视作已经过去的事情，这可能就是他们到现在还是会体验到创伤的原因。一项有关同卵双胞胎的MRI研究表明，患有PTSD的越南战争退伍军人的海马体积明显更小，而且他们没有在越南服役并且未患有PTSD的双胞胎兄弟也是如此。这意味着较小的海马体积可能是PTSD预先存在的家族易感性因素，这会增加个体经历创伤后出现PTSD的患病风险（Gilbertson et al.，2002）。

PTSD患者的杏仁核和背侧前扣带回皮层也有过度的激活，这两个脑区涉及恐惧条件化和探测环境中的潜在威胁的功能。这些脑区的异常激活可能解释了为什么PTSD患者面对创伤线索时会表现出（条件化的）恐惧和唤醒，以及为什么他们即使处于安全的环境中也会警惕潜在的威胁。此外，这两个脑区的过度激活似乎是预先存在的易感性因素，会增大个体在创伤事件后出现PTSD的可能性（Admon，Milad & Hendler，2013）。例如，一项针对以色列国防军士兵的研究发现，在服役之前杏仁核的激活相对更强的人，在服役大约18个月后会有相对更严重的PTSD症状（Admon et al.，2009）。另一项类似于上述双胞胎研究的研究发现，患有PTSD的越南战争退伍军人和他们没有患PTSD的同卵双胞胎兄弟都会有背侧前扣带回皮层的过度激活。这种过度激活可能会使一些人在遭受创伤后更容易发展为PTSD（Shin et al.，2009，2011）。

预先存在的易感性也可能与情绪或认知因素有关。之前出现过的心理问题，比如焦虑和冲动性攻击，可能会增加个体在遭受创伤之后患PTSD的风险（Breslau，Lucia & Alvarado，2006）。另外，IQ分数较低的人在遭受创伤之后的几年里患上PTSD的风险似乎更大（Koenen et al.，2007），甚至在创伤程度可控时也是如此（Macklin et al.，1998），这可能是因为相对较低的IQ反映了较弱的认知应对技能。

总而言之，个体在遭受创伤之前存在神经、情绪和认知功能的损伤，很可能会增大其在遭受创伤之后出现PTSD的可能性。这也可以解释为什么在经历创伤之后，有些人会出现损伤和长期的慢性症状，有些人则很快康复。

Courtesy of Mark Bussell

许多士兵会遭受创伤后应激症状的困扰，这是可以理解的，但是为什么多数人最终可以康复，而其他人却会持续多年患有PTSD？

15.4.B 强迫观念与强迫行为

学习目标 15.4.B 区分强迫观念和强迫行为，并讨论强迫性障碍的界定要素

强迫性障碍（obsessive-compulsive disorder，OCD）的特征是反复发作的、持续存在的、不想要的思维或幻想（强迫观念），以及重复的、仪式化的、个体感到必须去做以避免产生灾难的行为或心理活动（强迫行为）。当然，许多人有着微不足道的强迫行为，也会有一些仪式性行为。棒球选手常以有强迫行为而出名，一个人在每两次投掷之间会解开并重新拉紧他的

击球手套，另一个人在连续安打时会坚持每天吃鸡肉。强迫观念和强迫行为只有在个体无法控制并且干扰到个体的正常生活时才会成为一种障碍。

强迫性障碍（OCD）

一种个体陷入反复的、持久的想法（强迫观念）和反复的、仪式化的行为或心理活动（强迫行为）的焦虑障碍。

有强迫观念的人常常会感到他们的想法是令人恐惧或讨厌的：比如杀死一个孩子，握手会被污染，在交通事故中不知不觉伤害到某个人。强迫观念有多种形式，但它们基本都反映了推理和信息加工能力的损伤。

至于强迫行为，最常见的是洗手、计数、触摸和检查。例如，一名女性必须在睡觉之前检查 20 遍火炉、灯、锁是否安全；一名男性必须反复打开和关闭公寓门，直到他关门的时候感到"恰到好处"。强迫性障碍患者通常能意识到他们的行为是毫无意义的，并且经常被他们这些仪式性想法和行为所折磨。但是，如果他们试图抵抗强迫行为，他们会感到越来越焦虑，最后只能通过放弃抵抗来缓解。不过，并非所有强迫性障碍患者都能说清楚自己确信的仪式可以阻止哪些灾难的出现（一些人通过仪式来减轻自己心中广泛存在的苦恼感）。

在许多患有强迫性障碍的人中，前额叶皮层的异常会引发一种认知僵化和行为僵化，前者是无法摆脱侵入性思维，后者是无法在获得负反馈之后改变强迫行为（Snyder et al.，2015）。通常来说，在危险已经过去或者当一个人意识到自己无须再担心的时候，脑部的警报装置就会关闭。但是，在强迫性障碍患者中，虚假警报会不断发出，情绪网络会持续发送错误的恐惧信息（Graybiel & Rauch，2000）。患者感到自己处于持续的危险状态中，并反复尝试努力以减轻由此产生的焦虑感。

DSM－5 在强迫性障碍的诊断分类中还包含了囤积障碍（Slyne & Tolin，2014）。病理性囤积者在家中放满报纸、旧衣服、使用过的纸巾盒等各种东西。他们常常由于担心丢掉以后可能会用到某些东西而感到痛苦。

脑成像研究将强迫性囤积者与其他具有强迫症状的人进行了比较，发现囤积者那些参与决策制定、错误监控、记忆和感知不适身体状态的脑区存在异常激活（An et al.，2009；Saxena et al.，2004；Tolin et al.，2012）。也许这种缺陷有助于解释为什么囤积者无法决定应当扔掉什么东西、为什么会有持续的担忧，又为什么会在厨房甚至床上囤积那么多东西：他们难以记住物品存放的位置，因此需要将它们都放在视线范围内。

A & E/Screaming Flea Prod. /Everett Collection

超过 100 集的真人秀节目《囤积者》（*Hoarders*），向观众展示了囤积障碍患者的一些观点。该节目通常采用两种干预方式，一种方式的关注点是进行清理打扫，另一种方式的关注点是解决这个人的强迫性障碍，心理学家和其他治疗师常常对这两种干预方式持有不同态度。不过，一些评论家还是认为该节目在很大程度上是在榨取患者，以娱乐为目的展现心理障碍。

日志 15.4 批判性思维：提出问题，乐于思考

有一个奇怪的发现：大多数遭受过严重创伤的人不会出现 PTSD。这是为什么？在你的回答中，请务必考虑遗传、神经生物学、情绪和认知等因素的影响。

模块 15.4 小考

1. PTSD 的典型症状不包括_____。
   A. 噩梦　　　　　B. 高生理唤醒
   C. 闯入性记忆　　D. 幻觉

2. 许多 PTSD 患者与非 PTSD 患者相比在解剖学结构上有什么区别？
   A. 枕叶皮层较薄　B. 枕叶体积较大
   C. 海马体积较大　D. 海马体积较小

3. 朋克音乐家乔伊·拉蒙在一生中有许多仪式性行为：在到达终点前必须连续上下楼梯多次；在开门之前触摸门把手三遍；在进屋之前必须反复进出门口。他很有可能被诊断为患有_____。
   A. 边缘型人格障碍
   B. 创伤后应激障碍
   C. 强迫性障碍
   D. 广泛性焦虑障碍

4. 弗里茨无法停止洗手，他每天要洗23遍。维奥莱无法停止思考她何时以及如何死亡，这些想法每小时会困扰她18遍。弗里茨患有_____，而维奥莱患有_____。
   A. 人格障碍；心境障碍
   B. 强迫观念；强迫行为
   C. 心境障碍；人格障碍
   D. 强迫行为；强迫观念

5. 囤积障碍在 DSM－5 中被视为_____的子类别。
   A. 强迫性障碍　　B. 心境障碍
   C. 人格障碍　　　D. 分离性身份识别障碍

15.5 人格障碍

人格障碍是会给个体造成极大困扰或削弱其与他人相处能力的一种普遍的、持久的情绪和行为模式。DSM 涵盖了 12 种不同类型的人格障碍，每一种都存在着一些特殊的病理特征，例如极端的情绪不稳定或情感麻木。

15.5.A 边缘型人格障碍

学习目标 15.5.A 解释边缘型人格障碍的主要特征

边缘型人格障碍（borderline personality disorder）的特征在于，个体处于极端的负面情绪状态，无法调节自己的情绪。他们之前常常有过一段紧张而不稳定的人际关系，会交替性地美化、贬低自己的搭档。他们会试图疯狂地避免被其他人抛弃（真实的或想象中的），即使"抛弃"只是因为他们的朋友短期度假去了。他们有自我毁灭倾向，冲动，有长期空虚感，经常威胁要自杀。他们的情绪易波动，会很快从愤怒到欣快再到焦虑（Crowell, Beauchaine & Linehan, 2009; Schulze, Schmahl & Niedtfeld, 2016）。他们有时会同时深深地爱着和恨着别人。（"边缘"这一术语来自心理动力学观点，即认为这种障碍介于轻度和重度精神疾病之间，因此在生活中的表现自相矛盾。）

边缘型人格障碍

一种以具有极端的负性情绪且无法调节为特征的障碍，通常会导致个体产生紧张而不稳定的人际关系、冲动、自残行为、空虚感以及害怕被抛弃等。

许多患有边缘型人格障碍的人会故意自伤和自残。这种"非自杀式自伤"的形式已经有数千年的历史了，在世界各地都存在，在青少年和青壮年群体中最为普遍。自伤有两种作用：减轻个人的压力；获得社会支持或减少个人不想履行的社会义务（Fox et al., 2015; Nock, 2010）。

目前尚不清楚边缘型人格障碍是如何产生并发展的。玛莎·林内翰（Marsha Linehan）提出了一种比较权威的模型，巧的是她本人也患有这种心理障碍（她已经开发出一种边缘型人格障碍的有效疗法）。她提出的"生物社会"模型是易感性－应激模型的一种变式，它认为婴儿出生时具有遗传易感性，使婴儿与情绪加工有关的额叶和其他脑区功能异常，从而出现负性情绪状态。然后，幼儿的行为具有冲动性并会加剧情绪敏感性，这些又会被"无效环境"因素反过来加以恶化：父母不能容忍孩子的情绪及表达，只是告诉孩子那些感觉是不正确的，让孩子独自去处理。同时，父母的关注又会间歇性地强化孩子的极端情绪爆发。以上这些信息混合之后，孩子没能学会如何理解和标记自己的感受，以及如何冷静地调节那些感受。这些孩子反而在试图抑制情绪爆发和表达极端情绪之间手足无措以及无能为力（Crowell, Beauchaine & Linehan, 2009; Crowell, Kaufman & Beauchaine, 2014）。尽管还存在着一些解释边缘型人格障碍的模型，但它们都包含了遗传素质与抚养者教养方式相互作用的核心思想（Sharp & Fonagy, 2015）。

15.5.B 反社会人格障碍

学习目标 15.5.B 区分反社会人格障碍与精神病态，并找出它们共有的要素

多个版本的 DSM 都从行为表现方面来定义**反社会人格障碍**（antisocial personality disorder, APD），包括：屡次违法并侵犯他人权益；冲动并寻求快感和刺激；鲁莽且不顾安全；经常与其他人打架或殴打他人；不负责任，不正常工作或不履行义务。这一定义的问题是它涵盖了一系列行为，却没有指明这种心理障碍到底是什么。而且，它既可以指代在某个时期有不良表现的"糟糕的家伙"，也可以指代 APD 这种"终身犯罪者"。后者在童年早期就会出现违反规则和不负责任的行为，并且在不同年龄有不同的表现形式："在 4 岁时咬人打人，10 岁时逃学行窃，16 岁时偷车贩毒，22 岁时抢劫强奸，30 岁时诈骗、虐待儿童"

（Moffitt, 1993, 2005）。攻击性的个体差异可以在婴儿一岁左右具备击打等运动技能后表现出来，这似乎是其长大以后暴力行为的早期预测因素（Baker et al., 2013; Hay et al., 2011）。

反社会人格障碍（APD）

一种人格障碍，其特征是终身不负责任和具有反社会行为，比如违法、暴力和其他冲动的鲁莽行为。

Mug Shot/Alamy Stock Photo

查尔斯·曼森（Charles Manson, 1934—2017）因涉及一系列谋杀案而在 20 世纪 60 年代后期被判无期徒刑。如果一个人对其他人遭遇的痛苦漠不关心，并毫无悔恨地犯下如此令人发指的罪行，那么他很可能是有反社会人格障碍。

反社会行为似乎有一定的遗传基础（Raine, 2013）。研究人员在一项针对童年期遭受身体虐待的男孩的纵向研究中发现，关键基因（用于分解神经递质的酶）发生变异的男孩会比基因没有变异的男孩在长大后出现更极端的反社会行为（Caspi et al., 2002）。尽管只有 12% 的受虐男孩有这种变异，但他们在之后因暴力犯罪被定罪的人数中占了将近一半。

尽管如此，请记住，基因不决定命运。在上述研究中，大多数具有遗传变异但父母非常爱他们的男孩在长大之后并没有成为暴力罪犯。尽管基因可能会影响人脑，使得孩子容易破坏规则和出现暴力行为，但环境的影响也非常重要，因为环境可以改变基因的功能，进而影响人脑和行为。事实上，环境事件，例如分娩并发症、与母亲早期分离、虐待等确实与出现反社会行为有关（Raine，2008）。

增加 APD 患病风险的基因可能与脑的结构和功能有关。现在有一些有力证据表明 APD 患者的额叶皮层异常。很多 APD 患者与非 APD 患者相比，其额叶皮层激活更弱，灰质更少（Glenn & Raine，2014；Yang & Raine，2009）。额叶负责计划和冲动控制，该区域的损伤会导致个体无法控制自己面对挫折和挑衅时的反应，无法调节情绪以及无法理解长期沉溺于即时满足的后果（Fairchild et al.，2013）。额叶异常可能源于遗传，也可能是由疾病、事故或身体虐待造成的（Glenn & Raine，2014）。

反社会特质似乎也与杏仁核的结构及功能异常有关（Glenn & Raine，2014）。一项针对具有不同攻击性的男性的研究发现，较小的杏仁核体积与较强的攻击性相关，并且在研究开始时较小的杏仁核体积预示着参与者三年后出现更严重的暴力和攻击性行为（Pardini et al.，2014）。

由于许多临床科学家的反对，DSM 的 APD 诊断标准只强调了反社会行为，而不是这些行为背后的心理异常。这些心理异常包括缺乏悔恨感、同情心和恐惧感，这些也是下面将要讲到的精神病态的特征。

15.5.C　精神病态：误解与证据

学习目标 15.5.C　列出并解释精神病态的核心特征

在几十年前，赫维·克莱克利（Hervey Cleckley，1976）使得**精神病态**（psychopathy）这个术语流行了起来，被用来形容一个人是无情的、完全缺乏良知的且无法感知正常情绪。精神病态者不仅不会对惩罚感到悔恨和害怕，也不会对他们伤害过的人感到羞愧、内疚和同情。如果因为诈骗或犯罪被抓获，精神病态者可能看起来会真诚地道歉，并承诺会做出赔偿，但这都只是表演罢了。一些精神病态者残暴成性，会杀死宠物、孩子或任意一个成年人而不会感到悔恨，但有些精神病态者充满魅力并善于摆布他人，能够将自己的精力放在游戏或职业发展上，从情绪上或经济上虐待他人，并非从身体上（Skeem et al.，2011）。

精神病态

一系列人格特质的集合，包括伴有反社会人格障碍，以无所畏惧为特征，缺乏同情心，不会感到内疚和悔恨，使用欺骗的手段，残酷无情。

尽管精神病态者在个人主义盛行的西方社会可能更普遍，但他们也被认为存在于所有文化及整个历史进程中。甚至在一些组织严密的文化中也存在，例如加拿大的尤皮克人用 kunlangeta 一词来形容精神病态者（Seabrook，2008）。一名人类学家曾经问过这一部落的成员会如何对待 kunlangeta，他说："在没有其他人看见的时候，有些人会把他推到冰雪里。"人们害怕并厌恶精神病态者。

ELAINE THOMPSON/UPI/Newscom

Derek Blair/Shutterstock

一些精神病态者残暴成性。加里·里奇韦（Gary L. Ridgway）是美国历史上最致命的连环杀手（被称为绿河杀手），杀死了 48 名女性，并在全国各地抛尸，他经常"回访"那些抛尸点。但是，大多数精神病态者不是谋杀者。由于缺乏同理心和良知，他们使用魅力和精心设计的骗局来进行诈骗。伯尼·麦道夫（Bernie Madoff）利用他的魅力和行业声誉从投资者手中骗取了 170 亿美元。

精神病态者的情感连接肯定存在某种问题。情感连接使得所有灵长类动物，不仅仅是人类，能与其他同类动物建立联系。精神病态者感受情绪唤醒的能力较低，表明其中枢神经系统存在异常（Hare, 1965, 1996；Lykken, 1995；Raine et al., 2000）。大多数精神病态者不像其他人一样对惩罚威胁有生理上的反应，这可能就是他们在其他人感到害怕的情境下依然表现出无所畏惧的原因。正常情况下，当一个人预期到危险、痛苦或惩罚时，他的皮肤电导会发生变化，这是一种表示焦虑或恐惧的经典条件反射。但是，精神病态者产生这种反应很缓慢，这意味着他们难以感受到必要的焦虑，也就不能明白他们的行为将会带来不良后果（Lorber, 2004）（见图 15.2）。此外，这种损伤可能在他们年龄很小的时候就存在了。一项研究表明，个体 3 岁时的恐惧学习损伤有助于预测他们 23 岁时的犯罪行为（Gao et al., 2010）。

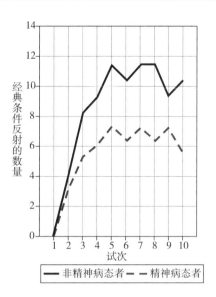

图 15.2 情绪与精神病态

在一些实验中，被诊断出精神病态的人对预期的危险、疼痛或震惊建立经典条件反射较慢，而感到危险、疼痛或震惊正是正常焦虑的表现。这一缺陷可能与精神病态者倾向于以具有破坏性的方式行事而不自责或不考虑后果有关（Hare, 1965, 1996）。

互动

对精神病态的误解

在一个综述中，一组研究者区分了对精神病态的误解和实际证据（Skeem et al., 2011）。

- **误解 1**：精神病态与暴力狂和虐待狂相同。实际上，很多精神病态者没有犯罪记录或暴力史，许多罪犯和规则破坏者也不是精神病态者（Poythress et al., 2010）。
- **误解 2**：精神病态与"精神病"相同。不，精神病态者并没有妄想、与现实脱节或意识不到其行为后果等特点；他们只是不在乎那些后果。
- **误解 3**：精神病态是"天生的，不是后天的"。实际上，有多种因素会导致精神病态，遗传素质与环境影响相互作用。
- **误解 4**：精神病态者无法改变自己。实际上，一些精神病态评分高的儿童及成人可以对强化治疗做出反应（Polaschek，2014）。

缺乏同理心似乎也有生理基础。相比非精神病态者，当向精神病态者呈现人们哭泣或感到痛苦的图片时，他们的出汗量、肌肉紧张度以及惊吓反应几乎没有变化（Blair et al.，1997；Herpertz et al.，2001）。另外，包括缺少对他人的关心在内的精神病态症状与正常参与共情的脑区激活水平降低有关（Seara-Cardoso et al.，2015）。想要同情他人，就必须从他人的角度出发，试着从他人的角度看问题。近期的一项研究显示，精神病态者对某项任务的快速决策受他人观点的影响较小。此外，精神病态者的症状越严重，他们就越难进行观点采择（Drayton, Santos & Baskin-sommers，2018）。

精神病态者也很难辨别恐惧情绪。最近，临床科学家已经开发了一些方法来测量儿童的麻木不仁或冷漠无情，这些核心特质有可能使个体成年后发展为成人精神病态者（Bedford et al, 2015；Frick & Viding，2009）。具有这些特质的儿童很难正确地解码他人面部、手势或声音中的恐怖情绪。例如，与没有这些特质的参与者相比，表现出冷漠、无情及行为问题的男孩加工恐惧表情时杏仁核的激活水平较低（Jones et al.，2009）。他们自己不会感到害怕，也不会在别人身上"习得"恐惧，因此他们可能无法回应父母或其他人为社会化他们所做的努力，从而也无法形成道德心和良知（Sylvers, Brennan & Lilienfeld，2011）。

日志15.5 批判性思维：定义术语

很有可能，在你生命中的某个时刻，你曾经把别人描述为"精神病"，或者听到被人这么说。这一术语很有可能被用错了。首先，当你使用或听到这个词时，请简要描述它的发生情况。你是在什么情况下说出这番话的？这个人做了什么使你用这个词来描述他？接下来，考虑一下边缘型人格障碍、反社会人格障碍、精神病态和一般人格障碍的定义，这些心理障碍的哪些特征最接近人们使用它们时通常会想到的特征？

模块 15.5 小考

1. 南希在情感上依赖他人。当她认为她的朋友要离开她去度假时，她会感到恐慌或生气。她会割伤自己，并经常威胁说如果得不到她想要的，她就会自杀。关于南希，你的诊断是什么？
   A. 双相障碍　　　　B. 精神病态
   C. 反社会人格障碍　D. 边缘型人格障碍

2. 查尔斯一生的行为模式都是不负责任的，包括暴力行为、违法、冲动和鲁莽行为。一位临床医生在牢房里与他进行了交流，得出查尔斯患有＿＿＿＿的结论。
   A. 强迫性障碍　　　B. 反社会人格障碍
   C. 创伤后应激障碍　D. 分离性身份识别障碍

3. 许多被诊断为患有反社会人格障碍的患者都与＿＿＿＿异常有关。
   A. 枕叶　　　　　　B. 中脑黑质
   C. 额叶　　　　　　D. 基底神经节

4. 当杰弗里还是个孩子的时候，他就喜欢折磨或杀害小动物，例如邻居的宠物或在森林里抓到的小兔子，它们都是真实而无助的生命。杰弗里没有对自己的行为感到特别好或特别坏，他没有任何特别的感觉，当然也没有内疚或后悔。杰弗里表现出与＿＿＿＿有关的迹象。
   A. 精神病态　　　　B. 边缘型人格障碍
   C. 重性抑郁　　　　D. 分裂型人格障碍

5. "精神病态"是心理学的专有名词，用来描述那些拥有＿＿＿＿的人。
   A. 妄想信念
   B. 行为失常
   C. 一系列持久的人格特质，包括缺乏同情心，不会感到悔恨和恐惧
   D. 幻听

15.6　成瘾障碍

DSM－5中物质使用及成瘾障碍这一类别涵盖了10种药物的滥用，包括酒精、咖啡因、致幻剂、吸入剂、可卡因以及烟草等，并增加了"其他（或未知）物质"，以防尚未确定的令人变得兴奋的物质出现（可惜，它们似乎经常出现）。这些药物使个体自我毁灭，或损害个体完成学业、维持工作、照顾孩子或与他人相处的能力，并会激活其大脑的奖赏系统。DSM－5将"赌博障碍"添到这一类别下，理由是强迫性赌博和药物一样，会激活大脑的奖赏机制。但它把"网络游戏障碍"撤到了附录中，作为一个需要进一步研究的类型，并决定不将"性成瘾"、"购物成瘾"或"运动成瘾"等常见的过度行为模式纳入其中。按照手册中的解释，几乎没有证据表明这些过度行为构成了心理障碍。

在本节，我们将主要关注酒精成瘾（例如，酗酒），我们通过两种主流方法来理解成瘾——生物学模型和学习模型，并进一步了解它们之间如何相互调和。在本章结束时，我们将重新审视其他活动（如使用智能手机）的成瘾性问题。

Glamourstock/Alamy Stock Photo

Mark Spowart/Alamy Stock Photo

2017年，乐迷们对音乐传奇人物普林斯（Prince）和汤姆·佩蒂（Tom Petty）的猝死表示哀悼。除了都是摇滚名人堂的成员外，这两位音乐家还有一些共同点：在这两起事件中，他们的官方死因都被认定为意外服用过量阿片类药物。具体来说，在两人的医学报告中都发现了芬太尼。芬太尼是一种合成的阿片类药物，被当作止痛药使用（或与其他物质结合用于麻醉）。芬太尼的药效是吗啡或海洛因的50～100倍，是美国药物使用过量死亡率快速增长的原因之一（National Institute on Drug Abuse，2017）。

15.6.A　生物学与成瘾

学习目标 15.6.A　讨论如何用成瘾的生物学模型解释药物和酒精成瘾

生物学模型又称疾病模型，认为无论是酒精还是其他任何药物的成瘾，主要是由一个人的神经学基础和遗传物质造成的。生物学成瘾最明显的例子是尼古丁。虽然吸烟率在过去50年中有所下降，但尼古丁成瘾仍然是全世界最严重的健康问题之一。与其他成瘾不同的是，它可以在抽第一支烟后的一个月内迅速开始形成（对一些青少年来说，只抽一支烟就开始了），因为尼古丁几乎可以即刻改变脑中对药物产生化学反应的神经元受体（DiFranza，2008）。在这些受体中基因发生了变异，这就是为什么有些人特别容易对香烟上瘾，当他们试图戒烟时，会出现严重的戒断症状。而另一些人，即使他们一直是重度吸烟者，也能断然将其戒掉（Berrettini &

Doyle，2012；Bierut et al.，2008）。

对于酗酒来说，情况则比较复杂。因为基因参与了特定种类的酗酒，但并非全部。始于青少年初期的酗酒存在一种可遗传的成分，且与冲动、反社会行为和犯罪有关（Dick et al.，2008；Schuckit et al.，2007；Verhulst，Neale & Kendler，2015）；但始于成人的酗酒不存在这种成分，也与其他疾病无关。基因也会影响酒精的"敏感度"，具体表现在人们对酒精的反应速度、耐受性以及酒量（喝多少酒会醉）上（Hu et al.，2008；Morozova，Mackay & Anholt，2014）。一项对450名年轻男性的纵向研究发现，在20岁时比其他人喝更多才产生过度醉酒反应的人，在十年内酗酒的风险将会增加。无论他们最初的饮酒习惯或家族酗酒史如何，结果都会如此（Schuckit et al.，2011）。

相比之下，对酒精高度敏感的人则不太可能过量饮酒，这可能部分解释了酗酒率的种族差异。一种遗传因素可导致参与酒精代谢的酶的活性降低。缺乏这种酶的人对酒精的反应会伴随着令人不愉快的症状，如脸红、恶心。这种遗传保护在亚洲人身上很常见，但在欧洲人身上却少有。这可能是亚洲人的酗酒率比高加索人低得多的原因之一（Heath et al.，2003；Luczak et al.，2014）。然而，并不是所有的亚裔在这方面都是一样的。美籍韩裔大学生对酒精的敏感度较低，其酗酒的发生率高于美籍华裔大学生（Duranceaux et al.，2008；Luczak et al.，2004）。

神经和认知因素似乎也有助于解释酒精滥用的发展进程（O'Halloran et al.，2017；Squeglia et al.，2017；Whelan et al.，2014）。例如，在没有使用酒精或其他物质的12~14岁健康青少年中，较薄的额叶和顶叶皮层以及较低的认知测试得分有助于预测6~8年后的酒精滥用情况（Squeglia et al.，2017）。

多年来，人们通常将生物学因素和成瘾的关系假定为前者是后者的原因。然而，这种关系反过来也是成立的。成瘾可以改变生物学因素（Crombag & Robinson，2004；Lewis，2011）。许多人的成瘾，并

非脑部变化引起药物滥用，而是药物滥用改变了他们的脑。随着时间的推移，令人产生快感的多巴胺在反复刺激下会改变脑结构，使药物或其他成瘾体验（如赌博）的吸引力最大化，使其他奖励的吸引力最小化，并破坏脑的认知功能，如工作记忆、自我控制及决策功能。这就是为什么成瘾行为会变得自动发生（Houben，Wiers & Jansen，2011；Lewis，2011）。大量使用可卡因、酒精和其他药物会减少多巴胺受体的数量，并使人产生继续使用药物的强迫行为（Volkow et al.，2001；Volkow & Morales，2015）（见图15.3）。在酗酒的情况下，过量饮酒还会降低止痛内啡肽的水平，造成神经损伤，使大脑皮层缩小。这些变化会使人产生更多的渴求，使患者醉酒的时间越来越长，喝酒不是出于快乐，而仅仅是为了满足渴求，缓解戒断症状（Volkow & Morales，2015）。但是，即使成瘾者戒除成瘾且没有继续滥用药物，他们的多巴胺回路仍然是钝化的。

因此，药物滥用，即使开始时是一种自愿行为，也可以转变成药物成瘾，成瘾者会发现这是一种极难控制的强迫行为。

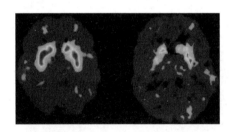

健康对照组　　　　药物滥用组

图 15.3　成瘾的脑

PET 研究表明，可卡因成瘾者的脑中多巴胺的受体较少。多巴胺是一种负责愉悦感觉的神经递质。沉迷于冰毒、酒精甚至食物的人，他们的脑也显示出类似的多巴胺缺乏特点。

15.6.B 学习、文化和成瘾问题

学习目标 15.6.B 探讨如何用成瘾的学习模型解释药物和酒精成瘾

很多人认为，如果在成瘾者的脑中发现了异常，那么对成瘾就无能为力了。然而，请看一个科学家团队的一项研究结果——他们研究了兴奋剂成瘾者及其没有长期药物使用史的兄弟姐妹的脑部（Ersche et al.，2012）。二者的比较结果揭示了涉及自我控制功能脑区的异常。的确，冲动，即无法控制自己对某件事情的及时渴求，它是成瘾者以及那些无法控制自己进食、赌博、发短信或做出其他行为的人的主要特征。但是，是什么让他们同样具有易感性的兄弟姐妹能够抵御诱惑和成瘾呢？可能的因素包括韧性、同辈群体、管理挫折的能力和强大的应对技能（Volkow & Baler，2012）。学习模型研究了环境、学习和文化在促进或抑制以上因素和其他成瘾因素中的作用。有四类研究支持学习模型。

1. 成瘾模式因文化习俗不同而不同。 禁止儿童饮酒但宽容成人醉酒的社会（如爱尔兰和美国），比教育儿童如何负责任地饮酒但谴责成人醉酒的社会（如意大利、希腊和法国），更容易发生酗酒。在酗酒率较低的文化中（除了奉行禁止使用所有精神活性药物的宗教规则的文化），成人会向孩子示范正确的饮酒习惯，在安全的家庭环境下逐渐引入饮酒行为。饮酒不是成人的仪式，不喝酒的人不会被嘲笑，醉酒也不会被认为是迷人或有趣的（Peele，2010；Peele & Brodsky，1991；Zapolski et al.，2014）。

对于具有遗传易感性的年轻人而言，文化对其酗酒的发展进程尤为重要（Schuckit et al.，2008）。研究发现，在一个由401名美国印第安青年组成的群体中，那些出现饮酒问题的人生活在一个父母和同龄人鼓励和示范大量饮酒的社区中。但是，那些具有文化和精神自豪感的人，以及那些强烈地依附于他们的宗教传统的人，不太可能出现饮酒问题，即使他们的父

母和同龄人鼓励他们饮酒（Yu & Stiffman，2007）。

当人们从他们的原生文化转移到另一种有不同饮酒规则的文化中时，物质滥用和成瘾问题也会加剧（Westermeyer，1995）。在许多拉丁裔文化中，例如墨西哥和波多黎各的文化中，饮酒，特别是过量饮酒，被认为是一种男性活动。拉丁裔女性在移居到盎格鲁人的文化圈之前，往往很少有饮酒问题；而在移居到盎格鲁人的文化圈之后，她们的酗酒率会上升，并与美国普通人的酗酒率一致（Alvarez et al.，2007；Canino，1994）。同样，当一种文化中的规范发生变化时，饮酒习惯和成瘾率也会随之改变。过去，美国女大学生面对的文化标准是少量饮酒至适度饮酒；然而今天，美国女大学生比以往任何时候都更有可能酗酒（Grucza，Norberg & Bierut，2009；White et al.，2015）。

JodiJacobson/istock/Getty Images

Janine Wiedel Photolibrary/Alamy Stock Photo

生物学（疾病）模型认为，某些孩子哪怕只是尝一口酒精饮料或某种药物，他们就有可能上瘾。学习模型认为，文化背景是决定人们是否会成瘾或学会适度使用药物的关键。事实上，当孩子们学会了家人的社交饮酒规则，如在犹太人的逾越节家宴上，这种情况下的酗酒率远远低于酒吧或私密场合饮酒文化下的酗酒率。同样，当大麻只作为某种传统的一部分使用时，则不太可能导致上瘾或更严重的滥用现象。

2. 完全禁酒的政策往往会提高而不是降低成瘾率。 在美国，20 世纪初的戒酒运动认为，饮酒必然导致醉酒，醉酒必然导致犯罪。禁酒会时期（1920—1933 年）的解决方案是全国禁酒。但这一方案却适得其反。根据学习模型，禁酒令降低了总体饮酒率，但提高了酗酒者的酗酒率。因为人们被剥夺了学习适度饮酒的机会，所以当有机会时，他们就会过度饮酒。当然，当一种物质被禁止时，它对某些人的吸引力也会提高。

3. 并非所有成瘾者在停止服用药物时都会出现戒断症状。 当重度服用者停止服用药物时，他们往往会出现恶心、腹部绞痛、抑郁和睡眠问题等令人不快的症状。但这些症状并非普遍存在。越南战争期间有近 30% 的美国士兵吸食海洛因的剂量远远超过美国街头的吸食量。这些人认为自己已经上瘾，专家们预测这些退伍军人将面临戒断痛苦，但这一预测并没有成真：超过 90% 的退伍军人回到家后，在新的环境中完全放弃了吸食海洛因，且没有明显的戒断痛苦（Robins, Davis & Goodwin, 1974）。随后的研究发现，这种反应是常态，而不是个例（Heyman, 2009, 2011）。这一现象成为驳斥"成瘾总是一种慢性疾病"的观点的有力证据。很多人觉得这些结果令人震惊，甚至难以置信，可能是因为那些无需帮助就能戒瘾的人没有参加那些旨在帮助他们的戒瘾项目，导致他们在公众印象和医学界中不太显眼。

很多人能够戒掉药瘾的原因之一在于，使用药物的环境和个人期望都对药物的生理效应和心理效应有着巨大的影响。你可能会认为，比如苯丙胺的致死剂量，无论在哪里服药都是一样的。但对小鼠的研究发现，致死剂量因小鼠所处环境的不同而不同：这与它们是在一个大的或小的试验笼子里还是单独或与其他小鼠在一起有关。人类成瘾者对某些药物的生理反应也会因其是否处于与药物相关的环境中而发生变化（Crombag & Robinson, 2004）。这也是成瘾者要想戒掉药瘾就需要改变环境的主要原因。这不仅仅是为了远离可能鼓励他们的同辈群体，也是为了真正能改变和重建他们的脑对药物的反应。

互动

测试你的饮酒动机

如果你想饮酒，你为什么要这样做？请检查所有适用于你的动机：	人们饮酒的原因有很多。其中一些原因可能会反映出更负责任的饮酒行为，如"饭局助兴"或"为了交际"。另一些原因可能预示更多的问题性饮酒行为，如"买醉、失控"、"逃避烦恼"和"对抗抑郁"。还有一些原因可能与其他不健康或令人担忧的结果有关，如"发生性关系"和"反抗权威"。
_____ 放松 _____ 对抗抑郁 _____ 逃避烦恼 _____ 买醉、失控 _____ 饭局助兴 _____ 反抗权威 _____ 顺应同伴 _____ 缓解无聊 _____ 表达愤怒 _____ 发生性关系 _____ 社交	

4. 成瘾不仅与药物的性质有关，而且与服用药物的原因相关。 数十年来，医生们都不敢用麻醉剂来治疗慢性疼痛患者，担心他们会上瘾。正是由于这种理念，数以百万计的人被迫生活在关节炎、神经紊乱和其他疾病的慢性折磨中——因为疼痛阻碍了疾病的治愈。但后来研究人员了解到，绝大多数疼痛患者使用吗啡和其他阿片类药物不是为了逃避社会，而是为了缓解疼痛，因而他们不会成瘾（Portenoy, 1994; Han et al., 2017）。当然，强效的阿片类药物不应该

用于轻度疼痛，且必须仔细监控。

就酗酒而言，仅仅为了交际或在经历了一天的艰辛后为了放松而喝酒的人不太可能成瘾。相反，如果人们经常通过饮酒来掩饰或抑制他们的焦虑或抑郁，或通过独自喝闷酒来淹没悲伤，又或者想找借口放纵，就会出现酒精成瘾的问题（Mohr et al., 2001；Schuckit & Smith，2006）。因此，在许多情况下，是否诊断为药物滥用更多地取决于人们的动机、同辈群体和文化规范，而不是药物本身的化学特性。关于成瘾的生物学模型和学习模型的概述，见表15.2。

表15.2　成瘾的生物学模型和学习模型的对比

生物学模型	学习模型
成瘾的生物学模型和学习模型在解释药物滥用的方式和提出的解决方案方面存在的差异如下：

生物学模型	学习模型
成瘾是一种遗传性、生物性或由药物滥用造成的脑部变化所引起的慢性复发性疾病	成瘾是一种应对方式，人们可以学会做出更好的选择
一朝成瘾，终身成瘾	一个人能够成长，从而可以超越对酒精或其他药物的需求
瘾君子必须永久戒掉药瘾	大多数的问题饮酒者能学会适量饮酒
一个人要么会成瘾，要么不会成瘾	成瘾的程度根据情况而有所不同
解决办法是通过医学治疗和加入团体来加强个体作为戒瘾者的永久身份	解决方法包括学习新的应对技巧和改变环境
瘾君子永远需要相同的治疗和团体支持	治疗只需持续到患者不再滥用药物为止

资料来源：Peele & Brodsky（1991）；另见 Heyman（2011）和 Lewis（2011）。

日志15.6　批判性思维：分析假设与偏见

根据自己的经验，人们可能会围绕酗酒者能否学会适度饮酒产生激烈的争论。在这个有争议的问题上，我们如何才能超越偏见和情绪化的推理？如何调和生物学模型与学习模型，以便更全面地了解药物滥用的原因和潜在的治疗方案？

模块15.6　小考

1. 遗传因素似乎在酗酒中起着一定作用，_____。
   A. 在成年后的生活中表达出来
   B. 影响亚裔和黑人男性，但不影响拉丁裔男性
   C. 影响女性但不影响男性
   D. 始于青春期早期，与冲动和反社会行为有关

2. 关于基因在酗酒中的作用，最合理的结论是什么？
   A. 如果没有关键基因，一个人就不可能成为酒鬼
   B. 关键基因的存在几乎总是会导致一个人成为一个酗酒者
   C. 基因可能会增强一个人对酗酒的易感性
   D. 基因对酗酒没有影响

3. 哪种文化习俗与低酗酒率有关？
   A. 在家庭环境中逐渐引入饮酒行为
   B. 罕见的豪饮
   C. 饮酒作为成人礼
   D. 禁酒

4. 以下哪一项不是支持成瘾学习模型的论点？
   A. 成瘾模式因文化习俗而异
   B. 禁酒政策往往会提高成瘾率而不是降低成瘾率
   C. 并非所有成瘾者在停止服用药物时都有戒断症状
   D. 在实验室动物身上，对脑进行化学处理会导致成瘾

5. 研究人员已经发现，完全禁酒的政策，即完全不
　　允许人们饮酒，_____。

　A. 降低了总体饮酒率，但提升了饮酒者的酗酒率

　B. 降低了饮酒率和酗酒率

　C. 完全适得其反，导致饮酒和酗酒均有所增加

　D. 对饮酒率或酗酒率没有影响

15.7　分离性身份识别障碍

　　当大多数人说"我今天有点不对劲"时，通常
表示他们心情不好、很累或者心事重重。但作为一
种临床诊断，"不对劲"可能意味着一种病症，这
种病症引发了大众的想象力，却让很多心理学家高
度怀疑。

15.7.A　具有争议的诊断方法

　　**学习目标 15.7.A　找出使分离性身份识别障碍
成为一种争议性诊断的原因**

　　DSM-5 中最有争议的诊断之一是**分离性身份
识别障碍**（dissociative identity disorder，DID），一直
以来被普遍称为多重人格障碍。这个概念是指在一
个人身上明显出现了两种或更多不同的身份，每种
身份都有自己的名字、记忆和人格特质。多年来，
大众媒体所描述的 DID 案例总是吸引着公众的目光，
即使现在亦是如此。2009 年，《倒错人生》（*The
United States of Tara*）首播，该剧讲述了一位拥有高
包容度的丈夫和两个十几岁孩子的女性在三种人格
间不断切换的故事：一个迷恋性和疯狂购物的少女，
一个喜爱枪支的乡下妇人，以及一个 20 世纪 50 年
代风格的家庭主妇（见右图）。

Collection Christophel/Alamy Stock Photo

Toni Collette/Showtime Networks/AF
Archive/Alamy Stock Photo

Collection Christophel/Alamy Stock Photo

分离性身份识别障碍

一种有争议的障碍，其特征是一个人具有两种或两种以上不同的人格，每一种人格都有自己的名字和特质。以前被称为多重人格障碍。

一些精神病学家和临床心理学家认为，DID 起源于童年时期，是一种应对虐待或其他创伤经历的手段（Gleaves，1996）。在他们看来，创伤产生了一种精神上的"分裂"（分离），即一种人格应付日常经历，另一种人格（称为"分身"）则应付不好的经历。在 20 世纪 80 年代和 90 年代，临床医生试图通过催眠、药物甚至直接强迫等高暗示性技术来对"多重人格"患者进行"分身唤出"（McHugh，2008；Rieber，2006）。据精神病学家理查德·克鲁夫特（Richard Kluft，1987）的记载，唤出分身的过程可能需要"2.5 ~ 4 个小时的连续访谈。必须阻止来访者休息以恢复镇静……在最近一例充满困难的病例中，第一个解离的迹象在第 6 个小时出现，而明确的、自发的人格切换发生在第 8 个小时"。

是的！8 个小时的"连续访谈"，没有一次休息，我们有多少人会按照咨询师的要求去做呢？进行此类问询的临床心理医生认为，他们只是让来访者的其他人格显露出来。但持怀疑态度的心理学家反驳道，他们是在通过暗示，有时甚至是恐吓那些有其他心理问题的脆弱来访者，积极地创造出其他人格（Lilienfeld & Lynn，2015）。

心理学家发现，"分离性遗忘"，即所谓的使受过创伤的儿童压抑自己的痛苦并因此发展出多种身份的机制，缺乏实证支持（Lynn et al.，2012）。一方面，真正的创伤性经历会被长久而清晰地记住（McNally，2003；Pope et al.，2007）。另一方面，相对于主观的案例研究，科学研究未能证实 DID 中的某一人格对其他人格的所作所为有失忆表现。在一项将 9 名 DID 患者与对照组进行比较的研究中，患者表示无法回忆起自己的分身人格的自传体记忆细节。但当部分任务需要个体在不同身份之间传递自传体记忆时，患者和对照组表现一样，这表明他们可以在他们想做的时候做到这一点（Huntjens，Verschuere & McNally，2012）。

DR. JEKYLL AND MR. HYDE/Everett Collection

有趣的是，DID 患者报告的"分身"数量似乎在逐年增加。在早期病例中，多重人格只成对出现。在 1886 年的杰基尔医生（Dr. Jekyll）和海德先生（Mr. Hyde）的故事中，善良的杰基尔医生变成了凶残的海德先生。在 20 世纪 90 年代北美 DID 流行的高峰期，人们声称自己有几十个甚至上百个分身，包括恶魔、小孩、外星人和动物。随着时间的推移，这种变化是否会影响你对 DID 的批判性思考？

15.7.B 批判性地思考分离性身份识别障碍

学习目标 15.7.B 评价分离性身份识别障碍的可能解释

究竟什么是 DID 呢？有证据表明，它是一种束缚于本土文化的综合征。1980 年以前，世界上任何地方只有少数病例被诊断出来；然而到了 90 年代中期，已经有数万例病例被报道，大部分在美国和加拿大。DID 促成了一项有利可图的生意，使开设专科门诊的医院、治疗师以及撰写畅销书的精神病学家和病人都能受惠。到了 90 年代后期，全美各地医疗事故层出不穷；根据精神病学家和心理学家的证词，许多法院裁定，DID 爆发是由相信 DID 的临床医生造成的。这使得很多医院的专科门诊停诊，精神科医生变得更加谨慎，病例数几乎在一夜之间急剧下降。

毫无疑问，当被问及某些问题时，一些陷入困境、富有想象力的人会产生许多不同的"人格"。但对 DID 的社会认知解释则认为，我们有能力向他人展示自己性格的不同方面，这一现象只是该能力的一种极端形式（Lilienfeld et al.，1999；Lynn et al.，2012）。对于临床医生和相信这种障碍的患者来说，这种障碍可能看起来非常真实。但以社会认知的观点来看，它是来自临床医生的压力和暗示，与那些持有人格分离是对他们问题的合理解释的观点的易受暗示的患者交互作用的结果。反过来，相信诊断的治疗师又会给予这些患者关注和赞扬，并使患者揭示更多的人格，于是这种文化束缚综合征就这样诞生了（Hacking，1995；Piper & Merskey，2004）。加拿大精神病学家哈罗德·默斯基（Harold Merskey，1992）在回顾已发表的多重人格案例研究成果时发现，他已经无法找到任何一个案例不受治疗师的建议或媒体关于 DID 报道的影响。

DID 的故事在批判性思维方面提供了一个很好的教训，它告诉我们：当新的诊断和罕见的心理障碍在流行文化中突然火起来时，我们需要谨慎对待。我们必须考虑其他可能的解释，检查假设和偏见，并要有充分的证据，而不是简单地认同媒体不加怀疑的报道。

日志 15.7　批判性思维：考虑其他的解释

在这一章中，你已经了解了一系列的心理障碍（抑郁、焦虑、成瘾等），其中有些障碍影响了大量的人，并可能产生毁灭性的后果。尤其是药物滥用和成瘾，全世界仍有数以百万计的人正在与这种心理障碍做斗争，它有可能破坏生活、破坏家庭，并导致死亡。既然如此，为什么你还认为分离性身份识别障碍捕获了较多的公众注意力呢？从来没有人认为它会影响很多人，甚至可能没有可靠的诊断。与抑郁或酗酒相比，它有什么特征能让人兴趣盎然？

模块 15.7　小考

1. 分离性身份识别障碍中的"分离"指的是_____。
   A. 与现实分离
   B. 意识和身份的"分裂"
   C. 对单一创伤性事件的失忆反应
   D. 精神分裂症的遗传前兆

2. 在一个被诊断为患有分离性身份识别障碍的人身上，一种主要的"人格"定期与外界互动，其他人格被称为_____，潜伏在意识的深处。
   A. 他人　　　　B. 分身
   C. 次要　　　　D. 成对

3. 普里扬卡在整个童年期经历了一系列长期的创伤性事件。当她步入成年后，下列哪一项预测最有可能成为现实？
   A. 如果不进行年龄退行疗法，她将很难回忆起那些创伤性事件
   B. 她将发展出分离性身份识别障碍，作为应对这些记忆的手段
   C. 她将很难忘记那些创伤性事件
   D. 如果没有催眠的帮助，她将很难记起那些创伤

性事件

4. 有什么证据表明分离性身份识别障碍是一种文化束缚综合征？

   A. 一个人的分身说话时常常带有口音或用外语

   B. 在过去的十年中，一种疑似分离性身份识别障碍的遗传标志物受到了越来越多的研究关注

   C. 世界范围内只有少量的分离性身份识别障碍病例被诊断出来，然而在诊断变得有利可图后，美国和加拿大有数万例病例被报道

   D. 真正的分离性身份识别障碍病例只在加蓬、赤道几内亚和喀麦隆被发现

5. 一种对分离性身份识别障碍特征的颇有前景的解释是_____。

   A. 社会认知解释   B. 备择假设

   C. 分离性认知解释   D. Omega 假说

15.8 精神分裂症

现在我们来看看最后一类重要的心理障碍，这类障碍自 19 世纪末首次命名以来，就引发了各种各样的解释（Kraepelin, 1896）。人们提出了从"本能之间的冲突"到"内分泌系统中的毒素"，到社会条件，再到"基本需求的挫败"等多种假设。但我们现在知道这其实是一种脑部疾病（Brown & Menninger, 1940; Hunt, 1938; Lazell & Prince, 1929; Meyer, 1910, 1911）。

15.8.A 精神分裂症的症状

学习目标 15.8.A 描述精神分裂症的五种主要症状，并针对每种症状各举一个例子

1911 年，瑞士精神病学家厄根·布洛伊勒（Eugen Bleuler）创造了**精神分裂症**（schizophrenia）这一术语，用来描述人格丧失统一性的情况。与普遍的看法相反，精神分裂症患者没有"分裂"或"多重"人格。精神分裂症是一种支离破碎的状态，在这种状态下，语言与含义、行动与动机、感知与

现实相分离。它是**精神病**（psychosis）的一个例子。精神病是一种包括对现实的扭曲感知、非理性行为，以及在生活大多数方面存在功能异常等特点在内的精神状态。DSM－5 将精神分裂症谱系和其他精神病性障碍区分开来，它们在病情的严重程度和持续时间上各不相同。

精神分裂症

一种以妄想、幻觉、言语紊乱、行为不当和认知障碍为特征的精神障碍。

精神病

一种极端的精神紊乱，包括对现实的扭曲感知、非理性行为和功能异常。

精神分裂症是精神疾病界的癌症：它难以捉摸、复杂、形式多变。DSM－5 针对该障碍列出了 5 种核心的异常表现。

1. 离奇的妄想。 一些患有精神分裂症的人会产生偏执妄想。他们把一些无关紧要的事情，例如陌生人的咳嗽、盘旋在头顶的直升机视作每个人都在密谋反对他们的证据。他们可能会坚持认为他们的思想是由控制他们的人或电视广播植入脑中的。有些患者认为，普通的事物或人也许是真实存在的，也许是外星人伪装的。还有些患者存在夸大妄想，认为自己异常强大或非常有名。

2. 幻觉。 精神分裂症患者有着看起来非常真实的虚假感觉体验。到目前为止，最常见的幻觉是幻听（实际上这是精神分裂症的一个关键标志）。一些患者被这些声音折磨得筋疲力尽，以至于为了逃避这些声音而选择自杀。一个人曾描述他所听到的 50 多种诅咒他的声音，它们催促他去偷别人的脑细胞，或者命令他自杀。有一次，他拿起正在响铃的电话，听到它一遍又一遍的尖叫："你有罪！"他告诉记者，它的喊声与"拿着扩音器的人一样大"。"完全绝望了，我感到害怕，它们总是环绕在我身边"（Goode, 2003）。

3. 言语紊乱。 患有精神分裂症的人在讲话时，

思想和象征符号杂乱无章，常常将毫无意义的押韵词或远距离联想（或弱联想）联系在一起。他们的语言过于混乱，以至于无法让人理解（被称为文字沙拉）。布洛伊勒的一位患者写道："橄榄油是一种阿拉伯含酒调味料，阿富汗人、摩尔人会将其用于鸵鸟养殖。印度芭蕉树是帕西人和阿拉伯人的威士忌。大麦、稻米和被称为朝鲜蓟的甘蔗在印度长得非常好。婆罗门在俾路支省以种姓生活。切尔克斯人占领了中国。中国是波尼人的理想黄金国"（Bleuler, 1911/1950）。另一些患者在谈话中只做简短而空洞的回答，这是因为他们思维贫乏，而非他们不愿意讲话。

4. 极度混乱或紧张的行为。 这类行为可能表现为孩子般的愚蠢，也可能表现为不可预知的暴力骚动。在炎热的天气里，有的患者可能会穿上三件外套，戴上手套，开始收集垃圾或囤积食物残渣。有些患者可能会完全退缩到个人世界里，一动不动地坐上几个小时，这种情况被称为紧张性木僵。然而，紧张状态也可能会引发持续数小时的疯狂而无目的的行为。

5. 阴性症状。 许多精神分裂症患者失去了照顾自己及与他人互动的动力和能力；他们可能会停止工作或不洗澡，变得孤立而回避。他们失去了表达能力，因此看起来情感淡漠；他们的面部表情反应迟钝，并且眼神交流较少。这些症状之所以称为"阴性"，是因为缺乏正常的行为或情感，并且与幻觉、妄想等异常模式的阳性症状相反。

精神分裂症的一些症状在儿童晚期或青少年早期就出现了（Tarbox & Pogue-Geile, 2008），但第一次全面的精神病发作通常发生于青春期晚期或成年早期。对于某些人而言，症状是突然出现的；另一些人则是逐渐地、慢慢地发生人格改变。个体发作及复发的次数越多，恢复的可能性就越小。然而，事实与刻板印象相反，超过40%的精神分裂症患者确实存在一个或多个恢复期，并能继续工作，获得成功的人际关系，特别是在他们拥有强大的家庭支持或社区康复服务项目的情况下（Harding, 2005；Hopper et al., 2007；Jobe & Harrow, 2010）。到底什么样的神秘疾病会产生如此多的症状及后果？

互动

精神分裂症患者的艺术

Courtesy of Terence James Charnley

Courtesy of Terence James Charnley

布莱恩·查恩利（Bryan Charnley）画了 17 幅自画像，并附有评论，反映了他与精神分裂症之间的斗争。这幅画是他在 1991 年 3 月画的，当时他的头脑很清醒。不幸的是，三个月后，也就是 6 月，他自杀了。

4 月 20 日："（我很）疑惑。楼上的那个人读懂了我的心思，并回应我，让我陷入了一种自我钉刑的境地……我觉得原因可能在于我自己发出了强烈的震动。"

Courtesy of Terence James Charnley

Courtesy of Terence James Charnley

5 月 6 日："我没有舌头，没有真正意义上的舌头，它只会阿谀奉承……我嘴里的钉子就表达了这种情况。我周围的人不能理解我为什么如此愚蠢，不能原谅我……因此，我成了一个靶子。我眼中的钉子表明我什么也看不见，而其他人似乎有超感知觉，我在这方面则是个盲人。"

5 月 18 日："我的思想似乎正在广播，而我对此无能为力。我把自己的脑画成一张巨大的嘴，以此来总结这一点……麻烦似乎来自一颗破碎的心，所以我在那里画了一大片血迹……我感觉我发出了强烈的个人震动，因此我在我的头部画了许多波浪线。"

心理学与你同行

对心理障碍的清晰思考

大众文化对心理障碍的描述十分普遍，对其进行批判性思考就十分重要了。举一个心理障碍的例子，至少在电影或电视剧中就能找到很好的例子。抑郁？《阳光小美女》（Little Miss Sunshine）。强迫性障碍？《尽善尽美》（As Good as It Gets）以及 HBO 频道播出的《衰姐们》。双相障碍？《乌云背后的幸福线》（Silver Linings Playbook）。边缘型人格障碍？《移魂女郎》（Girl, Interrupted）。自闭症？《雨人》（Rain Main），以及相对较新的《良医》（The Good Doctor）。诸如此类。

现在，你已经了解了几类心理障碍的症状及主要特征。将来，你能够用很挑剔的眼光看待公众对心理障碍的描述。例如，我们在讨论数学家约翰·纳什时，提到了《美丽心灵》。我们鼓励你观看它（再次或首次），并问问自己：幻觉描述了真实情况吗？将精神分裂症描述为一种人们能够"通过推理摆脱困境"、通过智力而不是药物来控制症状的障碍有什么问题吗？

当然，媒体对心理障碍的不当描述是很容易被发现的。比如你知道，通过坠入爱河治疗心理障碍的好莱坞式想法过于简单化了。另一个值得关注的领域可能在于，对心理障碍的虚构描述是否不成比例地集中在某些人口学特征上？的确，女性被诊断为患有重性抑郁的概率是男性的 1.7 倍，但媒体对抑郁的描述是否比这更夸张？

即使你看到了某个对心理障碍真实的、有同理心的描述，一些问题仍可能存在。想想《我们这一天》（*This Is Us*）中的情节，凯文·皮尔森——电视剧中的三兄妹之一，他因膝盖受伤服用了处方止痛药后患上了药物成瘾。即使这是对凯文的挣扎进行的细致入微的描述，服用依法开具的处方药能否上升到成瘾？尽管发现每年超过三分之一的美国人服用阿片类药物，却只有不到 10% 的人会上瘾，观看该剧的观众会不会变得更不愿意在需要的时候服用止痛药呢？该剧的粉丝也许会惊讶地发现，绝大多数阿片类药物滥用始于那些使用非处方药的人（National Survey on Drug Use and Health，2014）。

PictureLux/The Hollywood Archive/Alamy Stock Photo

下一次当你观看了描述心理障碍或症状的电影或电视剧时，你将有必要的知识积淀来提出重要的批判性思维问题。想想流行的《怪奇物语》，其中的主要角色之一——小 11（上图），经历了过去创伤性事件的侵入性、生动性的闪回。从触发点、频率和强度的角度来看，剧中对她闪回的描述有多真实？这部电视剧是否为我们提供了足够的信息来考虑对小 11 的潜在诊断？如果没有，你还需要了解她的哪些信息？

15.8.B　精神分裂症的病因

学习目标 15.8.B　描述精神分裂症发病的三个主要影响因素

精神分裂症显然是一种脑部疾病，涉及前额叶皮层和颞叶灰质体积的减小，海马异常，神经递质、神经活动异常；涉及记忆、决策、情绪加工等认知

功能的脑区神经元通信中断（Karlsgodt，Sun & Cannon，2010）。大多数患有精神分裂症的人也表现出充满脑脊液的脑室扩大（Dazzan et al.，2015）（见图 15.4）。他们比非精神分裂症患者更有可能发生丘脑异常，丘脑是感觉过滤和集中注意力的指挥控制中心（Andreasen et al.，1994；Gur et al.，1998）。有些患者的听觉皮层、布洛卡及威尔尼克区存在损伤，这些都与言语知觉及加工有关。这些可能解释了幻听的发生。

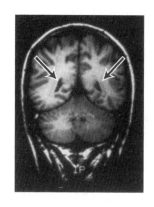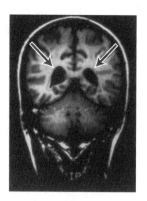

图 15.4　精神分裂症患者的脑

精神分裂症患者的脑室（充满液体的空间）更容易出现扩张。针对 28 岁男性同卵双胞胎的 fMRI 结果显示，双胞胎中未患有精神分裂症的参与者（左）与患有精神分裂症的参与者（右）在脑室大小上有所不同。

资料来源：National Institute of Mental Health.

目前，研究人员已经确定了精神分裂症的三个影响因素：

1. 遗传易感性。精神分裂症是高度遗传的。如果同卵双胞胎中的一个患病，那么另一个患病的风险就会升高，即使双胞胎是分开抚养的（Gottesman，1991；Heinrichs，2005）。父母中有一人患有精神分裂症的儿童一生中患此病的风险为 7%~12%，父母都患有精神分裂症的儿童一生中患此病的风险为 27%~46%，而一般人群的患病风险仅为 1% 左右（见图 15.5）。全世界的研究人员都在试图确定可能与

特定症状有关的基因，如幻觉、认知障碍和社交退缩（Desbonnet，Waddington & O'Tuathaigh，2009；Tomppo et al.，2009）。然而，努力寻找与精神分裂症有关的关键基因已被证实是困难的，因为它们不仅似乎涉及精神分裂症，还与自闭症、多动症、双相障碍甚至诵读困难等其他障碍有关（Fromer et al.，2014；Walker & Tessner，2008；Williams et al.，2011）。

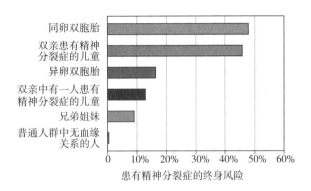

图 15.5　精神分裂症的基因易感性

2. 产前问题或分娩并发症。 胎儿脑部受损会显著增大其日后患精神分裂症的可能性。如果母亲营养不良，那么往往会发生这种脑部损伤；在饥荒时期，精神分裂症的发病率也会提升（St. Clair et al.，2005）。如果母亲在产前四个月内感染流感病毒，也有可能造成损伤，使精神分裂症的患病风险增加三倍（Brown，2012a）。而且，如果分娩时出现的并发症会损害婴儿的脑部或使其缺氧，则可能导致精神分裂症（Byrne et al.，2009；Cannon et al.，2000）。其他会增加儿童患精神分裂症风险的非遗传的产前因素包括：母亲的糖尿病史及情绪压力、父亲超过 55 岁以及出生时体重较轻等，特别是如果这些因素相互结合，更能增加个体患精神分裂症的风险（King，St. Hilaire & Heidkamp，2010）。

3. 青春期的生理性事件。 在青春期，人脑会经历自发的突触修剪，通常这种修剪有助于人脑更有效地应对成年后的新挑战。但是，精神分裂症患者的脑似乎积极地修剪了太多的突触，这也许可以解释为什么精神分裂症第一次完全发作通常发生在青春期或成年早期。健康的青少年在 13～18 岁大约会失去 1% 的脑灰质，但是正如你在图 15.6 中看到的，在一项追踪脑灰质体积五年变化的研究中，患有精神分裂症的青少年主要在感觉及运动区域表现出更为广泛的、更为快速的组织缺失（Thompson et al.，2001b）。

因此，精神分裂症的发展类似于一场接力赛。它始于遗传易感性，这可能与产前危险因素或影响脑发育的分娩并发症相结合。由此产生的易感性为下一阶段青春期时脑中的突触修剪做了铺垫（Walker & Tessner，2008）。随后，根据精神分裂症的易感性 - 应激模型，这些生物学变化与环境应激相互作用引发疾病。这个模型解释了为什么同卵双胞胎中的一人患病而另一个不患病：两个人可能都有遗传易感性，但是只有一个人可能暴露于产前因素、分娩并发症或者应激性生活事件等其他危险因素。

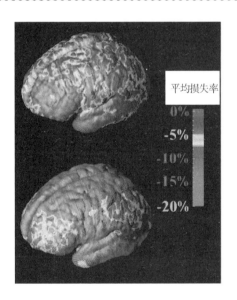

Paul Thompson/Arthur Toga

图 15.6　青少年的脑与精神分裂症

这幅生动的图像突出显示了五年来患有精神分裂症的青少年的脑组织缺失区域。组织缺失最大的区域与控制记忆、听力、运动功能和注意力有关（Thompson et al., 2001b）。

~~~~~~

日志 15.8 批判性思维：检查证据

正如你在警匪片中所看到的那样，许多心理障碍是可以伪装的。即使在现实生活中，罪犯也会假装患有精神疾病以获得同情、减刑机会或避免罪责。精神分裂症似乎是一种很容易伪装的心理障碍：表现出疯狂就行了。但是，如果你的任务是确定某人的精神分裂症的诊断是否真实，那么最好的证据应该是什么呢？你会使用哪些关键指标来区分错误诊断和正确诊断呢？

模块 15.8 小考

1. 下列哪一项不是精神分裂症的症状？
   A. 言语紊乱　　　B. 幻觉
   C. 妄想　　　　　D. 人格分裂

2. 杰泽贝尔歪曲了对现实的感知，她以为猫在控制自己的思想，并在生活多个方面表现出功能异常，她无法工作，独居且很少洗澡。杰泽贝尔表现出_____的典型症状。
   A. 抑郁症　　　　B. 神经病
   C. 精神病　　　　D. 分离

3. 休说他听到了一些批评他的声音，对他的日常活动评头论足。然而，实际上，周围并没有人，也没有人在讲话。那么，休正遭受_____之苦。
   A. 幻觉
   B. 妄想
   C. 偏执
   D. 分离性身份识别障碍

4. 以下哪类人表现出的遗传易感性最可能发展成精神分裂症？
   A. 精神分裂症患者的异卵兄弟姐妹

   B. 父母中有一人患有精神分裂症
   C. 精神分裂症患者的同卵兄弟姐妹
   D. 精神分裂症患者的兄弟姐妹

5. 个体的精神分裂症第一次完全发作往往发生于_____。
   A. 青春期或成年早期
   B. 中年
   C. 私下
   D. 认知发展的前操作阶段

写作分享：心理障碍

假如你被编委会邀请编写下一版的 DSM，而且该委员会将把智能手机成瘾列为一种新的障碍。你认为该障碍的诊断标准应该包括哪些特征及症状？该委员会可能会遇到哪些关于智能手机成瘾的反对意见？

批判性思维演示

主张：智能手机的使用可能会变成一种成瘾行为

步骤 1. 批判这一主张

在本章，我们鼓励你批判性地思考 DSM 是如何定义并分类心理障碍的。DSM 的诊断构建在由一部分临床研究人员判断给出的体征与症状的基础之上。DSM 始于 1952 年，并一直在不断发展：当今临床医生所遇到的问题与几十年前大不相同。让我们思考一下，面对新的社会发展，我们应该如何看待心理障碍？具体来说，让我们批判性地思考一下这一主张：智能手机的使用可能会变成一种成瘾行为。

步骤 2. 提出问题，乐于思考

这种说法似乎是合理的：毕竟无论去哪里或做什么，我们都生活在一个与智能手机密不可分的社会里。如果你和我们一样，那么，当你由于某种原因无法使用手机时，你会感到不舒服甚至焦虑。这些经历很有趣，但并非决定性的。因此，我们要对这一主张抱有怀疑的态度：我们的首要问题是什么？

如果我们想评估智能手机的使用是否会变成一种成瘾行为，以下哪个问题对我们来说是最重要的？

a. 有多少人拥有智能手机？

b. 成瘾的定义是什么？

c. 使用智能手机比使用其他类型的手机更容易形成习惯吗？

d. 孩子在多大时允许他拥有智能手机？

步骤 3. 定义术语

定义成瘾是首要任务。根据 DSM，被定义为障碍的东西必定会损害人体功能。所以，我们对成瘾的定义要包含损伤。成瘾也包括以下几个方面：全神贯注，不顾后果地持续使用，使用被阻止时易怒，以及戒断的失败。脑激活也被认为是成瘾的证据。将赌博成瘾加入 DSM 的原因之一在于，赌博似乎激活脑的奖赏回路，这与成瘾行为的激活模式大致相同。

步骤 4. 分析假设与偏见

让我们思考一下，是否存在一些偏见需要我们注意。有没有可能你自己的智能手机使用体验会改变你评估这一主张的方式？人们通常不希望看到自己被诊断出患有心理障碍。如果你是一个重度手机使用者，你可能不太愿意看到手机使用成为某类问题。

步骤 5. 检查证据

好的，我们已经思考了问题、定义以及潜在的偏见来源。现在该考虑我们在评估这一主张时希望看到哪些不同类型的证据。

互动

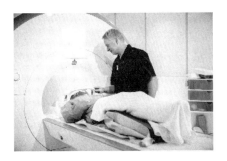

Tyler Olson/Shutterstock

脑成像研究

智能手机过度使用是否与脑中奖赏回路的激活有关的研究，可以让研究人员将智能手机过度使用与赌博成瘾或其他类型的成瘾进行比较。fMRI 研究结果对最新版 DSM 增加其他新成瘾的决定是至关重要的。

Teerawut Masawat/123RF

调查数据

自陈式问题可以评估智能手机用户在无法使用手机时是否会表现出易怒或渴求，这些证据可以支持使用智能手机会成瘾的说法。事实上，一些类似的研究已经对此进行了调查（例如，De-Sola Gutieérrez, Rodriíguez de Fonseca & Rubio, 2016; Katz, Earnest & Lewis, 2017）。

Robert Crum/Shutterstock

行为数据

开车时使用智能手机往往会带来负面影响，对此你并不会感到惊讶。这本身并不能证明使用智能手机会上瘾。但是，成瘾的一个特点是，尽管有负面影响，仍然会继续使用。一些关于某些司机反复发生与智能手机使用相关的车祸报道就可能为我们想研究的这一成瘾问题提供证据。

步骤 6. 权衡结论

所以,你怎么看?使用智能手机会上瘾吗?我们考虑过成瘾的定义,也考虑过偏见。我们也分析了评估该主张时可能使用到的不同类型的证据。尽管如此,该研究仍然是一个悬而未决的问题。我们想参考的关于智能手机过度使用的研究还有许多尚未进行。请记住,智能手机仍然是一个相对较新的发明。

批判性思维的成分之一就在于忍受不确定性……至少在相关研究完成之前暂时如此。也许你会成为完成这些研究的科学家!我们对该主张的批判性看法有助于阐明 DSM 编委会的工作是多么的艰巨。

答案:b

总结:心理障碍

15.1 诊断心理障碍

学习目标 15.1.A 思考为什么难以对心理障碍下一个公认的定义

对心理障碍的定义,心理健康专业人员强调对思维、情绪或行为的干扰,这种干扰导致一个人有自我毁灭倾向,或严重损害其工作以及与他人相处的能力,或使其无法控制自身危害他人的冲动。

学习目标 15.1.B 描述 DSM 的主要内容,并举例说明使用它诊断心理障碍时可能面临的挑战

《精神障碍诊断与统计手册》(DSM)旨在提供心理障碍诊断的客观标准及分类。批评者认为,与医学疾病不同,心理障碍的诊断本质上是一个主观过程。他们认为 DSM 会导致许多问题,包括过度诊断,忽略贴上诊断标签带来的负面影响,产生一种客观性错觉,并可能会导致不准确的诊断。DSM 的支持者则相信,正确使用 DSM 的参考标准以及具有实证效度的测验,将会提高诊断的可靠性。

学习目标 15.1.C 描述自陈量表和投射测验,并思考在使用这些技术时可能面临的问题

在诊断心理障碍时,临床医生通常会使用像罗夏墨迹测验这类的投射测验,或让儿童玩解剖结构精细的玩偶。这种方法的信度、效度较低,用于法律领域或心理障碍诊断时会产生问题。通常,自陈量表(例如 MMPI)比投射测验更可靠、更有效。

15.2 抑郁症和双相障碍

学习目标 15.2.A 概述重性抑郁与正常的悲伤感有何不同

重性抑郁的症状包括扭曲的思维模式,无用及绝望的感觉体验,诸如疲劳和食欲不振之类的身体不适,并会对以前感到愉悦的活动丧失兴趣。女性患重性抑郁的可能性是男性的两倍,但是男性的抑郁可能未得到充分诊断。

学习目标 15.2.B 阐明双相障碍的主要特征

在双相障碍中,一个人会同时经历抑郁发作和躁狂发作(过度欣快),这两者通常交替进行。双相障碍在男性与女性群体中都很普遍。

学习目标 15.2.C 讨论抑郁症的病因

抑郁(或任何其他心理障碍)的易感性–应激模型强调个体易感性与应激体验之间的相互作用。由于抑郁具有中等水平的遗传性,所以对特定基因的研究还在继续。对于一些易感的个体而言,反复失去亲密关系可能会引发重性抑郁。尤其是在儿童期经历过暴力或被父母忽视的个体,成年后患重性抑郁的风险会增加。认知习惯也起作用:一个人若相信自己不快乐的原因是永久的、无法控制的,就会感到悲观、绝望,并对某个问题冗思或过度反省。

15.3 焦虑障碍

学习目标 15.3.A 区分广泛性焦虑障碍和惊恐障碍的主要症状

广泛性焦虑障碍涉及持续的慢性焦虑及担忧,这

会干扰个体的日常功能。惊恐障碍包括突然、强烈的惊恐发作，并伴随唤起性生理反应。在应激或令人恐惧的体验下，惊恐发作经常发生。那些进一步发展出惊恐障碍的人，倾向于将发作解释为濒死的迹象。

学习目标 15.3.B　描述一种恐惧症的特征，并解释为什么广场恐惧症会影响人的生活

恐惧症是对特定情境、活动或事物的不切实际的恐惧。社交焦虑障碍（或社交恐惧症）患者害怕在公共场合说话或吃东西，或在观众面前表演。广场恐惧症是害怕那些当自己惊恐发作或出现其他无法忍受的症状时难以逃离或被营救的地方。它往往始于惊恐发作，为了避免未来某个时刻惊恐发作再次发生，个体往往待在"安全"的地方或找亲人陪伴。

15.4　创伤和强迫性障碍

学习目标 15.4.A　解释创伤后应激障碍，并讨论其症状和病因

大多数经历过创伤的人最终会康复，但也有少数人会发展成创伤后应激障碍（PTSD），出现做噩梦、闪回、失眠、生理唤醒增强等症状。他们对创伤事件易感性增强的原因包括：遗传易感性、之前的心理问题、社会和认知资源缺乏以及特定脑区的异常。

学习目标 15.4.B　区分强迫观念和强迫行为，并讨论强迫性障碍的界定要素

强迫性障碍（OCD）包括反复发作的、不想要的思维及幻想（强迫观念），以及人们感到无法控制的、重复的、仪式化的行为或心理活动（强迫行为）。这些强迫性障碍患者的前额叶皮层异常，这可能导致他们的认知及行为僵化。相比普通人，强迫性障碍患者与恐惧和威胁反应有关的脑区过度激活。

15.5　人格障碍

学习目标 15.5.A　解释边缘型人格障碍的主要特征

人格障碍以病态的人格特质为特征，会引起痛苦或导致无法与他人相处。其中边缘型人格障碍患者具有极端的负性情绪且无法调节，通常导致个体产生紧张而不稳定的人际关系、自残行为、空虚感，并害怕被抛弃。

学习目标 15.5.B　区分反社会人格障碍与精神病态，并找出它们共有的要素

患有反社会人格障碍的人会表现出攻击性、鲁莽及冲动的行为模式，往往做出一些犯罪行为。反社会人格障碍的 DSM 标准强调的是反社会行为，而不是这些行为背后的心理异常，例如缺乏悔恨感、同理心和恐惧，这些都是精神病态的特征。

学习目标 15.5.C　列出并解释精神病态的核心特征

患有精神病态的人缺乏良知和同理心。他们无所畏惧，也难以识别他人的恐惧迹象，这使正常的人际交往变得困难。他们不会因为做了错事而感到懊悔、内疚或焦虑，他们可以轻松地欺骗别人。与传统的刻板印象相反，大多数精神病态者不是暴力罪犯，而且许多罪犯也不是精神病态者。

15.6　成瘾障碍

学习目标 15.6.A　讨论如何用成瘾的生物学模型解释药物和酒精成瘾

根据成瘾的生物学（疾病）模型，酒精成瘾一般发生在具有酗酒基因易感性的人身上，始于青春期早期，并与冲动、反社会行为和犯罪行为有关。基因也影响酒精敏感性，不同个体或种族群体对酒精的敏感性是不同的。但是，严重的物质滥用也会改变人脑，更容易使人上瘾。

学习目标 15.6.B　探讨如何用成瘾的学习模型解释药物和酒精成瘾

学习模型的支持者指出，成瘾模式因文化习俗和价值观而异，完全禁酒的政策往往会提高成瘾率及滥用量，因为想喝酒的人无法学会如何适度饮酒；有些人能够在不出现戒断症状的情况下停止服用药物，并且使用药物的原因决定了其是否会发展为药物滥用。

15.7　分离性身份识别障碍

学习目标 15.7. A　找出使分离性身份识别障碍成为一种争议性诊断的原因

在分离性身份识别障碍（DID，曾被称为多重人格障碍）中，一个人能够分裂（解离）出两个或多个不同的人格或身份。1980 年以后，媒体对涉及多重人格的那些耸人听闻的病例的报道，大大促进了这类病例的增加。

学习目标 15.7. B　评价有关分离性身份识别障碍的可能解释

一些临床医生认为患有 DID 是合理的，它源于儿童期的创伤。但是，持有社会认知观点的心理学家认为 DID 只是我们向他人展示自己性格的不同方面的一种极端形式。按照这种观点，这类心理障碍是一种束缚于文化的综合征，是由那些相信存在这种心理障碍的临床医生的压力和暗示，与那些持有人格分离是对他们问题的合理解释的观点的易受暗示的患者交互作用的结果。

15.8　精神分裂症

学习目标 15.8. A　描述精神分裂症的五种主要症状，并针对每种症状各举一个例子

精神分裂症是一种精神病性障碍，包括妄想、幻觉、言语紊乱、不当行为和阴性症状，例如丧失照顾自己的动机、情感淡漠等。

学习目标 15.8. B　描述精神分裂症发病的三个主要影响因素

精神分裂症是一种脑部疾病，包括某些脑区的结构性异常，例如脑室扩大和大脑皮层灰质体积缩小。在产生这种障碍的"接力赛"中，遗传易感性与产前问题、分娩并发症以及青春期过度的突触修剪相互作用，这些因素又与环境中的应激因素交互影响。

第 15 章测试

1. 志勋因思维和行为上的困扰而痛苦。根据本章使用的心理障碍的定义，在得出志勋患有心理障碍的结论之前，你还想问什么问题？
   A. "这些思维和行为是否能够造成损伤？"
   B. "他的行为不正常吗？"
   C. "这种行为符合'精神错乱'的定义吗？"
   D. "这种情况可以治疗吗？"

2. 用于辅助心理疾病临床诊断的主要参考书叫作_____。
   A. DMSO　　　　　B. IPV
   C. ICBM　　　　　D. DSM

3. 将投射测验作为心理障碍诊断的主要手段时，我们不需要担忧哪一项陈述？
   A. 它们是最近才开发出来的，因此用途尚不清楚
   B. 它们不可靠，常常引发对来访者反应的不同解释
   C. 它们是无效的，基于不可检验的心理动力学理论
   D. 支持性证据主要来自传闻轶事，而非实验验证

4. 尽管没有任何明显的外部环境证明巴洛的情绪是合理的，但他几乎一直都感到紧张和担忧。他很难集中注意力，即使出现一个不经意的观察者，他的下巴和肌肉都表现出明显的紧张。当被问及他的感受时，他的典型回答是"糟糕透了"，这在事实和比喻上都是真实的。你对巴洛的情况有何诊断？
   A. 惊恐障碍
   B. 广泛性焦虑障碍
   C. 伴随紧张性意识的惊恐障碍
   D. 恐惧症

5. 索菲亚惊恐发作时发现自己在一家繁忙的餐厅中，她最近的健康问题以及朋友和爱人的离世给

她带来了很大压力。几个星期后，她又经历了一次惊恐发作，这次是在一家杂货店。索菲亚渐渐地减少了自己与外界的联系，害怕自己随时可能发作，并担心自己在公共场合将是无助、沮丧和尴尬的。索菲亚最初的困扰已经发展成_____。

A. 恐高症   B. 广场恐惧症

C. 人格障碍   D. 幽闭恐惧症

6. 关于 PTSD 的病因与发展，下列哪一项陈述最能说清楚我们所知道的特征？

A. PTSD 是由单一基因变异引起的，这种基因变异使得周围神经系统过度活跃

B. 大多数经历过恐怖战争的退伍军人都患有 PTSD

C. 童年创伤能够解释 PTSD 的大多数病例（约70%）

D. PTSD 似乎是经历创伤之前的认知功能或神经系统受损的结果，并由创伤事件引发

7. 迈卡每天洗好几次脚。他使用硬毛刷和消毒剂擦洗，然后用滚烫的热水冲洗，然后相继使用机械除油剂、沐浴露和有刺激性的碱液肥皂。12个小时内，他每4个小时重复一次上述步骤。迈卡表现出了典型的_____的特征。

A. 精神错乱   B. 强迫观念

C. 强迫行为   D. 人格障碍

8. 西西尔越来越无精打采，感到自己毫无价值、绝望，且非常非常悲伤。对过去能给他带来快乐的活动，现在他也都没兴趣了。他不得不定期强迫自己吃东西。西西尔最有可能被诊断出患有_____。

A. 广泛性焦虑障碍

B. 重性抑郁

C. 躁狂症

D. 双相障碍

9. 艾丽娅和她的大学室友金妮亚一起生活了两个多月。她们成了好朋友，但是艾丽娅却越来越被金妮亚的行为所困扰。有三天时间，金妮亚关着灯躺在床上，沉默寡言，对她的朋友和课程都不感兴趣。然而，有一天，艾丽娅回到宿舍，发现金妮亚把所有的家具都堆在房间中央，她把自己比作米开朗琪罗，兴奋地谈论着用牙刷刷天花板，气喘吁吁地描述着如何制订出主修艺术、生物化学和政治科学三个学位的计划。艾丽娅陪金妮亚去了学院的健康中心，在那里金妮亚可能会得到_____的初步诊断。

A. 双相障碍

B. 强迫性障碍

C. 边缘型人格障碍

D. 重性抑郁

10. 抑郁的人通常有这样的认知习惯，他们相信自己的情境是_____和_____。

A. 可怕的；短暂的

B. 外源性的；内源性的

C. 未诊断的；可治疗的

D. 永久的；无法控制的

11. 以下哪一项不是诊断边缘型人格障碍的主要特征？

A. 极端的负性情绪

B. 不稳定的人际关系

C. 缺乏悔恨感

D. 无法调节情绪

12. 反社会人格障碍与精神病态的区别在于_____。这个特征在精神病态者的身上是存在的，但不存在于反社会人格障碍患者身上。

A. 冲动行为   B. 不负责任的行为

C. 缺少悔恨感   D. 违法

13. 精神病态的两个主要特征是_____和_____。

A. 没有恐惧感；缺乏同情心

B. 不稳定的关系；社会不适

C. 寻求关注；需要赞美

D. 高智商；精心计划

14. "酗酒者无法改变自己，一朝酗酒，终身酗酒。"

这种观点与成瘾的_____模型是一致的。

A. 分离   B. 联想

C. 学习   D. 生物学

15. "一个人对某种物质成瘾的程度取决于他或她所处的环境；成瘾问题的解决应该强调环境的改变和对生活技能的更好学习。"这种观点与成瘾的_____模型是一致的。

A. 学习   B. 依恋

C. 生物学   D. 调节

16. 那些采用成瘾_____模型的人倾向于鼓励禁欲计划，而采用成瘾_____模型的人倾向于鼓励适度摄入计划。

A. 分离；依恋   B. 学习；生物学

C. 依恋；分离   D. 生物学；学习

17. 下列哪一项陈述属于反对 DID 传统临床观点的具有破坏力的证据？

A. DID 患者的那些分离人格通常彼此隐藏

B. 不同"分身"的言谈举止可能各不相同

C. DID 患者的自传体记忆可以在各分身之间转移

D. DID 患者可能存在不止一个"分身"或可被

识别的人格

18. 基于科学的实证研究，以下哪一项陈述是对几十年前 DID 爆发的最好解释？

A. 患有 DID 不再被视为耻辱，患者比过去更愿意寻求治疗

B. 更好的测验和精确的分类使 DID 的诊断结果更为准确

C. 治疗性建议和影响可能会创造出不存在的"分身"

D. 临床技能训练的改进使从业人员能够在其委托人群中识别出 DID

19. 下列哪一项不是精神分裂症阴性症状的例子？

A. 社交活动减少

B. 缺少照顾自己的能力

C. 妄想

D. 情感淡漠

20. 精神分裂症患者的以下哪一个脑结构会扩大？

A. 脑室

B. 前额叶皮层灰质体积

C. 颞叶皮层灰质体积

D. 小脑

第16章
治疗方法

你需要做什么？

　　心理学是一门研究我们日常思考、感受及行为的科学。学习本章之前，我们有关于你自己日常生活的问题要问你。我们希望这只是你在阅读本章时思考自己人生经历的开端。

提出问题，乐于思考

　　你是否听媒体报道过抗抑郁剂会增加年轻人自杀的风险？

□是

□否

　　你是否经历过创伤性事件，如战争、暴力、亲人意外死亡或自然灾害？你是否曾被迫离开你成长的国家或文化，在一个新的环境里孤独地挣扎？你在大学里面临的压力如何？你是否曾因压力而感到沮丧、担心或恐慌？

　　对于大多数我们都会遇到的情感问题，两个最好的疗愈者分别是时间和来自朋友或所爱之人的支持。然而，对一些人来说，时间、朋友和家庭是不够的，他们继续受到一般生活困难（如家庭分歧或对公开演讲的恐惧，或是抑郁症、广泛性焦虑症或创伤后应激障碍等心理障碍）的困扰。在这些情况下，哪些疗法会有所帮助？这些疗法是怎么起作用的？这些疗法都安全吗？我们的调查结果显示许多学生都听说过抗抑郁剂增加了年轻人自杀风险的媒体报道。有证据支持这个令人担忧的说法吗？

　　在这一章，我们将评估两种治疗方法：（1）生物治疗，主要由精神病学家或其他医师提供，包括药物或其他对脑功能的外部调节；（2）心理治疗，特别是心理动力疗法、认知疗法和行为疗法、人本主义疗法、家庭疗法或夫妻疗法。我们将评估哪种药物和心理治疗对哪些问题最有效，哪种药物和心理治疗对哪些问题没有帮助甚至可能是有害的。

16.1　心理障碍的生物治疗

　　数百年来，人们一直试图确定心理障碍的起源。在不同时期，心理障碍的发作被归因于恶魔、颅内压、疾病或恶劣的外部环境。当今，生物解释和治疗占据了主导地位，一部分原因是有证据表明，某些心理障碍具有遗传成分或者涉及生化或神经异常，另一部分原因是医生和制药公司一直在积极推广生物医学解决方案。

16.1.A　药物问题

　　学习目标 16.1.A　描述治疗心理障碍常用药物的主要类别，并讨论与药物治疗相关的主要注意事项

　　最常用的生物治疗是药物，药物可以改变脑中神经递质的产生或反应。近年来，用于治疗如精神分裂症这类重度心理障碍，以及焦虑和抑郁这类更常见心理障碍的药物则被广泛宣传和使用。因而，消费者需要了解这些药物是什么，如何才能最好地使用这些药物，以及这些药物的局限性。

Jerry Cooke/Corbis Historical/Getty Images

　　在抗精神病药物问世之前，重度心理障碍患者经常被套上紧身衣或拴在床上，以防止他们伤害自己或他人。

　　通常用于治疗心理障碍的药物　用于治疗心理

障碍的药物主要有四类：

1. 抗精神病药物（antipsychotic drugs）主要用于治疗精神分裂症和其他精神病。然而，抗精神病药物越来越多地在批准范围之外被用于治疗非精神病障碍，如抑郁症、双相情感障碍、创伤后应激障碍、自闭症、注意力缺陷多动障碍和痴呆。抗精神病药物可分为两类：较老的抗精神病药物（有时称为神经阻滞剂或"第一代"抗精神病药物），如氯丙嗪和氟哌啶醇，以及较新的（"第二代"）抗精神病药物，如氯氮平和利培酮。

大多数抗精神病药物被设计用于阻断或降低脑受体对多巴胺的敏感性，有些抗精神病药物还能阻断 5 - 羟色胺。抗精神病药物可以减少激越、妄想和幻觉症状，并能缩短精神分裂症发作时间。但它们对精神分裂症的其他症状，如冷漠、情感淡漠或无法与他人互动，几乎没有任何缓解作用。这就是单靠药物不足以帮助精神分裂症患者管理自身症状的原因。

抗精神病药物

主要用于治疗精神分裂症和其他精神病的药物。

抗精神病药物通常会引起令人不安的副作用，特别是肌肉僵硬、震颤和其他不自主的肌肉运动，这可能发展成一种运动障碍，称为迟发性（晚期出现）运动障碍。另一个潜在的副作用是每年多达 100 磅的体重急剧增加，这可能导致个体罹患糖尿病（Nasrallah, 2008）。

虽然现在较新的药物占抗精神病药物市场的 90%，但它们似乎并不比出现较早、价格较低的抗精神病药物更有效（Hasan et al., 2017；Lieberman et al., 2005；Swartz et al., 2007）。此外，新旧抗精神病药物的副作用通常有所不同（Grunder et al., 2016；Leucht et al., 2013）。虽然抗精神病药物有时被用来治疗与注意力缺陷多动障碍、痴呆和其他精神问题相关的冲动性攻击，但它们在这方面是无效

的。一项研究追踪了年龄在 18~65 岁之间的 8 名患者，他们分别被给予第一代抗精神病药物、第二代抗精神病药物或安慰剂（非活性糖丸），并参与治疗（Tyrer et al., 2008）。结果发现，安慰剂组改善最明显。还有研究表明，大约五分之一的患有创伤后应激障碍的退伍军人服用了抗精神病药物，但抗精神病药物在减少这种障碍的症状方面是无效的（Krystal et al., 2011）。

Nancee E. Lewis/San Diego Union – Tribune/
ZUMA Press/Alamy Stock Photo

Damian Dovarganes/AP Images

抗精神病药物可以帮助一些精神分裂症患者过上正常的生活。首先看丹尼·邓恩（Danny Dunn，坐着的人）和她的母亲。尽管丹尼在 17 岁时被诊断患有精神分裂症和双相情感障碍，但药

物治疗、心理治疗和家庭支持有助于恢复她的社会功能。丹尼说："我仍然面临挑战和问题，但生活比过去好得多。"再看南加利福尼亚大学法学教授艾琳·萨克斯（Elyn Saks），她也从药物治疗和心理治疗中获益，并写了一本讲述她"疯狂之旅"的回忆录。因为她对精神卫生法的贡献，她获得了麦克阿瑟基金会的"天才奖"。

2. 抗抑郁剂（antidepressant drugs）主要用于治疗抑郁症、焦虑症、恐惧症和强迫症。单胺氧化酶抑制剂（monoamine oxidase inhibitors, MAOIs），如苯乙肼，通过阻断或抑制一种使神经递质失活的酶，提高脑中去甲肾上腺素和 5 - 羟色胺的水平。三环类抗抑郁剂，如阿米替林，通过阻止释放这些物质的细胞对这些物质的正常再吸收或"再摄取"，来提高去甲肾上腺素和 5 - 羟色胺的水平。对于重性抑郁症来说，这些较老的抗抑郁剂通常比新近流行的抗抑郁剂更有效，新近流行的抗抑郁剂被称为选择性 5 - 羟色胺再摄取抑制剂（selective serotonin re-uptake inhibitors, SSRIs），如氟西汀、舍曲林和帕罗西汀（Healy, 2012）。SSRIs 起作用的原理与三环类抗抑郁剂相同，但更针对 5 - 羟色胺（在某些情况下，也包括去甲肾上腺素）。一项元分析发现，抗抑郁剂比安慰剂能更有效地治疗成人抑郁症（Cipriani et al., 2018）。

> **抗抑郁剂**
> 主要用于治疗抑郁症和焦虑症的药物。

然而，抗抑郁剂也会产生一些令人不快的副作用，包括口干、头痛、便秘、恶心、躁动、胃肠问题、体重增加，以及性欲下降、性高潮受阻或延迟（Hollon, Thase & Markowitz, 2002）。不同药物的副作用有所不同。MAOIs 会与含有酪胺的食物（如陈年奶酪、腌制食品）相互作用，在服用 MAOIs 时食用这些食物会导致血压提高到危险水平，因此在饮食上必须小心控制。

在没有医生监督的情况下，不应突然停止服用抗抑郁剂，因为突然停药可能会使身体和情绪出现抑郁和焦虑等停药反应，这可能被误认为是复发（Fava et al., 2015；Lejoyeux et al., 1996）。现在，抗抑郁剂被警告会有诱发自杀的风险。当然，一些重性抑郁症患者已经有自杀倾向，这些药物有助于缓解自杀冲动。但这些警告意味着临床医生和患者需要意识到，服用这些药物的人可能会变得更糟；如果发生这种情况，应立即重新评估药物治疗（Healy, 2012）。我们将在本章后面详细讨论这个问题。

3. 抗焦虑剂（anti-anxiety drugs），也称为**镇静剂**（tranquilizers），包括地西泮、阿普唑仑和氯硝西泮等，会增强神经递质 γ - 氨基丁酸（GABA）的活性。镇静剂可以暂时帮助急性焦虑发作患者，但随着时间的推移，它不再起效。如果停止用药，症状往往会复发。服用镇静剂的患者中有很大比例的人会过度使用镇静剂，并出现戒断和耐受性问题（即患者需要越来越大的剂量才能获得同样的效果）。β 受体阻滞剂是一种主要用于治疗心脏不规则跳动和高血压的药物，因其能降低心率和血压，所以有时被当成处方药来缓解急性焦虑发作。但 β 受体阻滞剂没有被批准用于治疗焦虑症，而且似乎不是特别有助于治疗焦虑症（Steenen et al., 2016）。一些证据表明，β 受体阻滞剂普萘洛尔能减轻创伤后应激障碍的症状，但仅在非常特定的时间服用才有效，这个时间就是在患者通过具体描述"重新激活"自身的创伤记忆之前（Brunet et al., 2018）。研究者认为，普萘洛尔阻碍了将重新激活的记忆送入稳定的长时记忆中，从而削弱了记忆。

> **抗焦虑剂（镇静剂）**
> 通常为过度焦虑或忧虑的患者开的药。

4. 心境稳定剂（mood stabilizers）通常用于治疗

双相情感障碍。一种心境稳定剂是碳酸锂，它对脑部有许多不同的影响（Malhi et al., 2013），但它的作用机制尚不清楚。医生必须精确给出剂量，还必须仔细监测血流中的药物水平，因为太少不起效，太多则会有毒性。对一些人而言，碳酸锂会产生短期副作用（震颤）和长期问题（肾脏损害）（Kemp, 2014）。其他治疗双相情感障碍的常用药物包括抗惊厥药物，如

双丙戊酸钠。

心境稳定剂

治疗双相情感障碍的常用药物。

对一些药物及其使用的简要说明见表 16.1。

表 16.1　治疗心理障碍的常用药物

	抗精神病药物	抗抑郁剂	抗焦虑剂	心境稳定剂
例子	氯丙嗪	氟西汀	地西泮	碳酸锂
	氟哌啶醇	苯乙肼	阿普唑仑	双丙戊酸钠
	氯氮平	阿米替林	普萘洛尔	
	利培酮	帕罗西汀		
主要用于	精神分裂症	抑郁症	心境障碍	双相情感障碍
	其他精神病	焦虑症	恐惧症	
	冲动性愤怒	恐惧症	急性焦虑（如演出焦虑）	
	双相情感障碍	强迫症		

关于药物治疗的警示　毫无疑问，药物已经将一些人从绝望情绪中解救出来，并对许多生活在诸如精神分裂症、强迫症和惊恐发作等慢性问题困扰下的患者有所帮助。药物使重性抑郁或其他心理障碍患者能够走出医院。在现实社会生活中，心理治疗也能发挥作用。然而，许多精神病学家和制药公司鼓吹药物的好处，却没有告知公众药物的局限性。

大多数人都不知道发表偏倚是如何塑造我们的知识的。发表偏倚指的是期刊倾向于发表阳性研究结果，不发表阴性或不明确的研究结果。独立研究人员获得了提交给美国食品和药物管理局（Food and Drug Administration, FDA）的关于 12 种常用抗

抑郁剂的未发表数据，从图 16.1 中你可以看到令人惊讶的结果。在 38 项报告阳性结果的研究中，有 37 项得以发表。在 36 项报告不明确或阴性结果的研究中，只有 14 项得以发表（Turner et al., 2008）。更令人担忧的是公正研究的前景，大多数研究药物有效性的研究人员与制药公司有着财务联系，形式是丰厚的咨询费、临床试验资金、股票投资和专利。独立资助型研究往往得不出与商业资助型药物试验相同的阳性结果（Angell, 2004；Healy, 2002；Krimsky, 2003）。因此，在本节，我们想给出一些并非来自制药公司的观点。

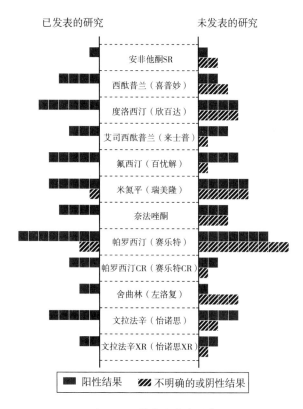

已发表的研究　　　未发表的研究

安非他酮SR

西酞普兰（喜普妙）

度洛西汀（欣百达）

艾司西酞普兰（来士普）

氟西汀（百优解）

米氮平（瑞美隆）

奈法唑酮

帕罗西汀（赛乐特）

帕罗西汀CR（赛乐特CR）

舍曲林（左洛复）

文拉法辛（怡诺思）

文拉法辛XR（怡诺思XR）

■ 阳性结果　　▨ 不明确的或阴性结果

图 16.1　药物和发表偏倚

为了获得 FDA 对新药的批准，制药公司必须提供有关药物有效性的证据。在图中，每个方框代表一项研究成果。在左侧，你可以看到，大多数已发表的研究成果支持了 12 种抗抑郁剂的有效性。但当独立研究人员掌握了所有提交给 FDA 的数据时，他们发现许多未发表的研究都有不明确的或阴性结果（右侧）。（基于 Turner et al., 2008.）

注：SR 和 XR 为缓释制剂，CR 为控释制剂。

1. 安慰剂效应。新药往往承诺快速有效的治疗效果。但**安慰剂效应**（placebo effect）明确了许多人对一种新药的阳性反应，仅仅是因为对新药的热衷，以及药物会让自己感觉更好的期望。然而，一段时间后，当安慰剂效应开始下降，许多药物的效果并不像承诺的那样有效，因此不能广泛应用（Healy，2012；Moncrieff，2001，2013）。

安慰剂效应

药物或治疗表面上的成功是由于患者的期望或希望，而不是药物或治疗本身。

事实上，大量证据表明抗抑郁剂的有效性在很大程度上来自安慰剂效应，对轻度抑郁症患者来说尤其如此（Khan et al., 2003）。总的来说，只有大约一半的抑郁症患者对任何给定的抗抑郁剂有阳性反应，而在这些有阳性反应的患者中，只有不到一半的人对药物的特定生物效应确有反应（Hollon, Thase & Markowitz, 2002）。对超过 5 000 名患者的 47 项临床试验的元分析发现，安慰剂效应"特别大"，可解释 80% 以上的症状缓解。然而，这些药物对重性抑郁症患者最有效（Kirsch et al., 2008）。服用安慰剂后对症状改善的心理期望，实际上引发了一些与药物反应相同的脑部变化（Benedetti et al., 2005）。

2. 副作用和药物停用。患者可能在短期内遵医嘱使用抗精神病药物或抗抑郁剂。然而，部分由于这些药物有令人不适的副作用，之后有 1/2～2/3 的患者会停止服药。停止服药后，疾病很可能会复发，当患者还没有学会如何应对他们的症状时更有可能复发（Hollon et al., 2002）。

一些患者可能会因出现过度的副作用或反应不良进而停止服药，这可能是由药物剂量错误所致。在不同年龄、性别和种族的人中，相同剂量药物的代谢可能不同（Chaudhry et al., 2008；Harvey et al., 2007）。由于药物代谢、体脂量、脑中药物受体的数量或类型，以及吸烟和饮食的文化差异等原因，人们可能会在耐受的剂量上有所不同。研究人员正在研究是否可以使用基因测试来帮助确定药物剂量，甚至在治疗开始之前，确定患者在给定的剂量下出现严重副作用的可能性（Zhu, Klein-Fedyshin & Stevenson, 2017；Zeier et al., 2018）。这样的治疗前测试有助于为患者选择更合适的治疗方法，从而更快地实现症状缓解。

3. 忽视有效的、可能更好的非医学治疗。药物被广泛使用，一方面是由管理护理组织的压力所推动的。管理护理组织愿意支付患者一次处方费用，而不是十次心理治疗费用。药物被广泛使用的另一方面原因是制药公司的营销和广告。在 1997 年，美国 FDA 允许制药公司直接面向公众做广告，而世界上大多数国家仍然禁止这样的做法。目前，大多数看电视的美国人对药物广告中的那些卡通人物、动画和不切实际的快乐的人都非常熟悉。

因为这些广告承诺了如此美妙的结果，药物治疗看起来似乎是处理情绪或行为问题的最佳方法，随之，消费者开始购买新药，新药的销售飙升。但非医学治疗可能同样有效甚至更有效，这取决于具体情况（Cuijpers et al.，2013）。来看这项研究：超过 168 000 名儿童被转到行为护理机构，以治疗注意力缺陷多动障碍。超过 60% 的男孩和 23% 的女孩服用了哌甲酯或其他药物。但经过 6 次对儿童的行为治疗和 10 次与家长的会谈后，只有 11% 的男孩和 2% 的女孩仍需服药（Cummings & Wiggins，2001；March，2011）。

4. 时间和药物相互作用下的未知风险。无限期服用抗抑郁剂的效果仍然是未知的，特别是对儿童、孕妇和老年人等弱势群体来说。一种药物没有经过数年的临床使用，我们就无法知道其长期效果如何。

将大多数新药推向市场的成本很高，制药公司认为其无法等待数年来确定药物是否存在长期危害。新药最初只在几百人身上进行几个星期或几个月的测试，即使这种药物可能需要无限期服用（Angell，2004）。许多精神科医生仍为现有的抗精神病药物和抗抑郁剂未能帮助所有患者而感到沮丧，因此他们采用"鸡尾酒疗法"。在这种疗法中，一种药物用于治疗焦虑，另一种药物用于治疗抑郁，还有一种药物用于治疗副作用。这些精神科医生报告说，"鸡尾酒疗法"在某些情况下取得了成功，但到目前为止，对这些组合方法的好处和风险的研究还很少。

5. 未经测试的核准标示外使用。大多数消费者没有意识到，在 FDA 批准一种药物后，医生被允许在最初测试的人群之外为其他疾病和其他人群开具处方。如前所述，一些抗精神病药物被用于治疗非精神病性疾病。而且，一些核准标示外使用的药物，如抗精神病药物，后来确实通过测试被证明对非精神病性疾病是有效的（Watts et al.，2013）。

未来，你将会听到解决常见心理问题的许多"有前景的药物"，这些心理问题如记忆力减退、吸烟和酗酒。制药公司正在针对这些问题研发药物。但我们希望你能抵制住在任何新药浪潮上跃进的冲动。批判性思维者必须权衡治疗心理问题的药物的好处和局限性，等待关于安全性和有效性的数据，并抵制过度简化的诱惑。

16.1.B　直接脑干预

学习目标 16.1.B　确定用于治疗心理障碍的直接脑干预形式，并讨论每种干预的局限性

在人类历史的大部分时间里，精神性疾病患者经常得到相当极端的"帮助"。一个善意的术士，或者几个世纪后的一位医生，会试图通过在受害者的头骨上钻洞，来释放被认为是导致病症的"精神压力"。这没有任何治疗作用！

在现代通过精神外科方法治疗精神性疾病的尝试中，最著名的是直接脑干预，它发明于 1935 年，当时一位葡萄牙神经学家安东尼奥·埃加斯·莫尼兹（António Egas Moniz）在一位精神病患者的头骨上钻了两个洞，并使用一种仪器来损毁从前额叶到其他区域的神经纤维。这种手术被称为前脑叶白质切除术，目的是减轻患者的情绪症状，而不损害智力。令人难以置信的是，这项技术从来没有经过科学的评估或验证，却在 4 万多美国人身上实施了，包括约翰·F. 肯尼迪（John F. Kennedy）总统的妹妹罗斯玛丽（Rosemary）。不幸的是，前脑叶白质切除术使许多患者变得麻木、孤僻和生活无法自理（Dully, 2008；Raz, 2013；Valenstein, 1986）。然而，莫尼兹却因这项技术获得了诺贝尔奖。

幸运的是，其他形式的精神外科手术比前脑叶白质切除术更有效。扣带前回毁损术是一种更精确的方法，已被证明有助于治疗重性强迫症和抑郁症（Banks et al., 2015；Shields et al., 2008）。治疗过程包括通过颅骨上的一个洞插入电极，并将电极插到背侧前扣带回皮质，这是一个被认为在焦虑和情绪障碍中起重要作用的脑区。电极的尖端被加热，形成一个小的损毁点。通常，在患者脑中会产生多个损毁点。在接受扣带前回毁损术的强迫症患者中，45%～70% 的症状有所改善。值得注意的是，只有之前治疗无效的、最严重的患者才被允许接受这种侵入性手术（Banks et al., 2015）。不需要打开颅骨的伽马射线或聚焦超声这类侵入性较小的精神外科手术方式也正在兴起（Jung et al., 2015；Rasmussen et al., 2018）。

另一类精神外科手术是脑深部电刺激（DBS），最初被批准用于治疗帕金森病和癫痫患者，现在它被用来治疗各种心理障碍，如强迫症和抑郁症（Sharma et al., 2015）。

DBS 需要通过手术将电极植入脑部，并在锁骨下嵌入一个类似于起搏器的小盒子。但它也具有实验性和风险性（Lozano et al., 2008）。批评人士担心，该技术尚未得到充分测试，其有效性和长期副作用在很大程度上尚不明晰（Barglow, 2008；Fins et al., 2011）。

改变脑功能的另一种方式是电刺激脑外部。最古老的方法是**电休克疗法**（electroconvulsive therapy, ECT），或"休克疗法"，尽管没有人确切知道它的作用机制，但它可以用于治疗重性抑郁症。具体来说，将电极放置在头部的一侧，并释放一股短暂的电流。电流会触发癫痫，导致身体抽搐，通常持续一分钟。在过去，有许多关于滥用 ECT 及其对记忆的可怕影响的故事。电影中有对 ECT 的害处和缺陷的描述，如《飞越疯人院》（*One Flew Over the Cuckoo's Nest*）、《闪亮的风采》（*Shine*）和《移魂女郎》（*Girl, Interrupted*）。然而，如今患者被给予麻醉和肌肉松弛剂，所以患者在睡眠过程中完成了 ECT，身体抽搐被减到最少。世界精神病学协会（WPA）和美国 FDA 已经认可 ECT 是安全和有效的，特别是对患有重性抑郁症和自杀冲动的人，以及那些其他治疗方式对其无效的人（Shorter & Healy, 2008；Slade et al., 2017）。每年约有 10 万美国人接受 ECT 治疗。然而，ECT 的情绪改善效果通常是短暂的，抑郁几乎总是在几周或几个月内复现（Hollon, Thase & Markowitz, 2002；FDA, 2011）。ECT 被滥用于如精神分裂症或酗酒等障碍，但它对这些障碍是无效的。

电休克疗法（ECT）
一种用于治疗长期和重性抑郁症的方法。在治疗中，电流被施加到头部，引发短暂的癫痫发作。

神经学家正在研究其他侵入性较小的刺激重性抑郁症患者脑部的方法（Nieuwdorp et al., 2015；Nitsche et al., 2008）。一种是经颅磁刺激（TMS），它包括在个体的前额叶皮层上放置一个产生磁场的线圈，前额叶皮层是抑郁症患者脑中不太活跃的区域。与 ECT 一样，TMS 的好处是，虽然它的效果是短暂的，但它对一些患者确实有效，且副作用比 ECT 小（Brunoni et al., 2016；Prasser et al., 2015）。

直接脑干预治疗障碍

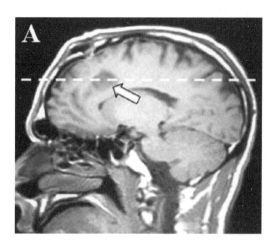

(1) Elsevier

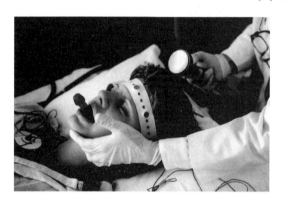

(2) WillMc Intyre/Science Source

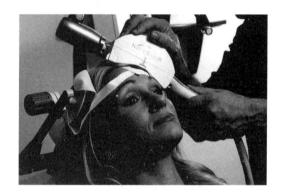

(3) McClatchy Tribune Content Agency LLC/Alamy Stock Photo

(1) 扣带前回毁损术——通过扣带前回毁损术对脑形成损毁点（Shields et al., 2008）。(2) ECT——正在进行电休克疗法。
(3) TMS——个体在接受经颅磁刺激。

日志 16.1 批判性思维：分析假设与偏见

　　你听到一位研究人员声称一种新药在治疗抑郁症上有所"突破"。这种宣称总是令人兴奋不已。为什么人们在判断新药是否是他们所渴望的奇迹之前要保持谨慎？公众通常从制药公司那里得不到哪类信息？

模块 16.1 小考

1. 卡尔受到与精神分裂症相关的幻觉、妄想和激越的折磨。什么药物可能能够缓解症状？

A. 抗抑郁剂

B. 抗精神病药物

C. 抗焦虑剂

D. 碳酸锂

2. 抗抑郁剂一般被称为________，使用时间长于________。如果在治疗过程中食用酪胺含量高的食物，前一种抗抑郁剂会引起严重的副作用。

   A. OBE；MBEs

   B. Omega7s；OCDs

   C. TMSs；DBSs

   D. MAOIs；SSRIs

3. 碳酸锂如何治疗双相情感障碍？

   A. 它减少了胼胝体中酸酐酶6型的产生

   B. 它改变了ASPM基因的组成

   C. 其作用机制尚不明确

   D. 它提高了5－羟色胺受体中DHO－3的水平

4. 一种药物经美国食品和药物管理局（FDA）批准后，医疗专业人员会怎样开具处方？

   A. 不管怎样，医务人员都认为合适

   B. 仅用于药物开发商的预期用途

   C. 用于与最初测试的年龄组相似的年龄组

   D. 用于年龄大于预期人群的人群

5. 什么时候应该使用电休克疗法（ECT）？

   A. 应该首先尝试使用ECT

   B. 当患者自杀倾向强烈且/或所有其他可行的治疗方法无效时，应考虑ECT

   C. 应在药物治疗后、行为治疗前使用ECT

   D. ECT不再被认为是治疗抑郁症等精神性疾病的有效方法

16.2 心理治疗的主要流派

所有优秀的心理治疗师都想帮助来访者以新的方式思考他们的生活，并找到困扰他们的问题的解决方案。在本节，我们将介绍心理治疗的主要流派。为了说明每种流派的哲学基础和方法，我们将虚构一个名叫本的人。本很聪明，但他有拖延症，这个问题对许多学生来说太熟悉了。他似乎不能静下心来写他的学期论文，不断拖延，最终导致不及格。本为什么拖延，从而造成自己的痛苦？什么疗法能帮助他？

16.2.A 心理动力疗法

学习目标 16.2.A 概述心理动力疗法的主要内容

就像弗洛伊德的一个患者所称的那样，他是“谈话疗法”之父。在他的**精神分析**（psychoanalysis）方法中，患者每周来治疗数天，治疗通常持续数年；患者谈论的不是他们当前的问题，而是他们的梦和他们对童年的记忆。弗洛伊德认为，对这些梦和记忆的深入分析将使患者洞察他们症状的无意识原因。弗洛伊德认为，随着洞察和情感宣泄，患者的症状会消失。

精神分析

一种人格理论和心理治疗方法，由弗洛伊德提出，强调对无意识动机和心理冲突的探索。

弗洛伊德的精神分析方法后来演变成许多不同形式的心理动力疗法，所有这些疗法都以探索人格无意识动力为目标，如防御和冲突。这些疗法的支持者通常把它们称为“深度”疗法，因为其目的是深入探究被认为是患者问题根源的深层次、无意识的过程，而不是专注于更“表层”的症状和意识层面的信念。

大多数心理动力疗法的一个主要成分是**移情**（transference），来访者将他或她内心的情感——通常是对自己父母的情感——转移到治疗师身上。你是否曾经迅速对一个新认识的人有过不同寻常的喜爱或厌恶，后来意识到这是因为那个人让你想起了你所喜爱或厌恶的某个人？这种经历类似于移情。在治疗中，女性可能会把她对父亲的爱转移给治疗师，相信她已经爱上了治疗师。一个被母亲拒绝因而无意识生气的男性，可能会对他的治疗师去度假感到愤怒。通过对治疗环境中移情的分析，心理动力治疗师认为，来访者可以看到他们的情绪冲突所起的作用，并运用它们（Dahl et al., 2016; Westen, 1998）。

移情

心理动力疗法中的一个关键过程。在这个过程中，来访者将无意识的情绪或反应，如对他或她父母的情感，转移到治疗师身上。

当今，大多数心理动力治疗师从其他形式的治疗中借用方法。与传统的治疗师相比，他们更关心帮助来访者解决他们的问题和缓解他们的情绪症状；他们倾向于限制特定的治疗次数，例如 10 次或 20 次。也许他们可以帮助我们的朋友本获得洞察，他的拖延表现是向其父母表达愤怒的方式。他可能会意识到，他的愤怒是因为父母坚持让他为不喜欢的职业而学习。理想的情况下，本将自己洞察到问题背后的原因。但如果治疗师指出问题背后的原因，本可能会变得具有防御性而无法接受。

Lorraine Bracco & James Gandolfini/
HBO/AF Archive/Alamy Stock Photo

心理动力治疗师强调移情的临床重要性。通过移情这个过程，来访者将其生活中指向重要他人的情感转移到治疗师身上。

在 20 世纪初，讲述黑手党故事的连续剧《黑道家族》（*The Sopranos*）是第一部广泛关注心理治疗的电视节目，其中一个反复出现的情节是托尼·索普拉诺（Tony Soprano）对他的治疗师詹妮弗·梅尔菲（Jennifer Melfi）的浪漫情感。事实上，在某一时刻，托尼试图亲吻梅尔菲医生；梅尔菲医生向他解释说，他的情感实际上是他们在一起治疗过程中取得的成效导致的，与移情过程有关。

16.2.B 行为疗法与认知疗法

学习目标 16.2.B 描述行为疗法和认知疗法

采用行为疗法的临床医生会直接解决这个问题：在本所处的环境中，哪些是维持他的行为的强化物？采用认知疗法的临床医生将专注于帮助本了解他对学习、写论文和成功的信念是如何不切实际。通常这两种治疗方法会结合在一起使用。

行为技术 **行为疗法**（behavior therapy）基于经典条件反射和操作性条件反射的原理。以下是其中四种方法（Martin & Pear, 2014）：

1. 行为自我监控。在你改变行为之前，**行为自我监控**（behavioral self-monitoring）有助于识别支持行为的强化物：来自他人的关注，暂时缓解紧张或不快乐，或如金钱、美食这样的有形回报。行为自我监控的一个方法是记录你想改变的行为。你想少吃甜食吗？你可能不知道你一整天吃了多少，行为记录将显示你在什么情况下吃了多少。母亲可能会抱怨她的孩子"总是"发脾气，行为记录将显示孩子发脾气的时间、地点与对象。当不想要的行为以及维护该行为的强化物被识别出来后，你就可以设计一个治疗程序来改变它。例如，你可能会找到除了吃之外的其他方法来减轻压力，并确保你在下午晚些时候身体能量较低时远离垃圾食品。母亲能够学会有效回应孩子发脾气的行为，并不是用她的关注（或用饼干来换取平静），而是把孩子带到一个没有积极强化物的角落，等孩子平静下来。

行为疗法

一种应用经典条件反射和操作性条件反射的原理来帮助人们改变自我挫败行为或有问题行为的治疗方式。

行为自我监控

在行为疗法中，一种对想要改变的行为的发生频率和后果进行详细记录的方法。

2. 暴露。 治疗恐惧和恐慌最广泛使用的行为疗法是**渐进式暴露**（graduated exposure）。当人们害怕某些情况、对象或令人不安的记忆时，他们通常会尽其所能避免面对或思考它。不幸的是，这种看似合乎逻辑的反应只会使恐惧变得更严重。暴露治疗旨在扭转这一趋势。在渐进式暴露中，来访者控制着与恐惧来源的对抗程度。例如，一个恐高者可能会在建筑物的二楼阳台上站立几分钟，直到他的恐惧和痛苦减轻。接下来，他可能会站在三楼的阳台上，然后是四楼的阳台上，依此类推，直到他能从楼顶往外看。一种更令人印象深刻的暴露形式是**满灌**（flooding）。在此疗法下，治疗师直接将来访者带入令其恐惧的情境中（例如，前一个例子中的楼顶），并使之保持在那里，直到来访者的恐惧和痛苦减轻。暴露疗法可以非常有效地治疗特定的恐惧症。例如，在名为《动物星球》（*Animal Planet*）的电视节目中，有一期叫作《我的极端动物恐惧症》（*My Extreme Animal Phobia*），它展示了对动物恐惧的人致力于消除他们对从野生动物到家养宠物的一切恐惧。

渐进式暴露

在行为疗法中，一种暴露治疗形式。令患有恐惧症或惊恐发作的来访者逐级进入令其害怕的情境，直到最后焦虑消退。

满灌

在行为疗法中，一种暴露治疗形式。来访者被直接带入令其害怕的情境，直到最后焦虑消退。

3. 系统脱敏。 系统脱敏是一种较老的行为疗

法，类似于渐进式暴露，但它包含暴露期间的放松（Wolpe，1958）。它是基于经典条件反射的反条件反射过程，其中一种刺激（如蜘蛛）引起不必要的反应（如恐惧），而其他某种刺激或情况可以引起与不必要的反应不相容的反应，将两种刺激相配对。在这种情况下，不相容的反应通常是放松。来访者学会深度放松，之后在想象或观看一系列令人恐惧的刺激时深度放松，这些刺激按照（来访者头脑中）最不可怕到最可怕的层次结构排列。最终，恐惧反应会消失。

有一个日益蓬勃发展的专业领域叫作网络疗法：一些行为治疗师使用虚拟现实（virtual reality，VR）程序来对各种恐惧症患者进行暴露治疗（Gregg & Tarrier，2007；Jacob & Storch，2015；Wiederhold & Wiederhold，2000）。另一些行为治疗师尝试用 VR 程序治疗患有创伤后应激障碍的老兵。在一个名为"虚拟伊拉克/阿富汗"的项目中，退伍军人获得了暴露和脱敏相结合的治疗（Rizzo et al.，2015b）。他们戴着配有视频护目镜和耳机的头盔，能够听到战争的声音，然后玩《全光谱战士》（*Full Spectrum*）VR 游戏的修订版以适应在伊拉克的体验（Halpern，2008；Rizzo et al.，2015a）。

Alain Jocard/AFP/Getty Images

在这个虚拟现实版本的暴露治疗中，一个人使用虚拟现实技术来克服恐高。

4. 技能培训。如果一个人不知道如何与他人闲聊，那么告诉他"不要害羞"是不够的。如果一个人不知道如何平静地表达感情，那么告诉他"不要大喊大叫"是不够的。因此，一些行为治疗师使用操作性条件反射技术、榜样模仿和角色扮演来教授来访者可能缺乏的技能。一个害羞的人通过关注其他人而非自身的不安全感，可能学会如何在社交情境中更频繁地互动。心理治疗师针对各种行为问题制订了**技能培训**（skill training）计划：教父母如何管教他们的孩子，教冲动的成年人如何管理愤怒，教自闭症儿童如何在社会环境中生活，教精神分裂症患者如何开展日常工作。治疗师也可以在《第二次人生》（*Second Life*）这样的虚拟程序世界教授这些技能。在与治疗师面对面交谈之后，来访者使用为其创建的虚拟化身来探索虚拟环境并尝试新的行为，治疗师可以同时监控来访者的心理和生理反应。

技能培训

在行为疗法中，治疗师尝试教授来访者可能缺乏的技能，以及用新的建设性行为来取代自我挫败行为。

互动

探索恐惧症

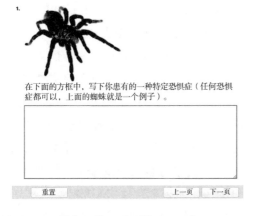

1.

在下面的方框中，写下你患有的一种特定恐惧症（任何恐惧症都可以，上面的蜘蛛就是一个例子）。

| 重置 | | 上一页 | 下一页 |

Aleksey Stemmer/Shutterstock

行为主义治疗师会用几种方式来应对本的拖延症。用日记来监控自身行为会让本知道他是如何花费时间的，以及他实际分配给一个项目多少时间。本需要将一个模糊的庞大目标，比如"我要重构我的生活"，分解为具体的细小目标，比如阅读撰写论文必需的两本书，并写一页论文。然而，如果本不知道如何写作，就算写一页也可能感到难以完成，本可能还需要一些技能培训。他可以通过与导师合作或参加基本的写作课来获得这些技能。最重要的是，治疗师会改变维持本"拖延行为"的强化物，这个强化物也许是与朋友聚会的即时满足，并用其他强化物来取代它，以实现每个具体的工作目标。

认知技术　悲观思维会导致一系列负面情绪和自我挫败行为。**认知疗法**（cognitive therapy）的根本前提是建设性思维与悲观思维相反，能够减轻或消除愤怒、恐惧和抑郁。认知治疗师帮助来访者识别那些不必要地延长了他们的不幸、冲突和其他问题的信念和预期（Beck, 2011）。治疗师要求来访者拿出其所相信的自己是失败的，其他人都是卑鄙和自私的，或者浪漫的关系总是注定会终结的证据。来访者要学会考虑对惹恼他们的人的行为的其他解释：我父亲严格的约束是否像我一直认为的那样是试图控制我？如果他的本意是想保护和照顾我呢？认知疗法通过要求人们识别他们的假设和偏见，检查证据，并考虑其他解释，教导他们运用批判性思维。

认知疗法

一种治疗方法，旨在识别和改变非理性的、非建设性的思维方式，从而减少负面情绪。

亚伦·贝克（Aaron Beck）率先应用认知疗法治疗抑郁症（Beck, 1976；Beck & Dozois, 2011）。抑郁往往产生于特定的悲观思维，即自身痛苦的

来源会永久存在，没有什么好事会再次发生在自己身上。对贝克来说，这些信念是"非理性的"，更准确地说，它们是无效的或基于错误的信息。使用贝克的方法的治疗师会要求来访者根据证据来检验自己的信念。如果你说"但我知道没有人喜欢我"，治疗师可能会说："哦，是吗？你怎么知道的？你真的没有一个朋友吗？过去一年有人对你好吗？"

另一种认知疗法是阿尔伯特·艾利斯（Albert Ellis）的**理性情绪行为疗法**（rational emotive behavior therapy，REBT）（Ellis，1993；Ellis & Ellis，2011）。在这种疗法中，治疗师使用理性的论据直接挑战来访者不切实际的信念或预期。艾利斯指出，那些在情绪上感到不安的人往往过度概括化，他们认为某人的一种令人讨厌的行为意味着这个人在各个方面都是坏的，或者他们犯的一个大家都可能犯的错误是他们一无是处的证据。许多人还泛灾难化，把一个小问题看成了灾难："我这次考试不及格，现在我要被退学了，没有人会喜欢我，我将永远找不到工作。"许多人用他们"必须"做某事的观念把自己逼疯。治疗师直接挑战这些想法，向来访者展示为什么他们是非理性的和被误导的。

理性情绪行为疗法（REBT）

一种由阿尔伯特·艾利斯设计的认知疗法，旨在挑战来访者不切实际的想法。

一位认知治疗师可能会通过让本写下他对工作的想法来治疗本的拖延症，把这些想法当成别人的来看待，然后针对每一个想法都写出一个理性的回应。这项技术将鼓励本检查他的假设和信念的有效性。许多拖延者是完美主义者，如果他们不能完美地做某事，他们就根本不会去做。他们不能接受自己有局限性，制定了不可能达到的标准，并泛灾难化。

互动

理性情绪行为疗法

消极的想法	理性回应
如果我的论文没有获得 A +，我的生活就毁了	如果我一直完不成，我的生活会更糟。即使得到 B，甚至 C，也比什么都不做要好
当我的教授读到这篇论文时，她会认为我是个白痴。我会被她的批评所羞辱	她还没有指责我是个白痴。如果她提出一些批评，我可以从中学习，以便下次做得更好

在过去，行为治疗师和认知治疗师会争论改变来访者的行为还是认知更有帮助。但今天，他们中的大多数人认为认知和行为相互影响，这就是认知 – 行为疗法（cognitive-behavioral therapy，CBT）比认知疗法或行为疗法更普遍的原因。

受东方哲学的启发，新近的 CBT 实践者开始对改变来访者自我挫败想法这一治疗目标提出质疑。他们认为，不必要的想法和感受难以完全消除，特别是当人们已经多年如此时。因此，他们提出了一种基于"正念"和"接纳"的 CBT 形式：来访者学会明确地识别和接纳任何负面想法和感受，而不试图消除它们或让它们破坏健康（Khoury et al.，2013；Norton et al.，2015）。不试图说服一个害怕公开发表演讲的来访者，让其认为自己的恐惧是非理性的，基于"正念"和"接纳"的 CBT 治疗师将鼓励来访者接纳焦虑的想法和感受，而非粗暴地评判它们或自己。然后，虽然他仍焦虑，但他可以专注于应对技巧和演讲方式。另一个基于正念的认知疗法的有效版本增加了东方传统的"专注呼吸"，当来访者处于情绪低落状态或出现消极、抑郁思维的下降螺旋时，他会被要求练习这种方法（Coelho，Canter & Ernst，2007；Segal，Teasdale & Williams，2004）。通过安静地坐着，把注意力集中于当下，特别是对呼吸的意识上，一个人可以打断消极思维的下降螺旋。健康心理学家指出这种技术可以减轻压力，改善日常生活。

16.2. C 人本主义疗法与存在主义疗法

学习目标 16.2. C 总结来访者中心疗法与存在主义疗法的异同

在 20 世纪 60 年代，人本主义心理学家不认可当时占主导地位的两种心理学取向，即精神分析和行为主义。人本主义心理学家认为精神分析的重点是有问题的性冲动和攻击性冲动，对人性的看法过于悲观，它忽视了人类的韧性和快乐的能力。人本主义心理学家认为行为主义强调可观察的行为，将其视为过于机械化和"无脑"的人性观，忽视了对大多数人来说真正重要的东西，即独特的人类希望和期待。在人本主义心理学家看来，人类的行为并非完全由无意识的冲突或环境决定。人有自由意志，因此比精神分析学家或行为主义学家所预测的那样更有能力进行自我塑造。人本主义心理学过去和现在的目标都是帮助人们创造性地表达自己，开发他们的全部潜能。

人本主义疗法（humanist therapy）是建立在人本主义哲学的基础上的，并从"性本善"的假设出发，认为只有当人们被自我强加的限制扭曲时，他们才会表现出不良行为或出现问题。因此，人本主义治疗师想知道来访者是如何主观地看待自己的情况，以及他们是如何解释周围世界的。人本主义治疗师探索"此时此地"发生了什么，而不是过去问题的"原因和过程"。研究表明，人本主义疗法得到了实证支持（Angus et al.，2015）。

人本主义疗法
一种基于人本主义哲学的心理治疗形式，它强调个人成长、韧性、人类潜能的实现以及来访者的改变能力，而不是注定要重复过去的冲突。

在卡尔·罗杰斯创建的**来访者中心（非指导性）疗法**［client-centered（nondirective）therapy］中，治疗师的角色是以一种接纳、非评判的方式倾听来访者的需求，并提供罗杰斯所称的无条件的积极关注。无论来访者的具体抱怨是什么，治疗目标都是建立来访者的自我接纳，并帮助来访者找到更多看待他或她的问题的建设性方式。因此，采用来访者中心疗法的治疗师可能会认为，本的拖延掩盖了他的低自尊，本与他真正的感受和愿望脱节。本没有通过他的课程也许是因为他试图通过主修法律预科来取悦他的父母，而他内心的愿望是成为一名艺术家。罗杰斯（1951，1961）认为，有效的治疗师必须是温暖和真诚的。对罗杰斯来说，共情是治疗师理解来访者的话语和识别来访者感受的能力，是治疗成功的关键因素。共情的表达是"本，我理解你一定感到非常沮丧，因为无论你多么努力，你都不会成功"。来访者最终会内化治疗师的支持，变得更加自我接纳。

来访者中心（非指导性）疗法
卡尔·罗杰斯创建的一种人本主义治疗取向，强调治疗师对来访者的共情和无条件的积极关注。

Rob Marmion/Shutterstock

人本主义治疗师强调温暖、关心和共情性倾听来访者的重要性。

存在主义疗法（existential therapy）帮助来访者面对存在的终极问题，如死亡、自由、孤独和无意义。存在主义治疗师，就像人本主义治疗师一样，相信我们的生活并非不可避免地由我们的过去或环境决定，我们有自由意志来决定我们自己的命运。正如欧文·亚隆（Irvin Yalom, 1989）所说，"治疗的关键第一步是来访者对自身的生活困境承担责任。只要一个人认为自己的问题是由自己之外的某种力量或机构造成的，那么治疗就没有作用"。亚隆认为，治疗目标是帮助来访者应对不可避免的生死现实和追寻生命的意义。他指出，无论我们的经历多么惨烈，"它们都孕育着智慧和救赎的种子"。也许，能够在贫瘠的土地上找到智慧种子的最杰出典范是维克多·弗兰克尔（Viktor Frankl, 1905—1997），他在纳粹集中营幸免于难之后创建了一种存在主义疗法。弗兰克（1955）在那个恐怖的纳粹集中营里观察到，尽管遭受巨大打击，但有些人仍能保持他们的理智，因为他们能够从经历中找到意义。

存在主义疗法

一种治疗形式，旨在帮助来访者探索存在的意义，并面对生命的终极问题，如死亡、自由和孤独。

一些观察者认为，所有的疗法最终都是存在主义的。治疗以不同方式帮助人们决定什么对他们重要、什么价值观指导他们，以及他们将有勇气做出什么改变。一位人本主义或存在主义治疗师可能会帮助本思考他拖延的意义、他在生活中的最终目标是什么，以及他如何找到达成这些目标的力量。

16.2.D 家庭疗法和夫妻疗法

学习目标 16.2.D 列出家庭系统观的特征，并描述它们如何应用于家庭疗法和夫妻疗法

本的情况越来越糟。他的父亲已经开始称他为"明天做事者"，这让他的母亲很难过。他的弟弟是数学专业的，一直在计算本的拖延浪费了多少学费。他的姐姐是一位在生活中从不拖延的生物化学家，

她建议全家去看家庭治疗师。她说："本并不是这个家庭中唯一抱怨的人。"

家庭治疗师坚持认为，本的问题是在他的家庭背景下发展起来的，拖延问题是由他的家庭动力所维持的，他所做的任何改变都会影响所有家庭成员（Nichols, 2012）。最著名的早期家庭治疗师之一萨尔瓦多·米纽庆（Salvador Minuchin, 1984）将家庭比作万花筒，万花筒中不断变化的马赛克图案比其中任何一个都大。这种观点认为，没有其他人的共同努力，孤立地治疗一个家庭成员是注定失败的。只有当所有家庭成员都表露出他们对彼此的不同看法时，才能发现误会和误解。例如，一个十几岁的孩子可能会认为他的母亲是暴躁和唠叨的，而实际上这位母亲那时是疲惫和担心的。父母可能会认为孩子是叛逆的，而事实上，孩子是孤独的，迫切需要被关注。

家庭成员通常没有意识到他们是如何相互影响的。通过观察整个家庭，家庭治疗师希望发现权力和沟通中的紧张和不平衡。儿童可能患有慢性疾病或心理问题，如厌食症，从而影响整个家庭的功能。父母中的一方可能会对生病的孩子过于投入，另一方则会退缩，而每一方都可能开始责怪对方。反过来，孩子可能会将疾病作为表达愤怒、使父母继续在一起或得到父母关注的一种方式（Cummings & Davies, 2011）。

即使不可能治疗整个家庭，一些治疗师也会采用**家庭系统观**（family-systems perspective）来治疗家庭的每个个体，认为人们在一个家庭中的行为与舞伴的行为一样相互关联（Bowen, 1978; Cox & Paley, 2003; Ram et al., 2014）。来访者了解到，如果他们以任何方式做出改变，即使是为了变得更好，他们的家人也可能会大声抗议，或者发送微妙的信息，上面写着"变回去！"为什么？因为当一个家庭成员做出改变时，其他每个人也必须做出改变。俗话说，两个人才能跳探戈舞，如果一个舞者停下来，另一个就必须停下来。但大多数人不喜欢改变，他们对旧的行为模式很满意，即使这些模式会给他们带来麻烦。

家庭系统观

一种通过识别每个家庭成员如何构成一个更大的相互作用系统的一部分来进行治疗的方法。

当一对夫妻经常争论，但从未使问题得以解决时，夫妻疗法也许能帮助他们，夫妻疗法有助于管理所有关系中不可避免的冲突。夫妻关系中最常被抱怨的问题之一是"要求–退出"模式，在这种模式中，夫妻中的一方会纠缠另一方，认为其有过错，要求其做出改变。纠缠的一方越要求，另一方就越退缩、不满或回避该问题（Baucom et al.，2011；Christensen & Jacobson，2000）。治疗师通常坚持见到伴侣双方，以便听到双方的陈述。治疗师会制止伴侣间的责备和攻击（"她从不听我的！""他什么也不做！"），取而代之的是，治疗师专注于帮助这对夫妻解决他们的分歧，克服伤害和指责，并做出具体的行为改变，以减少愤怒和冲突。

许多夫妻治疗师像一些认知治疗师一样，正在远离"解决所有差异"的方法。相反，他们帮助夫妻学会接纳对方的品质，学会在双方品质共存的条件下共同生活，因为这些品质不会有太大改变（Baucom et al.，2011；Hayes，2004）。妻子要停止试图把她平静、稳定的丈夫变成一个自发的冒险家（"毕竟，这是我最初爱他的地方。他像岩石一样稳定"），丈夫要停止试图让他害羞的妻子更自信（"我一直爱她引人注目的宁静"）。

Wavebreakmedia Ltd FUS1606–1/Alamy Stock Photo

夫妻疗法的目的是帮助夫妻双方找到正确的方法来应对会破坏关系的冲突和误解。在治疗环境之外，夫妻双方也能获得类似的潜在好处吗？一项研究给出了一个有趣的肯定答案。具体而言，新婚夫妻被指派观看电影（每周一部，电影是关于婚姻复杂性相关问题的），然后一起讨论。这样的新婚夫妻与参加传统夫妻咨询的新婚夫妻一样，在三年后不太可能会离婚（Rogge et al.，2013）。当然，在得出"在奈飞公司的影片中可以找到'治疗'出现问题的婚姻的最佳方法"这样的结论之前，还需要做更多的研究。

家庭治疗师和夫妻治疗师可以在他们的工作中使用心理动力、行为、认知或人本主义疗法，他们只专注于家庭或夫妻。在本的案例中，一位家庭治疗师会观察本的拖延行为如何符合他的家庭动力。也许拖延可以让本得到他父亲的关注和他母亲的同情。也许拖延会让本能够避免面对他最大的恐惧：即使他完成了工作，也不可能达到如他姐姐和弟弟那样难以想象的高标准。治疗师不仅会帮助本改变他的工作习惯，也会帮助他的家人应对一个做出改变的本。

我们讨论过的各种心理疗法，在理论上有着很大的不同，在技术上也是如此（见表 16.2）。然而，在治疗实践中，许多心理治疗师采取了一种整合法，借鉴了不同流派的方法和观点，避免了对任何一种理论的强烈忠诚。这种灵活性使他们能够使用最合适和最有效的方法帮助来访者。在一项针对 2 400 多名心理治疗师的网络调查中，三分之二的治疗师说他们使用认知–行为疗法，他们追随的最有影响力的治疗师是卡尔·罗杰斯，并且，他们在治疗中经常结合正念和接纳的观念（Cook，Biyanova & Coyne，2009）。

生活叙事是指我们每个人会发展个人故事来解释我们是谁，以及我们是如何变成这样的，这很重要（McAdams & McLean，2013）。所有成功的治疗都有两个关键要素：它们能够激励来访者想要改变，它们用更有希望和更能实现的叙事取代了来访者的悲观或不切实际的叙事（Howard，1991；Schafer，1992）。

表 16.2　主要治疗流派比较

主要目标			方法
心理动力		洞察导致症状持续存在的无意识动机和情感	探究无意识的动机，考察移情过程，探索童年经历
认知-行为	行为	改变问题行为	行为记录、暴露、系统脱敏、技能培训
	认知	改变非理性或未经验证的信念	促使来访者根据证据检验自己的信念；揭露过度概括和灾难化的错误推理；有时帮助来访者接受令人不快的想法和感觉，并与它们共存
人本主义和存在主义	人本主义	洞察力；自我接纳和自我实现；对自己和世界的新的、乐观的看法	提供一个非评判的环境来讨论问题；治疗师使用共情和无条件的积极关注
	存在主义	寻找生命的意义，接受不可避免的丧失	随治疗师而变化；在哲学上讨论生命的意义、来访者的目标，找到在丧失和痛苦中生存的勇气
家庭和夫妻	家庭	家庭模式的修改	可以使用上述任何方法来改变使问题和冲突永久化的家庭模式
	夫妻	解决冲突，打破破坏性习惯	可以使用上述任何方法来帮助夫妻更好地沟通、解决冲突，或接纳不能改变的东西

日志 16.2　批判性思维：分析假设与偏见

　　许多心理治疗师认为治疗是一门艺术，是治疗师和来访者之间的交流，其本质不能被研究所捕捉。这个假设的有效性如何？消费者是否应该认为他们可以根据对治疗满意的来访者的推荐，来选择一种有效和适当的治疗方法以满足自己的具体需要？

模块 16.2　小考

1. 康苏拉已经接受心理动力疗法四个月了。她觉得自己真的和治疗师联系在了一起，治疗师真的以一种前所未有的方式理解她真正的"内在自我"。康苏拉告诉她的朋友，她的治疗师是多么有帮助、富有同情心和关心她，以及她如何期待他们的咨询会谈。当她的治疗师在一次会谈上问她："你今天准备好做些艰难的工作了吗？"康苏拉回答："是的，爸爸。"康苏拉在这个心理动力治疗过程中表现出许多_____迹象。

   A. 身份扩张　　　　　B. 反应形成
   C. 不稳定　　　　　　D. 移情

2. 几十年来，许多家长认为教孩子游泳的方法是带孩子划船到湖中央，然后把孩子扔到船外。这种"沉下去或游起来"的哲学是基于这样的概念，即孩子将迅速学会所期望的行为（游泳），以避免不希望出现的行为（溺水）。在某种程度上，这种方法对应行为治疗技术中的_____。

   A. 满灌疗法　　　　　B. 行为自我监控
   C. 渐进式暴露　　　　D. 系统脱敏

3. "我就是减不了肥！"沮丧的艾玛抱怨道，"我每天都在吃更多的水果和蔬菜，而且我也在少吃甜食和零食。但体重还是没有降下来。""你考虑过记录你的食物摄入量吗?"她的朋友瑞提卡同情地问道,"这样你就可以客观地看到你实际的饮食情况,以此来塑造你的行为目标。"瑞提卡直觉上推荐_____作为艾玛减肥的第一步。

A. 技能培训　　　B. 系统脱敏

C. 行为自我监控　D. 满灌疗法

4. 亚历克斯抱怨道:"我只是对我的生活感到很沮丧。"莫莱医生答复说:"生活可能显得毫无意义和空虚。""上帝对我有什么计划安排吗?"亚历克斯满怀期待地问。"这是一个寒冷而随意的宇宙……"莫莱医生回答。"我知道总有一天我会死,然后我会被遗忘,在此期间,我将在孤独的海洋中跋涉。"亚历克斯低声说。"是的,是的,这可能是真的。"莫莱医生回答。"那么,这一切还有什么意义呢?"亚历克斯问道。"严峻的现实必然激发你的自我实现欲望和个人责任,塑造你的世界、你的道路。"莫莱医生说。看起来莫莱医生赞同什么类型的治疗?

A. 认知-行为疗法　B. 暴露疗法

C. 认知疗法　　　　D. 存在主义疗法

5. 德多梅尼科博士正在解释她的工作方法:"这个单元是由几个单独的、相互作用的部分组成的。如果该单元失效,则可能是组成元素出现了问题。但修复单个元素并不一定意味着该单元将有效运作。单个元素和整个单元都需要修补,以使整个系统再次有效运作。"德多梅尼科博士会支持以下哪种疗法?

A. 生物医学疗法　B. 理性情绪行为疗法

C. 心理动力疗法　D. 家庭疗法

16.3　对心理治疗的评估

可怜的本!他对各种各样的疗法感到有些困惑。他想尽快做出选择,拖延也没有意义!他想知道,是否有科学证据可以帮助他决定哪种疗法或治疗师最适合他?

当你听到"心理治疗"这个词时,你可能会想到各种各样的概念。事实上,这个词描绘了这一节中关于评估心理治疗的单词的特征和出现频率:看看这幅图包含的广泛概念。显示较大的单词出现得更频繁,说明了不同类型的治疗中出现的一些关键概念。

16.3. A　科学家-实践者隔阂

学习目标 16.3. A　定义科学家-实践者隔阂,并确定与评估治疗效果相关的一些问题

许多心理治疗师认为,试图用标准的实证方法来评估心理治疗是徒劳之举,因为数字和图表不可能捕捉到治疗师和来访者之间发生的复杂交流和互动。他们坚持认为心理治疗是一门从临床经验中习得的艺术,而非一门科学。这就是为什么几乎任何方法都可以对一些人起作用(Laska, Gurman & Wampold, 2014; Lilienfeld, 2014)。其他临床医生认为,衡量心理治疗效果的研究忽略了这样一个事实,即许多来访者有各种各样的情绪问题,需要治疗的时间比研究能够允许的合理时间更长(Marcus et al., 2014; Westen, Novotny & Thompson Brenner, 2004)。

就心理研究者而言,他们同意心理治疗往往是一个复杂的过程这一观点。但他们认为,这并不意味着不能对其进行科学研究,因为像语言、人格的发展或坠入爱河的经历这类复杂的心理过程已经得到了科学研究(Crits-Christoph, Wilson & Hollon, 2005; Kazdin, 2008)。此外,研究者担心,当治疗师无法跟上该领域的实证发现时,他们的来访者可能会因此遭受痛苦。研究者指出,关键是治疗师要知道：对特定问题最有益的治疗方法的研究；关于无效或潜在有害的治疗技术的研究；与他们的实践有关的主题的研究，如记忆和儿童发育（Lilienfeld, Lynn & Lohr, 2015）。

多年来，科学家和治疗师之间的裂痕扩大了，形成了通常所称的科学家－实践者隔阂。造成这种隔阂越来越大的一个可能原因是职业学校的兴起：职业学校与学术性心理机构没有联系，只培训学生开展治疗。这些学校的毕业生有时对研究方法，甚至对评估不同治疗技术的研究知之甚少。科学家与实践者之间的隔阂扩大的另一个原因，是在疗法众多的市场上未经验证的疗法的扩散。有些疗法是用一个新的名字重新包装既有技术，有些疗法只是打着治疗师旗号的幌子。

评估疗法存在的问题　考虑到如此多的疗法都自称是有效的，以及保险公司的经济压力和不断上升的健康成本，临床心理学家越来越多地被要求提供有关治疗的实证评估。为什么你不能问问别人治疗是否对他们有帮助呢？答案是：无论涉及什么样的治疗，来访者都有动机告诉你治疗是有效的。"布里特尼克医生是个天才！"他们会惊叹，"如果不是因为布里特尼克医生，我永远不会接受那份工作（或者搬到辛辛那提，或者找到我的真爱）！"任何一种疗法都能从那些觉得它帮助了他们，甚至挽救了他们生命的人那里得到充满热情的评价。

评价是存在问题的。第一，我们谁也不能成为自己的对照组。人们怎么知道他们不会接受这份工作，搬到辛辛那提，或者找到真爱？如果布里特尼克医生没有让他们持续接受治疗，也许这些实现得更早。第二，布里特尼克医生的成功可能是由于安慰剂效应：来访者对成功的预期和对布里特尼克医生的神奇新方法的热议可能是有效成分，而不是治疗本身。第三，请注意，你从来没有听到过那些中途退出的来访者、没有得到帮助的来访者，或者真的变得更糟的来访者的评价。因此，研究人员不能满足于评价，无论评价有多么闪亮。研究人员知道那些把时间、金钱和精力投入某件事中的人通常会告诉你这件事是值得的。几

乎没有人愿意说："是的，我接受布里特尼克医生的治疗五年了，伙计，这是在浪费时间。"

为了防止出现这些问题，一些临床研究人员进行了**随机对照试验**（randomized controlled trials），将有特定问题或障碍的参与者随机分配到一个或多个治疗组或对照组。有些随机对照试验的结果令人吃惊。例如，在自然灾害或人为灾害发生后，心理治疗师经常到现场治疗幸存者的创伤症状。在一项名为"危机事件应激晤谈"（critical incident stress debriefing, CISD）的干预中，幸存者聚集在一个小组中进行"晤谈"，一般持续 1 ~ 3 个小时。小组带领者期望参与者披露他们对创伤经历的想法和情绪，并警告他们可能出现的创伤症状。

随机对照试验

旨在确定药物或治疗形式的有效性的研究。在这种研究中，有特定问题或障碍的人被随机分配到一个或多个治疗组或对照组。

Kevork Djansezian/Getty Images News/Getty Images

发生在科罗拉多州奥罗拉一家电影院中的枪击事件造成 12 人死亡、58 人受伤。两名年轻女子在为枪击事件受害者所建造的临时纪念碑前互相安慰。人们普遍认为，大多数灾难幸存者需要治疗师的帮助，以避免形成 PTSD。证据支持这种信念吗？随机对照研究显示了什么？

然而，对有过烧伤、事故、流产、暴力犯罪和战斗等可怕经历的参与者进行的随机对照研究发现，

创伤后的干预实际上会延缓某些人的康复（van Emmerik et al.，2002；McNally，Bryant & Ehlers，2003；Paterson，Whittle & Kemp，2015）。在一项研究中，严重车祸的幸存者被追踪研究了三年。有些人接受了 CISD 干预，另外一些人没有接受 CISD 干预。结果如图 16.2 所示，几乎每个人都在四个月内康复了，并且三年后仍然状况良好。研究人员将幸存者分成两组：那些事故一开始就有高度情绪化反应的人（"高分者"）和那些事故一开始没有高度情绪化反应的人（"低分者"）。对于后一组，干预没有起什么作用，他们很快就改善了。

现在看看那些受事故的影响心理创伤最严重的人发生了什么：如果他们没有得到 CISD 干预，他们在四个月时也很好，就像其他人一样。但对于那些确实得到干预的人来说，CISD 干预实际上阻碍了改善，他们比研究中的其他人都有更高的压力症状，三年后仍是如此。这些结果以及其他研究结果，均表明 CISD 不是一种有效的干预措施（McNally，2004；Mayou，Ehlers & Hobbs，2000）。

互动

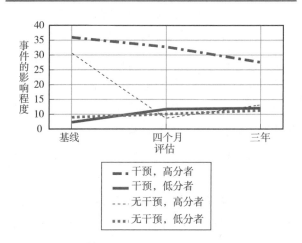

图 16.2　创伤后干预有帮助吗？

在严重车祸事件发生时、四个月后和三年后对幸存者进行评估。一半的人接受了一种创伤后干预，称为危机事件应激晤谈（CISD）；一半的人没有接受干预。正如你所看到的，几乎每个人都在四个月内康复了，但在事故发生后最痛苦且接受 CISD 干预的那组人比其他人有更高的压力症状，三年后仍是如此。治疗实

际上阻碍了他们的康复（Mayou，Ehler & Hobbs，2000）。

因此，你可以看到，为什么对心理治疗主张和方法的科学评估是如此重要。

16.3. B　什么时候治疗有帮助

学习目标 16.3. B　举例说明认知疗法和行为疗法特别有效的领域

我们现在谈谈显示心理治疗存在益处的证据：哪些疗法在一般情况下效果最好，哪些疗法对治疗特定障碍最有效（例如，Chambless & Ollendick，2001）。对于许多问题和大多数情绪障碍来说，认知疗法和行为疗法已经成为广泛使用的治疗方法（Hofmann et al.，2012）。

- **抑郁症**。认知疗法最大的成功是治疗情绪障碍，特别是抑郁症（Beck，2005），当治疗结束时，接受认知疗法的人比接受药物治疗的人更少出现复发。原因可能是，根据 15 个月至多年的后续评估，从认知疗法中获得的经验教训在治疗后持续发挥作用很长时间（Hayes et al.，2004；Hollon，Thase & Markowitz，2002；Watts et al.，2015）。

- **自杀企图**。在一项对 120 名试图自杀并被送往医院急诊室的成年人进行的随机对照研究中，与那些被简单追踪并被转介求助的人相比，接受 10 次认知疗法的人在接下来的 18 个月中再次尝试自杀的可能性只有前者的大约一半。他们在抑郁情绪和绝望感测验中的得分也显著较低（Brown et al.，2005；Ougrin et al.，2015）。

- **焦虑障碍**。在治疗创伤后应激障碍、恐高症和特定恐惧症方面，暴露技术比任何其他方法都更有效。认知 - 行为疗法通常比药物对治疗惊恐障碍、广泛性焦虑障碍和强迫症有效（Adams et al.，2015；Otto et al.，2009；Watts et al.，2015）。

- **愤怒和冲动性暴力**。认知疗法通常能有效减少慢性愤怒、辱骂和敌意，它还教会人们如何更冷静和建设性地表达愤怒（Deffenbacher et al.，2003；

Easton，Crane & Mandel，2018；Hoogsteder et al.，2015）。

- **健康问题**。认知疗法和行为疗法在帮助人们应对以下问题方面非常有效：疼痛、慢性疲劳综合征、头痛和肠易激综合征，戒烟或克服其他成瘾，从贪食和暴饮暴食等饮食失调中恢复，克服失眠和改善睡眠模式，以及管理其他健康问题（Crits-Christoph et al.，2005；Davis et al.，2015；Knoerl et al.，2016；Trauer et al.，2015）。

- **儿童和青少年行为问题**。行为疗法是治疗行为问题的最有效方法：从尿床到冲动性愤怒，甚至是相对严重的心理障碍，如自闭症（Hoogsteder et al.，2015；Scarpa，White & Attwood，2013；Sukhodolsky et al.，2013）。

- **复发**。认知 - 行为疗法在降低物质滥用、抑郁症、性侵犯和精神分裂症等问题的复发率方面非常有效（Hutton et al.，2014；Witkiewitz & Marlatt，2004）。

　　然而，没有单独一种治疗可以帮助每个人。尽管行为疗法和认知疗法取得了许多成功，但它们也曾失败，尤其是在个体没有动机接受行为治疗或认知治疗，或有根深蒂固的人格障碍和精神病的情况下。此外，认知 - 行为疗法是为特定的、可识别的问题而设计的，但有时人们寻求治疗的原因不太明确，比如希望内省自己的感受或探索道德问题。

　　关于治疗需要持续的时间也没有简单的规则。如果它是基于健全的心理治疗原则，有时一次治疗就足以带来改善。此外，有些人和问题需要联合治疗。对患有精神分裂症的年轻人，最好的帮助是将药物与家庭干预疗法结合起来，家庭干预疗法教会父母应对问题孩子的行为技术，并教导家庭如何建设性地应对疾病（Elis，Caponigro & Kring，2013；Goldstein & Miklowitz，1995）。在一项持续两年的研究中，接受家庭干预疗法的精神分裂症患者中只有30% 的人复发。与之相比，在没有接受家庭干预疗法的精神分裂症患者中，有 65% 的人复发。同样，

药物治疗和家庭关注疗法相结合的治疗方法也降低了患有双相情感障碍的青少年的症状严重程度，并延缓了复发（Miklowitz，2007）。

Fotolia

　　康复治疗的一个新方向是使用动物来帮助患有各种心理障碍和身体问题的人。虽然这种类型的治疗越来越受欢迎，但还没有多少研究来评估其有效性（Crossman，2017）。

　　特殊问题和群体　有些疗法针对的是特定群体的问题。康复心理学家关注对因慢性疼痛、身体伤害或其他情况而身体暂时或永久残疾的人的评估和治疗。康复心理学家进行研究以找到最好的方法教会残疾人独立生活，增强他们的动机，使他们享受性爱，并遵循健康的生活规则。由于更多的人在创伤性损伤中幸存下来，并且寿命变长到足以形成慢性疾病，因此康复心理学是一个快速发展的保健领域。

　　有些问题不只需要心理治疗师一对一的帮助。社区心理学家在社区一级制定方案，通常会协调当地医院的门诊服务以及家庭和朋友的支持。一些社区计划帮助患有精神分裂症之类严重心理障碍的人，建立团体之家，提供咨询、工作、技能培训和支持网络。没有这种社区支持，许多患有精神病的来访者在医院接受治疗后，会随意出现在街道上，并停止服用药物。之后，他们的精神病症状复发，又重新

住院，并循环往复。

一种被称为多系统疗法（multisystemic therapy, MST）的社区干预，在减少城市内部混乱社区的青少年暴力、药物滥用和学校问题方面非常成功。基于多系统疗法的社区心理学家将家庭疗法与行为疗法相结合，在与当地领导者、父母和教师形成"邻里伙伴关系"的背景下应用此方法（Henggeler et al.，1998；Swenson et al.，2005；Tiernan et al.，2015）。多系统疗法的前提是，由于攻击性和药物滥用往往是由青少年的家庭、同伴和当地文化强化或引起的，所以如果不"治疗"其所在环境，就不能成功地治疗青少年。事实上，多系统疗法已经被证明比其他方法更有效（Schaeffer & Borduin，2005）。

生物治疗和心理治疗 精神病治疗史上持续时间最长的争论之一是哪种治疗更有效：医学治疗还是心理治疗。这场争论建立在一个共同但错误的假设之上：如果一种心理障碍有生物起源或涉及生化异常，那么生物治疗必定是最合适的。然而，事实上，通过心理治疗改变你的行为和想法，或者就像与安慰剂相关的期望一样，仅仅通过拥有其他新经验，也可以改变你的脑运转方式。

这一令人着迷的思维和人脑之间的联系，在对强迫症患者的正电子发射断层扫描研究中首先被证实。在服用 SSRI 类药物氟西汀的患者中，脑关键部位的葡萄糖代谢下降，表明该药物通过"镇静"该区域产生有益的效果。但是，在没有采用药物治疗而是接受认知-行为治疗的患者中，他们的脑发生了完全相同的变化（Schwartz et al.，1996）。其他一些研究表明，接受认知-行为治疗的患者的脑产生了神经活动的变化，这些变化与抑郁症状的减少有关（Ritchey et al.，2011；Yoshimura et al.，2014）。还有研究表明，生物测量，如特定脑回路的激活，有助于预测个体对认知-行为治疗或药物治疗的反应（Ball, Stein & Paulus, 2014；Dunlop et al.，2017；Shin et al.，2013）。

即使药物是有益的，它们也不足以"治愈"心理障碍。由于生活困难而患抑郁症的人可能会从服用抗抑郁剂中得到帮助，但药物不能教授他们如何应对这些困难。近年来，已有知名人士"站出来"承认自己患有严重的心理障碍，并描述了他们为了生存而付出的代价。例如，坦普尔·格兰丁（Temple Grandin, 2010）描述了她的自闭症，艾琳·萨克斯（Elyn Saks, 2007）讲述了自己学习与精神分裂症相处的引人入胜的故事。虽然这些陈述只是轶事，但它们表明，药物所起的帮助是个体正常生活和工作所需的活动、支持和治疗计划中相对较小的部分。

16.3.C 当干预存在伤害时

学习目标 16.3.C 讨论并举例说明干预措施有可能潜在伤害来访者的方式

在一起轰动全球的惨案中，警方逮捕了四人，指控他们在一次"再生"治疗中因为鲁莽导致十岁的坎迪斯·纽马克（Candace Newmaker）死亡。（据说，该治疗程序被认为有助于被收养儿童通过"重新体验"出生，而与养父母形成依恋联结。）孩子被完全包裹在毯子（"子宫"）里，周围都是大枕头。然后，治疗师们挤压枕头模拟子宫收缩，并告诉女孩从头部开始推开毯子，自己钻出来。坎迪斯反复说她无法呼吸，觉得要死了。但治疗师们没有解开裹住她的毯子，而是说："如果你想出生，你就必须努力推开毯子，还是你想待在里面死去吗？"之后，坎迪斯失去了知觉，被送往当地医院，最终死在那里。康奈尔·沃特金斯（Connell Watkins）和朱莉·潘德（Julie Ponder）是无执照的社会工作者，经营了一家咨询中心，最终因鲁莽导致儿童死亡而被捕入狱。

坎迪斯的悲剧故事是一个极端的例子，但每一次干预都有一些风险（Koocher, McMann & Stout, 2014）。在一小部分情况下，一个人的症状有可能恶化，来访者可能过于依赖治疗师，或者来访者的外部关系可能恶化（Lilienfeld, 2007）。治疗带给来访者的风险随着下列任何一项的出现而增加。

1. 使用实证不支持的、有潜在风险的技术。"再生"疗法出现在 20 世纪 70 年代，它的创始人声称，在洗澡时，他重新经历了自己的创伤性出生。这种方法的基本假设是：人们可以通过"重新体验"从子宫中出生，来治愈创伤、不安全依恋或其他心理问题。这种假设与关于依恋、记忆和 PTSD 的研究相矛盾。此外，为什么有人认为出生是创伤性的？从狭小的房间里出来，看到阳光和父母的笑脸，不是很美好吗？

"再生"是统称"依恋疗法"的各种做法中的一种，这些做法基于严厉的手段，据称这些手段将帮助儿童与父母建立联结。这些手段包括扣留食物、长期隔离、羞辱他们，并要求他们不断锻炼直到精疲力竭（Mercer, Sarner & Rosa, 2003）。然而，虐待手段在治疗行为问题方面是无效的，而且往往适得其反，使孩子愤怒、怨恨和退缩。这些手段并不能帮助一个被收养的或有情感困扰的孩子感到更依恋他或她的父母。

表 16.3 列出了一些干预措施，通过随机对照试验或元分析，发现这些干预措施显示出有伤害来访者的显著风险。

表 16.3　可能有害的干预措施

干预	潜在危害
危机事件应激晤谈（CISD）	情绪症状加重
对恐惧的直接干预	行为问题恶化
促进沟通	关于性虐待和儿童虐待的虚假指控
依恋疗法	儿童死亡和严重伤害儿童
记忆恢复技术（例如，梦的解析）	诱发出创伤、家庭破裂的虚假记忆
"多重人格障碍"导向治疗	诱发出"多重"人格

续表

干预	潜在危害
为有正常丧亲反应的人提供哀伤咨询	抑郁症状加重
针对行为障碍的训练营干预	攻击性和行为问题恶化

资料来源：基于 Lilienfeld（2007）。

Dov Makabaw/Alamy Stock Photo

有问题的青少年参加一个旨在干预不良行为的训练营。精心控制的研究结果表明，这种干预措施的有效性非常值得怀疑。

2. 不适当或强制性影响会给来访者带来新的问题。在任何有效的治疗中，治疗师和来访者会在对来访者问题的解释上达成一致。当然，治疗师会根据自身的受训和思想体系影响这个解释。然而，一些治疗师越过界限。他们如此狂热地相信某些问题或障碍的流行，以至于在实践中诱导来访者产生他们正在寻找的症状（Mazzoni, Loftus & Kirsch, 2001；McHugh, 2008）。治疗师的影响，有时甚至是彻底的胁迫，这很可能是 20 世纪八九十年代许多人被诊断患有多重人格障碍的原因，也是这一期间性虐待记忆恢复流行的原因。

3. 部分治疗师的偏见或无知。一些治疗师可能会因为来访者的性别、文化、宗教或性取向而对一些来访者产生偏见。治疗师可能没意识到他们的偏见，但这些偏见却以非语言的方式表达了出来，使来访者感到被忽视、不受尊重和被贬低（Sue et al.，2007）。治疗师也会试着引导来访者顺应治疗师的标准和价值观，即使它们不符合来访者的最佳利益。多年来，接受治疗的男同性恋者和女同性恋者被告知同性恋是一种可以治愈的精神性疾病。一些所谓的治疗方法是糟糕的，比如电击引发"不适当"的性唤起。虽然这些方法在几十年前就遭抛弃了（Davison，1976），但其他改头换面的疗法（相应从业者声称他们可以将男同性恋者和女同性恋者变成异性恋者）仍继续浮出水面。但没有可靠的实证证据支持这种说法，而且同性恋是一个"可以修复"的问题的想法令人不安。美国心理学会和美国精神病学会都基于伦理和科学反对这种疗法，美国心理学会还发布了自己的"女同性恋、男同性恋及双性恋来访者的心理工作指引"（American Psychological Association，2012）。

4. 部分治疗师的性亲密关系或其他不道德行为。美国心理学会的两个道德准则都禁止治疗师与来访者有任何性亲密关系或其他违反职业道德的关系。有时，一些治疗师的行为就像邪教领袖，这些治疗师说服来访者，使他们相信其心理健康取决于继续治疗，以及切断来访者与"有毒"家庭的联系（Watters & Ofshe，1999）。这样的心理治疗邪教是由治疗师使用的技术造成的，这些技术促使来访者孤立自己，防止来访者终止治疗，并降低来访者的批判性思维能力。

为了避免这些风险，并受益于有效的心理治疗，消费者需要进行学习，并愿意使用我们在本书强调的批判性思维技能，只有这样才能找到恰当的疗法。

现代心理治疗对许多人有着巨大的价值。但是，心理治疗师自己也提出了一些关于他们所做之事的内在价值的争议性问题。个人有多大可能发生改变？心理治疗是否导致了对无尽幸福和实现完全自我的不切实际的观念？许多美国人持乐观的态度——

"让我们快速修复问题"。相反，东方文化对变化的看法不那么乐观，他们往往更能容忍那些他们认为超出人类控制范围的事件。正如我们在本章前面所看到的，一些西方心理治疗师教授正念和最大限度自我接纳的技术，而不是自我完善（Hayes et al.，2004；Kabat–Zinn，1994）。

在共情和知识丰富的治疗师的帮助下，心理治疗可以帮助你做出决定，认清你的价值观和目标；它可以教你新的技能和新的思维方式；它可以帮助你更好地与家人相处，打破破坏性的家庭模式；当看起来没有人关心或理解你的感受时，它可以让你度过这些糟糕的时刻；它可以教你如何应对抑郁、焦虑和愤怒。

尽管心理治疗有很多好处，但它不能把你变成另一个人；它不能把内向的人变成外向的人（反之亦然）；它不能在一夜之间治愈情绪障碍；它不能提供没有问题的生活；它也不能使你的工作变得令你满意，使关系变得稳定持续，使活动变得令你愉快。

16.3. D　文化和心理治疗

学习目标 16.3. D　讨论文化如何影响心理治疗经验

尽管具有不同的背景，许多治疗师和来访者还是建立了良好的工作关系。但有时文化差异会导致由无知或偏见引发的误解（Comas–Díaz，2006；Draguns，2013；Sue et al.，2007）。终身经历种族歧视和普遍的文化不信任可能会使一些黑人无法表露情感，因为他们认为白人治疗师无法理解或接纳他们（Whaley & Davis，2007）。亚裔美国人、拉丁美洲人和黑人来访者更有可能在治疗师的种族与自己匹配时继续接受治疗，误解和偏见可能是导致这种情况的原因之一。当来访者和心理治疗师在文化上相匹配时，他们更有可能分享对来访者问题的看法，商定最佳的应对方式，并对治疗目标有同样的期望（Hwang，2006；Zone et al.，2005）。

越来越多的心理治疗师对与文化差异有关的问题更加敏感，但仍存在一些误解（Arredondo et al.，2005；Sue et al.，2007）。许多来自拉丁美洲和亚洲的来访者可能会对治疗师的正式会谈做出相对被动和遵从的反应，导致一些治疗师将这种文化规范误诊为害羞问题。在拉丁美洲文化中，失魂症或"丧失灵魂"是对极端悲伤或惊吓的常见反应，个体认为他或她的灵魂已经和已故亲属的灵魂一起离开了。一个不熟悉这种受文化影响的反应的心理治疗师可能会得出结论：来访者有妄想症或精神病。拉丁裔也比盎格鲁人更有可能重视关系中的和谐，这往往转化为不愿意对家人或朋友直接表达负面情绪，因此治疗师可能需要帮助这些来访者找到在这种文化背景下更好地进行沟通的方法（Arredondo et al.，2014）。拉丁美洲的临床治疗师已经意识到他们文化中与心理治疗相关的羞耻感，也正在开发相应方法来帮助来访者克服寻求心理帮助的矛盾心理（Añez et al.，2008）。

然而，意识到文化差异并不意味着治疗师应该对来访者抱有刻板印象。毕竟，有些亚洲人确实有过度害羞的问题，有些拉丁美洲人确实有精神病。这意味着治疗师必须确保来访者感到他们是值得信赖和有效的，同时意味着来访者也必须意识到自己的偏见。

了解一种文化的特殊传统，也可以帮助临床治疗师为个人和社区问题设计更有效的干预措施。在西北太平洋地区，美洲原住民和阿拉斯加原住民的药物滥用现象具有广泛和破坏性的影响，将二元文化技能培训与社区参与结合起来是有效的干预方法，社区参与在当地生活中起着至关重要的作用（Hawkins, Cummins & Marlatt, 2004；Smith et al., 2014）。

日志16.3 批判性思维：检查证据

新的疗法通常是建立在人们认为看似合理的观念的基础上的，比如准确的记忆可以通过催眠来"拔除"，或者情绪问题源于分娩时的"创伤"。把一种新的疗法建立在未经检验的直觉上，而不是建立在它有效的证据上，会有什么问题？

模块16.3 小考

1. 卡尔坚称，他有全部且有效地完成了他的工作的"证据"。"我当心理医生已经40年了，"他夸耀地说，"我知道什么对我的来访者有效、什么无效。我可以说我的方法是有效的，因为每次会谈结束时我会询问来访者的治疗感受，他们很快告诉我他们感觉有多好。"卡尔的态度说明了什么？
   A. 治疗同盟
   B. 对心理动力学的拥戴
   C. 人本主义同盟
   D. 科学家–实践者隔阂

2. 拉基沙想寻求治疗以缓解自身的抑郁情绪。根据你所知道的不同类型治疗的有效性，你会向她推荐哪种治疗？
   A. 心理动力疗法
   B. 认知–行为疗法
   C. 精神分析疗法
   D. 人本主义疗法

3. _____心理学家的工作是评估和治疗身体残疾的人。
   A. 可回收   B. 恢复性
   C. 康复   D. 修复

4. 关于认知–行为疗法（CBT）对脑的影响，下列哪一种说法最准确？

A. CBT 可以改变脑功能，这种改变与症状改善有关

B. CBT 对脑功能无影响

C. CBT 可以改变脑功能，但仅发生在颞叶

D. CBT 可以改变脑结构，但不能改变脑功能

5. 以下哪一项在本章没有被确定为心理治疗要避免的潜在风险？

A. 治疗师的不适当或强制性影响

B. 治疗师的偏见或无知

C. 治疗师对文化差异的意识

D. 治疗师使用的技术没有得到实证研究的支持

心理学与你同行

成为聪明的心理治疗消费者

如果你有一个持续存在的问题导致你非常不快乐，而你不知道如何解决它，也许是时候寻求帮助了。为了吸取本章提到的经验教训，你可能需要考虑以下建议：

对处方药广告持怀疑态度。 目前，美国和新西兰是少有的允许制药公司直接向消费者宣传处方药的国家。记住，制药公司做广告不是为了教育你，而是为了卖药给你。咨询你的医生、药剂师，或查阅 FDA 的网站，并通过可靠的来源检查你将要服用的任何药物，而且这种来源不应由制药公司提供。

即使是值得信赖的信息来源，一个批判性思维者也应该对其仔细评估。例如，2004 年，FDA 发出警告，称服用抗抑郁剂的儿童和青少年有更大的风险产生自杀想法和行为。然而，这些警告所依据的元分析有方法上的局限性（Lu et al.，2014）。尽管如此，FDA 的警告被许多媒体报道，这反映在我们于本章开始提出的调查结果上。在这期间，服用抗抑郁剂的儿童和青少年的人数有所减少，而其他类型的治疗没有相应增加，自杀率实际上有所提升（Gibbons et al.，2007；Lu et al.，2014）。因此，似乎 FDA 的警告导致许多人完全拒绝抗抑郁剂治疗，

也许它没有考虑到这样做的潜在风险。记住要检查证据，考虑其他解释！使用抗抑郁剂与产生自杀想法之间的明显关系可能反映了这样一个事实，即服用抗抑郁剂的人在服用之前也可能有自杀想法（Gibbons et al.，2012，2015）。

当你选择治疗师时，做出明智的决定。 确保你正在与一个有适当资质和受过训练且声誉良好的治疗师打交道。你们学校的咨询中心是一个很好的起点。你也可以找大学开设的心理诊所，在那里你可以得到正在受训的研究生提供的治疗，这些学生受到密切的督导，并且费用会更低。

选择最有可能帮助你的治疗方法。 如果有可能，首先要和一位称职的心理治疗师或咨询师谈谈你的问题，询问什么干预可以帮助你。但不要忘记，并非所有的疗法对所有问题都同样有效。你不应该花几年时间在心理动力疗法下治疗惊恐障碍，惊恐障碍通常可以在几次认知 – 行为治疗后得到缓解。同样，如果你有如抑郁、愤怒或焦虑这样特定的情绪问题，或者如果你正在应对慢性健康问题，请找一位认知或行为治疗师。

考虑通过视频或智能手机提供的在线治疗。 许多人不愿意在一对一的治疗会谈中寻求帮助，或者是他们的住址或其他困难使他们无法这样做。临床科学家一直在研究和推动使用科技来帮助这些人（Kazdin，2015）。随机对照研究证明了通过互联网实施 CBT 的有效性（Andersson et al.，2014；Thase et al.，2018）。电话治疗有时被称为"远程心理治疗"或"远程精神医疗"，也是有帮助的，"戒烟热线"能够帮助人们有效戒烟证明了这一点（Lichtenstein, Zhu & Tedeschi，2010；Toll et al.，2015）。然而，如果你通过电子邮件、智能手机或视频与专业治疗师开始任何类型的治疗，请确保治疗师确实是在遵循政府的指导方针来保护你的隐私。虽然通过电子邮件进行治疗似乎是最容易的，但它作为一种治疗形式有严重的局限性，因为治疗师无法看到来访者的

非语言信息，反之亦然。

考虑自助团体。 并非解决所有的心理问题都需要专业人士的帮助。在美国，有 1 000 万至 1 500 万名成年人属于各种自助团体（在线和现场），这些自助团体处理各种各样的问题，涉及酗酒者和酗酒者的亲属、乳腺癌患者、阿尔茨海默病患者的亲属等。自助团体可以使参与者获得如家人、朋友般的安慰和支持，而心理治疗师有时可能不会给予这样的安慰和支持。

然而，你需要保持你的批判性思维能力。自助团体不受法律或专业标准的约束，它们的思想体系和方法有很大的不同。有些团体持接纳和宽容的态度，提供支持和精神指导。另一些团体则带有对抗性和强制性，不赞同该团体前提的人可能会感到异常、疯狂或"拒绝"。

选择有科学依据的自助书，促进现实目标的实现。 从如何训练你的孩子如厕到如何找到快乐，你可以为每一个问题找到一本自助书。批判性思维者应该学会如何区分有效书籍和无效书籍。首先，有效的自助书不承诺不可能的事，而是提出一个具体的、逐步的、得到实证支持的方案，供读者遵循。如果读者能够坚持完成方案，那么它可以像由治疗师实施的治疗一样有效（Rosen et al. , 2015）。

因为世界上充斥着缺乏实证支持的疗法，所以需要知识和批判性思维来区分有益的疗法和有害的疗法，真的疗法和假的疗法。

写作分享：治疗方法

你姐姐告诉你，她已经抑郁好几个月了。同时，她还有睡眠、饮食和专心工作方面的困难。她知道你在上心理学课程，所以她问你她应该试试服用抗抑郁剂还是接受心理治疗。这两个选择的优缺点是什么？你会为她推荐哪个？为什么你会推荐它？

批判性思维演示

主张：学习心理学方法和研究发现可以使你成为一个高效的人

步骤 1. 评判这一主张

当我们通过心理学领域到达旅程的终点时，想想我们所走过的路……我们研究了人脑以及它如何帮助我们理解世界，思维、学习和记忆的认知过程，驱动我们的动机和情感，人们随着时间的推移以及在不同情境下行为方式的改变，损害正常功能的条件和我们能做些什么。

所有这一切的基础是注重批判性思维。因此，当我们结束本书时，让我们再评估一个主张：学习心理学方法和研究发现可以使你成为一个高效的人。

步骤 2. 定义术语

在所有这些章节中，我们都强调了精确定义术语。我们如何定义成为"一个高效的人"？让我们想想这个短语在不同领域可能代表的含义。

Oleksiy Mark/Shutterstock

评估"高效"的一种方法是思考心理学如何帮助学生在其他学科取得成功。心理学被称为"中心学科"，这个领域的方法、研究等经常被其他领域的研究人员引用。心理学和自然科学（如生物学、生物化学、神经科学）之间有明显的重叠。而从人文科学到社会科学再到艺术，许多其他学科都认为心理学的重点是人们如何思考、感受和行为。扎实的心理学基础也有助于其他领域的研究。

Rawpixel/Shutterstock

学习（甚至主修）心理学的学生继续在各个领域取得成功，包括医学、法律、教育、商业、政治、市场营销等。事实上，很难想象一个能做到很好地理解人性的专业不能使人高效。当然，许多学生也从事心理学领域的职业，专注于研究、教学、治疗、咨询，或是这些领域的某种组合。

Cienpies Design/Shutter stock

除了使我们成为高效的人，心理学可以在更多的自身努力下产生积极的影响。从给人留下良好的第一印象到提高记忆力，再到学会如何更好地应对压力或提高睡眠质量，心理学提供了广泛的结论，我们可以将其带入日常生活中。心理学对批判性思维的关注有可能使我们成为更深思熟虑和高效的消费者、选民、公民和朋友。

步骤 3. 分析假设与偏见

有些人可能会反对这种主张，因为他们认为自己已经是关于人们如何思考、感受和行为的专家。他们可能认为心理学只是一种常识。但是，你已经通过各种方式了解了关于人性的直觉和假设的不足。例如，我们认为记忆像照相机一样工作，但在现实中，我们所记得的东西受到偏见的影响并且有局限性。我们假设我们可以高效地执行多重任务，但研究表明并非如此。

常识是有用的！但它并不能取代基于批判性思维和科学观察的结论。

步骤 4. 检查证据

事实上，我们已经将这些批判性思维的步骤应用于评价广泛的主张。想想我们在本书的不同章节检查过的所有不同类型的证据。

支持性证据	反对性证据
人们可以嗅到恐惧	基于电脑的脑力训练游戏将使脑保持年轻
当你被一个问题难住时，你应该"睡一觉"	与以往相比，现在有更多的大学生发生随意性行为
玩暴力电子游戏的孩子学得更暴力	不同的人有不同的学习方式
警察区别对待黑人公民和白人公民	当代年轻人比以往任何时候都更加自恋

步骤 5. 权衡结论

至于我们的主张，大量的定义和证据支持这样的结论：学习心理方法和研究发现可以使你成为一个高效的人。事实上，这一直是这些批判性思维练习的中心目标：阐明心理学的多样应用，并帮助我们从各个方面更高效地评估各种主张。我们希望你能继续养成习惯，对主张有自己的细致评判。

步骤 6. 提出问题，乐于思考

权衡结论对心理学家来说是必不可少的。但也许更重要的是，不满足于此，保持好奇并渴望提出新的问题。

毕竟，在这些章节中，你见到的所有图片，如孔雀和马、鼻子和脑、豌豆和棉花糖、宇航员和警察、美国游客和希腊众神，其中有一张图片你从中所看到的东西比任何其他图片都多，甚至比通过显微镜、科学家或本书作者看到的都要多。哪张图片？做个问题标记。

当你回顾这些特性时，我们希望这将是你首先记住的。这提醒你，一个批判性思维者的工作没有终点，总是有更多的问题要问。

总结：治疗方法

16.1 心理障碍的生物治疗

学习目标 16.1. A　描述治疗心理障碍常用药物的主要类别，并讨论与药物治疗相关的主要注意事项

由于在某些心理障碍中发现的生物异常以及经济和社会因素，精神性疾病的生物治疗越来越受欢迎。最常用于治疗精神性疾病的药物包括抗精神病药物、抗抑郁剂、抗焦虑剂和心境稳定剂。药物治疗的缺点包括安慰剂效应、服用药物但不知道怎样应对自身问题的人的高脱落率和复发率、难以为每个人找到合适的剂量、长期服用药物的风险，以及当同时服用几种药物时可能存在的药物相互作用。不应不加批判地按惯例开药，特别是当心理治疗也能对许多情绪和行为问题起作用时。

学习目标 16.1. B　确定用于治疗心理障碍的直接脑干预形式，并讨论每种干预的局限性

当药物和心理治疗未能帮助精神极度不正常的人时，一些精神科医生会直接干预脑部（精神外科）。前脑叶白质切除术从未得到过任何科学验证，

却在成千上万的人身上实施。扣带前回毁损术在脑中产生一个损毁点，已被证明有助于治疗非常严重的强迫症和抑郁症。电休克疗法（ECT）已成功地用于治疗自杀性抑郁症的急性发作，尽管它有产生的治疗效果不持久的不足。经颅磁刺激（TMS）是一种新的方法，正在被研究用于治疗严重抑郁症。脑深部电刺激（DBS）需要通过手术植入电极和刺激装置。

16.2　心理治疗的主要流派

学习目标 16.2. A　概述心理动力疗法的主要内容

心理动力疗法包括弗洛伊德的精神分析及其现代变异。这些疗法通过专注于移情过程来突破患者的防御，并通过关注童年问题和过去的经验来探索无意识动力。

学习目标 16.2. B　描述行为疗法和认知疗法

行为治疗师借鉴经典条件反射和操作性条件反射的原理。他们使用行为自我监控、渐进式暴露和满灌、系统脱敏和技能培训等方法。认知治疗师旨在改变与消极情绪和自我挫败行为有关的非理性思维。亚伦·贝克的认知疗法和阿尔伯特·艾利斯的理性情绪行为疗法（REBT）是两种领先的方法。认知 - 行为疗法（CBT）是目前最常用的治疗方法。

学习目标 16.2. C　总结来访者中心疗法与存在主义疗法的异同

人本主义疗法认为，人性本质上是好的，它试图通过关注此时此地的问题以及人们的改变能力来帮助人们更好地自我感觉。卡尔·罗杰斯的来访者中心（非指导性）疗法强调治疗师的共情和提供无条件的积极关注的能力的重要性。存在主义疗法帮助人们应对存在的困境，如生命的意义和对死亡的恐惧。

学习目标 16.2. D　列出家庭系统观的特征，并描述它们如何应用于家庭疗法和夫妻疗法

家庭疗法基于个体问题，这种个体问题是在整

个家庭背景下形成的。家庭系统观指任何一个人在家庭中的行为都会影响其他人。在夫妻疗法中，治疗师通常会见到关系中的双方。

16.3　对心理治疗的评估

学习目标 16.3.A　定义科学家－实践者隔阂，并确定与评估治疗效果相关的一些问题

科学家－实践者隔阂已经形成，因为研究人员和临床医生对进行心理治疗和评估心理治疗有效性的实证研究的价值持有不同的假设。在评估心理治疗的有效性时，研究人员需要控制安慰剂效应，并依靠随机对照试验来确定哪些疗法是得到实证支持的。

学习目标 16.3.B　举例说明认知疗法和行为疗法特别有效的领域

有些心理疗法比其他疗法更适合特定的问题。行为疗法和认知－行为疗法往往对抑郁症、焦虑症、愤怒、某些健康问题（如疼痛、失眠和饮食障碍），以及儿童和青少年的行为问题最有效。将家庭疗法与行为疗法相结合形成多系统疗法时，对儿童、患有精神分裂症的年轻人、有攻击性的青少年尤其有帮助。有效治疗所需的时长取决于问题的性质和个体的情况。

学习目标 16.3.C　讨论并举例说明干预措施有可能潜在伤害来访者的方式

在某些情况下，治疗是有害的。治疗师可能会使用没有得到实证支持的和潜在的有害技术，如"再生"；通过不适当的影响或建议无意中使来访者产生新的障碍；对来访者的性别、种族、宗教或性取向持有偏见；行为不符合伦理，例如与来访者发生性关系。

学习目标 16.3.D　讨论文化如何影响心理治疗经验

尽管文化背景不同，治疗师和来访者仍可以建立有效的工作关系。然而，有时文化差异会导致由无知或偏见引发的误解，这些误解可能导致误诊、欠佳的治疗选择或早期中断治疗。当来访者和治疗师在文化上相匹配时，他们更有可能分享对来访者问题的看法，商定最佳的应对方式，并对治疗目标有共同期望。

第 16 章测试

1. 通常用于治疗心理障碍的药物可划分为_____、抗焦虑剂、_____和抗抑郁剂。
   A. 高峰态；低峰态
   B. 抗精神病药物；心境稳定剂
   C. 抗惊厥药物；抗凝血药
   D. MAOIs；SSRIs

2. 医生可能会给双相情感障碍患者开出的药物是_____。
   A. 抗焦虑剂
   B. 镇静剂
   C. 碳酸锂
   D. β 受体阻滞剂

3. 抗焦虑剂通过增强_____的活性来起作用。
   A. γ－氨基丁酸
   B. 锂
   C. 谷氨酸
   D. 交感神经系统

4. 尼科普洛斯医生用阿司匹林来治疗艾伦的抑郁症，但他告诉艾伦，这种药物是一种药效强大的新型抗抑郁剂。在服用了一个月的药后，艾伦报告说他的症状减轻了，他觉得前景变得光明，他的情绪也改善了。这是怎么回事？
   A. 艾伦是被迫这么说的
   B. 用阿司匹林制成的一种新型精神药物已经被发现
   C. γ－氨基丁酸受体在艾伦的中枢神经系统中被激活
   D. 安慰剂效应正在发挥作用

5. 一种涉及切断或以其他方式破坏前额叶皮层与脑
其他部位之间的联系的程序被称为_____。

A. 脑深部电刺激

B. 电休克疗法

C. 前脑叶白质切除术

D. 经颅磁刺激

6. ECT 和 TMS 主要用于治疗_____。

A. 抑郁症

B. 焦虑症

C. 饮食障碍

D. 惊恐障碍

7. 弗洛伊德的心理治疗方法被称为_____。

A. 认知 - 行为疗法

B. 康复

C. 反条件反射作用

D. 精神分析

8. 瑞科怕蛇。他的治疗师提出了一种技术，瑞科首
先学习一些放松方法。在瑞科掌握了自我放松的
方法后，他的治疗师给他看了一张从远处拍摄的
蛇的照片，而瑞科同时练习放松。在掌握了这一
步之后，瑞科按顺序体验了蛇的特写照片，并去
动物园看蛇并触碰蛇。瑞科的治疗师使用了什么
治疗技术？

A. 满灌疗法

B. 系统脱敏

C. 行为自我监控

D. 理性促进援助

9. 弗朗西丝卡希望自己对他人更有耐心，在工作环
境中更放松。她很聪明，知道许愿不会成功！治
疗师通过教授她培养耐心和合作的技巧来帮助
她，比如在回答问题之前默数到三，放置一个计
时器，每两个小时之间设置 10 分钟的休息时间，
以及练习记住她所有同事的名字和爱好。治疗师
正在给弗朗西丝卡提供的是_____。

A. 技能培训

B. 行为自我监控

C. 移情

D. 渐进式暴露

10. "如果我进不了一所好大学，我就永远找不到一
份好工作！"道格对他的治疗师哭诉。"想想
吧，"他的治疗师反问道，"这真的会发生吗，
还是你在小题大做？""但是……但是……如果
我没能进入一所好的大学，我的父母会怨恨我，
我的女朋友会抛弃我！"道格争辩道。"没能进
入一所好的大学并不会剥夺你使得人们爱你的
优秀品质，"他的治疗师回应道，"没能进入一
所好的大学只意味着你没能进入一所好的大学；
它不是世界的尽头，也不意味着天会塌下来。"
道格的治疗师看起来在使用什么疗法？

A. 心理动力疗法

B. 理性情绪行为疗法

C. 精神分析疗法

D. 行为控制疗法

11. "如果我进不了一所好大学，我就永远找不到一
份好工作！"道格对他的治疗师哭诉。他的治疗
师回答说："这真的很让人心烦。大多数人会被
这种经历所困扰，这是一种自然而然的感觉。
你能告诉我更多关于你的感受吗？""如果我没
能进入一所好的大学，我的父母会怨恨我，我
的女朋友会抛弃我！"道格继续说。道格的治疗
师安慰道："错过人生的重要目标肯定会令人失
望，但是真正爱你的人会继续爱你。这只是我
的观点，但我认为重要的是要记住，你是一个
有价值的人，你可以渴望并在你的生活中实现
许多事情。"道格的治疗师看起来在使用什么
疗法？

A. 认知 - 行为疗法

B. 多系统疗法

C. 网络疗法

D. 人本主义疗法

12. 丽莎和埃里森之间存在矛盾。两人似乎在争论金钱问题（丽莎喜欢花钱，埃里森不喜欢花钱），双方在这个问题上的沟通模式不是很好。但在大多数其他方面，两人的关系是相当牢固的，双方肯定彼此相爱和尊重。什么治疗方法对双方有好处？

　　A. 夫妻疗法

　　B. 对埃里森进行行为治疗

　　C. 对丽莎进行行为治疗

　　D. 网络疗法

13. 随机对照试验如何评估治疗的有效性？

　　A. 临床医生的案例笔记代表了对单一个案的不同的观点，由一个合格的心理健康专业小组审查，以得出最好的结论

　　B. 最佳临床实践被编成一本"手册"，并鼓励采用这种治疗观点的临床医生遵循该"手册"。

　　C. 心理学家回顾了针对一个匿名来访者的随机选择的案例笔记，障碍参数已经提前被小心控制

　　D. 患有特定障碍的人被随机分配到一个或多个治疗组或对照组

14. 伊尼戈想戒烟。他应该寻求什么类型的疗法？

　　A. 认知－行为疗法。通过学习技术来改变他的行为和消除他的不良行为

　　B. 心理动力疗法。探索他的口腔固着并解释香烟在他生活中无意识的性含义

　　C. 人本主义疗法。这样，他就可以对他在生活中已经做出的选择感到满意，并接纳他是一个吸烟者，并且是一个好吸烟者的事实

　　D. 存在主义疗法。这样，他就可以意识到吸烟是我们大家必须面对的结局的象征，癌症代表着生存的痛苦

15. 下列哪一项不对接受治疗的来访者构成风险？

　　A. 治疗师对来访者的习俗或文化信息的贬低

　　B. 失眠、食欲增加和性功能障碍等副作用

　　C. 实证不支持的治疗技术

　　D. 治疗师对来访者施加的强制性影响

结语：让这些文字与你同行

自你开始学习本书以来，你已经走了很长的一段路。当你的课程即将结束时，我们邀请你回过头来看看你从一直在探索的所有主题、研究和争议中学到了什么。你能确定一些可以应用于你自身经历的基本原则吗？如果要使书中的理论和发现对你有长期持续的价值，它们必须从书中走出来，进入你的日常生活并得到实际运用。

第1章介绍的四个一般观点在考察对你来说重要的东西时提出了一些问题。当你痛苦的时候，生物学观引导你去问你身体发生了什么。你的身体状况可能会在心理上影响你吗？酒精或其他药物是否会改变你做出决定的能力？学习观引导你关注环境中的强化和惩罚。维持你想改变的（你自己的或别人的）行为会带来什么后果？社会文化观提醒你分析亲朋好友如何支持或阻碍你实现你的目标。你对你作为伴侣、家庭成员、学生或员工的角色感到满意吗？认知观指导你分析你对自身处境的想法。你是否有时想得太多或反复思考消极的想法？你能接受挑战你信念的信息吗？"确认偏见"阻碍你了吗？

开始应用特定心理学概念的一个好方法是回顾本书每一章的关键术语，例如积极强化、控制点或应对策略。想想它们在你生活中的应用方式。正如你在这门课程中所学到的，心理学发现也可以应用于更大的社会问题，如邻居之间和国家之间的争端、偏见和跨文化关系、提高儿童的学业成绩或减少犯罪。

最重要的是，我们希望你能意识到，学习本书的最好方法是实践它所强调的批判性和科学思维的原则。旧的理论可能让位于新的理论，已有的研究发现可能会被新的证据所改变，但心理学方法仍然存在，它们的特征就是批判性思维。

术语表

绝对感觉阈限 刚能引起感觉的最小刺激量。

动作电位 神经元受到刺激时,轴突内外电位差发生短暂变化,产生电脉冲。

激活－整合理论 认为梦是大脑皮层整合和解释脑下部活动所触发的神经信号的一种理论。

肾上腺激素 一种由肾上腺分泌的激素,与情感、压力有关。

肾上腺功能初现 在童年中期出现,肾上腺开始分泌雄激素脱氢表雄酮(DHEA)以及其他激素,它们促进认知和社交的发展。

情感性启发式 倾向于参考自己的情绪而不是客观地估计可能性。

广场恐惧症 害怕和回避那些当自己惊恐发作或出现其他无法忍受的症状时难以逃离或被营救的地方。

算法 一种问题解决策略,即使使用者不知道它是如何工作的,也能产生一个解决方案。

杏仁核 一种个结构,用于评估传入的感觉信息所伴随的潜在生物学影响,并驱动身体对其做出反应。

神经性厌食症 一种特征是担心自己变胖、身体形象扭曲,食物摄入量大幅减少的饮食失调症。

厌食物质 一种降低食欲的化合物,通常导致食物摄入量降低。

抗焦虑剂(镇静剂) 通常为过度焦虑或忧虑的患者开的药。

抗抑郁剂 主要用于治疗抑郁症和焦虑症的药物。

抗精神病药物 主要用于治疗精神分裂症和其他精神病的药物。

反社会人格障碍(APD) 一种人格障碍,其特征是终身不负责任且具有反社会行为,比如违法、暴力和其他冲动的鲁莽行为。

应用心理学 具有直接的实践价值的心理学问题研究和应用。

评价 决定一个人在既定环境中会感受到哪种情绪的认知、信念、归因和期望。

接近目标 根据期望的结果或经验来设定目标。

原型 荣格视其为在神话、艺术和梦中出现的普遍的、象征性的意象,反映了集体无意识。

算术平均数 通过将一组数据相加,然后用总和除以数据个数得出的平均数。

依恋 各种互动和社会情境中的持久、亲密的情感联结。

归因理论 解释自己和他人行为的动机,并将其归因于特定情境或某种个性倾向。

自主神经系统 周围神经系统的分支,调节内部器官和腺体。

可用性启发式 通过考虑实例的容易程度来判断某类事件发生概率的倾向。

逃避目标 根据预防不愉快的经历来设定目标。

轴突 神经元的延长纤维,将神经冲动从细胞体中传出,并传递给其他神经元。

基础心理学 为了知识而非实际应用的心理学问题研究。

贝叶斯统计 该统计涉及一个公式,该公式考虑了相关先验知识,可以计算出假设真实和有意义的可能性。

行为矫正 运用操作性条件反射技术来引发新反应,或减少、消除不适应或问题行为的应用。

行为疗法 一种应用经典条件反射和操作性条件反射的原理来帮助人们改变自我挫败行为或有问题行为的治疗方式。

行为遗传学 一个跨学科的研究领域，研究遗传因素对个体行为和人格差异的影响。

行为自我监控 在行为疗法中，一种对想要改变的行为的发生频率和后果进行详细记录的方法。

行为主义 心理学中的一种研究取向，强调研究可观察到的行为，以及环境和先前经验作为行为的决定因素。

优于常人效应 多数人认为自己在大多数领域的表现高于平均水平的一种认知偏差。

双眼线索 需要使用两只眼睛来判断深度或距离的视觉线索。

生物学观 一种心理学观点，强调与行为、情感和思想相关的身体事件和变化。

生物节律 生物系统中周期性的、或多或少有规律的波动，通常有心理学意义。

双相障碍 一种既有抑郁发作又有躁狂发作的心理障碍。

边缘型人格障碍 一种以具有极端的负性情绪且无法调节为特征的障碍，通常导致个体产生紧张而不稳定的人际关系、冲动、自残行为、空虚感以及害怕被抛弃等。

脑干 脑的一部分，位于脊髓的上部，由延髓和脑桥组成。

亮度 与由一个物体发出或反射的光的量（强度）有关的视觉体验维度。

神经性贪食症 一种特征是暴饮暴食，然后强迫自己呕吐或使用泻药，或经历一段时间的禁食或过度运动的饮食失调症。

旁观者效应 旁观者的数量越多，任一旁观者提供帮助的可能性越低。

案例研究 一种对被研究或治疗的某个特定个体进行详细描述的方法。

细胞体 神经元的一部分，能够保持神经元的活力，并决定是否激活神经元。

中枢神经系统（CNS） 神经系统的一部分，由脑和脊髓组成。

小脑 一个调节运动及平衡的脑结构，与经典条件反射和简单技能记忆有关，在知觉及更高级的认知过程中发挥作用。

大脑皮层 覆盖在大脑上的几层细胞的集合，主要负责高级心理功能。

大脑半球 大脑的两个半球。

大脑 脑的上半部分，被分成两个半球，负责大部分的感觉、运动和认知过程。

童年期失忆 无法记住在生命最初两三年里的事情和经历。

染色体 细胞核中携带基因的杆状结构。

组块 有意义的信息单元，可能由许多小的单元构成。

昼夜节律 一种生物节律，从高峰到高峰或从低谷到低谷大约为24小时。

经典条件反射 以前的中性刺激与已经引起反应的刺激产生联系，进而获得引起类似或相关反应的能力的过程。

来访者中心（非指导性）疗法 卡尔·罗杰斯创建的一种人本主义治疗取向，强调治疗师对来访者的共情和无条件的积极关注。

耳蜗 一个具有像蜗牛一样的结构、充满了液体的器官，位于内耳，包含了含有听觉感受器的柯蒂氏器。

认知失调 同时持有两种心理上不一致的认知，或信念与行为不对等时所产生的紧张状态。

动物认知行为学 非人类动物的认知过程的研究。

认知观 一种强调知觉、记忆、语言、解决问题和其他行为领域的心理过程的心理学观点。

认知图式 关于世界某一特定方面的知识、信念和期望的一个完整的心理网络。

认知疗法 一种治疗方法，旨在识别和改变非理性的、非建设性的思维方式，从而减少负面情绪。

集体无意识　在荣格的理论中，指人类普遍的记忆和经历，表现在所有文化中的符号、故事和意象（原型）。

集体主义文化　在这种文化中，自我更可能被视为植根于人际关系，群体和谐比个人目标和愿望更重要。

概念　一种心理范畴，将具有共同属性的对象、活动、抽象事物或特质归类。

条件反应　经典条件反射的术语，由条件刺激引起的反应，发生在条件刺激与无条件刺激形成联系之后。

条件刺激　经典条件反射的术语，与无条件刺激相关联后会引起条件反应的最初的中性刺激。

条件反射　一种基本的学习，涉及环境刺激和生物体行为之间的联系。

视锥细胞　涉及颜色视觉的视觉感受器。

记忆虚构　把发生在别人身上的事和发生在你身上的事搞混了，或者你认为自己记得某件事而实际上它从未发生过。

置信区间　一种统计度量，以特定的概率提供一个总体平均数可能所处的范围。

确认偏见　倾向于寻找或关注支持自己信念的信息，而忽略、轻视或忘记那些不支持自己信念的信息。

守恒　物体的物理特性（比如，物体的数量或者玻璃杯里液体的体积）不因形状或外观变化而改变。

巩固　记忆变得持久和相对稳定的过程。

连续强化　某个反应总是得到强化的一种强化时间节奏。

对照条件　实验中的一种比较条件，参与者并不接受实验条件下的实验处理。

会聚　眼睛向内转，当聚焦于附近的物体时，会聚就发生了。

胼胝体　连接两个大脑半球的神经纤维束。

相关性　衡量两个变量之间相互关联程度的方法。

相关系数　衡量相关的强度和方向，取值范围从 -1.00 到 1.00。

相关性研究　一种描述性研究，旨在寻找两个或多

个现象之间的一致关系。

皮质醇　肾上腺皮质分泌的一种激素，可提高血糖并在受伤时保护身体组织，但因压力而长期升高则易导致高血压、免疫功能紊乱，可能还会导致抑郁症。

对抗性条件作用　在经典条件反射中，将一个条件刺激与其他刺激配对的过程。在该过程中，后一个刺激会引发与不想要的条件反应不相容的反应。

批判性思维　根据充分的理由或证据来评估观点并做出客观判断，而非感情用事或基于小道消息的评价。

横断面研究　在既定时间比较不同年龄的人（或动物）的研究。

晶体智力　一生中获得的认知技能和特定知识。

线索依赖性遗忘　由于没有足够的回忆线索而无法提取存储在记忆中的信息。

文化　社会中的多数成员共享的一套价值观、信念和习俗，支配着他们的行为。

暗适应　通过这个过程，视觉感受器对暗光变得最敏感。

痕迹消退理论　如果信息不被访问，记忆中的信息最终会消失。

深度加工　在信息编码过程中，加工刺激的意义而非加工刺激简单的物理或感觉特征。

防御机制　自我用来防止无意识焦虑或威胁性思想进入意识的方法。

去个体化　在人群中失去个性意识，产生匿名感的个体可能会做出在独处条件下不会做出的破坏性行为。

树突　神经元的组成部分，用于接收来自其他神经元的信息，并将其传递到细胞体。

因变量　实验者测量的变量，预测它将受到自变量操纵的影响。

抑制剂　减缓中枢神经系统活动的药物。

描述性方法　一种给出行为描述而不是直接解释的

方法。

描述统计　组织和总结研究数据的统计程序。

辩证推理　一种权衡和比较相反的事实或观点以确定最佳解决方案或解决分歧的过程。

差别感觉阈限　刚能引起差别感觉的两个同类型刺激之间的最小差别量，也叫最小可觉差（JND）。

责任分散　群体中成员因假定其他人会采取措施而避免自己行动的倾向。

辨别性刺激　当某种特定反应后可能紧随某种结果时，作为标识的刺激。

表露规则　调节个体在何时、何地以及如何表达（或压抑）情绪的社会和文化规则。

分离　意识分裂，意识的一个部分独立于其他部分而存在。

分离性身份识别障碍　一种有争议的障碍，其特征是一个人具有两种或两种以上不同的人格，每一种人格都有自己的名字和特质。以前被称为多重人格障碍。

DNA（脱氧核糖核酸）　构成染色体，通过指导蛋白质的合成传递遗传特征。

神经特殊能量学说　因为由感觉器官接收的信号刺激不同的神经通路，这些神经通路通往不同的脑区，所以会出现不同的感觉模态。

双盲研究　研究人员和参与者都不知道谁处于哪种条件下（例如，实验组还是对照组）的实验，直到得出结果才知晓。

效应量　描述变量之间关系强度的标准化方法。

自我　在精神分析学中，是人格的一部分，代表理智、良好的判断和理性的自我控制。

详尽可能性模型　一种提出通过说服性交流实现态度改变的两种途径（核心和外围）是由个体的认知能力和动机决定的模型。

精细复述　将新信息和已经存储的信息相联系并进行深入分析以记住它。

电休克治疗（ECT）　一种用于治疗长期和重性抑郁症的方法。在治疗中，电流被施加到头部，引发短暂的癫痫发作。

脑电图（EEG）　通过电极检测到的神经活动的记录。

情绪　一种伴随面孔和身体变化、脑激活、认知评估、主观感受以及行为倾向的唤醒状态。

情绪加工　通常因为角色需要而进行的情绪表达，但个体并未真正感受到该情绪。

情绪智力　准确地识别情绪、清晰地表达自己的情绪并调节自己和他人情绪的能力。

实证　依靠观察、实验或测量，并从中获得结果。

内分泌腺　内部器官，能够产生激素并将其释放到血液中。

内源性　产生于内部，而非由外部线索引起。

内啡肽　神经系统中与减轻疼痛、快乐和记忆有关的化学物质，在技术上被称为内源性阿片肽。

陷阱　一个循序渐进的过程，个体在一系列行动中的投入不断升级，使付出的时间、金钱或努力合理化。

表观遗传学　研究在特定 DNA 碱基序列未发生改变的情况下，基因表达发生的稳定变化。

情景记忆　对个人经历的事件以及事件发生时的环境的记忆。

平衡觉　平衡的感觉。

事件相关单位（ERP）　一种能够分离出与特定刺激（"事件"）相关的神经活动的技术。

进化　种群基因频率的代际变化，它是受基因影响的特征在种群中变化的机制。

进化心理学　研究进化机制的心理学观点，可以解释人类在认知、发展、情绪、社会实践和其他行为领域的共性。

存在主义疗法　一种治疗形式，旨在帮助来访者探索存在的意义，并面对生命的终极问题，如死亡、自由和孤独。

存在主义　一种强调人类生存不可避免的困境和挑战的哲学方法。

实验　一种假设的受控检验，通常研究人员操纵一个变量以发现其对另一变量的影响。

实验者效应　由于实验者不经意间给出的暗示，参与者的行为发生了意想不到的变化。

外显记忆　有意识地刻意去回忆一件事或者一个信息。

消退　习得的反应减弱并最终消失的现象。

外在动机　为了外在的奖励而追求某项活动，如金钱或表扬。

外在强化物　来自外部的、与被强化的行为没有内在联系的强化物。

面部反馈　面部肌肉将面孔表达的基本情绪信息传至脑的过程。

因子分析　一种统计方法，用于识别测量结果或得分中的共同因子，与评估同一特质或能力高度相关。

熟悉效应　对熟悉的人或物持有积极态度的倾向。

家庭系统观　一种通过识别每个家庭成员如何构成一个更大的相互作用系统的一部分来进行治疗的方法。

特征检测细胞　位于视觉皮层的细胞，对环境的特定特征非常敏感。

女性主义心理学　一种分析社会不平等对两性关系和两性行为影响的心理学观点。

实地研究　在实验室外的自然环境中开展的实证调查。

满灌　在行为疗法中，一种暴露治疗形式。来访者被直接带入令其害怕的情境，直到最后焦虑消退。

流体智力　推理和运用信息解决问题的能力。

框架效应　人们的选择受到这个选择的呈现方式或框架影响的倾向，例如它是否用潜在的损失或收益来表达。

异卵双胞胎　两个卵子分别与不同的精子结合并发育而成的双胞胎。

额叶　大脑皮层前部的脑叶，包含了与运动、工作记忆、情绪及冲动控制、高级思维及言语产生（通常在左叶）有关的区域。

功能性磁共振成像（fMRI）　一种磁共振成像，用于研究与特定思维或行为相关的脑活动。

机能主义　心理学的早期学派之一，主张心理学要研究行为和意识的目的和功能。

基本归因错误　解释他人行为时高估人格因素而低估情境因素的倾向。

g 因素　许多理论家假定的一种一般智力能力，由特定的心理能力和才能构成。

神经节细胞　视网膜上的神经元，它从感受器细胞处收集信息（通过中间的双极细胞），它的轴突构成视神经。

门控理论　一种认为疼痛的体验部分取决于疼痛脉冲是否通过脊髓中的神经"闸门"，从而到达脑的理论。

性别认同　对自己性别的基本感知，它无关个体是否遵守关于性别的社会和文化规则。

性别图式　关于男性或女性的一系列观念、知识和期待。

性别特征形成　儿童习得自身文化所要求的符合自身性别的能力、兴趣和行为的过程。

一般适应综合征　由汉斯·塞利提出，是指对压力源的一系列生理反应，可分为三个阶段，即报警、抵抗和疲惫。

广泛性焦虑障碍　一种持续的焦虑状态，特点为感到担心和忧虑、难以集中注意力、肌肉紧张。

基因　遗传的基本单位，由 DNA 组成，可以决定蛋白质的结构。

遗传标记　存在个体差异的 DNA 片段，已知其在染色体上的位置，可以将其作为与身体或心理状态有关的基因遗传标志。

基因组　有机体内每个细胞（精子和卵子除外）的全套基因，以及非编码 DNA。

格式塔原则　描述脑将感觉信息组织成有意义的单位和模式的原则。

神经胶质细胞 支撑、滋养和绝缘神经元的细胞，神经元死亡时清除细胞碎片，促进神经连接的形成及维持，并改变神经元功能。

渐进式暴露 在行为疗法中，一种暴露治疗形式。令患有恐惧症或惊恐发作的来访者逐级进入令其害怕的情境，直到最后焦虑消退。

群体思维 群体产生趋同思维的倾向，并压制意见上的分歧。

遗传力 对群体内个体间某一特征的遗传方差在总方差中所占的比例的统计估计。

启发式 一种经验法则，能够给出行动方针或指导解决问题，但不能保证其是最佳解决方案。

高级条件作用 在经典条件作用下，一个中性刺激通过与已经形成的条件刺激建立联系而成为一个新条件刺激的过程。

后见之明偏见 在某一事件的结果已知之后，高估自己对该事件预测能力的倾向（如"我早就知道"现象）。

海马 在记忆中存储新信息的脑结构。

激素 由腺体分泌的化学物质，可影响其他器官的功能。

HPA（下丘脑—脑垂体—肾上腺）轴 一种调控身体应对压力源的反应系统。下丘脑向脑垂体发送化学信号，进而促使肾上腺皮质产生皮质醇和其他激素。

色调 特定颜色的视觉体验维度，与光的波长有关。

人本主义心理学 一种强调个人成长、顺应力和实现人的潜能的心理学理论。

人本主义疗法 一种基于人本主义哲学的心理治疗形式，它强调个人成长、韧性、人类潜能的实现以及来访者的改变能力，而不是注定要重复过去的冲突。

催眠 一种过程，在这个过程中，催眠师通过暗示让参与者的感觉、思想、情绪或行为发生变化。

下丘脑 负责情绪及驱力的脑结构，这些情绪及驱力对生存至关重要；可调节自主神经系统。

假设 一种试图预测或解释一组现象的陈述，它可以明确说明那些可通过实证研究进行检验的事件间或变量间的关系。

本我 在精神分析学中，由无意识驱动的人格部分，尤其是激发对快乐的追求。

同卵双胞胎 单个受精卵分裂并发育成两个胚胎而形成的双胞胎。

内隐学习 当你获得知识却没有意识到你是如何做到的，也不能确切地说明你学到了什么时所发生的学习。

内隐记忆 记忆中无意识留存的部分。先前经验或先前遇到的信息对当前思维或行为的影响可以证明此记忆的存在。

内群体偏好 对内群体成员比对外群体成员更加宽容的倾向。

非注意盲视 不能有意识地知觉到你正在看的一些东西，因为你没有注意到它。

自变量 实验者操纵的变量。

个人主义文化 在这种文化中，自我更可能被认为是自主的，个人目标和愿望高于责任和与他人的关系。

诱导 父母采用激发孩子自身能力、责任感和情感的方式纠正孩子错误行为的养育方式。

推断统计 一种可让研究人员得出研究结果在统计上是否可靠的统计方法。

知情同意 一种关于任何参与人类研究的参与者都必须自愿参与，并且必须对研究有足够的了解，才能做出是否参与的明智决定的声明。

本能漂移 在操作性学习过程中，生物体对自身根深蒂固行为的还原倾向。

智力 一种推断出来的特性，通常定义为从经验中获得知识、进行抽象思维、有目的地行动或适应环境变化的能力。

智商（IQ） 智力的测量指标。最初的计算方法是用一个人的心理年龄除以他的实际年龄，并将结果乘以100，目前则是依据标准化智力测试的常模。

间歇性（部分）强化程序 某个反应有时而非总能得到强化的一种强化时间节奏。

内在去同步化 生物节律与其他节律不同步的状态。

内在动机 为了某项活动本身而追求某项活动。

内在强化物 来自内部的、与被强化的行为有内在联系的强化物。

公平世界假设 多数人都需要相信世界是公平的，善有善报，恶有恶报。

动觉 身体位置和身体部位运动的感觉。

语言 把声音或者手势这些元素组合成有意义的结构化话语的系统。

潜在学习 一种在没有明显强化的情况下发生的、不以外显反应立即表现出来的学习形式。

偏侧化 两个大脑半球的特异性功能。

学习 由经验引起的相对永久的行为（或行为潜能）变化。

学习观 一种心理学观点，包括行为主义和社会认知学习理论，强调环境和经验对行为的影响。

损毁法 切除或损毁非人类动物的脑结构，以更好地了解其功能。

力比多 在精神分析学中，维持本我生本能或性本能的心理能量。

控制点 个体对自身的行为结果是在自己的控制之下（内控）还是超出控制范围（外控）的一般预期。

长时记忆 在记忆的三箱模型中，信息的存储时间很长的记忆系统。

长时程增强 突触反应强度长时间提高，被认为是长时记忆的生物学机制。

纵向研究 对人（或动物）进行跟踪并在一段时间内定期重新评估的研究。

响度 与声波压力强度有关的听觉体验维度。

清醒梦 做梦者意识到自己在做梦的梦。

磁共振成像（MRI） 一种利用磁场和特殊的射频脉冲研究身体及脑组织的方法。

保持性复述 为了在记忆中保持信息而机械地重复材料。

重性抑郁 一种涉及情绪（过度悲伤）、行为（丧失对日常活动的兴趣）、认知（绝望感）和身体机能（疲倦和食欲不振）失调的障碍。

掌握（学习）目标 以提高自己的能力和技能为目标。

延髓 脑干中的一个结构，负责某些自动化的功能，例如呼吸、心跳。

褪黑素 由松果体分泌的一种激素，参与调节昼夜节律。

初潮 青春期时，月经的开始。

更年期 逐渐停经和停止排卵的过程。

心理年龄（MA） 用给定年龄的平均心理能力来衡量发展水平的一种测量方法。

心理障碍 一种思维、情绪或行为的紊乱。这种紊乱导致一个人或有自我毁灭倾向，或严重损害其工作以及与他人相处的能力，或使其无法控制自身危害他人的冲动。

心理表象 一种在头脑中反映或类似于其所代表事物的表征。

心理定势 一种用以前处理同类问题的方法来解决新问题的倾向。

元分析 一组用于统合来自许多相关研究的数据以确定特定自变量的解释强度的技术。

元认知 一个人对自己认知过程的认识或意识，以及监控和控制这些过程的能力。

镜像神经元 当一个人或动物观察到其他人或动物做某个动作时会放电的脑细胞。

记忆术 用以增强记忆的策略和技巧，例如使用押韵或易于记忆的句子。

单眼线索 只使用一只眼睛来判断深度或距离的视觉线索。

心境稳定剂 治疗双相情感障碍的常用药物。

情绪一致性记忆 记住与自己当前情绪一致的经历，

而忽视或忘记与自己当前情绪不一致的经历的倾向。

动机　一种导致朝向目标或远离不愉快情况的推断过程。

运动反射　一种自动的、天生的、有助于生存的身体行为。比如，婴儿吮吸置于其嘴边的任何东西。

多元智力理论　一种强调多方式加工信息的智力理论。

髓鞘　包裹在神经元轴突周围的脂肪绝缘体。

嗜睡症　一种睡眠障碍，包括突然和不可预测的白天嗜睡或进入 REM 睡眠状态。

自然选择　一种进化过程，指在特定环境中拥有某个受基因影响的特征的个体往往比其他个体具有更高的存活量和繁衍量，从而导致这些特征在种群中更加常见。

负相关　一个变量的高值与另一个变量的低值之间的相关。

神经　周围神经系统中的神经纤维束（轴突，有时是树突）。

神经发生　未成熟的干细胞可以产生新的神经元。

神经元　传导电化学信号，是形成神经系统基本单位的细胞，也称为神经细胞。

神经递质　一种化学物质，传递神经元在突触处释放，改变接收神经元的活性。

无意识过程　在意识之外发生的、无法意识到的心理过程。

非共享环境　个人与家庭其他成员不同的独特的环境和经历。

常模　在测试编制中建立的标准量数。

规范　管理社会生活的规则，包括外在的法律和内在的文化习俗。

客体永久性　即使看不见或者触摸不到某个物体，该物体仍然存在。婴儿在出生后第一年获得这种认知。

客观测量（量表）　标准化的问卷，最典型的形式包括要求人们对自己进行评分的量表。

观察性学习　个人通过观察他人（榜样）的行为而非通过直接经验学习新反应的过程。

观察性研究　研究人员在研究中仔细且系统地观察和记录行为（自然地或在实验室中），且不干扰被观察对象的行为的研究方法。

强迫性障碍（OCD）　一种个体陷入反复的、持久的想法（强迫观念）和反复的、仪式化的行为或心理活动（强迫行为）的焦虑障碍。

枕叶　大脑皮层后下方的脑叶，包含接收视觉信息的区域。

俄狄浦斯情结　在精神分析学中，发生在生殖器期的一种冲突。在这种冲突中，儿童对异性父/母产生欲望，并将同性父/母视为竞争对手。

操作性条件反射　一种过程，即某种反应发生的可能性高低取决于该反应的结果。

操作性定义　对如何观察和测量假设中的变量的精确说明。

麻醉剂　从罂粟中提取的药物，用来减轻疼痛，通常可使人产生欣快感。

对立过程理论　颜色知觉的一种理论。该理论认为视觉系统把成对的颜色看成对立的或对抗的。

食欲诱发物质　一种使人产生食欲的化合物，能增加食欲，通常会导致食物摄入量增加。

柯蒂氏器　耳蜗中的一种结构，包含了作为听觉感受器的毛细胞。

催产素　一种由脑垂体分泌的激素，可在分娩时刺激子宫收缩，在哺乳期间促进排奶，似乎还能促进人际关系中的依恋与信任。

惊恐障碍　一种焦虑障碍，特点为个体会反复经历惊恐发作，有强烈的恐惧感，感到厄运或死亡迫在眉睫，同时伴有诸如心跳加速和头晕等生理症状。

乳状突　舌头上球状的突起，包含味蕾。

平行分布加工（PDP）模型　一种记忆模型，认为记忆内容是由数以千计的相互联系的加工单元表征的，这些加工单元是以网络的形式分布，并且同时运行。这一模型也被称作联系主义模型。

副交感神经系统　自主神经系统的分支，在放松状态下运行并保存能量。

顶叶　大脑皮层后上方的脑叶，包含接收压力、疼痛、触碰和温度信息的区域，还参与空间关系的注意与觉知。

知觉　通过知觉，脑会组织和解释感觉信息。

知觉恒常性　尽管物体产生的感觉模式发生变化，物体仍被正确知觉为稳定的或不变的。

表现目标　在别人面前表现良好，受到好评，避免遭批评。

周围神经系统（PNS）　脑和脊髓以外的神经系统的所有部分，包括感觉神经和运动神经。

人格　个体行为、思想、动机和情绪的独特且相对稳定的模式。

正电子发射断层（PET）扫描　一种用于分析脑中生化活动的方法。例如，通过注射含有放射性元素的类葡萄糖物质来测量脑中的葡萄糖代谢。

幻痛　缺失的肢体或身体其他部位疼痛的经历。

恐惧症　对某种特定情境、活动或事物具有过度的恐惧和回避行为。

颅相学　现已失传的理论，主张大脑不同区域具有特定的特征和人格特质，它们可以通过头骨上的凸起部分地"读取"出来。

音高　与声波的频率有关的听觉体验维度。

脑垂体　脑底部的小分泌腺，可释放多种激素并调节其他内分泌腺。

安慰剂　一种在实验中用作对照的非活性物质或假处理。

安慰剂效应　药物或治疗表面上的成功是由于患者的期望或希望，而不是药物或治疗本身。

可塑性　脑通过神经发生、重组或者发展新的神经连接来做出改变以适应新经历的能力。

脑桥　脑干中的一个结构，与睡眠、觉醒和做梦有关。

正相关　一个变量的高值与另一个变量的高值之间的相关，或者一个变量的低值和与另一个变量的低值之间的相关。

创伤后应激障碍（PTSD）　一种在个体经历了创伤性的或威胁到生命的事件之后，出现包括做噩梦、闪回、失眠、闯入记忆、生理唤醒增强等特征在内的障碍。

施加权威　父母采用惩罚和权威去纠正孩子错误行为的养育方式。

偏见　对某个群体以及群体成员强烈的、不理智的厌恶，往往伴随着消极的刻板印象。

初级惩罚物　本质上具有惩罚性的刺激（如电击）。

初级强化物　本质上具有强化性的刺激，通常能满足生理需求（如食物）。

启动　一种测量内隐记忆的方法。人们阅读或者听一些信息，随后测量这些信息是否可以影响在另一项任务中的表现。

可证伪性原则　一种关于科学理论必须做出特定预测以使该理论有可能被推翻的理念。

前摄抑制　当先前存储的材料干扰了记忆相似的、最近学习的材料的能力时，就会发生遗忘。

投射测验　基于个体对模棱两可的刺激的解释，来推断个体的动机、冲突和无意识动力特征的心理测验。

命题　由概念组成的表达单一看法的意义单位。

原型　概念的一个特别有代表性的例子。

迷幻剂　改变意识的药物，可使人产生幻觉，扰乱思维过程，或扰乱对时间和空间的正常知觉。

精神活性药物　能够影响知觉、情绪、思维或行为的药物。

精神分析　一种由弗洛伊德创立的人格理论和心理治疗方法，强调无意识动机和心理冲突的作用。

心理动力学　根据个体内在的无意识能量动力学解释行为和人格的理论。

心理测验 用于测量人格特质、情绪状态、天赋、兴趣或能力的标准化程序。

心理学 研究行为和心理过程的学科，并探讨身体状态、心理状态和外在环境对行为和心理过程的影响。

心理神经免疫学 主要是对心理过程、神经和内分泌系统以及免疫系统之间关系的研究。

精神病态 一系列人格特质的集合，包括伴有反社会人格障碍，以无所畏惧为特征，缺乏同情心，不会感到内疚和悔恨，使用欺骗的手段，残酷无情。

性心理发展阶段 在弗洛伊德的理论中，性能量在孩子发育成熟时会有不同的表现形式：口唇期、肛门期、生殖器（恋母）期－潜伏期和生殖期。

精神病 一种极端的精神紊乱，包括对现实的扭曲感知、非理性行为和功能异常。

青春期 个体开始具备生育能力的时期。

惩罚 某个反应后出现的刺激或事件使得那个反应减弱或使其出现概率更低的过程。

随机分配 在实验中，将参与者随机安排在某种条件下以增大不同条件刚开始等价的可能性。

随机对照试验 旨在确定药物或治疗形式的有效性的研究。在这种研究中，有特定问题或障碍的人被随机分配到一个或多个治疗组或对照组。

快速眼动（REM）睡眠 以眼球运动、肌肉张力丧失和梦境生动为特征的睡眠阶段。

理性情绪行为疗法（REBT） 一种由阿尔伯特·艾利斯设计的认知疗法，旨在挑战来访者不切实际的想法。

推理 从观察、事实或假设中得出结论或推论。

回忆 从先前经历的材料中提取并再现的能力。

交互决定论 在社会认知学习理论中，环境和个体因素在人格特质形成过程中的双向交互作用。

再认 识别先前经历的材料的能力。

强化 某个反应后出现的刺激或事件使得那个反应增强或使其出现概率更高的过程。

信度 测试分数从一个时间和地点到另一个时间和地点的一致性。

REM 行为障碍 一种疾病，通常在 REM 睡眠期间出现的肌肉麻痹没有出现，睡眠者能够做出梦境中的行为。

代表性样本 从总体中选择的用于研究的一组人，其在重要特征上与总体是匹配的。

压抑 在精神分析理论中，不自觉地将威胁或令人不愉快的信息推向无意识。

网状激活系统（RAS） 位于脑干核心区域的一种密集的神经元网络，可以唤醒大脑皮层并筛选传入信息。

视网膜 排列在眼球内部后面的神经组织，包含视觉感受器。

视网膜像差 左眼和右眼所看到的两个物体在横向（侧面）分离上的细微差别。

倒摄抑制 当最近学习的材料干扰了记忆先前储存的类似材料的能力时，就会发生遗忘。

视杆细胞 对暗光做出反应的视觉感受器。

角色 由一系列"适当"行为的规范所管理的社会地位。

饱和度 与光的复杂性有关的视觉体验维度，使人产生生动颜色或纯粹颜色的感觉。

精神分裂症 一种以妄想、幻觉、言语紊乱、行为不当和认知障碍为特征的精神障碍。

次级惩罚物 通过与其他惩罚物的联系获得惩罚特性的刺激。

次级强化物 通过与其他强化物的联系获得强化特性的刺激。

选择性注意 专注于选择环境中某些方面、屏蔽掉另一些方面的过程。

自我效能感 相信一个人能够实现预期的结果，例如掌握新技能和达到目标。

语义记忆 对常识的记忆，包括事实、规则、概念和命题等。

半规管 内耳中的感受器，通过响应头部的旋转来保持平衡。

感觉 感受器官对物理客体所发射或反射的物理能量的检测。

感觉接收器 将环境或身体中的物理能量转换成可以作为神经脉冲传递到脑的电能的特定细胞。

感觉适应 当刺激没有改变或重复时，感觉反应能力降低或消失。

感觉剥夺 缺乏正常程度的感觉刺激。

感觉登记 暂时保存感觉信息的一种记忆系统。

分离焦虑 6~8个月时，当被主要抚养人暂时留给陌生人，婴儿产生的痛苦体验。

系列位置效应 人们回忆一系列项目时，最初的项目和最后的项目的回忆表现优于中间的项目。

定点 由基因影响的个体体重范围，这个范围由调节食物摄入、脂肪储备和新陈代谢的生物机制所维持。

性激素 例如雄激素、雌激素和孕酮，可调节生殖器官的发育及功能，并刺激男性和女性性征的发育。

性别脚本 一套隐含的规则，在特定的情况下，根据个人不同的性别、年龄、性取向、宗教、社会地位和所属群体，为个人指定适当的性行为。

塑造 一种操作性条件反射的程序。在该程序中，所期望反应的连续接近行为会被强化。

信号检测论 将对一个感觉信号的检测分成一个感觉过程和一个决策过程的一种心理物理学理论。

显著性检验 表明研究结果只是偶然发生的可能性的统计检验。

单盲研究 参与者不知道自己处于哪种条件下（例如，实验组还是对照组）的实验。

技能培训 在行为疗法中，治疗师尝试教授来访者可能缺乏的技能，以及用新的建设性行为来取代自我挫败的行为。

睡眠呼吸暂停症 睡眠时呼吸短暂停止，使人喘息并立即醒来的一种疾病。

社交焦虑障碍 一种以恐惧或焦虑、回避可能会被他人审视或给予负面评价的社交情境为特征的障碍。

社会认同 个体某部分的自我概念是基于对国家、宗教、种族、职业或其他社会从属关系的认同。

社会认知理论 强调如何通过观察他人和认知过程（如计划、期望和信念）来学习和维持行为的理论。

社会生物学 一个跨学科领域，主要从进化的角度对包括人类在内的动物的社会行为进行解释。

社会文化观 一种强调社会和文化影响行为的心理学观点。

躯体神经系统 周围神经系统的分支，连接感受器和骨骼肌，也称为骨骼神经系统。

来源归因错误 无法区分一个事件的实际记忆和你在别处所获得的关于这个事件的信息。

脊髓 神经元和支持组织的集合，从脑底部一直延伸到背部的中央，并受到一列骨骼（脊柱）的保护。

自发恢复 习得的反应在表面上消退后再次出现的现象。

标准差 一种常用的变异性度量，用于指示分布中的分数与平均数之间的平均差值。

标准化 在结构化测试中，制定统一的测试程序和评分程序。

状态依存性记忆 在与最初学习时相同的身体或精神状态下记忆某事的倾向。

干细胞 能够自我更新的未成熟细胞，具有在适宜环境下发展为任何类型的成熟细胞的潜力。

刻板印象 一种印象上的概括，相信特定群体的成员享有共同的特征。

刻板印象威胁 由于对自身所处群体能力的消极刻板印象，个体对自身表现产生怀疑。

兴奋剂 加速中枢神经系统活动的药物。

刺激辨别 对两个或两个以上相似却不同的刺激做出不同反应的倾向。

刺激泛化 在条件作用后，对与原条件作用中相似的刺激做出反应的倾向。

构造主义 心理学的早期学派之一，主张心理学要将直接经验分解为基本元素。

潜意识过程 在意识之外发生的心理过程，但在必要时可被意识接受。

连续接近 在塑造的操作性条件反射程序中，奖励与所期望反应越来越相似或越来越接近的行为。

超我 在精神分析学中，是人格的一部分，代表良心、道德和社会标准。

视交叉上核（SCN） 脑中控制昼夜节律的生物钟所在的区域。

调查 通过问卷和访谈来询问人们的经历、态度或观点的方法。

交感神经系统 自主神经系统的分支，在情绪和压力下调动身体资源并增加能量输出。

突触 负责神经冲动从一个神经元传递到另一个神经元的部位，包括轴突终末、突触间隙和接收神经元细胞膜上的受体位点。

联觉 一种模态的感觉不断地唤起另一种模态的感觉的情况。

隐性知识 无法明确地教授，而必须通过自我推断得到的通向成功的策略。

味蕾 味觉感受器细胞的巢。

电报式语言 儿童最初的词语组合，该组合省略了不必要的句子成分。

气质 以某种方式对环境做出反应的生理性倾向，在婴儿期和许多非人类物种中都会表现出来，被认为是先天的。

颞叶 大脑皮层两侧的脑叶，包含了与听觉、情绪、记忆、视觉加工及语言理解（通常在左叶）有关的区域。

丘脑 将感觉信息传递到大脑皮层的脑结构。

理论 一种有关假设和原理的有组织的系统，旨在解释一组特定的现象及其相互关系。

心理理论 一种关于他人心智运作方式以及他人如何受其思想和感受影响的信念体系。

音色 与声波的复杂性有关的听觉体验维度。

耐受性 重复使用后对药物的反应减弱。

特质 一个人的特征，描述一种习惯性行为、思维或感觉。

经颅直流电刺激（tDCS） 一种施加较小电流以刺激或抑制部分皮层活动的技术。

经颅磁刺激（TMS） 一种操纵脑细胞的方法，研究者通过头部上方的线圈产生强大磁场来短暂地刺激或抑制神经回路。

移情 心理动力疗法中的一个关键过程。在这个过程中，来访者将无意识的情绪或反应，如对他或她父母的情感，转移到治疗师身上。

三元智力理论 强调分析能力、创造力和实践能力的智力理论。

三原色理论 颜色知觉的一种理论。该理论认为视觉系统存在三种机制，每种机制对某个特定范围的波长敏感，它们通过相互作用产生不同的颜色体验。

无条件的积极关注 根据卡尔·罗杰斯的说法，无条件地给予他人无条件的积极的爱或支持。

无条件反应 经典条件反射的术语，由无条件刺激引起的反应。

无条件刺激 经典条件反射的术语，无须额外学习即可引起特定反应的刺激。

效度 一项测试能够测量出它所要测量的东西的能力。

变量 可衡量或描述的行为或经验的特征。

易感性－应激模型 该模型强调个体易感性是如何与外部应激或环境相互影响从而引发特定的心理障碍，比如抑郁症。

戒断 成瘾者停止使用药物时出现的生理和心理症状。

工作记忆 短时记忆的一种形式，可以短时地将信息保持一段时间，并且使得信息在当前可用。

卡罗尔·韦德在斯坦福大学获得认知心理学博士学位。她在新墨西哥大学开始了她的学术生涯，教授心理语言学课程，并开设了第一门性别心理学课程。她曾在圣迭戈梅萨学院担任 10 年的心理学教授，随后在马林学院和加利福尼亚多米尼克大学任教。韦德在批判性思维和加强心理学教育方面发表了大量文章并多次演讲。除此以外，她与卡罗尔·塔佛瑞斯还撰写了《心理学》（*Psychology*）、《观点心理学》（*Psychology in Perspective*）、《最长的战争：观点中的性别差异》（*The Longest War：Sex Differences in Perspective*）。

卡罗尔·塔佛瑞斯获得密歇根大学跨学科社会心理学专业博士学位。她针对心理学和批判性思维领域的多种主题进行了广泛的写作与演讲。塔佛瑞斯与艾略特·阿伦森（Elliot Aronson）合著了《错不在我：人们为什么会为自己的愚蠢看法、糟糕决策和伤害性行为辩护》[*Mistakes Were Made（But Not by Me）：Why We Justify Foolish Beliefs，Bad Decisions，and Hurtful Acts*]。她还是《误测女性》（*The Mismeasure of Woman*）、《愤怒：被误解的情绪》（*Anger：The Misunderstood Emotion*）的作者。她的很多书评及评论性文章都被收录在《心理呓语和生理呓语：利用心理学批判性地思考新闻中的问题》（*Psychobabble and Biobunk：Using Psychology to Think Critically About Issues in the News*）中。

塞缪尔·R.萨默斯获得密歇根大学心理学博士学位，自 2003 年以来一直担任塔夫茨大学心理学教授。他是一名社会心理学家，其研究涉及以下领域：群体间关系、群体组成及多样性、刻板印象及偏见、心理学与法律的交叉领域。塞缪尔教授实验心理学、社会心理学、心理学与法律等课程，还与丽莎·M.申组队教授心理学导论。此外，他还是阿伦森等人《社会心理学》（*Social Psychology*）的共同作者，并写过两本面向大众的书：《情境影响力：破解环境密码，重构认知格局》（*Situations Matter：Understanding How Context Transforms Your World*）和《运动时的大脑：弱者的科学、竞争的价值，以及我们可以在 T 恤大炮中学到什么》（*This Is Your Brain on Sports：The Science of Underdogs，the Value of Rivalry，and What We Can Learn from the T-Shirt Connon*）。

丽莎·M.申获得哈佛大学心理学博士学位，并在马萨诸塞州总医院/哈佛医学院精神科的博士后研究工作站工作。自 1998 年起，她一直任教于塔夫茨大学，现任心理学系主任。丽莎的研究与焦虑症患者脑功能检测及认知加工探究有关，尤其关注创伤后应激障碍（PTSD）患者。丽莎教授临床心理学的研究方法、心理病理学的生物学基础、情绪与记忆等课程，并与塞缪尔组队教授心理学导论。

致谢

与任何的合作努力一样，写书需要一个支持系统。我们感谢本教材这一版及上一版的审稿人员（他们提出了许多有见地的实质性建议），并感谢他们对相关补充工作所做出的贡献。

我们还感谢培生公司专业编辑及制作团队的成员们，他们在这一复杂项目的各个版本中都坚持不懈地为我们服务。关于此版本，从我们的第一次会议到随后的一切，这种全新的合作方式让我们大家倍感欣慰，这也是我们多年来所期待的。我们意识到自己能成为这样一个非慈善团队的一员是多么幸运，谢谢你们。

感谢我们的编辑：艾琳·米切尔（Erin Mitchell），感谢她汇集了所有作者的手稿，并始终为我们提供制作一本好书所需的一切；朱莉·凯利（Julie Kelly），感谢她让事情顺利进行，她对语言进行润色并帮助形成目录及文本格式，她从未被我们的电子邮件所淹没。一想到跟包括你们在内的整个培生大家庭一起工作，感觉真的是太棒了，其中培生公司团队的其他人员包括（但不限于）里克斯·布朗（Chris Brown）、德比·海尼昂（Debi Henion）、玛格丽特·麦康奈尔（Margaret McConnell）、丽莎·马夫里奇（Lisa Mafrici）、斯蒂芬妮·莱尔德（Stephanie Laird）、詹妮弗·史蒂文森（Jennifer Stevenson）、简·卡杜（Jane Kaddu）、艾米·吉本斯（Amy Gibbons）、康妮·王（Connie Wong）、林赛·韦奇（Lindsay Verge）。

我们还要感谢为这本书做出个人贡献而非工作贡献的每一个人，他们知道我们说的是谁，但我们对他们的感激之情仍需要表达出来。我们向以下成员表示深切的感谢与赞赏：阿比盖尔（Abigail）、迪伊（Dee）、吉安娜（Gianna）、霍华德（Howard）、杰夫（Jeff）、卢（Lou）、路易莎（Luisa）、林恩（Lynn）、玛丽莲（Marilyn）、帕特（Pat）、罗南（Ronan）和索菲亚（Sophia）。感谢我们的同事的支持、鼓励及祝贺。是的，我们说到了你们，希瑟（Heather）和基思（Keith）。最后，感谢这几十年我们所教过的学生，正是他们让我们每天的工作变得有趣，我们从他们身上学到的跟我们所教授的一样多。

卡罗尔·韦德

卡罗尔·塔佛瑞斯

塞缪尔·R. 萨默斯

丽莎·M. 申

参考文献

　　为了节省纸张、降低图书定价，本书编辑制作了电子版参考文献。用手机扫描下方二维码，即可下载。

关于教学课件

本书为教学人员提供课堂教学课件，如有需要，请发邮件申请。

邮箱：yijiaojingcrup@163.com

图书在版编目（CIP）数据

心理学：第 13 版／（美）卡罗尔·韦德
（Carole Wade）等著；白学军等译. -- 北京：中国人
民大学出版社，2023.1
书名原文：Psychology，13e
ISBN 978-7-300-30084-9

Ⅰ. ①心… Ⅱ. ①卡… ②白… Ⅲ. ①心理学 – 教材
Ⅳ. ①B84

中国版本图书馆 CIP 数据核字（2021）第 277604 号

心理学（第 13 版）

卡罗尔·韦德（Carole Wade）
卡罗尔·塔佛瑞斯（Carol Tavris）　　　　　著
塞缪尔·R. 萨默斯（Samuel R. Sommers）
丽莎·M. 申（Lisa M. Shin）
白学军 等　译
Xinlixue

出版发行　中国人民大学出版社
社　　址　北京中关村大街 31 号　　　　　　　　邮政编码　100080
电　　话　010 - 62511242（总编室）　　　　　010 - 62511770（质管部）
　　　　　010 - 82501766（邮购部）　　　　　010 - 62514148（门市部）
　　　　　010 - 62515195（发行公司）　　　　010 - 62515275（盗版举报）
网　　址　http://www.crup.com.cn
经　　销　新华书店
印　　刷　北京联兴盛业印刷股份有限公司
规　　格　210 mm×255 mm　16 开本　　　　　版　次　2023 年 1 月第 1 版
印　　张　42　插页 5　　　　　　　　　　　　印　次　2023 年 1 月第 1 次印刷
字　　数　1 040 000　　　　　　　　　　　　定　价　178.00 元

认知

人行为背后的思维与智能

【美】赫伯特·西蒙 著

荆其诚 张厚粲 译

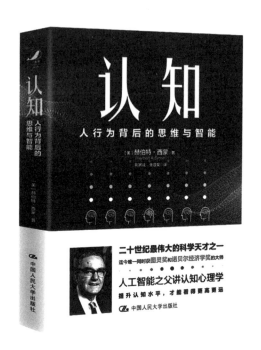

二十世纪最伟大的科学天才之一

迄今唯一同时获图灵奖和诺贝尔经济学奖的大师

人工智能之父讲认知心理学

提升认知水平，才能看得更高更远

　　本书是著名心理学家和人工智能开创者赫伯特·西蒙关于人类认知的作品。本书介绍了人的认知结构，包括注意力、记忆等方面，然后分析了人们思维过程中问题解决的途径和策略。书中进一步分析了对于复杂问题，专家和普通人不同的心理表征，以及应该如何应对复杂问题。最后，作者介绍了学习的基本原理和过程，并说明如何探索发现新规律。无论是关注人工智能还是关注心理学的读者，本书都是不可多得的经典读物。